MERCATOR

Réalisation de la couverture : Creads.
Illustrations : Rachid Maraï

ISBN 978-2-10-058246-4

THÉORIES ET NOUVELLES PRATIQUES DU MARKETING

MERCATOR 2013

LENDREVIE - LÉVY

DUNOD

Sommaire

Avertissement VI

Introduction — Le rôle du marketing est de créer de la valeur VIII

Première partie — Étudier les marchés 28

Chapitre 1
L'analyse des marchés 31

Chapitre 2
Les études de marché 57

Chapitre 3
Le comportement des consommateurs 121

Deuxième partie — Utiliser les leviers du marketing-mix 186

Chapitre 4
La politique de produit 189

Chapitre 5
La politique de prix 261

Chapitre 6
La politique de distribution 319

Chapitre 7
Les fondamentaux de la communication 411

Chapitre 8
La publicité et les médias 459

Chapitre 9
Le hors-médias 513

Troisième partie Construire de nouvelles relations avec ses clients 562

Chapitre 10
Le marketing relationnel et les politiques de fidélisation **565**

Chapitre 11
Le marketing des réseaux sociaux **621**

Quatrième partie Définir sa stratégie marketing 674

Chapitre 12
De la stratégie d'entreprise à la stratégie marketing **677**

Chapitre 13
La segmentation **737**

Chapitre 14
Le positionnement **765**

Chapitre 15
La marque **795**

Chapitre 16
Le plan marketing, son contrôle et l'organisation de la fonction marketing **845**

Cinquième partie S'adapter aux spécificités sectorielles et multinationales 886

Chapitre 17
Le marketing des services **889**

Chapitre 18
Le marketing B to B **927**

Chapitre 19
Le marketing multinational **973**

La boîte à outils du Mercator 1017

Dictionnaire indexé 1055

Index des marques 1111

Table des matières 1117

Avertissement à la 10e édition

Mercator est une marque qui a trois décennies d'existence, une marque familière à plusieurs générations d'étudiants et de professionnels, un livre diffusé à trois cent mille exemplaires en langue française – Mercator est traduit en cinq langues, dont le russe et le mandarin.

Nous écrivons dans cet ouvrage que, pour résister au temps et à la concurrence, une marque doit innover en permanence. Nous avons appliqué ce principe à chaque édition. Celle-ci n'y déroge pas, tant dans le fond que dans la forme.

Mercator 3 en 1

Cette dixième édition est un package qui comprend *le livre papier, une version e-book* qui accompagnera facilement le lecteur dans ses déplacements, et *des compléments numériques* à chaque chapitre. Ces compléments en ligne comprennent un résumé du chapitre et un ou plusieurs quiz qui ont toujours beaucoup de succès. On y trouve également une rubrique « Pour aller plus loin » avec une sélection d'ouvrages et d'articles essentiels en français ou en anglais, ainsi que des adresses de sites et de blogs pour approfondir les thèmes traités dans chaque chapitre.

Mercator 2013

Depuis sa création, Mercator s'est renouvelé tous les trois ans, mais le marketing évolue aujourd'hui très vite, essentiellement en raison du développement du numérique. Depuis longtemps, Mercator a intégré les nouvelles méthodes et techniques du marketing numérique. Cette édition leur fait une très large place. Pour mieux suivre ces évolutions qui iront en s'accélérant, Mercator passe à une édition annuelle.

Mercator s'ouvre aux réseaux sociaux

Mercator se veut actuel, mais fait le tri entre les modes, les vieilles idées recyclées avec des terminologies « up to date » et les changements qui interpellent les gens de marketing et remettent en cause leurs pratiques. C'est le cas aujourd'hui des réseaux sociaux auxquels cette édition consacre un nouveau chapitre. Comment les analyser ? Comment les intégrer aux politiques marketing ? Quelles sont les erreurs majeures à éviter ? Quels sont les bonnes pratiques et les exemples les plus stimulants ?

Mercator adopte de nouveaux habits

Pour plus de confort de lecture et pour plus d'efficacité pédagogique, la présentation de cette dixième édition a été très remaniée :

- nouvelle présentation des titres, des textes et des visuels avec toujours près d'un millier d'exemples actualisés et près d'une centaine de mini cas qui exposent des problématiques réellement vécues par des entreprises dans des secteurs et des marchés très divers ;
- nouvelles rubriques : « Focus » pour souligner des points essentiels et « Notre conseil » pour mettre en avant les meilleures pratiques.

Nous avons bien sûr conservé en les améliorant le dictionnaire indexé français-anglais des termes les plus fréquents du marketing et la boîte à outils en fin d'ouvrage qui reprend et développe 25 outils essentiels pour l'analyse et la stratégie marketing.

Remerciements

Cette dixième édition est la première à n'être plus co-signée par Denis Lindon, qui contribua à la création de Mercator et à son succès par son talent pédagogique, sa grande expérience professionnelle et son style à la fois simple et élégant. Un grand merci à Denis Lindon pour sa contribution, son regard distancié sur la vie et son amitié.

Un grand merci également à notre éditeur et tout particulièrement à Pierre-André Michel, directeur général de Dunod toujours très attentif aux évolutions de Mercator, à Émilie Lerebours, éditrice aidée par Charlotte Bergeron et Jocelyne Massé qui savent que le diable est dans les détails, et à Astrid de Roquemaurel qui s'est occupée de l'e-book, des compléments numériques et qui anime le site compagnon mercator.fr par l'apport de nouveaux contenus, souvent sous la forme d'interviews de professionnels.

Merci à toutes les entreprises qui nous ont donné les autorisations nécessaires à la publication des visuels. Tant pis pour celles qui nous les refusent, parce que nous n'acceptons pas de transformer Mercator en un imprimé publicitaire écrit sous leurs directives…

Merci aux nombreux professionnels qui ont contribué à la rédaction de certains textes comme Ron Adner, Arnaud de Baynast, Hughes Cazenave, Yseulys Costes, George-Édouard Dias, Catherine Emprin, Thomas Faivre-Duboz, Raphaël Fétique, Ludovic François, Gérard Guerrier dont la contribution a été majeure pour le chapitre sur le marketing B to B, Charles-Henri Léger, Carole Walter…

Pour la couverture, Dunod a fait appel à l'agence Creads et c'est le projet de Thierry Beaurain qui a été retenu. Le flashcode de la couverture et la vidéo de présentation de l'ouvrage ont été réalisés par Orange Mobile Édition (www.mobilewebedition.fr). Nous les remercions pour leur contribution.

Paris, juillet 2012

Jacques Lendrevie et Julien Lévy

Le rôle du marketing est de créer de la valeur

Introduction

PLAN

Section 1	Qu'est-ce que le marketing ?	2
Section 2	Comment le marketing crée de la valeur	7
Section 3	Les différents visages du marketing	17
Section 4	Le marketing est-il manipulatoire, idéologique ou immoral ?	21
Ressources complémentaires		27

SECTION 1

QU'EST-CE QUE LE MARKETING ?

L'un des auteurs de ce livre eut l'occasion de faire, par hasard, une intéressante constatation, à savoir que les définitions habituelles du marketing étaient non seulement inadaptées mais encore contraires au principe le plus fondamental de cette discipline. Se trouvant en vacances dans un hôtel de Savoie, il eut, un matin, la surprise d'entendre la femme de chambre, qui lui apportait son petit-déjeuner et qui voyait la table encombrée d'ouvrages sur le marketing, lui demander : « Le marketing, qu'est-ce que c'est ? » Cette question n'aurait pas dû le prendre au dépourvu car il avait là, sous la main, plusieurs dizaines de définitions apparemment précises, rigoureuses et circonstanciées du marketing. Mais il n'avait pas plus tôt entrepris d'en formuler une au hasard, puis une autre, qu'il sentit combien elles étaient inadaptées à son auditoire. La plupart des définitions habituelles, en effet, paraissent avoir été formulées à l'usage exclusif des spécialistes du marketing qui savent déjà ce qu'il est, et non des profanes qui souhaitent le savoir. Elles commencent généralement par une énumération de tout ce que le marketing *n'est pas* ou du moins n'est pas seulement, à savoir la vente, la distribution, le commerce, la publicité ou l'étude du marché, et se poursuivent par une description longue et subtile de ce qu'il *devrait être* : un état d'esprit, une « fonction intégrante » de la politique des entreprises, un processus d'harmonisation entre les buts et ressources de l'entreprise et les besoins de son environnement, l'ensemble des processus facilitant la vente des biens et services, la création d'« utilités » de temps et de lieu, un processus d'ajustement de l'offre à la demande, etc.

Ces définitions, scrupuleuses et laborieuses, ne sont sans doute pas fausses. Mais pour quiconque ne sait pas d'avance, au moins approximativement, ce qu'est le marketing, elles sont difficiles à comprendre et surtout impossibles à retenir et à utiliser.

Qu'un spécialiste de la biologie moléculaire ou de l'algèbre de Boole définisse sa discipline d'une manière ésotérique et se résigne, ce faisant, à n'être compris que par les initiés, cela se comprendrait. Mais que des hommes et des femmes de marketing, dont le *leitmotiv*, on le verra tout au long de ce livre, est d'affirmer la primauté du client, définissent leur discipline avec le seul souci de satisfaire leurs propres exigences intellectuelles et dans des termes incompréhensibles ou inassimilables par la majorité de leurs lecteurs, cela montre combien l'attitude marketing, tant prônée dans les manuels, est en pratique difficile à adopter.

On essaiera ici de ne pas tomber dans le même travers et, après avoir rappelé deux définitions « historiques » du marketing, on proposera une définition simple, qu'on complétera ensuite.

En 1948, l'Americain Marketing Association le définissait ainsi :

> « Le marketing est la réalisation des activités de l'entreprise destinées et associées à la diffusion de biens et services des producteurs aux consommateurs ou aux utilisateurs. »

Cette définition est la plus proche de l'étymologie : *to market*, mettre sur le marché, commercialiser. La fonction marketing était pensée de façon unidirectionnelle : de l'entreprise vers les clients. On était encore loin du « concept marketing » qui a émergé plus tard, selon lequel le rôle de l'entreprise est d'écouter et de satisfaire les besoins des clients.

Des années 1970 jusqu'en 2004, la définition de l'Americain Marketing Association, reproduite dans bon nombre de manuels, était la suivante :

> « Le marketing consiste à planifier et mettre en œuvre l'élaboration, la tarification, la promotion et la distribution d'une idée, d'un bien ou d'un service en vue d'un échange mutuellement satisfaisant pour les organisations comme pour les individus. »

Cette définition descriptive – et vertueuse – soulignait certains aspects déterminants du marketing :

- sa double dimension stratégique et opérationnelle ;
- les 4 P : politiques de produit, de prix, de distribution (*placement*) et de promotion-publicité ;
- ses différents objets d'application : biens, services et idées ;
- sa finalité : créer de la satisfaction mutuelle.

C'est sans doute ce dernier aspect qui prête le plus à discussion : la satisfaction des clients est-elle la finalité du marketing, ou un moyen obligé dans un contexte de libre choix et de libre concurrence ? La définition de l'Americain Marketing Association, dont le rôle est de promouvoir la profession, tend à montrer le marketing sous un jour très avantageux...

Nous proposerons pour notre part une définition plus « réaliste » du marketing.

Le marketing est un moyen d'action qu'utilisent les organisations pour influencer en leur faveur le comportement des publics dont elles dépendent.

a) La finalité du marketing est l'action

Cette définition souligne que le marketing est essentiellement orienté vers l'action. Même les études de marché, qui sont une partie intégrante du marketing, n'ont pas pour finalité de rendre leur lecteur plus intelligent, mais bien d'aider à prendre de meilleures décisions : l'action reste la finalité.

Le marketing est d'essence pragmatique : pour le praticien, la validité d'un concept et d'une théorie vient de ce que « ça marche ».

b) Le marketing est un moyen à la disposition des organisations au-delà des seules entreprises

Les principes et les techniques du marketing s'appliquent aux entreprises du secteur marchand tout autant, avec les adaptations requises, qu'aux services publics, aux associations, aux partis politiques... et même aux institutions religieuses.

Exemple

➥ Extrait d'un article en ligne[1], sur l'usage du marketing par l'Église catholique : « D'origine libanaise, Kater est l'auteur de l'ouvrage *O marketing aplicado à Igreja católica* [*Le marketing appliqué à l'Église catholique*]. Voilà vingt-trois ans qu'il étudie le comportement des religieux et de leurs fidèles. C'est après avoir entendu par hasard le prêche d'un pasteur pentecôtiste que Kater a compris l'efficacité du discours des autres Églises. "Alors que les pasteurs parlent avec émotion, les curés parlent dans le vide", affirme-t-il. Il a alors décidé d'arpenter le pays (le Brésil) pour enseigner au clergé les techniques du marketing. La stratégie a porté ses fruits. Selon les chiffres officiels, l'Église catholique a stabilisé au cours de ces sept dernières années le nombre de ses fidèles, à 73,89 % de la population brésilienne. »

Si les principes de la démarche marketing s'appliquent à tous les secteurs, toutes les pratiques marketing ne conviennent pas à toutes les organisations, et leurs responsables doivent clairement délimiter le champ d'action qu'ils laissent à cette discipline.

c) Le marketing met en œuvre une stratégie d'influence

Le marketing, qui s'inscrit dans la lignée de la rhétorique conçue comme l'art de la persuasion, est un moyen d'influence des publics dont dépendent les organisations. Définition cynique ? L'influence n'est pas nécessairement la manipulation, comme on le verra, mais elle s'inscrit clairement dans un jeu de pouvoir entre une organisation et ses publics. Les objectifs recherchés sont de nature diverse : pour une entreprise, il s'agira par exemple de vendre ou de fidéliser, pour un parti politique d'obtenir le vote des électeurs, pour une association caritative d'obtenir des dons, pour l'organisation en charge d'une cause nationale d'assurer l'efficacité de son action (moins de morts sur les routes par exemple).

d) Le marketing s'inscrit dans des univers concurrentiels qui offrent une vraie liberté de choix aux clients

Le marketing n'est pas déterminant mais il reste cependant utile pour faire accepter la politique d'une organisation à ses publics. En effet, quand elle ne peut pas imposer ses décisions pour atteindre ses objectifs, il ne lui reste plus qu'à tenter d'influencer ses publics. C'est alors que le marketing entre pleinement en jeu.

Exemple

➥ Pour faire respecter les limitations de vitesse, l'État installe des radars et multiplie les contrôles policiers sur les routes... avec une efficacité certaine. La sensibilisation des conducteurs aux risques de la route est un complément à cette politique.

L'influence n'est pas synonyme de contrainte et de manipulation. Dans un espace de libre discussion et de liberté de pensée et d'action, chacun influence autrui par sa façon d'être et d'agir. Ni les entreprises, ni les organisations n'ont le monopole de

1. Source : www.paraboles.net/site/business_12.php

l'influence et le marketing est un mode d'influence parmi d'autres. La liberté est, de plus, la condition nécessaire de l'influence : le marketing n'a pas sa place dans un univers de contrainte ou d'absence de choix (c'est un des critères de distinction entre marketing et propagande : voir section 4).

Maintenant que le *propos* du marketing est plus clair, penchons-nous sur son *mode d'action* avec une définition développée du marketing.

> Le marketing est l'effort d'adaptation des organisations à des marchés concurrentiels, pour influencer en leur faveur le comportement des publics dont elles dépendent, par une offre dont la valeur perçue est durablement supérieure à celle des concurrents.

Dans le secteur marchand, le rôle du marketing est de créer de la valeur économique pour l'entreprise en créant de la valeur perçue par les clients.

e) Le marketing est un effort constant d'adaptation

Parce que les organisations dépendent de leurs publics (pour réaliser du chiffre d'affaires et des bénéfices, se faire élire...), et qu'elles n'ont pas de pouvoir de contrainte, elles doivent comprendre ceux et celles à qui elles s'adressent, et chercher à s'adapter :

- aux attentes des clients et à leurs évolutions ;
- à la concurrence ;
- à la réglementation, aux usages, au contexte des marchés visés.

Ce principe d'adaptation, qui paraît simple, est en fait complexe à mettre en œuvre. La tendance naturelle des organisations consiste à s'isoler des sources d'incertitudes extérieures : on tend à agir selon des procédures plutôt que suivant des finalités, et à répéter aujourd'hui ce que l'on faisait hier, sans bien se soucier des besoins et des évolutions du marché.

L'orientation vers le marché est un effort constant pour rendre présente au sein de l'organisation la « voix des clients », alors que ceux-ci sont, par nature, des acteurs extérieurs à l'organisation. Les entreprises particulièrement performantes mènent un combat sans répit pour imposer cette voix au sein de l'organisation et s'adapter à cette réalité mouvante et difficile à appréhender qu'est le marché ou l'opinion. Elles ont aujourd'hui à leur disposition de multiples outils qui sont présentés dans le chapitre 2 sur les études de marché : sondages ponctuels, baromètres et panels, tests de produit, de prix, de marchés, analyse des avis et réclamations on line et off line des clients, etc. Cependant, les outils ne font pas une politique et il faut non seulement bien interpréter les données colletées, mais encore avoir le souci et la capacité à adapter son action.

f) Le marketing a pour rôle de créer une valeur perçue supérieure à celle des concurrents

Sur des marchés concurrentiels, le meilleur moyen d'influencer le comportement de ses publics est de proposer une offre *différente* et perçue comme *supérieure* par les clients, afin de les inciter à adopter les comportements souhaités par l'entreprise :

acheter, racheter (fidélisation), recommander, etc. C'est en fonction de la concurrence qu'on doit évaluer la proposition de valeur d'une entreprise : la valeur d'une offre n'existe pas en soi, elle est toujours relative à celle des offres concurrentes, et la meilleure offre, à un moment donné, peut cesser de l'être le lendemain par l'action des concurrents.

Exemple

- Nokia, jusqu'à la moitié des années 2000, dominait incontestablement le marché des téléphones portables et la marque était particulièrement attractive auprès des consommateurs. Avec le lancement et le développement de l'iPhone d'Apple, qui a révolutionné le téléphone portable, l'entreprise finlandaise a rapidement perdu pied sur le segment porteur des smartphones, tout en voyant ses parts de marché se réduire sur le bas de la gamme au profit des fabricants chinois aux prix plus agressifs. Il n'est pas certain que l'accord stratégique signé en 2011 avec Microsoft lui permette de se relever, alors que Samsung et le système d'exploitation Android de Google s'affirment comme les véritables challengers d'Apple.

g) Le marketing s'inscrit dans la durée

Le marketing s'est très longtemps concentré sur les seules transactions, au détriment de la relation et de la fidélité des clients. Il adopte aujourd'hui une perspective plus relationnelle : il faut non seulement *conquérir* les clients, mais encore les *fidéliser*. C'est pourquoi la proposition de valeur qui est faite aux clients doit s'inscrire dans la durée : elle ne doit pas seulement paraître supérieure aux concurrents avant l'achat, pour influencer la décision, mais également à l'expérience et, après celle-ci, par le biais d'un programme relationnel.

Exemple

- Dans les marchés de premier équipement, les entreprises se concentrent sur la croissance des ventes par l'acquisition de nouveaux clients. Dans les marchés de renouvellement, le chiffre d'affaires est réalisé auprès de clients qui renouvellent leurs achats : la fidélisation devient primordiale. Dans les pays développés, la plupart des marchés entrent dans la seconde catégorie.

FOCUS

De l'approche production à l'approche marketing

On peut appréhender une activité économique au travers de différentes approches :

- *La première repose sur une optique de producteur.* Il s'agit d'assurer la meilleure façon de produire des biens ou des services, c'est-à-dire de les produire avec un certain niveau de qualité, en réduisant les coûts, en assurant des rendements élevés, avec des innovations technologiques significatives... Cette approche économique a été dominante des débuts de la révolution industrielle jusqu'aux années 1930. W. Taylor diffusa ses idées de production rationnelle des biens par la publication en 1911 de son livre *Principles of Scientific Management*, dont le titre est à lui seul un programme. Si produire efficacement est toujours aujourd'hui un enjeu déterminant pour les entreprises, il n'est plus suffisant pour assurer leur succès. Les marchés sont plus globalisés et plus concurrentiels et produire efficacement n'est plus un avantage concurrentiel suffisant.

•••

...

- *La deuxième approche est tournée essentiellement vers la vente* et elle s'est véritablement imposée à partir des années 1930. La crise de 1929 aux États-Unis s'est traduite par une forte baisse de la demande. Alors qu'auparavant, les problèmes de management concernaient essentiellement la production des biens manufacturés, ils sont désormais liés à l'écoulement sur le marché des biens produits, c'est-à-dire à la commercialisation des biens manufacturés. L'optique vente consiste à privilégier la commercialisation des produits, en étudiant de près les circuits de distribution, mais également en stimulant la demande. On donne ainsi aux vendeurs et aux distributeurs des outils pour développer les ventes, on optimise les circuits de distribution, on améliore la présentation des produits par des packagings attractifs. Afin de faciliter les actions des vendeurs, les entreprises s'appuient de plus en plus sur la « réclame », par laquelle on vante les mérites de sa marque, ce qui a pour effet d'accroître la demande pour ses produits.
- *La troisième approche est l'approche marketing*. Elle émerge dans la première moitié du XXe siècle aux États-Unis et s'impose à partir des années 1950 lorsque l'Amérique d'abord, puis l'Europe par la suite, découvrent la société de consommation et la croissance à deux chiffres. Cette croissance est soutenue également par l'offre : les entreprises se multiplient, se développent, la concurrence est plus intense et les clients ont à leur disposition une multitude de produits nouveaux. Alors que l'offre tend toujours potentiellement à dépasser la demande, suffit-il de faire des publicités et de motiver ses vendeurs pour bien placer ses produits ? Le concept marketing est une réponse à ce nouveau contexte. Le principe du concept marketing est très simple : l'entreprise ne doit pas se contenter de chercher à écouler ses produits auprès des clients, elle doit aussi proposer aux clients des produits susceptibles de répondre à leurs attentes.Il s'agit donc de changer de perspective, de passer d'une optique entreprise/client à une optique client/entreprise/client.

SECTION 2

COMMENT LE MARKETING CRÉE DE LA VALEUR

1 Qu'est-ce que la valeur perçue d'une offre ?

L'utilisation du terme de valeur est multiple et donc créatrice de confusion : on parle de valeur économique ou financière pour l'entreprise, de valeur produit, de valeur perçue, de valeur à vie du client (*customer lifetime value*), etc. On s'efforcera de clarifier ces concepts.

Une entreprise ne crée de valeur que si elle a des clients qui perçoivent la valeur de son offre : un hôtel vide ne crée pas de valeur, pas plus que l'accumulation d'invendus.

Le marketing ne parle pas de valeur objective, mais de valeur perçue : si les clients ne jugeaient une offre que sur leur valeur objective, l'eau ne serait que de l'eau, et on ne trouverait pas sur les rayons des magasins la multiplicité des marques et des offres d'eau.

Exemple

➥ Cristaline est vendue environ 10 centimes d'euros le litre, soit cinq fois moins cher que Vittel, vendue environ 50 centimes d'euros[1]. Si Vittel a une importante part de marché, c'est sans doute que la valeur de son offre est perçue par un nombre significatif de consommateurs comme supérieure à celle d'une Cristaline.

Une question essentielle pour les entreprises est de savoir si la perception qu'elles ont de la valeur de leur offre correspond à celle des clients. Cette correspondance est loin d'être toujours assurée : ceux et celles qui travaillent en entreprise ont souvent une représentation de leur activité et de leur offre qui ne correspond pas exactement à celle de leurs clients.

Exemple

➥ Chez un fabricant d'automobile, le travail d'ingénierie, les achats, la logistique, la fabrication, la peinture, l'assemblage consomment une part considérable des efforts de l'entreprise. La rentabilité de la production passe par là. Mais la perception de la valeur par les clients sera déterminée par le design des modèles, l'image de la marque ou la relation avec les concessionnaires.

Le rôle du marketing est de créer de la valeur perçue par les clients et il faut pour cela comprendre leurs mécanismes de perception de la valeur d'une offre.

La valeur perçue est la perception par les clients de ce qu'ils obtiennent (bénéfices perçus) pour ce qu'ils donnent (coûts perçus)[2]. Le premier terme de ce rapport est le produit (ce que j'obtiens) et le second, le prix (ce que je donne). En réalité, les termes de cette évaluation sont plus nombreux.

- Du côté des bénéfices (ou de la valeur produit) on inclura notamment le produit principal, la qualité, les performances, les services associés (information, conseil, réservation, livraison...), les éléments intangibles portés par la marque.
- Du côté des coûts, on inclura le prix, les efforts (pour s'informer, acheter...), le coût de changement, le temps et le risque perçu.

À ce schéma de base, il faut ajouter deux compléments essentiels (voir figure 0.1) :

- La valeur perçue d'une offre est toujours relative à la valeur perçue des offres concurrentes. La valeur perçue d'une offre peut être ainsi plus ou moins élevée en fonction de celle des offres concurrentes.
- La valeur perçue avant l'achat peut être différente de la valeur perçue après l'achat : la première est décisive pour expliquer la décision d'achat, et la seconde pour comprendre le rachat, c'est-à-dire la fidélité. Les chercheurs en marketing ont souligné que la satisfaction et l'insatisfaction sont le résultat

---

1. Prix relevés le 20 mai 2012 sur www.auchandrive.fr
2. Pour une discussion sur les composants de la valeur perçue, voir Philippe Aurier, Yves Evrard et Gilles N'Goala, « Comprendre et mesurer la valeur du point de vue du consommateur », *Recherches et applications en marketing*, 19 mars 2004.

d'une comparaison entre des attentes (valeur perçue de l'offre avant l'achat) et d'une expérience : si l'expérience est égale ou supérieure aux attentes, le client est satisfait ou très satisfait ; si elle est inférieure aux attentes, il est insatisfait. Sans être totalement prédictive, l'insatisfaction favorise la défection (appelée « attrition » dans le jargon marketing) tandis que la satisfaction entraîne, en principe, la fidélité.

Figure 0.1 **Les mécanismes de perception de la valeur**

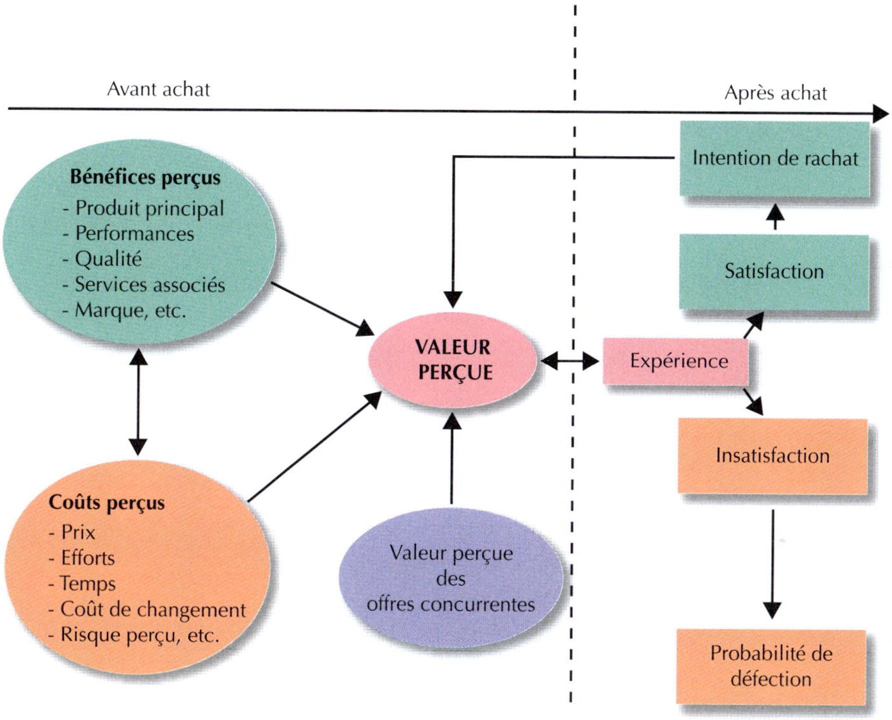

Cette approche de la valeur perçue a plusieurs conséquences importantes.

- *La valeur perçue n'est pas la somme des bénéfices perçus*

On croit souvent qu'en multipliant les promesses, on ne convaincra que mieux le client. Erreur ! De multiples bénéfices de faible valeur valent beaucoup moins qu'un seul bénéfice fortement différenciateur. Déjà, dans les années 1940, le célèbre publicitaire américain Rosser Reeves conseillait de concevoir la promotion d'un produit autour d'une USP (*Unique Selling Proposition*) : une seule promesse mais forte (vendeuse) et exclusive au produit ou à la marque.

- *La valeur perçue n'est pas réductible à la seule qualité perçue*

La qualité perçue est souvent un facteur déterminant de la valeur perçue. C'est en partant de ce constat que les fabricants d'automobile allemands ont construit leur réputation et leur succès. Mais la valeur perçue d'une offre peut être supérieure à celle d'une autre, même si sa qualité est inférieure. Les « premiers prix » en font la démonstration : leur offre est souvent d'une qualité inférieure à celle des grandes marques ; cependant, soit que la contrainte budgétaire du client est importante, soit que le client ne veut pas, pour la catégorie de produits envisagée, d'une qualité supérieure, les premiers prix peuvent avoir une valeur perçue supérieure à celle d'une marque de qualité.

- *La valeur perçue étant un rapport entre bénéfices et coûts, elle est relative*

Une offre aux bénéfices réduits peut avoir une valeur supérieure pour le client si les coûts sont eux-mêmes faibles : les compagnies aériennes low cost offrent des services très limités, mais leur offre peut être très attractive en raison du prix très faible. Inversement, une offre aux coûts importants peut avoir de la valeur si les bénéfices perçus sont encore supérieurs : c'est le choix des marques *premium price*, et plus encore de l'industrie du luxe qui propose des produits de haute qualité et des marques prestigieuses à des prix élevés. La difficulté pour certaines entreprises est de se trouver dans l'entre-deux, avec un prix que ne justifient pas les bénéfices de l'offre : le Club Med a connu cette situation avec la banalisation de sa formule et l'agressivité commerciale des concurrents qui proposaient des formules comparables à la sienne. Cela a amené les dirigeants du Club Med à se repositionner vers le haut de gamme.

- *Tous les clients n'ont pas les mêmes attentes, ni la même perception des coûts et des bénéfices*

Parce que la valeur à laquelle s'intéresse le marketing est perçue, il est indispensable – comme dans toute bonne démarche marketing – de segmenter son public en fonction des bénéfices attendus et des sacrifices acceptables. Il s'agira ensuite de cibler certains segments en fonction de la capacité de l'entreprise à satisfaire cette cible mieux que les concurrents (inutile de faire du low cost si on a une structure de coût qui ne le permet pas : une évidence qui avait échappé à la direction d'Air Lib, compagnie française d'aviation qui, pour échapper à la faillite, s'était reconvertie au low cost, ce qui accéléra sa disparition).[1]

2 Les leviers de création de valeur

Les leviers traditionnels du marketing : segmentation, positionnement, politique de produit, de prix, de communication et de distribution[2] concourent tous à la création de la valeur perçue. Comme on vient de le souligner, tous les clients n'ont pas la même perception des bénéfices et des coûts et les gens de marketing doivent

1. Voir un bon article de Wikipedia sur l'histoire d'Air Lib : http://fr.wikipedia.org/wiki/Air_Lib
2. Toutes ces notions sont largement développées dans les parties 2 et 3 de cet ouvrage. À ce stade de la découverte du marketing, on peut utilement se référer au dictionnaire indexé que l'on trouvera à la fin du *Mercator*.

cibler avec justesse le public visé. Le positionnement est essentiellement le choix d'une proposition de valeur à faire au client : quels sont les traits saillants de l'offre qui vont le mieux influencer la perception de sa valeur ?

Le prix est étroitement lié à la valeur perçue. Une offre n'est cependant jamais trop ou pas assez chère dans l'absolu. Si les clients trouvent l'offre trop chère, c'est que son prix ne paraît pas justifié par les avantages du produit ou l'allégement d'autres coûts (accès facile, gain de temps...). Les gens de marketing ont alors devant eux une panoplie de moyens pour valoriser l'offre, c'est-à-dire créer un écart positif entre perception des bénéfices et perception des coûts.

Pour créer de la valeur on peut soit accroître les bénéfices perçus, soit réduire les coûts perçus, soit tenter de faire les deux.

a) Accroître les bénéfices perçus

Figure 0.2 **Accroître les bénéfices perçus**

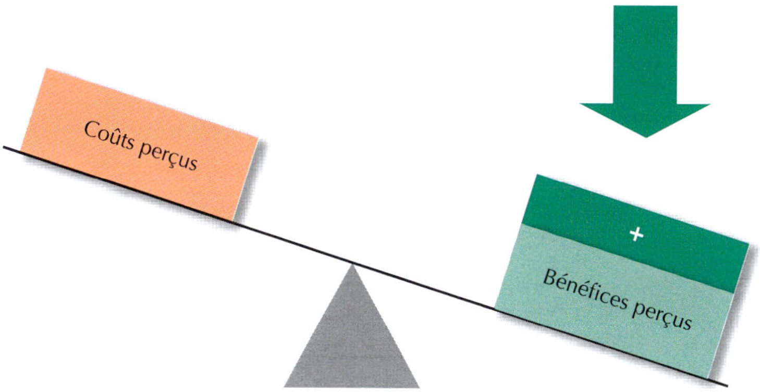

On peut accroître les bénéfices perçus en :

- créant un nouveau type de produit (innovation de concept) ;
- renforçant les performances du produit ;
- améliorant l'identité sensorielle du produit (design, décor, toucher, odeur, goût...) ou le packaging (commodité, perception de qualité, image...) ;
- développant les services associés (accueil, information, conseil, facturation, paiement, réservation, réalisation de la prestation, formation, maintenance, réclamation, fidélisation...) ;
- accroissant la qualité perçue (durabilité, réduction des pannes...) ;
- valorisant la marque (style, style de vie, prestige...).

Campagne de publicité Nespresso « *What Else* »

Exemple

➥ Le succès de Nespresso tient à une innovation de concept (les capsules), une qualité perçue renforcée par des appellations grands crus, une très forte identité sensorielle du produit (goût marqué des différents types de café, packaging haut de gamme, design des machines), des services associés intégrés dans un relationnel fort (boutiques Nespresso, club Nespresso), une plus grande facilité d'approvisionnement (commandes en ligne et livraison très rapide), et une marque servie par des campagnes exceptionnelles (« *What Else* » avec George Clooney).

b) Réduire les coûts perçus

Figure 0.3 **Réduire les coûts perçus**

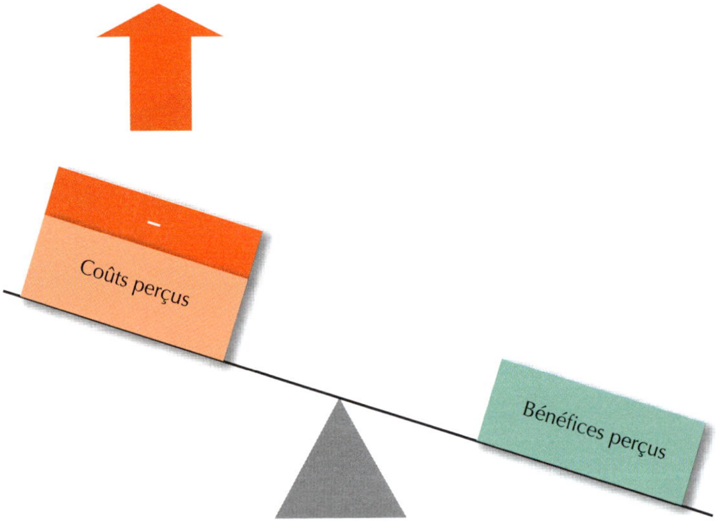

On peut réduire les coûts perçus en :

– *baissant le prix* (le problème : l'impact potentiel pour la rentabilité de l'entreprise) ;

– *modifiant la perception du prix* : revoir la structure de coût en incitant le client à prendre une partie du travail à sa charge (exemple : libre-service, transfert de coût sur le client : par exemple, Ikea qui fait monter les meubles par les clients...) ; réduire le prix de l'équipement et se rattraper sur le consommable (méthode inventée par Gillette qui vendait ses rasoirs sans marge et se rattrapait sur les lames) ; faire des promotions ciblées, etc.

– *réduisant les autres coûts* pour le client : diminuer les coûts de fonctionnement et de maintenance, faire économiser du temps et des efforts en favorisant l'accès à l'information, en facilitant le processus d'achat par l'automatisation, la personnalisation ou une distribution multicanale ; réduire le risque perçu par les certifications, les garanties et les politiques de marque, etc.

Exemple

➥ Le Livre de Poche a ouvert un nouveau marché en diminuant très sensiblement le prix du livre, ce qui a été rendu possible par une augmentation très importante des tirages et des ventes.

Réduire les coûts réels et les coûts perçus ne garantit pas le succès si cette politique entraîne une diminution significative des bénéfices clients.

Exemple

➥ La Tata Nano qui se voulait la voiture la moins chère du monde est un échec cuisant. Annoncée à 1 600 euros, ce projet avait apparemment du sens pour le vaste marché indien encore très peu équipé.

Tata avait un objectif de 250 000 ventes par an. Un an et demi après le lancement, les ventes ne se montent qu'à 71 300 exemplaires. Pire, elles décroissent constamment. En novembre 2011, seulement 509 Nano ont été vendues[1]. On avance de multiples raisons

– La diminution du coût est moindre qu'attendue. Tata avait annoncé son modèle à 1 600 euros. Les coûts de production ayant dû être revus, le prix de vente est compris entre 2 300 € et 3 200 € selon les options.

– Ensuite, l'image de la Nano a été entachée par l'expropriation de paysans pour construire l'usine et par plusieurs incendies spontanés de Nano dus à des courts-circuits.

– *Last but not least*, le concept d'ultra low cost pose problème dans ce marché. Les pauvres veulent-il accéder à l'automobile avec un modèle qui a l'image d'une voiture de pauvres ? D'autant plus qu'ils peuvent acheter pour la même somme, une vraie voiture d'occasion, et qu'ils sont capables de transporter plus de personnes sur une motocyclette ou un rickshaw que dans une Nano[1].

1. Source : www.assuranceauto.fr/20110103615/Constructeurs/tata-nano-lultra-low-cost-fait-un-bide.html

c) Accroître les bénéfices perçus et réduire les coûts perçus

Figure 0.4 **Accroître les bénéfices perçus et réduire les coûts perçus**

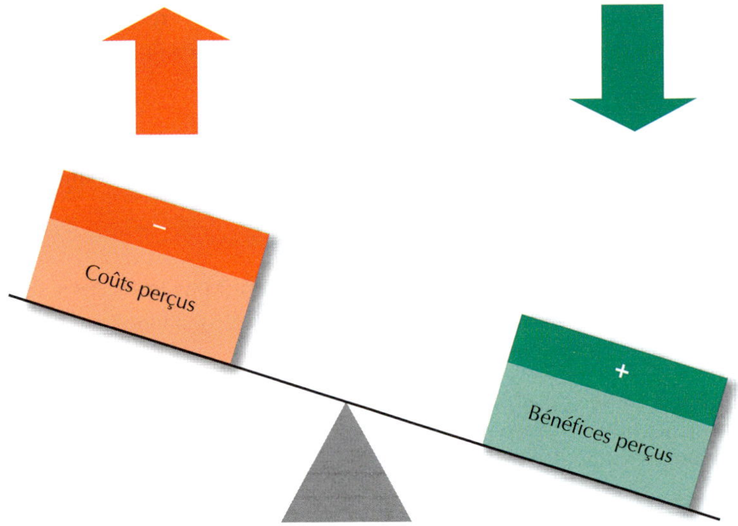

S'il est difficile d'accroître simultanément les bénéfices clients et de diminuer les coûts, il existe des exemples très réussis de cette politique, comme l'Airbus A 320 Néo. C'est le « nec plus ultra » des politiques marketing puisqu'on joue simultanément sur les deux tableaux.

Exemple

➥ Airbus connaît un succès considérable avec la nouvelle version de l'A 320, l'A 320 Néo. Plus de mille exemplaires ont été vendus en 2011 et Airbus prévoit d'en vendre 3 000 exemplaires supplémentaires dans les prochaines années. La nouveauté de ce modèle réside essentiellement dans une nouvelle motorisation, quelques renforcements de structure ayant été rendus nécessaires par l'adoption des nouveaux moteurs. Ce n'est pas techniquement une innovation majeure mais elle permet de réduire les coûts réels d'exploitation (économie de carburant de 15 %), de diminuer les nuisances (réduction de 10 % des émissions de NO_X), et en même temps d'accroître les bénéfices (réels et perçus) pour les compagnies (augmentation de 950 km de l'autonomie par rapport à l'A 320 classique, ou augmentation de 2 tonnes de la charge utile).

d) La formulation de la proposition de valeur

La proposition de valeur permet de formuler la stratégie de l'entreprise pour créer de la valeur perçue pour les clients.

La proposition de valeur est un choix stratégique qui définit ce que les clients doivent obtenir (bénéfices perçus) pour ce qu'ils donnent (coûts perçus), afin de créer une offre à la valeur perçue supérieure à celle des concurrents.

Il faut bien entendu confronter la proposition de valeur de l'entreprise – qui est une volonté et une intention – à la valeur effectivement perçue par les clients.

3 Le processus organisationnel de création de valeur et ses difficultés

Une source de difficultés dans la politique de valorisation d'une offre tient à la *cohérence nécessaire entre valeur perçue par les clients et valeur économique pour l'entreprise.* Accroître les bénéfices perçus (amélioration du produit ou des services associés, campagnes publicitaires qui mettent en valeur la marque, développement des canaux de distribution et de communication...) ou réduire les coûts perçus a souvent un coût économique pour l'entreprise. Ces investissements sont-ils compensés par l'augmentation du nombre de produits vendus ou par une augmentation des prix acceptée par les clients ?

Exemple

➥ L'Oréal a mené depuis 2000 une politique remarquable de valorisation de sa marque en la positionnant sur la promesse de « luxe accessible ». Cette politique a été très coûteuse en termes d'investissements publicitaires. Ces charges supplémentaires ont été pour partie compensées par des gains de productivité et pour l'autre par une augmentation de prix. Cependant, ce cercle vertueux de création de la valeur qui légitime une augmentation de prix a ses limites. L'Oréal a été trop loin dans l'augmentation des prix pour ses segments de clientèle et a dû revoir à la baisse sa politique tarifaire avec la crise économique. Le choix stratégique qui se pose à la marque est soit d'accepter cette limite en se maintenant en haut des produits de moyenne gamme, soit d'investir le marché du luxe. Cette alternative soulève de nombreuses questions en termes de politique commerciale (réseaux de distribution), de modèle économique et de gestion des marques au sein du groupe.

Dans la démarche de création de valeur, le rôle du marketing est important mais non exclusif : les fonctions de recherche et développement (R & D), de production, de vente, de services clients sont aussi impliquées dans le processus. On l'a résumé dans la figure 0.5.

Dans le schéma classique – et idéal – du marketing, l'entreprise identifie des besoins non ou mal satisfaits, ce qui la conduit à concevoir une offre susceptible de répondre à ces attentes. Elle peut aussi partir d'une idée propre et la valider auprès des clients (test de concept ou de produit). La R & D et la production doivent avoir ensuite la capacité à réaliser le projet ainsi défini. La communication de l'entreprise influence la perception des clients en transformant les besoins en valeur attendue, c'est-à-dire qu'elle contribue à expliciter et à formaliser les attentes des clients. L'expérience par le client de l'offre se traduit par une valeur perçue qui, si elle est égale ou supérieure à la valeur perçue attendue, conduit à sa satisfaction.

Figure 0.5 **Le processus organisationnel de création de la valeur perçue**

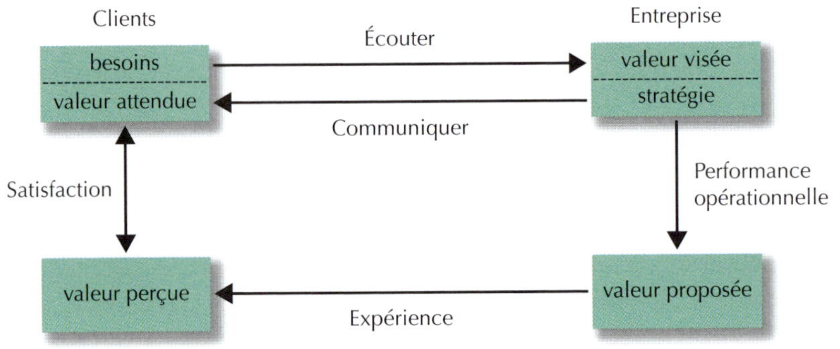

Exemple

- Un chef de produit de la marque Revlon, en étudiant attentivement des études qualitatives menées auprès de consommatrices de rouge à lèvres, constata qu'elles reprochaient à celui-ci de transférer, c'est-à-dire de ne pas tenir sur les lèvres et de laisser des traces sur les verres ou ailleurs. Il demanda à la R & D de créer un rouge à lèvres qui ne transfère pas, ce qui fut fait. L'entreprise lança alors une campagne de promotion très forte sur ce nouveau produit appelé ColorStay (couleur reste) avec la promesse suivante : « *Won't kiss off !* » (il ne transférera pas). Les clientes constatèrent à l'expérience que le produit tenait ses promesses et ColorStay conquit jusqu'à 25 % du marché des rouges à lèvres aux États-Unis.

Double page de publicité annonçant le lancement de ColorStay

Toutefois, ce processus vertueux peut avoir de nombreux ratés comme l'illustre la figure suivante.

Figure 0.6 **Le processus organisationnel de création de la valeur : difficultés possibles**

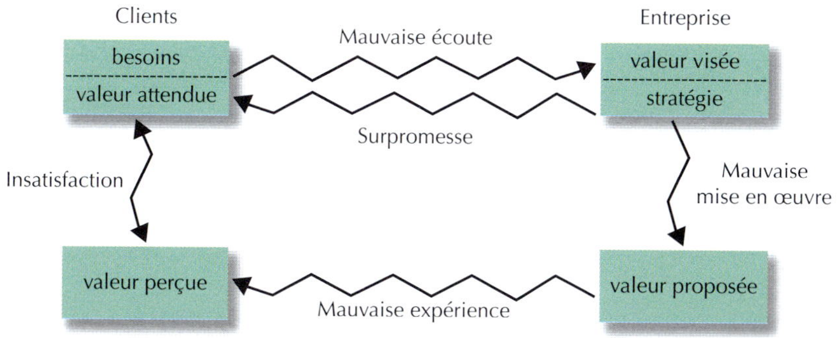

L'entreprise peut mal interpréter les signaux des clients ou mal définir la stratégie. La mise en œuvre par la R & D, les équipes marketing ou la production peuvent aboutir à un produit qui ne correspond pas à l'offre voulue. Les conditions d'utilisation du bien ou la prestation de service peuvent mal se passer, détériorer la valeur perçue et créer un écart négatif par rapport aux attentes. L'entreprise peut aussi *surpromettre*, augmentant ainsi le niveau des attentes et créant de l'insatisfaction.

Exemple

- Dans le cas de la Nano développé précédemment, Tata a fait une surpromesse en annonçant son modèle à 1 600 € puis en le commercialisant beaucoup plus cher. Il aurait été préférable de l'annoncer à 3 000 € et de le vendre à 2 300 €. Bernard Darty, le fondateur de la chaîne éponyme disait qu'une grande publicité était une promesse que la réalité dépasse. Ainsi quand ses services de maintenance lui annoncèrent qu'ils pouvaient dépanner les clients dans la demi-journée, il décida de dire que Darty s'engageait à dépanner dans la journée mais il ajouta qu'il jugerait son service après vente sur les dépannages dans la demi-journée. Forte pression sur les employés, forte image du service après-vente.

SECTION 3

LES DIFFÉRENTS VISAGES DU MARKETING

1 LE MARKETING EST UNE ATTITUDE PERSONNELLE ET UNE CULTURE D'ENTREPRISE

Le marketing n'est pas seulement une fonction et une politique, c'est aussi une attitude. L'attitude marketing se caractérise par le souci de comprendre le public pour mieux s'y adapter et mieux l'influencer.

Figure 0.7 **L'attitude marketing**

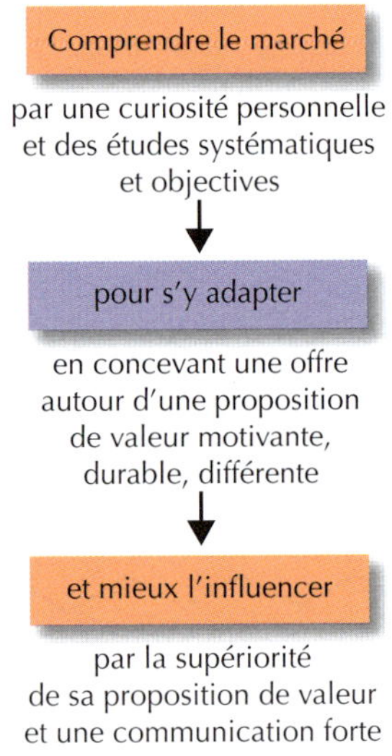

C'est l'ensemble de ces trois volets complémentaires qui constitue l'attitude marketing, et non pas, comme on le pense parfois, l'un ou l'autre des trois pris séparément.

- *Connaître le public*, notamment grâce aux méthodes d'études du marché, est un point de départ et une nécessité pour préparer une action de marketing, mais ce n'est évidemment pas une fin en soi.
- *S'adapter au public*, c'est-à-dire essayer de ne pas heurter ses habitudes, de satisfaire ses besoins et ses goûts, de parler un langage auquel il est sensible, est une condition de succès pour toute action marketing.
- Enfin, *influencer le public*, c'est-à-dire tenter de modifier ses attitudes et ses comportements dans un sens favorable aux objectifs de l'organisation, n'est généralement possible que dans certaines limites et à condition de tenir compte des caractéristiques et de la mentalité des gens que l'on cherche à influencer.

L'attitude marketing ainsi définie s'applique ou devrait s'appliquer à un très grand nombre de décisions de l'entreprise :

- Lorsqu'il s'agit de *décider ce que l'on va produire*, l'attitude marketing consiste à se demander d'abord, non pas quels sont les produits dont on dispose ou ceux que l'on aimerait fabriquer, ou encore ceux que l'on croit meilleurs, mais quels sont ceux que les clients sont prêts à acheter.
- Lorsqu'il s'agit de *fixer le prix d'un produit*, elle consiste à se demander d'abord, non pas combien il coûtera à produire, mais combien les clients sont prêts à le payer.
- Lorsqu'il s'agit de *définir une politique publicitaire*, elle consiste à se demander d'abord, non pas ce que l'on pense soi-même du produit à promouvoir mais ce qu'en pensent les clients et ce qui pourrait les inciter à l'acheter.
- Lorsqu'il s'agit d'*organiser un réseau de distribution ou un service commercial*, elle consiste à se demander d'abord, non pas quel système sera le plus économique ou le plus commode aux yeux de l'entreprise, mais quel est celui qui correspondra le mieux aux habitudes et aux exigences de la clientèle.

En conclusion, l'attitude marketing consiste à prendre ses décisions en fonction des clients et non pas seulement du producteur.

2 LES TROIS GRANDS MODES OPÉRATOIRES DU MARKETING

On peut distinguer trois grandes déclinaisons du marketing : le *marketing d'études*, le *marketing stratégique* et le *marketing opérationnel* (voir figure 0.8). Ce ne sont pas trois types différents de marketing mais les trois composantes de toute politique marketing.

Ces trois dimensions sont mises en œuvre par des personnes aux compétences différentes.

Les études sont largement sous-traitées à des cabinets extérieurs.

La stratégie est élaborée et suivie par les directions marketing et les directions générales.

Le marketing opérationnel, appelé également marketing terrain, est mis en œuvre par les chefs de produit, les services commerciaux et les vendeurs. On peut également choisir de faire appel à des spécialistes extérieurs à l'entreprise, notamment pour la conception et la maintenance des sites internet, les campagnes de publicité, la promotion de ventes, les relations publiques, les relations presse et l'événementiel.[1]

Figure 0.8 **Les trois composantes du marketing[1]**

Marketing d'études	• Étude du marché (enquêtes) • Suivi de la position concurrentielle (panels, relevés de prix...) • Contrôle de l'efficacité des actions marketing
Marketing stratégique	• Choix des marchés (ou des clientèles) cibles • Détermination du positionnement et de la politique de marque • Conception du produit et des services qui l'accompagnent • Fixation des prix • Choix des canaux de distribution et relations producteurs-distributeurs • Élaboration d'une stratégie de communication • Développement d'une stratégie relationnelle
Marketing opérationnel	• Mise en œuvre des campagnes de publicité et de promotion • Action des vendeurs et marketing direct • Distribution des produits et merchandising • Gestion de la relation clients

1. Voir les définitions des termes de ce tableau dans le dictionnaire indexé, à la fin de cet ouvrage.

3 L'EXTENSION DU MARKETING À DE NOUVEAUX SECTEURS D'ACTIVITÉ

En même temps que s'élargissaient les fonctions (ou le contenu) du marketing, son champ d'application s'est considérablement étendu (voir focus ci-après).

Initialement, c'est dans les entreprises produisant pour des marchés de masse des *biens de grande consommation à achats très fréquents* (détergents, produits alimentaires, cosmétiques...) que la conception moderne du marketing est apparue et s'est imposée. Aujourd'hui encore, ce sont les entreprises de ces secteurs, comme L'Oréal, Procter & Gamble, Nestlé ou encore Danone, qui pratiquent le marketing le plus sophistiqué.

Puis, le marketing s'est progressivement étendu au secteur des *biens semi-durables* (automobile, électroménager, meubles...) à celui des *services* destinés au grand public et aux entreprises : banque, voyages et tourisme, biens culturels (disques, livres, spectacles...) et à la distribution (grands magasins, hypermarchés, chaînes de magasins à succursales...).

Les producteurs de *biens industriels* (équipement, machines, informatique...) se sont ouverts plus tardivement au marketing, mais sont désormais de plus en plus nombreux à le pratiquer. Un chapitre du *Mercator* est consacré aux spécificités du marketing B to B, abréviation couramment utilisée de *Business to Business* ou marketing d'entreprise à entreprise.

Dans tous les secteurs qui viennent d'être énumérés, l'introduction du marketing moderne, tout en se heurtant parfois à des résistances dues aux habitudes mentales des gestionnaires, était encore naturelle puisque les entreprises appartenant à ces secteurs avaient pour vocation essentielle de vendre des produits ou des services à des clients potentiels, ce qui constitue, on l'a vu, l'objet même du marketing.

En revanche, le marketing a longtemps été négligé dans les organisations n'ayant pas une vocation commerciale ou lucrative, avant d'y faire une entrée en force. Dès le lendemain de la seconde guerre mondiale, les partis politiques ont découvert le marketing électoral aux États-Unis. Puis, on a vu des organisations sociales, philanthropiques, religieuses et caritatives faire appel aux outils du marketing pour tenter de changer des habitudes du public (campagnes contre la violence routière ou le tabagisme), pour obtenir des dons (Unicef, Croix-Rouge...) ou pour attirer des fidèles (Églises). Enfin, les pouvoirs publics, les collectivités locales et les administrations se sont mis eux aussi, tant bien que mal, à l'heure du marketing. Faute d'être capables de changer leur culture et leurs pratiques pour adopter une véritable orientation « clients », ces organisations publiques n'ont souvent retenu de l'approche marketing que les techniques de communication : campagnes gouvernementales pour les économies d'énergie, pour la sécurité routière ou pour l'emploi des jeunes, actions menées par des municipalités pour attirer des industriels, etc.

FOCUS

L'élargissement progressif du champ d'application du marketing

D'hier à aujourd'hui...

- Biens de grande consommation (alimentation, détergents, cosmétiques...)
- Biens semi-durables (automobile, électroménager...)
- Services au grand public (banque, tourisme, grande distribution...)
- Services aux entreprises (banque, transport, conseil...)
- Biens industriels (équipement, machines, informatique...)
- Partis politiques (marketing électoral)
- Organisations à but non lucratif (philanthropiques, religieuses...)
- Organismes publics (gouvernement, administrations...)

SECTION 4

LE MARKETING EST-IL MANIPULATOIRE, IDÉOLOGIQUE OU IMMORAL ?

La critique du marketing semble être aussi ancienne que le marketing lui-même. Avant même son avènement, la réclame était dès le XIXe siècle l'objet de contestation ou de mépris, et si on considère que les sophistes étaient, par certains aspects, les précurseurs des « *marketeurs* », Platon est sans doute le premier penseur à nous avoir laissé une trace écrite de cette critique[1] !

Les années 1960 et 1970 ont connu une contestation très active de la société de consommation et du marketing. Souvent d'inspiration marxiste, elle s'est traduite de façon moins politique par le mouvement consumériste et les lois de protection des consommateurs. Par contraste, la contestation du marketing des années 1980 et 1990 s'est bornée à des cercles relativement étroits, et c'est la publication de *No Logo* de Naomi Klein en 2000 qui a rattaché de façon emblématique la critique du marketing aux mouvements antiglobalisation et anticapitalisme en plein essor, pour lui donner une nouvelle vigueur.

La critique du marketing a fait l'objet d'ouvrages entiers, mais on se limitera ici à trois affirmations qui sont au cœur du débat : le marketing est manipulatoire ; il est idéologique et propagandiste, et enfin il est immoral.

1. Romain Laufer et Catherine Paradeise, *Le Prince bureaucratique. Machiavel au pays du marketing*, Flammarion, 1982.

1 Le marketing est-il manipulatoire ?

Les gens de marketing disent toujours qu'ils répondent aux besoins et attentes des clients alors que leurs critiques soulignent qu'ils poussent les gens à acheter des produits dont ils n'ont pas besoin, à exagérer ou à mentir sur leurs bénéfices, à les manipuler pour mieux vendre.

Cette introduction a souligné que le marketing consiste fondamentalement à *influencer* la perception et le comportement des publics que ciblent les organisations : faire acheter pour des entreprises marchandes, faire voter pour un parti politique, faire cotiser pour une association humanitaire, modifier le comportement pour un organisme de prévention, etc.

• *Influence et manipulation*

Peut-on néanmoins distinguer l'influence de la manipulation ? Tous deux relèvent de la persuasion, d'un pouvoir exercé sur quelqu'un pour le faire ressentir, penser ou agir d'une certaine façon. Tous deux utilisent l'émotion et les biais cognitifs. Pourtant, la manipulation a une connotation beaucoup plus négative que l'influence : elle est généralement associée à l'idée d'influence occulte (le sujet n'a pas conscience d'être influencé), d'absence de choix (le sujet est transformé en objet) et d'intention malveillante.

On peut argumenter qu'à ce titre, le marketing n'est pas manipulatoire. En marketing, l'influence est tout à fait explicite : par exemple chacun sait pertinemment que les marques veulent vendre, qu'un packaging est fait pour séduire et qu'une publicité cherche à influencer. De plus, aucune contrainte n'oblige une personne à acheter et les marchés restent de vastes espaces où se confrontent des offres concurrentes. L'intention du marketing marchand, enfin, est de vendre et non pas de nuire aux clients, d'autant que leur fidélité est de plus en plus importante pour les entreprises.

Pour autant, certaines pratiques du marketing sont effectivement manipulatoires. Le « marketing expérientiel » – un grand nom pour dire qu'on se soucie de l'expérience globale du client, dans un magasin par exemple – met en condition le client en s'adressant à tous les sens. Des célébrités et leaders d'opinion se font les porte-paroles de marques sans que la nature mercantile de ces relations soit toujours explicite. Lorsqu'un fabricant de cosmétiques vante les résultats miraculeux de sa crème, mais que son étude ne s'appuie que sur la perception subjective d'un panel très limité de clientes, on fait prendre un effet placebo pour un résultat scientifique. Quand certaines marques réduisent discrètement la quantité offerte d'un produit pour le même prix, elles font croire que le prix est stable alors qu'il a augmenté à volume constant. Les produits alimentaires et cosmétiques sont plein d'ingrédients mis en avant sur le packaging, qui se retrouvent dans le produit, mais qui n'ont aucun effet actif (ou le même que n'importe quel substitut moins exotique) : du plancton marin ou de l'eau de source de l'Himalaya (*sic*) dans une crème, une plante rare ou aux bénéfices symboliques dans un shampoing, de la gousse de vanille dont on a retiré tout l'extrait dans une crème à la vanille (parce que les petits morceaux noirs font naturel).

Le marketing n'est pas manipulatoire par nature, mais il peut l'être dans la pratique. Le citoyen doit espérer que les consommateurs sont suffisamment avisés pour ne pas se laisser abuser. Les clients se transforment-ils pour autant en objets manipulés pour des intentions malveillantes ? En principe non : ne serait-ce qu'en raison des choix qu'offre un marché et des contraintes législatives et réglementaires qui protègent le droit, la sécurité, la santé, la liberté d'opinion des citoyens. Mais qu'en est-il dans une perspective plus philosophique ?

2 Le marketing est-il idéologique ?

C'est la critique principale des mouvements anti-pub, anticapitalistes et altermondialistes : le marketing est mauvais parce qu'il développe une propagande marchande qui fait croire aux gens que leur bonheur est dans la consommation. Naomi Klein dénonce dans les deux premières parties de son livre (*No Space* et *No Choice*), la puissance et la domination exercée sur le marché par quelques grandes marques et entreprises, ainsi que l'envahissement de la sphère publique par les marques. Selon elle, les marques, qui permettaient à l'origine d'identifier des produits, sont devenues des styles de vie qui cherchent à s'imposer au public, notamment aux jeunes.

Mais dans quelle mesure ces modes de vie sont-ils imposés ? Beaucoup de marques sont dites « aspirationnelles » dans le jargon du marketing, parce qu'elles représentent un imaginaire auquel les gens *veulent* s'associer. C'est le cas des marques de luxe et des marques fortes. Les gens sont-ils conditionnés par Chanel ou Apple comme ils le seraient par Nike ? N'est-ce pas une analyse trop simpliste et mécanique ?

Bien que la transformation des marques en style de vie, en imaginaire, ne date pas d'aujourd'hui, il est vrai que jamais elles n'ont été aussi nombreuses à rechercher ce statut : être à la fois désirées et devenir bien plus qu'un ensemble de produits sur un marché. Cependant, l'opinion est volatile et la concurrence forte : le pouvoir des marques est souvent transitoire et Diesel pourra demain rejoindre Levi's parmi celles qui ont cessé d'être des mythes.

• *Rendre le cerveau humain disponible*

Plus profondément, le marketing, et son aspect le plus voyant, la publicité, peuvent être perçus comme porteurs d'une idéologie qui est celle de la société de consommation, de la dictature du divertissement, du triomphe de la démagogie. Comme l'écrit avec brio l'académicien Marc Fumaroli, « Les savantes stratégies publicitaires de compulsion, de répétition et de pression opèrent à plein régime. Elles proclament un état d'urgence permanent, elles ne laissent pas souffler. Il faut le reconnaître, elles font de leur mieux pour s'envelopper de bienveillance et même d'humour. La tyrannie qui rebiffe n'est pas leur affaire. Les tourbillons du *marketing* et de l'*entertainment* à grande échelle et à haut rendement qui s'emparent de nous successivement, mais à plein-temps, font alterner la molestation (« vous êtes privés de ce qui vous rangerait parmi les heureux ») et la flatterie goguenarde (« mais nous vendons tout ce qui vous manque ») [...]. Le marketing [...], flatterie et divertissement en surface, joue en profondeur sur la peur rampante de se trouver « dépassé « par le progrès à toute allure des géants de l'industrie agroalimentaire, de l'industrie des hydrocarbures, de l'industrie des assurances et de celle du luxe, toutes attelées à celle de la communication. Faut-il céder à ce chantage discordant et d'autant plus pressant ? Mais peut-on ne pas céder[1] ? »

1. Marc Fumaroli, *Paris-New York et retour*, Fayard, 2009, pp. 27-29.

Ces propos de Marc Fumaroli trouvent une parfaite illustration dans la déclaration plus brutale et prosaïque de Patrick Lelay, alors PDG. de TF1 : « Pour qu'un message publicitaire soit perçu, il faut que le cerveau du téléspectateur soit disponible. Nos émissions ont pour vocation de le rendre disponible : c'est-à-dire de le divertir, de le détendre pour le préparer entre deux messages. Ce que nous vendons à Coca-Cola, c'est du temps de cerveau humain disponible[1]. »

Ce mariage du divertissement et du marketing, cette pression à consommer sont réels et pesants ; pourtant ils ne s'imposent pas à tous, partout et tout le temps. Les citoyens ne sont pas des zombies qui marchent au pas cadencé du marché ; ils se dirigent dans un environnement qui est partiellement façonné par le marché, comme il l'est par la politique, les traditions socioculturelles, les classes sociales, la culture, la religion... Dans ce jeu d'influences, le marché est une force puissante, mais il s'inscrit dans un cadre qui le dépasse néanmoins, et il suscite des réactions et des oppositions qui sont autant de contre-pouvoirs.

- *Démagogie et élitisme*

Toute l'ambiguïté idéologique du marketing est qu'il a, par nature, une propension démagogique, si on entend par démagogie « dire au peuple ce qu'il a envie d'entendre ». Si on veut convaincre, il faut prendre en compte le point de vue de son auditoire. Si on veut vendre, il faut comprendre les besoins et attitudes de son public. Tout praticien du marketing sait qu'il est bien plus facile d'aller dans le sens de son public (en adaptant sa politique de produit, de prix, de distribution...) que de modifier en profondeur ses attitudes. C'est ce qui explique cette propension à la démagogie du marketing : dire à son public ce qu'il a envie d'entendre et lui donner ce qu'il a envie d'acheter. *Le marketing conforte les opinions, les préjugés et les désirs de ses cibles pour mieux réaliser les objectifs de l'organisation qui l'utilise.*

En ce sens, la critique du marketing – qu'elle vienne de bords opposés de l'échiquier politique, tels Naomi Klein et Marc Fumaroli – est aussi souvent une critique élitiste contre le mauvais goût populaire (c'est-à-dire le vulgaire, le superficiel, l'artificiel auxquels le marketing est associé). Mais qui décide du bon et du mauvais goût ? de la bonne et de la mauvaise façon de vivre ? La critique élitiste de la société démocratique de consommation – dans laquelle le marketing a trouvé, il est vrai, son terrain de prédilection – n'est en rien illégitime : elle est argumentée et peut paraître à la fois pertinente et nécessaire. Mais qui peut déterminer que cette position est *supérieure* et *meilleure* à celle qui conduit des millions de gens à consommer avec satisfaction les produits de l'industrie du divertissement et des grandes marques ?

Il n'est pas sûr que la masse des populations pauvres dans le monde, qui arrive pour partie à améliorer son niveau de vie, voit d'un mauvais œil la société de consommation, le fait de pouvoir disposer de l'eau courante, d'appareils électroniques, d'appareils de loisir (télévision, musique), de moyens de communication comme le téléphone mobile ou Internet, de moyens de circulation, de produits de soin du corps et de nettoyage, etc. Les plus pauvres dénoncent rarement la société de consommation : ils y aspirent parce qu'elle apporte un niveau de confort qui répond à un désir naturel.

1. Les associés d'IEM, *Les dirigeants face au changement*, Huitième jour, 2004.

- *Quand consomme-t-on trop ?*

Ces arguments et contre-arguments n'épuisent cependant pas le débat de l'idéologie marchande du marketing. Car on peut tout à la fois reconnaître que consommer est une aspiration légitime et soulever la question de la limite à cette consommation, d'autant plus pressante dans une obligation de développement durable[1]. À partir de quand peut-on parler de surconsommation et de gaspillage ? À partir de quand le marketing pousse-il à acheter des produits dont on n'a pas besoin ? Les rayons des magasins sont encombrés de produits et d'« innovations » plus anecdotiques les unes que les autres, parce que les marques doivent défendre leurs parts de marché et que les clients s'ennuient vite. Mais qui doit décider que ces produits ne méritent pas d'être achetés, sinon les clients eux-mêmes ? Certains préconisent l'intervention de la loi et l'interdiction pour raison d'intérêt public. Une société libérale – au sens de respect des libertés privées et publiques – y répugne au nom de la responsabilité individuelle. Les mouvements appelant à la « déconsommation » sont parfaitement légitimes dans une société qui valorise la liberté individuelle, mais au nom de quoi ceux qui dénoncent les méfaits de certains modes de vie devraient-ils imposer leur opinion aux autres et définir ce qu'ils sont autorisés à faire et à acheter ? Certains ont une réponse : au nom de l'intérêt général. C'est au nom de cet intérêt supérieur qu'on a réglementé l'usage du tabac ou de l'alcool, la publicité des produits alimentaires, et qu'on impose des taxes carbone. Demain, sous la pression de minorités actives et influentes, ce principe peut prévaloir dans d'autres aspects qui touchent au mode de vie et au mode de consommation. La question de la légitimité de l'utilisation de la contrainte réglementaire (interdiction, taxation...) peut difficilement être tranchée dans un sens ou dans l'autre sur la base d'un principe absolu : elle est très largement relative à l'opinion publique et à ses évolutions.

3 Le marketing est-il immoral ?

Faire acheter ce dont les gens n'ont pas besoin, les influencer de façon occulte, survendre les produits, promouvoir une idéologie de la consommation au détriment du développement durable, justifier une société capitaliste inégalitaire... ces critiques ont trait à la légitimité du marketing et, en dernier recours, à sa moralité.

- *Enseigner la morale ?*

L'enseignement de l'éthique dans les écoles de commerce est une mode qui n'a guère pris en Europe, non en raison de l'immoralité foncière de leurs responsables ou de la nature de l'enseignement, mais plus largement parce que la morale est perçue comme largement subjective. Chacun s'accorde sur le respect des lois et règlements – et les praticiens du marketing y sont soumis comme tout le monde. On peut aussi s'accorder sur des règles déontologiques, qui sont généralement liées à un métier. L'Esomar par exemple, association professionnelle européenne des sociétés d'études de marché, a édicté un code déontologique que chaque membre se doit

1. Voir le débat « Marketing et développement durable : transformation ou récupération ? » dans les ressources numériques de cette introduction.

d'appliquer[1]. Mais la morale est souvent considérée comme une affaire de convictions trop personnelles pour être enseignées, ou relevant de la religion (ce qui, dans une société laïque, est la même chose, la religion étant une affaire privée).

Les étudiants en marketing suivent donc des enseignements qui questionnent rarement – voire jamais – la moralité des pratiques marketing (leur légalité ou illégalité est en revanche enseignée). Cela pose peu de difficultés si on adhère à la définition du marketing de l'Americain Marketing Association : le marketing y est moral par principe puisque, au final, son action « bénéficie à l'organisation et à ses parties prenantes » (le terme utilisé est *stakeholders*, qui signifie clients, actionnaires, collaborateurs, pouvoirs publics...). Or on peut contester une telle pétition de principe : rien ne permet de démontrer qu'en règle générale, les intérêts de l'entreprise (ou de l'organisation) soient les mêmes que ceux des clients ou des collaborateurs. Le *Mercator* se garde d'un tel biais en soulignant dans sa définition du marketing que sa finalité est d'agir « en faveur » de l'organisation qui la pratique (que ce soit pour faire acheter, faire voter...). Est-ce à dire que la perspective de cet ouvrage est cynique ?

• *Le marketing est amoral, mais les responsables marketing ne doivent pas l'être*

Selon nous, cette approche n'est ni cynique, ni vertueuse. Le marketing est fondamentalement un moyen d'action au service des organisations et ce n'est pas l'outil qui détermine la moralité des actions et ses finalités.

Cette approche, loin d'exempter les gens de marketing de toute responsabilité, ne fait que la souligner. Autrement dit, la légalité et l'efficacité des actions marketing ne sont pas une garantie de moralité. Par exemple, quand on crée et qu'on promeut des bières fortement alcoolisées parce qu'on a constaté que beaucoup de jeunes boivent de la bière pour s'enivrer, on répond aux attentes de la cible et on développe son chiffre d'affaires. Mais dans le même temps on encourage l'alcoolisme des jeunes, qui est un problème majeur de santé publique et de sécurité routière. Les responsables marketing et les responsables d'entreprise ont-ils pris la mesure de leur responsabilité dans cet exemple ? La question vaut aussi pour le développement de certains types de voitures, l'utilisation de certains composants ou l'emballage des produits, les méthodes de persuasion utilisées, etc.

L'arbitrage entre l'efficacité à court terme et l'intégrité et la crédibilité à long terme est une question que les gens de marketing doivent se poser et doivent poser, au nom de leur organisation et à titre personnel. Le seul respect de la loi ne suffit pas à répondre à cette question. Les réponses que les responsables apporteront – ou non –, constitueront un enjeu de plus en plus important dans l'opinion publique, pour la légitimité des organisations et, plus secondairement, pour celle du marketing.

---

1. Le code déontologique d'Esomar est téléchargeable sur www.esomar.org/

Ressources complémentaires

La boîte à outils du *Mercator*

- Outil n°1, La balance de la valeur perçue

Ressources numériques sur mercator.fr

- **L'essentiel : retenez les points-clés !**
  L'essentiel de l'introduction
- **Quiz interactifs corrigés et commentés : testez vos connaissances !**
  Quiz de l'introduction
- **Pour aller plus loin**
  – Pour aller plus loin dans l'introduction : une sélection de livres et d'articles sur l'utilisation du marketing dans le secteur non marchand et sur la critique du marketing.
  – Continuez à échanger sur mercator.fr autour des deux débats proposés par les auteurs : « Le marketing est-il manipulatoire, idéologique au immoral ? », et « Marketing et développement durable : transformation ou récupération ? »

Étudier les marchés

première partie

Pour pouvoir s'adapter à ses publics, leur faire une proposition de valeur attrayante et les influencer, une entreprise (ou plus généralement une organisation) doit d'abord bien les connaître. Tel est l'objet de l'étude des marchés, qui constitue le fondement des décisions de marketing. Les trois chapitres de cette première partie lui sont consacrés.

Le premier d'entre eux traite des différentes façons de définir et d'évaluer un marché. Le deuxième chapitre présente les méthodes et les techniques des études de marché. Le troisième analyse les comportements du consommateur : on y développe les théories et les modèles explicatifs des processus de décision et de consommation.

La Z 750 de Kawasaki,
modèle le plus vendu en 2011 en France (plus de 125 cm^3)

Avis de mauvais temps sur le marché de la moto

Le marché quantitatif (ventes en volume et en valeur)

Entre 2008 et 2011, le nombre de motos et de scooters (marché en volume) a chuté de 25 %[1] en Europe. Mais un marché global est le plus souvent un ensemble hétérogène. Les ventes se sont mieux tenues dans l'Europe du Nord que du Sud.

Les acteurs du marché : partenaires et adversaires des marques en présence

Importateurs, concessionnaires et médias. Ils animent le marché en finançant ou en relayant les compétitions (« Qui gagne dimanche est acheté lundi », dit-on dans la profession), en organisant des événements locaux et en soutenant des clubs de propriétaires dont Harley Davidson a été un promoteur historique.

La concurrence. Très intense sur tous les segments de marché, elle se traduit par une profusion de nouveaux produits. Globalement, ce sont les Japonais qui dominent mais l'Allemand BMW, l'Autrichien KTM, les Italiens Ducati et Aprilia, l'Anglais Triumph ou encore le légendaire Américain Harley Davidson leur mènent la vie dure.

Les facteurs environnementaux

Économie. Ici comme ailleurs, le contexte économique a été défavorable dans de nombreux pays. En 2011, le marché grec a baissé de 26 % en volume, tandis que le marché allemand amorçait une reprise.

Réglementation. Elle joue un rôle décisif. Les ventes des moins de 125 cm^3 sont largement soutenues par l'autorisation de les conduire sans permis. La répression plus sévère des excès de vitesse pèse sur les ventes des grosses cylindrées.

Météo. Elle a un impact conjoncturel sur les ventes qui se portent mieux quand il fait beau.

Cette analyse très succincte du marché de la moto a été faite en reprenant les trois façons complémentaires d'analyser un marché qui sont développées dans ce chapitre : l'approche quantitative, l'analyse de la concurrence et l'analyse environnementale.

1. Source : www.moto-net.com

Chapitre 1

L'analyse des marchés

Toute réflexion marketing commence par une analyse du marché. Cette étape incontournable soulève de nombreuses difficultés : comment évalue-t-on la taille d'un marché ? Comment décompose-t-on la demande ? Quels acteurs de l'offre peut-on identifier et comment les étudie-t-on ? etc. Toutes ces questions peuvent être traitées selon quatre modes d'analyse des marchés.

- **L'analyse quantitative d'un marché.** Un marché se mesure par un ensemble de données chiffrées sur l'importance, la structure et l'évolution des ventes d'une catégorie de produits, d'une marque ou d'un de ses produits.

- **L'analyse qualitative d'un marché.** C'est la compréhension des besoins, des motivations, des processus de décision d'achat, des modes de consommation d'une catégorie de produits ou d'un segment de la population. Cette approche fait l'objet du chapitre 3.

- **L'analyse des acteurs.** Un marché est un système d'interactions entre des acteurs susceptibles d'exercer une influence sur les ventes d'un produit : producteurs, distributeurs, clients, leaders d'opinion, etc. Cette analyse doit être impérativement complétée par celle des concurrents.

- **L'analyse environnementale.** On peut enfin analyser un marché à travers l'étude des facteurs d'environnement qui vont influencer profondément la demande : contexte économique, démographie, réglementation, etc.

PLAN DU CHAPITRE

Section 1	L'analyse quantitative des marchés en volume et en valeur	32
Section 2	L'analyse des acteurs du marché	46
Section 3	L'analyse des facteurs d'environnement	52
Ressources complémentaires		55

SECTION 1

L'ANALYSE QUANTITATIVE DES MARCHÉS EN VOLUME ET EN VALEUR

Qu'est-ce qu'un marché ? C'est la rencontre entre une offre et une demande solvable.

Analyser quantitativement un marché consiste à définir, d'une manière synthétique et statistique, l'importance, la structure et les tendances d'évolution des ventes d'un produit, d'un service ou d'une catégorie de produits (bien ou service).

On mesure un marché par les ventes sur une période donnée (annuelle, semestrielle, mensuelle...), sur une zone géographique et au prix de vente au consommateur final, toutes taxes comprises[1].

Dans certains cas, il peut être intéressant de chiffrer le marché en amont, à un autre stade de la transformation et de la commercialisation du produit.

Exemple

- Le marché du café peut être mesuré par les ventes des producteurs. Cela se fait parfois, en tonnes, plus souvent en sacs. Mais le marché du café peut également être mesuré par les ventes des torréfacteurs aux distributeurs, enfin par les ventes au consommateur final en distinguant les achats pour la consommation à domicile et les achats dans les cafés, les hôtels, les restaurants (marché CHR).

1 Marché en volume et marché en valeur

Le marché en volume se mesure par le nombre d'unités vendues.

On utilise généralement des unités physiques pour mesurer un marché en volume : tonnes de blé, kilowatts d'électricité, litres d'eau minérale, etc.

Dans d'autres cas, lorsqu'il s'agit de services, c'est-à-dire de produits non tangibles, il faut adopter une définition spécifique : c'est ainsi qu'on mesure le marché de l'hôtellerie en termes de « nuitées » ou le marché des transports en termes de « kilomètres-voyageur ». Ces unités de mesure sont utilisées pour les statistiques globales. Au niveau des entreprises de ces secteurs, on mesure le plus souvent l'activité en nombre de « pax », c'est-à-dire de clients qui séjournent dans les hôtels ou voyagent dans les avions.

Le marché en valeur correspond au total des sommes payées par les acheteurs.

1. Certains produits, comme la confiture ou le potage, sont achetés mais aussi « autoproduits » pour un usage familial. Les statistiques sur le volume ou la valeur de ces marchés ne tiennent compte que des flux marchands et sous estiment donc la consommation réelle. Comme les quantités autoproduites viennent en concurrence des produits commercialisés, il faut les prendre en compte, ce qui n'est pas simple.

La mesure d'un marché en valeur est parfois la seule possible pour des produits très hétérogènes, comme certains produits pharmaceutiques pour lesquels il serait absurde de mesurer les ventes en tonnes, en nombre de pilules, de gélules ou d'ampoules.

Notre conseil

Évaluez toujours un marché à la fois en volume et en valeur et analysez sur plusieurs années l'évolution des ventes en volume et en valeur. Vous comprendrez mieux les tendances lourdes des prix et les stratégies marketing des acteurs du marché.

© Benoît Noël

Exemple

➥ Le cognac se vend peu en France (3 % des ventes mondiales en volume) mais très bien aux États-Unis, son premier marché, et en Extrême-Orient (35 % des ventes en volume, et plus encore en valeur car on y achète les cognacs les plus chers). 2011 a été l'année du record des ventes de cognac avec un marché en volume de 163 millions de bouteilles pour une valeur totale supérieure à 2 milliards d'euros.

Souvent les mesures du marché en volume et en valeur évoluent différemment.

Exemple

➥ Le lancement des écrans plats de télévision (LCD et plasma) s'est traduit, dans les premières années, par une forte augmentation des ventes en volume et surtout en valeur. Les prix de lancement étaient beaucoup plus élevés que ceux des écrans traditionnels à tube cathodique. Puis, la progression du marché en valeur s'est considérablement ralentie alors que le marché en volume restait sur une évolution très positive. La guerre des prix faisait son effet. Aujourd'hui, le marché baisse en volume et en valeur en raison de la saturation du marché et de la poursuite de la baisse des prix. Alors que le marché des téléviseurs avait augmenté de 22 % en volume et baissé de 2 % en valeur en 2010, il n'a augmenté que de 2 % en volume et baissé de 12 % en valeur en 2011.[1]

1. Source : www.neomag.fr/e-docs/00/00/0E/B6/document_actualite.php et www.pcinpact.com/news/45857-Television-LCD-GPS-baladeurs-Camescopes.htm

2 La taille des marchés : très grands marchés, marchés moyens et niches

Les marchés ont des tailles très diverses. Aux deux extrêmes, on trouve :

- Les *très grands marchés* : marchés de masse des produits de grande consommation (café, eau minérale, produits frais), marchés de biens d'équipement (automobile), marchés de matières premières (pétrole), etc. L'unité de compte des très grands marchés est le milliard d'euros, voire la dizaine de milliards pour les marchés mondiaux.
- Les *niches* : ce sont des marchés de petite taille, l'unité de compte étant le million d'euros. Un petit marché n'est pas nécessairement une niche.

Une niche n'existe que si elle est défendable, notamment par des barrières à l'entrée qui la protègent de la menace de nouveaux entrants[1].

Exemple

→ Une PME française a mis au point des gants de haute sécurité pour protéger les chirurgiens et les infirmiers des risques de contamination du Sida. La technicité des produits et le faible volume du marché potentiel peuvent protéger cette niche de la convoitise des grands groupes.

Si toute niche développée avec succès est, un jour ou l'autre, attaquée par la concurrence, l'initiateur de la niche est en bonne position pour résister.

On observera enfin que l'importance d'un marché dépend de la taille de l'entreprise qui l'évalue. Pour un petit apiculteur qui a une cinquantaine de ruches, le marché français du miel est un très grand marché alors qu'une multinationale de l'agroalimentaire le considérera comme un petit marché, voire un micromarché.

3 Mesurer un marché : en se référant à quoi ?

On peut évaluer le marché d'un produit, d'une marque, d'une entreprise, d'une catégorie de produits, etc. Ces différentes mesures se complètent, et généralement, il est utile de disposer de l'ensemble de ces indicateurs.

- Le *marché d'un produit* (ou d'un modèle) d'une marque donnée : par exemple, les ventes annuelles en Europe, en volume et en valeur, de l'iPad.
- Le *marché d'une catégorie de produits* : par exemple, le marché des tablettes.
- Le *marché d'une marque* : par exemple, le chiffre d'affaires d'Apple en France en 2012. C'est la consolidation des ventes de modèles variés appartenant à différentes catégories de produits : micro-ordinateurs, baladeurs, tablettes, etc.
- Le *marché d'un segment de marché* : par exemple, les ventes annuelles en France des tablettes aux 35-50 ans.
- Le *marché d'un besoin* ou d'un type de consommation. On l'appelle parfois marché générique. Par exemple, le marché des jeux relève lui-même d'un

1. *Strategor*, 5e édition, Dunod, 2009.

ensemble plus vaste : le marché des loisirs. Ces marchés regroupent plusieurs catégories de produits et des populations de consommateurs très diverses. Il est donc impératif de segmenter ces marchés pour mieux comprendre leurs évolutions.

4 Des marchés fort différents selon la nature de la demande

a) Les marchés B to C et marchés B to B[1], ou marchés de particuliers et marchés de professionnels

Les critères d'achat diffèrent, les politiques marketing sont spécifiques.

Exemples

- Les constructeurs d'automobiles distinguent les ventes aux particuliers et les ventes aux entreprises : loueurs et flottes d'entreprises, un marché considérable puisqu'en France un véhicule neuf sur deux est vendu à une entreprise. On ne vend évidemment pas une Laguna de la même façon et au même prix à Hertz et à Monsieur Dupont.
- Tarkett, leader mondial des revêtements de sol a des divisions différentes pour exploiter les marchés des particuliers, le marché des entreprises et celui des surfaces sportives. Les clients sont différents, les produits sont spécialisés, les modes de distribution, de tarification et de communication sont adaptés à chaque marché. Chaque marché relève de politiques marketing et d'organisations commerciales *ad hoc*.

Dans certains secteurs, les fabricants introduisent, à côté des marchés de particuliers et des marchés d'entreprises (grandes et moyennes entreprises), un troisième type de marché appelé SOHO dans les pays anglo-saxons, initiales pour *Small Offices* (PME) *Home Offices* (travailleurs indépendants), qui regroupent une clientèle BtoB de petites entreprises ou de professions libérales.

Exemple

- Les banques de détail segmentent traditionnellement leur marché en grands comptes (grandes entreprises), PME, indépendants (professionnels, commerçants et agriculteurs) et particuliers.

b) Les marchés à variations saisonnières

L'estimation du marché en volume et en valeur peut être faussée si on ne prend pas en compte les variations saisonnières qui peuvent l'affecter. Il faut donc utiliser des données s'étalant sur une période suffisamment longue pour distinguer les périodes de haute saison et de basse saison.

1. B to C : initiales de *business to consumer* : marché d'entreprise à consommateur final ; B to B : initiales de *business to business* : marché d'entreprise à entreprise.

Exemple

- En France, près de la moitié des ventes d'huîtres se fait pendant les fêtes de fin d'année, mais la consommation a tendance à mieux s'étaler tout au long de l'année, notamment grâce aux huîtres dites « des quatre saisons », ou huîtres triploïdes. Issues d'une manipulation génétique, elles grossissent plus vite, sont stériles et n'ont donc plus de laitance, supprimant ainsi la distinction entre les mois en R et les mois sans R (mai, juin, juillet, août) pendant lesquels les huîtres traditionnelles sont trop laiteuses au goût de nombreux consommateurs.

c) Les marchés de premier équipement et les marchés de renouvellement

Dans le cas de biens durables ou semi-durables, la connaissance du parc (nombre de produits achetés et en fonctionnement) est nécessaire à la prévision de l'évolution du marché que l'on analyse en marché de premier équipement et marché de renouvellement. Par ailleurs, l'évolution du parc entraîne celle des produits liés à l'utilisation de ces équipements (pneus pour automobiles, produits de lavage pour machines à laver, jeux pour consoles...).

Le marché de premier équipement est le marché (en volume ou en valeur) des produits vendus à des clients qui achètent pour la première fois la catégorie de produits.

Le marché de renouvellement est le marché (en volume ou en valeur) des produits vendus à des clients qui remplacent un ancien produit appartenant à la même catégorie.

Exemples

- 99 % des foyers français disposent d'au moins un récepteur radio. En moyenne, on compte près de 6 postes de radio par foyer. Les ventes procèdent donc d'un marché de renouvellement qui, lui-même, est impacté par de nouveaux modes de réception : Internet (Webradios), programmes radios inclus dans des bouquets TV proposés par les opérateurs ADSL et câble, téléphone mobile, etc.
- On observe une évolution au 3e trimestre 2011 du marché en valeur des pneumatiques en Europe et en Asie[1]. Dans cette activité, on parle de « marché de première monte » (équipement des nouvelles voitures), et de « marché de remplacement ».

	Europe	Asie	dont Japon
Première monte	+ 6 %	+ 6 %	- 20 %
Deuxième monte	+ 6 %	+ 9 %	+ 11 %

La baisse considérable du marché de premier équipement au Japon s'explique par le tsunami qui a significativement perturbé la production nationale de véhicules pendant plusieurs mois.

1. Source : www.michelin.fr

d) Les marchés induits

Les marchés induits, ou ventes liées, sont des marchés qui dépendent de façon directe d'un autre marché.

Exemples

- Le développement du marché de l'Internet domestique (par opposition à l'Internet professionnel) est largement conditionné par l'évolution du marché des PC, des smartphones et des tablettes. Les marchés de ces catégories de produits dépendent des conditions d'accès à Internet (haut débit, tarifs...).
- Le marché du chauffage électrique est lié au marché de l'immobilier. En effet, il dépend du parc des logements existants, du dynamisme des constructions neuves et des programmes de rénovation.
- Dans les marchés industriels, les ventes de machines-outils sont significativement corrélées à la demande finale. Une demande soutenue des consommateurs conduit à un besoin d'investissement des producteurs, et de ce fait, accroît la demande de machines-outils.

e) Les marchés captifs

On dit qu'un marché est captif lorsque les clients sont obligés ou très fortement poussés à acheter un produit ou une marque donnée. Un marché captif est souvent un marché induit. Les clients ont perdu leur liberté de choix en achetant un produit qui entraîne l'achat d'autres biens.

Exemples

- Les dosettes Nespresso sont un marché induit des ventes de machines Nespresso. Elles créent un marché qui devait être captif puisque seules les dosettes Nespresso devaient être utilisables.
- En inventant le rasoir mécanique, Gillette a créé un marché captif pour ses lames.

Dans les cas dont relèvent ces exemples, les producteurs créent des marchés captifs en se protégeant par des brevets, ce qui peut entraîner des batailles juridiques complexes comme celle qui oppose Nestlé à Ethical Coffee Company, une autre société suisse qui produit des dosettes compatibles avec les machines Nespresso et qui fournit Casino, en France[1].

Parfois, le client se met en situation de dépendance contre un avantage initial. C'est la politique des opérateurs téléphoniques qui offrent gratuitement ou à prix cassé un téléphone mobile contre l'engagement de souscrire un abonnement d'un ou deux ans.

Ces pratiques sont légales car le client s'engage volontairement et est averti de la contrainte qu'il s'impose. Enfin, on notera que l'appellation « marché captif » est un peu abusive lorsque le client a d'autres options, même si elles peuvent être coûteuses en argent ou en autres efforts.

1. Voir www.lefigaro.fr/societes/2011/03/18/04015-20110318ARTFIG00453-dosettes-la-concurrence-met-nespresso-sous-pression.php

Exemple

- On dit qu'un restaurant installé tout seul en haut des pistes de ski a un marché captif mais les skieurs ont des alternatives : emporter un sandwich ou redescendre dans la vallée pour le déjeuner.

5 Marché réel et marché potentiel

Évaluer le plus précisément possible le marché potentiel d'une marque ou d'un produit est une étape incontournable avant d'investir des sommes souvent très élevées dans des nouveaux produits et dans les programmes marketing qui les accompagnent.

a) Distinguer entre marché réel et marché potentiel

Le marché réel (on dit aussi « marché actuel ») est mesuré par le volume et/ ou la valeur des ventes effectives du produit considéré au cours d'une période de référence.

Le marché potentiel est une estimation du volume maximum (ou plafond) et/ ou de la valeur que pourraient atteindre les ventes, dans un horizon temporel déterminé et sous certaines hypothèses raisonnables bien définies.

Exemple

- Le marché des services prépayés est considérable mais souvent méconnu si ce n'est au travers de son service le plus ancien : le ticket restaurant. Les services prépayés sont surtout des avantages aux salariés auxquels contribuent les entreprises, mais il existe des services aux citoyens comme les titres alimentation, développés depuis longtemps au Brésil, ou encore les tickets Childcare en Grande Bretagne. Dans une acception large de ce marché, on y inclut les chèques cartes et les coffrets cadeaux.
Le marché réel en Europe a été estimé à 41 milliards d'euros en 2010 ; le marché potentiel des services prépayés en Europe a été évalué à 130 milliards d'euros, ce qui représente une progression annuelle de 27 %. On comprend, dès lors, l'intérêt que porte à ce marché le groupe Accor, au travers de sa filiale Edenred, leader mondial des services prépayés aux entreprises[1].

b) Marché potentiel et prévisions des ventes

Alors que le marché réel est le montant total des ventes effectives d'une catégorie de produit, d'une marque ou d'un produit pour l'année n, le *marché potentiel* est

1. Voir cet article sur les services prépayés : « Accor services : du ticket restaurant aux cartes prépayées », http://lostinmanagement.canalblog.com/archives/2009/05/30/13910764.html, ainsi que cet autre article sur une étude publiée en 2011: « Services prépayés, la France, un marché potentiel de 23,8 milliards d'euros », http://economie.traderfinance.fr/actualite/Services+prepayes+la+France+un+marche+potentiel+de+23+8+MdsE++436766.html

l'estimation du montant maximum des ventes de la catégorie, de la marque ou du produit, si certaines conditions, expressément formulées, étaient remplies. Cette estimation est faite à 3, 5, 10 ans... Elle sert à prendre des décisions stratégiques : sortir du marché ou, au contraire, y investir en lançant de nouveaux produits, en achetant un concurrent, etc.

Les *prévisions des ventes* sont des estimations de l'évolution des ventes pour l'année n+1, n+2, etc. Elles se situent sur la courbe qui, partant des ventes actuelles, rejoint les ventes potentielles à long terme. Les prévisions des ventes se font à court et moyen terme. En conséquence, elles peuvent être plus précises que l'estimation du marché potentiel qui se fait à un horizon plus éloigné. Ces prévisions sont établies à plusieurs niveaux : prévision des ventes du marché, d'un segment de marché, de la marque, d'un produit, voire d'une référence du produit. Elles sont indispensables à l'élaboration des plans marketing qui se font généralement sur une base annuelle ou trisannuelle. Les prévisions des ventes sont liées à des décisions opérationnelles : si on baisse le prix, si on investit en publicité, quel sera l'impact sur les ventes de l'année prochaine ?

FOCUS

Du marché potentiel aux prévisions de ventes annuelles

Pour un produit P de la marque M :

- On évalue le potentiel du segment de marché auquel appartient le produit P, par exemple, à l'horizon n+5.
- On estime la part de marché que peut prendre le produit P dans son segment sur une période à court et moyen terme (au-delà de trois ans, il est bien difficile de prévoir une part de marché, surtout si la concurrence est vive). La part de marché est fonction de la politique marketing envisagée (produit, prix, distribution, communication) et des hypothèses que l'on fait sur les actions marketing que la concurrence mènera sur ce segment de marché.
- On ventile les ventes potentielles totales du produit P sur plusieurs périodes, par exemple sur les années n+1, n+2, n+3, ce qui donne les prévisions de ventes annuelles pour les trois années à venir.

c) Comment lire une estimation d'un marché potentiel ?

Quand une étude donne une estimation d'un marché potentiel, il est utile de se poser les questions suivantes :

- Comment a été défini ce marché ? Cela peut être le marché de la catégorie de produit ou, beaucoup mieux, du segment de clientèle dans lequel s'inscrit le produit.
- L'horizon sur lequel on a calculé le marché potentiel est-il précisé ? Si la période n'est pas indiquée, le chiffre donné n'a guère de sens.
- À quelle date a été faite cette évaluation du marché potentiel ? Si elle est ancienne, l'évaluation est certainement contestable, surtout pour un marché qui évolue rapidement.

- Un marché potentiel est souvent exprimé en volume mais il est indispensable de le chiffrer également en valeur, ce qui suppose d'envisager différents scénarios sur l'évolution des prix.
- Enfin, et c'est fondamental : il faut lister et analyser les hypothèses qui ont été faites pour évaluer le marché potentiel. Ces hypothèses sont-elles réalistes ? A-t-on oublié de prendre en compte une variable explicative majeure de la demande et de l'offre ?

1. *Un marché potentiel est une estimation qui s'exprime par un ordre de grandeur.* Des prévisions extrêmement précises sont suspectes compte tenu des multiples facteurs qui peuvent intervenir et affecter les ventes réelles. Donner une fourchette (estimations haute et basse) est plus raisonnable.
2. *Un marché potentiel est une estimation faite sur des hypothèses* qui doivent être explicites et bien argumentées.
3. *Ces hypothèses doivent être régulièrement revues.* L'évaluation d'un marché potentiel n'est pas une donnée définitive. Elle est très liée à la concurrence inter-segments et à l'évolution de l'offre, de nouveaux produits pouvant resegmenter le marché.

Exemple

➥ Le marché des netbooks s'est rapidement développé dans les années 2000 mais, aujourd'hui, son potentiel doit être revu à la baisse avec l'arrivée des tablettes qui les concurrencent.

4. *Il faut estimer le potentiel de chaque segment de clientèle* plutôt que de se satisfaire de l'évaluation du marché potentiel de la catégorie de produits.

Exemple

➥ Porsche s'est décidée à lancer en 2009 son nouveau modèle Panamera, une limousine 5 portes à plus de 100 000 €, après avoir évalué son marché potentiel. Ce n'est évidemment pas le marché global de l'automobile mais celui, bien plus restreint, des GT (grand Tourisme) de grand luxe, segment dans lequel on trouve la Maserati Quattroporte, l'Aston Martin Rapide, et certains modèles de Mercedes CLS et S, et d'Audi A 8. Klaus Berning, vice-président exécutif ventes et marketing de Porsche, a déclaré qu'avec la Panamera, Porsche entrait dans un segment de marché complètement nouveau pour sa marque. Il fallait donc non seulement évaluer le montant des ventes possibles mais aussi le profil des futurs clients de la Panamera. Les études ont montré que 90 % des acheteurs potentiels de la Panamera, qui ont les moyens de se l'offrir et l'envie de posséder une Porsche, n'ont jamais eu de Porsche. Une indication particulièrement utile pour penser le marketing de la Panamera vers ce segment de clientèle.

5. *La fiabilité de l'évaluation d'un marché potentiel est liée à la phase de vie du marché.* Dans un marché nouveau, disposer d'une bonne évaluation du marché potentiel est essentiel pour décider ou non d'investir ce marché, mais les estimations sont très aléatoires. À l'inverse, l'évaluation du marché potentiel est plus facile mais moins stratégique lorsqu'il est dans sa phase de maturité.
6. *Un marché potentiel élevé n'est pas un gage de réussite certaine.* Le cas de l'avion Mercure en est une bonne démonstration.

MINI CAS

Un marché potentiel prometteur : la réussite exceptionnelle du Boeing 737, l'échec du Mercure

À la fin des années 1960, Boeing a lancé son 737 : le plus grand succès de l'histoire de l'aviation civile, succès qui perdure 45 ans plus tard. À la même époque, Dassault a lancé le Mercure et en a vendu onze.

Les études de marché faites par Dassault dans les années 1960 ont estimé que dans le monde, les compagnies aériennes auraient besoin d'acheter 1 500 avions court-courriers de 130 à 150 places dans les deux décennies à venir. Dassault a rapidement décroché un premier client : Air Inter, compagnie régionale française qui fut intégrée plus tard à Air France.

Un marché potentiel *a priori* intéressant. Les ventes du Mercure s'arrêtèrent définitivement aux 10 exemplaires vendus à Air Inter, plus le prototype qui fut reconditionné ultérieurement. Air Inter s'est toujours dit très satisfait de l'exploitation de ce modèle : techniquement très abouti pour l'époque, très rapide (ce qui permettait de multiplier les rotations), conçu pour une maintenance aisée, équipé pour les atterrissages automatiques sans visibilité et de plus, plaisant à piloter (l'avis des pilotes compte dans la commande d'un nouvel appareil).

L'évaluation du marché potentiel : fausse chez Dassault, juste chez Boeing. Les services d'études de marché de Dassault sont partis sur l'idée qu'il y avait deux marchés potentiels distincts nécessitant deux types d'appareils différents : le court-courrier (rayon d'action inférieur à 1 000 km) et le moyen-courrier (2 000 km). Avec le Mercure, Dassault a ciblé le marché du court-courrier.

Boeing qui visait d'abord son marché domestique, a fait un 737 polyvalent : moyen et court-courrier car les distances entre les villes américaines nécessitent un rayon d'action plus long.

En Europe, les compagnies aériennes européennes ont besoin d'avions polyvalents pouvant faire court-courrier la semaine avec une clientèle d'affaires et moyen-courrier le week-end pour transporter des touristes.

Boeing 737, 9 000 exemplaires vendus en 2012

En conséquence, le marché potentiel du court-courrier a été largement surestimé pour un avion de 130 à 150 sièges. Pour le court-courrier stricto sensu, le module Mercure était trop grand et trop coûteux. Le Brésilien Embraer, le Canadien Bombardier ou le Franco-italien ATR ont démontré qu'il y avait un marché intéressant mais avec des produits radicalement différents. En bref, le Mercure a été développé en liaison très étroite avec un seul client, Air Inter. Or, le marché potentiel n'était pas en France mais en Europe et aux USA.

Un prix de vente non compétitif. Entre le lancement du projet et la commercialisation du premier appareil, la France a connu une inflation importante et le dollar s'est dévalué de 30 %, si bien qu'en 1973, une compagnie aérienne pouvait acheter trois Boeing 737 pour le prix de deux Mercure. La situation était économiquement désespérée pour Mercure dont on arrêta rapidement la production, tandis que Boeing multipliait les générations de nouveaux modèles de 737 pour s'adapter à l'évolution des besoins de ses clients et répondre à la concurrence de l'Airbus A 320.

6 L'ANALYSE DES VENTES : NA, QA, QA/NA ET VALEUR À VIE

Très utilisés dans le marketing des produits de grande consommation, les indicateurs NA (nombre d'acheteurs), QA (quantités achetées) et QA/ NA (quantités achetées par acheteur) méritent quelques développements.

a) Les marchés selon le nombre d'acheteurs (NA)

Le marketing se conçoit et se pratique de façon très différente selon le nombre d'acheteurs dans un marché.

De très grands marchés en valeur peuvent n'être composés que d'un seul acheteur ou d'un nombre très limité de clients : c'est le cas pour le très gros matériel militaire (porte-avions nucléaires, avions de chasse...), et pour l'industrie nucléaire civile (EPR, fusées, satellites...).

Exemples

Très peu d'acheteurs (d'un acheteur à quelques centaines)	Marchés de masse (plusieurs millions d'acheteurs)
Lanceurs de satellites (Arianespace a une quinzaine de clients par an)	Abonnés aux bouquets de programmes TV diffusés par satellite (TPS, Canal Satellite...)
Haute couture (un millier de clientes dans le monde)	Prêt-à-porter
Chaudières pour centrales nucléaires	Électricité distribuée aux particuliers
Airbus et Boeing	Passagers des compagnies aériennes

Dans de nombreux marchés, le nombre d'acheteurs s'analyse différemment selon leur nature et leur rôle.

Ainsi, dans les marchés de grande consommation, où les producteurs passent par des distributeurs indépendants, on distingue deux types d'acheteurs :

- Les *clients des producteurs* : centrales d'achat, distributeurs. Les ventes aux distributeurs et centrales sont souvent dénommées « *sell-in* ». Ces clients sont généralement peu nombreux.
- Les *consommateurs finals*. Ils achètent aux distributeurs. Les ventes aux consommateurs finals (prix public TTC) sont souvent dénommées « *sell-out* ». Les consommateurs finals se comptent en centaines de milliers, souvent en millions.

En anglais, on fait mieux la distinction en dénommant *customers* les clients distributeurs qui achètent aux producteurs, et *consumers* les consommateurs finals.

Notre conseil

Quand vous analysez ou quand vous concevez une politique marketing, distinguez clairement les actions et les budgets qui s'adressent à la distribution, puis celles qui s'adressent au consommateur final. Démontrez la cohérence de ces deux types de programmes marketing.

Le marketing vers la distribution est appelé *trade marketing*. On le développe dans le chapitre 6 sur la distribution.

Figure 1.1 **Deux catégories d'acheteurs**

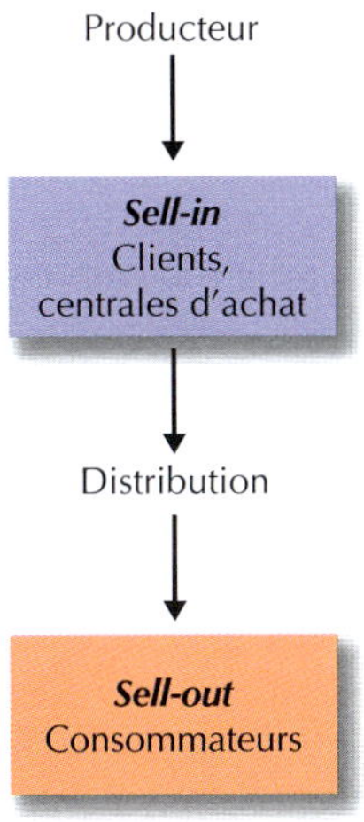

Exemples

- Un groupe comme Danone a plusieurs millions de consommateurs finals en France mais seulement une petite dizaine de centrales d'achat qui représentent plus de 80 % de son chiffre d'affaires.
- TF1 a des millions de téléspectateurs qui ne lui paient rien (la redevance est réservée aux chaînes publiques) et n'a que quelques centaines de clients : les annonceurs qui font de la publicité sur la chaîne. Comme ils passent le plus souvent par des centrales d'achat qui se comptent sur les doigts d'une seule main, TF1 n'a qu'un nombre extrêmement limité de clients directs.

b) Les quantités vendues par acheteur (QA/ NA)

1° Les ventes en volume

Les ventes en volume sont égales au produit du nombre d'acheteurs (NA) durant la période de référence (généralement un an) par la quantité moyenne par acheteur (QA/ NA) ; QA étant les quantités achetées totales.

On notera que les acheteurs peuvent être décomptés en individus, en ménages ou en foyers, en entreprises ou en comptes d'entreprises (on peut en effet avoir plusieurs clients au sein d'une même entreprise), etc.

Ventes en volume = NA × QA/ NA

Exemple

- Si on estime que Disneyland Paris a 13 millions de visiteurs par an qui passent en moyenne 2,5 nuits à l'hôtel (dans le parc ou hors du parc), le marché hôtelier lié à ce parc d'attractions est : 13 000 000 (NA) × 2,5 nuitées (QA/ NA) = 32 500 000 nuitées.

2° Les ventes en valeur

Les ventes en valeur, sont égales au produit du nombre d'acheteurs (NA) par la valeur moyenne (en euros, en dollars...), par acheteur (VA/ NA). VA désigne la valeur totale des achats. VA/ NA est aussi appelé *panier moyen* ou *ticket moyen* dans le secteur de la distribution et des biens de grande consommation.

Ventes en valeur = NA × VA/ NA

Exemple

- Si, dans l'exemple précédent, on estime le tarif moyen d'une nuitée à 60 €, le marché hôtelier en valeur est de 32 500 000 × 60 = 1,95 milliard €.

Attention, les quantités moyennes achetées (QA/ NA) et la valeur par acheteur (VA/ NA) désignent par définition des moyennes. Or il peut y avoir de grands écarts d'un client à l'autre. D'où l'intérêt de classer les clients selon leur importance. On utilise souvent la catégorisation dénommée PMG (pour petits, moyens et gros acheteurs).

c) Les actes d'achat : fréquence et montant

On comprend aisément que les politiques marketing sont tout à fait différentes selon la fréquence d'achat. On ne vend pas de la même façon un produit qu'on achète une ou quelques fois dans sa vie (une maison), un produit qu'on achète une dizaine de fois (une automobile) et un produit qu'on achète toutes les semaines (des yaourts) ou tous les jours (consommation de téléphone).

Le montant d'un marché peut s'analyser comme le produit du nombre d'actes d'achat par la valeur moyenne de chaque acte d'achat. C'est une méthode fréquemment employée dans les marchés dits PGC (produits de grande consommation à forte fréquence d'achat).

Exemple

- À partir des données fournies par les panels de consommateurs, on a calculé que les foyers acheteurs de confiture, en France, sont au nombre de 16 millions. Ils en achètent en moyenne 6,5 fois par an. Le montant moyen de chaque acte d'achat est de 2,80 €.

Le marché total est :

NA (nombre de foyers acheteurs) × Actes d'achat
× Valeur moyenne par acte d'achat

Soit, dans cet exemple :

Ventes totales (par an, en France) = 16 × 6,5 × 2,8 = 290 millions €.

Dans l'analyse d'un marché, on pourra segmenter les clients en fonction de la fréquence et du montant de leurs achats (analyse PMG décrite précédemment).

Les études de marché, et notamment les panels étudiés dans le chapitre suivant, permettent de connaître les valeurs précises[1] de NA et de QA/ NA, les valeurs des quantités achetées, le nombre d'actes d'achat et leur valeur moyenne. On peut ainsi

1. Les valeurs données dans l'exemple précédent le sont à titre indicatif.

expliquer l'origine de l'évolution des ventes et orienter les stratégies marketing des marques.

d) Le taux de pénétration

À partir du nombre d'acheteurs (NA) d'un produit ou d'une catégorie de produits, on calcule le *taux de pénétration* de ce produit ou de cette catégorie de produits.

Le taux de pénétration est le pourcentage de clients potentiels ayant acheté au moins une fois pendant la période de référence

C'est la définition rigoureuse du taux de pénétration. En fait, on se simplifie souvent la tâche en calculant un taux de pénétration sur la population totale (en individus, foyers ou entreprises) du marché ou du segment de marché. La période de référence peut varier en fonction de la catégorie de produits : le taux de pénétration des journaux quotidiens est estimé par jour, celui des magazines mensuels par mois, celui des biens de consommation par trimestre ou par an.

Exemple

- En 2012, le taux de pénétration des appareils photos numériques (APN) était supérieur à 65 % (des foyers français). Après avoir rapidement progressé pendant plusieurs années, le taux de pénétration ou taux d'équipement a tendance à stagner. Les ventes annuelles restent élevées. Ce sont des ventes de renouvellement (les derniers APN sont très performants et remplacent à prix réduit les vieilles générations) et des ventes de multi-équipement (plusieurs appareils par foyer). Si les ventes en volume continuent à progresser (+6 % en 2010), le marché en valeur diminue (-3 % en 2010). Cela s'explique par la baisse continuelle des prix de vente publics (en moyenne 196 € TTC en 2010, 213 € en 2009, 229 € en 2008, 245 € en 2007), d'où l'intérêt marqué des fabricants à promouvoir le haut de gamme reflex (750 € TTC en moyenne), qui tient mieux ses prix et offre de meilleures marges.

e) La « valeur à vie des clients »

La valeur à vie des clients, expression traduite de l'anglais *customer lifetime value*, désigne la valeur de l'ensemble des achats d'un type de produit qu'un client fait, en moyenne, pendant toute sa vie.

Exemples

- On estime que la valeur à vie d'un acheteur de couches-culottes, une mère ou un père de famille, est de l'ordre de 2 100 € en France. Ce chiffre est calculé ainsi :
  - achat moyen par année pour un bébé : 530 € ;
  - durée moyenne d'utilisation de couches-culottes pour un bébé : deux ans environ ;
  - nombre moyen d'enfants par foyer : 2 (légèrement inférieur en France) ;
  - valeur à vie = 530 × 2 × 2, soit 2 100 € environ.
- Pour un particulier, acheteur d'automobiles, la valeur à vie est de l'ordre de 150 000 €.
- La valeur à vie est supérieure à 300 000 € pour les achats courants d'un ménage en hypermarché (panier moyen hebdomadaire en hyper valorisé à 120 € en moyenne, sur 50 semaines et 50 ans, de 25 à 75 ans environ).

On notera que la valeur à vie exprime la valeur potentielle du chiffre d'affaires d'une marque ou d'une enseigne pour un client totalement fidèle à cette marque ou à cette enseigne. La notion de « valeur à vie » attire l'attention des producteurs sur l'intérêt économique des politiques de fidélisation.

Enfin, il peut être intéressant de calculer selon les mêmes principes la valeur d'un client sur un an, deux ans, *n* années.

SECTION 2

L'ANALYSE DES ACTEURS DU MARCHÉ

Dans cette approche, le marché est un *système d'interactions* entre des publics susceptibles d'exercer une influence sur les acheteurs d'un produit, et donc sur ses ventes. Ces publics peuvent être composés d'individus, d'entreprises ou d'institutions.

L'analyse d'un marché sous forme d'acteurs est fondamentale pour toute réflexion stratégique. Elle permet d'avoir une meilleure compréhension des motivations et des actions des publics importants qui composent un marché, ainsi que des rapports de force qui le structurent.

On distingue trois catégories d'acteurs :

- Ceux qui sont ou peuvent être les partenaires d'une marque : distributeurs, médias, leaders d'opinion...
- Ceux qui sont par nature les adversaires de la marque : ce sont ses concurrents.
- Les institutions qui régulent le marché.

Figure 1.2 **Les trois types d'acteurs**

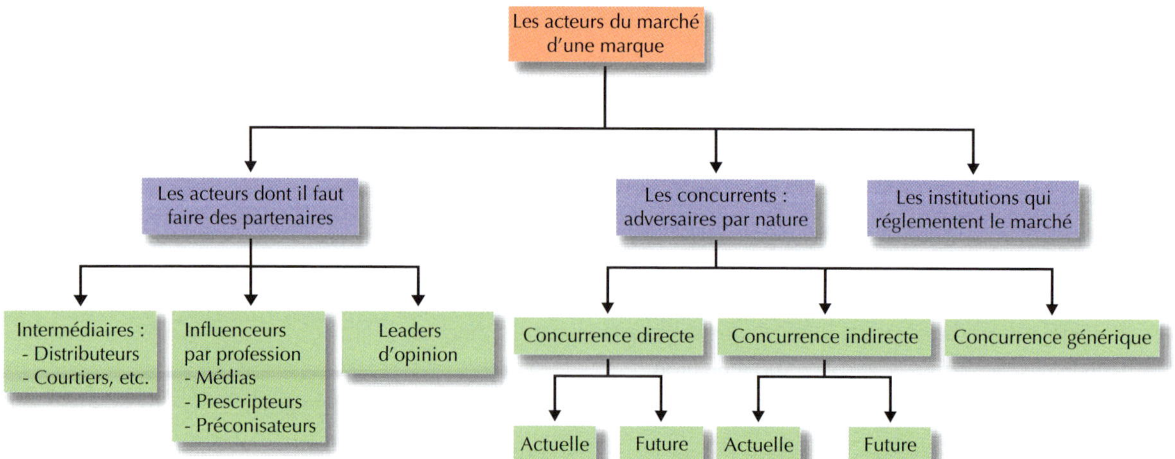

MINI CAS

Le marché européen des médicaments antidouleur

La première catégorie de personnes dont dépend, d'une manière primordiale, la consommation d'analgésiques en Europe, se constitue évidemment des *acheteurs* et des *consommateurs* eux-mêmes, qu'il s'agisse de particuliers (les « ménages ») ou d'organisations (par exemple, les hôpitaux). La première étape de toute étude du marché constituera à en connaître le nombre, les caractéristiques, les habitudes, les attitudes et les besoins. On pourra éventuellement segmenter ce public en sous-ensembles aux besoins et comportements différents.

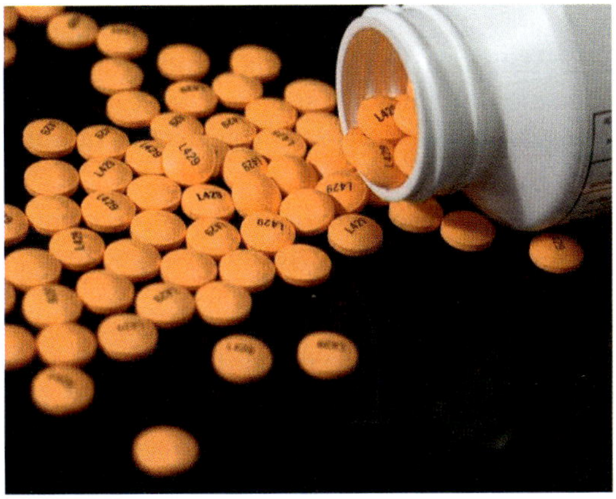

Mais le comportement des acheteurs et des consommateurs d'analgésiques est influencé par diverses autres catégories de personnes. Tout d'abord, on trouve les *producteurs* d'analgésiques, ainsi que ceux des produits directement concurrents, c'est-à-dire répondant aux mêmes besoins. Les décisions des laboratoires en matière de produits offerts, de prix pratiqués, d'efforts promotionnels, peuvent faire varier la consommation d'analgésiques. Tous les producteurs n'ont ni le même poids, ni la même influence et l'étude des principaux producteurs peut être très éclairante pour comprendre le marché et son évolution. L'analyse spécifique des concurrents est étudiée à la section suivante.

Ensuite il y a les *influenceurs* éventuels, et en premier lieu les *prescripteurs* que sont les médecins. Selon le type d'analgésique, leur rôle peut varier : certains produits ne sont vendus que sur ordonnance, alors que d'autres peuvent être à la fois prescrits et achetés sans ordonnance par les consommateurs. Comme pour les clients, on étudiera le nombre, les caractéristiques, les habitudes, les attitudes et les besoins des médecins et on segmentera éventuellement cette population.

En quatrième lieu, on tiendra compte des distributeurs de produits pharmaceutiques, c'est-à-dire des grossistes et des pharmaciens, ces derniers jouant parfois aussi le rôle d'influenceur ou de prescripteur. Dans certains pays (comme la France), le pharmacien peut en effet substituer un médicament générique à la marque prescrite par le médecin.

Leur politique d'achat, de mise en avant promotionnelle, leur implantation sont autant de facteurs qui influencent le marché et son évolution.

Enfin, d'une manière plus diffuse, la société tout entière exerce une influence sur la consommation d'analgésiques, dans la mesure où elle détermine et modifie en permanence ce que l'on appelle « l'environnement » du marché. Cet environnement peut être étudié sous quatre aspects principaux : technologique ; démographique, économique et social ; institutionnel ; culturel. Selon les pays d'Europe, la taille de la population, la politique de santé, les habitudes culturelles (on sait que les Français sont champions du monde de la consommation d'antidépresseurs), chaque marché national est très différent. La segmentation du marché européen par pays ou groupes de pays peut s'avérer ainsi pertinente.

L'action combinée de l'ensemble de ces acteurs et facteurs détermine, à un instant donné, le volume de consommation des analgésiques, ainsi que la répartition de cette consommation entre les différents types de produits et entre les différentes marques.

1 Les acteurs du marché que la marque doit convaincre d'être ses partenaires

Ce sont les distributeurs (tout au moins les distributeurs de la marque) et les influenceurs : prescripteurs, préconisateurs[1], leaders d'opinion, médias (journalistes de la presse, blogueurs sur Internet), organisations professionnelles, etc

2 L'analyse des concurrents

a) L'espace concurrentiel se définit par les offres substituables

1° Le marché pertinent du produit d'une entreprise

Le marché pertinent d'un produit est l'espace de marché dans lequel il est en compétition avec d'autres produits que l'acheteur juge substituables.

Pour pouvoir analyser l'importance, la structure et l'évolution du marché d'un produit, il faut préalablement avoir défini clairement de quel produit on parle. Cette définition ne soulève parfois aucune difficulté : c'est le cas, par exemple, du sel ou encore des réfrigérateurs, qui sont des produits sans concurrents ou substituts proches.

Mais il arrive qu'on ait le choix entre plusieurs définitions plus ou moins larges d'un produit ou d'un service. Lorsqu'une société de distribution cinématographique comme la Gaumont cherche à connaître le marché des salles de cinéma, elle doit tenir compte de l'évolution des pratiques substituables à la fréquentation des salles : télévision, achat et copies de DVD, téléchargement légal ou non de films et même activités de loisirs qui peuvent se substituer au visionnage d'un film.

Si on définit un produit non pas comme un ensemble de caractéristiques et de performances techniques mais comme une réponse apportée à un problème des clients, le marché d'un produit doit être défini comme le marché de l'ensemble des solutions concurrentes ou complémentaires qui sont à la disposition des clients pour répondre à un problème donné. C'est le *marché pertinent du produit*.

Si on s'intéresse à la définition du marché d'une marque, on dira que le marché pertinent de la marque est le territoire [2] où cette marque est légitime, c'est-à-dire où sa promesse est (ou peut être) crédible et forte pour les clients.

On notera que la définition du marché pertinent d'un produit ou d'une marque par une entreprise ne relève pas de la statistique mais de la stratégie : le marché pertinent est le marché où on peut aller, le marché où on veut aller.

---

1. Un prescripteur impose ses choix au consommateur (par exemple, un médecin) ; un préconisateur oriente les choix du consommateur sans pouvoir les lui imposer (par exemple, un architecte). Pour une analyse plus poussée des différents types d'influenceurs, voir le chapitre 7 sur la communication.
2. On dit également « franchise de marque », traduction littérale de l'anglais *brand franchise*.

2° La concurrence directe

C'est une *concurrence interproduits* **dans le même segment de marché.** Les concurrents directs proposent le même type de produits. Par exemple, SFR est un concurrent direct d'Orange. La 308 Peugeot est une concurrente directe de la Mégane Renault.

3° La concurrence indirecte

C'est une *concurrence intersegments*. Deux produits appartenant à deux segments différents sont en concurrence pour satisfaire les mêmes besoins : les netbooks sont en concurrence avec les tablettes, les appareils photos sont en concurrence avec les smartphones (qui prennent des photos), etc.

> **Notre conseil**
>
> *En règle générale, lorsqu'une entreprise souhaite mesurer et analyser un marché sur lequel elle est présente ou sur lequel elle envisage d'entrer, elle a intérêt à le définir d'une manière large, en y incluant non seulement les produits directement concurrents des siens, mais aussi ceux qui sont susceptibles de s'y substituer parce qu'ils répondent aux mêmes besoins.*

4° La concurrence générique

La concurrence générique est celle de produits tout à fait différents, mais qui satisfont les mêmes besoins.

Exemples

- Le besoin de communiquer à distance peut être satisfait par de multiples moyens. La concurrence générique de La Poste comprend donc le téléphone, le fax, les e-mails, les SMS, les tweets, etc.
- Dans l'exemple donné plus haut sur le marché de la Gaumont, tous les loisirs qui peuvent se substituer au cinéma forment la concurrence générique, Cette substitution doit être définie de façon restrictive en s'en tenant aux loisirs directement substituables, comme les spectacles sportifs. Si l'on prend en compte tous les loisirs, de la promenade au shopping, cela rendra inopérante la définition de la concurrence générique.

b) L'analyse des parts de marché

1° La mesure de la part de marché

L'indicateur le plus utilisé pour situer la position concurrentielle d'un produit, d'une marque ou d'une entreprise est la part de marché.

$$\text{Part de marché} = \frac{\text{Ventes d'un produit ou d'une marque}}{\text{Ventes globales}}$$

Cette définition est celle que l'on retient généralement, mais elle mérite d'être précisée.

2° Qu'entend-on par ventes globales ?

La valeur à porter au numérateur de la part de marché ne pose pas de problème à une entreprise qui calcule sa propre part de marché. Elle connaît précisément le volume ou la valeur des ventes de ses produits.

En revanche, la valeur à porter au dénominateur de la part de marché est plus problématique. À quel marché global doit-on se référer ? Le mieux est de retenir le marché pertinent

Exemple

- La part de marché de l'iPhone ne doit pas être calculée sur les ventes totales de téléphones portables mais sur les ventes de smartphones. L'iPhone a ainsi une part de marché volume de 30 % en France début 2012.

3° Part de marché en volume et en valeur

Une part de marché peut être calculée en volume ou en valeur. Il est très utile de connaître les deux. Une marque peut avoir une faible part de marché volume et une forte part de marché en valeur ou vice versa. Cela dépend de sa politique de prix comparée au prix moyen du marché.

Figure 1.3 **Part de marché en volume et part de marché en valeur**

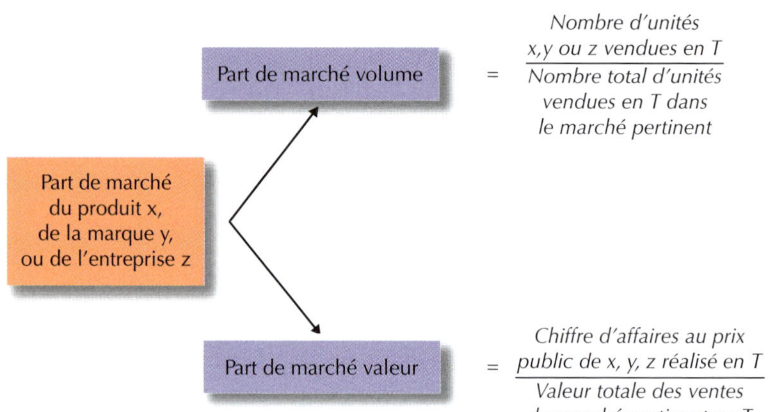

4° Le degré de précision de la mesure de la part de marché varie selon les marchés

Exemples

- Les constructeurs d'automobiles suivent avec une extrême précision leurs parts de marché en volume à partir du fichier des cartes grises.
- Les producteurs de biens de grande consommation mesurent leurs parts de marché à partir des panels de distributeurs et de consommateurs.
- Les laboratoires pharmaceutiques ont recours à des panels de médecins ou de pharmaciens, échantillons représentatifs auprès desquels on mesure les prescriptions ou les ventes de médicaments, à défaut des données exhaustives en possession des caisses d'assurance-maladie.

Certains producteurs s'appuient sur des évaluations de marché faites à partir de sondages ; d'autres, moins fortunés se fient aux données fournies par leurs organisations professionnelles. La précision de ces informations est parfois sujette à caution, l'estimation du marché global se faisant en consolidant les déclarations des différents membres de ces organisations, déclarations parfois volontairement inexactes pour induire en erreur les concurrents.

Enfin, dans certains cas, il est quasiment impossible d'évaluer précisément une part de marché parce qu'on n'a pas les moyens financiers et techniques pour estimer correctement le marché global pertinent. Ainsi, de nombreuses PME et la plupart des commerçants et artisans ne connaissent pas précisément leurs parts de marché.

c) L'intensité et la structure concurrentielles des marchés

1° Marchés ouverts et marchés fermés

Certains marchés sont faciles d'accès, on les appelle alors *marchés ouverts* alors que d'autres sont très difficiles à pénétrer, ce sont les *marchés fermés*.

Les marchés ouverts n'ont pas que des avantages car l'intensité concurrentielle y est souvent plus élevée : il est plus facile pour un nouvel entrant d'y accéder, mais les entreprises présentes ripostent vigoureusement aux nouveaux concurrents. Inversement, un marché fermé a un *ticket d'entrée* beaucoup plus élevé, mais la concurrence y est souvent moins vive, et même parfois « organisée ».

Les barrières d'entrée sur le marché peuvent être très variées : la maîtrise de certaines technologies, la possession d'un savoir-faire particulier, des coûts d'investissement importants, la rareté de certaines ressources telles que des matières premières, des compétences intellectuelles, des emplacements de points de vente, la difficulté d'accès aux clients, l'importance de la réputation acquise, etc.

Exemples

- Le marché du retraitement des déchets nucléaires est un marché (très) fermé. Nul besoin d'expliquer pourquoi.
- Le marché de la formation continue pour les entreprises est un marché ouvert mais comme pour tous les marchés, il est utile de faire une analyse par segment. Ainsi, le segment de la formation par séminaires (présentiel) est plus ouvert que le marché du *e-learning* qui demande des compétences technologiques et des investissements nettement supérieurs.

2° L'intensité concurrentielle d'un marché

L'intensité concurrentielle d'un marché dépend de la structure de ce marché, de l'existence de barrières d'entrée, de la politique des acteurs en présence (politique très agressive de certaines entreprises ou non).

Michael Porter a identifié cinq forces qui définissent la structure concurrentielle d'un marché : *les nouveaux entrants, le pouvoir des fournisseurs, le pouvoir des clients, la menace de substituts, la rivalité interne*. Analyser le poids de ces différents facteurs permet de mieux évaluer l'intensité concurrentielle du marché. C'est ce que nous ferons dans le chapitre 12 « De la stratégie d'entreprise à la stratégie marketing ».

> ***Notre conseil***
>
> *On a tendance à qualifier de marchés fermés des marchés dont l'accès est difficile. Ils ne sont donc pas verrouillés pour autant. Il ne faut pas systématiquement baisser les bras devant des marchés dits fermés mais tenter de trouver des clés d'entrée.*

Plus la concurrence est forte dans un secteur, plus le rôle du marketing et ses dépenses sont importants pour attirer les clients des marques concurrentes et pour retenir (fidéliser) ses propres clients. Le marketing répond à la concurrence ; dans le même temps, le marketing stimule la concurrence. Un jeu infini ?

SECTION 3

L'ANALYSE DES FACTEURS D'ENVIRONNEMENT

Un marché et les différents acteurs qui le composent sont soumis à diverses influences diffuses, en provenance de la société dans laquelle ils vivent. Ces influences constituent leur macro-environnement technologique, institutionnel, économique, social et culturel. Nous analyserons ces différents facteurs de façon très succincte, sachant que chaque marché se situe dans un contexte qui peut être très différent[1].

a) Les facteurs technologiques

Les ruptures technologiques bouleversent les marchés et fragilisent les marques mal préparées. Ainsi, Polaroïd, inventeur de la photo instantanée est mort pour n'avoir pas su prendre le virage de la photo numérique.

L'innovation technologique crée de nouveaux marchés (par exemple Internet ou le téléphone portable), revigore les ventes en suscitant des achats de remplacement (par exemple, les écrans plats ont relancé le marché des téléviseurs) ou ressuscite des marchés anciens ou qui étaient devenus marginaux. Par exemple, le chauffage par le sol a été en vogue dans les années 1970 ; il a décliné en raison de ses inconvénients mais il progresse aujourd'hui avec de nouvelles techniques de chauffage à basse température.

b) Les facteurs institutionnels et réglementaires

Dans tous les marchés, on constate une intervention croissante de l'État et des organismes publics nationaux et internationaux. La veille de la réglementation est devenue essentielle dans l'analyse des marchés.

Exemple

- En France, les détecteurs de radars sont interdits depuis longtemps mais la réglementation n'interdisait pas les communications entre usagers pour s'avertir mutuellement de la présence d'un radar fixe ou mobile. Des marques comme Coyotte se sont rapidement développées sur ce marché. En 2011, une nouvelle réglementation a interdit cette pratique, forçant les avertisseurs de radars à n'être plus que des avertisseurs de zones à risque. Signaler à autrui un radar est devenu illégal et le marché des avertisseurs même avec leur reconversion « sémantique » est appelé à disparaître (sauf si la prochaine réglementation est plus laxiste !).

c) Les facteurs démographiques, économiques et sociaux

De nombreux marchés sont liés à la taille de la population et à la pyramide des âges.

Exemple

- Au Japon, en 2012, le marché des couches pour adultes a dépassé celui des couches pour bébés en raison du vieillissement continu de la population japonaise.

1. Voir le modèle PESTEL dans la boîte à outils en fin d'ouvrage (outil n° 3).

Les facteurs démographiques sont plus faciles à prévoir que les facteurs économiques et les facteurs sociaux (comme les grandes peurs liées à la vache folle ou à la grippe aviaire) sont souvent plus délicats à anticiper que les facteurs économiques. Mais le lecteur fera observer à juste titre que personne ou presque n'avait annoncé la crise économique qui a frappé le monde à partir de 2008.

d) Les facteurs culturels

Ils sont abordés dans le chapitre 3 sur le comportement du consommateur.

Tous ces facteurs environnementaux doivent être analysés en quatre étapes.

1. Identifier le ou les facteurs qui peuvent impacter le marché d'une entreprise. Il est inutile de faire une liste à la manière de Prévert de l'ensemble des facteurs environnementaux qui peuvent intervenir. Seuls, ceux qui ont un impact direct et majeur sur l'activité de l'entreprise méritent d'être relevés.
2. Prévoir l'évolution à court, moyen et long terme des facteurs retenus.
3. Faire des scénarios sur l'impact de ces facteurs sur le marché étudié.
4. Analyser les conséquences sur la position commerciale de l'entreprise et qui peuvent être fort différentes d'une entreprise à l'autre selon sa spécialisation ou sa diversification, sa part de marché, le positionnement de sa marque, son mode de distribution, etc.

On comprend, dès lors, que l'effet des facteurs environnementaux est très difficile à anticiper avec justesse et que l'adaptabilité d'une politique marketing à un contexte imprévu et la réactivité des dirigeants de l'entreprise sont des qualités majeures.

MINI CAS

Le marketing « vert » est lié à des facteurs culturels et réglementaires

Quelques exemples d'écolabels responsables

Facteurs culturels et réglementaires, à côté, bien sûr, des objectifs économiques. Le marketing « vert » tient compte de la sensibilité du public aux questions environnementales et il anticipe l'évolution de la réglementation qui vise à promouvoir un développement durable.

Facteurs culturels. Les Français ont une vision mondiale des questions de développement durable. Ils mettent au premier rang les problèmes attachés à la pénurie de l'eau alors que cela ne les concerne pas directement. (Étude Ethicity, 2010)

Qu'est-ce qui vous inquiète le plus ?

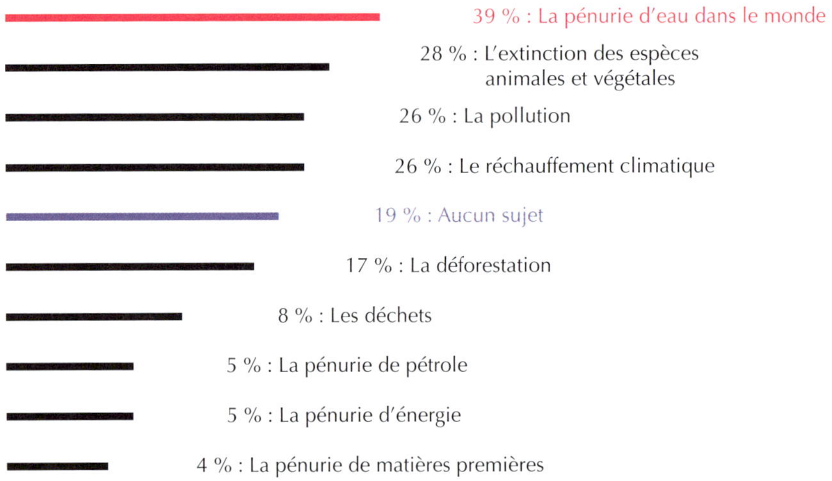

Facteurs réglementaires. Ils ont une importance majeure car ils récompensent les entreprises vertueuses et pénalisent les mauvais élèves.

Pour favoriser le développement durable, l'État propose des subventions directes ou indirectes (par exemple, par le biais de réductions d'impôts pour les particuliers).

Le problème est que ces politiques sont constamment remises en question. Il est donc difficile, voire périlleux, de bâtir sur ces incitations des stratégies d'investissement qui se pensent nécessairement à long terme.

Ressources complémentaires

La boîte à outils du *Mercator*

- Outil n°2, Marché et part de marché
- Outil n°3, Le modèle PESTEL d'analyse des facteurs environnementaux

Ressources numériques sur mercator.fr

- **L'essentiel : retenez les points-clés !**
  L'essentiel du chapitre 1
- **Quiz interactifs corrigés et commentés : testez vos connaissances !**
  Quiz chapitre 1

David Ogilvy (1911 – 1999),
fondateur de l'agence Ogilvy & Mather.

« Je remarque que les responsables marketing répugnent de plus en plus à utiliser leurs facultés de jugement. Ils en arrivent à se reposer beaucoup trop sur les résultats des études qu'ils utilisent, comme un ivrogne se sert d'un lampadaire pour se soutenir et non pas pour la lumière qu'il donne.

Chapitre 2

Les études de marché

De tous les publics auxquels s'intéresse une entreprise, le plus important est celui des consommateurs ou des acheteurs potentiels de ses produits, puisque ce sont eux, en définitive, qui la font vivre. Pour pouvoir s'adapter aux besoins, attentes et goûts de ses clients actuels et potentiels, et pour pouvoir agir sur eux efficacement, une entreprise doit les connaître le mieux possible. Le présent chapitre est consacré aux principales méthodes et techniques d'études descriptives des profils des acheteurs et consommateurs, de leurs comportements, attitudes et processus de décision.

PLAN DU CHAPITRE

Section 1	Le domaine des études de marché et les bonnes pratiques	58
Section 2	Les études dites exploratoires : études documentaires et qualitatives	69
Section 3	Les études quantitatives : les enquêtes par sondage	80
Section 4	Les études quantitatives et répétitives : les panels	98
Ressources complémentaires		119

SECTION 1

LE DOMAINE DES ÉTUDES DE MARCHÉ ET LES BONNES PRATIQUES

1 Le domaine et le rôle des études de marché

Les études de marché sont la condition nécessaire à de bonnes décisions marketing. Pour concevoir et conduire une politique marketing et commerciale efficace, pour mener des projets de développement réalistes, pour affronter les attaques de la concurrence, pour anticiper et intégrer les évolutions du macro-environnement qui impactent l'offre et la demande, une entreprise a besoin d'un ensemble d'informations sur ses marchés. Pour satisfaire les consommateurs, pour créer de la valeur perçue, il faut d'abord les connaître. L'étude du marché est consubstantielle au marketing. C'est elle qui a permis le développement du marketing moderne, né aux États-Unis dans les années 1930 avec les premiers sondages.

FOCUS

George Gallup, l'inventeur des sondages

Son nom est devenu un synonyme de sondage en américain. Gallup (1901-1984) est un sociologue statisticien qui a fait les premières enquêtes sur échantillon représentatif. Il est devenu célèbre en 1936 lors de l'élection présidentielle de Franklin Roosevelt. Le magazine Literary Digest avait annoncé la victoire de Landon en se basant sur plus de 2 000 000 de questionnaires envoyés par ses lecteurs. Gallup prédit la victoire de Roosevelt à partir des réponses recueillies auprès d'un échantillon de 5 000 personnes, beaucoup plus petit mais judicieusement choisi pour représenter l'électorat américain. Mais les études ne sont pas infaillibles ! À l'élection de Truman, en 1948, Gallup se trompa : il avait arrêté ses sondages trop tôt, trois semaines avant le vote.

La technique des enquêtes par sondage sur échantillon représentatif s'est rapidement étendue à l'étude des marchés des entreprises. Notons qu'aujourd'hui, bon nombre de sondages se font en ligne.

Les études de marché sont la condition nécessaire mais non suffisante à de bonnes décisions marketing. Elles fournissent la matière première des décisions ; pas directement les décisions qui supposent une juste interprétation des informations collectées. Les études de marché réduisent le risque associé à toute décision ; elles ne le suppriment pas. C'est un point important sur lequel nous reviendrons dans ce chapitre.

a) Le domaine des études de marché est celui du recueil et du traitement des données sur la demande, l'offre et l'environnement

Dans le chapitre précédent nous avons défini un marché comme la rencontre entre une demande et une offre, dans un contexte (les facteurs environnementaux) qui influencent à la fois la demande (par exemple : la démographie) et l'offre (par exemple : la technologie).

Le cœur des études de marché est l'analyse de la demande par l'observation et le questionnement des acheteurs et consommateurs. Certains limitent les études de marché à cela. Cette acception nous semble trop restrictive. La compréhension de l'évolution de la demande passe aussi par l'analyse de l'offre (c'est-à-dire de la concurrence) et par celle des facteurs d'environnement qui impactent les ventes.

Figure 2.1 **Le domaine des études de marché**

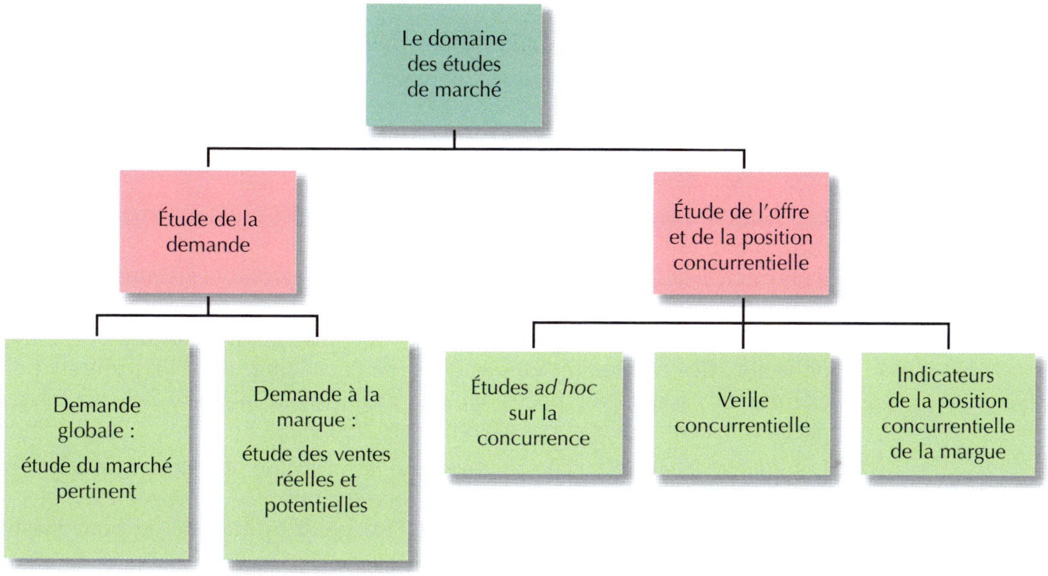

Dans ce qui suit, on développe l'étude de la demande et l'étude de l'offre. L'étude des facteurs environnementaux fait largement appel aux études documentaires présentées plus loin, à la section 2.

b) L'étude de la demande : demande globale et demande à la marque

L'étude de la demande globale est celle du marché pertinent de la marque, c'est-à-dire du segment de marché dans lequel est positionnée la marque et où l'on trouve des offres directement substituables à celle de la marque. On y étudie principalement le volume et la valeur du marché et les facteurs explicatifs des évolutions, les types et profils des clients, les usages, attitudes et motivations (études dites U & A pour usages et attitudes), les attentes des clients actuels et potentiels, les processus de décision souvent spécifiques à la catégorie de produits, etc. Les études de marché sont donc de deux types principaux : d'une part elles mesurent les flux achetés et consommés. Ce sont les études dites quantitatives qui font l'objet des sections 3 et 4 de ce chapitre. D'autre part, elles cherchent à comprendre les facteurs qui expliquent la consommation. Les études dites qualitatives étudiées dans la section 2 s'attachent à la compréhension de la psychologie des acheteurs et des usages des consommateurs.

Les études sur la demande à la marque (marché de la marque et marches de ses produits) peuvent être classées en quatre catégories. Les deux premières sont identiques à celles qui viennent d'être évoquées. Elles mesurent les flux économiques de l'activité des marques et produits et expliquent les comportements d'achat et le profil des acheteurs et consommateurs. Les deux autres types d'études de marché cherchent à instruire des décisions marketing sur la marque et ses produits et à mesurer les performances des politiques marketing et commerciales mises en œuvre.

1. *Les études de mesure des ventes* de la marque et des produits, des volumes et valeurs achetés par segment de marché, par zone géographique, par type de distribution, par périodes, etc.
2. *Les études des variables explicatives des achats* des produits de la marque, de la fidélisation, des non-achats et des abandons de la marque.
3. *Les études de marché d'aide aux décisions marketing*. Ces études cherchent à évaluer l'acceptabilité d'un nouveau produit et de sa politique marketing, ou l'impact d'une modification de la politique marketing d'un produit existant : changement de prix, de communication (par exemple, un nouveau site Web), de distribution et de merchandising (une nouvelle façon de présenter les produits sur les lieux de vente). Ces différentes études (tests de packaging, de prix, pré-tests publicitaires, etc.) sont développées dans les chapitres de la partie 2 de cet ouvrage, partie consacrée aux composantes du *marketing-mix*.
4. *Les études de marché pour contrôler les performances des actions marketing et commerciales* engagées sur le terrain (Monitoring). Ce sont, par exemple, des baromètres pour suivre l'évolution de l'image de la marque ou pour mesurer l'évolution de la satisfaction de la clientèle.

Toutes ces études font appel à des outils spécifiques qui sont développés dans les pages suivantes.

c) L'étude de l'offre et de la position concurrentielle de la marque

L'offre fait souvent la demande, et la demande se partage entre concurrents.

L'étude de la concurrence se fait de deux façons complémentaires, par des études *ad hoc* et par une veille continue de la concurrence.

1° Les études *ad hoc* de la concurrence

Il n'y a pas de méthode type. Chaque situation, chaque problème rencontré appelle un dispositif particulier. Ainsi, on pourra interroger des distributeurs sur l'impact d'un nouveau produit de la concurrence, faire des tests en laboratoire pour évaluer les performances de ce produit concurrent contre les produits de la marque, analyser les chiffres d'un panel de consommateurs, voire faire un sondage spécifique pour connaître le profil des clients les plus vulnérables à l'attaque du concurrent, etc.

2° Les études en continu de la concurrence : la veille concurrentielle

La veille ou « intelligence économique » est une démarche organisée, au service du management stratégique de l'entreprise, visant à améliorer la compétitivité par la collecte, le traitement d'informations et la diffusion de connaissances utiles à la maîtrise de son environnement (menaces et opportunités). Ce processus d'aide à la décision utilise des outils spécifiques, mobilise les salariés et s'appuie sur l'animation de réseaux internes et externes[1].

Cette définition générale couvre différents types de veille comme la veille technologique (sur les brevets, les normes, les processus de production) ou la veille environnementale qui porte sur la macroéconomie, la réglementation, les évolutions politiques, sociales et culturelles dans les pays où l'entreprise est présente et dans ceux où elle envisage de s'implanter.

Comme tout type de veille, la veille concurrentielle mêle deux démarches complémentaires : l'alerte et le suivi. Alerte sur l'entrée probable d'un concurrent sur le marché, alerte sur la préparation d'une campagne promotionnelle agressive sur les prix, alerte sur la fusion de deux concurrents, etc.

Exemple

➥ En janvier 2012, Free a cassé les prix du téléphone mobile. Cette offensive sur les prix était attendue par les opérateurs Orange, Bouygues et SFR qui avaient préparé leur riposte ce qui leur a permis de réagir dès le lendemain. Ils ont aligné leurs marques dites « low cost » sur les tarifs de Free et lancé des campagnes pour vanter la qualité de leur service sur leurs marques « premium price ». On a vu se développer immédiatement des informations très critiques sur Free, dont il est difficile de savoir dans quelle mesure elles ont été alimentées par la concurrence.

La veille concurrentielle fournit des informations qui peuvent être intégrées aux études de marché mais elle fait appel à des structures et à des techniques de collecte de l'information qui la distinguent des études de marché *stricto sensu*. Dans de nombreuses entreprises (généralement les plus grandes), il existe une cellule de veille. Dans les autres cas, on fait des études ponctuelles sur la concurrence.

1. Définition proposée par Franck Bournois et Pierre-Jacquelin Romani, *L'Intelligence économique et Stratégique dans les entreprises françaises*, Economica, 2000, p. 19.

Les sources d'informations sont de trois types.

1. *Les sources formelles ou informelles*
   - Les sources formelles prennent généralement la forme de documents écrits : presse professionnelle, études publiées, sites Web, information financière, dépôts de brevets, etc. Les sources formelles sont ainsi de nature documentaire.
   - Les sources informelles prennent la forme d'observations ou sont de nature orale : entretiens dans les salons, colloques, réunions d'organisations professionnelles, distributeurs, prestataires de service, experts, etc.
2. *Les sources internes ou externes*
   - Les sources internes à l'entreprise sont, par exemple, le réseau de vente, ses chercheurs, les nouveaux embauchés venant de la concurrence, les stagiaires dont on utilise indûment le statut d'étudiant...
   - Les sources externes sont des acteurs extérieurs à l'entreprise qui peuvent former de véritables réseaux de contacts constitués par les responsables de veille.

Exemple

➥ La cellule de veille concurrentielle d'une société de cosmétiques avait constitué un réseau de renseignement auprès de plusieurs parfumeries. En échange de menus avantages (échantillons, cadeaux de fin d'année, remises parfois un peu plus importantes, etc.), les commerçants informaient l'entreprise en temps réel de l'évolution de l'offre des concurrents (prix, PLV, documentation, remises, etc.).

3. *Les sources ouvertes ou fermées*
   - Les premières sont librement accessibles, publiques ou semi-publiques. Par exemple, des études réservées aux membres d'une organisation professionnelle qui, par définition, regroupe des concurrents, seront dites semi-publiques et ouvertes. Les sources fermées ne sont pas accessibles à autrui. L'accès à ces informations peut être illégal.
   - On dit que l'information ouverte est blanche. L'information noire est celle obtenue illégalement. L'information grise est produite par un travail d'investigation avec des procédés légaux. Les experts en veille s'accordent à dire que 80 % des informations utiles à collecter sont blanches, et 20 % grises. Au risque de choquer les lecteurs cartésiens, l'information noire vient en plus !

Notons qu'il existe des informations volontairement partagées par les concurrents lorsqu'ils s'abonnent à un panel dont les données sont livrées à tous les abonnés[1] ou encore lorsqu'ils participent à une étude de marché en souscription, par définition vendue à plusieurs clients qui peuvent être des concurrents directs.

Exemple

➥ Le Groupement interprofessionnel de l'automobile (GiPA) réalise depuis plus de 25 ans une étude annuelle en multi-souscription sur le marché de l'après vente automobile. En 25 ans, le GiPA a interrogé plus de 500 000 automobilistes et près de 200 000 professionnels de la réparation et de la distribution sur les cinq continents[2]. Les données recueillies sont transmises à des constructeurs qui sont concurrents.

1. Sur les panels, voir la section 4 de ce chapitre.
2. Source : http://gipa-eu/home.html?lg=fr

3° Les indicateurs de la position concurrentielle d'une marque

Il est utile de suivre la position concurrentielle d'une marque de façon régulière. Les études en continu sont souvent appelées *tracking*.

- *Suivi des performances commerciales d'une marque comparées à celles des principaux concurrents*

Ce sont des études très fréquentes sur l'évolution des parts de marché en volume et en valeur, sur la pénétration d'une marque et de ses concurrents sur un segment de clientèle, sur le nombre d'acheteurs et les quantités achetées, sur la présence de la marque et de ses concurrents dans la distribution, etc. Les panels de détaillants et de consommateurs étudiés plus loin sont des outils conçus pour fournir ces données en continu.

- *Suivi des atouts stratégiques d'une marque comparés à ceux de la concurrence*

Ce sont des études répétitives qui fournissent des séries de données issues des mêmes méthodes d'enquête. Il y a les baromètres d'image, de satisfaction, le suivi de l'évolution des taux de fidélisation, etc.

2 Les études de marché, une composante du système d'informations marketing (SIM)

Les études de marché ne sont pas la seule source de données utiles aux directions marketing. Il en existe d'autres comme toutes les informations en provenance de la direction commerciale sur les clients, les prospects, l'activité des vendeurs, etc.

L'ensemble organisé des données à usage marketing et commercial constitue le système d'informations marketing (SIM). On ne trouve de tels systèmes que dans les entreprises les plus sophistiquées. Les autres se contentent par exemple de fichiers clients (un sous-ensemble du SIM) ou bien n'ont que des données inorganisées.

Le système d'informations marketing est :

- *une base de données* structurée et actualisée provenant principalement du département commercial (statistiques de ventes, fichiers clients et prospects, offre commerciale : catalogue produits et conditions tarifaires, etc.) et du département marketing (études sur les marchés, sur la concurrence, évolution des principaux indicateurs marketing comme l'image et la notoriété des marques, taux de satisfaction, taux de fidélisation, etc.) ;
- *un ensemble d'équipements* (largement informatisés), de procédures de stockage, de traitement et d'accès aux données ;
- *des personnes en charge* de la gestion du SIM ;
- *des destinataires* dûment identifiés et habilités à accéder en tout ou partie aux données du SIM, comme, par exemple, les commerciaux qui, sur le terrain, peuvent avoir accès aux fichiers de leurs clients et prospects.

Figure 2.2 **Structure d'un SIM**

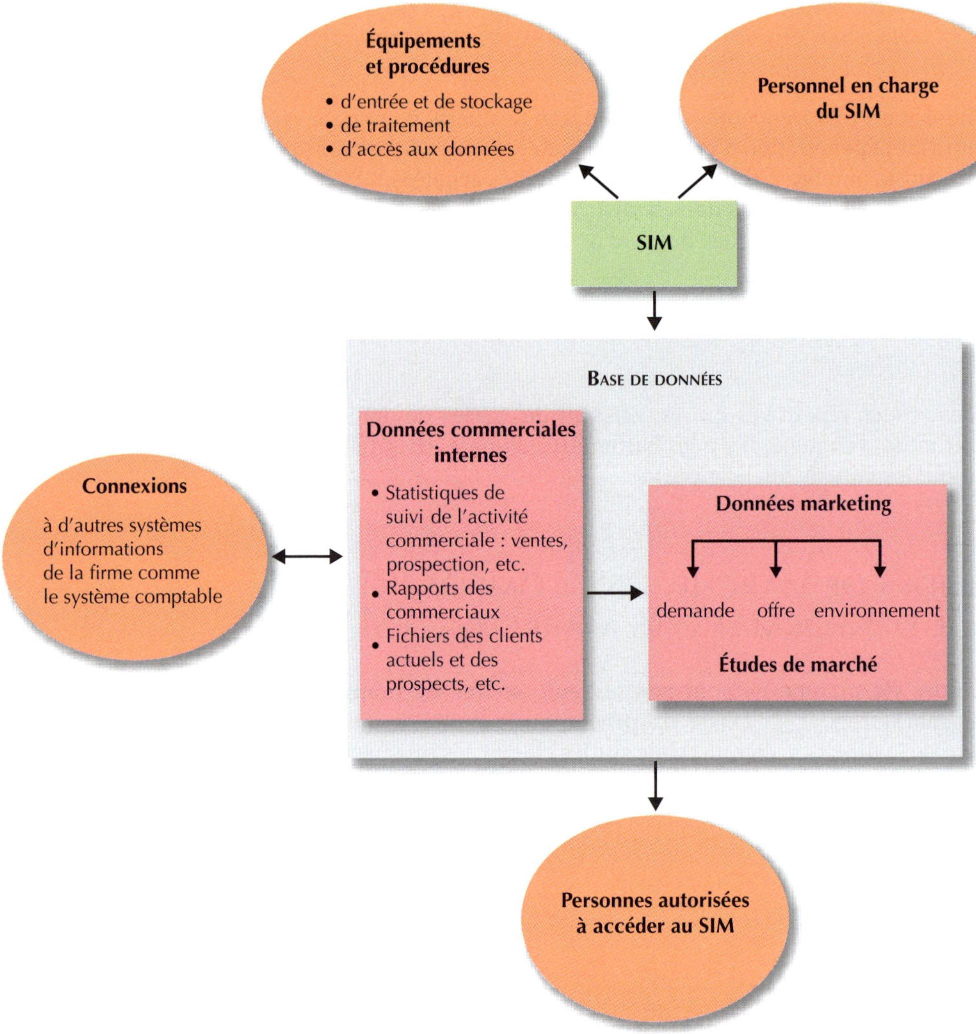

3 Bonnes pratiques des études de marché

a) Il faut définir très précisément à quoi doit servir l'étude et distinguer problème marketing et problème d'étude

Bien que les études de marché aient toujours pour but d'aider une entreprise à résoudre des problèmes de marketing, un problème d'étude ne se pose pas et ne se formule pas dans les mêmes termes qu'un problème de marketing.

Un problème de marketing consiste toujours à se demander quelles décisions prendre pour atteindre certains objectifs ou pour faire face à certaines difficultés : faut-il lancer tel produit nouveau ? Quelles cibles de clientèle faut-il viser ? Doit-on modifier la « formule-produit », le packaging, le prix ? Quels thèmes publicitaires doit-on choisir ? etc.

MINI CAS

Confipousse : la « seringue » à confiture

Les enfants étant de gros consommateurs de confiture, un producteur important a développé un packaging original : une seringue permettant de pousser la confiture sur les tartines. La confiture était faite avec des ingrédients naturels et de qualité. Les tests « en chambre » faits auprès des enfants et des mères de famille ont été positifs. Les enfants interrogés ont trouvé l'idée « fun », les mères de famille ont remarqué que le prix était un peu élevé mais acceptable car cela pouvait inciter leurs enfants à consommer un produit nutritif et naturel. Les services marketing ont fait travailler leur agence de publicité qui a proposé plusieurs pistes de création qui ont été testées auprès de la cible visée. L'une d'elle a été plébiscitée. Le projet était donc sur le point d'être lancé.

Problème marketing : faut-il lancer le produit au vu de ces différentes études ? Les premières prises de contact avec le nouveau produit sont bonnes mais, à l'usage, le produit suscitera-t-il toujours autant d'intérêt ?

Problème d'étude : analyser les comportements des enfants et de leurs mères sur la longue durée.

Méthode de collecte de l'information : test d'usage en situation. On distribue gratuitement le produit à un échantillon de familles avec enfants et on suit pendant plusieurs semaines l'utilisation du produit, la satisfaction générée ou non par le nouveau produit et les demandes de réapprovisionnement.

Résultats de l'étude : très décevants. L'intérêt pour le produit retombe très rapidement et la seringue reste dans les placards. Pour que la confiture circule bien dans la seringue, elle est très liquide, ce qui était jugé comme un atout par le marketing. Les enfants préfèrent le mou au plus solide. Mais le test en situation a suscité de nombreuses critiques des mamans : la confiture passe dans les trous des tartines et salit l'enfant... juste avant le départ à l'école. Les frères et sœurs les plus turbulents se font la guerre à coup de seringues à confiture.

Décision : lancement du produit. Il aurait été logique de tout arrêter mais le produit était fin prêt, et le concurrent majeur s'apprêtait lui aussi à lancer une confiture « spéciale enfants ». Il fut décidé de lancer quand même le produit, « pour voir », sans faire de grands investissements publicitaires. Au bout de quelques mois, le produit fut retiré du marché. Le produit concurrent aussi, mais pour d'autres raisons.

Un problème d'étude consiste à se demander *de quelles informations on a besoin pour prendre des décisions marketing et de quelle façon on va les recueillir et les traiter.*

En d'autres termes, un problème de marketing concerne des décisions, alors qu'un problème d'étude concerne les informations et les méthodes de recherche pour prendre ces décisions. Un problème marketing consiste à répondre à la question : « *Que dois-je faire ?* », un problème d'étude consiste à répondre à la question : « *Que dois-je savoir ?* »

b) Avant de créer de l'information par une étude toujours coûteuse, il faut utiliser l'information disponible

Pourquoi investir dans une étude de marché toujours coûteuse en temps et en argent pour avoir des informations de première main (informations dites primaires) quand on peut les avoir immédiatement, gratuitement ou de façon peu onéreuse, de seconde main (informations dites secondaires) ?

Exemple

➥ Une entreprise de produits diététiques bio s'intéresse au marché des compléments alimentaires et envisage, si les études sont intéressantes, de le pénétrer en créant un site de commerce électronique. Au lieu de s'adresser au cabinet d'études qui travaille généralement pour lui, le directeur marketing a demandé à un chef de produit d'exploiter les informations disponibles gratuitement sur Internet, et lui a ouvert un budget de 1 200 euros pour acheter une étude existante sur les compléments alimentaires. En deux semaines, le chef de produit a fait un état des lieux fort instructif sur la demande, la concurrence, les types de sites de vente de compléments alimentaires en ne s'appuyant que sur des informations déjà existantes, dites informations secondaires. Le marché paraissant très encombré, le directeur marketing a demandé à son chef de produit d'approfondir ses études sur un segment bien particulier : les compléments alimentaires cosmétiques bio. Il lui a demandé de commencer par exploiter les informations secondaires sur ce segment à la suite de quoi, il lui a ouvert un budget de 22 000 € pour commander une étude qualitative faite auprès de groupes de consommateurs (focus groups) de compléments bio cosmétiques. Les réunions de groupes donnent des informations primaires.

FOCUS

Informations primaires et secondaires

- Les informations primaires sont créées par une étude, pour un propos spécifique, et recueillies directement sur le terrain. Les études qualitatives et les sondages en sont des illustrations.
- Les informations secondaires ont déjà été collectées pour des raisons diverses et sont réutilisées par l'étude si elles correspondent au problème marketing à traiter. Ce sont des informations qui n'ont pas été recueillies pour un besoin d'étude particulier à une entreprise, qui sont disponibles gratuitement ou contre rémunération, et qu'on va chercher à exploiter. Les études documentaires relèvent de ce type d'information.

Figure 2.3 **Distinction entre informations primaires et secondaires**

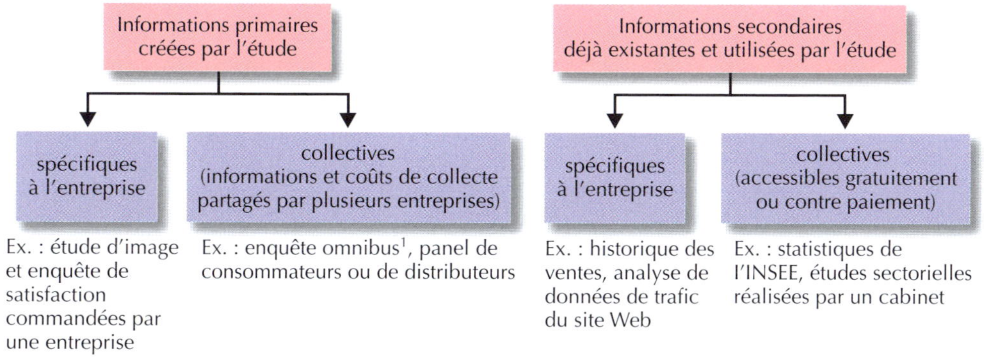

1. Omnibus : enquête par sondage regroupant des questions formulées par des entreprises différentes. Cela permet de partager le coût du sondage.

c) Pour savoir ce que souhaitent vos clients, il ne suffit pas de leur poser la question

Les questions trop directes engendrent souvent des réponses inexploitables ou sans intérêt, souvent parce que les personnes interrogées n'ont pas la réponse à la question posée. Mais elles répondent quand même !

Exemple

➥ « Selon vous, à quel prix devrait être cette paire de chaussures ? ». Réponses : n'importe quoi ; 50 € ; 150 € ; 15 €, etc.

Il est plus efficace de déterminer une fourchette de prix en posant deux questions :

« Au-dessus de quel prix, jugez-vous que c'est trop cher ? »

« En dessous de quel prix, pensez-vous que ces chaussures sont de mauvaise qualité ? »

Tout l'art, et c'est un travail de professionnel, consiste à définir la bonne méthode de recueil de l'information, les bonnes questions (voir le texte consacré à la formulation du questionnaire dans la section 3 et à bien interpréter les réponses).

d) La phase d'interprétation des résultats est cruciale

Quand on fait une étude qualitative (par exemple des entretiens non directifs individuels ou en groupes), on obtient une série de points de vue, de *verbatim*[1] qu'il faut nécessairement décanter pour en tirer quelques enseignements généraux. L'interprétation de ces données est très complexe et doit faire appel à des professionnels expérimentés.

Quand on fait une étude quantitative avec des questions fermées du type « oui/non » sur un échantillon représentatif, on obtient une série de chiffres du type :

1. *Verbatim* : citation de mots et d'expressions recueillis lors des enquêtes.

32 % ont l'intention d'acheter ce produit à ce prix, 54 % disent qu'ils ne l'achèteront pas, et les autres, soit 14 %, déclarent ne pas savoir. On a tendance à prendre les chiffres pour argent comptant mais les chiffres ne disent pas nécessairement la vérité.

1° Il faut se méfier des chiffres trop précis

31,84 % ont l'intention d'acheter. La plupart des études ne peuvent pas prétendre à une exactitude mathématique absolue. Par ailleurs, on n'a pas besoin en marketing d'une telle précision pour prendre la bonne décision. Il vaut mieux avoir des ordres de grandeurs, des fourchettes fiables avec des séries permettant de cerner les évolutions significatives des attitudes des personnes interrogées.

2° Les écarts mesurés par les études ont-ils du sens ?

Exemple

→ Étude 2012 : 28 % disent avoir une bonne ou très bonne image de la marque X.

Étude 2013 : 27 % disent avoir une bonne ou très bonne image de la marque X.

Conclusion : « L'image de la marque s'est dégradée légèrement. Recherchons pourquoi ».

On doit refuser une telle conclusion ; mieux, il faut refuser toute conclusion à partir de ces résultats : l'écart est dans la marge d'erreur de l'étude. Par ailleurs, on ne dit pas si l'étude a été faite avec la même méthode. De plus, on a additionné les réponses « bonne » et « très bonne image ». On s'intéressera plutôt à l'évolution des extrêmes : quel pourcentage d'individus associe à la marque une très bonne image ? une très mauvaise image ?

3° L'anticipation des comportements est toujours délicate

C'est selon la nature de la question posée.

Exemple

Les primaires socialistes fin 2011

- Question 1 : « Irez vous voter aux primaires socialistes ? » Réponses proposées : absolument certain de voter ; oui sans doute ; non sans doute ; absolument certain de ne pas voter ; ne sait pas.

  Question 2 : « Vous êtes un homme, une femme ? »

  Question 3 : « Vous avez : entre 18 et 25 ans, de 25 à 40 ans, etc. ? »

  À l'évidence, les réponses aux deux dernières questions doivent être prises telles quelles. En revanche, les réponses à la question 1 sont beaucoup plus problématiques.

  Le 15 septembre 2011, soit un mois environ avant le premier tour des primaires, un sondage BVA donnait les résultats suivants : 25 % disaient qu'ils participeraient aux primaires (réponses cumulées absolument certains et oui, sans doute). 15 % s'en disaient absolument certains, soit en extrapolant à la population d'électeurs : 6,5 millions de personnes.

  En bon professionnel, BVA a pris la précaution de croiser ces résultats avec les réponses à une autre question : « Savez-vous comment et où vote-t-on pour les primaires socialistes ? » Parmi ceux ayant déclaré qu'ils iraient voter, plus de 40 % ne savaient pas comment voter aux primaires. Un tel score amena BVA à conclure que le nombre de votants serait spectaculairement élevé mais très inférieur aux intentions de vote déclarées.

  À l'époque, dans un débat télévisé, le politologue Roland Cayrol suggéra d'appliquer une méthode utilisée en marketing pour interpréter les intentions d'achat pour un nouveau produit. On ne retient que ceux qui se disent certains d'acheter, et on divise par deux. Cela n'a rien de scientifique mais donne souvent de bons résultats. Les consommateurs ont tendance à se pousser du col, particulièrement pour les achats à fort statut social. Fort de l'expérience des marketers, Roland Cayrol estima alors que la participation serait de 6,5 millions divisés par deux soit environ 3 millions. Le résultat a été de 2,7 au premier tour et 2,8 au second. Bien vu !

e) En conclusion, ce ne sont pas les études de marché qui font la différence avec la concurrence, mais l'usage que l'on en fait

Si les études aident à comprendre, elles ne disent pas ce qu'il faut faire. À partir des mêmes faits, on peut aboutir à des conclusions différentes en termes d'action. On tire un avantage concurrentiel non pas d'une étude de marché mais de l'interprétation qu'on en fait et des décisions qu'elle inspire. Comme on le verra plus loin dans la section 4 sur les panels, il est fréquent que plusieurs concurrents aient les mêmes études. Ce n'est pas pour autant qu'ils adoptent les mêmes stratégies marketing.

SECTION 2

LES ÉTUDES DITES EXPLORATOIRES : ÉTUDES DOCUMENTAIRES ET QUALITATIVES

On parle d'enquêtes « exploratoires » pour les études documentaires et qualitatives qui n'ont pas vocation à donner des résultats représentatifs, mais à éclairer la complexité d'un sujet, à en montrer les différents aspects.

Les études qualitatives précèdent souvent les études quantitatives. Elles aident à construire des hypothèses que des études quantitatives permettent ensuite de valider et de quantifier.

Exemple

- Une étude qualitative auprès des clients d'une enseigne de vêtements permet d'esquisser une typologie de clients, c'est-à-dire d'identifier des groupes de clients qui ont des attentes similaires. Une étude quantitative peut quantifier ces types de clients pour mesurer leurs poids dans la fréquentation et le chiffre d'affaires de l'enseigne. Les questions s'inspireront des résultats de l'étude qualitative pour permettre d'attribuer chaque répondant à un segment de clientèle identifié (par exemple pour distinguer les chasseurs de bonnes affaires des accrocs de la mode).

Si les études exploratoires sont utiles pour améliorer ou affiner la compréhension d'un problème et préparer des études plus approfondies, elles sont parfois suffisantes pour répondre à un problème marketing. Par exemple, ce dernier peut être lié à la compréhension des motivations des clients, et si une faible disparité entre clients apparaît pendant la phase qualitative, une étude quantitative peut ne pas paraître utile.

Figure 2.4 **Nature et complémentarité des études exploratoires et quantitatives**

Catégorie	Type d'étude	Objectif	Collecte de l'information
Études exploratoires ↓	**Études documentaires**	**Défricher** les tendances d'un marché	**Informations secondaires**
	Études qualitatives ou études en profondeur	**Comprendre en profondeur** les comportements des acheteurs/consommateurs	**Entretiens non directifs** sur échantillon limité non représentatif
Études quantitatives	**Études ponctuelles** Sondages	**Mesurer de façon représentative** les usages, attitudes, attentes...	**Questionnaire sur échantillon représentatif**
	Études en continu Panels, baromètres, etc.	**Mesurer les évolutions**	**Questionnaire sur échantillon représentatif**

1 Les études documentaires

Les études documentaires consistent à sélectionner, synthétiser et analyser des informations secondaires qui, par définition, n'ont pas été produites pour les besoins de l'étude.

Ce type d'études a l'avantage d'être relativement rapide à mener si on s'appuie sur des données facilement accessibles, et il est peu onéreux si elles sont publiques.

C'est souvent le seul type d'études pratiqué par ceux qui n'ont ni les moyens ni l'expertise pour en conduire d'autres. Un très grand nombre des études de marché réalisées par des étudiants repose exclusivement sur l'exploitation des sources documentaires disponibles en bibliothèques (livres, bases de données, presse) ou sur Internet. De la même façon, de nombreuses petites entreprises n'ayant pas les moyens ou les qualifications pour créer de l'information par le biais d'études qualitatives ou quantitatives, se reposent sur des études documentaires.

L'explosion des informations disponibles sur Internet (archives des journaux, sites d'entreprise, bases de données, etc.) a grandement facilité l'accès aux informations secondaires, ce qui rend les études documentaires particulièrement attrayantes.

L'inconvénient de ces études est que les données disponibles ne sont pas nécessairement suffisantes pour répondre au problème marketing. Quand ce dernier est spécifique, qu'il concerne une marque ou un produit particulier, il y a peu de chances que des données publiées répondent très précisément aux questions que l'on se pose.

De plus, les données secondaires sur lesquelles s'appuient les études documentaires ne sont pas nécessairement fiables : des biais apparaissent souvent quand les études sont réalisées par des organismes qui cherchent à défendre des positions ou des intérêts propres (il est rare que des organismes professionnels publient des études qui contredisent leurs positions et leurs intérêts !) ; la méthodologie suivie (échantillon, questionnaire, mode de collecte, traitement...) peut être déficiente à plus d'un titre. Il est donc important, non seulement de citer les sources, mais d'aller au-delà pour évaluer la validité des données.

Une étude documentaire ne saurait donc être la seule compilation de données, c'est bien un travail de collecte, de sélection et d'interprétation.

Les sources d'information secondaires sont très nombreuses. On peut les répartir en deux grandes catégories : internes et externes.

a) Les sources internes

- *Comptes clients* : répartition des clients, typologie des clients, type et quantité des produits achetés, lieu d'achat, évolution des achats, indicateurs de fidélité, etc.
- *Données de ventes* : chiffre d'affaires, évolution, répartition par produits, par zone géographique, par réseau de distribution, etc.
- *Sources diverses* : rapports des commerciaux, lettres de réclamation, données de trafic sur le site Web, études antérieures, interventions du service après vente, etc.

Ces informations peuvent donc être qualitatives ou purement chiffrées et statistiques. Soit elles sont prêtes à l'utilisation (rapport mensuel de ventes par exemple), soit elles nécessitent un traitement spécifique de synthèse et d'analyse (étude du référencement d'un site Web, par exemple).

b) Les sources externes

Elles sont « off line » ou « on line », la plupart des ces sources ayant désormais une version en ligne. Attention, Internet mélange toutes sortes de sources et d'informations plus ou moins fiables. La sélectivité, la citation et l'appréciation des sources sont indispensables quand on s'appuie sur des données issues d'Internet.

- *Les sites de la concurrence* : ils fournissent souvent des informations intéressantes mais les entreprises apprennent à être de plus en plus prudentes.
- *Les annuaires* : ils sont particulièrement intéressants à utiliser dans des études B to B, comme ceux de « Kompass[1] » qui couvrent le monde entier.
- *Les bases de données* : certaines sont payantes, d'autres, d'origine publique, sont gratuites. Les bibliothèques peuvent donner accès à de nombreuses bases de données spécialisées. Ainsi, Proquest propose l'accès à de multiples bases de données comme « Hoover's company profiles[2] » avec des fiches sur plus de 40 000 entreprises dans le monde, 600 industries et plus de 225 000 dirigeants. « Business Source Complete » (bases EBSCO) permet d'accéder à 3 500 revues académiques en marketing et autres disciplines du management, à 1 400 études pays et à 5 000 études de secteurs.
- *La presse* : son accès a été grandement facilité par la mise en ligne de ses contenus, l'accès aux archives nécessitant souvent un abonnement. Par exemple, on trouve de nombreux dossiers sur l'économie mondiale et les secteurs industriels dans *The Economist*[3].
- *Les associations professionnelles* : elles font des études de qualité très variable, permettant de s'informer sur la situation et la structuration de leurs marchés. Par exemple, une étude documentaire sur les marchés européens de la diététique pourra se référer aux dossiers publiés par l'EFAD. (*European Federation of the Associations of Dietitians*)[4]. Une étude sur l'e-commerce trouvera de nombreuses données d'actualité, statistiques et dossiers sur la vente en ligne dans le site de la Fédération du e-commerce et de la vente à distance (FEVAD)[5].
- *Les organismes publics* : les États, les grands instituts comme l'Insee ou l'Ined[6], les organismes internationaux publient de nombreux rapports et études qui sont généralement d'une grande qualité méthodologique et gratuits.
- *Les sociétés d'études* : elles peuvent publier des rapports ou des études qu'elles vendent ensuite sur abonnement ou à la demande. Des communiqués de presse, librement accessibles, qui ne donnent pas le détail des études, divulguent parfois des chiffres intéressants. Voir par exemple les sites d'Ipsos, de Kantar ou de GfK[7].

1. http://fr.kompass.com
2. www.proquest.co.uk/
3. www.economist.com
4. www.efad.org
5. http://fevad.com
6. Ined : Institut national des études démographiques (www.ined.fr)
7. www.ipsos.fr ; www.tns-sofres.fr ; www.gfk.fr

2 Les études qualitatives ou « études en profondeur »

Les études qualitatives, appelées aussi « études non directives », « études en profondeur » ou « études de motivations », ont généralement pour objet de comprendre les comportements mentaux profonds d'un public : besoins, attitudes, motivations, etc.

Elles se distinguent des études quantitatives (enquêtes classiques par questionnaire) par la complexité plus grande de leurs méthodes, inspirées des techniques de la psychologie appliquée, au détriment de la représentativité de leurs résultats[1].

Une étude qualitative permet d'éclairer une problématique, d'approfondir un sujet, mais non pas de quantifier un objet de façon représentative car elle ne s'appuie que sur les opinions d'un nombre très restreint d'individus. On doit proscrire absolument, lors de la présentation d'études qualitatives, des tableaux chiffrés tels que : « x % des personnes interrogées pensent que... ». L'étude reposant presque toujours sur des petits effectifs, la quantification des résultats ne peut donner qu'une fausse impression de rigueur.

On a vu plus haut et on reverra au chapitre suivant combien il est important dans de nombreux cas, pour le responsable marketing de connaître non seulement les comportements des clients mais aussi leurs motivations, de savoir non seulement ce qu'ils achètent ou n'achètent pas, consomment ou ne consomment pas, mais aussi pourquoi ils se comportent ainsi. Or, les informations relatives aux motifs du comportement sont souvent très difficiles ou même impossibles à obtenir par des questions directes, soit parce que les gens ne sont pas conscients de leurs véritables motivations, soit parce qu'ils ne les jugent pas honorables et par conséquent ne veulent pas les avouer[2].

Exemple

- Si l'on demande à un automobiliste : « Pourquoi avez-vous acheté une Audi TT ? », il invoquera sans doute le confort, l'esthétique, la sécurité ou la robustesse de ce modèle, mais pas le désir d'impressionner son entourage, le plaisir de laisser sur place les autres automobilistes, ni l'influence possible de la publicité ou d'un représentant habile, parce que ce sont autant de motivations qu'il ne voudrait pas (s') avouer.

C'est pourquoi, lorsqu'on veut découvrir les attitudes et motivations profondes des clients, lorsqu'on cherche des « insights consommateur[3] », il faut faire appel à des méthodes différentes du questionnaire classique.

1. F. Laurent, *Des études de marché au consumer insight*, Pearson Education, 2006.
2. F. Dano, V. Hamon, S. Llosa, « La qualité des études qualitatives : principe et pratiques », *Décisions Marketing*, oct.-déc. 2004, n° 36.
É. Vernette, « Les études qualitatives à la recherche du sens perdu », *Décisions Marketing*, oct.-déc. 2004, n° 36.
3. Un « insight consommateur » est une attitude, un comportement que l'on va utiliser pour définir une offre et/ou un axe publicitaire. Cette notion est développée dans le chapitre 8 sur la publicité.

Figure 2.5 **Les techniques des études qualitatives**

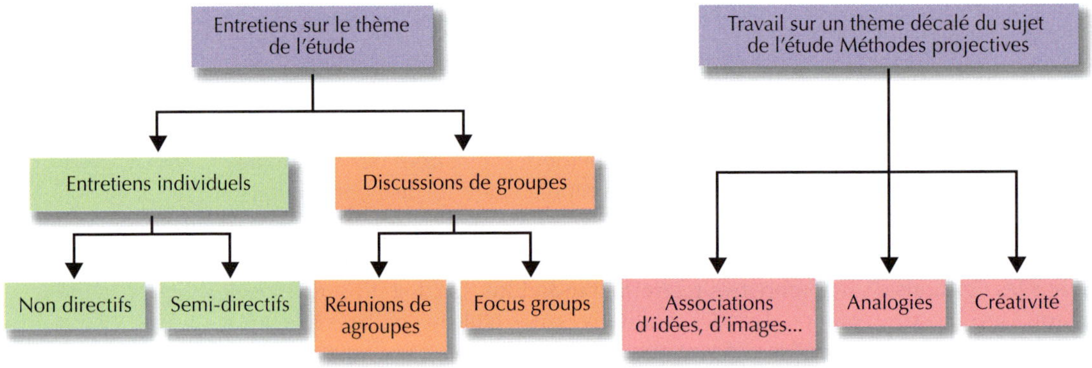

a) Les entretiens sur le thème de l'étude

Le sujet est annoncé aux participants. Les entretiens portent par exemple sur un nouveau concept de produit, un nom de marque, un projet de packaging, etc. Ils se font en face à face (entretiens individuels) ou en petits groupes.

1° Les entretiens individuels

- *Les entretiens individuels non directifs ou entretiens libres*

Cette technique consiste à ne pas poser de questions mais à laisser parler librement l'interviewé sur le sujet de l'étude en enregistrant en audio ou en vidéo ses déclarations. Le rôle du psychologue consiste simplement à relancer de temps à autre la conversation sans apporter d'éléments nouveaux. Celle-ci doit être davantage un monologue qu'un dialogue. L'interviewé ne doit en aucun cas se sentir soumis à un interrogatoire.

Cette technique est coûteuse (une interview par personne) et d'un emploi difficile. Elle exige des enquêteurs très qualifiés et ne peut donner de bons résultats que si l'interview est longue (une heure au moins). Elle ne convient pas à tous les individus, car il y a des gens dont on ne peut tirer, par cette méthode, aucune information.

- *Les entretiens individuels semi-directifs*

Ces entretiens ressemblent très fortement aux entretiens non-directifs, sauf que l'interviewer, au lieu d'aborder un sujet en suivant ensuite le fil de l'interviewé, s'assure que les différents thèmes préalablement définis dans un guide d'entretien sont traités. Si la personne interrogée ne les aborde pas par elle-même, l'enquêteur lancera le thème, comme il l'a fait en tout début d'entretien.

Cette méthode semi-directive est plus souvent pratiquée que les entretiens non directifs.

2° Les réunions de groupe : discussions de groupe et focus groups

- *Qu'est-ce qu'une réunion de groupe ?*

C'est une technique exploratoire qui consiste à réunir quelques personnes autour d'une table et à les laisser parler entre elles d'un sujet déterminé. Ici encore, le rôle du psychologue est très effacé. Il doit se borner à éviter que les gens ne dévient du sujet étudié et à répartir la parole. Il s'appuie généralement sur un guide d'animation (ou guide d'entretien) qui recense les quelques thèmes à aborder, comme dans les entretiens semi-directifs en face-à-face.

Par rapport aux entretiens libres, la méthode présente l'avantage de créer une interaction sociale pour faire émerger des opinions, mais elle a l'inconvénient de faire ressortir parfois des opinions peu sincères car les membres d'un groupe peuvent avoir tendance à jouer la comédie. Certains peuvent être intimidés par les opinions des autres ou, au contraire, peuvent chercher à influencer le groupe. Cependant, les renseignements qu'on en tire sont souvent très riches. Il y a un effet de rebondissement et de chaîne entre les diverses idées émises. Les arguments superficiels ne résistent pas longtemps aux assauts des opinions différentes et les motivations vraies ne tardent pas à émerger.

Comme les entretiens libres individuels, les réunions de groupe sont coûteuses (mais moins que les entretiens individuels, puisque l'on n'a besoin que d'un animateur pour 5 à 12 personnes) et d'une interprétation difficile. L'analyse de contenu doit être faite par des psychologues avertis.

- *Différences entre les discussions de groupe et les focus groups*

Aux États-Unis, on distingue les discussions de groupe et les focus groups, alors qu'en France, on a tendance à appeler focus group toute réunion de groupe.

La discussion de groupe se fait avec un nombre de participants plus élevé : de 8 à 12 contre 5 à 6 pour un focus group. La discussion de groupe porte sur un thème assez large (par exemple, on fait parler sur les habitudes du petit-déjeuner) tandis que le focus group est centré sur un sujet plus étroit, d'où son appellation (par exemple, un projet de message publicitaire, ou un projet de packaging).

Notre conseil

Il est très instructif pour un chef de produit de suivre les réunions de groupe. Bien entendu, il ne se mêle pas au groupe : il l'observe derrière une glace sans tain.

FOCUS

L'intérêt des *verbatim*

Pour chacune de ces techniques : entretiens libres, semi-directifs, discussions de groupe, focus groups, l'analyste doit conduire un travail important d'interprétation et de clarification. Les différentes thématiques doivent non seulement être présentées mais illustrées par des *verbatim*. Les *verbatim* sont des extraits significatifs des propos tenus et cette sélection est souvent une des parties les plus intéressantes de l'étude parce qu'elle permet au lecteur de s'approcher directement des pensées ou croyances des personnes interrogées.

b) Les méthodes projectives

Elles ont été utilisées originellement dans les domaines de la psychothérapie et de l'orientation professionnelle. Depuis longtemps, on en fait un large usage dans le marketing pour l'étude des motivations.

Au lieu de faire parler les participants directement sur le sujet de l'étude, on fait un détour sur un autre thème, thème sur lequel les individus sont censés projeter leurs opinions et motivations.

Ce détour se justifie lorsque le sujet de l'étude est délicat, intime, de nature à provoquer des blocages difficilement surmontables. Il est également utile lorsque le sujet n'attire que des réponses très conventionnelles.

Exemple

- « Que pensez-vous de Coca-Cola ? ». On n'obtient que des réponses sans grand intérêt car on ne défriche que le niveau le plus immédiat et le plus superficiel des opinions et des motivations associées à l'objet étudié. On collecte des évidences, des clichés et pire, on provoque souvent un détournement du sujet étudié. Par exemple, l'interviewé va répondre : « Coca-Cola c'est l'Amérique » et va ensuite se focaliser plus sur les États-Unis que sur la marque Coca-Cola.

Avec des questions trop directes, on n'atteint pas la seconde strate, la plus intéressante pour les gens de marketing mais qui peut être inhibée par des blocages, intellectualisée dans un discours par lequel la personne interviewée restitue plus son « savoir marketing » que ses motivations latentes et profondes de client. Ce danger est de plus en plus grand, au fur et à mesure que les clients ont développé, à l'écoute d'émissions comme Capital ou à la lecture d'innombrables articles, une connaissance certes superficielle mais réelle de l'esprit et des techniques du marketing et de la publicité.

Les méthodes projectives fonctionnent donc sur le principe de la transposition. On fait parler la personne interviewée d'un sujet transposé du thème initial, sur lequel elle va projeter ses propres idées et sa personnalité : « Imaginez que Coca-Cola soit un pays imaginaire, comment décririez-vous ses habitants, leurs relations... ? »

Selon Georges Guelfand[1] : « Les méthodes projectives évitent une confrontation directe avec les objets débattus... Elles consistent à inviter les interviewés à se transposer dans des univers analogiques... à dire de façon imaginée ce qu'on ne saurait dire ou n'oserait dire de façon raisonnée... à décomposer et à recomposer sans cesse jusqu'à en épuiser tous les contenus de significations et toutes les émotions possibles... »

Notre conseil

Les méthodes projectives sont intéressantes mais il ne faut pas en abuser dans la même étude et on doit confier le choix des outils et l'interprétation des réponses à de très bons professionnels

Ces principes ont été déclinés en un grand nombre d'outils qu'on peut regrouper en quatre familles de méthodes. Selon les cas, elles se pratiquent soit individuellement, soit en groupes.

1. Georges Guelfand est le cofondateur de la société Insight (aujourd'hui Ipsos Insight) et du centre de psychologie Tribu. Ce qui suit doit beaucoup à son ouvrage *Parole d'images : les études projectives appliquées aux études marketing*, Gaëtan Morin, 1999.

1° Les méthodes d'association

On en dénombre quatre grands types.

- *L'association d'idées*

C'est une technique souvent employée.

Exemple

➥ « Dites-moi tous les mots qui vous viennent à l'esprit en pensant à cette marque, à cette publicité... »

On invite l'interviewé à s'exprimer le plus rapidement possible. C'est une façon de débrider l'expression, de dire de manière indirecte ce qu'il serait fastidieux ou parfois périlleux, d'exprimer directement.

- *L'association d'images*

C'est une technique également souvent utilisée.

Exemple

➥ On désire connaître l'image que se fait le public de diverses marques de voitures. On présente au sujet quelques photographies ou dessins de personnages stéréotypés (le petit employé, l'homme d'affaires qui a réussi, le jeune sportif, le paysan, le bon père de famille, etc.) ainsi que les photographies d'automobiles de marques différentes. On demande au sujet d'associer les personnages aux marques et de commenter leur choix. C'est un petit jeu auquel les gens se prêtent facilement. Ce faisant, ils révèlent en fait leurs opinions sur les marques de voitures.

- *Les tests d'expression*

Cette technique, assez fréquente, consiste à demander aux sujets de compléter une série de phrases inachevées.

Exemple

➥ Si on désire faire une étude en Belgique sur la question du gouvernement et celle de la linguistique, plutôt que de poser des questions directes avec des réponses du type « Oui/Non », on fera compléter des phrases du type :

– « Le gouvernement qu'il nous faut maintenant est... » ;

– « Pour résoudre la question linguistique, il faudrait... »

- *Le* Thematic Aperception *Test, ou TAT*

La personne interviewée doit apporter des interprétations ou des précisions sur une situation qu'on lui présente d'une manière volontairement ambiguë.

Exemples

➥ On désire déterminer les motivations des fumeurs. Si on demande aux gens pourquoi ils fument, on aura en général des réponses du genre « parce que j'en ai pris l'habitude ». La question est de savoir pourquoi cette habitude a été prise. On présente une série d'esquisses d'un personnage se trouvant dans des situations diverses (attendant dans un hôpital, au milieu de jeunes femmes dans un café, dans une file d'attente...) et on demande au sujet dans quelle situation, à son avis, le personnage a le plus envie de fumer.

➥ La RATP a utilisé un test projectif inspiré du TAT pour étudier le sentiment d'insécurité dans le métro. On présente différents dessins illustrant des situations d'agression et on demande aux interviewés de raconter l'histoire et de la commenter.

Source : Y. Evrard, B. Pras et E. Roux, *Market*, 4e éd, Dunod, 2009.

2° Les méthodes analogiques

Assez fréquentes, il s'agit ici des méthodes analogiques stricto sensu, sachant que la plupart des méthodes projectives fonctionnent peu ou prou sur des analogies.

Elles conviennent particulièrement bien à l'investigation des concepts et des marques. Elles se pratiquent selon des modalités variées mais qui, dans leurs principes, restent très proches. C'est, par exemple, la technique dite « du bestiaire ».

Exemple

➥ « Imaginez que, d'un coup de baguette magique, ce packaging se transforme en un animal qui n'existe pas, que l'on ne peut pas nommer mais que l'on peut décrire... »

On peut classer dans la famille des méthodes analogiques la technique très connue du portrait chinois, encore qu'elle relève également de l'association d'idées.

Exemple

➥ « Si la marque x était une couleur, ce serait... ? Et si c'était un animal... ? Et si c'était un pays, un personnage historique... ? »

3° Les méthodes de créativité

Elles sont peu employées. On citera les jeux de rôles, techniques issues des travaux de Moreno.

Exemple

➥ On demande aux participants d'imaginer un scénario sur des marques. Elles font une croisière mais le bateau est bientôt pris par une tempête. Quelle marque va organiser la survie (dominance) ? Que font les autres marques ? etc.

c) Le prix des études qualitatives

Il varie fortement en fonction des moyens employés, de la complexité du sujet, du degré d'expertise requis, etc. Pour donner un ordre d'idées au lecteur, on dira qu'il faut compter :

- entre 450 et 750 € pour un entretien libre ou semi-directif en grand public et 800 à 1 500 € pour des leaders d'opinion ou des cibles rares ;
- entre 4 000 et 6 000 € pour l'organisation et l'analyse d'un focus group grand public ;
- entre 12 000 et 15 000 € pour un test de produit faisant notamment appel à des méthodes exploratoires.

Internet permet de réaliser des études quantitatives à moindre coût, ce qui est une des raisons de son succès auprès des cabinets d'études et des entreprises.

FOCUS

Les études qualitatives en ligne

- Les réunions de groupes en ligne

Elles se composent d'une dizaine de personnes recrutées de la même manière que pour les réunions de consommateurs en salle. Les participants répondent aux questions de l'animateur et échangent leurs opinions les uns avec les autres grâce à une salle de discussion en ligne (chat room). Les participants ne se voient pas et s'expriment à distance à partir de leur ordinateur connectés ; la réunion dure un peu moins longtemps qu'en salle (une heure et demie à deux heures, contre trois heures) ; en revanche, tous les consommateurs répondent en même temps à la question posée et le volume de *verbatim* reste donc quasiment équivalent à trois heures de réunion en salle. La dynamique de groupe reste importante, mais sa nature est différente. Dans un premier temps, chacun répond sans prendre connaissance des réponses des autres et donc sans s'exposer à des influences extérieures ; dans un second temps, chacun prend connaissance des autres opinions exprimées et peut réagir pour prolonger et enrichir la discussion. On peut ainsi parler d'une dynamique de groupe « différée » qui cumule les avantages des réunions de consommateurs (enrichissement par le débat collectif) et des entretiens individuels (meilleure spontanéité des attitudes et opinions individuelles).

- Les espaces conversationnels

C'est une manière innovante de recueillir les opinions et perceptions des individus, en combinant l'expression individuelle et la dynamique de groupe. À la différence des réunions de groupes en ligne, l'espace conversationnel fonctionne de façon asynchrone, c'est-à-dire qu'il se déroule sur plusieurs jours, les participants

•••

•••

se connectant à leur convenance. L'interrogation se déroule sur plusieurs jours, semaines ou même mois et peut concerner plusieurs dizaines voire centaines de participants. Les participants sont invités par e-mail et se connectent par un lien URL individualisé et sécurisé. Les espaces conversationnels s'adressent autant aux consommateurs qu'aux citoyens ou aux salariés d'une entreprise. Ces plates-formes d'écoute et de dialogue sont de plus en plus utilisées pour recueillir l'avis des clients ou prospects sur un nouveau produit ou service sous un mode participatif et collaboratif ou pour accompagner une transformation. Cette méthode de recueil en ligne autorise trois modes d'expression : la formulation d'une idée, le débat (*via* le commentaire) et le vote (*via* la notation).

- Les avantages et les limites des études qualitatives en ligne

Les études qualitatives en ligne permettent d'exploiter la dynamique de groupe sur des cibles traditionnellement plus individualistes et donc interrogées généralement en entretiens individuels. C'est le cas, par exemple, pour des chefs d'entreprise, des leaders d'opinion, des hauts revenus ou encore des populations très dispersées géographiquement et donc difficiles à réunir dans un même lieu au même moment.

L'autre intérêt des études qualitatives en ligne concerne la relation entre l'animateur et le commanditaire de l'enquête qui est profondément transformée par cette technique. Le commanditaire a, en effet, la possibilité de suivre à distance, à partir d'un ordinateur connecté, le déroulement de la discussion en ligne. Mais il peut surtout interagir en permanence avec l'animateur et avoir plus de prise sur l'information produite : lui demander de reformuler sa question ou d'approfondir tel ou tel aspect de la discussion, ce qui est difficile, voire impossible dans les réunions de consommateurs en salle.

Enfin, ce type d'études qualitatives coûte généralement moins cher et permet de réduire les délais par rapport aux groupes en salle.

Les limites des études qualitatives en ligne tiennent principalement à l'absence de lien physique entre l'animateur et les participants. Il est par exemple impossible d'analyser les informations non verbales exprimées par les consommateurs (intonations, mimiques, expressions du visage, etc.), même si le langage codé utilisé par les internautes permet de compenser très partiellement cette lacune.

SECTION 3

LES ÉTUDES QUANTITATIVES : LES ENQUÊTES PAR SONDAGE

Dès lors que la population dont on souhaite connaître les comportements, les motivations, les attitudes ou les processus de décision se chiffre par milliers ou par millions d'individus, il devient impossible de procéder à une enquête exhaustive et il faut avoir recours à la méthode des sondages en posant un questionnaire à un échantillon de la population étudiée.

1 Les principes des sondages et les problèmes d'échantillonnage

a) Les principes des sondages

Si l'on voulait savoir d'une manière précise et exacte combien de Français boivent habituellement du thé à leur petit-déjeuner, il faudrait idéalement les interroger tous.

Une enquête exhaustive de ce type s'appelle un recensement. Périodiquement, l'État effectue un tel recensement à propos de certaines caractéristiques essentielles de la population : sexe, âge, activité professionnelle, habitat, etc. Il arrive parfois aussi qu'une entreprise puisse mener une enquête exhaustive, lorsque la population à laquelle elle s'intéresse ne compte que quelques dizaines ou centaines d'individus ou d'entreprises (enquête auprès des constructeurs d'automobiles, par exemple).

Mais dans les marchés de grande consommation, les recensements sont irréalistes. On peut cependant, dans ce cas, obtenir une connaissance approchée (ou « estimation ») des caractéristiques de la population considérée à l'aide d'une enquête faite auprès d'un sous-ensemble, appelé échantillon de cette population. C'est ce qu'on appelle une enquête par sondage. La validité et la précision de l'estimation dépendent alors, en premier lieu, des procédures d'échantillonnage choisies.

La définition d'une procédure d'échantillonnage comporte trois décisions principales : l'unité de sondage, la taille de l'échantillon et le choix des individus qui feront partie de l'échantillon.

b) La définition de l'unité de sondage

La première décision à prendre concerne la nature des entités sur lesquelles portera l'enquête, c'est-à-dire l'unité de sondage. Dans certains cas, les unités de sondage seront les individus : c'est le cas, par exemple, si l'on cherche certaines informations concernant le comportement des fumeurs. Dans d'autres cas ce sera la famille, lorsqu'on cherche par exemple à connaître la consommation des produits alimentaires. Pour une étude sur les matériaux de construction, les unités de sondage seront des entreprises du BTP ; pour une étude sur du gros matériel informatique, ce seront d'une part des entreprises, d'autre part des administrations et collectivités locales.

c) La taille de l'échantillon

On pense, intuitivement, que la précision des estimations basées sur un sondage sera d'autant meilleure que la taille de l'échantillon sera plus grande. Mais les relations qui existent entre la précision du sondage et la taille de l'échantillon ne sont pas aussi simples qu'on le croit parfois.

En premier lieu, la précision statistique d'un sondage est liée à la taille absolue de l'échantillon et non au rapport entre la taille de l'échantillon et celle de la population totale (ou taux de sondage). Toutes choses égales par ailleurs, un échantillon de 1 000 Français (sur 65 millions de Français), fournira des estimations aussi précises qu'un échantillon de 1 000 Belges (sur 11 millions de Belges).

En deuxième lieu, la précision des estimations ne varie pas proportionnellement à la taille de l'échantillon, mais à la racine carrée de celle-ci. En d'autres termes, les marges d'erreur statistique d'un échantillon de 4 000 personnes et d'un échantillon de 1 000 personnes, par exemple, ne seront pas dans le rapport de 1 à 4, mais de 1 à 2. Autrement dit, pour réduire de moitié les marges d'erreur, il faut multiplier par 4 la taille de l'échantillon. Il en résulte qu'au-delà d'une certaine taille d'échantillon, les gains de précision que l'on pourrait obtenir en augmentant cette taille ne justifient pas le coût supplémentaire.

Enfin, la taille de l'échantillon n'est pas, à elle seule, une garantie de validité des estimations tirées du sondage. Celle-ci dépend aussi de la procédure de sélection de l'échantillon, ainsi que, comme on le verra plus loin, de la procédure de recueil de l'information (par exemple, un questionnaire mal formulé).

d) Les seuils et intervalles de confiance

La théorie des sondages permet de mesurer la précision d'un résultat obtenu par un sondage aléatoire sous forme d'un « seuil de confiance » et d'un « intervalle de confiance ».

Exemple

➥ Au terme d'une enquête faite auprès d'un échantillon aléatoire de 6 000 foyers français, on constate que 18 % d'entre eux possèdent un piano. On est en droit de dire alors que le pourcentage réel de possesseurs de piano dans l'ensemble des foyers :

- a 99,8 chances sur 100 d'être compris entre 18 + 1,5 et 18 – 1,5, c'est-à-dire entre 16,5 et 19,5 ;
- a 95,5 chances sur 100 d'être compris entre 18 + 1 et 18 – 1, c'est-à-dire entre 17 et 19 ;
- a 66,6 chances sur 100 d'être compris entre 18 + 0,5 et 18 – 0,5, c'est-à-dire 17,5 et 18,5.

Quand on dit : 66,6 chances sur 100 pour que le chiffre réel soit compris entre 17,5 et 18,5, cela veut également dire qu'il y a 33,3 chances sur 100 pour que le chiffre réel soit extérieur à cette fourchette et peut-être, très éloigné de 18.

Le pourcentage à ajouter et à retrancher aux 18 % pour fixer les limites entre lesquelles doit se trouver le résultat réel s'appelle intervalle de confiance. La probabilité qu'a le résultat réel de se trouver dans un intervalle de confiance donné (c'est-à-dire, dans l'exemple, 99,8, 95,5 ou 66,6 %) s'appelle seuil de confiance.

Les seuils et intervalles de confiance sont calculés par des formules mathématiques qui font intervenir, d'une part, la taille de l'échantillon, d'autre part, la dispersion (mesurée par l'écart type) des résultats observés dans l'échantillon. Cela signifie que plus l'échantillon est important, plus la marge d'erreur est faible (mais comme on l'a relevé dans la première partie de cette section, pour réduire de moitié la marge d'erreur il faut multiplier par quatre la taille de l'échantillon). Cela signifie également que plus on s'approche d'un résultat à 50 %, plus la marge d'erreur est importante, ce qui explique les difficultés rencontrées par les instituts de sondage pour des élections comme les présidentielles où le deuxième tour est souvent indécis.

Il faut souligner qu'en toute rigueur ces méthodes de calcul ne peuvent être employées que sur des données issues d'échantillons aléatoires (voir ci-après), ce qui n'empêche pas les sociétés d'études qui utilisent l'échantillonnage par quotas de fournir des chiffres sur les intervalles et seuils de confiance.

e) Les procédures de sélection de l'échantillon

On distingue quatre méthodes d'échantillonnage.

1° Les échantillons aléatoires, les meilleurs au plan statistique mais peu utilisés en marketing

Les méthodes d'échantillonnage dites *aléatoires* se fondent sur un tirage au sort donnant à chaque unité de sondage de la population étudiée une *chance égale* (ou du moins une chance connue) de faire partie de l'échantillon. En toute rigueur, seules les méthodes aléatoires autorisent à inférer les caractéristiques de la population à partir de celles de l'échantillon, et à calculer sous forme de « marges d'erreur probable », la précision de cette inférence et la confiance qu'on peut lui accorder.

Il existe plusieurs variantes de méthodes aléatoires. La plus simple consiste à dresser la liste exhaustive de toutes les unités de sondage et à procéder à un tirage au sort parmi elles. Cette technique est très adaptée lorsque par exemple une entreprise souhaite faire une étude auprès de ses clients et qu'elle dispose de l'ensemble de leurs coordonnées. Cependant, lorsque la population étudiée est nombreuse (par exemple, l'ensemble des électeurs français), cette procédure est très lourde. On peut, tout en restant dans le cadre des méthodes aléatoires, l'alléger matériellement en procédant à des sondages à plusieurs degrés. On tire alors au sort un certain nombre de départements, puis un certain nombre de cantons, puis un certain nombre de bureaux de vote, à l'intérieur desquels on procède à un tirage au sort des électeurs inscrits.

Si les méthodes aléatoires sont les plus rigoureuses et même les seules « orthodoxes », ce sont aussi les plus coûteuses et elles sont parfois même matériellement inapplicables quand on étudie de grandes populations. Pour procéder à un tirage au sort, il faut en effet disposer d'une liste complète et sans duplication des individus composant la population étudiée. Or, une telle liste coûte parfois très cher à constituer, ou même ne peut pas être obtenue : c'est ainsi qu'aucune liste complète des consommateurs français n'est disponible ou ne peut être pratiquement dressée. De plus, les avantages théoriques que procurent les échantillons aléatoires ne sont obtenus que si, dans la réalisation ultérieure de l'enquête, une rigueur extrême, elle aussi très coûteuse, est respectée.

C'est pourquoi, dans le domaine des études de marché, d'autres méthodes d'échantillonnage sont le plus souvent utilisées. La plus fréquente est la méthode des quotas.

2° Les échantillons par quotas : une méthode plus approximative au plan scientifique mais qui donne généralement de bons résultats

La méthode des quotas consiste à se fixer comme règle que l'échantillon étudié doit avoir sensiblement la même composition que la population totale par rapport à certains critères de base, tels que le sexe, l'âge, la catégorie socioprofessionnelle, la région et la catégorie de ville habitée, le niveau d'instruction, etc.

En pratique, dans la méthode des quotas, on fixe, à partir des informations que l'on possède sur la population étudiée, les proportions désirées d'hommes et de femmes, de jeunes et de vieux, de ruraux et d'urbains, etc., et on donne pour consigne aux enquêteurs d'interviewer n'importe qui, pourvu qu'ils respectent les proportions qui leur sont fixées.

Cette méthode a pour elle l'avantage de l'économie mais, outre ses défauts théoriques en terme de représentativité statistique, elle présente certains dangers ou difficultés pratiques.

FOCUS

Précautions à prendre

- Il ne faut pas donner trop de latitude aux enquêteurs dans le choix des individus à questionner. Ce sera le cas si le nombre de critères retenus pour l'établissement des quotas est faible. Les enquêteurs introduiront, sans obligatoirement le vouloir, des biais sérieux dans l'échantillon : choix préférentiel des personnes habitant au rez-de-chaussée, des concierges, des commerçants, etc.
- Il ne faut pas rendre la tâche impossible aux enquêteurs. Inversement, si pour limiter l'arbitraire des enquêteurs, on introduit un grand nombre de critères, il sera difficile, en fin d'enquête, de trouver des individus satisfaisant à ces critères. Il restera par exemple à trouver, pour respecter les quotas, une femme de moins de 30 ans, ayant plus de 3 enfants, appartenant à une famille d'ouvriers, mais ayant un niveau d'instruction supérieur et un revenu mensuel de plus de 4 000 € !
- Il ne faut pas descendre en dessous de 60 personnes dans un segment homogène (voir l'exemple ci-après).

Exemple

➥ Pour un sondage préparé pour un éditeur, on a un échantillon de 650 personnes avec des quotas portant sur le sexe, l'âge et le niveau d'éducation.

Effectif total de l'échantillon : 650.

Critères	Quotas : % de l'effectif total	Effectif par segment
Femmes	50 %	325
Hommes	50 %	325
Bac à Bac + 3	70 %	455
Bac +3 à Bac +5	20 %	130
Au-delà de Bac +5	10 %	65
De 25 à 50 ans	60 %	390
Plus de 50 ans	40 %	260

L'effectif des plus de Bac +5 est limite. On ne pourra pas exploiter les résultats en croisant le critère éducation avec celui du sexe ou de l'âge car on extrapolerait les résultats de l'enquête sur des effectifs très insuffisants. Il faut donc renoncer au critère « au-delà de Bac +5 » ou, s'il est jugé important en raison de la nature des collections éditées, augmenter significativement la taille totale de l'échantillon.

3° La méthode des itinéraires : une façon de réintroduire de l'aléatoire

C'est pour limiter l'arbitraire des enquêteurs qu'on emploie parfois, seule ou en combinaison avec la méthode des quotas, celle des itinéraires. Elle consiste à essayer de reproduire les conditions d'un tirage au sort en fixant aux enquêteurs des règles strictes de sélection, dans l'espace, des personnes à interviewer, par exemple sous la forme suivante : « Commencez votre tournée au n° 1 de l'avenue de la République.

Arrêtez-vous à une maison sur cinq. Si la maison comporte plusieurs logements, numérotez-les en suivant une procédure précise et choisissez les logements dont le numéro est un multiple de 3, etc. ».

Malgré son apparente rigueur, cette méthode est en pratique difficile à appliquer et à faire respecter par les enquêteurs. Elle sert surtout à éviter une trop grande concentration géographique des interviews et à obliger les enquêteurs à aller dans certains quartiers peu attrayants ou à monter dans les étages des immeubles !

> **Notre conseil**
>
> *Il n'est pas rentable de consacrer beaucoup d'argent à la constitution d'un « excellent » échantillon si, ce faisant, on est amené à réduire la qualité du travail sur le terrain. Il vaut mieux se résigner à un échantillon plus petit ou à une méthode non aléatoire afin de dégager des ressources suffisantes pour préparer et tester un bon questionnaire et pour utiliser de bons enquêteurs.*

4° Les échantillons arbitraires : arbitraire ne veut pas dire insensé !

Enfin, dans des cas assez rares pour les études auprès des particuliers (mais plus fréquents en B to B), on peut parfois constituer un échantillon d'une manière intuitive et arbitraire. C'est ainsi que si l'on procède à une enquête exploratoire en vue de savoir quels sont les principaux modes de relation à son téléphone portable, sans chercher à en mesurer la fréquence dans la population, on pourra se contenter d'étudier un échantillon restreint de personnes choisies arbitrairement, avec pour seul souci de respecter une certaine variété géographique, démographique et sociale. De la même façon, on pourra tester un questionnaire avec un échantillon arbitraire pour le poser ensuite à un échantillon représentatif.

2 Les méthodes de collecte de données par questionnaire

Il existe deux méthodes pour administrer un questionnaire : soit on fait appel à un enquêteur, soit on demande aux individus retenus dans l'échantillon de remplir eux-mêmes le questionnaire qui est alors dit « auto-administré ».

Figure 2.6 **Questionnaires posés par enquêteur ou auto-administrés**

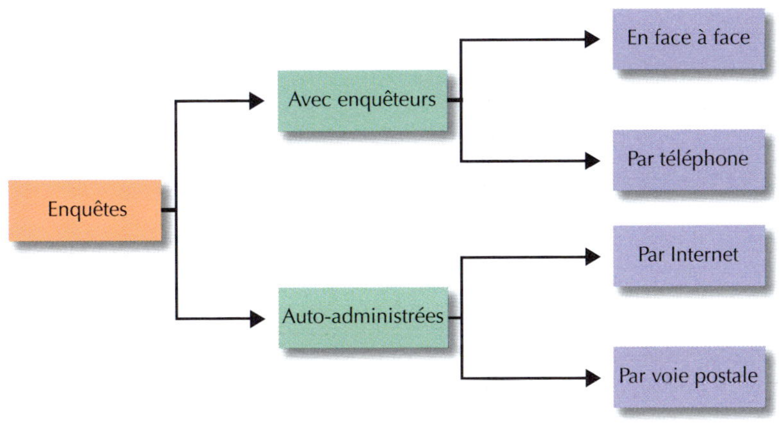

Ces méthodes ne sont pas interchangeables. Elles doivent être choisies en fonction de la population à interroger et du type d'informations à recueillir.

Figure 2.7 Avantages et inconvénients des méthodes de collecte de données par questionnaire

1. Enquêtes avec enquêteurs		
Méthode	**Avantages**	**Inconvénients**
Face-à-face	– Rassure l'interviewé et accroît le taux de réponse. – Particulièrement adapté à des questionnaires longs ainsi qu'à des questions un peu complexes. – Possibilité de faire préciser des réponses ambiguës ou d'expliciter des questions qui ne sont pas claires. – Facilite les questionnaires à tiroirs (« si réponse X, aller à partie Y du questionnaire »). – Utilisation possible de visuels, d'objets, etc.	– Coût élevé. – Délai de mise en œuvre important. – Les questions sont habituellement fermées ou préformées en raison de la difficulté d'enregistrer la réponse à des questions ouvertes. – L'enquêteur doit être un professionnel qui ne triche pas.
2. Enquêtes « auto-administrées »		
Méthode	**Avantages**	**Inconvénients**
Courrier	– Réduit les effectifs nécessaires et les coûts. – Anonymat des réponses plus grand qu'en face-à-face. – Couverture géographique large plus aisée. – Plus grande flexibilité pour l'interviewé qui répond quand il a le temps. – Permet de transmettre le questionnaire à la personne compétente pour y répondre (si étude auprès des entreprises). – Adapté à des questions complexes (important en B to B).	– Le coût de l'étude est relatif au taux de réponse. – On a du mal à garantir l'identité de la personne qui répond au questionnaire. – Toutes les questions peuvent être lues avant qu'on y réponde. – Pas d'explication possible supplémentaire en cours de route. – Des questionnaires qui apparaissent longs peuvent décourager.
Téléphone	– Moins cher que l'interview en face-à-face. – Large couverture géographique. – Rapidité de réalisation. – Meilleur contrôle de l'enquête (les enquêteurs étant dans un même lieu).	– Taux de refus qui peut être élevé, les répondants pouvant penser que l'étude est en fait de la vente par téléphone déguisée. – Difficulté à joindre la personne à interviewer (filtre au bureau, présence et disponibilité au moment de l'appel, etc.). – Risque d'interruption de l'interview en cours de route beaucoup plus grand qu'en face-à-face. – Nécessité pour le questionnaire d'être court et simple. – Problème de représentativité des abonnés téléphoniques avec un numéro accessible.

•••

•••

Internet	– Coût le plus bas en raison de l'automatisation. – Très grande rapidité de collecte des données. – Très grande facilité de traitement de l'information, celle-ci étant déjà numérisée. – Très adapté aux questionnaires à tiroirs (« si réponse X, aller à partie Y du questionnaire ») et quand l'ordre des réponses est important. – Possibilité de soumettre images, son, vidéo. – Le répondant peut répondre quand il a du temps libre.	– Pour les enquêtes sur base d'adresses e-mail, risque de confusion entre une étude en ligne et un spam. – Plus grande probabilité que l'interviewé interrompe l'étude en cours de route. – L'absence d'assistance individuelle rend nécessaire un questionnaire particulièrement bien conçu. – Manque d'anonymat des réponses. – Problème de représentativité de l'échantillon pour certaines études.

3 La rédaction du questionnaire

Remarque préliminaire. Dans tous les cas de figure, il est indispensable de tester le questionnaire auprès d'un échantillon de répondants pour corriger ses défauts éventuels de longueur, de structure et de rédaction. Le test doit bien sûr être fait avec la méthode choisie pour l'enquête finale : test en face à face pour une enquête en face à face, test sur Internet pour une enquête en ligne, etc. Lors de ce test, on pourra observer une personne qui répond au questionnaire et analyser ses réponses ou bien lui demander de dire à haute voix (enquêtes directes) ou de noter (enquêtes autoadministrées) ses réflexions pendant qu'elle lit et répond au questionnaire. On se gardera bien, pendant cet exercice, de se justifier ou d'argumenter à propos du questionnaire : on doit respecter l'attitude neutre d'un observateur qui note pour ensuite analyser ensuite et corriger les défauts du questionnaire.

a) Minimiser l'effort pour répondre au questionnaire

La longueur du questionnaire déterminera en grande partie le nombre de personnes qui accepteront d'y répondre. Difficile après plus de vingt minutes de questionnements ! De plus, la fatigue venant, la précision des réponses diminue rapidement ; parfois même les personnes interrogées se mettent à répondre n'importe quoi pour se débarrasser d'une tâche qui les ennuie.

Il existe un lien entre la longueur du questionnaire et la méthode de collecte de l'information : par exemple, par téléphone, le questionnaire doit être court et les questions simples ; en face-à-face, le questionnaire peut être plus long et les questions plus complexes.

Notre conseil

Évitez les études mille-pattes. On est souvent tenté d'ajouter au dernier moment des questions pour « profiter » de l'enquête, croyant qu'on aura une information marginale utile, pour le même coût total. Cela risque de diminuer la qualité de l'information recueillie sur l'ensemble des questions, soit en augmentant le taux de refus de répondre, soit en lassant les personnes interrogées.

À ces remarques générales, il faut apporter quelques précisions.

- Ce qui est important, c'est de minimiser la durée et l'effort nécessaire pour répondre au questionnaire. Ainsi, il vaudra parfois mieux poser une liste de quelques dizaines de questions simples que de faire remplir un petit nombre de tableaux complexes.
- Le refus de répondre et la fatigue sont fonction de la motivation à répondre des personnes interrogées. Lorsque l'on interroge des professionnels sur leur métier, ou des automobilistes sur leur voiture, ils peuvent consacrer beaucoup de temps et de soin à répondre à l'enquête. Mais si ces mêmes personnes sont déjà très sollicitées par des enquêtes, le taux de réponse sera nécessairement beaucoup plus faible. En général, il sera utile d'avoir, au début du questionnaire, un petit texte expliquant de façon aussi motivante que possible l'objet de l'enquête. Si le questionnaire est envoyé par e-mail ou par courrier, on peut s'appuyer sur des techniques de marketing direct pour la rédaction de la lettre d'introduction afin d'améliorer le taux de réponse : accroche, arguments qui concernent le répondant, utilisation de mots-clés, création d'empathie, réassurance sur la compétence et la probité de l'enquêteur, etc.

b) Étudier avec soin l'ordre des questions

L'ordre des questions peut influencer les résultats obtenus. Ainsi, si on demande tout d'abord aux personnes interrogées de comparer une série de produits (des automobiles de marques différentes) suivant différents critères (vitesse, confort, sécurité, solidité, etc.) et seulement ensuite de classer ces produits par ordre de préférence, on obtiendra un ordre différent de celui qui serait obtenu si l'on commençait par leur demander d'exprimer tout de suite leurs préférences. Ceci est dû au fait que, dans le second cas, les personnes interrogées donnent un avis spontané alors que, dans le premier cas, elles ont eu le temps de réfléchir aux différents produits qui font l'objet de l'enquête, selon des critères qui leur ont été imposés par l'enquêteur et auxquels, d'elles-mêmes, elles n'accordaient peut-être pas d'importance. D'autre part, l'ordre des questions, au même titre que la longueur du questionnaire, peut contribuer à accroître ou à réduire la lassitude de la personne interviewée et peut, par conséquent, avoir des effets sur le taux de refus de réponse ou de questionnaires incomplets. À cet égard, il est généralement souhaitable de commencer le questionnaire par des questions faciles, mettant la personne interviewée à son aise ; il est souhaitable aussi que les questions soient regroupées par thèmes et se suivent dans un ordre logique ; enfin, il y a lieu de rejeter à la fin du questionnaire les questions qui risqueraient d'apparaître indiscrètes ou embarrassantes (par exemple celles concernant le revenu, la religion ou même l'âge de la personne interviewée).

c) Les quatre principales catégories de questions : ouvertes, fermées, préformées, échelles d'attitudes

1° Les questions ouvertes

Ce sont celles qui laissent à la personne interrogée toute liberté quant à la forme et à la longueur de sa réponse.

Exemple

- « Quelles sont, à votre avis, les principales qualités (ou quels sont les principaux défauts) de la voiture que vous possédez ? »

L'enregistrement de la réponse doit être fait, de préférence, in extenso (par écrit ou par enregistrement vocal). L'avantage principal de ce type de questions est d'influencer le moins possible les personnes interviewées. Son inconvénient tient à la diversité et parfois à l'imprécision des réponses ce qui rend leur dépouillement long et délicat.

2° Les questions fermées

Ce sont celles pour lesquelles il n'existe qu'un très petit nombre de réponses possibles, qui peuvent toutes être prévues.

Exemples

- « Possédez-vous une machine à laver la vaisselle ? » (les seules réponses possibles sont oui ou non.)
- « Quel âge avez-vous ? »
- « Quelle est la marque de votre machine à laver ? »

L'avantage de ces questions est leur simplicité, à la fois pour l'enquêteur, pour la personne interviewée et pour le dépouillement ultérieur. Mais elles ne permettent que de recueillir des informations factuelles simples et ne se prêtent pas à l'étude des comportements complexes, des opinions et des attitudes.

Notre conseil

Pour interpréter les résultats d'une question, demandez systématiquement le libellé complet de la question.

3° Les questions préformées

On appelle ainsi les questions auxquelles le nombre de réponses possibles semble important, mais reste limité.

Exemple

- « Parmi les raisons suivantes, quelle est la raison principale pour laquelle vous avez acheté le produit X au magasin Y ?
  - parce que les prix Y sont bas ;
  - parce qu'il est proche de mon domicile ;
  - parce qu'on y trouve un grand choix de produits ;
  - parce qu'on y trouve une ambiance agréable ;
  - pour une autre raison (précisez). »

L'avantage principal de ces questions, par rapport aux questions ouvertes, est de faciliter la tâche de la personne interviewée, de l'enquêteur et du service de dépouillement. Leur inconvénient est qu'elles risquent de suggérer aux personnes interviewées des réponses auxquelles elles n'auraient peut-être pas pensé, ou au contraire de ne pas leur donner la possibilité d'exprimer fidèlement leur propre opinion. Pour limiter cet inconvénient, on se sert généralement d'une pré-enquête au cours de laquelle, par des questions ouvertes, on détermine quelles sont les catégories de réponses les plus fréquentes à la question posée. On peut aussi ajouter, comme l'exemple précédent le montre, l'option d'une réponse libre (« pour une autre raison : précisez ») si les réponses précédentes ne satisfont pas l'interviewé.

4° Les échelles d'attitudes

Les attitudes sont des tendances ou des prédispositions relativement stables à se comporter face à un objet (message, produit, entreprise, événement, personne, etc.)[1].

Les attitudes sont importantes en raison du lien qu'on présuppose entre attitudes et comportement, tout en gardant à l'esprit que la recherche en comportement du consommateur nous met en garde contre l'idée d'une relation causale et univoque. La complexité du comportement humain n'est pas entièrement appréhensible par les études marketing, ce dont le citoyen peut se réjouir.

Il est très difficile de mesurer directement les attitudes. Les attitudes sont en effet formées de croyances (éléments cognitifs), de sentiments (éléments affectifs) et d'intentions à agir (éléments conatifs). Les « mesures d'attitudes » sont de ce fait des mesures des composantes de l'attitude : éléments cognitifs (mesure de notoriété, de connaissance d'un produit, d'un prix ou d'un sujet, de perception d'un positionnement, etc.), affectifs (préférence, proximité, attachement, etc.) ou conatifs (intentions d'achat, etc.). Les échelles d'attitudes sont des questions qui permettent de mesurer la direction et l'intensité des attitudes psychologiques à l'égard d'un produit, d'une marque, d'un comportement, etc. Les échelles d'attitude appartiennent à la famille des questions préformées. On distingue plusieurs types d'échelles.

• *L'échelle numérique ou chiffrée*

On peut ainsi demander aux consommateurs de « noter » des marques (ou tout autre objet), d'une manière chiffrée, comme un professeur note ses élèves.

Exemple

➥ « D'une manière générale, quelle note, entre 0 et 10, donneriez-vous au film publicitaire que vous venez de voir, ou au packaging qui vous est présenté, etc. ? »

• *L'échelle sémantique ou verbale*

Exemple

➥ « Avez-vous, sur la marque X, une opinion d'ensemble...
– très favorable ;
– plutôt favorable ;
– ni favorable, ni défavorable ;
– plutôt défavorable ;
– très défavorable. »

1. Voir le chapitre 3 sur le comportement des consommateurs.

- *L'échelle imagée*

Quand on interroge des enfants ou des adultes sur leur satisfaction, on peut utiliser des « *smileys* ».

- *L'échelle mixte*

Enfin, on peut mélanger sémantique et numérique en optant pour une échelle graduée entre deux extrêmes (robuste/fragile par exemple).

L'une des échelles d'attitudes mixtes les plus courantes, connue sous le nom de différentiel sémantique ou échelle d'Osgood se présente sous forme d'un axe, comportant deux pôles extrêmes définis par des mots et un certain nombre de cases intermédiaires.

Figure 2.8 **L'échelle d'Osgood**

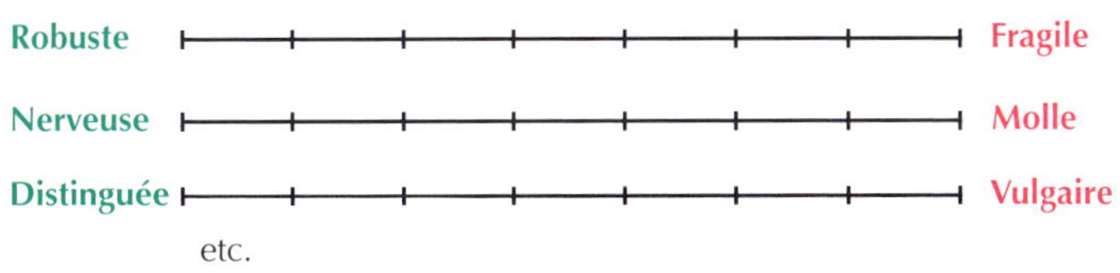

Une autre échelle couramment utilisée est l'échelle de Likert. On énonce plusieurs propositions sur la marque X. Pour chacune, on demande de donner une note de 1 à 5, 1 correspondant à « Pas du tout d'accord » et 5 à « Tout à fait d'accord ».

Exemple

➥ Échelle de Likert (de 1 : Pas du tout d'accord, à 5 : Tout à fait d'accord) :

« Il existe des produits Gucci qui sont accessibles à tous. »

« On ne porte pas une montre Gucci pour aller travailler au bureau. »

« Gucci est une marque pour les jeunes », etc.

Le grand avantage de ces échelles est qu'elles donnent des résultats relativement détaillés et qu'elles se prêtent très bien au traitement statistique : tests de fiabilité et de validité, calcul des moyennes, des écarts-types, analyse factorielle, etc.

Lors d'une étude d'image, des résultats d'échelles peuvent être présentés sous forme de tableaux de pourcentages des réponses à chaque question et à l'aide de graphiques. Les deux principales formes de représentation graphique sont les profils d'image (voir figure 2.9) et les mappings, dont on donne des exemples dans le chapitre 14 sur le positionnement.

Dans la figure suivante, on étudie séparément deux marques et on compare leurs résultats.

Figure 2.9 **Profil d'image superposé de deux marques de biscuits chocolatés (avec utilisation d'une échelle de Likert)**

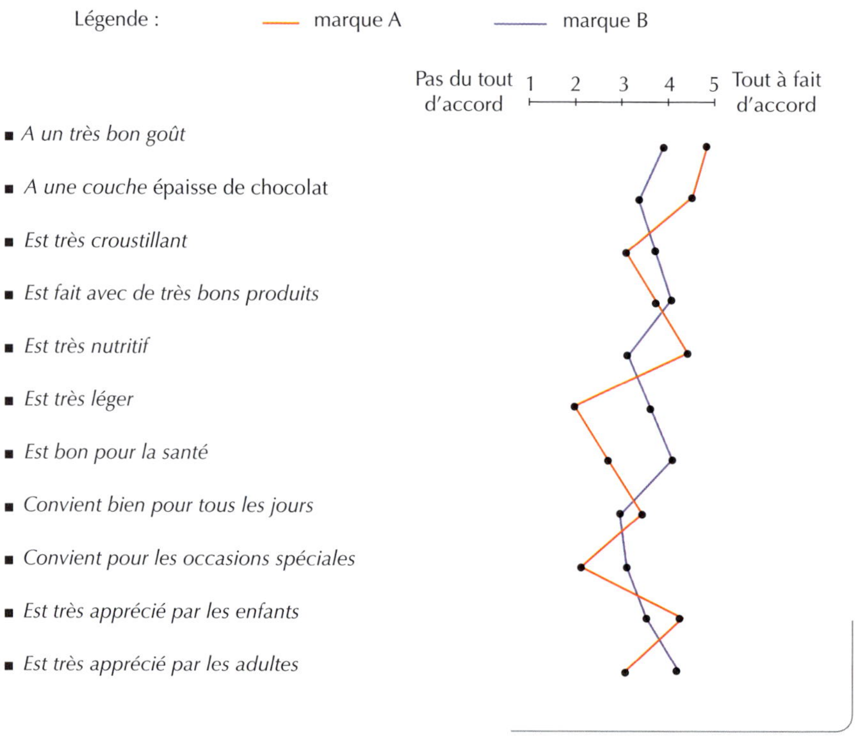

Enfin, à côté de l'ensemble de ces échelles, que les experts appellent « monadiques » parce qu'on évalue qu'un objet à la fois, il existe des échelles « comparatives » consistant à obtenir des réponses par comparaison. Ce type d'échelles peut être utilisé pour des études sur la concurrence ou, par exemple, pour évaluer l'importance réciproque de différents éléments dans la satisfaction d'un client (par exemple quel est le poids de l'accueil, de l'environnement, du personnel, de la rapidité, etc. dans l'évaluation de la qualité d'un service).

Exemples

- Comparaison par paires : « Entre ces deux marques, laquelle est selon vous la plus innovante ? »

  Microsoft ❑ Apple ❑
- Classement : « Classez par ordre d'importance, de 1 (le plus important) à 8 (le moins important), les raisons qui peuvent vous inciter à acheter vos chaussures sur Internet. » (Suit une liste de 8 critères, dont on fera varier l'ordre de présentation pour éviter des biais de réponse.)
- Somme constante : « Pouvez-vous indiquer le poids de chacun des départements suivants de votre entreprise dans le choix de vos lieux de séminaires, en répartissant 100 points entre eux ? »

Achats	Formation	Commercial	Marketing	Direction Générale	Total
					100

d) Les erreurs majeures à éviter

1° Le problème marketing est transposé directement en question

L'erreur la plus fréquente commise par les rédacteurs de questionnaires peu expérimentés, consiste à poser des questions aux personnes interrogées dans les termes mêmes où le responsable marketing se les pose à lui-même, c'est-à-dire en termes de décision.

Exemples

- « Quelles seraient pour vous les caractéristiques idéales d'un nouveau modèle de voiture ? »
- « De quelle quantité réduiriez-vous votre consommation de mazout si son prix augmentait de 15 % ? »

Les clients sont généralement incapables de répondre valablement à des questions posées de manière aussi directe. Tout l'art du rédacteur d'un questionnaire consiste précisément à les décomposer en questions élémentaires, auxquelles les clients peuvent répondre, et dont l'ensemble permettra de résoudre le problème de l'entreprise.

2° La question n'est pas indispensable

Une deuxième erreur fréquente consiste, comme on l'a dit plus haut à propos de la longueur du questionnaire, à poser des questions qui paraissent intéressantes mais dont la réponse ne sera pas utile pour les besoins des décideurs, ce qui se traduit par des questionnaires trop longs. Quand on rédige un questionnaire, il faut toujours se demander ce qu'on attend de la question et en quoi elle peut être utile pour confirmer ou infirmer une hypothèse, trancher une alternative, éclairer une décision.

3° La question est confuse

Une troisième erreur fréquente consiste à formuler les questions d'une manière peu claire ou même tout à fait ambiguë. Il faut éviter les questions trop longues, l'utilisation de termes techniques ou peu familiers. Parfois l'ambiguïté provient de l'emploi de mots qui n'ont pas le même sens pour tout le monde. C'est ainsi que les adverbes « souvent, parfois, récemment, habituellement » ont des sens variables selon les personnes.

L'ambiguïté peut également provenir de ce qu'on pose deux questions en une seule ou encore que, dans des questions « préformées », on propose des réponses comportant deux idées non nécessairement liées.

Exemple

- « En ce qui concerne l'armée, laquelle de ces deux phrases correspond le mieux à votre opinion ?
  - La France a besoin d'une armée pour assurer son indépendance.
  - La France devrait supprimer son armée.
  - Sans réponse. »

Cette question est mal formulée parce que la première réponse contient deux idées qui ne vont pas nécessairement ensemble : que la France a besoin d'une armée et que celle-ci est nécessaire pour assurer son indépendance. Celui qui pense que l'armée est nécessaire pour d'autres raisons (pour maintenir le moral de la nation, pour faire comme les autres pays, etc.) ne pourra pas exprimer correctement son opinion.

Exemple

➥ « Êtes-vous défavorable au refus du gouvernement de limiter la durée de mandat de sénateur ? »

Cette phrase s'apparente à une double négation, elle est donc peu claire et induira des réponses incorrectes.

4° La formulation de la question entraîne des réponses inexactes

Un quatrième type d'erreur consiste à poser des questions auxquelles les personnes interrogées risquent de donner, involontairement, des réponses inexactes parce qu'elles ne possèdent pas l'information demandée.

Exemple

➥ Si l'on demande à une personne combien de fois elle a été au cinéma au cours des six derniers mois, elle répondra de façon approximative car elle n'en a pas tenu le compte et sa mémoire ne lui permet pas de s'en souvenir avec exactitude.

De même, beaucoup de questions portant sur des comportements futurs ou hypothétiques comportent des risques importants d'erreurs involontaires : des questions hypothétiques donnent des résultats qui n'ont généralement aucune valeur.

Exemple

➥ En posant la question « Avez-vous l'intention d'acheter une voiture au cours des douze prochains mois ? », et en interrogeant les mêmes personnes un an plus tard, on a constaté des écarts importants, au niveau individuel, entre les intentions et la réalité.

Les questions sur les intentions d'achat donnent généralement des résultats que la réalité ne confirme pas. Comme on l'a noté précédemment, on a observé que si l'on ne retient que les réponses dites certaines : « Je suis tout à fait sûr d'acheter une voiture dans les 12 mois prochains », et que l'on divise par deux le taux de réponse, on a un résultat qui est proche de la vérité. Le procédé est très empirique mais il fonctionne plutôt bien.

De la même manière, les gens sont généralement incapables de dire ce qu'ils feraient dans des circonstances hypothétiques.

Exemple

➥ « Si vous deviez changer de banque, quelle banque pensez-vous choisir ? »

5° Le libellé de la question pousse à mentir

Enfin, il faut éviter de poser d'une manière trop brutale des questions auxquelles les gens risquent de répondre d'une manière volontairement inexacte. L'incitation à mentir peut provenir du contenu de la question.

Exemples

- « Quel est votre revenu mensuel ? »

  Les personnes interviewées peuvent avoir tendance à mentir par excès (par amour-propre) ou par défaut (par crainte du fisc).

- « Pour quel parti avez-vous l'intention de voter aux prochaines élections ? »

  Certains électeurs qui votent aux extrêmes ont tendance à exprimer une intention plus modérée que leur intention véritable, c'est pourquoi les instituts de sondage, anticipant cette difficulté, appliquent généralement à cette population un taux multiplicateur (issu de l'expérience) pour mieux approcher le véritable résultat. On dit que l'institut de sondage a redressé les résultats.

Quand l'incitation à mentir résulte de la formulation de la question, qui oriente trop la réponse de l'individu, les questions sont dites biaisées.

Exemples

- Il y a quelques années, aux États-Unis, une enquête a été réalisée sur les habitudes de lecture des magazines. On présentait aux personnes interviewées une liste de revues en leur demandant, pour chaque revue : « Vous arrive-t-il de la lire ? » D'après les résultats, la revue *The New Yorker* (intellectuelle et très prestigieuse) avait un nombre de lecteurs dix fois plus élevé que son tirage, alors que la revue *Playboy* (caractérisée par la présence de photos de femmes nues) avait moins de lecteurs qu'elle ne vendait d'exemplaires.
- De même, à la question : « Lorsque vous avez acheté votre dernière voiture, avez-vous été influencé par la publicité ? », beaucoup de personnes répondent « non » par amour-propre.

FOCUS

Dix règles d'or pour rédiger un bon questionnaire

1. Les objectifs de l'étude et les informations à collecter pour répondre au problème marketing ont été clairement définis.
2. Toutes les questions « intéressantes » mais inutiles pour le propos de l'enquête ont été éliminées.
3. Le questionnaire n'est pas trop long et adapté à la méthode de collecte.
4. La méthode de collecte est adaptée à la population à étudier et à la problématique de l'étude.
5. Le questionnaire suit un ordre logique.
6. Le questionnaire est susceptible de solliciter et de maintenir l'intérêt des personnes interrogées.
7. Les questions sont clairement formulées et ne prêtent pas à interprétation.
8. Les répondants peuvent répondre aux questions facilement.
9. Les réponses ne sont pas induites par la formulation de la question.
10. Le questionnaire a été testé et généralement amélioré.

4 Les méthodes de traitement des données

Quelles que soient les techniques d'enquête utilisées, les informations brutes obtenues ne peuvent servir que si elles sont « traitées ». Au cours des dernières décennies, les méthodes statistiques de traitement des données d'enquête ont beaucoup progressé. Elles font l'objet d'ouvrages spécialisés[1] auxquels le lecteur intéressé pourra se référer, et font l'objet de logiciels informatiques disponibles chez les distributeurs spécialisés. On se contentera ici de mentionner brièvement les principales méthodes statistiques disponibles, qui peuvent être rangées en deux catégories selon leur objet : la première regroupe les méthodes dites « descriptives », la seconde les méthodes « explicatives ».

a) Les méthodes descriptives

Les méthodes descriptives ont pour objet de résumer et de synthétiser des données brutes d'enquêtes.

1° Les méthodes dites « classiques »

Ce sont :

- les calculs de pourcentages effectués question par question, et appelés « tris à plat » ;
- les calculs de pourcentages effectués en croisant des variables, appelés « tris croisés » ou « ventilations » ;

Exemple

➥ Plutôt que de simplement connaître le pourcentage de clients qui sont très, plutôt, assez, peu, pas et pas du tout satisfaits, on distinguera trois groupes de clients : nouveaux (moins d'un an), récents (entre un et trois ans) et anciens (plus de trois ans), et on étudiera la satisfaction de chacun de ces sous-groupes. On a ainsi croisé deux variables : la satisfaction et l'ancienneté.

- les calculs de moyennes et de dispersion (écarts-types) ;
- les calculs de significativité statistique des différences observées entre plusieurs pourcentages ou plusieurs moyennes ;
- les tests de coefficient de corrélation entre données : ils permettent par exemple d'établir s'il y a une corrélation forte ou non entre une caractéristique des répondants (âge, sexe, zone géographique, taille de l'entreprise...) et la réponse à une question (préférence, connaissance, équipement...).

2° Les méthodes de réduction des données

Elles ont pour objet de résumer un certain nombre de données (ou variables) en les remplaçant par un nombre plus petit de variables « composées » (ou facteurs). Cela permet de découvrir des axes ou des facteurs qu'on pourra interpréter d'autant mieux qu'ils sont fortement corrélés à quelques questions qui se ressemblent (ce qui n'est pas toujours le cas : il arrive que des facteurs soient fortement corrélés à des questions très différentes, ce qui en rend l'interprétation difficile).

---

1. Voir notamment Evrard, Pras et Roux, *op. cit*.

Chaque facteur rend compte d'une part de la variance observée, c'est-à-dire de la diversité des réponses : parfois trois ou quatre facteurs rendent compte de 70 % ou plus de la variance, ce qui est un très bon résultat. Dans d'autres cas, le nombre de facteurs est beaucoup plus grand et la part de la variance expliquée plus faible, ce qui rend l'exploitation des résultats plus difficile.

Les principales méthodes de réduction de données sont l'analyse factorielle en composantes principales et l'analyse des correspondances.

3° Les méthodes de classification des individus ou des objets

Elles ont pour objet de regrouper entre eux des individus ou des objets (produits, marques, etc.) en un petit nombre de types, en fonction de leur similarité (ou proximité) par rapport à plusieurs variables ou critères. Les principales d'entre elles sont :

- *Les méthodes typologiques*. Ces méthodes statistiques consistent à regrouper des individus qui se ressemblent, cette ressemblance étant établie par la similarité de variables mesurées pour chaque individu (critères objectifs, réponses à des questionnaires ; etc.). Elles sont étudiées au chapitre 13 sur la segmentation, section 3.
- *L'analyse multidimensionnelle des similarités*, dont la représentation spatiale est appelée « mapping ». Ces méthodes statistiques consistent à représenter un ensemble de données sous forme de positionnement de points (des produits, des segments de clients...) dans un espace à deux (ou à trois) dimensions. Elles permettent donc de visualiser de façon facilement compréhensible un tableau de données en montrant les proximités des unes avec les autres.

b) Les méthodes explicatives

Les méthodes dites « explicatives » ont pour objet de mesurer les liaisons (ou relations) entre deux groupes de variables, à savoir une ou plusieurs variables dépendantes (ou « à expliquer »), et une ou plusieurs variables indépendantes (ou explicatives).

Il faut distinguer ici les différents types de données que peuvent traiter les analyses statistiques :

- Les variables *quantitatives ou métriques* : volume des ventes, quantité de produits consommés, etc.
- Les variables *ordinales*, comme les mesures d'attitudes de type échelles de Likert.
- Les variables *nominales*, comme le sexe (ce n'est pas une donnée quantitative et on ne situe pas le sexe sur une échelle) ou comme l'appartenance ou non à un groupe (clients fidèles/infidèles, petits, moyens ou gros clients, etc.).

Selon la nature des variables étudiées (quantitatives ou non quantitatives – ordinales ou nominales), on distingue différentes méthodes explicatives.

1° Les méthodes de régression linéaire et non linéaire

Toutes les variables étudiées doivent être quantitatives et indépendantes. On cherche à expliquer une variable à partir d'autres variables, dites explicatives, en fonction d'une formule. Ces méthodes permettent souvent de visualiser des tendances, et donc d'établir des prévisions.

2° L'analyse canonique

Toutes les variables sont quantitatives, comme pour la régression, mais il n'y a pas qu'une variable à expliquer, mais plusieurs. On aura donc dans ces analyses un ensemble de variables explicatives et un ensemble de variables à expliquer.

3° L'analyse de variance

Elle consiste à déterminer si une ou plusieurs variables explicatives non quantitatives ont une influence significative sur une variable à expliquer quantitative : on pourra par exemple étudier si la mise en place d'un nouveau système de suivi de clients dans une partie d'un réseau bancaire (variable explicative non quantitative : le système a été mis en place ou non) augmente le produit net bancaire, c'est-à-dire le chiffre d'affaires par clients (variable quantitative à expliquer), et si cet effet est influencé par d'autres variables, telles que le profil de la clientèle de l'agence ou encore sa situation géographique.

4° L'analyse conjointe (ou *trade off*)

Elle se rapproche de l'analyse de variance, à la différence que la variable à expliquer n'est pas quantitative mais ordinale. Cette méthode est par exemple utilisée lors d'études de positionnement ou de tests de produits pour étudier le poids et l'influence de caractéristiques dans la préférence des clients pour une offre. Elle permet également d'étudier les déterminants de la satisfaction des clients (quels facteurs influencent la satisfaction des clients et quel est leur poids respectif).

5° L'analyse discriminante

Dans ce type d'analyse, on étudie l'influence de variables explicatives quantitatives sur une variable à expliquer non quantitative (appartenance à un groupe ou non, absence ou présence d'un phénomène). On peut utiliser l'analyse discriminante pour déterminer quelles sont les variables les plus influentes pour expliquer un phénomène (par exemple la défection d'un client) ou pour identifier à quel groupe appartient un individu (par exemple, tel client a-t-il une forte probabilité de faire défection ?).

SECTION 4

LES ÉTUDES QUANTITATIVES ET RÉPÉTITIVES : LES PANELS

Sondages et panels sont complémentaires. Un sondage est une étude ponctuelle qui donne un instantané du marché et de l'opinion. Un panel mesure les évolutions dans le temps. Il fournit des historiques d'achats, de présence des produits dans les points de vente, d'audience des médias, etc.

Un panel est un échantillon permanent[1] :
– représentatif d'une population de particuliers ou d'entreprises ;
– auprès desquelles sont menées des enquêtes répétitives ;
– sur les mêmes thèmes et avec les mêmes méthodes de collecte de l'information.
Les baromètres sont également des enquêtes répétitives, mais qu'ils se font sur des échantillons différents à chaque vague d'enquête.

Exemple

➥ Le baromètre TNS-Sofres/*Le Figaro Magazine* est une enquête mensuelle sur les opinions politiques des Français qui se fait sur un échantillon du corps électoral différent à chaque fois mais avec des méthodes identiques : même taille et structure de l'échantillon, même méthode de collecte des données.

Les *access panels* sont des bases importantes de personnes qualifiées qui acceptent d'être interrogées, de temps en temps, sur des questionnaires auto-administrés, en ligne ou par voie postale. De ces bases, on extrait des échantillons adaptés à des études diverses. Les *access panels* sont étudiés dans le paragraphe dans la section 4.

Selon la nature de la population qu'ils étudient, les panels peuvent se classer en cinq familles :[1]

– les panels de distributeurs (dits aussi panels de détaillants) ;
– les panels de consommateurs (qui devraient être appelés panels d'acheteurs) ;
– les panels mixtes détaillants/consommateurs/médias appelés aussi « source unique » ou single source ;
– les panels de professionnels : médecins, exploitants agricoles, etc. souvent utilisés en marketing B to B ;
– les panels d'audience qui mesurent la fréquentation des médias comme la télévision, la presse, la radio, ou Internet.

Les panels de distributeurs et de consommateurs fournissent des données complémentaires très utiles au marketing B to C. Bien que les abonnements à ces panels soient coûteux, ils sont très utilisés (par les grandes marques). Ils permettent se suivre les performances, bonnes ou mauvaises, des politiques commerciales et marketing. Ils sont un support indispensable au développement de nouvelles politiques marketing. Nous consacrerons donc une part importante de cette section à l'analyse de ces deux types de panels que tout chef de produit sur les marchés de grande consommation doit savoir parfaitement maîtriser.

La mise en place et l'exploitation des panels de distributeurs et de consommateurs sur les marchés B to C nécessitent des moyens considérables, ce qui explique la forte concentration des acteurs : Nielsen A.-C., Kantar (aujourd'hui TNS-Sofres) pour la distribution « *food* », GfK pour la distribution spécialisée. Ces sociétés d'études ont une présence mondiale, ce qui est fort utile pour les grandes marques internationales.

1. Relativement permanent, car il faut tenir compte de l'« usure » des panélistes.

En revanche, l'offre des panels B to B est plus fragmentée. Elle s'est beaucoup développée au cours des dernières années avec la multiplication des panels et des *access panels* en ligne.

1 Les panels de distributeurs

a) Principes de construction et d'exploitation d'un panel de distributeurs

Ils sont schématisés dans la figure ci-dessous puis développés dans le texte suivant.

Figure 2.10 **Schéma de fonctionnement d'un panel de distributeurs**

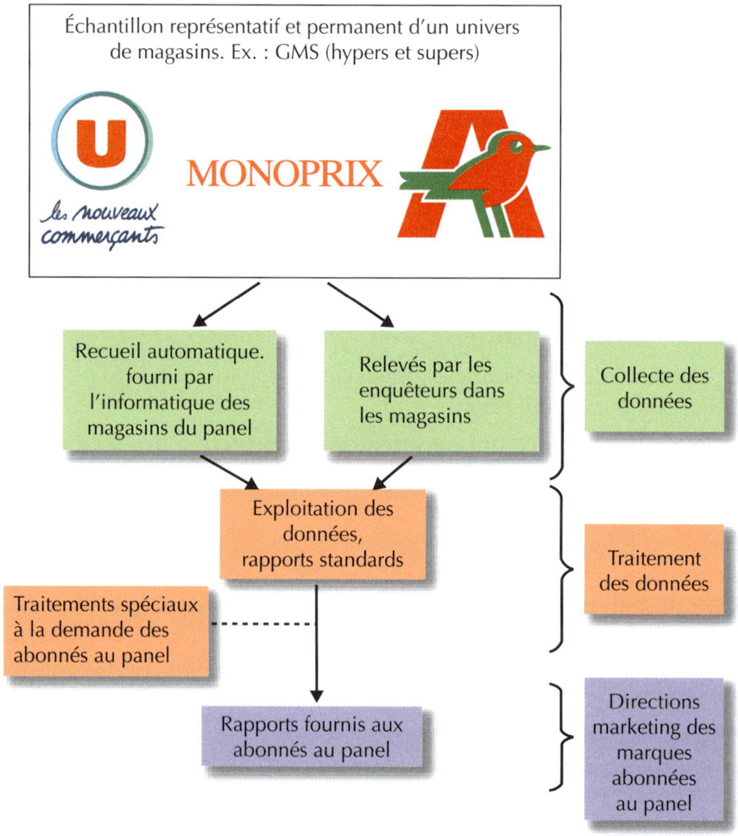

1. Un panel de distributeurs est spécifique à un univers de distributeurs. Toutes les catégories de produits vendus par ces distributeurs ne sont pas étudiées dans tous les panels. En mars 2012, Nielsen et GfK ont annoncé

une alliance pour mesurer au travers de *Full Store Monitor* l'intégralité des ventes (alimentaire et non alimentaire) dans les hypers et les supers. Ainsi, plus de 600 familles de produit seront étudiées et les résultats livrés chaque semaine.

2. Dans l'univers de distribution retenu, la société d'études recrute des enseignes et des points de vente pour constituer un échantillon représentatif. En contrepartie de leur coopération, le panel fournit gratuitement aux magasins adhérents des informations et du conseil pour optimiser leurs performances : efficacité de l'organisation du linéaire de vente, résultats des campagnes de promotion, etc.

   Les échantillons des panels de distributeurs sont très larges, parfois proches de l'exhaustivité. Ainsi, InfosScan de la société IRI France recense les données de 5 700 points de vente (hypers, supers, hard discount) ce qui représente 97 % du chiffre d'affaires en France de ces formats de distribution. La taille considérable de ces échantillons assure une excellente représentativité et permet d'exploiter de façon significative les informations globales en sous-ensembles restreints : résultats par sous catégories de produits, par références, par régions de vente de l'entreprise cliente du panel, etc.

3. Les points de vente adhérents fournissent automatiquement et en continu (*via* les scanners en caisses de sortie) les données de ventes, de prix, de stocks... En complément de ces informations essentielles, la société qui gère le panel envoie des enquêteurs (quelques fois par semestre) qui relèvent des informations dans les points de vente. Par exemple, le service StoreView d'InfoScan fait des relevés de linéaires, de prix, de types d'implantation en observant la proximité d'un linéaire avec un autre rayon.

4. Toutes ces informations sont traitées et compilées dans des rapports standards simplifiés accompagnés de données détaillées à exploiter par l'abonné et le cas échéant, d'études à la demande nécessitant des traitements spéciaux. La nature des données et leur fréquence varient selon l'abonnement souscrit par les clients du panel. Les données sont agrégées par semaine de vente, par mois, semestre, etc. Les clients peuvent suivre l'évolution des ventes quasiment en temps réel (option InfoScanFast délivrant les résultats à J + 5, ce qui est fort utile pour suivre le lancement d'un nouveau produit, d'une campagne de publicité ou de promotion). Enfin, ces rapports peuvent être complétés à la demande, moyennant finance, par des présentations orales des experts du panel et des prestations de conseil sur des thèmes précis formulés par les clients.

b) Les principaux panels de distributeurs en France

En France, l'univers des GMS (hypers et supers) est étudié par deux panels de distributeurs : ScanTrack e-cenSiel, de Nielsen (la plus grande société d'études marketing au monde), et Infoscan Census, de IRI France qui fait partie, elle aussi, d'un important réseau international. MS Retail panel de GfK couvre la distribution spécialisée de produits très variés. Ces trois panels : ScanTrack, InfoScan et MS Retail sont les plus importants aujourd'hui pour les marchés B to C en France. Leurs caractéristiques sont présentées dans la figure suivante.

Figure 2.11 **Trois panels de distributeurs importants en grande consommation**

Univers de distribution	GMS : Hypers, supers et hard discount		Distribution spécialisée : GSS (Grandes surfaces spécialisées), rayons spécialisés des hypers, vente à distance
Société d'études	**Nielsen**	**IRI France**	**GfK**
Nom du panel	**ScanTrack e-cenSiel**	**InfoScan**	**MS Retail panel**
Univers de produits étudiés	Biens de grande consommation d'achats fréquents : alimentaire, produits d'entretien, etc.		300 familles de produits : électronique grand public, électroménager, télécommunications, biens culturels, tourisme, bricolage, jardinage, etc.
Mode de collecte des données	1. Collecte électronique 2. Relevés par inspecteurs		*Idem*
Échantillon de chaque panel	1. Environ 60 00 points de vente en France pour la collecte électronique des achats 2. Environ 500 points de vente pour les relevés « manuels »		25 000 points de vente en France couvrant 41 circuits de distribution différents. Échantillons spécifiques aux secteurs étudiés. Exemple : suivi hebdomadaire de 2800 magasins vendeurs de livres.

c) Les informations standards fournies aux clients du panel

Le recueil des données se fait dans les points de vente au niveau de chaque référence[1] faisant partie des familles de produits étudiées. Les résultats sont proposés pour chaque référence puis consolidés au niveau des marques et des catégories de produits.

Ces données sont généralement ventilées par type de magasins (hyper, supers, etc.) et par régions.

1° Les informations sur les volumes de vente et les parts de marché

- *L'évolution des ventes globales de la catégorie de produits considérée*

Ce sont par exemple, la bière, le café, les yaourts, etc. Ces ventes sont calculées à la fois *en volume* (nombre d'unités, litres, kilos, etc.) et *en valeur* (c'est-à-dire en euros).

1. Par exemple, dans la famille des bières dites « de luxe », le pack de 6 bouteilles de 33 cl. de Kronenbourg est une référence : le pack de 12 en constitue une autre.

- *L'évolution des ventes et des parts de marché*

Elle est calculée pour :

– chaque segment de la catégorie (par exemple, les bières « de luxe ») ;
– chaque marque du segment (par exemple, Kronenbourg) ;
– et chaque référence de la marque (par exemple, le pack de 12 bières).

- *Les rotations en magasins*

Il s'agit des ventes moyennes (mensuelles ou hebdomadaires) observées dans les magasins détenteurs de la marque ou de la référence considérée ; elles peuvent être fournies en volume (nombre moyen d'unités vendues par magasin détenteur) ou en valeur (chiffre d'affaires moyen de la marque ou de la référence considérée par magasin).

2° Les stocks en magasins

Pour l'ensemble des magasins détenteurs d'une marque, le panel calcule le volume des stocks pour la période considérée, volume généralement exprimé à la fois en nombre d'unités et en « jours de vente ».

Le panel indique en outre le pourcentage de magasins qui sont en rupture de stock sur la référence étudiée.

3° Le taux de distribution ou de « disponibilité » des produits dans les lieux de vente : DN et DV

Il est très important, pour un fabricant, de connaître le taux de présence de ses produits – ainsi que celui des produits concurrents – dans chaque type de point de vente. Cette information est fournie par les panels de détaillants sous forme de deux indices appelés respectivement « *disponibilité numérique* » (dénommée fréquemment distribution numérique) et « *disponibilité valeur* » (ou distribution valeur).

La disponibilité numérique (DN) ou distribution numérique d'une marque (ou d'une référence déterminée) est le pourcentage de magasins qui la proposent à leurs clients[1].

Exemple

➥ Dire que la marque de bière Gold a une DN de 60 dans le commerce alimentaire signifie que 60 % des magasins alimentaires vendent cette marque.

1. En pratique, depuis que les panels distributeurs utilisent la méthode du scanning, on considère comme détenteur tout magasin ayant vendu au moins une unité de la référence considérée, au cours d'une période déterminée (en général quatre semaines).

La disponibilité valeur (DV) ou distribution valeur d'une marque ou d'une référence exprime la part que représentent les magasins détenteurs de cette marque dans les ventes globales de la catégorie de produits à laquelle elle appartient.

Exemple

→ Dire que Gold a une DV de 85 signifie que les magasins détenteurs de Gold réalisent dans leur ensemble 85 % des ventes de bière en volume.

Notre conseil

Veillez à ce que la DV de votre produit soit supérieure à la DN et progresse plus vite. Ceci est particulièrement important lors du lancement d'un nouveau produit.

Lorsqu'une marque a une DV supérieure à sa DN (comme dans l'exemple ci-dessus), cela signifie qu'elle est surtout distribuée dans des magasins dont le volume de ventes (pour la catégorie de produits considérée) est important. Inversement, lorsque la DV est inférieure à la DN, cela signifie que la marque est surtout distribuée chez les détaillants vendant peu la catégorie de produit.

La DN mesure la couverture de la distribution d'un produit tandis que la DV mesure son potentiel.

4° L'évolution de la demande consommateur de chaque marque ou référence

La demande consommateur d'une marque ou d'un produit est un indice exprimant sa part de marché dans les magasins qui l'ont référencé. Cet indice est calculé en divisant la part de marché globale de la marque ou du produit par sa « disponibilité valeur » (DV).

$$\text{Demande consommateur} = \frac{\text{Part de marché du produit}}{\text{DV du produit}}$$

La demande consommateur permet d'évaluer le potentiel théorique d'un produit. C'est donc un indicateur fréquemment employé dans le marketing des produits de grande consommation. Une demande consommateur de 100 % signifie que le produit fait toutes les ventes de la catégorie de produit dans l'univers de distribution considéré.

Exemple

→ La marque d'eau minérale X a une part de marché globale de 5 % sur l'ensemble des magasins du panel. Elle a une DV (disponibilité valeur) de 20, ce qui signifie, rappelons-le, que les magasins où elle est vendue réalisent 20 % des ventes totales d'eau minérale. Sa demande consommateur est égale à : 5/20 × 100 = 25 %. En d'autres termes, dans les magasins où elle est vendue, la marque X représente 25 % des ventes d'eau minérale.

Cette information est utile pour analyser les raisons des variations de ventes d'une marque : si, par exemple, on constate qu'une marque a vu ses ventes et/ou sa part de marché baisser, il est intéressant de savoir quelle part de cette baisse est due à une éventuelle diminution de sa « disponibilité valeur » (problème de distribution), et quelle part est due à une diminution de sa « demande » dans les magasins où elle est présente (problème de demande des clients finals). Selon la cause retenue, les remèdes marketing ne seront probablement pas les mêmes.

5° Les autres informations standards

Il peut s'agir, par exemple, du prix de vente moyen de chaque référence, du pourcentage de linéaire par référence, du pourcentage de magasins dans lesquels la marque ou la référence considérée font l'objet d'une promotion, etc.

FOCUS

Intérêt et limites des panels de distributeurs

Intérêt	Limites
– Excellente précision, fiabilité et rapidité de la mesure de l'évolution des ventes et des parts de marché d'un produit ou d'une marque. – Informations en continu sur la concurrence. – La connaissance de la DN/DV est très utile pour suivre le développement d'un nouveau produit. – Possibilité d'études spéciales pour mesurer l'influence sur les ventes et les parts de marché du prix, de la part de linéaire, d'une campagne de publicité, de promotion, etc. – Suivi des accords entre producteurs et distributeurs. – Analyses internationales rendues possibles par l'existence, dans de multiples pays, de panels de distributeurs fondés sur les mêmes méthodologies.	– Coût élevé. – Les panels de distributeurs disent ce qui est acheté mais pas par qui et comment. Ils doivent donc être complétés par des panels de consommateurs. – Une exploitation optimale des données fournies suppose un apprentissage, voire une formation approfondie des utilisateurs dans les départements marketing des abonnés au panel. – De nombreux marchés ne sont pas couverts par les panels.

2 Les panels de consommateurs

a) L'objet et la nature des panels de consommateurs

1° Ce sont en réalité des panels de ménages acheteurs

La dénomination usuelle « panels de consommateurs » est malvenue car elle laisse entendre que ces panels suivent la consommation des individus. En fait, ces panels mesurent les achats des ménages.

- Ces panels suivent les achats, pas la consommation et ses variables explicatives. Pour ce faire, il faut compléter les relevés d'achats donnés par les panels dits de consommateurs par des études spécifiques sur les usages et les motivations.
- Ces panels mesurent les achats par ménage (on dit aussi foyer). Par exemple, on relève les achats de yaourts destinés à tout ou partie des membres de la famille de l'acheteur et pas seulement les yaourts achetés pour la consommation personnelle de l'acheteur.

2° Les panels de distributeurs, les panels de consommateurs et les études U & A[1] sont très complémentaires

Figure 2.12

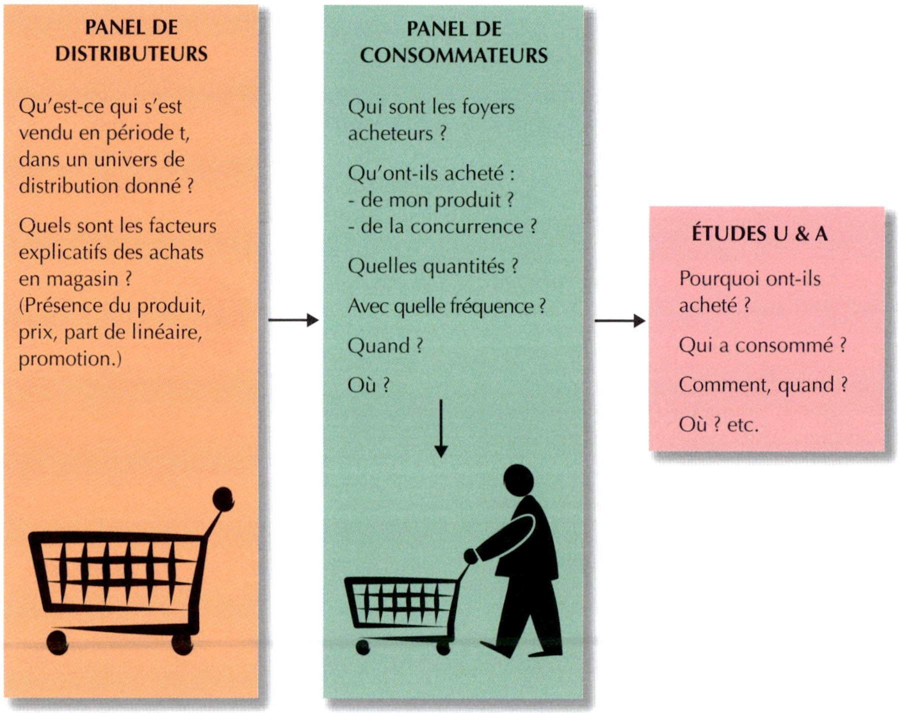

1. Les études U & A sont les études des usages et attitudes des consommateurs.

Ayant les mêmes clients, les panels de consommateurs et les panels de distributeurs de produits de grande consommation sont souvent gérés par les mêmes sociétés d'études.

3° Les principes de construction et d'exploitation d'un panel de consommateurs

Figure 2.13 Schéma de fonctionnement d'un panel de consommateurs, marchés de grande consommation

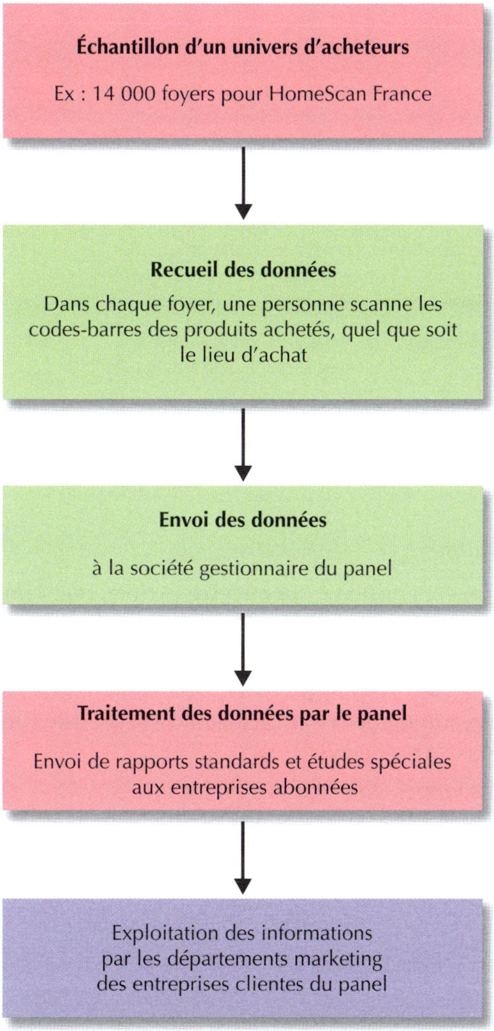

En vert, interventions de la société gestionnaire du panel.

4° Deux grands panels de consommateurs en France pour les marchés de grande consommation

Figure 2.14 **Panels HomeScan et Worldpanel**

Société	Nielsen (panel Homescan)	Kantar (groupe WPP)[1] (panel Worldpanel)
Échantillon	14 000 foyers	12 000 foyers
Univers de produits étudiés	Alimentaire, hygiène et santé, produits d'entretien, etc. Au total, 120 catégories de produits sont étudiées.	Alimentaire, hygiène et santé, produits d'entretien, textile.
Mode de collecte des données	« Home scanning » : lecteurs optiques des codes-barres donnés aux panélistes pour enregistrer eux-mêmes leurs achats au quotidien et envoyer chaque semaine les données par télétransmission à l'ordinateur central de la société. Pour les achats de produits alimentaires sans codes-barres comme les fruits et légumes vendus au poids, les panélistes enregistrent leurs achats sur livret.	*Idem* : « home scanning »
Remarques	Avec leur « Home scan » (ou scannette), les panélistes enregistrent la date d'achat, le magasin, l'acheteur, son accompagnateur éventuel, le code-barres de chaque produit acheté, les quantités, le prix, les promotions, le montant total du ticket de caisse et le mode de paiement.	*Idem*

5° Les *access panels*

Un *access panel* est un échantillon qui peut être extrêmement important (de l'ordre de plusieurs dizaines de milliers d'individus) composé de personnes qui ont accepté d'être interrogées et dont on connaît le profil, voire le style de vie.

Cette méthode permet de puiser des échantillons plus restreints adaptés aux études particulières commandées par un client de la société d'études ou proposées en souscription à plusieurs clients.

Initialement développés aux États-Unis, les *access panels* ont été introduits en Europe dans les années 1990. Au cours des dernières années, on a vu se multiplier les panels en ligne, en B to C comme en B to B.

Exemple

- Metascope est un *access panel* géré par Kantar, de 20 000 foyers en France avec un renouvellement de 7 000 foyers par an. Il permet des études sur des secteurs très variés :

1. Ce panel était dénommé autrefois panel Secodip puis TNS Sofres. TNS a été acheté par WPP, un grand groupe de communication qui s'est diversifié dans le marché des études. WPP est notamment propriétaire de Research International, de Milward Brown et de Added Value *via* sa filiale Kantar, d'où le nouveau nom : Kantar Worldpanel.

automobile, transport, banques et assurances, équipement de la maison, hygiène beauté, tourisme, etc. Les panélistes de Metascope sont consultés mensuellement par voie postale ou par Internet (enquêtes avec questionnaires auto-administrés).

6° La fiabilité des panels de consommateurs est bonne mais elle n'est pas au niveau de celle des panels de distributeurs

Les échantillons des panels de distributeurs sont quasiment exhaustifs tout au moins pour des panels GMS comme ScanTrack ou InfoScan. Les échantillons des panels de consommateurs sont moins vastes (taux de sondage de l'ordre de 1/2 000 sachant qu'il y a 27 millions de ménages en France[1]) mais ils sont de taille largement suffisante pour assurer une bonne représentativité. Pour les constituer, on utilise la méthode des quotas décrite dans la section précédente. Généralement, les panels de consommateurs ne prennent en compte que les achats pour la consommation à domicile. Ainsi sont exclus les restaurants, le *snacking* et les achats effectués hors domicile, pendant les vacances.

La collecte des données est un peu moins rigoureuse dans les panels de consommateurs. Elle suppose l'intervention des panélistes qui peuvent se tromper, même avec leur scannette, et se lasser assez vite.

> **Notre conseil**
>
> *Les chiffres de ventes et de parts de marché donnés par les panels de distributeurs et de consommateurs ne coïncident pas. C'est dû au mode et au champ de la collecte des données qui diffèrent entre ces deux types de panels. Utilisez les valeurs données par les panels de distributeurs pour les ventes globales et les parts de marché.*

Pour garantir une bonne fiabilité, les échantillons des panels de consommateurs sont renouvelés fréquemment. On contrôle les panélistes et on les incite à bien faire leur travail. Par exemple, Nielsen met à leur disposition une assistance téléphonique, leur envoie un journal mensuel, organise une tombola mensuelle et attribue des points qui, cumulés dans le temps, donnent droit à des bons d'achat.

Qu'en pensent les panélistes ?[2] :

« *je vais bientot arrete car ca me casse la tete de scanner, car tous les codes-barres ne rentrent pas !!!!* »

« *moi j'y suis depuis 5 ans et je ne regrette pas, ca te prends un petit moment pour scanner les courses et a la clé il y a des beaux cadeaux, j'ai déjà eu une télé et avec les points que j'ai je pourrai en commander 3 au moins, chacun son point de vue mais moi j'aime bien* »

b) Les informations fournies aux clients des panels de consommateurs

Comme ceux des panels de détaillants, les résultats des panels de consommateurs sont vendus par abonnement annuel à des sociétés clientes, chaque abonnement couvrant une ou plusieurs catégories de produits. La souscription d'un abonnement donne droit à la fourniture périodique d'un certain nombre d'informations standards relatives à la catégorie de produits considérée. Elles peuvent être complétées par des analyses à la demande, facturées en sus.

1. On rappelle qu'une personne seule est comptée pour un ménage.
2. www.beaute-addict.com/forum/622200-qui-connait-home-scan-panel-de-consommateurs-0.php. NDA: Nous avons conservé l'orthographe originelle.

Figure 2.15 **Les principaux types d'informations fournies par un panel de consommateurs**

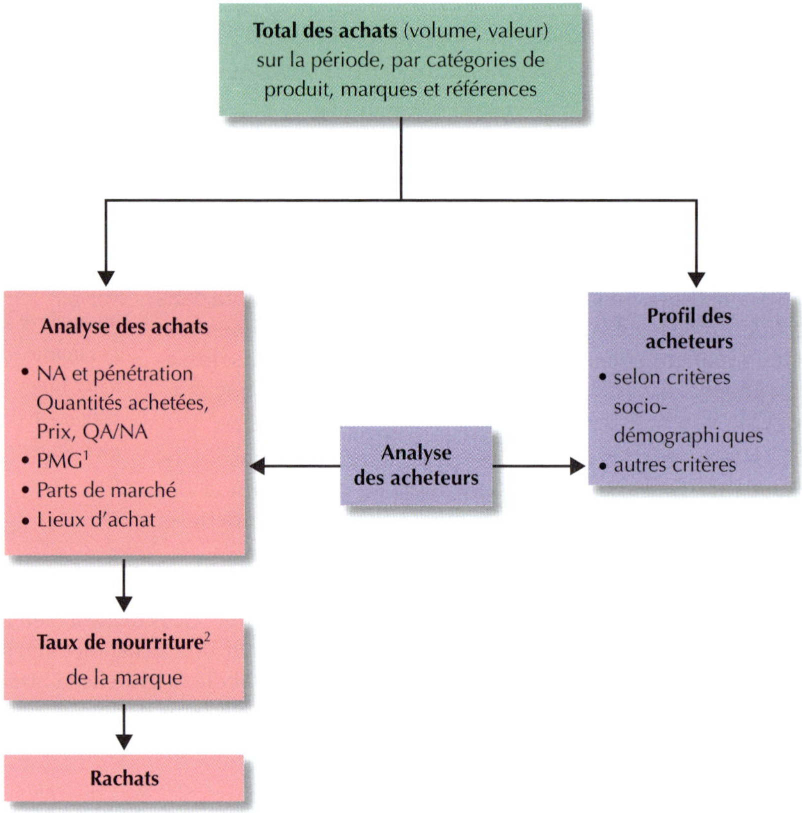

1. PMG, initiales de petits, moyens, grands acheteurs.
2. Taux de nourriture : voir la définition ci-après.

1° Profil des acheteurs

Le grand intérêt des panels de consommateurs est la connaissance détaillée des caractéristiques des foyers ou des individus acheteurs, ce qui permet une analyse très fine des achats et de leur évolution.

• *Profil sociodémographique des acheteurs*

Les résultats fournis par un panel de foyers sont généralement ventilés en fonction des critères suivants :

- régions ;
- nombre de personnes au foyer ;
- présence et le nombre d'enfants au foyer ;
- catégorie socioprofessionnelle du chef de famille ;
- âge de la ménagère (ou du panéliste).

Pour les panels d'individus, les résultats sont généralement ventilés en fonction des critères suivants :

- sexe ;
- âge ;
- catégorie socioprofessionnelle ;
- niveau d'instruction.

- *Type de logement et équipement ménager*
- *Habitudes de fréquentation des médias, styles de vie*
- *Autres critères*

Il est également possible de faire des analyses spéciales sur des critères complémentaires comme l'acheteur principal sur les lieux de vente et les personnes qui l'ont accompagné, l'utilisation d'une carte de fidélité, le mode de paiement, etc.

2° Analyse des achats

- *Pénétration des marques, produits et références*

NA est le nombre d'acheteurs, c'est-à-dire le nombre de foyers ayant acheté au moins une fois le produit au cours de la période de référence. Exprimé en pourcentage, cela indique la *pénétration d'une marque, d'un produit, d'une référence.*

Il est intéressant de calculer la pénétration par segment d'acheteurs. Par exemple, la pénétration d'un produit chez les plus de 50 ans.

$$\text{Pénétration relative Pr} = \frac{\text{Pénétration du produit en \%}}{\text{Pénétration de la catégorie en \%}}$$

Exemple

➥ Une catégorie de produit a une pénétration de 65 % auprès des « CSP - » pour une période de référence. Au cours de cette même période, une marque appartenant à cette catégorie de produit a une pénétration auprès du même univers d'acheteurs de 45 % et une référence de cette marque a une pénétration de 30 %. La pénétration relative de la marque est de : 45/65 = 69 %. La pénétration relative de la référence est de 30/65 = 46 %

- *Quantités achetées et parts de marché en volume et valeur*

QA indique les quantités achetées. Elles sont mesurées tantôt en nombre d'unités (par exemple pour les paquets de biscuits), tantôt en kilos, tantôt en litres, et sont généralement présentées sous la forme d'une moyenne pour 100 foyers du panel.

La connaissance des quantités achetées et des prix d'achat permet de calculer les *parts de marché* en volume et en valeur de chaque marque (ou référence).

Les quantités achetées par foyer acheteur correspondent donc à : QA/NA.

Le ratio des quantités achetées pour 100 foyers (QA) sur la pénétration (NA) représente la consommation moyenne par foyer acheteur au cours d'une période déterminée (QA/NA).

Exemple

➥ Au cours d'un trimestre déterminé, 15 % des foyers ont acheté au moins une fois du café lyophilisé Nescafé. La quantité de Nescafé lyophilisé achetée par 100 foyers du panel au cours de ce trimestre est de 6 kg. Il en résulte que la quantité moyenne achetée par foyer acheteur (QA/NA) est de : 6 kg/15 = 0,4 kg.

- *Prix payés*

Pour chaque référence étudiée, un panel de consommateurs permet de calculer le prix moyen payé par les acheteurs, ainsi que la distribution statistique des prix payés (par tranches de prix).

- *Analyse PMG*

L'analyse PMG correspond à la répartition des ventes d'une catégorie de produits, d'une marque, d'une référence en « petits, moyens et gros acheteurs ».

Cette analyse complétée par celle des profils des petits, moyens et gros acheteurs permet de mieux cibler les efforts marketing.

- *Les lieux d'achat*

Il s'agit de la répartition des achats d'un produit entre les principaux types de magasins : hypers, supermarchés, petits commerces, etc.

- *Taux de nourriture*

L'analyse des comportements d'achat d'un produit, sur une période de temps déterminée, permet de classer les acheteurs entre :

- ceux qui achètent exclusivement telle marque ;
- ceux qui l'achètent d'une manière prédominante ;
- et ceux qui ne l'achètent que d'une manière occasionnelle.

Le poids d'une marque dans les achats d'un client peut être mesuré sous forme d'un indice appelé « taux de nourriture » ou « part de client ».

Notre conseil

Comparez l'évolution du taux de nourriture de votre produit à ceux des concurrents pour mieux cibler ceux qui doivent être attaqués.

Le taux de nourriture d'une marque X, pour un foyer déterminé, est égal au rapport entre la quantité de cette marque achetée par ce foyer au cours de la période de référence et le total des achats de ce foyer dans la catégorie de produit à laquelle appartient la marque considérée.

Exemple

➥ Un taux de nourriture de 60 % pour le café Carte Noire signifie que, pour le foyer considéré, la marque Carte Noire a représenté, en quantité, 60 % de ses achats totaux de café au cours de la période de référence.

- *Analyse des transferts*

La comparaison des achats effectués par les foyers au cours de deux périodes consécutives (d'un trimestre ou d'un an par exemple) permet d'analyser les transferts de consommation entre les marques. Pour chacune des marques étudiées, on peut ainsi déterminer :

– combien d'acheteurs elle a perdu d'une période à l'autre, et au profit de quelles autres marques ;

– combien d'acheteurs nouveaux elle a gagné, et en provenance de quelles autres marques.

- *Analyse des taux d'achat et de rachat d'une marque*

Au cours des premiers mois de lancement d'un produit nouveau, il est intéressant, si l'on veut prévoir l'évolution future des ventes de ce produit et par conséquent ses chances de succès, de mesurer :

– d'une part, l'évolution de la *pénétration cumulée* du produit, c'est-à-dire du pourcentage de foyers qui l'ont acheté au moins une fois ;

– d'autre part, l'évolution du *taux de rachat*, c'est-à-dire du pourcentage de foyers qui, après un premier essai, rachètent une fois, deux fois ou n fois le produit.

3 Behaviorscan : un panel mixte pour faire des marchés tests

Pour combiner les avantages respectifs d'un panel de consommateurs et d'un panel de détaillants, un nouveau type de panels, appelé « panel mixte de consommateurs et de détaillants » ou encore « source unique » (*single source*), a été lancé depuis plusieurs années en France[1] et dans les autres grands marchés européens.

On les appelle « source unique » ou « single source » car chaque zone test est une même source qui donne :

– le relevé des achats dans la zone à partir d'un panel de consommateurs ;

– le relevé des ventes, des stocks, des promotions, à partir d'un panel de détaillants ;

– la fréquentation des médias, y compris Internet et l'exposition à la publicité des personnes habitant dans la zone et dont on a mesuré les achats par le panel de consommateurs.

On peut donc mettre en relation directe les achats avec les actions de publicité, de promotion, les expositions de produits en linéaire, leur prix, etc.

1. Le premier panel mixte a été lancé en 1995 en France, à Angers par MarketingScan. Le second en 1999 au Mans. À ce jour, Le Mans et Angers sont les deux zones tests les plus importantes en Europe. Plusieurs centaines de marchés tests ont été réalisées avec cette technique qui ne cesse de se perfectionner.

En France, deux panels mixtes concurrents ont longtemps existé : MarketingScan (une filiale de GfK et de Médiamétrie) et Scannel de TNS Sofres. En avril 2011, Scannel a fusionné avec MarketingScan qui est devenu BehaviorScan.

a) Les principes de fonctionnement de BehaviorScan

Figure 2.16 **Les six villes zones tests de BehaviorScan**

Il n'est pas possible de trouver des agglomérations ou des zones géographiques parfaitement représentatives du marché national. En conséquence, on s'intéresse à des zones qui n'ont pas de caractéristiques « hors normes » comme Menton (trop de seniors), Neuilly (trop de CSP élevées) ou La Courneuve (93) pour des raisons inverses. Entre autres raisons, les six zones tests de BehaviorScan ont été choisies parce que leurs bassins de chalandise sont captifs, ce qui veut dire que les achats des habitants de ces agglomérations se font en quasi-totalité sur place. C'est une condition impérative pour rendre fiables les données recueillies par le panel de distributeurs implanté dans chaque zone.

Figure 2.17 **Organisation de chaque zone test**

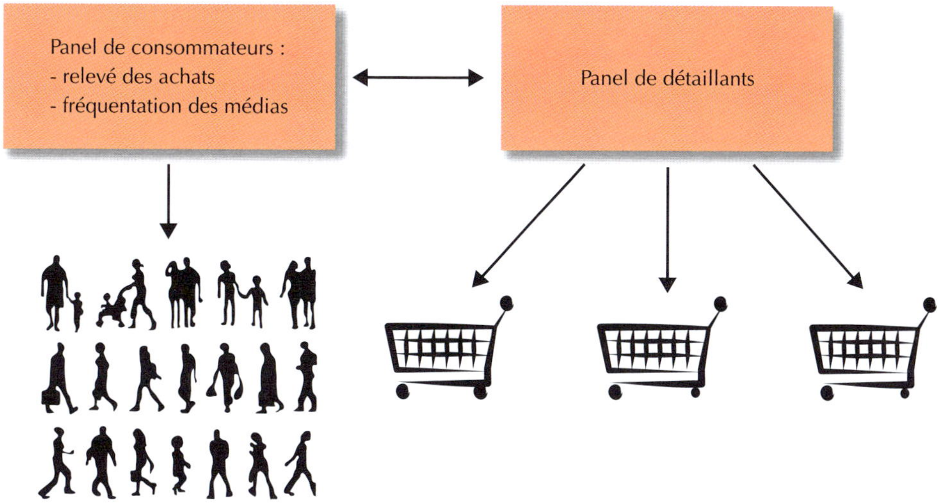

1° Un panel de distributeurs dans chaque zone test : hypermarchés, supermarchés et hard discounters

Dans chaque magasin faisant partie de l'échantillon, les enquêteurs de la société gestionnaire du panel recueillent périodiquement (au moins une fois par semaine) des données précises sur :

- l'assortiment des produits offerts ;
- les prix de vente ;
- la répartition du linéaire entre les différentes marques et références ;
- et toutes les opérations promotionnelles menées dans le magasin.

2° Un panel de plusieurs milliers de consommateurs dans chaque zone test, soit un total de 22 000 panélistes pour les six zones tests

Outre les caractéristiques signalétiques détaillées de ces consommateurs, qui sont relevées au moment du recrutement et actualisées tous les ans, le détail des achats des panélistes est connu automatiquement grâce à une carte magnétique utilisée par chaque panéliste qui permet la lecture optique de leurs achats au moment où ils passent aux caisses de sortie.

3° La mesure de la fréquentation des médias et de l'exposition à la publicité

Elle se fait par des audimètres (voir plus loin) installés au domicile des panélistes pour suivre l'audience de la télévision et par questionnaires pour les autres médias (presse, radio, etc.).

4° Diffusion locale de publicités TV

Dans trois villes tests : Angers, Brive et Poitiers, des accords avec de nombreuses chaînes de télévision et leurs annonceurs permettent d'insérer des messages publicitaires qui ne sont vus que localement, et dont on veut mesurer l'impact.

b) Les principales informations fournies aux sociétés clientes

Le rapprochement entre les données recueillies auprès des détaillants et celles recueillies auprès des consommateurs permet de fournir aux clients, d'une part, des informations analogues à celles d'un panel classique de détaillants et à celles d'un panel classique de consommateurs, d'autre part, certaines informations « croisées » d'un très grand intérêt.

Elles résultent de la connaissance conjointe que l'on a, grâce aux données tirées des deux échantillons :

- de l'offre en magasins (en termes de produits offerts, de prix pratiqués, de linéaire alloué à chaque marque et de promotions menées en magasins) ;
- de l'exposition aux médias publicitaires de chaque panéliste consommateur ;
- et des achats effectués par chaque panéliste, achats dont on connaît avec précision la nature, la date et le lieu.

Les principales analyses que l'on peut faire à partir du rapprochement de ces données permettent d'évaluer, d'une manière plus précise et plus fiable que dans les panels classiques, l'influence sur les comportements d'achat des consommateurs :

- d'une variation du prix de vente d'un produit ;
- de la mise en œuvre d'une opération promotionnelle ;
- d'une variation du linéaire alloué à une marque ;
- de l'exposition des consommateurs à une campagne publicitaire, notamment à la télévision.

c) L'évaluation de la source unique

C'est un outil très puissant qui permet de faire des marchés tests grâce auxquels on apprécie soit les performances d'une stratégie globale marketing, soit l'impact d'une modification d'une composante de l'action marketing : nouveau packaging, nouveau prix, nouvelle publicité, nouvelle opération de promotion des ventes. Cependant, la technique de la source unique a au moins trois inconvénients.

- Une des limites de la source unique tient à la méthode même. Par convention, les magasins qui composent le panel de détaillants dans chaque zone acceptent les nouveaux produits que l'on veut tester. Cela ne signifie évidemment pas qu'il en ira de même lorsque le nouveau produit sera proposé à l'ensemble de la distribution française. On ne peut donc pas mesurer l'acceptabilité des nouveaux produits par tous les distributeurs. Or, la vitesse, la quantité et la qualité du référencement sont des facteurs décisifs de succès ou d'échec pour un nouveau produit.
- Une autre limite tient à la nature du panel de distributeurs qui réserve l'usage de la source unique au marché « *food* », et autres produits des rayons habituels des GMS comme les produits d'entretien et le petit équipement domestique.
- L'accès à la source unique est onéreux et donc réservé aux grandes marques fortunées.

4 Les panels spécialisés

En dehors des panels de détaillants et de consommateurs, il existe en France plusieurs autres panels que l'on pourrait appeler « spécialisés », soit parce qu'ils couvrent une population restreinte et particulière comme les professionnels, soit parce qu'ils s'intéressent à d'autres comportements que les achats comme les panels d'audience des médias.

a) Les panels catégoriels

Ils sont spécialisés sur une catégorie d'individus. Exemples : panels de leaders d'opinion, panels d'électeurs, etc.

b) Les panels professionnels

Ils couvrent de multiples secteurs :

- *Panels des professions médicales* : les laboratoires pharmaceutiques étant de bons clients, il y a plusieurs panels de médecins et de pharmaciens comme EPPM (Étude permanente de la prescription médicale), ou Dorema, un des plus anciens, géré par IMS. Citons également les panels de médecins de BVA (panel oncologie et panel HBPM- anticoagulants-) et Panel Med, un panel en ligne de généralistes. Pharma Scope est un panel de 1 285 responsables de pharmacie. Nielsen gère ScanTrack TM Pharma. GMI exploite un panel d'infirmières.
- *Panels agricoles de BVA*, par exemple, comportant un panel vigne, Viticoop, sur un échantillon de 2 500 viticulteurs et un panel Semences, oléagineux avec 2 700 agriculteurs interrogés par téléphone, une fois par an.
- *Panels de libraires* d'Ipsos et de GfK.
- *Panel mondial de professionnels de l'informatique*, géré par GMI (Global Market Insite)[1]. Kantar exploite les panels TNS Worldpanel : automobile, restauration, parfumerie.
- Etc.

c) Les panels dédiés à une entreprise

Certaines grandes entreprises demandent à des cabinets spécialisés de leur monter un panel réservé à leur propre usage. Par exemple, Carrefour a créé en 2011 le panel test Carrefour pour tester 5 000 produits vendus dans ses magasins : 15 000 foyers européens reçoivent des paniers de 10 produits avec un questionnaire d'évaluation[2].

d) Les panels de mesure d'audience

1° Mesure de l'audience de la télévision : le panel Médiamat

Les annonceurs et les agences de publicité ont besoin, pour établir leurs « plans médias », de connaître avec le maximum de précision l'évolution, au cours du

1. On trouvera les adresses des sites de ces différents panels spécialisés dans la rubrique « Pour aller plus loin » du chapitre 2 dans les ressources numériques du site mercator.fr.
2. Voir : http://carrefour.fr/mes_produits/panel_carrefour/

temps, de l'audience des différentes chaînes. Tel est l'objet du panel de téléspectateurs Médiamat, géré par Médiamétrie[1], créé en 1985 et qui fonctionne selon les principes suivants.

On a recruté un échantillon représentatif de 4 300 foyers (soit environ 10 500 individus de 4 ans et plus) équipés de la télévision. Il est renouvelé d'un quart tous les ans. Dans chacun de ces foyers, Médiamétrie branche sur chaque poste de télévision un appareil enregistreur, appelé audimètre, ainsi qu'une télécommande équipée de « boutons-poussoirs ». Chaque membre du foyer, dont les caractéristiques signalétiques sont relevées par l'enquêteur au cours de la visite de recrutement, se voit affecter l'un des boutons-poussoirs, et est invité à l'actionner chaque fois qu'il commence à regarder la télé, et à le débrancher chaque fois qu'il cesse de la regarder. Des boutons poussoirs sont également prévus pour des invités. Cette technique permet de savoir à tout moment quelles sont les personnes devant le poste : membres du foyer et invités.

L'audimètre enregistre en permanence l' « état » du récepteur de télévision, à savoir : allumé ou non ; s'il est allumé : la chaîne visionnée, l'utilisation du magnétoscope, l'usage du téléviseur pour des jeux vidéo ou comme moniteur. L'exploitation et l'analyse de ces données permettent à Médiamat de déterminer avec précision combien de personnes et quelles personnes regardent chacune des chaînes émettrices à un moment ou sur une période de temps (minute par minute, ou même seconde par seconde pendant les écrans publicitaires). Des analyses complémentaires permettent de mesurer l'intérêt de l'auditoire pour chaque émission, notamment en observant si les téléspectateurs l'ont regardée entièrement ou partiellement.

Chaque nuit, les audimètres sont appelés automatiquement par le centre informatique de Médiamat qui traite les données et diffuse les résultats auprès des souscripteurs (chaînes de télévision et agences médias), chaque jour, à 9 heures du matin.

2° Mesure de l'audience d'Internet : le panel Médiamétrie/NetRatings

Le panel Médiamétrie/NetRatings est le seul panel d'internautes en France. Il est le résultat d'une coopération entre Médiamétrie et Nielsen. C'est un panel de 25 000 personnes, représentatif de la population internaute française âgée de 2 ans et plus, ayant accès à un ordinateur de type PC à domicile ou sur le lieu de travail.

Ce panel fournit des informations détaillées sur l'audience et les usages de l'ensemble des sites internet français : visiteurs uniques, couverture, temps passé, etc. Ces résultats peuvent s'analyser selon le profil détaillé des internautes français, leurs comportements en ligne, le profil des sites, etc.[2]

1. En plus de ses panels de téléspectateurs et d'internautes, Médiamétrie mesure l'audience de la radio (enquêtes par téléphone assistées par ordinateur – système CATI – auprès de 126 000 personnes ainsi que l'audience du cinéma). Voir www.mediametrie.fr

2. Extrait de www.mediametrie.fr/internet/solutions/panel-mediametrie-netratings.php?id=8. Voir ce site pour plus de détails.

Ressources complémentaires

La boîte à outils du *Mercator*

- Outil n°4, Les rubriques d'une étude de marché

Ressources numériques sur mercator.fr

- **L'essentiel : retenez les points-clés !**
  L'essentiel du chapitre 2
- **Quiz interactifs corrigés et commentés : testez vos connaissances !**
  Quiz chapitre 2, section 1 – Domaine et nature des études de marché
  Quiz chapitre 2, section 2 – Études documentaires et études qualitatives
  Quiz chapitre 2, sections 3 et 4 – Études quantitatives : sondages et panels
- **Pour aller plus loin**
  Pour aller plus loin dans le chapitre 2 : une sélection de livres, de documents d'étude et de sites Internet dédiés aux études de marché.

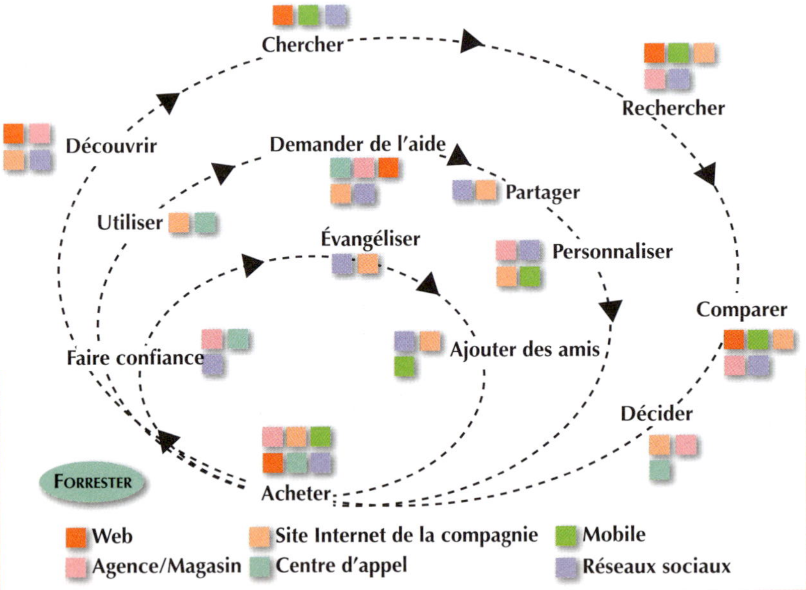

Le comportement d'achat affecté par les réseaux sociaux et le multicanal

Dans une étude publiée en 2011[1], *Forrester Research* a souligné les changements d'habitude des consommateurs induits par Internet et les réseaux sociaux.

- Le premier parcours client est celui de la recherche de produits : découverte, recherche, investigation, comparaison, décision, achat.
- Un deuxième cercle est celui de l'usage, qui intègre sites et réseaux sociaux : utilisation, aide en ligne, partage, personnalisation.
- Le troisième cercle est plus spécifiquement celui du réseau : confiance, évangélisation, partage auprès des amis.

Chacune de ces étapes est « multisupport », ce qui signifie que le consommateur passe aisément d'un canal à l'autre en fonction des étapes de son parcours. Le site de l'entreprise ou son magasin n'intervient ainsi que de façon partielle dans le processus. À l'inverse, les réseaux sociaux jouent un rôle croissant en matière d'information, de prise de décision et de partage.

Internet et les réseaux sociaux ajoutent de la complexité au parcours du client, et donc aux politiques marketing qui peuvent être menées. Ce sont désormais des composantes à prendre en compte à part entière pour comprendre le comportement du consommateur (cercle extérieur dans le schéma).

1. Brian Walker, « Welcome To The Era Of Agile Commerce », Forrester Research, 2011.

Chapitre 3

Le comportement des consommateurs

Le chapitre précédent a été consacré aux méthodes d'étude descriptive des marchés et des clients. Au-delà de cette description, il est souvent nécessaire de chercher à comprendre, à expliquer et à prévoir les comportements sur lesquels on cherche à agir.

Le comportement des consommateurs est le domaine privilégié de la recherche académique en marketing. L'accroissement du nombre de chercheurs a conduit à une inflation des publications, avec pour corollaire une très grande fragmentation et sous-spécialisation du domaine. Le propos du *Mercator* est plus modestement de souligner les concepts fondamentaux qui permettent de mieux comprendre le comportement des consommateurs, pour mieux agir.

De nombreux facteurs peuvent affecter le comportement d'une personne. On pense à toutes les variables qui ont trait à sa psychologie : ses besoins, ses motivations ou ses freins, ses attitudes, sa personnalité (section 1). Mais aucun être humain ne peut être considéré en dehors de tout lien social : chaque individu interagit avec d'autres qui l'influencent, a reçu une éducation, partage des valeurs culturelles, ou des habitudes de vie avec les membres de sa génération ou de sa classe sociale. Ce sont autant de variables additionnelles qui permettent de mieux comprendre le comportement (section 2). Enfin, de même que l'occasion fait le larron, la situation influence la décision, au sein d'un processus de décision (section 3).

PLAN DU CHAPITRE

Section 1	Les variables explicatives psychologiques	122
Section 2	Les variables explicatives sociologiques et culturelles	139
Section 3	L'analyse du processus de décision, l'implication et la situation	161
Ressources complémentaires		185

SECTION 1

LES VARIABLES EXPLICATIVES PSYCHOLOGIQUES

On peut analyser les facteurs qui affectent le comportement du consommateur individuel en suivant trois approches complémentaires :

- les besoins et les motivations ;
- les attitudes ;
- les caractéristiques psychologiques durables des individus[1].

1 Les besoins et les motivations, moteurs de l'action

a) Les besoins humains

Un besoin est un manque physique ou psychique.

La cause de l'action des individus réside dans les besoins, qui sont des manques physiques et psychiques. L'intensité de l'action dépend de l'intensité du manque. Des chercheurs ont essayé de définir les principaux besoins caractéristiques de l'individu et d'en dresser la liste. Celle de Maslow est l'une des plus populaires en raison de sa simplicité[2].

Figure 3.1 La pyramide de Maslow

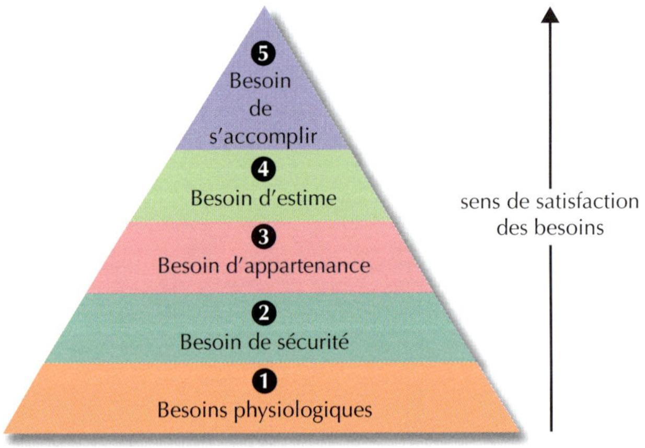

1. L'analyse de la perception et de l'interprétation des messages est abordée au chapitre 7 sur la communication.
2. Abraham Maslow, *Vers une psychologie de l'Être*, Fayard, 1972, édition originale : *Motivation and Personality*, Harper and Row, 1952.

1° La liste des besoins selon Maslow

Maslow distingue cinq grandes catégories de besoins.

- *Les besoins physiologiques*

Ce sont les besoins liés directement à la survie des individus ou de l'espèce : faim, soif, protection contre le froid, besoins sexuels, etc. De nombreux biens de consommation peuvent les satisfaire : produits alimentaires, habillement, etc.

- *Le besoin de sécurité*

Il s'agit du besoin d'être protégé contre les divers dangers qui peuvent menacer les individus. Il doit être pris au sens large : protection de l'intégrité physique, mais aussi nécessité de stabilité et de protection face aux risques de la vie. Des biens aussi divers que le logement, les produits de sécurité (serrurerie, blindage, antivols...), les assurances, ou certains placements financiers peuvent répondre à ce type de besoins.

- *Le besoin d'appartenance et d'affection*

Les hommes ont besoin de se sentir acceptés et aimés par leur famille ou les personnes avec lesquelles ils vivent. La consommation est un moyen secondaire de satisfaire ce besoin : achat de produits socialement marqués, inscription à un club de rencontres, à une association ou à un parti, fréquentation de lieux de rendez-vous (boîtes de nuit, bars...), utilisation de moyens de communication et participation aux réseaux sociaux.

Notre conseil

La pyramide de Maslow est une typologie utile au praticien parce qu'elle est simple et qu'elle incite à se demander quel besoin on cherche à satisfaire, même si elle ne repose pas sur des fondements très scientifiques.

- *Le besoin d'estime*

Au-delà du désir d'être accepté, il y a celui d'être estimé par soi-même et par les autres. Le besoin d'estime peut prendre la forme d'une consommation de produits de beauté ou d'un recours à la chirurgie esthétique, la possession d'objets qui traduisent un statut social ou un mode de vie, la consultation de psychologues ou de psychanalystes, la consommation de produits permettant de se projeter et de réaliser ses fantasmes (livres romantiques, films d'évasion ou d'action...), être un « influenceur » sur Internet (popularité de son blog, nombre d'amis sur sa page Facebook ou d'abonnés à son compte Twitter...), etc. Un exemple de conduites que peut générer ce besoin d'estime est le snobisme, par lequel l'individu cherche à imposer à lui-même et aux autres une image qu'il juge digne d'estime.

Exemple

➥ La marque Dove a opté pour un positionnement remarquablement novateur en promouvant la beauté de femmes réelles et non celle des top models. Elle s'appuie sur le besoin d'estime des consommatrices, qui se voient sans cesse confrontées à des représentations de femmes à la beauté inaccessible. Sa campagne internationale dénommée « campagne pour la beauté réelle » a été lancée en 2004. Elle est relayée par le Fonds Dove pour l'estime de soi (*Dove Self-Esteem Fund*) qui a pour objectif de changer la façon dont les jeunes filles et les femmes se perçoivent par rapport aux stéréotypes de la beauté féminine, en finançant de multiples initiatives à travers le monde.

Dove favorise l'estime de soi de ses clientes

« Ridée ? Merveilleuse ? La société acceptera-t-elle jamais que « vieux » rime avec « merveilleux » ? »

- *Le besoin de s'accomplir*

C'est, selon Maslow, le sommet des aspirations humaines. Il consiste à réaliser son potentiel de talents ou de possibilités.

Maslow estime que ces cinq besoins sont hiérarchisés, c'est-à-dire qu'un consommateur passe à un besoin n + 1 quand le besoin d'ordre n est satisfait. Cette thèse est assez contestable. On observe très fréquemment que des besoins d'ordre supérieur expliquent certains comportements, alors même que des besoins d'ordre inférieur ne sont pas satisfaits. Ainsi les besoins d'estime ou d'appartenance restent importants, quelle que soit la situation économique de la société, ou de la personne concernée.

2° L'importance des besoins non satisfaits : les désirs

Un désir est un besoin non satisfait qui incite à l'action.

Les besoins non satisfaits expliquent pour une grande part les comportements des individus, comme l'ont montré les psychologues, et avant eux les poètes et les philosophes qui appellent ces besoins non satisfaits des désirs.

Si les désirs physiologiques s'éteignent quand ils sont satisfaits, par exemple boire quand on a soif ou manger quand on a faim, les autres désirs sont plus difficiles à satisfaire car le sentiment de satiété varie fortement selon les individus et les besoins.

Exemple

➥ Un sage comme Épicure disait à ses disciples que le plus grand bien est l'ataraxie, c'est-à-dire l'absence de trouble et de douleur. La morale d'Épicure est ainsi celle de la recherche du plaisir défini comme le soulagement de la douleur. Il distinguait les désirs naturels, qui peuvent être satisfaits (faim, soif, protection, amitié), et les désirs non naturels (recherche de richesse, de gloire, de prestige, de pouvoir...) qui génèrent beaucoup de troubles et ne sont jamais pleinement satisfaits. Beaucoup de critiques du marketing dénoncent son encouragement à satisfaire des désirs vains, ce à quoi les gens de marketing répondent que leur rôle est de satisfaire les désirs des clients et non de les juger.

On peut promouvoir des produits en s'appuyant sur chacun des besoins de Maslow. Mais la satisfaction des besoins physiologiques étant une règle qui ne comporte heureusement que peu d'exceptions dans les économies développées, les gens de marketing s'appuient le plus fréquemment sur la satisfaction de besoins supérieurs.

Exemple

➥ Les produits qui donnent une haleine fraîche (bains de bouche) traitent un problème physiologique, mais le besoin auquel ils répondent est social : une mauvaise haleine est un problème dans les relations sociales. Les publicitaires vont jouer sur le besoin d'appartenance (être accepté) et d'estime (avoir confiance en soi), quitte à utiliser l'hyperbole et l'ironie comme dans cette publicité pour Listerine.

« Ne prétendez pas que vous n'avez pas envie de moi. La confiance qu'apporte une haleine extrêmement fraîche ». Agence JWT, Sydney

Les besoins ont d'autant plus de chances d'être un facteur puissant de motivation qu'ils sont moins satisfaits et que les personnes concernées ressentent un manque et une inquiétude à leur sujet. Analyser les besoins insatisfaits est donc un moyen précieux pour connaître la raison des actions humaines et en particulier des achats.

Toutefois, ce propos doit être modéré car le lien besoin/motivation/achat n'est pas systématique, simple et univoque. La relation entre un besoin général à la Maslow et la consommation d'un produit n'est pas toujours clairement établie en raison de la pluralité des moyens pouvant satisfaire un besoin.

b) Les motivations et les freins guident l'action

La motivation est une raison qui pousse à un certain comportement pour satisfaire un besoin non satisfait.

Les freins sont les raisons qui tendent à bloquer un comportement.

La tension psychologique résulte d'un besoin non satisfait et la motivation va être ainsi un motif d'action pour satisfaire ce besoin et résorber cette tension. Le besoin peut être tout autant utilitaire qu'hédoniste.

On voit ainsi que les concepts de besoin et de motivation sont très liés, les besoins (manque) étant une source fondamentale de motivation (recherche de suppression de ce manque).

En termes simples et opérationnels, on peut dire que les motivations en faveur d'un produit sont les raisons subjectives qui incitent les gens à le consommer (et/ou à l'acheter), et que les freins sont les raisons subjectives qui les incitent à ne pas le consommer (et/ou l'acheter).

Notre conseil

La classification en trois types de motivation (hédoniste, rationnelle, éthique) est une simplification, car les motivations sont généralement mêlées. Mais elle doit inciter les responsables marketing à déterminer la motivation principale qu'ils actionneront.

1° Trois grandes catégories de motivations

Les motivations et les freins peuvent se ranger en trois catégories principales selon qu'elles ont un caractère hédoniste, rationnel ou éthique.

Figure 3.2

Motivations hédonistes	Motivations rationnelles	Motivations éthiques
Plaisirs qu'on attend (à tort ou à raison) de la consommation, de la possession ou de l'achat d'un produit.	Incitation à acheter, utiliser ou consommer un produit parce qu'on pense (à tort ou à raison) que ce produit nous est utile, est conforme à nos intérêts, a plus d'avantages que d'inconvénients.	Sentiment de devoir (ou d'obligation morale) qui motive l'achat ou la consommation d'une offre.
Freins : impressions désagréables à la consommation ou à la possession d'un produit, qui nous fait redouter son achat.	Freins : perception d'un rapport avantages / inconvénients négatif.	Freins : refus d'acheter ou de consommer un produit ou une marque par souci moral.

•••

…

Cas d'applications marketing : publicité positive, produit (goût, design et packaging), etc.	Cas d'applications marketing : marketing B to B, achats coûteux, achats de nécessité, etc.	Cas d'application marketing : développement durable, bio, marketing associatif, etc.
Exemples : – On valorise le plaisir gustatif des produits alimentaires. – Avec son slogan « Prends soin de toi », Garnier met en avant le plaisir narcissique de prendre soin de son corps.	*Exemples :* – Les marques prennent en compte les préoccupations du consommateur pour sa santé, qui peuvent freiner la consommation de certains produits alimentaires. – La distribution discount met en avant le prix, voire le rapport qualité prix, comme Aldi, numéro un de la distribution allemande, qui promet : « Qualität ganz oben. Preiz ganz unten », soit, en français « La meilleure qualité au meilleur prix ».	*Exemples :* – Les associations humanitaires appellent à la générosité des donateurs en faisant appel à leur sens de l'empathie et à leurs motivations éthiques. – Le Chat est une marque française de détergent qui s'est toujours positionnée sur l'écologie : « Ce petit coin de nature est le cadre idéal pour vous présenter le nouveau Le Chat machine sans phosphate » est le début d'une publicité diffusée à la télévision en 1989 dont tous les « plus de 40 ans » se souviennent en France[1]).

Exemple

➥ Ben & Fakto (www.benfakto.com) est un jeune site d'e-commerce qui vend des vêtements « responsables », à savoir qui favorise les productions locales, les marques qui respectent l'environnement (coton bio, matières recyclées, compensation carbone…) et le commerce équitable (10 % du montant de la commande est investi en microcrédit pour un projet que sélectionne l'internaute au moment de l'achat). Mais l'entreprise sait, qu'au final, les clients achètent de la mode. Elle est donc très soucieuse de ne pas tenir de discours moralisateur, militant ou négatif (d'où « la mode happy », le ton décalé) et de mettre en valeur la qualité et le charme des produits. L'entreprise doit donc trouver un équilibre délicat entre une identité « responsable », qui la différencie des sites de vente de vêtements (motivation éthique) et la motivation hédoniste, qui est le premier moteur dans l'achat de vêtements.

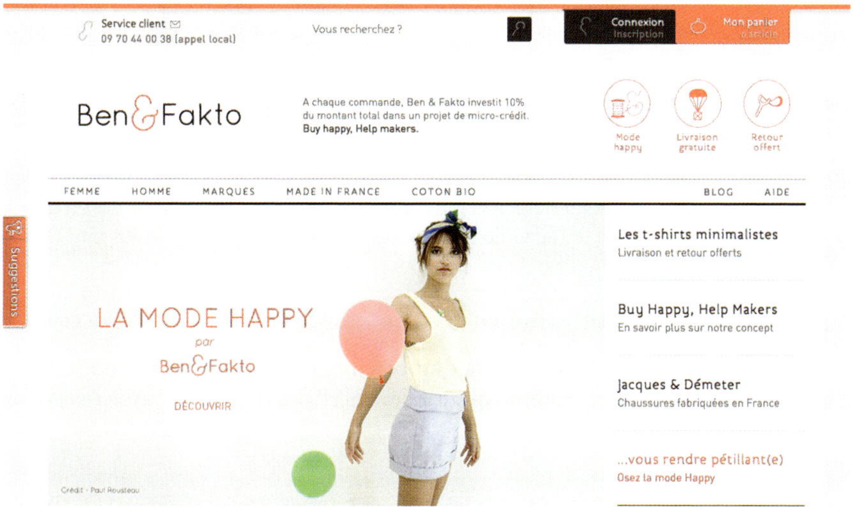

1. Pour les amateurs de rétro, cette publicité est visionnable sur le site de l'Ina : « Le chat machine ».

2° Les besoins latents et actifs

Les motivations, désirs et besoins peuvent être actifs ou latents. L'individu ne ressent pas en permanence la tension qui pourrait naître de tous ses besoins insatisfaits. Il les « oublie » pour un temps, lorsque c'est possible. Ces tensions peuvent resurgir sous l'effet de processus physiologiques, comme dans le cas de la soif ou de la faim, ou par l'action d'un stimulus extérieur qui évoque la possibilité de satisfaire un besoin latent et qui le transforme en besoin actif. Le signal ou stimulus qui a le plus d'efficacité dans le réveil du désir est l'objet même de ce désir (vitrine d'une pâtisserie, par exemple), cependant cet élément évocateur peut n'être qu'un symbole ou un signe représentant l'objet du désir (publicité, marque...)[1].

Exemples

- La fonction de la publicité sur les lieux de vente est de réactiver le désir du client.
- Certaines campagnes de bannières publicitaires pour des barres chocolatées sont programmées pour apparaître sur les sites Web au moment où les internautes sont susceptibles d'avoir une petite faim, à savoir le milieu d'après-midi.

3° Conflits entre différentes motivations et freins

Il peut arriver que les motivations d'un individu soient conflictuelles, la satisfaction d'une motivation contrariant apparemment celle d'une autre. Un aspect particulier du conflit entre motivations provient de ce que les individus, pour satisfaire leurs besoins, ne disposent que de ressources limitées en argent, en temps ou en énergie physique. Le souci d'économiser ces diverses ressources est toujours présent, consciemment ou non, lors de l'achat.

Exemple

- David Wallerstein, qui fut un des dirigeants de McDonald's, travaillait pour une chaîne de salles de cinéma dans les années 1960. Il chercha à développer les ventes de sodas et de pop-corn qui représentent une part non négligeable des profits de cette activité. Il tenta en vain différentes tactiques pour pousser les ventes : prix réduit pour deux produits achetés, promotions spéciales de matinée, etc., mais les clients n'achetaient toujours qu'un soda et un sachet de pop-corn. Une étude menée auprès des clients permit d'en montrer la raison principale : acheter un deuxième soda ou un deuxième sac de pop-corn les culpabilisait en donnant d'eux une image de gloutonnerie. Deux motivations s'opposaient ainsi : celle du plaisir de boire et de manger et celle du souci de l'image de soi. David Wallerstein eut une idée brillante. Il proposa des super-portions : les clients se montrèrent prêts à acheter deux fois plus, tant que cette quantité était servie en une seule portion. Il inventa ainsi le Big Gulp et il convainquit quelques années plus tard Ray Kroc, le fondateur de McDonald's, de créer les *king size*, ou portions géantes[2].

4° Identifier les motivations et les freins d'achat

Un volet important de l'étude des comportements d'achat et de choix consiste à identifier les principaux critères qu'utilise un client pour comparer les marques

---

1. Voir Patrick Georges et Michel Badoc, *Le Neuromarketing en action*, Eyrolles, 2010.
2. Cette histoire est racontée par Greg Critser dans *Fat Land: How Americans Became the Fatest People in the World*, Houghton Mifflin, 2003. L'auteur fait de David Wallerstein l'un des responsables du phénomène de surconsommation calorique aux États-Unis qui allait conduire à ce que six Américains sur dix deviennent obèses.

entre elles, et à mesurer l'importance relative (ou pondération) de chacun de ces critères dans la décision finale.

Les critères de choix se confondent très souvent avec les motivations de consommation du produit considéré. C'est ainsi que, pour beaucoup de produits alimentaires, la gourmandise (ou la recherche d'un plaisir gustatif) est à la fois la motivation dominante de consommation du produit et le principal critère de comparaison et de choix entre les différentes marques en présence. Mais il arrive aussi que certaines des motivations dominantes de consommation du produit ne soient pas discriminantes entre les marques, du fait que toutes les marques y répondent d'une manière satisfaisante. Dans de tels cas, ce sont d'autres motivations, parfois secondaires, qui vont jouer le rôle de critères de choix.

Le nombre et la nature des critères de choix entre les marques varient naturellement beaucoup selon les produits. Pour certains produits, le client ne fait intervenir qu'un très petit nombre de critères de choix.

Exemple

- Pour l'achat d'une pile électrique, la plupart des consommateurs comparent les marques sous les seuls aspects de leur prix, de leur notoriété et de leur longévité supposée.

Pour d'autres produits, le nombre de critères qui interviennent dans le choix entre les marques peut être élevé.

Exemple

- Pour l'achat d'une voiture, les acheteurs comparent souvent les différentes marques sous les aspects suivants : le prix, l'esthétique, l'habitabilité, le confort, la puissance fiscale, le style, la robustesse présumée, les performances sportives, la qualité du service après-vente et de l'assistance, la proximité du concessionnaire, etc.

5° Comment mesurer les motivations d'achat

Connaître les motivations d'un individu, c'est identifier leur nature et mesurer leur intensité. Les études de motivations relèvent de trois principaux modes de mesure.

Figure 3.3

Mesure des motivations par inférence	Mesure des motivations par interview	Mesures des motivations par projection
• Principe : les choix des individus sont des indices de leurs motivations. • Limite : les individus peuvent accomplir les mêmes actes ou avoir les mêmes conduites sous l'influence de motivations différentes.	• Principe : il s'agit d'entretiens non directifs ou semi-directifs au cours desquels on incite les individus à s'exprimer sur leurs désirs et leurs motivations. • Limite : il faut être conscient de ses motivations et être capable de les verbaliser.	• Principe : à partir de méthodes projectives, on essaye de comprendre et d'interpréter les motivations profondes des individus. • Limite : risque de surinterprétation ou de mauvaise interprétation.

La mesure des motivations par interview est la plus courante. Une de ses variantes consiste, plutôt que d'interroger *a posteriori* les consommateurs sur leurs achats et leurs motivations, à les accompagner sur les lieux de leurs achats, et à leur demander d'exprimer à haute voix leurs pensées au fur et à mesure qu'elles leur viennent à l'esprit.

Notre conseil

Une bonne façon de guider l'action marketing à partir de l'analyse des motivations et des freins est de choisir l'insight client, qui est une croyance profonde du client qui joue comme une motivation ou un frein (voir chapitre 8).

6° Pondérer les motivations d'achat

Les critères de choix des clients étant généralement multiples, il est utile, une fois qu'on les a identifiés, d'évaluer leur poids (ou importance relative) dans le choix final. Cette évaluation peut se faire par des questions directes posées aux consommateurs :

« Lorsque vous choisissez une marque de ..., quels sont, parmi les critères suivants, ceux qui sont pour vous :

- très importants ;
- plutôt importants ;
- peu importants ;
- pas du tout importants. »

On peut aussi, par des méthodes d'analyse statistique, inférer l'importance relative des critères de choix des consommateurs et l'exprimer d'une manière chiffrée sous forme de coefficients de pondération.

FOCUS

En résumé

- Nous sommes des êtres de désirs. Les désirs sont des besoins non satisfaits qui créent une tension psychologique.
- Les motivations répondent à cette tension : elles cherchent à l'apaiser par l'action, alors que les freins sont les raisons subjectives qui contrarient cette action.
- Pour autant, il existe de multiples façons de satisfaire un désir et les motivations sont de plusieurs natures. Ce schéma simple : besoins/désir/motivations/freins recouvre une très grande complexité et diversité de comportements. Les consommateurs ne sont pas des chiens de Pavlov !

2 Les attitudes structurent l'évaluation et l'action

Une attitude est un ensemble des croyances, expériences, sentiments plus ou moins cohérents qui forment une prédisposition stable à évaluer un objet ou une question et à agir d'une certaine manière.

Le concept d'attitude est né de la nécessité d'enrichir et de compléter le schéma behaviouriste qui cherche à expliquer les comportements par le jeu d'associations « stimulus-réponse ». La relation directe entre stimulus et comportement étant sujette à caution, les psychologues ont recouru à une variable intermédiaire, les attitudes, qui apportent un élément de complexité nécessaire pour comprendre les comportements.

Les attitudes témoignent ainsi de la faculté des êtres humains à organiser leurs expériences, voire leurs motivations, en ensembles mentaux plutôt cohérents et stables. Les attitudes nous permettent de nous adapter rapidement à des situations diverses et de simplifier la vision d'un monde très complexe par les stéréotypes et les croyances qu'elles contiennent.

Les attitudes peuvent être très contrastées d'une personne à l'autre et elles peuvent porter sur tout type d'objet et de question.

Exemples

- « Je pense que la technologie est un moyen, pas une fin. » « Je suis passionné par les nouveautés technologiques et toujours prêt à les essayer. »
- « Se coiffer et s'occuper de ses cheveux est très important si on veut séduire. » « Ce qui est important, c'est d'avoir des cheveux propres et surtout de ne pas avoir à s'en occuper. »
- « McDo, c'est une entreprise américaine qui sert de la malbouffe. » « McDo, c'est pas cher, on s'y retrouve entre copains et c'est plutôt sympa. »

a) Les attitudes ont trois dimensions

Une attitude est composée de trois grands types d'éléments.

- *Des croyances ou éléments cognitifs*. Ce sont des éléments de connaissances factuelles à propos des objets considérés. Ils peuvent être erronés ou imprécis. Ils proviennent d'informations extérieures (publicité, bouche-à-oreille...) et des expériences du consommateur.
- *Des sentiments ou éléments affectifs*. On peut aimer ou ne pas aimer l'objet considéré, certains de ses traits ou les symboles qu'il représente.
- *Une tendance à agir ou élément conatif*. Cette composante comportementale n'est pas toujours présente, à la différence des deux précédentes. Un individu peut savoir que son comportement est à risque (cancer du poumon par le tabac, risque de SIDA) sans pour autant modifier son comportement (fumer, relations sexuelles non protégées). Lorsque la tendance à agir existe (une intention d'achat, par exemple), ce n'est pas pour autant qu'elle se traduira par un comportement d'achat effectif.

Ce modèle cognitif/affectif/conatif est appelé dans la littérature anglo-saxonne le modèle ABC des attitudes pour *Affect*, *Behavior*, *Cognition* (replacés dans un ordre moins logique mais plus mnémotechnique).

b) Comment fonctionnent les attitudes

1° L'importance de la hiérarchie des effets

Le *modèle traditionnel* de l'attitude, illustré par la figure 3.4, indique que le client s'informe d'abord sur les offres (étape cognitive) pour se faire un sentiment à l'issue de cette évaluation, qui le conduira au comportement d'achat. Ce schéma représente typiquement le processus d'achat rationnel. La technique de vente va alors suivre les trois étapes : faire connaître, faire aimer, faire agir.

Notre conseil

Il n'y a pas de hiérarchie type ou idéale des effets. C'est pourquoi les responsables marketing doivent s'interroger sur celle qui s'applique à la catégorie de leurs produits, en sachant qu'elle peut aussi être affectée par le profil du consommateur, son implication et la situation.

Figure 3.4 Le modèle traditionnel de la hiérarchie des effets

Composantes de l'attitude	Hiérarchie des effets	Action marketing
3. Stade conatif : Intention d'agir	Achat ↑ Conviction	Faire agir
2. Stade affectif : Sentiments	↑ Préférence ↑ Évaluation	Faire envie / faire aimer
1. Stade cognitif: Perception des attributs des produits, croyances	↑ Connaissance ↑ Attention	Faire connaître

Cet ordre des effets est pourtant loin d'être universel.

- Dans le cas de l'*achat impulsif*, un sentiment intuitif conduit à un acte d'achat qu'on cherche ensuite (ou non) à rationaliser. Les techniques incitant à l'achat impulsif mettent en avant le désir et le plaisir (motivation hédoniste) pour directement déclencher l'achat. Le schéma est alors :

Figure 3.5 Le schéma de l'achat impulsif

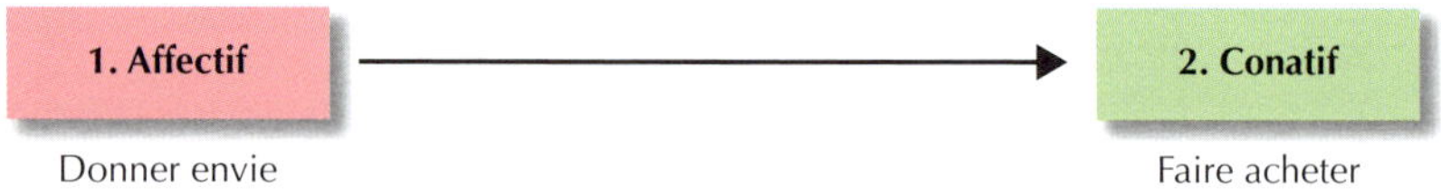

Exemple

➥ Vente-privee.com sollicite l'achat impulsif. Le client n'a pas nécessairement besoin du produit, mais il est tellement bien présenté, il donne tellement envie avec son prix bas, qu'il est impossible de résister !

- Dans le processus d'un *achat rationnel*, le client se décide essentiellement sur la base de faits ou arguments et la part affective y est réduite, même si les entreprises ont intérêt à le développer.

Figure 3.6 **Le schéma de l'achat rationnel**

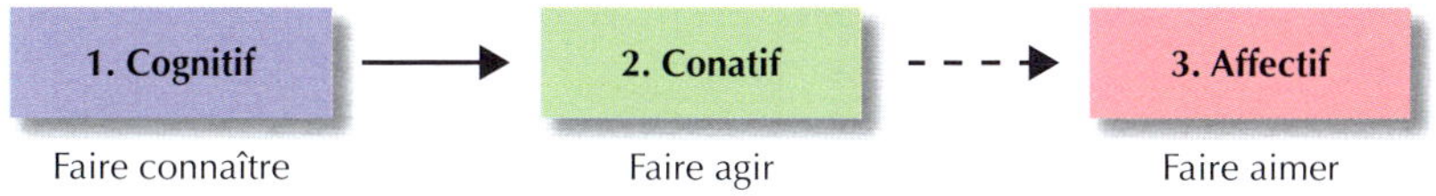

- Dans le processus d'un *achat non impliquant*, le client va acheter un produit plutôt qu'un autre sur la base d'une information parcellaire ou suite à une sollicitation, sans se poser trop de questions, et se fera ultérieurement une opinion, favorable ou défavorable au produit. Certaines techniques de vente mettent en avant l'essai pour convaincre le client : distribution d'échantillons, primes au premier achat, etc. L'entreprise peut chercher ensuite à favoriser l'implication du client, à faire préférer le produit.

Figure 3.7 **Le schéma de l'implication minimale**

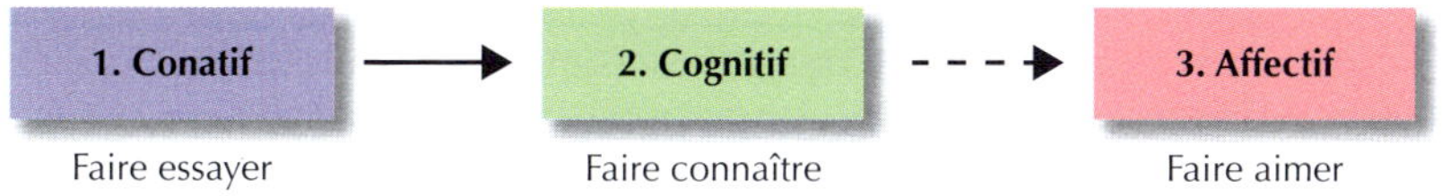

2° Les attitudes sont relativement stables

Changer d'attitude a un coût pour l'individu, qui est d'autant plus grand que cette attitude renvoie à une valeur forte, à une expérience significative ou, de façon plus générale, à une implication forte vis-à-vis de l'offre.

Selon l'importance du contexte dans lequel elles se situent, on distingue les attitudes centrales, liées à des valeurs fondamentales de l'individu, et les attitudes périphériques. Ces dernières sont évidemment moins stables que les premières. Pour la plupart des biens et services de grande consommation, le marketing travaille dans le domaine des attitudes périphériques et rencontre donc un consommateur potentiellement influençable.

Exemple

➥ Le marketing politique distingue les électeurs acquis (pour ou contre le parti ou le candidat) des électeurs susceptibles de changer d'avis, sur lesquels se concentreront donc les efforts.

La stabilité des attitudes peut également s'analyser au niveau de ses composantes. Il est généralement plus facile de changer les croyances (stade cognitif) que les sentiments (stade affectif) et plus facile de changer les sentiments que les comportements (stade conatif). La publicité intervient essentiellement dans les deux premiers stades : cognitif et affectif. Le marketing direct se situe plus volontiers dans le troisième : le stade conatif.

Figure 3.8 **La résistance au changement des attitudes**

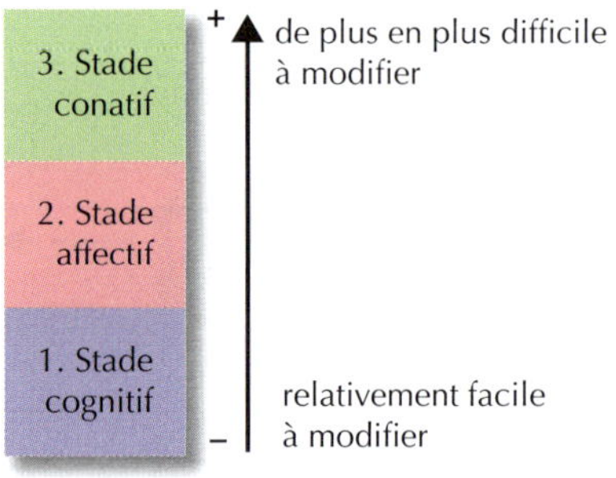

3° La dissonance cognitive : l'inconfort de la contradiction

L'équilibre psychologique d'un individu suppose non seulement une stabilité relative de ses attitudes mais aussi leur cohérence interne. On tolère difficilement sa propre incohérence lorsqu'elle devient consciente. La théorie de la dissonance cognitive a été formulée par Festinger pour tenter d'expliquer ce type de situations et le comportement du consommateur qui en résulte[1].

> La dissonance cognitive est un sentiment d'inconfort qui résulte de la perception d'une contradiction dans ses croyances ou attitudes. Cet état d'inconfort peut susciter une réaction pour réduire cette dissonance.

La dissonance cognitive a des conséquences multiples : surévaluation artificielle des caractéristiques du produit ou au contraire dénigrement systématique, perception sélective de l'information sur le produit et les concurrents, modification des attitudes pour réduire la dissonance ou, au contraire, renforcement de l'attitude préexistante.

Exemple

- Des militants ou des sympathisants politiques auront tendance à croire les opinions et les faits positifs sur leur parti ou leur candidat, et à rejeter les opinions ou les faits qui leur sont défavorables. Le même principe est vrai quand il faut prendre une décision importante en entreprise !

Le besoin d'assurer la cohérence entre ses attitudes peut favoriser différentes techniques de persuasion, comme celles qui sont décrites ci-dessous.

- *La réassurance post-achat*

Le client est anxieux de savoir s'il a fait un bon choix. L'entreprise l'encourage dans sa recherche de consonance cognitive en lui confirmant qu'il a eu bien raison d'avoir pris sa décision en raison de la supériorité du produit.

1. Leon Festinger, *A Theory of Cognitive Dissonance*, Harper and Row, 1957.

• *La méthode des affirmations successives*

Technique traditionnelle de vente, il s'agit d'obtenir l'assentiment du prospect à une série d'affirmations et d'alternatives pour le conduire à la conclusion naturelle (décision d'achat). Si le prospect a approuvé les différentes étapes de l'argumentaire, il serait incohérent de sa part de se contredire en refusant la conclusion.

• *L'effet de halo*

L'attitude positive que peut avoir le client envers un principe, un objet ou une célébrité est utilisée pour favoriser une attitude positive face au produit vendu.

3 La personnalité et l'image de soi

Après l'étude des besoins et motivations, puis celle des attitudes, la troisième approche de l'analyse du comportement d'achat au niveau de l'individu réside dans l'identification de certaines de ses caractéristiques relativement pérennes: la personnalité et l'image de soi.

a) La personnalité

La personnalité est un ensemble de traits psychologiques relativement stables qui caractérisent un individu.

Le concept de personnalité est utilisé pour comprendre ce qui différencie les individus dans leur façon de réagir à une même situation. Les traits de caractère ont tendance à se retrouver dans l'ensemble des comportements des individus, si bien que l'on s'étonnera de voir un calme s'énerver, un timide s'affirmer et un hésitant devenir téméraire.

Des recherches ont été faites et des modèles proposés (par exemple le modèle CAD) pour proposer une typologie de personnalités et prédire les comportements d'achat. Force est de constater leur peu de succès (académique ou professionnel). Cela peut se comprendre par trois raisons principales :

- La typologie des personnalités est excessivement simplificatrice puisqu'elle réduit la variété et la complexité des personnalités à quelques traits de caractère (par exemple empathique, agressif…).
- La typologie des personnalités est décevante d'un point de vue opérationnel : une fois identifié un type de personnalité, en quoi cela permet-il de déterminer un comportement d'achat, un usage des médias, une segmentation du marché ?
- La typologie des personnalités a un faible pouvoir prédictif : tellement d'autres facteurs interviennent dans le comportement de consommation qu'aucune étude n'a pu démontrer le caractère prédictif de ces typologies.

b) L'image de soi : moi réel, moi idéal et identités virtuelles

L'image de soi est l'ensemble des croyances, positives ou négatives, qu'on se fait sur les traits qui constituent notre identité : c'est l'évaluation plus ou moins positive qu'on a de soi-même.

Nous avons tous une idée de nous-mêmes, qu'elle soit positive ou négative, partagée ou illusoire, stable ou évolutive. L'estime de soi est formée au contact des autres, en fonction de leurs actions, approbations ou rejets, mais est due également à des mécanismes psychologiques internes par lesquels nous interprétons ces retours d'information pour conforter ou infirmer les jugements que l'on porte sur soi-même.

Les individus se partagent souvent dans leurs perceptions entre un *moi idéal*, qui représente ce qu'ils aimeraient être et leur *moi réel*, ou du moins perçu, qui représente la façon dont ils se voient réellement. Certaines personnes ont une grande capacité à combler cet écart en surestimant leurs qualités (orgueil) ou en voulant convaincre les autres de la haute image qu'ils ont d'eux-mêmes (vanité). D'autres personnes souffrent de cet écart, ce qui peut conduire à une mauvaise estime de soi.

Enfin, l'identité peut être partiellement choisie et dépendre des situations (travail/loisir, parents/camarades, réel/virtuel...). Le monde virtuel, les réseaux sociaux encouragent cette compréhension de l'identité comme un rôle qu'on va jouer et qu'on pourra aussi changer.

Notre comportement est très largement guidé par l'image qu'on se fait de soi-même. On cherche à conforter notre image de soi par des signes extérieurs et les offres commerciales s'intègrent dans cette gestion de l'image de soi.

Les publicitaires ou les vendeurs peuvent jouer sur l'estime de soi en renforçant ce sentiment et en le confortant : en présentant par exemple une image fantasmée dans laquelle le client se projette.

Exemple

- Les publicités pour Gillette réaniment habituellement tous les stéréotypes américains du mâle : viril, sportif, sûr de lui-même, hétérosexuel, séducteur, bon fils et bon père, qui réussit dans sa vie professionnelle, etc.

Les publicités traditionnelles utilisaient de façon très directe la méthode de l'identification en expliquant que le produit était destiné aux amateurs éclairés, aux gens de goût, aux happy few, etc. Un tel discours semble être devenu trop direct pour rester persuasif et on préfère aujourd'hui suggérer ce type de message de façon plus subtile.

L'achat de certains produits peut être pour un individu un moyen d'exprimer une image qu'il a de soi, comme les vêtements, l'automobile, l'aménagement et la décoration du logement. Cette présentation de soi se réalise à travers l'image des produits et des marques, qui est constituée en partie d'éléments d'information sur les caractéristiques objectives du produit (qualité, technique et utilité) et en partie de représentations symboliques associées à ce produit et à la marque.

La relation entre image de soi et image des marques et des produits peut prendre la forme de la *complémentarité* ou de la *congruence*. Dans le processus de complémentarité, les clients chercheront à compléter une image de soi imparfaite en se reposant sur les attributs des produits ou des marques.

Exemple

- Fumer est d'autant plus populaire chez les adolescents français que ce comportement est censé exprimer une indépendance, une maturité ou une virilité qui sont parfois incertaines.

Dans le processus de congruence, les produits vont être choisis par les clients parce que certains de leurs attributs correspondent à l'image qu'ils ont d'eux (image de soi).

Exemple

➥ Les spécialistes du marketing des parfums soulignent que le succès d'un nouveau parfum tient avant tout à l'affirmation d'une image dans laquelle l'acheteur se projette. Pour cette catégorie de produits, la relation entre image de soi et image du produit semble être particulièrement importante.

MINI CAS

Comment Old Spice joue de l'image de soi

Old Spice est une marque ancienne, créée dans les années 1930, qui a été acquise par Procter & Gamble au début des années 1990. La marque était assez traditionnelle et sans grande aspérité. L'entreprise décida de renouveler toute sa communication en lançant une nouvelle campagne en 2010. L'objectif marketing : que les hommes cessent d'utiliser le gel douche familial au profit d'un gel douche Old Spice, qui leur est dédié.

La première publicité de la série montre une ancienne vedette du football américain torse nu dans sa salle de bain qui s'adresse aux femmes et leur demande de comparer leur homme avec lui : « Bonjour Mesdames. Regardez votre homme. Maintenant regardez-moi. Maintenant regardez-le. Maintenant regardez-moi. Malheureusement, il n'est pas moi. Mais s'il cesse d'utiliser du gel douche de femme pour adopter Old Spice, il pourra sentir comme s'il était moi ». Une série de changements de décor utilisant des effets spéciaux transforme la salle de bain en ponton de bateau et finalement il se retrouve sur un cheval sur la plage et conclut : « Tout est possible quand votre homme sent comme Old Spice et non comme une femme. Je suis sur un cheval ! »[1]

Cette publicité, lancée lors du *Super Bowl*, a eu un immense succès, relayé par un site Web, une page Facebook et des vidéos virales.

« Sens comme un mec, mec. »

Comment expliquer ce succès ? La mise en scène et les effets spéciaux ont certainement joué un rôle en en faisant une publicité spectaculaire. Mais la capacité à jouer sur le premier et le second degré pour réactiver les stéréotypes masculins est sans doute l'autre raison de ce succès. Le personnage représenté est-il ridicule ou est-il un modèle à suivre ? Est-il un vantard arrogant ou un homme qui exprime sa confiance en lui ? Sans doute un peu des deux.

La publicité s'adresse aux femmes comme prescriptrices en leur disant : vous voulez que votre homme ait une odeur d'homme. Elle parle aussi aux hommes en les ridiculisant (ils sont moins attractifs que le modèle... mais le modèle n'est-il pas lui-même ridicule ?), tout en faisant passer le message : « n'utilisez pas le gel douche de votre femme ».

Old Spice réactive les stéréotypes (les hommes doivent agir en homme, les femmes en femmes), maniant l'ironie dans la forme.

1. Cette vidéo peut être visionnée sur YouTube en y cherchant « *Old Spice the man your man could smell like* ».

4 Une typologie des variables psychologiques explicatives

Étant donné le grand nombre de variables qu'on vient d'examiner, il pourra être utile de les considérer dans leur ensemble afin de mieux les situer. Deux dimensions permettent de classer utilement ces variables.

- Certaines variables dépendent étroitement de la catégorie de produits, d'autres pas : par exemple, la personnalité ne dépend pas du produit considéré alors que la perception du produit en dépend.
- Les variables sont plus ou moins stables dans le temps ; plus elles le sont, plus il est difficile pour le marketing de les influencer. Ainsi la personnalité d'un consommateur ne saurait être changée par la politique de l'entreprise, alors que la perception du produit pourra varier, avec l'effet de la publicité par exemple.

Figure 3.9 **Les variables psychologiques explicatives**

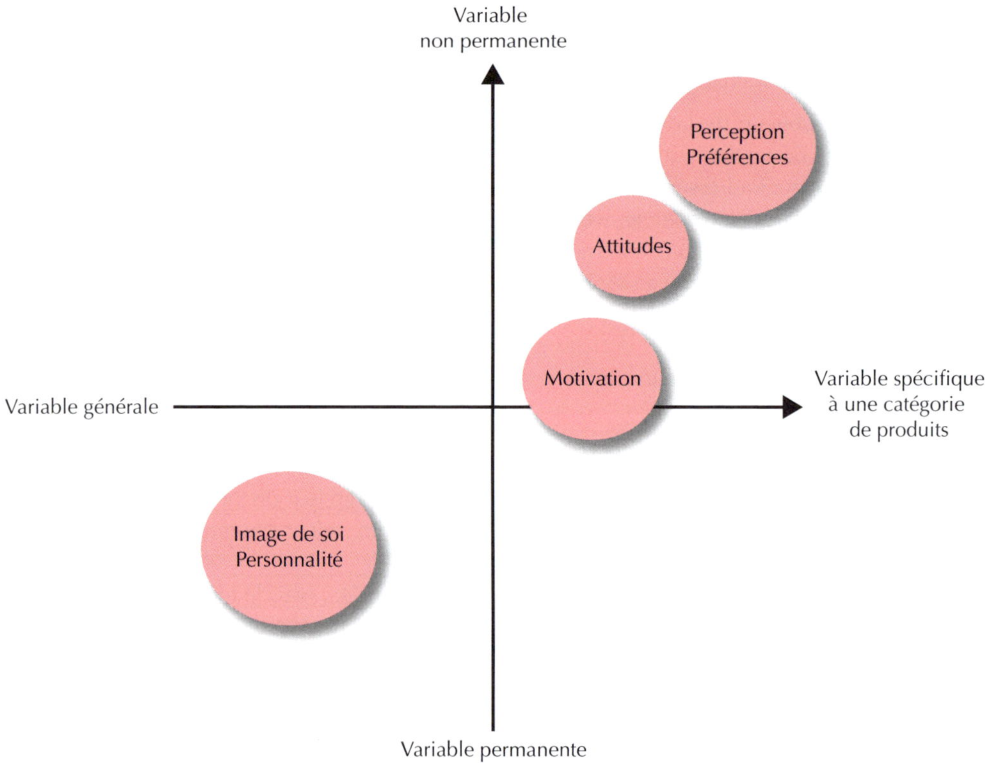

SECTION 2

LES VARIABLES EXPLICATIVES SOCIOLOGIQUES ET CULTURELLES

Le comportement d'achat d'un individu ne peut pas être expliqué à partir de ses seules variables personnelles : perceptions, besoins, motivations, attitudes et traits réels ou imaginaires de personnalité. Les hommes sont des animaux sociaux : les individus sont toujours des membres d'une communauté sociale. Comprendre l'environnement social permet ainsi de mieux expliquer les comportements des individus. Cette section abordera quatre dimensions sociales importantes, la première étant aux frontières entre variables individuelles et sociales :

- la famille, le sexe et l'âge ;
- l'influence du groupe sur le comportement de ses membres ;
- les classes sociales ;
- et les styles de vie.

1 Famille, sexe, âge et consommation

a) La nature changeante de la famille (et le foyer)

Dans le passé, la famille devait être comprise comme la famille étendue. Elle regroupait plusieurs générations vivant souvent sous le même toit, voire les familles d'alliance : cousins et belle-famille. Dans les sociétés où les conditions économiques sont précaires, la solidarité familiale est un élément essentiel de sécurité pour les individus. Cette situation est celle des sociétés traditionnelles du passé ou d'aujourd'hui.

Exemple

➥ Au début du XVIIIe siècle, la solidarité familiale est celle de familles élargies. Les mariages, s'ils aspirent à la bonne entente entre époux, ne sont pas fondés sur des liens romantiques mais sur des intérêts partagés. Saint-Simon, dans ses *Mémoires*, relate l'entretien qu'il eut avec M. de Beauvilliers, alors ministre d'État de Louis XIV, après qu'il lui a demandé la main d'une de ses filles : « Il m'expliqua l'état de sa famille, après m'avoir demandé un peu de temps pour en parler à Mme de Beauvilliers, et voir ensemble ce qu'ils pourraient faire. Il me dit donc que, de ses huit filles, l'aînée étoit entre quatorze et quinze ans ; la seconde très contrefaite et nullement mariable ; la troisième entre douze et treize ans ; toutes les autres des enfants... Il ajouta que son aînée voulait être religieuse ; que la dernière fois qu'il l'avait été voir à Fontainebleau, il l'avait trouvée plus déterminée que jamais ; que pour le bien, il en avoit peu [...]. Je lui répondis qu'il voyoit bien, à la proposition que je lui faisois, que ce n'étoit pas le bien qui m'amenoit à lui, ni même sa fille que je n'avois jamais vue, que c'étoit lui qui m'avoit charmé et que je voulais épouser avec Mme de Beauvilliers. « Mais, me dit-il, si elle veut absolument être religieuse ? – Alors, répliquai-je, je vous demande la troisième »[1] ». Finalement l'affaire ne se fit pas.

1. Duc de Saint-Simon, *Mémoires sur le règne de Louis XIV. Anthologie suivie*, Flammarion, 2000, p. 41.

À l'époque du mémorialiste Saint-Simon, la solidarité entre familles par alliance allait de soi et lorsque, dans les hautes sphères sociales, un individu avait la chance d'être distingué par le roi, il était naturel qu'il fasse profiter les membres de sa famille élargie de sa position en leur obtenant places et prébendes.

Le modèle de la famille nucléaire, composée des parents mariés et des enfants, c'est-à-dire de seulement deux générations, qui a émergé au cours du XIXe siècle, est devenu progressivement la norme au XXe siècle. On attend également des enfants qu'ils quittent le foyer familial l'adolescence achevée, lorsqu'ils acquièrent leurs propres moyens de subsistance.

Un foyer (ou ménage) est une unité d'habitation constituée d'une personne, ou de plusieurs personnes vivant ensemble quel que soit leur lien de parenté.

Une famille est un ménage composé d'au moins deux personnes.

Le recensement des ménages inclut ainsi les célibataires, alors que le recensement des familles les exclut ; les couples sans enfants (mariés ou non) sont à la fois comptabilisés comme ménage et comme famille. La France comptait ainsi 27,2 millions de ménages et 18,1 millions de familles en 2008 selon l'Insee[2].

Figure 3.10 Ménages selon le mode de cohabitation

Type de ménage	2008
Ensemble des ménages (en milliers)	27 270
Ménages d'une personne	30,8 %
dont homme seul	12,4 %
dont femme seule	18,4 %
Familles	69,2 %
dont couples avec enfant(s)	31,6 %
dont couples sans enfant	24,5 %
dont familles monoparentales	7,6 %
dont ménages complexes	5,2 %

Source : Insee, 2008.

9 millions de Français habitent seuls en 2008, soit 3 millions de plus qu'en 1990. Cette situation concerne plus les femmes (5,3 millions) que les hommes (3,7 millions). Parmi eux, 44 % ont plus de 60 ans, mais la progression vient essentiellement de l'évolution des comportements des moins de 60 ans (2 millions sur les 3). Ils résident plus souvent seuls après avoir quitté leurs parents et se mettent en couple plus tardivement.

Quant aux familles monoparentales, elles sont près de 2,5 millions en 2008 contre 1,7 million en 1990 toujours selon l'Insee. Depuis 2007, il y a plus de naissances hors mariage chaque année en France que dans le mariage (source : Ined).

La vision moderne de la famille, c'est-à-dire la famille nucléaire, constitue encore une norme dans les représentations sociales mais qui s'éloigne de la réalité (elle ne représente qu'un tiers des ménages) en raison du poids des célibataires, des familles monoparentales et des couples recomposés.

1. Dernières statistiques disponibles lors de la rédaction du *Mercator*.

b) La famille a aussi son cycle de vie

Il peut être utile d'étudier la variation de la demande de certains produits en fonction de la composition de la famille et de son évolution.

Le cycle de vie de la famille regroupe plusieurs variables : l'âge, le statut marital, la présence ou l'absence d'enfants à la maison et l'âge des enfants. Il est traditionnellement composé de plusieurs phases :

1. Jeunes célibataires
2. Jeunes couples sans enfant
3. Jeunes parents (on distingue parfois les jeunes parents avec enfants de moins de 6 ans et les jeunes parents avec enfants de plus de 6 ans)
4. Âgé marié avec enfants
5. Âgé marié sans enfant dans le foyer
6. Âgé, seul

Selon ce cycle, les revenus ont tendance à augmenter au moins jusqu'à l'âge de la retraite, en même temps que les besoins évoluent. Les banquiers font ainsi référence à une période d'investissement au cours de laquelle la famille prend des crédits à la consommation et constitue un patrimoine immobilier et boursier (phases 3 et 4), suivie d'une période où le couple, dont les enfants ne vivent plus dans le foyer, jouit de ce patrimoine et de revenus élevés (phase 5).

La limite de ce cycle de vie est qu'il prend mal en compte les évolutions sociologiques notées précédemment : rôle changeant de la femme (femme au foyer ou travaillant), couples sans enfants ou à enfants tardifs, impact du divorce, foyers monoparentaux, pluralité des styles de vie, etc.

c) Saisir les moments de vie des clients

Cette notion, très intéressante dans la pratique, repose sur un constat simple. La stratégie marketing dépend de l'implication du consommateur ; or l'intérêt pour un type de produit est variable dans le temps, pour chacun d'entre nous.

On appelle donc moments de vie, les moments dans la vie du client où ce dernier est particulièrement impliqué par le produit (bien ou service) et donc plus réceptif à une proposition. La notion de moments de vie permet de segmenter la population et de mieux cibler les actions marketing.

Notre conseil

Un responsable marketing trouvera certainement plus de sources d'innovation pour sa politique en s'intéressant aux déviations du modèle de cycle de vie familial (en ciblant, par exemple, les divorcés, les familles monoparentales, les célibataires plus âgés...) qu'en l'appliquant à la lettre (voir le mini cas Eram).

Exemple

- Une banque va cibler les jeunes au moment où ils terminent leurs études et entrent dans la vie active ; elle va cibler les couples au moment d'une naissance (on a besoin d'argent pour refaire l'appartement, agrandir la maison, changer la voiture...), et les plus âgés au moment où se termine le remboursement de l'emprunt sur la résidence principale (les ressources financières s'accroissent).

Le moment où un couple a un bébé est très important dans la remise en cause des habitudes de consommation. Leur routine, leur fidélité aux marques sont remises en question, et ils sont fortement sollicités par les marques qui cherchent à fidéliser la famille avec enfant qui se constitue.

MINI CAS

Eram s'empare des nouveaux types de familles

Eram est un groupe industriel créé en 1927 près de Cholet (Maine-et-Loire) et aujourd'hui le premier fabricant français de chaussures. Avec 1,7 milliard d'euros de chiffre d'affaires et plus de 1 700 points de vente (pour l'ensemble du groupe), c'est une marque bien connue des Français.

L'entreprise, qui a été longtemps connue pour son slogan : « Il faudrait être fou pour dépenser plus », a une longue tradition de communication amusante et provocante.

Dans les années 1970, la marque se moquait des autorités en mettant en scène des femmes libérées ou futiles. En 2001, les campagnes d'affichage ont surfé sur les débats ayant trait à l'image de la femme dans la publicité ; l'une d'entre elles montrait un homme nu en escarpins avec comme titre : « Aucun corps de femme n'a été exploité dans cette publicité ». En 2010, Eram s'amusait encore du monde de la mode et des mannequins : « Le photographe a demandé une fortune. Le mannequin est sous antidépresseurs. Le styliste fait semblant d'être gay. Tout ça pour des boots à 49,90 €[1]. »

En 2011, l'entreprise faisait encore parler d'elle par une série de publicités qui mettent l'accent sur la transformation du modèle familial :

- une famille recomposée : « Comme disent mon papa, ma maman et la troisième femme de mon papa, la famille, c'est sacré. » ;
- une mère « cougar » : « Comme disent ma maman et son petit copain qui a l'âge de mon grand frère, la famille, c'est sacré. » ;
- et la publicité reproduite ci-contre.

La société Eram a publié un communiqué de presse à l'occasion de la campagne qui explique ses motivations : « À l'heure où les divorces sont de plus en plus nombreux en France, où le mariage homosexuel vient d'être légalisé à New-York, Eram met les pieds dans le plat et affiche dans la rue et les magazines des portraits de familles comme on ne les montre jamais dans la publicité : déstructurées, recomposées, éclatées, décomposées. Des enfants qui ont deux mamans, d'autres qui ont un père, une mère et trois belles-mères, d'autres encore dont le beau-père a l'âge d'être leur grand frère. La vraie vie, quoi. Mais si les familles explosent, l'esprit de famille reste. Car quoi qu'il en soit : la famille, c'est sacré. »

Cette campagne a suscité des réactions indignées venant des milieux conservateurs et catholiques, particulièrement l'affiche reproduite ici. Peut-être que le terme de « sacré » qui revient dans chaque texte a été perçu comme une provocation destinée à favoriser la polémique et le « buzz ».

1. On trouvera une belle anthologie de ces publicités sur le site www.vivelapub.fr

d) Le rôle du sexe, des enfants et le processus d'achat familial

La répartition des rôles d'achat en fonction des sexes est aujourd'hui à la fois influencée par les traditions culturelles et par les centres d'intérêt réciproques des époux. On assiste souvent à une relative spécialisation des rôles en fonction des centres d'intérêt. Ainsi les décisions d'achat automobile relèvent souvent des hommes parce que ceux-ci sont en général plus intéressés par l'automobile que les femmes, même si cette généralité comporte de nombreuses exceptions. De la même façon, les achats liés au bébé ou au petit enfant, autrefois exclusivement réservés à la mère, relèvent aujourd'hui de centres d'intérêt partagés des deux parents.

Le rôle du sexe dans l'intérêt porté par les consommateurs aux produits varie en fonction des catégories de produit. Certains produits sont très marqués par l'identité sexuelle du consommateur : le football est par exemple une affaire de garçons et les produits de beauté une affaire de filles. Pourtant, loin d'être un invariant, cette relation entre sexe et produit est culturelle : aux États-Unis le football (appelé *soccer*) est principalement un sport de filles et les produits cosmétiques pour hommes sont aujourd'hui un segment de produits qui connaît une forte croissance.

Les chercheurs en marketing ont eu l'occasion de distinguer deux grands processus de décision familiale :

- dans la décision d'achat *consensuelle*, les membres de la famille s'accordent sur l'achat et discutent des modalités ;
- dans la décision d'achat d'*accommodation*, les membres de la famille ne sont pas d'accord sur l'achat ou l'action à mener et la décision est prise à la suite de négociations, de compromis ou de coercition... Il peut en aller ainsi du choix des programmes de télévision, de l'achat ou non d'une nouvelle voiture, de l'achat des vêtements des enfants, etc.

Le couple ne dispose pas de la totalité du pouvoir de décision quand la famille comprend des enfants. Ces derniers ont leur mot à dire sur certains achats et ce d'autant plus qu'ils sont plus âgés[1]. Étant en général largement ouverts aux influences extérieures, les enfants introduisent dans la famille de nouvelles idées et de nouveaux comportements (par exemple, dans le domaine des loisirs ou de la mode). Parfois leur poids sera important dans certaines décisions parce qu'ils s'intéressent particulièrement à certains produits.

Exemple

➥ La publicité la plus populaire du *Super Bowl* 2011 promeut la Passat de Volkswagen sur le marché américain. On y voit une maison américaine confortable sans être trop luxueuse et un petit enfant (garçon ou fille) en tenue de Dark Vador. Il essaye désespérément de démontrer ses super-pouvoirs, mais ni la poupée, ni la machine à laver, ni le chien, ni la mère de famille ne semble impressionné. Arrive le père avec sa Passat. L'enfant s'y essaye à nouveau et voilà que la voiture réagit... grâce à la télécommande actionnée par le père (qui n'est pas encore de série sur les voitures aux États-Unis). Le message est le suivant : un sedan allemand luxueux sans le prix d'un sedan allemand luxueux. La publicité met en scène l'ensemble de la famille et particulièrement l'enfant, qui est une des raisons majeures pour lesquelles on achète cette catégorie de voitures et qui peut influencer le processus d'achat[2].

1. Joël Brée, *Les Enfants, la consommation et le marketing*, Puf, 1993.
2. On peut voir la vidéo sur YouTube : « *The force : Volkswagen commercial* ».

e) Le facteur générationnel

L'âge n'est pas seulement une variable importante pour étudier les enfants, les seniors ou les rôles au sein de la famille. Chacun peut constater que les personnes du même âge ont beaucoup de choses en commun parce qu'elles ont vécu des expériences et subi des influences culturelles communes.

- *Les seniors : quinquas et retraités*

On appelle seniors les gens âgés de plus de 50 ans. Mais on devrait distinguer plusieurs sous-populations, par exemple les seniors actifs, les jeunes retraités et les « plus de 75 ans ».

- Les *seniors actifs* ou quinquas sont le segment de la population aux revenus les plus élevés (9,3 millions de personnes, soit 14,3 % de la population). Ce sont en fait les enfants de mai 1968, qui ont donc un mode de comportement et une culture marqués par ces bouleversements culturels.
- Les *jeunes retraités* (61-75 ans) restent des consommateurs très actifs (9,1 millions de personnes, soit 14 % de la population). Ce sont les enfants du baby-boom, qui ont connu les belles années de la modernisation et de la croissance.
- Les « *plus de 75 ans* » connaissent des besoins spécifiques au plus grand âge (5,4 millions de personnes, soit 8,2 % de la population), en sachant que l'âge est certainement ici un critère moins pertinent que l'état de santé. Ce sont les enfants de la guerre, marqués par les épreuves et le devoir de redressement.

Les seniors sont en moyenne plus riches que la moyenne des Français : leurs revenus sont supérieurs de 56 % aux 25-30 ans, et ils sont propriétaires d'un tiers du patrimoine. Aux États-Unis, les consommateurs de 55 ans et plus représentent 50 % du revenu disponible et dépensent plus de 60 milliards de dollars par an. Cependant, il existe une forte disparité dans cette classe d'âge, entre les actifs et les retraités (le revenu de ces derniers chute) d'une part, et entre ceux qui se sont constitué un patrimoine et les autres d'autre part.

Notre conseil

Définissez vous-même une segmentation des seniors qui soit adaptée à la catégorie de produits de votre marque et à son positionnement. Le même conseil peut être donné pour la population des enfants.

Figure 3.11 **Âge, revenu, niveau de vie, consommation et taux d'épargne des différentes catégories de ménages vivant à domicile**

	Pour comparaison : moins de 50 ans	Seniors (plus de 50 ans)			
		Ménages de seniors actifs	Ménages de jeunes retraités (moins de 70 ans)	Retraités âgés en couple	Retraités âgés seuls
Âge moyen	37 ans	55 ans	63 ans	77 ans	79 ans
Revenu disponible brut moyen	31 164 €	37 564 €	26 318 €	32 447 €	17 308 €
Niveau de vie moyen (1)	17 709 €	23 289 €	18 406 €	21 160 €	16 959 €
Consommation moyenne	30 838 €	31 919 €	24 213 €	23 334 €	13 054 €
Taux d'épargne moyen	1,0 %	15,0 %	8,0 %	28,1 %	24,6 %

(1) Pouvoir d'achat par unité de consommation.

Source : Pascale Hébel et Franck Lehuédé, « Les seniors : une cible délaissée », Credoc, mai 2010, d'après des données Insee.

Quel est le poids total des seniors ? Aujourd'hui, les 50 ans et plus représentent près de 24 millions de personnes, soit 36 % de la population française, et les 65 ans et plus représentent 17 % de la population française, soit 17 millions de personnes. Cette proportion devrait sensiblement augmenter dans les décennies qui viennent.

Si l'on établit des comparaisons internationales, les 65 ans et plus représentent 16 % de la population européenne (et plus de 20 % en Italie et en Allemagne) contre 7 % dans le monde.

Ces données permettent de souligner à la fois que le marché des seniors devient un segment de plus en plus important dans les pays développés, mais aussi que les pays en voie de développement ou émergents connaissent pour leur part un baby-boom, qui appelle à la satisfaction d'autres besoins.

- *La génération X*

La génération X représente les adultes nés entre 1965 et 1985, soit les trentenaires et les quadras. L'expression a été popularisée par un best-seller américain et est devenue très populaire dans le monde anglo-saxon[1].

Cette population représente près de 18 millions de personnes en France et 27 % de la population. Elle est très différente de celle de leurs parents. C'est une génération plus précaire, fils et filles de la crise (celle qui a démarré en 1974). Ils n'ont jamais connu le plein-emploi, la bonne conscience de l'Occident et ne croient guère au progrès (crise écologique). Selon J.-L. Excousseau[2] ces consommateurs tendent à être économes et fonctionnels dans leurs achats. Ce sont les clients préférés d'Ikea, d'H & M, d'eBay et des hard discounters.

1. Douglas Coupland, *Generation X: Tales for an Accelerated Culture*, 1991.
2. Jean-Luc Excousseau, *La Mosaïque des générations*, Eyrolles, 2000.

Plus puritains que leurs parents, ils veulent du socialement et de l'écologiquement correct, et se reconnaîtront partiellement dans le mouvement altermondialiste. Ils ont toujours connu le PC et ont évolué avec Internet.

> **Notre conseil**
>
> *L'approche générationnelle a un double intérêt : soit elle permet de cibler un segment spécifique de la population (seniors, ados, etc.) dans une stratégie de niche, soit elle permet d'enrichir la connaissance de ses publics quand une partie de ces cibles relève d'une de ces générations.*

- *La génération Y*

Cette génération, née entre 1984 et 2000, appelée « Y » parce qu'elle succède à la génération X est dénommée appelée « *digital natives* », pour souligner que les individus qui y appartiennent sont nés avec Internet. Elle représente 13,4 millions de personnes en France, soit un peu plus de 20 % de la population. Elle inclut les ados et jeunes adultes.

Selon Jean-Luc Excousseau, cette génération contraste fortement avec la précédente. Elle n'est ni anxieuse, ni économe : parents et grands-parents sont là pour subvenir à leurs besoins. Et ces derniers sont nombreux : téléphone portable, iPod, vêtements de marque, *streetwear*, accessoires de luxe... Les signes et les logos sont des codes dont ils jouent et dont ils raffolent. Ils « tunent » leur apparence (piercing, tatouage, accessoires) comme leur voiture. Ils adorent expérimenter et chercher les bonnes affaires. C'est la génération Internet, leur cercle de connaissance va au-delà de leur bande pour toucher leurs « amis » dans les réseaux sociaux, qui constituent une grande part de leur vie sociale.

Les entreprises qui s'intéressent à cette population cherchent à tout prix à éviter l'image de ringardise alors que l'opinion de ces publics est souvent très tranchée et changeante entre ce qui est « branché », « cool », « trop » et « ringard », « nase » ou « nul ». Une large partie de la publicité « postmoderne » joue avec les codes publicitaires pour parler au second degré aux adolescents[1].

Figure 3.12 **L'univers qu'a connu la génération née en 1985**

1. Nicolas Riou, *Pub Fiction*, Éditions d'Organisation, 2e édition, 2002.

2 L'influence du groupe sur le comportement de ses membres

Un groupe est constitué par plusieurs personnes ayant des buts et des besoins communs qu'elles satisfont en coopérant. Pour cela, il est nécessaire que les membres du groupe partagent des croyances, des valeurs et des normes qui règlent leurs interactions. L'atelier de l'usine, les collègues de bureau, les amis, les voisins, la bande de copains, les « amis » sur Facebook forment autant de groupes différents.

Les groupes peuvent être formels (par exemple, les membres d'une association) ou informels (partage de centres d'intérêt). Ils peuvent être primaires (famille, collègues de travail...) et constituer ainsi des éléments importants d'identité sociale, ou secondaires (association de parents d'élèves, sympathisants...). Toute personne appartient donc à un grand nombre de groupes.

a) Les leaders d'opinion d'hier à aujourd'hui

Kurt Lewin est le père de ce qu'on appelle « la dynamique de groupe », c'est-à-dire l'étude du fonctionnement interne des groupes[1]. Il a développé des recherches pour comprendre de quelle façon les groupes étaient influencés et influençaient leurs membres. L'étude des leaders est d'un intérêt particulier pour comprendre les modes d'influence dans un groupe[2].

> Un leader d'opinion est une personne qui a un statut, une expertise, une audience qui lui permet d'influencer un public plus ou moins étendu.

Le pouvoir du leader est fondé soit sur son aptitude à personnifier les valeurs qui réunissent le groupe (par exemple, Charles de Gaulle pendant la seconde guerre mondiale), soit sur son expertise (par exemple, le chef d'un grand restaurant), soit sur sa position particulière dans le réseau de communication au sein du groupe (par exemple, l'homme ou la femme de réseau, d'influence). Trois traits permettent d'identifier le leader dans un groupe :

- il est le plus aimé du groupe ;
- il est celui qui a le plus de savoir sur le plus grand nombre de sujets intéressant la vie du groupe ;
- il est celui à qui l'on s'adresse le plus souvent au sein du groupe.

Ils peuvent être également des personnalités auxquelles les gens attribuent des compétences ou un prestige particulier en raison de leur statut professionnel ou personnel (les stars de cinéma, par exemple, en matière de mode et de tendances).

> **Notre conseil**
>
> *Une entreprise doit étudier sa « e-réputation », c'est-à-dire déterminer :*
>
> - *où on parle de sa catégorie de produits ou de sa marque ;*
> - *de quelle façon on parle de sa marque (positif/négatif) ;*
> - *qui parle de cette catégorie de produit et de ses marques, et parmi ceux-là qui influence qui.*
>
> *L'identification des leaders d'opinion online permet ensuite d'ajuster son action.*

1. Kurt Lewin, *Psychologie dynamique*, PUF, 1950.
2. Voir également l'étude des leaders d'opinion dans le chapitre 7, section 2 : la communication relayée.

Une difficulté principale rencontrée par les études sur les leaders d'opinion est celle de l'identification de ces leaders à l'intérieur des groupes sociaux. En dehors des « leaders professionnels » (c'est-à-dire des experts professionnels) et des célébrités qui peuvent être les porte-paroles d'une marque, il est très difficile de distinguer les leaders d'opinion de ceux qu'ils influencent. Internet a changé la donne en donnant aux individus de nouvelles capacités d'influence, à travers les blogs, les tweets et les réseaux sociaux de type Facebook (voir le chapitre 11 sur les réseaux sociaux).

Exemple

- L'univers de la mode a toujours connu des leaders d'opinion. Dans le passé, il s'agissait de femmes du monde ; aujourd'hui ce sont des vedettes mais également des journalistes influents, la plus connue étant Anna Wintour, rédactrice en chef de l'édition américaine de *Vogue*, qui a inspiré le personnage du film *Le diable s'habille en Prada*. Cependant, une nouvelle génération d'influenceurs a émergé avec Internet, que sont les blogueurs. Des individus, sans autre titre que leur passion ou l'expertise qu'ils ont développée, ont créé des blogs qui, ayant beaucoup de lecteurs, sont devenus des leaders d'opinion significatifs.

  Lors d'un défilé de Marc Jacobs, le groupe LVMH a encadré au premier rang Anna Wintour, la femme la plus puissante de la mode, de deux adolescents influents : Tommy Ton et BryanBoy.

b) Les normes sociales et les comportements

Les normes sociales sont des opinions et des comportements dont la violation entraîne une réprobation ou des sanctions de la part du groupe social.

La cohérence des groupes est ainsi assurée par le respect de normes qui peuvent être de nature très différente selon les groupes et dont les sanctions sont elles-mêmes très variables : du quolibet au meurtre sanglant (« meurtres d'honneur » dans certains pays) en passant par l'exclusion ou diverses formes d'avertissement.

La tolérance des groupes quant au respect des normes peut varier en fonction des individus concernés (a-t-il déjà montré patte blanche ? Son statut est-il élevé par son rang ou son ancienneté dans le groupe ?), en fonction du sujet concerné et du contexte. Des comportements déviants peuvent être tolérés s'ils restent cachés ou discrets. Enfin les normes ne sont pas intangibles et sont amenées à évoluer dans le temps.

Les normes sociales ne sont pas seulement sanctionnées, elles sont intériorisées, ce qui permet à chaque groupe d'assurer la cohérence des comportements de ses membres.

Exemple

- Une difficulté majeure que rencontrent les campagnes de prévention routière est la traditionnelle tolérance des Français pour les excès de vitesse ou la conduite un peu alcoolisée. Il a fallu que des associations de prévention sensibilisent l'opinion pendant de nombreuses années et que le gouvernement fasse de la sécurité routière une priorité nationale, pour qu'on parle des « assassins de la route » et que le respect de la sobriété au volant devienne une norme sociale dont la violation entraîne une sanction effective de la part des tribunaux.

c) Les groupes de référence et groupes de pairs (on line et off line)

On appelle groupe de référence le groupe qui, à un moment donné, sert de référence dans la détermination des opinions, attitudes et comportements d'un individu, que celui-ci en soit membre ou non.

L'influence de ces groupes peut être liée à :

- *Une pression culturelle.* Au Liban, il est de règle d'organiser des mariages somptueux qui accueillent plusieurs centaines d'invités et qui coûtent une fortune aux mariés ou à leur famille. De nombreux Libanais reculent leur mariage faute de pouvoir financer de telles cérémonies, non que de telles coutumes soient obligatoires, mais parce qu'on ne saurait organiser autrement un mariage.
- *La peur de la déviance.* Le conformisme est une motivation puissante de comportement. Un individu dont les opinions, les achats, le comportement seraient trop différents de ceux de son groupe de référence, cesserait d'être considéré par les autres comme membre de ce groupe.
- *L'implication dans le groupe.* Plus un membre est impliqué dans la vie du groupe et plus il tendra à partager les opinions du groupe. Ainsi un militant politique partagera beaucoup plus les opinions émises par le parti qu'un simple sympathisant qui gardera une plus grande liberté d'opinion.
- *Le pouvoir du groupe.* Ce pouvoir peut s'exprimer de nombreuses manières : l'ordre professionnel des médecins ou celui des notaires a un pouvoir de sanction contre ses membres qui est reconnu par la loi ; une entreprise peut sanctionner un salarié pour un comportement déviant ; les bandes font régner leur ordre...

On distingue les groupes de référence positifs (ceux dont les valeurs et les comportements sont approuvés et imités) des groupes de référence négatifs (ceux dont les comportements et les valeurs sont rejetés).

Exemple

➥ Les adolescents sont presque toujours membres de groupes de référence dont le premier est le groupe de copains et de copines. L'appartenance à ces groupes joue un rôle important dans la constitution d'une identité sociale au sortir de l'enfance. Au-delà de la bande de copains, le groupe de référence peut prendre la forme de communautés d'intérêt ou de mode de vie : passion pour un style de musique, engagement associatif, sensibilité politique, etc. Chacun de ces groupes de référence positifs voit en contrepartie ses groupes de référence négatifs : la bande de copains concurrente qui fait tout de travers, les tendances musicales qui sont « nulles », etc. L'identification à des groupes de référence positifs et le rejet des groupes de référence négatifs ont une influence profonde sur les comportements d'achat. Les publicitaires ont parfois utilisé le terme de « marketing tribal » pour désigner les stratégies de communication qui visent à jouer sur les logiques d'identification et de groupe.

Comme on l'a souligné, il n'est pas nécessaire d'appartenir à un groupe pour le prendre comme pôle de référence. Cependant, il est évidemment fréquent que les individus soient influencés par leurs semblables : les enfants par leurs camarades d'école, les adultes par leurs collègues ou leurs voisins, etc. Le « groupe de référence » est alors un « groupe de pairs ».

Internet et plus précisément les réseaux sociaux ont permis d'étendre le rôle des groupes de pairs. Facebook réunit ainsi 900 millions d'utilisateurs à travers le monde. Le réseau permet à des marques ou des célébrités de communiquer et de se faire des « amis ». Ainsi, l'effet principal de Facebook est de favoriser l'échange et l'influence entre pairs. Les gens de marketing ne s'y sont pas trompés. Ils incitent les membres à parler à leurs amis des bonnes expériences qu'ils ont avec les marques, et ils analysent les mots clés de leurs conversations afin de cibler des messages publicitaires appropriés. On remarquera cependant qu'une étude récente semble montrer qu'on devient ami sur Facebook parce qu'on tend à partager des goûts culturels communs, mais qu'inversement l'influence du réseau sur la formation de ses goûts est limitée[1].

FOCUS

La communication entre clients

Selon une étude de Nielsen, à la question : « En quelle source d'information avez-vous le plus confiance ? », les personnes interrogées répondent en premier : « les recommandations de personnes que je connais » (76 %), et en deuxième : « les avis de consommateurs en ligne » (49 %)[2]. Internet donne une importance et un essor nouveaux à l'influence des consommateurs par leurs pairs.

La communication entre clients devient un facteur de plus en plus important à prendre en compte dans une politique marketing, comme on le verra dans le chapitre 11 consacré aux réseaux sociaux.

d) Les rôles et statuts sociaux

Dans les sociétés traditionnelles, les rôles sociaux sont peu nombreux, se réduisant essentiellement au rôle assigné dans la famille et par la profession (ou la position sociale). Dans les sociétés modernes, les individus jouent des rôles très différents à la mesure de la pluralité de leurs groupes d'appartenance.

Exemple

➥ Une jeune femme peut être à la fois aujourd'hui :
- un membre de la famille de naissance (fille et sœur) ;
- un cadre dans une entreprise, qui dirige une équipe, qui est collègue de certaines personnes et qui doit répondre d'objectifs d'entreprise ;
- une femme qui aime être séduisante pour son compagnon ;
- une mère soucieuse de l'éducation et du bien-être de son enfant ;
- une militante associative qui gère les comptes de l'association ;
- une passionnée de trekking, etc.

À chacun de ces rôles correspond un comportement différent : se cotiser avec ses frères et sœurs pour offrir une croisière à ses parents, acheter des tailleurs pour le travail et prendre des décisions d'achat pour le compte de son entreprise, ache-

1. Kevin Lewis, Marco Gonzalez et Jason Kaufman, « Social Selection and Peer Influence in an Online Social Network », PNAS, 2011.
2. Nielsen, *Trends in Advertising Spend and Effectiveness*, juin 2011.

ter des produits cosmétiques pour soigner son apparence, prendre des décisions d'achat pour son enfant, gérer des relations avec une banque pour le compte associatif, déterminer des lieux de vacances en fonction de sa passion sportive, etc.

Ces rôles très différents sont susceptibles de changer dans le temps ou en fonction du contexte : mobilité professionnelle, évolution de la situation maritale, évolution de l'âge et des besoins des enfants, évolution des centres d'intérêt, etc. Ainsi les rôles dans les situations modernes sont souvent des rôles acquis plutôt qu'assignés.

Les sociologues appellent « statut » le jeu des différents rôles tenus par un individu. Ce statut peut être cohérent si les différents rôles ont une certaine unité entre eux, et du reste ils tendent généralement vers l'unité. Ainsi une personne issue des classes moyennes qui fait de brillantes études et qui est dans un processus d'ascension sociale va avoir tendance à faire évoluer son mode de vie en proportion de ses responsabilités professionnelles et de son niveau de revenu. À l'inverse, certaines personnes peuvent se sentir partagées entre des rôles et des attitudes qui relèvent de logiques différentes.

3 Les classes sociales

Si les sociétés modernes ont aboli le principe des ordres, tels qu'on les connaissait en France sous l'Ancien Régime, et ont affirmé celui de l'égalité des droits, il n'en reste pas moins que la structuration de la société en classes sociales différentes perdure.

> Les classes sociales désignent des groupes sociaux dont les membres partagent des caractéristiques économiques et culturelles similaires et qui se répartissent sur une échelle de prestige et de ressources au sein de la société.

a) Les classes sociales intéressent les sociologues

Il est malaisé de définir objectivement les classes sociales. Pour Karl Marx, la situation de classe est un phénomène objectif qui détermine une conscience de classe[1]. Les classes se définissent par leur place dans le processus de production, selon que les unes s'approprient les richesses produites (plus-value) et que les autres, qui les produisent, sont dépossédées de ces richesses et sont aliénées. La polarisation des groupes sociaux entre deux classes principales, le prolétariat et la bourgeoisie, est le résultat d'une dynamique de lutte des classes, qui est le principal moteur de l'histoire.

Cette vision marxiste a connu de nombreuses évolutions, transformations et contestations.

Le sociologue Pierre Bourdieu, reprochant à l'approche marxiste de se focaliser sur le seul déterminant économique, a mis en avant trois grands types de capital permettant de distinguer entre « dominants » et « dominés » :

- le capital économique (revenus, patrimoine) ;
- le capital culturel (savoir, savoir être, diplômes...) ;
- le capital relationnel (réseaux, capacité d'influence)[2].

1. Karl Marx, *Les Luttes des classes en France*, 1850 (lire notamment la préface d'Engels).
2. Pierre Bourdieu, *La Distinction : critique sociale du jugement*, Les Éditions de Minuit, 1979.

Au sein d'une même classe sociale, certains ont plus que d'autres, ou une forme de capital plutôt qu'une autre : les classes sociales ne sont pas homogènes. L'ensemble crée des « habitus », c'est-à-dire des manières de voir, de penser et d'agir qui résultent d'un certain déterminisme social, quoique l'expérience individuelle puisse modifier l'habitus[1]. Autrement dit, les personnes qui partagent une même classe sociale tendent à avoir le même type d'activité, le même style de vie, le même type de référents culturels, le même niveau de revenus, mais des différences de degrés existent au sein d'une même classe. Ils aiment à se fréquenter entre eux et à se marier entre eux (homogamie).

b) Une mesure des classes sociales : les catégories socioprofessionnelles

Les mesures des classes sociales sont aujourd'hui essentiellement fondées sur trois indicateurs principaux : le revenu, la profession et le niveau d'éducation. Certaines intègrent ces trois indicateurs, d'autres seulement deux, voire une seule. Elles sont dans tous les cas des approximations car l'appartenance à une classe n'est pas liée simplement à une profession, à un niveau d'éducation ou de revenus, mais à un ensemble complexe d'éléments qui déterminent le statut et la place des individus dans la hiérarchie sociale, comme on l'a souligné.

1° Les PCS de l'Insee

L'Insee analyse la population active en PCS (professions et catégories socioprofessionnelles) souvent appelées à tort CSP[2]. La nomenclature est organisée en trois niveaux d'agrégation :

- les professions, au nombre de 486 ;
- les catégories socioprofessionnelles : 42 et 24 postes ;
- les groupes socioprofessionnels : 6 postes.

Pour décrire l'ensemble de la population en tenant compte des non actifs, l'Insee ajoute deux postes : « les retraités » et les « autres sans activité professionnelle » (soit 8 PCS au total).

> ***Notre conseil***
>
> *Les classes sociales ou catégories socioprofessionnelles sont toujours très utiles dans les études de marché car elles sont assez prédictives de bon nombre de comportements d'achat. Mais leur caractère par trop général doit inciter à les compléter par l'étude de groupes de référence et des styles de vie.*

On croit souvent que les PCS de l'Insee sont établies à partir des revenus, ce qui est inexact. Elles prennent en compte la profession et le statut des actifs (salarié, indépendant, employeur), la nature de leur activité, etc.

Or, il peut y avoir de très grandes disparités de revenu au sein d'une PCS. Les foyers sont classés en fonction de la profession de l'homme... ce qui laisse de côté la profession de la femme. C'est une mesure objective qui ne prend pas en compte la façon dont les personnes se situent et s'identifient dans l'univers social, ni les différences de style de vie.

1. Pierre Bourdieu, *Le Sens pratique*, Paris, Les Éditions de Minuit, 1980.
2. En 1982, l'Insee a modifié sa nomenclature et a désigné PCS ce qui était appelé CSP (catégories socioprofessionnelles). Les habitudes perdurent et on continue à utiliser le terme CSP.
3. Les chiffres mentionnés sont de 2010, les plus récents à la date de publication de cette édition.

Figure 3.13 **Les PCS : population de 15 ans ou plus en France[1]**

Agriculteurs exploitants	1 %
Artisans, commerçants, chefs d'entreprise	3,6 %
Cadres et professions intellectuelles supérieures	9 %
Professions intermédiaires	13,2 %
Employés	16,4 %
Ouvriers	12,6 %
Inactifs ayant déjà travaillé*	26,9 %
Autres sans activité professionnelle**	17,2 %

* Intègre les retraités et les chômeurs ayant déjà travaillé
** Intègre les élèves et étudiants, les chômeurs en recherche d'un premier emploi, les personnes sans activité professionnelle

Source : Insee.

2° Les classes A, B, C, D de TNS Worldpanel[1]

Elles sont très utilisées dans les études marketing. À la différence des PCS de l'Insee, ces classes ne sont pas établies à partir de la profession mais du revenu ajusté à la taille du ménage. Comme ces catégories sont très souvent dénommées CSP (catégorie socioprofessionnelle), cela prête à confusion.

Le tableau suivant se lit ainsi : A regroupe les 15 % de ménages qui ont les plus hauts revenus, D, les 15 % qui ont les revenus les plus faibles.

Figure 3.14 **Classes A, B, C, D**

A (supérieur)	15 %
B (moyen supérieur)	30 %
C (moyen inférieur)	40 %
D (modeste)	15 %

Source : TNS Worldpanel.

3° CSP + et CSP –

Dans les études de marché et les études d'audience des médias, on voit fréquemment les sigles CSP +, parfois CSP –.

Exemple

➥ Extrait d'un dossier publié par Clubic.com :

« Un sondage réalisé par Harris Interactive auprès de 409 acheteurs du Reader, le lecteur de livre numérique de Sony, [...] nous apprend que ces derniers sont majoritairement des hommes (69 %), âgés de 46 ans et plus (60 %) et CSP+ (75 %).... ».

Dans cet exemple, CSP + est employé pour désigner les individus ou les foyers à haut revenu. C'est ainsi qu'on voit certains regrouper les classes A et B ou A et B+

1. Anciennement Secodip.

(les 50 % de B aux revenus les plus élevés) pour constituer la catégorie CSP +, les CSP – étant les C et D ou les C et D. Une autre définition de CSP + est le regroupement de trois PCS de l'Insee dites supérieures, à savoir :

- les artisans, commerçants, chefs d'entreprise ;
- les cadres, professions intellectuelles supérieures ;
- les professions intermédiaires.

4 La consommation ostentatoire et le standing

a) La consommation ostentatoire comme marqueur social

Déjà, au début du xxe siècle, Veblen avait analysé aux États-Unis ce qu'il nommait la consommation ostentatoire[1].

La consommation ostentatoire est une consommation dont la finalité est de donner une image valorisante de soi par l'étalage de ses richesses, apparentes ou réelles.

La renaissance d'une classe sociale de « super-riches » aux États-Unis ou ailleurs (pays du Golfe, Russie, dirigeants politiques de certains pays du tiers-monde...) fait le bonheur des entreprises du grand luxe : palaces, constructeurs de yachts ou d'avions, immobilier, voitures de luxe, joaillerie, etc. Mais au-delà de ces marchés de niche, la consommation ostentatoire s'est démocratisée depuis Veblen, ce qui a conduit à une grande expansion du marché du luxe.

Contrairement à la vision traditionnelle du luxe en France, dans laquelle le luxe est le signe d'une haute qualité de fabrication et se doit d'être discret, les marques de luxe savent aujourd'hui que les produits qui n'exhibent pas de logo de marque se vendent mal, alors que les produits immédiatement identifiables pourront connaître le succès commercial.

La consommation ostentatoire sert d'identification à une classe sociale ou à un mode de vie, soit pour confirmer l'appartenance de l'individu à la classe sociale, soit pour manifester son aspiration à y appartenir. Ce type d'aspiration, d'ailleurs, ne date pas du xxe siècle, comme l'illustre *Le Bourgeois gentilhomme*, dont les joies et les malheurs du personnage éponyme provenaient des efforts qu'il faisait pour se débarrasser de sa roture en empruntant les habits, la culture et les coutumes de la noblesse.

Exemple

- À Beyrouth, une boîte de nuit célèbre, Le Crystal, joue explicitement sur la consommation ostentatoire. Les bouteilles de champagne y sont vendues sous différents formats, de la bouteille classique (75 centilitres) au Nabuchodonosor (15 litres) en passant par le Jeroboam (3 litres) et le Mathusalem (6 litres). Dès qu'une table commande un Jeroboam ou une bouteille d'un format supérieur, une annonce est faite au micro pour indiquer le nom du commanditaire et les spots de la salle ciblent sa table. Certains soirs, des compétitions naissent spontanément entre tables et c'est à celui qui dépensera le plus d'argent. Les records de dépense sont du reste indiqués sur des plaques placées à l'entrée de la boîte de nuit, avec le nom de l'heureux *recordman*.

1. Thornstein Veblen, *The Theory of Leisure Class*, New York, The New American Library, 1950.

b) La notion de standing

La notion de standing correspond également à une idée de hiérarchie sociale exprimée par le pouvoir d'achat. Cette expression est couramment utilisée dans certaines activités, tel le commerce de l'immobilier. Pour de nombreux consommateurs, le standing du logement correspond moins à la qualité de la construction ou au nombre de mètres carrés qu'à la présence de signes qui catégorisent le bien : matériaux utilisés dans le hall d'entrée, présence ou non d'un jardin, nombre d'appartements par étage, fréquentation de l'immeuble, etc. Pour ceux qui ne peuvent accéder au standing par le logement, l'automobile pourra être un substitut, certaines personnes habitant des logements modestes mais investissant dans l'acquisition de voitures très coûteuses afin de manifester leur réussite. La notion de standing est assez relative, les critères du standing variant en fonction du milieu social.

c) Limites et évolution du concept de classe sociale

En dépit des différences de consommation entre les classes sociales, la société de consommation permet, et même favorise, la diffusion progressive des produits au plus grand nombre. Ceux qui veulent se différencier de leurs concitoyens par leur mode de consommation doivent constamment innover. La qualité des produits peut, pendant un temps, entretenir une différence valorisée par les images de marque et des prix de prestige. Le snobisme peut également prendre la forme paradoxale d'une consommation « anti-ostentatoire », par exemple rouler en Dacia plutôt qu'en Mercedes. Un segment de la population est ainsi appelé « nono » par les gens de marketing, en référence à « no name, no logo », et s'applique aux consommateurs qui refusent de porter des produits dont la marque est visible. La différenciation s'exerce aussi dans le domaine des pratiques culturelles et des conduites symboliques, pour lesquelles la possession des « codes » reste l'apanage de ceux qui ont reçu une éducation suffisante, les autres étant rejetés dans l'univers d'une culture vulgarisée par les médias[1].

5 Les styles de vie

a) Les styles de vie reconnaissent la diversité des modes de vie au-delà des catégories sociales

Dans les sociétés traditionnelles ou modernes, le comportement des individus est largement déterminé par leur appartenance à une classe, un milieu, une place. Dans les sociétés contemporaines, les consommateurs sont plus libres de déterminer les valeurs, les opinions, les attitudes, les activités, les produits et les marques qui leur plaisent. Ils créent ainsi une identité sociale qui peut varier au-delà des appartenances à une classe sociale. L'approche des styles de vie et des courants socioculturels[2] consiste à identifier ces types de consommateurs.

1. Voir Pierre Bourdieu, « Différences et distinctions », in Alain Darbel et Pierre Bourdieu, *Le Partage des bénéfices : expansion et inégalités en France*, Éditions de Minuit, 1966 et Jean Baudrillard, *La Société de consommation, ses mythes, ses structures*, Denoël, 1970.
2. Pierre Valette-Florence, *Les Styles de vie. Bilan critique et perspectives*, Nathan, 1999.

Les styles de vie sont une typologie d'individus fondée sur des opinions, des comportements et des valeurs qu'ils partagent et qui permettent d'expliquer en partie leur comportement.

Exemple

- Prenons deux jeunes femmes de 26 ans, sorties toutes deux de la même école de commerce il y a deux ans, habitant toutes deux Paris, toutes deux cadres, et ayant le même niveau de revenus et qui sont toutes deux célibataires. Rien ne semble les distinguer en termes d'analyse par classe sociale ou PCS. Cependant l'une vient d'un milieu catholique traditionnel, habite le XVIe arrondissement, a emprunté pour acquérir son logement, met de l'argent de côté, roule en Peugeot, va en vacances en famille à La Baule, lit *Le Figaro*, est fiancée et se mariera bientôt, et travaille dans une institution financière. L'autre vient d'un milieu de gauche intello, habite le XIe arrondissement, quartier « branché », loue un logement atypique, roule en Smart, ne met pas d'argent de côté mais sort beaucoup le soir, va en vacances dans une destination chaque fois différente autour du monde, lit le *New York Times* sur Internet, cherche à multiplier les aventures sentimentales et travaille dans une agence de publicité.

  Ces deux profils, qui semblaient être identiques en termes de catégorie socio-professionnelle, sont en fait totalement dissemblables en termes de comportement de consommation. Le concept de style de vie est là pour éclairer ces dissemblances.

b) Définir et étudier les styles de vie

La définition du style de vie peut se faire à partir d'un nombre impressionnant de composantes. Il y a donc beaucoup de façons de définir les styles de vie ou les courants socioculturels.

L'identification la plus simple de ces modes de vie concerne les styles de vie qui sont des groupes souvent reconnus : les fanatiques de la glisse ont leurs associations, leurs supports de communication, leurs lieux de rendez-vous, leur chaîne de télévision..., de même pour les gays et lesbiennes, etc. Les études de marché quantifieront et formaliseront ces groupes définis de façon intuitive. Les styles de vie peuvent également prendre la forme de grandes tendances socioculturelles qui traversent la société, ou de profils de consommateurs. Il faut recourir dans ce cas à d'autres types d'études.

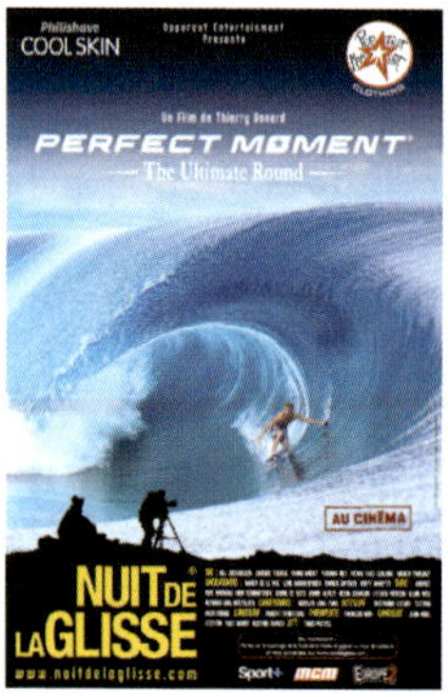

Exemple

- Les fanatiques de la glisse (surf, kitesurf, bodyboard, funboard, wakeboard, skimboard, snowboard, skateboard, roller) partagent un style de vie à travers codes de reconnaissance, des associations, des livres, des magazines, des sites Web, des lieux de rendez-vous et des événements comme la Nuit de la glisse.

Les Nuits de la glisse sont organisées dans différentes parties de la France autour de la projection de films de glisse extrême qui permettent de rassembler la tribu des glisseurs.

1° Les mesures psychographiques *ad hoc* des styles de vie

L'analyse psychographique consiste, souvent en partant d'une catégorie de produits ou d'une activité, à identifier des comportements, valeurs, opinions différentes qui peuvent conduire à définir différents styles de vie. Elle s'appuie sur des facteurs psychologiques et sociologiques pour identifier des groupes de clients aux styles de vie différents.

Trois grandes catégories de variables sont souvent utilisées pour identifier les styles de vie par les méthodologies psychographiques. Ce sont les activités, les valeurs personnelles et les opinions.

- *Les activités* : la profession, les loisirs, l'exposition aux différents médias et les habitudes d'achat font partie de cet ensemble.
- *Les valeurs personnelles* : le système de valeurs et les caractéristiques de personnalité qui déterminent les interactions entre l'individu et son entourage.
- *Les opinions* : ce sont les représentations que les individus se font de leur environnement social en général. Par exemple, la conscience écologique pourra influencer le comportement de consommation.

L'approche AIO (pour *Activities, Interests and Opinions*) est une variante de cette démarche, qui étudie les centres d'intérêt plutôt que les valeurs.

2° Les mesures psychographiques systématiques des styles de vie

Au-delà de ces approches *ad hoc*, qui partent d'une problématique ou d'un domaine d'activité particulier et qui ne s'appuient pas sur un corpus théorique, il existe des approches plus globales qui étudient de grands courants socioculturels, et dont la typologie des styles de vie peut être ensuite utilisée pour éclairer des marchés particuliers.

Une méthodologie bien connue aux États-Unis est la méthode VALS (pour *Value and Life Styles*) développée par SRI International en Californie. Cette méthode se concentre sur les valeurs et est très économe, puisque 39 questions suffisent à identifier les différents « socio-styles » dans la version VALS2[1].

Les approches françaises de type CCA Centre de communication avancée[2], Cofremca ou européennes de type RISC utilisent des méthodologies différentes entre elles, mais qui passent toutes par des questionnaires incluant des centaines de questions, généralement sur de grands aspects politiques, économiques, sociaux ou culturels.

1. Voir www.strategicbusinessinsights.com/vals/ustypes.shtml
2. Voir www.lecca.com

c) L'intérêt et les limites de l'approche par styles de vie

L'analyse des styles de vie peut donner une vision plus riche du public et conduire à des politiques marketing innovantes.

Il faut cependant distinguer les styles de vie qui sont des groupes sociaux (émergents ou établis) que les responsables marketing ne font que constater (par exemple les « gays »), et les socio-styles qui sont des tendances socioculturelles sous-jacentes que des méthodologies d'étude permettent de mettre au jour.

Des études psychographiques spécifiques, réalisées par rapport à une catégorie de produits, peuvent donner des résultats stimulants. L'étude des styles de vie psychographiques semble ainsi particulièrement adaptée aux produits de mode et aux produits d'image (de type parfum), mais ce peut être aussi une façon originale de comprendre le marché pour des produits plus traditionnels comme les voitures ou les produits de soin.

On doit cependant être réservé quant à un usage immodéré des études psychographiques (cadre conceptuel souvent flou, fiabilité discutable et manque de transparence des méthodes de mesure, instabilité des résultats d'une étude à l'autre et entre les différents instituts d'études, faible pouvoir prédictif des comportements d'achat). De plus, les mappings donnent une apparence de rigueur trompeuse, les dénominations devant beaucoup à l'inspiration des sociétés d'études et les axes étant loin d'être exhaustifs[1].

6 Les variables culturelles

a) Qu'est-ce que la culture ?

Le terme de culture a deux sens en français dans son acception moderne : culture au sens de savoirs, de manière d'être et d'agir *personnels* et culture au sens de manières *collectives* de penser, de savoir et d'agir. Ces deux sens expriment bien l'imbrication du niveau collectif et du niveau individuel. La civilisation a besoin d'individus pour prendre réalité et réciproquement les individus ne naissent pas et ne vivent pas dans le vide, mais au sein d'un tissu social collectif.

> Dans son sens sociologique, la culture est un ensemble de manières de penser, de sentir et d'agir, plus ou moins formalisées, apprises et partagées par une pluralité de personnes et qui servent à créer une collectivité.

1. Ce phénomène est assez commun à l'usage des mappings qui représentent les résultats d'analyses statistiques : la dénomination des axes et des groupes est libre, et ces axes n'expliquent qu'une partie de la variance constatée. Pour les critiques des styles de vie, voir P. Valette-Florence, *op. cit.*

b) Mythes et rituels

Les mythes sont un récit qui intègre de forts éléments symboliques et qui structure les cultures et donc les façons de penser. Ils permettent dans certains cas d'expliquer l'origine du monde, ou bien son ordre ; ils peuvent donner des références communes à une société, ou encore présenter des modèles de comportement. Il faut donc souligner la diversité des mythes, qui ne se réduisent pas à la mythologie grecque ou latine, ou encore aux grands discours d'explication du monde, et qui peuvent avoir une nature plus prosaïque (contes pour enfants, récits modernes comme *Les Misérables* ou *Don Juan*, personnages issus de la culture populaire comme les séries télévisées...).

Selon Claude Lévi-Strauss, les mythes s'organisent sur des oppositions, qui peuvent ou non être réconciliées, et qui donnent ainsi du sens[1]. Ainsi, il écrit : « la valeur intrinsèque attribuée au mythe provient de ce que les événements, censés se dérouler à un moment du temps, forment aussi une structure permanente. Celle-ci se rapporte simultanément au passé, au présent et au futur.[2] »

On comprend donc que les mythes servent d'archétypes, de modèles auxquels il est facile de se référer. Y faire référence, comme le marketing sait le faire, c'est utiliser un raccourci qui permet d'évoquer beaucoup de significations en étant très économe sur les moyens.

Exemple

- La Cène est un moment de la vie de Jésus relaté dans le Nouveau Testament et qui a été illustré par tous les grands peintres de la Renaissance, dont Léonard de Vinci. Elle a été détournée de nombreuses fois par les publicitaires, parfois au grand déplaisir des Églises qui n'apprécient pas l'utilisation mercantile de symboles religieux.

Les rituels sont des comportements symboliques qui se répètent de façon régulière et structurée. Les rituels rythment le comportement du consommateur et à ce titre, ils intéressent les gens de marketing en fournissant des opportunités pour concevoir ou présenter leur offre.

Exemples

- Rituels liés à l'âge : scolarisation, entrée dans l'adolescence, études supérieures, premier emploi, installation en couple, naissance des enfants, etc.
- Rituels de cérémonie : communion, mariage, anniversaires, pots de départ, etc.
- Rituels de cadeaux : on offre des cadeaux à certaines occasions, moments de la vie ou moments de l'année. Ce qu'on offre et le prix qu'on y met, de même que la réciprocité des cadeaux, sont codifiés.
- Rituels de vacances : vacances d'hiver, grands départs en vacances, week-ends, vacances entre copains, vacances en famille, etc.

1. Claude Lévi-Strauss, *Anthropologie structurale*, 1958 et la série *Mythologiques*, Plon, de 1964 à 1971.
2. *Op. cit.* (1958), p. 231.

c) Les différentes cultures influencent les comportements des individus

Les traits culturels généraux ont une influence importante sur les comportements des individus. Ils sont appris sous forme de règles de bonne éducation, qui peuvent être différentes d'un pays à l'autre, ou transmis de façon inconsciente comme une façon habituelle d'être et de se comporter. La spécificité des traits culturels peut conduire à des incompréhensions entre individus appartenant à des cultures différentes.

Exemple

- Aux États-Unis ou en Grande-Bretagne, il est convenable de manger avec une main sous la table, alors que c'est un signe de mauvaise éducation en France ; faire du bruit en mangeant est un comportement qui exprime la satisfaction pour les Chinois alors que c'est un comportement très impoli pour les Français.

La culture a une influence certaine sur les modes de consommation. Cette influence se constate notamment dans les habitudes alimentaires, qui restent enracinées dans les traditions culturelles locales, limitant fortement les stratégies globales et mêmes européennes des grandes marques alimentaires. Au-delà de l'alimentation, de grandes différences peuvent exister en matière de comportements et d'attentes selon les cultures.

Exemples

- Les clients japonais de Louis Vuitton, qui achètent dans les boutiques de la marque, choisissent ces produits en consultant un catalogue et non en les regardant en vitrine ou sur les étagères. Le magasin amiral de Louis Vuitton, sur les Champs-Élysées, dispose d'un grand nombre de catalogues de produits en japonais, que les clients venant de ce pays consultent sur le comptoir. Ce catalogue est vendu au Japon et parfois offert en cadeau.
- Cette publicité brésilienne pour un logiciel de retouche de photo est jugée amusante au Brésil, elle serait interdite aux États-Unis et en Grande-Bretagne, et jugée sexiste en France.

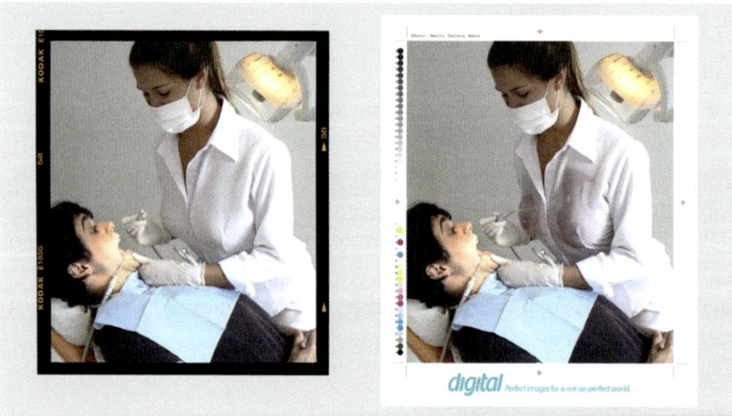

Amusant ? Scandaleux ? Sexiste ?

La mondialisation de la culture, c'est-à-dire l'homogénéisation des habitudes culturelles, connaît de nombreuses illustrations : la présence des McDonald's dans un grand nombre de pays, le règne des jeans, la présence de chaînes de télévision mondiales comme MTV ou CNN, le règne de marques globales comme Coca-Cola ou Nike, etc.[1] (voir le chapitre 19 sur le marketing multinational).

Les discours sur la mondialisation de la culture souffrent parfois d'un effet de perspective qui surestime l'américanisation et son impact. Parce que les échanges entre les cultures se multiplient en raison du développement des transports et des communications, il est normal de constater un certain métissage des cultures. Ce métissage est cependant loin de se limiter à l'intégration d'éléments venant des États-Unis.

Notre conseil

L'analyse des variables culturelles sera particulièrement utile quand les gens de marketing s'intéresseront à un pays ou à une sous-culture (culture particulière au sein d'une culture plus générale) dont ils ne sont pas familiers. Mais il semble indispensable de se faire aider par une ressource locale (manager au sein de la filiale, agence, conseil...) afin d'éviter de graves erreurs marketing.

SECTION 3

L'ANALYSE DU PROCESSUS DE DÉCISION, L'IMPLICATION ET LA SITUATION

Dans les sections précédentes, on a cherché à expliquer les comportements des consommateurs d'une part d'un point de vue psychologique – à travers l'analyse des besoins des individus, de leurs motivations, de leurs attitudes et de leur personnalité – et d'autre part d'un point de vue sociologique – par l'étude des catégories démographiques, des classes sociales, des styles de vie ou des cultures.

Ces différents niveaux d'analyse permettent de mieux comprendre les comportements des consommateurs, mais ils se révèlent insuffisants pour éclairer le processus par lequel chaque individu est conduit à la décision d'achat ou de non-achat. Aussi étudiera-t-on dans un premier temps, quelques variables fondamentales qui influencent le processus de décision et dans un second temps, les principales étapes de ce processus.

1 Le risque perçu, l'implication, l'apprentissage et les facteurs situationnels

Il y a dans toute décision une prise de risque qui varie fortement en fonction de l'implication du client dans le produit. Beaucoup de décisions peu impliquantes résultent d'un processus d'apprentissage qui permet à chacun de traiter rapidement des situations sensiblement analogues à celles qu'il a rencontrées précédemment. En revanche, lorsque le consommateur est confronté à un problème dont il n'a pas l'expérience, il doit dépenser de l'énergie et du temps pour élaborer un nouveau programme de décision et l'effort fourni est d'autant plus important que le risque encouru est grand. Enfin, la décision ne se prend pas en univers clos et la situation influence le processus de décision ou d'achat. Nous sommes donc amenés à recourir à quatre types de facteurs importants qui influencent le processus d'achat :

- le risque perçu ;
- l'implication ;
- l'apprentissage ;
- la situation.

1. Le chapitre 19 sur le marketing multinational développe fortement ce thème.

a) Le risque perçu influence le comportement

La plupart des achats sont décidés dans un contexte d'incertitude. Ils comportent donc un risque.

Le risque perçu est l'anticipation d'un écart entre son attente et l'expérience qui sera vécue. Il est plus ou moins élevé en fonction de la probabilité perçue de cet écart et de l'importance de ses conséquences.

Les risques peuvent être classés en quatre catégories[1].

1. Le *risque fonctionnel*, qui a trait aux performances attendues d'un produit ou d'un service.
2. Le *risque psychologique* ou risque social, notamment pour les produits dits « à statut social » : risque de dévaloriser son image vis-à-vis des autres et/ou de soi.
3. Le *risque financier* : en aura-t-on pour son argent ? Quel sera le coût de l'entretien ? Si on attendait, le prix baisserait-il ?
4. Le *risque physique* : à certains produits est associée une possibilité de danger : les automobiles, l'alimentation, certains équipements domestiques, etc.

Un produit comme l'automobile réunit ces quatre types de risque : risque fonctionnel quant à la qualité du modèle, risque psychologique ou social d'avoir fait ou non le bon choix, risque financier étant donné le prix d'achat d'une voiture, et risque physique associé à la sécurité du modèle.

Des risques perçus peuvent ne pas être réels et des risques réels peuvent ne pas être perçus.

Exemple

➥ Les mêmes individus peuvent se soucier des aliments OGM – alors qu'aucune étude scientifique n'a jamais montré qu'ils représentaient un problème pour la santé – et continuer de fumer – alors que toutes les études sont unanimes pour souligner le risque de maladie grave et de mort que cela entraîne.

Pour minimiser le risque perçu, les consommateurs ont plusieurs options possibles :

- se fier à leur expérience passée ;
- faire confiance à des marques réputées ;
- rechercher plus d'informations, faire appel à des sources crédibles (spécialistes, leaders d'opinion, critiques de consommateurs en ligne, etc.) ;
- déléguer la responsabilité de l'achat à quelqu'un jugé plus compétent (le conjoint, un ami, parfois même un vendeur) ;
- et, dans des cas extrêmes, renoncer à l'achat parce que le risque perçu paraît trop grand.

---

1. On distingue parfois un cinquième type de risque : le risque de perte de temps, par exemple, le temps perdu en raison du choix d'un mauvais produit qui pose ensuite des problèmes d'entretien. Cette forme de risque ne nous paraît pas devoir être placée au même niveau que les quatre risques mentionnés ici.

MINI CAS

Comment générer 637 millions de dollars de chiffre d'affaires avec des avis de clients qui réduisent le risque perçu ?

TripAdvisor est un site sur le voyage qui collecte les avis des consommateurs et classe les établissements en fonction de ces évaluations. Le service est gratuit et financé par la publicité et l'affiliation. Lancé en 2000, le site a recueilli plus de 50 millions d'avis et opinions portant sur plus de 500 000 hôtels et 700 000 restaurants présents dans 188 pays, le tout en 21 langues. Il accueille 44 millions de visiteurs uniques par mois. L'entreprise a réalisé un chiffre d'affaires de 637 millions d'euros en 2011 avec un résultat d'exploitation (EBITDA) impressionnant de 51 %.

La raison de son succès ? Les clients se font une idée des hôtels et de leur service non pas en fonction de ce que l'entreprise dit, mais de ce que les clients disent. L'information apparaît ainsi plus impartiale et plus complète. Selon une étude de Nielsen, la moitié des consommateurs font confiance aux avis de consommateurs en ligne[1]. *Le service que rend TripAdvisor consiste à réduire le risque, pour les clients, de se tromper.*

Le site a cependant été critiqué par les professionnels qui se plaignent de la manipulation de leur réputation en ligne par des concurrents, ou des commentaires de clients anonymes de mauvaise foi, ou encore de la pratique d'achat de revues positives. En effet, le contrôle qu'opère TripAdvisor est faible, voire inexistant. La réponse du fondateur et dirigeant, Stephen Kaufer, est que quelques avis trafiqués sont noyés dans le nombre, et n'ont donc pas d'impact sur l'évaluation globale.

Une opinion semble-t-il non partagée par l'Advertising Standards Authority, l'autorité britannique de régulation de la publicité, qui, dans une décision rendue le 1er mars 2012, a demandé à TripAdvisor de « ne pas dire ou laisser entendre que tous les commentaires sur son site étaient écrits par d'authentiques voyageurs ou qu'ils étaient honnêtes, véridiques et dignes de confiance ». En septembre 2011, l'entreprise avait anticipé les résultats de l'enquête en changeant son slogan de « *Reviews you can trust* » (Des avis auxquels vous pouvez avoir confiance) en « *Reviews from our community* » (Les avis de notre communauté).

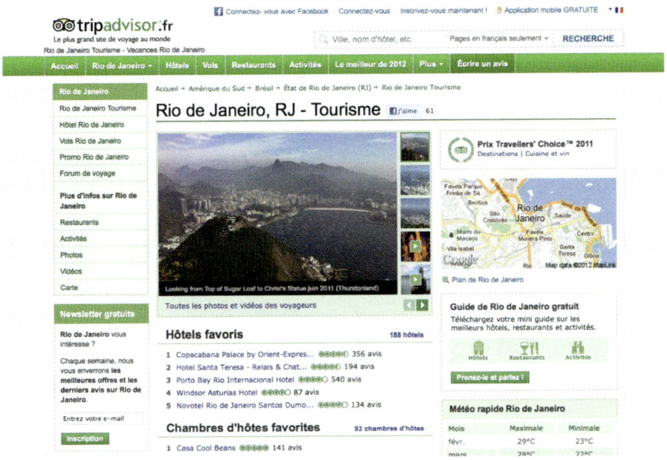

1. Nielsen, *Trends in Advertising Spend and Effectiveness*, juin 2011. Étude déjà citée.

Notre conseil

Réduire le risque perçu peut être une bonne façon d'accroître la valeur perçue d'une offre (voir la balance de la valeur perçue, figure 0.4 en introduction).

L'attitude vis-à-vis du risque est une caractéristique individuelle. Tous n'ont pas la même confiance dans leur propre jugement, et tous ne sont pas également prêts à affronter la désapprobation ou l'ironie de leur entourage social. En général, on considère que les premiers acheteurs d'un produit, c'est-à-dire ceux qui donnent l'exemple de l'innovation dans les comportements et permettent le changement des habitudes, se caractérisent par le fait d'accepter le risque de se tromper ou d'être désapprouvés. Les autres, rassurés et tentés par le succès de l'expérience de ces pionniers, se décideront alors à imiter leur comportement.

b) L'importance de l'implication des consommateurs

L'implication (en anglais *involvement*) est une variable comportementale très importante, qui a une double relation avec la notion de risque : une forte implication envers une catégorie de produits accroît le risque perçu, et inversement, un risque perçu élevé entraîne une plus forte implication.

L'implication désigne l'importance qu'attache un individu à la décision qu'il doit prendre (ou au choix qu'il doit faire), et indique par conséquent l'intérêt qu'il porte à une catégorie de produits ou à une marque.

1° Plusieurs facteurs sont susceptibles d'influencer l'implication

S'agissant des comportements d'achat, le degré d'implication des clients est très variable selon les produits et, pour un même produit, selon les individus. Les facteurs dont dépend l'implication du consommateur sont de plusieurs ordres.

- *Des facteurs personnels*

Ces facteurs personnels touchent aux besoins, à l'intérêt, aux valeurs du client. Certains seront très intéressés par les produits de cosmétique, d'autres beaucoup moins. De jeunes parents seront sensibles aux messages qui touchent les produits pour enfants, alors que les adultes sans enfants le seront beaucoup moins. Certaines personnes seront très impliquées par des problématiques de développement durable et d'écologie, et d'autres non.

- *Des facteurs liés aux produits*

L'implication en matière d'automobile varie fortement en fonction de la personne, mais on peut dire sans se tromper que l'implication des consommateurs est plus forte quand il s'agit d'acheter une automobile que lorsqu'il s'agit d'acheter une lessive. Des produits sont ainsi de façon générale plus ou moins « impliquants ».

- *Des facteurs de risque*

L'implication sera d'autant plus forte que le risque perçu sera élevé, à la fois en termes de probabilité et de degré. Lorsque le risque de se tromper est important et que les conséquences d'un mauvais choix sont graves, l'implication est nécessairement forte.

- *Des facteurs liés à la situation d'achat*

L'achat d'une bicyclette implique différemment l'acheteur selon qu'il est un adulte qui remplace un « vélo à tout faire », un jeune père qui offre à son fils de 3 ans son premier vélo, ou un adolescent amateur de cyclisme qui prépare sa première compétition.

- *Des facteurs favorisés par la politique marketing*

Le rôle du marketing est de lutter contre la banalisation des produits et donc de susciter ou ressusciter – si on nous permet ce jeu de mots – l'intérêt et donc l'implication du client. Cette dernière n'est donc pas une donnée figée, qui relève uniquement du client, elle dépend aussi de la capacité des entreprises à créer de l'implication.

Exemples

- Le sel est un des ingrédients les plus banals qu'on puisse imaginer, mais la fleur de sel, qui est la couche superficielle qui se forme dans les marais salants de Guérande, de l'Ile de Ré ou de Camargue, a fait l'objet d'une promotion particulière : on vante sa méthode de récolte particulière, ses vertus gustatives, ses bienfaits de santé... En quelques années, ce produit auquel personne n'attachait d'importance particulière, est devenu un « must » qui justifie un prix dix fois supérieur à celui du gros sel.
- Créé en 1962 par Bouquet d'Or, le Petit Ourson Guimauve (POG) est un bonbon en guimauve qui se serait grandement banalisé, si Cémoi, le propriétaire de la marque, ne travaillait à en faire un produit « culte » en mettant en avant sa dimension symbolique, celle de l'enfance à l'accent légèrement rétro. « POG est un produit régressif qui touche à la fois les trentenaires et la cible familiale » selon Christine Eysseric-Rocca, responsable marketing de l'entreprise qui célèbre les 50 ans de la marque.

À l'occasion de ses 50 ans, Petit Ourson revendique son statut de « produit culte »

2° Mesurer l'implication

Une mesure couramment utilisée de l'implication consiste à demander aux consommateurs de répondre à dix échelles de 1 à 7 concernant leur attitude à l'égard de l'objet étudié (produit, marque, publicité...), sous deux dimensions : implication affective (par exemple, excitant/pas excitant) et implication cognitive (par exemple, utile/pas utile)[1]. On cumule les points, le résultat final pouvant ainsi aller de 10 à 70 (voir figure 3.15).

1. Judith Lynne Zai-chkowsky, « The Personal Involvement Inventory: Reduction, Revision and Application to Advertising », *Journal of Advertising*, décembre 1994, pp. 59-70.

Figure 3.15 **La mesure de l'implication de Zaichkowsky**

Pour moi (ce qui est évalué) est :

1. Important	1	2	3	4	5	6	7	Pas important*
2. Ennuyeux	1	2	3	4	5	6	7	Intéressant
3. Pertinent	1	2	3	4	5	6	7	Pas pertinent*
4. Excitant	1	2	3	4	5	6	7	Pas excitant*
5. Pas significatif	1	2	3	4	5	6	7	Significatif
6. Attirant	1	2	3	4	5	6	7	Repoussant*
7. Fascinant	1	2	3	4	5	6	7	Banal*
8. A de la valeur	1	2	3	4	5	6	7	N'a pas de valeur*
9. Impliquant	1	2	3	4	5	6	7	Pas impliquant*
10. Pas utile	1	2	3	4	5	6	7	Utile

*On renverse pour ces items les scores à ces réponses : 7=1, 6=2, 5=3, etc.

Jean-Noël Kapferer et Gilles Laurent[1], considérant que l'implication vis-à-vis d'une catégorie de produits peut résulter de facteurs personnels (l'intérêt personnel du consommateur, de son plaisir et de l'image qu'il projette) et du risque perçu, ont développé une échelle d'implication à cinq dimensions :

- l'intérêt personnel du consommateur dans la catégorie de produits ;
- le plaisir associé à la catégorie de produits ;
- la valeur de signe social de la catégorie de produits ;
- l'importance des conséquences négatives d'un mauvais choix (importance du risque) ;
- la probabilité de faire un mauvais choix.

Notre conseil

Le manque d'implication est souvent un signe d'indifférence. C'est pourquoi les gens de marketing cherchent généralement à accroître l'implication des clients pour mieux agir. Mais si l'entreprise est dans une situation où elle tire avantage de la routine des clients, une faible implication n'est pas un handicap... tant qu'un concurrent ne recrée pas de l'implication !

3° L'importance de l'implication

Le processus d'achat va varier en fonction du degré d'implication : des produits très impliquant favoriseront une recherche d'information étendue de la part des clients, tandis que des produits peu impliquant conduiront à des processus routiniers.

La façon dont un message publicitaire va être perçu dépend de l'implication. Selon le modèle ELM (pour *Elaboration Likelihood Model*), le consommateur a deux grandes façons de traiter un message commercial : la route centrale et la route périphérique[2] :

1. Gilles Laurent et Jean-Noël Kapferer, « Measuring Consumer Involvement Profiles », *Journal of Marketing Research*, 22 février 1985, pp. 41-53.
2. Richard E. Petty, John T. Cacioppo et David Schumann, « Central and Peripheral Routes to Advertising Effectiveness : The Moderating Role of Involvement », *Journal of Consumer Research*, 10 février 1983, pp. 135-146.

- Lorsque le client est très impliqué par le produit, il prêtera l'oreille au message et sera attentif à la fois à son contenu et à ses arguments. C'est la *route centrale* de la persuasion, qui sollicite des réponses cognitives. La communication est alors parfois sobre, voire banale, mais ce n'est pas toujours le cas.

Exemple

➥ Apple a une communication immédiatement reconnaissable et très efficace. Soit l'entreprise choisit de communiquer sur la marque, autour de valeurs (créativité, indépendance d'esprit, attitude « cool », etc.), soit elle communique sur les produits et met très simplement en avant ses fonctionnalités. Quand on a un excellent produit qui implique les clients, inutile de noyer le poisson. L'exemple d'Apple montre qu'une communication qui utilise la route centrale peut être élégante et soignée.

- Lorsque le client est peu impliqué, il s'intéressera peu au contenu du message et à ses arguments. Par contre, son intérêt pourra être sollicité par des éléments périphériques : l'attractivité des mannequins, la musique, la créativité publicitaire, etc. C'est la *route périphérique* de la persuasion.

Figure 3.16 Les stratégies marketing selon le degré d'implication du consommateur

	Biens et services à faible implication	Biens et services à forte implication
Exemples de produits	L'essence, les fournitures de bureau, les quotidiens gratuits, les produits « premier prix », etc.	Tous les biens et les services touchant à la santé ou à l'éducation. Produits à statut social comme l'automobile, la maison, le mobilier, les produits de luxe, etc.
Segmentation	Marchés souvent indifférenciés.	Marchés souvent fortement segmentés.
Positionnement	Peu de choix possibles en matière de positionnement : on joue sur la valeur d'usage, sur le prix.	Éventail plus large des choix de positionnement : toutes les dimensions psychologiques, valeurs sociales et culturelles.
Principales différences du marketing-mix		
Produit	La variable produit n'est généralement pas l'élément moteur du marketing-mix.	Les possibilités de différenciation se traduisent généralement par des gammes plus développées et des innovations plus fréquentes.
Prix	Forte sensibilité au prix et aux actions promotionnelles.	L'élasticité de la demande par rapport au prix peut être assez faible.
Communication	Les consommateurs ne recherchent pas d'information : la communication cherche à créer plus d'implication.	Très grande importance de la communication, rôle des leaders d'opinion et, de façon générale, recherche active d'information par les consommateurs.
Distribution	La présence du produit (taux de DN-DV[1]) est fondamentale.	La distribution est un facteur d'image. Elle est souvent sélective, elle peut avoir besoin d'être spécialisée. Le distributeur joue souvent un rôle important pour l'information et la prise de décision du consommateur.

1. Voir les définitions de la DN-DV dans le lexique, à la fin de l'ouvrage.

Notre conseil

Le degré d'implication peut être un critère efficace de segmentation. On ne s'adressera pas de la même façon et on n'aura pas nécessairement une même politique marketing pour des clients impliqués et peu impliqués. Segmentez en fonction du risque perçu et de l'implication.

L'agence de publicité Foote, Cone et Belding (FCB) a présenté une matrice qui croise deux variantes : le niveau d'implication et le type d'implication, selon qu'elle est plutôt cognitive ou affective (suivant la distinction faite par Zaichkowsky, voir la mesure de l'implication, figure 3.15). Cette matrice est développée dans la boîte à outils du *Mercator*, voir outil n° 7.

c) L'apprentissage ou l'effet de l'expérience

L'apprentissage est un changement dans le comportement qui résulte de l'expérience.

Cette expérience peut être directe ou indirecte (observation, témoignages...). L'apprentissage est un processus continu, qui n'est pas nécessairement formel et explicite. Les décisions que nous prenons sont très largement fondées sur notre expérience et les processus d'apprentissage.

On peut distinguer plusieurs types d'apprentissage : les conditionnements et les processus cognitifs d'apprentissage plus complexes.

1° Le conditionnement

Le conditionnement suit le modèle *behaviouriste* : un stimulus entraîne une réponse de la part du sujet. Il reçoit de son expérience un effet en retour (*feed-back*), positif ou négatif, qui modèle son futur comportement.

On peut distinguer le conditionnement classique et le conditionnement instrumental.

Figure 3.17 **Le modèle behavioriste du conditionnement**

Conditionnement classique	Conditionnement instrumental
Le conditionnement consiste à associer de façon systématique dans l'esprit du sujet un stimulus et une réponse, il est mécanique et involontaire. Il repose sur la répétition.	Le conditionnement instrumental consiste à motiver un sujet à adopter un comportement par une récompense (on favorise le comportement) ou une punition (on le contrarie).
Exemple : La communication du positionnement de marque repose généralement sur la répétition du message. À force d'associer Nike au sport et Evian avec la jeunesse, on espère que le client pensera « sport » dès qu'il verra le logo Nike et « jeunesse » quand il verra une bouteille Evian en magasin.	*Exemple* : BSA, l'association des éditeurs de logiciels professionnels (en fait, principalement Microsoft), menace de poursuites judiciaires les entreprises qui utilisent des logiciels piratés, et les encourage à régulariser leur situation en s'engageant à ne pas poursuivre celles qui auront entrepris cette démarche

2° L'apprentissage cognitif

Contrairement à l'approche behavioriste, pour laquelle le consommateur est une sorte de « boîte noire », l'approche cognitive met l'accent sur les processus mentaux internes. Les sujets cherchent à résoudre un problème et à maîtriser leur environnement. Pour cela, ils s'appuient sur l'expérience ou sur l'observation.

Lorsqu'un consommateur fait face à un choix et prend une décision, il le fait en anticipant un résultat. Il comparera ensuite le résultat effectif du résultat attendu. S'ils concordent, il en retiendra la leçon et tendra à répéter le même comportement (habitude). Si, au contraire, le consommateur est déçu du résultat, il deviendra plus prudent et tendra à réévaluer ses choix, voire ses façons d'évaluer.

Dans le processus d'apprentissage par observation, le sujet n'a pas une expérience directe du résultat, mais il peut l'observer. Ce type de processus repose très souvent sur l'observation de modèles, c'est-à-dire du comportement de personnes de référence.

Exemples

- En publicité, l'emploi de célébrités repose pour une grande part sur ce mécanisme d'apprentissage : quand Andie MacDowell a des problèmes de cheveux cassants, elle utilise Elsève de L'Oréal. La téléspectatrice qui aura mémorisé cette observation choisira L'Oréal pour résoudre un problème similaire.
- La marque américaine de biscuit Oreo explique clairement le « mode d'emploi » de son produit aux jeunes consommateurs français, qui ne sont pas familiers avec lui. La marque s'engage ainsi dans un processus d'apprentissage qui vise à influencer le comportement de consommation : le biscuit doit s'ouvrir (en le tournant), se manger par morceaux et se consomme avec du lait.

Bien entendu, le conditionnement classique ou instrumental et l'apprentissage cognitif sont des modèles simples d'apprentissage. Ces processus entrent en interaction avec les attitudes, les valeurs et la personnalité du consommateur, avec un environnement social, culturel ou de groupe qui va être influencé par l'implication, le risque perçu et la situation, etc. Il n'y a pas en marketing de réflexe pavlovien : on peut le regretter pour le travail du chef de produit, qui en serait bien simplifié, mais on peut s'en féliciter en tant que consommateur et citoyen !

d) L'influence de la situation

Les chercheurs en comportement du consommateur ont souligné l'importance de la situation dans laquelle se trouve le consommateur pour expliquer son comportement.

> La situation est un contexte spatial, temporel et humain indépendant de la nature du consommateur et du produit et susceptible d'influencer le comportement d'achat.

1° La typologie des situations

On peut chercher à dresser une typologie des situations en fonction du comportement concerné du consommateur. Peter et Olson distinguent cinq grandes situations[1] :

- la recherche d'informations ;
- la recherche de produits (shopping) ;
- l'achat ;
- l'utilisation ;
- la cession ou le débarras du produit.

Un responsable marketing a tout intérêt à étudier de près le comportement de ses clients dans chacune de ces cinq situations pour trouver de nouvelles sources d'information pour ses produits, sa communication ou la gestion de sa relation avec les clients.

2° Les composantes de la situation

La situation peut se décomposer en :

- un environnement physique ;
- un environnement humain (autres personnes présentes sur la scène, leur comportement et leurs interactions) ;
- un moment (de la journée, de la semaine, du mois, de l'année...) ;
- une activité (situation de loisir, de détente, de travail, de tâche à accomplir...).

Exemples

➥ Google doit son succès commercial à ce que l'entreprise saisit l'internaute au moment où il fait une recherche précise. C'est à ce moment-là que l'information fournie (liens naturels ou commerciaux) est la plus pertinente pour lui, et donc la plus susceptible

1. J. Paul Peter et Jerry C. Olson, *Consumer Behavior and Marketing Strategy*, Irwin, 1996.

d'influencer son comportement. L'entreprise a ainsi réalisé 26 milliards de dollars de chiffre d'affaires en 2011 (sur un total de 36 milliards) en vendant des liens commerciaux (AdWords) affichés avec les résultats de la requête de l'internaute.

- La présence de clients dans un restaurant est un indicateur qui incite à y entrer alors qu'une salle vide tendra à faire fuir le client potentiel.
- Les chercheurs ont remarqué que les clients d'hypermarché ont tendance à acheter plus de produits alimentaires quand ils font leurs achats à un moment de la journée où ils ont faim (avant le déjeuner, au milieu de l'après-midi...) qu'après avoir mangé.

Les politiques de marketing ont notamment pour objet de travailler sur les situations d'achat pour influencer le comportement des consommateurs :

- travail sur l'environnement commercial, c'est-à-dire le design environnemental et le merchandising ;
- formation de la force de vente et gestion des interactions entre clients dans les services ;
- adaptation des campagnes de communication au moment le plus propice de l'année ou de la journée ;
- adaptation de l'offre à la situation de recherche d'achat du consommateur (achat rapide et automatisé *versus* interaction avec les vendeurs ; distributeurs avec de faibles prix *versus* distributeurs multipliant les services...).

Notre conseil

La communication hors-médias est beaucoup plus adaptée pour jouer sur la situation que la communication media. Voir le chapitre 9 sur le hors-médias.

2 Le processus d'achat

Les processus d'achat passent par de grandes étapes et peuvent être analysés selon leur degré de complexité.

a) Les quatre étapes principales d'un processus décisionnel

FOCUS

Les quatre étapes du processus décisionnel

- La reconnaissance du problème
- La recherche d'information
- L'évaluation des alternatives et la prise de décision
- L'évaluation après l'achat

1° La reconnaissance du problème

La phase de reconnaissance d'un problème advient quand le consommateur commence à prendre conscience d'un écart entre son état présent et un état désiré ou idéal. Cette phase de reconnaissance s'achève quand le consommateur admet la réalité de son besoin et la nécessité (et la possibilité) d'un achat.

La reconnaissance d'un problème peut naître de multiples façons : un produit est épuisé ou usé, il ne donne plus satisfaction, un nouveau besoin apparaît (naissance, présent à acheter, déménagement, etc.), une insatisfaction est créée par comparaison, etc.

Le marketing peut également favoriser la prise de conscience d'un besoin : soit en attirant l'attention sur une solution (rôle traditionnel de la publicité qui incite le consommateur à allouer une partie de ses ressources à la marque promue), soit en créant un nouveau besoin dont le consommateur n'était pas conscient. Ce dernier cas peut se présenter lors de l'introduction d'une nouvelle catégorie de produits ou lorsque les responsables de marketing cherchent à élargir la demande primaire.

Exemples

- L'Oréal Paris a mené une campagne de publicité pour sa gamme de produits cosmétiques pour hommes sur le thème : « Vous vous croyez irrésistible ? Elles trouvent que vous vous négligez. » Alors que les rides étaient socialement jugées de façon moins négative chez les hommes que chez les femmes, L'Oréal a cherché à renverser cette perception en stigmatisant les hommes qui ne prennent pas soin de leur peau et n'utilisent pas des crèmes antirides. On n'est plus ici dans le cas de figure de la réponse à des besoins exprimés, mais bien dans celui de la création de besoins nouveaux.
- Cette publicité brésilienne pour l'agence de voyage Terra Travel interpelle le lecteur : « Prenez votre respiration. Terra Travel ». Elle cherche à créer une prise de conscience du problème (travail, fatigue, besoin de repos et d'évasion) pour présenter la solution.

« Prenez votre respiration. Terra Travel ». Agence DDB, Sao-Polo

2° La recherche d'information

La recherche d'information peut porter sur différents sujets et prendre de nombreuses formes.

• *La recherche accidentelle et délibérée, interne et externe*

La recherche d'information peut être :

- *Accidentelle.* On est en effet constamment soumis à des messages, des histoires et des exemples. La publicité, mais au-delà, les articles de la presse, les émissions de radio et de télévision, le comportement d'amis ou de personnes de notre connaissance, etc., fournissent constamment des informations.
- *Délibérée et formalisée.* Par exemple, la recherche d'un logement ou la recherche d'un objet spécifique sur Internet.

Exemple

➥ Internet fournit tous les moyens pour favoriser une recherche délibérée et formalisée : moteurs de recherche tels que Google, comparateurs tels que Kelkoo, sites e-commerce à l'offre très étendue comme Amazon ou Rue du commerce, sources d'information expertes comme les blogs, forum et centres d'expertise comme lesnumeriques.com...

L'accès aux informations peut être soit externe, soit interne :

- La *recherche externe* d'information est menée lorsque le consommateur cherche délibérément à s'informer sur les produits.
- La *recherche interne* d'information fait appel à la mémoire du consommateur : expérience directe ou expérience indirecte qui résulte des messages, histoires et exemples auxquels il a été soumis.

• *Les facteurs d'influence de la recherche d'information et les sources d'information*

Le processus de recherche d'information est influencé par plusieurs facteurs.

- *Le risque perçu et l'implication* : on a vu que plus ils sont importants, plus la recherche d'information sera étendue et délibérée, plus le consommateur fera appel à des sources d'information crédibles et non commerciales, comme le bouche-à-oreille ou les revues de consommateurs.
- *L'expertise du consommateur* : un consommateur expert dans un domaine passera moins de temps à rechercher de l'information avant un acte d'achat qu'un consommateur non expert (l'expertise repose sur une recherche d'information continue qui n'est pas directement liée à l'acte d'achat).
- *La source d'information* est un autre élément important dans la recherche d'information. Cette source peut être commerciale ou indépendante, standardisée ou personnalisée. La nature et le rôle de la source d'information sont traités dans le chapitre 7 sur les fondamentaux de la communication.

3° L'évaluation des alternatives et la prise de décision

Soit le consommateur évalue des produits similaires, soit il cherche des alternatives.

Pour évaluer des alternatives, il faut d'abord les identifier. La *catégorisation* est le processus par lequel on regroupe les objets ou les personnes dans différents groupes ou catégories.

Les politiques de positionnement reposent souvent sur des catégorisations.

Exemples

- Badoit est uniquement positionnée comme une eau de table, alors que Perrier, longtemps positionnée dans la catégorie des *soft drinks*, s'est placée plus récemment sur le marché des eaux de table avec « L'eau de Perrier ».
- La catégorisation est particulièrement importante dans les sites d'e-commerce, un des modes d'accès privilégié au contenu étant effectué à partir d'un menu de catégories et de sous-catégories de produits : si le client ne sait pas identifier la catégorie et la sous-catégorie à laquelle appartient le produit, sa navigation sera beaucoup plus difficile.

• *La comparaison d'alternatives : la hiérarchie des alternatives et la fidélité*

Dans un processus de décision (par exemple, l'achat d'un ordinateur), les alternatives peuvent prendre de nombreuses formes :

- la sélection de la *catégorie pertinente de produits* (par exemple, ordinateur portable, système Windows) ;
- la sélection des *caractéristiques recherchées du produit* (par exemple, taille de l'écran, capacité du disque dur, puissance du microprocesseur...) ;
- la sélection de la *gamme de prix* (par exemple, entre 800 et 1 000 €) ;
- la sélection des *marques* (par exemple, Sony, HP, Dell...) ;
- la sélection du *réseau de distribution* (par exemple, sur Internet, ou en magasin : Fnac, Surcouf...).

Il existe de nombreuses hiérarchies possibles d'alternatives : on peut ainsi commencer par sélectionner le point de vente (Darty), puis la marque (Dell), puis le modèle (Inspirion...). On peut aussi commencer par sélectionner le modèle (ordinateur portable disposant de la puce Core i3 d'Intel), puis la marque (Sony), puis le point de vente (Fnac) pour trouver le produit. On peut également commencer par sélectionner le circuit de distribution (Internet/hors ligne) avant de sélectionner le produit et la marque. Il existe ainsi beaucoup de hiérarchies possibles. Bien entendu, le critère de prix entrera en ligne de compte pour déterminer l'enseigne, le modèle ou la marque.

• *Internet tend à influencer la hiérarchie des alternatives*

On doit distinguer la recherche ciblée sur un produit préalablement identifié, et une recherche plus générale qui tourne autour d'une catégorie de produits.

1. Pour les *produits précisément identifiés* qui sont spécifiquement recherchés, Internet va permettre au consommateur de comparer très aisément les offres et de faire souvent son choix de distributeur en fonction du prix. On passe donc du produit-marque au prix puis au distributeur, alors que dans le schéma offline, il était nécessaire de passer par des distributeurs pour accéder à l'information sur le produit et sur les prix pratiqués.

Bien entendu, toute la politique des e-commerçants consiste à réduire l'importance du prix en cherchant à fidéliser les clients et à se faire préférer (lorsque le différentiel de prix n'est pas trop important).

Exemple

- Une étude réalisée par un grand e-commerçant français en 2011 montrait la très nette supériorité de la Fnac et d'Amazon en termes d'image de marque (si la Fnac a un indice de 100, Amazon a 83, le troisième arrivant loin derrière avec 68).

Quand on interrogeait les internautes sur les raisons d'achat auprès d'un distributeur, ils mettaient aussi en avant la confiance (Amazon : 100, Fnac : 90), la réputation (Darty et la Fnac : 100), le service client (Darty : 100, Amazon, lointain second : 45...) et la fidélité (La Redoute : 100, Darty : 80...). Avoir de mauvais indices sur ces différents facteurs influence négativement le processus de décision. Bien entendu, d'autres facteurs entrent en ligne de compte, tel le prix (Pixmania 100, Rue du commerce, 95, alors qu'Amazon n'est qu'à 90...) et le choix (Darty : 100, Pixmania : 90).

2. Quand on recherche une *catégorie de produit* susceptible de répondre à un besoin, plutôt qu'un produit précis, l'internaute va se diriger vers des sites qui lui permettent de découvrir et d'évaluer l'offre, et qui lui sont généralement familiers. Ce peuvent être des sites d'information spécialisés (lesnumeriques.com, TripAdvisor...) qui agrègent l'information sur l'offre, comme des sites d'e-commerce qui mettent en avant l'exhaustivité de la sélection, les fiches produits, les outils de comparaison, les évaluations des clients. Les sites d'e-commerce jouent ici non seulement le rôle des agrégateurs de produits, mais encore d'information, et deviennent souvent la première étape du processus de décision.

Exemple

➥ Vente-privee.com réalise un milliard d'euros de chiffre d'affaires en vendant des produits de marque à prix dégriffés de 50 à 70 %. Le site rompt avec tous les processus habituels de recherche d'information, puisque c'est l'offre qui crée en quelque sorte la demande.

Une fois inscrit au Club vente-privee.com, l'internaute reçoit en effet des annonces de mise en vente de produits en quantité limitée qui dépendent des arrivages. Le consommateur va s'informer du produit sur le site, particulièrement bien mis en valeur. Lors de l'ouverture postérieure de la vente, le premier arrivé est le premier servi, jusqu'à épuisement des stocks.

Le parcours consiste ici donc à s'inscrire à venteprivee.com pour être ensuite sollicité par les offres : un rêve pour la plupart des distributeurs. Un modèle qui fonctionne remarquablement : le site a plus de 8 millions d'abonnés, et est le plus rentable de France.

4° L'évaluation après achat

L'évaluation après achat est une étape importante dans un processus d'achat. En effet, la satisfaction ou l'insatisfaction influencent les processus d'achat futurs, comme on a pu le voir dans le paragraphe 1 consacré à l'apprentissage. Un processus décisionnel long qui aboutit à un achat satisfaisant pourra sensiblement raccourcir le processus décisionnel du prochain achat. À l'inverse, une expérience insatisfaisante peut conduire à évaluer des alternatives.

Les responsables de marketing peuvent influencer l'évaluation post-achat, et donc la satisfaction ou l'insatisfaction du client, de plusieurs façons :

- en s'assurant que ces produits correspondent aux attentes des clients ;
- en évitant les promesses exagérées qui élèvent trop le niveau des attentes des clients et entraînent une insatisfaction ;
- en rassurant le client après l'achat afin de lui rappeler les points forts du produit acheté et en le félicitant de son achat.

On se reportera au chapitre 10 qui porte sur le marketing relationnel pour lire les développements relatifs aux déterminants de la satisfaction.

b) Quatre grands types de processus décisionnel

Les processus décisionnels peuvent être plus ou moins développés et du reste, il est relativement peu fréquent qu'ils suivent l'intégralité des étapes. On peut ainsi distinguer :

- les processus décisionnels *routiniers* ;
- les processus décisionnels *limités* (dont l'achat impulsif) ;
- les processus décisionnels *étendus*.

1° Les processus décisionnels routiniers

Dans ce cas, les processus décisionnels sont réalisés sans guère d'effort, ni de réflexion.

On achète le journal le matin, car on a l'habitude de le faire. D'autres iront au café prendre le « petit noir » du matin. En faisant les courses, on se réapprovisionne dans les produits qui manquent : lait, pain, soda, etc.

Exemples

- Les sites de vente de produits d'alimentation en ligne proposent au client de retrouver leur fiche de course précédente, ce qui leur permet, en cochant ou décochant, d'effectuer très rapidement leurs achats de routine.
- Inversement, un distributeur qui a une carte de fidélité peut identifier un couple qui va avoir un bébé en raison d'achats de produits nouveaux (vitamines, coton, savon sans parfum, vêtements pour grossesse), qui préfigurent une transformation plus radicale des habitudes de consommation. Il en va souvent de même pour un changement de travail, un déménagement, un divorce, etc.

Un besoin déclenche la routine. L'habitude remplace la réflexion selon un principe d'économie des efforts (voir le paragraphe 1 sur l'apprentissage). Le besoin est satisfait. La routine fonctionne donc selon un schéma tertiaire :

Figure 3.18 **Le processus décisionnel routinier**

La tâche du marketing est souvent de casser la routine qui lie un consommateur à un concurrent pour commencer à être considéré par ce consommateur. Des promotions attractives qui favorisent l'essai, une offre ou une communication innovantes sont des moyens classiques utilisés. Les gens de marketing sont aussi aidés par une tendance naturelle du consommateur : la *recherche de diversité*, de ce qui s'oppose à la routine. C'est ainsi une motivation qui peut expliquer l'infidélité des consommateurs : on ne veut pas toujours acheter la même variété de fromage, de yaourt, de shampoing, de voiture, ni choisir toujours la même destination de vacances.

MINI CAS

Febreze ou comment s'intégrer dans les habitudes des consommateurs[1]

Procter & Gamble, le géant des produits de grande consommation, créa au milieu des années 1990 un produit révolutionnaire qui détruit les mauvaises odeurs. Il ne s'agit pas de masquer ces odeurs, mais de les éliminer. Ce liquide sans odeur, utilisé sous forme de spray sur les vêtements, les voilages, les tissus d'ameublement ou de voiture, élimine les odeurs gênantes comme celles du tabac, des animaux de compagnie, etc., bien entendu sans tacher les tissus.

L'entreprise, qui dénomma le produit Febreze, réalisa deux publicités pour le lancement.

Les ventes démarrèrent lentement... et déclinèrent rapidement : Febreze était un « bide ».

Pour comprendre les raisons de cet échec, les équipes marketing décidèrent de se rendre chez des consommateurs et de voir de quelle façon ils utilisaient ou non le produit. Une première rencontre importante a été celle d'une femme qui vivait avec neuf chats chez elle : la cliente parfaite pour Febreze. Mais celle-ci paraissait peu convaincue par le produit : « mon intérieur n'a pas de problème d'odeur » dit-elle à l'enquêteur indisposé par l'odeur de chats. « Ah bon, vous ne sentez pas d'odeur ? » « Non, aucune. » Ce que découvraient les équipes d'enquêteurs est que, lorsqu'on vit dans un endroit de fumeurs, on ne sent plus l'odeur de fumée et il en va de même pour les odeurs d'animaux. Faute d'identifier le problème, les consommateurs ne cherchaient pas la solution.

La voie du salut vint d'une autre consommatrice : cette mère de famille avait un intérieur soigné qui n'avait aucun problème d'odeur (ni cigarette, ni animaux), bien qu'elle utilisait Febreze de façon intensive. Après avoir bien nettoyé son intérieur, elle ajoutait ensuite quelques sprays de Febreze ici ou là : « Mettre un coup de spray est comme une mini-célébration quand la pièce est propre. »

La stratégie changea de tout au tout. Un parfum fut ajouté à Febreze qui, plutôt que de supprimer les mauvaises odeurs, apporterait une odeur de propreté. Les nouvelles publicités mirent en scène une nouvelle routine : quand on a bien nettoyé, on ajoute quelques sprays de Febreze.

Febreze, conçu à l'origine comme un produit révolutionnaire qui détruit les mauvaises odeurs, devint un parfum d'intérieur qu'on utilise... pour donner une odeur de propreté. Relancé sur ce principe en 1998, les ventes doublèrent en deux mois pour atteindre 230 millions de dollars en un an. La gamme Febreze génère aujourd'hui un milliard de dollars de revenus par an pour Procter & Gamble.

1. Cet exemple est raconté par Charles Duhigg, *The Power of Habits : What We Do What We Do in Life and Business*, Random House, 2012.

2° Les processus décisionnels limités

Dans le cas des processus décisionnels limités, le processus est simplifié : la recherche d'information est très réduite, le choix se réalisant entre des alternatives qui se présentent au consommateur.

Les consommateurs utilisent des indicateurs ou signaux qui leur permettent de raccourcir le processus de décision. Ces signaux ont été acquis par apprentissage (expérience), ou ont été enseignés par les marques, ou sont fondés sur des préjugés comme dans les exemples suivants.

Exemples

- « Un prix élevé est un signe de qualité. »
- « Un endroit fréquenté par beaucoup de clients est le signe que l'offre est intéressante. »
- « Un produit allemand est de qualité, un produit chinois ne l'est pas, un produit italien est stylé. »
- « Une grande marque est une garantie de sécurité. »
- « Un hard discounter est toujours moins cher. »

3° L'achat impulsif

L'achat impulsif est une variante de processus décisionnel limité. Il intervient quand le consommateur éprouve un besoin non planifié, soudain et pressant d'acheter. L'achat impulsif est généralement étroitement lié à une situation favorable : le consommateur est ainsi en contact avec une offre pour laquelle il éprouve un besoin pressant. Les magasins peuvent favoriser l'achat impulsif par leur façon de disposer les produits (Toys Я Us dispose les friandises en entrée de magasin, ainsi que près des caisses). De même, les vendeurs peuvent favoriser le passage à l'acte d'un « coup de foudre », que ce soit par contact direct ou par télévente. La loi française, pour protéger les consommateurs, donne d'ailleurs un délai de réflexion de sept jours pour les produits commandés à distance.

L'achat impulsif est plus particulièrement associé à certaines catégories de produits : vêtements et gourmandise. Plus un individu dispose de revenus importants, plus les catégories de produits pouvant faire l'objet d'achats impulsifs seront nombreuses.

4° Les processus décisionnels étendus

Dans ce dernier cas, le processus décisionnel est très développé : il couvre les quatre étapes (reconnaissance du problème, recherche d'information, évaluation des alternatives et la prise de décision, évaluation après l'achat). La recherche d'information est large, les alternatives soigneusement soupesées. L'ensemble du processus prend un certain temps. L'achat d'un logement ou d'une automobile suit souvent ce modèle de comportement.

c) Le funnel[1] ou parcours d'achat

En dehors des achats impulsifs qui, par définition, se font spontanément, les processus de décision se décomposent en plusieurs étapes. Il convient de faire une

1. Les Anglo-Saxons disent *sales funnel* ou *funnel*. Funnel signifie « entonnoir ».

analyse (quelles sont ces différentes étapes pour un bien et un segment de clientèle donnés ?), de faire un diagnostic (quelles sont les étapes qui posent problème parce que c'est là que le processus s'arrête avant l'achat ?) pour poser des recommandations et bâtir un plan d'actions.

Le funnel ou entonnoir est une représentation du parcours d'achat que suit un individu ou une organisation en étapes clés successives dont on cherchera à mesurer le taux de conversion (ou inversement de déperdition) de l'une à l'autre.

1° On reconstitue le parcours de la cible en le fractionnant en étapes essentielles

Figure 3.19 **Funnel simplifié**

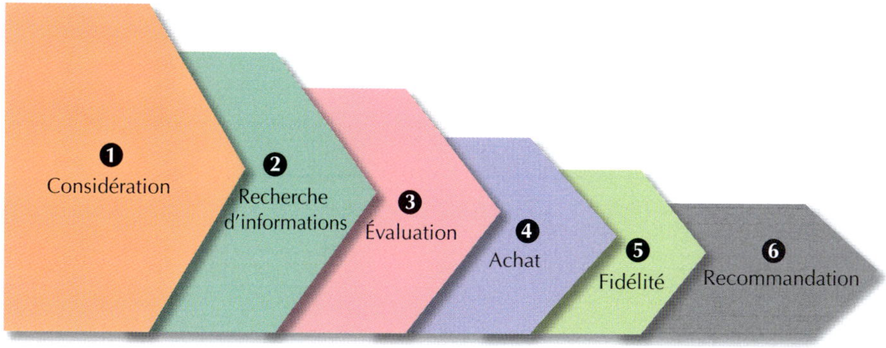

❶ Considération : au début du processus d'achat, le consommateur fait un tri entre les marques et produits pour n'en retenir qu'un petit nombre (short list) qu'il va « étudier » de façon approfondie afin de faire son choix définitif. C'est ce que nous appelons la phase de considération ou prise en considération. Cette liste se fait en fonction de la notoriété des marques, des produits et de leur image. Le cas échéant, on peut faire précéder la phase « Considération » d'une phase « Connaissance » des marques et produits.

❷ Recherche active d'information : le consommateur va sur le Net, dans des magasins. Il lit des magazines, s'informe auprès de son entourage. On peut lister les points de contact possibles et apprécier leur importance dans cette phase de recherche d'information.

❸ Évaluation : à partir de l'information recueillie et de son expérience, le consommateur évalue les marques et les produits et établit un ordre de préférence.

❹ Achat proprement dit : cette phase peut être analysée plus finement, la prise de commande pouvant être décomposée en plusieurs étapes. C'est ce qu'on fait dans le commerce électronique pour comprendre quand et pourquoi de nombreux internautes engagés dans une prise de commande l'abandonnent.

❺ Le client rachète la marque et le produit parce qu'il est satisfait, parce qu'il y a une promotion, parce qu'il veut gagner des points de fidélité, parce qu'il ne trouve pas autre chose, parce qu'il ne veut pas se fatiguer à chercher autre chose, etc.

❻ Le client se fait l'avocat de la marque qu'il recommande à son entourage (bouche à oreille).

Selon le produit, la séquence peut être différente. Par exemple, pour l'achat d'une automobile, la phase essai est très importante. On la fera donc figurer dans le parcours d'achat. On peut également ajouter une phase « négociation » du prix du véhicule neuf, de la reprise de l'ancien véhicule, sachant que de plus en plus de clients négocient les prix. Enfin, on peut placer la phase « recommandation » avant la phase « rachat » parce qu'il s'écoule plusieurs années entre un achat et le renouvellement d'un véhicule.

2° On mesure par des études sur échantillons le pourcentage de la cible aux différents stades du parcours d'achat

Le funnel ci-après a été établi à partir de données collectées auprès d'un échantillon de personnes ayant acheté au cours des trois derniers mois un véhicule du segment du modèle étudié. 60 % des individus ont pris en considération ce modèle, de marque étrangère et très peu diffusé en France. Ce n'est pas si mal mais au total 1,5 % seulement ont acheté ce modèle, ce qui veut dire que 98,5 % se sont décidés pour la concurrence !

Figure 3.20 **Exemple de funnel représentant le pourcentage de la cible aux différentes étapes**

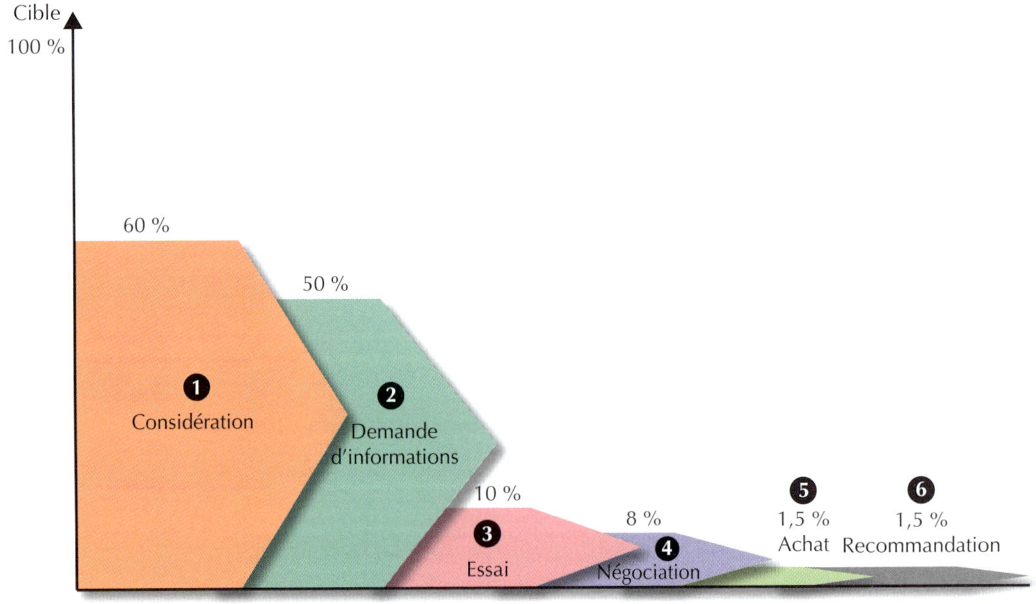

3° On calcule les taux de conversion, d'une étape à l'autre

Cela permet de diagnostiquer les étapes qui posent problème. On approfondit le diagnostic sur les taux de conversion problématiques. On propose des plans d'actions.

Dans la figure 3.21 qui présente un funnel d'achat automobile, les difficultés résident principalement à deux niveaux :

- À l'étape « Essai », le taux de demande d'essai est beaucoup trop faible. De nombreuses personnes s'intéressent au modèle puis laissent tomber. Pourquoi ? L'information recueillie par le client potentiel est-elle déceptive ? Le réseau de distribution est-il trop faible, les gens intéressés n'étant pas prêts à faire des dizaines de kilomètres pour aller en concession ? Les vendeurs en concession sont-ils suffisamment convaincants pour prendre des rendez-vous d'essai ?
- Le taux d'achat est trop faible. Pourquoi les négociations n'aboutissent-elles pas ? Les conditions proposées sont-elles compétitives avec celles de la concurrence ? Les vendeurs savent-ils bien négocier ? Sur quoi achoppent précisément les négociations ? Sur les véhicules neufs ou sur les reprises ?

Figure 3.21 **Évaluation des taux de conversion**

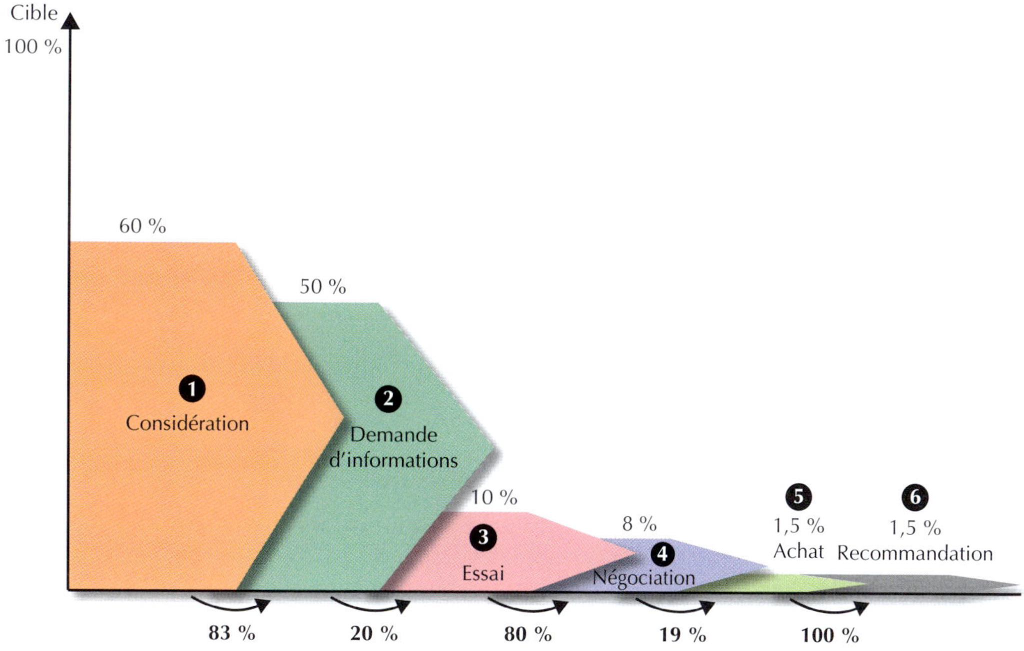

On note également des points positifs : le taux de demande d'information est bon. Il faut connaître les sources d'informations les plus sollicitées et mieux comprendre pourquoi les clients, intéressés, décrochent puisque beaucoup abandonnent avant d'avoir essayé le véhicule.

L'essai se passe plutôt bien car il débouche souvent sur une négociation, phase finale du processus d'achat. Le taux de recommandation est excellent. Les clients sont très satisfaits de leur achat.

À noter qu'il peut être très intéressant de reconstituer les parcours d'achat des modèles directement concurrents et de comparer les scores et les taux de conversion à chaque phase.

4° On met en œuvre des plans d'actions et on mesure leurs effets

La méthode du funnel donne des informations et des résultats qui peuvent être très intéressants. Elle amène les équipes marketing à approfondir leur connaissance des processus de décision de la clientèle et à déterminer ce qui achoppe. Une difficulté pour les petites entreprises tient au coût des études à engager pour identifier les différentes étapes et évaluer avec précision les taux de conversion. On peut se contenter d'interroger les commerciaux (c'est facile) et les distributeurs (quand c'est possible). On n'aura pas de données quantifiées mais le diagnostic restera utile. Soit les avis convergent et on peut les exploiter ; soit ils divergent fortement et il faut comprendre pourquoi car cela signifie sans doute que l'étape en question pose un gros problème.

FOCUS

Le funnel d'achat

Le funnel est une représentation du processus de décision du client simplifiée et orientée vers l'action. En le décomposant en étapes clés, en mesurant l'efficacité de chacune de ces étapes, cet outil est remarquablement utile pour le pilotage des actions.

Mais cet instrument de diagnostic ne permet pas de comprendre le pourquoi et le comment du comportement du client. Il identifie les problèmes et attire l'attention du responsable marketing, à charge pour ce dernier de mieux en comprendre les raisons, et de corriger son action en conséquence.

5° Les funnels sur Internet et les funnels « transcanaux »

Le funnel est un instrument d'autant plus utilisé sur Internet qu'on peut précisément mesurer le trafic à chacune des étapes du parcours, et le taux de conversion d'une étape à l'autre. On peut alors établir un diagnostic et identifier notamment à quelles étapes on « perd » le plus de visiteurs (taux d'abandon).

Dans l'analyse d'un funnel en ligne, on pourra partir d'une campagne d'acquisition de trafic (par exemple des achats de mots-clés sur Google) pour mesurer le nombre de visiteurs généré par cette campagne, ainsi que le coût de la visite.

Le calcul du *taux de rebond* (pourcentage de visiteurs qui arrivent sur un site par une page et qui en ressortent tout de suite) permet de mesurer d'une part la qualité du trafic généré (a-t-on ciblé les bonnes personnes ? le message était-il clair ?) et d'autre part la qualité de la page, c'est-à-dire sa capacité ou non à prolonger utilement la visite.

Des tests A/B, au cours desquels on présente de façon aléatoire aux visiteurs une version de page ou une autre, permettent d'améliorer progressivement le parcours du visiteur et le taux de conversion.

Exemple

- Il en faut parfois peu pour entraîner de grands changements. Dans cet exemple, la société de conseil en optimisation de parcours client Converteo a cherché à améliorer le taux de conversion des visiteurs du site des Éditions Atlas. Un emplacement clé sur la page d'accueil est la mise en avant de quatre produits phares, qui doit inciter les visiteurs à entrer dans le catalogue produits.
- Dans les deux versions testées, une seule chose a changé : le titre. Une version B, « Nos coups de cœur » a été comparée à la version A existante, « Les coups de coeur des internautes ». Ce seul changement permet d'améliorer le taux de conversion de près de 15% pour les visiteurs passant par cette zone, tout en maintenant la qualité de visite (temps passé sur le site, nombre de pages vues par visite)...

Version témoin

Version retenue après le test

L'optimisation du parcours est particulièrement nécessaire à la fin du parcours client, dans le tunnel de commande, afin de réduire le *taux d'abandon de panier* (le pourcentage de visiteurs qui commencent le processus de prise de commande et qui l'abandonnent en route). Selon Benchmark Group (2010), ce taux moyen est de 64 %, mais il varie entre les catégories de produits : par exemple 47 % pour l'habillement ou 72 % pour l'équipement de la maison !

Le diagnostic du funnel client et l'amélioration du parcours client sont des enjeux importants pour les entreprises qui ont une activité en ligne. Des sociétés de conseil, comme le pionnier Converteo ou Fifty-Five en France, se sont spécialisées dans l'accompagnement de ces entreprises. Les savoir-faire se sont constitués et le défi relève plus de l'opérationalisation que de la théorisation.

On constate aujourd'hui que le parcours des clients est rarement linéaire. Par exemple, le client clique sur une bannière, qui le conduit vers une page, qui découvre le produit, qui suit le funnel d'achat et qui passe commande. De plus en plus, les clients sont sollicités de nombreuses façons : bannière, lien commercial sur un moteur de recherche, e-mail ou newsletter reçus, réseaux sociaux... qui sont autant d'opportunités de contact. Ces sollicitations conduisent elles-mêmes non pas à une, mais à plusieurs visites. La vente finale, si elle a lieu, se conclut à l'issue de ce parcours complexe, qui peut donc connaître de très nombreuses variations.

Les premières études sur ces parcours complexes montrent non seulement qu'ils n'ont pas tous la même efficacité, mais que de plus cette efficacité est également liée au profil du client.

Un des défis du marketing aujourd'hui est de prendre en compte cette complexité nouvelle dans le processus de décision des clients, de définir les instruments qui permettront de mesurer ces parcours et d'optimiser la politique marketing en conséquence, comme l'a souligné le schéma en page d'ouverture de ce chapitre.

Ressources complémentaires

La boîte à outils du *Mercator*

- Outil n°5, Le funnel
- Outil n°6, La méthode Penser/Agir
- Outil n°7, La matrice de l'implication

Ressources numériques sur mercator.fr

- **L'essentiel : retenez les points-clés !**
  L'essentiel du chapitre 3
- **Quiz interactifs corrigés et commentés : testez vos connaissances !**
  Quiz chapitre 3
- **Pour aller plus loin**
  Pour aller plus loin dans le chapitre 3 : une sélection de livres et de sites Internet sur le comportement des consommateurs.

Utiliser les leviers du marketing-mix

deuxième partie

Le marketing dispose de quatre grandes familles de moyens d'action. Les deux premières concernent l'offre que l'entreprise va faire à ses clients potentiels, d'une part en termes de caractéristiques du produit (chapitre 4), d'autre part en termes de prix de vente (chapitre 5). Les deux autres ont pour objet de stimuler la demande des produits de l'entreprise. Ce sont : la politique de distribution (chapitre 6) et la communication sous ses différents aspects (chapitres 7 à 9).

L'entreprise française Parrot crée une nouvelle catégorie de produits

Chacun connaît les drones (« bourdon » en anglais), ces appareils volants sans pilote qu'on peut commander à distance. Bien plus sophistiqués – et coûteux – que des modèles réduits d'avion ou d'hélicoptère, leur usage était réservé aux missions militaires ou de surveillance.

La société française Parrot, créée en 1994 et qui fabrique une large gamme de produits technologiques, a changé la donne en mettant au point et en commercialisant un drone pour le grand public. Comme un appareil militaire, ce drone embarque un appareil photo et une caméra vidéo qui transmettent en direct des images. Le pilotage se fait à partir d'un iPhone (ou bientôt d'un smartphone fonctionnant sous Android) sur lequel apparaissent (et peuvent être enregistrées) les images vidéo. Cela apparente furieusement le produit à un jeu vidéo « en vrai ». C'est du reste le slogan du produit : « *The flying video game* », le jeu vidéo volant.

Ce petit bijou technologique semble ouvrir de nombreuses applications : du simple loisir au combat virtuel, en passant par des usages professionnels comme la prise de photo d'une propriété ou l'inspection de fissures dans un bâtiment, par exemple. Pour assurer son succès, l'entreprise n'a pas seulement mis sur le marché un drone fiable et performant, elle a opté pour une politique de prix agressive, le modèle de base étant vendu moins de 280 euros.

Elle contribue de ce fait à créer une nouvelle catégorie de produits (le drone pour particuliers), ce qui requiert non seulement une innovation réelle mais également une politique marketing adaptée.

Chapitre 4

La politique de produit

Le produit est l'une des quatre composantes du marketing-mix traditionnel avec le prix, la distribution et la communication. La politique de produit consiste à concevoir, gérer et renouveler ce que l'entreprise vend – ou propose – à ses clients, qu'il s'agisse d'un bien ou d'un service.

Pendant longtemps, ce furent les ingénieurs, les équipes de production et de recherche et développement qui s'occupèrent exclusivement de la conception des produits. Or, le concept marketing, tel qu'il fut formalisé dans les années 1950, énonce que le marketing ne doit pas seulement s'occuper de la commercialisation et de la communication d'une offre mais bien concevoir – ou aider à concevoir – une offre susceptible de satisfaire les attentes des clients. La fonction de chef de produit est née de ce constat.

Ce chapitre étudie les différents aspects d'une politique de produit. Il définit dans un premier temps ce qu'est un produit au sens marketing. Il distingue le concept-produit, la formule et les performances ou avantages-produits. Les deux sections suivantes décrivent les politiques de design et de packaging, ainsi que les services associés à l'offre qui ont une importance croissante. La section 5 se penche sur les problèmes plus particuliers des produits numériques. La politique de produit inclut la gestion de la gamme, du cycle de vie et de la diffusion des innovations. On conclut avec le développement et le lancement de nouveaux produits, qui sont un des aspects fondamentaux de la politique de produit.

PLAN DU CHAPITRE

Section 1	Qu'est-ce qu'un produit ?	190
Section 2	Le concept-produit, la formule, les performances et l'avantage-produit	198
Section 3	Les politiques de design et de packaging	206
Section 4	Les services associés au produit	217
Section 5	Les produits numériques	220
Section 6	La politique de gamme	228
Section 7	Le cycle de vie des produits et des marchés	236
Section 8	Le développement et le lancement de produits nouveaux	242
Ressources complémentaires		259

SECTION 1

QU'EST-CE QU'UN PRODUIT ?

1 Toute offre sur un marché est un produit

a) L'acception traditionnelle : un produit est un bien vendu par une entreprise

Le produit est souvent compris comme un bien fabriqué et commercialisé par l'entreprise. Le marketing des produits consiste alors à s'occuper de la conception et de la gestion de ces produits.

Le secteur des biens de grande consommation illustre d'autant mieux cette approche des produits que le marketing s'est d'abord développé dans ce secteur. C'est pourquoi on associe volontiers produits et biens de grande consommation comme les savons ou les lessives.

Exemple

- Ivory est un produit emblématique depuis son lancement par Procter & Gamble en 1879. La formule de ce savon blanc de grande qualité, aux coûts de fabrication bon marché, a été trouvée par le chimiste James Norris Gamble, fils du fondateur de l'entreprise. C'est Harley Procter, le fils du second fondateur, qui trouva le nom du produit, inspiré par la lecture d'un verset de la Bible évoquant un « palais d'ivoire ». Ivory est la marque de Procter & Gamble qui a fait l'objet de la première publicité en couleur de l'entreprise dans le magazine *Cosmopolitan* en 1896, ainsi que la première publicité télévisée en 1939. Aujourd'hui, elle couvre une gamme de savons, de lotions, de produits de nettoyage et de lessives toujours très populaires aux États-Unis.

b) L'acception actuelle : un produit est une offre présentée sur un marché, qu'elle soit un service ou un bien, qu'elle soit vendue ou non

Définir un produit comme un bien de grande consommation vendu sur un marché est une approche trop réductrice. Les produits peuvent être tout autant des biens industriels ou *business to business* (B to B) : un Airbus est un produit, tout comme la fusée Ariane, une rame de TGV, un serveur informatique, un immeuble de bureau ou des machines-outils. Au même titre qu'une lessive, ils peuvent faire l'objet d'une politique de marketing.

De la même façon, un produit peut être également un *service*. Un contrat d'assurance est un produit, de même qu'un service bancaire, une nuit d'hôtel, un transport aérien, une émission de radio ou un abonnement téléphonique.

De plus, des *prestations complexes* ou des *objets culturels* peuvent être compris comme des produits : une exposition dans un musée, un film, un album de musique, une représentation théâtrale, une prestation médicale, un magazine ou un quotidien d'information, un livre sont des produits qui peuvent faire l'objet d'une politique de marketing.

Une *organisation* peut également être un produit dès lors qu'elle est présentée comme une offre sur un marché : si une grande exposition organisée par Le Louvre est un produit, le musée du Louvre lui-même est un produit qui peut faire l'objet de campagnes de communication, dont on peut fixer des objectifs en termes de nombre de visites ou de pénétration de certaines cibles (visiteurs scolaires, touristes japonais…) et qu'on peut même vendre à l'export (le Louvre d'Abou Dhabi).

Enfin, un produit n'est pas nécessairement *vendu* sur un marché. Un marché est un espace organisé où se rencontrent offre et demande mais cette rencontre ne relève pas nécessairement de la transaction commerciale. Par exemple, le marché électoral n'est pas un marché commercial. De même, les services de l'administration sont des offres qui ne font généralement pas l'objet de transactions financières avec leurs publics, mais qui peuvent être considérées comme des produits sur un marché.

Ce sont donc moins les caractéristiques intrinsèques d'un produit qui permettent de l'identifier et de le définir comme tel, que le contexte et la situation dans laquelle il se trouve. *C'est le marché qui crée le produit, ou plus précisément qui donne à un discours, un bien, un service, une personne ou une organisation, une nature de produit.*

FOCUS

Toute offre sur un marché est un produit

Dans cet ouvrage, nous entendons par produit toute offre sur le marché, qu'elle soit un bien ou un service, alors que beaucoup entendent par produit un bien (on distingue alors produit et service), ce qui nous semble par trop limitatif. Comme on le verra, une politique de produit concerne tout autant une offre de service qu'un bien (tangible).

Exemples

- Une bouteille de Coca-Cola.
- Harry Potter, le film, le livre ou les produits dérivés.
- Un contrat d'assurance-vie.
- Une consultation médicale.
- Le site PriceMinister.
- Un étudiant sur le marché du travail.
- Le Centre Pompidou.
- Un Airbus.

Il arrive pourtant dans certains cas que le responsable marketing intervienne dans la définition même du projet ou de la stratégie politique ou dans la conception du produit culturel. Il est parfois difficile de distinguer l'artiste du stratège marketing : le pape du *pop art* Andy Warhol était un ancien homme de publicité et l'artiste britannique Damien Hirst est souvent qualifié d'« artiste capitaliste » tellement il est difficile de distinguer sa création artistique de sa stratégie commerciale sur le marché de l'art. Faut-il s'en réjouir ou s'en désoler ? Au lecteur de juger !

Le reste de ce chapitre se penchera plus spécifiquement sur les produits *vendus* sur un marché, qu'ils soient des biens ou des services, qu'ils s'adressent au grand public (B to C) ou au marché des entreprises (B to B).

2 Les produits sont souvent un mix de biens et de services

Il est rare de trouver des biens et des services « purs ». Les biens comportent généralement une part de service et les services sont souvent liés à des biens (voir figure 4.1).

a) Les biens comportent une part variable de service

On peut distinguer dans l'offre de biens :

- ceux qui sont *purement matériels*, comme les biens de grande consommation, les biens alimentaires… ;
- ceux qui sont par nature *accompagnés d'une prestation de services*, comme la construction immobilière, l'informatique d'entreprise et de façon plus générale les produits industriels complexes ;
- ceux qui ne sont que le *support matériel d'une offre intangible* comme l'édition, la presse et les médias, les CD musicaux ou les DVD. On n'achète pas un journal pour le papier ou un CD pour le support en plastique, mais pour l'information qu'ils contiennent.

b) Les services sont plus ou moins liés à des biens

Les services peuvent ainsi :

- *être principalement intangibles*, comme les services financiers, le conseil, la coiffure… ;
- *s'appuyer sur des éléments matériels*, comme la restauration, l'hôtellerie, les transports, les logiciels informatiques… ;
- consister dans la *mise à disposition de biens matériels*, comme tous les services de location ou la distribution.

Figure 4.1 **Biens et services offrent un mix d'éléments tangibles et intangibles**

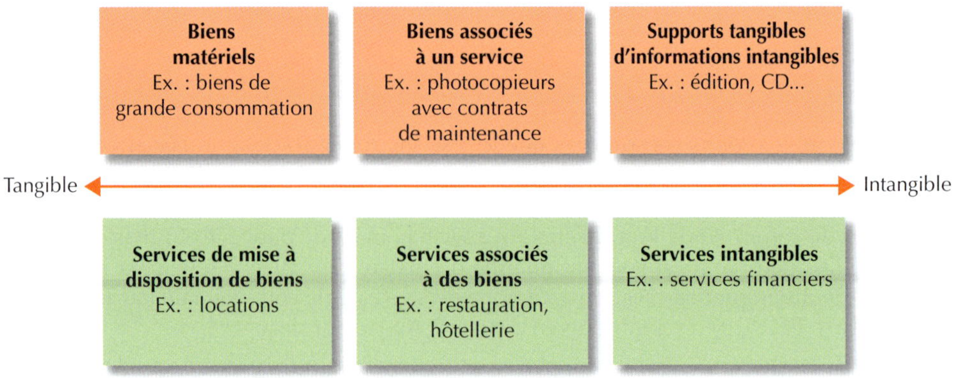

MINI CAS

Les hommes politiques sont-ils des savonnettes ?

Lors de chaque élection politique importante, le débat revient sur les vertus, et plus souvent sur les méfaits, du marketing politique. Celui-ci traiterait les hommes et les femmes politiques « comme des savonnettes », c'est-à-dire comme un produit sur un marché. Ce débat existe également pour ce qu'on appelle les biens culturels, avec une distinction tranchée entre ce qui relève de l'art et de la création et ce qui relève du marketing.

D'un point de vue purement technique, l'homme ou la femme politique ou l'œuvre d'art peuvent être étudiés comme des produits dès lors qu'ils sont sur un marché où se rencontrent offre et demande. Les élections sont un moment de rencontre entre une offre politique et une demande des électeurs qui conduit à sélectionner des candidats concurrents et à en écarter d'autres. C'est selon ces termes que l'économiste Joseph Schumpeter analysait les élections dans une démocratie : il décrivait les chefs de parti comme des entrepreneurs sur un marché[1]. De la même façon, les artistes vendent leur création sur un marché et les œuvres d'art sont l'objet de transactions financières dans les galeries ou les salles de vente.

Cela ne signifie pas pour autant que toute offre sur un marché doive être réduite à sa dimension de produit. Une œuvre d'art peut être ainsi un produit, mais ne la considérer que comme un produit est sans doute passer à côté de l'essentiel ! De la même façon, si les discours et les actions politiques sont sanctionnés par des élections dans une démocratie, la politique ne peut se résumer à sa seule dimension de produit sur un marché. En un mot, si le marché crée le produit, tout ce qui tient lieu à un moment ou à un autre d'offre sur le marché ne peut pas pour autant être compris dans sa seule dimension de produit parce que le marché n'est lui-même qu'un aspect partiel, secondaire ou marginal des échanges sociaux.

En matière de marketing politique ou de marketing des biens et services culturels, la tâche du responsable marketing est généralement de présenter son « produit » sous son meilleur jour. Alors que la politique de produit est un élément essentiel d'une politique marketing, le marketing politique et culturel exclut souvent la conception du produit de son champ de compétence : on devrait ainsi plus justement parler de *communication* que de marketing. Le produit culturel ou politique est mis en valeur par les responsables marketing mais non conçu par eux.

1. Joseph Schumpeter, *Capitalisme, socialisme et démocratie* [1941], Payot, 1990.

3 Les produits sont porteurs de sens et de valeur

Le produit est au cœur des préoccupations des artisans, des industriels et des entreprises de service. L'artisan se distingue par sa capacité et son savoir-faire dans la fabrication d'un objet. La révolution industrielle a conduit à repenser le processus de production pour fabriquer des biens en grande quantité de façon standardisée. Aujourd'hui encore, la production physique des biens est un enjeu essentiel pour les industriels qui cherchent à réduire les coûts de production et à améliorer la qualité de leur production. De la même façon, les grandes entreprises de service s'efforcent de délivrer des prestations de qualité homogène à un coût acceptable.

a) Le produit dans l'optique de production

Dans l'*optique de production*, la production n'est pas seulement importante, elle est au cœur de la politique de l'entreprise : tous les efforts se focalisent sur la gestion des contraintes internes ou bien sur la recherche et développement et la production dans les entreprises qui ont une forte culture d'ingénieurs. Le risque de cette optique est d'en venir à oublier les attentes et besoins des clients. Autrement dit, l'entreprise commercialise ce qu'elle sait faire plutôt que ce que ses clients veulent acheter.

La Ford T : de n'importe quelle couleur, pourvu qu'elle soit noire

Exemple

➥ Henry Ford est sans doute celui qui symbolise le mieux l'optique de production. On connaît la célèbre formule qui lui est attribuée : « Mes clients peuvent choisir la Ford T de la couleur de leur choix, pourvu que ce soit noir. » On ne sait pas si Henry Ford a effectivement prononcé cette phrase, mais il est sûr que la Ford T n'a été produite qu'en noir. En 1908, alors que l'automobile était un bien de luxe qui s'adressait à une clientèle privilégiée, l'enjeu était de produire au plus faible coût pour permettre aux clients de s'équiper, non de satisfaire la diversité de leurs goûts en proposant une gamme de couleurs qui aurait compliqué la production et accru ses coûts. Par la suite, les parts de marché de Ford déclinèrent parce que le marché avait évolué : il se segmentait et la clientèle demandait des produits plus diversifiés. L'optique de production était adaptée à un marché en forte expansion dans lequel les clients cherchaient à s'équiper d'un produit, mais beaucoup moins à des marchés plus mûrs, plus fortement concurrentiels, plus segmentés.

b) Le produit dans l'optique marketing

1° Le marketing s'intéresse au produit tel qu'il est perçu, non « tel qu'il est »

Pour Peter Drucker : « Il n'y a qu'une bonne façon de définir le propos d'un business : créer des clients. La perception par les entreprises de ce qu'elles produisent n'est déterminante ni pour son avenir, ni pour son succès. C'est la perception qu'ont les clients de ce qu'ils achètent, de la valeur de ce qu'ils achètent qui est décisive. C'est bien cette perception des clients qui définit une affaire, ce qu'elle produit et ses chances de succès[1]. »

Comme Peter Drucker y invite, le responsable marketing va s'intéresser prioritairement au produit tel qu'il est perçu et aux facteurs susceptibles d'influencer cette perception. Les caractéristiques objectives du produit sont bien sûr importantes pour lui, mais dans la mesure où, de façon directe ou indirecte, elles influencent la perception du client.

Par exemple, des tests peuvent montrer que l'odeur d'une lessive communique mal l'impression de fraîcheur et de propreté. Bien que cette caractéristique du produit (l'odeur) n'ait aucune importance sur sa performance objective, elle en a pour l'évaluation que le client fait de cette performance et donc pour le responsable marketing. De la même façon, dans les services, l'environnement visuel d'un point de vente (agence de voyage ou agence bancaire, par exemple) donnera ou non une impression de professionnalisme et de qualité de service au client, bien qu'il n'ait aucun rapport direct avec les performances objectives du service.

Notre conseil

Un responsable marketing doit toujours s'efforcer de voir le produit à travers les yeux du client : c'est bien là le cœur de l'orientation marketing et le secret d'une politique de création de valeur. Il lui faut pour cela éviter deux écueils :

- *Négliger la partie « production » de l'organisation, ce qui peut conduire à des problèmes de fabrication, de qualité, de logistique, de réalisation du service qui vont au final avoir un impact négatif sur la perception du client.*
- *Accepter des arbitrages successifs en raison de contraintes internes qui vont dénaturer la « proposition de valeur » aux yeux du client.*

2° Les produits ont une valeur d'usage et une valeur de signe

On doit distinguer la valeur d'usage d'un produit, c'est-à-dire sa dimension fonctionnelle, qu'on étudiera dans les sections suivantes, et la valeur de signe.

Un produit ne nous attire pas simplement parce qu'il est objectivement, mais également parce qu'il représente et il nous déplaît pour les mêmes raisons.

Tous les produits ont une dimension symbolique, même si l'investissement symbolique est très variable en fonction des produits et des clients.

Exemple

➥ Depuis 1993, Paul a construit son succès sur l'évocation de l'univers traditionnel de la boulangerie : devanture et décoration traditionnelles, éléments symboliques présents dans les points de vente (gerbes de blé, moules en cuivre, paniers d'osier…), produits de qualité… « Paul propose un voyage dans le temps pour le prix d'une baguette », vante le dossier de presse de l'entreprise. Aujourd'hui, Paul, c'est 460 boutiques dans 23 pays offrant des produits « fabriqués dans le plus grand respect de la tradition boulangère », selon la marque. La valeur d'image des produits vendus par Paul (« boulangerie traditionnelle ») est décisive pour la perception des clients.

1. Peter Drucker, *The Practice of Management*, 1954, p.37. Traduction par les auteurs du *Mercator*.

© PAUL/Thierry Malty.

Paul, qui est une grande chaîne de vente de pain et pâtisserie, met en avant l'image de boulangerie traditionnelle à travers son décor, la disposition des produits, l'uniforme des vendeurs…

Les produits industriels B to B dont on se plaît à répéter que leur achat est décidé rationnellement à partir de critères purement économiques ont eux aussi, une dimension parfois symbolique. L'architecture très moderne ou à l'inverse très conservatrice d'un siège social, ou encore l'acquisition d'un avion d'affaires, témoignent de la réussite de l'entreprise, de sa volonté de progrès, du modernisme, bref des valeurs de ses dirigeants qui projettent dans ces achats l'image d'efficacité et de performance dont ils rêvent.

La dimension symbolique des objets a existé de tout temps et dans toutes les sociétés, mais son caractère (magique, religieux, de distinction sociale, de modernité, etc.) varie avec l'objet concerné. Elle peut être liée à leurs fonctions bien que les sémiologues soulignent la relative indépendance entre le signifiant et le signifié, c'est-à-dire ici entre l'objet (signifiant) et ce qu'il représente (signifié).

Exemple

➥ James Cook, dans le récit de ses trois voyages en Polynésie (1769-1778), a observé que sur l'île de Tahiti les plumes rouges, utilisées pour les parures, avaient une valeur considérable car elles étaient un signe de prestige et de pouvoir et il recommandait aux prochains explorateurs qu'ils se munissent de tels objets. Revenant dix ans plus tard à Tahiti, le lieutenant Watts, membre de la dernière expédition de Cook, notait : « Les plumes rouges dont [les Tahitiens] faisaient grand cas autrefois, n'étaient plus alors d'aucun prix à leurs yeux ; ils les acceptaient comme présents, mais ils ne voulaient rien donner en échange[1] ». L'afflux de ces objets apportés par les navires européens leur a progressivement fait perdre leur rareté et donc leur attrait.

La rareté est une qualité qui permet de donner une valeur symbolique particulière aux objets. L'économiste Thorstein Veblen avait déjà souligné en 1899 que la consommation a une dimension de représentation : des produits sont achetés ou consommés parce qu'ils permettent d'abord de se différencier des autres ; c'est ce qu'il appelait la consommation ostentatoire[2]. Cette idée a été reprise et développée en France par Pierre Bourdieu dans son analyse de la formation sociale du goût[3]. Selon le sociologue français, le sens esthétique n'est pas la résultante de catégories transcendantes mais de stratégies et de positions sociales. La *distinction* permet de s'identifier et de se distinguer des autres. Le besoin de distinction va se traduire dans des comportements sociaux et des habitudes de consommation.

Exemple

➥ Les fabricants de baskets, qui vendent leurs produits à des millions d'exemplaires à travers le monde ont mis en place depuis quelques années une politique de rareté sur des séries limitées. Nike a ainsi commercialisé fin 2011 le modèle Nike Air Mag, inspiré de celui que Michael J. Fox portait dans un des films de la série *Retour vers le futur*. Seuls 1 500 exemplaires furent proposés aux enchères *via* eBay. Pas plus que la plume rouge des Tahitiens, ce ne sont les caractéristiques objectives de ce modèle qui le rendent désirable, mais sa dimension symbolique, celle d'être ici un objet de distinction en raison de sa rareté.

La Nike Air Mag, une série limitée

La déconnexion entre valeur d'usage et valeur de signe n'est pas sans risque. Le produit est en effet un élément déterminant du marketing-mix et il est difficile de soutenir une image sans s'appuyer sur des produits forts.

Exemple

➥ Le groupe LVMH ne parle plus, depuis le milieu des années 1990, de ses produits comme de « produits de luxe » mais de « produits de haute qualité ». L'entreprise cherche ainsi à fonder sur des éléments plus tangibles la valeur de ses marques, du moins à convaincre ses clients que le prix des produits est justifié par leur qualité supérieure. La marque Louis Vuitton, qui réalise à elle seule près de 6 milliards d'euros de chiffre d'affaires, aime ainsi à mettre en avant son savoir-faire… artisanal.

1. Récit du lieutenant Watts sur le vaisseau Lady Perhyn, in *Le Voyage en Polynésie*, édité par Jean-Jo Scemla, Robert Laffont, 1994, p. 334.
2. Thorstein Veblen, *Théorie de la classe de loisir* [1899], Gallimard, « Tel », 1979.
3. Pierre Bourdieu, *La Distinction : critique sociale du jugement*, Gallimard, 1979.

3° La politique de produit est fondamentale dans la politique marketing

La politique de produit est généralement une des composantes principales d'une stratégie de marketing pour deux raisons. La première est qu'il est très difficile – pour ne pas dire impossible – de faire du « bon marketing » avec un mauvais produit, c'est-à-dire avec un produit qui répond mal aux attentes des clients. La seconde raison est que la politique de produit est souvent, parmi toutes les composantes d'une stratégie de marketing, celle qui implique les investissements les plus lourds, et par conséquent celle où les erreurs sont les plus coûteuses et les plus difficiles à corriger.

Exemple

➥ La conception d'un nouveau modèle de voiture exige plusieurs années de travail des bureaux d'étude et plusieurs centaines de millions d'investissements : le développement du nouveau modèle coûte souvent plus d'un milliard d'euros. Si le modèle ne plaît pas aux acheteurs potentiels, il n'y a pratiquement rien à faire pour le sauver et la perte est considérable.

SECTION 2

LE CONCEPT-PRODUIT, LA FORMULE, LES PERFORMANCES ET L'AVANTAGE-PRODUIT

1 Les différentes dimensions du produit

On peut décrire le produit en dissociant ses différentes caractéristiques qui sont toutes constitutives de l'offre à des degrés divers. On peut distinguer (figure 4.2)[1] :

- le concept marketing du produit ;
- les composantes du produit (formule-produit) ;
- ses fonctions et performances ;
- son identité sensorielle (goût, toucher, odeur, sonorité, apparence) ;
- son packaging, qui constitue l'emballage du produit physique ;
- la qualité globale de l'offre ;
- les services associés au produit sous forme de conseil, d'information-produit, de service après-vente, etc. ;
- le nom du produit et la marque qui exprime des valeurs et un univers symbolique.

1. La qualité et la satisfaction sont traitées dans le chapitre 10 consacré au marketing relationnel, tandis que le nom et l'identité de marque sont abordés dans le chapitre 15 qui porte sur les politiques de marque.

Figure 4.2 **Les différentes dimensions du produit**

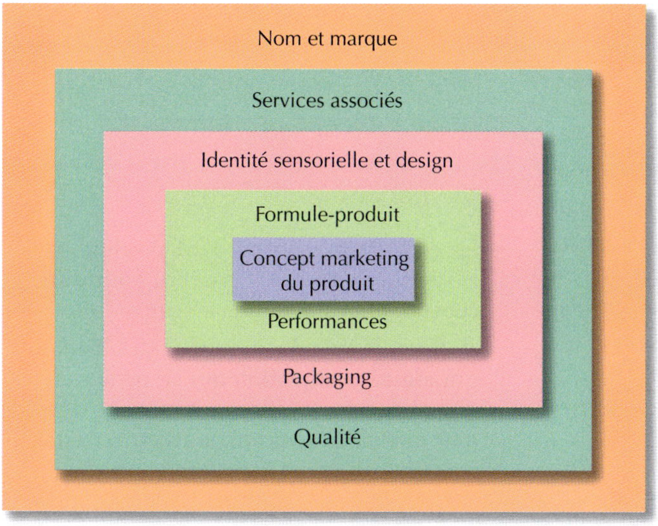

2 Le concept marketing du produit (ou concept-produit) permet d'identifier une catégorie de produits

Le concept-produit est l'idée centrale qui caractérise un produit, exprimée en termes de bénéfices clients.

Exemples

- Homengo.com est un service gratuit sur Internet qui simplifie la recherche de logement en centralisant toutes les annonces que les utilisateurs sélectionnent sur Internet et en leur fournissant des informations complémentaires pour chaque annonce (écoles et services à proximité, impôts locaux, taux de criminalité…).
- Swiffer est un ensemble de produits de nettoyage qui, en créant une force électrostatique, permettent d'attraper et de retenir trois fois plus de poussière que les produits traditionnels.

a) Le concept-produit s'exprime dans les termes du client et non dans ceux du producteur

L'expression du concept marketing du produit est différente de sa description technique. Dans l'industrie pharmaceutique par exemple, les produits

> ### *Notre conseil*
>
> - *Il faut toujours exprimer un concept-produit en termes de bénéfice clients, c'est-à-dire à travers les yeux du client. C'est la meilleure façon de passer d'une orientation de production à une orientation marketing. Cela permet également d'évaluer la force du concept et de réaliser des tests de concept.*
> - *Si un produit a plusieurs types de clients (consommateurs ou entreprises, acheteurs, distributeurs…), il peut être utile de bien affiner le concept-produit en fonction du public auquel il s'adresse.*

sont définis en fonction de leurs molécules alors que pour le consommateur, ils le sont par leur effet, c'est-à-dire par les bénéfices qu'ils leur apportent. Dans un concept-produit, les éléments techniques, s'ils sont mentionnés, ne viennent qu'en appui à des bénéfices.

b) Le concept-produit peut évoluer au cours du temps et en fonction de la politique marketing

Le concept marketing d'un produit ou d'une catégorie de produits doit être défini pour durer, mais il peut cependant évoluer dans le temps.

C'est le sort de la plupart des biens ou services de grande consommation qui se banalisent assez vite, ce qui oblige à un effort permanent d'innovation. Parfois même, le concept marketing d'un produit peut connaître une transformation radicale.

Le concept-produit d'Extra-verte n'a rien à voir avec celui d'un simple corps gras (ce qu'est l'huile d'olive) : c'est un produit l'exception, de terroir, qui offre tous les bienfaits en santé de l'huile d'olive avec un goût unique d'olive verte…

Exemples

- L'huile d'olive était un corps gras parmi d'autres avant qu'on ne mette en avant, à partir des années 1990, ses bienfaits pour la santé (sa richesse en acides gras mono-insaturés le rendrait plus sain que le beurre ou d'autres types d'huile). Oliviers & Co a surfé sur cette tendance en popularisant les notions de terroir et d'authenticité pour l'huile d'olive par toute une gamme d'offres. Le concept de l'Extra-verte est celui d'être une huile d'olive « grand cru », exclusive et naturelle qui propose un goût unique d'olive verte (35 € les 250 ml).
- Lorsqu'André Boucicaut crée le premier grand magasin, Au Bon Marché, en 1869, il invente un nouveau format de distribution : les clients peuvent y flâner en toute liberté et toucher la marchandise, les prix sont fixes et bas, l'assortiment est très large. Cette formule révolutionnaire s'est progressivement usée, les coûts de gestion augmentant alors que de nouveaux formats très agressifs sur les prix, comme les hypermarchés, se développaient. Pour survivre dans ce nouvel environnement concurrentiel, les grands magasins ont dû radicalement changer de concept pour se positionner dans le haut de gamme, à l'image du Bon Marché, désormais propriété de LVMH, qui est devenu le grand magasin de luxe de la Rive gauche.

3 La formule-produit et les performances

a) La formule-produit est la description technique d'un produit

La formule-produit est la description technique des composantes, des processus ou des caractéristiques d'un bien ou d'un service.

Exemples

- Une lessive peut être décrite sous forme d'une liste des produits chimiques entrant dans sa composition, avec leurs proportions respectives.
- Un modèle de voiture peut être décrit en termes de cylindrée, de nombre de places, d'espace habitable, de présence de l'ABS ou de la direction assistée, etc.
- Un produit d'assurance-vie peut être décrit en termes de droits d'entrée, de taux d'intérêt garanti, de modalités de retrait, etc.
- Un voyage organisé peut être décrit en termes de destination, de durée, de mode de transport, de qualité de l'hébergement, de prestations intégrées, etc.

La formule-produit est importante en ce sens que les performances dépendent d'elle, qu'elle doit soutenir et traduire le concept marketing du produit et qu'elle est la source de nombreuses perceptions de l'offre.

Exemple

- Sensible à la segmentation croissante du marché de la lessive, Henkel décida de lancer son produit Mir Black Magic sur le marché français en 2001. La formule-produit de cette lessive est dénuée d'agents de blanchiment et d'azurant optique, ce qui justifie la promesse de ne pas blanchir les vêtements noirs. Les marques à proposer de telles lessives sont aujourd'hui nombreuses, et le segment « noir » n'est qu'une portion du segment « couleurs » qui n'est qu'une portion du segment « lessive spécialiste » du marché, mais ce type d'innovation a contribué à redynamiser le marché des lessives spécialistes, à asseoir le leadership d'Henkel sur ce segment des lessives spécialistes avec plus de 50 % des parts de marché, et à contribuer à faire d'Henkel depuis 2010 le n° 2 du marché des lessives en France avec 24,6 % des parts de marché.

Le Mir Black Magic, une formule-produit adaptée aux vêtements noirs

b) Les performances du produit

Les *performances* sont les résultats de la consommation ou de l'utilisation d'un produit telles qu'elles sont perçues ou vécues par les clients. Ces performances sont liées à la formule-produit adoptée et traduisent le concept marketing du produit.

Exemples

- Les performances d'une lessive peuvent être décrites en termes d'efficacité de lavage, pour différents types de taches, à différentes températures.
- Les performances d'un voyage organisé peuvent être décrites comme l'absence d'incidents et de retards, la réalisation des prestations promises, la satisfaction finale des participants.

MINI CAS

Les tongs Havaianas

Les tongs (de l'anglais *thong sandals*) ou claquettes (en raison du bruit qu'on fait en claquant le talon quand on marche) sont une forme de sandale formée d'une semelle et de deux brides en *Y* entre le premier et le deuxième orteil.

Certains font remonter l'apparition de la tong à trois mille cinq cents ans en Égypte, mais on la retrouve plus sûrement au Japon où les *zori* font partie de l'habillement traditionnel. De ce pays, ils se diffusèrent après guerre en Nouvelle-Zélande et aux États-Unis (Hawaii) par le biais de soldats qui rentraient du front et avaient eu l'occasion de les utiliser. Les premières versions en plastique apparaissent dès la fin des années 1940.

En 1962, São Paulo Alpargatas, une entreprise brésilienne créée en 1907 qui fabriquait des espadrilles pour les récolteurs de café, se lance dans la production de claquettes réalisées en caoutchouc naturel, dont le Brésil est un gros producteur. Le nom Havaianas signifie « les hawaiiennes » en portugais, le produit étant déjà populaire dans ce pays sous d'autres formes. Un produit local est né, qui est à la fois durable, confortable et bon marché (moins de 2 euros).

Le produit connut un véritable succès populaire et dès 1965, 1 000 paires étaient vendues par jour dans des petits commerces. Cependant, au fur et à mesure des années, ce produit bas de gamme lasse et les ventes stagnent.

La petite histoire raconte qu'un jour en 1993, une erreur se produisit dans les bains de couleur, donnant naissance aux premières tongs monocouleurs. Non seulement le lot se vendit, mais suscita l'engouement des clients par leur aspect «tendance», bien involontaire. L'entreprise réalisa qu'il y avait un marché à exploiter, une collection de tongs aux couleurs plus recherchées fut lancée et baptisée « Havaianas Top » avec un prix plus élevé : le marketing était né chez Havaianas.

Le produit, avec une image de « hippie chic », est envoyé à des célébrités, repris dans les revues tendance les plus pointues et soutenu par des collections et des séries limitées. Les Havaianas ne sont plus la sandale des milieux défavorisés, mais un produit à public universel (le « Bic » des sandales), porté par les riches comme les pauvres, un accessoire de mode branché (collections annuelles) et un symbole du Brésil.

« Des claquettes à 20 $ ne sont pas un luxe. Le luxe est de ne pas porter de chaussures. Havaianas, fabriquées au Brésil depuis 1962. » Agence AlmapBBDO, Brésil.

De 1962 à aujourd'hui, l'entreprise aura vendu près de 5 milliards de paires. En 2011, 206 millions de paires d'Havaianas furent produites dans les usines de Campina Grande, dans l'État de Paraiba, dont 12 % étaient destinés à l'exportation, laissant présager un bel avenir à ce produit simple, qui a pourtant déjà connu plusieurs métamorphoses.

On doit choisir parmi les performances du produit celles qui feront l'objet de promesses aux clients.

FOCUS

Formule-produit et performance objective et perçue

- Il existe un lien entre la formule-produit, la performance objective d'une offre et leur perception par les clients. Mais il faut distinguer ces aspects objectifs et perçus. Par exemple, une crème de beauté peut intégrer des pépins de raisin et en vanter les bienfaits, mais cet ingrédient peut être tout à fait secondaire dans la composition du produit et n'avoir d'effets sur les cellules de la peau qu'en laboratoire…
- Un lien entre les dimensions objectives et subjectives est nécessaire – sauf à tomber dans la publicité mensongère ou la tromperie sur la marchandise –, mais elles ne sont pas identiques.

c) L'identité sensorielle du produit

Par identité sensorielle, on comprend le goût (qualités organoleptiques des produits alimentaires), le toucher, la sonorité, l'odeur et l'apparence du produit. Cette identité est liée aux composantes du produit et elle est également l'objet de politiques de design qui ont trait aux caractéristiques fonctionnelles, visuelles mais aussi sensorielles des produits.

Exemples

- S'agissant d'une lessive, l'identité sensorielle correspond à l'aspect, à l'odeur et au toucher du produit.
- S'agissant d'un voyage organisé, il faut distinguer l'identité sensorielle du produit tel qu'il est *vendu*, qui est principalement composée des éléments visuels d'information, et l'identité sensorielle du produit tel qu'il est *conçu* puis *perçu* par le client : par exemple, les hôtels au confort moderne, ou à l'inverse pittoresques, donnent une identité sensorielle toute différente au voyage.

L'identité sensorielle du produit est une dimension essentielle pour un grand nombre de produits, parfois même de façon surprenante.

Exemple

- La marque de moto Harley-Davidson, faisant face à la concurrence de copies japonaises, a cherché à déposer le bruit rond et saccadé de ses moteurs (le son « pop-pop »), arguant du fait qu'il s'agissait d'une composante constitutive de « l'expérience Harley-Davidson[1] ».

1. www.harley-davidson.com/ex/kno/h101/en/qtengive_sounds.asp

4 L'AVANTAGE-PRODUIT

a) L'avantage-produit est valorisant et distinctif

L'avantage-produit (ou bénéfice-produit) est une caractéristique du produit *valorisée* par le client et *distinctive* par rapport à ses concurrents, qu'elle relève du concept, de la formule, de la performance, de l'identité sensorielle (design et packaging), etc.

James Dyson et son invention, le ventilateur AM01

Exemple

- James Dyson est le fondateur de l'entreprise britannique éponyme qui a réalisé un chiffre d'affaires supérieur à un milliard de livres dans le monde en 2011 en mettant l'accent sur la supériorité technologique de ses produits. Ingénieur, James Dyson invente un nouveau procédé pour aspirateur dont l'avantage-produit principal est de se passer des sacs : il est plus performant et plus économique à l'usage. Il crée son entreprise et commercialise le premier modèle en 1993. En deux ans, ce dernier est devenu l'aspirateur le plus vendu sur le marché britannique. Seize années plus tard, l'entrepreneur récidive en lançant un ventilateur révolutionnaire, le AM01 (pour Air Multiplier 01) qui ventile l'air sans hélice, ce qui augmenterait sa performance d'un multiple de 15 selon l'entreprise. Les 700 ingénieurs du Centre de recherche et de design de l'entreprise se consacrent à l'innovation produit afin de préserver la supériorité technologique des produits de la marque.

Alors que la qualité est une condition *nécessaire* au succès de n'importe quel produit, la possession d'un avantage-produit n'est pas toujours indispensable. Dans certains secteurs d'activité, un produit peut conquérir et conserver des parts de marché même s'il ne possède pas d'avantages spécifiques par rapport à ses concurrents, pourvu que sa qualité soit satisfaisante et qu'il dispose d'une bonne image, d'une bonne distribution, d'un prix compétitif, etc. C'est par exemple le cas dans la banque commerciale : il est bien difficile de noter un avantage-produit dans les offres d'une banque par rapport à une autre. Néanmoins, disposer d'un avantage-produit, chaque fois que c'est possible, constitue pour une entreprise un atout concurrentiel important. Encore faut-il, pour cela, que l'avantage considéré possède quatre caractéristiques importantes.

FOCUS

Qu'est-ce qu'un véritable avantage-produit ?

Les quatre caractéristiques d'un avantage-produit effectif sont :

- la réponse à une attente réelle ;
- le potentiel de communication ;
- le prix acceptable ;
- l'imitation difficile.

1. Si l'avantage-produit ne répond pas à une attente véritable des clients, il risque d'apparaître comme un « gadget ».

Exemples

- L'iPod d'Apple et son logiciel iTunes permettent de convertir, dupliquer, stocker et écouter des fichiers musicaux de façon intégrée et avec une facilité qui a révolutionné le marché.
- Fort du succès d'Actimel, censé renforcer les défenses naturelles de l'organisme, Danone lança en 2007 Essensis (« produit laitier qui nourrit la peau de l'intérieur pour améliorer la fonction barrière cutanée »), mais cet avantage-produit, peu clair ou peu crédible, n'a pas convaincu les consommateurs et la marque fut retirée de nombreux marchés en 2009.

2. En deuxième lieu, il faut que l'avantage-produit soit aisément perceptible par les clients, ou – à défaut – qu'il soit communicable par la publicité, par les vendeurs de l'entreprise ou par tout autre moyen.

Exemple

- Pour faire comprendre et pour mettre en valeur le fonctionnement de son moteur hybride, Toyota a installé dans la Prius un écran où l'on suit l'action combinée des propulsions électrique et à essence.

3. Il faut, en troisième lieu, que l'avantage-produit n'entraîne pas une augmentation rédhibitoire du prix de vente, c'est-à-dire que les bénéfices perçus par les clients ne soient pas annulés par une différence de prix excessive.

Exemple

- Masterclip de Butagaz est un détendeur qui se branche automatiquement, sans effort, sur le col des bouteilles de gaz de 13 kg. Commode (on n'a plus besoin d'une clé à molette) et sûr, ce système a des avantages majeurs mais il n'a connu qu'un succès mitigé en raison de son prix excessif, quatre à cinq fois supérieur à celui d'un détendeur traditionnel.

4. Enfin, il est souhaitable que l'avantage-produit soit relativement durable, c'est-à-dire qu'il ne puisse pas être copié facilement et rapidement par les concurrents. La pérennité d'un avantage peut parfois être assurée par le dépôt d'un brevet, par la possession d'une avance significative en matière de recherche, par l'importance des investissements industriels nécessaires ou encore par la garantie apportée par une marque puissante et reconnue.

b) Développer un avantage en s'appuyant sur la formule ou les performances du produit

On entend souvent parler de la *banalisation* des produits (*commoditization* en anglais) ce qui signifie que de plus en plus, à l'intérieur d'une catégorie de produits déterminée, les différences objectives entre les marques s'estomperaient, tant en ce qui concerne les formules-produit que les performances réelles. En d'autres termes, toutes les offres suivraient une tendance à l'indifférenciation, à devenir sensiblement identiques aux yeux des clients.

Cependant l'expérience montre que, moyennant un effort constant de recherche et de développement, il est très souvent possible d'améliorer la formule ou les performances d'un produit d'une manière réelle, significative et perceptible par les clients.

Cette amélioration peut concerner une fonction essentielle du produit considéré.

Avec Aqua Tube, Georgia Pacific veut révolutionner le papier toilette

Exemple

➥ Georgia Pacific est leader sur le marché du papier toilette en Europe avec ses marques Lotus et Moltonel. En France, il détient plus de 35 % du marché. Comment développer un avantage-produit… quand on vend un produit aussi banal ? Une étude du service marketing montra que 50 % des tubes de papier toilette étaient jetés dans les poubelles et non recyclés. Le centre de recherche de l'entreprise, situé à Kunheim en Alsace, qui emploie une centaine de personnes, fut chargé de concevoir un rouleau qu'on puisse soit recycler, soit transformer en compost, soit jeter dans les toilettes. Pour cela, il devait être biodégradable et se désagréger très rapidement dans l'eau, tout en étant suffisamment résistant (notamment pour résister au stockage sur les palettes). Après 5 années de travail et 5 dépôts de brevets, les marques du groupe proposent désormais du papier toilette disposant de cet Aquatube qu'on peut jeter dans les toilettes, créant ainsi un nouvel avantage pour ce produit apparemment banalisé[1].

L'amélioration de l'offre peut également concerner des dimensions du produit qui ne relèvent pas de la formule ou des performances mais qui influencent la perception du client. C'est par exemple le cas d'une modification de l'apparence extérieure d'un produit ou de son packaging. Ce peut être aussi le cas de certaines caractéristiques *sonores* ou *olfactives* d'un produit.

SECTION 3

LES POLITIQUES DE DESIGN ET DE PACKAGING

« La laideur se vend mal. », Raymond Loewy.

1 Les politiques de design

Avant l'ère industrielle, il n'existait pas de véritable marché de grande consommation, la possession de biens variés étant réservée à une classe aisée peu nombreuse. Les artisans fabriquaient des pièces en très petite série et de ce fait relativement onéreuses. La standardisation est venue avec l'ère industrielle.

1. Voir le site www.aquatube.eu et Julie Giorgi, « Georgia Pacific. Innovations dans le papier toilette », *Journal des entreprises*, Édition Haut-Rhin, n° 68, 3 juin 2011.

a) Le design est l'enfant de la standardisation

Un pionnier en la matière fut l'anglais Josiah Wedgwood (1730-1795), génial industriel qui eut pour vocation de fabriquer en masse de la vaisselle pour le marché croissant des classes intermédiaires. Il utilisa pour cela quatre leviers d'action : la standardisation des produits (quelques modèles avec une variété de motifs et de décors), la division du travail, la production en masse et des méthodes de commercialisation modernes. Les coûts de fabrication furent abaissés grâce aux nouveaux modes de production.

De façon générale, la production en masse nécessite la standardisation des produits. Chaque produit doit être conçu de façon précise et invariable. La standardisation soulève cependant un double problème : celui de l'adaptation des produits à la diversité des attentes et celui de leur attractivité.

Le rôle des designers est tout à la fois d'intégrer les problématiques et les contraintes de conception et de production, tout en réalisant un produit adapté et attractif pour les clients : « Il ne faut pas forcer l'utilisateur à changer pour s'adapter au produit, il faut faire en sorte que ce soit le produit qui s'adapte à lui » comme l'affirme Jonathan Ives, le patron du design d'Apple.

Notre conseil

Les Anglo-Saxons ont cette expression : « Put a lipstick on a pig » (mettre du rouge à lèvre sur un cochon) pour désigner un mauvais usage du design, qui consiste à « habiller » un produit mal pensé. Le design consiste à penser une offre à travers l'expérience du client, et non pas à faire une intervention cosmétique à la fin du processus. Le design n'est pas seulement un métier, réservé à des professionnels, c'est une démarche qui doit être d'abord celle du responsable marketing.

Le design est la conception et la réalisation d'objets ou d'environnements afin d'en optimiser l'utilisation et la production, de les rendre plus esthétiques et de créer une expérience plus satisfaisante pour le client[1].

Le design d'un produit peut être un élément non négligeable mais secondaire d'une offre. Les formes externes et le décor intérieur du TGV sont le fruit du travail de designers, et améliorent l'expérience de l'usager ; mais son attente principale a trait aux performances du produit, à savoir être transporté d'une ville à l'autre de façon rapide, sûre, confortable et relativement économique.

Dans d'autres cas, le design constitue l'élément principal de *différenciation* du produit. Dans des marchés très compétitifs, ou ceux dont les sources de différenciation sont réduites, le design, s'il est suffisamment valorisé par le client, peut faire la différence et asseoir le succès d'une entreprise.

Exemple

→ Arrivée très tardivement sur le marché des téléphones portables, Apple lança l'iPhone le 27 juin 2007. En dix-huit mois, l'entreprise vendit près de 18 millions d'appareils. En 2011, elle en vendit 73 millions, ce qui représente 20 % du marché des smartphones. Ce succès prodigieux n'est pas dû à la seule apparence du produit ou à ses caractéristiques techniques, mais à un design et une ergonomie qui ont révolutionné l'expérience de l'utilisateur.

1. Par extension, le design graphique crée des objets de communication visuelle : logos, éléments de signalisation, affiches, livres, brochures, site Web, etc.

b) La diversité des formes de design

Il existe plusieurs formes de design[1] :

- le design industriel qui traite des caractéristiques formelles et ergonomiques des produits ;
- le packaging ;
- le design d'entreprise ou *corporate design* qui recouvre toutes les formes d'identité graphique et visuelle de l'entreprise (logo, charte graphique…) ;
- le design d'environnement ou architecture commerciale, aussi bien dans l'aménagement des bureaux que des magasins ;
- le design de site Web et de documents écrits.

c) Les quatre critères d'un bon design

FOCUS

Qu'est-ce qu'un bon design ?

Un bon design doit satisfaire quatre critères principaux :

- être attractif ;
- être fonctionnel ;
- être facile à produire et peu coûteux ;
- être cohérent avec les valeurs de la marque.

1° Attractivité

Le design a pour objet de rendre le produit attractif et attrayant, car « la laideur se vend mal » pour suivre la formule du grand designer Raymond Loewy mise en exergue au début de cette section. Cependant, il n'existe pas nécessairement un modèle unique de ce qui est beau et de ce que les clients trouvent attrayant. L'attractivité du design doit ainsi être évaluée en fonction des objectifs de l'entreprise et de la perception de la cible visée. Certaines entreprises peuvent chercher le consensus le plus large alors que d'autres suivront des politiques plus risquées pour affirmer une image de marque ou viser une clientèle particulière.

Exemples

- Les hôtels Hyatt sont réputés pour le design de leurs bâtiments, ce qui n'est pas le point fort des hôtels Accor.
- Carlos Ghosn, PDG de Renault, a imposé des lignes plus consensuelles pour favoriser l'internationalisation des produits. Si des Français peuvent regretter le design banal de la Twingo actuelle, ce véhicule connaît un succès beaucoup plus grand en Europe que le premier modèle, qui n'avait été populaire qu'en France.

2° Fonctionnalité et ergonomie

La *fonctionnalité* d'un produit est son utilité, ce qu'il est censé pouvoir faire. Un produit peu fonctionnel ne réalise pas les performances attendues.

1. Selon la classification de Gérard Caron, fondateur de Carré Noir.

La fonctionnalité peut prendre la forme de l'*ergonomie*, c'est-à-dire de l'adaptation du produit à son usage : facilité d'utilisation, facilité de maintenance, sécurité... Les meubles Ikea sont ainsi vendus démontés et le design de ces produits est conçu pour faciliter le montage à partir d'éléments standardisés (clés, vis...).

Exemple

- Marissa Mayer, alors responsable de « l'expérience client » chez Google, expliquait que l'une des raisons majeures du succès de ce moteur de recherche tient à sa simplicité d'utilisation : « La technologie qui sous-tend le fonctionnement de Google est très complexe mais le design du site et son utilisation sont très simples. [...] C'est comme un couteau suisse qui a de nombreuses fonctionnalités, qui semble compliqué quand il est ouvert mais qui est simple, joliment fait et facile à glisser dans la poche lorsqu'il est fermé. La home page de Google est conçue comme un couteau suisse fermé alors qu'il est ouvert chez la plupart des concurrents de Google. Pour intimider ? »[1]

3° Efficience en termes de fabrication

Un produit doit être conçu de façon à optimiser sa fabrication. Le designer doit intégrer dans son projet les contraintes de production afin de s'assurer de la qualité du produit final, mais également de faciliter le processus de fabrication pour optimiser les coûts de production.

4° Identité de marque ou de produit

Le design peut avoir pour vocation de renforcer et de valoriser l'identité de la marque ou du produit.

Exemple

- La défunte Peugeot 407 a inauguré un avant en « gueule de requin » qui est devenu un signe d'identité de l'ensemble de la gamme, bien qu'il se soit adouci dans les derniers modèles.

2 Les politiques de packaging

a) La définition du packaging

La plupart des biens de grande consommation ne sont pas vendus nus (ou « en vrac ») mais conditionnés (ou emballés). Les termes d'emballage, de conditionnement et de packaging sont à peu près synonymes, mais on utilisera ici de préférence celui de packaging parce que, contrairement aux deux autres, il n'évoque pas seulement les aspects physiques et fonctionnels du « contenant » des produits mais aussi les aspects décoratifs qui, on le verra, sont importants.

1. www.fastcompany.com/magazine/100/beauty- of-simplicity.html

Le packaging est l'ensemble des éléments matériels qui, sans être inséparables du produit lui-même, sont vendus avec lui en vue de permettre ou de faciliter sa protection, son transport, son stockage, sa présentation en linéaire, son identification et son utilisation par les clients.

Figure 4.3 **Fonctions techniques et de communication du packaging**

Fonctions techniques

- Protection et conservation du produit
- Commodité d'utilisation
- Transport, stockage
- Rangement et élimination
- Protection de l'environnement

Fonctions de communication

- Impact visuel («alerte»)
- Reconnaissance
- Identification
- Expression du positionnement
- Information du consommateur
- Impulsion à l'achat

b) L'importance du packaging

Dans le secteur des biens de grande consommation, il est souvent aussi important d'avoir un bon packaging que d'avoir un bon produit. L'importance du packaging tient à deux raisons principales.

- La première est la généralisation de la vente en libre-service, notamment dans les grandes et moyennes surfaces (hypermarchés et supermarchés) : comme il ne bénéficie pas de la présence d'un vendeur, il doit « se vendre tout seul ». Cela signifie qu'il doit attirer le regard des clients, être reconnu ou identifié par eux et susciter leur désir d'achat. Le packaging joue, à cet égard, un rôle important de « vendeur silencieux ».
- La seconde est la contribution du packaging à différencier les offres. Quand les différences « intrinsèques » entre celles-ci sont faibles, une supériorité de packaging, sous l'aspect fonctionnel ou sous l'aspect visuel, peut faire la différence et entraîner la préférence pour une marque.

Exemples

- Les bâtons glacés Haägen-Dazs sont empaquetés individuellement dans un sachet, lui-même intégré dans une boîte en carton. Ce double niveau d'emballage permet d'exprimer le caractère haut de gamme du produit.
- *A contrario*, la marque new-yorkaise de cosmétiques Kiehl's, rachetée en 2000 par L'Oréal, se différencie par son emballage très neutre et sobre, exprimant ainsi le caractère anticonventionnel et authentique de la marque. Comme nous l'a fait astucieusement remarquer un étudiant, *« the bling-bling is inside »*.

Le packaging sobre des produits Kiehl's.

Il arrive même parfois que le packaging constitue l'avantage-produit lui-même, la caractéristique distinctive qui est valorisée par le client.

Exemple

- Surfant sur la tendance lancée par Nespresso et ses capsules, toutes les grandes marques de café proposent maintenant du café soluble en dosettes ou en encore en « sachets stick ». En quoi ces produits sont-ils différents de ceux qu'on peut acheter en grands sachets ou en boîte ? Uniquement en ce qu'ils sont pré-dosés. Cette seule différence de packaging réussit cependant à créer un nouveau segment sur le marché du café soluble. Maxwell House procure avec ce produit un double avantage-produit, celui de café pré-dosé en sticks et celui d'un distributeur de sticks : c'est le packaging qui fait le produit.

c) Le packaging : connaître les éléments de langage

On distingue trois catégories (ou niveaux) de packaging :

- l'emballage primaire, qui en contact direct avec le produit (pots de yaourts, cannettes de bière, flacon de parfum…)
- l'emballage secondaire qui contient un produit déjà conditionné (*pick-up* en carton regroupant six pots de yaourt, pack de douze cannettes de bière, boîte d'emballage d'un parfum…)
- l'emballage tertiaire qui permet la manutention et le transport (palettes, ou bien cartons de transport) : il intéresse les distributeurs plutôt que les consommateurs finals qui, sauf exception, notamment chez les maxidiscomptes (hard-dicounters), n'ont pas l'occasion de le voir.

Exemples

- Dans l'exemple précédent, les sticks de café pré-dosé Maxwell House relèvent de l'emballage primaire et le paquet de distributeur de sticks de l'emballage secondaire.
- L'emballage secondaire unitaire : boîte d'emballage d'un flacon de parfum ou d'un pot de crème hydratante.
- L'emballage secondaire de regroupement : *pick-up* en carton regroupant six pots de yaourt, ou pack de douze bouteilles de bière.

Il faut aussi distinguer deux composantes principales d'un packaging (pour les emballages primaire et secondaire) : le contenant et le décor (voir figure 4.4).

Figure 4.4 **Les deux composantes d'un packaging**

Le contenant

- Matériaux
- Forme
- Système de bouchage ou de fermeture

Le décor

- Graphique
- Couleurs
- Textes
- Étiquettes

Le terme de contenant se réfère aux éléments du packaging qui ont – ou peuvent avoir – une incidence sur la protection, la conservation, l'utilisation, le transport et le stockage du produit. Ce sont *les matériaux* utilisés (plastique, verre, carton, métal, etc.), la *forme* du packaging unitaire et/ou du packaging de regroupement et, s'il y a lieu, le *système de bouchage ou de fermeture* (couvercle vissé, bouchon de liège, capsule plastique, opercule soudé, etc.).

Le terme de décor se réfère aux éléments purement *visuels* du packaging, c'est-à-dire à ceux qui ont une incidence sur son aspect mais n'en ont pas sur ses caractéristiques fonctionnelles d'utilisation ou de consommation. Il s'agit principalement du graphisme (dessins, photos, caractères typographiques, etc.), de l'emplacement et de la disposition des textes, du nombre et de la forme des étiquettes, des couleurs utilisées…

d) Les fonctions techniques du packaging

Les principales fonctions techniques qu'un packaging doit remplir pour les consommateurs sont les suivantes.

1° La protection et la conservation du produit

Le packaging primaire et/ou secondaire d'un produit doit le protéger contre toutes les agressions susceptibles de l'altérer : chocs, chaleur, lumière, humidité ou sécheresse, dégradations microbiennes, perte de gaz carbonique (pour les boissons gazeuses), etc.

Exemples

- Les paquets sous vide préservent l'arôme du café, les bouteilles colorées protègent la bière contre la lumière, les paquets de biscottes réduisent les risques de casse, etc.
- L'entreprise suédoise Tetra Pak s'est assuré un leadership mondial grâce à ses techniques de conservation sous vide qui permettent de conserver des produits liquides comme le lait ou la soupe dans des emballages hermétiques sans mise en froid.

2° La commodité d'usage

Le packaging peut faciliter la prise en main du produit (bouteilles d'huile en forme de « sablier »), son versement et son dosage (bec verseur des paquets de sucre en poudre), son utilisation fractionnée (sachets individuels de potage instantané), etc.

Quelques-uns des grands succès du marketing au cours des dernières années sont dus à des packagings offrant aux consommateurs ce type d'avantages.

Exemples

- En plus de sa bouteille en verre qui reste un emblème de la marque, Heinz a, le premier, lancé la bouteille de ketchup format tête en bas, plus pratique et qui facilite le dosage.
- La marque de peinture américaine Dutch Boy s'est fortement différenciée de ses concurrents en repensant entièrement les fonctions des pots de peinture : ouverture et fermeture faciles grâce à un couvercle vissant, poignée rabattable pour transporter le pot, poignée intégrée pour verser, verseur anti-gouttes, etc.

3° La facilité de transport, de stockage, de rangement et d'élimination

La troisième fonction technique du packaging est de faciliter la manutention du produit par les clients, du transport du magasin au domicile, du rangement dans les placards ou dans le réfrigérateur, et de l'élimination de l'emballage après usage du produit.

Exemples

- Les packs de bouteilles d'eau minérale munis de poignées facilitent le transport de ce produit relativement lourd.
- Les boîtes de farine en carton rigide réduisent les risques de renversement du paquet dans le placard.

4° La protection de l'environnement

Enfin, sous la pression des pouvoirs publics ou des mouvements écologistes, les fabricants de produits de grande consommation sont amenés à accorder de plus en plus d'attention aux effets des packagings sur l'environnement. Cette tendance est sans doute promise à se développer dans les prochaines années, ce qui posera des défis intéressants aux hommes et femmes de marketing, qui devront trouver de nouveaux équilibres entre l'efficacité en termes de communication que donnent de beaux emballages et le refus croissant du gaspillage.

Exemples

- Sentant venir le bout de la contestation, Volvic a introduit des bouteilles issues à 20 % de matière végétale et 100 % recyclables.

e) Les fonctions de communication du packaging

À côté de ses fonctions techniques, le packaging remplit d'importantes fonctions de communication, qui font de lui le *premier média au service du produit.*

1° L'information du consommateur

Le packaging est d'abord un vecteur d'informations utiles – ou même légalement obligatoires – à destination des consommateurs, en leur indiquant les dates limites d'utilisation, la composition du produit, son mode de préparation, les recettes auxquelles il peut se prêter, etc.

2° L'impact visuel (fonction d'« alerte ») et l'impulsion d'achat

Sachant que dans un magasin en grande surface, les clients passent rapidement devant les linéaires et que ces linéaires sont occupés par des centaines de produits concurrents, il est important, pour un packaging, d'être repéré facilement. En d'autres termes, un packaging doit avoir un fort *impact* visuel. S'il n'est pas vu, il est clair qu'il ne sera pas pris.

Au-delà de cette fonction d'alerte, un packaging doit susciter ou renforcer le désir d'achat. Il peut le faire de différentes manières :

- par des qualités *esthétiques* (voir l'exemple ci-dessous) ou *utilitaires* (certains pots de moutarde deviennent des verres) ;
- en suggérant par le packaging que la quantité de produit contenue à l'intérieur est importante (*size impression) ;* les fabricants du reste, utilisent parfois des contenants plus grands qu'il ne serait nécessaire ;
- s'agissant de produits alimentaires, un packaging doit être « appétissant » (*appetite appeal*) et suggérer les qualités organoleptiques du produit, par exemple avec des photos ou des dessins du produit imprimés sur le packaging.

Les packaging de Dégraiss'Boy et du Chat Expert

Exemple

- Constatant que les consommatrices cachaient leur liquide vaisselle dans leur cuisine, d'autant plus qu'elle devenait un lieu de vie partagé avec leurs invités, Henkel a décidé de repenser le packaging de ses produits. L'objectif de l'entreprise était de faire du liquide vaisselle Mir un produit qu'on n'a plus honte de placer à côté de l'évier, de lui redonner de l'impact dans les linéaires de magasin et d'exprimer la dimension émotionnelle de la marque. Le résultat de cette réflexion est le Dégraiss'Boy de Mir, petit personnage sympathique et rigolo qu'on a plaisir à exposer dans la cuisine familiale (on a donné au liquide vaisselle un goût amer pour éviter que les enfants se mettent à le boire !). Le succès de l'opération a conduit Henkel à travailler le packaging d'autres produits, sortant une bouteille Le Chat anthropomorphe ou des blocs WC Bref visiblement inspirés par la bande dessinée.

3° L'identification à une catégorie de produits et la reconnaissance de la marque

Si un consommateur voit un produit qu'il ne connaît pas, il doit être capable, par un simple regard sur le packaging, d'identifier la *catégorie de produits* à laquelle il appartient. Pour faciliter cette identification, on a souvent intérêt, lorsqu'on conçoit un packaging pour un produit nouveau, à respecter les *codes visuels* de la catégorie à laquelle il appartient.

Exemples

- Il serait risqué de lancer une nouvelle marque de café décaféiné sans utiliser de manière dominante dans son étiquette la couleur rouge qui caractérise traditionnellement ce type de produits.
- Inversement, la marque Vittel est maintenant en rouge alors qu'elle était en bleu, la couleur code des eaux minérales. Le rouge a été choisi pour mieux exprimer le positionnement « vitalité » de la marque. Bien évidemment, ce changement a été testé avant d'être introduit sur le marché.

Lorsqu'un consommateur connaît déjà une marque, il doit pouvoir la reconnaître facilement, sans avoir besoin de lire le nom. Cela peut être assuré par l'emploi d'une couleur ou d'un graphisme particuliers (par exemple, l'« ovale vert » du Roquefort Société, le vert pomme de Fructis, le bleu de Pepsi...), par l'emploi de caractères typographiques originaux (par exemple, ceux de Coca-Cola), par l'emploi d'un matériau particulier (par exemple, le verre « givré » de la bouteille de Rémy Martin), ou encore par une forme de contenant originale (par exemple, la bouteille d'Orangina).

Exemple

- Afin de donner un impact visuel fort et reconnaissable aux produits de sa marque propre, Monoprix a fait appel à l'agence Havas City, qui a préconisé une communication décalée, très axée sur la typographie très lisible, les bandes de couleurs marquées et un ton humoristique. Les 2 000 produits sont immédiatement reconnaissables, bien qu'ils soient très divers. Afin de justifier leur campagne « Non au quotidien Quotidien ! », les étiquettes sont agrémentées de slogans tels que : « Saumon fumé : avec ce saumon, c'est kilt ou double ! » ou « Des carottes extrafines que même les lapins nains trouvent extrafines. » Cet humour décalé n'a pas été apprécié des syndicats maison qui ont exigé le retrait des paquets de verveine dont l'étiquette annonçait : « L'infusion qui vous fait oublier qu'on ne vous a pas augmenté cette année... »

Il est indispensable, lorsqu'on décide de changer un packaging existant, de conserver quelques-uns des éléments fondamentaux de l'ancien, afin que les consommateurs habituels de la marque puissent la reconnaître.

Enfin, le consommateur doit pouvoir identifier facilement et rapidement par le packaging les différentes *variétés* de la gamme que propose la marque.

MINI CAS

Comment Apple transforme un emballage en expérience émotionnelle ?

Apple est sans doute l'entreprise au monde la plus renommée pour le design de ses produits. Le sens du détail qui était la signature de son défunt fondateur, Steve Jobs, ne s'exprime pas seulement dans le produit lui-même mais aussi dans son packaging.

La plupart des entreprises d'électronique ne s'intéressent pas au packaging de leurs produits parce que ce sont leurs produits qui sont exposés en magasin, et non leur packaging.

La philosophie d'Apple est radicalement différente en considérant que désemballer un produit est le premier contact que le client a avec celui qu'il vient d'acheter.

L'entreprise de Cupertino a un service dédié rassemblant des designers qui travaillent au packaging des produits. Il est suffisamment important pour que l'accès à ses locaux soit strictement contrôlé.

À droite l'emballage de l'iPod classic noir. À gauche, détail de la languette permettant d'ouvrir le packaging de l'iPod touch. Source : Sunpack packaging (www.sunpack.com/blog)

La préoccupation des designers en packaging d'Apple est de faire entrer les produits dans des emballages conçus sur mesure pour chaque produit et de leur donner le style sobre et élégant qui constitue l'identité graphique d'Apple. Mais le travail des designers va au-delà : ce dont ils se préoccupent, c'est du client au-delà du produit, c'est-à-dire de *l'expérience* qui est celle du client quand il déballe un produit Apple.

Adam Lashinsky, qui a visité les locaux, relate ainsi qu'au sein du service de design des packagings, une pièce entière est dédiée au déballage des produits[1]. Elle était remplie lors de sa visite par *plus d'une centaine* de prototypes qui sont testés pour un seul modèle d'iPod. Il explique comment un designer avait pour tâche toute la journée d'ouvrir les emballages afin d'évaluer leur performance et leur capacité à nourrir une expérience satisfaisante pour le client. Un autre designer est spécialisé dans la conception des languettes qui permettent d'ouvrir la boîte ou d'extraire le produit de l'emballage (languette noire sur la photo). Il modifie les formes, les couleurs, les impressions et les matières pour déterminer quelle est la meilleure languette, à placer au bon endroit, pour permettre le mieux possible au client de désemballer le produit.

Selon un témoignage de Jonathan Ive, le patron du design d'Apple :

« Steve [Jobs] et moi passions beaucoup de temps sur le packaging. J'adore le processus par lequel on désemballe un produit. Notre rôle est de concevoir le design d'un rituel, et ce rituel doit faire penser au client que le produit est unique. Le packaging peut être théâtral, il peut raconter une histoire. »[2]

1. L'entreprise est aussi renommée... pour son goût du secret. Ces aspects de la politique d'Apple ont commencé à être révélés par Adam Lashinsky, dans son ouvrage *Inside Apple*, Dunod, 2012.
2. Cité par Walter Issacson, *Steve Jobs*, Simon & Schuster, 2011. Traduction par les auteurs du *Mercator*.

Exemple

- Pour permettre aux consommateurs de distinguer les différentes variétés de potages en sachet (poireau-pomme de terre, minestrone, soupe chinoise, etc.), les fabricants ne se contentent pas d'en inscrire le nom sur le sachet mais les identifient par des illustrations visuelles du produit « en situation ».

4° L'expression du positionnement

Comme toutes les autres composantes du marketing-mix, le packaging doit contribuer à exprimer et à transmettre aux consommateurs le positionnement choisi par la marque (sur le positionnement, voir le chapitre 14). En d'autres termes, le packaging doit, par sa forme ou son décor, évoquer les traits saillants et distinctifs que l'on a décidé de conférer à la marque.

Exemples

- Le packaging très caractéristique de la confiture Bonne Maman, avec son pot en verre à facettes, son étiquette écrite « à la main » et son couvercle qui rappelle les imprimés de Vichy utilisés jadis pour couvrir les pots, exprime très clairement son positionnement de « confiture aussi bonne que celle qu'on fait à la maison ».

- En adoptant pour l'emballage de son flacon de parfum Le Mâle une forme et un matériau qui rappellent une boîte de conserve, Jean-Paul Gaultier a exprimé le positionnement « décalé » de sa marque. En effet, la boîte de conserve constitue l'emballage du parfum et le flacon représente un buste d'homme.

SECTION 4

LES SERVICES ASSOCIÉS AU PRODUIT

Les services associés au produit sont l'ensemble des services complémentaires au cœur de l'offre, qui apportent au produit des bénéfices additionnels pour les clients et qui sont autant de sources potentielles de différenciation.

Les spécialistes du marketing des services ont toujours insisté sur l'importance d'une compréhension extensive de l'offre de service. On parlera donc de « produit étendu[1] », de « services périphériques » ou de « services supplémentaires[2] ».

L'objet des services associés est de compléter un produit principal, que ce produit soit lui-même un bien ou un service.

1. Pierre Eiglier et Eric Langeard, « Le marketing des entreprises de services », *Revue Française de Gestion*, mars-avril 1977, pp. 72-84.
2. Christopher H. Lovelock, « Cultivating the Flower of Service : New Ways of Looking at Core and Supplementary Services », *in* P. Eiglier et E. Langeard, *Marketing, Operations and Human Resources Insights Into Services*, Université d'Aix-Marseille III, 1992, pp. 296-316.

Une politique de produit doit définir les services à associer au produit principal. Ce choix influence la perception que les clients ont de l'offre, sur la qualité, mais également sur les coûts et la politique de prix.

Exemple

- En entrant sur le marché, Free Mobile a proposé des abonnements téléphoniques à un prix très bas (moitié moins que ses concurrents). Mais pour obtenir des tarifs aussi compétitifs, l'entreprise n'inclut pas le téléphone dans son abonnement. Free s'est ainsi distingué des grands opérateurs du marché en écartant un service associé (la mise à disposition du terminal) qui est inclus dans l'offre de ses concurrents.

On peut analyser les différents types de services selon trois approches :

- les services associés de base et les services associés additionnels ;
- parmi ces derniers, ceux qui sont intégrés à l'offre ou tarifés spécifiquement ;
- l'étape du processus d'achat dans laquelle les services associés sont programmés.

a) Distinguer services associés « de base » et services associés additionnels

Un *service de base* est indissociable du cœur de l'offre, c'est-à-dire de la catégorie de produits. C'est le minimum obligatoire en raison de la réglementation (le délai de réflexion pour un crédit, par exemple) ou indispensable à la commercialisation du produit et à son utilisation (le service après-vente, par exemple). Tout le reste entre dans la catégorie des *services additionnels* qui permettent de différencier une offre au sein d'une catégorie de produits.

Exemples

- La réglementation européenne oblige les constructeurs d'automobiles à garantir leurs véhicules deux ans. Toyota ou Honda les garantissent trois ans.La garantie de deux ans est un service de base, celle de trois ans est un service additionnel.
- Un service de base du transport aérien consiste à offrir un siège dans un avion permettant de voyager d'un aéroport à un autre. Pour autant, le service n'est pas le même qu'il s'agisse d'un vol low cost ou non, d'un voyage en première classe ou en classe économique : les services additionnels font la différence.

b) Parmi les services additionnels, distinguer les services intégrés à l'offre et les services tarifés

Les services additionnels peuvent être soit de règle et intégrés à l'offre, soit optionnels et tarifés. Quand ils sont de règle, ce sont des éléments qui permettent de situer l'offre de l'entreprise à un certain niveau de gamme dans la catégorie de produits, ou bien encore de distinguer cette offre de celle des concurrents.

Exemple

- Atout France, qui a en charge la nouvelle classification des hôtels en France, définit ainsi les conditions pour être un établissement cinq étoiles : « Hébergement proposant un confort exceptionnel doté d'un aménagement d'excellente qualité offrant une multitude de services ou d'équipements (spa, piscine, salle de remise en forme...). Un service personnalisé, multilingue, adapté à une clientèle internationale, etc. » Ces services additionnels sont de règle pour obtenir la classification « 5 étoiles ». Mais un hôtel peut aussi choisir de proposer un Wifi gratuit, ce qui est une façon de se différencier des concurrents.

Quand l'entreprise a choisi d'intégrer ces services additionnels au produit, ils ne constituent donc pas une option et ils ne conduisent pas à une tarification supplémentaire.

Quand les services sont tarifés, ils peuvent faire l'objet d'une politique marketing propre et deviennent de ce fait des produits induits en soi (par exemple, un supplément « cinéma » à un abonnement à la télévision câblée). Comme les services associés génèrent généralement des coûts, c'est un élément important à prendre en considération dans la politique tarifaire de l'entreprise (voir le chapitre 5 sur la politique de prix).

Exemple

➥ Réunir édite le *Guide Réunir* et le site Web www.reunir.com qui présentent plus de 1 000 lieux de réunion, à destination de tous ceux qui, au sein des entreprises, organisent des séminaires, des congrès et des incentives. Ce service est gratuit pour les utilisateurs : ce sont les annonceurs (les lieux de réunion) qui payent pour être référencés.

Un exemple de service optionnel gratuit : Réunir cherche pour vous

L'entreprise a développé un nouveau service : « Réunir cherche pour vous ». L'organisateur contacte Réunir, indique ses besoins (type d'événement, nombre de participants, dates, etc.) et l'entreprise cherche pour lui des établissements qui correspondent à ses critères et qui sont disponibles à ses dates. Il reçoit leur devis et n'a plus qu'à faire son choix.

Ce service optionnel est coûteux pour Réunir, mais gratuit pour les utilisateurs comme pour les établissements (pas de commission d'apport d'affaires). L'entreprise considère qu'en procédant ainsi, elle fidélise les organisateurs de séminaires et les établissements qui sont ses clients, et qu'elle se différencie positivement de ses concurrents.

FOCUS

Les services associés sont une composante stratégique d'un produit

- Les services associés à un produit (bien ou service) ne sont pas des éléments accessoires, mais bien des composantes essentielles d'une politique de produit.
- La définition et l'arbitrage entre ces services (optionnels ou non, payant ou non) ont un impact considérable sur la proposition de valeur et la politique de gamme. C'est souvent une arme puissante dans une stratégie de différenciation.

c) Les services associés selon l'étape du processus d'achat

On peut aussi classifier les services associés selon l'étape du processus d'achat : avant l'achat, facilitant la transaction, et après-vente.

Figure 4.5 **Classification des services associés**

Services de préparation de l'achat	Services de facilitation de la transaction	Services d'après-vente
Accueil	Prise de commande et réservation	Réassurance
Prise en charge	Facturation	Livraison, installation et formation à l'utilisation
Information sur l'offre	Paiement	Maintenance et réparation
Conseil à l'achat		Traitement des réclamations
Traitement des cas particuliers		Programmes de fidélisation

SECTION 5

LES PRODUITS NUMÉRIQUES[1]

D'un point de vue technique, la révolution numérique concerne le traitement et la diffusion des informations. La numérisation est la transformation d'informations (qui se présentent sous forme de textes, de sons, d'images fixes ou animées) en données informatiques qui peuvent être transmises par l'intermédiaire d'un réseau

1. Appelés *digital products* en anglais. Les termes « numérique » et « digital » sont synonymes, le premier étant français et le second, un anglicisme.

informatique. Cette numérisation donne une capacité sans précédent de collecte, de stockage, de traitement, de manipulation et de diffusion de l'information.

Les technologies numériques ont un impact profond sur les politiques de produit, aussi bien pour le cœur de l'offre que pour les services associés.

1 Qu'est-ce qu'un produit numérique ?

Un produit numérique est une offre sur un marché dont le cœur (produits d'information) ou les services associés sont numérisés, c'est-à-dire transformés en données qui peuvent être traitées et transmises par l'intermédiaire d'un réseau informatique.

a) Les produits d'information numériques

Le premier type de numérisation concerne les offres qui sont essentiellement des produits d'information, quelle que soit la forme de ces informations. Le lien entre information et numérisation est du reste tellement fort que Carl Shapiro et Hal Varian définissent ainsi l'information : « Fondamentalement, tout ce qui peut être numérisé – encodé dans un flux de bits – est de l'information[1]. »

Les produits d'information prennent les formes suivantes :

- des documents écrits (livres, ouvrages, guides, journaux, magazines, bases de données) ;
- des documents sonores (musique, programmes radio) ;
- des documents visuels (images, films, vidéos) ;
- des documents multimédias (sites Web, CD-Rom) ;
- des documents informatiques (logiciels) ;
- des supports d'accès et d'identification (tickets, billets, clés) ;
- des supports d'échange (instruments monétaires, titres financiers) ;
- des services intangibles (services financiers, conseils, enseignement), etc.

b) Les services associés numériques

Lorsque les services associés à l'offre principale (voir la section précédente) sont intangibles et ne requièrent pas la présence matérielle d'un bien et d'une personne, ils peuvent être potentiellement numérisés et délivrés à distance par Internet ou par un autre moyen informatique :

- l'accueil ;
- l'information sur l'offre ;
- le conseil à l'achat ;

1. Carl Shapiro et Hal Varian, *Économie de l'information. Guide stratégique de l'économie des réseaux* [1998], De Boeck Université, 1999.

- le traitement des cas particuliers ;
- la prise de commande et la réservation ;
- la facturation ;
- le paiement ;
- la réassurance ;
- la formation des utilisateurs ;
- le traitement des réclamations ;
- les programmes de fidélisation.

Des produits, biens ou services, peuvent donc avoir une dimension numérique par le biais de leurs services associés, même si le cœur de l'offre n'est pas numérisé.

Exemples

- Le livre *Mercator* et ses compléments sous forme numérique et son site Internet.
- Le site de service après-vente d'une marque permettant au client de savoir comment utiliser le produit ou régler des problèmes.
- La possibilité de remplir en ligne sa déclaration d'impôts et de calculer le montant de cet impôt.

2 Les spécificités des produits d'information numériques et leurs conséquences pour la politique de produit

On ne soulignera ici que trois de ces spécificités majeures des produits d'information numériques.

a) Les produits numériques ne sont pas détruits quand ils sont consommés

La science économique définit traditionnellement la consommation comme la destruction d'un bien. Utiliser une lessive, c'est la détruire, de même qu'utiliser un shampoing ou consommer un repas. Certains produits, qui sont les produits durables, sont détruits par l'utilisation, mais sur une plus grande durée : le disque vinyle ou la cassette audio s'usent à l'utilisation, de même que le réfrigérateur ou l'automobile (450 000 véhicules vont à la casse tous les ans en France).

Les produits numériques pour leur part ne sont pas détruits quand ils sont consommés. Un fichier mp3 peut être joué des millions de fois sans qu'il ne connaisse la moindre usure. Un produit numérique est donc intangible dans les deux sens du terme : il est indépendant d'un support matériel et il ne se corrompt pas à l'usage.

Une conséquence majeure de cette spécificité est que les entreprises qui commercialisent des produits numériques se retrouvent en concurrence avec leurs propres produits. Le marché de remplacement d'un éditeur de logiciels ne provient pas de la *détérioration* du produit mais de son *obsolescence*, qui n'est pas nécessairement rapide.

Les éditeurs peuvent adopter une politique d'accélération de cette obsolescence :

- en promouvant des technologies nouvelles qui vont conduire les clients à remplacer leurs équipements et à renouveler les produits qui leur sont liés ;
- en lançant de nouvelles versions qui incitent les clients à renouveler leurs produits. Microsoft lance ainsi tous les deux ou trois ans une nouvelle version d'Office qui redynamise les ventes : les anciennes versions fonctionnent toujours parfaitement mais on en propose des nouvelles qui sont plus puissantes ou qui comportent des améliorations.

b) Les produits numériques peuvent être dupliqués à l'infini

Un produit numérique, quel qu'il soit, est entièrement codé et prend la forme de fichiers informatisés. Rien n'est plus facile que de dupliquer ces fichiers en un grand nombre d'exemplaires sans se priver de la jouissance de l'original.

Une copie analogique (par exemple, une photocopie classique ou un enregistrement sur cassette audio) connaît une dégradation de la qualité par rapport à l'original. Une copie numérique est strictement identique à l'original : c'est un clone. Le clonage numérique soulève des enjeux considérables pour la protection des droits des producteurs. Le manque à gagner peut être en effet considérable.

Exemples

- Selon une étude réalisée par IDC pour l'association professionnelle Business Software Association (BSA)[1] et publiée en mai 2011, 42 % des logiciels utilisés dans le monde en 2011 sont piratés. Ils sont 33 % à l'être en Europe de l'Ouest et 64 % en Europe de l'Est. Le manque à gagner théorique pour les éditeurs de logiciels était de 59 milliards de dollars.
- Sorti en février 2008, le film *Bienvenue chez les Ch'tis* était disponible sur les sites *peer to peer* trois jours plus tard. Cela n'a pourtant pas empêché le film d'avoir réalisé le plus grand nombre d'entrées dans l'histoire du cinéma français (au coude à coude avec *Intouchables*) en réunissant plus de 20 millions de spectateurs sur l'année et de vendre plus de 2 millions de DVD en deux mois.

c) Les produits numériques ont des coûts de production marginaux et de distribution physique négligeables

Alors que le coût de production marginal d'une voiture, d'une machine-outil, d'un bien représente généralement une part significative d'un prix de vente, le coût de production marginal d'un produit numérique est négligeable. Imprimer un CD coûte quelques dizaines de centimes d'euros et il en va de même pour les DVD. Envoyer les produits par Internet coûte encore moins cher : quelques centimes d'euros.

1. Le rapport annuel de la BSA est téléchargeable sur le site de l'association : www.bsa.org/

Les véritables coûts des produits numériques se trouvent dans les frais d'investissement. Les producteurs fixent ainsi le prix d'un bien numérique non en fonction de son coût de production marginal mais uniquement de son coût total qui intègre les frais d'investissements et un prévisionnel de vente. C'est pourquoi on peut constater des politiques très diverses de tarification des produits numériques, allant dans certains cas jusqu'à la quasi-gratuité (les stratégies associées aux politiques de prix des produits numériques seront étudiées dans le chapitre 5 consacré aux politiques de prix).

3 Comprendre et évaluer les enjeux de la numérisation de l'offre

a) Distinguer la numérisation du cœur de l'offre et celle des services associés

Pour évaluer l'impact de la révolution numérique sur les politiques d'offre, il est nécessaire de distinguer les produits numériques des services associés numériques (sur cette distinction voir le paragraphe 1 « Qu'est-ce qu'un produit numérique ? »).

1° Les produits d'information dont le cœur de l'offre peut être numérisé

Dans ce cas de figure, la distribution du produit ou la réalisation de la prestation peuvent être entièrement réalisées de façon numérique, par exemple par l'intermédiaire d'Internet.

2° Les services associés numérisés

Comme on l'a souligné, la plupart des services associés peut être numérisée, quelle que soit la nature du produit auquel ils sont rattachés. Par exemple, le transport aérien est une prestation physique qui ne peut pas être numérisée, mais le système de réservation peut l'être (réservation par Internet).

Ainsi, si la numérisation de l'offre va concerner en premier chef les produits d'information, elle concernera cependant également les autres types d'offre, non pas pour le cœur du produit, mais pour tous les services associés numérisés, qui constituent une partie du produit. *On peut ainsi dire que potentiellement toutes les offres sont concernées par les processus de numérisation, mais à des degrés divers.*

b) Distinguer l'impact de la numérisation sur les offres existantes et leur potentiel de création de nouvelles offres

Un deuxième facteur qu'il est important de prendre en compte pour mesurer l'impact des technologies numériques sur les politiques d'offre est le potentiel de création d'une offre nouvelle. Dans certains cas, en effet, le produit numérique se substituera de façon totale ou partielle aux produits existants alors que dans d'autres cas, la numérisation permettra d'offrir des produits nouveaux aux clients, soit qu'il s'agisse d'innovation radicale, soit plus simplement qu'il s'agisse d'une offre avec de nouveaux services associés.

c) Analyser les quatre dimensions de la politique numérique de l'offre[1]

La matrice numérique de l'offre qu'on propose ci-dessous est construite sur les deux axes soulignés plus haut :

- Le *type d'offre* concerné par la numérisation : produits d'information pour lesquels la numérisation va concerner le cœur de l'offre, ou les services associés, quel que soit le produit de rattachement.
- La *nature de l'offre* concernée par la numérisation : offre existante ou offre nouvelle.

Les services et les biens, dont le contenu et la fonction ne peuvent pas être numérisés, ne seront concernés que par la partie droite de la matrice, puisque la nature de l'offre empêche la numérisation du cœur du produit. Les produits d'information par contenu ou fonction seront concernés par l'ensemble de la matrice, puisque le cœur de l'offre peut être numérisé (partie gauche) mais que ces produits ont également des services associés, comme toute offre.

Figure 4.6 **La matrice numérique de l'offre**

	Produits d'information	**Services associés**
Offre actuelle	Potentiel de substitution	Potentiel d'automatisation
Offre nouvelle	Potentiel d'innovation ou de diversification	Potentiel de valorisation

1° La substitution

On se trouve avec la substitution dans le cas de figure le plus spectaculaire de l'impact de la révolution numérique sur la politique de produit, puisqu'elle peut bouleverser entièrement les marchés concernés. La numérisation et Internet touchent ici au cœur même de l'offre. Les annuaires papier, les transactions financières, les services d'information (actualités), la messagerie de documents, la commercialisation de produits intangibles ou numérisables (musique, films, livres, photos, tickets et billets) sont autant d'exemples de ce type d'offres. Internet n'est pas seulement pour ces produits et ces services un média de communication ou de prise de commande, mais un canal de distribution physique du produit ou de réalisation du service. L'offre numérique peut alors se substituer entièrement à l'offre tangible.

1. Voir Julien Lévy, « Impact et enjeux de la révolution numérique sur la politique d'offre des entreprises », *Revue Française du Marketing*, n° 177-178, septembre 2000, pp. 13-28. L'auteur remercie Emmanuelle Le Nagard-Assayag pour sa contribution à cette réflexion.

MINI CAS

Un marché bouleversé par les produits numériques : la musique

Les technologies numériques ont eu un impact sur l'industrie musicale.

Il y a encore quinze ans, un consommateur devait se rendre chez un disquaire ou une grande surface pour avoir accès à des supports musicaux. Le passage par la grande distribution, spécialisée ou non, favorisait le contrôle du marché par quelques grands éditeurs internationaux. Aujourd'hui, grâce à la numérisation de la musique et Internet, elle n'a jamais été aussi facilement accessible à travers de multiples sources, dont les plus importantes sont gratuites et illégales. Le marché de la musique enregistrée s'est proprement effondré depuis 2000, pénalisant les éditeurs et leurs ayants droit ainsi que les distributeurs.

L'analyse des ventes de musique aux États-Unis par l'association américaine des éditeurs phonographiques montre un effondrement des ventes de CD non compensé par le développement du téléchargement légal. Le marché a baissé de 40 % en 10 ans (1999-2009).

Les majors réagirent à l'explosion des téléchargements illégaux de plusieurs façons : en promouvant de nouveaux formats (de type SACD) difficiles à copier mais qui furent des échecs, en bridant les CD pour en rendre la lecture impossible sur PC (ce qui a pénalisé… les acheteurs de CD), en menant des actions en justice contre des internautes qui téléchargeaient illégalement pour leur propre usage (effet très négatif en termes d'image), en faisant pression auprès des fournisseurs d'accès à Internet, auprès des pouvoirs publics afin de taxer les supports vierges et les disques durs (ce qui est désormais le cas en France) et d'initier une législation plus répressive (de type Hadopi).

Pourtant, de même que la voiture a remplacé la carriole à chevaux, le train électrique le train à vapeur, la transformation complète de l'industrie musicale, avec ses perdants et ses gagnants, est inscrite dans l'évolution des technologies et des usages. De nouveaux modèles économiques apparaissent : les coûts d'enregistrement et de distribution ont chuté, les sites de téléchargement légal ont amélioré leur offre et baissé leurs prix (iTunes étant incontestablement le leader), les restrictions d'usage sont progressivement levées, des plates-formes en ligne proposent de la musique sur abonnement (comme Spotify ou Deezer) ou payée par la publicité (comme Beezik). Plus encore, de nouveaux acteurs se font jour qui profitent de la désagrégation de la chaîne de valeur de la musique : des artistes font leur promotion sur les réseaux sociaux et profitent d'un bouche à oreille virtuel pour se faire connaître, des plateformes allient la participation communautaire et le financement des artistes comme mymajorcompany.com, le spectacle musical vivant se porte très bien et redevient une source de revenus importante…

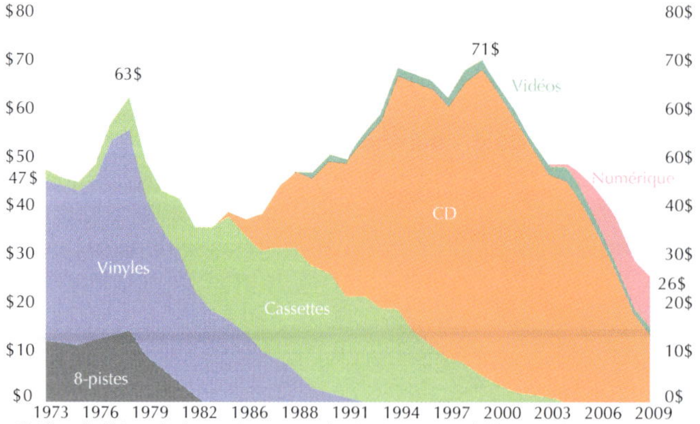

Chiffre d'affaires de la musique enregistrée, 2011 (en dollar par tête)

Source : Recording Industry Association of America.

2° L'automatisation

La numérisation et Internet permettent d'automatiser un certain nombre des services associés au produit. L'accueil, l'information sur l'offre, le conseil à l'achat, le traitement des cas particuliers, la prise de commande et la réservation, la facturation, le paiement, la réassurance, la formation des utilisateurs, le traitement des réclamations, les programmes de fidélisation sont autant de services associés traditionnellement pris en charge par le personnel de service, qui peuvent être désormais automatisés grâce à la numérisation des informations et leur mise en ligne.

Exemple

- Dans le transport aérien, ce sont des services de renseignement, de prise de commande, de facturation, de paiement, de services après-vente qui peuvent être basculés sur Internet, réduisant la nécessité de la présence du personnel.

3° La valorisation

Dans ce troisième cas de figure, l'objectif n'est pas d'automatiser des services existants, mais de valoriser l'offre actuelle, en tirant profit des nouvelles possibilités procurées par la révolution numérique. Il s'agit donc d'étendre des services complémentaires ou associés.

Exemple

- Federal Express a intégré le client au cœur de son processus interne de production de service grâce à son service *Fast Track* en permettant au client de suivre heure par heure le transport de son colis jusqu'à la réception par le destinataire. Federal Express a ici valorisé son offre en proposant un service complémentaire (information en temps réel sur le transport et la localisation du colis qui a été confié) dont le coût aurait été élevé s'il avait dû être fourni par des opératrices au téléphone, et qui n'aurait simplement pas été possible sans une informatisation de l'ensemble du processus interne et une transmission de ces données via un réseau électronique.

On inclura dans la démarche de valorisation toutes les stratégies de personnalisation de l'offre et de marketing *one to one* de masse rendus possibles, sous certaines conditions, par la gestion de bases de données et Internet (voir le chapitre 10 sur le marketing relationnel).

4° La diversification et l'innovation

La révolution numérique et Internet permettent aux entreprises de développer de nouvelles offres commerciales à l'attention des clients et pas seulement d'offrir de nouveaux services complémentaires. L'entreprise peut choisir de diversifier son activité en offrant à ses clients actuels des offres nouvelles ou en changeant à la fois d'offre et de clientèle.

Exemples

- Si *Le Monde* donne un libre accès aux articles récents qu'il a publiés, il commercialise ses archives, au-delà de sept jours, sous forme d'abonnement par Internet. Internet a permis dans ce cas le développement d'une nouvelle offre commerciale de service, celle de la consultation des archives de presse depuis son domicile, difficilement concevable avant Internet.

- La pornographie en ligne, les balises électroniques qui permettent d'identifier la localisation des véhicules, les jeux en ligne, les communautés virtuelles, la musique par Internet, les *chats* sont quelques exemples de nouveaux services qui n'auraient pas été possibles sans la révolution numérique.

FOCUS

La numérisation de l'offre n'est pas pour demain… elle bat déjà son plein

Toutes les activités, tous les produits, sont touchés par la révolution numérique, fut-ce à des degrés divers comme le montre la matrice numérique de l'offre. Une politique de produit ne peut faire l'impasse sur cette dimension, qui ne relève donc pas de la seule communication.

SECTION 6

LA POLITIQUE DE GAMME

Une gamme est un ensemble de produits qui ont un lien entre eux car ils partagent les mêmes fonctions principales, s'adressent au même marché, ou sont vendus par les mêmes canaux de distribution.

1 Les dimensions de la gamme

L'ensemble des produits fabriqués par une entreprise peut être très divers. Ainsi Renault fabrique directement ou par l'intermédiaire de filiales :

- des voitures de tourisme ;
- des véhicules utilitaires ;
- du matériel agricole ;
- des roulements à billes, etc.

Chacune de ces grandes classes de produits comporte une ou plusieurs gammes qui peuvent se développer en plusieurs lignes. Le nombre et la différence de nature des gammes d'une entreprise reflètent son degré de diversification.

Les gammes peuvent être définies autour d'une même technologie, d'un même métier ou bien d'un marché ou d'un segment de marché.

a) Les gammes, les lignes de produits et les modèles

Une gamme est composée d'un plus ou moins grand nombre de produits (ou de services) qu'on peut regrouper en plusieurs types ou *lignes* de produits. Ainsi la gamme d'automobiles Renault comprenait, en 2012, douze lignes principales : Twingo, Wind, Clio, Modus, Kangoo, Mégane, Scenic, Fluence, Koleos, Laguna, Latitude, Espace, Trafic Passenger, plus les lignes de la gamme de véhicules utilitaires[1].

1. On pourrait y ajouter les lignes Logan et Sandero (Dacia by Renault) et Renault Samsung Motors.

b) Les dimensions d'une gamme

1. *La largeur* d'une gamme se mesure par le nombre de lignes de produits. Avec cinq lignes de produits (911, Boxster, Cayman, Cayenne, Panamera), la gamme de Porsche est beaucoup moins large que celle de Renault.
2. *La profondeur* d'une ligne dépend du nombre de produits qu'elle comporte (par exemple, la Clio est une ligne qui comporte onze versions, ayant 3 ou 5 portes et différents types de finition).
3. *La longueur* d'une gamme est le nombre total de tous les produits différents de la gamme que l'entreprise peut mettre sur le marché. La longueur d'une gamme est donc le multiple de la largeur et de la profondeur des gammes, ou encore la somme des produits (ou références) de toutes les lignes.

Figure 4.7 **Les dimensions d'une gamme**

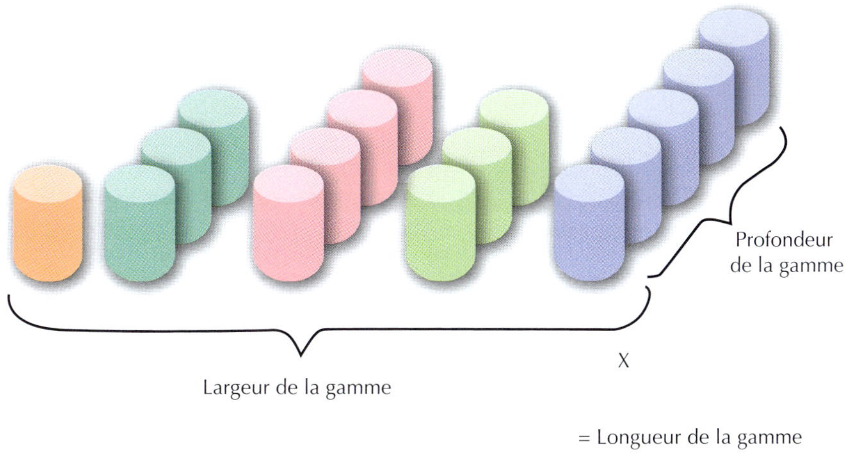

c) Étendue de la gamme et « longue traîne »

Une gamme profonde (donc avec des lignes comportant de nombreuses références) couvre un nombre plus important de besoins différents. Elle est donc plus à même de satisfaire plusieurs segments de clientèle et d'être plus efficace commercialement. En revanche, elle est coûteuse à développer et à produire. Le coût des stocks peut être pénalisant. Une gamme peu profonde facilite pour sa part le processus de production. Elle réduit la cannibalisation d'un produit par un autre et est mieux acceptée par les distributeurs. Un arbitrage doit donc être établi entre les avantages d'une gamme longue et ceux d'une gamme courte.

Cet arbitrage bien connu entre profondeur de la gamme et rationalisation de la production et des stocks a été contesté par Chris Anderson, dans son ouvrage sur la longue traîne (*long tail*)[1].

1. Chris Anderson, *La Longue Traîne*, Village mondial, 2007.

Quand on classe les produits par vente décroissante, on constate bien qu'un petit nombre de produits à succès (la tête de la courbe) fait l'essentiel des ventes, la longue traîne étant la masse des produits dont les ventes unitaires sont beaucoup plus faibles. C'est ce qu'on appelle la « règle » des 20/80 : 20 % des produits font 80 % des ventes.

Figure 4.8 **Une répartition classique des ventes : tête des ventes (peu de produits, fort volume) et longue traîne (nombreux produits, faibles ventes)**

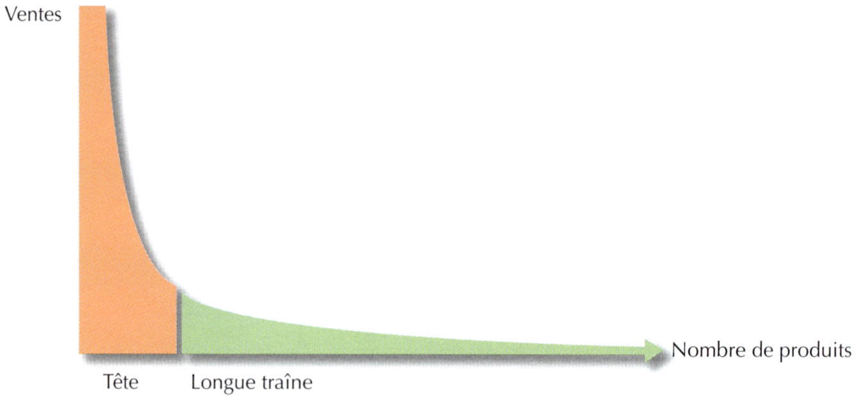

Cette concentration des ventes sur un petit nombre de références peut s'expliquer par des raisons de :

- politique d'offre : l'entreprise se consacre d'abord au cœur du marché (80 %) et choisit ensuite de s'étendre vers des marchés structurellement plus étroits pour se développer ;
- distribution : les distributeurs référencent en priorité les produits à fortes ventes limitant l'accès des autres au marché ;
- communication : les budgets non extensibles se concentrent sur les produits leaders ;
- comportement des consommateurs : mémorisation d'un nombre restreint de marques, fidélité routinière, moindre risque perçu en achetant les marques et produits les plus vendus…

Cependant, Chris Anderson souligne qu'Internet fait sauter ces contraintes : plus de limitation de linéaire sur la Toile, facilité pour les clients de trouver en ligne des produits de niche, sélection de l'offre à travers les moteurs de recherche des sites d'e-commerce ou les avis et recommandations des clients. « Internet est un agrégateur de niches », écrit-t-il à juste titre.

La conséquence serait que les entreprises peuvent exploiter de façon rentable la longue traîne et faire des gammes profondes un véritable avantage concurrentiel. À titre d'exemple, Amazon réalise un quart de son chiffre d'affaires avec des titres qui ne figurent pas dans les 100 000 premières ventes… alors que dans le même temps les grandes librairies de la chaîne américaine Barnes & Noble ne proposent au maximum que 100 000 références. Une large partie du marché échappe aux entreprises qui ne savent ou ne peuvent pas exploiter la longue traîne.

Chris Anderson plaide dans son ouvrage pour que les entreprises travaillent à la fois la tête des ventes et la longue traîne. Il souligne à juste titre qu'Internet change la donne selon laquelle une gamme profonde serait un poids plus qu'une opportunité : de nombreux succès commerciaux seraient fondés sur une gamme très large de produits. Mais ses exemples portent quasiment tous sur l'économie numérique et son étude de la rentabilité d'une gamme très profonde est des plus succinctes (alors que la structure des coûts est très différente d'un marché à un autre, et d'un acteur de la chaîne de valeur à un autre).

FOCUS

La longue traîne a une portée limitée

La réflexion sur la longue traîne n'invalide pas le principe d'un arbitrage entre profondeur de la gamme et rationalisation de la production et de la distribution. Elle souligne cependant que l'économie numérique peut affecter cet arbitrage et ouvrir de nouvelles opportunités pour une politique de gamme innovante.

2 Les niveaux de gamme

L'organisation d'une offre ou d'un marché autour de niveaux de gamme est une pratique très courante quel que soit le secteur d'activités :

- Le *bas de gamme* désigne des produits de moindre qualité, par exemple les « premiers prix » qu'on trouve chez les distributeurs alimentaires, dont la qualité gustative ou la composition sont inférieures aux produits de marque. De façon moins péjorative, on pourra aussi parler d'*entrée de gamme* pour désigner des produits qui sont les moins chers de la gamme tout en maintenant le niveau de qualité.
- Le *moyen de gamme* propose des produits de qualité à prix moyen. On trouve sur ce segment les produits de marques qui adoptent la stratégie de *premium price* et leurs concurrents directs, les produits de marques de distributeurs, qui sont vendus moins chers mais avec la même promesse de qualité[1].
- Le *haut de gamme* désigne les produits au prix le plus élevé dans leur catégorie, parce que leur marque est exclusive, parce qu'ils relèvent d'une variété plus rare (niche) ou qu'ils offrent plus de fonctionnalités.

1. Les politiques de *premium price* font l'objet de développements importants au chapitre 12 sur la stratégie marketing.

Exemple

➥ Rolls-Royce ne connaît pas la crise, puisque l'entreprise anglaise (filiale de BMW) a augmenté ses ventes de 31 % en 2011 pour réaliser le meilleur chiffre d'affaires de ses 107 ans d'existence. Rolls-Royce doit une partie de ce succès au lancement de son nouveau modèle, la Ghost, qui constitue son entrée de gamme. On n'osera pas parler de bas de gamme pour un véhicule dont le prix de vente en version de base est de 260 000 euros, mais ce prix est à comparer aux 400 000 euros d'une Phantom. Ce modèle vise un public moins fortuné, plus jeune (que les 50 ans qui constituent l'âge moyen de l'acheteur d'une Rolls) et qui a l'intention de conduire le véhicule plutôt que de se faire conduire. Pari réussi puisque 80 % des clients de la Ghost achètent une Rolls pour la première fois, et ont 10 ans de moins que la moyenne des clients.

La Rolls-Royce Ghost, un produit d'entrée de gamme à 260 000 euros

3 L'analyse des produits d'une gamme

Une gamme est une construction où chaque produit doit avoir une fonction précise en termes marketing et financiers.

a) L'analyse de la gamme par type de produit

1° Les produits leaders

Ce sont les produits qui font le plus gros chiffre d'affaires. Ce sont aussi souvent les produits les plus lucratifs. Par exemple, les parfums fraise et abricot sont les produits leaders de la gamme de confitures Bonne Maman.

2° Les produits d'attraction ou produits d'appel

Les produits d'attraction ont pour rôle d'attirer le client et de faire vendre, directement ou indirectement, les produits leaders. Souvent, les produits d'attraction sont des premiers prix ou des prix promotionnels, temporairement bas : un voyagiste fera, par exemple, des campagnes publicitaires sur ses séjours au prix le plus attractif mais il s'efforcera de faire « monter en gamme » le prospect pour qu'il achète un produit à meilleure marge.

3° Les produits d'image

Ils sont imaginés pour nourrir la marque et la faire évoluer. Ce sont donc des supports de communication et ils n'ont pas vocation à faire beaucoup de chiffre d'affaires et de profit.

Exemple

➥ Les grands couturiers investissent beaucoup d'argent dans les défilés où ils exposent des modèles de haute couture qui doivent faire la preuve de leur talent mais qui n'ont pas de débouchés commerciaux suffisants pour les rentabiliser. En revanche, les retombées médiatiques et le bouche-à-oreille doivent valoriser leur griffe exploitée dans la vente d'accessoires et de prêt-à-porter.

4° Les produits qui préparent l'avenir

Ce sont ceux qui sont appelés à remplacer les leaders ou à ouvrir de nouveaux marchés.

Exemple

- Orange a fixé comme objectif en 2014 que 20 % du chiffre d'affaires provienne de produits de moins de cinq ans.

5° Les produits régulateurs

Ils sont là pour absorber des frais fixes et compenser les fluctuations des ventes des produits leaders. Un fabricant d'imperméables dont les ventes sont soumises à des fluctuations saisonnières pourra adjoindre à sa gamme une fabrication d'articles d'été : robes de plage, maillots de bain, etc. De la même façon, Salomon spécialiste d'équipements de sports d'hiver, s'est diversifié dans les articles de golf.

6° Les produits tactiques

Ils ont pour rôle de gêner la concurrence ou de répondre rapidement à une action des concurrents.

En réalité, on trouve souvent des produits qui paraissent n'avoir aucune fonction précise dans la gamme. Leur existence ne peut alors s'expliquer que par des raisons historiques qui ne résisteraient pas à une solide analyse marketing et à un bon contrôle de gestion.

b) L'analyse de la gamme par chiffre d'affaires

Le plus simple et le plus immédiat est de relever le chiffre d'affaires fait par chaque produit, de ranger les produits par ordre d'importance décroissante. En cumulant les ventes, on s'aperçoit souvent que « *la règle des 20/80* » évoquée plus haut est respectée (voir figure 4.9). À vrai dire, il ne s'agit pas à proprement parler d'une règle. On s'est simplement aperçu que fréquemment 80 % du chiffre d'affaires était réalisé par environ 20 % des produits[1].

Cela ne signifie pas que les 80 % des produits réalisant 20 % du chiffre d'affaires doivent être condamnés. On peut trouver parmi eux des nouveaux produits prometteurs et des vieux produits à diffusion confidentielle mais très rentables. Cette analyse en termes de chiffre d'affaires est donc insuffisante en soi. Elle doit être complétée par une étude de la rentabilité et de l'âge des produits.

Notre conseil

Il est très utile de faire le même type d'analyse avec la contribution dégagée par chaque produit ou chaque ligne de produit. 20 % des produits dégagent 80 % de la contribution globale. Ce ne sont généralement pas les mêmes produits que ceux qui font 80 % du chiffre d'affaires.

1. En marketing relationnel, on constate plus fréquemment une « règle » de 70/30, 70 % de l'activité étant générés par 30 % des clients. Voir le chapitre 10 sur le marketing relationnel.

Figure 4.9 **La « règle » des 80/20**

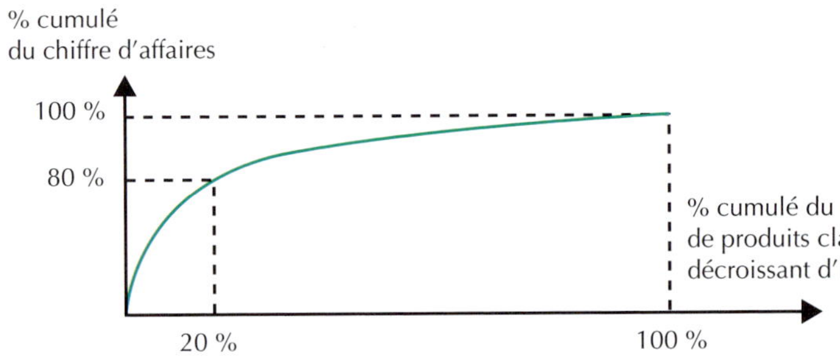

c) L'analyse de la gamme par rentabilité

Un bon système de comptabilité analytique doit permettre d'identifier la rentabilité des différents produits d'une gamme.

Cette rentabilité n'est pas nécessairement liée au chiffre d'affaires ou au prix du produit : des produits au chiffre d'affaires secondaire pour l'entreprise peuvent être très rentables et des produits peu chers peuvent, également par un volume important et des coûts de production réduits, s'avérer également très rentables.

Le calcul de la rentabilité doit être suffisamment exhaustif pour intégrer des éléments secondaires qui peuvent l'affecter : des produits peuvent apparaître rentables alors qu'ils sont largement déficitaires en raison de coûts cachés ou non pris en compte comme l'imputation du coût des vendeurs, de coût du service aux clients, du coût de la garantie après-vente, etc.

Le modèle BCG d'analyse d'un portefeuille d'activités est présenté dans la boîte à outils en fin d'ouvrage (voir outil n° 9). C'est une matrice d'évaluation de ses activités qui distingue quatre types de produits :

- les *stars* (investissements élevés mais forte rentabilité dans des marchés en croissance) ;
- les *dilemmes* (rentabilité aléatoire) ;
- les *vaches à lait* (forte rentabilité et faibles investissements dans des marchés matures) ;
- les *poids morts* (rentabilité faible ou négative dans des marchés à faible croissance ou en déclin).

d) L'analyse de la gamme par âge des produits

À l'image d'une population, une gamme peut être très jeune ou trop vieille, harmonieuse ou déséquilibrée. Pour analyser la structure d'âge d'une gamme, on peut calculer l'âge moyen de la gamme. Cela a particulièrement de l'intérêt dans les cas où il existe des normes ou tout au moins des indicateurs sur l'âge moyen des produits de la concurrence. Ainsi dans l'automobile, les marques japonaises fixent actuellement à moins de quatre ans la durée de vie commerciale de leurs produits.

On peut aussi utiliser le concept de cycle de vie du produit (voir section 7), c'est-à-dire calculer la part du chiffre d'affaires total et la part de la contribution totale par catégories de produits classées selon leur phase de vie. Ainsi, les figures 4.10 et 4.11 montrent clairement que la gamme étudiée est déséquilibrée. Il y a trop peu de produits en lancement et en développement. La contribution dépend beaucoup trop de produits en déclin.

Figure 4.10 **Exemple d'analyse de la gamme selon le chiffre d'affaires par phase du cycle de vie**

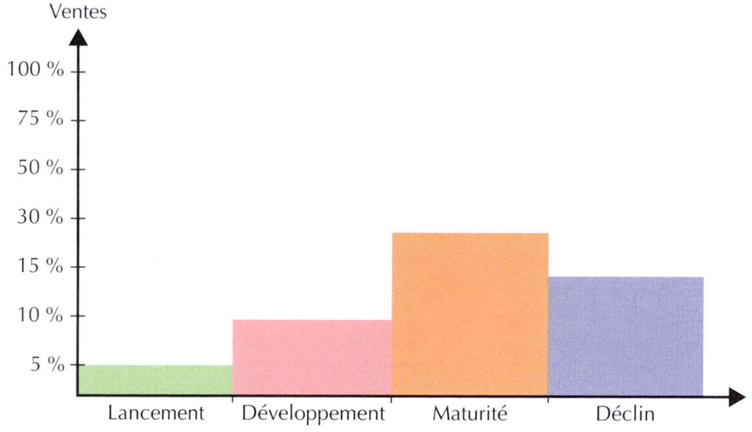

Figure 4.11 **Exemple de répartition par phase de vie de la contribution à la marge des différents produits composant une gamme**

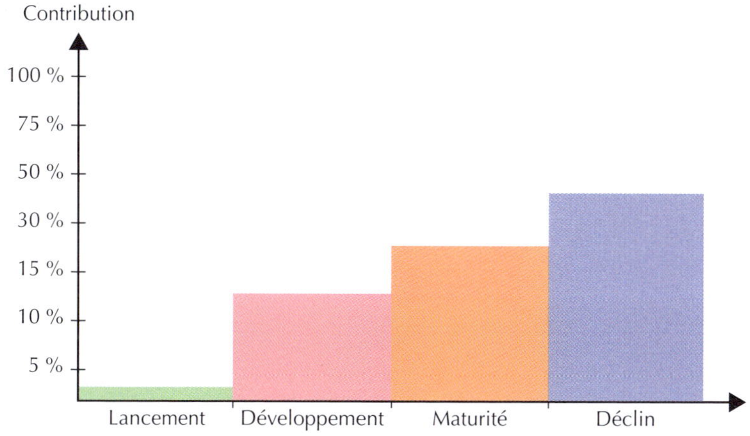

SECTION 7

LE CYCLE DE VIE DES PRODUITS ET DES MARCHÉS

Comme pour un individu, la vie d'un produit peut être analysée en plusieurs phases qui vont du lancement (la naissance) au développement (l'adolescence) puis à la maturité (l'âge adulte), enfin au déclin (la vieillesse et la mort). Ces différentes périodes constituent le cycle de vie d'un produit ou d'un marché.

Le cycle de vie est un concept qui a eu un très grand succès. Il est universellement connu, même en dehors du marketing[1]. Pourtant, son application n'est pas toujours facile. Il est simple d'identifier le lancement de produit qui correspond à la période de mise sur marché (distribution) et de campagne de communication. Il est en revanche plus difficile de prévoir le passage entre les phases suivantes du cycle de vie.

1 Le concept de cycle de vie

a) Les quatre phases du cycle de vie

On distingue traditionnellement quatre étapes différentes dans la « vie » d'un produit (voir figure 4.12).

1. La première phase est celle de l'introduction d'un nouveau type de produit. La croissance est généralement assez faible car l'innovation prend du temps à se diffuser : phase de lancement.
2. La deuxième étape est celle de la croissance du produit. Le nouveau produit est mieux connu et attire rapidement de nouveaux clients, les volumes augmentant sensiblement : phase de développement.
3. Dans la troisième étape, qui est celle de la maturité, le produit cesse d'être une innovation, il s'est déjà largement diffusé et connaît donc une croissance des ventes beaucoup plus faible, voire nulle.
4. Dans une quatrième phase, le produit est dépassé par de nouvelles innovations. Les ventes diminuent inexorablement : phase de déclin.

1. Dans *César Biroteau*, Balzac évoquait déjà ce concept dans les termes suivants : « [Ce phénomène] est non seulement commun aux êtres organisés mais encore aux cités, aux nations, aux idées, aux institutions, aux commerces, aux entreprises qui, semblables aux dynasties, naissent, s'élèvent et tombent. »

Figure 4.12 **Le cycle de vie d'un produit : exemple théorique de courbes de profit et de ventes**

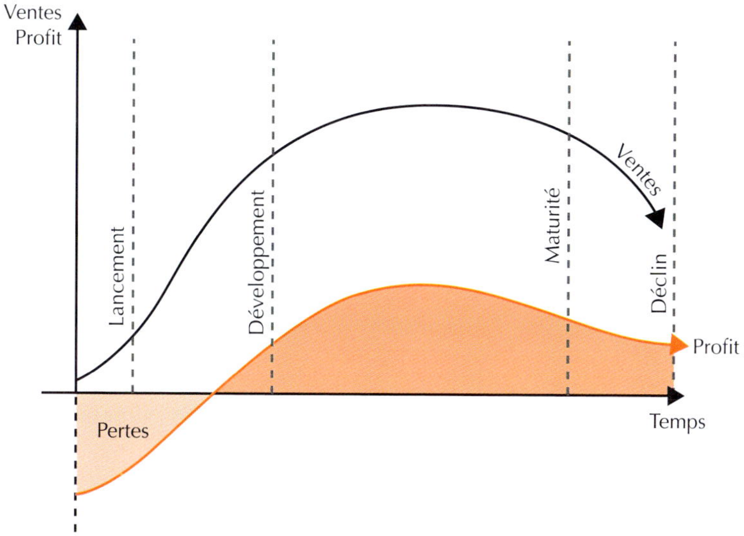

b) Distinguer le cycle de vie d'un produit, d'une catégorie de produits et d'un marché

Cette distinction n'est pas toujours faite, ce qui est source de confusion.

- *Le cycle de vie d'un produit* d'une marque spécifique décrit l'évolution de ses ventes de son lancement jusqu'à son retrait du marché. Par exemple, les ventes de CD de l'album 21 d'Adèle.
- *Le cycle de vie d'une catégorie de produits* décrit les différentes phases de sa création (lancement) jusqu'à son déclin. Par exemple, les ventes de CD musicaux.
- *Le cycle de vie d'un marché* peut intégrer plusieurs catégories de produits, c'est donc une description plus large du marché. Par exemple les ventes du marché phonographique (tous supports confondus).

Exemple

➥ Une illustration de la notion de cycle de vie d'un marché peut être donnée par l'industrie musicale dont nous avons présenté l'enjeu. Cassettes analogiques et disques vinyles ont pratiquement disparu de la circulation et les ventes de CD connaissent un net déclin. Les fichiers numériques se sont généralisés, le marché du téléchargement légal se développe fortement avec des offres comme celles d'iTunes chez Apple, et la suppression des restrictions de copie (DRM). L'audio-streaming (comme Spotify ou Deezer) est une forme émergente du produit musical, qui se traduit par l'écoute de musique en ligne sans transfert de propriété de fichiers.

1° Un produit peut échouer dans un marché en plein développement

Exemple

➥ Kodak, qui a régné sur la photo argentique pendant tout le XXe siècle (en 1976, ses parts de marché étaient de 90 % aux États-Unis) a subi de plein fouet la concurrence de la photo numérique. Pour anticiper ces bouleversements, l'entreprise se lança avec succès dans la fabrication d'appareils photo numérique jusqu'à devenir n° 1 des ventes aux États-Unis en 2005. Pourtant, la chute des prix des appareils numériques et l'effondrement des ventes de pellicule argentique conduisirent l'entreprise dans une spirale dont elle ne se releva pas et se déclara finalement en faillite en janvier 2012.

2° Un produit peut être lancé avec succès dans un marché en déclin

Notre conseil

On peut croiser le cycle de vie d'un produit avec celui de la catégorie ou du marché pour enrichir l'analyse.

Étudier sa gamme de produit, ou un produit de sa marque, à travers le cycle de vie du produit est instructif, mais il l'est plus encore de mettre en relation ce cycle avec la catégorie de produits ou du marché.

Il est plus facile de lancer un nouveau produit quand le cycle de vie de la catégorie est en phase de lancement ou de développement, mais l'analyse du contexte (phase du cycle de vie de la catégorie) peut conduire à des stratégies originales et innovantes. Ainsi Bonne Maman, qui ne produisait que des confitures, a lancé une gamme ambitieuse de biscuits en 1997 alors que ce dernier marché était mûr – et stagnant – depuis longtemps : il fallait renouveler le marché en apportant différenciation et innovation.

Exemple

➥ Alors que les ordinateurs, les tablettes, les smartphones et Internet réduisent tous les ans le marché des agendas et des carnets, deux entrepreneurs, Maria Sebregondi et Francesco Franceschi, décidèrent de relancer la marque Moleskine en 1997 (l'entreprise française qui fabriquait ces produits avait fermé ses portes dix ans auparavant). En 1997, Moleskine vendit 3 000 carnets ; huit ans plus tard elle en vendait 4 millions et demi. Ce succès doit beaucoup à un nom magique et à un marketing habile (qui laisse croire que de grands écrivains et artistes du XXe siècle utilisaient la marque alors qu'ils n'utilisaient qu'un produit similaire). Il est dû aussi au positionnement de la marque autour de cinq valeurs (culture, imagination, mémoire, voyage, identité personnelle), qui va séduire un public qui aime à se penser créatif, cosmopolite et sophistiqué.

c) La diversité des formes du cycle de vie des produits et des marchés

Il existe une très grande variété de formes de cycle de vie, au-delà du schéma général présenté plus haut.

1° Les marchés de forme régulière

La courbe de vie a l'allure d'une cloche aplatie. On en trouve des exemples dans des marchés comme celui de la télévision qui se sont, au départ, développés très régulièrement. Ce sont des marchés où la prévision est facile.

2° Les marchés et les produits à cycle de vie avorté

Ces marchés ou ces produits connaissent une croissance très rapide mais ils chutent très vite après la phase de lancement, ce sont des « gadgets ». Ces cycles de vie tronqués sont caractéristiques des produits gadgets : la trottinette pour adulte, des groupes de *boys band*, certaines start-up…

Figure 4.13 **Le cycle de vie des gadgets**

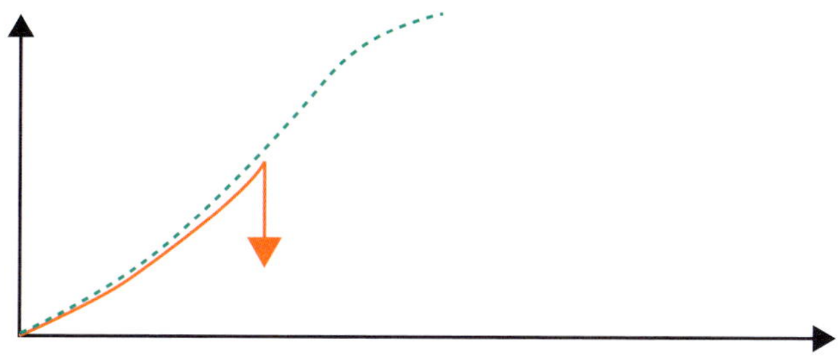

3° Les marchés de produits à cycle de vie ramassé

Leur cycle de vie est complet contrairement au cas précédent, mais la durée de chaque phase est très brève. Ce sont, par exemple, les produits de mode ou à très rapide évolution technologique (comme l'informatique).

Figure 4.14 **Le cycle de vie des produits à la mode**

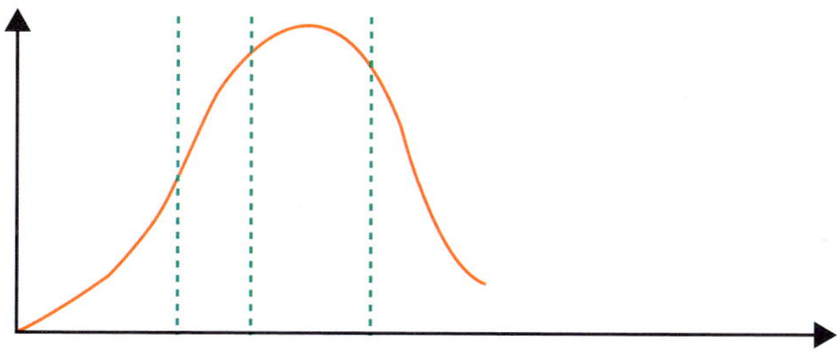

MINI CAS

Motos et scooters : deux marchés à résurrection

Dans les années 1950, la moto était un moyen de transport économique pour ceux qui ne pouvaient acheter une automobile. La diminution relative des prix de vente des automobiles (marché de l'occasion) et l'amélioration du pouvoir d'achat ruinèrent, au début des années 1960, ce marché. Le renouveau de la moto par les Japonais dans les années 1970 n'a pas été la résurrection d'un produit disparu mais la proposition d'un nouveau concept, celui d'un objet de plaisir, de liberté, d'individualisme… et de frime. Les motivations et les clientèles sont donc très différentes de ce qu'elles étaient il y a soixante ans.

Une évolution parallèle se produisit sur le marché des scooters. Ils connurent leur âge d'or avec la Vespa de Piaggio des années 1950 aux années 1970 en symbolisant le moyen de transport des jeunes qui leur apportait liberté, plaisir, indépendance et un goût de *dolce vita*.

Puis le produit perdit de son cachet et les ventes déclinèrent, avant de connaître une résurrection dans les années 2000 comme un moyen de transport des cadres dans des grands centres urbains où il est de plus en difficile de circuler et de se garer en voiture. L'invention du scooter à trois roues par Piaggio renforça encore cette évolution qui, comme on le voit, est bien différente de celle de la moto.

Le Piaggio MP3 ou la réinvention du scooter

4° Les marchés à résurrection

Dans ces marchés, les ventes des produits ont chuté, le marché s'est fortement contracté, avant de redémarrer. Dans ce processus, le concept-produit a généralement connu une transformation importante, ce qui lui a permis de renaître de ses cendres.

Exemple

- Les carnets Moleskine et les sandales Havaianas que l'on a étudiés dans ce chapitre sont deux autres exemples de produits à résurrection dont le concept-produit a profondément changé.

Figure 4.15 Le cycle de vie des produits à résurrection

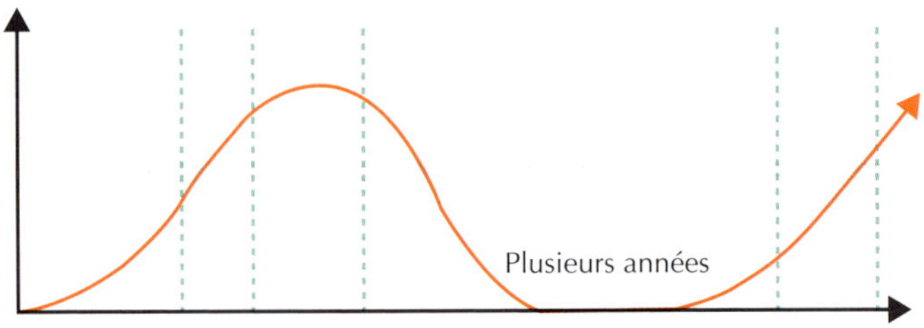

5° Les marchés et les produits « sans âge » (mais pas sans évolution)

Ce sont des marchés où la notion de cycle de vie n'a pas beaucoup de sens car ils semblent être depuis toujours en maturité. Mais cela ne signifie pas qu'il ne s'y passe rien, et il est possible d'identifier des tendances de marché.

Exemples

- Le marché du pain existe depuis des siècles et ne montre aucun signe de disparition, c'est donc un produit à maturité. Cependant sa consommation a chuté spectaculairement en France, passant de 900 grammes par jour et par habitant en 1900 à 153 grammes un siècle plus tard
- Comme le dit un proverbe anglais, « Rien n'est plus certain que les impôts et la mort », pourtant le marché en maturité des pompes funèbres connaît des évolutions en raison de facteurs démographiques et de nouveaux comportements : la crémation, qui ne représentait que 0,9 % des obsèques en 1990 s'établit désormais autour de 30 % selon l'Association Française d'Information Funéraire, ce qui conduit à une chute du marché en valeur.

Au sein d'un marché dit « sans âge », on peut lancer des nouveaux produits pour tenter de renouveler le marché. Ce sont, par exemple, tous les substituts au pain traditionnel : biscottes, pain grillé, produits diététiques aux fibres de son, etc. Le marché du sel a connu également ces dernières années une très forte expansion des produits « haut de gamme » de type sel de Guérande ou Fleur de sel de Camargue.

On peut trouver des produits « sans âge », à très longue période de maturité, aussi bien dans des marchés statiques que dans des marchés dynamiques. Le Coca-Cola est un produit très ancien dans un marché qui bouge beaucoup : celui des *soft drinks*. Le livret A est également un très vieux produit qui reste toujours important dans un marché très actif : celui des produits financiers.

2 Les limites du concept de cycle de vie

Le concept de cycle de vie d'un produit et de cycle de vie d'un marché a été critiqué en raison de son aspect mécanique, trop général et peu explicatif.

a) Une vision trop mécanique et trop peu prédictive...

Le cycle de vie des produits est un concept populaire qui, sur la base de l'analogie avec le cycle des organismes vivants, semble désigner des phases inéluctables.

Cependant, comme on l'a vu, il existe de nombreux cas de figure comme les cycles de vie qui avortent, qui renaissent ou qui sont sans âge.

Par ailleurs, il est parfois difficile d'identifier avec certitude la phase de vie dans laquelle on se trouve. Par exemple, si les ventes diminuent, est-ce conjoncturel ou cela annonce-t-il le passage à la phase de déclin ?

Le fait d'être dans telle phase du cycle de vie d'un produit ou d'un marché ne dicte pas pour autant la stratégie à suivre. Par exemple, de vieux produits peuvent être très rentables et justifier des investissements publicitaires comme Elnett de L'Oréal (lancé en 1960) ou le Pastis 51 de Pernod Ricard (créé comme il se doit en 1951).

De ce fait, le modèle du cycle de vie est souvent peu prédictif, car l'évolution des produits et marchés ne suit pas de schéma mécanique, contrairement à ce que le modèle peut laisser penser.

De plus, un marché évolue aussi en fonction de l'offre, et les politiques marketing ont pour objet de soutenir la croissance des ventes et de repousser le déclin, par l'innovation.

b) ... qui reste néanmoins utile

Malgré ces limites, le concept de cycle de vie conduit les responsables marketing à avoir une vision dynamique des marchés et des produits et à anticiper leurs évolutions. Comme on le verra dans les pages suivantes, le cycle de vie sert également à l'analyse des ventes et de la profitabilité d'un produit, d'une gamme ou d'une marque.

SECTION 8

LE DÉVELOPPEMENT ET LE LANCEMENT DE PRODUITS NOUVEAUX

Le développement et le lancement de produits nouveaux font partie des activités les plus importantes d'un service marketing. Nous nous concentrons ici sur les différentes phases de lancement de produit en partant du concept-produit (et non des étapes préalables).

Cette section n'aborde pas la question de l'innovation – son origine, sa nature, ses acteurs, son organisation, ses processus –, qui est étudiée dans le chapitre 12 « De la stratégie d'entreprise à la stratégie marketing ? ».

1 Le concept-produit et le test de concept

a) Définir le ou les concepts-produits

Le processus d'innovation, qui passe par la recherche d'idées et leur filtrage, doit conduire à l'expression d'un ou de plusieurs concepts-produits. Le concept marketing du produit, comme on l'a vu en section 1, est l'idée centrale du produit exprimée en termes de bénéfices clients.

Cette première étape est indispensable. Il faut dans un premier temps tester, amender, valider le concept-produit avant d'engager la suite du processus de lancement de produit.

Un concept-produit doit pouvoir s'exprimer par une ou quelques phrases simples, ou éventuellement être illustré par un schéma ou une maquette.

b) Valider les concepts par les tests de concept

Avant de s'engager dans l'élaboration d'une stratégie marketing et dans le développement technique d'un prototype, souvent long et onéreux, on cherche à vérifier auprès des clients ciblés si le concept-produit est réellement attrayant, s'il demande à être clarifié ou modifié, et à mieux comprendre quelle forme il pourrait prendre.

On peut utiliser une méthodologie qualitative (focus group, entretiens en face à face) si on cherche un premier retour pour orienter ou enrichir la réflexion, ou bien une méthodologie quantitative (sondages) si on cherche à le valider auprès d'un échantillon représentatif. Dans tous les cas, on cherche à interroger des clients potentiels (sauf dans le cas très particulier du jury d'expert).

Pour illustrer le concept, on peut passer par un discours (oral ou écrit) – ce qui est le plus fréquent – ou bien par un dessin ou une maquette.

On peut utiliser toute sorte de moyens d'enquête : réunion, téléphone, Internet… chacun limitant bien entendu les modalités de test (le téléphone interdit de soumettre des éléments visuels).

Voici les points clés qu'on abordera lors du test avec les répondants :

Notre conseil

Il faut éviter deux écueils quand on cherche à valider un concept-produit :

- *Présenter les caractéristiques techniques du produit (la formule-produit) plutôt que les bénéfices clients (le concept-produit). Dans cette première étape, il faut valider l'idée et mieux comprendre par quels attributs et fonctionnalités elle pourrait se traduire dans l'esprit des clients. La concrétisation de l'idée à travers des caractéristiques techniques spécifiques est une étape ultérieure, qu'on va retrouver dans le test de produit et non le test de concept.*
- *Présenter le concept dans des termes trop « vendeurs », ce qui pousse à l'approbation, voire à l'enthousiasme, plutôt que cela ne suscite une réponse et des commentaires réalistes.*

Figure 4.16

Éléments clés	
Clarté	C'est une condition requise pour le test ! Mais c'est aussi une indication sur le fond : un concept peu clair aura un faible impact.
Attrait	Le concept paraît-il utile, intéressant, crédible ou non ?
Avantages	Niveau plus détaillé de l'attrait : quels sont les principaux bénéfices clients perçus ? À quels besoins répondent-ils ?
Inconvénients	Quels sont les freins ? Les points faibles ?
Usage	Quel mode d'utilisation et de ce fait, quels attributs et fonctionnalités sont nécessaires, ou ne le sont pas ?
Intérêt personnel	La personne interrogée est-elle intéressée à titre personnel ?
Intention d'achat	La personne interrogée l'achèterait-elle (à mesurer sur une échelle) ? C'est une mesure plus impliquante de l'intérêt.

Exemple

➥ Lorsque Accor a envisagé le lancement de Formule 1, l'entreprise a testé le concept par des réunions de groupe réunissant des membres de son public cible (routiers, représentants de commerce…). Ce test a permis d'évaluer quelles prestations de service devaient être incluses dans cette formule économique d'hôtellerie, et quelles autres pouvaient en être exclues (usage). Ce test de concept a, par exemple, montré que la présence d'un téléviseur dans la chambre était importante, mais que celle d'une personne à l'accueil n'était pas indispensable.

À l'issue de ce processus, on doit avoir un concept-produit clair et attractif à partir duquel il sera possible d'élaborer une politique de produit et une stratégie marketing.

2 Stratégie marketing et analyse économique

a) Définir la stratégie marketing

Cette partie sera amplement développée dans la partie stratégie marketing, nous en mentionnant ici les éléments clés :

- *La définition des options stratégiques fondamentales* : univers concurrentiel, sources de volume, cibles de clientèle, marque, positionnement…
- Le choix des différents éléments du *mix produit* : formule-produit, performance, l'identité sensorielle, le packaging, les services associés, le niveau de qualité, le nom et la marque, l'existence ou non d'une gamme.
- La fixation d'un prix de vente et, s'il y a lieu, le test d'acceptabilité du prix (étudié dans le chapitre 5 sur la politique de prix).
- La première ébauche, avec une agence de communication, du *mix de communication-promotion* et l'évaluation du budget à prévoir. On peut également tester la communication (voir le chapitre 7).
- Le choix d'une politique de *distribution* et l'évaluation des coûts de référencement et de force de vente à prévoir.

Par ailleurs, bien entendu, une entreprise doit également étudier la faisabilité industrielle ou opérationnelle du lancement de produit. Nous ne faisons que mentionner ce point – crucial – car il ne relève pas du marketing.

> **Notre conseil**
>
> *Nous ne saurions trop recommander d'appliquer au projet le modèle de la balance de la valeur perçue, présenté dans l'introduction du* Mercator *et comme outil n° 1 (voir la boîte à outils en fin d'ouvrage), afin de réaliser une première validation de la proposition de valeur du point de vue des principaux segments de clients. La méthode est simple, elle force à la clarté et elle est efficace pour valider ou améliorer une proposition de valeur.*

b) Assurer la validation économique et financière de la stratégie

Une fois que les études de faisabilité opérationnelle sont concluantes, et qu'on sait comment le produit devra être lancé (stratégie de marketing et marketing-mix), il faut s'assurer de la validité économique et financière du projet. Cette validation nécessite :

- l'établissement de *prévisions de vente* sur une période de plusieurs années ;
- le calcul précis des investissements nécessaires ;
- et le calcul de divers « *indicateurs de rentabilité* », tels que la VAN ou le *pay-back*.

La principale difficulté que l'on rencontre, dans l'établissement des comptes d'exploitation prévisionnels et dans le calcul des indicateurs de rentabilité, est bien entendu la *prévision des ventes*.

Le compte de résultat prévisionnel permet de définir :

- un chiffre d'affaires attendu (volume de vente x prix unitaires) ;
- le coût d'investissement (coût de développement, d'études, investissements…) ;

- le coût de fabrication ;
- les dépenses marketing (communication-promotion, distribution, vente…) ;
- les frais généraux affectés au projet ;
- et le résultat prévisionnel (ou contribution à la marge).

Dans les petites entreprises, on cherche surtout à mesurer la rentabilité globale du projet, la capacité à financer (en ce sens, le compte de résultat est doublé d'un tableau de trésorerie qui comptabilise les dépenses et les recettes dans le temps) et le risque financier que cela entraîne (montant absolu des dépenses et calcul du point mort : quand ou à combien d'unités vendues couvre-t-on les dépenses ?).

Dans des moyennes ou grandes entreprises, qui gèrent un portefeuille de produits et d'innovations, la décision est souvent comparative : il faut sélectionner un projet plutôt qu'un autre et il faut s'assurer que sa réalisation apportera une rentabilité suffisante aux investissements (supérieure de X à un placement sans risque). La contrainte financière vient ici compléter ou amender un projet marketing, voire conduire à l'abandonner.

C'est seulement au terme de cette phase de validation et en fonction des résultats de l'étude économique et financière du projet que la décision de lancer ou de ne pas lancer le produit nouveau sera prise définitivement.

3 L'élaboration définitive du produit, le test produit et le marché-test

a) Élaborer le prototype et le packaging

Dans une démarche formalisée (dans une entreprise de taille importante), le responsable du projet rédigera un *brief-produit, destiné* à la direction de la recherche et développement (R & D) et aux équipes de design qui définira les caractéristiques et les performances souhaitables du produit.

La R & D et le design seront chargés de mettre au point un *ou plusieurs prototypes en fonction de ce brief.*

Dans une start-up Internet, les développeurs fourniront par exemple un logiciel ou un site fonctionnel qui puisse être testé et validé. Dans une entreprise de service, on pourra faire une description très détaillée des fonctionnalités et caractéristiques du service accompagnée d'un flowchart de services.

Le chef de projet pourra aussi réaliser un *brief-packaging* pour les équipes ou les prestataires de design, qui vont réaliser ensuite des *maquettes de packaging.*

Comme dans tout processus itératif, la clarification des spécifications du produit et de leurs conditions de réalisation va conduire à des allers et retours avec les équipes de la production (industrielle ou de service). Elles vont s'assurer de la faisabilité à grande échelle du prototype et de la maîtrise des coûts par rapport au prévisionnel.

b) Tester le produit, le nom et le packaging

1° Les tests de produit et de nom

Outre les tests fonctionnels qui sont réalisés par des experts au sein de l'entreprise (bon fonctionnement du produit, qualité, performance, etc.), le marketing s'intéresse aux tests réalisés auprès des clients.

Il s'agit de soumettre le produit à un échantillon de clients potentiels (soit un petit nombre pour un test qualitatif, soit un grand échantillon si on cherche à quantifier les réponses) afin d'analyser leur perception, leur usage et leur opinion.

Il faut dans un premier temps établir la liste des caractéristiques ou fonctionnalités qu'on veut tester. Par exemple, on peut tester l'odeur, le goût, la texture, la couleur d'un aliment. On peut tester l'esthétique, la performance, la facilité d'utilisation d'un produit, etc.

Ce test peut être réalisé en laboratoire, au domicile du client ou, pour les produits intangibles (par exemple un logiciel, un site Web…), par Internet. Le client doit utiliser ou consommer le produit et répondre ensuite à une série de questions sur les différentes dimensions qu'on veut étudier.

Le test peut ne porter que sur le produit ou être comparatif : on testera le produit par rapport à une version précédente du produit ou aux produits concurrents, ce qui est une procédure fréquente pour les biens de grande consommation. Il est indispensable alors de réaliser un *blind test*, c'est-à-dire de cacher la marque des produits qu'on fait tester.

Dans un *test de nom* de produit, la méthodologie est beaucoup plus simple : on soumet une liste de noms pour un concept-produit qu'on présente et on demande aux répondants de les évaluer par ordre de préférence. On peut aussi compléter ces questions par des éléments d'appréciation plus qualitatifs sur les dimensions du nom (qu'est-ce qu'il évoque, est-il plus ou moins technique, moderne, sympathique…).

2° Les tests de packaging

Comme pour les produits, une partie des tests sont fonctionnels. Il s'agit de tester les qualités techniques (ou d'usage) d'un packaging, qu'il s'agisse de protection, de conservation, de manutention. Ce travail est réalisé par des experts.

Les autres tests sont réalisés auprès des clients. Il existe quatre grands types de test :

- *Les tests d'usage.* Ce sont les tests directement associés au design du packaging : on fait essayer le produit et on voit si le packaging est fonctionnel, pratique, si le mode d'usage est simple, etc. Généralement on précède par observation et par interview.
- *Les tests d'impact visuel, de reconnaissance, d'identification.* C'est l'aptitude d'un packaging à *attirer les regards* des clients en magasin, à être *reconnu* par les consommateurs qui connaissent déjà la marque, et à être *identifié* correctement par les autres. On utilise généralement un instrument appelé *tachystoscope*, qui permet de projeter sur un écran, pendant des périodes de temps variables et contrôlées (par exemple, un centième de seconde, un dixième, etc.), une photo du packaging à tester, soit seul, soit sur un linéaire entouré de produits concurrents. Cette méthode permet de mesurer le temps nécessaire aux consommateurs pour voir et identifier la marque, ainsi que les principales mentions figurant sur un packaging.
- *Les tests d'évocation (qualité perçue, appetite appeal, l'expression du positionnement du produit…).* On peut procéder à des tests qualitatifs qui consistent à présenter le ou les packagings étudiés soit à des consommateurs pris isolément (entretiens individuels en profondeur), soit à des groupes de huit ou dix consommateurs (réunions de groupe), et à les faire s'exprimer librement sur ces packagings. On peut aussi procéder à des *look tests* lorsqu'on veut mesu-

rer d'une manière *quantitative* les évocations induites par un packaging, en faisant juger le packaging par un échantillon de consommateurs sur un certain nombre de critères préétablis : élégance, modernisme, qualité supposée du produit, etc. Ce type de test peut être facilement réalisé *via* Internet.

- *Les achats simulés en linéaire.* Lorsqu'on cherche à prévoir les effets d'un packaging sur les achats des consommateurs, la méthode la plus fiable est celle de *l'achat simulé*. Elle consiste à faire circuler des consommateurs dans un « linéaire reconstitué » et à observer leur comportement devant le linéaire de la catégorie de produits. Quand on veut tester un changement de packaging, on prend deux groupes tests, on soumet l'un à l'ancien packaging et l'autre au nouveau et on compare les résultats. On utilise de plus en plus des linéaires virtuels sur écran d'ordinateur.

3° Méthodologie des tests

Il existe deux grands protocoles : le test *monadique* (solo ou séquentiel) et le test *comparatif*. Le test triangulaire, qui consiste à tester trois produits dont deux sont identiques n'est pratiquement jamais utilisé, nous ne l'abordons pas ici.

Nous présentons un tableau synthétique de leurs caractéristiques et de leur usage[1].

Figure 4.17

	Test monadique	Test comparatif
Principe	Évaluation d'un seul produit en même temps. Le test peut être solo ou séquentiel : dans ce cas, on teste successivement plusieurs produits (sans demander une comparaison).	Évaluation de deux ou plusieurs produits de façon comparative : on indique ses préférences d'un produit sur un autre, ou de la caractéristique d'un produit sur celle d'un autre.
Avantages	Facile, rapide et peu coûteux à réaliser ; conditions réelles d'utilisation.	Relativement facile, rapide et peu coûteux à réaliser ; comparaison systématique et réaliste avec les concurrents principaux ; donne des pistes d'amélioration.
Inconvénients	Loin de l'environnement concurrentiel ; donne peu de pistes d'amélioration.	Incite à exagérer les différences ; risque d'effet d'ordre (besoin de plus grands échantillons pour varier les ordres) ; choix de la comparaison qui n'est pas nécessairement celui du client ; indique des préférences plus que des appréciations globales.
Utilisation	Adapté quand le produit est très innovant, qu'il n'y a pas de concurrent évident ou que les différences qu'on veut tester sont évidentes. Utile aussi quand on veut tester l'usage dans la durée (lessive qu'on teste chez soi par exemple, cosmétique...).	Adapté quand l'environnement immédiat est concurrentiel et qu'on veut mesurer la préférence. Adapté quand on veut tester une nouvelle formule par rapport à une ancienne.

1. Réalisé à partir de l'excellent article de Sophie Morin-Delerm, « Les tests de produits : quelle technique de test pour quel objectif ? », in A. Bloch et D. Manceau, *De l'idée au marché*, Vuibert, 2000, pp. 140-155.

4 La préparation du lancement et les marchés-témoins

a) La préparation du lancement

L'entreprise doit déterminer le moment opportun du lancement, en fonction de la saison, des habitudes des clients, des actions de la concurrence. Elle doit aussi décider de l'ampleur du lancement : progressif en étendant progressivement sa couverture géographique, ou bien d'emblée national, voire international. Elle doit enfin savoir si la cible visée est d'emblée la cible finale du produit ou si elle procède par étapes.

Exemple

➥ Lorsque Absolut Vodka – une marque de vodka suédoise alors inconnue et improbable – s'est lancée aux États-Unis, la stratégie de l'entreprise a consisté à en faire une marque « branchée » dont le style se distingue fortement des concurrents. Absolut a d'abord diffusé ses produits auprès des boîtes de nuit et des lieux branchés de grandes villes américaines plutôt que directement auprès des consommateurs, et a d'abord communiqué sur la cible gay identifiée comme créatrice de tendances, avant d'élargir sa distribution et son mode de communication, une fois son image et sa réputation établies.

De façon assez technique, la préparation du lancement comporte les principales étapes suivantes (on prend le cas du lancement d'un bien de grande consommation, les étapes étant les plus détaillées) :

- le marché-témoin pour bien valider l'ensemble du dispositif marketing avant le lancement (voir plus bas) ;
- l'établissement du planning de production (commande et le montage des équipements industriels, choix des fournisseurs et la commande des matières premières et fournitures ; essais sur lignes et les réglages) ;
- le briefing de la force de vente et la préparation du matériel de vente (argumentaires, échantillons du produit, etc.) ;
- les négociations avec la distribution ;
- la réalisation du matériel de communication (affiches, spots télé, annonces presse, marketing direct, communication en ligne…) ;
- l'achat d'espace publicitaire si nécessaire ;
- la préparation des opérations promotionnelles de lancement.

b) Les marchés-témoins (ou marché-tests)

Le marché-témoin (ou marché-test) est un lancement de produit à titre d'essai, sur une zone et une période de temps délimitées, afin de valider dans des conditions réelles la stratégie marketing adoptée pour ce lancement.

Les marchés-témoins :

- n'ont pas seulement pour ambition de prévoir les réactions mentales d'un public, c'est-à-dire ses opinions, attitudes et intentions d'achat, mais aussi ses réactions comportementales, et notamment ses achats effectifs (prévision de vente) ;

– portent non pas sur une variable d'action marketing prise isolément, mais sur l'ensemble d'une stratégie de marketing : produit, packaging, prix, publicité, etc. ;
– s'efforcent de reproduire, d'une manière moins artificielle que les tests, les conditions réelles dans lesquelles serait mise en œuvre la stratégie de marketing envisagée si elle était adoptée.

Le marché-témoin peut être réalisé sur une seule zone, ou sur plusieurs : notamment si on cherche à comparer des stratégies alternatives. Il nécessite de disposer au moins du produit final (il est donc nécessairement postérieur au test de produit).

On peut distinguer trois catégories principales de marchés-témoins : les marchés-témoins classiques, les mini-marchés-témoins et les marchés-témoins simulés.

1° Les marchés-témoins classiques

La technique du marché-témoin consiste à mettre effectivement en œuvre la ou les stratégies que l'on envisage d'adopter, mais dans une (ou plusieurs) zones géographiques limitées (généralement des villes moyennes). La zone d'essai choisie doit être représentative du marché de lancement prévu (répartition des revenus, habitudes de consommation, de publicité et de concurrence…).

Pendant toute la durée du marché témoin, des informations précises doivent être recueillies pour en mesurer les résultats, notamment :
– le volume des ventes du produit et la part de marché qu'il obtient ;
– le nombre et les caractéristiques des personnes (ou foyers) qui procèdent à un premier achat ;
– le taux de rachat et les quantités achetées (par acheteurs) au cours de la période du marché-témoin ;
– les opinions des acheteurs, consommateurs, prescripteurs et distributeurs sur le produit, ainsi que leurs raisons d'achat, de rachat, de non-rachat, etc.

Ces informations sont généralement recueillies grâce à des panels de détaillants, des panels de consommateurs et des enquêtes ad hoc. Elles permettent non seulement de prévoir par extrapolation les résultats d'un lancement national éventuel, mais aussi de déceler les défauts éventuels de la (ou des) stratégies envisagées, afin d'y porter remède avant le lancement national.

Les marchés-témoins sont un instrument coûteux. Ils exigent aussi beaucoup de temps car ils doivent durer suffisamment pour mesurer le rachat (il faut éviter de ne mesurer que l'effet de curiosité qui peut expliquer un essai). Mais le temps passé permet à la concurrence de préparer sa riposte : soit que le concurrent informé du nouveau produit se lance dans le développement d'un produit similaire, soit qu'il conduise des actions dans la zone du marché-test (par exemple des promotions) pour en perturber les résultats !

2° Les minis marchés-témoins

Ils consistent à procéder à la mise en œuvre de la stratégie envisagée non pas sur l'ensemble d'une zone géographique, mais seulement chez un nombre réduit de détaillants réalisant un volume de vente élevé (par exemple des hypermarchés) avec lesquels on a passé un accord spécial. Pendant la durée de l'expérience, on suit les ventes du produit dans les points de vente choisis, et on procède à des enquêtes dans les magasins pour connaître les caractéristiques des acheteurs du produit, savoir s'il s'agit de leur premier achat ou d'un rachat, connaître leurs opinions sur le produit, etc. On peut en outre analyser les comportements d'achat de la clientèle des magasins-témoins à l'aide de « panels de clients », identifiés lors du passage aux caisses par une carte de paiement spéciale, et dont les achats sont enregistrés automatiquement grâce à la lecture optique des « codes-barres ». Les panels combinés de détaillants et de consommateurs conviennent particulièrement à ce genre d'analyse.

Cette méthode, moins chère que celle des marchés-témoins, se prête bien à la comparaison de plusieurs stratégies marketing : en effet, lorsqu'on dispose d'un nombre suffisant de points de vente comparables, on peut analyser, à l'aide d'un plan d'expérience, l'efficacité relative de chacune des stratégies alternatives envisagées.

3° Les marchés-témoins simulés

Cette dernière méthode a été conçue pour réduire les inconvénients du marché-témoin et du mini-marché-témoin, à savoir leur coût élevé, les délais longs et le risque de riposte concurrentielle.

La méthode consiste à mener une enquête auprès d'un échantillon d'acheteurs potentiels (plus précisément un panel, puisqu'on interroge cet échantillon dans la durée). Après les avoir exposés à la campagne publi-promotionnelle envisagée, on leur donne la possibilité d'acheter le produit au prix prévu, dans des conditions se rapprochant autant que possible d'un achat normal (reconstitution d'un « linéaire type », possibilité de choisir entre plusieurs marques, etc.).

Cette observation est complétée par une batterie de questions au moment du test afin de comprendre les motivations d'achat ou de non-achat, et par une autre série de questions liées à l'usage, en appelant postérieurement les acheteurs, afin d' évaluer leur mode et leur niveau d'utilisation, leur satisfaction, leur intention de rachat.

Les sociétés d'études qui réalisent des marchés-témoins simulés (Assessor, Bases, Designor, Microtest, etc.) disposent de modèles explicatifs de l'achat et du rachat, dont la forme et les coefficients ont été ajustés à partir d'un grand nombre d'expériences suivies d'un lancement effectif. Grâce à ces modèles, elles peuvent transformer les résultats des prévisions de premier achat et de rachat en prévisions globales de ventes ou de part de marché.

c) Le suivi du lancement

Enfin arrive le jour J du lancement. Mais la tâche du responsable du projet ne se termine pas là. Pendant plusieurs semaines ou plusieurs mois, il ou elle devra suivre de très près les performances du nouveau produit, vérifier qu'elles sont conformes aux objectifs fixés, et le cas échéant procéder à des réajustements de la politique marketing.

Ce suivi se fera principalement à partir des « remontées » de la force de vente, des données comptables sur les ventes et les coûts, et – dans le cas des produits de grande consommation – des résultats des panels de distributeurs ou de consommateurs.

Dans les services, l'adaptation du produit peut être beaucoup plus aisée que dans la production de biens, ce qui conduit à un processus d'amélioration progressive du produit après le jour du lancement en fonction des remontées des clients.

5 La diffusion des produits innovants : de la conquête des innovateurs à celle des retardataires

La diffusion d'une innovation est le processus par lequel une innovation est adoptée (achetée ou consommée) par des entreprises ou des ménages sur un marché.

Elle se mesure par le nombre (ou le pourcentage) d'entreprises ou de ménages qui sont acheteurs et utilisateurs du produit innovant à un moment donné.

Il ne faut pas confondre la diffusion et la part de marché : cette dernière mesure le nombre de produits ou la quantité de produits consommés. Une part de marché significative peut être obtenue par une faible diffusion du produit dans la population et de fortes quantités consommées par client.

a) Des innovateurs[1] aux retardataires

1° Les cinq catégories d'acheteurs en fonction du temps nécessaire à l'adoption des innovations

Une typologie devenue classique a été proposée par Everett Rogers, qui distingue cinq catégories d'acheteurs en fonction du moment où ils adoptent une innovation et dont il donne une définition de leur poids respectif[2].

Figure 4.18 Les cinq catégories d'acheteurs définies par Rogers en fonction du temps mis à adopter des innovations

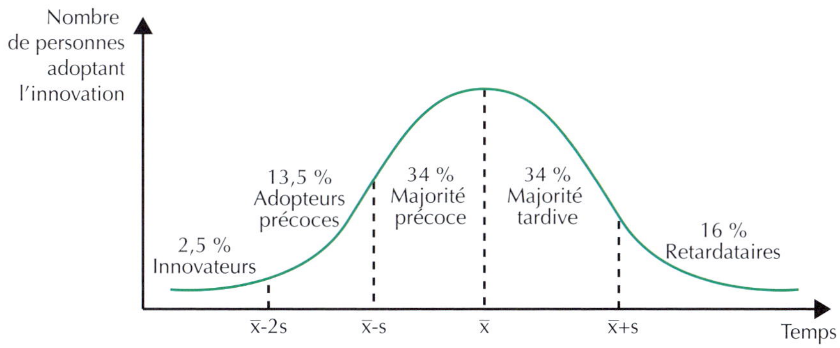

1. Innovateur est compris ici au sens de celui qui accueille favorablement une innovation et non au sens traditionnel de celui qui imagine quelque chose de nouveau.
2. Everett M. Rogers, *Diffusion of Innovations*, Free Press, 1983.

Rogers représente la diffusion des innovations sous la forme d'une distribution normale. Par convention, il appelle « innovateurs », les premiers 2,5 % qui adoptent une innovation. Les 13,5 % qui suivent sont les « adopteurs précoces », le cœur du marché étant divisé en « majorité précoce » et « majorité tardive ». Les derniers 16 % sont les « retardataires ».

Chaque groupe d'individus a des caractéristiques individuelles distinctes et permanentes face aux innovations, en général. On notera toutefois, qu'un individu peut se comporter différemment devant une innovation en particulier, et ce, en fonction de ses centres d'intérêt et de l'influence de son contexte personnel.

Figure 4.19 **Taille et caractéristiques des cinq catégories d'acheteurs en fonction du temps qu'ils mettent à adopter des innovations**

Type et taille	Caractéristiques
Innovateurs (2,5 %)	Aventureux, ouverts aux nouvelles idées, revenus élevés
Adopteurs précoces (13,5 %)	Leaders d'opinion, bien intégrés et actifs socialement
Majorité précoce (34 %)	Soucieux de leur image, moins aventureux et moins actifs
Majorité tardive (34 %)	Réticents à l'innovation, suivent le mouvement par obligation
Retardataires (16 %)	Mal intégrés, hostiles aux idées nouvelles, adoptent une innovation quand elle est déjà dépassée...

Ces groupes peuvent être parfois considérés comme des segments de marché sur lesquels une entreprise peut choisir de cibler ses efforts (voir le chapitre 13 sur la segmentation). Les innovateurs sont bien entendu une cible privilégiée pour le lancement d'un produit nouveau.

2° La focalisation sur les innovateurs

Les innovateurs suscitent un intérêt considérable pour les gens de marketing. Ont-ils des caractéristiques particulières et permanentes ? Sont-ils différents pour chaque innovation ou retrouve-t-on les mêmes individus dans la première phase de vie de tous les produits nouveaux de la marque ?

Répondre à de telles questions sur le marché doit permettre :

- d'identifier les innovateurs, donc d'en faire une cible prioritaire lors du lancement d'un nouveau produit ;
- de comprendre leurs attitudes et leurs comportements, donc de faciliter l'adoption et d'accélérer la vitesse de diffusion du produit par une politique marketing appropriée ;
- de faire de ceux-ci des agents actifs et positifs de dissémination de l'information auprès du marché potentiel.

C'est sur ce constat qu'est partiellement fondé le marketing viral sur Internet. Plus tôt un individu adopte une innovation, plus il y a de chances qu'il influence d'autres personnes. Les suiveurs font moins de prosélytisme !

Définir comme innovateurs les premiers 2,5 % d'acheteurs d'un nouveau produit est un critère assez arbitraire. On pourrait tout autant élargir cette définition aux 5 ou 10 % premiers acheteurs et intégrer les deux premiers segments distingués par Rogers : innovateurs et adopteurs précoces.

On peut également préférer d'autres définitions des innovateurs, par exemple, les acheteurs pendant les *x* premiers mois – cette période étant choisie en fonction de la vitesse de diffusion et de la durée de vie commerciale que l'on prévoit pour le produit. Six mois semblent être une bonne moyenne pour un produit de grande consommation.

Établir le profil des innovateurs est simple après coup, difficile avant le lancement d'un nouveau produit. Les gens de marketing ne sont pas pour autant totalement désarmés. Ils peuvent notamment :

- s'appuyer sur des études d'intentions d'achat dans les tests de produit et définir le profil de ceux qui ont les intentions les plus affirmées ;
- étudier *a posteriori* le profil des premiers acheteurs d'un produit de la marque et considérer que ceux qui adopteront un nouveau produit de la même marque auront des profils analogues ;
- faire un marché test pour analyser les caractéristiques des premiers acheteurs.

b) Faire le pont entre innovateurs et majorité précoce pour les produits technologiques (*crossing the chasm*)

Geoffrey Moore, un auteur spécialisé dans le marketing des produits de haute technologie, a souligné que de nombreux échecs dans le lancement de produits technologiques ne venaient pas de ce qu'ils n'étaient pas achetés par les innovateurs ou les adopteurs précoces, *mais plutôt qu'ils n'étaient pas achetés, même le temps passant, par la masse du marché*[1]. Alors que le marketing de l'innovation s'est beaucoup focalisé sur les innovateurs, l'auteur souligne avec raison qu'un enjeu décisif dans beaucoup de marchés est d'entraîner la majorité des clients en faisant le pont entre les clients pionniers et les autres.

La difficulté de ce passage vient de ce que les attentes des innovateurs sont sensiblement différentes de celles de la masse du marché. Les innovateurs sont généralement doués techniquement, ou du moins prêts à faire des efforts, sensibles à l'image d'eux-mêmes qu'ils donnent à leur entourage alors que le gros du marché est réticent face à des produits difficiles à utiliser. Les innovateurs sont dans une certaine mesure prêts à « essuyer les plâtres », à accepter qu'un produit innovant ait des imperfections, alors que la majorité recherche plus fortement la sécurité, la fiabilité et la facilité d'utilisation. Si pour les innovateurs, la nouveauté est à elle seule une raison presque suffisante d'essayer un produit, la majorité se décide sur la base d'une promesse claire et plus conventionnelle en termes d'avantages et de bénéfices produits.

1. Geoffrey Moore, *Crossing the Chasm*, Harper-Business, 1995.

Exemple

- Segwey fut lancé en fanfare en 2001 comme un produit extraordinairement innovant (ce qu'il est), destiné à créer une nouvelle catégorie de produits et à révolutionner le transport de personnes (ce qu'il ne fit pas). Alors qu'on prédisait des ventes de 500 000 exemplaires par an, il n'en atteignit pas 50 000 en 10 ans. Un prix très élevé (5 000 dollars), une autonomie réduite, un poids important, la nécessité d'un entraînement et du port du casque limitèrent considérablement son développement. L'entreprise a donc touché les innovateurs mais a échoué à adapter son produit pour faire le pont avec le marché de masse. Aujourd'hui Segway est un produit de niche qui répond à des usages professionnels et ne s'adresse qu'à un petit nombre de consommateurs.

Faire adopter son produit par les innovateurs ne signifie donc pas que ceux-ci vont entraîner naturellement le reste du marché dans un mouvement naturel. Pour imposer leur innovation, les entreprises doivent adapter leur offre pour satisfaire des attentes de la masse du marché. Les critères de décision sont sensiblement différents entre les premiers adopteurs et le gros de la troupe qui vient plus tard.

Figure 4.20 La faille

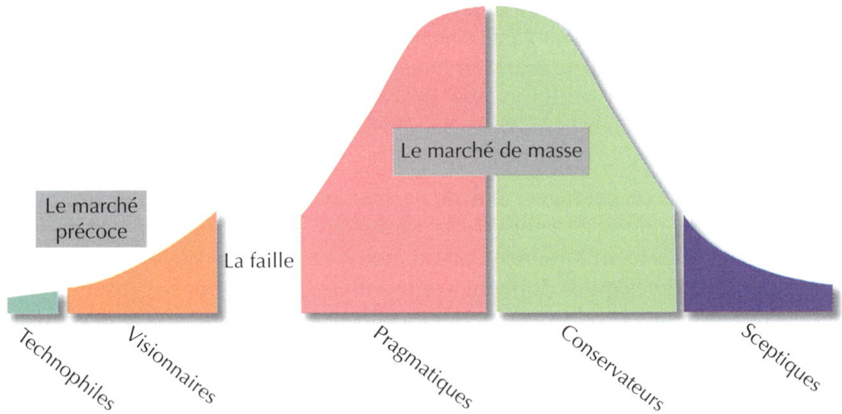

Le modèle de Geoffroy Moore : une faille sépare le marché précoce de la masse du marché, qui nécessite que l'entreprise adapte son offre.

6 Les causes d'échec des produits nouveaux

On trouve très fréquemment des statistiques alarmantes sur le taux d'échec des produits nouveaux : 60 %, 75 %, plus de 80 %. En réalité, on ne dispose d'aucun chiffre sérieux parce que les entreprises sont très réticentes à donner des informations sur ce sujet[1].

D'autre part, ce que l'on entend par échec est très variable d'une entreprise à l'autre : objectif de part de marché non-atteint ou atteint trop lentement, produit retiré du marché ou maintenu avec une durée de vie commerciale plus courte, etc.

FOCUS

Le bon niveau d'attente

Un grand professeur américain de stratégie, Ron Adner, aime à répéter : « *Performance determines outcomes, expectations determine* success », autrement dit : « La performance détermine les résultats, les attentes déterminent la réussite ». Si échouer signifie qu'on n'atteint pas ses objectifs, ce sont parfois les attentes irréalistes et les objectifs trop ambitieux qu'il faut incriminer. Le responsable qui fixe ces objectifs est alors plus fautif… que celui qui est chargé de les réaliser.

En l'absence d'une étude véritablement fiable[2], on peut cependant se livrer à quelques estimations. Le taux d'échec[3] des produits nouveaux se situe probablement entre la moitié et les deux tiers des lancements. Cette proportion reste élevée même dans les entreprises dont le marketing est très sophistiqué. En effet, plus une entreprise innove et plus elle prend des risques que les meilleures études ne peuvent pas totalement supprimer.

Les causes d'échec d'un produit nouveau sont innombrables. On a classé les principales en six catégories.

a) Une mauvaise analyse du marché

Cela tient souvent à une absence totale d'études. Beaucoup d'entreprises lancent encore des produits sans étude préalable, particulièrement dans le secteur des PME et dans le milieu industriel. La réalisation d'une étude n'est pas, non plus, une garantie car il est difficile d'évaluer les ventes des produits à très forte innovation et parce que les études peuvent être mal faites et les résultats mal interprétés.

1. Entretien avec Henri-Jacques Letellier, Directeur des études France et Bénélux chez Procter & Gamble, « La capacité prédictive des modèles de marchés tests simulés garantit-elle le succès des lancements de nouveaux produits ? », *Décisions Marketing*, juil.-sept. 2005, nº 39.
2. Beaucoup d'ouvrages font référence à une étude de Booz-Allen, très ancienne, qui a été faite aux États-Unis.
3. On considère ici comme échec, un produit nouveau qui n'a pas atteint ses objectifs en termes de part de marché et de contribution à la fin de la première année.

MINI CAS

L'échec de lancement de produit n'a pas le même sens pour L'Oréal et Procter & Gamble

L'Oréal et Procter & Gamble adoptent deux attitudes radicalement différentes en matière d'échec de produits nouveaux.

L'Oréal a pour habitude de lancer sur ses marchés un grand nombre de produits nouveaux afin de nourrir sa croissance et de rester toujours à la pointe sur le marché des cosmétiques qui connaît un fort taux de renouvellement de produits. On donne à un produit sa chance pendant environ un an. Si au bout d'un an, le produit n'a toujours pas atteint ses objectifs de lancement, on l'élimine sans état d'âme. À l'inverse, l'entreprise investira massivement dans les quelques produits nouveaux qui susciteront l'engouement des consommateurs afin de renforcer ces succès et d'en faire des produits stars à forte contribution.

Procter & Gamble a pour habitude de multiplier les études de marché et de tester avec beaucoup d'application ses nouveaux produits pour assurer leur succès lors de leur lancement. De ce fait, tous les produits lancés ont vocation à marcher, et un échec est difficilement accepté. L'entreprise réinvestira donc dans le produit, développera de nouvelles études pour comprendre les causes d'échec et modifiera les éléments du mix qui peuvent être sources de problèmes. Elle le fera autant de fois que nécessaire pour assurer la réussite du produit.

Outre la culture d'entreprise et les politiques de lancement de produit différentes des deux entreprises, la nature de leur marché peut expliquer cette différence d'attitude. L'Oréal est dans le marché des cosmétiques alors que Procter & Gamble, même s'il est diversifié dans de nombreuses activités et notamment les produits cosmétiques, reste fondamentalement un « lessivier » : les coûts de lancement de cosmétiques sont bien plus faibles que les coûts de lancement de lessives, et l'impact financier de l'échec de l'un et de l'autre est de ce fait très différent.

Exemple

- Un cas devenu emblématique d'échec dans l'utilisation d'études de marché est le lancement de Danerolle dans les années 1980. Ce produit était de la pâte à croissant, roulée en boîte et vendue au rayon frais, qu'on sort de sa boîte, qu'on plie en forme de croissant et qu'on met au four pour cuisson. Le marché-test obtint des résultats remarquables avec une croissance continue des ventes. Danone décida de lancer nationalement le produit… dont les ventes s'effondrèrent après un premier succès. Le concept-produit séduisait en effet les consommateurs et le développement des ventes traduisait le succès du recrutement des premiers acheteurs. Mais ceux-ci devaient constater à l'essai que le goût était très éloigné de celui d'un croissant acheté chez le boulanger et très peu d'entre eux rachetaient le produit, ce qui conduisit à la chute des ventes. Le marché-test avait été arrêté dans la phase ascendante d'adoption du produit alors que s'il avait été poursuivi quelques semaines de plus, il aurait montré une chute des ventes due au faible taux de rachat.

b) Un produit aux performances insuffisantes

Dans l'exemple précédent, un marché test plus complet aurait évité un lancement voué à l'échec en raison des performances insuffisantes du produit pour valider la promesse. Le soutien promotionnel ou publicitaire n'est alors qu'illusoire.

Exemple

- Canal +, pour faire face à une grave baisse d'audience de sa tranche 19h30-20h30 à partir de 2000, fit appel à une succession d'animateurs. Chacune des émissions nouvelles fut retirée de l'antenne au bout de quelques mois, faute d'audience. Le produit, malgré plusieurs changements de formules, ne répondait pas aux attentes du public. Ce n'est qu'à partir de septembre 2004, avec l'arrivée de Michel Denisot, que *Le Grand Journal* retrouva son succès d'audience, qu'il n'a pas quitté depuis.

c) Une erreur de stratégie marketing

Le positionnement est erroné. Souvent, il est trop ambitieux. Il ne s'adapte pas à l'évolution du cycle de vie pour s'adapter aux besoins de nouveaux clients (faire le pont entre innovateurs et majorité précoce comme on l'a vu à la section précédente).

La stratégie de marketing et sa mise en œuvre peuvent être également en cause.

Exemple

- Lorsque la compagnie aérienne AirLib, en redressement judiciaire, fut reprise en 2001, elle fut repositionnée comme une compagnie bas prix (low cost). L'analyse qui fut faite du marché semblait en effet montrer un marché porteur pour ce type d'offres, confirmé par le succès de compagnies telles que EasyJet ou RyanAir. La structure financière de l'entreprise, son mode d'organisation, les charges liées à son personnel et la concurrence du TGV rendaient cependant ce positionnement intenable d'un point de vue financier. L'entreprise fut finalement liquidée en 2003.

d) La distribution n'accepte pas le produit ou ne le soutient pas suffisamment

La distribution joue un rôle déterminant pour l'avenir des nouveaux produits que ce soit la grande distribution ou la force de vente de l'entreprise. Il faut « vendre » un nouveau produit à la distribution pour qu'il ait une chance d'être vendu au consommateur final.

Exemple

- Renault commercialisa l'Avantime après de nombreux mois de retard, à tel point que le modèle fut rebaptisé « Aftertime » par certains collaborateurs de l'entreprise. En raison de ce retard, ce modèle n'arriva chez les concessionnaires que quelques mois avant le lancement de la Vel Satis. Or, on sait bien que les vendeurs n'aiment pas disperser leurs efforts. Si on leur donne deux nouveaux produits, ils en privilégieront un. Les concessionnaires furent d'autant plus réticents à pousser les ventes de l'Avantime, que ce modèle avait été développé par Matra Automobiles. L'échec de l'Avantime, qui fut retiré du marché moins de deux ans après sa sortie ne s'explique ainsi pas seulement par son design très original et des problèmes de qualité perçue sur les premiers modèles, mais aussi par un manque de soutien du réseau commercial.

e) Une sous-estimation de la concurrence, de sa force, de son implantation dans la distribution, de la rapidité et de la puissance de ses contre-offensives

Exemple

- Lorsque les dirigeants d'IBM, après avoir négligé le développement des ordinateurs personnels, durent constater qu'ils avaient fait une erreur, ils confièrent à une équipe interne la mission de lancer le plus rapidement possible un PC IBM. Cette équipe sélectionna pour cet ordinateur un microprocesseur Intel et le système d'exploitation MS-DOS d'une start-up de l'époque, Microsoft. Cependant IBM ne demanda de contrat d'exclusivité à aucune de ces deux entreprises et celles-ci vendirent l'une le microprocesseur, l'autre le système d'exploitation aux concurrents d'IBM. Ayant négligé la concurrence, IBM avait créé un standard mais qui ne bénéficiait d'aucune protection juridique. Lorsqu'IBM essaya de lancer un standard exclusif, le PS, tombé depuis dans l'oubli, les jeux étaient faits : les clients sont restés au PC, le PS fut un échec et IBM, après avoir vu ses parts de marché fondre, a finalement revendu son activité au fabricant chinois Lenovo, en 2004.

f) Une mauvaise organisation

Le diable est dans les détails. On a un très bon produit et une excellente stratégie marketing. Mais des problèmes de production surgissent, la logistique fait défaillance, la campagne de communication véhicule mal le bénéfice-produit, les vendeurs n'y croient pas ou sont mal préparés, la distribution bloque, le service client est sous-calibré, etc.

Mais parfois, le produit est tellement bon… qu'il survit à ces difficultés et à un mauvais lancement !

Ressources complémentaires

LA BOÎTE À OUTIL DU *MERCATOR*

- Outil n°8, Les étapes d'élaboration des services associés
- Outil n°9, Le modèle BCG
- Outil n°10, La matrice numérique de l'offre

RESSOURCES NUMÉRIQUES SUR MERCATOR.FR

- **L'essentiel : retenez les points-clés !**
  L'essentiel du chapitre 4
- **Quiz interactifs corrigés et commentés : testez vos connaissances !**
  Quiz chapitre 4
- **Pour aller plus loin**
  Pour aller plus loin dans le chapitre 4 : une sélection de livres et de sites Internet dédiés à la politique de produit.

© E. Leclerc/agence Australie.

Cette publicité d'Édouard Leclerc, qui a fait parler d'elle, illustre le positionnement prix de Leclerc, qui, face à la concurrence des autres chaînes d'hypermarchés et des maxidiscomptes (hard discounters), veut être identifié dans l'esprit du public comme le moins cher des distributeurs.

Elle illustre également la gamme des produits de grande consommation qu'on trouve dans les rayons, qui comprend généralement une marque nationale ayant une stratégie de *premium price* (prix et qualité supérieurs), une marque de distributeur (qui cherche à être perçue comme étant de qualité équivalente mais moins chère que les marques nationales) et un premier prix (prix et qualité inférieurs).

Cette campagne d'E. Leclerc a suscité la polémique par son mode d'expression. L'accroche joue en effet sur les mots, « 3 fois moins cher » pouvant signifier « moins cher à trois reprises » ou « un tiers du prix ». En tant qu'accroche, cette formule est d'une grande efficacité parce qu'elle attire l'attention et qu'elle intrigue par son ambiguïté. Ce second degré n'a pas été du goût des concurrents, qui ont saisi le Jury de déontologie publicitaire, lequel a donné tort à l'agence Australie et E. Leclerc au motif qu'un « message ne doit pas, par voie d'ambiguïté, induire le consommateur en erreur ». Cette décision a été contestée par l'agence et le distributeur, qui ont cependant modifié leur accroche lors des campagnes suivantes : « Le moins cher, c'est 3 fois E. Leclerc. »

Chapitre 5

La politique de prix

Ce chapitre aborde les méthodes et techniques de la politique de prix en excluant de son champ la négociation, qui relève de la vente plus que du marketing. Les spécificités de la fixation des prix en marketing interentreprises sont développées dans le chapitre 18 consacré au marketing *business to business*.

La première section de ce chapitre présente les fondamentaux de la politique de prix en termes de structure de coûts, d'élasticité de la demande et de rentabilité. La section suivante porte sur la politique de prix sous les aspects de discrimination par les prix (segmentation), de positionnement, de concurrence et de stimulation des ventes. Nous abordons ensuite les grandes options de formulation des prix (prix d'achat, prix avec options, location, etc.) et nous terminons par une synthèse et un rappel de la réglementation qui encadre les politiques de prix.

PLAN DU CHAPITRE

Section 1	Politique de prix, structure des coûts et élasticité de la demande	262
Section 2	La politique de prix au service de la politique marketing	280
Section 3	Les grandes options de formulation des prix	304
Section 4	Une démarche synthétique de fixation des prix	311
Annexe	La réglementation des prix	315
Ressources complémentaires		317

SECTION 1

POLITIQUE DE PRIX, STRUCTURE DES COÛTS ET ÉLASTICITÉ DE LA DEMANDE

Pour pouvoir dégager un profit – ou atteindre l'équilibre pour une association –, une organisation doit définir une politique de prix qui permet de couvrir ses charges, c'est-à-dire ses coûts. Il convient donc de connaître sa structure de coûts afin de définir toute politique de prix. Pour autant, le profit ne provient pas seulement de la marge unitaire, mais de cette marge multipliée par les quantités. L'étude de l'élasticité de la demande au prix permet d'anticiper la variation des quantités liées à la variation du prix.

1 La nature des coûts de production et de commercialisation

L'analyse de la structure des coûts de production a quatre aspects principaux : la distinction entre coûts directes et coûts indirects, la distinction entre coûts fixes et coûts variables, la distinction entre coûts moyen et coûts marginal, et enfin la relation entre coûts et volume de production.

Il ne s'agit ici que de rappeler rapidement des notions fondamentales utiles pour aborder les politiques de prix.

a) Les coûts directs et les coûts indirects

On appelle coûts directs d'un produit ceux qui sont imputables d'une manière claire et exclusive à la production, à la commercialisation et à la communication du produit considéré.

Exemples

- Le coût des matières premières et des fournitures entrant dans la fabrication du produit.
- Le coût des machines servant exclusivement à cette fabrication.
- Les commissions versées aux vendeurs sur les ventes du produit.
- Les campagnes publicitaires et les opérations promotionnelles menées en faveur du produit.

On appelle coûts indirects les coûts qui concernent plusieurs produits (et parfois même tous les produits) de l'entreprise, et qui sont répartis (ou « imputés ») entre ces produits à l'aide de clés de répartition.

Exemples

- Certains frais d'usine (bâtiments, entretien, assurances...).
- Les coûts des services généraux de l'entreprise (direction générale, direction de la recherche, direction marketing et commerciale...).

- Les campagnes publicitaires portant sur une marque couvrant plusieurs produits de l'entreprise ou sur l'entreprise elle-même (publicité *corporate*).

Les coûts directs d'un produit sont en général assez faciles à calculer et ne donnent pas lieu à contestation. En revanche, les coûts indirects doivent être répartis à l'aide de clés de répartition qui comportent toujours une part de subjectivité.

b) Les coûts fixes et les coûts variables

1° Les coûts fixes

Les coûts fixes d'un produit sont ceux qui sont indépendants, tout au moins à court terme[1], du volume de vente du produit considéré, c'est-à-dire qui restent constants quel que soit le volume des ventes. Les coûts fixes peuvent être directs ou indirects.

Exemples

- *Coûts fixes directs :*
  - amortissement des machines utilisées exclusivement pour la fabrication du produit considéré ;
  - salaires et charges du personnel permanent employé exclusivement à la production ou à la gestion du produit considéré, etc.
- *Coûts fixes indirects* : ce sont tous les coûts indirects de l'entreprise ne faisant pas intervenir le volume des ventes, qui sont répartis entre les produits à l'aide de clés.
  On a vu plus haut que le budget d'une campagne *corporate* (pour promouvoir l'image d'une entreprise) est un coût indirect. C'est aussi un coût fixe puisqu'il ne varie pas en fonction des quantités produites et vendues.

2° Les coûts variables

Les coûts variables d'un produit sont ceux qui varient proportionnellement à la production et/ou aux ventes de ce produit. Ils peuvent, eux aussi, être directs ou indirects.

Exemples

- *Coûts variables directs :*
  - coûts des matières premières ;
  - frais de transport et de livraison du produit ;
  - commissions versées aux vendeurs en fonction du volume des ventes, etc.
- *Coûts variables indirects :* ce sont tous les coûts variables qui sont répartis entre les produits *au prorata* de leurs volumes de vente ou de leurs chiffres d'affaires respectifs.

3° La majorité des coûts marketing sont des coûts fixes

Les budgets de recherche et développement d'un nouveau produit, de refonte d'un packaging, de référencement (on paie un distributeur pour qu'il expose un produit),

1. Sur le long terme, en effet, tous les coûts dits « fixes » peuvent devenir variables. Par exemple, l'augmentation, à terme, de la capacité de production, suppose des investissements, donc un accroissement des coûts fixes. De fait, les coûts fixes varient sur le long terme par seuils.

de publicité, de marketing direct, etc. sont définitivement engagés et perdus si le produit ne se vend pas. Ils ne varient pas en fonction des résultats commerciaux.

Toutes les fois que c'est possible, les gens de marketing aiment transformer leurs coûts fixes en coûts variables, par exemple une campagne de publicité sur Internet à la performance. On paie le nombre de clics qualifiés qui se sont réellement produits. Mais il est rare de pouvoir payer au résultat et même les commerciaux sont aujourd'hui rémunérés principalement au fixe.

c) Le coût moyen et le coût marginal

Le coût moyen unitaire d'un produit est égal à la somme de tous les coûts (directs ou indirects, fixes ou variables) qui lui sont imputés, divisée par le nombre d'unités vendues.

Le coût marginal d'un produit, pour un volume de vente déterminé, est égal au supplément de coût qu'entraînerait, pour l'entreprise, la vente d'une unité supplémentaire de ce produit.

Le coût marginal ainsi défini est généralement égal au coût variable direct unitaire : en effet, la vente d'une unité supplémentaire d'un produit ne fait normalement varier ni l'ensemble des coûts fixes du produit, ni l'ensemble des coûts variables indirects de l'entreprise.

Exemple

➥ La figure 5.1 présente le calcul du coût moyen unitaire et du coût marginal d'un produit, pour un volume de vente de 10 000 unités.

Figure 5.1 **Coût moyen unitaire et coût marginal**

a) Volume de production	10 000 unités
b) Coûts fixes directs	100 000 €
c) Coûts fixes indirects	20 000 €
d) Coûts variables directs	80 000 €
e) Coûts variables indirects	10 000 €
f) Coûts totaux (b + c + d + e)	210 000 €
– Coût moyen unitaire (f/a)	21 €
– Coût marginal (d/a)	8 €

On verra que la distinction entre coût moyen et coût marginal peut avoir une incidence importante sur la fixation du prix de vente, lorsque l'entreprise utilise la méthode dite de *tarification au coût marginal*.

d) Les relations entre coût et volume des ventes

Il est essentiel, pour un responsable marketing, d'avoir clairement conscience du fait que le coût unitaire d'un produit *varie selon le volume des ventes*, et d'essayer de connaître avec précision la relation entre coût unitaire et volume des ventes.

Dans de rares cas, le coût unitaire s'élève quand le volume des ventes augmente : c'est ce qui peut se produire quand l'entreprise est déjà en surproduction ou quand la matière première dont est tiré le produit est une ressource rare.

Exemples

- Pour augmenter ses ventes, un producteur de champagne peut être amené à acheter du raisin à des vignerons indépendants à un prix supérieur au coût de sa propre récolte.
- En plein hiver, lorsqu'une vague de grand froid s'installe en France, la consommation d'électricité bat des records ce qui amène EDF à importer du courant qu'elle achète très cher.

Mais dans la plupart des cas, les coûts unitaires de production et de commercialisation ont tendance à baisser lorsque la production augmente, et ceci sous l'effet d'un double phénomène : d'une part, à capacité de production donnée, une partie des coûts (les coûts fixes) ne varie pas selon les quantités vendues ; d'autre part, lorsqu'elle accroît sa capacité de production, une entreprise bénéficie souvent de ce qu'on appelle « l'effet d'expérience », une notion que l'on précise dans les lignes qui suivent et qui est développé dans le chapitre 12 « De la stratégie d'entreprise à la stratégie marketing ».

1° La variation du coût unitaire à capacité donnée

Pour une capacité de production et de commercialisation donnée, une partie des coûts de l'entreprise – les coûts fixes – reste constante, tandis que l'autre partie – les coûts variables – est proportionnelle au nombre d'unités vendues. Il en résulte que la courbe des coûts totaux augmente moins que proportionnellement au volume des ventes. En d'autres termes, le coût unitaire moyen diminue au fur et à mesure que le volume des ventes augmente.

Figure 5.2 **Relation entre coûts totaux et volume des ventes à capacité de production donnée**

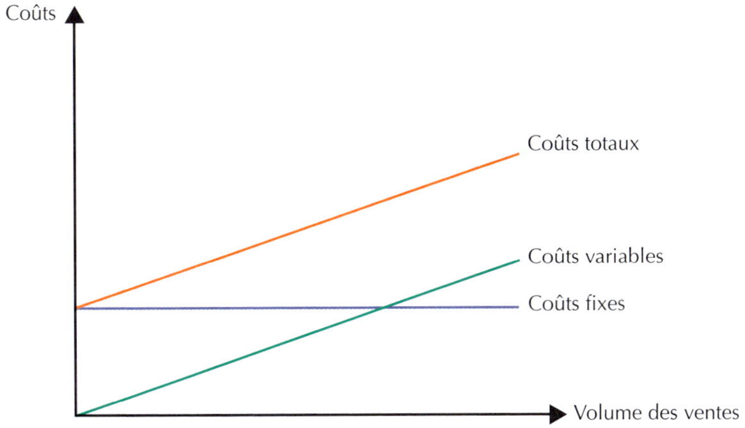

Au fur et à mesure que les ventes se rapprochent de la capacité maximum de production, la diminution du coût unitaire moyen se ralentit, et il peut même arriver, si les ventes dépassent la capacité normale de production, que le coût unitaire se mette à augmenter, par exemple parce que l'entreprise devra payer des heures supplémentaires ou faire appel à des sous-traitants. C'est pourquoi la courbe du coût unitaire moyen en fonction du volume de production, à capacité de production donnée, a souvent une forme en U (voir figure suivante) : c'est ce qu'on appelle la loi des rendements décroissants.

Figure 5.3 **Forme générale de la courbe du coût unitaire moyen en fonction du volume des ventes à capacité de production donnée**

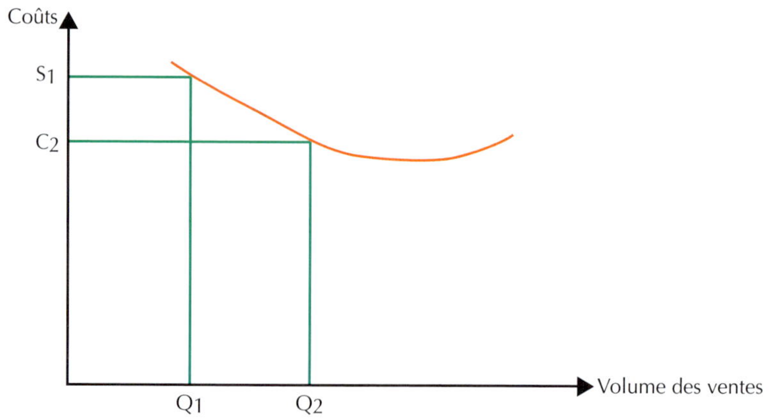

2° Les effets de la courbe d'expérience

Ils résultent de plusieurs facteurs qui contribuent à diminuer les coûts unitaires :

- les économies d'échelle ;
- un plus grand pouvoir de négociation qui permet de négocier de meilleurs prix avec les fournisseurs ;
- l'amélioration des compétences et de la productivité du personnel ;
- l'adoption de méthodes de production plus économiques et l'acquisition d'équipements plus performants.

2 La fixation du prix à partir des coûts

Ce chapitre aborde de nombreuses méthodes de fixation des prix. Une de ces méthodes consiste à fixer le prix en partant des coûts.

a) Le principe de la démarche : prix de revient plus marge unitaire

Le principe de cette première approche, désignée parfois par son appellation anglo-saxonne de méthode du *cost plus*, consiste à ajouter au prix de revient unitaire du produit une marge déterminée, calculée en pourcentage du prix de revient. Ce principe peut paraître, au premier abord, simple et « moral ».

Mais son application pose des problèmes difficiles, tant en ce qui concerne la définition du prix de revient qu'en ce qui concerne la fixation d'une marge raisonnable.

1° Quel prix de revient ?

Dans les entreprises de distribution, qui sont nombreuses à utiliser cette démarche, le prix de revient retenu est généralement le prix auquel l'entreprise de distribution a acheté le produit à son fournisseur. C'est à ce prix d'achat que le distributeur ajoutera sa marge, sous la forme d'un certain taux de marque ou d'un coefficient multiplicateur.

Pour les entreprises de production, la définition et le calcul du prix de revient sont plus difficiles. En effet, le prix de revient total d'une unité de produit se compose des coûts variables unitaires plus une part de l'ensemble des coûts fixes. Or, le montant des coûts fixes à imputer à chaque unité de produit dépend du nombre d'unités vendues, que l'on ne peut pas toujours prévoir avec précision.

2° Quelle marge déterminée « raisonnable » ?

La fixation de la marge unitaire à ajouter au prix de revient se fait généralement à partir de certaines *normes* propres à l'entreprise, ces normes pouvant être modulées selon les objectifs assignés au produit considéré.

Exemples

- *Normes internes à l'entreprise* : dans une grande entreprise française de produits cosmétiques, la marge brute minimum imposée par la direction générale aux responsables marketing est de 50 % du prix de vente. En d'autres termes, le prix-tarif d'un produit dont le coût variable unitaire est de 10 € ne doit pas être inférieur à 20 €.
- *Modulation de la marge selon les objectifs marketing* : lorsqu'un chef de rayon d'un hypermarché décide d'utiliser le pack de 24 bouteilles de Heineken comme *produit d'appel*, il pourra être amené à prendre sur cette référence une marge nulle au lieu de la marge normale qu'il applique généralement à cette catégorie de produits.

b) Les calculs de contribution et de point mort

1° La définition de la contribution (aux frais fixes et au profit)

On a remarqué plus haut que la fixation du prix de vente à partir du coût total était difficile puisque cela supposait une imputation exacte des frais fixes. Au lieu de raisonner à partir du coût total, on utilise fréquemment la notion de contribution. On vérifiera, dans la pratique, la définition qu'on lui donne car elle est souvent variable d'une entreprise à l'autre.

On appelle « contribution unitaire aux frais fixes et au profit » ou « marge sur coût variable », la différence entre le prix de vente net (c'est-à-dire la recette unitaire du producteur) et le coût variable d'une unité vendue.

Notre conseil

La méthode du cost plus a le mérite de la simplicité. Mais elle présente notamment le grave défaut de ne pas prendre en considération les effets du prix sur le volume des ventes. Pour pallier ce défaut, il est recommandé, chaque fois qu'on emploie cette méthode, de procéder à un calcul du point mort.

Figure 5.4

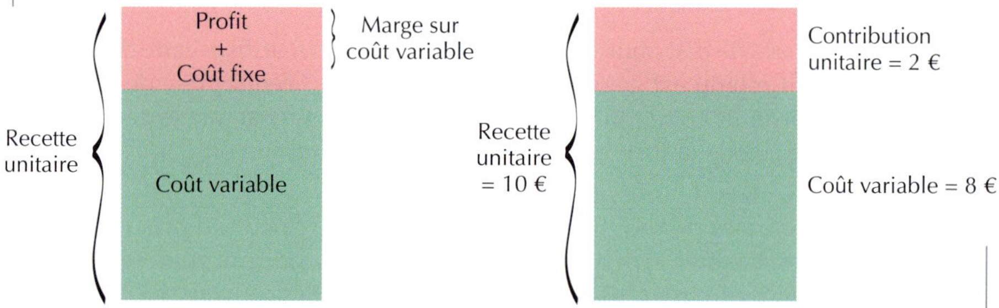

Dans l'exemple de la figure 5.4, la contribution unitaire est égale à 2 €. Toutes les fois que l'on vend une unité du produit, il reste 2 € pour couvrir les frais fixes puis ensuite, le cas échéant, pour générer du profit.

CU (contribution unitaire) = RU (recette unitaire) – CV (coûts variables)

La contribution s'exprime en contribution unitaire ou contribution totale, en valeur absolue ou en pourcentage de la recette.

Si la contribution est nulle, cela signifie qu'on vend au coût variable ; si la contribution est négative, cela veut dire que les pertes augmentent avec le chiffre d'affaires ! Il est relativement aisé de définir pour chaque produit ou chaque gamme de produits un seuil de contribution au-dessous duquel il ne faut pas descendre.

2° Le calcul du point mort

Le point mort est le niveau d'activité (quantités vendues, chiffre d'affaires (nécessaire pour que les recettes équilibrent les frais fixes et variables.

On calcule le point mort en divisant le total des frais fixes (FF) par la contribution unitaire (CU). Dans l'exemple précédent, elle était égale à 2 € ; si la somme des frais fixes est de 200 000 €, il faudra :

$$\frac{FF}{CU} = \frac{200\,000}{2} = 100\,000 \text{ unités} = \text{point mort}$$

Le point mort est atteint lorsqu'on a produit et vendu 100 000 unités. On commence à faire du profit au-delà de 100 000 unités.

Supposons que l'on envisage une autre stratégie avec une campagne de publicité supplémentaire coûtant 100 000 €, ce qui augmente d'autant la somme des frais fixés. Le point mort est logiquement augmenté. Il passe à :

$$\frac{200\,000 + 150\,000}{2} = 150\,000 \text{ unités}$$

La méthode du point mort et de la contribution ne donne pas directement le prix qu'il faut choisir mais elle est très utile car elle permet d'estimer, pour chaque hypothèse de prix, les quantités ou la part de marché qu'il faut atteindre pour ne pas perdre d'argent.

3° La définition élargie du point mort peut inclure un objectif de rentabilité

On peut aussi appliquer la méthode du point mort pour calculer le volume de vente qui permettra non seulement de couvrir les frais fixes mais aussi d'atteindre un objectif prédéterminé de rentabilité. Dans ce cas, on calcule le point mort en divisant la somme des frais fixes et du *profit visé* par la marge unitaire sur coût variable.

Exemple

➥ On reprend l'exemple précédent du produit X, dont les coûts unitaires variables sont de 8 €, dont les frais fixes sont de 300 000 €, et qu'on envisage de vendre avec une recette unitaire de 10 € (contribution unitaire : 2 €). On suppose en outre qu'on se fixe un objectif de profit (ou plus précisément de « contribution du produit aux profits de l'entreprise ») de 100 000 €. Dans ce cas, le calcul du point mort (PM) se fera de la manière suivante :

$$PM = \frac{\text{frais fixes + profit visé}}{\text{contribution unitaire}} = \frac{300\ 00}{2} + \frac{100\ 00}{2} = 200\ 000 \text{ unités}$$

On constate en effet qu'en vendant 200 000 unités du produit X, la marge brute totale sur coûts variables sera de : 200 000 × 2 = 400 000 euros, ce qui, couvre à la fois les coûts fixes et génère l'objectif de profit.

4° L'utilisation du calcul de point mort

Le calcul du point mort, pour un prix P quelconque, fixé par exemple à l'aide de la méthode du *cost plus*, permet de vérifier :

- d'une part, que le volume de vente nécessaire pour atteindre l'équilibre ou la rentabilité visée est compatible avec la capacité de production de l'entreprise ;
- d'autre part, que le volume est réaliste compte tenu des informations que l'on possède sur l'importance du marché potentiel et sur la part de marché que l'on peut espérer prendre.

Exemple

➥ Dans l'exemple précédent, on a vu que le point mort du produit X, avec une recette unitaire de 10 €, était atteint à partir d'un volume de vente de 150 000 unités en prenant en compte la campagne de publicité. Par ailleurs, on sait que le marché potentiel global de la catégorie de produit considérée est de 500 000 unités. On estime qu'au prix de vente public correspondant à une recette unitaire de 10 €, on peut espérer conquérir au maximum 30 % de ce marché, soit 150 000 unités. Il est clair qu'on atteindra au mieux le point mort et que, par conséquent, on ne réalisera jamais l'objectif de rentabilité qui suppose la vente de 200 000 unités. Il faudra, dans ce cas :

- soit fixer un prix supérieur qui aurait pour effet de dégager une marge brute unitaire plus élevée ; en contrepartie, une augmentation du prix de vente risque de se traduire par une diminution de la part de marché espérée ;

- soit réduire le montant des frais fixes et/ou l'objectif de rentabilité globale, ce qui ferait également baisser le niveau du point mort ;
- soit reconsidérer complètement le marketing-mix du produit de manière à réduire les coûts variables et à augmenter la marge brute unitaire.

c) La tarification au coût marginal

Une application particulière des méthodes de fixation du prix fondées sur les coûts consiste à vendre le produit, *à certains clients,* à un prix égal (ou légèrement supérieur) à son *coût marginal,* c'est-à-dire à son *coût variable direct unitaire.* Une telle décision peut se justifier dans les cas où :

- d'une part, l'entreprise a une capacité de production excédentaire par rapport à ses ventes actuelles ;
- d'autre part, le fait de vendre le produit au coût marginal à certains clients n'empêche pas de le vendre aux autres clients à un prix supérieur, incluant une marge raisonnable.

> **Notre conseil**
>
> *La tarification au coût marginal ne peut être pratiquée que d'une manière exceptionnelle. Si, en effet, une entreprise vendait la totalité ou même une proportion importante de sa production au coût marginal, elle serait dans l'incapacité de couvrir l'ensemble de ses coûts fixes et dégagerait des pertes.*

Exemple

➥ Un brasseur dispose d'une capacité de production de 5 millions d'hectolitres. Il vend 4 millions d'hectolitres sous ses propres marques, à un prix moyen de 130 € l'hectolitre (prix-tarif). Il dispose donc d'une capacité de production inemployée de 1 million d'hectolitres sachant que le coût variable direct à l'hectolitre (ou coût marginal) est de 70 €.

On suppose qu'une chaîne de distribution importante, désireuse de vendre de la bière sous sa marque d'enseigne, vienne demander à ce brasseur de lui vendre 300 000 hectolitres, dans des bouteilles portant cette marque, au prix de 78 € l'hectolitre (c'est-à-dire légèrement au-dessus du coût marginal). En termes strictement économiques, le producteur peut avoir intérêt à accepter cette proposition. En effet, la production de 300 000 hectolitres supplémentaires n'augmentera pratiquement pas ses coûts fixes ni l'ensemble de ses coûts variables indirects. Seuls augmenteront ses coûts variables directs, à raison de : 300 000 hectos × 70 € = 21 000 000 €, alors que ses recettes supplémentaires seront de : 300 000 × 78 = 23 400 000 €. Cette opération lui rapporterait donc un supplément de profit de 2,4 millions d'euros.

Elle présente, en contrepartie, un risque pour le brasseur, celui de faire baisser les ventes qu'il réalise sous ses propres marques et de donner au distributeur un avantage de coût.

3 Politique de prix et élasticité de la demande

L'influence du prix de vente d'un produit sur sa rentabilité est plus complexe qu'on ne le croit parfois. La croyance encore assez répandue selon laquelle plus un produit est vendu cher et plus il est rentable, est simpliste et souvent erronée. En effet, la rentabilité d'un produit est la résultante de deux facteurs, qui sont :

- la *marge unitaire,* c'est-à-dire la différence entre le prix de vente et le prix de revient d'une unité du produit ;
- le *volume des ventes,* c'est-à-dire le nombre d'unités vendues.

Or, le prix de vente a une influence sur chacun de ces deux facteurs.

Figure 5.5 **Influence du prix de vente sur la rentabilité**

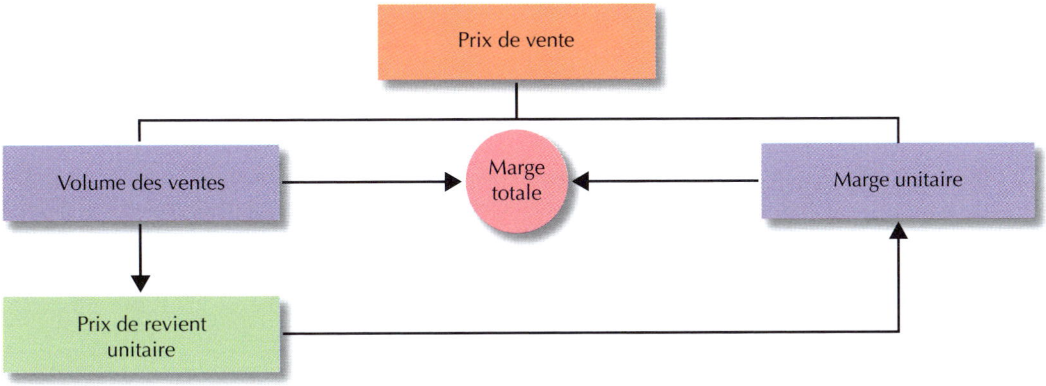

Comme on vient de le voir, le prix influence le volume des ventes. À son tour, le volume des ventes a une influence sur le prix de revient unitaire du produit : en effet, lorsque le volume des ventes (et de la production) augmente, le prix de revient unitaire a souvent tendance à diminuer grâce aux *économies d'échelle* et à *l'effet d'expérience*. Il en résulte qu'un prix de vente relativement bas, pour un produit déterminé, peut fort bien se traduire par une rentabilité supérieure à celle d'un prix plus élevé, par le biais d'un volume de ventes supérieur (ce qu'on appelle *l'élasticité* de la demande au prix) et d'un prix de revient plus bas.

Exemple

- Le tableau ci-dessous montre que pour le produit X, pour lequel l'élasticité de la demande par rapport au prix et les économies d'échelle sont assez élevées, un prix de vente de 10 € est plus rentable pour l'entreprise qu'un prix de 12 €.

Figure 5.6

a) Prix de vente	12 €	10 €
b) Volume des ventes	100 000 unités	130 000 unités
c) Prix de revient unitaire	7 €	6 €
d) Marge unitaire (a – c)	5 €	4 €
e) Marge totale (d × b)	500 000 €	520 000 €

a) Le concept d'élasticité de la demande au prix

L'élasticité de la demande au prix est le pourcentage de variation du volume des ventes d'un produit consécutive à une variation de 1 % de son prix :

$$\frac{\Delta D/D}{\Delta P/P}$$

Exemple

➥ Au prix de 100 €, un produit a des ventes mensuelles de 1 000 unités. Au prix de 110 €, ses ventes tombent à 850 unités. L'élasticité de la demande, entre 100 et 110 €, est donc de :

$$\frac{\frac{850-1\ 000}{1\ 000}}{\frac{110-100}{100}} = \frac{-0{,}15}{0{,}1} = -1{,}5$$

L'élasticité peut être négative, nulle ou positive :

- e < 0 : cela signifie que la demande diminue lorsqu'on augmente le prix ; il s'agit dans ce cas de l'effet économique classique de *frein à l'achat par le prix.*
- e = 0 : la demande est constante quel que soit le prix ; les exemples d'une telle inélasticité sont rares, mais la demande de certains produits comme les cigarettes, l'essence ou le pain s'en rapprochent. Il faut cependant faire une distinction entre l'élasticité d'une classe de produits et l'élasticité de la demande pour une marque donnée. Même en admettant que la demande de sel soit inélastique, il est clair que si la marque Cérébos augmentait son prix sans que les autres en fassent autant, ses ventes baisseraient.
- e > 0 : une augmentation du prix conduit à une augmentation de la demande ; ces cas exceptionnels s'expliquent généralement soit par *l'effet d'image,* soit par l'influence qu'exerce le prix sur la propension des distributeurs à pousser un produit, soit encore, par un effet de spéculation : l'augmentation des prix incite à acquérir le bien.

Notre conseil

Il faut toujours préciser si on parle d'élasticité de la demande globale (catégorie de produits) ou de la demande à un produit de marque.

b) Les raisons de l'élasticité de la demande au prix

L'élasticité de la demande par rapport au prix est très variable selon les personnes, les produits et les situations. On présentera ici huit facteurs d'explication :

FOCUS

Facteurs explicatifs de l'élasticité au prix

- La situation (achat libre ou contraint)
- Le rôle (prise en charge du paiement par l'acheteur ou par un tiers)
- La substituabilité ou non de l'offre (différenciation)
- La facilité ou non d'évaluer et de comparer les prix
- Le montant absolu de l'achat
- La pression du pouvoir d'achat
- La hiérarchie des critères de décision et l'implication
- L'attitude générale à l'égard des prix

1° Un achat libre ou contraint (situation)

L'élasticité au prix est d'autant plus forte que le client peut retarder ou annuler son achat et d'autant plus faible que le client est contraint de réaliser son achat en raison d'une situation d'urgence, d'obligations qui lui incombent, d'une certaine pression sociale, etc.

Exemples

- Les prix outrageants pratiqués par les serruriers ou les plombiers qui interviennent en situation d'urgence s'expliquent par une élasticité des prix très faible, le client devant pouvoir rentrer chez lui ou arrêter d'urgence une inondation.
- Il est de mauvais ton, lorsqu'on organise un dîner galant dans un restaurant, de mégoter sur le prix de la carte ou sur celui des plats choisis par son invité(e).

2° Un achat pris en charge par l'acheteur ou par un tiers (rôle)

Dans le cas où tout ou partie du prix est supporté par un tiers, la sensibilité au prix de l'acheteur, et donc l'élasticité au prix, est généralement faible, voire nulle.

Exemples

- Les médicaments étant remboursés par la sécurité sociale, les assurés et les médecins qui les prescrivent sont insensibles à leur prix. Les pouvoirs publics ont donc donné aux pharmaciens le pouvoir et l'incitation à substituer des médicaments génériques, moins chers, aux médicaments de marque.
- Les cadres d'entreprise sont moins sensibles au prix des restaurants, des hôtels et de l'avion lorsqu'ils les fréquentent pour le compte de leur entreprise plutôt qu'à titre personnel.

Afin de compenser cette faible sensibilité au prix, les payeurs peuvent imposer aux acheteurs des contraintes telles que la nécessité d'une autorisation préalable, un plafond de dépenses, la négociation de conditions avec des prestataires exclusifs, etc.

3° La substituabilité ou non des produits (différenciation ou banalisation de l'offre)

Lorsqu'un produit ou une marque ont une très forte valeur d'usage ou d'image, et que par conséquent les clients ont le sentiment qu'ils ne peuvent pas facilement le remplacer par un autre, son élasticité au prix est généralement faible. Les politiques de différenciation visent à créer ce type d'effet.

Exemples

- Quand Pfizer a lancé le Viagra, médicament contre les troubles de l'érection, le prix était une donnée très secondaire pour nombre de consommateurs.
- Le prix du Botox, le produit antirides d'Allergan est resté particulièrement élevé (400 à 500 euros l'injection) en raison de l'efficacité du produit, de la notoriété de la marque et du manque de produits concurrents.
- L'iPad se situe en haut de la fourchette de prix des tablettes, ce qui ne l'empêche pas d'être leader sur son marché, Apple ayant réussi à différencier fortement son produit.

Inversement, pour des produits très banalisés comme le carburant automobile, un faible écart de prix peut avoir une forte influence sur le volume des ventes d'un vendeur. Pourquoi payer plus cher si c'est le même produit ? C'est ce qu'ont compris depuis longtemps les grandes surfaces qui « discountent » le carburant pour créer du trafic vers leurs magasins.

4° La facilité ou non d'évaluer les prix, de les comparer, et le rôle des comparateurs de prix sur Internet

• *L'évaluation des prix par rapport à un prix de référence*

Un client évalue des prix par rapport aux prix des concurrents (voir ci-après) ou par rapport à un *prix de référence*, appelé aussi prix d'ancrage.

Le prix de référence est un prix mémorisé – ou imaginé – par le client, qui va lui servir de point de référence pour évaluer une offre et savoir si elle correspond au « juste prix », s'il s'agit d'une bonne affaire ou si elle est « trop chère ».

Certains clients (ils sont rares) mémorisent un grand nombre de prix. Cela ne leur permet pas seulement de briller à des jeux tels que « Le Juste Prix », mais plus sérieusement d'évaluer immédiatement dans un point de vente le prix d'une offre. La plupart des clients ont cependant une connaissance des prix imprécise ou fausse (absence ou imprécision du prix de référence), à l'exception peut-être de quelques produits qu'ils achètent souvent ou pour lesquels ils ont une implication forte.

Plus le prix de référence est précis et clair dans l'esprit du client, plus la comparaison est facile. Quand le prix de référence fait défaut, ou est très vague, l'élasticité au prix aura tendance à être plus faible.

Les producteurs utilisent parfois des tactiques qui visent à contourner l'évaluation des prix par rapport à un prix de référence. Ces pratiques, bien que se rapprochant de la manipulation, n'en sont pas moins légales.

Exemple

→ La revue *60 millions de consommateurs* d'octobre 2008 a relevé que le fromage blanc Jockey de Danone était passé d'un conditionnement de 1 kg à 850 g sans modification de prix, soit une hausse du prix de 15 %. Un paquet Prince de Lu était passé pour sa part de 330 g à 300 g, soit une hausse de 10 %. Le prix facial ne changeant pas, la hausse de prix au volume est camouflée, même pour les clients qui avaient à l'esprit un excellent prix de référence pour ces produits.

• *L'évaluation des prix par rapport aux prix des concurrents*

L'élasticité a tendance à être d'autant plus forte que les comparaisons de prix entre produits concurrents sont faciles. Les producteurs et les distributeurs en sont bien conscients et s'ingénient souvent à rendre difficile la comparaison ou l'évaluation de prix :

- ils offrent des conditionnements de taille variée : ainsi la confiture se trouve en pots de 325 g, 370 g, 475 g, 500 g, 750 g, 1 kg, etc. ;
- ils offrent des produits identiques (ou presque) sous des marques et des packagings différents, parfois en fonction des circuits de distribution ;
- ils offrent des « packages » de services qui rendent presque impossible la comparaison point à point des offres concurrentes, comme c'est le cas des opérateurs de téléphone mobile.

Inversement, un producteur ou un distributeur qui bénéficie d'un différentiel de prix favorable a intérêt à faire connaître cet avantage.

Exemples

- E. Leclerc fait une promotion intensive de son site www.quiestlemoinscher.com afin de faciliter la comparaison et de montrer que ses magasins sont généralement moins chers que ses concurrents. Une application pour smartphone permet maintenant de lire le code barre des produits en magasin et de comparer son prix avec celui d'E. Leclerc en temps réel.
- Les compagnies aériennes low cost communiquent sur un argument et un seul : le prix de leur trajet.

- *Les comparateurs sur Internet*

Internet a accru considérablement la transparence des prix sur le marché, en permettant aux clients de se renseigner directement sur les sites des producteurs et des distributeurs en ligne, mais également par le biais des comparateurs de prix qui, pour une référence de produit demandée, établissent la liste des sites qui la vendent et classent ces derniers par niveau de prix.

Ces comparateurs peuvent être :

- généralistes tels que Kelkoo, LeGuide, MonsieurPrix, PriceRunner, BuyCentral, etc. ;
- spécialisés, comme EasyVoyage et Voyagermoinscher dans les voyages, Meilleurmobile dans la téléphonie mobile, Assurland dans l'assurance, etc.

Le modèle économique de ces sites repose sur des commissions qui leur sont versées par les sites marchands chaque fois qu'un internaute clique sur un lien. La commission pouvant être au *lead* (tarification au CPC : coût par clic, qui se situe aux alentours de 20 centimes d'euros pour un comparateur généraliste et souvent beaucoup plus pour un site spécialisé) et/ou à la vente (si la visite chez le site marchand se transforme en vente, ce qui est le cas, en moyenne, pour une visite sur vingt, soit 5 %).

Ce modèle économique soulève bien entendu de nombreuses questions quant à l'objectivité et à l'exhaustivité des comparaisons, le comparateur n'ayant intérêt à référencer que les sites marchands avec qui un accord commercial (commissions) a été conclu et à mettre en avant les sites qui payent les commissions les plus importantes. De plus, les sites recommandés n'ont pas toujours un niveau de qualité... recommandable, ce qui peut conduire à de nombreuses réclamations.

5° Le montant absolu de l'achat

La sensibilité des acheteurs au prix est évidemment plus forte pour les achats importants (par exemple, pour les particuliers, l'habitation, la voiture, l'électronique et l'électroménager, les vacances...) que pour les achats d'un montant et d'une fréquence faibles.

Quand les prix sont élevés, les processus de décision sont plus longs, intégrant une phase de comparaison des offres et des prix, et l'élasticité au prix est donc plus importante.

6° La pression (réelle ou redoutée) du pouvoir d'achat

Un pouvoir d'achat faible crée nécessairement une élasticité au prix très forte. Des variations de prix très réduites, sur des montants qui pour d'autres seraient peu significatifs, peuvent orienter les décisions d'achat.

En cas de crise économique, et même lorsque le client ne voit pas son pouvoir d'achat affecté, le sentiment d'insécurité, la crainte d'être touché à l'avenir produisent le même effet.

À l'inverse, un pouvoir d'achat élevé réduit fortement la sensibilité au prix… mais il existe des Harpagon très fortunés.

7° La hiérarchie des critères de décision et l'implication des clients

Il arrive que le prix soit un critère secondaire dans le processus d'achat par rapport à la qualité du produit, l'image, la commodité d'achat ou d'utilisation, etc.

Exemples

- L'élasticité au prix est plus forte pour les yoghourts nature, dont l'achat est surtout motivé par la recherche d'économie, que pour les produits laitiers qui ont une forte promesse de santé. C'est la raison pour laquelle Danone s'est repositionné sur le territoire de la santé, à travers des produits phares comme Actimel, dont les bénéfices de santé proclamés sont à la hauteur du prix.
- L'achat de produits alimentaires sur des sites Web marchands répond à un souci de commodité et de gain de temps qui prime sur le critère de prix, le prix de ces produits (transport inclus) étant plus élevé qu'en hypermarché.

Quand l'implication des clients est forte à l'égard d'un produit ou d'une catégorie de produits, que ce soit en raison d'un intérêt personnel ou de la situation, la sensibilité au prix est plus faible, car d'autres critères de décision sont privilégiés.

Exemples

- Un passionné d'automobiles sera souvent prêt à acheter une voiture à un niveau de prix qui ne correspond pas à son niveau de revenus, dut-il s'endetter ou restreindre sensiblement ses autres postes de dépenses.
- Une étude réalisée pour la chaîne de drugstore Duane Reade aux États-Unis a montré que les parents de nouveau-nés étaient moins sensibles au prix que les parents de jeunes enfants : l'arrivée d'un enfant est un moment émotionnel fort qui suscite une forte implication pour tout ce qui touche au nouveau-né et une moindre sensibilité au prix. En conséquence, l'enseigne a augmenté le prix des produits pour nourrissons pour diminuer le prix des produits pour jeunes enfants, sur lesquels l'élasticité au prix est plus forte. Le résultat de cette politique fut que les ventes augmentèrent de 27 % sur ces gammes de produit[1].
- Une étude du Bureau interprofessionnel des vins de Bourgogne montre que les acheteurs de vin de Bourgogne ont un budget prix sensiblement plus élevé quand ils achètent une bouteille pour l'offrir que pour la consommer à la maison entre soi. L'image qu'on donne de soi étant importante dans un cadeau qu'on fait, l'implication est plus forte et l'élasticité plus faible.

---

1. Georges L. Coleman et Greg Cudahy, « The Price Is Right... Isn't It? », *Outlook*, Accenture Éditeur, janvier 2007.

c) Comment estime-t-on l'élasticité au prix ?

S'il était possible de connaître exactement la courbe d'élasticité de la demande d'un produit par rapport à son prix, et par conséquent de prévoir avec précision le volume de ses ventes pour chacun des prix envisageables, le problème de la fixation du prix serait d'une grande simplicité.

Malheureusement, dans la pratique, on ne connaît jamais parfaitement cette courbe. Tout ce que l'on peut faire, c'est d'essayer *d'estimer* approximativement le volume des ventes pour un ou plusieurs prix possibles. Plusieurs méthodes peuvent être utilisées pour procéder à cette estimation.

1° L'analyse statistique des ventes passées

Lorsqu'on cherche à estimer l'élasticité au prix d'un produit qui est déjà sur le marché et qui a été (ou est) vendu à des prix variables, on peut parfois utiliser des méthodes d'analyse statistique, soit à partir de séries chronologiques, soit à partir de coupes instantanées.

- *Les séries chronologiques*

Si, dans le passé, le prix du produit a varié à certaines périodes et si on connaît le volume des ventes correspondantes, certaines méthodes économétriques permettent parfois de mesurer l'influence du prix sur la demande.

- *Les coupes instantanées*

Si, au cours d'une même période, le produit a été offert à des prix différents selon les magasins où il était en vente, on peut mettre en relation le volume de ses ventes (ou sa part de marché) avec le prix auquel il était offert.

Exemple

➥ À partir des résultats d'un panel de distributeurs, un fabricant de pâtes alimentaires a pu comparer les rotations et la part de marché de sa marque dans des hypermarchés où elle était vendue à des prix variant de 0,80 € à 1,20 €.

Toutefois, qu'il s'agisse de séries chronologiques ou de coupes instantanées, il est rare que l'analyse statistique des variations de prix permette *d'isoler* l'influence, sur les ventes, de la variable prix par rapport à celle de tous les autres paramètres qui ont pu varier en même temps : prix des produits concurrents, campagnes publicitaires ou promotionnelles, etc. En d'autres termes, il est rare que soit remplie la condition « toutes choses égales par ailleurs ». Il faut alors avoir recours à d'autres méthodes d'estimation de l'élasticité.

2° Les enquêtes sur les attitudes des clients à l'égard du prix

L'une de ces méthodes consiste à étudier, par des enquêtes, les attitudes des acheteurs potentiels à l'égard du prix, pour la catégorie de produits à laquelle on s'intéresse. Les principales enquêtes de ce type portent sur la connaissance des prix, sur l'importance attachée au prix et sur le niveau d'acceptabilité des prix.

- *La connaissance des prix*

Partant de l'hypothèse que la connaissance des prix par les acheteurs potentiels d'un produit est un indice de l'importance qu'ils attachent à cette variable, on mène parfois des enquêtes sur ce sujet. La plupart d'entre elles montrent que, même pour des produits dont l'achat est fréquent et, *a fortiori,* pour ceux dont l'achat est rare, un pourcentage très important d'acheteurs *ne connaît pas les prix du marché.* Cependant, cette ignorance ne signifie pas nécessairement qu'ils sont indifférents au prix et que, au moment de l'achat et en présence des produits concurrents, ils ne feront pas de comparaison des prix.

- *L'importance que les acheteurs déclarent attacher au prix*

On peut aussi, dans des enquêtes auprès des clients potentiels, leur demander directement l'importance relative qu'ils attribuent, dans leur choix, au critère du prix par rapport aux autres critères. Pour mesurer d'une manière chiffrée cette importance relative, on emploie parfois la méthode de l'analyse conjointe (ou *trade-off*). Elle consiste à faire classer par ordre de préférence un certain nombre d'« offres » hypothétiques relatives au produit étudié, chaque offre étant caractérisée par une combinaison de trois ou quatre « attributs » parmi lesquels figure le prix. L'analyse statistique des préférences exprimées par les interviewés permet de mesurer l'« utilité » qu'ils attachent au prix par rapport aux autres attributs.

- *Le niveau d'acceptabilité des prix*

On a vu que les clients avaient parfois tendance à associer une image de mauvaise qualité à un prix bas et une image de qualité supérieure à un prix élevé. Ils ne sont toutefois pas disposés à payer un prix qu'ils jugent exorbitant. Le *prix psychologique optimum* se situe donc dans une fourchette limitée en haut par un effet de revenu et en bas par un effet de qualité.

Des chercheurs, parmi lesquels on citera particulièrement Daniel Adam, ont élaboré une méthode destinée à déterminer le prix ou la plage de prix acceptable pour le plus grand nombre de consommateurs. Succinctement, les étapes de l'étude se déroulent de la façon suivante.

On constitue un échantillon représentatif de la clientèle potentielle du produit. Chaque personne interviewée est invitée à indiquer la fourchette de prix à l'intérieur de laquelle elle croit pouvoir situer le prix du produit étudié. Elle est donc amenée à délimiter ce segment par :

- un prix minimal au-dessous duquel elle n'accepterait pas d'acheter le produit ;
- un prix maximal au-dessus duquel elle n'accepterait pas non plus de l'acquérir.

Généralement, la formulation des deux questions posées à l'interviewé est la suivante :

- au-dessus de quel prix considérez-vous que ce produit est trop cher ?
- en dessous de quel prix considérez-vous que ce produit est de mauvaise qualité ?

On peut tracer un graphique (figure 5.7) permettant, pour chaque prix, de connaître le pourcentage de personnes qui le considèrent comme acceptable, c'est-à-dire ni trop cher, ni trop bas. Ce pourcentage est donné par l'écart entre la courbe cumulée des prix *minima* et celle des prix *maxima.* La courbe cumulée des prix *minima* représente pour chaque prix (Pi) le pourcentage de personnes ayant cité un prix minimal égal ou supérieur à Pi. La courbe cumulée des prix *maxima* se construit de manière analogue.

Le prix psychologique optimum correspond au plus grand écart entre la courbe des prix *minima* et celle des prix *maxima*. Dans la figure 5.7, le plus grand écart, c'est-à-dire la plus large acceptabilité par le marché, correspond au prix P.

Figure 5.7 **Courbes des prix minimal et maximal**

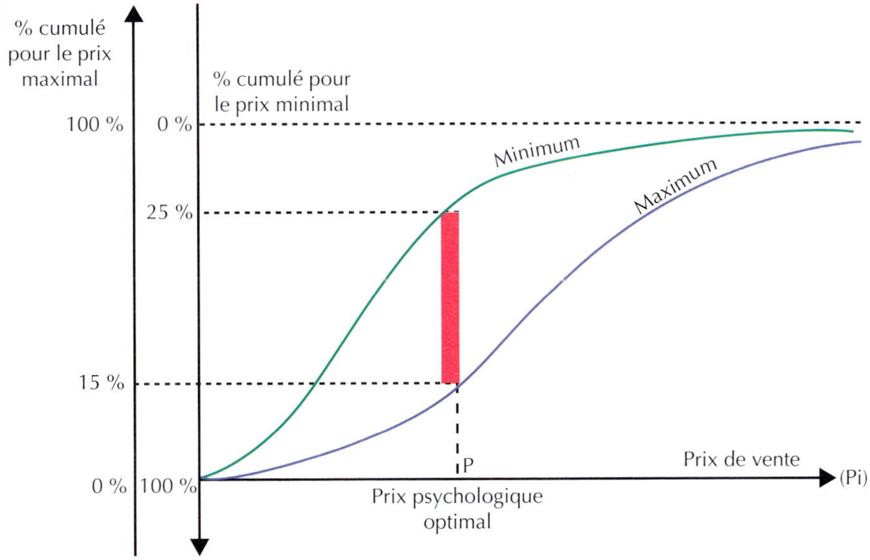

Le prix psychologique optimal s'inscrit entre un prix minimum (qualité perçue du produit) et un prix maximum au-delà duquel le prix est jugé excessif

Cette méthode doit cependant être utilisée avec prudence. En premier lieu, les déclarations des individus sur le prix maximal qu'ils seraient prêts à payer, et plus encore sur le prix minimal au-dessous duquel ils ne descendraient pas, ne sont pas toujours prédictives de leur comportement réel au moment de l'achat. En second lieu, cette méthode ne prend pas en compte l'influence, sur le choix des clients, des prix des produits concurrents. Or, rien ne prouve qu'un consommateur qui juge « acceptable », par exemple, le prix de 9 € pour un paquet de lessive, achètera une marque à ce prix si, dans le magasin, une autre marque lui est offerte à 8,50 €. Il en résulte que la courbe d'acceptabilité des prix ne doit en aucun cas être confondue avec la courbe d'élasticité de la demande au prix.

3° Les enquêtes sur les intentions d'achat et les achats simulés

Les enquêtes sur les intentions d'achat consistent à demander directement à des acheteurs appartenant à différents sous-échantillons appariés s'ils achèteraient le produit à un prix déterminé, le prix proposé variant selon les sous-échantillons.

On obtient des réponses plus fiables si on donne aux enquêtes des éléments de référence sur les prix du marché (comme le prix de produits concurrents et substituables).

Une autre variante, plus coûteuse mais plus fiable, de ce genre d'enquête consiste à faire circuler les personnes interviewées dans un « linéaire reconstitué » où elles sont invitées à simuler leurs achats de produits d'une certaine catégorie. Le produit auquel on s'intéresse est présent dans le linéaire et il est affiché à des prix différents selon les sous-échantillons. Cela permet de mesurer la relation entre, d'une part, le prix proposé et, d'autre part, le pourcentage d'acheteurs et le volume des achats du produit considéré.

4° Les magasins témoins et les marchés témoins

Enfin, la méthode la plus fiable – mais aussi la plus coûteuse et la plus difficile à mettre en œuvre – pour mesurer l'élasticité de la demande par rapport au prix, consiste à mettre en vente effectivement le produit auquel on s'intéresse, dans différents magasins ou dans différentes zones géographiques, *à des prix différents selon les magasins ou les zones.* Pour pouvoir tirer des enseignements de ces tests, il faut évidemment :

- vérifier en permanence la comparabilité entre eux des différents magasins ou des différentes zones, c'est-à-dire s'assurer que le prix du produit testé est le seul paramètre qui varie ;
- recueillir des informations fiables sur le volume des ventes du produit testé et celui des produits concurrents au cours de la période du test.

La technique des panels mixtes permettant d'organiser des marchés témoins (ou marchés tests) a été développée à la fin du chapitre 2 dans la section 4 consacrée aux panels et dans le chapitre 4, section 8.

SECTION 2

LA POLITIQUE DE PRIX AU SERVICE DE LA POLITIQUE MARKETING

La politique de prix peut être étroitement liée à quatre grands aspects de la politique marketing, qui seront étudiés successivement : la segmentation, le positionnement, la stratégie concurrentielle et la stimulation des ventes.

Sans être exhaustifs, ces quatre aspects permettent de couvrir les grandes lignes d'une politique de prix au service d'objectifs marketing.

1 Le prix au service de la politique de segmentation : les politiques de discrimination par les prix

a) Le principe de la discrimination par les prix

Pour les économistes, la discrimination par les prix désigne la situation où des biens ou services identiques, provenant du même producteur ou distributeur, sont volontairement vendus à des prix différents sur le marché.

Ces pratiques sont strictement réglementées dans les rapports entre producteurs et distributeurs (voir l'annexe de ce chapitre), elles le sont beaucoup moins vis-à-vis des clients finals. On peut même dire qu'elles sont très courantes en marketing.

Leur justification économique est que la même offre n'a pas la même *utilité* – on dirait « valeur perçue » en marketing – pour tous les clients. Un même prix pour tous les clients aurait pour conséquence qu'il serait trop élevé pour certains, qui ne l'achèteraient pas, ou trop bas pour d'autres, qui seraient prêts à le payer plus cher. « Trop bas » pour le producteur s'entend, car du côté du client, celui-ci ferait une bonne affaire : il garderait ce que les économistes appellent le « surplus des consommateurs » (c'est-à-dire la valeur qui résulte de la différence entre l'utilité et le prix).

Cette politique de prix différenciés peut être appliquée aux individus mais, dans la pratique courante, son application concerne généralement des segments de clients.

b) La discrimination individuelle par les prix

Dans ce cas de figure, on a individualisé les prix de telle façon que le producteur ou distributeur vend son produit au prix maximum auquel le client est prêt à l'acheter (plutôt que de renoncer à l'achat ou d'aller chez le concurrent). Ce type de discrimination par les prix, intéressant en théorie, est bien difficile à réaliser dans la pratique. On imagine mal que le prix des produits change en temps réel sur le rayon des linéaires selon qu'une personne ou une autre marche dans les allées d'un magasin ! Outre qu'on voit difficilement quelle méthode permettrait de déterminer le prix maximum que chaque passant dans le rayon serait prêt à payer, il est peu probable qu'une telle pratique puisse être acceptée socialement et elle poserait des problèmes légaux.

Cependant, l'achat en magasin libre-service ne représente qu'une modalité de vente parmi d'autres. Il existe des modalités de fixation des prix qui sont *participatives*, autrement dit le client joue un rôle actif dans la fixation du prix.

Trois modes de fixation participative des prix sont présentés ci-après. Un dernier mode de fixation individuelle mais non participative des prix est présenté à leur suite.

1° Le marchandage

C'est aussi ce qu'on appelle la négociation, qui relève de la vente plus que du marketing. Cette pratique est courante en B to B ainsi que pour des produits à forte valeur (voiture, logement...).

Elle est de règle pour les consommateurs dans de nombreux pays : l'offre n'y a pas de prix fixe et le prix résulte d'une négociation, au cours de laquelle acheteur et vendeur concourent à un ajustement. Le prix est en quelque sorte « à la tête du client ».

Contrairement aux enchères, la négociation sur le prix se fait entre un vendeur et un acheteur uniques, en « *one to one* ».

2° Les enchères

Que sont les enchères, sinon une procédure qui cherche à obtenir le prix maximal auquel un client est prêt à acheter un produit ? Plutôt que de présenter l'offre à un prix fixé d'avance, des enchères (classiques) mettent en concurrence des acheteurs, le prix de vente étant celui du mieux offrant. Cela ne signifie pas que l'acquéreur ait atteint son prix maximal, mais, de façon approchante, que le second meilleur offreur l'ait atteint, puisqu'il renonce à surenchérir.

Il existe en fait plusieurs types d'enchères, mais on peut en distinguer deux principaux :

- les enchères classiques : plusieurs acheteurs sont en compétition auprès d'un vendeur pour proposer un prix d'achat qui va en augmentant ;
- les enchères inversées : plusieurs vendeurs, en compétition auprès d'un ou plusieurs acheteurs, proposent un prix de vente qui va en décroissant. L'acheteur se décide quand le prix lui convient et achète au vendeur qui a fait la meilleure offre. C'est un type d'enchère qui n'est pas rare en B to B (notamment pour la vente de matières premières, produits alimentaires, etc.), mais de nombreux sites Web proposent désormais des enchères inversées pour les particuliers.

Les défauts du système d'enchère sont que la procédure est lourde, lente (date de mise en vente/date d'enchère) et contraignante (inscription, présence, incertitude...). C'est la raison pour laquelle un site d'enchères comme eBay permet également aux vendeurs de vendre à prix fixes, ce qui a connu un vif succès. Les enchères sont une technique de vente qui reste néanmoins beaucoup utilisée pour les objets d'art et bien entendu dans les achats interentreprises avec des appels d'offres suivis d'enchères.

3° L'individualisation des prix en fonction... de ce que le client veut payer

Les Anglo-Saxons appellent cette politique tarifaire le *Pay What You Want* (PWYW) ou « Payez ce que vous voulez », et que nous appellerons ici le modèle de tarification volontaire. Il s'agit de ne pas fixer de prix de vente ni de prix plancher et de proposer au client de payer le prix qu'il estime être le bon. Dans ce cas de figure, l'individualisation du prix est en quelque sorte inversée, puisque l'entreprise ne le fixe pas pour chaque client, mais chaque client le fixe pour l'entreprise.

Exemple

➥ Pendant deux mois, le groupe de rock Radiohead a donné la possibilité à ses fans de télécharger sur son site son nouvel album *In Rainbows* et de le payer au prix qu'ils voulaient. La seule obligation de l'internaute était d'entrer son numéro de carte de crédit (avec des frais de 45 pences). L'album a été téléchargé deux millions de fois, pour un prix qui variait de 45 pences (c'est-à-dire uniquement les frais) à 99,99 livres. Selon certaines études, un tiers des téléchargeurs ne payèrent pas plus que les frais, ce qui n'empêcha pas le prix moyen d'être situé à 4 livres et de générer pour le groupe plus d'argent que la vente totale d'un précédent album (*Hail to the Thief*). Ce prélancement ne nuisit pas au lancement final de l'album, deux mois après le début de l'opération, puisque *In Rainbows* devint alors numéro 1 des ventes en Grande-Bretagne.

Cette politique tarifaire peut sembler très risquée pour l'entreprise puisqu'elle repose sur la subjectivité de l'acheteur, en dehors de toute considération des coûts supportés par le producteur, et sur son honnêteté. Ce modèle a pourtant été appliqué en dehors de produits numériques, notamment dans la restauration depuis qu'un restaurant pakistanais de Vienne, Wiener Deewan, ouvrit en avril 2005 avec un modèle de tarification volontaire (et le restaurant est toujours en activité !)[1].

---

1. Avis d'un client de ce restaurant sur le site TripAdvisor : « *We've been only once, but anticipate visiting many more times. The whole novelty of "Pay as you Wish" is just too intriguing to pass up. But it is a whole lot easier when the food is so delicious. Basically, all drinks are a fixed priced (and quite reasonable) while the food is all you can eat and pay what you want. It is delicious if you like curry and consists of both meat and vegan dishes. Excellent !* ».

Une recherche pionnière de trois chercheurs allemands, Kim, Natter et Spann parue dans le *Journal of Marketing* permet de mieux comprendre le mode de fonctionnement de cette politique de tarification[1]. Selon la théorie économique classique, les acheteurs veulent maximiser leur utilité (autrement dit, obtenir le plus en donnant le moins), ce qui les conduirait tous à ne rien payer dans le modèle de tarification volontaire. S'ils paient quelque chose, c'est donc que d'autres motivations sont en jeu, comme l'équité, l'altruisme, la satisfaction, la fidélité, la sensibilité au prix, la connaissance de prix de référence ou encore le niveau de revenus. Nos auteurs entreprirent d'expérimenter leurs hypothèses en observant des comportements et en soumettant un questionnaire aux clients d'un restaurant iranien de Berlin, dans un cinéma multiplexe de Berlin et chez un traiteur à Wiesbaden ; tous acceptèrent d'expérimenter une tarification volontaire.

Le résultat de leur étude est que le prix final payé par les clients dépend de leur connaissance des prix de marché (prix de référence) et de leur volonté de faire plus ou moins une bonne affaire par rapport à ce prix de marché. Autrement dit, les clients évaluent d'abord ce que vaudrait la prestation ou bien sûr le marché et ensuite choisissent s'ils veulent payer ce prix ou plus ou moins que ce prix. Ce choix est lui-même principalement influencé par plusieurs facteurs : le sentiment d'équité des clients, leur satisfaction avec le bien ou service, leur sensibilité au prix et leur niveau de revenus.

De plus, les résultats de l'expérimentation montrent que les prix volontaires peuvent être supérieurs au prix de vente habituel (cas du traiteur). Dans deux cas sur trois (restaurant et traiteur), l'expérimentation a conduit à une hausse des ventes parfois très importante. Dans le cas du restaurant, si le prix moyen a baissé (6,44 € contre 7,99 €), l'augmentation très forte des ventes a plus que compensé la baisse des prix et a permis d'accroître la rentabilité des entreprises (rappelons que : rentabilité = marge unitaire x volume des ventes). Le restaurateur qui avait accepté de servir de « cobaye », adopta du reste définitivement le système et, fort de ce succès, ouvrit un second restaurant sept mois après l'expérience…

La tarification volontaire peut donc potentiellement attirer de nouveaux clients (impact en termes de communication, confiance des nouveaux clients), accroître les revenus, voire avoir des prix de vente supérieurs. Cela n'élimine cependant pas tous les risques pour le vendeur. Pour les produits à prix élevés par exemple, la tentation de faire de (très) bonnes affaires au détriment du vendeur serait sans doute trop forte. Selon les auteurs de la recherche, cette politique tarifaire semble en fait plus adaptée et moins risquée pour les activités dont les coûts fixes sont élevés et les coûts variables faibles. Des clients qui abuseraient du système en ne payant rien par exemple auraient en effet un impact plus limité sur le compte de résultat, puisque l'entreprise ne perdrait que sur des coûts variables réduits.

4° L'individualisation du prix sur la base du CRM

Une autre technique de discrimination individuelle par les prix est fournie par les techniques de CRM (gestion de la relation clients, voir le chapitre 10 sur le marketing relationnel). Elles permettent d'avoir une connaissance individuelle des clients beaucoup plus fine que par le passé. Dans le meilleur des cas, on connaît l'historique

1. Ju-Young Kim, Martin Natter et Martin Spann, « Pay What You Want: A New Participative Pricing Mechanism », *Journal of Marketing*, vol. 73 (janvier 2009), pp. 44-58.

d'achat du client, l'évolution de sa consommation (un distributeur peut par exemple identifier la venue d'un nouvel enfant ou l'âge approximatif des enfants en analysant les achats) et sa réaction aux offres promotionnelle. Ces informations permettent de calculer un « score d'appétence » qui attribue à chaque client une probabilité d'intérêt pour une offre ou une promotion de prix. Les offres, et pour ce qui nous intéresse ici, les réductions de prix peuvent donc être individualisées.

Exemple

- Tesco, le leader anglais de la distribution, envoie quatre fois par an à ses 14 millions de membres, un courrier comprenant un choix entièrement personnalisé de coupons de réduction de prix en fonction, notamment, du comportement d'achat du client.

Efficaces pour les promotions, c'est-à-dire essentiellement les réductions de prix, ces techniques semblent difficilement utilisables pour augmenter les prix… quoique les praticiens, par leurs innovations, aiment à démentir les professeurs.

On relève ainsi des pratiques très intéressantes, qui relèvent cependant plus d'une approximation que d'une discrimination individuelle par les prix *stricto sensu :* segmentation statistique qui permet d'identifier au sein d'une base de données des individus susceptibles de dépenser plus, mise en avant de produits à prix élevés pour des clients identifiés, etc.

Exemple

- Air France a souhaité développer les ventes de vols longue distance en première classe et classe affaires auprès de la clientèle de tourisme, c'est-à-dire auprès des particuliers qui voyagent par agrément et non pour leur travail. Plutôt que de présenter cette offre à l'ensemble de leur base de clients, l'entreprise a utilisé des méthodes statistiques de profilage par typologie.

  Elle a d'abord étudié le profil de ses clients actuels qui voyagent à titre privé en première classe et en classe affaires pour des vols longue distance pour identifier les critères, relatifs à leur comportement, qui les distinguent des autres clients. Le traitement statistique a montré que les cinq critères les plus significatifs sont : 1° le nombre de voyages en longue distance que ces clients effectuent en première classe ou classe affaires… à titre professionnel ; 2° le nombre de voyages d'agrément à courte ou moyenne distance ; 3° le nombre de voyages d'affaires à courte et moyenne distance ; et enfin 4° et 5° le nombre de voyages vers les États-Unis et l'Asie. En appliquant ces mêmes critères typologiques à l'ensemble de leur base, Air France a identifié des clients qui, bien qu'ils ne l'aient pas fait jusqu'à présent, ont une probabilité beaucoup plus forte que les autres de voyager à titre personnel en première classe ou en business pour des vols longue distance. Ne reste plus à l'entreprise que de communiquer efficacement cette offre de produits à prix élevé auprès de ces clients.

c) La discrimination par segment de clients

C'est, de loin, l'aspect le plus riche des politiques de discrimination par les prix.

1° Les stratégies d'écrémage

Les stratégies d'écrémage consistent, lors du lancement d'un produit innovant, à fixer le prix à un niveau élevé en dégageant une marge unitaire forte, avec le projet de diminuer progressivement le prix de vente afin d'en élargir la diffusion.

Exemples

- Les téléviseurs à écran plat LCD ont été introduits à des prix très élevés. Depuis, ils ne cessent de baisser. Le prix moyen d'un écran télé plat de 32 pouces était de 833 euros en France en 2007 selon GfK, et de 391 € en 2011, soit 53 % de baisse. Il a baissé de 20 % en un an. Les usines des constructeurs sont amorties et permettent de réduire considérablement les coûts. À cela s'ajoute une concurrence tellement intensive que Sony envisage l'arrêt de sa production de téléviseurs.
- On observe le même phénomène pour les appareils photo numériques et actuellement pour les tablettes tactiles.

La politique d'écrémage est particulièrement adaptée au début d'un nouveau marché : les coûts unitaires de production sont très élevés et la vente à prix unitaire fort évite la vente à perte. Au fur et à mesure de l'amélioration des technologies et des processus de production, les coûts de production diminuent et l'industrie entre dans un cercle vertueux d'effet d'expérience : les prix baissent, permettant l'élargissement de la clientèle et l'augmentation des ventes, ce qui réduit les coûts de production.

Cette politique ne répond pas seulement à une problématique de coût, elle est aussi une façon d'exploiter les différences d'élasticité au prix des segments du marché. Lors de la période de lancement, on s'adresse, au prix fort, au segment dont la demande est la plus inélastique, c'est-à-dire la plus insensible au prix, puis on pénètre progressivement dans les autres segments en diminuant le prix. C'est le cas, par exemple, d'un ouvrage qui commence sa carrière en édition brochée et qui la termine en livre de poche.

Une politique de ce type est envisageable lorsque l'innovation est significative en termes de différenciation par rapport à la concurrence. Un prix élevé est la « rémunération » des avantages nouveaux offerts par l'innovation. L'écrémage est particulièrement adapté aux produits qui ont un cycle de vie relativement court : on maximise la marge unitaire en début de cycle, on développe la part de marché ensuite et, en fin de cycle, quand le produit devient moins attrayant, on joue sur les prix. Des stratégies alternatives, comme la stratégie de pénétration étudiée plus loin, sont bien entendu possibles.

Cette « politique descendante » est généralement beaucoup plus praticable que l'inverse. Comme une erreur est toujours possible au moment de la fixation du prix d'un produit nouveau, il faut se donner les possibilités de s'adapter au marché et à la concurrence. Pour ce faire, il est toujours plus facile de diminuer les prix que de les augmenter. Il faut aussi ajouter que c'est au cours des premières phases de la vie d'un produit qu'il est le plus facile de justifier un prix élevé auprès des acheteurs et des intermédiaires (ou parfois des pouvoirs publics) en arguant des coûts de recherche et de développement. C'est un discours fréquemment tenu par les laboratoires pharmaceutiques.

Il peut cependant arriver que les clients anticipent la baisse des prix et retardent leurs achats, ce qui n'est pas très favorable aux premières ventes ! De la même façon, un ajustement trop rapide et trop important des prix peut susciter des réactions négatives de clients qui ont été les premiers à acheter le produit et qui se sentent floués.

Exemple

- Soixante jours après le lancement de l'iPhone, Apple annonçait une baisse des prix de 33 %, soit 200 dollars ! La furie qui s'empara des *aficionados* de la marque, qui avaient été les premiers acheteurs, et qui s'exprimèrent par des e-mails et des messages enflammés sur les forums de discussion, conduisit Steve Jobs, à publier un communiqué où il justifiait la baisse des prix comme étant la règle dans les secteurs technologiques, mais où il s'excusait également d'avoir irrité ses clients fidèles. L'entreprise leur offrit un crédit de 100 dollars sur les prochains achats qu'ils pourraient faire de produits Apple.

2° Les politiques tarifaires pour grands clients et distributeurs

Certaines catégories de clients bénéficient de tarifs particuliers en raison de leur place dans le circuit de distribution ou des quantités achetées. Il en va ainsi des prix pratiqués pour les grossistes, les centrales d'achat et les détaillants ou pour les gros clients dans les activités B to B.

Les remises sur quantité peuvent être immédiates, ou accordées *a posteriori*, sous forme de ristournes calculées en fonction du total des achats réalisés par un client au cours d'une période déterminée (par exemple, l'année).

Ces politiques de discrimination par les prix sont légales, du moment qu'elles sont mentionnées dans le barème des prix et les conditions générales de vente.

3° La différenciation par âge, sexe ou en faveur de publics fragiles

Une pratique courante des entreprises est de pratiquer des tarifs différenciés en fonction de l'âge ou du sexe. Certains de ces tarifs sont justifiés pour des raisons sociales.

Exemples

- Les coiffeurs pratiquent des tarifs différenciés pour les hommes et les femmes. La justification de cette discrimination est qu'il est plus long et compliqué de faire une coupe à une femme qu'à un homme… mais l'implication et donc la sensibilité au prix peuvent être une autre explication.

- Le site de rencontres Meetic faisait payer un abonnement aux hommes et rendait l'abonnement gratuit aux femmes afin d'attirer le public féminin, qui est la ressource rare sur ces sites. Mais il se privait ainsi d'un chiffre d'affaires important, ce qui l'a conduit à revenir sur cette politique… sans que le résultat soit nécessairement convaincant, à observer les changements de politique tarifaire que l'entreprise a opérés depuis.
- Face à la crise économique qui frappe durement l'Espagne depuis 2008, l'opérateur téléphonique Telefónica a proposé à 250 000 chômeurs une remise de 50 % sur leur facture de téléphonie fixe ou mobile (limitée à 20 € par mois). Pour bénéficier de cette remise, il faut être au chômage et client de l'entreprise depuis plus de six mois. Le slogan choisi est : « Telefónica est à vos côtés dans les moments difficiles. » Cette initiative de l'opérateur espagnol, qui reçut une couverture presse impressionnante, lui attira de nombreuses louanges.

4° La différenciation en faveur de la population locale

La discrimination par les prix peut aussi distinguer la population locale des autres, soit pour des raisons politiques, soit pour d'autres liées à l'élasticité de prix.

Exemples

- Il est courant dans les pays du Maghreb, qui connaissent une forte affluence de touristes européens au pouvoir d'achat élevé, que les services pratiquent un double tarif : pour la population locale et pour les étrangers. Cette tarification n'est pas nécessairement « à la tête du client », et peut être clairement affichée comme on le voit à l'entrée des musées ou des sites.
- En France, le Conseil d'État veille à l'égalité des usagers devant le *service public*, la discrimination par les prix ne pouvant se justifier que pour des motifs d'intérêt général ou en raison de la situation particulière de catégories d'usagers. Ainsi, une tarification réduite pour le péage du pont de l'île de Ré est justifiée pour les résidents de l'île, mais non pour les habitants du département, même si le Conseil général de Charente-Maritime a financé cet ouvrage.

5° Les stratégies internationales de prix et le risque de « marché gris »

Les politiques de discrimination par les prix y sont courantes, pour ne pas dire la règle. Chaque marché ayant ses spécificités et ses circuits de distribution, pratiquer des prix différents par pays est aisé pour les compagnies internationales.

La principale limite de cette politique est la création d'un « marché gris », c'est-à-dire d'un marché où des produits achetés dans un pays sont revendus dans un autre moins cher que le tarif local. Ces pratiques peuvent être légales si la marque n'est pas protégée par un réseau de distribution sélective qui lui donne des moyens d'action juridiques.

Exemples

- Louis Vuitton, qui réalise près de 40 % de son chiffre d'affaires au Japon, y pratique des tarifs nettement supérieurs aux prix parisiens. Cela a conduit à un véritable trafic de produits achetés dans les boutiques parisiennes pour être revendus sur Internet au Japon et à une position délicate pour la marque, qui pratique le refus de vente à des clients asiatiques qui achètent en liquide dans les boutiques françaises.
- La boutique en ligne iTunes d'Apple pratique des prix différents aux États-Unis et en Europe et les clients européens ne peuvent se fournir dans la boutique américaine, moins chère.
- La libre circulation des marchandises étant garantie dans l'Union européenne, des sociétés (les mandataires) se sont légalement spécialisées dans l'importation de véhicules automobiles d'un pays où le prix est plus bas vers des pays où le prix est plus élevé.

2 Le prix au service de la politique de positionnement

Comme les autres composantes du marketing-mix, le prix contribue à exprimer le *positionnement* du produit, c'est-à-dire l'image qu'on souhaite lui donner dans l'esprit des clients[1]. C'est parfois l'élément principal du positionnement, parfois un élément secondaire. Bien qu'il existe de multiples façons de positionner une offre, leur traduction en matière de prix est limitée et, sans prétendre à l'exhaustivité, on peut distinguer trois grands cas de figure.

1. Voir le chapitre 14 sur le positionnement.

a) Le positionnement haut de gamme et le positionnement de luxe

Si une entreprise positionne un de ses produits dans le segment « haut de gamme » ou « luxe », il serait illogique d'en fixer le prix à un niveau bas ou moyen, quand bien même la structure des coûts de l'entreprise le permettrait.

Exemple

- Tectona produit et vend du mobilier de jardin en teck de très grande qualité, à des prix élevés. Au cours des dernières années, la mode du bois a détrôné le plastique et on a vu une offre abondante de produits de milieu et bas de gamme à des prix très inférieurs à ceux de Tectona. Cette marque doit défendre son positionnement « style-qualité-prix » élevé.

Notre conseil

La portée de la relation « prix élevé = qualité élevée » ne doit pas être exagérée. Si une marque a une image médiocre, une simple augmentation de son prix ne sera pas associée à une amélioration de la perception de sa qualité.

L'effet économique de frein à l'achat peut être ainsi atténué ou contrecarré par l'effet psychologique que peut avoir le prix sur l'image d'un produit. Il arrive, en effet, que les clients, faute de pouvoir juger objectivement la qualité des produits qui leur sont offerts, utilisent le prix comme un indicateur de qualité. Cette attitude est particulièrement fréquente s'agissant des *produits d'image* (ou de prestige), pour lesquels les performances objectives sont difficilement perceptibles par les consommateurs.

Exemple

- Lorsqu'il achète un champagne, un parfum, un bijou, ou même une paire de chaussures, le consommateur a souvent tendance à penser que les produits chers sont de meilleure qualité que les produits bon marché. Cette réaction n'a pas été étrangère au cas fameux de l'échec du parfum Bic qui, en dépit de sa qualité, a été considéré par les consommateurs comme « ordinaire » du fait de son prix bas (moins de 4 € pour un parfum dont la qualité était comparable à celle d'une grande marque à 55 € et plus).

En revanche, une marque qui s'est positionnée dès le départ sur un créneau de haute qualité peut se servir d'un prix élevé pour conforter son image.

Exemple

- Dans le marché de l'équipement électroménager, la marque Miele propose des produits de grande qualité à des prix élevés. L'entreprise a toujours refusé de se battre sur les prix et a mis un point d'honneur à devenir une référence de qualité : le prix est la conséquence de cette politique en même temps que son illustration.

La spécificité du luxe est qu'il ne s'appuie pas seulement sur une fabrication irréprochable (ou plutôt qui devrait l'être), mais qu'il véhicule une image de distinction et d'exclusivité que les clients tentent de s'approprier en achetant et en arborant ces marques. Le prix élevé est le signe le plus tangible de cette exclusivité. Cependant, si quelques marques se sont positionnées sur un luxe sans concession, la plupart ont trouvé leur source de croissance dans un marché élargi, qu'on ne peut plus considérer de niche, proposant une gamme très large de produits, tous chers, mais à des niveaux de prix très différents.

b) Les politiques de *premium price*

Une politique de *premium price* consiste à valoriser les bénéfices d'une offre pour justifier un prix supérieur.

Cette politique repose généralement sur un triptyque image/qualité/prix. L'entreprise investit fortement dans la marque et garantit une qualité élevée de son offre. L'image et la qualité supérieures doivent justifier le prix pratiqué, qui en est la contrepartie. Réciproquement, le prix sera pour le client un indicateur de la qualité et du positionnement de l'offre.

Contrairement aux marques haut de gamme ou de luxe, les politiques de *premium price* ne visent pas un segment restreint du marché (politique de haut de gamme) ni à acquérir une image d'exclusivité (politique du luxe), elles cherchent à conquérir le cœur du marché, c'est-à-dire son segment principal.

Exemples

- Les marques de grande consommation, dans l'alimentaire ou le non alimentaire, sont toujours plus chères que les premiers prix et les marques de distributeur, mais ne revendiquent pas un positionnement haut de gamme ou de luxe. Elles mettent en avant leur image, la qualité de leur production et leur capacité d'innovation.
- Mercedes est l'exemple d'une marque de véhicules qui est passé d'une politique de haut de gamme, voire de luxe, à une politique de *premium price* pour une large part de sa gamme.

Cette politique d'entreprise, qui se fonde sur la stratégie de différenciation, a régné pendant cinquante ans sur le marketing. On peut craindre qu'elle ne connaisse aujourd'hui de sérieuses limites. La politique de *premium price* et la stratégie de différenciation sont discutées plus en détail dans le chapitre 12 sur la stratégie marketing.

c) Les positionnements de prix bas ou discount

La troisième forme d'expression du positionnement dans la politique de prix consiste à opter pour une image de prix bas et de discount.

Ce positionnement est très puissant dans la grande distribution alimentaire et on peut dire qu'il y existe un lien étroit entre le positionnement de prix bas et la part de marché. Les petits commerces et les grands magasins ont vu ainsi leur part de marché régresser au profit des hypermarchés et supermarchés et ces derniers sont été sérieusement attaqués par les hard discounters, comme on le verra dans le chapitre 6 sur la distribution.

Une contrepartie de l'effet attractif d'un prix bas sur le comportement des clients est l'effet d'image négatif qu'il peut entraîner. Un produit premier prix est pratiquement toujours de qualité inférieure à un produit de marque nationale ou de distributeur. Un prix bas peut donc attirer une clientèle dont la sensibilité au prix est élevée mais écarter celle qui est attachée à d'autres critères d'achat.

Certains fabricants ou distributeurs choisissent d'ignorer ce risque dans leur communication, considérant que l'image de prix bas est suffisamment attractive en elle-même ; d'autres communiquent explicitement sur la qualité (« La qualité au prix Machin ») avec des résultats plus ou moins probants ; d'autres enfin considèrent que le prix bas, quoique très important, ne doit être qu'une des dimensions de leur positionnement et qu'ils doivent communiquer sur les autres.

Exemples

- Le hard discounter allemand Aldi communique sur le rapport qualité/prix de son offre avec son slogan « La meilleure qualité au meilleur prix ».
- Zara est une marque de vêtements dont le positionnement ne se réduit pas à sa politique de prix. Les collections fréquemment renouvelées, la mode très tendance, des points de vente au design étudié en centre-ville sont d'autant plus attractifs que les prix sont bas et connus pour l'être.

Les stratégies low cost sont des exemples de stratégies d'entreprise qui s'appuient fondamentalement sur un positionnement de prix bas, mais qui ne relèvent pas des « premiers prix » à la qualité médiocre. Elles s'accompagnent souvent, du reste, de marques fortes. Parce que le low cost est bien plus qu'un positionnement sur un prix bas et qu'il s'agit de la stratégie de toute une entreprise, il n'est pas traité dans ce chapitre mais dans le chapitre 12 sur la stratégie.

3 Le prix au service de la stratégie concurrentielle

Les clients qui se disposent à acheter un produit en comparent généralement le prix à celui des produits concurrents et cette comparaison joue un rôle dans leur décision. Cette procédure de comparaison peut être plus ou moins développée, du coup d'œil en rayon aux recherches intensives sur Internet.

C'est pourquoi un responsable marketing doit d'une part bien connaître les prix *actuels* des produits concurrents et d'autre part essayer d'en prévoir l'évolution future. On peut connaître les prix actuels des produits concurrents en procédant à des *relevés de prix en magasin* (ou sur site Web) ou en se procurant les *tarifs* (ou catalogues) des entreprises concurrentes. La prévision des décisions futures des concurrents en matière de prix est plus difficile. Elle peut cependant se fonder sur l'analyse de leurs coûts présumés de production, ainsi que sur l'analyse historique de la politique de prix qu'ils ont suivie dans le passé.

La fixation des prix à partir des concurrents peut prendre quatre formes principales : s'aligner sur la concurrence, pratiquer des prix supérieurs, se battre sur des prix bas et, option ultime, engager une guerre des prix.

a) S'aligner sur les prix concurrents

Sur certains marchés banalisés, où l'élasticité de la demande au prix est très forte, les entreprises choisissent souvent de vendre leurs produits au même prix que leurs principaux concurrents, c'est-à-dire au *prix de marché.*

Cette pratique est courante dans la distribution qui vend des marques et des produits similaires. Le mouvement a été renforcé par Internet dont les moteurs de recherche permettent une comparaison instantanée du prix de produits identiques (marque et référence) entre distributeurs en ligne. Pour ne pas perdre instantanément du chiffre d'affaires, les acteurs du marché surveillent de près le prix des concurrents et peuvent s'ajuster plusieurs fois par semaine.

L'alignement sur le prix des concurrents peut également être obtenu, en B to B, par des négociations au cours desquelles le client fera pression sur le fournisseur pour que ce dernier s'aligne sur les tarifs des concurrents.

b) Revendiquer un prix supérieur

Lorsque le marché concerné permet des stratégies de différenciation, c'est-à-dire que les concurrents peuvent valoriser des singularités qui tiennent à l'image, à la qualité, au design, à l'innovation, etc., les entreprises peuvent opter pour une politique de prix supérieur.

C'est le principe même des politiques de *premium price* étudiées plus haut, qui conduisent à structurer le marché entre des premiers prix (ou entrées de gamme), des prix premium et des prix haut de gamme. Cette politique connaît deux grandes limites :

- L'écart de prix doit être justifié par un écart de valeur perçue au risque sinon de conduire à une perte de parts de marché.
- À l'intérieur du même segment de prix, la question de l'alignement ou de l'acceptation d'un écart de prix se pose à nouveau vis-à-vis des concurrents directs.

c) Se battre sur les prix

Dans cette approche, la politique de l'entreprise consiste à rechercher des prix plus bas que les concurrents pour maintenir ou accroître ses parts de marché.

Ce peut être un choix politique global de l'entreprise, celui d'un positionnement de prix bas et discount comme on l'a vu plus haut. Ce peut être également un choix tactique, pour stimuler les ventes, bloquer un lancement de produit concurrent, défendre des parts de marché menacées.

De nombreuses raisons font que généralement, les producteurs n'aiment pas beaucoup se battre sur les prix.

- C'est une forme d'action très visible. Attaquer sur les prix, c'est se battre en plein jour. Si on baisse les prix, les concurrents s'en aperçoivent immédiatement alors qu'il leur faut souvent plusieurs mois pour se sentir menacés par une politique de référencement ou une campagne de communication par exemple.
- Les avantages retirés d'une baisse de prix peuvent être rapidement annulés par un alignement de la concurrence.
- La concurrence a souvent vis-à-vis des prix une sensibilité épidermique. Comme c'est une action facilement imitable (contrairement à la publicité ou à l'innovation) la riposte risque donc d'être très rapide.
- Une concurrence sur les prix risque de dégénérer en une guerre des prix, qui peut être dommageable pour l'entreprise qui l'a lancée comme pour les autres (voir le paragraphe sur la guerre des prix, ci-après).

- Le prix est un outil difficilement maîtrisable. Lorsqu'on a diminué un prix, il est souvent difficile de revenir en arrière. De plus, il n'est pas certain qu'une baisse du prix soit intégralement répercutée par le distributeur sur les prix de détail.
- Une baisse des prix ne peut pas être timide. On est souvent obligé de diminuer de façon significative le prix pour avoir un impact visible sur les clients (encore que cela varie en fonction de l'élasticité de la demande par les prix).
- Enfin, il existe toujours un risque important d'avoir surestimé l'élasticité de la demande. Si tel est le cas, une diminution du prix ne se traduit pas par une augmentation des volumes vendus, mais par une forte baisse des profits.

Toutes ces raisons expliquent l'aversion qu'ont parfois les producteurs pour la concurrence sur les prix, mais cela ne signifie pas qu'elle n'est jamais employée comme on l'a relevé pour les entreprises qui ont opté pour un positionnement de prix bas. Les autres préfèrent plus souvent, à la baisse permanente et généralisée des prix, la pratique de conditions exceptionnelles (remises, ristournes, rabais…) et des prix promotionnels, qui ont l'avantage d'être des réductions temporaires n'engageant pas à long terme l'entreprise.

d) La guerre des prix

La guerre des prix ne désigne pas une simple situation de concurrence sur les prix, mais une politique agressive de réduction mutuelle des prix pour affaiblir ou supprimer les concurrents.

Les gens de marketing perçoivent généralement la guerre des prix comme le développement catastrophique d'une concurrence sur les prix. C'est l'équivalent en marketing de ce que le grand stratège allemand Clausewitz, dans son traité *De la guerre* publié au début du XIXe siècle, appelait la *montée aux extrêmes* : les objectifs politiques de la guerre sont oubliés au profit d'une logique mutuellement destructrice. De la même façon, le résultat d'une guerre des prix semble être que tout le monde est perdant (sauf le client !) et que plus personne ne gagne d'argent sur le marché.

La réalité est en fait plus complexe.

1° Le prix de prédation

La guerre des prix peut relever d'une stratégie réfléchie de *predatory pricing* (prix de prédation).

Le prix de prédation est une politique de prix anormalement bas visant l'élimination des concurrents.

Cette politique peut prend la forme du *dumping* : elle consiste à vendre un produit à perte, le temps d'éliminer des concurrents plus faibles financièrement que soi, et pour rétablir ensuite ses marges une fois qu'on a fait place nette. Vendre en dessous de ses coûts est une pratique illégale, mais prouver qu'il y a *dumping* n'est pas toujours facile et il y a de nombreuses façons de contourner les règlements. Dans les relations internationales, le jeu des subventions et des avantages divers accordés par les États aux entreprises exportatrices, bien que surveillé par l'OMC, reste une pratique courante.

Toutes les pratiques de prix de prédation ne relèvent cependant pas du *dumping* et ne sont donc pas illégales. Elles peuvent avoir un sens quand l'entreprise :

- peut cibler les concurrents qu'elle vise ;
- se situe dans un rapport de force dont elle peut sortir vainqueur (supériorité de ressources permettant de supporter une perte provisoire de marge sur la gamme de produits, alors que le concurrent devra se retirer du marché ou fermer) ;
- évalue correctement le pouvoir de représailles de ses concurrents.

Exemple

➥ Le cadre dirigeant d'un grand groupe agroalimentaire invité à participer à un cours de marketing, nous avait dit qu'il surveillait de près la croissance des entreprises travaillant pour les marques de la grande distribution car il ne voulait pas voir se reproduire l'émergence de groupes forts, devenus des concurrents directs, à l'image de Senoble. Il apprit qu'un de ces sous-traitants avait investi massivement dans des installations industrielles en vue de fabriquer un produit *me-too*, copie de l'un de leurs biscuits, pour le compte de deux entreprises de la grande distribution. Le groupe agroalimentaire décida d'aller voir ces derniers et de leur proposer de fabriquer, pour leurs marques propres, ce même produit à un prix inférieur à celui du sous-traitant (prix de prédation). Les distributeurs firent affaire avec le groupe agroalimentaire et la PME qui avait investi massivement dans le nouvel outil de production et qui voyait fuir ses clients déposa le bilan, à la grande satisfaction du cadre dirigeant qui racontait l'histoire… à des étudiants stupéfaits de la dure loi des affaires.

2° La guerre des prix dans des marchés en forte croissance

Une autre façon de considérer la guerre des prix comme une stratégie d'entreprise voulue et contrôlée est illustrée par un article publié par deux chercheurs chinois en management[1]. Dans cette étude, les auteurs analysent deux marchés qui ont donné lieu en Chine à une guerre des prix : les téléviseurs et les fours à micro-ondes. Chacun de ces marchés a deux grands segments : celui des produits de qualité et chers, dominé par les marques étrangères et celui des produits économiques, à l'élasticité au prix très forte. Dans les deux marchés étudiés, un industriel chinois a décidé de déclencher une guerre des prix féroce contre les autres fabricants… et en est sorti gagnant.

Exemples

➥ Sur le marché des téléviseurs, Changhong lança l'offensive en baissant brutalement ses prix de 8 à 18 %. En quelques mois, l'entreprise doubla sa part de marché (de 16,6 % à 31 %) au détriment des fabricants locaux (un tiers d'entre eux disparurent) et des fabricants étrangers (leurs parts de marché s'effondrèrent d'un tiers).

➥ Sur le marché des fours micro-onde, l'entreprise Galanz mena cinq guerres des prix de 1996 à 2000 pour devenir le plus grand fabricant chinois et mondial (76 % de parts de marché en Chine, 30 % dans le monde).

Les auteurs de l'étude relèvent que les conditions de réussite de cette stratégie de guerre des prix dépendent étroitement de la situation du marché et ce qui a pu fonctionner en Chine n'est pas nécessairement transposable dans des marchés plus matures.

1. Z. John Zhang et Dongsheng Zhou, « The Art of Price War : a Perspective from China », *Working Paper*, Wharton School of the University of Pennsylvania, 2006. http://knowledge.wharton.upenn.edu/papers/1330.pdf

En effet, pour réussir :

- le marché doit être en forte croissance ;
- les économies d'échelle doivent être réelles (plus on produit, plus le coût de production unitaire diminue) ;
- la demande doit être très élastique au prix.

La réunion de ces trois conditions explique qu'un acteur puisse adopter une politique de gain rapide de parts de marché en réduisant les prix : la baisse des prix entraîne l'accroissement rapide des ventes, ce qui réduit le coût de production unitaire, et donne la possibilité éventuelle de baisser à nouveau les prix. Tous les concurrents qui ne peuvent pas suivre voient leurs ventes se réduire ou stagner et un différentiel de coût de production s'établir en leur défaveur et au profit du leader. Le marché entre alors en phase de consolidation accélérée avec la faillite ou le rachat de concurrents.

3° La guerre des prix dans les marchés matures

Dans des marchés matures, où la demande générale croît faiblement et où les positions concurrentielles évoluent beaucoup moins vite, la guerre des prix entraîne, comme le montre le cas du transport aérien ou des ordinateurs individuels, une baisse généralisée des marges et des profits. Tout le monde est perdant, sauf, à court terme, les clients.

e) La tarification concurrentielle sur Internet

Internet permet une transparence des prix beaucoup plus grande sur le marché, et elle est encore accrue par l'existence de comparateurs de prix.

Les entreprises qui vendent en ligne peuvent réagir très rapidement aux évolutions de prix des concurrents (en faisant par exemple évoluer leurs prix dans la journée) ou adopter des tactiques concurrentielles très souples.

Une recherche a étudié les politiques tarifaires concurrentielles de plusieurs marchands en ligne sur le marché britannique, en relevant notamment les variations de prix sur la version anglaise du site comparatif Kelkoo[1]. Cette recherche montre la grande souplesse que permet Internet dans la variation des prix, ainsi que différentes stratégies concurrentielles. Nous en donnons trois exemples ci-après.

Exemple

➥ L'étude montre que le vendeur de produits électroniques Pixmania a changé le prix de certaines références 11 fois en 14 semaines. Ces variations lui ont permis de mieux connaître l'élasticité de ses clients au prix, mais également de rendre sa politique tarifaire imprévisible pour les concurrents qui souhaiteraient se coller à elle.

Comet, le second distributeur de produits électroniques en Grande-Bretagne, étudie toutes les semaines la politique tarifaire de ses principaux concurrents pour adapter ses prix en conséquence. La figure ci-après montre l'évolution de prix pour une référence de réfrigérateurs, entre Comet et son concurrent Tesco, le premier distributeur britannique. Comet s'aligne sur les évolutions de prix de Tesco, à la hausse ou à la baisse et cherche à maintenir constamment son avantage de prix.

1. Michael R. Baye, J. Rupert, J. Gatti, Paul Kattuman et John Morgan, « A Dashboard for Online Pricing », *California Management Review*, vol. 50, n° 1 (automne 2007), pp. 202-216.

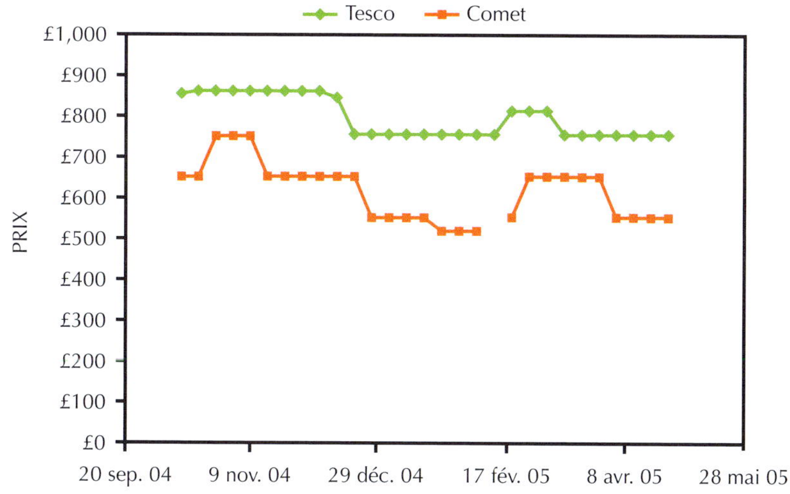

Source : Michael R. Baye *et al.* (voir note précédente).

Afin d'éviter d'être soi-même « collé » par des discounters en ligne qui s'aligneraient à la baisse sur ses prix, Comet adopte une stratégie à la Pixmania, de variation des prix, mais de façon plus marquée et agressive, qualifiée de « *hit and run* » (on frappe et on s'enfuit).

Dans la figure suivante, pour une autre référence de réfrigérateur, si on compare ses prix avec ceux du concurrent qui est à chaque fois le plus bas, on remarque que Comet acquiert un avantage prix à de nombreuses reprises et regagne des marges tout aussi soudainement avec des augmentations. Ses concurrents discounters, qui ont une taille bien plus modeste que Comet, ne peuvent donc « coller » à sa politique tarifaire et le distributeur britannique profite de ses moments d'avantage tarifaire pour écouler sa marchandise, sur un mode presque promotionnel.

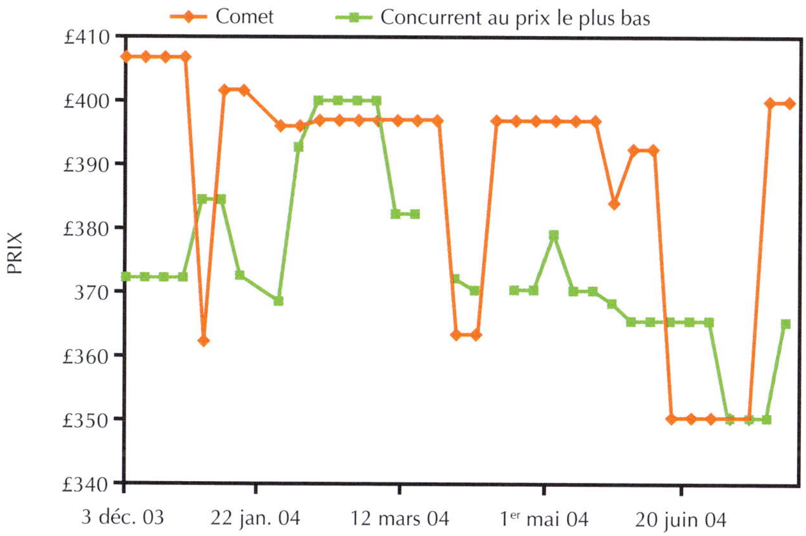

Source : Michael R. Baye *et al.* (voir note précédente).

MINI CAS

Free déclenche la guerre des prix

Le 10 janvier 2012, Free casse les prix en proposant trois forfaits, l'un à 2 € pour 1 heure par mois (0 € pour les abonnés Freebox), l'autre à 19,99 € en illimité (15,99 € pour les abonnés Freebox).

Acte I : La concurrence bat timidement en retraite

Baisse des prix sur les gammes low cost. Free a attaqué frontalement le cœur du marché. Les opérateurs historiques répondent à la marge, en baissant immédiatement leurs tarifs sur leurs gammes low cost qui proposent des forfaits a minima, sans Internet et sans téléphone subventionné. Ces familles de forfaits à prix réduits représentent peu de chose pour les opérateurs. Ainsi en février 2012, Sosh d'Orange ne comptait que 90 000 abonnés sur les 27 millions de forfaits Orange. Les opérateurs historiques ne poussent pas la vente de leurs familles dites low cost de peur de cannibaliser leurs offres premium beaucoup plus rentables. Ils répondent à Free là où ça ne leur fait pas mal.

Campagne Orange sur la qualité de service. Orange engage une importante campagne de publicité à la télévision et sur Internet qui met en avant la qualité du service Orange. On y voit une foule courir sur une route qui symbolise les milliers de collaborateurs Orange au service de leurs abonnés et non pas, comme les mauvaises langues l'ont dit, les abonnés d'Orange courant chez Free !

La fuite des abonnés des opérateurs historiques vers Free n'est pas du tout stoppée. Bien plus, elle s'accélère. Répondre sur les forfaits low cost s'avère être une double erreur. En effet, cela ne protège pas les offres premium, mais accroît le différentiel de prix entre les gammes low cost et premium des opérateurs. Mais alors, la différence de qualité de service du premium ne compense plus la différence de prix. La campagne Orange est une communication de marque qui n'annonce aucun nouveau service décisif. C'est une action de long terme alors qu'il fallait une réponse forte et immédiate.

De deux choses l'une :

- ou bien, les opérateurs historiques n'ont pas anticipé l'attaque de Free (ils étaient dans leur ligne Maginot, enterrés dans une place forte pour y attendre l'ennemi qui… attaque sur un autre front) ;
- ou bien, les opérateurs ont anticipé une guerre des prix sur leurs offres premium, mais ils ont bien mal préparé leur contre-attaque.

Notre point de vue. Les deux à la fois. Les opérateurs historiques se préparaient à une attaque de Free sur les tarifs mais pas de cette envergure ; en conséquence, ils se sont trouvés pris au dépourvu et ils ont cherché à gagner du temps, sans évidemment y réussir. La guerre des prix lancée par Free a été dévastatrice avec des effets immédiats. C'est la *blitz krieg*.

Une guerre des prix touche tous les acteurs d'un marché mais elle affaiblit surtout les plus faibles. Bouygues Télécom est le plus petit des trois opérateurs historiques. C'est lui qui a le plus à perdre[1]. Bouygues Télécom annonce qu'il a perdu 134 000 clients en un mois au profit de Free. C'est donc Bouygues qui le premier, en mars 2012, aligne les prix d'Eden, sa principale gamme de forfaits. Les deux autres opérateurs historiques vont suivre.

1. Cécile Ducourtieux, « Bouygues s'engage dans une véritable guerre des prix avec Free », *Le Monde*, 17 mars 2012.

MINI CAS

Acte II : Bouygues Telecom est le premier à aligner les tarifs de ses offres premium

Source : jechange.fr
Mentions dans les offres : Bouygues, lire ancien forfait 100 Mo,
SFR : lire ancien forfait 8 heures et 500 Mo.

Free a attaqué sur le cœur du marché du mobile. Les historiques ont répondu sur le mobile mais n'ont pas réagi sur le fixe, l'Internet et le quadruple play. À cette époque, Cécile Ducourtieux du journal *Le Monde* remarque que ce serait pourtant la meilleure façon de couper l'herbe sous le pied de Free, qui finance son attaque sur le mobile par ses gains dans l'Internet fixe. Mais, ajoute-t-elle[1], les trois grands opérateurs répugnent à sacrifier leur rente sur le fixe, les marges d'exploitation y étant supérieures à 30 %. Une mauvaise nouvelle va tomber.

Acte III : Ouverture de nouveaux fronts

Le 3 avril 2012, Virgin Mobile (premier des opérateurs mobiles virtuels avec près de 2 millions d'abonnés) lance sa première box avec une offre *quadruple play* à 29,99 € soit 10 € de moins que les concurrents. Virgin n'a pas d'abonnés sur l'Internet fixe. Il n'a donc rien à perdre.

La bataille des prix se développe sur un deuxième front avec des adversaires affaiblis.

Moins de trois mois après le lancement de son offensive, Free a conquis 4 % de parts de marchés et 2 610 000 abonnés. Ce succès a boosté les ventes de son offre Internet : la Freebox dépasse désormais les 5 millions de clients. Dans le même temps SFR a perdu 620 000 clients mobile, Orange 615 000 et Bouygues 379 000. En fait, c'est Orange qui résiste le mieux car sa base d'abonnés est beaucoup plus importante et il bénéficie des accords d'itinérance signés avec Free, qui lui reverse une partie de ses recettes. La sanction est tombée rapidement pour SFR avec l'éviction de son PDG, et les trois acteurs traditionnels annoncent des restructurations pour améliorer leur compétitivité.

Pour autant, l'avenir n'est pas écrit : Xavier Niel pourra-t-il conquérir 10 à 20 millions d'abonnés comme il l'annonce, ou ne touchera-t-il que les clients les plus sensibles au prix ? Saura-t-il amener ses « abonnés 0 ou 2 € » vers des forfaits au tarif plus élevé ? Saura-t-il innover dans son offre et fidéliser ses clients ? Les concurrents réussiront-ils à le prendre en tenaille entre des prix alignés et une offre premium ?

Acte IV ?

Le récit de cette histoire s'arrête ici mais les conséquences de la guerre des prix déclenchée par Free sont loin d'être terminées. La guerre des prix est sévère pour les acteurs en place, mais elle est vertueuse : la compétitivité et les clients sont toujours gagnants. La suite dans vos médias et… la prochaine édition du *Mercator*.

1. Cécile Ducourtieux, « Virgin Mobile défie Free en déplaçant la guerre des prix sur le téléphone fixe », *Le Monde*, 3 avril 2012.
2. « Free a-t-il tout compris », *Challenges*, 17 mai 2012.

4 Le prix au service de la stimulation des ventes

Le quatrième grand axe d'une politique de prix au service de la politique marketing est plus prosaïquement de chercher à stimuler les ventes. Il peut prendre des formes plus ou moins élaborées.

FOCUS

Les politiques de prix pour stimuler les ventes

- Les politiques de pénétration
- Le yield management
- Les différentes politiques de gratuité
- Les politiques de gamme et la cannibalisation
- Les prix d'appel
- Les baisses provisoires ou conditionnées de prix

a) Les politiques de pénétration

Il arrive que, dès le lancement d'un produit nouveau, ou au cours des phases ultérieures de son cycle de vie, l'entreprise attache plus d'importance à la maximisation de son volume de ventes et à sa part de marché qu'à la rentabilité unitaire à court terme.

La politique de pénétration est une politique marketing qui privilégie le développement des volumes vendus et de la part de marché sur la marge unitaire.

Une telle politique peut se justifier :

- si l'entreprise estime que l'élasticité des ventes par rapport au prix est élevée ;
- si un accroissement important de la production permet de baisser d'une manière substantielle le prix de revient unitaire ;
- si l'entreprise souhaite dissuader d'éventuels concurrents d'entrer sur le marché ou fait face à une concurrence menaçante.

Exemple

→ La société néerlandaise TomTom a véritablement créé le marché du GPS portable pour voiture au début des années 2000, non pas en inventant la technologie, mais en adoptant une stratégie volontaire de pénétration. Après le TomTom 300, l'entreprise décida de lancer le TomTom One, aux fonctionnalités similaires mais à un prix nettement inférieur fixé à 390 euros. Les GPS tentaient de très nombreux automobilistes mais beaucoup jugeaient prohibitif le prix des GPS installés en première monte, tarifés alors de 1 000 à 3 000 euros et plus. Comme les GPS portables sont moins chers, ils connurent un franc succès. La politique de prix très concurrentielle de TomTom n'a cependant pas dissuadé de nouveaux concurrents d'entrer dans ce marché qu'ils continuent à juger très attractif. Ainsi, le mois du lancement de TomTom One, Michelin est entré sur le marché avec un GPS portable au prix aligné de 399 euros (ce qui n'a pas suffi à assurer sa réussite, puisque ce nouvel entrant s'est retiré du marché au bout de deux ans). Les prix se situent aujourd'hui entre 120 et 250 € mais on peut trouver un TomTom Start à moins de 100 €.

Pénétration, écrémage et guerre des prix peuvent se recouper aux frontières ou sur certains moyens utilisés, mais leur objectif est différent. La *guerre des prix* est d'abord une stratégie qui cherche à éliminer les concurrents. *L'écrémage* vise à maximiser les marges dans un premier temps avant de développer les ventes dans un second temps par une baisse des prix. La *pénétration du marché* peut être une conséquence de la guerre des prix et la phase deux d'une politique d'écrémage, mais elle est principalement une stratégie en soi dont l'objectif est de créer rapidement pour son offre un marché à volume important.

b) Le yield management

En vue de régulariser (ou « lisser ») leurs ventes au cours du temps, et par conséquent d'utiliser au mieux leurs capacités de production, les entreprises peuvent être amenées à proposer des prix avantageux aux clients qui achètent pendant les périodes creuses. En sens inverse, elles augmentent leurs prix lorsque la demande est forte et risque de saturer leurs capacités de production.

Le yield management consiste à proposer des tarifs différents pour gérer au mieux les capacités de production et maximiser la contribution à la marge bénéficiaire.

Le yield management (on dit aussi « *revenue management* ») a été inventé par des compagnies aériennes américaines, dans les années 1970, au début de la dérégulation du transport aérien. Les techniques du yield management s'étendent aujourd'hui à d'autres secteurs.

Cette pratique est fréquente dans les entreprises de services du fait qu'elles ne peuvent pas stocker leurs prestations. En effet, *lorsque les capacités de production sont fixes* (quelles que soient la saison et la journée de l'année, une compagnie aérienne a le même nombre d'avions et un hôtel a le même nombre de chambres) et *lorsqu'on ne peut pas stocker les produits* (impossible de mettre de côté les places d'avions inutilisées ou les nuitées d'hôtel non vendues en basse saison pour les revendre en haute saison !), un producteur a intérêt à faire varier ses prix à la baisse pour remplir ses capacités de production, et à la hausse quand ces mêmes capacités risquent d'être saturées.

Cette politique est aussi adaptée lorsque les coûts fixes sont élevés et les coûts variables faibles : en effet, lorsque le yield conduit les prix à la baisse, ce prix couvre néanmoins les coûts variables faibles et permet d'apporter une contribution aux coûts fixes, voire à la marge. Inversement, lorsque les coûts variables sont très élevés, le yield est peu adapté car la variation possible des prix à la baisse est très réduite si l'entreprise ne veut pas vendre à perte.

Exemples

- Le prix de l'électricité varie selon les jours et les heures de la journée.
- La société de télécommunication sud-africaine MTN propose à ses clients en téléphonie mobile une tarification dynamique adaptée à l'utilisation de son réseau. Dénommée MTNZone, cette offre permet aux abonnés d'être informés instantanément par un message transmis sur l'écran de leur mobile d'un tarif spécial en cours. Lorsque le réseau est sous-utilisé, on incite ainsi les abonnés à utiliser leur téléphone, ce qui permet de lisser les appels. C'est également un service très apprécié de clients sensibles au prix, qui peuvent ainsi mieux maîtriser leur budget de communication.

- Pour les billets d'avion, il est fréquent que le prix varie selon la date d'achat avec des logiques qui échappent souvent à l'acheteur. Réserver et payer longtemps à l'avance est parfois avantageux, parfois désavantageux.
- Un hôtel situé au bord de l'autoroute près du parc Disneyland d'Orlando en Floride dispose d'un grand panneau lumineux sur son toit, qui lui permet d'afficher le tarif de ses chambres en temps réel. En fonction du taux d'occupation et de l'heure de la journée, le manager de l'hôtel fait varier le prix affiché : mieux vaut arriver tard en basse saison pour obtenir les meilleurs tarifs !

Selon G. Vialle, le yield management repose sur trois principes[1] :
- anticiper ;
- segmenter ;
- communiquer.

On ajoutera une obligation : ne pas créer d'insatisfaction majeure chez des clients qui paient des prix différents pour un même service de base.

- *L'anticipation* est le préalable à tout système de yield management. Le yield management commence par des prévisions à partir de séries statistiques sur l'évolution de la demande. Il est facile de compter les clients qu'on a reçus à différents moments ; il est plus difficile d'évaluer ceux qu'on aurait pu accueillir si on avait eu une capacité supérieure. Il est, enfin, très délicat d'estimer ce qu'aurait été la demande si les prix avaient été différents.
- *La segmentation* suppose que les clients auxquels on s'adresse ont des élasticités au prix différentes. On fait payer plus cher les hommes d'affaires dans les hôtels et les avions. On pratique des prix attractifs pour la clientèle familiale aux heures qui n'intéressent pas les hommes d'affaires.
- *La communication* cible les segments définis pour leur faire savoir les avantages de prix ou les contraintes qu'on leur impose parfois.

On peut mécontenter des clients qui paient des prix différents pour le même service de base. Dans un même hôtel, dans un même avion, il peut y avoir au même moment vingt tarifs différents (parfois plus) avec des écarts considérables. Les critères adoptés par une entreprise qui pratique le yield management ne sont pas transparents et il reste une méthode plutôt opaque pour le client[2]. Si les clients y sont habitués dans l'aviation, son extension à de nombreux autres secteurs d'activité peut poser problème.

Exemple

- Constatant que les ventes de boisson sont directement corrélées à la température, Coca-Cola a voulu exploiter les nouvelles possibilités offertes par les technologies de l'information. La compagnie américaine entreprit d'équiper son parc de distributeurs automatiques de boissons d'un système qui modifie automatiquement le prix des boissons selon la température de la journée : par temps froid, le prix baisse et par temps chaud, il monte. Cette initiative suscita un tel mouvement de protestation que l'entreprise renonça à cette application originale du yield management.

---

1. G. Vialle, « Le Yield Management : ajuster la tarification à la demande », *L'Essentiel du management*, septembre 1995.
S. Daudel et G. Vialle, *Le Yield Management*, InterÉditions, 1989.
P. L. Dubois et M. C. Frendo, « Yield Management et marketing des services », *Décisions Marketing*, janvier-février 1995.
2. Christian Dussart, « La perfidie de la tarification mobile », *Décisions Marketing*, septembre-décembre 2001.

c) Les politiques de gratuité

Lorsque les coûts variables sont faibles ou nuls, comme c'est souvent le cas – mais non exclusivement – pour les produits numériques (voir chapitre 4, section 5), une politique tarifaire assez fréquemment utilisée est la gratuité.

Il est bien sûr paradoxal de considérer que le prix, qui est la contrepartie des coûts supportés par l'entreprise, puisse être de zéro. On peut également douter *a priori* que la gratuité puisse fonder un modèle économique viable. Pourtant, plusieurs cas de figure méritent d'être étudiés[1] :

1° La gratuité financée par la publicité et le marketing direct

Ce cas de figure est un modèle classique, qui a connu une nouvelle jeunesse avec Internet : l'entreprise, pour créer une audience, propose gratuitement son offre. Elle se finance grâce à des annonceurs en publicité ou en marketing direct qui souhaitent communiquer auprès de cette audience.

Exemples

- Les chaînes de télévision et de radio privées sont pour l'essentiel financées par la publicité.
- Les quotidiens gratuits comme *Métro* sont entièrement financés par la publicité.
- De nombreux sites Web de contenu ou de service proposent des prestations gratuites qui sont parfois de grande valeur pour les utilisateurs. Ils sont financés par la publicité (bannières, liens commerciaux, sponsoring, etc.) : moteurs de recherche comme Google, portails comme Yahoo !, sites de réseau social comme Facebook, sites d'information comme *Libération*, etc.
- Le site de liste de cadeaux Millemercis.com propose un service original et gratuit à ses utilisateurs. Ses ressources ne proviennent pas de la publicité mais de la location des bases de données d'internautes qu'il s'est constitué avec ce service : coordonnées, profil sociodémographique, centres d'intérêt, produits recherchés, etc. Bien entendu, ces informations sont collectées et exploitées avec l'accord explicite des utilisateurs (*opt-in*).

2° La gratuité en complément d'un service « premium » (modèle « Freemium »)

Certaines entreprises proposent une offre gratuite financée par la vente d'autres produits de la gamme.

> Le freemium est une politique de prix consistant à proposer gratuitement une offre et à se rémunérer sur des produits premium ou des produits complémentaires.

Le produit gratuit peut servir de produit d'appel ou permettre de constituer une base d'utilisateurs et de créer un standard dont l'entreprise profitera.

1. Dans les politiques de gratuité, on n'évoque pas ici les services gratuits des organisations sans but lucratif, ni les différents services offerts gratuitement par des marques à des fins publicitaires.

Exemples

- Netscape, avant d'être balayé par son concurrent Explorer (et de renaître sous une autre forme), s'était imposé sur le marché des navigateurs Internet en diffusant gratuitement son produit auprès des particuliers dans des versions officiellement « bêta ». Cette politique de gratuité fut fatale aux concurrents existants et permit à l'entreprise de s'imposer comme la référence du marché. Les revenus de Netscape provenaient des licences payées par les entreprises et par la vente d'une version « gold » aux fonctionnalités développées.
- Adobe a imposé son format pdf en distribuant gratuitement les lecteurs de fichiers pdf et en faisant payer le logiciel de création de ces fichiers. La gratuité permit de faire du format pdf le standard du marché.

3° Le modèle de l'open source (logiciel libre)

L'open source (ou logiciel libre) est un modèle puissant qui a bouleversé le marché des logiciels. Il permet de distribuer et d'utiliser gratuitement un logiciel, ainsi que de le modifier et de l'améliorer en donnant accès à son code source.

Historiquement, Internet a été développé selon le modèle de l'open source, les développeurs créant des protocoles devenus standards et participant à un travail collectif dont nul n'a la propriété. Mozilla Firefox ou Linux sont des logiciels open source très populaire, qui concurrencent directement des produits commercialisés par Microsoft.

L'intérêt du logiciel libre est de favoriser la collaboration de très nombreux acteurs pour tester, améliorer et développer un logiciel. Une communauté s'instaure autour du produit, qui, par leur contribution bénévole, permet de le faire évoluer. La gratuité assure une diffusion aisée et rapide du produit. Cependant, l'open source ne fonctionne pas uniquement suivant un mode associatif. Une entreprise peut choisir de distribuer son logiciel en open source tout en bénéficiant de sources de revenus complémentaires, par exemple :

- recevoir des donations et subventions ;
- proposer un produit gratuit et une version premium payante ;
- proposer un produit gratuit combiné avec un logiciel payant ;
- être rémunéré pour des développements et des ajouts spécifiques ;
- être rémunéré pour un support technique (intégration dans le système d'information, service après-vente…) ;
- toucher des droits de licence pour accréditer des prestataires qui réalisent des adaptations ou fournissent un support technique, etc.

d) Les politiques de gamme et la cannibalisation

Lorsqu'une entreprise propose une gamme de produits, elle adapte sa politique de prix aux différents niveaux de la gamme. Elle peut choisir d'avoir une gamme de prix étendue, pour mieux couvrir les segments du marché, ou restreinte pour mieux affirmer un positionnement de prix (haut de gamme ou discount…).

Cependant, les différents produits ou modèles d'une gamme sont parfois en concurrence les uns avec les autres. Dans ce cas, le prix d'un produit a une influence non seulement sur ses propres ventes mais aussi sur celles des autres. C'est le phénomène dit de « cannibalisation » qui a été étudié dans le chapitre 4 sur la politique de produit à la section 6 sur la politique de gamme.

MINI CAS

Prestashop, 1re solution mondiale e-commerce open source

Prestashop a été créé en 2005 par cinq étudiants de l'école d'informatique Epitech. Dès sa conception, ils décidèrent que ce serait un logiciel libre, se privant ainsi des recettes de la vente. Prestashop permet de créer des boutiques en ligne avec de très nombreuses fonctionnalités à la fois pour concevoir l'architecture de la boutique, présenter les produits et gérer la boutique : facturation, modes de paiement, etc.

PRESTASHOP
The Best E-Commerce Experience

Il y a aujourd'hui plus de 110 000 boutiques en ligne qui sont actives dans 150 pays et qui ont été développées avec Prestashop. Sa gratuité lui a donné très vite une grande popularité… sans aucun investissement marketing ou commercial. Dix-huit mois seulement après son lancement, Prestashop était diffusé dans 24 langues. Aujourd'hui, il est traduit (parfois partiellement) dans plus de 40 langues. De nouvelles fonctionnalités et des améliorations sont constamment développées par la communauté d'utilisateurs et par un réseau mondial d'agences Web et de free lance qui sont certifiés – or, argent, bronze- par Prestashop.

Gratuit, Prestashop n'est pas sans ressources. L'entreprise propose par ailleurs un service payant d'hébergement de boutiques en ligne ; l'ensemble des 275 fonctionnalités sont gratuites, mais certains modules additionnels peuvent être payants. Enfin, Prestashop fait payer ses services pour assurer un soutien technique personnalisé.

Le modèle des logiciels libres a inspiré d'autres secteurs d'activité ainsi que la tendance au *crowdsourcing*, ou collaboration communautaire à la création d'une offre (voir le chapitre 11 sur les réseaux sociaux).

On rappellera ici que la « cannibalisation » peut être de deux types.

- *La cannibalisation est involontaire* lorsqu'un produit de la gamme se développe au détriment d'un autre produit, alors que ce n'était pas prévu et que ce n'est pas souhaitable pour l'entreprise. En augmentant la taille et le prix de sa nouvelle Série 3 en 2012, BMW a pris le risque qu'elle cannibalise une partie des ventes de la Série 5.
- *La cannibalisation est volontaire* quand l'entreprise organise la cannibalisation comme dans le cas évoqué ci dessus où le prix du nouveau produit TomTom One a été positionné pour attaquer la concurrence mais aussi pour cannibaliser les ventes de TomTom 300, plus ancien et avec moins de potentiel technique.

e) La modulation provisoire ou conditionnée des prix

Elle peut prendre de nombreuses formes. Certaines comme les promotions temporaires sur les prix et les soldes relèvent des techniques de la promotion des ventes et sont traitées dans le chapitre 9 sur le hors-médias. Elles sont soumises à une réglementation spécifique. D'autres techniques comme l'escompte pour paiement rapide et les remises sur quantités sont des réductions permanentes qui figurent dans les CGV (conditions générales de vente).

f) Les prix d'appel

Dans le domaine de la distribution, on appelle *trafic* le nombre de clients qui entrent dans un magasin ou sur un site de e-commerce au cours d'une période déterminée.

Pour accroître le trafic, c'est-à-dire pour attirer un plus grand nombre de clients potentiels, les entreprises peuvent être amenées à utiliser la technique du prix d'appel.

> Le prix d'appel est une technique consistant à fixer à un niveau particulièrement attractif le prix de certains produits afin de générer une demande susceptible d'accroître la vente d'autres produits, plus rentables.

Cette pratique est très largement utilisée par la grande distribution mais aussi par de nombreux producteurs, notamment dans le secteur des services.

Exemples

- Les agences de voyage et les tour-opérateurs proposent souvent, dans leur publicité, des prix très avantageux pour certaines prestations (voyages, séjours, location de voitures…) qui sont en fait disponibles à des quantités très limitées ou selon des conditions très restrictives.
- En proposant un abonnement mobile une heure à 0 € pour les abonnés Free, l'entreprise ne comptait pas gagner de l'argent sur cette proposition, mais bien attirer de nouveaux abonnés pour les faire passer ensuite au forfait à 15,99 €, c'est ce qu'on appelle l'*up-selling*.

SECTION 3

LES GRANDES OPTIONS DE FORMULATION DES PRIX

La complexité d'une politique de prix ne tient pas seulement à ses rapports avec les coûts, la segmentation, le positionnement, la stratégie concurrentielle et la stimulation des ventes (sections 1 et 2). Elle réside également dans ses *modes de formulation*, qui influencent la perception que les clients ont du prix. C'est l'objet de cette section.

1 Prix de vente producteur et prix de vente final

Lorsque les producteurs vendent à des intermédiaires, ce sont ces derniers qui, sauf exception, déterminent le prix de vente final. Ils en ont l'entière liberté car ils sont devenus propriétaires du produit.

Une entreprise ne peut choisir le prix de vente final auquel seront vendus ses biens ou ses services que dans les deux cas suivants :

- Lorsque l'entreprise vend directement ses produits ou services aux consommateurs ou utilisateurs finals (et ceci, sous réserve de respecter la réglementation en vigueur, le cas échéant, dans son secteur).

Exemples

➥ EDF, France Télécom, Aérospatiale, Alstom, etc.

- Lorsque la réglementation l'autorise à imposer à ses distributeurs un prix final.

Exemples

➥ Les éditeurs de livres, de journaux et de magazines, les laboratoires pharmaceutiques (pour les médicaments), les constructeurs de voiture, les fabricants de cigarettes, les compagnies d'assurances, etc., ont le droit d'imposer à leurs distributeurs le prix de vente final de leurs produits ou services.

Dans ce dernier cas, le producteur fixe à la fois le prix auquel il vend son produit aux intermédiaires de la distribution *(prix tarif)* et le prix de vente aux acheteurs finals. C'est donc lui qui fixe les marges accordées aux distributeurs.

Toutefois, la faculté donnée à un producteur d'imposer aux distributeurs le prix de vente final de ses produits constitue l'exception et non la règle dans la législation française (voir annexe de ce chapitre). C'est pourquoi, pour la majorité des entreprises vendant leurs biens par l'intermédiaire de distributeurs indépendants, la politique de prix consiste à fixer non pas le prix de vente final de leurs produits, mais le prix auquel elles le vendront à leurs *clients directs*, c'est-à-dire aux intermédiaires de la distribution. Ceux-ci restent libres de choisir leurs *taux de marque* ou leur *coefficient multiplicateur* (voir chapitre 6 sur la distribution) et par conséquent, de fixer le prix de vente final du produit. Dans ces cas, le producteur n'a qu'une maîtrise partielle de sa politique de prix, en ce sens qu'il ne sait pas toujours à l'avance avec précision, au moment où il fixe son propre prix de vente aux distributeurs, à quel prix ceux-ci revendront le produit aux utilisateurs finals.

Exemple

➥ Un fabricant de boissons vend son produit aux grandes centrales d'achat au prix-tarif de 1 € le litre. Certains distributeurs (par exemple, les magasins Leclerc ou Intermarché) peuvent décider d'utiliser ce produit comme *produit d'appel,* en le vendant à *prix coûtant.* D'autres distributeurs, par exemple, ceux qui gèrent des rayons alimentaires dans les stations-service, peuvent au contraire décider d'appliquer un coefficient multiplicateur élevé. Il en résulte que le même produit pourra être vendu, selon les magasins, à des prix variant de 1 à 2 € sans que le producteur maîtrise ce résultat.

2 L'AJUSTEMENT À LA MARGE DU PRIX DE VENTE : LE PRIX PSYCHOLOGIQUE

Le prix psychologique consiste à ajuster le prix à la marge afin de le rendre plus attractif dans l'esprit du client.

Cette pratique se traduit par la réduction légère du prix « rond » qu'on a choisi, en diminuant d'une unité le chiffre des dizaines, des centaines ou des milliers d'euros[1].

Bien que couramment pratiqué, il n'existe pas d'étude concluante permettant d'affirmer que le prix psychologique a un impact sur l'intention d'achat.

Exemple

➥ Rent a Car utilise depuis plusieurs années des affiches qui ont un excellent impact. Elles montrent un homme nu qui tient un panneau présentant un prix psychologique de 29,99 € à un endroit où se porte naturellement le regard. L'affiche fait sourire en même temps qu'elle promet la qualité à un prix raisonnablement bas.

3 RÈGLEMENT COMPTANT ET DIFFÉRÉ DU PRIX

Réduire le montant à verser (*downpayment*) en prévoyant des versements ultérieurs, ou différer ce même montant sont des tactiques pratiquées couramment par les distributeurs pour inciter à l'acte d'achat. Elles peuvent ou non intégrer des instruments de crédit. On peut distinguer :

- le paiement différé, par exemple (« partez sans payer, votre compte sera débité dans 30 jours ») ;

1. Cette appellation entrée dans l'usage ne doit pas laisser penser que seul ce type de pratique a un effet psychologique sur l'acheteur. En fait, la plupart des politiques de prix et les modes de fixation du prix ont un effet psychologique, qui influence parfois le comportement d'achat.

– le paiement à tempérament du type « 4 fois sans frais » ;
– l'achat à crédit, le vendeur faisant crédit ou étant intermédiaire de crédit.

Exemple de publicité pour une offre de paiement à tempérament

Une variante consiste à offrir la prestation un certain temps avant qu'elle ne devienne payante, tout en assurant le client qu'il peut renoncer à l'achat à tout moment. Dans ce cas, les entreprises font signer un engagement préalable au client de telle sorte qu'il ne soit pas nécessaire d'obtenir son accord au moment où le service devient payant. Elles jouent ainsi sur l'inertie des clients, dont beaucoup ne feront pas l'effort de dénoncer le contrat à la fin de la période de gratuité (qu'ils auront du reste peut-être oublié). Un acte volontaire du client à la fin de la période d'essai, par lequel il indiquerait qu'il souhaite poursuivre le service, conduirait bien entendu à un taux de transformation beaucoup plus faible. Ces pratiques, qui ont un certain caractère manipulatoire, sont néanmoins légales.

Exemple

➥ Lors de l'ouverture d'un compte permettant d'accéder à la télévision par câble ou par ADSL, un abonnement gratuit à des chaînes payantes est généralement proposé. Si le client donne son accord, il bénéficie gratuitement de ces chaînes supplémentaires pendant la période d'essai, mais la prestation devient automatiquement payante au bout d'un certain temps – sauf s'il dénonce le contrat auparavant.

4 Location, leasing (crédit-bail) ou abonnement

a) La location

La location est la cession de l'usage d'un bien faite par un propriétaire en faveur d'un bénéficiaire, pour un certain temps et moyennant un certain prix.

La location est une pratique courante quand l'achat du bien concerné représenterait un montant très important : logement, bureau, scanner médical… Elle permet donc d'élargir la demande solvable pour ces biens. La location peut aussi concerner des biens plus modestes, mais dont l'usage est ponctuel comme des matériels d'outillage ou un véhicule.

b) Le leasing ou crédit-bail

Le leasing ou crédit-bail est un contrat de location assorti d'une promesse de vente appelée option d'achat. À l'issue d'un certain délai, le locataire a la possibilité de lever cette option et de devenir propriétaire du bien en contrepartie d'un versement final.

Le crédit-bail est une solution de crédit adaptée aux personnes ou organisations qui veulent pouvoir opter ou non pour l'acquisition finale. Un conducteur peut par exemple être intéressé à changer de véhicule à l'expiration du contrat plutôt qu'à l'acquérir. Par ailleurs, le crédit-bail suit un traitement comptable et fiscal différent de l'acquisition d'un bien à crédit (un bien en crédit-bail n'est pas intégré à l'actif du bilan par exemple, il ne fait donc pas l'objet d'amortissement et son coût passe entièrement en charge), ce qui peut être attractif pour les entreprises.

Du côté du propriétaire, la fixation du montant du paiement comptant, des versements et de l'option d'achat résulte d'une étude complexe qui intègre de nombreux paramètres (coût du produit, frais financier, valeur résiduelle du bien si l'option n'est pas levée, etc.), qui peuvent changer dans le temps et qui ne sont pas sans risque.

Exemple

➥ Aux États-Unis, le leasing a représenté pendant longtemps près de deux tiers des « ventes » de voitures haut de gamme aux particuliers. Pour attirer les clients et vendre les voitures, le coût du loyer était fixé à un niveau bas en gonflant la valeur résiduelle. Le montant total du loyer est en effet la différence entre le prix de vente et la valeur résiduelle du bien à l'issue du contrat, plus les frais financiers : plus on estime la valeur résiduelle à un niveau élevé, plus le montant du loyer est faible.

Cependant, la crise du marché a conduit à une baisse du prix des véhicules neufs (les clients obtenant des remises importantes), particulièrement pour les 4 x 4, gros consommateurs d'essence, et donc à une dépréciation du prix des véhicules d'occasion. À l'issue du contrat de leasing, les clients n'ont donc pas intérêt à lever l'option d'achat, puisqu'ils savent qu'ils pourront trouver sur le marché des véhicules de même ancienneté moins chers que ce que prévoit leur contrat. Les concessionnaires se retrouvent donc avec un stock de véhicules d'occasion invendable au prix estimé. La dépréciation de ces stocks a entraîné une perte sèche considérable pour les constructeurs américains qui ont mis fin à cette politique de leasing facile.

c) L'abonnement

L'abonnement concerne soit l'acquisition régulière de biens (par exemple l'abonnement à un magazine ou à un quotidien), soit l'usage d'un service (abonnement au théâtre ou à un opérateur téléphonique). Le règlement peut être fixe (abonnement à un magazine) ou variable (consommation d'électricité), payé d'avance (magazine, théâtre) ou échelonné (électricité, téléphone…). Contrairement à la location ou au leasing, l'abonnement peut donc concerner tout autant un service qu'un bien. On voit aujourd'hui se développer des formules permettant aux clients de découvrir des produits contre un abonnement mensuel.

MINI CAS

Une politique de prix originale pour des produits de beauté : la vente par abonnement

Fortement inspirés du concept de la Birchbox américaine, les abonnements à des boîtes surprises se multiplient en France. Ainsi Jolie Box comme Glossybox se sont lancées en juin 2011. Les deux formules sont très proches. Jolie Box envoie chaque mois à ses abonnées un coffret comprenant cinq produits de beauté et un magazine qu'elles découvrent en les recevant par la poste. C'est une façon de tester des nouveaux produits et de se faire plaisir, à petit prix, avec des marques prestigieuses. La vente se fait par abonnements de 3, 6 ou 12 mois : 39 € pour 3 mois (10 € par mois plus 3 € de port, ou 136 € par an).

© Jolie Box

Le *business model* de ces boîtes surprises repose sur deux sources de revenu : les abonnements et la fourniture gratuite ou à bas prix des produits que les marques font ainsi connaître. Mais les risques de déception sont élevés : les produits ne sont pas tous de marques de grand luxe, parfois ce sont de simples échantillons ; ils peuvent ne pas correspondre au profil de l'abonnée ; pour mieux s'adapter aux différents besoins de la clientèle, les envois peuvent être différents mais les abonnées comparent et critiquent lorsqu'elles ont reçu moins de valeur que leur « voisine ».

Le concept est séduisant, mais sa mise en œuvre est délicate car tout se sait très vite sur Internet.

L'abonnement est un mode de règlement extrêmement intéressant pour le producteur de bien ou de service. En effet, dans les secteurs qui se prêtent à l'abonnement, le coût de production est étalé et non assumé d'emblée : un mensuel est fabriqué tous les mois, une prestation téléphonique ou la production électrique est étalée dans le temps. Or les recettes sont soit réglées d'avance – ce qui entraîne un besoin en fonds de roulement négatif, c'est-à-dire que les charges de l'entreprise sont payées d'avance par les clients –, soit elles sont garanties par l'engagement du client, ce qui réduit considérablement le niveau de risque de l'entreprise.

5 Prix du produit principal et prix des options

Afin de jouer sur l'élasticité de la demande par les prix et sur les politiques de gamme, les entreprises peuvent proposer des produits à un prix de base, auquel on ajoutera des options qui viennent augmenter le prix final. De ce fait, les clients ayant un budget restreint ont accès au produit de base et ceux qui ont plus de capacité d'achat y ajouteront des options.

Parfois la distinction entre prix de base et options a aussi pour objet de rendre le prix final plus obscur et donc de réduire la sensibilité au prix, notamment lorsque les transactions se réalisent en deux temps, c'est-à-dire lorsque les options sont prises après l'achat du produit principal. On peut penser par exemple aux suppléments durant un séjour dans un club de vacances, ou aux services annexes que proposera une esthéticienne pendant une prestation principale.

L'inverse de cette stratégie est la politique du « tout inclus », qui a pour avantage d'être sécurisante pour les clients.

Exemples

- Dans le secteur automobile, les options permettent aux fabricants de proposer aux clients une très grande variété de produits, de personnaliser l'offre et de conforter leur marge.
- Des entreprises comme Club Med (tourisme) ou Châteauform' (tourisme d'affaires) ont fondé leur succès sur une politique forfaitaire de « tout inclus ».
- Les produits low cost se caractérisent généralement par l'absence ou le faible nombre d'options : la gestion des options est en effet coûteuse puisqu'elle requiert l'adaptation de l'offre, et l'obsession des entreprises low cost est de réduire leur structure de coût.

6 Prix d'équipement et prix de complément (produits induits)

Le prix de vente d'un produit peut avoir une influence sur la vente d'autres références de la gamme qui sont nécessaires à son utilisation et qu'on appelle *produits induits*. C'est le cas, par exemple, des imprimantes, qui ne peuvent être utilisées que moyennant l'achat d'encre, ou des téléphones portables qui ne peuvent être utilisés qu'avec le paiement d'un abonnement ou de communications.

Dans ces cas, une entreprise peut favoriser l'équipement du produit par une politique de prix bas et se rattraper sur les marges réalisées par les fournitures ou « consommables ». Il est ainsi de règle de bénéficier de tarifs très avantageux pour l'achat d'un portable quand on souscrit à un abonnement téléphonique, car le prestataire du service subventionne l'acquisition du matériel pour mieux dégager des marges sur l'abonnement. Ce fut, il y a longtemps, une politique de ce type qui fit la fortune de Gillette.

Exemple

- King Camp Gillette, représentant de commerce dans le Wisconsin, eut un matin de l'année 1895, à l'âge de 40 ans, une brusque révélation : celle d'un rasoir d'un nouveau genre, dont les lames seraient jetables après usure (contrairement aux rasoirs de l'époque composés d'une grande lame qui demandait à être aiguisée). Après plusieurs années de recherche, il déposa en 1904 le brevet d'un rasoir à lames jetables et fonda l'entreprise Gillette. Mais le rasoir, coûteux et innovant, se vendait mal. C'est alors qu'il eut une seconde idée géniale : vendre le rasoir à perte pour inciter les consommateurs à s'équiper et gagner de l'argent grâce aux marges réalisées sur les lames (exclusives Gillette). Cette politique de prix connut un succès prodigieux : King C. Gillette transforma la façon dont les gens se rasaient à travers le monde et il mourut multimillionnaire à l'âge de 77 ans.

7 Prix d'achat et coût pour le client (coût d'utilisation, prix de revente...)

Il peut arriver que le prix d'achat d'un produit ne soit qu'une partie du coût total pour le client. Ce dernier doit donc non seulement considérer le prix d'acquisition, mais également le coût d'utilisation pour évaluer le coût total. Or tous les produits n'ont pas le même coût d'utilisation. Le producteur qui y a un avantage doit donc mettre en évidence le coût global pour le client afin de rendre son offre plus attractive ou justifier un prix d'achat plus élevé.

L'analyse du coût global est une notion particulièrement importante pour les achats d'entreprise, le coût d'usage intégrant la productivité, la formation du personnel, le coût de maintenance, la consommation de matière première et d'énergie, etc. Une variante, toujours en B to B, est de vanter le retour sur investissement de la dépense : « c'est cher, mais ça vous rapportera gros ». Le vendeur mettra donc en avant la croissance du chiffre d'affaires ou des profits qui suivra l'investissement.

Exemple

- Habituellement, les plaques de plâtre n'ont que deux bords amincis sur quatre, en raison de contraintes liées au processus de fabrication. Lorsqu'il réalise les joints entre les plaques, le plâtrier a besoin de poncer deux bords pour éviter les surépaisseurs, ce qui est consommateur de temps et donc d'argent. Lafarge a repensé le processus de fabrication et grâce à un procédé technologique innovant, a lancé Synia sur le marché, la seule plaque de plâtre aux quatre bords amincis. Ce produit est vendu plus cher que les plaques traditionnelles, mais le coût d'utilisation étant réduit en raison du temps de pose inférieur, il reste compétitif.

Certains biens durables ont également une valeur de revente. Un prix d'achat plus élevé peut être justifié en raison d'une valeur de revente plus importante, qui vient réduire le coût total pour le client.

Exemple

- Mercedes est une marque de voitures connue pour avoir des prix d'occasion élevés : la valeur du bien se déprécie moins que pour la plupart des concurrents. Cet argument est souvent utilisé pour justifier des prix plus importants que de nombreux concurrents.

SECTION 4

UNE DÉMARCHE SYNTHÉTIQUE DE FIXATION DES PRIX

Cette démarche, qui prend en compte l'ensemble des facteurs pertinents, comporte quatre étapes principales.

FOCUS

Les principales étapes d'une démarche synthétique de fixation du prix

- Formulation et pondération des objectifs
- Définition d'une fourchette de prix possibles à partir des principales contraintes
- Construction et évaluation de plusieurs scénarios de prix à l'intérieur de la fourchette
- Ajustement marginal : les prix psychologiques

a) La formulation et la pondération des objectifs

On a vu plus haut que la politique de prix doit généralement tenir compte de quatre types d'objectifs :

- des objectifs de *volume,* qui peuvent être formulés en nombre d'unités vendues, en chiffre d'affaires ou en part de marché ;
- des objectifs de *rentabilité,* qui peuvent être exprimés en marge brute, en contribution ou en profit ;
- des objectifs d'*image*, consistant à exprimer le *positionnement* du produit ;
- et des objectifs *concurrentiels.*

En outre, dans certains cas, on peut être amené à fixer aussi des objectifs de *gamme,* consistant à maximiser les ventes et les profits de l'ensemble de la gamme.

Dès le départ de la réflexion sur la fixation du prix, ces objectifs doivent être clairement formulés et *hiérarchisés.* En général, l'un d'entre eux sera retenu comme *prioritaire,* c'est-à-dire qu'on cherchera à le *maximiser* alors que les autres seront seulement exprimés sous forme de *seuils minima à atteindre.*

Exemple

➥ Un grand fabricant de rasoirs électriques s'apprête à fixer le prix d'un nouveau modèle de sa gamme. Il définit ses objectifs dans les termes suivants :

- *L'objectif prioritaire* : maximiser la part de marché de ce nouveau modèle.
- *Les autres objectifs* à atteindre :
  - la rentabilité : obtenir sur une période de trois ans un rendement minimum de 30 % sur les capitaux investis ;
  - la gamme : ne pas cannibaliser de plus de 5 % les ventes du modèle le plus cher de la gamme actuelle ;
  - l'image : positionner le nouveau modèle comme un rasoir d'excellente qualité, sans être un objet de luxe.

b) La définition d'une fourchette de prix possibles à partir des principales contraintes

La deuxième étape consiste à déterminer, en fonction de diverses contraintes, le prix minimal et le prix maximal qui apparaissent possibles et qui constitueront la *fourchette* à l'intérieur de laquelle on recherchera ensuite le prix optimal. Quatre catégories de contraintes interviennent généralement dans la détermination de cette fourchette.

FOCUS

Les principales contraintes servant à déterminer la fourchette des prix possibles

- Les contraintes de coûts
- Les contraintes de concurrence et de gamme
- Les contraintes d'acceptabilité par la clientèle
- Les contraintes d'harmonisation internationale (si nécessaire)

1° Les contraintes de coûts

La structure des coûts de production et de commercialisation de l'entreprise permet de calculer un prix minimum au-dessous duquel l'objectif minimum de rentabilité qu'on s'est fixé ne serait pas atteint[1].

Exemple

➥ Dans l'exemple précédent (nouveau modèle de rasoir électrique), le prix de vente consommateur minimum permettant d'atteindre l'objectif de rentabilité qu'on s'était fixé était, compte tenu de la structure des coûts de l'entreprise et des marges prévisibles des distributeurs, de 140 €.

2° Les contraintes de concurrence et de gamme

Le positionnement choisi pour le produit, tant par rapport à la concurrence que par rapport aux autres produits de la gamme s'il y a lieu, peut conduire l'entreprise à fixer pour le produit considéré à la fois un prix minimum et un prix maximum.

Exemple

➥ Dans l'exemple précédent, le producteur de rasoirs électriques souhaitait positionner son nouveau modèle tout en haut de sa gamme, mais au-dessous du modèle le plus prestigieux de la marque de luxe Braun. Le modèle le plus cher de la gamme actuelle du producteur était vendu au prix consommateur de 130 €. Pour s'en démarquer et pour réduire les risques de cannibalisation, le nouveau modèle devait être vendu au moins 15 % plus cher, soit 150 € (PVC : prix de vente consommateur). Quant au modèle le plus cher de Braun, il était vendu au prix de 199 €, ce qui a conduit le producteur à juger que le prix maximal de son nouveau modèle ne devait pas dépasser 90 % de ce prix, soit 179 €.

3° Les contraintes d'acceptabilité par la clientèle

On se fixe souvent aussi comme contrainte, dans cette étape de la démarche, de ne pas dépasser un prix jugé *normal* par la grande majorité des clients potentiels, compte tenu des caractéristiques du produit considéré.

Exemple

➥ Des tests d'acceptabilité de prix réalisés par le producteur de rasoirs électriques pour son nouveau modèle avaient montré que, jusqu'à 166 € (PVC), une grande majorité de clients potentiels jugeait le prix « normal », mais qu'au-delà de ce seuil le pourcentage d'acceptabilité diminuait rapidement.

1. Ce calcul exige d'émettre une hypothèse sur le volume minimal de ventes prévu.

4° S'il y a lieu : contraintes d'harmonisation internationale

Lorsqu'une entreprise vend le même produit dans plusieurs pays, elle est souvent amenée à harmoniser son prix de vente aux distributeurs dans les différents pays concernés. En effet, s'il existe des écarts importants entre les prix tarifs d'un pays à l'autre, les distributeurs des pays où le prix est plus élevé peuvent être tentés d'aller s'approvisionner dans les pays où il est bas, ce qui entraîne des *importations parallèles* préjudiciables aux relations du producteur avec les distributeurs. Dans l'exemple cité ci-dessus, cette contrainte n'existait pas, du fait que le producteur n'avait pas l'intention, dans un premier temps, de lancer son nouveau modèle ailleurs qu'en France.

5° La détermination de la fourchette

À partir des différentes contraintes ainsi définies, la fourchette de prix possibles se situe *entre le plus élevé des prix* minima *et le plus bas des prix* maxima.

Exemple

- Dans l'exemple du rasoir électrique, le plus élevé des prix *minima* correspondait à la contrainte de positionnement dans la gamme actuelle, soit 150 €, et le plus bas des prix *maxima* correspondait au prix d'acceptabilité de la part des clients potentiels, soit 166 €. La fourchette se situait donc entre 150 € et 166 €.

c) La construction et l'évaluation de plusieurs scénarios de prix à l'intérieur de la fourchette

La méthode utilisée généralement pour choisir un prix optimal à l'intérieur de la fourchette consiste à envisager un petit nombre de prix possibles et à construire, pour chacun de ces prix, un *scénario* de ses effets probables. Chaque scénario comporte deux volets principaux.

1° Une prévision des ventes – et de la part de marché – correspondant au prix considéré

Cette prévision peut se faire soit par des méthodes d'enquêtes ou de tests, soit par une évaluation subjective.

2° Un compte d'exploitation prévisionnel sur plusieurs années, correspondant au volume des ventes prévu

Il ne reste plus alors qu'à choisir, parmi les scénarios envisagés, celui qui correspond le mieux aux objectifs fixés au départ.

Exemple

- Le producteur de rasoirs électriques dont il a été question précédemment a étudié cinq scénarios correspondant aux prix de 152 €, 158 €, 160 €, 162 € et 165 €. Sur ces cinq scénarios, il est apparu que les trois premiers ne satisfaisaient pas l'objectif minimum de rentabilité que s'était fixé le producteur. Parmi les deux autres prix possibles, c'était celui de 162 € qui permettait de maximiser l'objectif prioritaire de part de marché. C'est donc ce prix qui a été choisi.

d) Le mode de formulation du prix

Un dernier élément à prendre en considération est l'option de formulation des prix : faut-il suggérer un prix tarif ? Faut-il ajuster à la marge le prix (prix psychologique) ?

Doit-on intégrer des facilités de crédit ? Faut-il privilégier des alternatives à l'achat (location…) ? Peut-on distinguer produit principal et options, produit principal et induit ? Le coût d'utilisation est-il substantiel ou négligeable ?

La réponse à ces différentes questions peut conduire à des révisions profondes de la politique de prix en raison d'un choix spécifique de formulation des prix.

ANNEXE

LA RÉGLEMENTATION DES PRIX

a) Le principe de la liberté des prix connaît des exceptions

L'ordonnance du 1er décembre 1986 a établi en France le principe de la liberté des prix. Le fournisseur a interdiction d'imposer des prix fixes de revente, des prix minimum et des fourchettes de prix aux distributeurs, sous peine de poursuite devant le conseil de la concurrence et les juridictions civiles et pénales.

Au plan européen, la tendance est nettement à la libéralisation, c'est-à-dire à la déréglementation des prix. Il reste beaucoup de chemin à parcourir car les réglementations nationales sont encore nombreuses et fort disparates.

La liberté de fixation des prix par les producteurs et les distributeurs est cependant un principe général qui peut être limité par d'autres dispositions législatives ou réglementaires[1].

1° Les secteurs où les prix restent contrôlés par les pouvoirs publics

Il s'agit, par exemple, des médicaments remboursés par la sécurité sociale, des tarifs postaux, des tarifs des transports en commun et des taxis, des tarifs de gaz, etc.

2° Les restrictions apportées à la liberté des distributeurs en matière de fixation des marges du prix de vente

En règle générale, l'ordonnance de 1986 interdit aux distributeurs la *vente à perte*, c'est-à-dire la vente d'un produit au-dessous du prix auquel le distributeur l'a lui-même acheté. Cette disposition, qui vise à empêcher les abus de la politique des prix d'appel, avait été interprétée de façon restrictive par la loi Galland en 1996 (le prix d'achat excluait les ristournes), puis a été assouplie par la loi Dutreil de 2008.

Désormais, le prix d'achat est le prix unitaire net figurant sur la facture d'achat, minoré du montant de l'ensemble des autres avantages financiers consentis par le vendeur (ristournes) et majoré des taxes et du prix de transport. En clair, le prix d'achat réintègre dans le calcul du prix les ristournes obtenues.

En outre, une disposition de la loi Galland de 1996 sur « la loyauté et l'équilibre des relations commerciales » prévoit désormais l'interdiction des *prix abusivement bas* qui étaient pratiqués par certains distributeurs pour des produits qu'ils faisaient fabriquer pour leur compte par des sous-traitants (par exemple, les baguettes de pain vendues dans les hypermarchés).

1. Voir un dossier détaillé sur la réglementation des prix : www.oivo-crioc.org/files/fr/3050fr.pdf

3° La presse et l'édition constituent un marché dérogatoire

Dans la presse, le prix de vente est fixé par l'éditeur. Dans le secteur particulier du livre, la loi Lang interdit aux distributeurs de pratiquer des rabais de plus de 5 % sur les prix recommandés par les éditeurs.

Cette loi visait à protéger les petits libraires. Son succès a été mesuré puisque la vente de livres est aujourd'hui dominée par la Fnac, les grandes surfaces comme Carrefour et Leclerc, et de nouveaux acteurs sur Internet comme Amazon.

4° Les soldes et rabais

La pratique des prix conseillés est autorisée (si elle n'a pas de caractère contraignant), de même que les prix maximaux. Un fournisseur peut interdire à un distributeur de procéder à des démarques permanentes (discount) ou à des prix d'appel, mais pas à des soldes.

Depuis 2009, le gouvernement continue de fixer deux périodes de soldes de six semaines (soldes d'hiver et soldes d'été), mais le commerçant peut y ajouter deux semaines de soldes quand il lui plaît (sauf dans le mois qui précède les soldes réglementés).

Le fait de tromper le consommateur sur le prix des produits ou des services est sanctionné au titre de la publicité de nature à induire en erreur et des pratiques commerciales déloyales (article L 121-1 du code de la consommation). Cette réglementation vise à interdire les pratiques qui consistent à augmenter un jour les prix pour présenter le lendemain un rabais substantiel[1].

b) La transparence des prix et l'interdiction de pratiques discriminatoires

Pour faciliter la comparaison des prix par les consommateurs, la loi impose aux distributeurs d'indiquer clairement le prix des articles qu'ils vendent, sous forme de marquage, d'étiquetage, d'affichage, etc. (article L. 113-3 du Code de commerce).

En ce qui concerne les relations entre professionnels, et notamment entre les fabricants et les distributeurs, « tout producteur, prestataire de services, grossiste ou importateur est tenu de communiquer à tout acheteur [...] qui en fait la demande, ses conditions générales de vente. » (article L. 441-6 du Code de commerce). Le même article précise que les conditions générales de vente (CGV) comprennent les conditions de vente, le barème des prix unitaires, les réductions de prix et les conditions de règlement.

Le but était, à l'origine, d'empêcher les producteurs de pratiquer des prix discriminatoires entre leurs clients, en accordant à certains d'entre eux des avantages occultes. Il est tout autant aujourd'hui de défendre les producteurs face aux exigences de la grande distribution : les CGV étant identiques pour tous, un grand distributeur a une marge de manœuvre réduite pour négocier les prix.

1. Voir : www.jurilexblog.com/la-nouvelle-reglementation-des-annonces-de-reduction-de-prix-258574

Un producteur doit en effet proposer le même tarif à tous ses clients, sous réserve des rabais et ristournes ayant une justification économique, commerciale ou sociale. L'article L. 441-6 du Code de commerce prévoit que les CGV peuvent être différenciées selon les catégories d'acheteurs, notamment entre grossistes et détaillants. De plus, des conditions particulières peuvent être justifiées par la spécificité de services rendus.

Les distributeurs se sont, bien entendu, engouffrés dans cette brèche, négociant les tarifs à la baisse en obtenant des ristournes pour des services rendus invérifiables, voire imaginaires. Le législateur a dû préciser que chacun de ces services devait être identifié et justifié, ce qui a, de ce fait, limité les abus.

Ressources complémentaires

Ressources numériques sur mercator.fr

- **L'essentiel : retenez les points-clés !**
  L'essentiel du chapitre 5
- **Quiz interactifs corrigés et commentés : testez vos connaissances !**
  Quiz chapitre 5
- **Pour aller plus loin**
  Pour aller plus loin dans le chapitre 5 : une sélection de livres, de sites Internet et de blogs sur la politique de prix.

© Auchan

Le « drive », nouvel Eldorado du commerce multicanal

Seulement 3,3 % des ménages français ont adopté le « drive » en 2011, mais ils sont déjà la folie de la grande distribution[1]. Un drive est un entrepôt de 1 500 à 2 000 m^2 qui offre entre 5 000 et 6 000 références (20 % de l'offre d'un hyper), qui n'a ni rayon, ni caisse. Il est généralement accolé à un hyper (environ 600 en France en 2011) ou à un grand super, mais il arrive aussi qu'il soit « solo » (environ une centaine). Le client commande en ligne sur un site dédié, il se rend deux heures plus tard minimum au drive et s'identifie à une borne d'entrée. Les produits commandés ont déjà été collectés dans l'entrepôt (*picking*)[2], il faut rassembler la commande (produits secs, frais et surgelés) et mettre l'ensemble dans le coffre en moins de cinq minutes. Les clients du drive se distinguent de la moyenne des ménages : ils sont plus jeunes, plus urbains, ont des jeunes enfants et sont avant tout à la recherche du gain de temps. Cette forme de distribution représente l'achat utile. Le panier moyen est supérieur de 50 % à celui d'un hypermarché.

Auchan a initié le système dès le début des années 2000 avec Auchandrive et Chronodrive (43 unités en 2011). E. Leclerc, qui s'est lancé en 2007, opère déjà 100 drives et prévoit d'en ouvrir 800 d'ici six ans. Ces deux enseignes ont été suivies depuis par tous les grands de la distribution (Système U en compte 332 et Casino 103). Il est vrai que Auchan doit à ce format les deux tiers de sa croissance et Leclerc, près d'un tiers en 2011. Le drive ne représente que 1,2 % de parts de marché en valeur de la distribution alimentaire. Mais la progression est spectaculaire, puisqu'elle a plus que doublé en un an. Surtout, il a déjà dépassé le commerce en ligne de produits de grande consommation livrés à domicile, et est beaucoup plus rentable que ce dernier pour les distributeurs.

Le drive illustre à la fois l'évolution du comportement des consommateurs, qui utilisent de plus en plus souvent Internet dans leur processus d'achat et qui considèrent souvent que l'achat en grande surface est une corvée et non un plaisir, et l'évolution de la distribution vers le multicanal.

1. Source : Kantar Worldpanel, *Référenseigne Expert*, 16e édition, 2011, et le dossier que LSA consacre au format dans son numéro du 20 octobre 2011 (pp. 44-62).
2. Il arrive que le magasin serve lui-même d'entrepôt, le *picking* se faisant en magasin. Ce modèle est plus économique, mais il ne peut fonctionner qu'à une petite échelle, faute d'engorger le point de vente.

Chapitre 6

La politique de distribution

Distribuer des produits, c'est les apporter aux bons clients, avec le choix requis, au bon endroit, en quantité suffisante, au bon moment, et avec les services nécessaires à leur vente, à leur consommation et, le cas échéant, à leur entretien. De ces exigences découle une multitude de décisions et d'opérations qui constituent la politique de distribution (section 1). La distribution est assurée par des individus et des organisations qui forment les différents circuits et formats de distribution (section 2). Ces acteurs ont leur propre modèle économique et leur propre politique marketing (section 3). Entre ces distributeurs et les producteurs, les relations peuvent être collaboratives ou conflictuelles (section 4). Enfin, le commerce électronique et multicanal connaît des développements et des spécificités qui font l'objet de la section 5.

La distribution B to B (ou commerce interentreprises) est étudiée dans le chapitre 18 sur le marketing B to B.

PLAN DU CHAPITRE

Section 1	À quoi sert la distribution ?	320
Section 2	La distribution en France et ses formats	331
Section 3	Le marketing des distributeurs et son équation économique	348
Section 4	Les relations producteurs/distributeurs	371
Section 5	Le commerce électronique et la distribution multicanale	378
Ressources complémentaires		409

SECTION 1

À QUOI SERT LA DISTRIBUTION ?

Cette section s'intéresse aux grandes fonctions de la distribution, à ses modes d'organisation selon la longueur du circuit, et enfin aux choix de politique de distribution des producteurs.

1 LES FONCTIONS DE DISTRIBUTION

Qu'elles soient prises en charge par des intermédiaires, ou assurées par le producteur, les fonctions de la distribution restent identiques dans leur nature. On distingue sept fonctions principales que l'on peut regrouper en deux types principaux : la distribution physique et les services. Ces fonctions créent de la valeur pour les clients, ce qui justifie l'existence et le rôle de la distribution.

a) La distribution physique

1° Le transport et l'« éclatement » de la production

C'est la fonction la plus évidente, car on ne peut pas raisonnablement envisager de mettre les usines à proximité immédiate de toute la clientèle ou de demander aux clients d'aller chercher les produits dans les entreprises. La fonction de transport correspond à l'acheminement du produit (avec des contraintes particulières pour les produits frais), aux opérations de manutention, et de façon plus globale, à tout ce qui touche à la logistique qui permet d'« éclater » la production vers les lieux de stockage et de distribution au détail.

2° L'agrégation de la demande

Elle est assurée spécifiquement par un intermédiaire. Une des fonctions importantes d'un distributeur vis-à-vis d'un producteur est d'agréger la demande pour ce dernier. Plutôt que de desservir chaque client du marché, l'existence d'intermédiaires permet au producteur de ne traiter qu'avec un nombre restreint d'interlocuteurs, comme c'est le cas, par exemple, avec des grossistes ou des centrales d'achat. La contrepartie de cet avantage est que le producteur perd le contact direct avec ses clients finals.

3° Le stockage et la mise à disposition

La distribution met à la disposition de l'acheteur ou du consommateur final le produit. Les réseaux de distribution permettent de rapprocher le produit du client, certains étant plus denses que d'autres (Ikea a 29 magasins en France alors que la presse dispose de 30 000 points de vente). Le stockage effectué à différents niveaux dans le circuit de distribution permet d'ajuster, dans le temps et dans l'espace, l'offre et la demande, et de rendre le produit immédiatement ou rapidement disponible.

4° L'assortiment

Une des fonctions de la distribution physique consiste à composer une offre adaptée aux clients, c'est-à-dire de sélectionner les offres. Quels produits et services doivent être proposés dans les points de vente, réels ou virtuels, fréquentés par l'acheteur final ? Les distributeurs se différencient souvent par leur politique d'assortiment : nature des produits, largeur et profondeur des gammes, merchandising (mise en valeur de l'offre sur les lieux de vente).

Exemples

- Aldi et Lidl sont deux hard discounters qui offrent une sélection restreinte de produits, mais le second se distingue du premier par la présence de marques nationales.
- Alors que les hypermarchés se caractérisent par une offre très large, les GSS (grandes surfaces spécialisées) ne couvrent qu'un nombre réduit de catégories de produits, mais avec une grande profondeur de gamme.

b) Les services associés

Ils comprennent des services financiers, des services clients et de la communication, qui peuvent varier en intensité.

1° Le financement

La fonction de financement est assurée par les intermédiaires lorsqu'ils achètent aux producteurs, et prennent à leur charge les risques de commercialisation. Ils rémunèrent la production sans que les producteurs soient obligés d'attendre que le consommateur final ait acheté leurs produits. Mais le cas inverse est fréquent, où ce sont les producteurs qui financent la distribution par le biais de délais de paiement supérieurs aux délais de vente.

2° Les services aux clients et le service après-vente

Ce sont, par exemple, l'information, le conseil, la livraison, l'installation, la reprise éventuelle des produits, l'entretien et les réparations faites parfois au titre d'une garantie.

3° La communication

La distribution est un média de première importance : affichage des prix, information sur les caractéristiques des produits, publicité sur le lieu de vente (PLV), actions de promotion des ventes dans les magasins, etc.

En contact avec le marché final, les distributeurs disposent de bases de données commerciales sur la nature et le volume des transactions par catégorie de produits, par marques et par produits, et souvent de bases de données relatives au comportement d'achat des clients individuels grâce à leurs cartes de fidélité. Ces informations, très intéressantes pour les producteurs, ne remontent pas toujours jusqu'à eux.

2 La longueur des circuits de distribution

Un circuit de distribution est le processus qui, passant à travers un nombre plus ou moins important d'intermédiaires externes ou internes, permet de délivrer un bien ou service à l'acheteur ou au consommateur final.

Les circuits de distribution, du producteur au client final, peuvent être plus ou moins longs, c'est-à-dire qu'ils peuvent comporter plus ou moins d'intermédiaires.

FOCUS

Trois grands types de circuit de distribution

- Les circuits directs sans intermédiaires : distribution directe par le producteur
- Les circuits courts ne comportant qu'un intermédiaire
- Les circuits longs ayant plusieurs intermédiaires

Modes de distribution et longueur des circuits

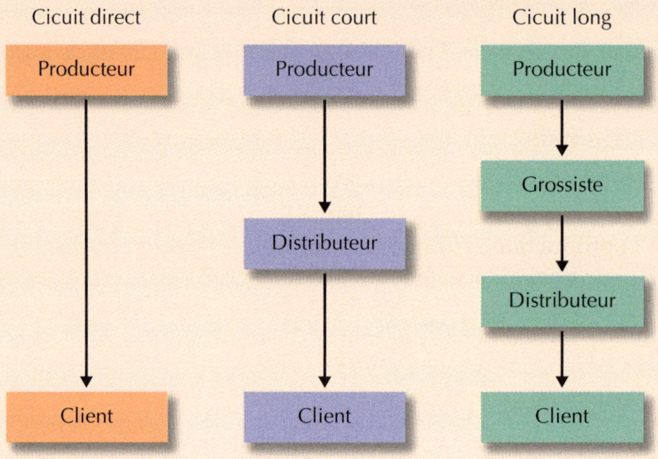

Figure 6.1 **Exemples de circuits directs, courts et longs**

Circuits directs	Circuits courts	Circuits longs
• Marchés où les fermiers vendent leur production • Vente à l'usine • Magasins propres (Yves Rocher, Zara...) • Sites d'e-commerce de producteurs (Dell, Apple...) • Sites d'e-commerce de prestataires de services (Air France, SNCF...)	• Grands magasins • Catalogues de vente par correspondance (3 Suisses, La Redoute...) • Sites e-commerce (Amazon, Pixmania...) • Boulangeries (fournies directement par les minotiers) • Hypermarchés Agences de voyage en ligne	• Viande de boucherie • Poisson • Petite épicerie • Fruits et légumes • Librairie • Presse

a) La distribution directe

La distribution directe domine dans les économies rurales peu développées, cloisonnées, sans moyens de transport. Elle est plus rare dans les économies modernes, mondialisées, qui conduisent à la spécialisation des fonctions de production et de distribution. On aurait tort pourtant de penser que la distribution directe est un héritage du passé, elle connaît au contraire un nouvel essor.

1° La distribution directe est parfois une nécessité technique, commerciale ou économique

- Lorsqu'il y a peu de clients, qu'ils sont de taille importante, et que la valeur d'une vente peut être élevée, cela justifie une vente directe. Le travail sur commande permet également de faire des produits sur mesure. Les problèmes techniques d'installation et de maintenance peuvent requérir l'intervention directe du fabricant.
- Les producteurs d'énergie (eau, électricité, carburant) assurent le plus souvent la distribution. La disparition progressive des monopoles s'accompagne de l'apparition de nouveaux intermédiaires.
- Dans la banque et les assurances, la distribution directe domine toujours, mais les intermédiaires se développent (courtiers, produits financiers vendus par les hypermarchés…).

2° La distribution directe séduit un certain nombre de marques, d'autant qu'Internet favorise la désintermédiation

La distribution directe répond au souci de se libérer du pouvoir des intermédiaires, de restaurer des marges, de retrouver le contact avec le marché final ou de mieux contrôler l'expérience du client.

Exemples

- L'Oréal a toujours affirmé que son métier n'était pas de distribuer, mais de travailler étroitement avec les distributeurs. L'acquisition de The Body Shop en 2006 le place pourtant dans la situation d'un producteur qui distribue lui-même les produits de sa marque.
- Nespresso (groupe Nestlé) n'aurait jamais pu créer l'expérience client qui lui est si spécifique, s'il ne maîtrisait entièrement sa distribution et ne gérait pas directement ses points de vente.

Le développement du *commerce électronique* offre de nouvelles opportunités aux producteurs pour vendre directement, comme on le verra dans la section 5 de ce chapitre.

3° Un cas particulier : l'essor de la vente à domicile

Il s'agit d'un courant très dynamique de la distribution puisque selon la Fédération de la vente directe, le secteur représente en Europe, 14 milliards d'euros de chiffre d'affaires et 11 millions de vendeurs, et en France, 1,8 milliard d'euros et 300 000 vendeurs – dont 90 % à temps partiel (données 2010).

Elle touche de très nombreux secteurs : l'habitat (39 %), l'univers culinaire (14 %), le bien-être (10 %) ou la beauté (10 %).

MINI CAS

Zara fonde son succès sur un modèle de vente directe

Armancio Ortéga, né dans la région de Galice en Espagne, remarque en 1960 un déshabillé rose dans la vitrine d'un magasin de luxe. Il aimerait l'offrir à sa fiancée, mais le prix du produit ne le lui permet pas. Qu'à cela ne tienne : il observe le modèle, le copie (il travaillait chez un fabricant de chemise) et en fait cadeau. Voyant là un bon filon, il se met à fabriquer ces déshabillés, des copies qui ne sont pas strictement identiques à l'original, vendus moitié moins cher que la marque de luxe : Zara était né, du moins c'est ainsi que le raconte la légende.

Le premier magasin Zara est créé en 1975 avec le concept suivant : « Face à la mode conçue comme un privilège, nous proposons une formule qui atteint la rue. Nous avons choisi de démocratiser la mode. » Sur un marché très difficile, l'entreprise a une santé insolente.

Boutique Zara à Sydney, Australie

Zara est fondé sur un modèle d'intégration verticale intégrant toutes les phases du processus de création de la mode : création, production, logistique, distribution.

Ce ne sont pas seulement les petits prix qui font seuls le succès de Zara (son concurrent H & M est par exemple moins cher). La marque, qui ne fait pas de publicité, doit son succès à des emplacements et décors de magasin dignes des boutiques de luxe et à un renouvellement permanent des produits, qui sont au plus proche des tendances du marché. Grâce à un outil de production très réactif, il ne faut à Zara que quinze jours pour passer de la création dans le bureau de style (200 personnes y travaillent à l'affût des dernières nouveautés) à la mise en vente dans les magasins : l'entreprise produit ainsi près de 30 000 références par an. Le résultat de ce renouvellement permanent des collections est qu'alors qu'un client de GAP ou C & A passe dans ces enseignes une ou deux fois par saison, celui de Zara y passe en moyenne une fois par mois. De plus, la très grande rotation de la marchandise permet de réduire au maximum les stocks.

Le succès de l'enseigne conduit rapidement à son internationalisation : Portugal, France, États-Unis, Qatar, Mexique, etc. Le groupe entre en Bourse en 2001 et, en 2004, Armancio Ortéga devient la première fortune d'Espagne (28 milliards d'euros début 2012).

Aujourd'hui, Zara est l'une des deux marques phares (avec Massimo Dutti) du groupe espagnol Inditex, qui, avec ses 5 527 points de vente dans 82 pays, a réalisé plus de 12,5 milliards d'euros de chiffre d'affaires en 2010 et a dégagé plus de 1,9 milliard de résultat net[1]. Inditex emploie 110 000 personnes dans le monde.

1. Zara disposait en 2010 dans ce groupe de 1 723 boutiques et réalisait un chiffre d'affaires de 8 milliards d'euros.

La vente à domicile est de moins en moins souvent du porte à porte, car c'est la vente en réunion qui connaît un fort succès. Elle est organisée au domicile du vendeur ou d'une cliente participante. Le mode d'organisation y est pyramidal : le vendeur recrute d'autres vendeurs, qui dépendent de lui et qui lui reversent une partie des commissions.

Ce modèle, initié par Tupperware ou Amway, a parfois donné lieu à des réussites spectaculaires mais pourtant peu visibles (voir le mini cas Charlott').

b) Les circuits courts

Ce sont des circuits où un distributeur est le seul intermédiaire entre le producteur et le client. Ces circuits ont des formes très variées, comme :

- *La vente à distance* : les 3 Suisses, Pixmania ou Amazon, qui distribuent directement auprès des consommateurs les produits achetés chez les producteurs.
- *Les franchises*, comme Benetton ou comme Yves Rocher : les franchisés sont des commerçants indépendants, mais liés à un producteur par un contrat[1].
- *Les réseaux succursalistes du commerce intégré*, appelés ainsi parce qu'ils intègrent la fonction de grossiste et de détaillants : grande distribution alimentaire comme Carrefour ou Auchan, grandes surfaces spécialisées comme Décathlon ou Darty, grands magasins ou magasins populaires, etc.
- *Les réseaux du commerce associé*, comme Leclerc ou Intermarché qui, s'ils ne sont pas complètement intégrés (chaque point de vente appartient à un commerçant indépendant), fonctionnent comme les réseaux succursalistes intégrés, la centrale d'achat étant au service exclusif des membres des associés.

c) Les circuits longs

Ce sont des circuits traditionnels : les producteurs traitent avec des grossistes, qui travaillent chacun avec de multiples détaillants. Ces circuits sont particulièrement adaptés à des marchés comportant de nombreux petits points de vente indépendants. La fonction d'agrégation joue ici un rôle déterminant : le producteur peut juger à juste titre plus efficace de passer par un intermédiaire que de traiter directement (vente, service, livraison, facturation…) avec de multiples points de vente générant chacun très peu de chiffre d'affaires et de nombreux problèmes de logistique et d'administration des ventes : facturation, recouvrement, retour de produits, etc.

Ce mode de distribution a beaucoup souffert du développement des grandes surfaces, mais son poids reste important dans certains secteurs comme le commerce de gros des produits agricoles bruts ou le commerce de gros d'équipements industriels. Selon les dernières statistiques disponibles en 2011[2], il y a en France 142 000 entreprises exerçant une activité de commerce de gros, dont 29 000 dans les équipements industriels.

1. Il y a de nombreuses formes de franchises, étudiées plus loin.
2. Voir www.insee.fr

MINI CAS

Charlott' impose sa marque dans la lingerie grâce à la vente à domicile

Charlott' est une marque de lingerie fondée par Véronique Garnodier et son mari en 1994. Les fondateurs ne viennent pas de la lingerie : ils voulaient créer une entreprise de vente en réunion, et optèrent pour la lingerie parce qu'elle réunissait trois conditions : s'adresser aux femmes, être renouvelable, pouvoir être produit par la société[1].

Les salariés du siège sont très peu nombreux (36 en 2011). Tous les produits (entre 700 et 800 références) sont conçus et fabriqués en Tunisie. Ils sont bien placés en termes de prix (environ 50 à 60 € pour un ensemble) et de qualité.

La distribution s'appuie sur un réseau d'*hôtesses* plus ou moins occasionnelles (200 000) dont le rôle est d'inviter chez elles environ huit de leurs amies. Une vendeuse de la marque anime alors la séance de vente (et d'essayage) qui dure environ une heure et quart. Le chiffre d'affaires est en moyenne de 640 € par vente. L'hôtesse reçoit en récompense de la lingerie gratuite et la vendeuse empoche une commission de 30 %.

Le réseau de 3 000 vendeuses est un élément clé de la réussite de l'entreprise. « Souvent un vendeur arrive à la vente directe par défaut, mais il y reste par passion, selon Véronique Garnodier. La crise ? Elle a multiplié notre réseau de vendeuses indépendantes et donc boosté nos ventes. »[2] L'entreprise propose en effet aux femmes une activité sans sélection au départ et reçoit donc de très nombreuses candidatures spontanées. Les vendeuses suivent une formation sur les techniques de vente et les points forts du produit et travaillent ensuite à temps plein, à temps partiel ou en complément d'activité. Les 3 000 vendeuses se sont réparti environ 10 millions d'euros de commission en 2011.

Charlott' lingerie organise tous les ans des événements dans 50 villes de France qui permettent non seulement de découvrir les produits, mais surtout de recruter des « hôtesses » et des « conseillères » pour développer leur réseau de vente en réunion.

L'entreprise a été cédée une première fois en 2006. Les fondateurs, après un tour du monde d'un an, en ont finalement repris le contrôle (ils détiennent aujourd'hui 55 % du capital). Forte d'une rentabilité de 44,7 %[3], c'est l'entreprise la plus rentable de France selon le classement du magazine *L'entreprise*. Avec une croissance de 12 % en 2011 et le double prévu en 2012, Charlott' lingerie a pour ambition de réaliser 100 millions d'euros de chiffre d'affaires avec 9 000 vendeuses en 2014.

1. Margherita Nasi, « Nous créons et livrons sans intermédiaires », *Le Monde économie*, 24 octobre 2011.
2. Patricia Salentey, « Les secrets des trois patronnes les plus rentables de France », *L'Entreprise*, octobre 2011.
3. Résultat courant avant impôts / chiffre d'affaires.

FOCUS

Longueur des circuits et efficacité économique

On croit qu'un circuit long est nécessairement un circuit cher pour le consommateur en raison du nombre d'intermédiaires et de l'accumulation de leurs marges, alors qu'inversement, la distribution directe serait économique.

En réalité, qu'on soit producteur-distributeur ou qu'il y ait plusieurs intermédiaires, bon nombre de coûts restent identiques : coûts de stockage, de transport, d'investissements dans des fonds de commerce, paie des vendeurs, taxes supportées par le commerce local et la publicité.

Si les volumes ou la productivité du producteur qui distribue sont insuffisants, le poids de ses frais fixes pèse très lourdement sur ses prix de revient, et donc sur le prix de vente. À l'inverse, un intermédiaire qui est spécialisé et qui traite un important volume d'affaires peut remplir sa fonction avec une grande efficacité économique au profit du producteur comme du consommateur.

L'efficacité économique d'un circuit tient moins à sa longueur qu'à la productivité et la qualité de service des différents intermédiaires.

3 Le choix de distribution des producteurs

Un producteur doit déterminer le mode de distribution pour lequel il va opter et la façon dont les fonctions de la distribution vont être assumées.

Pour cela, il doit se demander :

- quels sont la cible de clientèle et le positionnement de son offre ;
- quels sont ses arbitrages stratégiques dans le choix des canaux potentiels ;
- quels partenaires choisir dans les canaux sélectionnés.

a) Quels canaux de distribution sont adaptés à la clientèle choisie ?

Un producteur doit déterminer quels segments de clientèle il vise, et quel niveau de service doit être délivré à ces clients, et quel est le positionnement de son offre. La réponse à ces questions lui permet d'identifier les circuits de distribution les plus adaptés. La segmentation des clients, qui sera étudiée au chapitre 13, permet d'identifier la clientèle susceptible d'être intéressée par l'offre, qui elle est, où elle vit (ou travaille), et de mieux comprendre son comportement d'achat.

Ces questions permettent de déterminer le mode d'accès au produit, la couverture géographique nécessaire pour toucher la cible, le choix qu'il faut offrir en fonction de son comportement (assortiment, stock), l'importance de la disponibilité.

Le positionnement de son offre et l'étude des comportements de son public, permettent également de déterminer le niveau de service qui doit entourer la vente. Si l'offre est une prestation de service, peut-elle être déléguée à des tiers et nécessite-t-elle dans ce cas une formation ? Si l'offre concerne des biens, quel est le degré de service nécessaire en termes de financement, d'information, de conseil, de livraison, d'installation, de reprise, d'entretien, de traitement des réclamations ?

Exemple

➥ Le producteur de la Twist Ball, une sorte de Rubik's cube rond produit en Slovaquie, veut commercialiser son offre en France. Il doit d'abord définir la stratégie marketing de son offre à savoir le positionnement et la segmentation. La Twist Ball est-elle un produit publicitaire destiné aux entreprises (impression du logo de l'entreprise par exemple) ou un produit grand public (B to C) ? Si c'est un produit grand public, est-ce un casse-tête pour amateurs sophistiqués, un casse-tête pour enfants et adolescents, un puzzle en 3D (on peut en effet le démonter et le remonter), un objet de collection (série ballons de sport, etc.) ? Le choix de la cible et du positionnement va déterminer le circuit de distribution.

Le producteur opte pour un casse-tête pour jeunes. Comment et où les toucher ? Par une diffusion dans les hypermarchés et certaines GSS loisir (grandes surfaces spécialisées), dans les magasins de jouets, dans les magasins spécialisés (jeux de réflexion), par les points de presse, en direct par Internet ? Le produit est complexe, le packaging suffira-t-il à en expliquer les bénéfices et le mode d'emploi ? Faut-il fournir l'information et le conseil par Internet ou s'appuyer sur un réseau de distribution qui pourra pousser et expliquer le produit (dans ce cas, on se limite à une distribution spécialisée dans les jeux de réflexion ou les magasins de jouet) ?

b) Quels sont les arbitrages stratégiques dans le choix des canaux potentiels ?

En fonction de l'analyse des segments de clientèle et des canaux adaptés, l'entreprise doit faire un certain nombre de choix stratégiques.

Si l'alternative se pose, le producteur doit choisir entre la vente directe, le passage par des distributeurs ou un mix des deux. La vente directe nécessite que le producteur puisse atteindre directement le client final par ses vendeurs. Le chiffre d'affaires réalisé par client doit justifier une force de vente directe nécessairement coûteuse. Peu d'entreprises sont dans ce cas. Le développement d'un réseau de points de vente, qui conduit le producteur à se faire lui-même détaillant, est un choix stratégique encore plus coûteux et impliquant.

Le développement de l'e-commerce a créé de nouveaux espoirs pour les producteurs qui aspirent à se passer des distributeurs. Mais l'ensemble de l'e-commerce ne représente que 0,8 % du commerce de détail alimentaire et 3,4 % du commerce de détail non alimentaire en 2010 selon l'Insee. Même en prenant les chiffres beaucoup plus favorables de CRR-Kelkoo Online Trends qui situe la part de l'e-commerce en France en 2011 à 7,3 %, le producteur qui se limite à Internet écarte la plus grande part de son marché potentiel. De plus, les coûts de génération de trafic, de gestion d'un site e-commerce et de logistique sont souvent sous-estimés : une taille critique significative est souvent nécessaire pour couvrir ces frais de distribution.

Les circuits courts ou longs soulèvent plusieurs questions-clés pour les producteurs :

- *L'accès à ces circuits* : quels sont les intermédiaires dans ces circuits ? Peut-on se faire référencer et de quelle façon ? Quelle force de vente est nécessaire pour vendre ses produits aux distributeurs ?
- *La valeur ajoutée* de ces circuits : est-elle réduite ou importante ? Leur image est-elle bonne ou moins bonne auprès du client final ? Lesquels sont en développement ou en régression ?
- *La répartition des services* : quelles sont les prestations que ces circuits peuvent prendre en charge et ceux qui pourraient revenir au producteur ?
- *L'activité et les coûts* : quel chiffre d'affaires peut-on espérer en passant par ces circuits ? Quelles sont leurs marges et leurs conditions tarifaires ? Quels sont les coûts induits ? De quelle façon le besoin en fonds de roulement[1] va-t-il être financé ? Quel est l'impact sur le prix public du produit ?
- *Le degré de dépendance et de collaboration* : quel degré de dépendance entraîne ces circuits ? Quel type de relation peut être créé (simple transaction, partenariat, relation de pouvoir…) ?

Exemple

➥ Pour poursuivre avec l'exemple précédent de la Twist Ball, dans les grands circuits éventuels qui ont été identifiés, le producteur a opté pour une distribution par les hypermarchés et certaines GSS. Étudions les questions qui se posent alors à eux.

Ces distributeurs ont une, voire plusieurs (niveau régional) centrales d'achat. Il est avisé de disposer de vendeurs qualifiés pour faire face à ces négociations. Le référencement de ce produit peut être difficile parce qu'il est original et que sa rotation risque d'être faible. De plus l'entreprise ne bénéficie pas d'un budget promotionnel important.

Le produit est innovant, relativement complexe et inconnu, or il va devoir s'expliquer tout seul en ne s'aidant que du packaging dans ces circuits de distribution qui ne font pas d'assistance à la vente.

Une large diffusion signifie qu'il faut produire beaucoup alors que le règlement se fait à 60 jours : il faut donc disposer des sommes nécessaires pour le fonds de roulement. Le distributeur peut exiger que le producteur reprenne les invendus puisqu'il n'a pas été testé par le marché, voire la vente en « laissé sur place » (dépôt-vente), ce qui accroîtrait le risque financier. Il peut aussi exiger différentes ristournes et remises qui vont grever la marge du producteur.

Dans le même temps, ce dernier peut souhaiter que le prix de vente ne dépasse pas un certain niveau ; il faut donc prendre en compte le taux de marque du distributeur, l'équation n'étant pas toujours simple à trouver. Enfin, le risque que court le producteur est de n'être référencé que par un ou deux de ces grands distributeurs, ce qui conduirait à une très grande dépendance à leur égard, d'autant plus que le produit ne représentera rien dans leur activité.

1. Pour simplifier, argent gelé par l'entreprise pour financer son cycle d'exploitation, du paiement de la commande de matières premières au règlement de ses ventes par ses clients.

c) Le choix des partenaires : quelle stratégie de pénétration du marché ?

La pénétration d'un circuit de distribution ou d'une enseigne peut relever de l'une des cinq stratégies suivantes.

1° La construction rapide d'une distribution valeur (DV) massive

L'objectif est, dans le cas d'un lancement de produit, d'obtenir une pénétration commerciale très rapide et très forte. On cherche, par exemple, à obtenir une DV[1] de 60 % au moins avant la fin de la première année de commercialisation du produit. Ces politiques sont peu sélectives et généralement très onéreuses, sauf si l'offre est exceptionnelle et s'impose d'elle-même à la distribution. Si ce n'est pas le cas, il faut en effet, pour convaincre les distributeurs, cumuler les efforts de publicité, de promotion et parfois payer en plus des droits de référencement.

2° Une politique sélective de création de DV

Ce sont des stratégies plus qualitatives où on cherche à pénétrer certaines enseignes seulement, les meilleures, en soignant le merchandising et en se donnant plus de temps pour élargir la distribution.

3° L'attaque périphérique

Elle consiste à prendre pied dans la distribution en entrant par une petite porte. On commence, par exemple, à se faire référencer dans une région, dans un point de vente, à l'occasion d'une action promotionnelle, etc., puis on cherche ensuite à remonter à la centrale nationale. Cette politique est souvent celle des petits producteurs. Ils n'ont souvent pas d'autres choix !

4° Les stratégies d'association avec les distributeurs

On peut créer un réseau sélectif avec des accords privilégiés passés avec certains distributeurs. Différentes formules sont possibles, des plus libres au système de la franchise ou à celui de la concession. Les accords de licence sont fréquents dans l'industrie du luxe et de façon plus générale, dans toute la distribution des produits qui nécessitent un réel service après-vente.

5° Vendre sous marque de distributeur

Si on n'arrive pas à imposer sa marque, on peut tenter de vendre sous la marque d'un distributeur. Dans ce cas, le référencement est évidemment assuré mais l'autonomie du producteur est très faible puisqu'il se place sous la tutelle du distributeur. Cette politique n'est plus l'exclusivité des PME.

La section 4 de ce chapitre développe les relations entre producteurs et distributeurs.

1. La DV est la disponibilité valeur, ou distribution valeur. Voir chapitre 2, section 4.

SECTION 2

LA DISTRIBUTION EN FRANCE ET SES FORMATS

Cette section s'intéresse au secteur de la distribution, c'est-à-dire aux acteurs des circuits courts et longs à travers l'étude des formats de distribution.

Un format de distribution (ou encore un canal, ou une formule) est constitué par une catégorie d'intermédiaires de même type (par exemple vente par correspondance, supermarché, grand magasin...).

Exemples

- L'hypermarché est un format de distribution qui relève du circuit court.
- Les épiceries de quartier sont un format de distribution qui relève d'un circuit long.

1 L'IMPORTANCE ÉCONOMIQUE DE LA DISTRIBUTION

En France, une entreprise sur quatre appartient au commerce[1]. Près de la moitié de ces entreprises sont individuelles, mais il y en a de très grandes (Carrefour et PPR – qui reste partiellement un distributeur– font ainsi partie du CAC40). 10 % des entreprises du commerce regroupent 68 % des personnes travaillant dans ce secteur.

Figure 6.2 **Chiffre d'affaires et emplois du commerce en France en 2010**

Branche d'activité	Chiffre d'affaires en milliards d'euros[2]	Part de la branche dans le commerce total (en %)	
		Part dans les ventes (valeur)	Part des emplois
Commerce de gros, intermédiaires	572	50	32,2
Commerce de détail	460	40	55,1
Commerce et réparation automobiles	113	10	12,7
Ensemble du commerce	1 145	100	100

Source : Insee.

1. Source : Insee.
2. HT pour le commerce de gros, TTC pour le détail et l'automobile.

Le commerce employait en 2010 (derniers chiffres publiés) près de 3 millions de salariés, 1,6 million d'entre eux travaille dans le commerce de détail, 960 000 dans le commerce de gros et 380 000 dans le commerce et la réparation automobiles (Insee).

Malgré son importance économique, le secteur de la distribution avait, jusqu'à une époque récente, une assez mauvaise image dans plusieurs pays européens, dont la France. Cela tenait pour une grande part à une vieille opinion selon laquelle seule l'industrie et l'agriculture sont créatrices de richesses. Chez les Grecs, Hermès est le dieu des marchands… et des voleurs.

On observe depuis les années 1990 une évolution de l'opinion publique à l'égard des distributeurs. Les consommateurs sont de plus en plus nombreux à considérer la distribution, et notamment la grande distribution, comme un *allié* capable de leur proposer des produits de bonne qualité à des prix avantageux, et soucieux de les protéger contre les « abus » des grands fabricants.

À cela, quatre raisons principales :

- La première est la *guerre des prix* à laquelle se livrent les distributeurs sur de nombreux produits, qui profite aux consommateurs.
- La deuxième est le *développement des marques de distributeurs* (dont on parlera plus loin) qui apparaissent aux consommateurs comme offrant un excellent rapport qualité-prix.
- La troisième est le développement important de la *communication* au travers de laquelle certaines enseignes, comme Leclerc, se présentent comme les « protecteurs » du consommateur face aux grands fabricants.
- La quatrième raison tient à *l'émergence du commerce électronique* qui a installé la distribution dans l'ère des nouvelles technologies.

2 Les points de vente par assortiment et par taille

Les entreprises de distribution se différencient sur de très nombreux critères : commerce de gros, de détail ou intégré ; méthodes de vente (sur stock ou avec livraison différée) ; lieux de vente (en magasins, à distance, à domicile, sur les marchés, à l'usine), etc.

Dans un de ses ouvrages, Cédric Ducrocq, spécialiste de la distribution, présente l'arborescence suivante des formules de distribution[1] que nous reprenons ici.

On retrouvera certaines de ces distinctions dans les pages suivantes, mais on a privilégié ici une présentation du secteur de la distribution selon trois grands types de critères :

- la taille des points de vente ;
- leur assortiment ;
- leur mode d'organisation.

1. Cédric Ducrocq, *La Distribution*, Vuibert, 4e édition, 2005, p. 58.

Figure 6.3 Une arborescence des formules de distribution

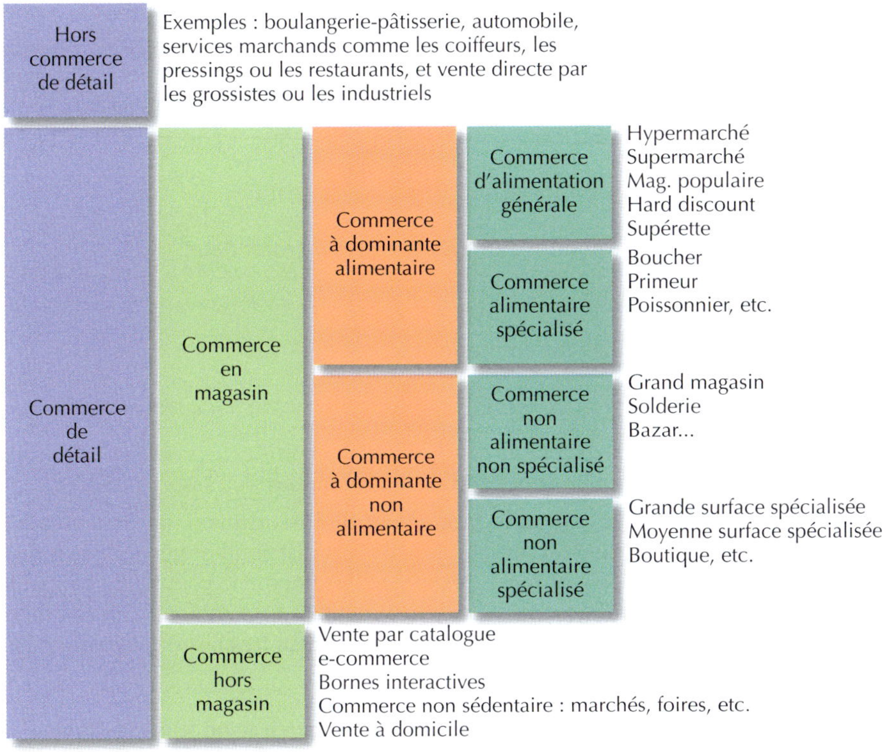

Source : C. Ducrocq.

a) La taille du distributeur

Le critère de la taille exprimée en m^2 de surface de vente[1] est fréquemment utilisé pour qualifier les points de vente bien que les définitions ne soient pas toujours d'une grande précision : un grand super ressemble beaucoup à un petit hyper (figure 6.4).

Figure 6.4 La taille du distributeur

Formule de distribution	Superficie moyenne
Spécialiste alimentaire de proximité	30 - 120 m^2
Spécialiste non alimentaire de proximité	100 - 400 m^2
Supérette	120 - 400 m^2

•••

1. Les statistiques sont rarement homogènes. Certaines prennent en compte la surface des réserves qu'elles ajoutent à la surface de vente.

...

Hard discount	600 - 800 m^2
Supermarché	400 - 2 500 m^2
Magasin populaire	1 200 - 2 500 m^2
Hypermarché[1]	2 500 - 20 000 m^2
Grand magasin[2]	2 500 - 50 000 m^2

b) La largeur et la profondeur de l'assortiment

Un assortiment a deux dimensions : sa largeur et sa profondeur.

- *La largeur de l'assortiment*

C'est le nombre de familles différentes de produits.

- *La profondeur de l'assortiment*

C'est le nombre d'articles différents dans une même famille de produits. La possibilité de choix du consommateur dépend de la profondeur de l'assortiment.

Lorsqu'on croise la largeur et la profondeur de l'assortiment, on obtient quatre grands cas possibles présentés dans la figure 6.5. Un distributeur généraliste comme un grand magasin a un assortiment très large et profond. Un commerce spécialisé, comme un magasin de chaussures, a un assortiment étroit et profond ; un commerce non spécialisé comme un hypermarché a un assortiment très large et peu profond.

Figure 6.5 **Classement des formes de commerce selon leur assortiment[3]**

Largeur / **Profondeur**	**Assortiment étroit**	**Assortiment large**
Peu de choix	**300 à 1 000 références** • Magasins de dépannage : commerces de proximité, supérettes, stations service, etc. • Maxidiscomptes (hard discounters)	**7 000 à 10 000 références** • Magasins populaires • Supermarchés • Catalogues de VPC du type La Redoute
Beaucoup de choix	**1 000 à 5 000 références homogènes** • Magasins spécialisés ex : une librairie-papeterie • Grandes surfaces spécialisées (GSS) ex: Boulanger ou Ikea (certaines GSS peuvent avoir beaucoup plus de références)	**10 000 à 200 000 références variées** • Hypermarchés • Grands Magasins • e-commerce spécialisé ex : Pixmania ou Fnac.com

1. Certains hypermarchés font plus de 15 000 m^2, mais ils sont rares.
2. Les grands magasins de province font entre 2 500 m^2 et 10 000 m^2, tandis que les vaisseaux amiraux parisiens font jusqu'à 50 000 m^2.
3. D'après A. Tordjman, document interne au groupe HEC.

c) La nature de l'assortiment : le commerce à dominante alimentaire et à dominante non alimentaire

On appelle commerce alimentaire un magasin dont le rayon le plus développé est celui des produits alimentaires. Cette définition reprise dans les statistiques officielles et professionnelles peut induire en erreur. Un commerce dit « alimentaire » peut en effet réaliser une part non négligeable de son chiffre d'affaires avec des produits non alimentaires : c'est le cas des hypermarchés, des supermarchés ou des magasins populaires. L'alimentaire reste un moteur puissant de la demande bien que sa part dans le budget des ménages soit en diminution constante (un tiers au début des années 1960, moins de 20 % aujourd'hui en France). L'alimentaire joue souvent le rôle de rayon d'appel, en particulier le rayon frais, qui connaît le plus fort trafic (plus de 80 % des clients d'un hyper passent dans ce rayon). Dans les grandes surfaces, les marges sur l'alimentaire y sont très réduites, parfois nulles. C'est un secteur très concurrentiel.

d) La spécialisation de l'assortiment

Le commerce à dominante alimentaire peut être analysé en alimentation générale (épiceries, supérettes, hard discounters, magasins populaires, supermarchés, hypermarchés) et alimentation spécialisée (boulangeries-pâtisseries, boucheries-charcuteries, primeurs…). De la même façon, on peut distinguer dans le commerce à dominante non alimentaire les généralistes (grands magasins, vente par correspondance…) et les spécialistes (petits commerces non alimentaires, pharmacies, grandes surfaces spécialisées, sites d'e-commerce spécialisés…).

3 Les formats de distribution (par mode d'organisation)

En simplifiant[1], on distingue trois types de commerce selon leur mode d'organisation :

- le commerce indépendant : il s'agit souvent de petits commerces ;
- le commerce associé ;
- le commerce intégré (ou commerce concentré).

a) Le commerce indépendant ou les petites entreprises de commerce

Dans tous les pays européens, le nombre de commerçants indépendants isolés régresse au profit du commerce associé et intégré. L'essor de la grande distribution alimentaire à partir des années 1970, celui des grandes surfaces spécialisées et des hard discounters à partir des années 1990, puis le retour des supermarchés de centre-ville dans les années 2000 ont laminé leur activité.

1. Nous écartons ici la distribution automatique (2,2 milliards d'euros et 625 000 machines en France en 2011 selon Xerfi), et le commerce électronique qui fait l'objet d'une section spécifique.

Le commerce indépendant reste important dans les pays européens où les formats modernes de distribution sont les moins présents, principalement en Europe du sud : Espagne, Italie, Grèce, Portugal. En France, il représente encore aujourd'hui près des trois quarts du nombre d'entreprises, mais moins d'un quart de l'emploi (beaucoup d'entreprises unipersonnelles ou avec très peu de salariés), et 10 % environ de l'activité de commerce de détail.

Cependant, certaines formes de commerce indépendant résistent mieux que d'autres.

Exemples

- La petite épicerie, qui avait pratiquement disparu des centres villes au profit des supermarchés, a connu un retour en grâce inattendu sous la forme de ce qu'on appelle communément « l'épicerie arabe[1] » pour désigner des épiceries tenues par des commerçants originaires d'Afrique du nord (notamment de Djerba en Tunisie). Ces petites surfaces se distinguent de l'épicerie traditionnelle de deux façons : le magasin est rempli du sol au plafond de marchandises pour présenter le plus grand nombre possible de références dans un très petit espace et leurs horaires d'ouverture sont très étendus : soir et week-end inclus, afin de proposer un service et une commodité d'usage qui compensent un prix élevé. Ce format est maintenant fortement concurrencé par les nouveaux supermarchés et supérettes de centre-ville.
- Des secteurs comme la boulangerie ou la parapharmacie, qui sont attaqués par les grandes surfaces, font partie des petits indépendants qui résistent le mieux. Des indépendants alimentaires comme les boucheries ou les poissonneries voient en revanche leur nombre chuter au profit des grandes surfaces alimentaires.

b) Le commerce associé

Ce type de commerce est fort différent du précédent en ce sens que si le commerçant est toujours propriétaire et responsable juridiquement et financièrement de son activité, il contracte des engagements envers une structure externe en échange d'un ensemble de services :

- marque (notoriété, image...) ;
- structure d'achat et d'approvisionnement (centrale d'achat, logistique) ;
- savoir-faire marketing (concept, études, politique d'offre, merchandising, communication, etc.) ;
- soutien financier (assistance au financement, caution auprès des fournisseurs).

Les deux principaux types d'association sont le groupement de commerçants et la franchise.

1° Le groupement de commerçants

Les groupements de commerçants ont d'abord été connus sous la forme de coopératives : des indépendants mettent des moyens en commun pour développer leur activité ou réduire leurs coûts. En vertu des principes des coopératives,

1. Alexis Roux de Bezieux, Thomas Henriot, Eric-Emmanuel Schmitt, *L'Arabe du coin*, Éditions Dilecta, 2008.

les adhérents gardent le pouvoir et dirigent le groupement, à égalité entre membres : une personne = une voix. Cependant, beaucoup de groupements ont connu une évolution qui les éloigne du fonctionnement traditionnel des coopératives : les équipes centralisées de management y jouent souvent un véritable rôle de direction, et certains adhérents y ont acquis un poids « politique » ou économique sensiblement plus important que les autres. Ces nouveaux types de groupements de commerçants n'ont donc plus le statut de coopératives.

Exemples

- Leclerc et Intermarché sont les groupements de commerçants les plus connus en France.
- M. Bricolage, Intersport, Optic 2000 sont autant de groupements de commerçants qui sont parmi les leaders de leur secteur d'activité.

2° La franchise : association d'un producteur avec des détaillants

On compte, en France, environ 1 500 réseaux de franchise regroupant 62 000 franchisés et réalisant près de 50 milliards d'euros[1]. Les trois secteurs qui réunissent le plus grand nombre de franchisés sont, dans l'ordre décroissant : l'alimentaire, l'équipement de la personne (habillement, chaussures, mode) et la coiffure-esthétique.

La franchise est une méthode de collaboration entre une entreprise – le franchiseur – et plusieurs indépendants – les franchisés – pour exploiter une marque, un concept de service ou de distribution.

Les franchisés sont les propriétaires de leurs magasins. Ils restent indépendants bien que liés par un contrat avec le franchiseur.

Ce contrat énonce ce qu'apporte le franchiseur :

- le droit d'utiliser une marque et sa signalétique ;
- le partage d'une expérience et la mise à disposition d'un certain savoir-faire diffusé par des conseillers, des séminaires de formation, voire de véritables écoles internes ;
- un ensemble de produits, de services ou de technologies ;
- l'exclusivité dans une zone géographique donnée.

Il précise également les obligations du franchisé (qui varient selon les contrats de franchise) :

- l'apport d'un fonds de commerce et/ou d'un capital ;
- le paiement d'un droit d'entrée ;
- l'achat des produits, en tout ou partie, au franchiseur ;
- la rémunération des services du franchiseur (conseils, publicité nationale, etc.) par un pourcentage du chiffre d'affaires du franchisé ;
- le respect de la charte de la franchise, etc.

1. Source : www.observatoiredelafranchise.fr/

On distingue trois formes de franchise.

- *La franchise de distribution*

Le franchiseur produit les biens distribués par les franchisés, ou bien le franchiseur joue le rôle d'une centrale d'achat ou de centrale de référencement.

Exemples

- Mobalpa (cuisiniste)
- De Neuville (chocolatier)
- Afflelou (optique)
- 8 à Huit (épiceries et supérettes)

- *La franchise de services*

Ce type de franchise est fréquent dans l'hôtellerie et la distribution. Le franchiseur concède l'exploitation de sa marque et communique son savoir-faire en méthodes de gestion, d'exploitation et de services à la clientèle.

Exemples

- Century 21 (agences immobilières)
- Novotel (hôtellerie)
- McDonald's (restaurant)

- *La franchise industrielle*

Le franchiseur cède son savoir-faire, une licence de fabrication, et le droit de commercialiser un produit ou une technologie.

c) Le grand commerce intégré

Dans ce troisième cas de figure, les points de vente appartiennent à une même entreprise et les commerçants et directeurs de points de vente sont des salariés de l'entreprise. Le commerce intégré doit son nom au fait que les fonctions de grossiste (centrale d'achat) et de détail sont intégrées dans la même entreprise de distribution.

Ce type de distribution peut prendre des formes très variées.

1° Les grands magasins

Ils ont été, au milieu du XIXe siècle, la première forme du grand commerce moderne : « des cathédrales du commerce au service d'un peuple de clients », selon la formule de Zola. Leurs centrales d'achat ont été utilisées pour faire de la vente par correspondance (VPC) et plus tard, vers les années 1930, pour développer des chaînes de magasins populaires.

On en compte 97 en France en 2011 (dont 83 appartenant aux Galeries Lafayette et au Printemps). Les coûts de localisation en centre-ville et les frais de personnel pèsent lourdement sur les comptes d'exploitation. L'embourgeoisement de ce format de distribution se traduit par un taux de marge de plus de 40 % (contre 15 à l'origine).

De ce fait, les grands magasins sont condamnés à un positionnement « qualitatif », voire haut de gamme. Ils représentent aujourd'hui moins de 2 % du commerce de détail alimentaire en France.

2° Les coopératives de consommateurs

Comme pour les grands magasins, il s'agit d'une formule qui date de la fin du XIXe siècle. Ce sont des sociétés de personnes à capital variable qui sont affiliées à la FNCC (Fédération nationale des coopératives de consommateurs), et qui fonctionnent selon des principes démocratiques. Les coopérateurs se sont convertis avec retard aux méthodes modernes de commerce et n'occupent plus en France qu'une place très marginale.

3° Les magasins « populaires »... qui ne le sont plus

Les magasins populaires ont été créés en France dans les années 1930 en important la formule américaine du « tout à 5 cents » (d'où les noms Monoprix, Prisunic, Uniprix). Ce format a concurrencé les grands magasins et les petits détaillants. D'une surface de 1 200 à 2 500 m^2, généralement situés en centre-ville, ils proposent une large gamme de produits alimentaires et non alimentaires, mais avec beaucoup moins de références qu'un grand magasin ou un hypermarché (environ 15 000) en raison d'une surface plus étroite et d'un assortiment moins profond. Les magasins populaires ont connu un déclin très net avec le développement des hypermarchés, plus compétitifs en termes d'assortiment et de prix.

Ce déclin a entraîné la concentration des enseignes – seule la marque Monoprix subsistant, qui appartient aux Galeries Lafayette et à Casino – la réduction du nombre de points de vente (environ 280 aujourd'hui en France) et un repositionnement radical. Bien loin de son origine populaire, les Monoprix ciblent désormais la population de centre-ville : une population à revenus plus élevés, composée de célibataires ou de couples recherchant des services et des produits de qualité.

Ce repositionnement a permis au format de se redresser. Monoprix se diversifie surtout avec de nouveaux formats comme Monop' ou dailymonop', et prévoit d'en ouvrir 40 à 50 chaque année.

4° Les grandes chaînes d'hypermarchés et de supermarchés : GMS[1]

- *Un peu d'histoire*

Le libre-service a été inventé aux États-Unis en 1915 par Clarence Saunders qui ouvrit le Piggly Wiggly à Memphis.

1. Grandes et moyennes surfaces. Les hypers et supers sont classés dans le commerce alimentaire bien qu'ils vendent beaucoup de non alimentaire. On les dénomme également GSA (grandes surfaces alimentaires), à distinguer des GSS (grandes surfaces spécialisées), comme Leroy Merlin.

Le supermarché est né de la grande crise de 1929. En 1930, Michael Cullen lance le premier supermarché King Cullen, une formule conçue pour offrir les prix les plus bas possibles.

Piggly Wiggly, le premier magasin en libre-service

En France, le premier magasin en libre-service est créé par Goulet-Turpin en 1948. En 1949, Édouard Leclerc ouvre à Landerneau un magasin de 16 m^2 qui est la première épicerie discount[1].

Édouard Leclerc devant sa première épicerie discount à Landerneau
Source : E. Leclerc.

1. Étienne Thil, *Les Inventeurs du commerce moderne*, Éditions Jouwen, 2000.

En 1957, Delhaize[1] ouvre le premier supermarché en libre-service en Europe. L'année suivante, Goulet-Turpin fait de même en région parisienne[2].

Publicité pour le lancement du premier supermarché en libre-service français, en 1958
Source : Collection Goulet-Laurent Leroy.

En 1963, Carrefour invente le concept de l'hypermarché, à Sainte-Geneviève-des-Bois, en région parisienne[3].

Le premier hypermarché est né en France
© Carrefour. DR.

1. Aujourd'hui, le groupe Delhaize emploie 140 000 personnes dans le monde.
2. Frédéric Carluer-Lossouarn, *L'Aventure des premiers supermarchés*, Éditions Linéaires.
3. Christian Lhermie, *Carrefour ou l'invention de l'hyper-marché*, Vuibert, 2003.

Aujourd'hui quelques acteurs dominent la grande distribution alimentaire, présents sur un ou plusieurs formats. Ainsi, Carrefour détient des hypermarchés et des supermarchés (Carrefour Market) mais s'est séparé de Dia/Ed en 2011 ; le Groupe Casino, outre les Géants Casino (hypers) possède les Super Casino, Leader Price et la moitié de Monoprix ; Auchan, outre ses hypers, détient SimplyMarket/Atac.

Figure 6.6 **La part de marché (en valeur) des quinze premières enseignes de la grande distribution alimentaire en France en 2011**

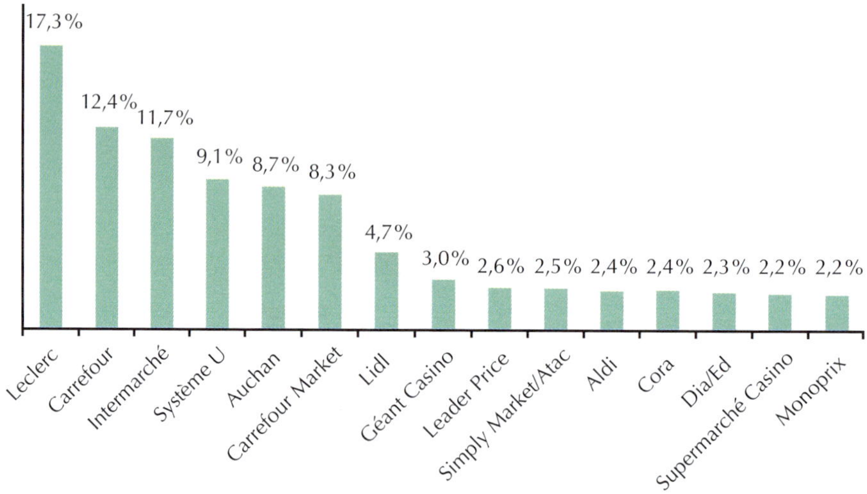

Source : Kantar Worldpanel, 2011.
Univers de référence : hypermarchés, supermarchés, supérettes, hard discount.

- *Les hypermarchés*

Ce format a connu une croissance très forte dans les années 1970 et 1980 malgré la législation limitant l'ouverture des grandes surfaces pour protéger le petit commerce[1]. Le concept de l'hypermarché s'est internationalisé et les Français y jouent un rôle moteur, sauf aux États-Unis où leurs diverses tentatives se soldèrent par des échecs[2].

Carrefour, premier groupe européen de distribution avec 91,5 milliards d'euros de chiffre d'affaires en 2011, est le deuxième groupe mondial (loin) derrière l'américain Wal-Mart (419 milliards de dollars). Sur le format des hypers, il est aujourd'hui dépassé sur le territoire français par Leclerc qui, avec 30 milliards de chiffres d'affaires, progresse très vite et s'est fixé pour objectif de dépasser son concurrent en 2015 tous formats confondus. Intermarché, Auchan, Géant Casino suivent dans le format hyper avec des parts de marché qui vont de 11,7 % à 3 %.

1. Ce fut d'abord la loi Royer de 1973. En 1996, la loi Raffarin soumit à autorisation administrative toute création de magasins de plus de 300 m^2 et toute extension de surface. La LME de 2008 (loi sur la modernisation de l'économie) a fait passer ce seuil de 300 à 1 000 m^2.

2. L'équivalent de l'hypermarché aux Etats-Unis est le « *Supercenter* », qui comporte moins de produits alimentaires et pas ou quasiment pas de produits frais (fruits, légumes, viande, poisson...).

Le succès de l'hypermarché repose sur quelques idées fortes et simples :

- *Tout sous un même toit.* L'alimentaire attire et fait revenir régulièrement des clients qui trouvent beaucoup de choses pour lesquelles ils n'étaient pas forcément venus : équipement de la personne et du foyer, bricolage, jardinage, services financiers, voyages, etc. Selon sa taille, un hyper compte de 40 000 à 80 000 références.
- *Le discount.* L'hyper propose des prix attractifs que permettent une rotation rapide des stocks, une centrale d'achat puissante, des coûts limités par une implantation à la périphérie des villes et dans les centres commerciaux dont les hypermarchés sont les locomotives. « *No parking, no business* » disait Trujillo dans les années 1950, un gourou américain qui a influencé bon nombre des inventeurs du commerce moderne. Les hypers se sont développés avec l'automobile et les nouvelles banlieues.
- *La magie de l'abondance.* Profusion des marchandises, animations dans les surfaces de vente, offres promotionnelles, tout doit conduire à tenter le chaland.

Aujourd'hui, avec 35,6 % des ventes du commerce de détail alimentaire et 10,6 % du commerce non alimentaire[1], l'hypermarché est un format mature pour les plus optimistes, une formule en panne, promise au déclin, incapable de se renouveler pour les plus pessimistes. Plusieurs raisons expliquent ceci.

• *L'hypermarché est attaqué de toutes parts*

- Tout d'abord, *sur les prix par le développement du hard discount.* Cependant les hypers ont réagi avec des rayons « hard discount » et même des hypers « hard discount » (hyper Auchan de Mulhouse reconverti en « Priba »).
- Ensuite, *sur la profondeur des gammes par les grandes surfaces spécialisée.* Chaque rayon de l'hyper trouve en face de lui un *category killer* (comme Toys « R » Us, Joué Club, Darty, Boulanger, Fnac, etc.) hautement spécialisé dans une catégorie de produits, avec un assortiment beaucoup plus important, des prix compétitifs et parfois de vrais conseillers pour assister le client.
- Enfin, *sur la commodité d'achat par le commerce de proximité* et *le développement de l'e-commerce* (peu incisif sur les produits alimentaires et de grande consommation mais plus redoutable sur les biens d'équipement de la personne et du foyer). Le gigantisme ne fait plus rêver : les petits hypermarchés (autour de 5 000 m^2), plus pratiques, se portent beaucoup mieux que les plus grands. Et pourquoi aller loin quand on a le choix et des prix intéressants dans son quartier avec le nouvel essor des supermarchés et supérettes ? Les *drive* (voir la page d'ouverture du chapitre), particulièrement performants sur les produits alimentaires et de grande consommation, sont une contre-offensive à double tranchant : ils redonnent de l'activité aux hypers et grands supers… et les cannibalisent en même temps.

• *L'hyper ne fait plus rêver*

Et quand le rêve disparaît, on ne mesure plus que les contraintes, l'éloignement, le gigantisme, l'attente devant mes caisses. Un indice alarmant : en quinze ans, la

1. Insee, pour l'année 2010.

durée de visite d'un hyper a diminué de moitié. On va faire les courses le plus vite possible. La visite plaisir devient visite nécessaire. André Tordjman, qui a enseigné longtemps la distribution à HEC avant de devenir le responsable marketing des hypers Auchan en France, analyse ainsi les difficultés actuelles de l'hypermarché[1].

Le décalage entre l'hypermarché et ses clients est réel :

- *Décalage avec la société française* et son évolution démographique : plus de personnes seules et plus de seniors, des foyers plus petits qui ont moins de raisons de fréquenter ce format de vente dont la surface et les grands conditionnements de produits sont mal adaptés à leur demande.
- *Décalage avec les évolutions des comportements* qui privilégient l'optimisation du temps, la réduction du stress et donc des courses plus rapides, plus simples, plus faciles.
- *Décalage avec la consommation des ménages* qui dépensent plus pour le logement, le transport, les télécommunications, les loisirs, et proportionnellement moins pour les achats alimentaires.
- *Décalage avec l'évolution de l'offre concurrentielle* autour de concepts plus segmentés, plus modernes, plus agressifs en prix et en offre produits, plus technologiques, plus conviviaux, plus réactifs, plus proches de la demande et des attentes des consommateurs.

Ces décalages expliquent l'infidélité croissante des clients de l'hyper qui se manifeste par une baisse de la fréquence de visite et… une baisse de la part de marché sur les produits de grande consommation alimentaire.

Les groupes de distribution propriétaires d'hyper se déploient désormais dans des formats qui résistent mieux : les supers et supérettes, le hard discount, la distribution spécialisée, le drive, l'e-commerce. Ils privilégient aussi les petits hypers qui correspondent mieux aux besoins des clients, comme le tout nouveau Carrefour du centre commercial Confluence à Lyon, inauguré en 2012, qui a moins de 4 500 m^2 et qui se concentre uniquement sur les produits alimentaires. Ils tentent enfin, comme Carrefour Planet, de réinventer le format (voir le mini cas ci-après).

• *Les supermarchés*

On distingue les grands formats (1 300 m^2 pour les supermarchés Casino à 1 700 m^2 pour les supermarchés Leclerc) et les petits formats (600 m^2 pour Franprix du groupe Casino). Les supermarchés font une place importante à l'alimentaire, notamment aux produits frais. Situés en centre-ville, ce sont des magasins de proximité qui ont souffert autrefois de la concurrence des hypers mais qui ont su regagner du terrain en jouant sur la qualité des produits, des services, de l'aménagement des points de vente et de leurs horaires d'ouverture.

On compte en France environ 5 500 supermarchés, un chiffre en augmentation, pour une surface de vente totale de près de 7 millions de m^2. Les supermarchés représentent 29,7 % des ventes du commerce de détail alimentaire et 6,1 % du commerce non alimentaire[2].

1. Voir www.mercator.fr, rubrique Interviews.
2. Insee 2011, pour l'année 2010.

MINI CAS

Carrefour lance Carrefour Planet

Carrefour a réalisé un chiffre d'affaires de 91,5 milliards d'euros en 2011, en croissance de seulement 0,5 % par rapport à l'année précédente, avec une réduction du résultat opérationnel de 15 %. Les difficultés des hypermarchés Carrefour en Europe ne sont pas récentes, c'est pourquoi le concept de Carrefour Planet était un pari important pour l'entreprise.

Lars Oloffson, venant de Nestlé et nommé directeur général de Carrefour depuis janvier 2009, a conclu que la baisse de fréquentation de son enseigne venait de la crise du concept d'hyper. Il fallait réinventer le format et « réenchanter » l'expérience du client. L'hyper doit devenir multi-spécialiste, en mettant en avant les rayons porteurs comme le frais, la maison, la beauté, les loisirs-multimédia, pour mieux lutter contre les spécialistes (tels que Grand Frais, Leroy-Merlin, Sephora, Boulanger…).

Le concept fut lancé en 2010 et, sans attendre la fin des tests (peut-être en raison de la pression des actionnaires insatisfaits des résultats de la nouvelle direction), Carrefour annonça un plan très ambitieux de transformation de 500 hypermarchés en Europe d'ici 2013 pour un investissement de 1,5 milliard d'euros.

Le nouvel hypermarché propose 8 pôles thématiques : marché, bio, surgelés, beauté, mode, bébé, maison, loisirs-multimédia. Ces pôles sont « théâtralisés » comme on dit, avec un design très étudié. Les allées sont élargies et les linéaires abaissés. Dans chaque pôle, on trouve conseillers et démonstrations produits. Tous les magasins proposent un ensemble de services, tels que des cours de cuisine, de la coiffure, une halte-garderie. L'ensemble donne une impression très « qualitative », voire haut de gamme. L'hypermarché devient un lieu de vie où il fait bon se rendre et rester.

Le coût de ces travaux (4 millions d'euros par hyper) et le surcoût des services ne peuvent être compensés que par une augmentation de l'activité… ou, si elle fait défaut, par celle de la marge, c'est-à-dire par une hausse des prix.

Or Carrefour a de fortes contraintes dans ce domaine. Le site comparatif Quiestlemoinscher.com montrait fin 2011, sur une sélection de 1 600 produits, que Carrefour avait des prix supérieurs de 4,8 % (7,2 % pour Carrefour Market) à Leclerc – son principal concurrent. Des données à prendre avec précaution car le site est animé… par Leclerc. Mais Carrefour doit lutter contre une image d'enseigne chère et tout dérapage sur les prix conduit à une fuite des clients.

En pleine crise économique, le lancement d'une formule qui paraît sophistiquée et haut de gamme peut sembler en décalage avec les attentes de ses clients : il risque de renforcer l'image d'enseigne « chère ».

Fin 2011, 81 hypermarchés avaient été transformés en France, Espagne, Belgique, Italie et Grèce pour un coût de 369 millions d'euros. Pourtant, le chiffre d'affaires de ces magasins, loin de connaître un redressement vigoureux, continuait de décliner de 1,4 % en 2011 (contre, il est vrai -5,4 % pour les autres). C'est tout le pari économique et stratégique de Carrefour Planet qui était remis en cause.

En mars 2012, l'entreprise annonçait que « le plan de déploiement sur 2012 sera ajusté de manière pragmatique, pays par pays, en tenant compte des conditions macroéconomiques existantes et de notre politique sélective d'allocation des investissements. » Autrement dit, le déploiement était gelé, en attendant un meilleur contexte économique. Lars Oloffson, constatant l'échec, quittait son poste en avril 2012 après trois ans d'activité et fut remplacé par Georges Plassat, un homme du monde de la distribution.

- *Les supérettes et les épiceries de réseau*

Les supérettes sont des formats inférieurs aux supermarchés (120 à 400 m^2) qui représentent 4 000 points de vente. Les épiceries de réseau, identiques aux supérettes, mais de surface inférieure à 120 m^2, sont au nombre de 8 300. Le groupe Casino est leader avec 4 600 points de vente en France, suivi par Carrefour (3 600)[1].

Ces deux entreprises ont aidé au rajeunissement du concept (Casino Shopping, Carrefour City), avec des implantations en centre-ville, des horaires d'ouverture élargis, et un assortiment adapté à une population de célibataires et de couples. D'autres enseignes, comme Monoprix avec Monop' ou dailymonop ont participé à ce rajeunissement du format.

5° Les hard discounters (maxidiscomptes) : la formule low cost de la distribution

Inventé en 1948, en Allemagne par les frères Albrecht qui créèrent la chaîne Aldi, le hard discount s'est développé beaucoup plus tard en Europe, à la fin des années 1980.

Le hard discount est un format de petites surfaces (400 à 800 m^2, mais Lidl va jusqu'à 1 000 m^2), à forte dominante alimentaire[2], avec un référencement limité à des produits de base, sans ou avec fort peu de marques nationales, et positionné bas prix : moins 20 % à moins 40 % que les produits de marque vendus dans les autres commerces alimentaires.

Le développement du hard discount est très différent selon les pays européens. Il est le plus fort en Allemagne, sa patrie d'origine, avec plus de 35 % du commerce alimentaire, 30 % en Belgique, 14 % en France (4 700 points de vente), et seulement 5 % au Royaume-Uni. En France, les enseignes sont, par ordre d'importance décroissante : Lidl (allemand), Leader Price (Casino), Aldi (allemand), Dia/Ed (espagnol, ex-Carrefour) et Netto (Intermarché).

Le hard discount séduit par ses prix et parfois son rapport qualité-prix. L'image d'un format de distribution fréquenté par les revenus les plus bas a une part de vérité. Mais la formule n'a plus le succès d'antan.

FOCUS

Le hard discount à la peine

- Après avoir beaucoup progressé, le hard discount stagne en dessous de 14 % de parts de marché.
- Les enseignes ne font guère preuve d'innovation et l'expérience client est toujours aussi austère.
- De plus, les hypers et supermarchés ont pris très au sérieux cette menace en mettant en avant des lignes de produit en concurrence frontale (par exemple les rayons Self Discount d'Auchan) et en se battant sur les prix.

Certaines formules hard discount de GSS se sont également développées : présentation plus sommaire, assortiment plus étroit, moins de marques mais à des prix encore plus attractifs. On peut citer par exemple Bricodépôt et Vêt'Affaires.

1. Source : Xerfi, 2011.
2. Il existe également des enseignes hard discount hors de l'alimentaire.

6° Le développement des grandes surfaces spécialisées (GSS)

Les années 1980 ont vu l'émergence des chaînes spécialisées ou grandes surfaces spécialisées (GSS) et leur essor s'est confirmé depuis. Comprenant sous ce terme des types d'enseignes très différents, une GSS est un magasin de grande surface, vendant un assortiment extrêmement profond dans une catégorie de produits (vêtements par exemple) ou de produits attachés à une activité (bricolage ou sport par exemple).

Le grand commerce spécialisé s'est développé d'abord au détriment du petit commerce spécialisé puis en concurrent des rayons non alimentaires des hypermarchés. Un large assortiment à prix attractif le rend particulièrement compétitif.

On notera que les grandes chaînes d'hypermarchés se sont souvent diversifiées dans le commerce spécialisé comme Auchan avec Leroy Merlin, Boulanger et Décathlon.

Le grand commerce spécialisé est particulièrement présent dans l'électroménager, la micro-informatique et la téléphonie (Darty, Boulanger, Fnac…), dans le mobilier (Ikea, Habitat, Conforama, Fly…), dans les articles de sport (Intersport, Décathlon, Go Sport), dans le bricolage (Castorama, Leroy Merlin…), dans le jouet (Toys R Us, Joué Club…) ou encore dans l'habillement avec l'américain Gap, le suédois H & M et l'espagnol Zara (qui sont ici des fabricants et pas seulement des revendeurs).

7° La vente à distance (VAD)

La VAD regroupe la traditionnelle VPC (vente par correspondance, c'est-à-dire sur catalogue) et le commerce en ligne étudié dans la section 5 de ce chapitre.

La VPC stagne depuis longtemps, l'e-commerce est en plein essor mais les deux formules tendent à converger, les vépécistes s'étant reconvertis avec plus ou moins de succès au commerce en ligne.

Figure 6.7 **Évolution du chiffre d'affaires de la vente à distance aux particuliers, en France (milliards d'euros)**

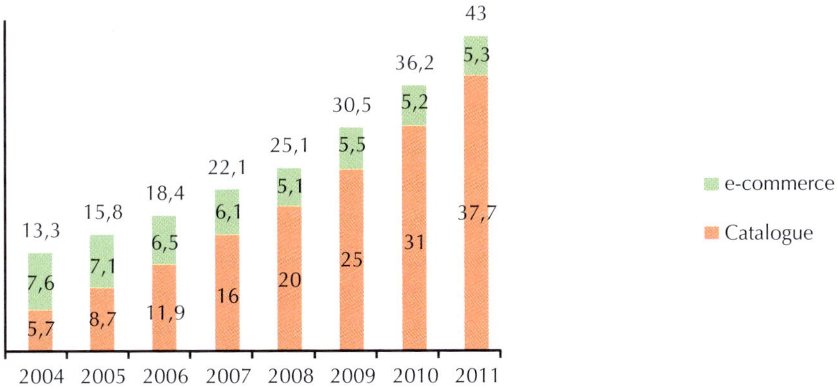

Source : Fédération e-commerce et vente à distance (Fevad).
Le chiffre d'affaires « catalogue » 2011 est estimé.

Selon la Fevad, la VAD représentait environ 43 milliards d'euros de chiffre d'affaires en France en 2011, dont 86 % par Internet.

La vente par correspondance, inventée au XIXe siècle par Aristide Boucicaut (qui avait ouvert auparavant Au Bon Marché, le premier grand magasin) connut une longue période de prospérité, en offrant facilité d'achat et sérieux des enseignes.

Aujourd'hui, la VPC spécialisée se porte plutôt bien, par exemple dans les produits gastronomiques ou les produits de beauté. La VPC B to B comme JPG, JM Bruneau ou Manutan est importante. Sa bonne santé s'explique par le développement d'une distribution multicanale.

Mais la VPC généraliste à destination des particuliers est moins florissante. Dans les années 1990, elle a été attaquée par les GSS (grandes surfaces spécialisées), qui proposent des assortiments beaucoup plus profonds et des prix souvent plus compétitifs. Les ventes de textile représentant deux tiers ou plus de leur chiffre d'affaires, ils souffrent de la concurrence de grandes chaînes comme Zara, H & M, Promod… Dans les années 2000, Internet a déstabilisé les vépécistes traditionnels et ceux qui n'ont pas su prendre le virage de l'e-commerce ont disparu, comme la Camif en 2008.

Exemple

→ La Redoute et Les 3 Suisses (propriété du n° 1 mondial, l'Allemand Otto Versand) font face à une reconversion forcée et douloureuse vers l'e-commerce. Ils doivent adapter :

- leur politique d'assortiment (non plus biannuelle mais continue) ;
- leur politique de prix (il n'est plus possible d'annoncer un prix facial élevé et de multiplier ensuite les réductions) ;
- leur politique de communication (ils restent très dépendants d'une politique coûteuse de génération de trafic) ;
- leur culture organisationnelle (de la culture du catalogue papier à l'agilité et la concurrence transparente de l'Internet) ;
- tout en cumulant les coûts structurels (de fabrication d'un catalogue papier et Internet).

L'e-commerce fait l'objet de la section 5 de ce chapitre.

SECTION 3

LE MARKETING DES DISTRIBUTEURS ET SON ÉQUATION ÉCONOMIQUE

Le marketing-mix des distributeurs porte sur la définition du concept, la zone de chalandise, l'assortiment, le niveau de service, le niveau de prix et bien sûr le merchandising. Avant d'aborder ces éléments, il faut comprendre l'équation économique de la distribution qui conditionne les choix marketing.

1 L'ÉQUATION ÉCONOMIQUE DE LA DISTRIBUTION

La distribution a un coût, ce sont les *charges d'exploitation*. Les principaux postes de coûts sont les suivants :

- les coûts de la distribution physique : transport, manutention, stockage, etc. ;
- les coûts administratifs : facturation, comptabilité, etc. ;
- les frais commerciaux : personnel de vente, promotion, publicité, après-vente, services divers, etc. ;
- les frais financiers : immobilisations correspondant aux produits stockés, aux capitaux investis, etc.

La marge du distributeur doit lui permettre de couvrir ces charges et de dégager un résultat positif.

a) Les fondamentaux : marge, taux de marque, coefficient multiplicateur et marge arrière

PA = prix d'achat ; PV = prix de vente ; MB = marge brute.

1° La marge brute

C'est le prix de vente (hors taxes) moins le prix d'achat.

$$MB = PV - PA.$$

2° Le taux de marque, ou taux de marge commerciale

C'est la marge brute exprimée en pourcentage du prix de vente (donc marge incluse)[1].

Exemple[1]

➥ Un hypermarché achète hors taxes un produit au prix unitaire de 8 € et le revend hors taxes au prix de 9,35 €. Sa marge brute unitaire est donc de 1,35 €. Son taux de marque sur ce produit est de 14 %.

3° Le coefficient multiplicateur

Pour se simplifier la tâche, de nombreux distributeurs ont pris l'habitude de calculer leur prix de vente à partir d'un *coefficient multiplicateur* du prix d'achat.

Exemple

➥ Un bijoutier calcule le prix de vente d'une montre qu'il achète 120 €, en appliquant au prix d'achat un coefficient multiplicateur de 1,8. Son prix de vente est alors :

$$PV = 120 \times 1{,}8 = 216\ €$$

Sa marge est de 96 € et son taux de marque de 44,4 %.

Ces deux méthodes de fixation du prix de vente (taux de marque et coefficient multiplicateur) sont similaires, le coefficient multiplicateur (CM) étant l'inverse du complément du taux de marque (1 – m).

1. Pour simplifier, il n'a pas été tenu compte de la TVA.

4° La marge arrière à réintégrer dans la marge

La marge arrière correspond aux avantages financiers versés par un fournisseur à un distributeur en échange (en principe) de services.

On verra à la section suivante ce qu'ils recouvrent et les sujets de tension qu'ils peuvent créer. Il faut noter ici que leur niveau peut être considérable : 10, 20, 30, voire 40 % du prix d'achat sont ainsi rétrocédés.

Figure 6.8 **Marge avant et marge arrière**

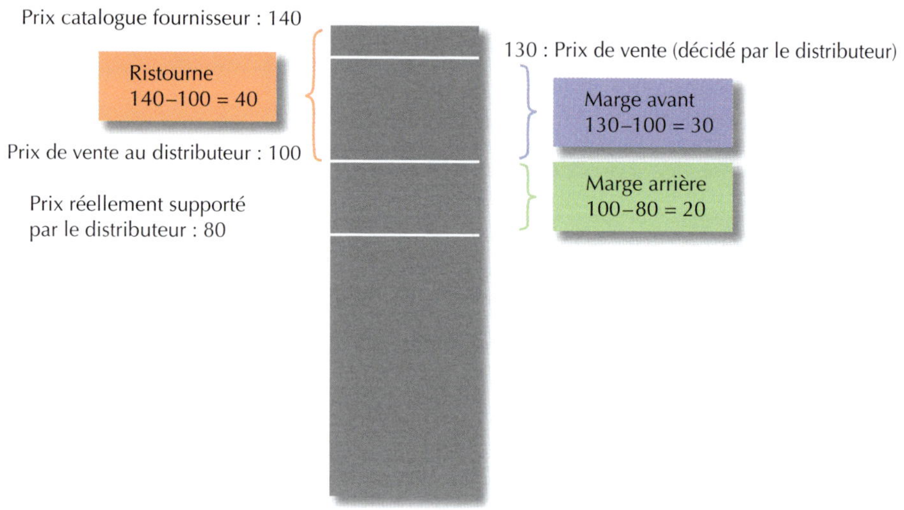

b) Le volume des ventes et la rotation du stock

Contrairement à une idée reçue assez fréquente, la rentabilité d'un produit pour un distributeur ne dépend pas seulement de la marge unitaire (ou taux de marque) qu'il prélève sur ce produit ou même de sa marge totale, marge arrière incluse. Elle dépend aussi du volume des ventes qu'il réalise sur ce produit, et de la vitesse de rotation de son stock.

1° L'influence du volume des ventes

La marge brute totale dégagée par une « référence[1] » sur une période déterminée (un an, par exemple) est égale au produit de sa marge brute unitaire par son volume des ventes.

1. Les références sont constituées des différentes variétés des articles distribués. Par exemple, les pots de 375 grammes de confiture à l'abricot de la marque Materne, constituent une référence. La référence sert à comptabiliser les stocks et les ventes.

Il en résulte qu'entre deux références ayant un même prix d'achat et des taux de marque différents, ce n'est pas nécessairement celle qui a le plus fort taux de marque qui dégagera la plus forte marge brute totale.

Exemple

➥ Un détaillant achète deux produits, A et B, au même prix de 8 €. Il revend le premier au prix de 10 € (c'est-à-dire avec un taux de marque de 2 octobre × 100, soit 20 %), et le second au prix de 9,45 € (c'est-à-dire avec un taux de marque de 1,45/9,45 × 100, soit environ 15 %). Si son volume de ventes annuel est de 3 000 unités pour A et de 5 000 unités pour B, sa marge brute totale sera de :

$$3\ 000 \times 2\text{ €} = 6\ 000\text{ € pour le produit A}$$

$$5\ 000 \times 1{,}45 = 7\ 250\text{ € pour le produit B}$$

Le volume des ventes est lui-même le résultat de deux facteurs principaux :

- la fréquentation, à savoir le nombre de clients dans une période donnée ;
- le panier moyen, c'est-à-dire le montant moyen des achats de chaque client.

2° L'influence de la vitesse de rotation des stocks

Un deuxième facteur très important de la rentabilité d'un produit, pour un distributeur, est sa *vitesse de rotation*. On appelle vitesse de rotation d'un produit, le *rapport entre son chiffre d'affaires annuel* et la *valeur de son stock moyen.*

$$R = \frac{\text{Chiffre d'affaires au cours de la période}}{\text{Valeur du stock moyen évalué au prix de vente}}$$

Si on calcule le stock moyen sur un an, on utilisera la formule suivante :

$$\text{Stock moyen} = \frac{\text{Stock à l'inventaire + stock à la fin de chacun des 12 mois}}{13}$$

On exprime souvent la rotation des stocks en jours ou en mois. Dans le premier cas, on divise 365 par le ratio de rotation du stock ; dans le second, on divise 12 (pour 12 mois) par le ratio de rotation.

Exemple

➥ Soit un chiffre d'affaires annuel de 10 000 000 € et un stock moyen de 2 500 000 € évalué au prix de vente, la rotation du stock est égale à :

$$R = \frac{10\ 000\ 000}{2\ 500\ 000} = 4$$

La vitesse de rotation du stock est de :

$$\frac{365}{4} = 91\text{ jours}$$

ou de :

$$\frac{12}{4} = 3\text{ mois}$$

Plus la vitesse de rotation des stocks est grande et plus le rendement du capital investi dans les stocks est élevé. C'est pourquoi, on peut diminuer le taux de marque si on augmente en même temps la vitesse de rotation des stocks. C'est sur ce principe que s'est développé le discount qu'on étudiera par la suite.

L'exemple ci-après illustre l'avantage que procure une rotation rapide des stocks.

Exemple

➥ Soit deux produits A et B pour lesquels le stock moyen est égal, mais dont le taux de marque et la rotation varient en sens inverse : le produit A a un fort taux de marque et une faible rotation, le produit B a un faible taux de marque et une forte rotation. Ce tableau montre que, malgré un taux de marque très inférieur pour le produit B, l'augmentation du taux de rotation permet d'améliorer très sensiblement le rendement du capital immobilisé.

Variation du rendement du capital immobilisé dans les achats en fonction du taux de marque et du taux de rotation

Articles	a) Stock au prix d'achat (capital immobilisé)[1]	b) Taux de marque	c) Stock au prix de vente	d) Taux de rotation	e) Marge brute en valeur (c – a) × d	f) Rendement du capital (e/a)
A	600	30 %	857	1	257	43 %
B	600	16 %	714	5	570	95 %

c) Les autres facteurs qui influencent la rentabilité de distributeur

La rentabilité du distributeur ne dépend pas du seul ratio de rotation des stocks. Les délais de paiement que le distributeur peut obtenir du producteur sont également déterminants. Si ces délais excèdent la vitesse de rotation, cela veut dire que le distributeur a une trésorerie positive puisqu'il encaisse le produit des ventes avant d'avoir payé ses achats[2]. Les grandes chaînes d'hypers et de supermarchés sont souvent dans cette situation, et les produits financiers qu'elles tirent du placement de leur trésorerie sont une source importante de leur rentabilité. En revanche, cela se traduit par des frais financiers accrus pour les fabricants qui, pour vendre, ont accepté des délais de paiement importants. Depuis la loi de modernisation de l'économie du 4 août 2008, la liberté de fixation des délais de paiement est strictement encadrée. Ils ne peuvent dépasser 45 jours fin de mois ou 60 jours à compter de la date d'émission de la facture.

Enfin, le montant des investissements consentis a un impact direct sur la rentabilité du distributeur : achat des emplacements, construction, travaux d'embellissement et d'aménagement, décor, équipement sont autant d'investissements qui pèsent sur la rentabilité. Ils font partie, avec les stocks, des capitaux investis par le distributeur.

Dans la figure suivante (figure 6.9), on retrouve l'ensemble des facteurs qui agissent sur la rentabilité de la distribution.

1. Le stock moyen évalué au prix d'achat est de 600 € dans les deux cas.
2. On appelle cela un besoin en fonds de roulement (BFR) positif.

Figure 6.9 **Les composantes de la rentabilité d'un distributeur et l'impact des politiques des distributeurs**

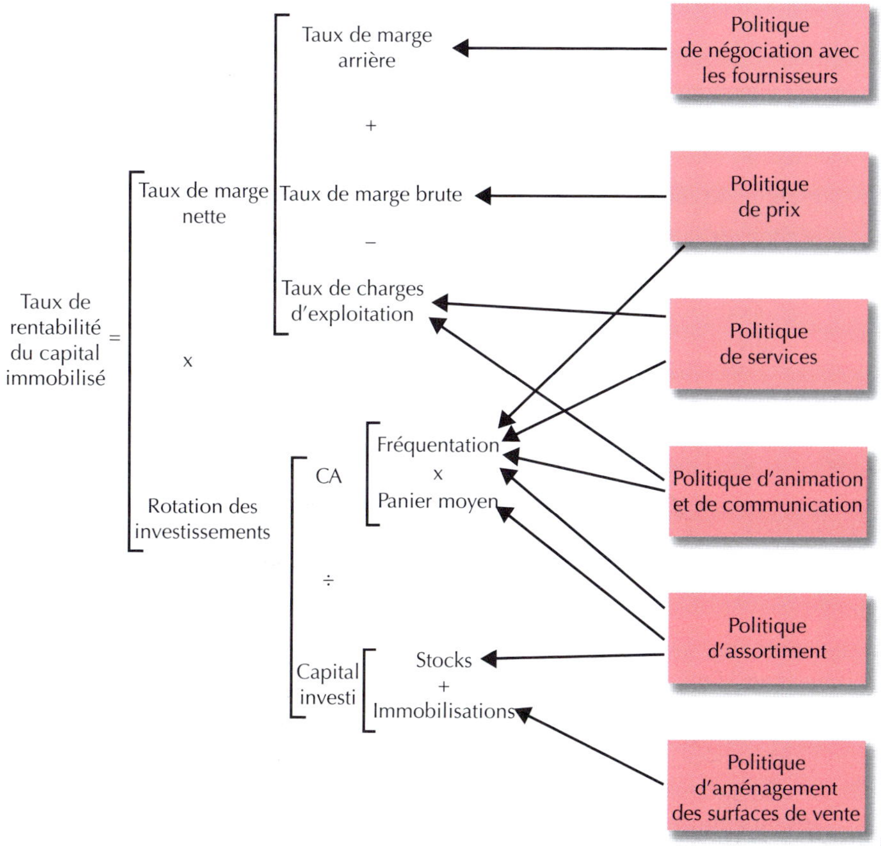

Source : J.-F. Boss, document interne HEC.

2 Le marketing-mix des distributeurs

Cette équation économique est une contrainte pour la stratégie marketing et oblige à clarifier les choix marketing, qui influencent le modèle de rentabilité.

Prenons le cas des hard discounters : les coûts sont réduits au maximum pour proposer les prix les plus bas. Le magasin est situé en périphérie. L'assortiment est réduit pour obtenir des prix d'achat réduits (fort volume pour peur de référence) et faciliter la logistique. La décoration des magasins est rudimentaire. Un personnel réduit travaille au ressort et à la caisse. De ce fait les prix sont bas, mais les marges restent très convenables.

Prenons à l'inverse le cas d'un petit spécialiste, comme un antiquaire : le magasin est situé en centre-ville (bail ou loyer coûteux), l'assortiment est important pour le peu de surface, il faut une présence permanente alors que les ventes sont très peu nombreuses, le coût des stocks est très élevé et la rotation des stocks est très faible. Les prix ne peuvent qu'être élevés (multiplicateur de 2 ou 3) pour assurer la rentabilité.

Entre ces deux extrêmes, il existe bien entendu une très grande variété de formules et de marketing-mix.

Parmi les nombreux leviers d'action marketing du distributeur, nous en retiendrons cinq :

- le choix du concept, de l'ambiance, du design ;
- le choix de la zone de chalandise et de l'emplacement ;
- le choix de l'assortiment et du niveau de prix ;
- le choix du niveau de service et de personnel ;
- la politique de communication.

a) Le choix du concept, de l'ambiance, du design

1° Le concept de l'enseigne

Le concept marchand exprime l'identité et le positionnement de l'enseigne et va guider la politique de l'entreprise.

Il définit donc les axes stratégiques qui vont se retrouver dans l'identité visuelle de l'enseigne, la mise en scène de la vente, son design.

Il s'articule autour de quatre points clés :

- l'identité de l'enseigne : par exemple, la Fnac n'est pas Virgin ;
- le rôle de l'enseigne sur son marché : par exemple, la Fnac défend le mieux-disant culturel, Virgin fait partager un style de vie ;
- les codes d'expression de l'offre : logo, couleurs, style, mode d'expression, etc. ;
- les règles : formalisation dans un « book » qui est décliné par les différents services et mis en œuvre par les équipes de terrain.

2° La mise en scène et la théâtralisation des points de vente

Dans sa forme la plus sommaire, comme chez un hard discounter, la vente ne fait pas l'objet de mise en scène particulière. Seuls importent la gestion du trafic, des linéaires et l'implantation des références. Les meubles sont fonctionnels, les linéaires basiques, les produits sont présentés dans des caisses en carton : cette absence de décor permet de réduire les coûts et exprime bien le positionnement économique de ces enseignes.

Cependant, la plupart des points de vente mettent en place une mise en scène de la vente qui est une façon d'exprimer le concept marchand de l'enseigne. Celle-ci crée ainsi un univers qui la différencie des concurrents, raconte une histoire dans laquelle le client est censé se reconnaître, théâtralise un acte d'achat qui pourrait être très banal et ennuyeux.

Exemples

- Les magasins Ikea expriment un univers accessible, accueillant pour les familles et les jeunes célibataires, de culture suédoise (égalitarisme, design…). Le point de vente met en scène les meubles en recréant des lieux de vie attrayants (chambres, salons, cuisines…). Chaque visiteur est conduit, non pas seulement à sélectionner des produits, mais à s'identifier à des styles d'intérieur. La dimension rationnelle de l'enseigne se traduit par un parcours de visite logique et relativement contraignant. Des lieux de vie collectifs, comme le restaurant ou la galerie, permettent de passer de nombreuses heures dans ces magasins.
- Nature & Découvertes organise son point de vente autour d'univers distincts : bien-être, découverte de la nature, produits ethniques, jardinage et espaces extérieurs, enfants… On ne va chez Nature & Découvertes parce qu'on recherche un produit particulier, mais pour flâner, être surpris, découvrir : c'est l'aventure au coin du magasin. De ce fait, le lieu de vente semble regorger d'articles qui se renouvellent en fonction des saisons et de l'année. Le parcours de visite n'est pas tracé à l'avance, il s'organise en fonction du visiteur, qui va d'objet en objet et d'une découverte à une autre.

MINI CAS

Abercrombie & Fitch

Fondée en 1892, Abercrombie & Fitch (A & F) est une enseigne qui a connu de multiples transformations et qui fit déjà faillite, avant d'être reprise par le groupe Limited Brands (Victoria's Secret) en 1988. Très loin de l'histoire et du positionnement de l'enseigne, A & F est transformé en une chaîne de vente de vêtements *casual* et *sportswear* qui vise les adolescents et jeunes adultes. Toute la stratégie de l'enseigne a consisté à se différencier par la marque et le concept, résumé par son slogan : « *All about sex* ».

Trois leviers sont particulièrement utilisés (nous reprenons ici une étude ethnographique amusante et stimulante de J-F Lemoine et O. Badot)[1].

• La ritualisation du parcours-client

Les points de vente sont difficilement visibles de l'extérieur (pas d'enseigne, pas d'ouverture sur l'extérieur), l'entrée se fait par un sas imprégné d'une odeur très forte et sucrée et où se trouve un homme-objet bodybuildé, torse nu et aguicheur (avec lequel la photo est de rigueur), l'obscurité règne ce qui rend difficile de se repérer.

• L'exacerbation des simulations sensorielles

On y découvre « fragrance entêtante, musique techno extrêmement forte, quasi-obscurité et micro-éclairage concentré sur certains produits, sollicitations tactiles *via* les matières des vêtements, du mobilier et des corps », selon les auteurs de l'étude.

• La redéfinition du personnel en contact

Celui-ci est moins là pour vendre que pour faire vivre le concept, servir de support d'identification aux visiteurs et créer une atmosphère désinhibante. Ils sont jeunes, hommes ou femmes de 18 à 25 ans, blancs, beaux, lascifs (à l'égard des clients ou entre eux).

En 2011, l'enseigne réalisait un chiffre d'affaires d'un milliard et demi de dollars avec plus de 1 000 points de vente dans le monde.

1. Jean-François Lemoine et Olivier Badot, « Gestion tribale de la marque et distribution spécialisée : le cas Abercrombie & Fitch », *Cahier de recherche PRISM-Sorbonne*, CR 10-06.

3° Le design commercial

Il comprend plusieurs aspects :

- *L'aménagement commercial* : le style des meubles, le choix des couleurs du décor, le choix des finitions, l'organisation de l'espace doivent être pensés au-delà de leur seul aspect fonctionnel.
- *L'éclairage commercial* : il a pour objet de mettre en valeur les produits, d'animer et de rythmer le point de vente, de mettre en avant certains produits ou rayons…
- *Le design sonore* : l'ambiance sonore du point de vente a pour objectif de plaire au client, de le mettre dans un état d'esprit favorable à l'achat et d'exprimer le concept marchand de l'enseigne.
- *Le design olfactif* : il permet d'éliminer des sources d'odeurs désagréables pour le client, d'apporter un confort olfactif, d'attirer l'attention sur un rayon, voire d'exprimer le concept de l'enseigne.

Exemple

➥ La première boutique Kiehl's, une pharmacie, a été créée en 1851 dans l'*East Village* de New York, un quartier vivant, artiste et mélangé. La marque de cosmétique est aujourd'hui distribuée dans des boutiques qui évoquent cette histoire et ces racines. Elles comprennent toutes des éléments similaires : parquet au sol, murs en brique, lustres, une Harley-Davidson, un livre d'or, un mur où sont épinglées les photos des clients… D'autres éléments évoquent directement l'univers de la pharmacie : un squelette, des fioles, un comptoir de marbre, et les vendeurs (*Kiehl's Customer Representatives*) portent tous une blouse blanche. L'éclairage n'est pas agressif, il n'y a pas de musique d'ambiance et l'odeur reste assez neutre.

Une boutique Kiehl's
Source : L'Oréal.

b) Le choix de l'implantation

Une enseigne va développer une stratégie en fonction d'un objectif général de couverture géographique, ainsi que de deux critères : la taille de la population locale (zone de chalandise) requise pour faire vivre le point de vente, et les sites d'implantation.

1° La zone de chalandise

La zone de chalandise d'un commerce est l'aire géographique d'où provient l'essentiel (80 à 90 %) de sa clientèle potentielle, soit qu'elle y vive, soit qu'elle y travaille.

Cette zone varie en fonction de nombreux éléments, c'est pourquoi il est souvent difficile de bien la délimiter à l'avance.

- *La nature de l'enseigne ou le concept du magasin.* Certains points de vente ont un fort pouvoir d'attraction, comme Ikea qui est susceptible de faire venir des clients très éloignés, alors que d'autres ont un pouvoir d'attraction beaucoup plus faible et vont profiter essentiellement de l'attractivité du lieu (par exemple une boutique dans un centre commercial).
- *Les voies de circulation ou à l'inverse les barrières physiques,* qui font que des espaces relativement éloignés peuvent participer à la même zone, alors que des espaces plus proches, mais d'un accès plus difficile, n'y participeront pas. Le temps de déplacement maximum nécessaire à la clientèle pour accéder au magasin est du reste le critère qu'utilise le Conseil d'État pour trancher les questions de réglementation des zones de chalandise.[1] La présence ou non de parkings (et leur coût d'utilisation) détermine dans une grande mesure l'usage de la voiture et donc la zone de chalandise.
- *L'attractivité de l'ensemble auquel appartient le point de vente.* On sait qu'un hypermarché performant attire la clientèle dans un centre commercial, ce qui profite à l'ensemble des points de vente. Un centre-ville rénové et la présence de lieux publics drainent un passage favorable à la boutique…
- *La concurrence,* qui peut détourner la partie de la clientèle potentielle, ou inversement, qui peut favoriser l'attractivité d'un lieu en s'y concentrant et en attirant les clients par la diversité et la facilité de comparaison des offres.

Exemples

- La rue de Rome à Paris est connue pour la concentration de ses luthiers, Pigalle pour les vendeurs de guitare, l'avenue Daumesnil pour ses boutiques d'informatique : la concentration de points de vente aux activités identiques accroît l'attractivité de chacun.
- Quand le distributeur américain Toys Я Us s'est implanté en France, il l'a fait systématiquement à côté des grands hypers pour favoriser la comparaison entre leur offre et le prix et l'assortiment de cette grande surface spécialisée en jouets et détourner ainsi une partie de leur clientèle.

1. Conseil d'Etat, arrêts « Société Jesda » et « Société Bicomuret » du 10 novembre 2004.

Une fois délimitée, on évaluera la zone de chalandise en identifiant dans un premier temps son potentiel total, puis en segmentant la population pour ne retenir que les clients que vise l'enseigne et enfin en faisant une hypothèse de parts de marché sur ce segment.

Le *géomarketing* permet de recueillir des données statistiques sur la population qui vit à proximité d'une implantation et de définir le potentiel total. On utilisera les bases de données de l'Insee afin d'analyser la composition de la population (type de ménage, type de logement, revenus…) et ses dépenses[1]. Il ne faudra pas oublier d'inclure des données sur l'activité économique de la zone, comme des bureaux, qui peuvent avoir un impact important sur la fréquentation.

De façon plus étroite, un indicateur intéressant pour un point de vente est la mesure du trafic de passants. Dans une rue de centre-ville, on comptera le nombre de passants aux différents moments de la journée. On procède de la même façon en mesurant le trafic d'un centre commercial (qui dispose de ses propres études).

Mais le choix d'implantation au sein d'une zone de chalandise ne dépend pas seulement d'une analyse du trafic, mais également du type d'implantation qu'on a défini.

2° Deux types d'implantation

En étant loin d'être exhaustifs, voici deux grands types d'implantation des points de vente.

• *Les magasins indépendants périurbains, de centre-ville ou de zones marchandes*

En milieu semi-rural ou en zone périurbaine, beaucoup de points de vente sont isolés, à l'image par exemple des magasins de bricolage qui se trouvent dans des zones d'activité. En milieu urbain, les magasins isolés s'appuient essentiellement sur une zone de chalandise très étroite, tels que les épiceries ou les boulangeries de quartier.

Les magasins de centre-ville profitent des politiques de rénovation urbaine, qui multiplient les zones piétonnières et qui favorisent des activités de loisirs : bars, restaurants, cinéma… Il faut bien distinguer les zones de centre-ville dédiées au commerce (zones commerciales comme par exemple les artères autour de la Place de la Comédie à Montpellier) et les zones de centre-ville où les magasins sont plus dispersés.

Le public est composé des résidents de centre-ville, des gens qui travaillent en centre-ville et d'une population beaucoup plus large qui viendra le samedi pour se divertir.

Ces zones sont souvent jugées très attractives en raison de leur fort trafic. La contrepartie est le niveau de prix élevé des baux commerciaux et des loyers.

Exemple

➥ Les Champs-Élysées, avec 100 millions de passants par an, seraient la 5e artère commerciale la plus chère du monde. Le loyer annuel moyen y est de 7 500 € le mètre carré.

1. http://creation-entreprise.insee.fr

• *Les centres commerciaux*

Les centres commerciaux sont un regroupement de points de vente dans un même lieu, qui est conçu, développé, détenu et promu comme une seule entité.

Leur origine est fort ancienne, puisqu'on peut les rattacher aux bazars des pays du sud de la Méditerranée et plus récemment aux passages couverts qui ont connu beaucoup de succès dans le centre-ville des capitales européennes au XIXe siècle. Leur forme moderne (les *malls*) a été créée dans les années 1950 par l'architecte d'origine viennoise, Victor Gruen. Il est à l'origine de tous les fondamentaux du centre commercial : grands parkings, zones commerciales piétonnes à l'air libre, puis enclos, accès direct au rez-de-chaussée ou au premier étage, ouvertures intérieures permettant de voir les boutiques des différents étages, etc. Le premier centre commercial français, Parly 2, fut ouvert en 1969 en banlieue parisienne.

Les centres commerciaux réunissent des boutiques et généralement des grandes surfaces alimentaires (hypermarchés) ou des grandes surfaces spécialisées qui en constituent les « locomotives ». Certains petits centres ne sont du reste que des hypermarchés flanqués d'une galerie marchande. De grandes sociétés d'exploitants-propriétaires conçoivent, commercialisent, construisent et gèrent ces centres commerciaux. Mais de nombreuses modalités sont possibles : exploitants non propriétaires, propriétaires non exploitants, regroupement de commerçants, etc.

Selon le Conseil national des centres commerciaux (CNCC), il faut réunir au moins 20 boutiques sur 5 000 m^2 pour justifier l'appellation de centre commercial. La France comptait selon ces critères 707 centres commerciaux en 2011, totalisant plus de 14 millions de mètres carrés et 32 000 commerces, et réalisant 116 milliards d'euros de chiffre d'affaires. Le plus grand centre commercial français est celui de Belle Épine en région parisienne qui compte 140 000 m^2, à comparer avec le champion du monde, le *Dubai Mall* qui affiche 800 000 m^2 !

Les Centres commerciaux ne sont pas seulement variés en taille, ils le sont aussi en style. Certains sont spécialisés sur une thématique, comme Domus pour la maison, les antiquaires du Louvre des antiquaires, les boutiques de luxe, etc.

D'autres ont renouvelé le concept en adoptant le modèle des *Lifestyle Centers* américains, appelés aussi *retail parks*. Ces centres commerciaux, pour une large part à l'air libre, rassemblent boutiques, lieux de divertissement et restaurants dans un environnement plaisant avec des rues semi-couvertes, des plantations, du mobilier urbain. C'est l'ensemble de l'offre qui sert de « locomotive » et non plus une ou deux grandes enseignes. Le crédo est de donner envie de venir, en assurant une très bonne expérience d'achat et une offre de loisirs. Le centre commercial devient alors une destination de divertissement pour la famille qui va y passer plusieurs heures.

Exemples

➥ Inaugurés en 2012, les centres commerciaux Atoll à Angers ou Confluence à Lyon regroupent enseignes, restaurants, cinéma, voire hôtels et murs d'escalade. Ils offrent une nouvelle expérience d'achat aux clients et cherchent à les attirer par une offre intégrant boutiques, services et loisirs.

- L'Odysseum à Montpellier est un « *retail park* » français qui réunit grandes surfaces (Géant Casino, Ikea...), boutiques, cinéma, restaurants, activités de loisir, 2 000 places de parking... et un tramway qui mène directement au centre-ville.

L'odysseum de Montpellier

Enfin, on constate une diversification des lieux d'implantation des centres commerciaux, qui vont privilégier les endroits à fort trafic. Par exemple le Carrousel du Louvre réunit une trentaine de boutiques et de nombreux restaurants qui profitent du fort trafic des visiteurs du musée parisien. Les aéroports se sont largement transformés en centres commerciaux géants. Et il en va de même pour les gares (voir le mini cas suivant).

c) Le choix de l'assortiment et du niveau de prix

Les points de vente diffèrent dans le type d'assortiment qu'ils proposent, c'est ce qu'on appelle l'offre commerciale. Chaque format de distribution est un arbitrage entre la profondeur et la largeur de la gamme (voir section 2, paragraphe 2 de ce chapitre), mais au sein du format, la gamme choisie peut être de nature très différente.

Elle doit être cohérente avec le concept de l'enseigne, correspondre aux attentes des segments de clientèle visés, s'inscrire dans une fourchette de prix qui est celle de l'enseigne, distinguer entre un cœur de gamme et une offre périphérique.

Exemple

- Un Monop' situé au centre de Paris va proposer un large assortiment de plats préparés (sandwichs, salades, plats cuisinés à réchauffer, etc.), de cannettes de boissons fraîches, de desserts individuels pour la clientèle de bureau qui viendra se servir le midi. Pour la clientèle résidente de centre-ville, Monop' proposera des marques plutôt haut de gamme, voire bobo (les 2 vaches, Michel & Augustin, Innocent, produits bio...). Ce type d'assortiment, au niveau de prix élevé, serait une garantie d'échec pour une autre clientèle.

Cet assortiment doit bien entendu répondre à des conditions strictes d'efficacité et de rentabilité (voir la figure 6.9).

Dans la grande distribution, une répartition entre marques de premier prix, marques de distributeur et marques nationales est classique, mais les arbitrages sont différents entre formats et enseignes. La grande distribution – particulièrement la grande distribution alimentaire – segmente en effet son offre en trois grands niveaux d'offre :

1° La ou les marques nationales leaders

Le distributeur (hyper ou super) commence à construire son assortiment autour d'une ou de plusieurs grandes marques nationales détenant chacune une part de marché importante. S'il existe une marque nationale très dominante, elle sera parfois la seule référencée, mais le plus souvent on lui adjoindra un « challenger » ; s'il existe plusieurs co-leaders à peu près à égalité, ils seront parfois tous présents dans l'assortiment.

Exemple

- Dans le secteur des eaux minérales plates, la plupart des distributeurs référencent au minimum les quatre grandes marques nationales : Evian, Vittel, Contrex et Volvic.

MINI CAS

La plus vieille gare de Paris se transforme en centre commercial design

La première ligne de chemin de fer de France, inaugurée en 1837, reliant Paris à Saint-Germain, est partie de Saint-Lazare. La gare actuelle, qui a été créée en 1842 et a été transformée en 1889, desservait les stations balnéaires de la Normandie et le port du Havre d'où partaient les paquebots à destination des États-Unis. Cette gare huppée s'est progressivement transformée en « gare du quotidien », desservant les banlieues parisiennes. Elle accueille aujourd'hui 450 000 voyageurs par jour (37 millions par an), ce qui en fait la deuxième gare en Europe. Elle est desservie par 6 lignes de métro ou de RER et 27 lignes de bus (et un parking de 250 places).

En 2000, la SNCF décide de se lancer dans un projet gigantesque de rénovation de la gare pour un coût de 250 millions d'euros. Mais cela dépasse de plusieurs fois le budget de rénovation annuel de la SNCF. L'entreprise, par le biais de sa filiale Gares & Connexions, décide de financer une grande partie de cette somme par le biais d'un partenariat avec un géant des centres commerciaux, Klépierre, propriétaire de 271 centres commerciaux dans 13 pays et en gérant 335 au total.

Klépierre mit 160 millions d'euros sur la table pour bénéficier de 1 000 m^2 d'espaces commerciaux au sein de la gare pour un bail de 40 ans. Ces espaces, sous la dénomination St. Lazare Paris, comprennent trois moyennes surfaces de plus de 500 m^2 (Carrefour City, Virgin, Esprit) et 80 boutiques.

Le défi pour Klépierre a été de créer une offre en adéquation avec les attentes multiples d'une clientèle diversifiée, composée de voyageurs, salariés du quartier, résidents et touristes. « Gagner du temps, se faciliter le quotidien, mêler l'utile à l'agréable ou flâner, se restaurer sur le pouce en prenant le temps d'une pause agréable » a été le concept de ce Centre commercial ferroviaire.

© SNCF/AREP, photographe : M. Vigneau

L'entreprise a donc soigneusement sélectionné les enseignes, en mêlant l'alimentation, la restauration, la mode, la culture, les loisirs, les cadeaux, la beauté, la santé, les services. Elle a aussi privilégié des nouveautés avec Muji to Go de l'enseigne japonaise, le bijoutier danois Pandora, le chausseur espagnol Marypaz, le drugstore néerlandais Hema, etc.

Le chiffre d'affaires attendu est de 100 millions d'euros dès la deuxième année d'activité, soit le double d'un centre commercial équivalent.

2° Une marque de distributeur (MDD) à prix moyen

Le deuxième pôle de l'assortiment est souvent constitué par une marque de distributeur (MDD) d'un niveau de qualité comparable à celui des marques nationales, et d'un prix inférieur d'environ 15 % à 20 % à celles-ci. Cette marque de distributeur peut être une « marque d'enseigne » (par exemple la marque Monoprix qui a fait l'objet d'un mini-cas dans le chapitre 4) ou une « contremarque » exclusive de l'enseigne (par exemple, la marque Repère de Leclerc). Comme c'est sur cette marque que le distributeur réalise généralement la marge unitaire la plus élevée, il aura tendance à la privilégier en lui accordant un linéaire étendu et bien placé. En France, les MDD représentent 36 % de parts de marché dans la grande distribution alimentaire, loin derrière de nombreux autres pays. Cependant, le hard discount s'appuyant presque exclusivement sur les MDD, les autres formats de distribution tendent pour se différencier à privilégier des gammes ternaires en laissant une vraie place aux marques nationales.

Figure 6.10 **Les parts de marché des marques de distributeurs en Europe (volume) en 2011**

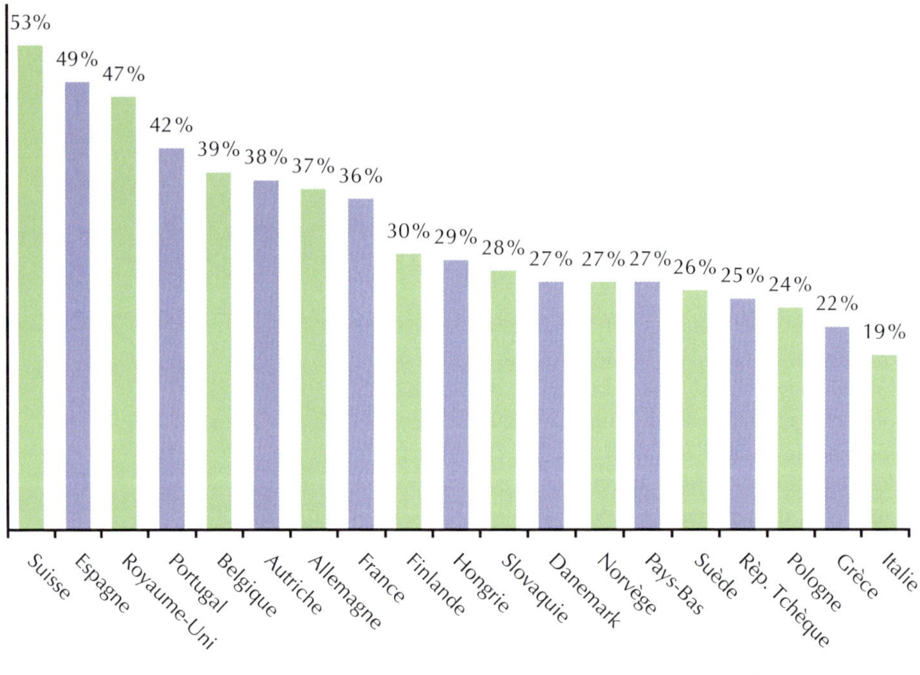

Source : PLMA 2012.

3° Un premier prix

Enfin, le troisième pôle habituel de l'assortiment des grands distributeurs est constitué par des produits de qualité moyenne ou inférieure et de prix très bas : de l'ordre de 35 % à 50 % moins chers que les grandes marques nationales. Il peut s'agir d'une contremarque exclusive du distributeur considéré ou d'un produit sans marque.

d) Le choix du niveau de service (et de personnel)

Un distributeur peut développer plus ou moins la « fonction service » qui est celle de la distribution. Ces services associés peuvent être de nature différente :

- accueil des clients ;
- prise en charge (parking, enfants...) ;
- information sur l'offre ;
- conseil à l'achat ;
- traitement des cas particuliers ;
- prise de commande ;
- paiement ;
- livraison ;
- maintenance ;
- traitement des réclamations ;
- programmes de fidélisation.

Il existe presque toujours un lien direct entre le niveau de service et le niveau de prix, pas seulement parce qu'on attend d'une grande enseigne, d'une grande marque, d'une offre commerciale au prix élevé un niveau minimum de service, mais aussi parce que le service entraîne des frais, notamment de personnel, qui pèsent sur le résultat d'exploitation. Dans le modèle présenté dans la figure 6.9, la politique de service affecte le taux de charge d'exploitation. Un niveau de service élevé, en augmentant les coûts, requiert un taux de marge important pour les couvrir, donc des prix plus élevés.

On comprend dès lors qu'un hard discounter va réduire au maximum le niveau de service alors que le point de vente d'une grande marque va pousser les services et justifier un prix premium.

Suivant le modèle de la figure 6.9, on constate également que le niveau de service peut avoir un effet positif sur la fréquentation. Ce n'est pas nécessairement le cas : une offre à bas prix et faible service peut être particulièrement attractive et générer un trafic important. Mais une offre qualitative, autour d'un concept original, a un fort pouvoir d'attraction.

Exemples

- Sephora est un concept de distribution qui se caractérise par une offre extrêmement large et un niveau élevé de services, rendu par un personnel important.
- Apple a marqué le secteur de la distribution avec le lancement des Apple Store. Des magasins de très grande dimension vendant un assortiment de produit très étroit. Les magasins Apple sont des magasins de service, où le client peut voir les produits, les utiliser, se former, demander des conseils, se faire aider ou faire réparer les produits (Genius Bar), le tout sans pression commerciale. Les vendeurs, appelés « genius » ne sont pas formés pour pousser la vente, mais pour être de véritables conseillers, sélectionnés sur leur expertise. On pourra aussi relever le fait que la marque met un point d'honneur à honorer la diversité, que ce soit pour le recrutement des « minorités visibles » ou de personnes handicapées parmi ses vendeurs.

e) La politique de communication

Les grandes enseignes sont des grands annonceurs puisqu'elles représentent 13,6 % des 27,8 milliards d'euros de dépenses publicitaires brutes en 2011 selon Kantar Media : 322 millions d'euros pour Carrefour, 270 pour Leclerc, 200 pour Intermarché.

La politique de communication est importante pour le marketing du distributeur, comme pour celui de toute entreprise : nous renvoyons le lecteur aux chapitres 7, 8 et 9 qui traitent en détail de ce sujet.

On relèvera cependant quelques spécificités de la communication des distributeurs.

- *Chez un distributeur, tout communique.*

Le produit lui-même – c'est-à-dire le point de vente – communique. Son identité graphique, le design, l'atmosphère, l'expérience du client, les produits vendus et le personnel sont la source première de communication de l'entreprise parce que, comme souvent dans les services, le client est « dans l'usine », il est au cœur de la production. Une entreprise comme Zara a choisi de ne pas communiquer par la publicité mais uniquement par son offre et ses magasins.

- *La communication du positionnement prix est souvent importante dans la distribution.*

Il est déterminant pour la grande distribution alimentaire car une image de prix élevé fait perdre des parts de marché. Mais dans le même temps, pour se différencier, les enseignes doivent mettre en avant d'autres atouts et d'autres bénéfices clients. Il est souvent délicat de trouver le bon arbitrage entre ces deux exigences, à l'image de la communication de Carrefour : « Les prix bas. La confiance en plus ».

- *Le marketing direct est abondamment utilisé.*

La distribution est une grande consommatrice d'ISA, imprimés sans adresse, largement financés par les marques. Cependant ce média est de plus en plus critiqué en raison de la saturation du public et de la dénonciation écologique. La communication par Internet reste aujourd'hui assez secondaire, et le marketing relationnel est promis à d'importants développements.

3 Le merchandising, élément clé du marketing opérationnel du distributeur (et du producteur...)

a) Définition et rôle du merchandising

On appelle merchandising[1] l'ensemble des méthodes et des techniques de présentation et de mise en valeur des produits dans les lieux de vente afin de faciliter l'écoulement des premiers et la rentabilité des seconds.

On distingue le merchandising du distributeur et celui du producteur.

1. On notera que le terme merchandising est également utilisé avec un sens très différent qui n'est pas abordé ici : la vente de produits dérivés vendus sous licence. Par exemple, l'immense succès des multiples éditions de Harry Potter a donné lieu à un merchandising effréné : posters, cartes, musiques, jeux vidéo, déguisements pour enfants, tee-shirts, figurines et maquettes, etc. Le e-merchandising est étudié dans la section 5 de ce chapitre.

Pour le distributeur, le merchandising vise à optimiser la rentabilité du linéaire de vente de ses magasins. Il en résulte qu'il privilégiera souvent, au travers de ses actions de merchandising, la vente des produits qui lui assureront une forte *marge brute*, ou qui, par une *rotation rapide des stocks*, lui permettront de réduire ses coûts financiers. Il est également soucieux d'apporter le maximum de satisfaction à ses clients. Ces deux objectifs passent par le concept du point de vente, le plan d'implantation des rayons, les négociations avec les industriels pour l'allocation du linéaire et l'organisation de promotions et d'animations, enfin par l'architecture intérieure et l'ambiance du point de vente (design d'environnement commercial).

Pour le producteur, le merchandising vise à optimiser sa présence dans l'espace qui lui est alloué par un distributeur dans un point de vente. Ainsi défini, le merchandising d'un produit recouvre pour un producteur les principales décisions suivantes (qui dépendent souvent du distributeur) :

– le choix de l'*emplacement* où sera vendu le produit dans le magasin ;
– l'importance de l*a surface de vente (ou linéaire)* qui lui sera attribuée ;
– *la quantité de produit* qui sera présentée en rayon ;
– *le mode de rangement* (ou disposition) des produits ;
– *le matériel de présentation utilisé* : étagères, casiers, bacs, palettes au sol, présentoirs, etc. ;
– la nature du *matériel de signalisation* et de *publicité sur les lieux de vente (PLV)* : étiquettes, réglettes, stop-rayons, banderoles, etc.

Le producteur ne peut avoir qu'un rôle de conseil et d'incitation, qu'ils exercent par l'intermédiaire de leurs représentants, et notamment de ceux qu'on appelle « promoteurs-merchandisers ». Leurs suggestions et leurs recommandations, en matière de merchandising, ne seront suivies par le distributeur que si elles lui paraissent conformes à ses propres intérêts et adaptées aux caractéristiques spécifiques de sa clientèle et de son magasin.

Exemple

➥ Un producteur spécialisé dans les biscuits diététiques comme Bjorg ou Gerblé recommandera certainement au distributeur de placer son offre au sein d'un rayon diététique spécifique. À l'inverse, un géant de l'agroalimentaire qui a une ligne de biscuits diététiques pourra recommander de situer ses produits au sein des rayons généralistes, ce qui lui permet de toucher un plus vaste public, tout en différenciant cette offre des biscuits non diététiques.

b) Les variables clés du merchandising

Les politiques de merchandising se fondent sur le recueil et l'exploitation de très nombreuses données.

1° La fréquentation du point de vente et de chaque rayon

• *Le trafic*

On le mesure par la fréquentation du point de vente (nombre d'entrées par jour, heure…) et de chaque rayon. On appelle *zone chaude* la partie du magasin la plus fréquentée (c'est souvent la première moitié de la surface de vente), *zone froide*, la moins fréquentée. En exploitant les tickets de caisse, on mesure, pour chaque rayon, le nombre d'acheteurs, la valeur moyenne des achats par acheteur et le pourcentage qui visite le rayon. Par exemple, le rayon lait est fréquenté hebdomadairement par 97 % des clients d'un point de vente alimentaire.

- *Le profil des acheteurs*

On l'établit par enquêtes et à partir des données qui peuvent être recueillies à l'occasion du passage en caisse (on peut demander le code postal pour savoir d'où vient l'acheteur et établir ainsi la zone de chalandise du point de vente), de la participation à une action promotionnelle (par exemple, inscription à un jeu), ou à un programme de fidélisation (par exemple, établissement d'une carte de fidélité).

- *Le temps passé*

On mesure la durée moyenne de visite d'un point de vente et le temps passé dans les rayons les plus importants. Une tendance se dessine nettement. Les clients consacrent de moins en moins de temps à faire leurs courses dans les grandes et moyennes surfaces. La magie des cathédrales de la consommation a fait long feu.

- *La fréquence de visite d'un point de vente*

Elle varie beaucoup selon la nature du point de vente (un peu plus d'une fois par semaine en moyenne pour un hypermarché, tous les jours pour une boulangerie…) et selon la facilité d'accès du point de vente.

- *La circulation dans le point de vente*

Elle est déterminée par le plan d'implantation des rayons, la densité de la surface consacrée à l'exposition par rapport à la surface de vente, la largeur des allées, la disposition des produits hors rayons qui gênent la circulation mais arrêtent l'attention des chalands (*stoppers*, îlots, palettes de produits dans les allées, etc.). Une circulation aisée favorise le confort des visiteurs mais peut aller à l'encontre de la rentabilité d'un rayon ou d'un point de vente. Le COS (coefficient d'occupation des sols) mesure la densité de l'offre.[1]

$$COS = \frac{\text{Linéaire au sol}^1}{\text{Surface de vente}}$$

La surface de vente correspond à la surface accessible aux clients y compris l'espace des caisses de sortie. Plus la surface de vente est importante, plus le COS est faible. Ainsi, pour un point de vente de 100 à 400 m^2, le COS est généralement compris entre 35 et 40 alors que pour une surface de vente de plus de 2 500 m^2, il va de 25 à 30[2].

1. Linéaire au sol : longueur totale en mètres des consoles d'un magasin (voir plus loin).
2. Source : Dominique Mouton et Gaudérique Paris, *Pratique du merchandising*, Dunod, 3e édition, 2012. Le lecteur qui souhaite approfondir le sujet consultera avec intérêt cet ouvrage écrit par des professionnels du merchandising auquel cette section fait souvent référence.

2° La définition et la description du linéaire de vente

Dans les magasins en libre-service, la plupart des produits de grande consommation sont placés dans des meubles de vente appelés *gondoles*, comportant plusieurs niveaux (ou étagères). Dans les hypermarchés, par exemple, les gondoles ont généralement une hauteur de 1,80 m et comportent trois, quatre ou cinq étagères.

- Le *linéaire au sol* est la longueur totale (en mètres) des consoles d'un magasin, ou de la partie des consoles attribuée à une catégorie de produits ou à un produit particulier.
- Le *linéaire développé* est la longueur totale des étagères correspondantes.

Exemple

→ Si, dans un hyper, le thé occupe le quart d'une gondole de huit mètres de long sur cinq niveaux, on dira que le linéaire au sol qui lui est attribué est de deux mètres, et que son linéaire développé est de : 2 × 5 = 10 mètres.

• *Les facings*

On utilise aussi comme unité de mesure du linéaire attribué à un produit le *facing*, c'est-à-dire la longueur nécessaire pour présenter, de face, une unité de vente du produit considéré.

Exemple

→ Si, dans la console attribuée au thé, la marque Lipton occupe, sur trois étagères superposées, un espace permettant de ranger, côte à côte et de face, quatre boîtes (ou paquets), on dira qu'elle dispose de : 3 × 4 = 12 facings.

À supposer que la boîte de thé Lipton mesure 15 cm de large, son linéaire développé sera de 12 × 0,15 = 1,80 mètre.

Le linéaire de vente attribué à un produit joue un double rôle.

• *Le linéaire de vente a un rôle de stockage*

La quantité d'un produit qui peut être stockée dans un rayon est proportionnelle au linéaire qui lui est attribué. Il en résulte que, plus le linéaire attribué à un produit est important, moins grands sont les risques de *rupture de stock* entre deux opérations de réapprovisionnement (ou remplissage des rayons). En d'autres termes, si un produit ne dispose pas d'un linéaire suffisant par rapport à ses ventes, ou bien il sera fréquemment en rupture de stock, ou bien il devra faire l'objet de réapprovisionnements fréquents à partir des réserves ou des entrepôts du magasin.

• *Le linéaire de vente a un rôle d'attraction visuelle et d'incitation à l'achat*

La longueur du linéaire développé attribuée à un produit exerce une forte influence sur l'attractivité visuelle et commerciale de ce produit. Plus la surface de vente occupée par un produit est grande, plus il a de chances d'être vu et identifié par le client qui passe devant le rayon. On estime, à cet égard, que le linéaire minimum pour qu'un produit ait des chances d'être vu est de 50 cm dans un hyper et de 25 cm dans un super. C'est le *seuil de visibilité*.

MINI CAS

Petit Navire

La conserve est, en volume, le segment le plus important sur le marché du poisson en France (95 millions de tonnes, suivi par le rayon traiteur, le frais et le surgelé). Le thon représente 50 % des ventes, le reste se partageant entre les sardines, les maquereaux et les salades. Le leader du secteur est Paulet (Petit Navire) qui a 30 % de parts de marché, devant les MDD (26 %) et Saupiquet (19 %).

Une étude de la clientèle a montré que pour 48 % des achats, la décision se prend devant le rayon. Or le rayon des conserves de poisson manque de lisibilité (difficulté à comprendre son organisation) et d'attractivité (impression d'être face à des « murs de boîtes »). Ce n'est pas une destination plaisir, elle offre peu d'incitation à l'achat et de plus 46 % des clients ne trouvent pas le produit cherché !

Petit Navire a décidé de révolutionner le rayon en proposant aux distributeurs de nouvelles gondoles appelées *Line up* et un nouveau mode d'organisation en rayon. La particularité de ces gondoles est double : les produits ne sont pas entassés à plat, mais reposent sur leur tranche, présentant ainsi au client la partie la plus importante et la plus attractive du packaging ; de plus, les étagères du haut sont inclinées vers le bas et celles du bas vers le haut, ce qui accroît de beaucoup la visibilité des produits et ce qui crée une impression générale de mouvement (plus de « mur de boîtes » mais un « effet de vague »). Enfin, Petit Navire propose aux distributeurs une organisation plus claire de l'offre, avec d'une part cinq colonnes disposant de séparateurs : sardines, maquereaux, thons, tapas et autres poissons, et salade, et d'autre part un ordre vertical : en bas des rayons les produits classiques et à hauteur de regard les produits plus élaborés (qui sont aussi plus chers et générateurs de marge).

Ce dispositif, testé pendant trois mois dans 10 points de vente volontaires a conduit à un score d'appréciation des consommateurs spectaculaire (97 %) et a permis d'accroître les ventes de 6 % sur un marché atone. 200 points de vente ont été équipés en huit mois. L'entreprise a remporté le Mètre d'or, décerné par l'Institut français du merchandising.

De nombreuses études indiquent que la présentation massive d'un produit, grâce à un linéaire important, inspire aux clients une certaine confiance dans ce produit, en leur faisant penser « qu'il se vend bien ».

3° Le choix de l'assortiment

Chaque variété d'un produit est comptée comme une référence avec un numéro d'identification sur code-barres (Gencod) différent. Ainsi, une mayonnaise de marque Amora pourra être présente avec 3 tailles différentes et 3 arômes différents, ce qui fera 9 références. Des références nombreuses élargissent le choix du client mais peuvent nuire à la rentabilité du distributeur car plus la gamme est profonde, plus la rotation de certaines références est faible. Un hypermarché pourra proposer plusieurs références de lait demi-écrémé premier prix qui a une très forte rotation (en moyenne, 5 000 litres vendus par semaine par hyper) et ne présentera qu'une seule référence de lait de chèvre ou aucune, compte tenu des très faibles volumes : 11 litres par semaine, en moyenne[1].

4° Les modes d'implantation des produits

• *L'implantation des produits et des références dans un rayon*

On peut organiser les rayons par variété. Par exemple, le rayon confiture peut regrouper les références fraise, les références abricot (ces deux variétés font 60 % des ventes), les autres fruits et mélanges de fruits, les présenter verticalement ou horizontalement, associer pour chaque fruit les confitures traditionnelles et les confitures allégées ou à l'inverse distinguer ces deux types de produit.

On peut opter pour une présentation par marque en regroupant toutes les variétés de la même marque.

On peut aussi organiser le rayon en fonction des prix : premiers prix, marques de distributeur (MDD), marques grand public et haut de gamme.

• *La création d'univers par le category management*

Le category management est un mode d'organisation des distributeurs consistant à organiser l'assortiment en fonction d'univers de produits (tels que perçus par les clients), plutôt que de catégories de produits et à confier à une même personne l'ensemble des responsabilités stratégiques relatives à cet univers (assortiment, achats, méthodes de vente et de merchandising).

Exemples

- Au lieu de mettre les laits pour bébés dans le rayon lait, les couches-culottes dans le rayon hygiène avec le papier toilette, les crèmes solaires pour bébé dans le rayon dermato, etc., on réunit les produits bébé dans un espace bébé.
- Zara organise ses rayons non pas en isolant des types de vêtements (chemises, pantalons, pulls, etc.), mais en créant des univers, souvent par couleur, où les produits sont coordonnés (chemises qui vont avec des pantalons qui vont avec des pulls, etc.).

Initiée aux États-Unis par le leader de la grande distribution, la société Wal-Mart, l'idée du category management s'est traduite par de nouveaux modes d'organisation chez les distributeurs avec, comme conséquence, des modes d'organisation symétriques chez les producteurs. Chez les distributeurs, cela consiste à regrouper, sous l'autorité d'une seule personne assistée d'une équipe, l'ensemble des fonctions marketing pour chaque catégorie de produits vendus. Le responsable marketing de la famille de produits considérée, appelé category manager, s'occupe non seulement des achats (et notamment des négociations avec les producteurs), mais aussi de la définition des assortiments des magasins et des méthodes de vente et de merchan-

1. Source : www.lineaires.com/

dising. Il exerce, pour les produits dont il est responsable, une autorité hiérarchique sur les acheteurs de la centrale et une autorité fonctionnelle sur les directeurs de magasins et leurs collaborateurs.

4 La mesure des performances

• *Le taux de transformation du trafic, ou taux de conversion*

C'est le rapport entre le nombre de visiteurs et le nombre d'acheteurs.

$$T = \frac{\text{Nombre de personnes entrées dans le point de vente}}{\text{Nombre de personnes ayant fait au moins un achat}}$$

On calcule souvent le taux de transformation pour un point de vente mais il peut être très utile de l'évaluer pour un rayon, ce qui est plus complexe. Le taux de transformation est pratiquement égal à 100 % pour un hypermarché mais il peut varier beaucoup selon les rayons : très élevé pour le rayon frais, beaucoup plus faible pour le rayon multimédia. Une fréquentation élevée associée à un taux de transformation faible indique que le magasin ou le rayon sont devenus un « showroom ». On vient s'informer et on va acheter ailleurs. Il est impératif de comprendre où et pourquoi : va-t-on ailleurs en raison du prix, du service, de ruptures fréquentes de stocks… ?

• *Le rendement au mètre carré*

C'est une appellation inadéquate car elle pourrait laisser penser que l'on mesure la rentabilité alors qu'il s'agit du chiffre d'affaires au m^2. On le calcule sur une période de référence, généralement l'année.[1]

$$\text{Rendement au } m^2 = \frac{\text{CA}}{\text{Surface de vente en } m^2}$$

• *Le rendement du linéaire*

$$\text{Rendement au linéaire} = \frac{\text{CA}}{\text{Linéaire au sol}}$$

• *La rentabilité du linéaire*

$$\text{Rentabilité au linéaire} = \frac{\text{Marge brute}}{\text{Linéaire au sol}}$$

1. Dans leur ouvrage cité plus haut, Dominique Mouton et Gaudérique Paris notent qu'on prend le linéaire au sol pour le calcul du rendement d'un magasin ou d'un rayon et le linéaire développé pour une marque.

- *Le panier moyen (ou ticket moyen)*

Il se calcule en divisant le chiffre d'affaires par le nombre d'acheteurs. On évalue le panier moyen sur une période de référence (sur l'année, selon les saisons, selon les jours de la semaine) pour l'ensemble du magasin, pour un rayon, pour un produit, pour une marque. On calcule le panier moyen hors et pendant les périodes de promotion.

$$\text{Panier moyen} = \frac{\text{CA}}{\text{Nombre d'acheteurs}}$$

- *Le taux de rupture et le taux de service*

Le taux de rupture est, sur une période donnée, le nombre de fois où une référence s'est trouvée absente du rayon en raison d'une rupture de stock ou d'un approvisionnement défectueux du rayon.

On parle également de taux de service. C'est l'inverse du taux de rupture. Un taux de service de 100 % signifie que sur la période considérée la référence en question a toujours été disponible à l'achat.

La méthode d'allocation du linéaire le plus souvent pratiquée par les distributeurs consiste à procéder périodiquement à des modifications de la répartition existante, et à observer les effets de ces modifications sur les ventes des produits concernés et sur les ratios de performance qui viennent d'être évoqués.

Une deuxième méthode consiste à utiliser des modèles informatiques dits d'« optimisation du linéaire ». Les modèles les plus utilisés sont ceux de spécialistes de panels comme Spaceman de Nielsen, de JDA Software Group, un des leaders mondiaux de logiciels et de services dédiés à la distribution qui propose Intactix, une suite de logiciels de merchandising, IDC Studio et son logiciel Smart. De nombreuses sociétés ont développé des logiciels très spécialisés, par exemple pour faire des relevés de rayons ou pour automatiser le réassortiment.

SECTION 4

LES RELATIONS PRODUCTEURS/DISTRIBUTEURS

Comme les précédentes, cette section traite de la distribution des produits de grande consommation, le chapitre 18 étant dédié au marketing et à la distribution *business to business*.

1 LA PRÉSENCE DANS LA DISTRIBUTION : LE RÉFÉRENCEMENT

Les chances de référencement d'un produit dépendent, d'une part de la politique d'achat du distributeur visé, d'autre part des arguments que le producteur peut mettre en avant.

a) À quel niveau se décide le référencement ?

On trouve toutes sortes de cas de figures. Dans certaines chaînes, le référencement est totalement centralisé et aucune liberté n'est laissée aux directeurs des magasins (si ce n'est pour l'achat de certains produits frais). Dans d'autres cas, une partie seulement des référencements est décidée par la centrale d'achat et imposée aux points de vente. Dans un troisième type de cas, enfin, il faut un double référencement : au niveau de la centrale d'abord, puis à celui du magasin qui est libre de ne pas suivre les choix de sa centrale.

Selon les chaînes, et selon l'importance du référencement, la négociation peut se passer de direction à direction, entre le directeur commercial du fabricant, (ou son directeur général) et la centrale d'achat (ou la direction de la chaîne si l'enjeu est vraiment d'importance).

Dans les cas moins importants, lorsque la décision de référencement est prise au niveau du magasin, c'est le représentant du producteur qui négocie avec le responsable du rayon concerné.

b) S'insérer dans la politique d'assortiment du distributeur

Les linéaires de vente ne sont pas extensibles à l'infini. La place pour un nouveau référencement est toujours limitée et le référencement d'un nouveau produit suppose souvent le déréférencement d'un produit concurrent ou d'un autre modèle du producteur.

La plus ou moins grande facilité de référencement dépend d'abord de la politique d'assortiment du distributeur.

- Les produits proposés correspondent-ils à la politique d'assortiment : concept de l'enseigne, adéquation avec la clientèle qu'il vise, type de produits et niveau de prix ?
- L'assortiment du distributeur est-il, par stratégie, très profond ou au contraire limité à quelques articles ?
- Quelle est la politique suivie par le distributeur entre grandes marques, marques de distributeurs et premiers prix ?

On verra plus bas que la politique de marques des distributeurs peut être un réel sujet de conflit.

c) Les conditions générales de vente (CGV) et la fixation du prix final

En France, la loi fait obligation au vendeur de publier son tarif qui peut comporter un barème de prix (par exemple, prix selon quantités achetées, date d'achat et/ou de livraison, franco de port…).

Le tarif catalogue du fournisseur énonce les CGV, qui, comme leur nom l'indique, sont applicables à tous les acheteurs.

Elles comprennent les rabais, les délais[1] et conditions de règlement, l'escompte en cas de paiement avant la date fixée dans les conditions générales de vente.

1. De façon générale, le délai de règlement est fixé au trentième jour suivant la date de réception des marchandises mais un distributeur puissant peut négocier un délai de paiement plus long.

L'application des conditions générales de vente conduit à la détermination du prix facturé. Exception faite de quelques cas particuliers comme le livre (loi Lang), la législation interdit au producteur de pratiquer des prix imposés. C'est le distributeur qui décide de sa marge en tenant compte des conditions concurrentielles, des usages en cours dans la profession et de ses objectifs de profit et de volume de vente.

Pour tenter de contrôler les marges, et par là les prix de vente publics, les fabricants ont souvent pris l'habitude de facturer à l'intermédiaire au prix public final qu'ils souhaitent, prix dont ils déduisent une ristourne.

Exemple

➥ Un producteur vend un objet 140 € à un distributeur. Il le facture ainsi (on ne tient pas compte de la TVA).

Total :	140 €
Moins remise de 28,5 % :	40 €
Doit :	100 €

Le distributeur est libre de suivre ou non la marge conseillée par le producteur. La marge calculée sur le prix d'achat est appelée « marge avant ».

Un autre élément du contrôle des prix vient de la législation qui, dans tous les pays européens, interdit la revente à perte (sauf cas particuliers comme les liquidations de stocks). En France, pour protéger le petit commerce, la loi Galland du 1er juillet 1996 a interdit aux distributeurs de vendre à perte, c'est-à-dire en dessous du prix d'achat figurant sur la facture. Les marges arrière n'étant pas mentionnées dans les factures, le seuil de revente à perte était donc fixé de telle façon qu'on ne déduisait pas la marge arrière du prix d'achat. Depuis la loi Chatel de 2008, c'est la totalité des marges arrière qui doit être prise en compte pour le calcul du seuil de revente à perte.

d) Les arguments des producteurs pour se faire référencer

1° Les arguments qui tiennent à des avantages réels du produit

Ce sont toujours les meilleurs. Un distributeur est toujours sensible à une innovation importante, à une amélioration sensible de la qualité, à une extension de la garantie ou des services qui accompagnent le produit, etc.

2° L'offre sur les prix et les conditions commerciales

On a vu, avec la marge arrière, les différentes formes de rémunération qui peuvent être consenties à la distribution (parfois il serait plus exact d'écrire… qui sont exigées par la distribution). Pour convaincre les distributeurs de référencer un produit, on peut aussi recourir à des méthodes particulières, comme la vente en laissé sur place. Elle consiste à ne facturer le produit que lorsqu'il a été vendu. Cela facilite évidemment le référencement mais le coût financier de telles pratiques peut être rapidement insupportable pour le producteur.

3° L'achat de linéaire, c'est-à-dire le paiement de « droits de référencement »

Encore limitée à certains rayons des grandes surfaces, cette pratique tend à devenir de plus en plus fréquente. Le distributeur demande au producteur un droit d'entrée qui peut se monter à plusieurs centaines de milliers d'euros. Il n'est plus rare de voir des budgets de référencement supérieurs aux budgets de publicité. Ce « droit »de référencement, appelé également « prime » de référencement, ne se traduit pas par une garantie donnée sur une très longue période. Si le produit a une rotation trop faible, il sera déréférencé au bout de quelques mois et le producteur ne sera évidemment pas remboursé !

4° Les politiques *pull*

Elles consistent à inciter le *consommateur* à acheter la marque par le biais du budget de communication. Fondées sur des efforts publicitaires importants, elles sont appréciées des acheteurs de centrales qui en tiennent compte dans leurs décisions de référencement. Plus l'image de la marque est forte, plus le soutien publicitaire est important, plus les chances de référencement sont grandes et plus les négociations commerciales en sont facilitées. La rigidité et les exigences de la distribution sont directement proportionnelles à la faiblesse de l'image de marque du producteur.

5° Différents autres facteurs

Ces facteurs peuvent influencer la décision de l'acheteur de la centrale. Cela peut tenir à l'historique des rapports entre ce producteur et le distributeur, au volume d'affaires traité sur d'autres marques et d'autres produits, etc.

2 Les sources de conflits entre producteurs et distributeurs

Un circuit de distribution se comprend mieux si on l'analyse comme un système construit autour d'enjeux de pouvoir. Certes, les distributeurs et les producteurs ont des rôles complémentaires mais ce serait de la naïveté d'ignorer les conflits qui procèdent de politiques parfois contradictoires et d'intérêts parfois très divergents. Le producteur aimerait que le distributeur soit son outil, au moindre coût, pour une distribution et une promotion efficaces auprès du consommateur. Le distributeur veut la même chose, en sens inverse.

Le producteur cherche à dominer le distributeur pour obtenir les conditions commerciales les plus favorables. L'objectif du distributeur est strictement l'inverse. Le producteur voudrait que le distributeur se conforme à sa stratégie marketing (par ses prix, son accueil, ses services, etc.). Le distributeur cherche des marques qui servent sa stratégie d'enseigne. Ce sont autant de facteurs divergents qui peuvent être à l'origine de conflits parfois sérieux.

Nous avons regroupé, ci-dessous, la liste des principales causes qui en sont à l'origine. Plusieurs ont déjà été évoquées dans les pages précédentes et sont simplement citées ici.

a) La rémunération et les conditions commerciales

Malgré le principe des conditions générales de vente, la discussion des prix est un grand sujet de tension entre producteurs et distributeurs en raison de la négociation des marges arrières.

Comme on l'a vu, les marge arrières, ou rétrocommissions, sont des avantages financiers versés par un fournisseur à un distributeur. Ils prennent la forme, pas toujours justifiée (mais qui doivent légalement l'être), de remises différées sur quantités (remises de fin d'année) ou pour coopération commerciale : PLV (publicité sur les lieux de vente), TG (têtes de gondole), parutions dans les prospectus commerciaux, animations, etc.

Les budgets versés par les fournisseurs le sont annuellement ou au cas par cas. Ils ne figurent donc pas dans les factures d'achats.

Ces pratiques peuvent correspondre à un véritable service rendu par le distributeur au producteur, mais peuvent n'avoir aucune contrepartie réelle (le distributeur liste des contreparties trop générales ou invérifiables). La loi Dutreil de 2005, puis la loi Chatel de 2008 ont essayé de mettre fin à de telles dérives, les marges arrière pouvant atteindre des niveaux importants sans correspondre à un véritable service rendu. Pourtant, les abus persistent en raison de la pression des distributeurs, qui peuvent menacer de déréférencer les produits du fabricant s'il ne consent pas ces avantages financiers.

b) L'accès au rayon

Le référencement est source de problèmes entre les producteurs qui voudraient référencer beaucoup de produits et les distributeurs pour qui la surface de vente est limitée. Le merchandising est un autre sujet à « dispute ». Les producteurs voudraient pouvoir gérer à leur guise l'espace qui leur est dévolu sur le lieu de vente pour disposer leurs produits, pour les mettre en avant, pour organiser des promotions. Les distributeurs ont intérêt à maîtriser la gestion de leur espace de vente sinon, c'est la foire d'empoigne. Certaines chaînes de distribution comme Carrefour interdisent l'accès à leurs rayons aux merchandisers des producteurs.

c) L'interdiction du refus de vente

La loi interdit aux fournisseurs de refuser de vendre à un distributeur qui accepte le prix catalogue et les conditions générales de vente. Il est interdit aux fournisseurs de pratiquer des conditions discriminatoires (hors conditions générales) n'ayant pas de contrepartie réelle. Toutefois, le refus de vente est possible dans certains cas énoncés par la loi, par exemple, la distribution de produits de luxe qui suppose un certain niveau de service ou la distribution de produits techniques qui nécessite chez le distributeur un certain niveau d'expertise et d'équipement.

Un fournisseur peut également refuser de vendre si le distributeur cherche à lui imposer des conditions exorbitantes, sans relation réelle avec le service qu'il lui fournit.

d) La politique de niveaux de marques

La politique d'assortiment en matière de marques (marques nationales, MDD, premiers prix) vue plus haut peut être une source de conflit, les marques de distributeurs étant en concurrence directe avec les marques des producteurs.

Les marques de distributeurs ramènent les producteurs à l'état de simples fabricants puisqu'ils se trouvent dépossédés d'une large partie de la fonction marketing. Ils deviennent donc plus étroitement dépendants des distributeurs.

Toutefois, vendre sous marque de distributeur peut être une chance pour une PME qui n'a pas les moyens d'imposer une marque nationale. Les volumes des ventes sont importants et un certain nombre d'entreprises sont devenues des experts sur un marché, proposant des *innovations-produit* et développant un savoir-faire marketing spécifique, de type B to B, c'est-à-dire orienté vers le service aux distributeurs.

Certains fabricants de MDD sont devenus si puissants que leur pouvoir de négociation se rapproche de celui des marques nationales : Dailycer, leader des céréales pour petit-déjeuner, Mc Bride pour les produits d'entretien, Ontex pour les couches-culottes. D'autres fabricants, après avoir développé une activité de MDD ont lancé leur propre marque nationale, c'est le cas de Senoble, troisième fabricant de produits laitiers frais en France, qui a lancé des produits sous son nom et sous la marque Weight Watchers.

Les producteurs reprochent parfois aux contremarques des distributeurs de copier les marques et les packagings des produits leaders. Il est difficile à ces derniers de se retourner contre les distributeurs et de leur intenter des procès car ils craignent des représailles sous forme de déréférencement. La loi du 31 décembre 1989, dite loi Doubin, donnait à la direction de la Concurrence le droit de poursuivre, de sa propre initiative, les distributeurs qui ont copié les codes (couleur, forme, nom) des marques de producteurs.

e) La politique des prix et des marques d'appel

La technique des prix d'appel ne prend toute son efficacité que si elle porte sur les marques les plus connues. Ce sont donc les leaders qui sont souvent les plus concernés. Fabricants et distributeurs déplorent d'une seule voix de telles politiques mais ils s'en rejettent la responsabilité, les uns sur les autres. Les fabricants accusent les distributeurs de créer une situation dangereuse. Pour les distributeurs, ce sont les industriels qui organisent eux-mêmes le désordre, en bradant les prix pour écouler les invendus.

f) La multidistribution

Certains distributeurs n'acceptent pas que les producteurs passent par plusieurs circuits concurrents. Ceci est souvent à l'origine de conflits importants. On a vu des syndicats professionnels de distributeurs diffuser des listes noires de producteurs qui ne respectaient pas leur demande d'exclusivité.

g) Le refus de vente

Dans certains cas, comme la vente de produits de beauté, le producteur souhaite une distribution très sélective afin de protéger son image. Dans d'autres cas, il souhaite éliminer les trop petits points de vente qui ont un débit insuffisant, qui coûtent trop chers ou qui utilisent sa marque pour faire des prix d'appel. Le producteur peut donc être tenté parfois de refuser de vendre à certains distributeurs.

Depuis la loi Galland de 1996, le refus de vente est autorisé dans certains cas, si le producteur a des raisons sérieuses à faire valoir, telles que le « bradage » de ses produits par un distributeur ou des exigences de marge arrière sans réelle contrepartie de services fournis par le distributeur.

3 Un rapport de force souvent défavorable aux producteurs

a) Un rapport de force difficile pour les producteurs

Dans les conflits qui peuvent les opposer aux distributeurs, les producteurs de biens de grande consommation ne sont pas en position de force face aux distributeurs en raison de la *concentration* de ces derniers, c'est-à-dire la création de quelques grands groupes de distribution dotés de centrales d'achat très puissantes.

Il n'est pas rare aujourd'hui qu'un producteur, même très important (comme Procter & Gamble, Danone, Unilever, etc.), dépende d'un très petit nombre de distributeurs pour l'écoulement de sa production : une seule grosse centrale d'achat, comme celle de Carrefour, de Leclerc ou d'Intermarché, peut représenter à elle seule plus de 15 % du chiffre d'affaires d'un producteur en France, et les dix principaux clients d'un producteur (c'est-à-dire les dix principales centrales d'achat) représentent en général plus de 80 % de son activité. Inversement, aucune grande marque nationale ne « pèse », à elle seule, plus de 1 % du chiffre d'affaires d'un grand distributeur, et le plus souvent, beaucoup moins. Il en résulte qu'en cas de conflit entre un producteur et un distributeur, si aucun accord n'est trouvé et si la marque du producteur est « déréférencée » par le distributeur, celui-ci risque de perdre au maximum quelques fractions de pourcentage de son chiffre d'affaires, alors que le producteur est presque assuré de perdre 10 % ou 15 % du sien.

b) Les moyens de défense des producteurs de grandes marques face aux distributeurs

Pour faire face à ces menaces, la meilleure politique qui s'offre à un producteur consiste à *renforcer l'attractivité de sa marque auprès des consommateurs finals,* de manière à créer et à entretenir chez eux une demande forte pour ses propres produits. Si, en effet, une marque fait l'objet d'une telle demande de la part des consommateurs, les distributeurs pourront difficilement se dispenser de la vendre, et par conséquent ne pourront pas brandir constamment la menace de la déréférencer, car leur chiffre d'affaires et leur image en souffriraient. Et d'autre part, si les consommateurs sont très attachés à la marque, ils seront moins tentés par les MDD.

Pour mener une telle politique, un producteur dispose de trois moyens d'action principaux :

- Le premier consiste à conférer à ses produits, dans toute la mesure du possible, une réelle *supériorité* sur les marques concurrentes, et notamment sur les MDD, soit en termes de qualité du produit, soit en termes d'avantages produit. Cela implique qu'il poursuive en permanence une politique active *d'innovation-produit*.
- Le deuxième moyen consiste à se doter, par la communication, d'*une image de marque forte et attrayante,* qui ajoutera de la valeur subjective aux produits qu'il vend.
- Enfin, les producteurs des grandes marques sont de plus en plus conscients du danger que peut représenter pour eux un *écart de prix* excessif entre leurs propres produits et les marques de distributeurs, dès lors que celles-ci atteignent un bon niveau de qualité. Ils sont donc amenés à accroître leurs

efforts de productivité et de réduction des coûts, afin de maintenir dans une limite acceptable pour les consommateurs l'écart de prix de vente entre les marques nationales et les MDD.

c) Une relation producteur-distributeur plus positive : le trade marketing

En même temps qu'ils cherchent à renforcer la compétitivité de leurs produits par rapport aux MDD, les producteurs de grandes marques nationales s'efforcent, depuis une dizaine d'années, d'améliorer leurs relations avec la grande distribution. À côté des relations nécessairement conflictuelles qu'ils entretiennent avec leurs clients dans le cadre des négociations tarifaires et commerciales classiques, ils cherchent à nouer, dans différents domaines, des relations de *coopération* ou même de *partenariat.* C'est ce que l'on appelle le *trade marketing.*

Dans son principe, le *trade marketing* consiste à rechercher des domaines dans lesquels les intérêts d'un producteur et d'un distributeur ne sont pas antagonistes mais au contraire convergents, et à mener en commun des actions qui servent à la fois les intérêts de l'un et de l'autre. Alors que, dans une négociation tarifaire classique, ce que gagne l'un est perdu par l'autre, dans une opération de trade marketing, au contraire, les deux partenaires peuvent être simultanément gagnants *(gagnant-gagnant).* Les principaux domaines dans lesquels se développe le trade marketing sont les suivants.

1° L'organisation logistique

Par un échange d'informations et une harmonisation de leurs systèmes de transport, de stockage et même parfois de gestion informatique, un producteur et un distributeur peuvent réaliser conjointement des économies importantes en matière de logistique, notamment en pratiquant des politiques de « flux ».

2° La coopération en matière de merchandising

Un grand producteur national, grâce aux études de marché dont il dispose – notamment en ce qui concerne les comportements et attitudes des consommateurs –, peut aider efficacement ses clients distributeurs à tirer le meilleur parti de leur linéaire par un bon merchandising.

3° Les opérations promotionnelles conjointes

De plus en plus fréquemment, on voit un producteur et une enseigne de distribution s'associer pour mener ponctuellement une opération promotionnelle spécifique susceptible d'avoir des effets positifs pour chacun des deux partenaires.

SECTION 5

LE COMMERCE ÉLECTRONIQUE ET LA DISTRIBUTION MULTICANALE

Les vendeurs et les acheteurs peuvent être des particuliers ou des entreprises. On distingue donc deux formes de e-commerce.

- *L'e-commerce interentreprises, noté b to b (business to business)*

14 % des entreprises dans l'Union européenne ont acheté en ligne en 2010 : 19 % en France et… 57 % en Norvège selon la Fevad. L'e-commerce B to B est développé dans le chapitre 18.

- *L'e-commerce à destination des particuliers*

Il progresse à un rythme supérieur à 20 % par an. Il prend deux formes :

- *Le B to C* (*business to consumer*) : c'est l'e-commerce d'entreprise à particuliers, qu'il soit le fait de grandes marques ou d'enseignes d'e-commerce.
- *Le C to C* (*consumer to consumer*) : c'est l'e-commerce directement entre particuliers ou le plus souvent, par l'intermédiaire de plateformes comme eBay ou PriceMinister ; selon la Fevad, 50,5 % des internautes français ont acheté ou vendu sur des sites mettant en relation des particuliers[1].

Au 31 décembre 2011, l'Europe représentait 22,1 % des internautes dans le monde. Le taux de pénétration est de 61 % de la population européenne (contre 29 % pour le reste du monde). La France représente la quatrième population en ligne en Europe (avec un taux de pénétration de 77 %)[2].

Figure 6.11 **Les 10 premiers pays européens en termes de population en ligne en 2011 (en millions d'utilisateurs)**

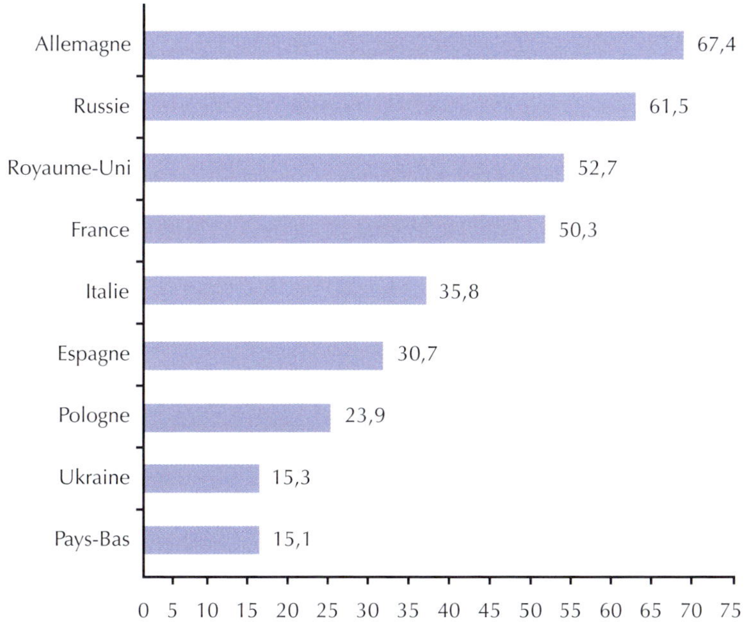

Source : Internet World Stats, 2012.

1. Source : Baromètre Fevad/Médiamétrie/Netratings, 2011.
Les chiffres sur le commerce électronique donnés dans les lignes qui suivent proviennent des études de la Fevad (Fédération e-commerce et vente à distance).
2. Source : Internet World Stats : www.internetworldstats.com

Figure 6.12 **Pourcentage des internautes ayant acheté en ligne dans les 12 derniers mois par pays en 2011**

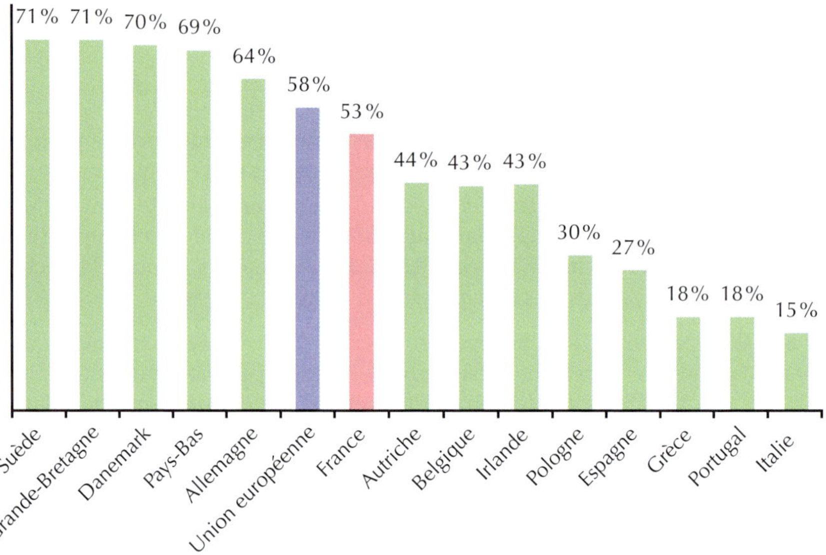

Source : Eurostat, « Internet use in households and by individuals in 2011 ».

Figure 6.13 **Marché du e-commerce aux particuliers (en valeur et en pourcentage du commerce de détail) par pays en 2011**

	Ventes totales (milliards d'euros)	Pourcentage du commerce de détail
Grande-Bretagne	59,4	12,0 %
Allemagne	45,0	9,0 %
France	38,7	7,3 %
Benelux	12,2	5,1 %
Italie	10,0	1,3 %
Espagne	9,4	3,1 %
Suède	5,7	6,9 %
Suisse	5,4	8,7 %
Danemark	5,2	8,0 %
Norvège	4,9	8,1 %
Pologne	4,5	3,1 %

Les chiffres peuvent varier selon les sources, c'est pourquoi le montant des ventes totales estimé pour la France est légèrement différent de celui de la Fevad
Source : CRR-Kelkoo Online trends 2012.

En matière d'usages, le pourcentage des internautes européens ayant réalisé un achat en ligne lors des 12 derniers mois (2011) se situe autour de 70 % pour les quatre premiers pays et il est de 53 % pour la France (voir figure 6.12).

Enfin, si on prend les 13 premiers pays européens (la Belgique, la Hollande et le Luxembourg sont traités comme le Benelux), le total du marché de l'e-commerce en Europe est de 200,4 milliards d'euros, les trois plus grands marchés étant la Grande-Bretagne, l'Allemagne et la France (voir figure 6.13). Le pourcentage des ventes que représente Internet dans l'ensemble du commerce varie beaucoup d'un pays à un autre (nous y reviendrons).

1 Le développement de l'e-commerce en France en quelques chiffres

a) Une progression au rythme très soutenu

Le commerce en ligne s'est rapidement imposé comme un mode de distribution majeur. Il réalise 37,7 milliards d'euros de chiffre d'affaires en 2011. Dans les premières années, son taux de progression annuel était supérieur à 50 %. Il s'est ralenti ce qui est logique puisque la base est de plus en plus importante. Mais la progression, dans un contexte atone, est impressionnante : +22 % en 2011 par rapport à 2010.

Figure 6.14 **Évolution de l'e-commerce B to C entre 2004 et 2011 en France (en milliards d'euros)**

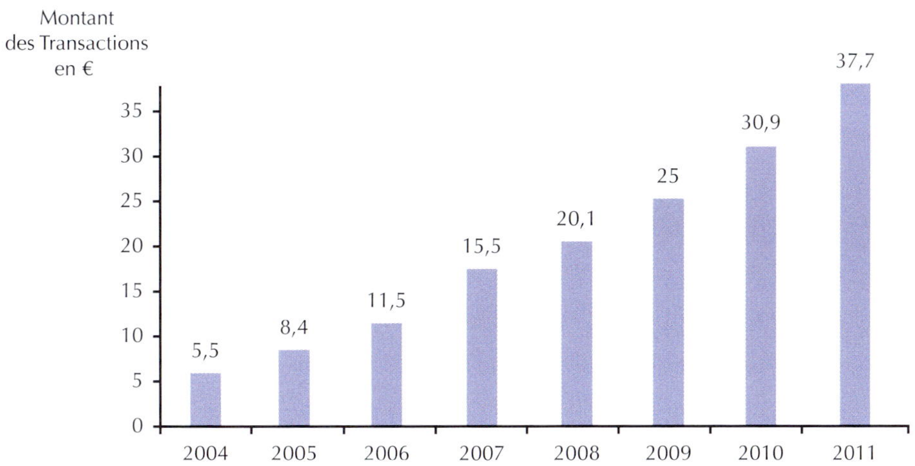

Source : Bilan e-commerce 2011, Fevad-Mediametrie-KPMG.

b) L'offre se multiplie

Les perspectives très favorables du commerce en ligne et la (relative) facilité d'entrée sur ce marché expliquent la création continuelle de très nombreux sites marchands.

29 % des sites d'e-commerce en France sont des « micro-sites » qui réalisent moins de... 10 commandes par mois. Seuls 27 % des sites réalisent plus de 100 transactions par mois. Au total, sur 100 000 sites d'e-commerce en France, moins de 700 enregistrent plus de 10 000 transactions par mois.

Le e-commerce est donc marqué par une offre très large et très fragmentée. On y trouve aussi bien le site du particulier qui a sa boutique sur une plateforme comme PriceMinister (de l'amateur au « power seller » semi-professionnalisé) que la petite entreprise pour qui l'e-commerce est un canal accessoire, des sites nouveaux au concept étudié qui restent petits mais progressent très vite... et des géants de l'e-commerce qui approchent ou dépassent le milliard d'euros de chiffre d'affaires comme Vente-privée, CDiscount ou Pixmania.

Figure 6.15 **Évolution du nombre de sites marchands actifs en France**

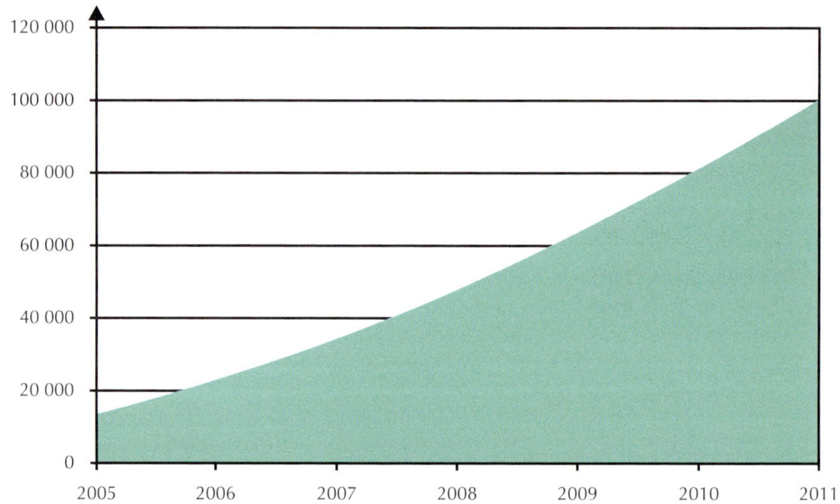

Source : Bilan e-commerce 2011, Fevad-Mediametrie-KPMG.

En dehors d'Amazon et d'eBay, peu de sites américains ont réussi leur percée en Europe (et aucun site européen n'est entré dans le top 20 américain). La liste des premiers sites marchands en trafic (ce qui ne signifie pas en chiffre d'affaires) reste très différente d'un pays européen à un autre.

Figure 6.16 **Les 10 premiers sites marchands en France classés selon leur trafic (moyenne mensuelle du 4e trimestre 2011)**

Rang	Site	Visiteurs uniques mensuels (en milliers)
1	Amazon	12 999
2	Fnac	9 730
3	eBay	9 386
4	PriceMinister	9 287
5	CDiscount	9 256
6	La Redoute	7 098
7	Carrefour	6 897
8	La Redoute	6 995
9	Vente-privee.com	6 592
10	Pixmania	6 121

Source Fevad. Étude faite par Médiamétrie/NetRatings, panel France, domicile et lieu de travail.

FOCUS

Pure players* et *click and mortars

On distingue deux grands types d'acteurs de l'e-commerce :

- Les *pure players*. Ils sont nés sur Internet, leur activité est 100 % en ligne. Exemples : eBay, PriceMinister.
- Les *click & mortar*[1]. Ce sont des grandes marques ou des distributeurs classiques (*brick & mortar*), comme la Fnac ou La Redoute, qui complètent leur réseau de distribution physique ou leur catalogue papier par un canal en ligne. Le site de la Fnac réalisait 12 % du chiffre d'affaires de l'enseigne en France en 2011 soit environ 350 millions d'euros.

c) La demande s'est élargie

Fin 2011, 30,4 millions d'internautes ont acheté en ligne (+11 % sur un an), soit près de 3 internautes sur 4 ou encore, plus de la moitié de la population[2].

1. On utilise très fréquemment les expressions anglo-saxonnes très imagées. *Brick and mortar* : fait de briques et mortier, pour désigner les entreprises traditionnelles qui ont des bureaux, des usines et des magasins physiques ; *click and mortar* signifie : qui appartient au monde virtuel et au monde réel.
2. Source : bilan e commerce 2011, Fevad-Mediametrie-KPMG.

Sur 100 % d'internautes de chaque catégorie suivante, les hommes sont plus cyberacheteurs (76,1 %) que ne le sont les femmes (68,7 %), les Parisiens (78,7 %) que les provinciaux (70,9 %). Les autres catégories surpondérées sont les 25-34 ans (85,4 %) et les 35-49 ans (79,6 %), ainsi que les CSP+ (88,5 %). Les catégories sous-pondérées sont les 65 ans et plus (64,9 %). Ce sont cependant ceux qui progressent le plus vite[1].

Le montant moyen d'une transaction en ligne a été évalué à 91 €[2], un niveau stable qui cache évidemment des disparités importantes selon la nature des achats. Cependant, le nombre de transactions (autour de 13 par an en 2011) augmente chaque année, ce qui entraîne le montant total dépensé par cyberacheteur (plus de 1 200 € par an). Ce n'est donc pas seulement le nombre d'acheteurs qui s'accroît, c'est la « part de clients », c'est-à-dire la part des dépenses qui passe par Internet.

97 % des acheteurs en ligne se disent satisfaits de leurs achats et 66,5 % se disent confiants dans leur achat en ligne (on a moins peur de donner le numéro de sa carte bleue)[3]. Les *cyberacheteurs* européens sont motivés par le gain de temps, les prix bas et la facilité de comparer selon l'étude Eurostat 2011. En fait, le prix et les services sont deux grandes motivations, qui peuvent varier en fonction des offres et des clients.

d) Le poids du e-commerce : quand les chiffres sont trompeurs

La part du e-commerce dans le total des ventes reste faible. Si on prend le total de chiffre d'affaires du commerce de détail de 460 milliards d'euros selon l'Insee en 2010[4], et les 31 milliards de chiffres d'affaires estimés par la Fevad pour la même année, la part de marché du e-commerce est de 6,7 %. On est donc assez proche de l'estimation réalisée par CRR-Kelkoo Online trends 2012 de 7,3 % (dernier chiffre connu)[5].

Cette part de marché globale du e-commerce varie cependant fortement en fonction de la catégorie de produits.

Tous ces chiffres ne mesurent le commerce en ligne que par la valeur des *transactions en ligne*. Ce type de mesure conduit cependant à sous-estimer l'importance du canal Internet.

1. Source : Fevad - Médiamétrie –observatoire des Usages Internet – 1er trimestre 2011.
2. Source: Bilan e-commerce 2011, Fevad-Mediametrie-KPMG 2011.
3. *Idem*.
4. Voir le début de la section 2 de ce chapitre.
5. Toutes les sources ne concordent pas. Selon l'Insee, l'ensemble de la vente à distance ne représente que 0,8 % du commerce de détail alimentaire et 3,4 % du commerce de détail non alimentaire en 2010 (derniers chiffres connus). Les données de e-commerce de la Fevad incluent des ventes de service (tourisme par exemple) que n'inclut pas l'Insee. Les ventes de produits représentant 17,1 milliards d'euros en 2010 selon la Fevad, on se retrouverait alors à 3,7 % du commerce de détail. Tous ces chiffres doivent être considérés comme des estimations.

Figure 6.17 **La part du e-commerce dans les ventes de produits selon les secteurs en 2011**

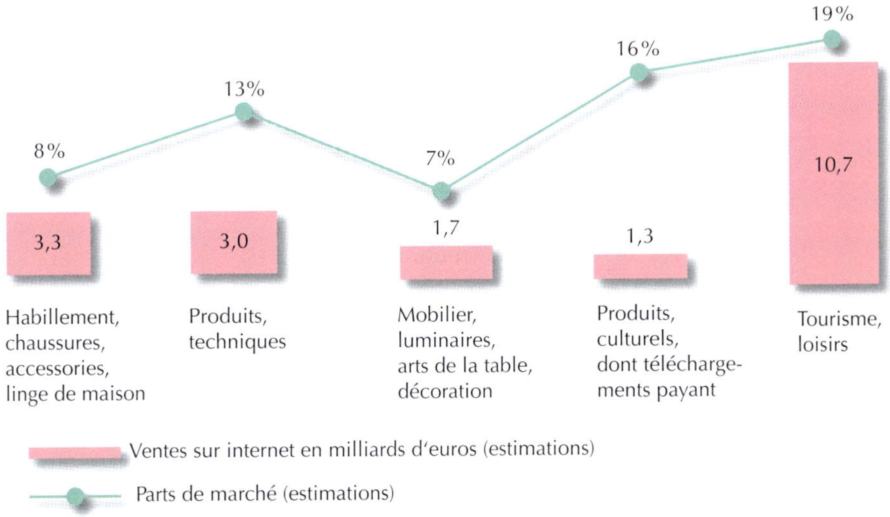

Source : Fevad avec IFM, Kantar Worldpanel, Gfk, Precepta, Conseil national du tourisme, Insee.

1° Le e-commerce n'est pas seulement transactionnel, il est relationnel

Ne s'intéresser qu'au commerce en ligne transactionnel, c'est négliger le rôle majeur d'Internet pour construire et entretenir une relation avec les prospects et les clients.

Figure 6.18 **L'achat en ligne et les relations en ligne avant et après l'achat**

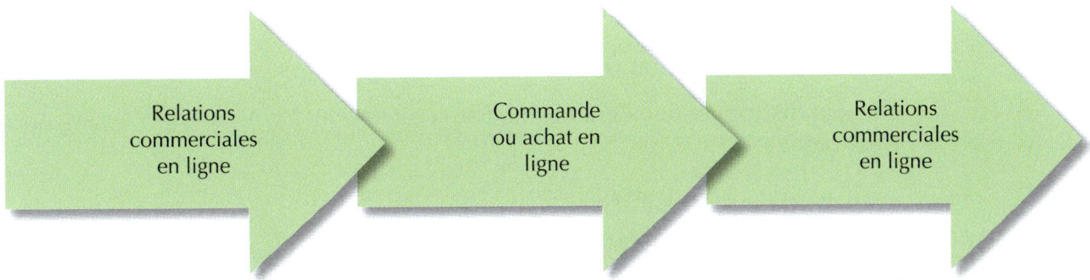

- Information étendue sur les produits et services
- Qualification des prospects
- Génération de trafic vers les canaux de contact

- Clients actuels (cross selling et up-selling)
- Nouveaux clients
- Nouvelle activité distribuée en ligne
- Automatisation des processus d'achat

- Fidélisation
- Service après-vente

L'e-commerce couvre trois étapes :

- avant l'achat : information, sélection des marques et des produits, choix d'une forme d'achat : en ligne ou dans un magasin physique, dans quelle enseigne en ligne ou dans le monde réel ;
- la transaction : réservation, commande ;
- après-achat : SAV, fidélisation.

Les transactions en ligne, qui se reflètent dans les chiffres de vente du commerce électronique donnés précédemment, ne sont que le haut de l'iceberg du commerce électronique, qui doit être vu de façon globale, comme un média qui s'intègre dans le processus d'achat, avant, pendant et après (figure 6.18). Pourtant, les statistiques du e-commerce n'incluent que les transactions en ligne (commandes en ligne).

2° L'e-commerce est fortement imbriqué au commerce hors ligne

Corollaire du point précédent, l'e-commerce trouvant sa traduction avant, pendant et après la transaction, il devient de plus en plus difficile d'isoler l'e-commerce du commerce en général. Internet peut initier une transaction qui se réalise hors ligne, ou une visite dans un point de vente peut conduire à une transaction en ligne, les politiques de fidélisation en ligne pouvant conduire à de nouvelles transactions, en ligne ou hors ligne.

Il existe dès lors de nombreuses formules hybrides mêlant l'e-commerce et le commerce de détail, qui viennent brouiller les statistiques simples du e-commerce comme on le voit dans le point suivant.

2 Les défis du e-commerce et l'enjeu du multicanal

a) La difficile équation des modèles économiques du e-commerce

1° Modèle marchand et modèle média des sites e-commerce

On peut distinguer deux grands modèles économiques pour les sites de commerce électronique.

- *Le modèle marchand*

Il fonctionne suivant l'équation traditionnelle du commerce que nous avons présentée à la figure 6.9, celui d'un multiple entre taux de marge nette et la rotation des investissements (chiffre d'affaires / investissements), qui dépendent de la politique d'achat, d'assortiment, de prix, de service, de communication et de d'aménagement.

Un site e-marchand bénéficie de coûts très bas d'aménagement (pas besoin de locaux coûteux) et de frais de personnel réduits, ce qui lui permet de bénéficier des coûts souvent très compétitifs. Cependant les frais de logistique pèsent sur les charges d'exploitation. Comme tous les distributeurs, le e-marchand dépend du volume d'affaires pour amortir ses coûts fixes et bien négocier les prix d'achat.

Afin d'obtenir ce volume d'activité, il doit présenter des prix bas, ce qui pèse sur son taux de marge, et dépenser souvent beaucoup en communication pour générer du trafic sur son site. Par exemple, Pixmania dépense chaque année entre 4 et 5 millions d'euros en achat de mots-clés sur les moteurs de recherche !

On verra dans le paragraphe 3 sur l'optimisation de l'efficacité d'un site marchand que la politique de génération de trafic et de conversion des visiteurs est déterminante pour assurer le succès d'un site. La différence entre des profits et des pertes se joue dans la qualité d'exécution.

- *Le modèle média*

Il fonctionne selon des règles différentes du commerce traditionnel. Ici, l'e-commerçant vend du service : c'est un intermédiaire entre des vendeurs et des clients. L'entreprise est bien un commerçant, mais il ne vend pas directement des biens, il ne fait que mettre en contact un vendeur et des clients potentiels. Comme un média, le site vend une audience à un annonceur. L'annonceur est un producteur ou un distributeur qui présentent un produit, et l'audience est composée de *cyberacheteurs* qui fréquentent le site à la recherche de ce produit. eBay est l'illustration de ce type de e-commerçant.

Le modèle économique est très différent du précédent, puisqu'il est fondé sur une rétribution de la visite ou de l'apport d'affaires : l'annonceur rémunère le site chaque fois que ce dernier lui amène un visiteur (paiement à la visite, au clic) ou un client (commission sur la vente...). Le site ne doit donc gérer ni les stocks, ni la logistique qui sont pris en charge par le vendeur. C'est un *infomédiaire* – un acteur qui se situe entre le vendeur et l'acheteur dans un processus de vente à travers la gestion de l'information – qui a créé une sorte de place de marché. Si l'on se réfère à l'équation économique de la distribution présentée figure 6.9, il n'y a pas d'achat et le capital investi est très réduit puisqu'il n'y a ni stock, ni immobilisation. Tout se joue sur le prix que le site peut faire payer au vendeur pour la visite ou le client, sur les coûts commerciaux pour attirer les vendeurs et les coûts de communication pour attirer les visiteurs et enfin sur le volume d'affaire et la fréquentation qu'il est capable de générer.

Exemple

➥ PriceMinister a été créé en 2000 et comptait début 2012 près de 300 salariés. Son métier est de mettre en contact des vendeurs et des acheteurs sur Internet. Le site – qui s'est développé à l'étranger – est parmi les plus populaires en France : il met en relation des millions de visiteurs (12 millions de « membres ») avec des dizaines de milliers de vendeurs proposant plus de 130 millions de produits. D'abord très orienté vers les particuliers mettant à vendre des produits d'occasion, le site a ciblé les professionnels (Pro) et les sites marchands qui représentent déjà 50 % des ventes. Le modèle économique est simple : c'est PriceMinister qui facture l'acheteur et qui reverse le prix au vendeur moins une commission (composée d'une partie fixe et d'une partie variable dégressive, qui va de 15 % à 1 %). C'est le vendeur qui gère la gamme de produit qu'il met en ligne, le contenu des annonces, l'assortiment de sa boutique et la livraison. Racheté par le géant Rakuten, n° 1 de l'e-commerce au Japon, en 2010 l'entreprise va implanter en Europe le modèle de ce dernier, qui est très orienté vers les commerçants et les PME traditionnels à qui il offre un espace de vente en ligne et un ensemble de services (conseil, formation, programmes de fidélité des acheteurs...) pour développer leurs ventes sur Internet.

- *Le rapprochement des deux modèles*

De plus en plus, ces deux modèles tendent à se croiser. Amazon, comme souvent, a créé le mouvement en créant une place de marché sur son site, c'est-à-dire en permettant à des vendeurs de le concurrencer sur son propre site ! Un client qui cherche un produit peut se voir proposer une offre d'Amazon et l'offre d'un concurrent sur la même page de résultat. Cette politique, qui peut paraître surprenante, est en fait remarquablement étudiée. Un site comme Amazon génère un trafic considérable qui peut être monnayé (« monétisé » comme le veut le franglais actuel). Un vendeur peut être très intéressé par l'audience considérable d'Amazon et ce dernier par la commission qu'il va prendre sur la transaction.

Il ne s'agit pas pour Amazon de compléter son offre, mais bien de générer des revenus supplémentaires. C'est pourquoi il a été suivi par les autres grands e-marchands comme la Fnac ou Pixmania en France, qui y ont vu un intérêt majeur : alors qu'ils ont beaucoup de mal à rentabiliser leur activité marchande, le paiement d'une commission génère de la marge nette qui est d'emblée profitable.

2° Concurrence sur les prix et différenciation de marque et de service sur Internet

Le grand « non dit » de l'e-commerce est que la plupart des sites marchands perdent de l'argent ou, dans le meilleur des cas, ont beaucoup de mal à assurer l'équilibre. Alapage.com, créé en 1996, repris par France Télécom, puis par Rueducommerce avant de fermer en mars 2012 a suivi le sort d'anciennes stars du e-commerce comme Boo.com (1998-2000), Marcopoly.fr (1998-2006), Clust.com (1999-2003).

En France, on a considéré comme une grande nouvelle que CDiscount annonce début 2012 avoir réalisé pour la première fois un bénéfice en 2011. Le site a pourtant été créé en 1998 et réalise plus d'un milliard d'euros de chiffre d'affaires… Comment comprendre cet état de fait ?

Un site marchand qui vend des produits tiers, des produits de marque, subit une double concurrence : celle des distributeurs traditionnels et celle des concurrents en ligne.

Les distributeurs traditionnels peuvent avoir un avantage prix comme c'est le cas des produits alimentaires et de grande consommation. La grande distribution alimentaire est en effet d'une redoutable efficacité, obtenant des prix d'achat très bas en raison des volumes et optimisant au maximum l'aménagement de la vente. Le client se déplace, il fait le prélèvement (picking) dans les rayons, il va à la caisse et rapporte la marchandise chez lui : même si le magasin est coûteux, l'entreprise n'a pas à payer le personnel pour faire le prélèvement et à payer la livraison qui suffit à couler la marge.

Mais la concurrence principale des e-commerçants (qui laissent généralement la vente en ligne de biens de grande consommation aux distributeurs traditionnels) est celle des autres e-commerçants. Comme on l'a vu au chapitre 5 sur la politique de prix, Internet est un outil d'une remarquable efficacité pour assurer la transparence des prix. Des sites se sont spécialisés dans la comparaison des prix et celle-ci n'est en fait qu'à un clic de distance.

Lorsqu'on vend des produits de marque, qui sont facilement comparables d'un vendeur à un autre, le prix devient un critère déterminant dans le choix du marchand. Cette situation qui se rapproche de la « concurrence pure et parfaite » des économistes écrase considérablement les marges. Mais un différentiel de prix à la hausse conduit à un effondrement des ventes.

Exemple

➥ Pixmania, réalise un suivi quotidien de prix sur 70 000 produits dans 26 pays, qui sont ceux où il opère. Un outil informatique très puissant collecte le prix de ces produits chez tous ses concurrents, identifie si le produit est en stock chez eux ou non et analyse l'évolution. Ces informations sont rapprochées de données internes : stock disponible, rotation des stocks, marge. Si Pixmania est plus cher, un algorithme détermine si l'écart de prix peut être autorisé dans une certaine mesure pour certains produits ou vis-à-vis de certains concurrents ou si le prix doit être aligné (pour éviter une guerre des prix, l'entreprise s'aligne sur ses meilleurs concurrents, mais ne cherche pas à être encore moins cher). Le prix de chaque produit sera évidemment différent dans chaque pays, en fonction de la concurrence locale et un même produit pourra changer de prix plusieurs fois dans la journée.

À cette concurrence générale, il faut ajouter la menace spécifique d'Amazon pour de nombreuses catégories de produits : l'entreprise américaine est en effet si puissante avec ses 48 milliards de dollars de chiffre d'affaires dans le monde en 2011, tout en restant si innovante sous l'impulsion de son fondateur Jeff Bezos, que tous ses concurrents européens subissent son poids, tout en disposant de moyens beaucoup plus réduits. Dans ce type d'e-commerce, plus on est gros, mieux c'est, car les économies d'échelle ont un impact direct sur les marges.

La politique des grands sites d'e-commerce a donc été de diversifier leurs sources de revenus, l'activité marchande elle-même ne dégageant pas ou peu de marge. Cela s'est traduit par l'adoption du modèle média dont on a parlé (devenir un intermédiaire entre vendeurs et acheteurs et toucher une commission *via* une place de marché), par le développement du multicanal (développement de boutiques liées au site), par la vente de son savoir-faire (comme Pixmania qui prend en charge le système d'information et la logistique du site non-alimentaire de Carrefour).

Est-ce à dire qu'on ne peut pas gagner d'argent dans l'e-commerce ? Non, et on peut le faire de plusieurs façons :

- *Le multicanal* (voir ci-dessous) est une voie largement explorée et la seule voie possible, semble-t-il, pour la grande distribution alimentaire en ligne.
- *La pression des prix* est particulièrement forte pour des marques qui sont disponibles en ligne chez de nombreux marchands. La problématique est très différente quand la marque est exclusive et contrôle le prix de vente. C'est le cas des sites de marques-distributeurs comme Zara ou Yves Rocher qui se retrouvent dans une logique multicanale : la comparaison de prix a d'autant moins de sens, qu'on ne trouve leurs produits que dans les circuits de distribution que ces marques contrôlent. Un autre cas de figure est celui de marchands de niche qui mettent à disposition une offre rare ou une offre propre (produits artisanaux, produits du terroir, produits très originaux...).

- *La différenciation de l'enseigne* peut l'aider à sortir du piège de la concurrence pure et parfaite. Le pari qui est fait par plusieurs e-commerçants est de se dire qu'à prix comparable, ou même à prix un peu supérieur, les clients privilégieront l'enseigne dont ils se sentent le plus proches, qui leur assure le meilleur service, qui réduira les risques. Cette différenciation peut se jouer sur la marque, sur l'expérience client, sur les services.
- *L'originalité du concept*, qui est une forme de différenciation, a fait par exemple le succès du e-commerçant le plus rentable d'Europe, Vente-privee.com.

Exemple

→ Vente-privee.com est un site d'e-commerce qui a été créé en 2001 et qui propose des ventes événementielles au cours desquelles des produits de marques sont proposés en un temps limité avec une réduction de 50 à 70 %. Les fondateurs, dont Jacques-Antoine Granjon, viennent du monde du déstockage. Les grandes marques de mode, produisant de plus en plus en Chine, sont amenées à faire des commandes très importantes pour la saison, et voulant éviter les ruptures de stock, se retrouvent avec des stocks importants en fin de saisons. Vente-privee.com leur permet de liquider ces stocks en quelques jours avec un double avantage : la vente se fait en un temps très limité (on ne retrouve pas de prix bradés de la marque tout au long de l'année) et l'environnement proposé par l'entreprise est très qualitatif avec un soin particulier apporté à la mise en scène de la vente et des produits. Avec un chiffre de plus d'un milliard d'euros en 2011, l'entreprise aux douze millions de membres affiche une marge commerciale supérieure à 35 % et une rentabilité de plus de 10 %.

b) La multiplication des canaux transforme le client multicanal en client transcanal

Acheter en ligne et acheter hors ligne ne sont pas deux comportements contradictoires mais complémentaires : plus un internaute achète en ligne, plus il peut s'informer en ligne pour acheter hors ligne. Les acheteurs en ligne ne délaissent pas les magasins physiques. Ils deviennent des acheteurs multicanaux, voire transcanaux.

Nous avons déjà souligné la complexité croissante du parcours du client : le client cherche des produits en ligne (recherche, comparaison, décision, transaction), il utilise Internet pour mieux utiliser le produit et il l'utilise encore pour partager son expérience et ses conseils sur les réseaux sociaux (voir la page d'ouverture du chapitre 3).

Mais cette complexité est accrue par la multiplicité des canaux : catalogue, magasin, courrier, centre d'appel, Web, e-mail, smartphone, réseaux sociaux… Si le m-commerce (vente sur Internet par smartphone) et le f-commerce (boutiques sur Facebook) réalisent aujourd'hui une activité marginale en termes de transaction, ils peuvent connaître des développements rapides (par exemple les applications d'achat sur mobile de sites connus et fréquentés par l'Internaute : vente-privée réalise plus de 15 % de ses ventes *via* son appli !). De plus les terminaux mobiles et les réseaux sociaux jouent déjà un rôle beaucoup plus important dans le processus de décision de l'internaute.

Au sein de cette multiplicité de canaux, les clients ne se contentent pas d'en utiliser deux ou trois de façon continue (« j'achète sur Internet » ; « j'achète en boutique »), ils zappent d'un canal à l'autre en fonction de l'étape de leur processus d'achat : de clients multicanaux, ils deviennent transcanaux.

Dans l'exemple ci-dessous, le client est sollicité sur un réseau social, il fait une recherche sur Internet, il va en magasin voir les produits qu'il a sélectionnés pour choisir, il commande en appelant un *call center* et il reçoit une newsletter de fidélisation. Mais ce n'est qu'un des très nombreux parcours possibles, car chacun de ces canaux peut répondre à beaucoup des étapes du processus de décision.

Figure 6.19 **Un exemple de parcours client transcanal**

Source : Converteo.

c) Les objectifs majeurs d'une politique multicanale

1° Accroître le niveau de service aux clients

Internet est un remarquable outil pour fournir de l'information et du service. De même qu'il est difficile d'imaginer aujourd'hui qu'une grande marque ne propose pas de « service consommateur » au téléphone, la présence sur Internet fait désormais partie des attentes de base des clients à l'égard d'une grande marque ou d'une entreprise.

2° Fidéliser les clients

Le multicanal s'inscrit dans une logique de fidélisation. Une politique de fidélisation comporte principalement deux volets (voir le chapitre 10) :

- développer la « part de clients », c'est-à-dire faire en sorte que les clients achètent moins chez les concurrents et plus chez soi ;
- prolonger la « durée de vie » du client, c'est-à-dire prolonger la relation avec les clients et réduire le taux d'attrition (défection).

Offrir aux clients la possibilité d'avoir une relation commerciale avec l'entreprise à travers plusieurs canaux, c'est à la fois multiplier les occasions de vente (développer la part de clients) et réduire les raisons d'aller voir ailleurs (réduction du taux d'attrition).

3° Développer les ventes et recruter de nouveaux clients

Au final, une politique multicanale vise à accroître le chiffre d'affaires de l'entreprise. De même que dans la distribution traditionnelle, la multiplication des points de vente vise à saturer l'espace commercial, de même le multicanal vise à multiplier les points de contact avec les clients, soit qu'on touche de plusieurs façons le même client, soit qu'on touche des clients différents.

Exemples

- En lançant une véritable agence en ligne, BNP Paribas a été plus loin que les services sur Internet que la banque proposait à ses clients depuis longtemps. Cette nouvelle offre permet aux clients ne pas être rattachés à une agence physique et d'avoir un conseiller attitré à distance, tout en leur laissant l'accès aux 2 200 agences du réseau pour des opérations tangibles (dépôt de chèques, retrait d'argent, etc.). L'agence en ligne de la BNP a été conçue comme un outil de conquête à destination des jeunes actifs, pour attirer une nouvelle clientèle sans cannibaliser les agences tangibles.
- Pixmania, le géant de la vente de produits de son et d'images en ligne, a fait le constat que 85 % des ventes se réalisaient encore hors ligne. L'entreprise est donc partie à l'assaut de ces clients, ou plutôt des clients de ses concurrents hors ligne, en lançant des boutiques de format réduit (120 à 150 m^2), au coût d'exploitation faible, situées à proximité des Fnac, Darty ou Boulanger pour faciliter la comparaison, où elle présente le cœur de son offre (et la possibilité de commander le reste du catalogue et de le recevoir en 24 ou 48 heures) au prix du site Internet + la livraison. Avec un chiffre d'affaires record qui avoisine 50 000 euros du mètre carré, l'entreprise a trouvé un nouvel axe de développement… et de rentabilité.

3 Optimiser l'efficacité d'un site marchand

Le chiffre d'affaires d'une boutique, réelle ou virtuelle, est le produit de trois facteurs :

Chiffre d'affaires = Nombre de visiteurs × Taux de conversion × Panier moyen.

Pour un magasin physique, le nombre de visiteurs est lié à la qualité de l'emplacement (pour lequel on a payé souvent très cher) et à la mise en œuvre d'outils promotionnels : publicité médias, prospectus distribués dans les boîtes aux lettres, catalogues, publipostages, télémarketing, vitrines, animations, etc. Le taux de conversion entre ceux qui entrent dans un magasin physique et ceux qui en sortent avec un achat (quel qu'en soit le montant) est généralement élevé, parfois proche de 100 %, dans un hypermarché par exemple. Les commerçants suivent ce taux de conversion en comparant le nombre d'entrées à celui des tickets de caisse.

Pour une boutique en ligne, l'équation reste la même mais les données sont différentes. Un site marchand n'occupe pas d'espace physique, mais dispose d'une adresse URL (par exemple www.priceminister.com) parmi des millions d'autres. Il faut créer, entretenir et développer du trafic vers la boutique en ligne par l'intérêt, la richesse et le renouvellement des contenus, par des liens avec des sites partenaires et en achetant du trafic : bannières, liens commerciaux, affiliation, etc.

On distingue le trafic gratuit[1] et le trafic payant et on suit de près à la fois le coût d'acquisition des visiteurs et celui des acheteurs.

Les taux de conversion sur les sites marchands sont généralement très faibles. En moyenne, 2 % des visiteurs se transforment en clients[2]. La différence entre les taux de conversion des magasins physiques et des magasins virtuels ne signifie pas que les boutiques en ligne ne savent pas vendre même si beaucoup de progrès restent à faire. Ceux qui entrent dans un magasin ont fait un effort. Ils se sont déplacés et ils ont pris de leur temps. Ils ont choisi un ou deux magasins. Ils savent qu'ils ne peuvent pas en faire quinze dans l'après-midi. Ce sont de vrais acheteurs potentiels. En revanche, les internautes flânent, entrent pour voir, sortent d'un clic. Ce sont des chalands.

Le taux de conversion étant donc logiquement faible dans une boutique en ligne, l'amélioration de ce taux est une des clés majeures de la rentabilité de la boutique. Et pourtant, de nombreux e-commerçants continuent à se focaliser à l'excès sur le nombre de visiteurs.

Pour accroître le trafic de 10 %, il faut augmenter au minimum de 10 % le budget d'achat de trafic alors qu'il est assez facile d'améliorer de 10 % le taux de conversion avec des moyens financiers beaucoup moins importants. Le trafic est une condition nécessaire mais non suffisante de la rentabilité d'un site marchand. Un bon taux de conversion est une condition nécessaire et suffisante.

FOCUS

Cinq règles de base pour améliorer l'efficacité d'un site e-commerce

- Améliorer la qualité du trafic au lieu d'être obnubilé par le volume du trafic.
- Faire un diagnostic pertinent des pertes en ligne et suivre constamment les performances de la boutique en ligne du site sur une batterie d'indicateurs (KPI : Key Performance Indicators ou Indicateurs clés de performance).
- Améliorer les taux de conversion par la mise en œuvre des techniques de l'e-merchandising : optimisation de la présentation des produits et de la navigation dans le site marchand.
- Accroître le panier moyen par du *up-selling* (offre de montée en gamme), du *cross selling* (offres liées aux produits achetés, par exemple des accessoires accompagnant un appareil photo numérique) avec des avantages consommateurs : réduction de prix sur les packages-produit, accessoires et services comme les garanties, frais de livraison gratuits au-delà d'un certain montant, etc.
- Fidéliser la base clients. Un client fidèle, c'est du trafic « gratuit[2] », un taux de conversion et un panier moyen supérieurs à la moyenne.

1. En réalité, ce trafic n'est pas vraiment gratuit puisque la notoriété d'un site marchand et son animation ont un coût.
2. Source : http://index.fireclick.com
On trouve dans ce site des données actualisées avec des taux de conversion par types de biens et services. Par exemple, le taux de conversion moyen est de 4 % pour les logiciels, de 2,10 % pour les produits de mode et accessoires, de 0,40 % pour l'électronique et pour les articles de sport et de loisirs.
3. Il faut toutefois prendre en compte le coût du marketing relationnel et des éventuels programmes de fidélisation.

a) Développer du trafic qualifié vers les boutiques en ligne

1° Les outils de création de trafic

On dispose aujourd'hui d'une grande panoplie de moyens comme on le voit figure 6.20. Chacun ayant des avantages et des inconvénients différents, le choix doit être réfléchi. Certains peuvent être fort coûteux comme les bannières dont le taux de clic est devenu très faible ou les mots clés vendus très chers pour les plus demandés. De façon générale, le coût d'acquisition du trafic augmente d'année en année : l'expansion naturelle de la population des internautes a ses limites et ils sont de plus en plus sollicités.

L'e-publicité (*display*, c'est-à-dire tous types de bannières) et les liens commerciaux ou liens sponsorisés (SEA : *Search Engine Advertising* ou SEM : *Search Engine Marketing*) sont développés dans la section traitant de la publicité en ligne dans le chapitre 8 sur la publicité. Investir dans les liens commerciaux peut être très efficace pour le lancement d'une boutique en ligne : il faut amorcer le trafic. Ensuite, le coût des mots-clés devient souvent prohibitif et il faut que le référencement naturel (SEO : *Search Engine Optimisation*) prenne la relève.

L'e-mailing marketing est traité dans la section sur le marketing direct, chapitre 9 sur le « hors-médias ». L'affiliation est un procédé par lequel on passe des accords avec des sites (les affiliés) qui renvoient des prospects vers la boutique en ligne. Le plus souvent, les affiliés sont rémunérés en pourcentage du chiffre d'affaires généré, ce pourcentage étant généralement compris entre 8 et 14 %[1]. Le principal avantage de l'affiliation pour un e-commerçant est que son coût est variable, en fonction du chiffre d'affaires, du nombre de prospects recrutés ou du nombre de clics selon le mode de rémunération des affiliés.

Le partenariat se fait souvent avec des sites ayant un fort trafic mais il peut être très rentable de conclure des accords avec de nombreux petits sites thématiques aux audiences en affinité avec l'offre de la boutique en ligne.

Les comparateurs (Kelkoo.com, Leguide.com…) sont rémunérés au clic (CPC). Leur utilisation est délicate. Les produits qui ont le plus de succès sur un comparateur ne sont pas nécessairement ceux qui se vendent le mieux dans le site marchand. La nomenclature des produits n'est pas forcément la même dans la boutique en ligne et le comparateur. On sera très explicite dans le comparateur (par exemple, stylo à plume en or 18 carats et stylo-bille assorti) et plus promotionnel dans la boutique en ligne (coffret cadeau pour étudiant).

On appelle *social media marketing* la présence, gratuite ou rémunérée, dans les blogs et les sites communautaires comme Facebook ou YouTube (voir le chapitre 11 sur les réseaux sociaux). Le bouche à oreille et le marketing viral sont traités dans le chapitre 7 sur la communication. Les campagnes virales cherchent souvent à utiliser les réseaux sociaux des sites communautaires.

Enfin, une des meilleures façons de créer du trafic est de faire venir et revenir la clientèle fidèle en organisant des relations suivies, par exemple en leur demandant de s'abonner à une newsletter. C'est également un moyen de drainer des prospects et de les maintenir à proximité de la marque jusqu'à ce qu'ils se transforment en clients.

1. Pour une analyse détaillée du système de l'affiliation, voir Antoine Denoix, *L'affiliation*, Dunod, 2010.

Figure 6.20 **Les outils de création de trafic**

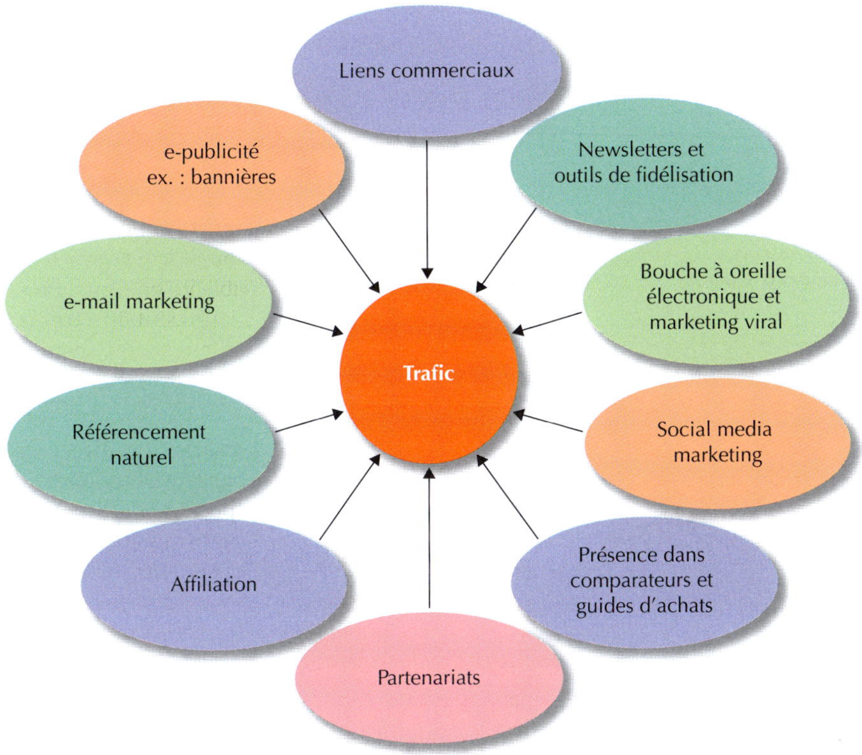

Figure 6.21 **Ventilation type d'un budget de création de trafic selon les outils employés**

Outil	Part du budget de création de trafic	Précautions à prendre
e-publicité	Jusqu'à 10 %	Attention au trafic de curiosité. Essentiellement facteur de notoriété car les taux de conversion sont habituellement très faibles. L'efficacité dépend de la pertinence du message : il est généralement inutile de rechercher le sensationnel ou la provocation.

•••

…

Liens sponsorisés	Jusqu'à 50 %	La gestion des liens sponsorisés demande une grande vigilance pour être rentabilisée. Cette technique doit être appréhendée en complément (et non en substitution) d'un bon référencement naturel.
Affiliation	Jusqu'à 30 %	Un programme d'affiliation doit être envisagé à moyen ou à long terme.
Partenariats	Jusqu'à 30 %	Mêmes remarques que pour l'e-publicité.
Comparateurs et guides d'achat	Jusqu'à 20 %	La présence sur les comparateurs et guides d'achat nécessite un suivi minutieux, notamment en termes de choix de produits et de positionnement prix.
e-mailing	Jusqu'à 10 %	Privilégier la qualité à la quantité.
Social Media Marketing	Jusqu'à 10 %	Excellent pour l'image, le relationnel client et le référencement naturel, plus incertain en termes de génération de trafic.

Source : Arnaud de Baynast dans *Publicitor*, 7e édition, Dunod, 2008.

2° La génération de *leads* : prospects volontaires et qualifiés

Un *lead* sur Internet est une personne physique ou morale :
- qui a exprimé son intérêt pour un bien ou un service ;
- qui a donné son accord pour être sollicitée ;
- qui a fourni volontairement les données personnelles qu'on lui a demandées en respectant les principes du *permission marketing*.

Un fichier de *leads* est donc bien plus riche et performant qu'un simple fichier de prospects ou de clients. C'est une base de données qui peut être segmentée finement pour proposer des offres ciblées ou pour entretenir une relation avec des prospects et des clients.

Les fichiers de *leads* peuvent être loués. On les teste pour apprécier leur qualité et on vérifie la façon dont ils ont été constitués pour s'assurer qu'ils sont bien *opt-in*, c'est-à-dire avec le consentement des intéressés. Le plus souvent, les boutiques en ligne ne louent des fichiers de *leads* que de façon accessoire. L'important est de se créer ses propres fichiers en faisant remplir des formulaires aux visiteurs et aux clients du site marchand et en développant des campagnes de recrutement de *leads*, par exemple un jeu en ligne. Ces campagnes convergent vers un formulaire (ou un mini-site) de qualification, et non vers la page d'accueil du site marchand.

Les différentes techniques de génération de *leads* sont présentées dans l'outil n°13 de la boîte à outils du *Mercator* en fin d'ouvrage.

b) Le taux de conversion[1]

1° Définition

Le taux de conversion est un indicateur qui mesure le pourcentage de personnes touchées par une action marketing, qui y répondent conformément à ses objectifs.

Pour un site marchand dont l'objectif est évidemment de vendre, le taux de conversion (on dit également taux de transformation) est le pourcentage de visiteurs (quelle que soit leur provenance) qui ont quitté le site après avoir effectué un achat (quel que soit son montant).

Si l'objectif est de diffuser une newsletter, le taux de conversion est mesuré par le pourcentage de visiteurs qui se sont abonnés, etc. Il y a donc autant de taux de conversion que d'objectifs visés.

Le taux de conversion d'un site marchand est un indicateur de rentabilité. Les clients génèrent du chiffre d'affaires alors que le trafic (les visiteurs) a un coût.

$$\text{Taux de conversion} = \frac{\text{Clients}}{\text{Visiteurs}} \quad \begin{array}{c} \longrightarrow \\ \longleftarrow \end{array} \quad \frac{\text{CA}}{\text{Coût}}$$

2° Taux de conversion global, spécifique et intermédiaire

Quand on fait le rapport du total des clients sur le total des visiteurs sur une période donnée (par exemple, sur les trente derniers jours), on parle de taux de conversion global.

Il est souvent intéressant de suivre les performances du site en calculant des taux de conversion spécifiques, par exemple le taux de conversion des premières visites et le taux de conversion des visiteurs réguliers. Il est également instructif de suivre les taux de conversion selon l'origine du trafic : taux de conversion des visiteurs venant par les mots clés, taux de conversion des visiteurs provenant des e-mails marketing, etc.

Selon la stratégie décidée pour monétiser l'audience d'un site, on peut identifier plusieurs étapes avec les taux de conversion qui mesurent le passage d'une étape à l'autre. Nous les appellerons taux de conversion intermédiaires. Par exemple, la stratégie des sites de quotidiens ou de magazines comme *Le Monde* et *Les Échos* consiste souvent à proposer aux visiteurs du contenu gratuit puis à ceux qui consomment ce contenu gratuit de s'inscrire en remplissant un formulaire (génération et qualification de *leads*). On propose enfin à ces *leads* du contenu payant (consultation d'archives, abonnements à la version papier…).

1. Le lecteur qui souhaite étudier de façon approfondie les méthodes et techniques de la conversion consultera avec profit l'ouvrage de Thomas Faivre-Duboz et Raphaël Fétique, *Web conversion*, Dunod, 2009. Le texte qui suit s'inspire souvent de cet ouvrage.

Figure 6.22 **Un exemple de taux de conversion intermédiaires pour un site d'organe de presse**[1]

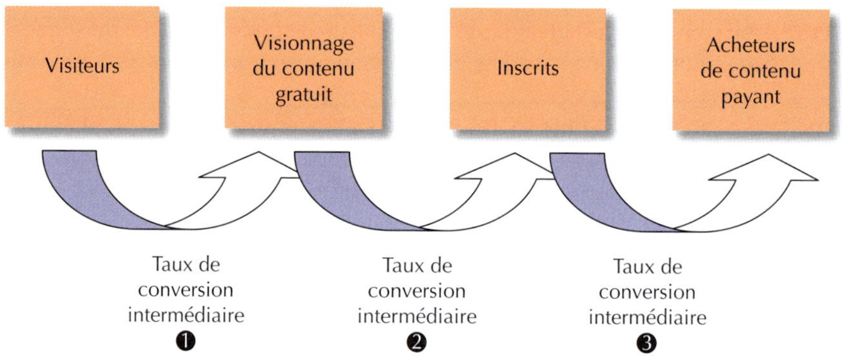

3° La démarche d'amélioration du taux de conversion global

Les animateurs du cabinet Converteo, spécialisé dans les techniques d'amélioration des taux de conversion, comparent un site à un seau troué. Au lieu de s'épuiser à le remplir, il faut commencer à boucher les trous pour éviter les fuites inconsidérées d'internautes. Et pour boucher les trous les plus importants, il faut les repérer.

On suit la procédure suivante :

1. Définition des indicateurs clés de performance du site en fonction de ses objectifs.
2. Analyse des performances du site et comparaison à celles des concurrents directs, par catégories de produits (benchmark). Ce diagnostic (Webanalyse ou Webanalytics) est essentiel. Il permet de repérer les « trous » et d'apprécier leur importance et leur caractère normal ou anormal, par exemple un taux d'abandon des paniers deux fois supérieur à celui du principal concurrent.
3. Établissement des priorités. Dans quel ordre faut-il traiter les points faibles ?
4. Décision entre panser les « plaies » ou repenser l'ensemble du site.
5. Conception des améliorations, mise en œuvre et tests. On verra plus loin qu'il est important de tester l'efficacité des modifications.
6. Mise en œuvre et suivi des performances sur les points clés.

Tout commence et tout se « termine » par la mesure des performances qui permet d'identifier les faiblesses majeures qui nuisent au taux de conversion. On trouvera dans la boîte à outils du *Mercator* une liste détaillée des indicateurs sur lesquels on mesure les performances d'un site marchand : panier moyen, taux de rupture, taux de conversion, etc. Voir l'outil n° 12, « Les indicateurs de performance d'un site marchand ».

1. Source : *Web conversion, op. cit.*

c) L'e-merchandising[1]

Dans un magasin physique, le merchandising désigne les techniques de gestion optimale de l'espace de vente et de présentation des produits. Dans un magasin virtuel, l'e-merchandising ou merchandising sur Internet a le même objet mais il passe par des techniques particulières car il y a, au moins, deux différences majeures entre le commerce du monde tangible et le commerce en ligne.

- *Le visiteur d'un site est très « volatil »*

Une des explications du niveau faible des taux de conversion des boutiques en ligne tient à ce qu'il est très facile de les quitter. Dans le monde réel, on hésite à rabrouer un vendeur trop pressant, on met les formes. Sur Internet, à la moindre déception, au moindre désagrément (une page qui met un peu de temps à s'afficher, un numéro de carte bleue qu'il faut ressaisir, etc.), un clic suffit pour faire disparaître le site.

Les raisons d'interruption du processus d'achat sont multiples. Une étude faite par le BCG mentionne les plus fréquentes.

Figure 6.23 **Les raisons d'interruption du processus d'achat en ligne[2]**

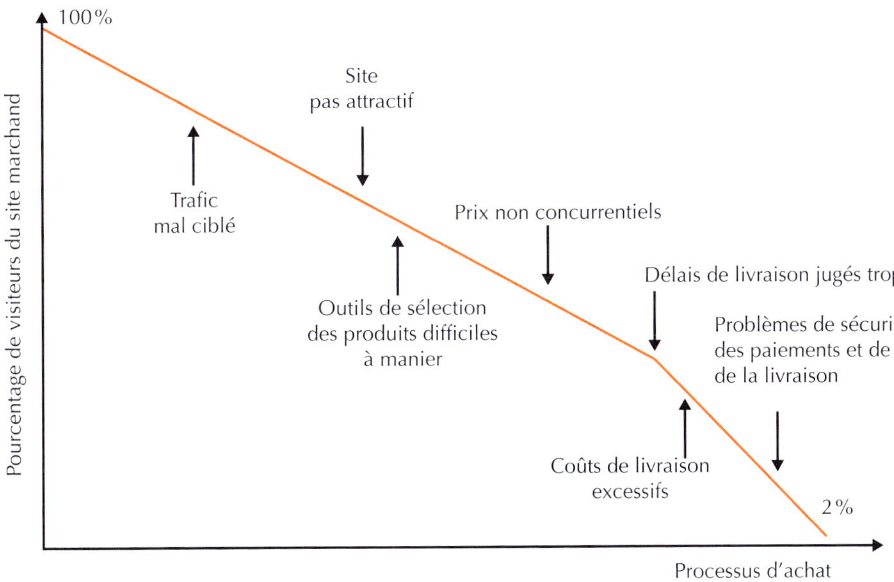

1. Remerciements à Raphaël Fétique et Thomas Faivre-Duboz, du cabinet Converteo, qui ont écrit ce texte sur le e-merchandising.
2. « Winning the Online Consumer 2.0 », The Boston Consulting Group, février 2001. Un article ancien, mais toujours d'actualité.

Pour mieux retenir des visiteurs toujours prêts à disparaître, il faut que la navigation soit simple et fluide ; il faut que les produits susceptibles d'intéresser l'internaute soient très facilement et très rapidement accessibles ; il faut enfin que la présentation des produits soit attractive tout en restant claire, ce qui n'est pas simple sur un tout petit écran d'ordinateur et sur un écran minuscule de téléphone portable[1]. Ce sont les objectifs du e-merchandising.

• *Sur Internet, on peut proposer un catalogue de produits illimité (ou presque) !*

Là où un distributeur physique est limité par ses linéaires et sa surface au sol, le site marchand peut proposer une « longue traîne » de produits[2]. Le coût marginal lié à l'augmentation de la profondeur du catalogue produits est très faible, contrairement à une boutique physique dont la surface de vente est limitée. Ainsi, le site Amazon.fr peut revendiquer un nombre de références bien plus élevé qu'un magasin physique Fnac. Naturellement, la boutique en ligne n'échappe pas aux coûts liés à la logistique et aux négociations avec les fournisseurs pour le référencement de nouveaux produits.

Pouvoir présenter un très grand nombre de références à un coût très faible est certainement un atout potentiel du e-commerce mais c'est aussi un problème majeur à résoudre : comment permettre à l'internaute d'accéder simplement et rapidement au produit qui l'intéresse dans une kyrielle de références ? C'est un objectif majeur du e-merchandising.

Pour améliorer le taux de conversion et accroître la valeur du panier moyen, le e-merchandising joue sur deux types de registres :

- *Le registre fonctionnel* : une navigation aisée, un accès rapide aux produits qui intéressent l'internaute, une présentation des produits simple mais pouvant être détaillée, une prise de commande facile et un paiement sécurisé et réalisé du premier coup.
- *Le registre aspirationnel* : une offre attractive, une présentation persuasive, une visite et un achat qui enrichissent l'expérience du client.

Ces deux registres sont souvent contradictoires. Par exemple, des vidéos en haute définition peuvent ralentir la navigation, une présentation aérée des produits limite le nombre de références présentées. Pourtant on ne peut négliger un de ces deux registres. C'est affaire de compromis.

1° Le registre fonctionnel

Comment optimiser le parcours du visiteur en l'amenant rapidement au plus près du produit tout en lui donnant les moyens de se réorienter ?

---

1. Paul-Emile Cadilhac, directeur de l'agence Performance interactive, a proposé le concept de « rentabilité au pixel carré ».
2. Sur la longue traîne, voir le chapitre 4 sur la politique de produit.

Figure 6.24 **Les facteurs d'optimisation construits sur le registre fonctionnel**

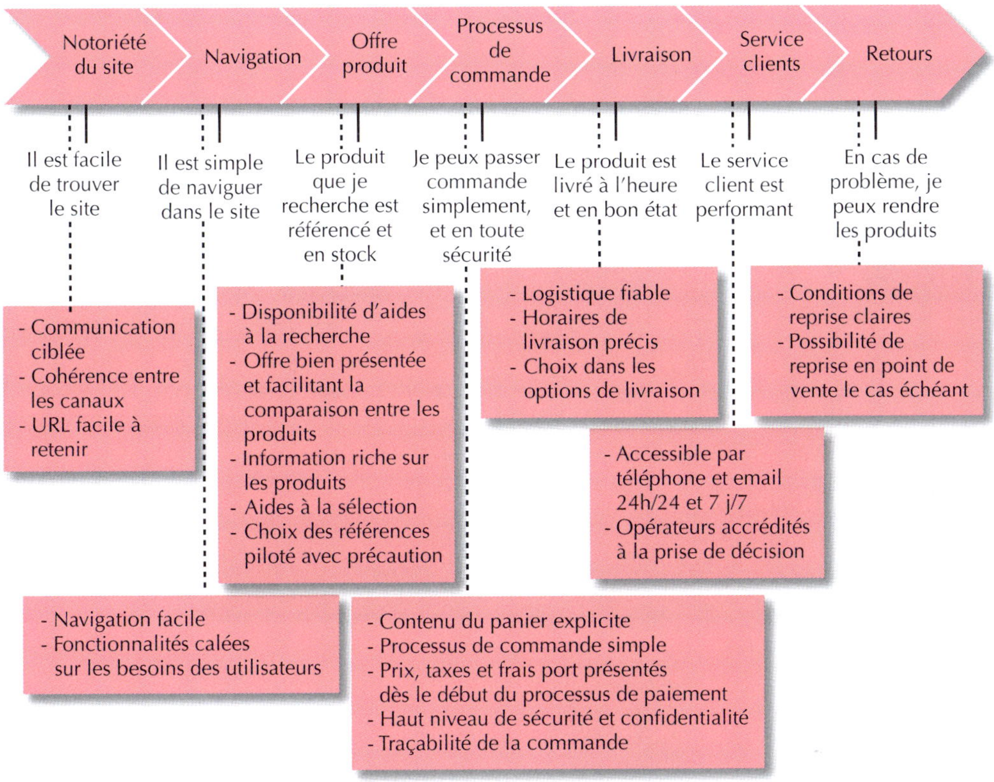

Source : BCG.

- *Les enjeux de la page d'arrivée* (landing page)

Une boutique en ligne est structurée autour d'une page d'accueil qui présente des « tops produits » et des modes de navigation permettant d'atteindre directement un produit ou de s'orienter vers des catégories spécifiques de produits. Chaque catégorie, chaque sous catégorie, chaque produit constitue une page. L'internaute va vers des catégories puis accède à des pages produits ou, en utilisant le moteur de recherche interne, va directement sur une page produit.

Le plan classique d'une boutique en ligne peut être représenté par le schéma suivant.

Ce schéma est une vision simplifiée et idéalisée du parcours client. Le visiteur arrive par la page d'accueil qui joue son rôle de vitrine et l'amène à déambuler dans des pages catégories qui sont les rayons de notre e-boutique. Dans ces rayons, le visiteur manipule et observe des produits en accédant aux fiches-produits. Lorsqu'il désire acheter un produit, il l'ajoute de manière classique à son panier. Il se dirige ensuite vers la caisse et procède au paiement. Malheureusement, la réalité est plus complexe.

Figure 6.25 **Exemple de structure type d'un site d'e-commerce et de parcours client**

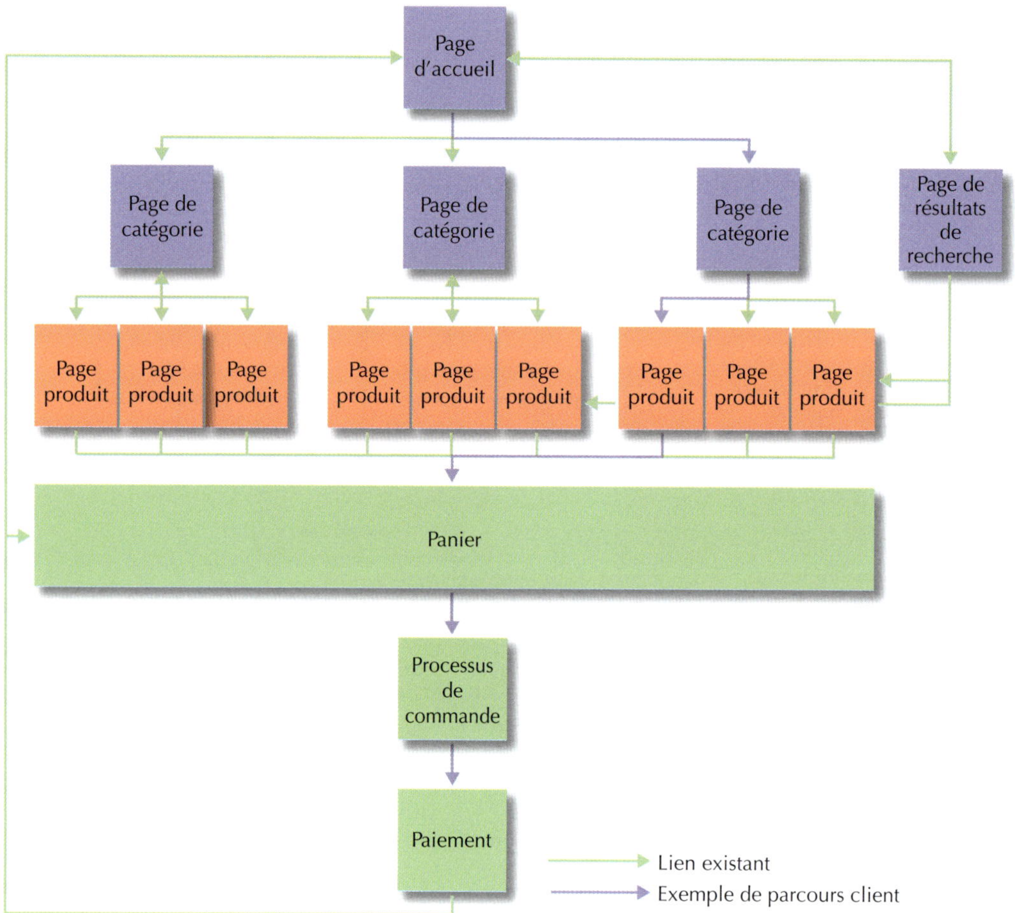

Contrairement à un magasin physique où tous les prospects arrivent par des portes d'entrée bien identifiées et immuables, *dans une boutique en ligne, le visiteur peut arriver par n'importe quelle page.*

On appelle page d'arrivée ou *landing page* la page par laquelle un visiteur arrive sur un site Web.

Lorsque la source de trafic est contrôlée par l'entreprise (bannière, lien sponsorisé, affiliation…), le visiteur arrive sur la page définie par l'équipe marketing. Elle doit être pensée comme le prolongement de la bannière, du lien ou de l'annonce pour que le visiteur ait le sentiment d'arriver au « bon endroit ». Si la bannière, le lien ou l'annonce mentionnent un produit précis, il est fortement recommandé d'amener le prospect sur une page dédiée au produit. Le faire arriver sur une page catégorie ou pire sur la page d'accueil est une erreur car il doit faire une recherche additionnelle pour atteindre l'objet de sa recherche.

Mais le plus souvent, la source de trafic n'est pas contrôlée par l'entreprise. Par exemple, le référencement naturel du site génère un trafic important directement vers des pages intérieures (page produit, page catégorie...) sans que cela puisse être contrôlé, puisque cela dépend de la requête de l'internaute et du moteur de recherche. Dans ce cas, les pages doivent être conçues de telle façon que le visiteur identifie les modes de navigation du site pour comprendre la profondeur du site (qu'est-ce qui est proposé d'autre que ce qui est montré sur la page), où il se situe dans l'arborescence et comment il peut accéder aux autres produits qui l'intéressent.

• *L'importance du moteur de recherche interne*

Les moteurs de recherche interne d'un site sont un outil utilisé par près de la moitié des internautes lors de leur visite sur un site d'e-commerce[1]. Ces moteurs sont populaires parce que les internautes n'ont pas à comprendre le mode d'organisation du site : ils répondent directement à leur demande. C'est aussi un secours quand les internautes sont perdus sur le site.

Conçu pour être d'abord au service des clients, le moteur de recherche interne fournit des informations précieuses pour l'optimisation du site. Enregistrer et étudier les recherches faites sur un moteur de recherche interne permet de comprendre les attentes des visiteurs. Certains signaux faibles permettent même d'anticiper de futures demandes massives. Par exemple, un marchand de DVD pourra suivre les requêtes sur un film en salle qui n'est donc pas encore vendu en DVD. Si son moteur interne montre que les requêtes se multiplient, il pourra proposer aux visiteurs de laisser leur adresse e-mail pour être prévenus de la sortie du film en DVD.

Notre conseil

Toute page d'un site est potentiellement une page d'arrivée. Ne soigner que sa page d'accueil est une erreur fréquente. Il faut concevoir chaque page comme étant potentiellement une page d'arrivée, à partir de laquelle le client doit pouvoir – et doit être incité à – s'orienter.

• *Search + merchandising = searchandising*

L'internaute veut toujours garder la main en choisissant son parcours mais en même temps, il a besoin d'être dirigé. Ce double défi : liberté/orientation est l'objet du *searchandising*, contraction entre *search* (rechercher) et *merchandising :*

- laisser la liberté de navigation en multipliant les modalités de navigation et faciliter l'auto-navigation par la cohérence et la lisibilité des barres de menu, l'accès continu au moteur de recherche, l'ergonomie, etc.;
- influencer les internautes pour inciter à l'achat, pousser des catégories de produits, faire du *cross* et *up-selling*...

1. Étude Marketing Sherpa & Guidester, « Online Shopping Research Survey », janvier 2007, échantillon de 428 Américains représentatifs des acheteurs en ligne américains. Cette étude donne un taux de 43 % d'utilisateurs des moteurs internes.

MINI CAS

Le merchandising de Pixmania

Pixmania, le n° 1 de la vente de produits vidéo, son et image en Europe avec près d'un milliard d'euros de chiffre d'affaires, soigne particulièrement l'organisation de la recherche sur ses pages.

Le slogan de Pixmania, « Gagnez sur toutes vos courses », indique la vocation du site : celui d'un site d'e-commerce au choix très large proposant des prix bas. La page d'accueil prêche par l'exemple : pas moins de 18 catégories de produit sont présentées sur une page très longue. Chaque catégorie est sous-catégorisée et une offre promotionnelle de la catégorie est mise en avant. Cette présentation exprime à la fois le très vaste choix du site et l'accent mis sur les prix. 13 catégories de produit (recoupant celle des cartouches) forment la barre de menu. La colonne de droite regroupe tout un ensemble de messages et de services.

Page d'accueil

La page d'accueil peut paraître très complexe, trop longue, fournissant trop d'information. Elle remplit pourtant parfaitement son objet et le risque de confusion a été écarté par une organisation très claire de l'espace qui permet un mode de recherche efficace.

Page de catégorie de produits

Dans les pages de catégorie de produits, Pixmania trouve un équilibre entre la facilitation de la recherche, avec une nouvelle barre de navigation sur la gauche, organisée par sous-catégories et par marques, et une présentation directe de l'offre (les incontournables et le top des ventes, classé par sous-catégories de produit). Le site est ainsi conçu pour répondre aux attentes fondamentales par le biais de menus (trouver rapidement l'information sur les produits) tout en présentant de façon attractive l'offre. Cette dernière présentation est elle-même un mode d'accès à l'information : mise en avant de promotions (les incontournables), top ventes, nouveautés. On relèvera également la place donnée à « Demandez conseil à Thomas » afin de réduire une expérience négative de visite, qui est de ne pas s'y retrouver dans ce très vaste choix et d'être frustré par le caractère mécanique du site Web (d'où la personnalisation).

2° Le registre aspirationnel : éveiller le désir, enrichir l'expérience client, donner confiance

Pour vendre, il faut donner envie. Cette règle de base vaut aussi bien dans le monde virtuel que dans le monde réel mais on fait plus facilement rêver dans une boutique Louis Vuitton de plusieurs centaines de m^2 sur les Champs-Élysées que sur le mini-écran d'un ordinateur.

• *Enrichir la présentation du produit*

La capacité de persuasion d'un site et de ses produits passe d'abord par la créativité des concepteurs de sites et des Web designers puis par l'usage raisonné des possibilités offertes par le multimédia : vidéo, 3D, photos en haute résolution, possibilité de configurer le produit, de le voir en situation d'usage réel et de l'observer dans les moindres détails grâce à des zooms très puissants. Un tel travail de mise en scène n'est possible pour tous les produits d'un site marchand que si leur nombre est limité ou bien si l'entreprise y accorde un budget important.

Ainsi, les acteurs de la vente événementielle en ligne (dite aussi vente privée en ligne) qui ont un catalogue très peu profond (autour de 10 ventes en simultané avec une centaine de produits, soit 1 000 produits environ au final) sélectionnent les produits stars qui doivent être mis en avant. Vente-privee.com, qui réalise environ 3 500 ventes évènementielles par an, a un département de 350 personnes qui travaillent à la mise en scène et à la communication des ventes (atelier photo, production vidéo, webdesign, etc.).

• *Personnaliser pour vendre mieux*

La personnalisation est un des atouts majeurs du marketing en ligne en général et du e-merchandising en particulier. Comme les visiteurs laissent un certain nombre de traces et d'indications, on peut définir des profils et afficher sur une même page des contenus différents et adaptés à chaque profil. David Sadigh, directeur associé chez IC-Agency, agence de conseil en e-marketing, définit trois grands types de personnalisation possibles :

- La personnalisation selon les informations laissées par les internautes et permettant de les classer dans un profil donné : formulaires remplis sur le site (sexe, âge, etc.), mots-clés saisis dans un moteur de recherche.
- La personnalisation géographique (localisation par ville, pays ou région). On affiche un contenu différent en fonction de la situation géographique du visiteur, même non déclarée, en utilisant son adresse IP attribuée par son fournisseur d'accès à Internet.

Notre conseil

Il est ici donné par Ilan Benhaim, un des responsables du site Vente-privee.com : « Sur Internet, on ne vend pas des produits, on vend des images. » Quand on conçoit un site d'e-commerce ou une page produit, il faut partir de ce que le client voit : c'est un élément essentiel de l'expérience du client.

Exemple

➥ Tesco, le leader anglais de la distribution a développé un site marchand et un mode de livraison à partir d'une sélection de ses magasins (250 sur plus de 700), qui permettent de couvrir le territoire britannique. Or l'assortiment et le prix des références varient de magasin à magasin. Pour résoudre cette difficulté, Tesco identifie la localisation du client, définit le magasin à partir duquel se fera la livraison et personnalise l'ensemble du contenu du site en ne présentant que les produits et les prix du magasin de livraison. L'expérience est transparente pour le client, mais elle a nécessité un travail considérable en termes de système d'information.

- La personnalisation comportementale (du visiteur sur le site). Les contenus diffèrent selon qu'il s'agit d'un visiteur qui découvre le site ou d'un visiteur régulier. Par exemple, s'il est allé plusieurs fois sur des pages concernant le produit X, on a intérêt à mettre en avant ce produit même lorsque le visiteur consulte d'autres pages du site. Le parcours du visiteur a été mémorisé et il est identifié par un cookie. Quand il revient sur le site, le contenu de la page d'accueil est adapté en fonction de ses centres d'intérêt identifiés dans les visites précédentes.

• *Demain : recréer en ligne l'expérience d'achat off line*

Les travaux sur les interfaces et contenus riches visent à récréer en ligne l'expérience d'achat en magasin. Aujourd'hui, nous n'en sommes encore qu'aux prémices et une photo de bonne qualité ne suffit pas à recréer une expérience d'achat !

Une des innovations les plus prometteuses en termes d'expérience client sur Internet est le double virtuel.

Exemple

→ Daily Makeover est une start-up américaine qui permet aux clientes de télécharger leur photo et de faire des essais virtuels de maquillage, avec une comparaison avant/après sur toutes sortes de supports : Web, smartphone, tablettes… L'entreprise a un site qui reçoit 1 million de visiteurs par mois, et propose sa solution aux différents sites d'e-commerce qui vendent des produits de beauté et de maquillage, permettant aussi à leurs visiteurs de faire un essai virtuel des produits en vente. Daily Makeover annonce une amélioration du taux de conversion de 60 % pour les internautes qui utilisent la solution sur un site d'e-commerce.

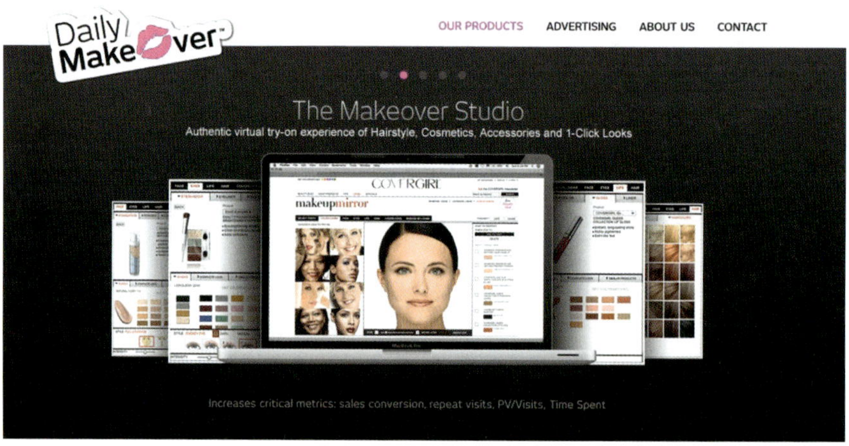

3° La mesure de la performance de l'e-merchandising

Nous avons déjà indiqué un certain nombre d'indicateurs clés de performance de l'e-merchandising en évoquant les différents taux de conversion et le diagnostic indispensable avant toute tentative d'amélioration d'un site.

Certains indicateurs de performance sont communs au merchandising classique et au e-merchandising comme :

- le panier moyen ;
- le taux de rupture (produits non disponibles) ou taux de service.

Internet permet d'identifier et de mesurer précisément de nombreux autres indicateurs :

- taux de conversion global, taux de conversion spécifiques (par exemple, selon l'origine du trafic) et taux de conversion intermédiaires (à chaque étape du processus d'achat) ;
- taux d'abandon des paniers ;
- taux d'ajout d'un produit au panier : parmi l'ensemble des visiteurs exposés à un produit ou à une catégorie de produits, combien l'ajoutent à leur panier (avec ou sans concrétisation en achat) ?
- nombre de fiches-produits vues par visiteurs, qui est un équivalent du nombre de produits pris en main par un client en magasin ;
- temps moyen de visite, nombre moyen de pages vues, pourcentage de visites entrantes (celles qui vont au-delà de la page d'accueil), etc.

Figure 6.26 **Exemple de tableau d'indicateurs de performance d'un site marchand**[1]

Business Metrics	**Cette semaine**	**Semaine dernière**	**% Change**
Taux de conversion global	2,10%	1,90%	11%
Taux de conversion : première visite	1,90%	1,80%	6%
Taux de conversion : visiteurs réguliers	2,20%	2,00%	10%
Taux d'abandon de panier	75,70%	75,80%	0%

Marketing Metrics	**Cette semaine**	**Semaine dernière**	**% Change**
Taux de conversion : mots clés	3,90%	3,80%	3%
Taux de conversion : e-mails	1,40%	1,60%	–13%
Taux de conversion : affiliés	0,90%	0,90%	0%

Site Metrics	**Cette semaine**	**Semaine dernière**	**% Change**
Longueur moyenne de session (pages)	7,10	6,90	3%
Durée moyenne de session (min)	3,70	3,70	0%
Temps d'affichage moyen d'une page	3,80	3,80	0%
Temps de lecture moyen d'une page	23,40	23,90	–2%
Vitesse moyenne de connexion (Kbps)	153,30	155,40	–1%

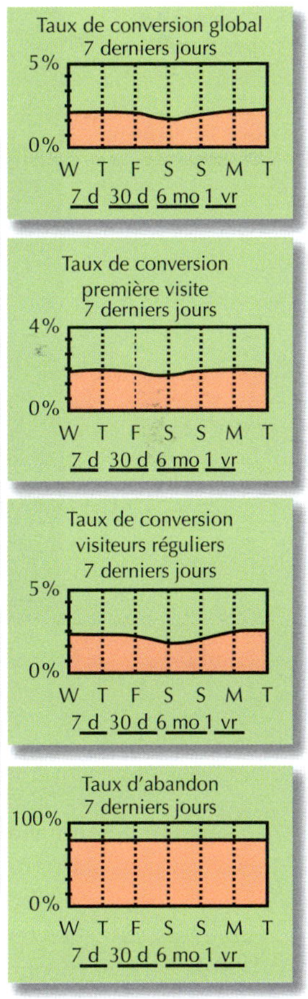

Source : http://index.fireclick.com/

Les outils de webanalyse du marché tels que les Français AT Internet, Weborama, 1024 Degrés, Eulerian Technologies ou les Anglo-Saxons Google Analytics, Omniture, Coremetrics, Unica, Webtrends et Nedstat, permettent d'atteindre sur Internet un niveau de mesure jamais imaginé dans le monde off line.

Il est aussi possible de voir pour chaque page quelles sont les zones les plus cliquées (*click tracking*) ou même les plus visionnées par les utilisateurs (*eye tracking*). On matérialise les zones d'une page qui sont les plus cliquées ou les plus regardées. Cela donne une *heatmap* (figure 6.27), carte des points chauds et froids selon la densité des clicks figurée par des codes couleurs, par exemple rouge pour les zones fréquemment cliquées, bleues pour celles qui sont délaissées.

Figure 6.27 **Un exemple d'heatmap**

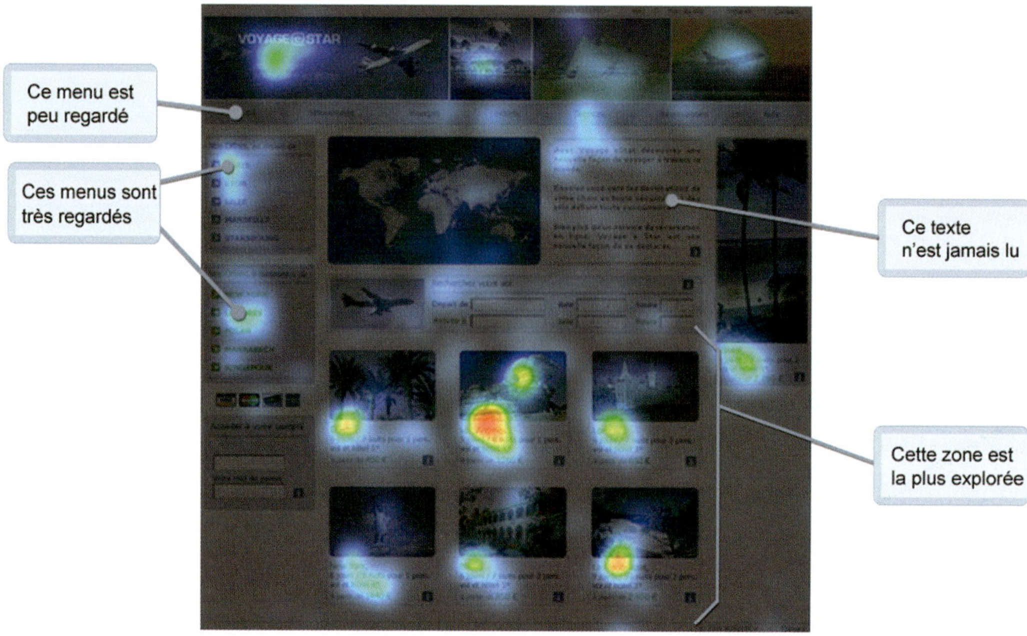

Source : Miratech.

Une des techniques appelées à se développer autour du e-merchandising est le *testing*. Il permet de mettre en concurrence de manière aléatoire plusieurs mises en avant au sein d'une page d'un site marchand. L'optimisation de l'espace dédié aux produits sur les pages du site suppose en effet que l'on puisse comparer les performances de plusieurs présentations de produits pour retenir la plus efficace. Les techniques de testing dites A/B ou multivariées donnent des résultats chiffrés incontestables et souvent éloquents.

1. Voir aussi dans la boîte à outils du *Mercator*, l'outil n°12 qui donne une liste type des indications-clés de mesure de la performance d'un site marchand.

Les outils de testing sont parfois proposés seuls (Google Website Optimizer, outil gratuit fourni par Google) ou en package avec une partie conseil souvent nécessaire à leur bonne interprétation (Optimost, Amadesa, Maxymiser, Avenseo, Holistis).

Les spécialistes du merchandising dans les magasins physiques ont mis quelques décennies à affiner des techniques aujourd'hui bien au point. Donnons quelques années encore aux spécialistes du e-merchandising pour exploiter toutes les ressources d'Internet.

Ressources complémentaires

La boîte à outils du *Mercator*

- Outil n°11, Les composantes de la rentabilité d'un distributeur
- Outil n°12, Les indicateurs de performance d'un site marchand
- Outil n°13, Générer des *leads*

Ressources numériques sur mercator.fr

- **L'essentiel : retenez les points-clés !**
  L'essentiel du chapitre 6
- **Quiz interactifs corrigés et commentés : testez vos connaissances !**
  Quiz chap. 6, sections 1 à 3 – La distribution
  Quiz chap. 6, section 5 – Le commerce électronique et la distribution multicanale
- **Pour aller plus loin**
  – Pour aller plus loin dans le chapitre 6 : une sélection de livres, de sites Internet et de blogs sur la distribution et le e-commerce.
  – Focus sur la fonction commerciale.

Les Journées Particulières de LVMH

LVMH est le plus grand et le plus puissant groupe de luxe dans le monde, comprenant notamment des marques comme Louis Vuitton, Dior, Chaumet, Givenchy, Guerlain, Fendi, Berluti, Ruinart ou Moët & Chandon. Mais la taille et la performance financière du groupe ont tendance à faire oublier les savoir-faire propres à chacune de ces marques, appelées « maisons » au sein de l'entreprise.

Pour remédier à cette cela, LVMH a lancé avec l'aide d'Euro-RSCG et d'Havas, une opération de communication très originale, les « Journées particulières ». Durant deux jours, 30 sites du groupe sont exceptionnellement ouverts au public, comme les ateliers de Louis Vuitton à Asnières, les salons de haute-couture de Givenchy, les caves de Ruinart, la distillerie de Glenmorangie en Écosse, etc. Chaque site bénéficie d'une animation spécifique destinée à faire connaître, à travers une expérience directe, le savoir-faire artisanal de ces marques.

Chaque lieu est signalé par un décor extérieur ayant la même identité visuelle, et l'ensemble du dispositif est soutenu par une campagne de communication intégrée : publicités dans la presse (voir le visuel reproduit), campagne d'affichage, vidéos de teasing, site Web dédié permettant l'inscription en ligne, newsletter, page Facebook avec retransmissions en direct, milliers de tweets, magazine distribué aux visiteurs, le tout relayé par les relations presse avec des reprises par des blogueurs influents et les mass-médias.

Le résultat ? En 2011, 500 000 visiteurs uniques sur le site, 45 000 fans sur la page Facebook (8 000 « like » et 700 commentaires), des centaines d'articles dans la presse, plus de 60 000 visiteurs qui auront vécu une expérience forte avec les marques du groupe... et la fierté des collaborateurs internes.

La campagne des « Journées particulières » de LVMH illustre la richesse et la complexité de la communication des entreprises aujourd'hui, mêlant le média et le hors-média, le online et le offline, le message et l'expérience, l'externe et l'interne, la stratégie et la nécessaire excellence dans l'exécution.

Chapitre 7

Les fondamentaux de la communication

Trois chapitres sont consacrés à la communication. Celui-ci, le premier, présente les concepts fondamentaux de la communication et les principes selon lesquels on organise une politique de communication. Les moyens de la communication sont développés dans les deux chapitres suivants qui traitent de la publicité puis du « hors-médias », ces techniques étant aujourd'hui off line et on line.

La première section de ce chapitre s'appuie sur le modèle « Émetteur - Récepteur » pour identifier et approfondir les différentes questions à traiter dans l'élaboration et la mise en œuvre d'une politique de communication. La section 2 étudie les quatre modes majeurs de la communication : *push*, *pull*, relayée et C to C (individu à individu). Enfin, dans la section 3, on développe les méthodes qui permettent de donner de la cohérence aux politiques de communication qui sont généralement multicanales et de plus en plus complexes.

PLAN DU CHAPITRE

Section 1	Objectifs, source, message et canal de communication	412
Section 2	Les modes de communication	441
Section 3	Mettre en cohérence une politique de communication	451
Ressources complémentaires		457

Pour influencer les attitudes et les comportements des différents publics auxquels elle s'intéresse – clients, prospects, prescripteurs, distributeurs, etc. – une entreprise doit *communiquer* avec eux.

Par communication d'une entreprise, on entend l'ensemble de *toutes les informations*, messages et signaux de toute nature que l'entreprise émet, *volontairement ou non*, en direction de *tous les publics*.
Par politique de communication d'une entreprise, on entend les informations, les messages et autres signaux que l'entreprise *décide* d'émettre *volontairement* en direction de publics choisis ou *publics cibles*.

La communication marketing qui fait l'objet de ce chapitre est l'un des volets de la politique globale de communication d'une entreprise, avec la communication interne, la communication financière et la communication *corporate*, appelée également communication institutionnelle car son objet porte sur l'entreprise en tant qu'institution économique, humaine et sociétale. On ne développera pas ici la communication *corporate* qui se fait avec des méthodes et sur des principes analogues à ceux qui sont présentés dans les pages suivantes. On trouvera sur mercator.fr des références bibliographiques pour les lecteurs qui s'intéressent à la communication d'entreprise autre que marketing.

Figure 7.1 **La communication marketing est l'une des formes de la communication globale d'une entreprise**

Type de communication	Objet de la communication	Publics visés
Communication marketing	Faire acheter et fidéliser	• Clients et prospects • Influenceurs : distributeurs, leaders d'opinion…
Communication corporate	Faire connaître l'entreprise, légitimer ses actions, la rendre attractive pour le recrutement du personnel	• Les citoyens : communication sociétale • Les décideurs • Les collaborateurs actuels et futurs
Communication financière	• Répondre aux exigences légales • Informer et influencer les investisseurs	Les investisseurs particuliers et institutionnels
Communication interne	• Meilleure cohésion interne • Faire adhérer à la stratégie de l'entreprise	Les collaborateurs de l'entreprise

SECTION 1

OBJECTIFS, SOURCE, MESSAGE ET CANAL DE COMMUNICATION

Toute communication peut s'analyser en plusieurs éléments organisés en un système « émetteur → récepteur ». Celui qui figure ci-dessous s'inspire du modèle proposé par Shannon et Weaver[1]. Présenté ici dans sa version la plus simple, il

1. Deux ingénieurs de la société Bell Telephone, dans les années 1940 qui sont à l'origine de la cybernétique.

identifie clairement les composantes du processus de communication et donc les points à traiter pour n'importe quelle action de communication, qu'elle soit tactique et ponctuelle comme une promotion sur les prix, ou stratégique et à long terme comme le positionnement d'une marque. Dans la figure suivante, nous avons adapté la terminologie originelle au contexte marketing en associant les termes « source » à « émetteur » et « cible » à « récepteur ». Nous verrons plus loin que ces termes ne sont pas strictement synonymes.

Figure 7.2 Le modèle (simplifié) « émetteur- récepteur », ou modèle de Shannon et Weaver

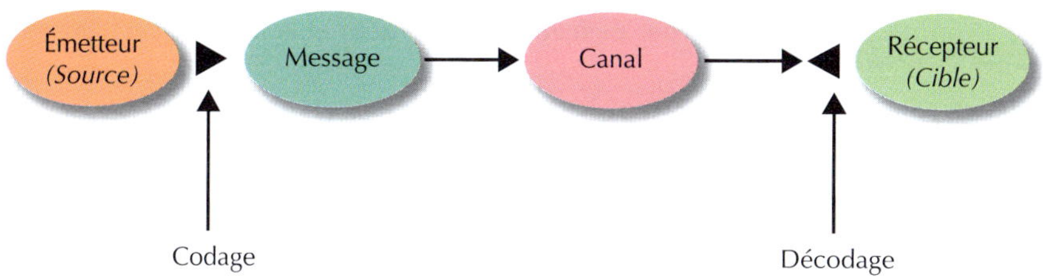

Pour communiquer, il est nécessaire de traduire (codage) ce qu'on veut transmettre en un ensemble structuré de signifiants qui, connus par convention, sont interprétés (décodage) par ceux qui reçoivent la communication. C'est la fonction des langages, qu'ils soient généraux ou spécialisés comme la publicité

1 Du modèle « émetteur → récepteur » aux rubriques de la communication marketing

Le schéma précédent doit être complété par l'existence ou non d'une réponse du récepteur. Les entreprises ne communiquent que pour provoquer des réponses qui les intéressent.

a) Les réponses du récepteur

Elles sont de deux types : soit elles sont directement observables, parce qu'un dialogue s'engage ou parce ce que la communication a provoqué un comportement particulier de la cible, soit l'effet de la communication n'est pas directement observable, comme un sentiment nouveau pour la marque. Dans de tels cas, on mène des études spécifiques.

Bien entendu, la communication peut être sans effet, tout au moins sans effet observable directement ou mesurable par une étude. C'est un cas fréquent en marketing où la déperdition de la communication est souvent importante. On verra plus loin les différentes méthodes pour la limiter.

1° Le « feed-back » : dialogue ou réponse comportementale

Un feed-back est, littéralement, un retour d'information. Ce peut être l'engagement d'un dialogue entre la marque (ou ses porte-paroles comme les vendeurs) avec le client. La communication devient interactive. C'est une forme de communication primordiale en B to B (par exemple, une réunion entre un technico-commercial et un prospect) et dans les services, avant et après achat (assistance aux clients en face à face, par téléphone ou par Internet).

Dans d'autres cas, le feed-back est une réponse comportementale sans instauration d'un dialogue. La communication n'est pas interactive mais elle est active au sens où elle provoque une manifestation de la cible : le récepteur renvoie un coupon-réponse, téléphone pour prendre rendez-vous avec un commercial, clique sur une bannière et va sur le site où on l'a dirigé, etc. Ce type de communication avec retour comportemental est typiquement celui du marketing direct étudié au chapitre 9. La mesure de l'effet de la communication est alors simple, immédiate et quantifiable.

Figure 7.3 **Deux types de feed-back interactif et actif**

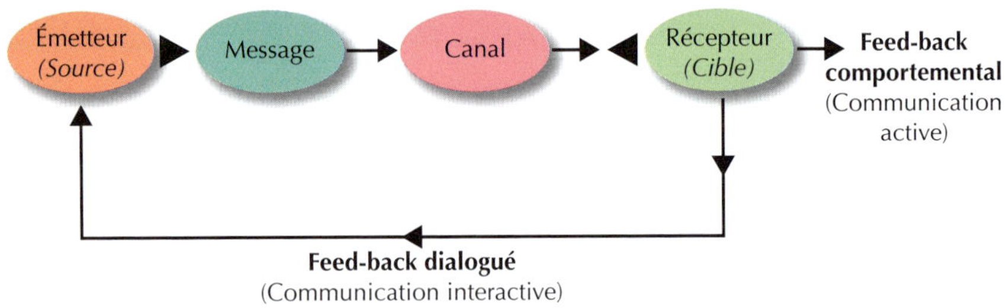

2° La communication provoque une réponse mais elle n'est pas directement observable

Si la communication a pour objet l'évolution d'un état mental de la cible (faire connaître une marque, la faire aimer, etc.), il faut recourir à des études après campagne sur un échantillon représentatif pour mesurer cette évolution. Ce sont par exemple les post-tests publicitaires qui évaluent l'impact d'une publicité sur les attitudes des personnes qui y ont été exposées, ou les études d'image qui mesurent l'évolution de la perception de l'image d'une marque.

Figure 7.4 **Un cas fréquent : étude *ad hoc* après la communication, pour en évaluer l'effet**

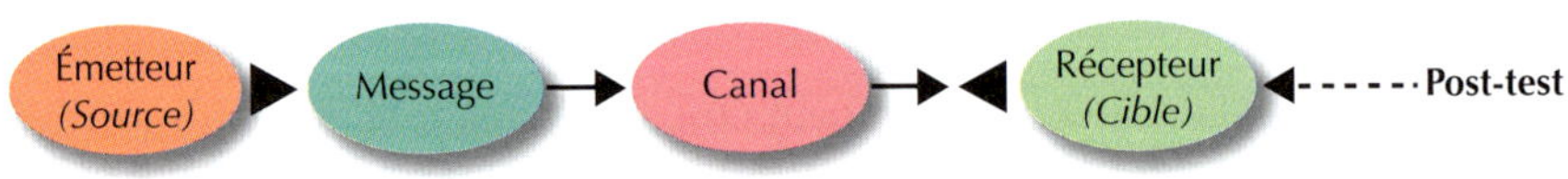

b) Du modèle de Shannon et Weaver aux rubriques d'un plan de communication

A partir du schéma « émetteur → récepteur », on déduit aisément les questions que doit se poser un chef de produit (ou son agence) et auxquelles il doit répondre pour mener n'importe quel type de communication.

Figure 7.5 **Six questions fondamentales pour concevoir une action de communication**

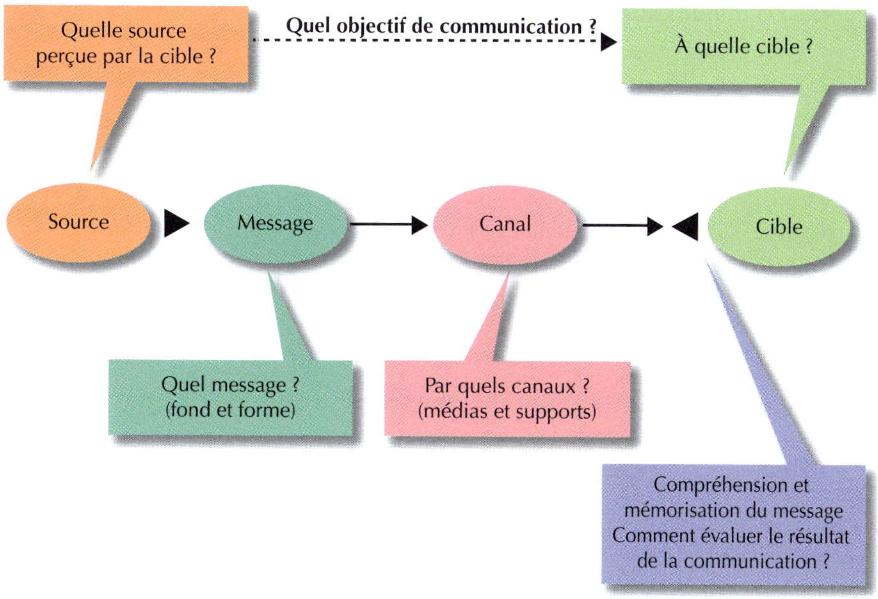

Le sommaire d'un plan de communication, quel qu'il soit, reprend en les ordonnant les différentes questions listées dans la figure précédente. On a simplement ajouté en tête une rubrique « Contraintes ». La communication marketing doit être réaliste et il faut commencer par identifier les impératifs à respecter, dont, en premier lieu, le budget disponible.

FOCUS

Élaborer un programme de communication : check-list

- Quelles sont les contraintes liées à la communication envisagée : budgets, délais, réglementation, etc. ?
- Quel est l'objectif majeur de cette communication ?
- Quelle cible doit être exposée à la communication ?
- Quelle source doit-on mettre en avant : le produit, la marque ou l'entreprise ?
- Quel est le message (fond et forme) ?
- Quels sont les canaux les plus à même de couvrir la cible et d'exprimer le message ?
- Comment mesurer l'efficacité de la communication ?

Les pages qui suivent développent chacun de ces points.

2 Les objectifs de la communication marketing

Un objectif de communication s'énonce en répondant à trois interrogations :

- La communication est au service de quel objectif marketing ?
- Pour changer quels comportements et/ou quels états mentaux ?
- De qui (quelle est la cible de communication)[1] ?

Exemple

→ Ovomaltine est une marque de poudre chocolatée avec du malt, des œufs et qui a adopté un positionnement diététique en France. Sur ce marché, l'objectif de communication d'Ovomaltine pourrait être formulé ainsi : « La communication de la marque Ovomaltine vise à accroître sa part de marché (objectif marketing) en convainquant les mères de famille, clientes occasionnelles des marques concurrentes : Nesquik et Banania, (cible de communication) qu'elles doivent faire essayer Ovomaltine à leurs enfants (objectif de communication comportemental) en raison de ses qualités diététiques et énergétiques (objectif de communication de marque). »

Notre conseil

- *Les objectifs de communication sont fréquemment formulés de façon trop générale. Ils ne font souvent que répéter les objectifs de la politique marketing, par exemple communiquer pour conquérir de nouveaux clients, pour mieux fidéliser, pour lancer un nouveau produit…*
- *Il faut être plus précis en spécifiant le rôle donné à la communication. Certains programmes de communication (publicité, promotion, marketing direct…) servent l'objectif général de communication ; d'autres un objectif spécifique mais complémentaire. Les objectifs de tous les programmes de communication doivent être parfaitement cohérents*[3].

a) Un objectif de communication se définit par rapport à la politique marketing

La communication marketing n'a pas d'objectif propre. Elle est au service de la politique marketing. Toute communication doit donc être reliée clairement à un objectif marketing qui est, par exemple, de gagner l'année prochaine 5 % de part de marché dans tel segment de marché, de fidéliser les gros clients en baissant le taux de *churn*[2] de 3 %, etc. On part donc des objectifs marketing et des cibles marketing pour définir les objectifs et les cibles de communication. Selon la nature de l'objectif marketing qu'elle sert, la communication est tactique ou stratégique.

Exemples

→ Une campagne d'e-mails pour faire du trafic sur un site de commerce électronique au moment des soldes, est une communication tactique.

→ Quand le marché des annuaires téléphoniques s'est ouvert à la concurrence, de nombreuses entreprises se sont précipitées pour entrer dans ce marché. La stratégie qui s'imposait à 118-218 comme à tous ses concurrents, était de donner à son numéro la plus forte notoriété possible pour émerger parmi la concurrence. La communication de notoriété de marque était stratégique. Elle le reste aujourd'hui car il faut que 118-218 entretienne un haut niveau de notoriété spontanée pour maintenir et développer son activité.

1. La cible de communication est étudiée plus loin, au paragraphe 4.
2. Taux de *churn* : synonyme « taux d'attrition » ou taux de clients qui abandonnent la marque.
3. Les méthodes pour mettre en cohérence différents programmes de communication sont développées dans la section 3 de ce chapitre.

Source : www.latoutouyouta.fr

b) Un objectif de communication est lié à une cible de communication

Pour être opérationnel, un objectif de communication ne peut pas faire abstraction des individus ou organisations que l'on veut influencer. On procède généralement en deux étapes. Dans un premier temps, on définit le but de la communication. Par exemple, faire essayer un nouveau produit, développer la notoriété de la marque, etc. Ensuite, on s'interroge sur les publics qu'il faut viser en priorité. On précise alors les objectifs de communication associés à leurs cibles.

La détermination des cibles de communication est développée dans le paragraphe 4.

c) Les 3 types d'objectifs de communication par rapport aux cibles retenues

On a vu, dans le chapitre 3 sur le comportement du consommateur, qu'une attitude pouvait s'analyser en trois composantes : cognitive, affective et conative (ou comportementale), d'où trois registres d'objectifs de communication : faire connaître, faire aimer, faire agir.

1° La communication à objectif cognitif : faire connaître.

Il s'agit le plus souvent d'une étape dans le processus : on commence par faire connaître une marque ou un produit pour rassurer les acheteurs qui se méfient de l'inconnu. On explique les avantages d'un produit pour donner une raison d'achat. On communique sur un site Web où on trouvera des informations sur les produits, les lieux de distribution, les avis des clients, etc.

L'efficacité de ce type de communication se mesure de façon relativement simple par des sondages qui demandent aux personnes ciblées de faire appel à leur mémoire pour restituer les marques qu'elles connaissent et les messages qui leur ont été envoyés.

2° La communication à objectif affectif : faire aimer

C'est une communication à objectif comportemental différé. Elle s'utilise lorsque, pour faire acheter à terme un produit, il faut passer d'abord par la case « affectif ». La communication de marque est typiquement de la communication affective. Elle vise à donner du sens à la marque qui le transfère aux produits qu'elle signe.

Exemples

- Rendre la marque Sony attractive pour valoriser l'achat des produits et pour faciliter ultérieurement le travail des vendeurs.
- Penser l'architecture interne, le design du mobilier, la sonorisation, l'éclairage d'une boutique Nespresso pour donner du sens à la marque et créer une ambiance propice à l'achat.
- Concevoir des produits d'image inaccessibles, invendables mais qui font rêver et qui démontrent le savoir-faire et l'audace d'une marque, comme les collections haute-couture, pour vendre ensuite des accessoires, ou les *concept cars* des constructeurs d'automobiles, etc.

Quand la marque Renault fait rêver : concept car Renault Dezir.
On notera l'importance donnée au logo autour duquel les designers ont conçu toute la face avant.

FOCUS

Le statut particulier du produit : message, source et canal de communication

- Un produit est la source de messages multiples. On a vu dans le chapitre 4, section 2, au paragraphe 3 que le produit émet des signaux qui mettent en œuvre tout ou partie de nos cinq sens. Ainsi, un modèle d'automobile joue sur quatre sens : la vue (design extérieur et intérieur), l'ouïe (les constructeurs travaillent le bruit du moteur ou son silence, ou encore le bruit feutré d'une portière qui se ferme), le toucher (cuir, plastiques moussés...), l'odorat (les constructeurs imprègnent leurs voitures pour accentuer l'odeur caractéristique d'une voiture neuve).

•••

…

- Le produit est un ensemble de messages décisifs pour l'acheteur (sur les lieux de vente) et pour le consommateur (l'expérience du produit renforce ou dégrade l'image de la marque). On dit souvent que la marque fait le produit. Or, dans bien des cas, c'est le produit qui fait la marque.

3° La communication à objectif comportemental immédiat

Son but est de faire agir immédiatement C'est une communication qui fonctionne sur le schéma « stimulus → réponse comportementale ».

Exemples

- Insertion de messages dans une émission de téléachat pour vendre un produit.
- Campagne de marketing direct par la poste, par Internet (e-mails, bannières), par appels téléphoniques pour récolter des dons en faveur d'une association caritative.
- Publicité directe dans des magazines, comportant un coupon-réponse pour acheter un produit, pour solliciter l'envoi d'une documentation produit, un rendez-vous avec un commercial de la marque…
- Bons de réduction sur ou à l'intérieur du packaging ou bien distribués dans les points de vente, les boîtes aux lettres ou par Internet.

Avec ce type de communication, il est facile de faire le lien avec l'objectif commercial. Ayant établi le coût de l'opération et la contribution par produit vendu, on calcule aisément le point mort (ou ventes à réaliser pour ne rien perdre et commencer à gagner de l'argent[1]).

Exemple

- On vend un aspirateur par du téléachat : Prix de vente 120 €. Contribution unitaire (ou marge sur coûts variables) : 60 €. Coût de l'opération (ce sont des frais fixes) : 20 000 €. Point mort : 20 000/60 = 333. Au-delà de 333 aspirateurs vendus, on gagne de l'argent.

La communication à effet comportemental immédiat ne convient qu'à certaines catégories de produits et son rendement est souvent faible en raison de la saturation du public, excédé par des sollicitations trop fréquentes, surtout lorsqu'elles perturbent leur espace privé (telemarketing, boîtes mail…).

d) Les objectifs de communication doivent être définis par rapport à la concurrence

La communication a un rôle important dans la lutte concurrentielle pour brouiller ou récupérer la communication concurrente, pour riposter à une action forte de la concurrence (nouveau produit, baisse des prix), pour faciliter le référencement des produits au détriment des concurrents, pour occuper le terrain quand on est en attente de nouveaux produits, etc.

1. Sur le calcul du point mort, voir le chapitre 5 sur la politique de prix.

Exemple

➥ En janvier 2012, Free casse les prix avec le lancement de son offre mobile. Orange aligne sa marque low price « Sosh » qui est marginale dans son activité globale. Il n'est pas question de brader les prix sur l'essentiel de l'activité. La communication va servir de substitut à la guerre des prix. Orange riposte par une campagne TV lancée en février suivant pour vanter la qualité de son service supposée être un point faible de Free. Le spot met en scène une foule qui symbolise les 35 000 personnes, au service des abonnés, chez Orange.

3 Les sources de communication marketing : leur image impacte l'efficacité du message

Ayant précisé l'objectif à donner à la communication, il convient de s'interroger sur l'identité de la source de la communication : qui va émettre la communication ? La marque du produit, l'entreprise, un distributeur du produit… ?

Figure 7.6

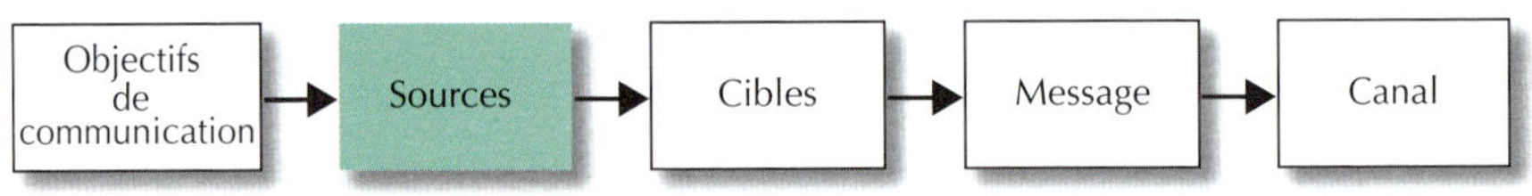

La réception et l'interprétation d'un message sont liées à l'identification de la source et à son image. Qui me parle ? Un ami qui va me donner un bon conseil ? Un commercial qui va certainement essayer de me vendre quelque chose ? Un journaliste dans ma revue préférée qui m'informe de façon désintéressée sur un nouveau produit ? Une marque que je n'aime pas parce que j'ai une expérience négative de ses produits ?

Quand le récepteur ne peut pas identifier la source parce que c'est une marque inconnue, un billet sur Internet qui vient de nulle part, un appel d'un *call center* implanté on ne sait où, il se méfie et bien souvent, « zappe » le message.

La source est la carte de visite du message. Elle crée ou détruit la confiance nécessaire au développement des arguments du message. Mais la source est plus qu'une signature. Son image joue sur l'interprétation des messages qu'elle envoie. C'est l'« effet de source ».

L'effet de source est l'impact de la notoriété et de l'image de la source sur l'attention portée aux messages et sur leur interprétation.

Exemple

➥ Au début des années 2000, McDonald's a fait une campagne sur les vertus diététiques de ses Big Mac suivie d'une campagne qui délivrait vingt conseils diététiques aux mères de famille sur le thème : « Il n'y a pas de mauvais produits, seulement de mauvaises habitudes ». Compte tenu de l'image de McDo, de telles campagnes sont contre-productives. Il est très difficile d'attaquer frontalement le déficit d'image de la marque. Évidemment, si l'Académie de médecine se portait garante des qualités diététiques de McDo, le résultat ne serait pas le même !

Les sources de communication peuvent être analysées sur trois dimensions : leur nature personnelle ou impersonnelle, le caractère intéressé ou désintéressé des sources, le degré de contrôle des sources par l'entreprise.

a) Sources personnelles et impersonnelles : leur importance varie beaucoup selon la nature de l'achat

La communication de personne à personne (on dit souvent *« one to one »*) ou de personne à petits groupes (*« one to few »)* a été longtemps l'unique mode de communication dans les marchés. Elle a perdu de son importance dans les marchés B to C avec le développement de la communication de masse (publicité dans les *mass media*) mais son rôle reste majeur dans certains secteurs. Pour les biens à forte implication et à risque perçu important, comme l'immobilier ou l'automobile, la communication interpersonnelle est indispensable. Elle est déterminante dans les services (personnel en contact avec la clientèle) et dans les marchés B to B où la communication de masse, impersonnelle et indifférenciée, est souvent inappropriée[1].

Le bouche à oreille et aujourd'hui les réseaux sociaux sont des formes de communication de personne à personne, étudiées dans les chapitres 10 et 11 sur le marketing relationnel et les réseaux sociaux.

b) L'image de la source : intéressée ou désintéressée ?

Ce qui importe est la façon dont la source est perçue par les destinataires de la communication. Une source intéressée est moins efficace mais cette évidence mérite d'être nuancée. Une source peut être intéressée et très efficace à la condition qu'elle ait prouvé, par ses actes (ses produits, ses services) qu'elle méritait le respect, donc la confiance de son public. Quand L'Oréal Paris clame : « Parce que vous le valez bien », c'est un slogan qui peut être interprété ainsi par une cliente : « Bien sûr, L'Oréal cherche à me vendre ses produits, mais cette marque fait toujours de bons produits et même si c'est un peu plus cher, je le vaux bien ». Les marques sûres de leur respectabilité[2] n'ont pas à cacher leurs raisons d'être mercantiles, ni à les étaler. Elles doivent avancer à visage découvert.

1. Ces thèmes sont largement développés dans le chapitre 17 sur les services et le chapitre 18 sur le marketing B to B.

2. On verra dans le chapitre 15 sur la marque, que la respectabilité est une dimension majeure sur laquelle se construisent les marques puissantes.

Car *elles n'ont pas le droit de tricher.* Pour le consommateur d'aujourd'hui, la plus grande faute n'est pas d'exagérer les promesses du produit (on s'y est habitué, tout au moins dans certains registres de la communication comme la publicité). C'est de vouloir tromper en se faisant passer pour quelqu'un d'autre ou en soudoyant des gens auxquels le consommateur fait confiance.

La rumeur, souvent confirmée par les faits, court sur les faux blogs et les faux avis de consommateurs en ligne[1].

Exemple

➥ Extrait d'un blog[2] :

> « Pour doper l'image de sa nouvelle PSP lancée avant les fêtes outre-Atlantique, la marque (Sony) a elle-même initié un blog à sa gloire baptisé « All I want for Christmas is a PSP » (« Tout ce que je veux pour Noël c'est une PSP »). Un journal de bord bidon prétendument tenu par un certain « Charlie », amateur de hip-hop en pâmoison devant sa nouvelle console et qui tenait à le faire savoir à tous les gamers de la blogosphère. Devant le scepticisme moqueur, Sony a fini par la jouer « game over » en s'excusant d'avoir « essayé d'être un peu trop malin », promettant désormais de s'en tenir à « donner des faits » sur sa PSP. »

Le camouflage des sources est une pratique ancienne. Au XXe siècle, la publicité a été fondée sur un principe sain : la dissociation entre la communication commercialement intéressée (l'espace publicitaire) et la communication désintéressée (le rédactionnel). Mais le puissant intérêt à faire signer des messages à finalité commerciale par une source perçue comme objective et désintéressée, a conduit à l'effacement progressif de cette distinction. On a mélangé les genres (invention du publi-rédactionnel, introduction du placement-produit[3] au cinéma et à la TV). Certaines marques rémunèrent leur présence dans les contenus rédactionnels, directement en choyant certains journalistes ou indirectement en monnayant du « rédactionnel » par l'achat d'espace publicitaire. Depuis longtemps, on conçoit le contenu de certains programmes de radio et de télévision pour servir des commandes de marques. Ce sont des méthodes anciennes comme les *soap operas*[4], qui ont été recyclées aujourd'hui avec des noms « *up to date* » comme *advertainment* (contraction d'*advertising* et d'*entertainment*) ou *brand content*, une pratique qui vise à créer des contenus au service de la promotion des marques. Ces techniques sont développées dans le chapitre 15 sur la marque.

1. Un phénomène pas si anodin puisque plusieurs États travaillent aujourd'hui sur les moyens à mettre en place pour éradiquer ces pratiques.
2. www.ecrans.fr/ca-blogue-faux-dans-les.html.
3. Le placement de produits consiste à mettre en évidence des produits, des marques dans des films, des programmes de télévision, voire des romans, et cela sans mentionner le caractère publicitaire de cette présence. Le placement se fait contre rémunération. Il existe des agences spécialisées dans le placement produit.
4. *Soap opera* : programmes radio dans les années 1930 puis télévisés qui doivent leur nom à leurs commanditaires, des producteurs de détergents, qui finançaient ces programmes conçus pour toucher la ménagère de moins de 50 ans, en échange d'espaces publicitaires dans ces programmes.

c) Le degré de contrôle des sources par les entreprises

Contrôler une source, c'est avoir la main sur les messages qu'elle émet.

1° La communication sous contrôle de l'entreprise

Dans de tels cas, l'entreprise maîtrise la source, le message et le canal qui le porte à la cible. Ce que l'entreprise ne contrôle pas, et ce n'est pas rien, est la réception et l'interprétation du message.

Exemple

- Apple contrôle sa communication quand ses designers conçoivent l'apparence extérieure de ses produits ; quand, avec ses agences, l'entreprise imagine des campagnes de publicité ou de marketing direct en ligne ; quand ses produits sont vendus dans ses propres boutiques. Tout est pensé pour orienter la perception et l'expérience du client.

Apple store à Genève

2° La communication incontrôlable

C'est la communication de la concurrence, le bouche à oreille, les syndicats, les faits internes à l'entreprise qui fuitent, des enquêtes de journalistes... La liste est longue.

Ce n'est pas parce qu'on ne peut pas contrôler ces communications qu'il faut rester inactif. En premier lieu, il convient d'organiser la veille de la communication concurrente et la veille des médias. En second lieu, il faut mettre en place des procédures pour prévenir les situations de crise et pour faire face efficacement lorsqu'elles surviennent.

3° Un entre-deux fréquent : la communication sous contrôle partiel de l'entreprise

Ce sont des communications initiées par l'entreprise mais qui peuvent échapper, au final, à son contrôle, comme les relations publiques relayées par la presse, le sponsoring et la communication événementielle, les discours des vendeurs, la présence des produits, et la communication sur les lieux de vente indépendants du producteur, etc.

4 Les cibles de communication

Combien de milliards gaspillés parce qu'on a mal défini les publics cibles ? Pendant longtemps, la communication était logiquement peu ciblée car on pratiquait un marketing de masse. Aujourd'hui, les politiques marketing sont beaucoup plus segmentées et les moyens de communication ne se limitent plus aux seuls *mass media*. Il faut donc apprendre à cibler beaucoup plus précisément.

Figure 7.7

Une cible de communication est un ensemble d'individus ou d'organisations à qui on veut communiquer pour atteindre un objectif précis. Quand il y a plusieurs cibles de communication, il faut distinguer celle(s) qui est (sont) stratégique(s).

Le cœur de cible est un sous-ensemble d'une cible de communication que l'on juge prioritaire pour des raisons explicites : gros clients, clients à fort potentiel, très profitables, etc. On renforce la pression de la communication sur le cœur de cible ; on conçoit des actions spécifiquement pensées pour le cœur de cible.

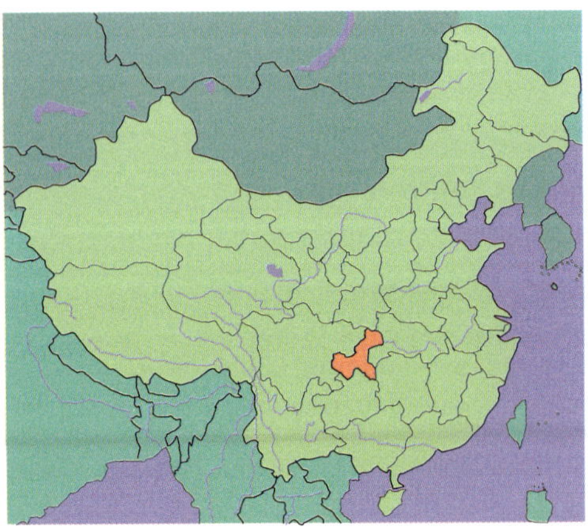

La région de Chongqing : zone urbaine : 8 millions d'habitants, municipalité : 28,8 millions, le plus fort développement démographique en Chine dans les années 2000.

Exemple

- Le tourisme chinois est en forte augmentation en Australie, en provenance principalement des trois premières villes de Chine : Pékin, Shanghai et Canton. Une enquête a été menée en 2012 auprès des habitants dotés de revenus supérieurs à 25 000 dollars US par an de plusieurs villes « secondaires » ; en premier lieu Chongqing mais aussi Chengdu, Nanjing, Qingdao, Shenyang et Shenzhen. L'étude a montré que l'Australie arrivait parmi les destinations les plus prisées. En conséquence, le directeur de Tourism Australia a annoncé que ces villes moyennes (plusieurs millions d'habitants quand même) seraient désormais le cœur de cible de sa politique de promotion.

a) La définition des cibles de communication se fait en deux temps

1° Vers quels types d'acteurs du marché doit-on communiquer ?

On part de l'analyse des acteurs du marché : environnement, influenceurs, clients potentiels et actuels, et on définit la catégorie d'acteurs primordiale (cible stratégique) puis les catégories secondaires. Cette analyse est essentielle mais simple. Les acteurs majeurs sont facilement identifiables et, pour une catégorie de produits, ils sont les mêmes pour tous les concurrents. Mais on procède souvent par conventions, et une politique de communication peut innover sur les publics cibles jugés stratégiques.

Exemple

- Dans le marché des aliments pour chiens et chats, le schéma classique de la communication consistait à s'adresser aux acheteurs par de la publicité dans les grands médias et de la communication dans les hypers et supers. Royal Canin s'est lancé avec succès dans ce marché déjà encombré en s'appuyant sur les vétérinaires et les éleveurs, et en développant une distribution spécialisée susceptible de conseiller les propriétaires attentifs à la santé et au bien-être de leurs animaux.

2° Quelle cible précise doit-on viser au sein des acteurs du marché retenus ?

Dans l'exemple ci-dessus, Royal Canin doit-il communiquer avec tous les vétérinaires, à la ville comme à la campagne ? Uniquement dans les grandes villes ? Auprès des vétérinaires et éleveurs les plus importants dans les grandes villes ? Y a-t-il des vétérinaires et éleveurs leaders d'opinion auprès de leurs confrères ? etc.

b) La cible de communication n'est pas nécessairement identique à la cible commerciale

La cible commerciale est composée des acheteurs actuels et potentiels du produit.

Figure 7.8 **Relations entre la cible de communication et la cible commerciale**

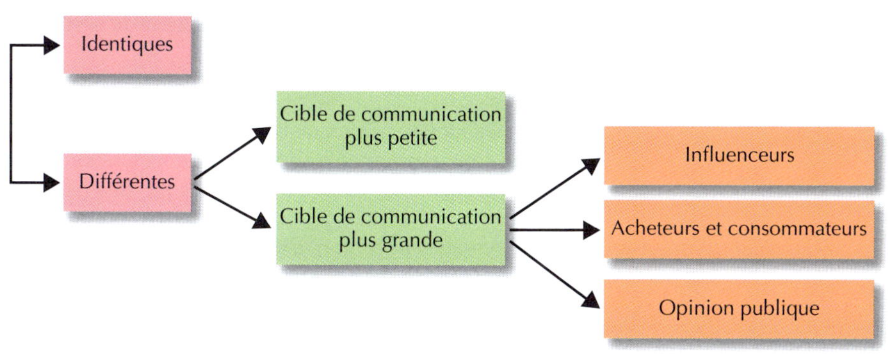

La cible de communication est plus étroite que la cible commerciale lorsqu'on concentre les moyens sur les distributeurs, les gros consommateurs ou les « innovateurs[1] » lors du lancement d'un nouveau produit. Mais, il est plus fréquent que la cible de communication soit plus large :

- quand on s'adresse, en plus des clients, à des influenceurs ;
- quand le marché est fait d'acheteurs et de consommateurs différents (cadeaux, achats de produits alimentaires ou textiles par les mères pour leurs enfants...) ;
- lorsqu'il faut influencer toute l'opinion publique alors que les acheteurs sont peu nombreux (cas des produits de luxe).

Exemples

➥ *Cible de communication et cible commerciale identiques*

Le Club Med se repositionne sur le haut de gamme. Il fait une part importante de son chiffre avec des clients fidèles. Ceux-ci doivent donc monter en gamme en même temps que les prestations et les tarifs du Club Med. Dans le programme de fidélisation, la cible commerciale est composée de tous les clients actuels, la cible de communication aussi. Mais le Club Med peut procéder autrement, comme le montrent les hypothèses suivantes.

➥ *Cible de communication plus étroite*

Le Club Med pourrait concentrer sa politique de communication sur les clients ayant les plus hauts revenus (évalués au travers des CSP) ou ceux qui sont allés plus de 3 fois au Club dans les cinq dernières années.

➥ *Cible de communication plus large par ajout d'influenceurs*

En toute logique, le Club Med peut élargir sa cible de communication aux agences de voyage, aux blogueurs et aux journalistes spécialisés. Il y a alors deux cibles de communication : les clients et les influenceurs.

Dans les marchés où les acheteurs et les consommateurs sont différents, les options de ciblage sont multiples. La cible commerciale étant faite des acheteurs, la communication peut cibler les acheteurs et les consommateurs, ou un seul de ces publics.

Exemple

➥ Nutella est acheté par les mères (cible commerciale) et consommé par les enfants et les adolescents. Nutella communique vers les acheteuses et vers les consommateurs avec des messages et des canaux spécifiques.

Pour les marques de luxe, la cible de communication est toujours beaucoup plus large que la cible de clients. Il faut être connu et apprécié de ceux qui ne pourront jamais acheter leurs produits afin d'instiller chez leurs possesseurs le sentiment (discutable mais puissant) du privilégié que l'on envie.

Exemple

➥ « Tout le monde connaît Rolex. Beaucoup aimeraient en avoir une. MOI, j'en ai une ! » Rolex sponsorise de nombreux évènements sportifs : golf, équitation, voile, compétition automobile, tennis. Logiquement, Rolex ne s'intéresse pas à la pétanque et choisit des sports en rapport avec son image. Sa communication, puissamment relayée par des médias de masse comme la télévision, déborde très largement sa cible d'acheteurs potentiels.

1. « Innovateurs » : premiers clients d'un produit nouveau. Voir le chapitre 3 sur le comportement des consommateurs.

c) Une double définition de la cible de communication

1° La cible qualitative

Il est intéressant de qualifier les personnes auxquelles on veut s'adresser par des critères de personnalité, de style de vie, de croyances, de comportement social, etc. Ce type de définition peut être très utile pour « briefer » les créatifs chargés de la conception des messages. On leur fait le portrait « intime » de ceux auxquels on s'adresse.

2° La cible sur les critères de connaissance des audiences des supports

La description psychologique, sociale ou comportementale des cibles de communication est inexploitable pour choisir les médias et supports dont on ne connaît les audiences que sur des critères basiques comme le sexe, la tranche d'âge, la CSP, la région de résidence... On redéfinit alors la cible sur ces critères socio-démographiques mais ils expliquent souvent mal les achats. Il est alors plus efficace d'analyser les centres d'intérêts de la cible et les contenus des supports afin de les rapprocher. La publicité contextuelle (mots clés par exemple) est une modalité automatisée de ce type de rapprochement. Elle est étudiée au chapitre suivant.

d) On communique différemment selon la taille des cibles : *« one to many », « one to few », « one to one »*

On ne conçoit pas les mêmes messages, on n'utilise pas les mêmes canaux selon qu'on s'adresse à des publics très vastes, à de petits groupes ou à des individus pris un à un.

1° Définitions

- *« One to many »*

Les cibles se chiffrent par milliers ou millions d'individus. Cette communication de masse peut être :

- indifférenciée, le message étant identique pour tous.
- et/ou segmentée, les messages et les canaux étant alors spécifiques à chaque segment.

Une politique de communication peut comprendre plusieurs volets, indifférenciés et segmentés. Fréquemment, la politique de marque cible large et est indifférenciée alors que la communication sur les produits est segmentée et différenciée.

Exemple

→ En parrainant des films sur les chaînes du service public, aux heures de grande audience, Groupama fait une communication « one to many indifférenciée » pour entretenir sa notoriété.

Par ailleurs, Groupama fait une communication « *one to many segmentée* » selon ses produits (assurance auto, assurance habitation, produits bancaires, etc.) et selon les marchés visés (particuliers, collectivités locales, associations, professionnels sous-segmentés en agriculteurs, professions libérales, artisans, grands comptes, etc.).

• *« One to few »*

On communique à de petits groupes (quelques dizaines à quelques centaines d'individus) soit en réunions (opérations de relations publiques, colloques, séminaires, clubs de marques, *incentives*[1], etc.), soit par mail, réseau social, etc.

C'est un type de communication qui convient bien aux publics internes mais aussi aux distributeurs, commerciaux, préconisateurs, leaders d'opinion, clients importants, etc. La communication « *one to few* » s'inscrit souvent dans des programmes de marketing relationnel.

Exemple

➥ Steve Jobs était un formidable *showman* qui « faisait un tabac » à chaque *keynote* (les conférences de presse d'Apple). Le voici, présentant le premier iPhone à ses invités qui le feront connaître au monde entier quelques minutes plus tard.

• *« One to one »*

La communication « *one to one* » est une communication entre deux personnes, un dialogue en face à face (vendeur/acheteur dans un magasin, par exemple) ou à distance (courrier, téléphone, Internet).

C'est souvent, en marketing, une communication entre une marque et des individus, pris un à un, dont on connaît les adresses et les qualités, ce qui permet de concevoir des messages spécifiques à chaque destinataire (ce qui est rare en B to C) ou à chaque segment de clientèle (ce qui est beaucoup plus fréquent).

C'est le mode de communication le plus onéreux puisqu'on s'adresse individuellement à chaque personne de la cible mais Internet a fait baisser les coûts. Le « *one to one* » est très développé dans le B to B, particulièrement pour les grands comptes. Dans le B to C, c'est la communication qui finalise l'acte de vente dans la distribution avec des vendeurs. C'est une forme de communication personnalisée dont on a dit qu'elle est indispensable pour les achats importants et pour les produits et services sur mesure.

1. Opérations visant à stimuler des commerciaux ou des distributeurs en leur offrant par exemple un voyage, un spectacle, etc.

MINI CAS

Le mix de communication d'Orange

Dans le tableau suivant, on a recensé les principales actions de communication d'Orange dans les trois registres : « *one to many* », « *one to few* », « *one to one* ».

La communication de marque « *one to many* ». Elle fait largement appel à la publicité dans les médias de masse et au sponsoring sportif.

La communication vendeuse en direction des particuliers et des professionnels fait appel à des actions « *one to few* » et « *one to one* »: suivi des clients, assistance en cas de difficultés.

One to many **Communication de marque**	*One to few* **Communication relationnelle**	*One to one* **Communication transactionnelle et relationnelle**
Publicité médias (image de marque, promotion des nouveaux services) **Sponsoring, événementiel**	**Colloques, réunions, séminaires** pour vendeurs des boutiques Orange, autres distributeurs, grands comptes, collectivités locales… **Opérations de RP** : Invitation des distributeurs, préconisateurs, grands comptes aux événements sponsorisés par Orange (exemples : Football, Tour de France, Sports de glisse)	**Communication transactionnelle** : vente abonnements et produits par Internet, mailing, télémarketing et conseillers de vente dans les boutiques Orange **Communication relationnelle** : télémarketing, publipostages, Internet, accueil dans boutiques

Communication de marque « *one to many* » Noël 2011
© Orange.

Communication « *one to one* »,
transactionnelle et relationnelle : boutique Orange à Paris.
© Orange.

La multiplicité des cibles, des canaux et des messages pose la question majeure de la cohérence de la politique de communication. On notera que la publicité renvoie vers les boutiques. Les méthodes de mise en cohérence des différents programmes de communication sont traitées dans la section 3 de ce chapitre.

On abuse de l'expression « *one to one* » pour désigner n'importe quelle communication individualisée, même lorsque le message n'est pas personnalisé. De nombreuses campagnes de marketing direct ont des messages indifférenciés ou très peu segmentés. Plus extrême encore, le spam est envoyé, en masse, sans ciblage mais à des adresses e-mail individuelles. Ce n'est plus du « *one to one* », tout au moins dans la définition que nous lui avons donnée.

Originellement, le « *one to one* » a été conçu pour vendre. C'est le « *one to one transactionnel* » mais on a assisté à un fort développement du « *one to one relationnel* », étudié dans le chapitre 9 sur le hors-médias et les chapitres 10 et 11 sur le marketing relationnel et les réseaux sociaux.

2° Les politiques de communication sont souvent un mix « *one to many* », « *one to few* », « *one to one* »

Une politique de communication est rarement construite exclusivement sur l'un de ces trois registres. Souvent, elle se pense et se met en œuvre sur les trois à la fois mais avec des pondérations variables.

5 Le message

Figure 7.9

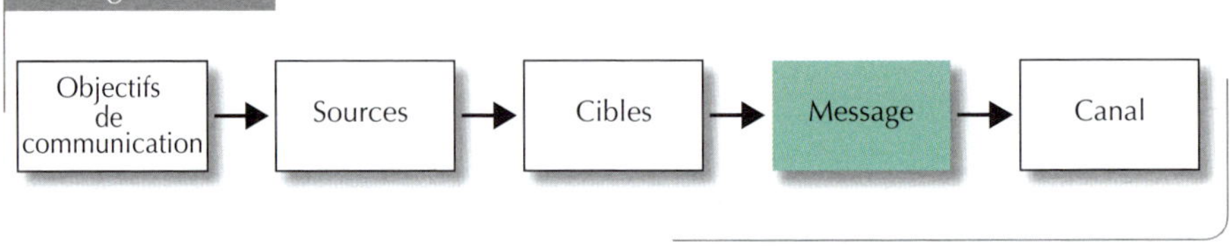

a) Le fond et la forme : identifier les codes de communication en usage dans un marché

Un message se conçoit autour d'idées à transmettre (le fond) qu'il faut mettre en forme de telle sorte qu'il soit décrypté de façon optimale par la cible. Dans la plupart des cas, les entreprises font appel à des compétences extérieures (les agences) pour concevoir leurs messages marketing. On verra dans le chapitre suivant sur la publicité que tout commence avec *le* brief *de l'annonceur à l'agence*. Celle-ci élabore une stratégie de communication puis fait un brief *aux créatifs*. Ces méthodes sont communes à toutes les formes de communication.

Chaque moyen de communication, chaque marché a ses codes spécifiques.

On appelle codes de communication les conventions et les usages largement répandus qui stéréotypent la communication en reproduisant des méthodes et des formes qu'on croit efficaces.

Il existe des codes formels propres à chaque outil de communication : par exemple les codes publicitaires (une publicité magazine se fait avec un visuel, un *claim* (promesse), une *body copy* (texte qui vante les mérites du produit) et une *base line* (un slogan en bas de l'annonce). Il y a les codes de la promotion des ventes, du marketing direct, etc.

Il y a également des codes de communication propres à certains marchés ou catégories de produit : luxe, automobile, produits de beauté, d'entretien domestique, etc. Par exemple, pour les lessives on utilise le « torture test » (la saleté est enfermée dans un nœud mais la lessive l'en déloge), mais aussi la « tranche de vie » et le témoignage dit « *testimonial* » : la voisine conseille la marque X car depuis qu'elle l'utilise son mari réussit sa vie professionnelle, etc.

MINI CAS

Suivre les conventions ou rompre les codes ?

Dans le marché des produits de beauté, la communication adopte généralement des conventions bien établies par les marques leaders du marché.

Première convention

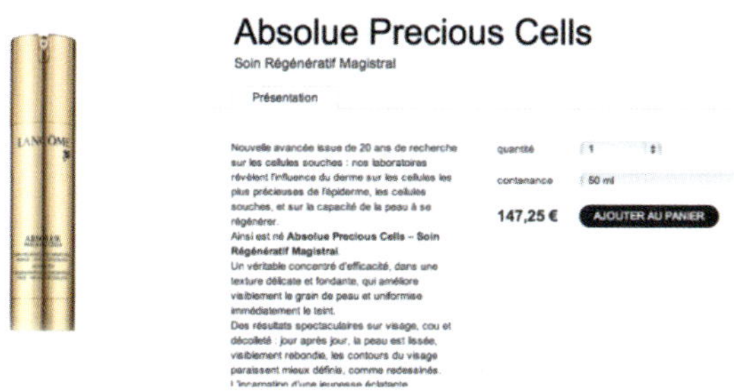

Il est d'usage de communiquer sur des innovations continuelles et de tenir des « discours produit » très scientifiques en utilisant des termes (souvent inventés) qui renvoient au monde des laboratoires de recherche.

Deuxième convention

Les plus belles femmes du monde vous disent que vous serez la plus belle grâce à cette marque et ce produit. Les clientes se projettent, voire s'identifient à des *top models*, beautés parfaites et inaccessibles que les marques promettent de mettre à la portée de toutes. Personne n'y croit mais bien peu résistent à la tentation.

Rupture des codes

Dove prend le contre-pied des discours habituels des marques en proclamant : Dove vous aide à vous aimer et à être aimée comme vous êtes. Dove ne triche pas !

Ces « règles » de conception des messages relèvent plus de conventions que de principes immuables. Elles peuvent être transgressées tant sur le fond que sur la forme des messages. Cette rupture des codes, que Jean-Marie Dru[1] appelle « disruption », est analysée dans le chapitre suivant, avec la création publicitaire, mais inventer une façon totalement inhabituelle de communiquer n'est pas réservé à la seule publicité. On peut rompre les codes des packagings, du design des points de vente, des sites Web, etc.

Figure 7.10 De l'exposition à un message à son effet : à chaque étape, un risque important de rejet ou de déformation du message

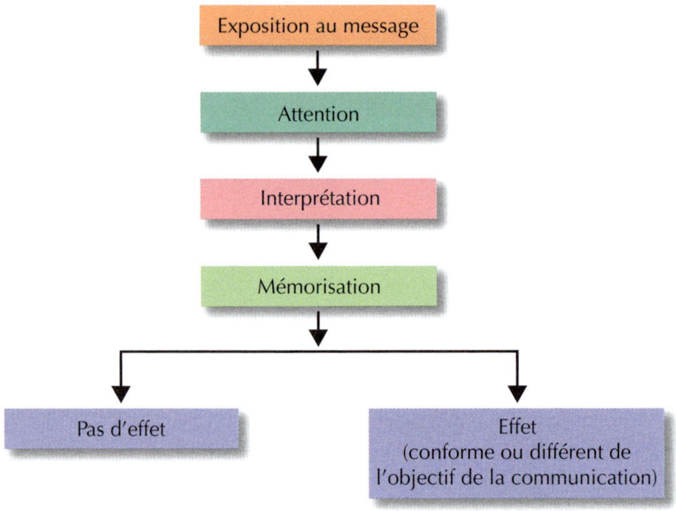

b) La réception, l'interprétation et la mémorisation des messages

Pour qu'un message ait une chance d'avoir un effet conforme à ce qui est attendu, il faut qu'il réussisse un long parcours :

- la cible doit être exposée ;
- elle doit prêter attention au message ;
- elle doit l'interpréter convenablement ;
- elle doit le mémoriser[2].

1. *Disruption live*, ouvrage collectif, Village Mondial, 2002 et Jean-Marie Dru, *La Publicité autrement*, Gallimard, 2007.
2. L'étape de la mémorisation n'a évidemment pas lieu d'être dans le cas des achats impulsifs où la relation « stimulus → comportement » est instantanée.

1° L'attention : un processus très sélectif

L'attention oriente nos processus cognitifs vers un *stimulus* particulier.

Cette dernière phrase nécessite un bon niveau d'attention pour être comprise ! Une attention élevée signifie qu'on concentre nos efforts intellectuels vers un *stimulus* : lecture, réflexion, audition, etc. Un niveau d'attention faible va faire qu'une partie de notre esprit est ailleurs, à réfléchir à autre chose.

Comme notre capacité à traiter l'information est limitée, on rejette une très grande partie des *stimuli* auxquels on est exposé. *L'attention sélective* est ce processus de filtrage et de tri.

Exemples

- Selon les études, un adulte est soumis à 1 000 et jusqu'à plus de 3 000 messages commerciaux par jour (publicités, logos, etc.) ! Il fait attention à moins de 100 messages. Un travail de recherche fait il y a longtemps[1] montrait qu'il en mémorisait une dizaine. Il n'y a pas de raison de penser que ce soit différent aujourd'hui. On retiendra que la mortalité infantile des messages est considérable !
- Les distributeurs remplissent les boîtes aux lettres des Français d'ISA (Imprimés Sans Adresse). En moyenne, ils font le tri en 7 secondes. 4 ISA sur 7 sont ramenés au foyer (un joli score) et 86 % lisent (partiellement ou non) les ISA le jour même[2].

2° L'attention sélective dépend de multiples facteurs

Le filtrage est réalisé en fonction de facteurs qui ont trait à la personne, au stimulus et au contexte dans lequel le message est reçu.

Dans le premier cas, on parlera de perception vigilante, défensive ou d'adaptation. Dans le second cas, le filtrage résulte du stimulus lui-même. Ainsi, le contenu d'un message, la taille, la couleur, la nouveauté, le contraste avec l'environnement et la position sont autant de facteurs qui influencent la perception. Enfin, celle-ci est influencée par le contexte de réception : dans la cohue d'un hypermarché le samedi matin, dans le confort *cosy* d'une boutique de luxe, dans la rue ou chez soi, etc.

> **Notre conseil**
>
> *Le contexte de réception des messages est déterminant. On doit en tenir compte à la fois dans la conception des messages et dans le choix des médias.*

- *La perception vigilante* désigne le processus par lequel on va prêter attention à un stimulus qui est susceptible de nous intéresser. Plus le stimulus est associé à un centre d'intérêt majeur, plus on prête attention au message. Plus le stimulus est associé à une décision ou un contexte où le risque perçu est fort, plus l'attention est grande. Lorsqu'on est dans un processus d'achat d'une voiture, les informations commerciales ou non commerciales qui ont trait à l'automobile risquent d'attirer notre attention, alors qu'elles le feraient beaucoup moins lorsqu'on n'a pas en tête de changer de voiture.

1. *Advertising in America ; the consumer view*, Bauer et Greyser, deux professeurs de Harvard Business School.
2. Source : *LSA*, étude TNS Sofres Médiapost, avril 2009.

- *La perception défensive* désigne le refus de voir ou d'entendre des messages ou *stimuli* qui sont gênants. Un conducteur pressé pourra ainsi dire qu'il avait une bonne raison de ne pas faire attention à un panneau de limitation de vitesse. On a longtemps tiré prétexte du principe de perception défensive pour refuser de montrer, en France, des images violentes sur la souffrance et la mort, des thèmes au centre du débat sur la drogue, l'insécurité routière ou l'euthanasie. De telles images seront consciemment ou non écartées par le public, disait-on. Mais il a fallu se rendre à l'évidence : les campagnes « douces » ne fonctionnaient pas et les Britanniques avaient de meilleurs résultats en allant droit au but. On a donc progressivement évolué comme le montre l'exemple suivant.

Exemple

→ Quand la publicité met en scène des politiques sur leur lit de mort...

« M. le candidat, doit-on vous mettre dans une telle position pour faire évoluer la vôtre sur l'euthanasie ? », interroge l'Association pour le droit de mourir dans la dignité (ADMD). La question s'adresse aux trois candidats à la Présidentielle de 2012 les plus « anti-euthanasie » : Nicolas Sarkozy, Marine Le Pen et François Bayrou.

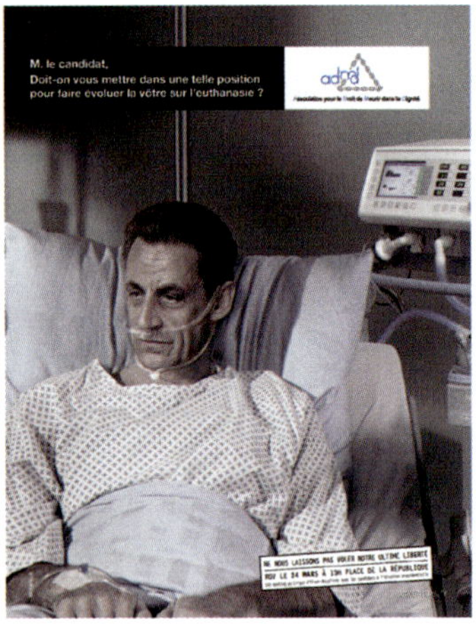

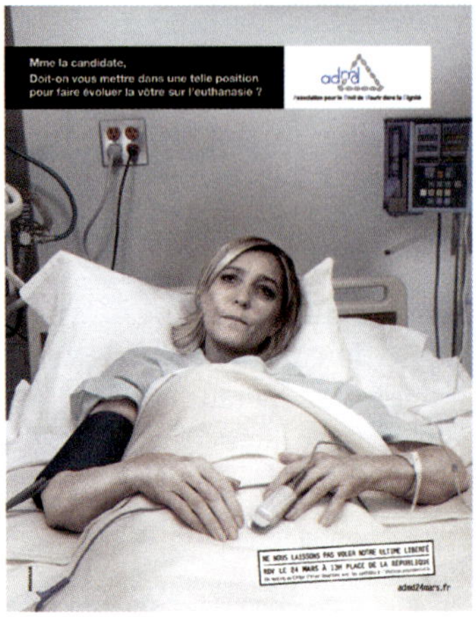

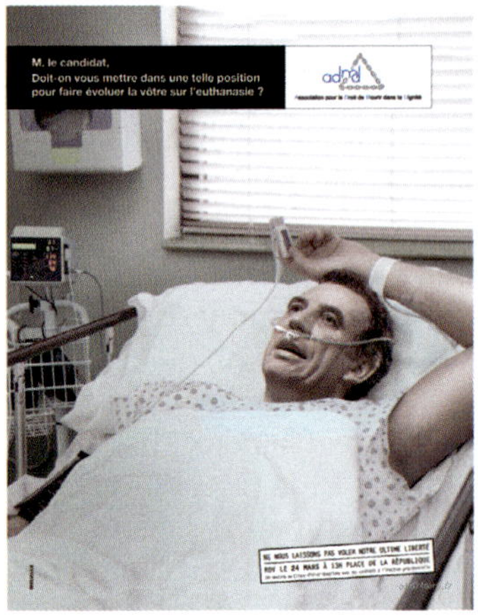

- *L'adaptation* est le processus par lequel on cesse de faire attention à des *stimuli* auxquels on a été soumis trop longtemps. Les publicitaires savent qu'une annonce trop utilisée perd généralement en efficacité car les consommateurs cessent d'y prêter attention. Trop solliciter les consommateurs est une perte d'argent, c'est pourquoi on doit définir dans un plan média le nombre limite d'expositions recherchées. On verra dans le chapitre suivant qu'on peut le faire automatiquement avec la publicité en ligne (méthode dite du *capping*).

2° Les principales méthodes pour retenir l'attention des cibles de communication

Elles sont multiples, des plus primaires (comme la réclame) aux plus sophistiquées. Les techniques les plus élémentaires ne sont pas les moins efficaces !

- *L'exposition « forcée » au message*

À vrai dire, il est difficile de forcer quelqu'un à recevoir un message s'il ne le veut pas mais il y a des moyens, largement utilisés, pour augmenter la probabilité d'exposition au message.

- *Une forte présence* dans des médias, des lieux et des moments différents : c'est une politique onéreuse réservée aux marques puissantes. Avec un budget important, on peut émerger de la communication des concurrents. On parle alors de « part de voix » dominante.

La part de voix est le ratio entre les dépenses de communication d'une marque sur l'ensemble des dépenses de communication sur son marché.

Cette notion est très utilisée en publicité car on dispose de piges qui donnent le montant des dépenses de publicité par marché ou catégorie de produits. Dans ce cas, la part de voix est le ratio entre les dépenses de publicité d'une marque et l'ensemble des dépenses de publicité sur son marché[1].

- *La répétition* : on multiplie l'exposition au message, ce qui peut conduire à des excès. C'est le principe de la réclame d'autrefois mais aussi de la publicité moderne. Cette méthode a prouvé son efficacité mais elle a des inconvénients. Elle est onéreuse et surtout, elle peut avoir des effets contre-productifs en dégradant l'image de la marque et, lorsque le système se généralise, en développant un sentiment de « publiphobie ».
- *La cible captive* : cette méthode, beaucoup moins fréquente que la précédente, consiste à communiquer là où la cible est captive, dans les salles de cinéma, dans les transports en commun, aux caisses de sortie des magasins où on attend, etc. En principe, la cible ne peut pas échapper au message, en principe seulement.

- *La personnalisation du message*

Elle peut se limiter à la seule mention du nom et du prénom du destinataire. C'est un procédé très efficace car chacun porte d'abord attention à soi. Limitée à certains modes de communication, cette méthode est fréquente dans le marketing direct, la vente par correspondance, le commerce électronique et le marketing relationnel. Sur Internet, Amazon a été le premier à généraliser cette pratique et lorsque Jacques Dupond se rend sur son site, la mention Jacques Dupond apparaît et accompagne les conseils d'Amazon.

- *L'accroche*

Cette technique d'origine publicitaire a été déclinée dans tous les modes de communication. L'accroche est souvent une pièce rapportée qui n'a pas de lien étroit avec le fond du message. Une jolie femme, de surcroît dénudée, est une accroche inusable et qui, selon les études, fonctionne aussi bien pour les hommes (on s'en doutait) que pour les femmes. Un commentaire valable uniquement dans certaines cultures comme la nôtre.

1. Sur le calcul et l'utilisation de la part de voix dite souvent S.O.V pour « Share Of Voice », voir *Publicitor*, 7e édition, Dunod.

Notre conseil :

- *Lorsque la communication se détourne du produit, c'est souvent parce que le produit est banal, sans aspérités intéressantes pour le client. Parce qu'il n'y a rien à dire, on parle d'autre chose. Le problème est alors dans le produit, pas dans la communication.*
- *Lorsque le produit peut porter une grande promesse, c'est une erreur de ne pas en faire le héros de la communication. On va directement au bénéfice porté par le produit. On dit alors qu'on adopte une route centrale et que la communication n'a pas besoin d'emprunter une route périphérique.*

L'accroche, pièce rapportée, a un défaut considérable. Le récepteur s'amuse, joue au voyeur et passe à autre chose sans décrypter l'essentiel du message. La bonne créativité consiste à formuler la promesse de telle sorte que, sans autre artifice, elle attire l'attention, la retient, exprime le « bénéfice consommateur » et incite à passer à l'achat.

On utilise fréquemment des ambassadeurs de marque. C'est un procédé ancien mais qui reste actuel dans le monde du luxe (*Rolex ambassadors*[1] comme Tiger Woods et Roger Federer), des cosmétiques (les égéries de L'Oréal), de l'automobile (le champion Sébastien Loeb pour Citroën), du café (l'acteur George Clooney pour Nespresso). Ce sont des accroches signifiantes au sens où les ambassadeurs de marque ne servent pas uniquement à capter l'attention. Pour les consommateurs, la marque s'identifie à ces stars et leur emprunte leur capital d'admiration et de sympathie.

- *La surprise*

C'est un excellent procédé dans un monde saturé de communication. On peut surprendre par le lieu où on communique, par le moment, par le format du message, par le second degré, l'ambiguïté du message, etc.

En 1925, André Citroën eut l'idée lumineuse d'afficher sa marque sur la Tour Eiffel. Cela dura jusqu'en 1935 et fut repris récemment par Citroën pour le lancement de sa nouvelle gamme DS.

Le 1er décembre 1993, Act up, qui milite pour la lutte contre le Sida et l'usage du préservatif, fit le buzz en enveloppant l'obélisque de la place de la Concorde.

1. Rolex fut l'une des toutes premières marques à utiliser des ambassadeurs de marque. En 1927, Mercedes Gleitze traversa la Manche à la nage avec une Oyster à son poignet et initia la longue lignée de sportifs et d'artistes, ambassadeurs de Rolex. Source : Wikipedia.

3° La persuasion sans réception consciente du message : la légende de la publicité subliminale

En mars 1958[1], le magazine *Life* publie les résultats d'une recherche faite par James Vicary qui « démontre » la puissance de la publicité subliminale. Été 1956, pendant six semaines, il a projeté deux messages subliminaux dans une salle de cinéma de la banlieue de New York, toutes les cinq secondes, au 1/3 000e de seconde, c'est-à-dire très en deçà du seuil de perception[2]. Tous les travaux scientifiques démontrent qu'une exposition aussi brève ne déclenche aucune réponse, physiologique ou psychologique. Les deux messages diffusés étaient : « *Drink Coca-Cola* » et « *Hungry ? Eat pop-corn* ». Vicary a mesuré une augmentation spectaculaire de 57,7 % des ventes de Coca-Cola et de 18,1 % des ventes de pop-corn.

L'affaire fait grand bruit dans une société fortement inquiète du pouvoir manipulatoire des nouvelles techniques du marketing qui prospéraient à l'époque[3]. En 1957, Vance Packard publie son best-seller « *The hidden persuader* »[4]. Aux États-Unis, la *National Association of Broadcasters* et l'*Institute of Practitionners in Advertising*, en Grande Bretagne, démentent l'utilisation de la publicité subliminale par les agences et les annonceurs et l'interdisent. Si on interdit un tel procédé, c'est donc qu'il existe, en concluent les consommateurs. On somme donc Vicary de préciser son plan d'expérience. Il s'y refuse pour, dit-il, des raisons de confidentialité afin de protéger les intérêts d'une société qu'il a créée pour exploiter son « invention ». Des chercheurs reproduisent l'expérience de Vicary. En 1959, le *Journal of Applied Psychology* publie une recherche qui démontre qu'il n'y a pas de résultats. La même année, Radio Canada diffuse 352 fois un message subliminal. Les résultats sont qualifiés de non concluants. Les travaux de Hawkins (1970) d'Horst Brandt (1978) et de Norman F. Dixon, professeur au *London University College* qui a travaillé le sujet pendant vingt ans, concluent tous que s'il peut exister des messages subliminaux, ils ne peuvent pas modifier les attitudes et les comportements. La publicité dite subliminale n'a donc aucun intérêt pour le marketing et elle n'a jamais été une pratique des annonceurs et de leurs agences. Les publicitaires ont assez de difficultés à faire voir leurs messages pour s'amuser à faire des publicités invisibles.

Mais comme pour les OVNI, on veut y croire et parce qu'il y a une forte attente du grand public, on exploite périodiquement le « marché du subliminal ». Pour plus de facilité, on a transformé l'acception et on trouve aujourd'hui de nombreuses publicités dites subliminales[5] qui sont construites sur plusieurs niveaux délivrant des sens différents non appréhendables au premier regard. Ce sont des trompe-l'œil, des illusions d'optiques, souvent des messages qui jouent sur l'ambiguïté, mais on est alors dans des registres qui n'ont plus rien à voir avec les messages subliminaux.

1. Voir une analyse très complète de l'histoire de la publicité subliminale : www.ulaval.ca/ikon/finaux/1-texque/imadem/CHAP08.PDF
2. Le seuil de perception de la rétine est de 1/25e de seconde.
3. Sur le thème « Marketing et manipulation », voir l'introduction, section 4.
4. Traduit en français sous le titre *La Persuasion clandestine* et réédité en 1984 par Calman Levy.
5. Voir des exemples de messages dits subliminaux, par extension : www.vivelapub.fr/quand-les-messages-subliminaux-envahissent-les-medias/

Exemple

- Le Club 18-30 est un club de vacances qui s'adresse exclusivement aux jeunes adultes. L'ambiguïté de la publicité qui est un photomontage illustre de façon brillante le double sens du produit qui est vendu par le Club 18-30 à ses clients. Le message publicitaire montre en effet l'explicite (la plage) et suggère l'implicite (le sexe), en exprimant ainsi de façon très efficace le positionnement de l'offre. Cette publicité joue sur l'ambiguïté et est appelée, et parfois à tort, subliminale.

4° La mémorisation des messages et l'efficacité de la communication

Mesurer l'efficacité d'une action de communication suppose qu'on puisse isoler son effet de celui de tous les autres facteurs qui concourent à modifier les comportements et les états mentaux du public visé : produit, prix, distribution, politique de la concurrence, etc.

Pour contourner la difficulté du problème, la plupart des méthodes d'évaluation de l'efficacité de la communication mesurent les traces mémorielles de la communication, ce qui sous-entend un lien de causalité entre mémoire et effet. Or ce lien n'est pas toujours établi. Une communication peut être bien mémorisée mais sans effet, et vice versa.

- *Mémoire émergente et mémoire latente*

La mémoire émergente est celle qui, dans les études, permet une restitution spontanée ou assistée[1].

Exemples

- Restitution spontanée : « Au cours du dernier mois, avez-vous vu une publicité de la marque X ? Si oui, pouvez-vous m'en parler ? »
- Restitution assistée : « Voici un spot de publicité pour la marque X ? L'avez vous vu ? Qu'en pensez-vous ? »

1. Voir différentes méthodes de questionnement au chapitre 8, dans la partie consacrée aux post-tests.

De la même façon, on étudie les images de marque à deux niveaux : l'image émergente qui peut être verbalisée et l'image latente dont la connaissance passe par des études qualitatives, notamment par des études projectives[1].

5° Les types de souvenirs étudiés

- *Mémoire du fond et de la forme du message*

Les idées essentielles du message ont-elles été bien comprises et bien mémorisées ? Le souvenir de la forme l'emporte bien souvent sur le souvenir du fond du message surtout dans les types de communication qui font dans le spectaculaire comme la publicité ou la communication événementielle.

- *Attribution du message à la marque*

Il est fréquent que l'on garde le souvenir d'une communication sans être capable de l'attribuer à la bonne marque. C'est le signe d'une mauvaise conception du message ou, plus grave, d'une marque faible.

- *Mémorisation du canal de communication*

Les consommateurs ont beaucoup de mal à restituer le média ou le support qui a véhiculé le message, même peu de temps après l'exposition au message.

Notre conseil :

- *On s'intéressera principalement à la mémorisation de l'idée centrale du message et au score d'attribution à la marque. La mémorisation du canal a un intérêt secondaire.*
- *Comme la mémorisation est fonction du temps passé depuis l'exposition au message, il faut respecter toujours le même délai entre le moment de la communication et celui de l'étude. Par exemple, on peut décider de toujours faire les post-tests dans la quinzaine qui suit la fin des campagnes.*

6 Les canaux de communication

Figure 7.11

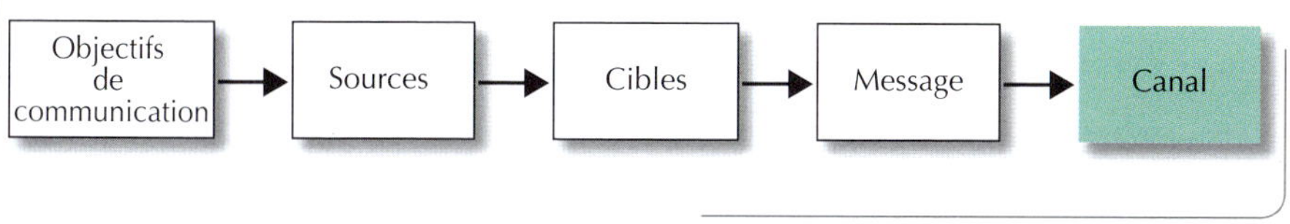

On appelle *canal de communication* le vecteur choisi pour acheminer le message jusqu'aux cibles de communication. Il existe un nombre considérable de canaux de communication, de l'homme-sandwich d'antan à sa version moderne : le street marketing[2], du journal local aux moteurs de recherche (vente de mots clés par Google) en passant par les grands médias classiques (TV, presse), les lieux de vente (têtes de gondole louées dans des hypers pour faire la promotion d'un produit), etc.

1. Voir le chapitre 2, sur les études qualitatives projectives.
2. Techniques diverses de promotion des marques dans la rue qui vont de la distribution d'imprimés ou d'échantillons du produit jusqu'à l'organisation de véritables évènements.

On appelle *support* tout ce qui peut véhiculer un message commercial :

Le Figaro est un support publicitaire, un quart de page dans *Le Figaro* est un support. Un emplacement d'affichage sur les Champs-Élysées ou sur la plage de Palavas les flots, un 20 secondes sur TF1 ou un 30 secondes à Europe 1 sont autant de supports différents. Il y a une infinité de supports disponibles et de supports à inventer.

Un média[1] est un ensemble de supports qui communiquent de la même façon. On distingue ainsi les médias presse, télévision, affichage, radio...Internet est une plateforme de médias. La distribution classique et électronique peut être appréhendée comme un média, etc.

Une communication d'entreprise, de marque ou de produit utilise de multiples supports. Quand ils relèvent tous du même média, on dit que la communication est *monocanale*. Quand on fait appel à plusieurs médias, on parle alors de communication *multicanale*[2]. C'est le cas le plus fréquent.

a) Le classement traditionnel des moyens de communication : médias et hors-médias

Depuis fort longtemps, les professionnels ont pris l'habitude de classer les moyens de communication entre, d'une part, la publicité dans les grands médias et d'autre part, tout le reste appelé communication hors-médias. Cette distinction n'est guère fondée aujourd'hui, mais les habitudes ont la vie dure et nous nous sommes conformés à l'usage en traitant la publicité dans le chapitre 8 et le hors-médias dans le chapitre 9.

b) Les deux fonctions de base d'un canal de communication

Un canal doit :

- *couvrir la cible* de communication, à un coût acceptable, dans de bonnes conditions d'exposition au message, avec une répétition suffisante ;
- *valoriser le message*, en permettant de l'exprimer dans sa plénitude.

Exemples

- Pour véhiculer la promesse de gourmandise d'une friandise au chocolat auprès d'une large cible, la radio peut bien la couvrir et permettre une forte répétition du message en peu de temps. En revanche, elle suggérera très mal les sensations gustatives et visuelles du produit. La presse magazine est préférable grâce à la quadrichromie et l'excellente qualité de reproduction. La télévision est le nec plus ultra : excellente couverture d'un très large public, répétition, démonstration du plaisir donné par le produit.
- Pour véhiculer un message sur un nouveau logiciel de retouche photo, Internet permet de couvrir la cible avec précision, et de la convaincre immédiatement de l'efficacité du produit en donnant accès à une version de démonstration.

Les méthodes et techniques de choix des médias et des supports sont appelées *mediaplanning*. Elles sont développées dans le chapitre 8, section 4.

1. Comme il est d'usage chez les professionnels de la communication, nous écrivons : « un média, des médias ». En anglais : « *a medium, media* ».
2. On écrit également communication multi-canal ou multicanaux.

c) Le contrôle des canaux de communication

Principe général : quand on paie le canal, on contrôle la communication qu'il véhicule[1].

Il existe des canaux de communication qui véhiculent gratuitement (ou presque) la parole de la marque : des leaders d'opinion comme des journalistes qui font des articles élogieux ou critiques sur une entreprise, une marque, un produit ; des clients qui font la réputation d'une marque ou qui la discréditent (bouche à oreille, réseaux sociaux). Les canaux gratuits sont tentants mais risqués car ils sont *autonomes* : l'entreprise ne contrôle pas leurs discours et ne peut pas les actionner « au doigt et à l'œil ». Elle ne peut alors que tenter de les influencer.

Les très petites entreprises, sans moyens financiers, communiquent essentiellement par leurs produits, canal *maîtrisable*. Les autres en font autant mais démultiplient leur communication en faisant appel à des canaux payants, qui vendent leur audience et leur pouvoir d'influence. Ces prestations sont tarifées, publiques[2] et réglementées (Loi Sapin sur la facturation des espaces publicitaires[3]). On peut également négocier un partenariat avec un support (facturation ou échange de marchandises ou de services) pour monter un événement ou profiter de son audience : sponsoring de marque d'un événement sportif (Coca-Cola et les J-O), parrainage de programmes télévisés (Groupama et le cinéma sur France 2), « placement produit » dans un film (Aston Martin puis BMW dans les films de James Bond), etc.

SECTION 2

LES MODES DE COMMUNICATION

La plupart du temps, les politiques de communication font appel à plusieurs modes de communication. Pour toucher une même cible, on peut utiliser de la communication « *push* », « *pull* », des influenceurs, les réseaux sociaux, etc.

Nous distinguerons quatre modes majeurs de communication : *push*, *pull*, relayée et C to C.

La communication *push* est envoyée à la cible sans que celle-ci l'ait sollicitée.

La communication *pull* : est celle qui est demandée par un client actuel ou potentiel.

La communication relayée par des influenceurs correspond aux messages envoyés à une cible intermédiaire, composée d'influenceurs, dont on espère qu'ils intercéderont en faveur de la marque auprès de la cible finale.

La communication C to C est la communication de consommateur à consommateur : il s'agit du bouche à oreille, des sites de partage et des réseaux sociaux.

1. Comme tout principe général, il souffre d'exceptions.
2. Voir par exemple Tarif Media pour les insertions dans les différents supports.
3. Voir la loi Sapin dans le chapitre 8, section 2.

Comme nous l'avons souligné au début de ce chapitre, la communication interactive (dialoguée) est un mode de feed-back entretenu par les deux parties, alternativement émetteur et récepteur. Nous ne l'analysons pas ici comme un mode de communication spécifique mais comme une forme que peut prendre chacun des quatre modes présentés dans la figure ci-dessus et développés dans les lignes suivantes.

Figure 7.12 **Quatre modes majeurs de communication**

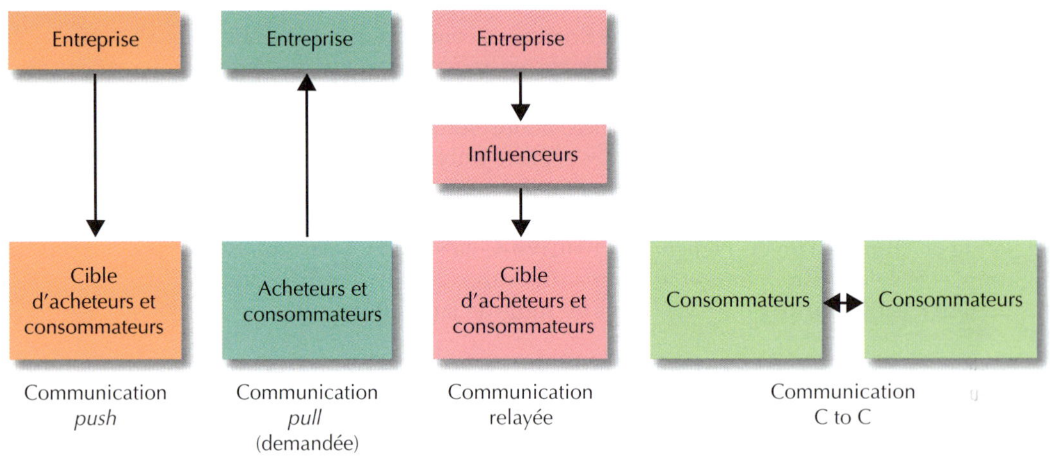

1 La communication *push*

Littéralement, le message est poussé vers la cible de communication. Il est envoyé sans avoir été sollicité. On dit aussi communication *top-down*. La publicité, le marketing direct, la promotion des ventes, etc sont des communications de type *push*. Elles se sont fortement développées avec le marketing de masse. Elles restent la forme dominante de la communication marketing. Par nature, le marketing interpelle constamment ses publics.

a) Les caractéristiques majeures de la communication *push*

1° C'est une communication sous contrôle de l'entreprise

Les messages peuvent être ciblés et ils parviennent dans leur intégrité aux récepteurs. On utilise des médias qui s'interdisent de modifier les messages[1].

1. Les chaînes de télévision, les journaux, la poste (pour les publipostages), etc. peuvent refuser de transmettre un message, mais s'ils acceptent, ils le véhiculent tel qu'il a été fait par l'annonceur.

2° C'est une communication intrusive qui doit savoir se faire accepter

Elle fonctionne sur le mode de l'interruption, en coupant une émission de télévision, un programme radio, un article de presse, etc. Le degré d'intrusion et la gêne qu'elle occasionne dépendent des moyens de communication utilisés, des messages, du contexte de leur réception et de la sensibilité de chacun.

Exemples

- Une lettre signée de la main d'un directeur d'agence bancaire, proposant un rendez-vous pour faire le point sur des placements sera généralement considérée comme une manifestation attentionnée.
- Un appel téléphonique émanant d'un *call center* et proposant un jour la réfection des fenêtres, un autre jour une enquête « bidon » pour vendre ensuite un produit anti-termites sera considérée par beaucoup comme une intrusion détestable, voire comme une violation de l'espace privé.
- Le *spam* qui pollue les boîtes e-mail est particulièrement intrusif. Une boîte *e-mail* fait partie de l'espace privé d'un internaute, alors que la boîte aux lettres est située à la frontière des espaces public et privé.
- Une vieille dame qui ne reçoit jamais de courrier considérera que les publipostages de Damart sont les bienvenus, alors que son voisin de palier aura inscrit au feutre rouge « pas de pub » sur sa boîte aux lettres.

Face à une communication jugée trop intrusive, la réponse naturelle du consommateur est le *zapping*. Parfois, il peut facilement échapper au message commercial (télévision, presse…). Dans d'autres cas, il lui est beaucoup plus difficile de s'y soustraire comme un appel téléphonique (c'est peut-être un proche qui téléphone ?). Plus le zapping est aisé, moins le sentiment de saturation, voire d'agression, est fort.

> **Notre conseil**
>
> *Il faut considérer le zapping comme une soupape de sécurité qu'il ne faut pas tenter de fermer à tout prix. Ainsi, les bannières qu'on n'arrive pas à refermer sont contre-productives. En revanche, « capper [1] » les bannières à deux ou trois expositions maximum est une bonne pratique.*

Sur Internet, où la présence commerciale des marques est de plus en plus forte, le *permission marketing*, ou marketing avec autorisation préalable, est une bonne pratique qui s'est répandue. Les premiers « marketers » sur Internet, comme Sheth Godin[2], ex-dirigeant de Yahoo, ont eu l'intelligence de comprendre qu'il fallait composer avec les internautes en leur demandant leur accord pour recevoir des offres commerciales ou pour donner des informations personnelles (*opt-in*[3]). C'est du *push* autorisé, une autorisation que le consommateur doit pouvoir lever facilement, à tout instant.

Enfin, on observera que la meilleure façon de limiter le caractère intrusif d'une communication et de favoriser l'attention des récepteurs relève du bon sens. Plus la communication est ciblée, plus l'offre est motivante, plus elle est intéressante et jugée peu intrusive. Les offres très personnalisées d'Amazon fondées sur l'analyse des derniers achats et visites vont dans cette bonne logique.

1. Le *capping* est une technique par laquelle on fixe le nombre maximal d'insertions d'une bannière pour une adresse IP, les insertions étant gérées automatiquement par l'*adserver*, ou serveur distribuant les objets publicitaires.
2. Seth Godin, *Permission marketing*, *op. cit.*
3. *Opt-in* : recueil de données personnelles avec l'autorisation de l'intéressé.

2 La communication *pull* ou communication demandée

Elle se fait à l'initiative du consommateur. C'est une communication que l'on va chercher sur Internet ou que l'on demande par mail, par courrier, par téléphone à une entreprise, par oral à un technico-commercial dans le B to B, ou encore à un vendeur dans un magasin[1].

Exemples

- Voyages-sncf.com est l'un des sites les plus fréquentés en France, avec plus de 11 millions de visiteurs uniques en moyenne mensuelle. Il est décliné en applications mobiles et sur les réseaux sociaux.
- Les dossiers techniques de la Fnac (versions papier et Web) élaborés par son laboratoire d'essai sont très consultés et influencent le choix des marques et produits, à la Fnac ou ailleurs !

a) La communication *pull* a une importance majeure et pourtant elle a souvent été maltraitée

Les services marketing engagent des budgets considérables pour envoyer avec efficacité leurs messages au marché. Ils sont moins performants pour faciliter les demandes d'information des consommateurs et leur apporter des réponses rapides et bien instruites. Cette fonction est très souvent absente dans les plans de communication ; elle est mal identifiée dans les entreprises, les services consommateurs étant souvent spécialisés dans le seul traitement des réclamations et des litiges. Les demandes d'information formulées auprès de la distribution remontent mal. Les salons, foires expositions (des moyens très utilisés dans le B to B), la communication événementielle, le sponsoring, etc. génèrent de nombreux contacts avec la clientèle potentielle qui sont souvent mal exploités.

b) La communication *pull* en ligne est un progrès

Internet a donné une nouvelle dimension à la communication *pull* en proposant une quantité considérable d'informations commerciales et non commerciales (UGC ou contenus créés par les utilisateurs), faciles d'accès à tout moment (moteurs, comparateurs), sans la pression d'un vendeur.

Les sites d'entreprises et de marques sont des plateformes d'informations qui les délivrent à moindre coût, qui sont actualisables facilement, qui permettent aux entreprises de connaître pratiquement en temps réel les informations les plus demandées, de se renseigner sur les qualités des demandeurs, de traiter automatiquement les questions les plus fréquentes, de renvoyer les internautes vers une personne qui répondra à leur problème, etc.

1. Dans ces cas, la communication *pull* se transforme en communication interactive.

3 La communication relayée par des influenceurs

Au lieu de s'adresser directement à la cible finale, l'entreprise communique à une cible intermédiaire faite d'influenceurs dont elle espère qu'ils intercéderont en faveur de la marque auprès de l'acheteur.

Notons que l'on ne traite pas ici des commerciaux d'une entreprise ou des distributeurs appartenant à une marque et dont la mission est clairement de la vendre. L'autorité de ceux que nous considérons ici comme influenceurs se construit indépendamment des marques : un blogueur réputé, un professeur de médecine, un architecte renommé, etc. Ils sont perçus comme indépendants des marques même si on sait que des liens peuvent exister. À ce titre, les distributeurs indépendants sont à ranger dans les influenceurs. Leur rôle est développé dans le chapitre 6 sur la distribution.

a) Les types d'influenceurs

1° Les leaders d'opinion

Ils contribuent à faire ou à défaire les modes et les courants de pensée, aussi bien auprès de très vastes publics (leaders d'opinion publique) que de publics très spécialisés.

FOCUS

La légitimité des leaders d'opinion

- Leur institution : leur pouvoir tient à la réputation de l'institution à laquelle ils appartiennent. Leur notoriété personnelle peut être très faible mais ils parlent avec la caution de leur institution.
- L'expertise qu'on leur reconnaît : ce sont des savants.
- Leur notoriété : ces influenceurs sont très connus et leur image en fait des « modèles » qu'on suit par sympathie, par projection, voire par identification. Ce sont des stars et autres célébrités largement utilisées dans la publicité et les relations publiques. Le pouvoir d'attraction de ces icônes est tel qu'il résiste au caractère manifestement intéressé de leur présence aux côtés des marques.

Figure 7.13 **Sources d'autorité et exemples de leaders d'opinion**

Source d'autorité / Exemples	Institution « Les porte-paroles »	Expertise « Les savants »	Notoriété « Les stars et célébrités »
	• Un journaliste du *Monde* • Un président de région • Le représentant d'un syndicat • Un manager d'entreprise	• Un critique de cinéma • Un professeur de cancérologie • Un chercheur en climatologie • Un sociologue • Un philosophe	En février 2012, Yannick Noah, Zinedine Zidane et Omar Sy étaient les trois personnalités préférées des Français.

À côté de ces personnes, leaders d'opinion par statut, il y a des consommateurs que l'on pourrait appeler des leaders de proximité. Ils influencent leur entourage, par le bouche à oreille.

2° Les prescripteurs et les préconisateurs

Ils ne font pas l'opinion publique comme les influenceurs précédents mais ils exercent leur pouvoir sur des individus isolés ou des petits groupes. Leur autorité tient à leur expertise professionnelle et à leur intervention dans la décision d'achat.

Les prescripteurs décident pour le compte du client ce qu'il doit acheter. Ils sont plus rares qu'on ne le croit.

Les préconisateurs sont beaucoup plus fréquents. Ils suggèrent mais leurs choix ne s'imposent pas à l'acheteur.

Exemples

- Un médecin prescrit des médicaments en délivrant une ordonnance.
- Un professeur préconise la lecture d'un ouvrage ; un plombier chauffagiste préconise un mode de chauffage, voire une marque.

On utilise différemment les leaders, les prescripteurs et les préconisateurs.

Les leaders (porte-parole institutionnels et savants) servent surtout :

- à la communication *corporate*, pour asseoir la légitimité de l'entreprise, en acceptant de siéger, par exemple, dans le conseil d'administration d'une fondation d'entreprise ;
- au *lobbying* pour intercéder en faveur de l'entreprise ou de la profession, auprès des autorités réglementaires ;
- à la communication *one to few* ; par exemple, un Prix Nobel de médecine est invité par un laboratoire pharmaceutique à prononcer une conférence devant un public d'éminents spécialistes ;

Le recours à ces types de leaders d'opinion est délicat et limité car ils doivent garder leur indépendance vis-à-vis du monde des entreprises. En revanche, certaines célébrités cherchent, dans une démarche inverse, à monnayer leur notoriété. Elles se retrouvent alors en première ligne dans la communication de marque.

Les *prescripteurs* et *préconisateurs* sont des relais influents, souvent incontournables.

Dans certains secteurs, leur rôle est déterminant pour la vente et ils constituent le cœur de cible de la communication.

Quand il existe des prescripteurs dans un marché, il est évidemment impératif d'avoir d'excellents rapports avec eux. Les laboratoires pharmaceutiques, dentaires, les producteurs de verres de lunettes et de lentilles de contact dépensent des fortunes pour visiter les médecins, les dentistes et les ophtalmologistes, pour les échantillonner, pour les former et parfois même pour les distraire. Mais il y a peu de marchés avec de vrais prescripteurs. Les préconisateurs sont beaucoup plus fréquents. Avec eux, la communication est relationnelle : faire des préconisateurs des amis de la marque, leur rendre service pour qu'en retour ils servent mieux la marque que ses concurrents.

MINI CAS

Les préconisateurs dans le BTP

Depuis 2001, Lafarge anime deux sites spécialisés : www.creargos.com pour les architectes qui sont des prescripteurs et www.batissor.com pour les artisans du BTP qui sont à la fois des clients de Lafarge et des préconisateurs pour les particuliers.

Ces sites sont bien distincts des sites institutionnels de Lafarge comme www.lafarge.fr ou www.lafargenorth-america.com et de ses sites de marques et de produits, comme www.ductal-lafarge.fr, Ductal étant une marque de Lafarge pour du béton « high tech »

Source : www.creagos.com
Architectes

Source : www.batissor.com
Artisans du BTP

Creargos. com se veut le « web technique du bâtiment ». Il propose des fiches techniques sur les produits (pas uniquement de Lafarge), sur les normes et les références. Il aide les architectes et maîtres d'ouvrage en leur donnant accès gratuitement à des outils de simulation et de calcul pour la conception de projets.

Dans batissor.com les artisans du BTP trouvent des actualités et des fiches techniques sur les matériaux de construction et des conseils pour mieux gérer leurs chantiers et leurs entreprises. Ils peuvent ainsi y consulter des dossiers pour améliorer la sécurité du personnel , pour bien s'assurer, pour trouver de nouveaux clients ou encore pour soigner leur compta (sic).

4 La communication C to C : les conversations dans le marché

La communication de consommateur à consommateur est vieille comme le monde. C'est le « bouche à oreille » dont les entreprises ont toujours compris l'importance, mais sans pouvoir réellement l'influencer. En quelques années, Internet a démultiplié la communication C to C en facilitant l'envoi de messages entre particuliers , puis en aidant le partage de contenus (communication *peer to peer*), enfin, en amplifiant les réseaux sociaux.

Les réseaux sociaux faisant l'objet du chapitre 11, nous nous limiterons ici aux principes du bouche à oreille, qu'il soit oral ou, par extension, électronique.

a) Le bouche à oreille (BAO) : de personne à personne

Le bouche à oreille[1] est la transmission d'un individu à l'autre, entre pairs, d'informations et de jugements de toute nature, à des fins non commerciales.

- *Entre pairs*. Le bouche à oreille se fait entre personnes de même statut. Un pharmacien qui conseille un régime à un particulier est un préconisateur. Une personne qui conseille à l'un de ses amis ce régime fait du bouche à oreille.
- *Des informations et des jugements de toute nature*. Le bouche à oreille peut être :
  - le partage d'un message : c'est la simple transmission d'un message d'un individu à un autre (par exemple, un internaute fait suivre à un ami un article ou une vidéo qu'il a reçus).
  - des recommandations : on conseille un film, on déconseille un roman, etc.
- *À des fins non commerciales*. Le bouche-à-oreille est une information désintéressée. C'est ce qui fait sa force.

L'importance du bouche à oreille est très variable selon les catégories de produits. Elle est particulièrement forte pour :

- *les produits à statut social* : luxe, mode vestimentaire, cosmétiques, etc. ;
- *les produits complexes* pour lesquels on cherche des informations de confiance auprès de proches expérimentés et experts : hi-fi, informatique, automobile, équipement électroménager, etc. ;
- *les produits pour lesquels on n'a pas d'expérience*, notamment les produits (biens et services) qu'on n'achète qu'une fois (un spectacle, un voyage organisé, etc.).

Le BAO est la source d'informations à laquelle on fait le plus confiance.

1. On utilise souvent les abréviations BAO, pour bouche à oreille, et WOM, de l'anglais *word of mouth*.

Figure 7.14 **Sources de communication et degré de confiance**

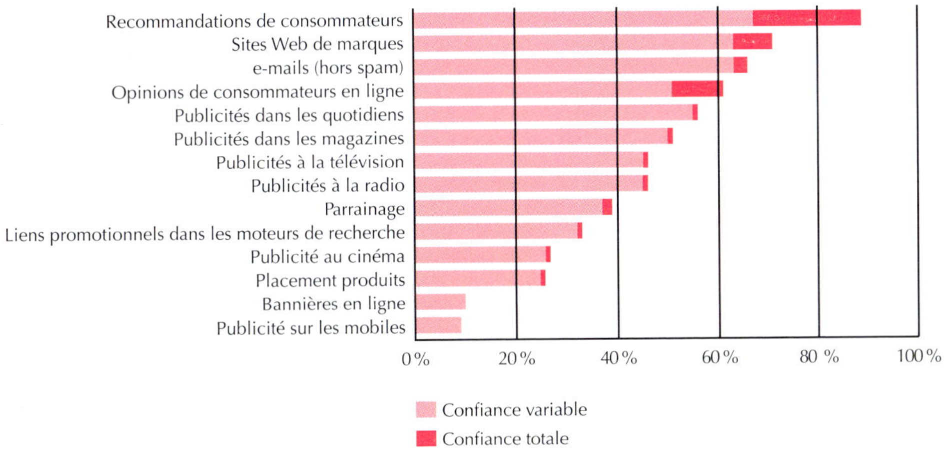

Sources : cabinet Forrester. Étude faite aux États-Unis.
Base : 470 répondants recrutés parmi les membres de PlanetFeedback.com.
Réponses à la question : « Indiquez votre niveau de confiance pour chacune de ces formes de communication ».

b) Le marketing viral

Les premières applications marketing du bouche à oreille électronique sont principalement les campagnes de marketing viral, (on dit aussi le *buzz*).

Le marketing viral est l'exploitation, au profit d'une marque ou d'une organisation, du bouche à oreille sur Internet ou les mobiles, en créant une réaction en chaîne.

Il y a le viral, qui se développe spontanément, sans intervention d'une entreprise, et le marketing viral, c'est-à-dire les campagnes virales orchestrées par des marques avec un succès aléatoire.

Exemple

➥ Une vidéo amateur montrant une réaction chimique violente en plongeant un Mentos dans du Coca-Cola light a été échangée par plus de 4 millions d'internautes en trois semaines. On a dit que cela avait fortement augmenté les ventes de Mentos, avec le risque de donner une image de produit chimique aux deux marques.

Figure 7.15 **Les quatre phases d'une campagne de marketing viral**

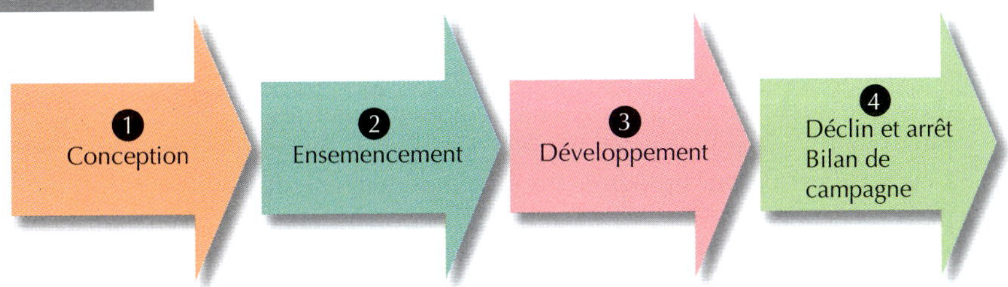

MINI CAS

Jeun'Appart

L'opération Jeun'Appart a été conçue par 1 000 mercis, spécialiste du marketing direct en ligne, pour BNP Paribas[1]. C'est un package (caution + dépôt de garantie + assurance) très innovant pour faciliter la location d'un appartement aux jeunes salariés et aux étudiants. BNP Paribas utilise Jeun'Appart à la fois pour faire de la conquête et de la fidélisation. Dans un premier temps, BNP Paribas a communiqué auprès de sa cible aussi bien par les canaux off line (carte Com dans les lieux publics, PLV dans les agences...) qu'on line (e-mailing ciblé, partenariats avec des sites en affinité). Dans un second temps, le marketing viral sur Internet a pris le relais.

On propose un jeu aux internautes (voir image ci-dessus). Ceux qui ne gagnent pas au premier coup peuvent rejouer si, au choix, ils envoient un mail d'invitation à un ami (marketing viral) ou bien s'ils répondent à une question de qualification afin de constituer une base de données qualifiée ou bien s'ils visualisent une page présentant les avantages du produit Jeun'Appart ce qui permet de mieux faire connaître l'offre.

Les résultats :

- Nombre de visiteurs du site Jeun'Appart : 2 087 772
- Nombre d'inscrits : 359 462
- Nombre de pages vues (en millions) : 17 900 000
- Durée moyenne sur le site par inscrit : 5'21
- Nombre d'adresses e-mail saisies par les participants (marketing viral) : 960 137
- Pourcentage d'individus dans le cœur de cible : 75 %

Cette opération démontre la puissance et le ciblage du marketing viral sur Internet et la complémentarité des moyens de communication off line et on line.

1. BNPParibas.net est un site à destination des particuliers qui compte près d'un million de visiteurs par an. Remerciements à BNP Paribas et à Yseulys Costes, PDG de 1000 mercis, société de conseil spécialisée dans la publicité et le marketing sur les médias interactifs.

La phase d'ensemencement est critique. Il faut que le viral commence très fort. On peut choisir de « contaminer » une cible étroite mais influente comme certains blogueurs ou bien de toucher dès le départ une cible très large en déposant l'agent viral à des carrefours ayant de larges audiences comme les portails, YouTube ou les réseaux sociaux.

Si la campagne virale prend, son développement se fait très rapidement et ne dure que quelques jours, au mieux quelques semaines. Puis, elle s'effondre encore plus vite qu'elle ne s'est développée. Car parler de viral est un abus de langage. Contrairement à une épidémie virale qui démarre lentement et qui, passé un seuil, peut se développer à l'infini, de façon exponentielle, échappant au contrôle des autorités sanitaires, le marketing viral s'éteint lorsqu'il est largement diffusé, l'effet de surprise disparaissant.

SECTION 3

METTRE EN COHÉRENCE UNE POLITIQUE DE COMMUNICATION

Donner de la cohérence aux multiples messages d'une entreprise, d'une marque ou d'un produit a, depuis longtemps, été perçu comme une nécessité. Mais le plus souvent, on l'a considéré comme une "simple" affaire de technique graphique.

La cohérence de la communication passe par des liens de forme et des liens de fond, parfois par la mise en place d'une structure au sein de l'entreprise : les « Dircom » et les « Comités de l'image ».

1 Donner de la cohérence par des liens de forme et de fond

a) Donner de la cohérence par des liens de forme (signalétique d'entreprise et de marque)

On donne une unité visuelle aux différentes expressions de l'entreprise, de la marque et de ses produits. Cela facilite l'attribution des messages à la marque mais ce n'est qu'un traitement cosmétique si les propos sont peu cohérents.

Les principaux liens de forme sont le logotype (ou logo), les emblèmes de marque, le slogan ou phrase vocation de la marque, le jingle (ritournelle de marque), l'architecture extérieure et intérieure des lieux d'accueil du public, etc. Dans les grandes entreprises, ces liens de forme sont organisés en SIVS (Système d'identité visuelle et sonore) et consignés dans une charte de la communication.

La signalétique de marque est développée dans la section 4 du chapitre 15 sur la marque.

b) Donner de la cohérence par des liens de fond autour du positionnement

C'est le positionnement de la marque, quand il est fort, qui donne une cohérence de fond à tous ses messages[1].

Positionner une marque dans son marché, c'est, en termes de communication, exprimer l'image voulue pour la marque en l'organisant autour des traits saillants qui la différencient de la concurrence et donnent des raisons de l'acheter.

Le positionnement est un choix stratégique, fait pour durer et qui doit pouvoir s'exprimer en quelques mots qui ont du sens. C'est ce sens qui doit être partagé par tous les discours et actes de la marque.

1. Le positionnement fait l'objet d'un chapitre entier, le chapitre 14. On s'en tient donc ici à l'essentiel sur « positionnement et communication ». Le positionnement se traduit également par la politique de produit, de prix et de distribution.

MINI CAS

Mise en cohérence par des liens de forme : Del Arte

Dans les services, le comportement et l'aspect des salariés influencent la perception que les clients ont de l'entreprise. Lorsque des entreprises créent des événements ou mettent en place des animations commerciales (points de vente, salons...), elles mettent en contact des hôtesses ou des démonstrateurs avec des clients.

L'uniforme que portent ces salariés est un des aspects de l'image de l'entreprise : les compagnies aériennes le savent depuis longtemps... et les armées aussi ! Cependant aujourd'hui, les uniformes, rebaptisés « vêtements d'image », ne doivent pas seulement être beaux ou agréables. Ils peuvent être pensés comme des moyens d'expression d'une politique de communication ou de marketing spécifique.

La chaîne de restaurants Del Arte est une franchise de plus de 100 restaurants en France. Au début des années 2000, l'entreprise s'engage dans un vaste chantier de repositionnement. Pour sortir d'une image « pizzeria » peu valorisante, la chaîne a opté pour un nouveau concept : « le restaurant du Sud ». La cuisine s'ouvre à d'autres plats du Sud, on abandonne les couleurs vives du drapeau italien au profit de tons plus chauds et d'un décor qui évoque une atmosphère méditerranéenne : tuiles, (fausse) vigne, volets verts, dalles de terre cuite, etc. L'entreprise lance alors un appel d'offres pour renouveler les uniformes des serveurs, des hôtesses d'accueil et des chefs de salle. Le projet qui fut retenu, proposé par l'entreprise de vêtements d'images Doria Salambô (http://uniformes-doriasalambo.com/), traduit dans le style du vêtement la nouvelle image souhaitée de l'enseigne : évoquer le Sud, être chaleureux, donner une image de qualité et d'authenticité.

Évitant la référence à l'Italie folklorique comme à la Provence, les vêtements renvoient à l'Italie du Nord, élégante et sophistiquée, avec des tissus rayés qui évoquent les créateurs italiens. Les serveurs sont en chemise (et non en veste ou en gilet) pour exprimer la détente et le soleil en évitant l'impression de laisser-aller. Les couleurs sont pensées pour s'intégrer au décor : vert, brique, jaune et noir.

Les vêtements communiquent ainsi une vision du Sud à la fois détendue et sophistiquée, qui s'associe à la décoration des restaurants et lui apporte une signification supplémentaire. Ils deviennent un moyen à part entière d'expression d'une politique de communication.

Dans les nouveaux restaurants Del Arte qui évoquent des villas méditerranéennes les uniformes participent à la politique de communication de l'entreprise.

Serveur - serveuse

MINI CAS

Leclerc, une communication très cohérente autour de son positionnement

« Leclerc est le défenseur du consommateur en luttant contre la vie chère. » Tous les discounters promettent des prix bas, Leclerc se donne une ambition au service de la société : rendre la vie moins chère. Toute sa communication sert ce positionnement.

C'est par le fond que Leclerc donne de la cohérence à sa communication. La forme de ses messages est très variée. La cohérence formelle est réduite à son minimum : le logo Leclerc.

1° Les prix Leclerc, c'est un combat constant que mène l'enseigne pour vous

Leclerc vous aide face aux méchants prix qui augmentent : publicité 2005 reprenant une affiche de mai 1968.

2° Leclerc se donne un rôle social

Leclerc interpelle les plus hautes autorités de l'État pour dénoncer la vie chère, et s'attaque aux corporatismes et à la réglementation quand elle est un facteur de vie chère.

3° Leclerc vous défend en vous aidant à comparer les prix de toute la distribution

Leclerc fait de la publicité comparative. Pour ce faire, Leclerc finance un comparateur de prix d'une dizaine d'enseignes. Les informations régulièrement actualisées sont diffusées sur un site *ad hoc* : www.quiestlemoinscher.com

4° Par des actes forts, Leclerc démontre qu'il lutte contre la vie chère

Il ne suffit pas de proclamer qu'on est le moins cher, il faut le prouver de façon spectaculaire.

En février 2012, l'hyper Leclerc de Vannes a affiché le litre d'essence à 1 € alors qu'il était en moyenne à 1,50 €, et que presse et télévision se faisaient l'écho de l'inquiétude suscitée par l'augmentation constante des prix des carburants.

2 Donner de la cohérence par l'organisation : dircom et comité de l'image

Dans les années 1980, on a vu se multiplier, dans les grandes organisations, une nouvelle fonction : les « dircom » (abréviation familière de directeurs de communication). En centralisant les décisions, on pensait faire un pas important vers une communication mieux intégrée. En fait, les dircom, lorsqu'ils existent, ont mis la main sur la communication corporate, sur la communication financière, parfois sur la communication interne, rarement sur la communication marketing, surtout lorsque la fonction marketing est stratégique. En effet, il n'est pas raisonnable d'enlever au directeur marketing la maîtrise d'un levier majeur de son action. Les dircom n'ont donc, dans la plupart des cas, qu'un rôle limité de coordination. Certaines entreprises se dotent alors d'un Comité de l'image (les appellations sont diverses) qui réunit périodiquement le Dircom, le directeur de marketing, le directeur financier et le DRH pour la communication interne.

3 La communication multicanale intégrée (CMI)

L'objectif d'une meilleure cohérence des différents moyens qui composent une politique de communication est essentiellement d'accroître l'efficacité, c'est-à-dire le ROI (retour sur investissement).

> La communication multicanale intégrée (CMI) a pour objectif un meilleur retour sur les dépenses de communication en mettant en œuvre une stratégie fondée sur une architecture de canaux différents fonctionnant en synergie et véhiculant des messages cohérents. Elle est orientée vers les clients et déterminée principalement par des données chiffrées sur les clients, leurs perceptions et leurs comportements.

Son efficacité passe par les compétences pluridisciplinaires des responsables qui la pilotent, par de nouvelles organisations chez les annonceurs et les agences, par de nouvelles relations et de nouveaux modes de rémunération fondés sur la distinction des fonctions de conseil et d'exécution.

Le développement de la communication multicanale intégrée est limité par des problèmes de personnes et d'organisations. Déjà, en 1994, Don E. Shultz écrivait : « L'obstacle le plus important au développement de la communication intégrée est tout simplement la résistance au changement dans les organisations. » Il reste encore à convaincre annonceurs et agences des bienfaits de la CMI. Ce sera plus difficile dans les agences et groupes de communication. Cette résistance s'explique par le degré et la nature des évolutions liées à la CMI.

FOCUS

Une méthode de communication multicanale intégrée en six étapes

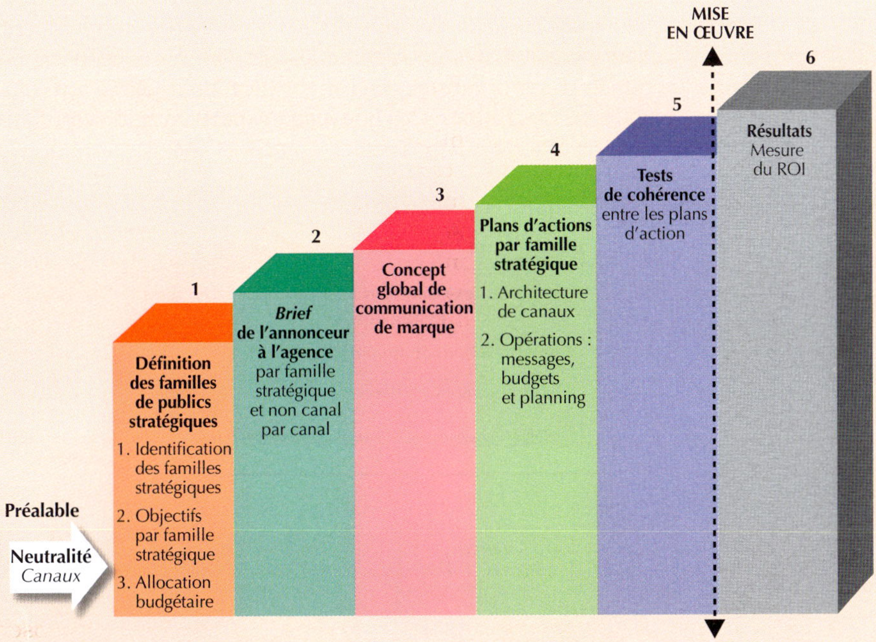

Préalable : « *Media neutral, profit neutral* ». Pour avoir une approche objective des différents canaux de communication et de leurs combinaisons possibles, il ne faut pas avoir une expertise limitée à une seule technique (on voit tout au travers d'elle), ni avoir un intérêt financier majeur à recommander l'usage d'une technique plutôt qu'une autre.

1. La réussite de la démarche repose sur l'aptitude à analyser l'ensemble des publics dont dépend la réalisation des objectifs de l'entreprise, de la marque et des produits, à les regrouper en familles, à identifier les familles stratégiques, celles sur lesquelles on concentrera les efforts, à assigner des objectifs chiffrés à chaque famille stratégique puis à ventiler le budget global de communication. Ce travail est à faire par l'annonceur. Il sera, par la suite, validé ou amélioré par l'agence ou les agences retenues.
2. Contrairement à la démarche classique où le brief se fait canal par canal : brief pour la publicité, brief pour la promotion des ventes, brief pour le marketing direct, etc., l'annonceur fait un brief par famille stratégique qui comporte une partie sur la communication de marque (long terme) et une autre sur la communication commerciale (court et moyen terme).
3. L'agence propose un concept de communication de marque qui doit être pérenne et déclinable sur l'ensemble des familles stratégiques.
4. L'agence recommande des plans d'actions détaillés pour chaque famille stratégique respectant les objectifs assignés préalablement.
5. L'annonceur valide ces plans en procédant à des tests de cohérence et d'efficacité des programmes prévus pour chaque famille et à des tests de cohérence de l'ensemble des actions annoncées pour toutes les familles.
6. On met en œuvre les campagnes multicanales programmées pour chaque famille et on mesure les résultats, famille par famille, puis pour l'ensemble. On donne la priorité à la mesure des résultats économiques en s'intéressant au retour sur investissement (ROI) et en précisant les correctifs qu'il convient d'apporter aux campagnes suivantes.

Depuis plusieurs décennies, on a développé dans les agences des expertises de plus en plus pointues et en conséquence de plus en plus cloisonnées : spécialistes en marketing direct, puis en marketing direct sur Internet, en relations publiques, en événementiel, en *street marketing*, etc. Or, la CMI réclame des compétences transversales, d'excellents généralistes en techniques de communication capables de concevoir et de piloter des programmes de communication intégrée faisant appel à une grande diversité de disciplines. Ces nouveaux experts multidisciplinaires restent à former, pour travailler demain dans les agences et chez les annonceurs.

Figure 7.16

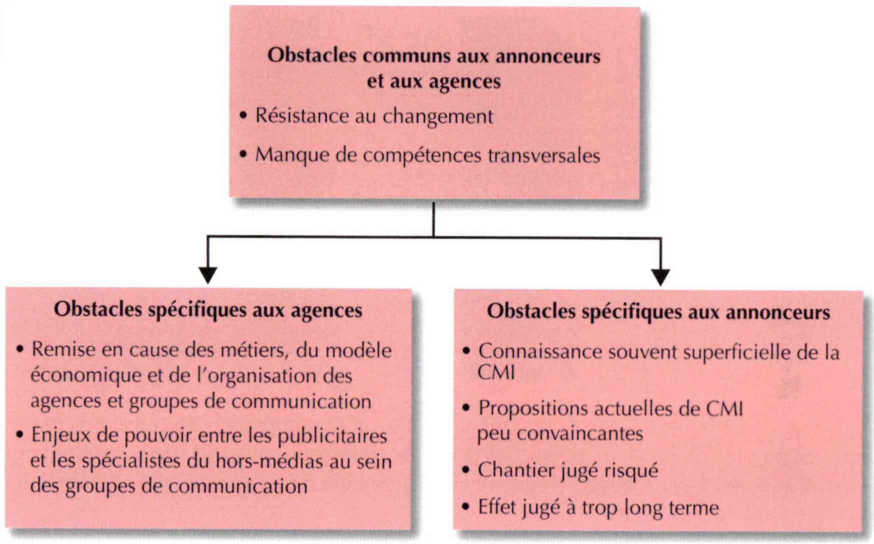

La CMI, telle que nous l'avons définie, remet en cause le modèle économique et l'organisation des grands groupes de communication. Plusieurs scénarios sont envisageables :

- *Premier scénario :* les groupes de communication créent des structures de conseil CMI indépendantes, qui ne vendent que du conseil, c'est-à-dire qui ne sont pas là pour alimenter leurs agences de publicité et de *marketing services*. Est ce réaliste ?
- *Deuxième scénario* : le conseil stratégique aux annonceurs pour concevoir des politiques de communication intégrée échappe aux agences. Il est fait par de nouveaux départements des grands cabinets de conseil ou bien il est pris en charge, en interne, par des cellules de spécialistes CMI chez les annonceurs. Les agences deviennent alors de simples boîtes à outils.

Christian Labastre, président de Young & Rubicam France affirme : « La communication intégrée suppose une révolution au niveau des structures des groupes de communication. » On comprend que beaucoup se hâtent lentement vers la CMI, ce qui fait dire à Philippe Gaumont, président de FCB France : « La communication intégrée, c'est comme la Sainte Vierge. On la prie beaucoup mais on la voit peu ! »[1]

1. Ce qui vient d'être écrit sur la communication multicanale intégrée est une synthèse d'un texte que l'on trouvera dans *Publicitor*, 7e édition, des auteurs Jacques Lendrevie, Arnaud de Baynast et Catherine Emprin, Dunod, 2008.

Ressources complémentaires

La boîte à outils du *Mercator*

- Outil n°14, La matrice de toutes les communications

Ressources numériques sur mercator.fr

- **L'essentiel : retenez les points-clés !**
  L'essentiel du chapitre 7
- **Quiz interactifs corrigés et commentés : testez vos connaissances !**
  Quiz chapitre 7
- **Pour aller plus loin**
  Pour aller plus loin dans le chapitre 7 : une sélection de livres et de sites Internet sur les fondamentaux de la communication et les enjeux d'une politique de communication cohérente.

Agence DMB, Vienne.

Publicité sur toile peinte pour « Oldtimer », une chaîne de restaurants d'autoroutes en Autriche

Cette publicité est intéressante à plusieurs titres. Elle a un pouvoir d'attention exceptionnel. Impossible de la rater quand on conduit sur l'autoroute. La durée d'exposition est supérieure à la normale, pour de l'affichage. On la voit de loin. Elle intrigue puis dévoile le nom de ces restaurants d'autoroute : Oldtimer. Elle cible parfaitement. Les milliers d'automobilistes qui empruntent cette autoroute sont des clients potentiels du restaurant annoncé qui se trouve quelques kilomètres plus loin. Il y a une idée créative forte : le tunnel qui fait office de bouche. Elle fait le buzz et communique sur l'enseigne de façon sympathique. Un défaut quand même : elle est chère à produire ; mais un seul message très fort est préférable à de multiples expositions avec très peu d'impact.

Chapitre 8

La publicité et les médias

« La publicité, c'est peut-être du vent mais c'est ce vent qui fait tourner les moulins. »

Marcel Bleustein-Blanchet, fondateur de Publicis.

On a vu, au chapitre précédent, que les moyens de communication dont dispose une entreprise – et qu'elle doit mettre en œuvre dans le cadre d'une politique globale de communication – sont très nombreux. La publicité véhiculée par les *mass media* est certainement le moyen le plus spectaculaire par sa forme, et le plus universel par la diversité des objectifs qu'on peut lui assigner. Pour autant, elle n'est pas incontournable, et on verra dans le chapitre suivant qu'il existe de nombreux autres moyens de communication rangés dans la catégorie dite du hors-médias.

Après avoir cerné le champ de la publicité dans la première section et précisé le rôle des annonceurs et des agences dans la seconde, on étudiera les différentes étapes d'une campagne publicitaire, de la conception des messages au choix des médias, jusqu'à la mesure des résultats.

PLAN DU CHAPITRE

Section 1	La définition et les modes d'action de la publicité	460
Section 2	Les acteurs de la publicité : annonceurs, agences et autres intervenants	468
Section 3	Du brief à la stratégie de création	474
Section 4	La stratégie des moyens publicitaires : médias, stratégie médias et média-planning	488
Section 5	La mesure de l'efficacité de la publicité	507
Ressources complémentaires		511

SECTION 1

LA DÉFINITION ET LES MODES D'ACTION DE LA PUBLICITÉ

1 LA NATURE ET LE CHAMP DE LA PUBLICITÉ

Dans le langage courant, on emploie souvent le terme « publicité » pour désigner toute forme de communication à objectif commercial. C'est une acception beaucoup trop large.

a) Qu'est-ce que la publicité ?

Par publicité, on désigne tout message à but promotionnel :
- inséré à titre onéreux dans l'un des six grands médias[1] qui lui délivrent en contrepartie leur audience ;
- dont la présentation se démarque clairement du contenu rédactionnel du média[2].

La publicité sur le lieu de vente (PLV) (affichettes, banderoles, vidéos dans les rayons, etc.) s'expose dans les lieux de vente et non dans un média. Malgré son nom, la PLV relève donc du « hors-médias », et non de la publicité.

La publicité directe est l'insertion d'un message qui sollicite une réponse immédiate de la cible par un coupon-réponse, un numéro vert ou une adresse Internet. La publicité directe se fait dans les *mass media*. C'est de la publicité, pas du marketing direct.

b) Les huit grandes caractéristiques de la publicité

FOCUS

La publicité en huit points

- N'est pas exclusivement marchande.
- Communication de masse, mais qui peut être ciblée.
- Monologue intrusif qui doit se faire accepter par sa créativité.
- Ses messages sont contrôlés par les annonceurs.
- A un espace et un temps très réduits pour communiquer.
- Résolument optimiste et flatteuse.
- Nécessite répétition et durée.
- Ni science, ni art, mais un peu des deux.

1. Ces six grands médias sont la télévision, la presse, Internet, l'affichage, la radio et le cinéma.
2. Cette définition de la publicité comprend ce qu'on appelle la publicité rédactionnelle, le publi-rédactionnel ou encore le publi-reportage. Il s'agit d'une forme publicitaire utilisée dans la presse qui s'apparente à un article qui serait écrit par un journaliste. Pour éviter, ou tout au moins pour limiter les confusions, la réglementation oblige à mentionner la nature publicitaire du message, ce qui n'est pas toujours fait clairement.

1° La publicité est une communication partisane qui n'est pas exclusivement marchande

Droits réservés.

Elle peut prendre le parti d'une marque, d'un produit, d'une entreprise, d'une administration, d'un homme, d'une idée, etc.

Publicité politique, publicité pour l'humanitaire… Les objectifs de la publicité ne sont pas toujours marchands.

Campagne pour la Fondation Abbé Pierre. Agence BDDP Unlimited. Le 4x3 est le format classique de l'affichage, d'où l'idée créative : un logement de la superficie d'une affiche !

2° La publicité est une communication de masse qui peut être ciblée

Née au XIXe siècle avec la grande presse, premier *mass media*, la publicité s'est développée au XXe siècle avec la société de consommation. Elle permet de toucher de très larges publics en utilisant des supports dont les audiences se comptent en milliers, parfois en millions de contacts[1]. Cela suppose des budgets importants, mais le coût au contact est faible[2].

Le choix des supports publicitaires en fonction des caractéristiques socio-économiques ou des centres d'intérêt de leurs audiences, permet de cibler. Avec Internet et les liens commerciaux, la publicité a renouvelé et amélioré ses possibilités de ciblage.

1. Aux États-Unis, l'émission de télévision qui a la plus grande audience est le Superbowl, avec 80 à 90 millions de téléspectateurs en moyenne et des pointes à 140 millions. Il fallait payer 3 millions de dollars pour un spot de 30 secondes en 2012. La plus forte audience mondiale est celle de la Coupe du Monde de football : plus d'un milliard de téléspectateurs selon la Fifa.
2. Le coût au contact est le coût d'une insertion publicitaire divisé par le nombre de personnes exposées. On ne retient que les individus appartenant à la cible de l'annonceur. On obtient alors le coût au contact utile. Ces notions sont développées à la section 4 sur le média-planning.

Publicité de l'Unef

3° La publicité est un monologue intrusif qui doit se faire accepter

C'est une communication unilatérale. La marque parle à un public qui reste muet. Pour connaître l'efficacité de la publicité, il faut interroger sa cible après la campagne. Ce sont les post-tests.

Parce que la publicité survient sans être sollicitée, elle doit attirer très rapidement l'attention du public visé. Elle use de stratagèmes dont certains semblent inusables !

4° Les messages publicitaires sont sous contrôle de l'annonceur

L'annonceur maîtrise parfaitement le fond et la forme des messages publicitaires jusqu'à leur réception, mais il ne peut pas les modifier en cours de campagne (sauf avec Internet, où l'on peut changer très rapidement les bannières publicitaires et les mots clés). Il faut donc préparer les messages publicitaires avec beaucoup de soin et les tester avant diffusion pour s'assurer de leur pertinence.

5° La publicité dispose de très peu de temps ou d'espace pour communiquer

Une seconde pour une affiche dans la rue ou un bandeau sur le Web, deux à trois secondes pour une publicité dans un magazine, 20 secondes pour un spot à la télévision, etc. De telles contraintes pèsent lourd sur le fond et la forme des messages publicitaires. Il faut aller à l'essentiel, faire une proposition exclusive à la marque, la différencier de la concurrence et donner une solide raison d'acheter[1]. Et le tout, de façon quasi instantanée !

3 femmes sur 4 associent « Parce que je le vaux bien » à L'ORÉAL PARIS[1]

L'Oréal est la marque de l'estime de soi. Le slogan « *Because I'm worth of it* » a été lancé en 1971 aux États-Unis, puis traduit en français : « Parce que je le vaux bien. »

6° Le succès de la publicité doit beaucoup à son discours, résolument optimiste et flatteur

Les enfants sont en pleine santé, les couples heureux et les seniors vigoureux. Et à chacun, la publicité susurre : « Achetez ce produit exceptionnel, vous le valez bien ! »

7° La publicité a besoin de répétition et de continuité

Elle peut être au service de multiples objectifs de communication, mais son domaine de prédilection est la mise en valeur des marques. Cette communication doit s'inscrire dans la durée. « *Reputation is repetition* », disent les Américains.

1. C'est le principe de l'USP développé plus loin : *Unique Selling Proposition*.

Depuis plus de trente ans, la publicité de Dim est d'une continuité exemplaire : même jingle, même logo, mais surtout mêmes valeurs de marque : jeune, impertinente, séductrice. Attention, continuité ne veut pas dire répétition à l'identique et monotonie du message. La marque Dim a toujours su respirer l'air de son temps.

Un même thème, un même style, un même jingle[1], déclinés inlassablement

DIM, 1975.

DIM, campagne « Redécouvrez vos jambes », à partir de 2008

8° Ni science, ni art…

Les publicitaires ne sont ni des saltimbanques, ni des géomètres, mais un peu des deux. Créativité et rigueur doivent aller de pair : la créativité pour imaginer des stratégies de communication pertinentes et pour concevoir des messages forts ; la rigueur dans l'organisation de la séquence complexe qu'on appelle campagne, dans le choix des supports et l'achat d'espace, enfin dans la mesure de l'efficacité de la publicité.

1. Jingle : ritournelle publicitaire.

2 Les modes d'action et les objectifs de la publicité

La publicité peut être conçue pour agir directement et immédiatement sur les comportements, mais elle a le plus souvent un effet indirect et différé.

a) Publicité à effet direct et immédiat sur les comportements

Dans certains cas, la publicité a pour objectif d'avoir un effet direct et immédiat sur les comportements : acheter un produit, demander une brochure, un rendez-vous avec un commercial, etc. Ce type de publicité relève alors d'un modèle proche de celui du marketing direct, la différence substantielle étant, par définition, qu'elle fait appel à des médias de masse alors que le marketing direct repose sur des bases de données. Les exemples types de publicité à effet immédiat sur les comportements sont :

- la communication dite publicité directe. Ce sont des messages insérés dans un média de masse avec un coupon-réponse, un numéro de téléphone ou l'adresse d'un site Web. L'offre doit susciter une réponse immédiate de la cible ;
- le téléachat, où tout est mis en œuvre pour provoquer un achat immédiat ;
- les bannières sur Internet et les liens commerciaux sur lesquels les internautes doivent cliquer.

Ce type de publicité n'a d'effet qu'à très court terme et on mesure son efficacité par le nombre d'achats, de coupons retournés, d'appels téléphoniques ou de clics.

b) Publicité à effet indirect et différé sur les comportements

Le plus souvent, les stratégies publicitaires sont construites sur une séquence d'effets intermédiaires. On fait l'hypothèse – confirmée par la recherche et la pratique – que la publicité produit des effets mentaux avant d'affecter, le cas échéant, le comportement des individus. C'est le principe des modèles dits de la hiérarchie des effets, évoqués dans le chapitre sur le comportement des consommateurs et dans le chapitre précédent[1] :

Stade conatif → **Stade affectif** → **Stade conatif**
faire savoir → *faire aimer* → *faire agir*

Il est souvent irréaliste de demander à une seule campagne de tout faire, d'un seul coup : faire connaître les attributs d'un nouveau produit, faire aimer la marque et faire acheter. Il est souvent plus efficace de centrer la campagne sur un objectif et d'accompagner la publicité par d'autres moyens de communication.

Exemples

- Danone fait de la publicité de marque (stade affectif) sur les qualités nutritionnelles de ses produits (Danone, c'est bon pour la santé… et c'est bon à manger).
- Danone fait de la publicité pour faire connaître Ilios, un yaourt de tradition grecque (stade cognitif). La communication sur les points de vente incite à acheter (stade conatif).

1. On a vu qu'il y a différentes combinaisons possibles de ces trois stades.

1° Dimension cognitive, FAIRE SAVOIR : notoriété, faits et croyances sur la marque et ses produits

- *Notoriété de marque*

Créer, développer, entretenir la notoriété de la marque. C'est le mode d'action le plus simple et le plus ancien de la publicité. Il consiste à rendre un nom de marque familier et présent à l'esprit en le répétant le plus souvent possible aux clients potentiels.

Figure 8.1 Un schéma d'analyse du fonctionnement de la publicité

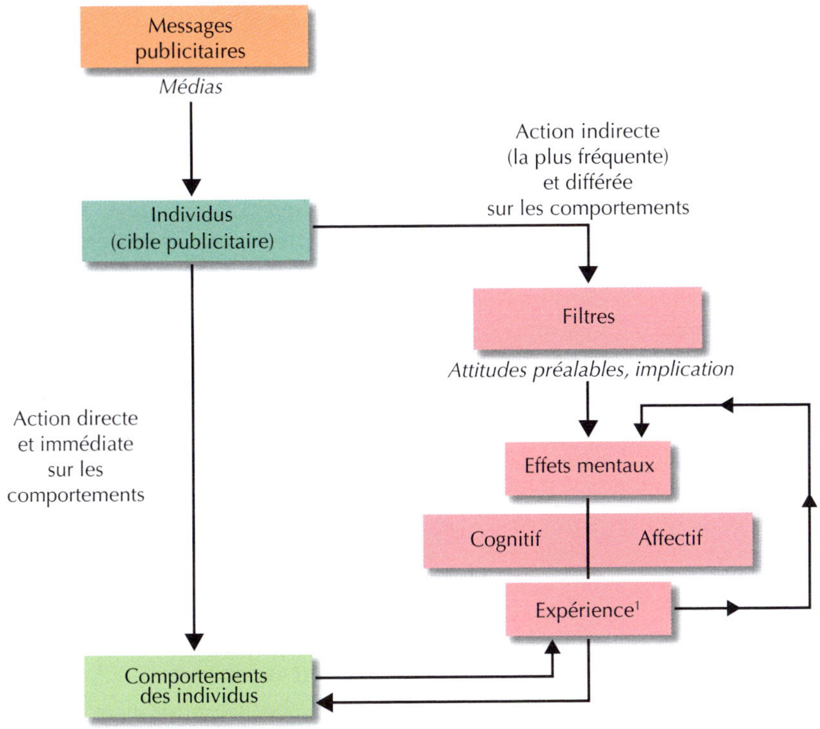

Source : d'après D. Vakratsas et T. Ambler[2].

Cette publicité, qu'on appelle parfois « obsessionnelle » et qui est une survivance de la réclame d'autrefois, peut se justifier dans le cas de produits peu impliquants ou d'achats impulsifs, pour lesquels les consommateurs ont tendance à choisir la marque qui leur vient en premier à l'esprit. Pour l'achat de produits ou de services plus impliquants, un bon niveau de notoriété crée un sentiment de familiarité avec la marque qui facilite le travail des vendeurs et accroît l'efficacité de la communication sur le lieu de vente.

1. Expérience liée à l'utilisation des produits et à la fréquentation de la marque, en raison notamment de la répétition des messages publicitaires.
2. « How Advertising Works : What Do We Really Know ? », *Journal of Marketing*, janvier 1999. Cet excellent article fait une analyse critique de l'ensemble de la recherche menée sur le sujet. Ce schéma a été construit à partir d'un tableau proposé dans cet article.

- *L'information factuelle*

La publicité peut avoir pour objectif de diffuser certaines informations factuelles qui, par le seul fait d'être portées à la connaissance du public visé, peuvent influencer son comportement. Ainsi, une publicité peut, par exemple, mettre en avant les caractéristiques d'un produit, l'ouverture d'un nouveau magasin Ikea dans la banlieue de Paris, une nouvelle liaison assurée par le TGV, une baisse de tarif sur les téléphones mobiles ou encore la sortie d'un film, etc.

2° Dimension affective, FAIRE AIMER : image de marque

L'objectif de la publicité est de faire aimer une entreprise, une marque, un produit, de développer une préférence de marque et de créer un climat favorable en valorisant le consommateur et la marque.

- *La sympathie pour la marque*

Il est fréquent que la publicité cherche à susciter ou à renforcer des sentiments de sympathie pour une marque. Le registre le plus fréquemment utilisé est l'humour comme la publicité des restaurants autrichiens Oldtimer au début de ce chapitre. Les études montrent que l'humour favorise l'attention et la mémorisation des messages mais souvent au détriment de l'attribution à la marque : on se souvient de la publicité mais pas de la marque.

- *L'émotion, le désir, le rêve*

Le plus mystérieux des mécanismes de l'action publicitaire, pourtant le plus apprécié et le plus souvent utilisé par les publicitaires, consiste à associer à une marque des attributs imaginaires, des symboles valorisants ou encore des rêves ou des émotions agréables qui, par un processus mental irrationnel et généralement inconscient d'identification, la rendront désirable aux yeux des consommateurs.

Exemples

- Pepsi-Cola a associé sa marque à la jeunesse (une nouvelle génération).
- Nike a associé sa marque à l'idée de dépassement de soi-même.
- Des marques de luxe ou de produits de beauté comme Dior promettent « le féminin absolu ».

3° La dimension conative : FAIRE AGIR[1]

- *La persuasion : donner une raison d'achat, susciter une intention d'achat*

Les campagnes qui font appel aux mécanismes de la persuasion cherchent à *convaincre* leurs destinataires que tel ou tel comportement – par exemple l'achat de la marque X – sera pour eux utile ou agréable. On dit que ce type de publicité met en avant un « bénéfice-consommateur ». Les mécanismes de persuasion sont eux-mêmes très variés : ils peuvent s'appuyer sur une argumentation rationnelle (« Le camembert Lepetit est meilleur parce qu'il est fait au lait cru ») ou sur une démonstration visuelle (« Avec Ariel, on voit la différence de blancheur ») ou sur des témoignages de personnes réputées compétentes (« Les éleveurs professionnels de chiens utilisent Pedigree »), etc.

Si la publicité s'avère souvent efficace pour pousser au premier achat, elle l'est, en revanche, beaucoup moins pour générer de la fidélité. L'expérience du consommateur et la qualité des relations de la marque avec ses publics sont bien plus décisives que les incantations publicitaires[2].

Les multiples objectifs que l'on peut assigner à un programme de publicité conduisent à distinguer six types de publicité.

FOCUS

Six types de publicité

- *La publicité de marque* : elle positionne la marque dans le marché et dans l'esprit des consommateurs en donnant du sens à la marque et une identité visuelle. Son horizon est le long terme. Sa cible est large.
- *La publicité produit, persuasive* : elle met en avant un bénéfice-consommateur lié à une caractéristique du produit. Elle le différencie des concurrents.
- *La publicité informative* : elle documente le consommateur. Elle est utile pour le lancement d'une véritable innovation, et très présente dans les sites de marque et dans la communication *corporate*.
- *La publicité stimulus-réponse* : elle déclenche un comportement immédiat : créer du trafic vers un site de vente, inciter à retourner un coupon-réponse, etc.
- *La publicité de rappel* : elle entretient la présence des marques qui doivent sonner les cloches régulièrement pour se rappeler à leurs fidèles…
- *La publicité au service d'autres actions de communication* : elle soutient d'autres programmes, comme l'annonce d'une promotion. Elle exploite les retombées d'une opération de relations publiques, d'un événement…

1. Certaines campagnes de publicité ne visent pas à modifier des comportements, même à long terme, mais à améliorer la perception de la marque ou de l'entreprise (publicité corporate) en mettant en avant des engagements et des actes « citoyens et responsables ».
2. Voir le chapitre 10 sur le marketing relationnel et, en particulier, ce qui y est dit sur les modalités et les limites des programmes de fidélisation.

SECTION 2

LES ACTEURS DE LA PUBLICITÉ : ANNONCEURS, AGENCES ET AUTRES INTERVENANTS

Entre les annonceurs qui sont les entreprises ou les organisations qui font de la publicité et les supports qui vendent leurs audiences, il existe de nombreux intermédiaires. Parmi les principaux, il y a les agences de publicité qui ont en charge la conception et la réalisation des campagnes, les agences médias qui conçoivent les plans médias et achètent l'espace publicitaire, les régies qui vendent l'espace, les cabinets d'étude spécialisés qui mesurent l'audience des supports, ceux qui évaluent l'impact des campagnes, etc.

1 LES ANNONCEURS

On appelle annonceur, toute entreprise ou organisation qui fait de la publicité.

a) Les dépenses de publicité des annonceurs

La publicité utilise les médias de masse. Toutes les autres formes de communication sont classées dans le hors-médias, étudié au chapitre suivant.

En France, la publicité représente un peu plus du tiers des dépenses totales de communication des entreprises. En 2011, les dépenses totales de publicité étaient en progression de 2,5 % selon les chiffres de France Pub mais, avec la crise, elles ont connu une *annus horribilis* en 2009 (moins 8,6 %). Les dépenses par média sont analysées plus en détail dans la section 4.

Figure 8.2 **Les dépenses de publicité des annonceurs en France, en 2011**

	Montant en milliards €	Evolution en % 2011/2010	Part dans les dépenses totales de communication des annonceurs, en %
Télévision	4,12	+ 1,4	13
Presse	3,34	– 3	10,6
Internet	1,66	+ 10,6	5,3
Affichage	1,37	+ 1	4,4
Radio	0,88	+ 0,6	2,8
Cinéma	0,15	+ 16	0,5
Total grands médias	**11,55**	**+ 2,5**	**36,6**

Source : Irep-France Pub 2011[1].

1. Voir www.irep.asso.fr. L'Irep mesure les recettes publicitaires des grands médias, France-Pub les dépenses des annonceurs : achats nets avec commissions et honoraires d'agences, frais techniques et de fabrication. Kantar étudie également les dépenses de communication. Les chiffres ne coïncident pas avec ceux de France Pub en raison de méthodes de mesure différentes.

En 2012, l'Irep a donné, pour la première fois, les dépenses de publicité sur mobiles. Elles s'élèvent à 33 millions d'euros, ce qui est négligeable. Pour l'instant ! La mesure est faite sur le *display* sur Internet mobile et sur les tablettes. Elle ne tient pas compte du *search*. Les notions de *display* et *search* sont précisées en fin de section 4.

Les dépenses mondiales de publicité sont estimées à plus de 400 milliards de dollars. Les États-Unis sont, de loin, le premier marché publicitaire avec près de 45 % des dépenses mondiales. En Europe, la Grande-Bretagne et l'Allemagne précèdent nettement la France.

b) Les 100 premiers annonceurs en France représentent 40 % des dépenses totales de publicité

Chaque année, environ 3 000 entreprises achètent de l'espace publicitaire dans les grands médias en France. C'est peu, sachant que les annonceurs significatifs sont encore moins nombreux. 95 % des dépenses de publicité sont faites par 10 % des annonceurs. En 2011, selon Kantar Media, les 100 premiers annonceurs représentaient 41 % des dépenses totales de publicité. Le marché publicitaire est donc très concentré et, comme les agences ne peuvent pas avoir des clients concurrents, il est âprement disputé.

Figure 8.3 **Les cinq premiers annonceurs en France en 2011**

	En millions d'euros
Renault (automobiles)	366
Orange France	351
Carrefour (magasins)	322
Peugeot	316
SFR	305

Source : Kantar Media.

On retrouve toujours les mêmes types d'annonceurs aux premiers rangs des investisseurs : distribution, automobile, télécommunication, produits alimentaires. Toutefois, le palmarès des marques qui investissent le plus en publicité peut changer significativement d'une année sur l'autre. La publicité est un poste budgétaire très flexible que les annonceurs augmentent lorsque leurs prévisions de ventes sont optimistes et qu'ils réduisent brutalement en période de crise ou lorsque les actionnaires les pressent de faire plus de résultat à court terme.

c) La distribution est toujours le premier secteur annonceur

La distribution est au premier rang pour les dépenses de publicité dans les grands médias (presse, radio, affichage) mais aussi pour les dépenses hors-médias, en raison notamment de l'importance de ses budgets de marketing direct (mailings, imprimés sans adresse distribués dans les boîtes aux lettres, télémarketing, e-mailing commercial). En 2011, la distribution représentait près de 14 % des dépenses totales de communication en France, suivie par le secteur automobile 10 %, les biens et services culture et loisirs 8,4 %, et l'alimentation, 8,2 %.

d) Le rôle décisif de l'annonceur

L'annonceur est le maître d'œuvre des campagnes de publicité. Il passe une commande à une agence de publicité pour les messages et à une agence médias pour l'achat d'espace. Il donne son accord à chaque étape clé de la campagne. La responsabilité du résultat final lui incombe en très grande partie. Un mauvais annonceur fait des campagnes médiocres, même avec une bonne agence !

Figure 8.4 **Deux profils d'annonceurs**

Le « pro »	Le béotien
Énonce une stratégie marketing forte et claire : objectifs, cibles et positionnement.	Demande la lune en s'imaginant que la publicité fera des miracles.
A une vision fondée du rôle et de l'avenir de ses marques.	Ne fait pas de brief à l'agence ou fait un brief incomplet et confus ; change son brief en cours de route.
Dirige son agence. Est très exigeant mais sait écouter ses conseils.	Trouve tout trop cher.
A des procédures claires pour choisir son agence, travailler avec elle et la rémunérer.	Critique les projets créatifs sur la forme et non sur le fond.
Évalue systématiquement le résultat des campagnes et en débat avec son agence.	Intervient dans la création, à tout propos.
Ne change pas tout le temps d'agence.	Trouve toujours que la taille de son logo et de sa marque n'est pas assez grosse dans le message.
	Prend conseil auprès de ses proches : conjoint, enfants, secrétaire.
	N'inscrit pas son action publicitaire dans la durée.
	Croit faire des économies en ne mesurant pas l'efficacité de ses campagnes.

2 Les agences conseils

a) L'évolution des agences

1° L'agence courtier d'espace

Charles Louis Havas.

La première agence fut créée en France, au milieu du XIXe siècle, par Charles Louis Havas[1] et Charles Duveyrier. Sur son modèle, les agences de publicité restèrent en France, jusqu'au début du XXe siècle, des vendeurs d'espace publicitaire. La création était faite par les annonceurs, les supports ou les imprimeurs.

1. Véritable pionnier de l'échange d'information, Charles Louis Havas créa en 1832 l'agence qui porte son nom, lorsqu'il commença à diffuser des nouvelles de France aux journaux de pays étrangers. Créateur du concept d'agence de presse, il fut également un précurseur en matière de publicité : en effet, la réussite de sa société l'autorisa à entreprendre la conquête de la presse de province, ce qu'il fit en instituant un service publicitaire qui prit en charge – pour le compte des journaux – l'intégralité du processus de parution des annonces. À sa mort, l'agence de C. Havas fut rachetée par un banquier et son succès ne se démentit pas : la branche information devait devenir l'Agence France-Presse en 1944, tandis que la branche publicité se diversifiait dans différents secteurs tels que l'édition ou le tourisme. Source : http://fr.encyclopediayahoo. com

2° L'agence conseil à service complet

La publicité moderne est née aux États-Unis à la fin du XIXe siècle. Elle s'est vraiment développée après la seconde guerre mondiale. Ce fut l'époque des grands pionniers dont les noms sont souvent les enseignes des plus grandes agences actuelles comme Bates, Walter Thompson, Ogilvy, Young & Rubicam, Bernbach[1] (le B de l'agence DDB)…

En France, Marcel Bleustein-Blanchet créa Publicis en 1926. Ce fut la première grande agence française moderne de publicité. Elle est aujourd'hui classée dans les cinq premiers groupes de communication mondiaux.

Source : http://www.publicis.fr

Les agences ont pris en charge progressivement l'ensemble des problèmes liés à la conception et à la réalisation des campagnes, d'où l'appellation qui leur fut longtemps donnée : agences à service complet.

Elles ont cinq fonctions principales :

- *Elles font du conseil stratégique* : elles élaborent les stratégies de communication, parfois elles interviennent au niveau de la stratégie marketing.
- *Elles conçoivent les messages.*
- *Elles proposent les plans-médias* : optimisation des budgets d'achat d'espace publicitaire par un choix raisonné des médias, des supports et des calendriers d'insertion des messages.
- *Elles achètent parfois l'espace publicitaire* en qualité de mandataires de l'annonceur bien que, de plus en plus, cette fonction soit confiée par les annonceurs à des *agences médias* (conseil médias et achat d'espace).
- *Elles exécutent les campagnes de publicité* : réalisation des messages, passage des ordres de parution, contrôle de leur bonne exécution.

Pendant longtemps, les agences ont été rémunérées par des commissions sur l'achat d'espace, qui leur étaient versées sous forme de ristournes par les supports (presse, télévision, affichage, etc.). Le taux normal de ces commissions était de 15 % sur le montant de l'achat d'espace. En pratique, il était souvent supérieur, les supports offrant aux agences des « surcommissions » qui pouvaient être élevées. Ce système de rémunération était contestable, d'une part en raison de son caractère occulte (l'annonceur ne connaissait pas la rémunération exacte de son agence), mais aussi parce qu'il consistait à rémunérer la fonction conseil et création sur les marges prises sur l'achat d'espace.

1. Philippe Lorin, *Cinq géants de la publicité*, Éditions Assouline, 1995.

Ces pratiques ont été remises en cause par la loi Sapin de 1993 qui a bouleversé l'achat d'espace. Les agences ne peuvent plus être des revendeurs d'espace. Elles agissent comme mandataires de l'annonceur, c'est-à-dire pour son compte. Les tarifs sont transparents, avec des barèmes publiés par les supports. Les factures d'achat sont remises aux annonceurs. Désormais, l'annonceur arrête après négociation des honoraires pour rémunérer l'agence. Ces horaires sont globaux ou plus souvent, pour les budgets importants, ventilés selon les tâches confiées à l'agence : conseil, études, création, frais techniques, etc.

Dans certains cas – mais qui restent rares en France[1] – la rémunération de l'agence est liée aux résultats des campagnes.

3° Deux Français Publicis et Havas dans les six premiers groupes mondiaux de communication

Dans tous les pays développés, le hors-médias progresse plus vite que les dépenses de publicité médias. Les grandes agences de publicité ont investi ce marché, souvent en créant ou en achetant des agences spécialisées en promotion, en marketing direct, en relations publiques, en relations presse, en sponsoring et mécénat, en communication événementielle, en communication de crise, en édition publicitaire, en communication *corporate*, en communication santé et depuis quelques années, en communication numérique. Elles peuvent ainsi proposer à leurs annonceurs une intervention complète sur l'ensemble de leurs problèmes de communication.

FOCUS

Le processus de concentration

- Le processus de concentration est engagé à tous les niveaux.
- Concentration des agences et création de puissants groupes de communication mondiaux. Les six premiers groupes gèrent près des 2/3 des dépenses mondiales de publicité.
- Concentration de l'achat d'espace dans de grandes agences médias.
- Concentration des médias. Par exemple, en Europe, Berstelmann, Berlusconi, etc.
- Concentration des annonceurs par l'effet des fusions et restructurations.
- Concentration des portefeuilles de marques des grands annonceurs.

Dans les années 1980, les frères Saatchi initièrent, à partir de la Grande Bretagne, la création du premier groupe mondial de communication en achetant des agences. Sur ce modèle, plusieurs groupes se formèrent dans les années 1990. Aujourd'hui, on compte six groupes mondiaux de communication qui possèdent des réseaux mondiaux d'agences de publicité, d'agences spécialisées, de conseil médias et d'achat d'espace (agences médias), de communication en ligne, de services marketing, jusqu'à des réseaux de cabinets d'études (par exemple, le Groupe WPP possède Kantar).

1. La rémunération au résultat est plus fréquente pour les campagnes sur Internet que pour les autres médias.

Dans les six premiers groupes mondiaux de communication[1], on compte deux britanniques : WPP (leader mondial avec Ogilvy, Walter Thompson, Y & R, Grey…) et AEGIS ; deux Américains : Omnicom (2e rang mondial avec les agences BBDO, DDB, TBWA…) et Interpublic (FCB, Lowe, Mc Cann…) ; deux Français : Publicis (3e rang mondial avec Publicis, Saatchi, Leo Burnet, D'Arcy, ZenithOptimedia…) et Havas avec un seul réseau d'agences EuroRSCG mais une forte présence dans l'achat d'espace et le hors-médias. Il faut également mentionner l'existence de deux groupes japonais importants : Dentsu et Hakuhodo, mais dont l'activité est pratiquement limitée au Japon.

b) L'organisation d'une agence et les métiers de la publicité

1° La direction d'une agence

Le ou les dirigeants d'une agence assument les fonctions classiques de direction d'une entreprise. Ils sont toujours en première ligne lorsqu'il s'agit de prospecter de nouveaux clients, ce travail étant préparé par le service du développement ou *new business*. Ils suivent directement les plus gros budgets, la qualité de leurs relations personnelles avec les annonceurs étant le plus souvent le meilleur garant de leur fidélité.

2° Les commerciaux ou chefs de pub

Ils sont en charge d'un ou de plusieurs budgets. Ils coordonnent l'ensemble des prestations de l'agence : stratégie, création, médias. Ils sont les correspondants des annonceurs et ils défendent leurs intérêts au sein de l'agence. Par ordre hiérarchique, du débutant vers le sommet, on a l'assistant chef de publicité, le chef de publicité, le directeur de clientèle.

3° Les créatifs

Ils fonctionnent souvent en tandem. C'est le *team créatif.* Le directeur artistique (DA) s'occupe des images, le concepteur-rédacteur (*copywriter*) des mots (textes et slogans).

4° L'acheteur d'art

L'acheteur d'art est chargé de trouver les spécialistes extérieurs les mieux adaptés au style que l'on veut donner à la campagne (dessinateurs, photographes, chorégraphes, musiciens, etc.). C'est une fonction que l'on ne trouve que dans les grandes agences. Ailleurs, on fait appel à des acheteurs d'art indépendants (free lance).

5° Les spécialistes médias ou « média-planners »

Ils sont chargés d'optimiser les budgets des annonceurs en sélectionnant les médias et les supports les mieux adaptés aux cibles et aux messages. Les « média-planners » travaillent dans les agences médias, spécialisées dans le conseil en média-planning et l'achat d'espace.

1. Voir un article détaillé sur les groupes de communication : www.inaglobal.fr/communication-publicite/article/panorama-de-la-publicite-dans-le-monde.

6° Le planning stratégique

Sociologue, homme ou femme de recherche et de marketing, le « planner » conçoit les stratégies de communication et contrôle parfois la cohérence de l'ensemble des plans de communication proposés aux annonceurs. Contrairement au chef de publicité, le « planner » ne travaille pas exclusivement sur le budget d'un annonceur mais intervient, à la demande, pour tous les clients de l'agence. Il participe aux « spéculatives[1] ».

c) Les autres acteurs

1° Des centrales d'achat d'espace aux agences médias

La première centrale d'achat d'espace (l'espace publicitaire) a été créée dans les années 1970 par des Français, les frères Gross, qui ont donné naissance au groupe Carat. Ils ont inventé la fonction de grossiste dans l'achat d'espace publicitaire. Leur principale activité était d'acheter « en vrac » aux supports (presse, télévision, radio, etc.) une partie importante de leur espace publicitaire, pour le revendre ensuite « au détail » aux annonceurs. La loi Sapin a interdit cette fonction de revendeur. L'espace publicitaire ne peut être acheté que pour le compte d'un annonceur. Ne pouvant plus être grossiste en espace publicitaire, les centrales d'achat se sont recentrées sur l'expertise médias qu'elles avaient acquise pour développer une fonction de conseil aux annonceurs dans l'élaboration des plans médias. Les centrales d'achat ont donc profondément évolué, d'où leur nouvelle appellation : agences médias.

2° Les sous-traitants

La publicité, et de façon plus générale la communication d'entreprise, fait vivre un nombre considérable d'entreprises (studios d'exécution, imprimeurs, etc.) et de personnes qui travaillent en solo (*free lance*) : créatifs, photographes, réalisateurs de films, acheteurs d'art, chargés de relations presse, etc.

SECTION 3

DU BRIEF À LA STRATÉGIE DE CRÉATION

L'élaboration d'une campagne est une longue séquence de tâches variées qui s'étale sur plusieurs semaines, souvent plusieurs mois.

La première étape, décisive, est la rédaction par l'annonceur du brief à l'agence, qui définit les objectifs de la campagne et oriente tout le travail de l'agence. La deuxième est l'élaboration de la stratégie publicitaire où l'on arrête les choix fondamentaux en matière d'objectifs, de cible, de messages et de calendrier de campagne. L'agence conçoit la campagne sous le double aspect de l'*élaboration des messages* et du *choix des canaux de communication* (médias et supports). L'étape suivante est la mise en œuvre de la campagne, c'est-à-dire le passage effectif des annonces dans les médias et supports choisis. Enfin, la dernière étape est l'*évaluation a posteriori* de l'efficacité de la campagne.

1. On appelle « spéculative » ou « campagne spéculative » un projet de campagne conçu par une agence pour convaincre un annonceur prospecté de lui confier son budget.

1 Les étapes de la campagne et le partage des responsabilités entre l'annonceur et son agence

L'élaboration d'une campagne publicitaire ne se délègue pas totalement à une agence. C'est un travail conjoint entre l'annonceur et l'agence[1], avec des rôles différents selon les étapes.

Figure 8.5 **Rôles respectifs de l'annonceur et de l'agence dans les principales phases d'une campagne**

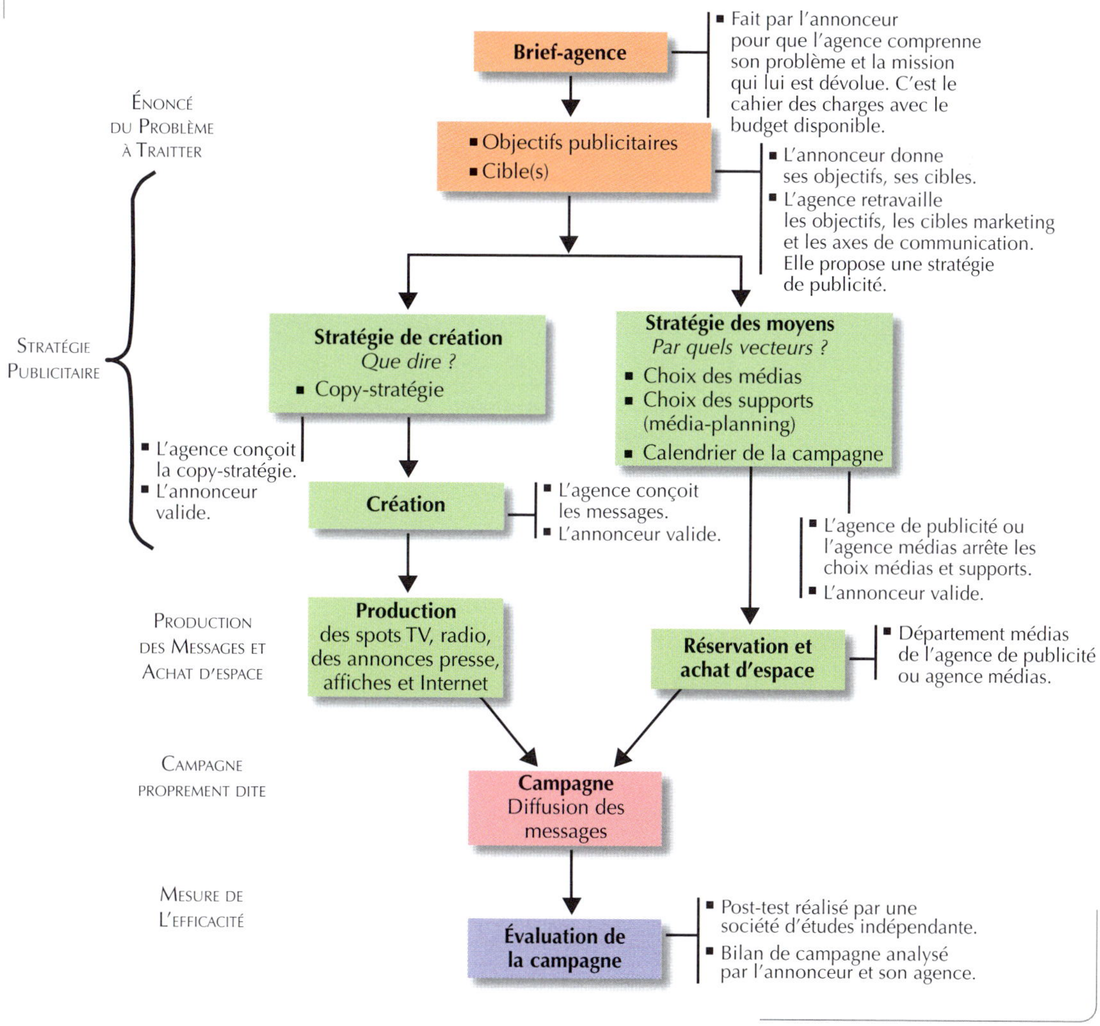

1. Jan Van Aal, *10 conseils pour faire un bon usage de votre agence de publicité*, Publi Union, 2000.

2 Le brief de l'annonceur à l'agence

Le brief est le cahier des charges de la campagne.

Il est réalisé par l'annonceur à l'intention de son agence. La qualité des briefs des grands annonceurs a beaucoup progressé, mais il arrive encore qu'ils soient incomplets, vagues, trop factuels et insuffisamment stratégiques. Idéalement, un bon brief devrait comporter les rubriques suivantes.

Figure 8.6 **Le brief est la première étape, décisive, dans l'élaboration d'une campagne**

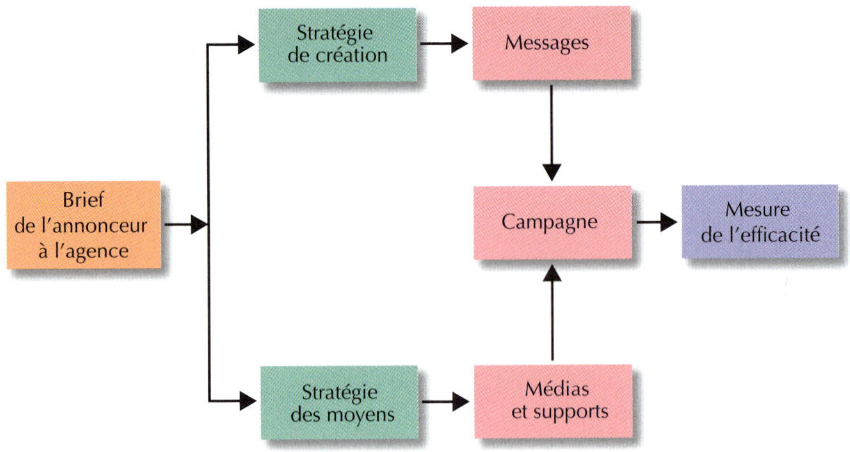

FOCUS

Les rubriques types du brief à l'agence

- *Le marché* : ce que l'agence doit savoir du marché de la marque et des produits pour lesquels on prépare la campagne.
- *La concurrence* vue par l'annonceur, ses forces et ses faiblesses, et es opportunités à jouer.
- *La stratégie de marketing et la politique de communication* actuelles de l'annonceur.
- *La marque* : historique de sa communication, ses succès et échecs, son positionnement, sa communication.
- *Le point de vue de l'annonceur* sur ce que pourraient être les grandes orientations de la campagne.
- *Les contraintes* dont l'agence doit tenir compte : enveloppe budgétaire, délais, etc.

Le brief de l'annonceur est un document écrit, transmis à l'agence et suivi d'une présentation orale avec un débat entre l'annonceur et son agence.

C'est un travail important qui suppose une vraie réflexion de l'annonceur. Il est confié au chef de produit qui gère la marque pour laquelle on prépare la campagne. Le directeur de marketing dirige la conception du brief et donne explicitement son accord avant l'envoi à l'agence.

Il peut être utile de compléter le brief écrit par quelques visites sur le terrain : usine, lieux de distribution. Ce peut être très instructif pour l'agence.

Certains annonceurs se limitent à l'exposé de leur problème. D'autres vont plus loin en donnant à l'agence leur point de vue sur ce pourrait être la campagne en matière de choix de cibles, de médias et d'axes de communication. Il importe alors de préciser qu'il s'agit de suggestions qui doivent être « challengées » par l'agence.

On indiquera, dans un document séparé, les dispositions contractuelles entre l'annonceur et l'agence : mode de rémunération, droits d'auteurs, etc.[1]

Notre conseil

Il faut informer l'agence du montant du budget disponible, donner au moins une enveloppe. Certains annonceurs ne le font pas, en prétextant qu'on ne doit pas enfermer l'imagination des agences dans des contraintes matérielles. L'expérience montre que ce n'est pas réaliste. On aboutit souvent à des budgets largement au-delà des possibilités de l'annonceur et il faut alors tout reprendre.

3 La stratégie de création et le brief aux créatifs

L'élaboration des messages publicitaires – messages que l'on désigne parfois par le terme anglais *copy* – comporte trois phases successives : la stratégie de création (quoi dire ?), la création (comment le dire ?) et l'exécution (la réalisation finalisée des messages avant diffusion).

Pendant très longtemps, la stratégie de création a été formatée dans un document très synthétique appelé *copy-stratégie*[2] ou encore *plan de travail créatif (PTC)*[3]. C'est un document d'une page au maximum, établi par l'agence[4] et ratifié par l'annonceur, en vue *d'orienter le travail de création*. En d'autres termes, la copy-stratégie est le *cahier des charges* donné et expliqué aux créatifs.

Aujourd'hui, on ne parle plus guère de copy-stratégie mais on utilise des plateformes de création qui s'inspirent de la copy-stratégie originelle en l'adaptant à la philosophie des agences. On en trouvera des exemples un peu plus loin.

1. Sur ces points, voir les conseils pratiques de l'Union des annonceurs (www.uda.fr) et de l'Association des agences de conseil en communication (www.aacc.fr)
2. Copy-stratégie est une version francisée de *copy strategy*. Dans les agences, on dit volontiers « Copy-Strat ».
3. L'agence Young & Rubicam fut la première à proposer une version plus complète de la copy-stratégie, qu'elle dénomma « Plan de travail créatif » ou PTC.
4. Certains grands annonceurs établissent eux-mêmes leur copy-stratégie ou imposent à leurs agences de formuler les copy-stratégies sur un modèle qu'ils ont élaboré et qui est utilisé pour toutes les marques et tous les marchés de l'annonceur. On parle alors de copy-stratégie d'annonceur.

FOCUS

Les rubriques de la copy-stratégie

À l'origine, la copy-stratégie comprenait trois rubriques incontournables :

- La cible.
- Le bénéfice-consommateur ou promesse[1] : l'idée à communiquer, pas la forme de la promesse, qui est du ressort des créatifs.
- *Les supports possibles du bénéfice-consommateur* : ce sont des éléments sur lesquels les créatifs peuvent s'appuyer pour donner du corps à la promesse. On dit aussi des raisons de croire à la promesse (reason why), par exemple des caractéristiques du produit assorties de leur performance, les résultats d'une enquête de satisfaction, etc. La création peut s'en servir ou non. Elle est libre de proposer autre chose.

On trouvait parfois une autre rubrique :

- *Le ton* (ou style) du message : tranche de vie, témoignages, humour, etc.

a) Les trois qualités d'un brief à la création

Son but est *d'orienter le travail des créatifs*. En conséquence, il doit préciser des axes stratégiques, être simple et servir la créativité en la suscitant au lieu de la brider.

Notre conseil

Mettre le ton du message dans le brief du message est éminemment discutable. De deux choses l'une : soit la communication de la marque est intimement associée à une tonalité (comme l'humour pour Volkswagen) et on enfonce une porte ouverte ; soit l'expression de la marque n'est liée à aucun ton particulier et il faut laisser cette liberté à la création.

1° Être « stratégique »

Le brief à la création doit être, en premier lieu, en parfaite cohérence avec la stratégie marketing de la marque. C'est seulement à cette condition que l'on peut espérer voir la campagne publicitaire jouer convenablement son rôle au sein de l'ensemble des moyens d'action marketing. Si la stratégie marketing est faible ou n'existe pas, ce sont les créatifs qui vont l'inventer mais on risque alors de partir dans n'importe quelle direction.

2° Être simple

Notre conseil

Il est préférable de faire un brief écrit très succinct, limité à l'essentiel et de le présenter oralement aux créatifs au cours d'une discussion largement ouverte.

Une erreur fréquente consiste à vouloir trop en dire.

Les créatifs ont besoin d'orientations simples et claires, sur le problème à résoudre par la communication, sur l'objectif majeur de l'annonceur et sur le sens à donner aux messages. Si on multiplie les promesses, les créatifs auront beaucoup de mal à formuler un message efficace. Conscient de ce risque, le publicitaire américain Rosser Reeves a développé, dans les années 1950, la théorie dite de l'*Unique Selling Proposition* (USP), selon laquelle une copy-stratégie doit être construite autour d'une promesse attractive et unique[2], ce dernier terme signifiant

1. En toute rigueur, il faut expliquer aux créatifs le bénéfice-consommateur qu'ils doivent traduire en une grande promesse.
2. Voir *Publicitor*, 7e édition, Dunod, 2008, page 207 et suivantes. On y trouvera une analyse approfondie des modèles de réflexion stratégiques à la suite de l'USP et de la copy-stratégie de base. Certains modèles, non développés ici, sont étudiés comme le « Who ? What ? What ? » de Young & Rubicam, ainsi que le modèle beaucoup plus récent de la lovemark de Saatchi & Saatchi. Voir l'outil n° 24, « La matrice des marques et la lovemark » dans la boîte à outils du *Mercator*.

à la fois qu'il n'y en a qu'une et qu'elle est spécifique à la marque qui l'a choisie. Comme nous le verrons plus loin, l'USP a donné naissance à la notion fondamentale de positionnement de marque.

FOCUS

La définition de l'USP par Rosser Reeves

« Chaque message publicitaire doit faire une promesse au consommateur. Pas que des mots, [...] on doit faire une promesse que la concurrence ne peut pas faire ou n'a pas faite. La promesse doit être tellement forte qu'elle peut inciter à agir des millions d'individus et être capable de tirer de nouveaux clients jusqu'à votre produit. »[1]

3° Ne pas enfermer la créativité, mieux la susciter

La copy-stratégie ou toute autre plateforme de création indique le sens à donner aux messages. Les termes employés ne sont pas anodins. Ils doivent faire rebondir les créatifs. C'est ce qu'il y a de plus difficile à réussir dans un brief aux créatifs. Une contrainte peut conduire les créatifs à se dépasser.

b) De nouveaux modèles pour la stratégie de création

Le modèle originel de la copy-stratégie, fondé sur le principe de l'USP, a été progressivement repensé par de nombreuses agences.

Une première raison tient à ce que les grandes agences sont toujours en quête de méthodes originales pour affirmer leur différence. On a donc vu se multiplier les « méthodes maison », souvent sans grand intérêt lorsque ce sont de simples reformulations de la copy-stratégie, parfois novatrices comme celles que nous présentons ci-dessous.

Une deuxième raison est liée à la banalisation croissante des produits et services de grande consommation, à l'explosion des « *me-too* » qui font que, dans chaque marché, tout le monde revendique les mêmes atouts que les marques établies, battant ainsi en brèche, le principe de l'exclusivité de la promesse, clé de voûte de la théorie de l'USP.

1° La méthode de l'*insight* consommateur

Elle est dans la droite ligne de l'USP puisque la question centrale reste : « Comment faire une proposition attractive pour le consommateur » ? Elle propose une méthode simple et convaincante pour y parvenir.

1. Traduction des auteurs.

On s'intéresse au vécu du consommateur avec le produit en observant ses usages et en dépistant les sources de satisfaction mais aussi d'insatisfaction et autres freins à la consommation. C'est l'*insight* consommateur. On présente ensuite le produit comme la solution[1].

La méthode de l'*insight* a eu, et a encore beaucoup de succès chez les publicitaires. Il peut être beaucoup plus qu'une approche publicitaire puisqu'il peut conduire à faire évoluer le produit, voire à développer des produits nouveaux. Dans les deux exemples suivants venant de la même catégorie de produits : la confiserie au chocolat, on s'en tient à l'application purement publicitaire de l'*insight*.

Exemples

- La saga de Kinder[2] avec l'équivalent du verre de lait est fondée sur un *insight* fondamental pour les mamans : « Je voudrais donner à mes enfants un goûter qui contienne des bonnes choses pour les faire grandir mais il faut bien aussi leur faire plaisir ». La communication de Kinder, en s'appuyant sur l'équivalent d'un verre de lait, allié au chocolat, a exploité avec succès cet *insight* consommateur.
- « Le chocolat, c'est bon mais on s'en met plein les mains » est un *insight* découvert, il y a longtemps, par M & M's. L'exploitation publicitaire est bien connue : « Le chocolat qui fond dans la bouche et pas dans les mains. »

2° La disruption, modèle de TBWA

Formulée par Jean-Marie Dru[3], cette méthode postule que dans chaque marché, il y a une idée reçue, une convention qui emprisonne les marques et leurs discours. Il faut donc :

- repérer les conventions ;
- remettre en cause la convention dominante et imaginer une nouvelle approche du marché. C'est la disruption ;
- formuler une nouvelle vision de la marque, libérée de ces conventions.

Exemple

- La marque de vodka Absolut Vodka :
  - *Convention* : pour être haut de gamme, une vodka doit s'appuyer sur ses origines et les revendiquer.
  - *Disruption* : un attribut produit exclusif peut être plus fort que l'origine pour faire la différence : le nom (Absolut) et la spécificité de la bouteille.
  - *Vision* : Absolut incarne l'essence du style.

---

1. Ce texte et l'exemple qui suit sont extraits de *Publicitor*, 7e édition, Dunod.
2. Le slogan « Dans 100 grammes de Kinder, il y a l'équivalent d'un verre de lait » a été arrêté en 2004. Voir l'histoire de Kinder dans www.prodimarques.com, rubrique « Saga des marques ».
3. *Disruption Live*, ouvrage collectif, Village mondial, 2002 et Jean-Marie Dru, *La Publicité autrement*, Gallimard, 2007.

Convention

Crédit photo de droite : Michel Dubois/Fhmtphoto. Under permission by V & S Vin & Sprit AB. Absolut® Vodka. Absolut country of Sweden vodka & logo, Absolut, Absolut bottle design and Absolut calligraphy are trademarks owned by V & S Vin & Sprit AB. © 2009 V & S Vin & Sprit AB.

Disruption

3° *La Creative Business Idea* (CBI) : le modèle d'Euro RSCG

La CBI repose sur l'idée que la force d'une marque dépend de l'importance du service qu'elle rend aux gens. La CBI se construit au croisement de trois univers[1] :

- les *drivers* (ou leviers) de la catégorie de produits à laquelle appartient la marque. Les *drivers* sont les motivations les plus puissantes sur un marché ;
- l'ADN de la marque, ses gènes ;
- les aspirations des *prosumers*. Ce sont les consommateurs les plus avancés dans la catégorie.

Un des points de vue les plus intéressants de la CBI est de considérer qu'en général, la catégorie de produits s'avère plus importante pour les consommateurs que la marque. Par exemple, si un consommateur d'Evian ne la trouve pas dans son supermarché, il ne renoncera pas à acheter de l'eau minérale car son besoin d'eau est supérieur à sa fidélité à la marque et l'effort d'aller ailleurs jugé trop important.

C'est pourquoi la réflexion stratégique sur une marque doit commencer par l'analyse de la catégorie de produits. L'exemple suivant porte sur Evian et résume la découverte d'une idée créative : la jeunesse, au croisement des *drivers* de la catégorie, des aspirations majeures des *prosumers* et de l'ADN de la marque.

1. Ce texte sur la CBI est extrait de ce qu'a rédigé sur le sujet Catherine Emprin, directrice du marketing d'Euro RSCG, dans la 7e édition de *Publicitor* J. Lendrevie, A. de Baynast et C. Emprin, Dunod, 2008.

MINI CAS

Evian, source de jeunesse

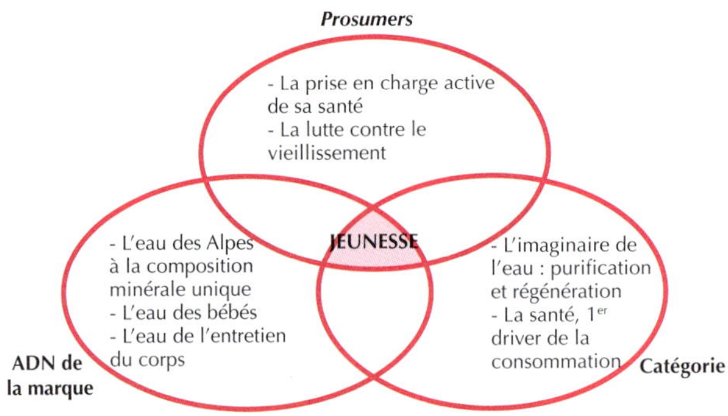

Creative Business Idea : « Boire Evian chaque jour, c'est entretenir la jeunesse qui est en soi, c'est être au mieux de sa forme à chaque âge de sa vie. »

C'est cette idée qui a donné naissance au premier film d'Évian sur les bébés puis sur les seniors puis le film *Les voix* qui, au-delà de la jeunesse du corps, explore la jeunesse d'esprit.

La saga des bébés et des seniors a laissé la place à une nouvelle expression créative mais qui exploite toujours la même veine.

4 La création

a) Les étapes de la création publicitaire

La première étape dans la création consiste à imaginer et à décrire, sous forme de « documents créatifs » encore rudimentaires, la manière dont on va exprimer concrètement, dans l'annonce, le message défini abstraitement dans le brief aux créatifs.

Cette étape ne doit pas être confondue avec celle de l'exécution, qui la suivra : au premier stade de la création, en effet, les annonces ne sont pas encore finalisées. S'il s'agit d'annonces de presse ou d'affiches, elles se présentent sous forme de maquettes (ou *roughs*) ; s'il s'agit de films télé ou cinéma, les documents de création se présentent sous forme de *storyboards*, c'est-à-dire d'une série de dessins figurant sous la forme d'une B.D. les principaux plans du futur film, accompagnés du texte parlé.

La fonction de ces documents de création est de permettre à l'annonceur de se prononcer sur un projet d'annonce présenté par l'agence avant que des frais trop importants ne soient engagés pour son exécution.

Le processus de création devrait s'appuyer toujours sur *une idée centrale et stratégique*, comme la jeunesse pour Evian, qui est ensuite traduite en une idée créative (les bébés, les seniors, etc.), une manière originale et forte d'exprimer la promesse de la marque.

b) Le jugement de la création

Les concepts publicitaires imaginés par les créatifs et les documents qui les matérialisent (maquettes, *storyboards*, etc.) sont soumis à l'approbation de l'annonceur avant d'être finalisés au cours de la phase d'exécution. Juger un projet de création, sur la base de documents encore très sommaires, est pour l'annonceur une tâche difficile.

- Il faut juger *l'idée* (y a-t-il une idée créative ?) et non pas le degré de finalisation du message. Or, on est toujours favorablement impressionné par le projet dont l'exécution est la plus soignée.
- Il faut juger *la campagne* qui peut naître du projet étudié et pas simplement un message en lui-même. Quelle peut être son évolution à terme ?
- Il faut juger *les propositions créatives* et non pas le présentateur. Les publicitaires sont souvent très forts pour vendre leurs idées.
- Il faut savoir *ménager les créatifs* et avoir toujours une attitude constructive, tout en sachant exprimer avec conviction son propre point de vue.
- Il faut *être ouvert aux idées des autres* et ne pas chercher à tout prix la confirmation de ses propres idées.

Bien que l'évaluation de la création comporte toujours, de la part de l'annonceur, une part importante de subjectivité, elle peut être facilitée et partiellement « objectivisée » par l'utilisation d'une « check-list » de critères d'évaluation. Ces critères peuvent être rangés en trois catégories :

- la conformité à la copy-stratégie ou à son équivalent ;
- les qualités de communication ;
- la « faisabilité » de la campagne.

Figure 8.7 **Les étapes de la création publicitaire**

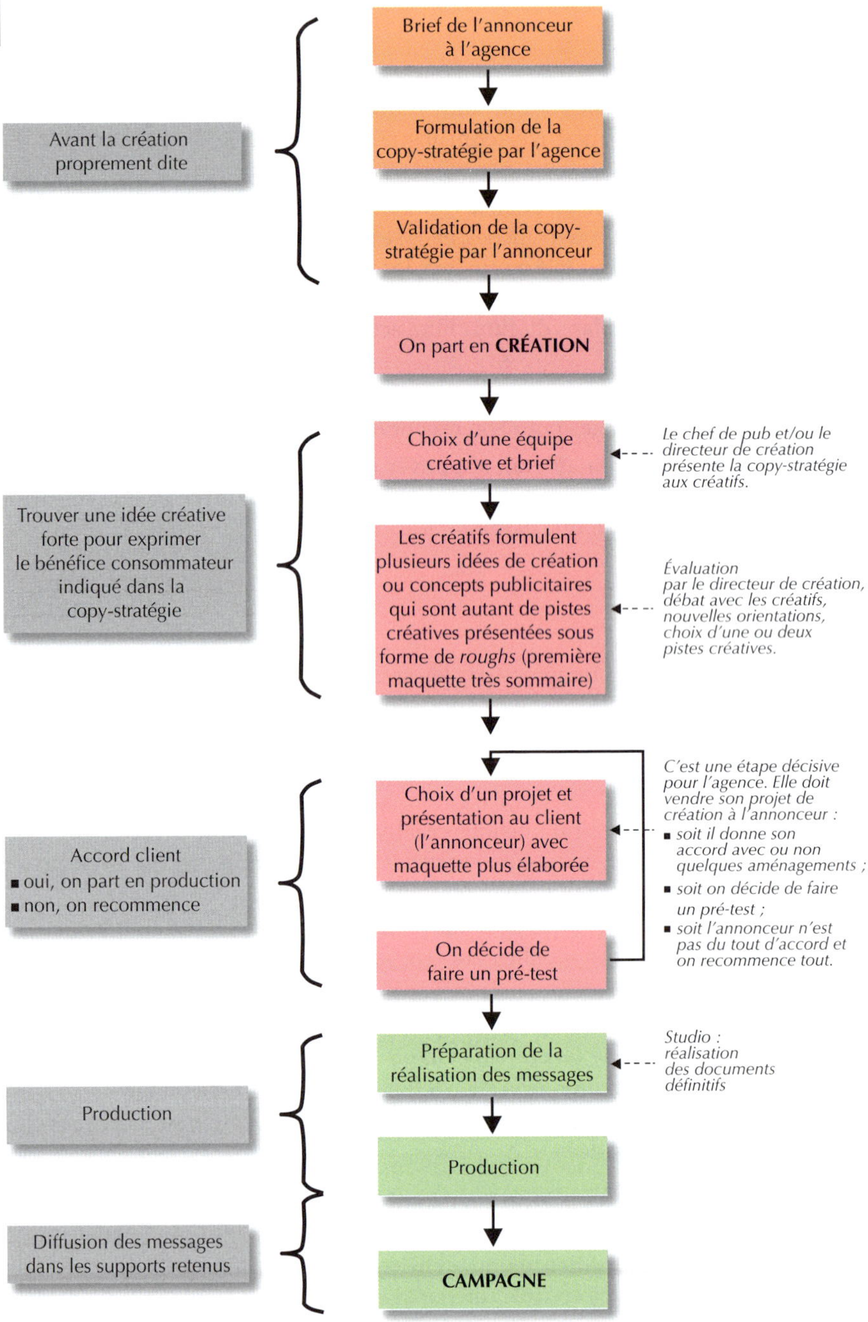

Entre le brief de l'annonceur et le lancement de la campagne, le projet comporte plusieurs étapes dont deux nécessitent le feu vert de l'annonceur : la validation de la stratégie de création et son accord sur un projet de message

FOCUS

Une grille de critères pour évaluer un message publicitaire

La conformité du message à la stratégie

- Est-il conforme à la promesse ?
- Est-il adapté à la cible ?
- Le ton est-il en accord avec la personnalité de la marque ?
- Le concept publicitaire est-il déclinable ?

Les qualités de communication

- Impact ou valeur d'attention
- Mémorisation
- Attribution à la marque
- Compréhension
- Agrément
- Crédibilité

La faisabilité de la campagne

- Faisabilité technique
- Respect du budget
- Respect des contraintes juridiques

Notons que ces critères ont été formulés pour l'évaluation d'un projet de message. Pour un message finalisé, on remplace la rubrique « faisabilité » par « qualité de l'exécution ».

1° La conformité à la stratégie

- *Quel est le message central*, exprimé en une seule phrase courte, que le destinataire de la campagne percevra et retiendra en regardant ou en écoutant l'annonce ?
- *Ce message est-il adapté à la cible ?* En regardant ou en écoutant l'annonce, les destinataires comprendront-ils bien ce qu'on a voulu leur dire et pas autre chose ? Le ton, les visuels, les mots sont-ils adaptés à leur culture, à leurs principes moraux ? Faudra-t-il pré-tester ce message[1] ?
- *Déclinaison ?* Le concept publicitaire proposé est-il susceptible d'être décliné dans d'autres médias, dans des campagnes futures et dans des formes de communication autres que publicitaires. Les grandes idées sont polyvalentes et ne s'usent pas au premier emploi.

1. Les pré-tests publicitaires sont traités à la suite.

2° Les qualités de communication

- *La valeur d'attention ou l'« impact »* : la publicité sera-t-elle vue ? Émergera-t-elle dans le brouhaha publicitaire ? Qu'est ce qui arrête l'attention ? Est-ce l'accroche qui donne du sens au message ou est-elle simplement posée à côté du message ?
- *L'attribution à la marque* : la marque sera-t-elle associée à la publicité ? Un très grand nombre de campagnes sont bien mémorisées, mais on ne se souvient plus des marques qui les ont faites ou bien on les attribue à une autre marque, c'est-à-dire à un concurrent ! L'attribution à la marque est donc un critère d'évaluation de première importance.
- *La crédibilité* : la publicité sera-t-elle acceptée ? Les consommateurs, les jeunes en particulier, ont une culture publicitaire qui leur permet de décoder les intentions et les ressorts de la création publicitaire. Une publicité crédible ne se cantonne pas strictement à la vérité : c'est une publicité qui s'annonce comme telle et qui ne cherche pas à tromper son monde par quelque procédé jugé retors par la cible. On peut très bien se targuer de performances « délirantes » et être accepté parce qu'on joue l'humour et la connivence. Les consommateurs connaissent bien aujourd'hui les codes de la publicité.

> **Notre conseil**
>
> *Il ne suffit pas de grossir le logo pour que le message soit mieux attribué à la marque ! Un nom de marque et un logo, même petits peuvent être très efficaces si tout le message converge vers eux. Trop souvent, marque et logo sont posés à côté du message.*

c) Les pré-tests publicitaires

Pour appuyer ou valider leur jugement personnel sur la qualité d'une annonce publicitaire, les responsables marketing de l'annonceur peuvent la soumettre à un *pré-test publicitaire*. Certains grands annonceurs, comme Procter & Gamble, Nestlé ou Danone, se font même une règle stricte de ne pas lancer une campagne publicitaire télévisée sans l'avoir pré-testée. Pourtant, la plupart des campagnes ne le sont pas, soit parce qu'on manque de temps, soit parce qu'on n'a pas d'inquiétude particulière, soit, et c'est plus grave, parce qu'on craint que le pré-test ne soulève des questions trop délicates. Quand on fait un pré-test, c'est souvent dans la hâte en demandant de trancher un différend entre l'annonceur et son agence.

Généralement, une annonce est pré-testée sous sa forme embryonnaire (par exemple, un *storyboard* ou un « animatics[1] »). *Du point de vue économique, on a intérêt à tester une annonce à un stade précoce puisque, si les résultats sont négatifs, on la modifiera avant d'engager des frais d'exécution. Mais la validité des résultats d'un pré-test est d'autant plus grande que le document testé est proche de la version finalisée de l'annonce.*

> **Notre conseil**
>
> *Un pré-test publicitaire n'est pas à classer dans les outils de mesure de l'efficacité de la publicité qui sont traités plus loin (voir section 5, les post-tests et les bilans de campagne). Il sert à contrôler que le sens perçu de la publicité ne s'écarte pas de celui qu'on a voulu lui donner.*

Le principe d'un pré-test publicitaire consiste :

- à exposer à l'annonce un échantillon (généralement très réduit) de personnes représentatives de la cible visée dans les conditions les plus réalistes possibles.
- à analyser leurs réactions.

1. Un « animatics » est une forme animée de *storyboard* qui cherche à se rapprocher un peu mieux du spot TV définitif. Les images du *storyboard* sont présentées en fondu-enchaîné avec parfois une bande son.

MINI CAS

Les meilleures campagnes dorment dans les tiroirs des annonceurs

C'est une boutade que l'on entend fréquemment dans les agences, déçues de voir un projet créatif refusé au profit d'un message qu'elles jugent beaucoup plus banal. Mais les annonceurs se doivent d'être réalistes. Ils doivent apprécier le risque pris avec une annonce qui peut choquer. Cela en vaut-il la peine ?

L'exemple suivant pour un service d'affacturage[1] montre qu'il n'est pas facile de trancher. Peut-on jouer avec un thème aussi sensible que les licenciements ? (Ces deux campagnes ont été réalisées par Agence Conseil Dialogues.)

Campagne refusée

Campagne acceptée

1. L'affacturage, ou *factoring*, est une technique de gestion financière par laquelle, dans le cadre d'un contrat, une société d'affacturage gère les comptes clients d'entreprises en acquérant leurs créances, en assurant le recouvrement pour son propre compte et en supportant les pertes éventuelles sur des débiteurs insolvables. Extrait de *Finance d'entreprise*, Pierre Vernimmen, 6e édition, p. 1037.

Les méthodes de pré-test sont nombreuses et variées. Elles peuvent être qualitatives (*focus groups* ou entretiens individuels en profondeur) ou quantitatives, sur un échantillon plus important de la cible. Elles sont assez fiables s'il s'agit de mesurer la *compréhension* d'une annonce, son *agrément* et son *attribution à la marque*[1].

SECTION 4

LA STRATÉGIE DES MOYENS PUBLICITAIRES : MÉDIAS, STRATÉGIE MÉDIAS ET MÉDIA-PLANNING

On compte six grands médias publicitaires : la télévision, la presse, Internet, l'affichage, la radio et le cinéma.

Il n'y a pas d'Europe des médias. Leur audience se cantonne aux limites géographiques de chaque pays, à l'exception des débordements frontaliers comme la télévision française vue en Belgique ou en Suisse. Il y a très peu de supports paneuropéens, souvent plus mondiaux que strictement européens. On peut citer quelques titres de la presse économique comme le *Financial Times, International Herald Tribune, The Economist,* etc., *et* quelques chaînes de télévision comme Eurosport, CNN, MTV.

Le poids des grands médias publicitaires varie beaucoup d'un pays à l'autre. Le marché français est équilibré avec la presse et la télévision à un niveau semblable. En revanche, la presse domine en Allemagne et en Grande Bretagne. La télévision prime en Italie et en Espagne.

Dans les pages qui suivent, on s'intéresse aux caractéristiques publicitaires de chaque média, en soulignant les spécificités françaises.

1 PANORAMA DES GRANDS MÉDIAS À USAGE PUBLICITAIRE

On trouvera dans la version en ligne du *Mercator,* dans les compléments à ce chapitre, de nombreux liens pour approfondir l'analyse des grands médias publicitaires.

a) La télévision

C'est le média le plus puissant. Présente dans 95 % des foyers, la télévision est vue, chaque jour, par 85 % des Français[2].

1. Voir une analyse approfondie des méthodes et techniques de pré-testing dans *Publicitor,* 7e édition, pp. 257 et suivantes.
2. Voir www.snptv.org

FOCUS

La télévision, média puissant des grands annonceurs

En 2011, la durée d'écoute pour les 4 ans et plus a été de 3 h 47 par jour, en hausse de 15 minutes sur l'année précédente, une augmentation qui s'explique par l'écoute de la télévision sur ordinateur, smartphones et maintenant sur tablettes.

- *L'audience et la durée d'écoute varient beaucoup selon l'âge et la CSP.* Les seniors regardent la télévision près d'une heure de plus par jour que la moyenne des Français, tandis que les CSP+ sont les moins assidus.
- *On observe de fortes variations d'audience en cours de journée,* avec deux pics au déjeuner (en province) et surtout au dîner (prime time de 20 heures). L'audience et la durée moyenne sont moindres en été (vingt minutes de moins par jour en juillet et août), mais ces variations saisonnières ont tendance à s'atténuer.
- *TF1 domine toujours en part d'audience* mais comme toutes les chaînes historiques de télévision, son audience s'érode alors que celle de la TNT progresse avec plus de 20 % de part d'audience.
- *Les meilleures audiences en 2011 :* finale de la coupe du monde rugby (France-Nouvelle Zélande) avec 15,3 millions de téléspectateurs ; interview de Dominique Strauss-Kahn le 18 septembre sur TF1 : 13,5 millions. À noter l'excellent score de la série *Mentalist* avec une moyenne de 9 millions de téléspectateurs.
- *L'encombrement publicitaire est très important* aux heures de grande audience mais il est limité en France par la réglementation.
- *Les tarifs publicitaires ne cessent d'augmenter* en raison d'une offre limitée de bons espaces.
- *La suppression partielle de la publicité sur les chaînes publiques* n'a pas eu immédiatement d'effet très positif sur les recettes publicitaires des chaînes privées.
- *Les formes de présence publicitaire sont variées.* Le format le plus utilisé est le spot[1], surtout le 20 secondes. On a également le sponsoring ou parrainage d'émission (comme le parrainage d'émissions météo), les droits d'asile (cadeaux avec des marques visibles dans les émissions de jeu), le placement produit[2] (produits apparaissant dans une émission).
- *La télévision est le média des annonceurs puissants* du secteur de la grande consommation. Moins de 1 000 annonceurs investissent chaque année en télévision. La télévision est le média dont le ticket d'entrée est le plus élevé en raison du coût de réalisation des spots et de l'achat d'espace. Une campagne à la télévision doit avoir un budget minimum de l'ordre du million d'euros.
- *La télévision est le média dont l'audience est la mieux connue* (panel Médiamètrie de foyers avec audimètres)[3].

1. On rappelle qu'en France, tout spot publicitaire doit recueillir l'avis du BVP avant sa diffusion.
2. Joël Brée, « Le placement de produit dans les films, une communication originale », *Décisions Marketing*, n° 8, 1996.
3. Voir, dans le chapitre 2, la mesure de l'audience de la télévision par audimètres (à la fin de la section 4 sur les panels).

b) La presse

C'est un ensemble très hétérogène, à tel point qu'il faudrait mieux parler de plusieurs médias : presse quotidienne, presse magazine, presse professionnelle, presse gratuite.

Figure 8.8 **Dépenses des annonceurs en publicité presse en France en 2011**

	Montant en milliards €	Évolution en % 2010-2011
Presse quotidienne	0,921	– 0,9
Quotidiens nationaux	*0,206*	*– 5*
Quotidiens régionaux	*0,715*	*+ 0,2*
Presse magazine	1,240	– 0,7
Presse gratuite	0,573	– 15
Presse professionnelle	0,339	– 2,5
Collectivités locales	0,193	– 1,3
Presse hebdomadaire régionale	0,078	– 1,1

Source : Irep-France Pub 2011.

Notons que la chute des recettes publicitaires de la PQN (presse quotidienne nationale) continue inexorablement. La baisse considérable des recettes publicitaires de la presse gratuite, fortement concurrencée par Internet, s'explique par la disparition en 2011 de *Paru Vendu* qui était le leader de la presse gratuite en France.

FOCUS

Les médias presse : une presse magazine en grande forme mais une presse quotidienne nationale en perte d'audience

- *La presse offre d'excellentes possibilités de ciblage.* C'est un média qui peut être très segmentant, par les opinions ou croyances (presse quotidienne nationale), par l'habitat et les lieux géographiques (presse quotidienne régionale), par les centres d'intérêt (presse magazine), par les secteurs économiques (presse professionnelle).
- *Les Français sont les plus gros lecteurs de magazines* en Europe. Mais ils lisent très peu la presse quotidienne.
- *Des liens très forts* entre la presse et ses lecteurs. C'est particulièrement vrai pour la presse quotidienne régionale et certains magazines.
- *La presse est le seul média qu'on peut « consommer » à sa guise,* n'importe quand, n'importe où, au rythme qu'on choisit.
- *Son audience est bien connue.* On mesure la diffusion payante et gratuite par le nombre d'exemplaires mis en circulation, nombre déclaré à Diffusion-Contrôle, ex-OJD. Le *taux de circulation* est le nombre moyen de lecteurs par exemplaire diffusé. Les *études d'audiences* se font par sondage sur de vastes échantillons. On mesure la *lecture dernière période* (LDP). C'est le nombre de lecteurs du numéro de la veille pour un quotidien, de la semaine précédente pour un hebdomadaire, etc. À noter que les audiences des titres sont très stables d'un numéro à l'autre.

1° La presse quotidienne

• *La PQN, presse quotidienne nationale*

Elle est très fragile : audiences en diminution constante, versions en ligne peu rémunératrices.

- Les audiences sont plus parisiennes que nationales, plus masculines que féminines.
- C'est une presse sélective par la catégorie socioprofessionnelle (ex : cadres), les opinions politiques (ex : *Le Figaro, Libération, L'Humanité*), un centre d'intérêt particulier comme le sport (ex : *L'Équipe*).
- La charge publicitaire est très variable selon les titres.
- L'équilibre financier est difficile : peu d'abonnements en France et recettes des petites annonces concurrencées par Internet.
- Le quotidien le plus diffusé est *Le Parisien/Aujourd'hui en France* avec 460 000 exemplaires/numéro (source : OJD 2011). Il est suivi par *Le Figaro* et *Le Monde* dont la diffusion est très proche : 330 000 exemplaires.

• *La PQR, presse quotidienne régionale*

- C'est un média puissant : une soixantaine de quotidiens régionaux ont, au total, une diffusion de six millions d'exemplaires par jour.
- Les recettes proviennent d'un double marché publicitaire : national et local.
- Par définition, la PQR a une grande sélectivité géographique.
- Les lecteurs sont très attachés à leur journal.
- Les tarifs publicitaires sont élevés.
- Les possibilités techniques (ex : quadrichromie) de la PQR sont en progrès mais restent limitées.
- *Ouest France* a la plus grande diffusion avec 750 000 exemplaires (OJD 2011).

2° La presse magazine[1]

- L'offre est très riche : plus de 2 500 titres, 400 nouveaux titres en cinq ans, une diffusion totale en augmentation de 60 % en vingt ans et permettant un ciblage précis par centres d'intérêt.
- L'audience est considérable. Selon les études de l'AEPM, la presse magazine a 49 millions de lecteurs en France. En moyenne, un lecteur de presse magazine lit près de 7 titres et chaque exemplaire est repris en main 3,5 fois.
- La presse magazine offre d'excellentes possibilités techniques : quadrichromie de qualité, encarts de documents, d'échantillons, etc.
- La charge publicitaire peut être très élevée.
- Une écrasante domination des magazines de télévision. Les 8 premiers titres, en diffusion payée OJD, sont des magazines de télévision. En tête, *TV Magazine* (5 748 000 ex en 2011) et *Version Fémina* (3 294 000 ex)[2], un supplément entre la presse féminine et la presse de télévision. Viennent ensuite *Télé Z* (1 481 000 ex) et 5 titres TV autour du million d'exemplaires[3].

1. Pour en savoir plus : www.pressemagazine.com
2. *TV Magazine* et *Version Fémina* sont des suppléments week-end de titres de presse nationale ou régionale.
3. Pour plus de détails, voir www.ojd.com et www.pressemagazine.com

c) L'affichage[1]

Appelé également publicité extérieure (de l'anglais *outdoor advertising*), l'affichage est le plus vieux des médias publicitaires, le seul à avoir une fonction uniquement publicitaire, le seul offert à tous, totalement gratuit.

L'affichage a une part du marché publicitaire beaucoup plus forte en France qu'ailleurs : environ 11 % des dépenses de publicité dans les grands médias contre 5 % en Allemagne, 7 % en Grande-Bretagne, 2 % en Italie.

FOCUS

L'affichage, média de masse par excellence

- *Une très grande variété de supports* qui permettent une grande souplesse d'utilisation. Le 4×3 (quatre mètres de largeur par trois mètres de hauteur) est le format le plus courant mais il en existe de nombreux autres comme l'affichage mobilier urbain, l'affichage transports (bus, métros, trains), l'affichage dans les parkings des grandes surfaces et sur les Caddies®, l'affichage lumineux, l'affichage mobile sur des camionnettes, les murs peints, etc.
- *Une forte répétition des messages en peu de temps*. L'affichage délivre rapidement un grand nombre de contacts et permet de construire rapidement de la notoriété.
- *Le média le plus exigeant pour la création.* Il communique surtout par l'image et il a très peu de temps pour le faire. Il est apprécié des (bons) créatifs qui savent qu'il ne pardonne pas la demi-mesure.
- *Le média de l'événement* par son caractère spectaculaire, sa vitesse de communication et la possibilité de choisir une couverture géographique très précise.
- *Il est très réglementé*. En France, il est interdit hors des agglomérations. Quand il est autorisé, il est soumis à une réglementation sévère pour limiter la pollution visuelle et ne pas créer de troubles du voisinage.
- *Sa principale faiblesse,* au plan publicitaire, tient à ce qu'on connaît mal son audience. Pendant longtemps, on n'a eu aucune donnée précise. Depuis 1991, l'Affimétrie, créée par trois grands afficheurs, étudie pour les agglomérations de plus de 100 000 habitants, les déplacements d'échantillons représentatifs afin d'estimer le potentiel de contact des principaux emplacements d'affichage. L'entreprise est difficile.

d) La radio[2]

Ce média a toujours été important en France. On compte plus de 1 100 stations de radio, plus de six récepteurs par foyer en moyenne et une couverture cumulée journalière de 83 % de la population française. La durée d'écoute par auditeur est stable (3 heures/jour). L'audience de la radio progresse. Au cours des vingt dernières années, elle a gagné neuf millions d'auditeurs.

1. En savoir plus : www.affimetrie.fr ; www.jcdecaux.fr ; www.clearchannel.fr ; www.metrobus.fr
2. En savoir plus : www.mediametrie.fr, rubrique Radio.

FOCUS

La radio, média de la distribution et de la promotion

- *Le média des actions ponctuelles et locales.* Les stations locales permettent une couverture géographique ciblée selon les zones de chalandises des magasins et une diffusion au moment approprié.
- *Le média de la réclame et de la notoriété.* : La radio permet de faire de la répétition avec une distribution rapide des contacts. Il y a peu de contraintes pour la production des messages radio et les frais techniques sont peu élevés.
- Une qualité de création souvent faible tandis que l'encombrement publicitaire est fort, le matin sur la route du bureau *(drive time)* et le vendredi, veille du jour d'emplettes.

e) Le cinéma[1]

C'est un média marginal par ses recettes publicitaires (1 % du total grands médias) mais exceptionnel par ses qualités de communication. L'audience du cinéma est quantitativement faible comparée à celle des autres grands médias. Elle est très typée urbains et jeunes mais au cours des dernières années, la part des seniors (50 ans et plus) a beaucoup progressé. Ils font aujourd'hui 25 % des entrées. À noter que 2011 a été l'année record de l'audience du cinéma en France, avec 38 millions de spectateurs.

FOCUS

Le cinéma : média marginal avec un impact exceptionnel

- *Une grande force de communication.* La dimension de l'image avec le grand écran, la qualité du son, la disponibilité du public conduisent à des taux de mémorisation de la publicité supérieurs à 50 %, alors que la moyenne n'est que de 15 % environ pour un spot de 30 secondes à la télévision.
- *La distribution des contacts est lente.* La répétition n'est pas le point fort du cinéma. Même les fans n'y vont pas tous les jours. On est donc très loin des scores d'exposition de la télévision, de la presse, de l'affichage ou de la radio.
- *Les entrées sont saisonnières.* Faible en été, l'audience reprend à la rentrée de septembre pour culminer à la période des fêtes de fin d'année.
- *Une bonne sélectivité géographique.* On peut construire un plan cinéma pratiquement salle par salle.
- *Les coûts pour mille ou coûts GRP[2] sont élevés.*

Sauf cas exceptionnel, on ne prend pas le cinéma comme média principal. Il est souvent utilisé comme média de complément de la télévision. On réutilise ainsi le film produit pour la télévision.

1. En savoir plus : www.mediametrie.fr, rubrique Cinéma.
2. Sur les notions de coût pour mille et GRP, voir le médiaplanning, pages suivantes.

f) Internet en tant que média publicitaire

La publicité en ligne[1] n'est qu'une facette de l'utilisation d'Internet à des fins marketing et ce n'en est pas la dimension majeure. Ceci dit, Internet s'est imposé rapidement comme un grand média publicitaire, au troisième ou au quatrième rang selon les pays et, bientôt, à la deuxième place, derrière la télévision, si l'on en croit les prévisions pour 2015. Les raisons de cet essor tiennent à la diffusion d'Internet dans toutes les couches de la population, au développement du haut débit qui permet une création vidéo de meilleure qualité, au « ticket » réduit des campagnes sur Internet, qui lui a permis de recruter de nouveaux annonceurs, et enfin à une innovation majeure, le *search,* étudié ci-après.

FOCUS

Internet, un média en forte progression qui évolue constamment dans ses formats et la mesure de son efficacité

- Deux types de publicité en ligne, d'abord concurrentes, aujourd'hui complémentaires : le *display* et le *search*.
- Un mode de publicité accessible aux petits annonceurs mais des budgets qui peuvent croître fortement.
- Une audience hyper fragmentée.
- Un média-planning très souple : moments d'exposition, nombre d'expositions, etc.
- Des méthodes de mesure de l'efficacité multiples mais critiquables.

1° Les deux formes principales de la publicité en ligne : le *display* et le *search*

Le *display* consiste à disposer des messages publicitaires là où se trouve la cible, dans des sites généralistes comme les grands portails pour faire de l'audience ou dans des sites thématiques pour toucher plus précisément une catégorie d'individus à partir de ses centres d'intérêt. Le *display* est la version en ligne de la publicité classique, avec des messages graphiques et vidéos.

1. Les statistiques des dépenses publicitaires varient selon la définition de la publicité en ligne. Certains ne prennent en compte que les bannières et formats associés, d'autres dont nous sommes, comptabilisent les bannières et les liens, d'autres enfin, adoptent une acception trop large en y ajoutant les budgets de e-mailing, de référencement naturel, d'affiliation, de marketing viral, etc. Les chiffres que l'on trouve sur les dépenses de publicité en ligne doivent donc être toujours interprétés en fonction des définitions retenues de l'e-publicité.
La plupart du temps, les dépenses publicitaires sur Internet sont données en brut. Ce sont des chiffres collectés auprès des régies qui correspondent au tarif avant négociation. Comme cette négociation peut être très importante (de l'ordre de 60 % et parfois plus), les dépenses en brut surestiment les dépenses réelles des annonceurs et le véritable poids d'Internet par rapport aux autres médias.

Le *search* (SEA ou *Search Engine Advertising*) est principalement de la publicité textuelle qui s'affiche dans les pages de résultats d'un moteur de recherche quand un internaute saisit une requête comprenant un mot-clé acheté par un annonceur. En France, le *search* est dominé à 90 % par Google et son programme Adwords.

Figure 8.9 **Les dépenses *display, search* et e-mail commercial en France en 2011**

	Milliards d'euros	Évolution 2010-2011
Total Internet	1,667	+ 10,6 %
dont Display	0,604	+ 14 %
Liens (search)	0,913	+ 10 %
E-mailing	0,150	+ 2 %

Source : Irep-France Pub 2011.

On a dit plus haut que nous ne considérons pas l'e-mailing commercial comme de la publicité mais les frontières sont de plus en plus floues. L'e-mailing commercial est étudié dans le marketing direct au chapitre 9 sur le hors-médias.

- *Le display*

Le *display*[1] a été la première forme de la publicité en ligne. Il reproduit les principes de la publicité traditionnelle dans les grands médias avec l'insertion de bandeaux publicitaires (bannières) dans les sites. La baisse rapide du taux de clic (moins de 1 %) et l'arrivée du search ont fait dire à certains que le display était appelé à se marginaliser. On constate, au contraire, un regain d'intérêt pour le display avec le développement de la vidéo et les progrès techniques qui améliorent les possibilités du *display*. Il est bien adapté à la communication de marque, aux campagnes de notoriété et au lancement de nouveaux produits. *Display* et *search* sont complémentaires.

Les formats du *display* sont variés et ils évoluent rapidement[2]. Les plus courants sont d'une part, la bannière interactive qui peut être animée et comporter de la vidéo et l'*instream video* qui progresse rapidement. C'est un spot publicitaire qui précède[3] une vidéo éditoriale. Le spot ne doit pas excéder 20 % de la durée de la vidéo. Pour l'instant, l'*instream video* donne de meilleurs taux de clic que la bannière, avec une moyenne de l'ordre de 2 % en France.

L'achat et la vente d'espace publicitaire s'organisent sur les principes de la publicité classique avec des régies, des agences médias spécialisées et des techniques propres à la publicité en ligne.

1. Pour plus de détails techniques, voir le texte de Bastien Faletto dans *Le Web marketing*, Thomas Faivre-Duboz, Raphaël Fétique et Antoine Lendrevie, Dunod, 2011.
2. Les formats du *display* sont répertoriés par Interactive Advertising Bureau (IAB). Voir www.iabfrance.com
3. Parfois, le spot publicitaire peut être placé pendant ou après la vidéo éditoriale.

Figure 8.10 **La vente et l'achat d'espace publicitaire en ligne**

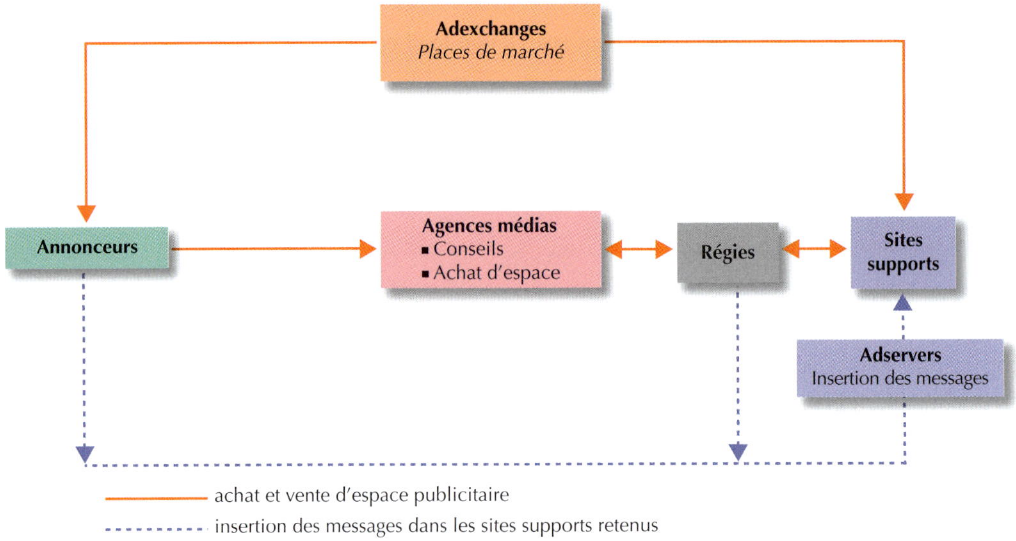

Les agences médias interactives conseillent les annonceurs pour élaborer leurs stratégies sur Internet. Elles achètent l'espace pour le compte des annonceurs à des régies externes ou directement aux sites quand ils sont assez importants pour avoir leur régie interne. Les régies externes commercialisent l'espace de plusieurs éditeurs de sites. Elles peuvent proposer des packs thématiques permettant d'insérer les messages dans plusieurs sites qui exploitent un même centre d'intérêt, par exemple l'automobile. Cela permet de s'adapter à l'hypersegmentation des audiences sur Internet en agrégeant l'audience de petits sites (*ad network* ou réseau publicitaire) qui, pris séparément, n'intéresseraient pas les annonceurs. Ces derniers achètent en aveugle, sans savoir précisément dans quels sites leurs messages seront affichés. Ils commandent un volume de clics sur un type d'audience plus ou moins homogène. En contrepartie, les tarifs sont réduits.

Les *adexchanges* sont des places de marché qui commencent à se développer. Elles mettent en directement en rapport les acheteurs et les vendeurs d'espaces publicitaires en ligne. Les acheteurs fixent un prix maximum, les vendeurs, un prix minimum.

Les *adservers* sont des logiciels de gestion et de gros équipements informatiques qui stockent les messages publicitaires et les délivrent sur les sites et les pages retenus, au moment choisi. *Les adservers* sont pilotés parfois par des gros annonceurs, plus souvent par les régies.

• *Le search*

La méthode inventée par To Go en 1997 (devenu ensuite Overture) a pris son essor à partir de 2004 avec Google et ses Adwords.

Les liens sponsorisés (on dit aussi liens commerciaux ou liens promotionnels) sont en forte progression. Ils intéressent les annonceurs pour plusieurs raisons :

- amélioration rapide du référencement ;
- trafic qualifié quand les mots clés sont bien choisis ;
- technique qui peut être maîtrisée en interne, chez les gros annonceurs ;
- souplesse des outils de pilotage, comme Google Adwords ;
- paiement au clic, c'est-à-dire au résultat ;

En revanche, le coût peut devenir rapidement considérable.

2° L'évaluation des résultats des campagnes en ligne

Jusqu'à ce jour, on s'est essentiellement intéressé à la mesure de l'efficacité suite à un clic, dite aussi « *post-clic* ».

Aujourd'hui, on commence à étudier l'efficacité des messages sans clic car un objet publicitaire qui n'a pas été cliqué, peut avoir un effet sur la notoriété et l'image de marque. C'est la mesure « *post-view* ».

Les mesures sur le clic se font sur des plusieurs critères dont l'intérêt est variable.

• *Clics*

Le nombre de clics et le taux de clic (sur une bannière par exemple) ne sont pas des indicateurs satisfaisants. Une bannière qui doit diriger les internautes vers un site marchand d'équipement ménager par exemple, peut avoir un taux de clic exceptionnel si on a mis une superbe pin-up. Le trafic, non qualifié, se détournera immédiatement du site marchand !

• *Impressions (synonyme : PAP, pages vues avec publicité)*

C'est le nombre de fois où un objet publicitaire est totalement téléchargé sur l'ensemble des postes connectés. Les impressions comptabilisent les occasions de contact avec la publicité. Impressions ou PAP correspondent à la notion d'ODV[1] transposée à Internet.

• *La part de voix (PdV)*

Par exemple, un site fait 1 000 PAP. Si un annonceur acquiert 10 % de « part de voix », il sera visible sur 100 PAP.

3° L'achat et la tarification de l'espace sur Internet

Ils peuvent se faire à l'impression ou à la performance[2].

Dans le premier cas, on parle de CPM ou coût pour mille impressions (CPMPAP). Cette méthode est analogue à celles qu'on pratique dans la publicité sur les médias classiques (TV, presse et radio).

1. Sur la notion d'Occasion de Voir (ODV), consulter le texte sur le média-planning, pages suivantes.
2. Certains petits sites spécialisés proposent une tarification à la période, par exemple un bandeau sur la page d'accueil pendant un mois pour un forfait de *x* euros.

Lorsque l'achat et la tarification se font à la performance, la régie fixe un forfait pour un nombre annoncé de clics ou d'actions (CPA, ou *Cost Per Action*). Par exemple, x abonnements à une newsletter. La régie poursuit la campagne jusqu'à ce que le forfait soit rempli. On est donc dans un mode de tarification au résultat, ce qui plaît aux annonceurs.

L'achat et la tarification des liens sont originaux et relativement complexes[1].

4° Intérêt et questions en suspens de la publicité en ligne

- Avec le CPC et le CPA, on s'intéresse à des comportements associés à la publicité. On mesure des contacts réels avec la publicité.
- On peut optimiser les campagnes en ligne pendant qu'elles se déroulent alors que les résultats des campagnes sur les médias classiques ne sont mesurés qu'après, quand c'est trop tard. Les résultats étant connus pratiquement en temps réel sur Internet, on peut modifier très rapidement une bannière, un mot-clé ou un lien.
- Le média-planning *en ligne* est très souple et précis. On peut choisir le moment de l'exposition (programmation automatique des bannières, par exemple à l'heure du déjeuner pour une chaîne de restaurants). On peut fixer le nombre d'expositions : technique dite du *capping*. Si on estime qu'un internaute ayant été exposé deux fois à une bannière et ne l'ayant pas cliquée, a très peu de chances de le faire lors de nouvelles expositions, on « cappe » la bannière à 2 sur 24 heures, et l'*adserver* ne l'affichera que deux fois par jour et par poste. On évite ainsi les surexpositions désagréables pour l'internaute et inefficaces pour l'annonceur.
- Géociblage : on peut maintenant cibler des zones géographiques précises.
- Le ciblage comportemental : on peut cibler des internautes en fonction de leurs actions passées, par exemple un vendeur d'assurances auto peut cibler des internautes qui se sont rendus récemment sur des pages de thématique auto.
- Les perspectives de la publicité en ligne accessible par mobile sont intéressantes mais sont encore largement à prouver.

Ces aspects innovants et positifs ne doivent pas faire oublier des difficultés non encore résolues comme la mesure de l'audience d'Internet (*user centric* et *site centric*[2]) qui n'est pas vraiment satisfaisante. Par ailleurs, la fraude au clic peut faire perdre toute crédibilité aux taux de clics constatés. Enfin, il faut tenir compte du désamour des internautes pour la publicité en ligne. Les enquêtes montrent qu'elle est jugée envahissante, agressive, banale et qu'elle est moins bien acceptée que la publicité classique. Les progrès techniques, la qualité croissante des animations et des vidéos devraient, demain, faire mieux accepter la publicité en ligne.

1. Voir www.google.com/adwords/learningcenter et *Publicitor*, 7e édition, pp. 329 et suivantes.
2. Ce sont deux méthodes différentes de la mesure de l'audience d'Internet qui ont chacune leurs avantages et leurs inconvénients. Comme leur nom le laisse supposer, la méthode *user centric* est centrée sur l'internaute (mesure de la fréquentation d'Internet à partir d'un panel d'internautes) tandis que la méthode *site centric* est centrée sur la mesure de la fréquentation des sites retenus dans l'étude.

2 La stratégie médias

Le choix d'un ou de plusieurs médias est la première étape d'une séquence qui en comprend quatre.

Figure 8.11

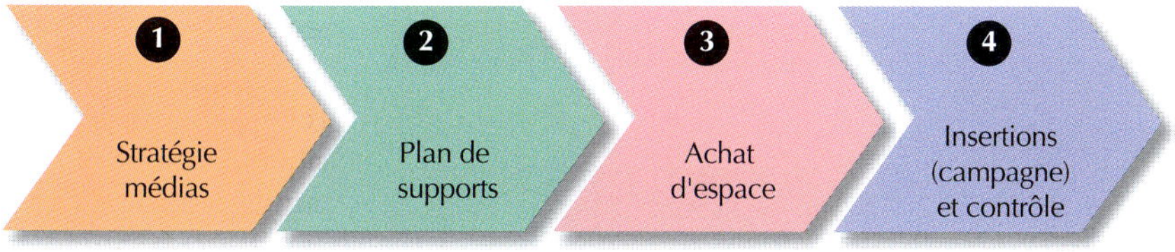

• *La première étape est la stratégie médias*

Elle consiste à choisir le ou les *médias* qui seront utilisés (télévision, presse, Internet, affichage, etc.), les *formats* qui seront retenus pour les messages (simple page ou double page de magazine, spot TV ou radio de 30, de 20 secondes, etc.), la ou les *périodes de l'année* pendant lesquelles chaque média sera utilisé.

• *La deuxième étape est l'élaboration du plan de supports (on dit souvent plan supports ou plan d'insertions)*

Au sein de chaque média retenu, on sélectionne les *supports spécifiques* qui seront utilisés (titres des journaux, chaînes de télévision, de radio, sites Internet, etc.). Dans les supports retenus, on définit les *emplacements à acheter* (horaires pour la télévision et la radio, lieux d'affichage, etc.) et le *calendrier des insertions* des messages.

• *La troisième étape est celle de l'achat d'espace par des spécialistes, le plus souvent des agences médias*

On négocie avec les supports afin d'obtenir des conditions avantageuses, des emplacements privilégiés, etc. Cette négociation exige un grand professionnalisme doublé d'opportunisme. Il faut savoir profiter d'un changement de la grille de programmation d'une chaîne de télévision, ou d'une disponibilité soudaine consécutive à l'annulation d'un ordre d'insertion d'un autre annonceur, ou encore d'un événement imprévu, comme l'accession d'un français dans les derniers tours de Roland-Garros, ce qui augmente considérablement l'audience de la chaîne qui retransmet le tournoi.

• *La quatrième étape consiste à contrôler la réalisation du plan d'insertions*

On vérifie que les insertions ont été conformes aux ordres d'achat. On mesure l'audience délivrée effectivement par les insertions, pour la comparer à l'audience achetée. Les annonceurs confient ce travail à des spécialistes.

a) Le choix du ou des médias

On commence par éliminer les médias qui ne conviennent pas pour une raison majeure.

Figure 8.12 **La démarche de la stratégie médias**

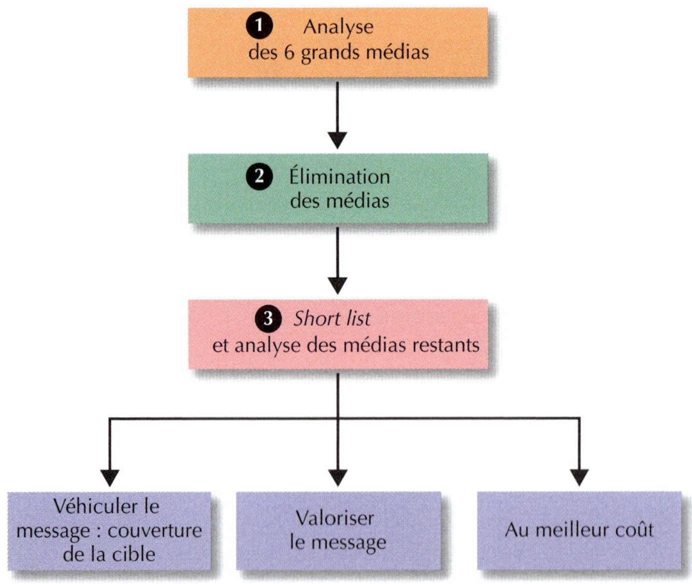

Exemple

- Pour une campagne faite pour un produit de grande consommation comme un potage en Tetra brik, on élimine le cinéma comme média principal pour des raisons évidentes de couverture insuffisante de la cible « ménagères ». On élimine la presse quotidienne parce qu'il faut un excellent rendu des couleurs pour que le produit soit appétissant. On élimine la radio parce qu'on veut que le packaging soit visualisé pour être reconnu sur les lieux de vente.

Après l'élimination des médias inadaptés, l'agence passe au crible les médias qui restent dans la *short list*.

Pour chaque média envisagé, on évalue plusieurs éléments.

1° La couverture de la cible

La couverture d'un média ou d'un support est le pourcentage de personnes appartenant à la cible qui fréquentent ce média ou ce support.

2° Son pouvoir de répétition

C'est la possibilité de toucher les personnes de la cible avec une fréquence déterminée, pendant une période donnée. Le pouvoir de répétition et la vitesse de distribution des contacts sont plus forts pour la radio et l'affichage que pour la presse mensuelle ou le cinéma.

3° Son aptitude à valoriser le message

Permet-il de montrer le produit, autorise-t-il la couleur, le mouvement, se prête-t-il à l'argumentation, à la démonstration, etc. ?

4° Son coût et son accessibilité (délais de réservation)

Le média retenu doit générer des contacts utiles au moindre coût. On compare les médias sur le coût au mille (CPM) et sur le coût GRP (C/GRP), des notions expliquées un peu plus loin. Les délais de réservation varient beaucoup selon les médias et les supports.

On peut acheter de l'espace à la radio pour une diffusion des messages publicitaires quelques jours après ; en revanche, il faut réserver plusieurs mois à l'avance un affichage Decaux ou un emplacement de qualité dans un grand magazine féminin.

5° Un seul média ou un mix-médias ?

Parfois, les annonceurs limitent leur choix à un seul média pour des raisons budgétaires mais aussi pour des raisons d'efficacité afin de ne pas disperser leurs moyens. Il est cependant souvent utile de compléter le média principal par un ou deux médias (dits médias secondaires ou médias d'accompagnement).

Exemples

- On peut retenir la télévision en média principal pour toucher une cible large, et le cinéma en média secondaire pour exercer une pression supplémentaire sur une cible jeune.
- On peut retenir l'affichage en média principal pour construire la notoriété d'un nouveau produit, et la presse magazine, en média secondaire, pour délivrer des informations plus précises sur ce produit.

b) Les autres décisions de la stratégie médias

1° Le choix des formats

Pour chacun des médias retenus, il faut décider le ou les formats qui seront utilisés. S'il s'agit de la télé, utilisera-t-on des spots de 8, 20 ou 30 secondes ? S'il s'agit de l'affichage, quel type de panneaux retiendra-t-on ? Ces choix sont liés à la création. Une idée créative peut avoir besoin pour s'exprimer pleinement d'une double page en presse magazine. Une autre idée se satisfera très bien d'une simple page.

On peut utiliser plusieurs formats dans un même média. Par exemple, on commence une campagne avec des spots de 30 secondes à la télévision puis on continue avec une version raccourcie du message avec des spots de 8 secondes ou de 15 secondes. Cela permet d'accroître la répétition à budget égal.

2° Les périodes de campagne

Une décision importante à prendre dans la stratégie médias concerne les périodes pendant lesquelles sera menée la campagne dans chaque média retenu. Ce choix dépend de plusieurs facteurs, tels que la saisonnalité des ventes et les dates habituelles des campagnes concurrentes.

Exemples

- Pour des produits comme le champagne et le foie gras, achetés en grandes quantités au moment des fêtes de fin d'année, les annonceurs concentrent leurs campagnes sur cette période. Comme tous les concurrents font la même chose, il faut démontrer qu'on peut émerger dans ce brouhaha publicitaire.
- Pour des produits consommés toute l'année et dont l'achat est impulsif, on a généralement intérêt à être publicitairement présent en permanence. Si les moyens financiers de l'annonceur ne le permettent pas, la publicité se fera en deux ou trois vagues dans l'année.

3 Le choix d'un plan de supports

Après avoir choisi un média ou un mix-médias, on sélectionne les supports qui véhiculeront la campagne jusqu'à la cible.

FOCUS

Qu'est-ce qu'un plan de supports ?

- Une combinaison de supports.
- Un nombre d'insertions défini pour chaque support.
- Une période dans l'année et un rythme d'insertion (calendrier des insertions).

a) Achat d'espace, audience totale, audience utile, taux de pénétration

Notre conseil

Pour évaluer différents supports, on ne doit tenir compte que de leurs audiences utiles. Attention ! Plus la définition de la cible de communication est laxiste, plus grandes sont les audiences dites utiles.

On dit qu'on achète de l'espace dans des supports ; en fait, on achète de l'audience. On achète toute l'audience du support dans lequel on insère un message publicitaire, mais seule l'audience qui correspond à la cible de communication doit être prise en compte par l'annonceur. C'est l'audience utile.

L'audience utile d'un support est la partie de son audience totale qui appartient à la cible de l'annonceur

Le taux de pénétration d'un support est le rapport de son audience utile à la cible totale.

Exemple

- Un annonceur a pour cible de communication les femmes de 25 à 34 ans, soit une population totale en France de 7 800 000 personnes. Il envisage d'insérer un message publicitaire dans un magazine de télévision X qui a 3 500 000 lecteurs (*audience totale*) dont 1 000 000 sont des femmes de 25 à 34 ans (*audience utile*).

  Une insertion dans X permet d'exposer 1 000 000/7 800 000 soit 12,8 % de la cible. On dit que le *taux de pénétration* du support X est de 12,8 %.

b) ODV et ODE

Un support comme un magazine ou une radio qui vend son audience de lecteurs ou d'auditeurs à un annonceur ne peut pas lui garantir que tous ses lecteurs ou tous ses auditeurs verront sa publicité. Ce sont des contacts potentiels avec une probabilité qui ne peut pas être connue à l'avance. C'est pourquoi, on dit qu'on vend et qu'on achète des occasions de voir (ODV) ou des occasions d'entendre (ODE) le message publicitaire.

Notre conseil

On ne doit jamais oublier qu'on n'achète pas des contacts certains avec le message publicitaire mais des contacts probables, sans que l'on puisse estimer précisément la probabilité de contact.

Exemple

- Dans l'exemple précédent, on s'intéressait à un magazine X avec 3 500 000 lecteurs dont 1 000 000 utiles (dans la cible). Ces individus vont être en contact avec le magazine X mais ne seront pas tous exposés à la publicité de cet annonceur. On peut simplement dire que le nombre d'ODV utiles est de 1 000 000 pour une insertion et que le nombre de contacts utiles avec la publicité de l'annonceur sera compris entre 0 000 et 1 000 000. Zéro si, par malheur, personne ne voit cette publicité dans ce magazine, un million si tous les lecteurs la voient.

Il faut donc faire en sorte que le taux de transformation des contacts avec le support en contacts réels avec le message soit le plus élevé possible. Ce taux dépend de l'emplacement du message[1] (on a plus de chances d'être vu en 4e de couverture), du format du message (une double page est évidemment plus vue qu'un quart de page), de la qualité de l'accroche publicitaire, etc.

c) Couverture et répétition

On évalue les performances d'un plan de supports sur le taux de couverture de la cible, le taux de répétition du message et le coût des ODV utiles (coût pour mille utiles et coût au GRP).

1° Couverture

La couverture brute de la cible (le plus souvent, on dit simplement couverture) est le pourcentage de la cible qui est touché une fois ou plus par le plan de supports envisagé.

C'est le taux de couverture à une ODV et plus que l'on note C 1 +. Pour un plan d'insertions donné, on calcule la couverture à une ODV et plus, à deux ODV et plus, à n ODV et plus.

2° Répétition

Le taux de répétition moyen est obtenu en divisant la somme des ODV délivrées par le plan par le nombre d'individus différents exposés au moins une fois.

1. Les meilleurs emplacements sont dits espaces privilégiés et ils sont vendus plus cher.

Exemple

- Total des ODV obtenues par l'ensemble des insertions dans les supports du plan : 3 000 000

  Nombre de personnes différentes qui composent les audiences des supports du plan (une même personne peut lire plusieurs titres de presse retenus dans le plan, écouter plusieurs chaînes de radio, etc.) : 500 000

  Taux de répétition moyen : 3 000 000/ 500 000 = 6.

  Certaines personnes peuvent avoir été exposées quinze fois ; d'autres deux fois. Il est donc tout à fait indiqué de ne pas se satisfaire d'une répétition moyenne et de calculer la distribution des ODV sur les personnes touchées.

  Calcul de la couverture, de la répétition moyenne et de la distribution des ODV pour ce plan de supports. On a par exemple, les chiffres suivants :

Part de la cible exposée au moins une fois	85 %
Taux de répétition moyen	4,8 %
0 ODV (part de la cible non exposée)	15 %
1 ODV (part de la cible exposée une fois)	40 %
2 ODV	24 %
3 ODV et plus	21 %

On a l'habitude de calculer la couverture à n ODV et plus. Dans cet exemple, la couverture à 1 ODV et plus est de 85 %. Cela s'écrit C1+ = 85 %. De la même façon, on a C2+ = 45 % et C3+ = 21 %

3° Arbitrage entre la couverture et la répétition

On se fixe des objectifs en termes de couverture et de répétition. Par exemple, on attend du plan de supports qu'il donne au moins 80 % de couverture (brute) et une répétition (moyenne) de sept.

Si on dépense beaucoup d'argent pour faire de la couverture, on en aura moins pour faire de la répétition et vice versa. Il faut donc arbitrer entre couverture (*reach*[1]) et répétition (*frequency*). Si on privilégie la couverture, on insère le message dans des supports ayant beaucoup d'audience utile et ayant le moins possible d'audience commune (faible duplication des supports pris deux à deux). Si on privilégie la répétition, on insère de nombreuses fois le message dans le même support ou dans des supports dont les audiences sont communes en grande partie (forte duplication entre les supports).

d) GRP : un indicateur de pression publicitaire, rudimentaire mais fort utilisé

GRP sont les initiales de *Gross Rating Point* mais on dit toujours GRP. On calcule le nombre GRP d'un plan de supports en faisant la somme des taux de pénétration (de la cible) de chaque insertion prévue dans le plan.

1. Le terme anglais *reach* est souvent utilisé par les professionnels en France au lieu de couverture.

Exemple

- Soit une cible dite « ménagères » de 35 à 50 ans pour une campagne de lancement d'une nouvelle machine à coudre. L'analyse de l'audience d'un magazine X (de type *Femme Actuelle*) montre qu'une insertion dans ce magazine donne un taux de pénétration de la cible de 25 %. Chaque point de pénétration donne 1 point GRP, par convention1. On cumule les GRP au fur et à mesure des insertions. Si on a un plan comprenant plusieurs supports, on cumule les points GRP obtenus par chaque insertion dans chaque support.

Magazine X	
1 insertion semaine 1	GRP = 25
+ 1 insertion semaine 2	GRP total = 50
+ 1 insertion semaine 3	GRP total = 75
+ 1 insertion semaine 4	GRP total = 100, etc.

On étudie l'audience d'un support Y de type *Modes & Travaux* et on découvre qu'une insertion dans cette revue donne un taux de pénétration de 100 % (GRP = 100).

La campagne dans le magazine *X* donne un taux de couverture de 25 % et une répétition moyenne de 4.

Avec le même GRP, la campagne dans *Modes & Travaux* donne un taux de couverture de 100 % et une répétition moyenne de 1.

Le total GRP est le produit de la couverture (à une ODV et plus) par la répétition moyenne.

Bien qu'il soit très largement utilisé, le GRP n'est qu'un indicateur grossier de la pression publicitaire. En effet, un même GRP peut être obtenu à partir de stratégies très différentes de couverture et de répétition.

On évitera d'additionner ou de comparer entre eux des GRP provenant de médias différents (presse, télévision, affichage, radio, etc.), ou de formats d'annonces différents (une double page couleur et un quart de page noir et blanc, ou un spot télé de 8 secondes et un spot de 30 secondes), qui n'ont évidemment pas le même impact.

Notre conseil

Lorsqu'on a une évaluation GRP, il faut demander à l'agence la valeur des termes (couverture et répétition) qui produisent le total GRP.

e) CPM utile et C/GRP

Le coût des différents supports éligibles à un plan est un critère d'évaluation majeur. On compare ces supports sur le coût des ODV utiles qu'ils fournissent (c'est-à-dire des ODV dans la cible) en calculant le coût pour mille ODV utiles que l'on appelle CPM utile.

1. On considère que l'audience est stable d'un numéro à l'autre.

Exemple

- On envisage une insertion, format pleine page, dans un magazine dont l'audience totale est de 820 000 lecteurs et l'audience utile de 240 000 lecteurs. Le coût d'insertion est de 12 500 €.

  Le coût pour mille est : CPM = 12 500 / 820 000 × 1 000 = 15,20 €

  Le CPM utile est égal à : 12 500 / 240 000 × 1 000 = 52 €

On utilise également le coût pour 1 point de GRP (c'est-à-dire pour 1 % de pénétration de la cible) que l'on note C/GRP.

Exemple

- Le tarif d'un spot de 30 secondes (c'est le format de base que l'on retient pour calculer un coût GRP) est de 6 200 € pour un écran donné.
  - Le GRP sur une cible de 25 à 49 ans est de 7,2
  - C/GRP = 6 200/7,2 = 861 €

f) Les informations qualitatives sur les supports

Les indicateurs quantitatifs des performances d'un plan de supports (taux de couverture, taux de répétition, GRP, CPM utiles) sont complétés par des données qualitatives comme :

- Le contexte rédactionnel du support étudié. Il doit être cohérent avec la marque, ses produits et leur positionnement.
- L'image du support auprès du public et des distributeurs.
- Le contexte publicitaire : encombrement publicitaire du support, présence ou non de publicités concurrentes.
- Les caractéristiques techniques : la qualité du papier et de l'impression pour un support écrit, le confort d'écoute pour une radio, l'entretien des supports d'affichage, l'existence de services proposés par le support (encarts, réceptions d'appels, etc.).

g) La démarche de génération de plans de supports et le choix d'un plan

À partir du brief média qui doit donner des indications précises sur le budget disponible, la cible publicitaire, les objectifs de couverture et de répétition, la stratégie de création, les actions hors-médias envisagées, etc., le média-planner établit une première liste de supports éligibles, à partir de l'expérience qu'il a du marché visé et de sa connaissance des audiences des différents supports possibles.

Pour construire et évaluer une combinaison de supports, le média-planner commence par « noter » chacun des supports envisagés sur trois échelles.

1° L'échelle de puissance

C'est l'ordre dans lequel se classent les supports du point de vue de leur audience utile et donc de leur taux de couverture de la cible visée.

2° L'échelle d'économie

On classe les supports du moins coûteux au plus coûteux par mille ODV ou ODE utiles.

3° L'échelle d'affinité

Elle mesure la proximité entre l'audience de chaque support et la cible publicitaire. L'affinité est maximum si l'audience du support coïncide exactement avec la cible, c'est-à-dire si toute son audience est utile.

Le média-planner sélectionne les supports pour atteindre, au meilleur coût, les objectifs de couverture et de répétition. Par exemple, pour augmenter le taux de couverture de la cible, il acceptera de prendre des supports moins économiques mais plus puissants.

Les combinaisons de supports établies « à la main » par le média-planner sont ensuite affinées en utilisant de puissants logiciels spécialisés. Ils permettent d'évaluer de très nombreuses combinaisons de supports avec des hypothèses différentes sur le nombre d'insertions par support et sur le rythme des insertions.

SECTION 5

LA MESURE DE L'EFFICACITÉ DE LA PUBLICITÉ

Un industriel américain, John Wanamaker, disait, il y a plus d'un siècle : « Je sais que la moitié de l'argent que je dépense en publicité est gaspillée mais je ne sais pas quelle moitié ». Aujourd'hui, bon nombre d'annonceurs reprennent cette formule à leur compte mais c'est devenu une contre vérité. On a fait beaucoup de progrès dans ce domaine. Certes, la mesure n'est pas parfaite mais on n'a pas besoin d'une précision absolue. Ce qui importe est de mesurer systématiquement l'efficacité de chaque campagne avec les mêmes méthodes. On se constitue ainsi une banque de données qui permet d'évaluer, sur les mêmes critères, les performances, campagne après campagne.

Le problème fondamental de la mesure de l'efficacité de la publicité est qu'elle se fait après les campagnes, quand les dés sont jetés[1]. Elle répond à trois questions de l'annonceur :

1. L'argent de la campagne a-t-il été dépensé de façon efficace ?
2. En conséquence, l'agence et le service marketing de l'annonceur ont-ils bien fait leur travail ?
3. Que nous apprend le fonctionnement de cette campagne qui puisse nous aider à faire mieux pour les campagnes suivantes ? C'est l'aspect pédagogique de la mesure de l'efficacité de la publicité. C'est le plus important mais il est souvent négligé.

La mesure de l'efficacité de la publicité peut se faire à trois niveaux selon qu'on s'interroge sur le fonctionnement de la publicité, sur l'effet sur la marque ou sur l'effet sur les ventes[2].

1. Exception faite de la publicité en ligne. On peut suivre les résultats des campagnes on line au fur et à mesure de leur déroulement et, ainsi, les optimiser en temps réel.
2. Cette section reprend de nombreux points développés dans le chapitre de *Publicitor*, 7e édition, consacré à la mesure de l'efficacité de la publicité. Ce chapitre a été écrit par Françoise Derderian et Martine Picard de l'agence BETC Euro RSCG. On s'y reportera pour une analyse plus complète du sujet.

- Les mesures *centrées sur le fonctionnement de la publicité* : post-tests et bilans de campagne. Originellement conçus pour n'évaluer que l'impact de la création mesuré par le souvenir de la publicité, les post-tests se sont enrichis pour mieux comprendre le fonctionnement (ou les dysfonctionnements) de la création, des médias et de leur capacité à transmettre la stratégie.
- Les mesures *centrées sur la marque*. Quel est l'effet de la publicité sur la notoriété et l'image de la marque ? Pour ce faire, on utilise des baromètres et le tracking qui permet un suivi « permanent » de la position de la marque.
- Les mesures *centrées sur les ventes* : ventes avant/après campagne, modèles économétriques, marchés tests.

Ces trois niveaux sont *complémentaires*. Le mieux serait évidemment de mettre en œuvre tous ces outils. C'est ce que font de grands annonceurs. Les autres se contentent souvent du premier niveau. Ils financent des post-tests et se focalisent sur l'évolution des ventes avant/après la campagne mais sans être généralement en mesure d'identifier clairement ce qui est attribuable à la seule publicité et ce qui est dû à de nombreux autres facteurs comme les actions de la concurrence, la distribution ou des facteurs environnementaux.

1 Les mesures de l'efficacité de la publicité centrées sur le fonctionnement de la publicité : post-tests et bilans de campagnes

a) Les post-tests

Ce sont des études syndiquées (collectives) qui doivent être réalisées dans la semaine qui suit la fin d'une vague publicitaire[1].

Des cabinets comme Ipsos ou Sofres proposent des enquêtes faites pour plusieurs marques en simultané. Avantage : le coût est réduit. Inconvénients : on travaille généralement sur un échantillon national représentatif de la population de 15 à 60 ans : 5 à 600 personnes pour un post-test sur la TV, 250 à 300 personnes pour des campagnes sur un média autre que la TV (presse, affichage et radio). Ces échantillons ne sont donc pas spécifiques à la cible de chaque marque dont on étudie l'efficacité de la publicité. La taille et la nature de l'échantillon font qu'on ne peut pas toujours analyser les données du post-test par segments ou sous-cibles de la marque.

Les scores d'efficacité mesurés en post-testing sont les scores d'impact, d'une part, et les scores d'agrément et d'incitation à l'achat, d'autre part.

• *Les scores d'impact (souvenir)*

Ils mesurent la trace mémorielle de la campagne et son attribution à la marque. Ils peuvent avoir une formulation différente selon le média utilisé dans la campagne.

1. Vague : période d'une campagne de publicité. Par exemple, une campagne peut se faire en deux temps : une vague de trois semaines au début de l'automne et une vague de deux semaines au printemps.

Pour la TV, on mesure :

- *Le score brut* : pourcentage d'interviewés déclarant avoir vu de la publicité pour la catégorie de la marque et avoir vu une publicité de la marque étudiée ; le score brut résulte des réponses à deux questions (exemple : « Avez-vous vu, au cours du dernier mois, de la publicité pour des marques d'automobiles ? Si oui, pour quelles marques ? »).
- *Le score spécifique* : pourcentage d'interviewés capables de restituer au moins un élément spécifique du message ne pouvant être associé qu'à cette publicité (par exemple, si on post-teste une campagne du Cetelem mettant en scène Michelle Laroque, ceux qui se souviennent spontanément d'elle, sont comptés dans le score prouvé, pas ceux qui disent avoir vu le petit bonhomme vert Crédito qui accompagne la plupart des publicités de Cetelem[1]).
- *Le score incorrect* : pourcentage d'interviewés restituant des éléments n'appartenant pas au film testé.
- *Le score de reconnaissance* : on expose l'échantillon au spot étudié. C'est le pourcentage de ceux qui déclarent reconnaître cette publicité.

Pour la presse, l'affichage et la radio, on montre la publicité « caviardée ». On masque la marque et ce qui l'identifie comme un logo ou un symbole visuel. On « bipe » la marque dans les messages radio. On peut alors mesurer :

- *Le score de reconnaissance* : pourcentage de ceux qui disent reconnaître la publicité.
- *Le score d'attribution* : part des interviewés attribuant la publicité à la marque masquée.
- *Le score de confusion* : part des interviewés attribuant la publicité à une marque autre que la marque masquée.

On suivra particulièrement le score d'attribution, de très nombreuses campagnes étant déficientes sur ce point. Une non-attribution ou une attribution erronée proviennent souvent d'un défaut majeur de conception du message, défaut qui devrait avoir été identifié avant la campagne.

• Les scores d'agrément et d'incitation à l'achat

- *Le score d'agrément* : les interviewés ont-ils aimé (beaucoup, assez) la campagne ?
- *Le score dit de désagrément* : part de ceux qui répondent qu'ils ont « peu aimé », ou « pas du tout aimé ».
- *Le score d'incitation à l'achat* : la publicité vous donne-t-elle envie d'acheter le produit ?

On doit interpréter ce dernier score avec prudence car il y a souvent loin de la parole aux actes.

• Les écarts sur normes

Les cabinets spécialisés réalisent de nombreux post-tests. Ils constituent des banques de données et définissent des normes (ou standards) qui sont des moyennes pour chaque score et pour une catégorie de produits donnée. On compare chaque score

1. Certains instituts appellent score prouvé le score spécifique. Pour les autres, le score prouvé a un autre sens. Voir *Publicitor*, 7e édition, p. 361.

obtenu par une publicité à la « norme » du score. Cette analyse doit être nuancée, ce qui n'est pas toujours le cas car les annonceurs ont tendance à surestimer « l'autorité » des normes.

b) Les bilans de campagne

Ce sont des études *ad hoc* faites pour étudier la publicité d'une marque et non pas des études collectives.

- L'échantillon est *représentatif de la cible* de la marque.
- *Le coût est plus élevé* que les post-tests syndiqués.
- Les banques de données sont *moins importantes mais spécifiques à la marque.*
- On évalue le travail de la publicité sur *la notoriété et l'image de la marque.*
- *On étudie plus en profondeur le fonctionnement de la publicité* au lieu de se limiter au seul souvenir de la publicité. Au-delà de l'impact de la création, on fait par exemple, un bilan médias reconstituant les performances réelles de l'espace qui a été acheté et les comparant aux performances anticipées avant la campagne.

Les post-tests s'étant progressivement enrichis, la distinction entre post-test et bilan de campagne a tendance à s'amenuiser.

2 Les mesures de l'efficacité de la publicité centrées sur la notoriété et l'image de la marque

Les baromètres sont des études par sondage, des photographies prises à intervalles réguliers, auprès de la même population et avec le même questionnaire, dont l'objectif est de suivre dans le temps la situation de la marque et de ses principaux concurrents, sur les items notoriété et image.

On appelle « tracking » des études en continu, ou presque. On fait par exemple des interviews chaque semaine. Le tracking est une méthode coûteuse que peuvent s'offrir quelques grands annonceurs, d'autant plus coûteux que réunir autant de données n'a de sens que si on se donne la peine et les moyens de les comparer aux résultats de la concurrence et de dégager les variables explicatives (publicité et autres facteurs) de l'évolution de la notoriété et de l'image de la marque.

3 Les mesures de l'efficacité centrées sur les ventes

a) L'analyse des ventes avant/après campagne

C'est un indicateur apparemment simple, en réalité complexe à déchiffrer. Simple s'il est démontré que pendant la campagne, il n'y a pas eu d'effet majeur de facteurs autres que la publicité : promotion de la marque ou des concurrents, évolution de la diffusion du produit (DN/DV), événement climatique, social, politique perturbant le marché, etc. Sinon, on se lancera dans une analyse multivariée qui peut être compliquée.

b) La modélisation (pour mémoire)

Si on dispose d'une banque de données très importante et pertinente sur les variables explicatives de l'efficacité de la publicité, on peut établir un modèle économétrique qui permettra de prédire (de façon plus ou moins exacte) l'efficacité de la publicité (*output*) selon l'*input* publicitaire : variantes budgétaires x, y, z, nombre d'insertions, etc. Ces modèles, rares et propres à certaines marques qui ne les diffusent pas, ne portent évidemment que sur la dimension quantitative de la publicité, pas sur l'aspect qualitatif. La création échappera pour longtemps encore à toute tentative sérieuse de modélisation.

c) La source unique : marchés tests et mesure de l'efficacité de la publicité

On a présenté dans le chapitre 2 la méthode dite de la source unique ou single source. Ce sont des panels de consommateurs et de distributeurs qui permettent d'organiser des marchés tests locaux et de mesurer l'effet des différentes variables marketing, dont la publicité. On peut dans ces zones tests diffuser des publicités à la télévision et mesurer leur effet sur les ventes de la zone. Voir le chapitre 2, section 4.

Ressources complémentaires

La boîte à outils du *Mercator*

- Outil n°15, La part de voix

Ressources numériques sur mercator.fr

- **L'essentiel : retenez les points-clés !**
  L'essentiel du chapitre 8
- **Quiz interactifs corrigés et commentés : testez vos connaissances !**
  Quiz chapitre 8 – Méthodes et techniques de la publicité
- **Pour aller plus loin**
  – Pour aller plus loin dans le chapitre 8 : une sélection de livres, de sites Internet et de blogs sur les enjeux de la publicité.
  – Débat proposé par les auteurs : « Faut-il encore croire à l'avenir de la publicité ? »

« Il était une… foi » Journées Mondiales de la Jeunesse, une communication évènementielle d'ampleur exceptionnelle

Les JMJ sont un évènement très fort, une communication interne à la communauté des jeunes catholiques du monde entier, une communication externe qui envoie un message hypermédiatisé à toute la planète.

Les JMJ[1] sont célébrées chaque année dans tous les diocèses du monde, le dimanche des rameaux et tous les deux ou trois ans, par un grand rassemblement international. Le dernier eut lieu en 2011 à Madrid ; le prochain se tiendra à Rio en 2013.

Concerts, expositions, pèlerinages, intermèdes festifs et moments d'intense recueillement, les JMJ sont des évènements hors du commun par leur continuité (depuis 1984), par le nombre de jeunes qu'elles rassemblent (record à Manille en 1995 avec 5 millions de participants), par leur écho médiatique et surtout parce que ce sont des évènements créés par les intéressés eux-mêmes. Des caractéristiques qui en font un modèle de communication évènementielle alors que bon nombre d'opérations menées par les entreprises sont ponctuelles, peu originales et ne mobilisent guère leurs publics internes. Il existe heureusement des exceptions !

1. Voir http://fr.wikipedia.org/wiki/Journées_mondiales_de_la_jeunesse

Chapitre 9

Le hors-médias

Comme son nom l'indique, le « hors-médias » se définit par défaut. Il comprend toutes les dépenses de communication autres que la publicité faite dans les grands médias.

Les techniques dites du « hors-médias » sont de nature variée : offres spéciales et temporaires (promotion des ventes), communication directe et individualisée (marketing direct), relations publiques, communication évènementielle, etc.

PLAN DU CHAPITRE

Section 1	Les dépenses hors-médias et leur évolution	514
Section 2	La promotion des ventes	519
Section 3	Le marketing direct off line et on line	534
Section 4	Les relations publiques, la communication évènementielle, le parrainage et les relations presse	553
Ressources complémentaires		561

SECTION 1

LES DÉPENSES HORS-MÉDIAS ET LEUR ÉVOLUTION

1 LES POSTES DU HORS-MÉDIAS ET L'ÉVOLUTION DES DÉPENSES

Le hors-médias est une panoplie d'outils dont l'intérêt est très variable selon les marchés et les stratégies des entreprises. Toutefois, au plan global, deux postes émergent nettement au niveau des budgets qui leur sont consacrés : le marketing direct et la promotion des ventes.

a) La distinction médias/hors-médias a une histoire

Elle a été introduite, il y a fort longtemps, par des entreprises américaines comme Procter & Gamble qui ont pris l'habitude de présenter leurs budgets de communication dans un tableau avec, en haut, les dépenses de publicité (médias) et en dessous les dépenses hors-médias. La ligne qui les sépare explique que l'on dénomme en anglais *Above the line* les dépenses médias et *Below the line* les dépenses hors-médias.

Au début du marketing de grande consommation, les moyens de communication se limitaient à la publicité dans les *mass media* et à la promotion des ventes. L'objet de ces deux techniques étant souvent complémentaires, la distinction médias/ hors-médias avait du sens. Aujourd'hui, elle n'en a plus guère en raison de la diversification croissante des outils du hors-médias mais, comme elle perdure dans les milieux professionnels, nous l'avons conservée.

b) Globalement, les dépenses hors-médias sont deux fois plus importantes que les dépenses médias (publicité)

Depuis une trentaine d'années, les dépenses hors-médias progressent plus vite que les dépenses de publicité. Aujourd'hui, le marketing direct est à lui seul presque aussi important que les dépenses de publicité dans les grands médias. On constate le même mouvement dans toutes les économies développées. On comprendra mieux les raisons de la progression du hors-médias dans les lignes qui suivent et qui décrivent l'usage que l'on fait de ces techniques.

Figure 9.1 **Les dépenses hors-médias off line et on line des annonceurs en France, en 2011 (en milliards d'euros, et en pourcentage des dépenses totales de communication)**

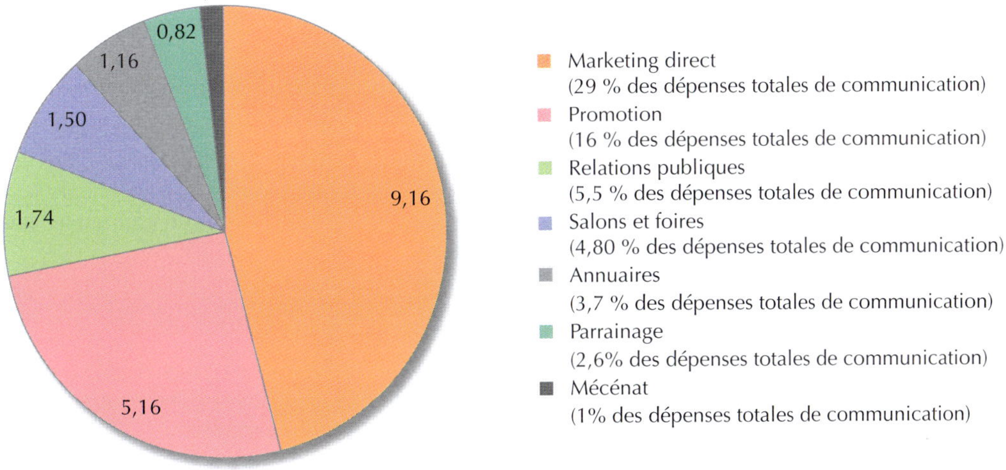

Source : Irep-France Pub, 2011.

FOCUS

Les rubriques du hors-médias

- *Marketing direct* : publipostage (conception, édition, routage...), distribution de prospectus ou ISA (« Imprimés Sans Adresse » distribués dans les boîtes aux lettres), marketing téléphonique, e-mailing commercial, numéros verts, etc.
- *Promotion des ventes* : promotions par le prix et par le produit, objets publicitaires, jeux (concours, loteries...), PLV (publicité sur lieu de vente), etc.
- *Relations publiques* : évènements, journées portes ouvertes, visites d'entreprises destinées à la clientèle, relations avec la presse et les milieux professionnels, loisirs offerts aux clients (voyages, spectacles...), etc.
- *Salons et foires* : expositions temporaires, importantes en communication B to B.
- *Parrainage* d'évènements notamment sportifs ou parrainages de personnes.
- *Mécénat* : fondations d'entreprises, contributions diverses soutenant des projets culturels, scientifiques ou humanitaires.
- *Annuaires et guides* : pages jaunes, pages blanches, annuaires électroniques professionnels, guides touristiques, édition off line et on line : catalogues et imprimés, plaquettes, journaux d'entreprises, lettres d'information destinées à la clientèle, vidéos publicitaires, etc.

2 Les usages de la communication hors-médias

a) Les principaux types d'objectifs de la communication hors-médias

1° Cibler précisément avec la possibilité de messages personnalisés

La communication hors-médias, notamment sous la forme du marketing direct et des relations publiques, se prête mieux que la publicité par *mass media* à des actions orientées vers des cibles particulières et restreintes, telles que les clients les plus importants, les publics de professionnels, les leaders d'opinion comme les journalistes, etc.

2° Stimuler les ventes par des offres spéciales temporaires

C'est le principal objet des opérations de promotion des ventes étudiées plus loin. Ces offres peuvent être véhiculées par le produit (comme les promotions dites *on pack*), sur les lieux de vente (PLV) ou par les grands médias.

3° Aller à la rencontre des consommateurs, au bon moment, au bon endroit, dans un contexte favorable

Les grands rendez-vous comme le *prime time* dans les grandes chaînes de télévision sont de plus en plus saturés de publicité. Les annonceurs cherchent de nouveaux moyens de communication. Les marques partent à la rencontre des consommateurs (*street marketing*) et cherchent à les étonner (communication évènementielle).

Exemples

- Pour le lancement d'un nouveau modèle, Jeep a quitté les showrooms de ses concessionnaires pour s'afficher dans la rue, en haut des gratte-ciel, ce qui est une belle démonstration des talents de grimpeur de ce 4 × 4.

- La Compagnie des Eaux de Denver a imaginé cette communication surprenante dans les jardins publics de la ville.

4° Créer et entretenir des relations de proximité et de sympathie pour enrichir le capital marque

Certaines formes de communication hors-médias comme les opérations de relations publiques, de sponsoring ou de mécénat peuvent ne pas avoir d'objectif commercial immédiat. Elles contribuent à réduire la *distance psychologique* entre l'entreprise et ses publics.

Exemples

- À côté de sa publicité médias massive, la marque de couches-culottes Pampers a mené une opération de patronage de crèches, intitulée « je crèche sympa », destinée à montrer l'intérêt qu'elle porte aux mamans.
- La Banque Populaire a sponsorisé le record du monde (Trophée Jules Vernes, tour du monde à la voile en équipage) établi en janvier 2012 par Bruno Peyron et son équipage en 45 jours, 13 heures et 42 minutes.

5° Soutenir et compléter le message publicitaire

Un quatrième objectif possible de la communication hors-médias est de soutenir et de *crédibiliser* le message central de la publicité médias en l'enrichissant. Certaines formes de communication hors-médias, en particulier les relations presse et les relations publiques, permettent en effet de délivrer des messages plus denses, plus détaillés et plus approfondis que la publicité qui, par nature, est « réductrice ».

Exemples

- Dans le cadre des colloques ou des congrès scientifiques qu'il patronne, un laboratoire pharmaceutique peut informer les médecins d'une manière plus complète qu'au travers des prospectus publicitaires ou des visites de délégués médicaux.
- Par sa Fondation, la marque Cartier ajoute à son image de luxe, véhiculée par la publicité, une dimension de raffinement artistique et de modernité.

6° Se substituer à la publicité médias lorsqu'elle est interdite ou très réglementée

Exemple

- L'une des raisons pour lesquelles Moët & Chandon sponsorise depuis des années les courses automobiles de Formule 1, en offrant notamment aux vainqueurs une bouteille de champagne avec laquelle ils aspergent le public devant les caméras de la télévision, est que la publicité est interdite aux boissons alcoolisées à la télévision dans plusieurs pays.

b) Le hors-médias, mode dominant de communication en B to B

Dans le marketing B to B (interentreprises), la communication fait surtout appel au hors-médias. Les cibles sont plus étroites et la communication ne peut généralement pas être réduite à quelques slogans ou visuels. On privilégie la communication interpersonnelle, ce qui explique que les modes de communication les plus employés sont les commerciaux (ou technico-commerciaux), le marketing direct pour envoyer des messages personnalisés et les relations publiques qui génèrent des contacts personnels dans les salons, foires et expositions, un mode de communication très répandu en B to B.

La publicité ne vient qu'ensuite avec l'usage de la presse professionnelle. Bien entendu, les modes de communication varient selon les secteurs professionnels et les politiques des entreprises. Ces points sont développés dans le chapitre 18 sur le marketing B to B.

c) Aujourd'hui le hors-médias se pratique beaucoup en ligne

On verra dans l'étude suivante des différentes techniques du hors-médias, l'importance prise par Internet : e-mailing commercial dans le marketing direct, promotions en ligne de toute nature (offres spéciales, jeux et concours…), édition électronique (sites de marques, annuaires en ligne…), évènementiel, parrainage, etc. Et lorsqu'une opération hors-médias est principalement conçue pour être off line (par exemple, le sponsoring sportif), elle s'accompagne très souvent d'une présence en ligne qui associe les internautes à l'évènement, bien souvent sous la forme de jeux concours comme les régates virtuelles où des milliers d'internautes s'affrontent parallèlement au déroulement de la Transat Jacques Vabre ou du Jules Vernes.

Tableau de bord à la disposition des skippers virtuels pour s'affronter dans la Solidaire du Chocolat, première course transatlantique de 2012

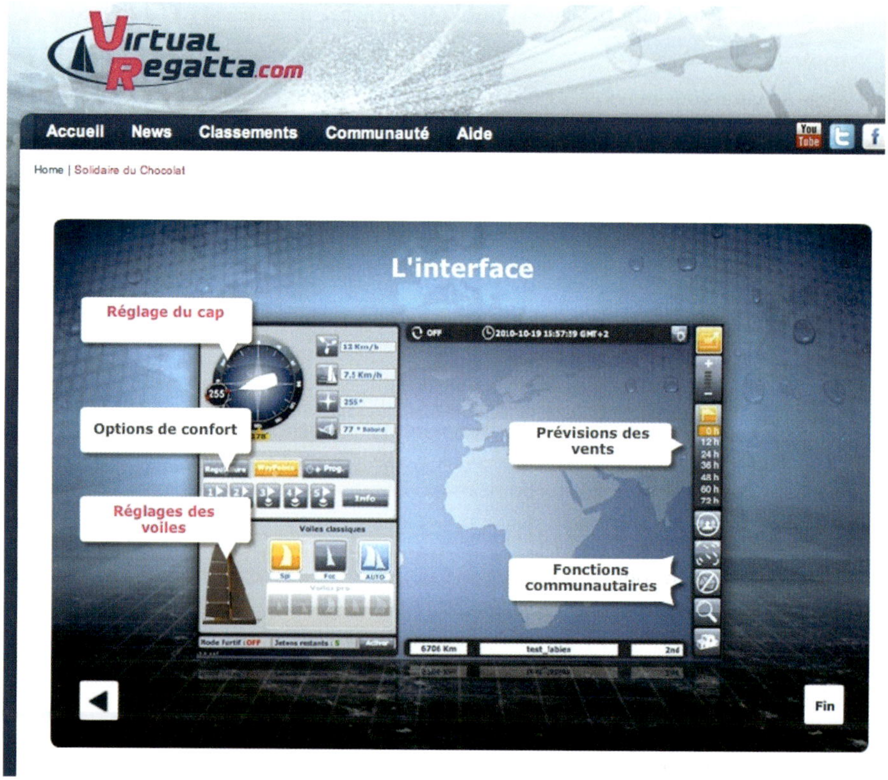

Virtual Regatta est présent dans une quinzaine de courses par an. En moyenne, il y a 30 000 participants par course, le record ayant été de 340 000 marins virtuels pour le Vendée Globe 2008-2009. Ce type d'animation participe grandement à la promotion des courses et des marques qui les sponsorisent

SECTION 2

LA PROMOTION DES VENTES

1 LA DÉFINITION ET L'IMPORTANCE DE LA PROMOTION DES VENTES

a) La définition générale

Une opération de promotion consiste à associer à un produit un avantage temporaire destiné à faciliter ou à stimuler son utilisation, son achat et/ou sa distribution. Si l'avantage offert s'adresse aux consommateurs, on parle de *promotion-consommateur* ; s'il bénéficie aux distributeurs, on parle de *promotion-distributeur*.

Exemples

- Un bon de réduction de 0,50 € valable pour l'achat d'un baril de lessive est une promotion-consommateur.
- Un voyage aux Antilles offert aux meilleurs distributeurs d'une marque de téléviseurs est une promotion-distributeur ; on dit aussi un *incentive* (stimuler en français).

b) Les différences entre la promotion et la politique de produit et de prix

La promotion se distingue essentiellement des politiques de produit et de prix par le caractère *temporaire* des avantages qu'elle offre au consommateur ou au distributeur.

Exemples

- La présence d'un petit jouet dans chaque Kinder Surprise, du fait qu'elle est permanente, constitue un aspect de la politique de produit de cette marque. Inversement, l'offre d'un GPS avec la souscription à un abonnement à *l'Express* pendant une période déterminée est une opération promotionnelle.
- Une remise systématique sur quantités consentie aux distributeurs fait partie de la politique de prix, alors qu'une réduction temporaire accordée à ceux qui, au cours d'une période de temps limitée, dépasseront un certain volume d'achats est une opération promotionnelle.

c) Les différences entre la promotion et la publicité

La promotion et la publicité, bien qu'elles aient généralement toutes deux pour objectif ultime d'influencer les comportements d'achat des publics auxquels elles s'adressent, se distinguent par leurs *modes d'action*. La publicité cherche à influencer les comportements d'un public par la transmission de *messages* ayant pour effet de modifier les connaissances, les images et les attitudes de ce public. La promotion, elle, cherche à provoquer ou à stimuler les comportements souhaités en les rendant *plus faciles ou plus gratifiants*.

Contrairement à la publicité qui, au travers d'une modification progressive des attitudes mentales du public, vise généralement à obtenir, sur ses comportements, des *effets différés mais prolongés*, la promotion est destinée à produire des *effets rapides ou même immédiats*, mais limités dans le temps. La promotion et la publicité sont très souvent utilisées conjointement, car elles peuvent se renforcer mutuellement.

Exemples

- Une opération de « couponing » pour un nouveau produit aura d'autant plus de succès auprès des consommateurs que ce produit se sera fait connaître préalablement ou simultanément par une campagne de publicité.
- Un concours-consommateur, en plus de son aspect d'incitation directe et immédiate à l'achat, peut servir aussi de support de communication, notamment par le choix de ses thèmes et par la rédaction des bulletins de participation qui vont permettre de vanter les caractéristiques du produit promu.

d) L'importance croissante de la promotion

Dans les entreprises de biens de grande consommation et de biens semi-durables (électroménager, ameublement, automobile, etc.), les budgets de promotion sont du même ordre de grandeur que ceux de publicité, et les dépassent souvent. Si les très grandes entreprises ont les moyens d'investir à la fois en publicité et en promotion, les petites et moyennes entreprises arbitrent plutôt en faveur de la promotion. Cette augmentation relative de la part de la promotion peut s'expliquer par plusieurs raisons.

1. Dans les secteurs où les produits sont peu différenciés, il est parfois difficile de créer chez les consommateurs une véritable préférence pour une marque par la seule publicité ; dans ces cas, ils seront souvent sensibles aux avantages promotionnels qui leur sont offerts.
2. Il existe des secteurs où la pression publicitaire exercée par les producteurs s'approche du niveau de saturation, c'est-à-dire que son rendement marginal devient faible ; au-delà de ce seuil de saturation, il devient plus rentable de dépenser de l'argent en promotion qu'en publicité. Les responsables marketing des entreprises ont tendance, sur ordre de leurs directions elles-mêmes pressées par les actionnaires, à rechercher des résultats spectaculaires immédiats en termes de ventes, plutôt qu'une amélioration à long terme de leur image de marque.
3. La distribution exerce souvent, sur les producteurs, des pressions en faveur des opérations promotionnelles, dont les effets sur les ventes sont immédiatement perceptibles.
4. Les grandes enseignes de distribution consacrent des budgets importants à la fidélisation de leur clientèle par des moyens promotionnels. Selon Philippe Ingold : « Les nouveaux systèmes promotionnels d'enseigne (ticket, carte de fidélité, carte cagnotte) semblent aujourd'hui incontournables pour, sinon fidéliser, au moins retenir les clients. Mais le jeu est pratiquement à somme nulle. On peut en effet noter qu'aucune enseigne française n'a pu vraiment faire la différence avec un système de fidélisation. Contrairement, par exemple, à la Grande-Bretagne où Tesco est devenu le premier distributeur britannique, grâce notamment à sa "TescoCard." »

e) Les consommateurs et la promotion des ventes

1° Une perte de repères dans une inflation de promotions

Dans les prospectus des GMS distribués dans les boîtes aux lettres ou diffusés sur Internet, les promotions sont omniprésentes. Ainsi, plus de deux tiers des références proposées dans les prospectus des GMS sont accompagnées d'un avantage promotionnel.

Dans les rayons, la « promo » est partout, tout le temps et avec des formes multiples. Chaque enseigne s'agite pour proclamer qu'elle est la moins chère et s'évertue souvent à rendre les comparaisons difficiles, voire impossibles pour le commun des mortels. Certaines promotions n'affichent pas la réduction proposée, d'autres ne semblent compréhensibles qu'aux clients doués en calcul mental.

Aux yeux des clients, les promotions deviennent suspectes... autant que les prix des produits sans promotion. Les images des enseignes discount se brouillent. Comment une chaîne qui dit faire toujours les prix les plus bas peut-elle inonder ses rayons de promotions temporaires, sauf à se rattraper sur les produits sans promotion ou à faire de fausses promotions ?

Pour rendre la promesse du discount claire et crédible, l'américain Wal-Mart a proposé : « *Every Day Low Price* » (Des bas prix tous les jours de l'année), une politique incompatible avec la multiplication des promotions.

La méfiance à l'égard des promotions explique, en partie, l'importance relative des ventes en promotion. Elle est de 18 % des ventes en hypers[1]. La crise de 2009 ne s'est pas traduite par une augmentation des achats avec des promotions. 31 % des Français disent profiter rarement ou jamais des offres promotionnelles[2]. En revanche, les soldes ont plus de succès en période de crise économique. Près de 70 % des consommateurs déclarent attendre les soldes pour leurs achats vestimentaires.

2° La sensibilité des consommateurs aux promotions et leur niveau de revenu

L'idée qui vient immédiatement à l'esprit est que la sensibilité aux promotions, liée à la sensibilité aux prix, dépend du niveau de revenu des clients. C'est un facteur qui n'est pourtant pas toujours déterminant.

Exemples

- *Achats de café en promotion*. On trouve en premier lieu des CSP +.
- *Soldes*. Une étude du Credoc sur la sensibilité aux prix[3] montre que les cadres et professions intermédiaires sont surreprésentés dans la clientèle des soldes. On y lit : « Les soldes intéressent tous les Français. Cependant, en fonction des revenus, la motivation dominante n'est pas la même. Les ménages modestes trouvent surtout dans les soldes un moyen de faire des économies sur leur budget "habillement". Les foyers aisés privilégient les achats d'impulsion. Pour eux, le plaisir procuré par les soldes est conditionné par deux éléments indissociables : l'impression d'avoir réalisé une bonne affaire – le montant du rabais obtenu est à ce titre très important – et le sentiment d'avoir acheté un article superflu. »

1. Source : Étude Credoc 2009 « Le consommateur va t-il changer durablement de comportement avec la crise ? », P. Hebel, N. Siounandan, F. Lehuede. Voir : http://www.credoc.fr/pdf/Rech/C268.pdf
2. Source : Étude Credoc, *op. cit.*
3. P. Hebel, N. Fauconnier et M. David, « La nouvelle sensibilité des consommateurs aux prix », *Cahier de recherche* n° 215, Credoc, 2005. Voir http://www.credoc.fr/pdf/Rech/C215.pdf

2 Les principales techniques de promotion des ventes[1]

Figure 9.2 **Les principales techniques de promotion des ventes**

Nature de la promotion	Objectifs	Avantages/Inconvénients
RÉDUCTION TEMPORAIRE DU PRIX Réduction directe du prix de vente consommateur Couponing (bons de réduction) Remboursement différé sur preuves d'achat Rabais sur quantité Lot virtuel	• Relancer les ventes • Répondre à la concurrence • Inciter à l'essai d'un nouveau produit • Conquête de nouveaux clients • Inciter à acheter de plus grandes quantités du produit	• Formule souple : on peut limiter la promotion dans l'espace et l'arrêter quand on veut • Pour être efficace, la réduction du prix doit être significative • Nécessite une mise en valeur de la promo in stores et, si possible, hors magasins (ISA, publicité…)
PRODUIT GRATUIT Distribution d'échantillons Dégustation gratuite Essai gratuit (une voiture, un logiciel…)	• Faire connaître un nouveau produit • Provoquer une rencontre avec un vendeur	• Excellent procédé pour faire découvrir un produit • Méthode ne convenant qu'à certains produits • Coût élevé
MISE EN AVANT DU PRODUIT Sur les lieux de vente	• Attirer l'attention • Mettre en valeur une autre forme de promotion	• Opération pouvant être effectuée par les merchandisers du producteur • Suppose l'accord des distributeurs et souvent une rémunération • Méthode souvent insuffisante en elle-même ; doit être associée à une autre promo
PRIMES Primes directes Primes différées Primes différées autopayantes	• Accroître le taux de nourriture d'une marque • *Cross selling* • Fidélisation	• Utile pour faire essayer un autre produit de la gamme • Veiller à la réglementation qui limite l'avantage consommateur qui peut paraître insuffisant
CONCOURS, loteries, jeux	• Enrichir des bases de données de prospects • Animer un rayon • Faire le buzz	• Se prête bien à Internet • Attention aux contraintes juridiques • La mécanique promotionnelle doit être originale et les gains intéressants • Il y a des personnes qui sont des spécialistes des jeux et concours et qui ne seront jamais clients
CAGNOTTAGE (OU CARTE CAGNOTTE)	• Fidélisation	• On peut donner des avantages à des clients qui auraient été fidèles sans

1. On trouvera sur www.cles-promo.com/ de nombreux dossiers sur des opérations promotionnelles.

a) Les réductions temporaires de prix

MINI CAS

Votre téléviseur gratuit chez Carrefour et Saturn

La Coupe du Monde de football est un moment qui se prête bien au renouvellement des téléviseurs.

La dernière coupe du monde a été l'occasion de deux opérations spectaculaires et très voisines menées par Saturn et Carrefour.

Saturn rembourse la TV (et aussi l'ordinateur) si la France gagne la coupe du monde (achat du 5 au 17 mai). L'offre est soutenue par une campagne radio puissante.

Carrefour rembourse (en bon d'achat) 100 % de votre TV si la France gagne la coupe du monde, 50 % si elle atteint la finale, et 25 % pour les demi-finales. L'offre est valable du 11 au 29 mai et doit porter sur des écrans d'une taille supérieurs à 94 cm. Là aussi, l'opération est fortement communiquée et fait en outre l'objet d'un prospectus spécifique Équipe de France.

Décryptage promo, par Philippe Ingold : « Ces opérations promotionnelles sont avant tout spectaculaires et ont fait l'objet de nombreuses retombées médiatiques. D'abord parce que l'équipe de France faisait alors l'actualité avec la publication de la liste des 23. Ensuite parce que celle-ci est considérée comme n'ayant aucune chance de dépasser le stade des quarts de finale. D'où de nombreux commentaires mettant en avant son caractère malin, dans la mesure où le risque apparaissait nul.

Mais ceci pose justement un problème en termes de communication. N'existe-t-il pas un risque de paraître opportuniste et ainsi de se moquer un peu du monde ?

La réponse est différente selon les enseignes. Carrefour est partenaire historique de l'équipe de France. L'exploitation de ce thème est donc légitime. Par ailleurs, le risque est un peu plus réel avec tout de même 25 % remboursés en cas de participation à la demi-finale et 50 % à la finale.

Saturn apparaît beaucoup plus opportuniste avec un remboursement en cas de victoire uniquement et en utilisant Thierry Rolland qui ne cesse de clamer ce qu'il pense en mal de l'équipe de France et de son sélectionneur. Saturn fait ainsi une promesse, tout en affirmant qu'elle n'a aucune chance d'être réalisée. Pire l'enseigne propose maintenant un « crédit Raymond » à 0 % en 3 à 36 fois… « Parce que des zéros, il en a vu défiler dans sa carrière ». Est-ce drôle ou méprisant ? En tout cas, Saturn exploite plus cet évènement pour avoir des effets de retombées médiatiques ponctuelles que pour construire une image… ».

1. Source : www.cles-promo.com/dossiers/dossiers_2008.htm, avec l'autorisation de Philippe Ingold.

1° La réduction directe du prix de vente consommateur

Elle consiste à vendre le produit à un prix inférieur au prix normal, pendant une période de temps déterminée. C'est la technique promotionnelle la plus simple et la plus fréquente. Un producteur peut, pendant une période déterminée, vendre son produit aux distributeurs à un prix réduit, en leur demandant de faire profiter les consommateurs de ce rabais. Il n'est malheureusement pas certain, dans ces cas, que les distributeurs répercuteront intégralement sur leur propre prix de vente la baisse temporaire de prix dont ils bénéficient.

2° Le couponing (ou bons de réduction)

C'est pourquoi les producteurs de biens de grande consommation utilisent plus souvent une méthode de réduction temporaire des prix appelée « couponing », qui consiste à distribuer aux consommateurs des *coupons* (ou bons) leur donnant droit à une réduction de prix sur l'achat d'un produit. C'est au moment où il passe à la caisse de sortie que l'acheteur remet son coupon à la caissière, qui en tient compte en établissant la facture du client.

Coupon Ecobon de Casino pour une boîte de Finger

On estime entre 6 et 8 millions le nombre de coupons diffusés annuellement en France (hors les coupons imprimés directement à partir d'Internet). Les spécialistes évaluent le taux de remontée moyen à 5 % environ, ce taux variant beaucoup selon l'offre et le mode de diffusion des coupons. Bien qu'ayant beaucoup progressé en France au cours des dernières années, le couponing est moins populaire qu'il ne l'est aux États-Unis.

Les coupons peuvent être distribués aux acheteurs potentiels de plusieurs manières :

- par *mailing* ou dépôt dans les boîtes à lettres ;
- par la *presse* (coupons à découper dans un quotidien ou un magazine) ;
- avec les *emballages* du produit à promouvoir, le coupon pouvant être placé sur le paquet (*on pack*), ou à l'intérieur (*in pack*) ; dans ce dernier cas, le bon de réduction est acquis par le consommateur à l'occasion d'un achat du produit au prix normal, et utilisé par lui pour un achat ultérieur de ce même produit ;

– en sortie de caisse ;
– par Internet, différents sites proposant à l'internaute d'imprimer des coupons utilisables ensuite en magasins ; c'est le couponing électronique.

Par rapport à la réduction directe du prix de vente, les bons de réduction présentent l'avantage de mieux faire ressortir à l'acheteur l'importance exacte de l'économie qu'il fait. Ils ont en revanche deux inconvénients principaux. Le premier est la lourdeur du travail administratif qu'imposent au distributeur la collecte des coupons et leur remise au producteur pour être remboursé. En conséquence, les distributeurs n'aiment guère les opérations de couponing et demandent généralement une « indemnisation » substantielle aux producteurs pour accepter de s'y prêter. Le deuxième inconvénient de la méthode est qu'elle peut donner lieu à des fraudes ou à des erreurs appelées « *misredemption* » et consistant, de la part des caissières, à accepter les coupons en paiement de produits autres que celui auquel ils donnent droit.

Le couponing électronique remédie en partie à ces inconvénients. Au moment où les acheteurs d'une grande surface passent à la caisse de sortie, où les codes-barres des articles qu'ils ont achetés sont lus par scanner, un coupon est automatiquement émis par la caisse et remis à l'acheteur par la caissière si, dans le « panier d'achats » de celui-ci, figure une (ou plusieurs) références prédéterminées. On peut par exemple, par ce système, émettre et donner un coupon valable pour l'achat d'un pack de bière 1664 à toute personne ayant acheté de la bière Heineken[1], ou encore distribuer des coupons de Woolite à toute personne ayant acheté un pull en laine. Le couponing électronique permet de *cibler* les bénéficiaires d'une offre promotionnelle d'une manière beaucoup plus fine et pertinente que les méthodes classiques qui « arrosent » souvent le marché.

3° Le remboursement différé sur présentation de « preuves d'achat »

Une troisième forme de réduction temporaire de prix consiste à offrir à l'acheteur la possibilité de se faire rembourser une partie du prix d'achat du produit non pas par le distributeur et au moment même de l'achat, mais par le producteur et d'une manière différée, sur présentation d'une ou de plusieurs « preuves d'achat ».

Exemple

➥ En envoyant au producteur neuf capsules de bouteilles d'un nouveau soft drink, les consommateurs se verront rembourser, par chèque, une somme de 2 €.

4° Le rabais sur quantité

La réduction temporaire de prix peut être liée à l'achat d'une quantité plus importante du produit. Il peut s'agir, par exemple :
– d'un format promotionnel contenant 30 % ou 50 % de « produit en plus », et vendu au prix du format normal. C'est ce qu'on appelle une promotion « girafe ».

1. Attention au risque juridique d'un tel procédé, qui peut être assimilé à un détournement de clientèle.

– de lots de trois ou six unités du produit (tablettes de chocolat, savonnettes), ou encore de « *lots croisés* » (par exemple un baril de poudre pour la vaisselle, une bouteille de liquide de rinçage et un paquet de sel régénérant) vendus à un prix plus bas que la somme des prix unitaires normaux.

Sous leurs différentes formes, les réductions temporaires de prix peuvent constituer un moyen puissant de facilitation et de stimulation des achats. Mais elles peuvent avoir un coût élevé en termes de « manque à gagner » : en effet, une partie souvent importante des achats à prix réduits est généralement faite par des consommateurs qui auraient acheté le produit même s'il avait été vendu au prix normal ; en d'autres termes, les ventes promotionnelles « cannibalisent », dans une certaine mesure, des ventes « normales » qui auraient été plus rentables. Si les promotions sur les prix sont faites d'une manière trop fréquente, elles finissent par rendre difficile la vente au prix normal, et constituent alors une baisse déguisée du prix. C'est ainsi que certains magazines, qui offrent presque en permanence des abonnements à prix réduit, ne vendent presque plus d'abonnements au prix normal.

5° Le lot virtuel

C'est une réduction de prix ou une gratuité associée à l'achat simultané d'un nombre déterminé d'unités de produits présentés séparément[1].

Dans le lot « classique », on fait un package de 2, 3, 4… produits identiques avec suremballage et souvent impression de la marque et de l'offre promotionnelle.

Lot « classique » annoncé sur le site Pixibox.com

0,45 € de réduction immédiate
à valoir sur l'achat d'un pack 4x50cl Coca-Cola, Coca-Cola zero, Coca-Cola light, Fanta orange ou pack 6x50cl Coca-Cola

- **Validité en ligne : 15/04/2009**

Source : HighCo 3.0 Digital Marketing.

Avec le lot virtuel, les produits sont présentés séparément, comme d'habitude, dans les rayons. On annonce par la presse, Internet et dans les rayons un rabais sur quantité. La réduction de prix est effectuée en caisse qui doit être équipée pour confronter automatiquement les codes barres des produits achetés, calculer et déduire la réduction de prix.

1. Définition donnée dans l'étude de B. Parguel, O. Sabri-Zaaraoui, P. Desmet, P. Pechpeyrou, « Perception et évaluation du lot virtuel par le consommateur ». Voir le texte intégral de l'étude sur http://univ.lr.fr/gestion/actes 2006/Parguel%20et%20ali.pdf

Lots virtuels annoncés sur le site Leclerc

Les lots virtuels peuvent être homogènes (produits identiques) ou hétérogènes (produits différents de même marque ou produits de marques différentes, mais souvent d'une même entreprise).

Le succès de cette formule s'explique par les nombreux avantages qu'elle a pour le producteur et, dans une moindre mesure, pour le distributeur : coût réduit puisqu'il n'est pas nécessaire de suremballer les lots, moindres problèmes de logistique, seules les promotions passées en caisse sont facturées au fournisseur, pas de problème en cas de prévision inexacte du succès de la promotion (pas de rupture des lots emballés, pas de retour et de « délotage » en cas de lots invendus). En revanche, il faut évidemment que les caisses enregistreuses du distributeur soient paramétrées. Par ailleurs, le lot virtuel peut être moins explicite et donc moins attirant pour le client que le lot classique. C'est une question de communication sur le point de vente.

6° Critique et défense de la promotion par les prix

La promotion des ventes par les prix est souvent critiquée. On dit qu'elle diminue la fidélité aux marques, qu'elle accroît la sensibilité des consommateurs au prix, qu'elle dégrade l'image de marque, et qu'elle focalise le management sur le court terme. Mais pour être aussi pratiquée, la promotion par les prix doit bien avoir quelques aspects positifs !

Certains ont su défendre, avec talent, la promotion par les prix. On pense à l'article devenu une référence « *In defense of price promotion* » de John Quelch, professeur à Harvard Business School et Paul Farris, professeur à l'Université de Virginie[1].

1. Paul Farris et John Quelch, « In Defense of Price Promotion », *Sloan Management Review*, n° 1, automne 1987.
Voir également Pierre Chandon, Brian Wansink, Gilles Laurent, « A Congruency Framework of Sales Promotion Effectiveness », *Journal of Marketing*, 2000.

FOCUS

Pour la défense de la promotion par les prix[1] : les principaux arguments de J. Quelch et P. Farris

- La promotion par les prix permet aux producteurs de s'adapter aux variations de l'offre et de la demande, sans changer fréquemment leur catalogue de prix.
- Elle permet à l'entreprise de s'adapter ponctuellement à la sensibilité au prix qui diffère selon les segments de clientèle. Elle donne de la souplesse à la politique marketing en permettant une discrimination par les prix, selon les segments et sur une base temporaire. Un tarif unique et immuable ne le permettrait pas.
- Les coûts de promotion-prix étant des coûts variables, cela permet aux PME de combattre les grandes marques qui ont les moyens de faire de la publicité dans les grands médias.
- En facilitant l'essai des produits nouveaux, en aidant à liquider les stocks de produits obsolètes, la promotion des ventes permet aux distributeurs de faire de la place aux innovations.
- Les méthodes usuelles de calcul du coût de la promotion-prix par les entreprises sont inadaptées et elles la pénalisent. Le plus souvent, on multiplie le rabais par le nombre d'unités vendues en promotion et on y ajoute le budget nécessaire au montage de l'opération de promotion et à sa publicité. Il ne faut pas calculer le « manque à gagner » unitaire en partant du prix-tarif mais du prix qu'il faudrait pratiquer si on renonçait à toute promotion. En effet, le tarif devrait être certainement diminué si on refusait de pratiquer des promotions.
- La conclusion de Quelch et Farris fait sens : « Les promotions sur les prix sont souvent *un symptôme et non la cause* des nombreux phénomènes dont on les accuse ». Une marque faible, peu d'innovation, des bénéfices-consommateurs peu attractifs, une concurrence vive, un marché très différencié… conduisent aux promotions par les prix pour « sauver les meubles ».

Notre conseil

Le produit gratuit est un moyen promotionnel très efficace mais c'est aussi le plus coûteux. On n'a intérêt à l'utiliser que lorsque le produit en question est nouveau (ou peu connu), et lorsqu'il possède par rapport à ses concurrents des supériorités suffisamment perceptibles pour que, après un premier essai, les consommateurs aient de fortes chances de devenir des acheteurs réguliers.

b) Le produit gratuit

Le moyen le plus efficace pour faciliter la consommation ou l'utilisation d'un produit par ses clients potentiels est de le mettre gratuitement à leur disposition. Selon les catégories de produits, cette mise à disposition gratuite peut prendre les formes suivantes :

- *distribution gratuite d'échantillons* du produit, soit à domicile, soit dans les magasins ;
- *dégustation gratuite du produit*, généralement dans les magasins ;
- *essai gratuit* d'un bien semi-durable (par exemple, une voiture) ou d'un service (par exemple, un logiciel) pendant une période de temps plus ou moins longue.

1. Paul Farris et John Quelch, *op. cit.*

c) Les primes[1]

Les ventes avec prime consistent à offrir, gratuitement ou à des conditions avantageuses, un produit[2] pour l'achat d'un autre produit. Elles sont autorisées dans deux cas :

- *La prime est de nature identique au produit en promotion* : il s'agit par exemple de la pratique du treize à la douzaine parfaitement acceptée en droit.
- *La prime est de nature différente du produit en promotion mais de faible valeur* : elle porte, de façon indélébile, un marquage publicitaire. Dans ce cas :
  - la valeur de la prime ne doit pas dépasser 7 % du prix du produit ou service en promotion, si celui-ci est inférieur ou égal à 75 euros ;
  - la valeur de la prime ne doit pas dépasser 4,50 euros + 1 % du prix du produit ou service en promotion, si celui-ci est supérieur à 75 euros. La prime ne peut pas excéder 42,50 euros. Pour les objets produits en France, la valeur de la prime est appréciée à son coût de revient TTC.

Exemples

➥ Si le produit en promotion est un baril de lessive à 10 euros, la valeur de la prime à son coût de revient devra être inférieure à 0,70 euro.

➥ Si le service en promotion est un téléphone mobile à 100 euros, la valeur de la prime ne doit pas excéder 4,50 euros + 1 % de 100 euros soit 5,50 euros.

La vente à prime est déclinable de trois façons.

1. *La prime directe* : on offre un objet différent remis gratuitement en même temps que le produit acheté. L'objet doit être impérativement marqué. La prime peut arriver entre les mains du consommateur qui a acheté le produit par différents moyens :
   - Une insertion dans le produit porteur de l'offre (*in-pack*). Les paquets de céréales en sont la brillante illustration tout au long de l'année ;
   - Une remise par un animateur des ventes en magasin contre l'achat des produits de la marque mise en avant en tête de gondole ;
   - Une remise en caisse centrale du magasin après passage aux caisses et contre la présentation de son ticket justifiant l'achat. Cette démarche est le plus souvent mise en place dans le cadre d'une opération de trade promotion entre l'enseigne et la marque ;
   - La diffusion de la prime par Internet. Le client imprime directement le bon à remettre à la caisse du magasin.
2. *La prime différée* : cette offre doit respecter les mêmes critères juridiques que la prime directe mais la remise en différé permet de faire collectionner le nombre de preuves d'achat requis pour obtenir la prime. Sa valeur peut être plus importante puisque la règle des 7 % s'applique sur le nombre total d'actes d'achats effectués.

1. Le texte sur les ventes à prime est extrait de *Publicitor*, 7e édition, troisième partie, chapitre 12 : « La promotion des ventes ».
2. On entend ici « produit » au sens large de biens (tangibles) et/ou services (intangibles).

Exemples

- 10 preuves d'achat d'un produit acheté à 5 euros l'unité permettent d'offrir une prime d'une valeur égale à 10 × 5 × 7 %, soit une prime de 3,50 euros.
- Prime différée : un baladeur offert contre 6 preuves d'achat.

3. *La prime différée auto-payante* : on offre un article différent et supplémentaire à un prix particulièrement avantageux pour le consommateur en échange de l'achat unique ou répété de produits. Deux cas de figure existent : soit la participation financière du consommateur couvre totalement le prix d'achat de l'objet proposé par la marque (par exemple : un film DVD proposé à 4 euros avec le paiement d'un plein d'essence), soit ce n'est pas le cas et la marque « prend à sa charge » le complément du prix d'achat de l'article proposé. La prime n'est donc plus complètement auto-payante.

d) Les concours, jeux et loteries

Loterie (jeu avec tirage au sort sans obligation d'achat) conçue par l'agence Custom CD pour la marque Fujifilm

Un quatrième type de moyens promotionnels consiste à faire patronner par une marque un concours, un jeu ou une loterie dotés de prix plus ou moins nombreux et importants (voyages, voitures, louis d'or, téléviseurs, etc.). Lorsque l'opération proposée ne fait aucune part au hasard, c'est-à-dire lorsque le gain d'un lot ne dépend que des connaissances ou de la perspicacité des concurrents, il s'agit d'un *concours* proprement dit [1]. La loi autorise dans ce cas les entreprises à subordonner la participation au concours à l'achat préalable du produit patronnant l'opération. L'expérience montre qu'une proportion importante des lots prévus dans ce type de concours est généralement gagnée par de véritables « professionnels », qui travaillent souvent en équipe.

Lorsque l'attribution des lots comporte une part de hasard, il s'agit de *jeux ou loteries*, et la loi interdit alors de lier la participation à l'achat préalable du produit promu. Une forme répandue de ces loteries est celle qu'on appelle *winner per store* (WPS), et qui consiste à organiser une loterie, avec *un* gagnant dans chaque magasin où le produit est mis en promotion. Les clients ne sont pas tenus d'acheter le produit pour participer à la loterie, mais étant donné que les bulletins de participation sont distribués dans un stand de présentation de ce produit, et que ce produit fait généralement l'objet, au même moment, d'une mise en avant et d'une offre spéciale, ses ventes bénéficient de l'effet d'attraction (ou d'« évènement ») de la loterie.

1. Il faut que le concours soit réellement sélectif. Par exemple, si la question posée est : « Quelle est la capitale d'un pays d'Europe en cinq lettres commençant par un P et se terminant par un S ? », on considérera que ce n'est plus un concours mais une loterie, c'est-à-dire un jeu de hasard, les vainqueurs étant tirés au sort.

e) Les mises en avant du produit

On appelle « mises en avant » les *opérations temporaires de merchandising* destinées à faciliter l'essai ou l'achat d'un produit par les clients d'un magasin. Il peut s'agir, par exemple, d'un *stand de dégustation* gratuite (ou de démonstration) d'un produit nouveau, ou encore d'une *tête de gondole* (TG), c'est-à-dire de la présentation du produit, pendant une période de quelques jours, dans un des emplacements privilégiés que constituent les extrémités des gondoles.

Ces opérations de mise en avant sont généralement associées à un autre moyen promotionnel, tel qu'une réduction temporaire de prix, un concours ou une loterie.

f) Le « cagnottage » ou carte cagnotte

Ce sont des bons d'achat ou des points valables après leur acquisition, enregistrés en caisse de sortie automatiquement sur une carte personnelle (la cagnotte) et utilisables pendant un certain temps.

Exemple

➥ Les tickets Leclerc sont utilisables dès le lendemain de leur acquisition ; ils peuvent venir en réduction de tous les achats dans l'enseigne sauf livres et carburant.

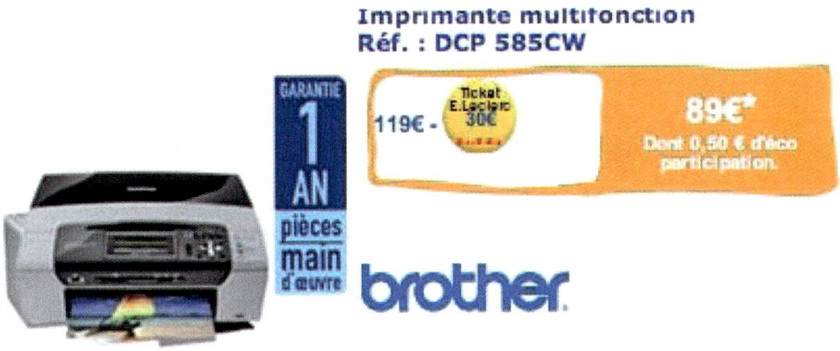

Exemple d'offre promotionnelle sur le site Leclerc comprenant un ticket de 30 euros de remise

g) La promotion-distributeurs

À côté des promotions destinées aux consommateurs, d'autres moyens s'adressent aux distributeurs. Ils ont pour but de stimuler leurs propres achats et/ou d'obtenir leur coopération dans le cadre d'opérations dirigées vers les consommateurs. Les principaux moyens de promotion de ce type sont :

- les cadeaux en nature aux distributeurs ;
- les cadeaux en argent ;
- les concours entre distributeurs.

Étant donné que le succès d'une opération de promotion-consommateur dépend presque toujours de la bonne volonté et de la participation des distributeurs, il est fréquent qu'une promotion-consommateur soit accompagnée d'une promotion-distributeur.

3 La mesure de l'efficacité d'une opération promotionnelle

Il existe trois grandes approches possibles pour mesurer l'efficacité d'une opération promotionnelle. Ce sont, par ordre de difficulté et d'ambition croissantes : la mesure du taux de remontée, l'évaluation des effets par rapport aux objectifs visés, et le calcul de la rentabilité financière de l'opération.

a) La mesure du « taux de remontée » : indicateur utile mais insuffisant

On mesure souvent la réussite d'une opération promotionnelle par ce que l'on appelle le « taux de remontée », c'est-à-dire par des indicateurs liés au nombre de « participations » de la part des consommateurs.

Exemples

- Le taux de remontée d'une opération de couponing est le pourcentage de coupons présentés au remboursement, par rapport au total des coupons distribués.
- Le taux de remontée d'un concours est le nombre de bulletins de participation reçus.

Le taux de remontée est un instrument commode, mais grossier, de l'efficacité d'une opération promotionnelle : rien ne prouve, en effet, même avec un taux élevé de remontée, que les objectifs réels de l'opération aient été atteints. Dans le cas, par exemple, d'une opération de couponing destinée à conquérir de nouveaux acheteurs, le fait que 5 % des coupons distribués aient été présentés au remboursement ne permet pas de savoir combien de ces coupons ont été utilisés pour un premier achat par de nouveaux acheteurs. De la même manière, dans une opération de vente à prix réduit destinée à accroître le « taux de nourriture » d'une marque aux dépens de ses concurrents, il n'est pas possible de savoir quelle est la part des ventes qui correspond à des consommateurs « mixtes », et quelle est celle qui correspond à des acheteurs exclusifs de la marque et qui s'est simplement substituée à des achats qu'ils auraient faits de toute manière au prix normal.

b) La mesure directe des effets d'une opération par rapport à ses objectifs commerciaux

Par exemple :

- le nombre de consommateurs ayant acheté le produit pour la première fois ;
- le nombre de consommateurs ayant augmenté leur consommation du produit pendant une période déterminée ;
- l'accroissement de la notoriété de la marque ;
- l'accroissement des rotations du produit dans les points de vente, etc.

Plusieurs méthodes peuvent être utilisées pour ce type de mesure.

1° Les relevés des ventes dans les magasins

À l'aide des données fournies par les *panels de détaillants*, ou encore en procédant à des relevés des ventes dans des *magasins témoins*, on peut étudier l'évolution des ventes du produit *avant, pendant et après* la mise en œuvre de l'opération. Cette méthode peut être valide, s'agissant d'opérations ayant pour but d'accélérer, à court terme, les rotations en magasin.

Mais elle ne l'est évidemment pas lorsque l'opération vise certaines cibles spécifiques de consommateurs (acheteurs mixtes, nouveaux acheteurs, etc.), puisque les relevés de vente en magasin ne fournissent aucune indication sur l'identité des acheteurs.

2° Les enquêtes auprès des consommateurs

Pour les opérations promotionnelles ayant pour objectif de modifier certains comportements de catégories spécifiques de consommateurs, les résultats peuvent être obtenus par des *panels de consommateurs* ou des *enquêtes ad hoc.* On peut ainsi mesurer par des enquêtes de ce type le nombre de nouveaux acheteurs d'un produit, ou l'accroissement des quantités consommées, ou l'accroissement de la notoriété d'une marque, ou encore l'origine des personnes ayant acheté le produit en promotion.

3° Les données fournies par les panels mixtes détaillants-consommateurs (source unique)

L'apparition de panels combinés de détaillants et de consommateurs, désignés par le terme de « source unique » (voir chapitre 2, section 4), offre un moyen très puissant de mesure de l'efficacité des opérations promotionnelles. Ces panels permettent en effet d'analyser avec précision les modifications de comportements d'achat des consommateurs liées aux opérations menées dans les magasins dont ils sont clients.

Exemple

→ À l'aide de la source unique, on peut, pour un produit faisant l'objet d'une opération promotionnelle dans certains magasins, comparer les comportements des clients de ces magasins avec ceux des clients d'autres magasins du même type. On peut aussi étudier les effets *différés* de la promotion, en suivant le comportement des clients des magasins considérés au cours des mois qui suivent l'opération.

c) La mesure de la rentabilité financière d'une opération promotionnelle

Au-delà de la mesure des effets d'une opération promotionnelle par rapport aux objectifs qui lui avaient été assignés, on doit chercher à évaluer sa *rentabilité financière.* Dans leur principe, les méthodes d'évaluation de la rentabilité consistent :

- à estimer le *volume de ventes supplémentaires* (dites ventes incrémentales) qui a été réalisé grâce à l'opération considérée ;
- à évaluer le *volume des ventes éventuellement perdues* après la fin de l'opération de promotion ; en effet, il n'est pas rare qu'une promotion ne fasse que déplacer des achats dans le temps ; des clients peuvent surstocker ou anticiper un achat pour bénéficier de la promotion ;
- à calculer la *marge brute* qui a été dégagée par les ventes supplémentaires ;
- à calculer l'ensemble des *coûts* de l'opération, à savoir :
- les coûts techniques (frais d'organisation, logistique, prix des lots et cadeaux offerts, etc.) ;
- et, s'il y a lieu, le manque à gagner correspondant à la part des ventes à prix réduit qui, en l'absence de promotion, aurait été faite de toutes manières au prix normal ;
- à mesurer la rentabilité R de l'opération en appliquant la formule suivante :

R = marge brute supplémentaire – (coûts techniques + manque à gagner)

Bien que les paramètres de cette formule soient souvent difficiles à estimer (notamment le volume de ventes supplémentaires et surtout le manque à gagner), cette approche peut être pertinente lorsqu'il s'agit d'opérations promotionnelles dont les effets sur les ventes sont immédiats. Elle est en revanche beaucoup plus incertaine lorsque les effets d'une promotion sont susceptibles de s'étaler sur une période relativement longue. C'est ainsi que, pour mesurer la rentabilité d'une distribution gratuite d'échantillons, il faudrait être capable d'estimer le volume et la valeur de tous les *achats futurs* qui seront réalisés par les consommateurs ayant bénéficié de cet échantillonnage. Une telle estimation est généralement très hasardeuse.

SECTION 3

LE MARKETING DIRECT OFF LINE ET ON LINE

Le marketing direct a pour origine la vente par correspondance (VPC) qui s'est développée dans la deuxième moitié du XIXe siècle pour élargir le marché des grands magasins aux populations rurales.

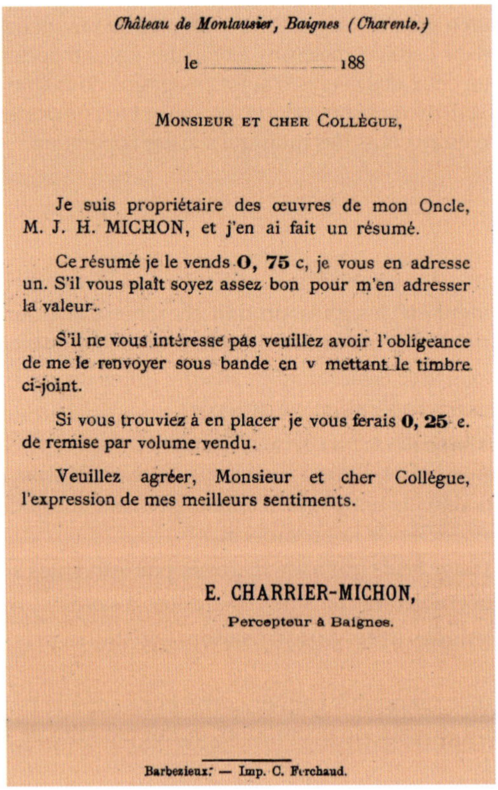

Château de Montausier, Baignes (Charente.)

le 188

MONSIEUR ET CHER COLLÈGUE,

Je suis propriétaire des œuvres de mon Oncle, M. J. H. MICHON, et j'en ai fait un résumé.

Ce résumé je le vends **0, 75** c, je vous en adresse un. S'il vous plaît soyez assez bon pour m'en adresser la valeur.

S'il ne vous intéresse pas veuillez avoir l'obligeance de me le renvoyer sous bande en v mettant le timbre ci-joint.

Si vous trouviez à en placer je vous ferais **0, 25** c. de remise par volume vendu.

Veuillez agréer, Monsieur et cher Collègue, l'expression de mes meilleurs sentiments.

E. CHARRIER-MICHON,
Percepteur à Baignes.

Barbezieux. — Imp. C. Furchaud.

Publipostage datant des années 1880. L'auteur avait déjà compris les principes modernes du mailing, du marketing viral et de l'affiliation !

Les « vépécistes » ont beaucoup appris aux gens de marketing direct. Ils ont imaginé et perfectionné les techniques de constitution et d'exploitation de fichiers, de conception des messages et de logistique (réception, traitement et expédition des commandes). Toutefois, le marketing direct moderne s'est détaché de plus en plus de la VPC, ne serait-ce que par la diversité de ses utilisations. Originellement dédié uniquement à la vente de biens et de services, le marketing direct est également un ensemble de techniques off line et on line pour entretenir des relations suivies et individualisées avec les clients et prospects. Le marketing direct est au cœur des problématiques majeures de conquête et de fidélisation du marketing d'aujourd'hui alors qu'il fut longtemps considéré comme une discipline mineure, plus tactique que stratégique, orientée court terme, peu créative. Autant d'opinions qu'il faut réviser avec le développement du CRM (*Customer Relationship Management*) et la nouvelle dimension qu'il a donnée au marketing direct.

1 La nature et les formes de marketing direct

a) Les acceptions du marketing direct

L'appellation « marketing direct » vient de sa définition initiale :

> Le marketing direct recouvre toute forme de communication envoyée directement au domicile d'une personne ou dans les bureaux d'une organisation : imprimés sans adresse (ISA) déposés dans les boîtes aux lettres, publipostages, appels téléphoniques, e-mails, newsletters, etc.

Cette définition est peu satisfaisante. Ces formes de communication ne sont pas en réalité directe puisqu'elles transitent par des canaux comme la poste, le téléphone ou Internet. Une acception plus étroite mais plus satisfaisante conduit à la définition suivante :

> Le marketing direct recouvre les communications envoyées sur la base d'un fichier comportant au minimum les coordonnées postales ou mail des individus ou des organisations.

Ainsi défini, le marketing direct est une communication sur fichier personnalisé. Le minimum de la personnalisation est la connaissance du nom et de l'adresse (parfois simplement l'adresse comme dans le cas des e-mails commerciaux) mais il est beaucoup plus efficace de travailler sur des bases de données qualifiées comportant des informations multiples sur le sexe, l'âge, la CSP, les centres d'intérêts, les biens possédés, etc. qui permettent un meilleur ciblage et la personnalisation des messages.

Le recueil et le traitement de ces données personnelles ont beaucoup progressé aujourd'hui. Ils font la force du marketing direct mais les autorités les surveillent et les réglementent de plus en plus.

b) Les dépenses de marketing direct

Figure 9.3 **Dépenses des entreprises en marketing direct en France en 2011**

TOTAL Marketing direct (en millions €)	**9 164**
Mailings (off line et on line)	4 271
Imprimés sans adresse (ISA)	2 956
Autres éditions publicitaires	1 142

Source : IREP-France pub, mars 2012

Le poste « Mailings » a légèrement baissé (- 0,6 % par rapport à 2010), le e-mailing ne connaissant plus ses forts taux de progression du début. Les dépenses ISA ont augmenté de 3,5 %.

c) Les canaux du marketing direct

Par habitude, on range les ISA (imprimés sans adresse) ou ISABAL (imprimés sans adresse dans les boîtes aux lettres) dans les techniques du marketing direct.

Les canaux du marketing direct *stricto sensu* sont les suivants.

- *La poste*. Les publipostages sont souvent désignés par le terme anglais *mailings*[1].
- *Le téléphone*. On dit souvent en français « phoning » pour désigner le marketing direct par téléphone alors qu'en anglais, on utilise le mot *telemarketing* ! On assiste aujourd'hui à son développement *via* les téléphones mobiles.
- *Internet* (mails et newsletters). On dit *e-mailing marketing*, *e-mailing commercial ou e-mailing* pour désigner les messages avec une finalité commerciale. Les e-mails commerciaux sont étudiés à la fin de cette section.

d) Le marketing direct peut être transactionnel ou relationnel

1° Le marketing direct transactionnel

Le marketing direct transactionnel appelle une réponse comportementale, concrète et immédiate : la commande d'un produit, d'un abonnement, l'adhésion à un club, un don, etc., plutôt qu'un changement d'attitude mentale. L'objet du marketing direct transactionnel peut être de trois ordres.

- *Vendre*. Par exemple, on envoie un publipostage pour vendre un ouvrage d'art à des particuliers ou pour vendre une étude de marché en souscription à des professionnels.
- *Assister les forces de vente*. C'est le marketing direct de qualification de prospects. Les plus « chauds » sont ensuite « travaillés » par un commercial chargé de conclure la vente. Par exemple, une banque envoie un mailing qui décrit un nouveau produit d'assurance-vie. Quelques jours plus tard,

1. Le mot anglais *mail* vient lui-même du mot français « malle », la malle-poste.

le mailing est suivi d'un appel téléphonique pour prendre un rendez-vous avec un chargé de clientèle. Ce type d'opérations en escalier, où le marketing direct est la première marche, est fréquent en B to B ou en B to C pour des achats importants comme l'immobilier, l'automobile ou les produits financiers.

- *Actionner des relais.* Le marketing direct vise, non plus une cible de clients potentiels mais des distributeurs et des leaders d'opinion que l'on touche, de façon très ciblée sur des fichiers, avec des messages personnalisés. Ainsi, un éditeur fera précéder la campagne de lancement d'un ouvrage destiné à des étudiants par des opérations de marketing direct auprès des libraires, des enseignants et de la presse spécialisée.

2° Le marketing direct relationnel

Il est destiné à établir, entre une entreprise et ses clients ou prospects, des relations *directes* (c'est-à-dire sans intermédiaires) et *individuelles*. Il utilise les mêmes médias (poste, Internet, téléphone) que le marketing direct transactionnel. Toutefois, son objet n'est pas de vendre immédiatement mais d'informer, d'enquêter sur la satisfaction du client, de le conseiller, bref d'entretenir une relation suivie et personnalisée, soit avec des prospects, soit avec des clients actuels. Bien entendu, cela doit se traduire, à terme, par plus de chiffre d'affaires en raison d'une fidélité accrue :

- *Engager et développer une relation avec des prospects ou des influenceurs.* Par exemple, les cabinets de consulting constituent des fichiers de dirigeants qui sont des clients potentiels. Ils leur proposent de s'abonner à une newsletter, ils leur envoient des dossiers sur des questions de management qui les intéressent, ils les invitent à des conférences, etc.
- *Fidéliser les clients actuels et développer la part de client.* Les techniques du marketing direct sont au cœur des programmes de fidélisation. Par exemple, les compagnies aériennes proposent des programmes de récompense des clients réguliers (*frequent flyers programs*) qui donnent lieu à de nombreux échanges de courrier postal et électronique[1].

e) Les atouts du marketing direct sont incontestables mais ils sont menacés par la saturation du public

FOCUS

Atouts et faiblesses du marketing direct

Atouts

- Convient bien à l'évolution du marketing : de plus en plus ciblé, personnalisé, orienté vers la relation et la fidélisation.
- Mesure du retour sur investissement généralement plus facile, plus rapide et plus précis que pour d'autres outils de marketing comme la publicité[2].
- Peut être très complémentaire de multiples actions de marketing et de communication (marketing direct vers des distributeurs, des leaders d'opinion).

•••

1. Voir le chapitre 10 sur le marketing relationnel.
2. Laurent Battais, « L'efficacité des actions de marketing direct sur les marchés de grande consommation », *Décisions Marketing*, avril-juin 2003, n° 30.

...

- Convient bien au marketing B to B (cibles précises, importance du relationnel) mais aussi au marketing B to C avec la diminution des coûts de constitution et de traitement de gigantesques bases de données et avec la quasi-suppression des coûts de diffusion par Internet.
- Budget pas forcément prohibitif. Outil accessible à de très nombreuses entreprises, même petites.

Faiblesses

- Diminution de l'efficacité des outils liée à la saturation des publics. (par exemple, e-mail et « spam »).
- Hostilité croissante en raison de l'intrusion dans la vie privée (appels téléphoniques à domicile).
- En conséquence, tendance à une réglementation de plus en plus sévère.
- Peu adapté aux produits à faible implication et à faible valeur unitaire.
- Suppose des compétences de plus en plus pointues, en externe mais aussi en interne.

2 La constitution et la gestion des fichiers et bases de données

Les fichiers et les bases de données permettent un ciblage précis des offres de produits et des messages adaptés aux segments ou microsegments du marché. C'est à ce type de marketing direct « qualifié » que nous nous intéresserons dans ce qui suit.

Un fichier est une liste nominative d'individus, assortie de données complémentaires, plus ou moins nombreuses et détaillées, relatives à chaque individu de la liste.

Une base de données est un ensemble organisé de fichiers.

Notre conseil

On ne dira jamais assez que la qualité du fichier est absolument déterminante pour la réussite d'une opération de marketing direct. C'est dans les fichiers qu'il faut investir et ils doivent être testés.

La loi française du 6 janvier 1978, dite loi « informatique et libertés », donne le droit à toute personne de connaître, dans un fichier, les informations la concernant et, le cas échéant, celui de demander à être rayée du fichier. Jusqu'à une époque récente, la loi obligeait les entreprises à déclarer leurs fichiers informatisés auprès de la Commission nationale informatique et libertés (CNIL). Depuis août 2004, les entreprises n'ont plus à déclarer l'ensemble de leurs traitements automatisés à condition de notifier à la CNIL l'existence, dans leur personnel, d'un CDP, c'est-à-dire d'un correspondant à la protection des données en entreprise. Chargé d'assurer le respect de la loi « informatique et libertés » dans son entreprise, le CDP a un statut qui garantit son indépendance.

a) Les sources servant à la constitution des fichiers

Pour constituer un fichier de prospects, plusieurs sources peuvent être utilisées.

1° Les sources internes à l'entreprise : fichiers de clients et fichiers de prospects

- *Les fichiers de clients*

Les fichiers de clients sont relativement faciles à constituer lorsque l'entreprise distribue directement ses produits au client final. En revanche, c'est beaucoup plus compliqué, voire impossible lorsque l'entreprise passe par un intermédiaire distributeur.

Exemple

→ Une banque peut dresser aisément la liste de ses propres clients, c'est-à-dire des particuliers ou des professionnels y possédant un compte. Comme les banques détiennent sur chacun de leurs clients des milliers d'informations, le plus délicat est de sélectionner les données les plus utiles à partir desquelles on constituera et entretiendra le fichier. Par exemple, pour le marketing de son programme « Jazz[1] », un package de services bancaires, la direction du marketing de la Société Générale a retenu les critères suivants : âge, adresse, récence (adhérents au programme Jazz de moins de 12 mois, de plus de 12 mois), niveau de revenus, nombre et nature des produits financiers détenus, type de cartes bancaires, risque d'attrition (clients fidèles et clients à risque).

Quand l'entreprise passe par des distributeurs indépendants, ce sont ces derniers qui ont les informations sur la clientèle. Quand ils les ont collectées, ils les donnent ou les vendent au producteur. Parfois, ils refusent de les céder. Dans ce cas, l'entreprise doit imaginer des moyens détournés – mais légaux – pour obtenir des données individualisées sur sa clientèle : documents à renseigner et à retourner après un achat pour bénéficier de la garantie et du service après vente, questionnaires de mesure de la satisfaction avec recueil de données personnelles, jeux et autres opérations de promotion des ventes, etc.

- *Les fichiers de prospects*

Dans certains cas, une entreprise peut se constituer un fichier de prospects à partir de données internes, telles que les rapports de visite de ses représentants, ou encore la liste des personnes avec leurs coordonnées qui ont fréquenté le stand de la marque dans un salon.

1. C'est un package de services avec une carte de paiement, une assurance moyens de paiement, des points cadeaux à cumuler, des réductions sur les produits des principaux tour-operators, etc.

Par les techniques dites du marketing viral, on peut constituer des fichiers de prospects à partir des fichiers de clients en leur demandant de donner les noms et adresses de connaissances.

On observera que la constitution de fichiers de prospects à partir de sources internes à l'entreprise est plus fréquente en B to B qu'en B to C où il faut faire très largement appel à des sources externes : location ou achat de fichiers existants.

2° Les sources externes à l'entreprise

• *Les listes en libre accès ou fichiers de compilation*

Il s'agit de listes publiées par des organisations publiques ou privées et auxquelles toute entreprise peut avoir accès librement.

Exemples

- Les annuaires des abonnés au téléphone.
- Les annuaires professionnels (médecins, avocats, etc.).
- Les annuaires d'anciens élèves de grandes écoles, etc.

• *Les fichiers d'acheteurs par marketing direct*

Ce sont les clients d'autres marques ayant déjà acheté par marketing direct. On appelle ces fichiers « *response lists* ». On analyse leur intérêt selon la méthode RFM, initiales de Récence, Fréquence, Montant[1].

- *Récence* : date du dernier achat en marketing direct. Plus elle est proche, plus la probabilité d'achat est élevée.
- *Fréquence* : nombre de commandes passées en marketing direct au cours d'une période donnée, par exemple au cours des six derniers mois. Plus la fréquence est élevée, plus forte est la probabilité d'achat.
- *Montant* : montant de la dernière commande ou montant moyen des commandes passées au cours d'une période donnée. Plus ce montant est élevé, plus le montant futur a de chances d'être élevé.

Ces fichiers d'acheteurs sont créés par des entreprises avec l'accord des intéressés. Après avoir été utilisés, ces fichiers peuvent être cédés ou loués à des entreprises non concurrentes. Les personnes dont les données personnelles composent ces fichiers peuvent s'opposer à ces transactions.

Exemple

- Pampers constitue des fichiers de mamans qui ont un enfant entre 0 et 2 ans. Passé cet âge, ces fichiers n'ont plus d'intérêt pour Pampers qui peut les vendre à une entreprise comme Danone.

Le plus souvent, les fichiers d'acheteurs par marketing direct ne sont pas achetés par les entreprises utilisatrices mais sont loués à des courtiers en fichiers (*list brokers*).

1. La méthode RFM est largement développée dans le chapitre 13 sur la segmentation.

- *Les fichiers spécialisés par cibles*

Les courtiers en fichiers constituent systématiquement des fichiers d'individus (et d'entreprises) possédant des caractéristiques déterminées (pour les individus : sexe, âge, catégorie socioprofessionnelle, etc.) et, moyennant paiement, les mettent à la disposition des entreprises qui souhaitent les utiliser. Cette prestation de service, qu'on appelle improprement « location de fichiers », se fait généralement selon les modalités suivantes.

La société spécialisée, propriétaire du fichier, ne le communique pas à l'entreprise cliente mais s'engage à expédier, pour le compte de cette entreprise, un mailing ou un e-mailing, selon les cas, à l'ensemble du fichier ou à une sélection. Ce mailing comporte généralement un coupon-réponse (ou un mode de réponse appropriée) à retourner directement à l'entreprise cliente. Une proportion plus ou moins importante des personnes du fichier retourne ce coupon-réponse. Au-delà de l'intérêt de l'opération commerciale ainsi menée, cela permet à l'entreprise cliente de créer ou d'élargir son propre fichier en exploitant les retours.

Certaines sociétés spécialisées dans la location de fichiers pratiquent une variante de ce système appelée *bus-mailing*. Elle consiste à regrouper, dans un même envoi postal adressé aux individus d'un fichier, plusieurs offres émanant d'entreprises différentes. Ce procédé permet de répartir entre plusieurs entreprises les coûts d'expédition d'un mailing, ainsi que la rémunération de la société spécialisée.

- *L'échange de fichiers clientèle entre entreprises*

Il arrive que deux entreprises travaillant dans des secteurs différents procèdent à un échange de leurs fichiers clientèle, soit sous forme d'une location croisée, soit même en se les communiquant *in extenso.*

Exemple

➥ Une société vendant des produits diététiques par correspondance peut échanger ses fichiers avec ceux d'un groupe de centres de thalassothérapie.

- *Les mass media*

On peut enfin, pour se constituer un fichier, utiliser certains *mass media* (notamment la presse), en y insérant des annonces assorties d'un *coupon-réponse* ou d'une invitation à appeler un numéro de téléphone (publicité directe). Les données personnelles fournies dans les réponses permettent de créer ou d'enrichir un fichier de prospects.

3 Des fichiers aux bases de données clients

Des fichiers, nous passons aux bases de données clients qui sont des ensembles intégrant de multiples informations régulièrement actualisées et enrichies par les résultats des actions menées.

L'information nourrit l'action qui, en retour, nourrit l'information : c'est le cycle vertueux de la connaissance du client[1].

Figure 9.4 **Le cycle vertueux de la connaissance du client**

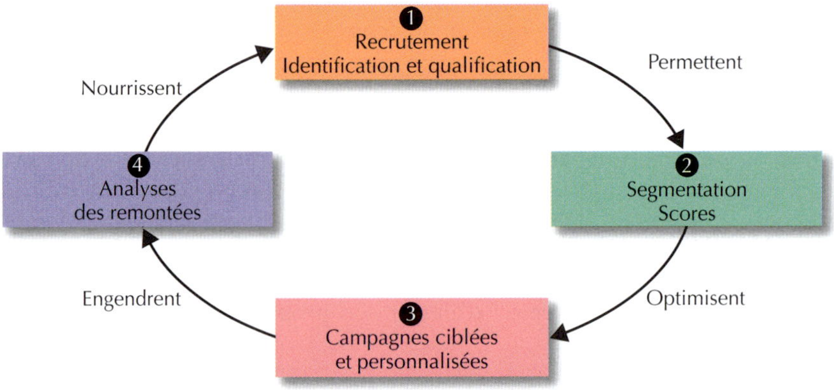

• *Étape 1 : Identifier et recueillir l'information*

Chaque prise de contact d'un client avec une marque peut être un motif de collecter des informations quel que soit le canal utilisé : *call centers*, sites Internet, boutiques, retours de questionnaires, remontées de coupons, bulletins de participation à des jeux, etc.

Les données recueillies et exploitées sont de quatre types :

- *Données de signalétique des individus*, nom, prénom, sexe, âge, profession, niveau d'instruction, etc.
- *Données transactionnelles* recueillies à l'occasion d'un achat : produits achetés, montant de l'achat, lieu d'achat, date d'achat, etc.
- *Données déclaratives* issues de questionnaires off line et on line.
- *Données marketing*, elles retracent l'historique de la relation entre le client et la marque : actions menées sur le client, nature, valeur et date des offres, réactions du client à ces actions, demandes d'information, réclamations, etc.

• *Étape 2 : Segmenter/Scorer*

« Scorer » est un anglicisme qui veut dire qualifier un client actuel ou potentiel sur une échelle en fonction de son intérêt commercial. À partir des données individuelles comportementales recueillies (achats effectués, visites de points de vente réels ou virtuels) et en les croisant avec des données de signalétique des individus (âge, profession, habitat, CSP…), on peut déterminer des microsegments auxquels on attribue des scores en fonction de leur intérêt. Le calcul d'un score de ciblage fait intervenir à la fois des analyses statistiques et la connaissance du marché et de la marque, par celui qui établit les scores.

1. Voir *Publicitor*, 7e édition, pp. 470 et suivantes. On se reportera à ce texte, qui développe dans le détail ce qui est présenté ici de façon très synthétique.

- *Les scores dits d'appétence* qualifient la probabilité d'achat d'un client ou d'un segment de clients. On utilisera par exemple une échelle de 0 à 5.
- *Les scores de potentiel* évaluent le potentiel d'accroissement du chiffre d'affaires pour une montée en gamme (*up-selling*) ou une opération de *cross selling* qui vise à faire acheter un autre produit de la gamme.
- *Les scores d'attrition* (ou taux de *churn*) évaluent le pourcentage de clients que l'on risque de perdre.

• *Étape 3 : Cibler les actions marketing et personnaliser la communication*

À partir de l'analyse des informations clients, on peut définir les objectifs de marketing et de communication avec précision : est-il préférable de générer du trafic nouveau au point de vente ou essayer d'augmenter le chiffre d'affaires par client ? Compte tenu de la valeur du client, faut-il s'engager dans une politique de fidélisation ? etc. Quelles sont les cibles prioritaires pour chaque objectif retenu ?

• *Étape 4 : Analyse des remontées et enrichissement de la base de données*

Le suivi de chaque opération fournit des données qui permettent de mesurer le retour sur investissement et d'enrichir la base de données. Le cycle vertueux de la connaissance du client se poursuit.

4 Les messages du marketing direct : forme et fond

Les messages sont de nature très différente selon qu'il s'agit de marketing direct transactionnel ou de marketing direct relationnel. Ce qui suit traite plus précisément des messages du marketing direct transactionnel. Dans le marketing direct relationnel, c'est l'intérêt de l'information, sa régularité et sa personnalisation qui priment.

Le message en marketing direct transactionnel doit être particulièrement puissant puisqu'il doit remplir, à lui seul, et en peu de temps, toutes les fonctions de communication et de vente, c'est-à-dire :

- attirer l'attention et donner envie d'ouvrir l'enveloppe ou de continuer la conversation au téléphone avec le « télévendeur » (ou « téléacteur ») qui a appelé ;
- donner envie de lire ou d'écouter tout le message ;
- informer sur l'offre ;
- convaincre de son intérêt ;
- conclure la vente, c'est-à-dire faire signer l'ordre d'achat ;
- rassurer le client sur le bien-fondé de sa décision et éviter qu'il ne se ravise avant d'expédier son ordre.

Un mailing ou publipostage est un ensemble de supports dont chacun a une fonction précise et complémentaire. Les éléments de base de ce système sont l'enveloppe, le message et la carte-réponse.

- *L'enveloppe :* elle est décisive pour inciter le correspondant à l'ouvrir et à prendre connaissance du message.
- *Le message* lui-même, qui peut se composer de plusieurs documents[1]. Le message présente l'*offre*, et comporte, si possible, *un accélérateur*. Ce terme désigne un procédé qui vise à pousser les prospects à répondre immédiatement. C'est une injonction du type : « Répondez dans les trois jours pour obtenir telle prime » ; « Bénéficiez de cet avantage particulier réservé exclusivement aux deux cents premières réponses », etc.
- *La carte-réponse.*

a) L'offre proprement dite

Elle peut, elle-même, se subdiviser en *une offre principale* (par exemple, l'abonnement à une collection de livres) et *des offres complémentaires* qui servent à exciter l'intérêt du consommateur et à le rassurer (par exemple, un ouvrage gratuit plus la possibilité de renvoyer les ouvrages commandés dans le mois qui suit, la faculté de recevoir un ouvrage à l'essai, une offre promotionnelle sur les prix pour toute décision avant une certaine date…).

b) La forme du message, c'est-à-dire la création

Selon certains spécialistes, la conception des mailings ou des messages téléphonés doit répondre à des règles très précises. Elles s'inspirent généralement de la méthode AIDA[2] et reproduisent, en mailing notamment, la démarche suivie par les vendeurs en face-à-face. On dit généralement que lorsqu'on écrit un mailing, il faut imaginer le dialogue que l'on aurait réellement avec un consommateur appartenant à la cible. Toutes les règles de création énoncées par les professionnels se ressemblent peu ou prou. Voici, par exemple, les conseils que donne Bob Stone[3], un créatif américain.

FOCUS

Les conseils de Bob Stone

- Dès l'accroche ou le premier paragraphe, proposer un avantage, le plus important. On ne peut pas se tromper en offrant dès le départ son meilleur atout et en attirant l'attention par le plus grand avantage dont va profiter le lecteur.
- Insister tout de suite sur son principal atout dans le titre.
- Dire clairement au lecteur la proposition qu'on lui fait.
- Soutenir ce qu'on dit par des preuves et des témoignages.
- Dire au lecteur ce qu'il risque de perdre s'il ne suit pas les recommandations.
- Dans la conclusion, reformuler les avantages principaux que l'on a proposés.
- Inciter à l'action immédiate.

1. On ajoute souvent au message principal des docu-ments d'information, des témoignages, parfois des éléments multimédias (des photos, un CD-Rom, une clé USB...).
2. Attention, Intérêt, Désir, Achat.
3. Bob Stone, *Méthode de marketing direct*, (adaptation française par R. Durand et B. Siouffi), Inter-Éditions, 1992.

Pour d'autres spécialistes du marketing direct, il n'existe pas de règles incontournables à respecter pour élaborer un message de marketing direct, mais seulement des principes : connaissance de la cible, conception du message comme un dialogue entre la marque et le prospect, respect de la marque.

5 L'analyse des coûts, des rendements et de la rentabilité des opérations de marketing direct

Les opérations de marketing direct se prêtent mieux que celles du marketing de masse aux analyses de rentabilité car, en marketing direct, il est souvent possible de mesurer avec précision les coûts et les recettes imputables à une offre, à une catégorie de prospects, etc.

a) Les coûts

Les principaux coûts du marketing direct sont :

- les frais d'obtention des adresses, tels que la location de fichiers ou l'insertion d'annonces dans les *mass media*. En divisant le montant de ces frais par le nombre de réponses obtenues, on calcule le « coût de recrutement » d'un prospect ;
- les coûts de gestion informatique du fichier ;
- les frais d'envoi des messages (affranchissement des publipostages, etc.).

Ces différents coûts peuvent généralement être imputés d'une manière assez précise entre les différentes opérations de recrutement, entre les différentes offres, ou même entre les prospects regroupés en catégories.

b) Les calculs de rendement

Le rendement d'une opération de recrutement est le nombre de prospects acquis à la suite de cette opération, rapporté soit au coût de l'opération, soit (dans le cas d'un recrutement par mailing) au nombre de personnes touchées ; dans ce dernier cas, on l'appelle *taux de remontée* ou *taux de transformation*. Ce rendement est généralement de l'ordre de 0,5 % à 3 % mais ce ne sont que des moyennes !

c) Les calculs de rentabilité[1]

À partir de la comparaison entre les coûts et les recettes, on peut calculer la rentabilité d'un média, d'une offre, ou même la rentabilité individuelle, sur une période de temps déterminée, de chacun des prospects figurant dans le fichier. Compte tenu des coûts unitaires de recrutement, un client ne devient rentable qu'au-delà d'un certain volume d'achat, qui peut être calculé.

1. Ce qui suit est valable pour le marketing direct transactionnel. Pour le marketing direct relationnel, le calcul de la rentabilité est beaucoup moins facile. Il dépend des objectifs, variables, du marketing relationnel. Voir le chapitre 10 sur le marketing relationnel et le chapitre 11 sur les réseaux sociaux.

Un tel calcul permet :

- d'identifier les clients non rentables, qui devront être éliminés du fichier ou faire l'objet d'offres moins fréquentes ou moins coûteuses ;
- de déterminer les caractéristiques discriminantes des prospects les plus rentables, en vue d'orienter les recrutements ultérieurs vers les catégories de prospects possédant ces caractéristiques.

d) Les tests

Compte tenu de la grande variabilité des rendements des opérations de marketing direct, les sociétés qui le pratiquent conduisent de nombreux tests en vue de prévoir et d'accroître le rendement de leurs propres opérations. Ces tests peuvent avoir pour objet :

- de comparer le rendement de plusieurs supports de presse, ou encore, pour un même support, de plusieurs formats d'annonce ;
- de comparer le rendement de plusieurs rédactions ou présentations différentes d'un mailing ;
- de comparer le rendement de diverses fréquences d'expédition d'une offre à des prospects d'une catégorie déterminée, etc.

De tels tests peuvent être menés soit sur l'ensemble du fichier, que l'on divise alors en plusieurs segments appariés, soit sur des échantillons restreints tirés de ce fichier. Ces tests sont particulièrement rapides et aisés à faire pour les opérations de marketing direct menées sur Internet.

6 L'e-mail commercial : outil de prospection et de relation[1]

L'e-mail commercial (on dit aussi e-mail marketing ou e-mail publicitaire) recouvre tous les usages du courrier électronique à des fins commerciales : recueil de données personnelles pour constituer des fichiers, qualification de prospects, vente, marketing relationnel.

Il s'est développé souvent au détriment du publipostage mais les deux techniques restent complémentaires. Le développement de l'e-mail commercial a été très rapide. Aujourd'hui, ses performances sont en baisse mais demeurent intéressantes. Les internautes se sont habitués et sont souvent saturés d'e-mails commerciaux. Le taux d'ouverture diminue.

1. Le texte qui suit a largement bénéficié des informations et des conseils de Carole Walter, fondatrice et PDG de l'agence Come & Stay, un des tout premiers spécialistes des fichiers de bases de données d'internautes et de marketing direct en ligne. Voir www.comeandstay.com

a) Les points forts de l'e-mail commercial[1]

FOCUS

Les cinq avantages majeurs de l'e-mail commercial :

- Économie
- Traçabilité
- Rapidité (mise en œuvre et retours)
- Richesse des modes d'expression
- Capacité de développement viral (éventuellement)

1° L'e-mail commercial est beaucoup plus économique que le publipostage

Il élimine un grand nombre de coûts inhérents au marketing direct traditionnel : suppression des coûts papier, des coûts de distribution, d'affranchissement et des coûts de manipulation et de transport. Les coûts de routage, qui représentent 75 % du coût total d'une opération traditionnelle par voie postale, sont réduits à quelques centimes d'euros avec Internet. Le coût de location des adresses e-mail est le poste le plus important[2].

2° Une excellente traçabilité

Tout est mesuré. Les informations sont non seulement très riches mais elles sont aussi connues immédiatement, ce qui permet une grande réactivité en cours de campagne.

Les campagnes d'e-mail commerciaux s'accompagnent d'un tracking informatique permettant à l'annonceur de consulter en temps réel les résultats de sa campagne. Les résultats sont fournis par typologie d'adresses, par message, par heure. Ils analysent le taux d'ouverture de l'e-mail, le taux de clics sur e-mails ouverts, les zones chaudes de clics, le nombre d'inscriptions à une newsletter, d'achats en ligne, etc.

1. On trouve sur Internet tout et n'importe quoi sur les performances de l'e-mail commercial, certains sites prêchant exagérément pour leur paroisse. On conseille au lecteur les informations du *Journal du Net*, qui publie régulièrement des dossiers sur l'e-mail commercial. On consultera également www.abc-marketing.com, qui propose un dossier clair et bien documenté sur l'e-mail commercial.
2. Voir une analyse détaillée des postes de coût d'un e-mail commercial sur www.abc-marketing.com/combien-coute-au-final-la.html

Figure 9.5 **La mesure de l'efficacité d'un e-mail commercial**[1]

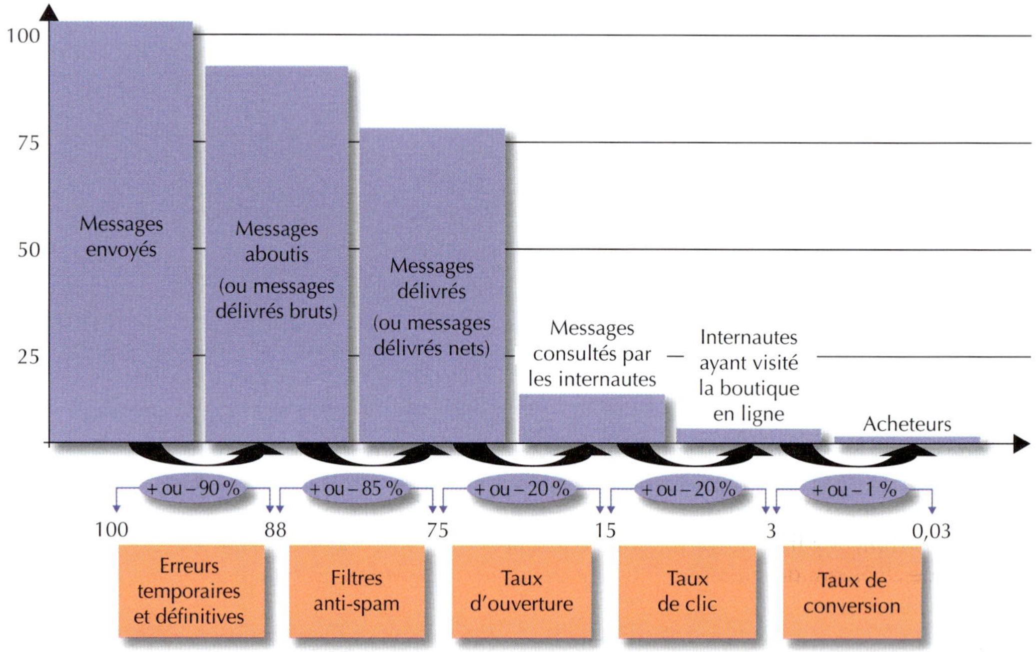

On suit les campagnes d'e-mails commerciaux à partir de tableaux de bord qui affichent les performances sur les principales rubriques suivantes.

- *Le nombre de messages aboutis*

Il est égal au nombre de messages envoyés auxquels on soustrait les e-mails qui ne sont pas arrivés à destination ou qui sont arrivés « explosés » dans les boîtes des destinataires. Les e-mails non aboutis sont analysés en deux catégories : les erreurs définitives et les erreurs temporaires. La norme actuelle d'erreurs temporaires et définitives est de l'ordre de 10 % des messages envoyés.

- *Le nombre de messages délivrés*

Ce sont les e-mails aboutis moins les e-mails arrêtés par les filtres anti-spam. Le pourcentage de messages délivrés est communément appelé « taux de délivrabilité » (de l'anglais *deliverability*). Il est aujourd'hui autour de 75 % dans le marché B to C.

- *Le taux d'ouverture des e-mails*

Il est très variable selon la notoriété et l'image de l'émetteur, l'intérêt de l'offre proposée, le taux de saturation de la boîte e-mail de l'internaute, etc. Il en va de même pour le taux de clic.

1. Ce schéma a été établi pour un e-mail devant conduire à une boutique en ligne. Il est, dans ses principes, identique pour un e-mail commercial devant conduire à un abonnement à une newsletter, à la participation à un jeu qui vise à recueillir des données personnelles, etc.

3° La rapidité de mise en place et de retours d'une campagne d'e-mailing

La conception d'une campagne de marketing classique faisant appel à des publipostages demande un délai de trois à quatre mois. Quelques jours suffisent pour du marketing direct en ligne. On peut programmer l'envoi automatique d'e-mails à un jour et à une heure prédéfinis. La rapidité de réaction des individus ciblés est plus grande qu'avec les publipostages. Plus besoin de remplir un coupon, de le poster ou encore de téléphoner, il suffit de cliquer.

4° La richesse des modes d'expression des e-mails commerciaux

Le développement du haut débit permet l'envoi de textes, d'images, de son, de vidéo. Attention toutefois aux pièces jointes qui souvent ne sont pas ouvertes par les internautes qui craignent les virus.

5° Les e-mails peuvent déclencher ou accompagner des campagnes de marketing viral

Ce sujet est traité dans le chapitre 7.

b) Le rendement des e-mails commerciaux

Le marketing direct en ligne donne des taux de retours variables, de quelques pour cent à plus de 25 %, qui dépendent beaucoup de l'intérêt de l'offre et de la finesse du ciblage.

Figure 9.6 **Échelle des taux de retour des e-mails commerciaux**[2]

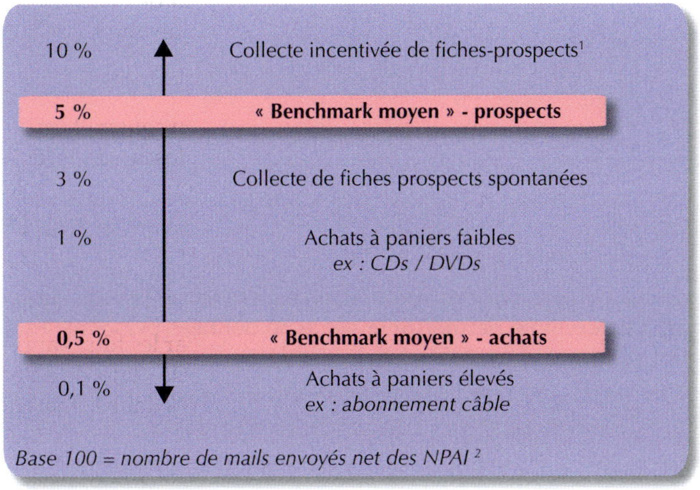

Source : Come & Stay.

1. Il s'agit de collecte de données personnelles permettant de qualifier des prospects et accompagnées d'une incitation à remplir et à renvoyer le questionnaire (loterie, cadeau, offre promotionnelle diverse, etc.).
2. Initiales de : « N'habite Pas à l'Adresse Indiquée », l'adresse étant ici l'adresse électronique.

Comme en marketing direct classique, on loue des fichiers plus souvent qu'on ne les achète. Il est parfois difficile de se retrouver dans une offre de fichiers d'adresses électroniques de plus en plus abondante mais encore de qualité inégale. Il est donc vivement conseillé de tester les fichiers avant de les louer. On prendra garde aux propositions qui ne permettent pas de vérifier la source et le numéro CNIL[1] du fichier.

c) Les problèmes de l'e-mailing commercial : les méfaits du spam et le respect de la vie privée

1° Le spam

Le SNCD (Syndicat national de la communication directe) donne la définition suivante du spam :

> « Le spam est l'envoi de courriers électroniques à destination d'adresses e-mail collectées de manière déloyale. Cela signifie que les données n'ont pas été collectées de manière transparente, soit parce que l'internaute n'était pas informé de l'identité du collecteur, soit parce qu'on ne lui a pas précisé les finalités du traitement ou qu'on les a détournées. Enfin, il y a spam, lorsqu'un courrier ne permet pas une désinscription sélective ou totale. »

Le spam pollue les boîtes aux lettres électroniques par l'envoi massif de messages à caractère commercial, non ciblés et non sollicités. On constate une progression continuelle du spam au cours des dernières années. C'est une des raisons de la diminution du rendement des e-mails commerciaux ciblés.

2° *Opt-in* et *permission marketing*

Pour conserver la confiance des internautes, les entreprises se donnent des codes de déontologie et adoptent les principes du *permission marketing*[2] que l'on peut énoncer de la façon suivante.

- *On n'envoie des messages que si on a obtenu l'accord préalable de l'internaute.* Selon le SNCD : « L'*opt-in* est un consentement exprès donné par le détenteur d'une adresse électronique à recevoir des messages électroniques *via* le réseau Internet, dans des conditions qui lui sont proposées lors de la collecte de ses données personnelles. »
- *Cet accord doit être explicite.* On doit dire très clairement sur quoi porte cet accord, par exemple permettre la vente de données personnelles à d'autres entreprises, recevoir une *newsletter*, etc.
- *On doit permettre à l'internaute de revenir très facilement sur un accord donné*, par exemple se désabonner immédiatement d'un seul clic.
- *On doit faciliter l'accès aux données personnelles* qui ont été recueillies.
- *Il est conseillé de mettre un lien avec le code de déontologie*[3] de l'entreprise et de faciliter l'expression des réclamations éventuelles.

1. CNIL : Commission nationale informatique et libertés.
2. Seth Godin, qui fut vice-président de Yahoo!, a publié : *Permission marketing. Les leçons d'Internet en marketing*, Éditions Maxima, 2000.
3. Voir le Code de déontologie type élaboré par le SNCD, sur www.sncd.fr

Suite à une directive européenne en faveur de l'*opt-in* obligatoire, la LECN (loi pour la Confiance dans l'Économie Numérique du 21 juin 2004) a rendu impératif le consentement préalable du consommateur pour la prospection par voie électronique pendant que la nouvelle loi Informatique et Libertés du 6 août 2004 substituait la notion de données personnelles à celle de données nominatives et instituait le poste de correspondant de la CNIL dans les entreprises et les collectivités locales utilisant des fichiers de données personnelles.

d) Le marketing direct en ligne ouvre de nouvelles perspectives

Au début de cette section, on a observé que le marketing direct en ligne recouvre tous les usages du marketing direct traditionnel. Mieux, il en élargit le champ.

Comme on vient de le voir, il a un plus large registre d'expression que le publipostage traditionnel. Il est souvent associé à une rémunération des prestataires aux résultats (marketing à la performance). Il permet d'organiser des opérations ciblées sur les « moments de vie » remarquables des prospects (*trigger marketing*). Il peut être associé à du marketing viral. Il est souvent utilisé pour le marketing relationnel de fidélisation.

1° Le marketing à la performance

Particulièrement adapté à la collecte de prospects et à la vente en ligne, le marketing direct dit « à la performance » permet à l'annonceur de maîtriser le retour sur investissement. Le prix par adresse collectée est défini en début de contrat et l'annonceur achète un certain volume d'adresses. Aujourd'hui, le marketing à la performance représente près des trois quarts des e-mails commerciaux de conquête.

Exemple

➥ L'entreprise de prêt-à-porter Celio a souhaité collecter l'adresse e-mail de ses clients pour densifier sa relation commerciale avec eux. Celio a indiqué à Come & Stay le nombre d'adresses e-mail qu'elle souhaite recueillir au cours de l'année. L'agence bâtit les opérations, crée les supports graphiques, diffuse l'offre au mieux dans le réseau et transmet en fin d'opération à Celio le nombre d'adresses e-mail identifiées dont les internautes ont sollicité la réception d'offres de la part de Celio. Contrairement à ce qui se pratique dans les agences de publicité traditionnelle, la rémunération se fait ici au volume généré.

Description de l'opération Celio/Splinter Cell :

- Objectif : collecte de profils e-mail, SMS et postal
- Moyen : le jeu concours Splinter Cell
- Rémunération : par profil *opt-in* collecté
- Volume collecté : 79 403 en une semaine

2° Le marketing de flux, ou *trigger marketing*

On exploite des évènements remarquables dans la vie des clients[1] : un déménagement, l'achat d'une automobile, etc. Cette approche est particulièrement intéressante pour des achats financièrement importants mais peu fréquents. Les clients apparaissent un beau matin sur le marché, consomment énormément d'un coup (plusieurs milliers d'euros pour une voiture et plusieurs centaines de milliers d'euros pour l'habitat) puis ils sortent du marché pour de nombreuses années.

L'e-mail, qu'il soit de conquête ou de fidélisation, est adressé en fonction de l'identification du besoin du consommateur. C'est du marketing « juste-à-temps ». Grâce à Internet, on peut maintenant identifier ces consommateurs, l'étape où ils sont dans leur processus de décision et les « accompagner » jusqu'à l'achat.

Exemple

Car Direct

Le contact ci-dessous est en phase d'achat d'un véhicule. Il attend votre appel :

Prénom : Arnaud
Nom : MARTIN

N° Tél. : 01 49 67 54 67 / 06 34 56 76 82

Ville : Paris Code Postal : 75003

Adresse complète : 12, rue Dupont

Son projet d'achat :

Segment de véhicule : Berlines (type Passat)
Neuf / Occasion : Neuf
Marques recherchées : Opel, Volkswagen

Votre suivi commercial :

Vendeur responsable du contact :
Rappel le :

➥ Dans la majorité des cas, Internet est aujourd'hui au point de départ d'un projet d'achat automobile. En effet, trois acheteurs de voiture sur quatre, déclarent être allés sur Internet avant d'aller voir un concessionnaire et prendre leur décision d'achat. Car Direct®, un programme de l'agence Come & Stay, collecte auprès de son réseau de sites auto partenaires (Caradisiac, Argus Auto, Assurland, etc.) les adresses e-mail *opt-in* des internautes en phase active d'achat de voiture. Pour chaque internaute, Car Direct® dispose de ses coordonnées (adresse e-mail, téléphone, code postal…) et surtout du type de voiture recherchée et du budget alloué.

Un logiciel reformate les adresses dans un référentiel commun, sélectionne pour chaque constructeur sa cible et envoie un e-mail publicitaire ciblé sur le segment de voiture recherchée, le budget envisagé et la zone géographique de l'internaute. Les coordonnées des internautes souhaitant profiter de l'offre du constructeur sont transmises en flux au *call center* qui rappelle l'internaute pour convenir d'un rendez-vous en concession. Le rendez-vous est confirmé par e-mail à l'internaute ainsi qu'au concessionnaire et la fiche du prospect est injectée dans l'extranet commercial de la marque. Ceci permet au vendeur d'avoir immédiatement la fiche du prospect enregistrée dans son logiciel de *lead management*.

3° Le marketing de la fidélisation

L'e-mailing est devenu le mode de communication privilégié, en raison de ses faibles coûts et de son interactivité, des programmes relationnels qui cherchent à fidéliser les clients. La collecte des adresses e-mail des clients et prospects est maintenant systématique ou du moins devrait l'être. La personnalisation du contenu et la bonne gestion des campagnes sont ensuite des facteurs déterminants pour leur succès. Il faut gérer la « pression relationnelle » pour éviter la lassitude des clients.

Le marketing de fidélisation et l'utilisation d'Internet sont étudiés au chapitre 10 sur le marketing relationnel et au chapitre 11 sur les réseaux sociaux.

1. Voir « Les moments de vie », dans la section 2 du chapitre 3 sur le comportement des consommateurs.

SECTION 4

LES RELATIONS PUBLIQUES, LA COMMUNICATION ÉVÈNEMENTIELLE, LE PARRAINAGE ET LES RELATIONS PRESSE

1 Les relations publiques (RP)

Les relations publiques consistent à prendre des contacts personnels avec des publics particulièrement importants pour l'entreprise, en vue de les informer, de gagner leur sympathie et de les inciter à diffuser à leur tour, à des publics plus larges, les informations qu'on leur a communiquées.

Les principales cibles qui peuvent être visées sont les milieux politiques et administratifs, les milieux intellectuels (enseignants, étudiants, etc.), les milieux financiers, les prescripteurs et leaders d'opinion, les distributeurs, etc.

Les techniques de relations publiques les plus utilisées sont les suivantes :

- *Les réceptions*, visites d'entreprise, voyages d'étude, congrès, colloques et conférences.
- *Les cadeaux* d'entreprise, les voyages touristiques, etc.
- *Le lobbying* : il consiste à entretenir des contacts personnels réguliers avec des personnalités politiques ou des hauts fonctionnaires en vue de les informer sur les problèmes d'une entreprise ou d'une profession et de les inciter à défendre leurs intérêts.
- *Les salons, foires et expositions,* qui permettent de faire mieux connaître à des clients potentiels les activités et les produits d'une entreprise.
- *Le service consommateur* : de plus en plus nombreuses sont les entreprises qui créent en leur sein un service spécialisé chargé d'entretenir des relations avec les consommateurs, notamment pour répondre, d'une manière personnalisée, à leurs plaintes et réclamations.

2 La communication évènementielle

La communication évènementielle consiste à :

- concevoir et mettre en scène un évènement concernant directement l'entreprise ou l'un de ses produits et susceptible de susciter l'intérêt et la sympathie du public ;
- utiliser cet évènement comme support pour différents types de communications : communication interne, relations presse, relations publiques, et même parfois publicité par *mass media*.

Exemples

- La mise en vente, chaque année à la même date, du beaujolais nouveau (« le beaujolais nouveau est arrivé ») est devenue un évènement largement médiatisé, non seulement en France, mais aussi dans des pays lointains comme le Japon. Il s'est usé au fil du temps.
- Un fabricant de parfums a réussi à faire parler de lui dans toute la presse en parfumant un jour certaines stations du métro parisien, avec des senteurs appropriées à leurs noms : Jasmin, Porte des Lilas, Fontenay-aux-Roses, etc. (il avait délibérément oublié les stations Javel et Cambronne).

La communication évènementielle s'applique à trois domaines principaux.

- *Stimuler les équipes de commerciaux*

Exemples

- Tous les ans, à la rentrée de septembre, les grands laboratoires pharmaceutiques organisent des conventions réunissant leurs délégués médicaux pour annoncer les nouveaux produits, expliquer les objectifs commerciaux et mobiliser les énergies pour l'année qui suit.
- À l'occasion du lancement d'un nouveau modèle important, les constructeurs automobiles organisent des évènements (conférences, spectacles…) pour galvaniser leurs distributeurs.

- *Développer du lien social au sein des entreprises*

Exemple

- Carrefour a organisé une gigantesque convention réunissant plusieurs milliers de collaborateurs pour leur expliquer la stratégie du groupe et illustrer sa politique d'innovation dans de nombreux domaines.

- *Faire des relations publiques et du buzz*

La communication évènementielle est alors une forme spectaculaire de relations publiques.

Exemples

- Plusieurs organisations paysannes ont organisé une moisson sur les Champs-Élysées pour attirer l'attention du public sur les problèmes du monde rural. C'est l'opération de relations publiques la plus spectaculaire jamais organisée en France. L'idée était de mettre la campagne dans la ville[1], les agriculteurs venant rencontrer les citadins chez eux. Cette manifestation a posé des problèmes administratifs (autorisations) et logistiques considérables (transformer les Champs-Élysées en champ de blé prêt à moissonner). L'évènement eut un retentissement considérable. Très visuel, il fut abondamment relayé par la télévision et la presse. Mais c'est aussi typiquement une opération de relations publique très coûteuse dont il est impossible d'évaluer précisément l'efficacité.

---

1. Cette opération prenait en quelque sorte le contre-pied de la fameuse formule d'Alphonse Allais : « On devrait construire les villes à la campagne car l'air y est plus pur ! »

3 Le parrainage, sponsoring et mécénat

a) La définition et les principes

Le parrainage consiste, pour une entreprise, à associer son nom et à apporter publiquement son soutien (notamment financier) à une manifestation, un projet, une cause, ou des personnes qui lui sont extérieurs et qui, parfois, n'ont pas de rapports directs avec ses propres activités.

Le parrainage comporte plusieurs variantes, qui sont désignées tantôt par le terme de *sponsoring*, tantôt par celui de *mécénat*, le premier étant plutôt utilisé pour le parrainage d'activités à caractère sportif, et le second pour le parrainage d'activités artistiques ou culturelles.

b) Le sponsoring sportif

Le sponsoring sportif peut prendre deux formes principales.

1° Le parrainage d'épreuves ou de manifestation sportives

Dans certains cas, une épreuve sportive est parrainée par un sponsor principal qui lui donne son nom : trophée Lancôme, trophée Andros[1], cross du Figaro, etc. Dans d'autres cas, plusieurs sponsors parrainent conjointement une même épreuve, et en font état dans leurs communications respectives.

1. Courses d'automobiles sur glace.

2° Le parrainage d'équipes ou de champions

La deuxième forme que peut prendre le sponsoring sportif consiste à soutenir un ou plusieurs *concurrents* d'une épreuve sportive. Là encore, le parrainage peut être accordé à un compétiteur, tantôt par un seul sponsor, tantôt conjointement par plusieurs.

Exemple

- Le Club de football du Paris Saint-Germain est soutenu par plusieurs sponsors dont Émirates.

Le sponsoring d'un champion ou d'une équipe est plus risqué que celui d'une épreuve sportive, en ce sens qu'on ne peut jamais être certain que ce champion ou cette équipe réaliseront de bonnes performances.

Exemples

- Parrainage d'épreuves : en organisant le Vendée Globe, le département de la Vendée développe sa notoriété et son image à chaque édition de cette compétition.
- Parrainage de champions : Foncia a réussi une belle opération en sponsorisant Michel Desjoyeaux, vainqueur du Vendée Globe 2008/2009. En revanche, Bel a tout perdu, son bateau ayant dû abandonner 24 heures avant le départ.

c) Le parrainage d'un « service au public »

Une autre forme de sponsoring consiste, pour une entreprise ou une marque, à financer la fourniture ou la mise à la disposition du public de certains services qui lui seront utiles.

Exemples

- Une des premières entreprises à pratiquer le parrainage des services au public a été Michelin, avec ses panneaux routiers et ses cartes routières. S'agissant des cartes routières, cette opération est d'autant plus remarquable qu'elle est « auto-payante » et peut-être même bénéficiaire jusqu'à l'apparition du GPS, qui concurrence les cartes papier.
- Free installe des bornes Wifi gratuites.

d) Le mécénat artistique et culturel

Le parrainage des activités et manifestations artistiques et culturelles est appelé « mécénat d'entreprise ». Il peut avoir un caractère permanent ou ponctuel.

Exemples

- La fondation LVMH a édifié un musée d'art contemporain au Jardin d'acclimatation.
- Le magazine *Elle* décerne chaque année un prix littéraire dont le lauréat est désigné par un jury composé de lectrices.

e) Le soutien à une cause humanitaire, morale, scientifique ou éducative

Ce dernier type de parrainage se développe depuis quelques années, avec la prise de conscience, par les entreprises, de leurs responsabilités sociales.

Exemples

- L'Institut Danone finance, entre autres actions, des recherches sur l'alimentation et la santé.
- La chaire d'e-business « *Digital Innovation for Business* » est financée à HEC par cinq grands entrepreneurs : J.A. Grangon (Vente privée), P. Kosciusko-Morizet (Price Minister), X. Niel (Free), S. Rosenblum (Pixmania) et M. Simoncini (Meetic).

f) Les conditions d'efficacité du parrainage

Les opérations de parrainage, sous leurs différentes formes, ont toujours pour objectif d'améliorer l'image de l'entreprise qui les conduit, et de la valoriser aux yeux du public. Cet objectif ne peut être atteint que si les principales conditions suivantes sont remplies.

1° Le choix de l'évènement à parrainer

L'évènement à parrainer ne doit pas être choisi principalement en fonction des goûts et des hobbies personnels du patron de l'entreprise (« la danseuse du président »). Son choix doit s'inspirer, en premier lieu, des *centres d'intérêt de la cible visée.*

Exemple

- Compte tenu des publics auxquels elle s'intéresse, il est logique que la banque HSBC sponsorise un tournoi de golf, le HSBC Champions, et que la Française des jeux sponsorise plutôt une équipe du Tour de France.

L'évènement ou l'activité à parrainer doivent, en second lieu, être aussi proches que possible du territoire, des valeurs ou de la mission de l'entreprise, ou en tout cas ne pas être en contradiction avec eux : l'Institut Danone, par exemple, répond bien à cette condition.

2° La visibilité du parrain

Pour qu'une opération de parrainage ait des retombées sur l'image de l'entreprise qui la mène, il faut que celle-ci lui soit associée d'une manière *visible et forte.* De ce point de vue, l'idéal, pour une entreprise, est d'être le seul parrain d'un évènement et de lui donner son propre nom : coupe Louis Vuitton, trophée Lancôme, trophée Andros, etc. À défaut, dans les opérations de co-parrainage, chacune des entreprises participantes doit s'efforcer d'apparaître de la manière la plus visible possible dans l'opération.

3° La durée et continuité de l'action

Les opérations de parrainage menées d'une manière ponctuelle ont peu de chances d'avoir des effets durables sur l'image d'une entreprise. C'est seulement en parrainant d'une manière prolongée une activité sportive ou culturelle qu'une entreprise peut en tirer vraiment profit.

Exemple

- À force de sponsoriser tous les ans, depuis plus de vingt ans, le tournoi de tennis de Roland Garros, la BNP a réussi à s'identifier à ce tournoi aux yeux de beaucoup d'Américains, qui l'appellent *The BNP French Open.*

4° Les relais de communication

Enfin, pour être efficace, une opération de parrainage doit être relayée par le plus grand nombre possible de moyens de communication qui la feront connaître au public. On estime parfois qu'il est souhaitable de dépenser au moins autant d'argent pour faire connaître l'opération que pour la réaliser. Les principaux relais de communication utilisables sont les suivants.

- *Les relations presse*

Lorsque l'évènement parrainé est intéressant, on peut obtenir, par des communiqués de presse, des dossiers envoyés aux journalistes et aux blogueurs, des conférences et des interviews, qu'il fasse l'objet d'une bonne « couverture » sous forme d'articles, de reportages, etc.

- *La publicité médias*

Dans certains cas, on peut utiliser la publicité proprement dite pour faire savoir que l'on parraine une opération. C'est ainsi que les grands sponsors des jeux olympiques (Coca-Cola, Mars…) font connaître largement au public leur participation par des campagnes d'affichage, de télévision, de presse, etc.

- *Internet*

On décline systématiquement une opération de parrainage sur Internet, notamment sous forme de jeux associant un large public à l'évènement.

- *Les relations publiques*

Enfin, les entreprises qui parrainent un évènement utilisent souvent ce parrainage comme *support pour des opérations de relations publiques* en direction de publics particulièrement importants. Ainsi, à l'occasion du tournoi de Roland Garros, les différents sponsors organisent autour des courts de si nombreuses réceptions que, pendant le tournoi, on dit qu'il devient difficile, à Paris, de trouver quelqu'un à son bureau.

4 Les relations presse

a) La définition et les objectifs

Les relations presse sont les moyens qu'on emploie en vue d'obtenir, de la part d'organes de presse (écrite, parlée, audiovisuelle ou en ligne), la diffusion gratuite d'informations concernant une marque ou une entreprise[1].

Les blogueurs doivent être considérés comme une nouvelle forme de journalisme (au moins pour certains d'entre eux) et être intégrés dans les opérations de relations presse.

1. Dans le cadre de cette définition, ce qu'on appelle la *publicité rédactionnelle*, c'est-à-dire l'insertion, dans un support, d'annonces ayant l'*apparence* d'articles ou de reportages rédactionnels, ne fait pas partie des relations presse mais de la publicité-médias.

Les relations presse sont fondamentalement différentes de la publicité-médias sous deux aspects principaux : d'une part, elles n'impliquent pas l'achat d'espace dans les supports visés ; d'autre part – et par voie de conséquence – elles ne donnent pas à l'entreprise une maîtrise totale, bien loin de là, des messages qui seront diffusés.

FOCUS

Les principaux objectifs des relations presse

- Transmettre une information précise.
- Promouvoir l'image de la marque, l'image institutionnelle ou la notoriété des dirigeants.
- Répondre à une attaque, réagir en situation de crise.
- Mobiliser l'interne.
- Crédibiliser le discours de l'entreprise.
- Se comparer à la concurrence, hors des contraintes imposées par la réglementation sur la publicité comparative.

Les relations presse sont particulièrement déterminantes dans les cas suivants :

- *Quand la publicité est interdite* (tabac, alcool…).
- *Quand on est dans un secteur sensible aux crises* et que l'entreprise risque d'avoir besoin un jour, du soutien de l'opinion publique.
- *Quand on vend des produits ou des services qui ont des problèmes de crédibilité* : par exemple les produits de beauté, diététiques, certains produits financiers, etc.
- *Quand la presse est une source majeure d'information des consommateurs* : c'est particulièrement vrai pour les marchés industriels (*Business to Business*) mais ça l'est également pour certains marchés de grande consommation pour lesquels le client se réfère souvent aux jugements de la presse : automobile, restauration, spectacles (cinéma, théâtre), édition, etc.

Exemple

➥ La société française de cosmétique Clarins conduit depuis vingt ans une politique de relations presse très active, en partie motivée par le niveau limité de son budget publicitaire face aux concurrents. Le résultat de cette politique est que le nombre de citations de cette marque dans la presse féminine, qui s'adresse directement à son public, est près du double du nombre de citations de son principal concurrent.

b) Les principaux moyens des relations presse

Lorsqu'une entreprise souhaite voir diffuser par la presse certaines informations la concernant, elle peut utiliser les principaux moyens suivants :

- le *communiqué de presse,* dont on espère qu'il sera repris tel quel par certains journaux ;
- le *dossier de presse,* qui pourra servir de base à la rédaction d'articles par les journalistes ;
- la *conférence de presse* ou les *interviews* accordées par des dirigeants de l'entreprise à des journalistes.

c) Les conditions d'efficacité

Étant donné qu'une entreprise ne peut pas imposer aux journalistes la publication d'informations la concernant, et moins encore la manière de les présenter et de les commenter, les relations presse ne peuvent être efficaces que si elles respectent certains principes.

• *Le professionnalisme dans la préparation*

La rédaction des communiqués et des dossiers de presse, ainsi que la préparation des conférences de presse et des interviews, doivent être confiés à des professionnels, qu'on appelle les *attachés de presse.* En outre, les dirigeants de l'entreprise, lorsqu'ils sont appelés à donner une conférence ou une interview, ont intérêt à s'y préparer sérieusement ; de plus en plus fréquemment, ils font appel pour cela à des consultants spécialisés en « expression orale », qui leur apprennent à se sentir à l'aise devant les médias (*media-training*).

> **Notre conseil**
>
> *Les journalistes ne diffusent pas une information sur une entreprise simplement pour faire plaisir à ses dirigeants. Ils ne le font que si l'information leur paraît susceptible d'intéresser leurs lecteurs., et de se valoriser eux-mêmes aux yeux de leur patron ou de leurs pairs. Il est donc indispensable de choisir et de présenter les informations que l'on va communiquer aux journalistes en fonction de leur intérêt et non pas seulement de celui de l'entreprise.*

• *La continuité*

Certaines entreprises ne s'avisent de nouer des relations avec la presse que lorsqu'elles en ont un besoin urgent, par exemple pour annoncer le lancement d'une innovation importante, ou pour faire face à une crise grave : un accident dans une usine, la découverte d'une substance nocive dans un produit de l'entreprise, etc. Un tel comportement est à proscrire. On ne peut en effet compter sur un accueil favorable de la part des journalistes que si on entretient avec eux des relations suivies et régulières, même pendant les périodes où on n'a rien d'important à leur dire. C'est le seul moyen de bien les connaître et de gagner leur confiance.

• *La franchise et l'honnêteté*

Même s'il n'est pas possible de toujours tout dire aux journalistes, il faut s'abstenir de les manipuler et ne jamais leur mentir.

Ressources complémentaires

La boîte à outils du *Mercator*

- Outil n°16, Mesurer l'efficacité d'un e-mail commercial

Ressources numériques sur mercator.fr

- **L'essentiel : retenez les points-clés !**
  L'essentiel du chapitre 9
- **Quiz interactifs corrigés et commentés : testez vos connaissances !**
  Quiz chapitre 9, section 2 – La promotion des ventes
  Quiz chapitre 9, section 3 – Le marketing direct off line et on line
- **Pour aller plus loin**
  Pour aller plus loin dans le chapitre 9 : une sélection de livres, de sites Internet et d'études dédiés au hors-médias.

Construire de nouvelles relations avec ses clients

troisième partie

La stratégie et le marketing-mix (politique de produit, de prix, de communication, de distribution) sont traditionnellement conçus pour favoriser l'acte de vente. Pourtant, le chiffre d'affaires ne vient pas uniquement du nombre de clients, mais également de l'activité par client (panier moyen x fréquence d'achat) et de la fidélité dans le temps. Le marketing relationnel prend en compte ces deux dimensions complémentaires : développer la « part de client » et les fidéliser dans le temps (chapitre 10). L'orientation et les techniques utilisées par le marketing relationnel sont différentes et complémentaires de celles du marketing transactionnel.

Un défi supplémentaire aujourd'hui est le formidable essor des réseaux sociaux (chapitre 11). Le dialogue entre l'entreprise et les clients se transforme en une conversation entre clients dans laquelle l'entreprise cherche à s'intégrer. La relation devient plus complexe, parce qu'elle intègre un nombre plus grand d'acteurs : l'entreprise ne maîtrise plus la communication, elle cherche à l'influencer.

Le double défi du marketing relationnel et des réseaux sociaux méritait bien que nous y consacrions la troisième partie de cet ouvrage.

La « Cité des Étoiles » ou « Le Cercle » de Thierry Mugler

Alors que les spécialistes soulignent que les parts de marché dans le secteur des parfums sont directement liées aux dépenses publicitaires (parts de voix), Thierry Mugler en offre un contre-exemple remarquable. Le parfum Angel de Thierry Mugler se situe dans la liste des dix premières ventes de parfum en France depuis presque vingt ans, malgré une part de voix bien inférieure à celle des concurrents. Ce formidable succès ne vient pas uniquement d'un jus très particulier, mais également d'une politique relationnelle extrêmement sophistiquée due au savoir-faire de Clarins (propriétaire de Thierry Mugler).

Le Cercle Angel, créé en 1996, a été le fer de lance de la politique relationnelle de la marque. Il est aujourd'hui adapté sous l'appellation « la Cité des Étoiles » aux différents parfums de la marque. On accède au Cercle en entrant sur le site Internet (www.cercle.thierrymugler.com) le numéro individualisé qui se trouve dans l'étui du parfum. Le client est invité à remplir un questionnaire détaillé dans lequel il indique ses coordonnées.

Le Cercle vise à créer un lien particulier, dans le long terme, entre les clients et la marque. L'entreprise propose aux membres un ensemble de services classiques (magazine, courrier d'information, échantillons, cartes…), ainsi qu'un programme de points (à chaque achat, on enregistre le code du produit, ce qui remplit un « flacon virtuel » permettant de recevoir « des cadeaux surprises »). Ce club a aussi pour ambition de traiter les membres comme des partenaires privilégiés en les invitant régulièrement à des évènements, en sollicitant leur avis sur les nouveaux produits ou les campagnes de communication avant leur lancement, et en dialoguant de façon continue avec eux.

Grâce à cette politique relationnelle, aujourd'hui déclinée dans les réseaux sociaux, Thierry Mugler crée une relation spécifique avec ses clients et les fidélise au-delà du produit et des campagnes de publicité.

Chapitre 10

Le marketing relationnel et les politiques de fidélisation

Dans les marchés de grande consommation, les grandes entreprises pratiquent toujours aujourd'hui un marketing largement indifférencié (par exemple, sous la forme de grandes campagnes de publicité utilisant la télévision et l'affichage), qu'elles mettent en œuvre conjointement avec un marketing plus segmenté qui se traduit dans leur politique de communication, de produit ou de prix, pratiques auxquelles s'ajoute aujourd'hui un marketing relationnel plus individualisé. Ces différentes politiques marketing se complètent car elles visent des objectifs différents et interviennent à des niveaux d'action distincts.

Ce chapitre aborde les différentes dimensions du marketing relationnel et tente d'en clarifier le concept et les enjeux. Après avoir défini le marketing relationnel, on présentera les concepts fondamentaux de qualité, de satisfaction et de fidélité, qui sont des termes qu'on utilise souvent avec imprécision. On abordera ensuite les politiques de fidélisation et les politiques de CRM (*Customer Relationship Management* : gestion de la relation clients). On conclura sur les écueils d'une politique relationnelle et les façons de les éviter.

PLAN DU CHAPITRE

Section 1	Qu'est-ce que le marketing relationnel ?	566
Section 2	Comprendre la qualité, la satisfaction des clients et la fidélité	567
Section 3	Les programmes de fidélisation	584
Section 4	Le CRM ou gestion de la relation clients	603
Section 5	Les écueils d'une politique relationnelle et comment les éviter	613
Ressources complémentaires		619

SECTION 1

QU'EST-CE QUE LE MARKETING RELATIONNEL ?

Le marketing est traditionnellement orienté vers l'acquisition des clients et la réalisation de transactions. Cependant, le marketing B to B et le marketing des services ont cherché depuis longtemps à construire des relations satisfaisantes et durables entre entreprises et clients.

Cette orientation s'est étendue à l'ensemble des secteurs sous l'effet d'un double mouvement : la pression concurrentielle qui oblige les entreprises à retenir leurs clients par des programmes de fidélisation et le développement technologique qui met à la disposition des entreprises des outils de collecte, d'analyse des données, de personnalisation et d'interaction jusqu'alors inconnus.

Le marketing relationnel est une politique et un ensemble d'outils destinés à établir des relations individualisées et interactives avec les clients, en vue de créer et d'entretenir chez eux des attitudes positives et durables à l'égard de l'entreprise ou de la marque.

Cette définition met en évidence les deux caractéristiques majeures du marketing relationnel, qui permettent de le distinguer d'autres approches :

- *Le marketing relationnel utilise des moyens d'action individualisés et interactifs* à la différence des moyens de communication de masse ou impersonnels tels que la publicité.
- *Le marketing relationnel vise à obtenir un changement ou un renforcement durable des attitudes des clients*, plutôt qu'à déclencher un achat immédiat de leur part ; c'est ce qui le distingue du marketing direct traditionnel, dont l'objectif principal a longtemps été plus transactionnel que relationnel[1].

Le terme de « marketing relationnel » est parfois utilisé dans le sens de marketing « *one to one* » qui a une signification plus étroite, puisqu'il désigne les formes de vente ou de communication *individualisées*, alors que ce que l'on appelle ici le marketing relationnel vise un objectif plus large, à savoir *la bonne gestion et la valorisation du capital-client de l'entreprise (ou de la marque)*, la personnalisation en étant une modalité.

1. Le marketing direct est un domaine du marketing qui a beaucoup évolué ces dernières années. Après s'être concentrée sur la vente immédiate, cette technique recouvre aujourd'hui beaucoup d'usages : vente et communication, acquisition de clients et fidélisation.
On peut aujourd'hui distinguer deux types principaux de marketing direct selon l'objectif poursuivi : le marketing direct transactionnel et le marketing direct relationnel. Ces différents aspects sont traités dans la section consacrée au marketing direct dans le chapitre 9 sur le hors-médias.

FOCUS

Deux traductions concrètes du marketing relationnel

- Les programmes de fidélisation, qui ont pour objectif de réduire l'attrition (défection) des clients et de développer la part de client (voir section 4).
- Les politiques de CRM, ou gestion de la relation clients, dont les programmes de fidélisation sont un des aspects, qui ont une dimension organisationnelle et qui s'appuient notamment sur des outils technologiques (voir section 5).

SECTION 2

COMPRENDRE LA QUALITÉ, LA SATISFACTION DES CLIENTS ET LA FIDÉLITÉ

1 NATURE ET DÉTERMINANTS DE LA QUALITÉ

La qualité est une notion simple à comprendre… mais plus difficile à définir.

a) La définition objective de la qualité du produit

La qualité d'un produit peut être définie à partir de ses caractéristiques objectives et de sa capacité à remplir parfaitement ses fonctions. On distinguera quatre dimensions de la qualité objective : fiabilité, durabilité, respect des normes et performance.

1° La fiabilité

La fiabilité mesure le nombre d'incidents et de pannes expérimentés par un client après l'achat du produit. C'est une mesure objective de la qualité du produit qui donne lieu à des études préalables et à des contrôles statistiques (dans une chaîne de production par exemple). Lorsque le produit, bien ou service, est vendu, des contrôles *ex post* permettent de mesurer le nombre des incidents et de mener des actions correctrices.

Exemple

➥ La fiabilité est un indicateur essentiel chez les constructeurs d'automobiles. Ils testent les pièces à la fabrication et suivent de très près les incidents lors du lancement d'un véhicule. Les premiers mois permettent en effet d'identifier des causes de pannes et d'incidents et de corriger le nouveau modèle avant qu'il ne connaisse une diffusion plus large. Aux États-Unis, plusieurs sociétés publient tous les ans des indicateurs de qualité des modèles. L'étude la plus connue est publiée par J.-D. Power Associates. Elle est très suivie par les fabricants et les clients[1].

1. Voir : www.jdpower.com

2° La durabilité

La durabilité mesure la durée de vie du produit, sa durée d'usage. C'est une dimension liée à la fiabilité, mais distincte : un produit peut durer longtemps et avoir de multiples pannes... mais un produit qui a peu de pannes a des chances de durer plus longtemps. La durabilité du produit est souvent liée à la qualité de ses composants.

Exemple

- Si la durabilité est toujours une attente fondamentale des clients en matière de biens d'équipement, il n'en va pas toujours ainsi pour les autres biens. La chaîne de magasins de vêtements Zara ne fonde pas son succès sur la durabilité de ses produits : elle vend des vêtements de mode suffisamment bon marché pour qu'une durée de vie d'une saison soit jugée suffisante.

3° Le respect de normes et spécifications

Les normes (ou standards) sont des documents contenant des spécifications techniques ou d'autres critères précis, destinés à être utilisés systématiquement en tant que lignes directrices, règles ou définitions de caractéristiques, pour garantir que des produits sont aptes à l'usage. Le respect des normes est une façon de comprendre et de mesurer la qualité. La fiabilité et la durabilité sont du reste évaluées en fonction de standards, qui peuvent varier de secteur à secteur. Le respect de normes et procédures est particulièrement important dans les services pour mesurer la qualité : nombre de sonneries de téléphone avant décrochage, nombre de jours de traitement des réclamations, nombre de minutes pour servir un hamburger, etc.

Exemple

- L'Organisation internationale de normalisation (ISO) est une organisation non gouvernementale, créée en 1947. C'est une fédération mondiale d'organismes nationaux de normalisation répartis dans quelques 140 pays, à raison d'un organisme par pays. Elle a pour mission de favoriser le développement de la normalisation et des activités connexes dans le monde, en vue de faciliter entre les nations les échanges de biens et de services et de développer la coopération dans les domaines intellectuels, scientifiques, techniques et économiques. Les travaux de l'ISO aboutissent à des accords internationaux qui sont publiés sous la forme de normes internationales. La norme ISO 9000 est ainsi la norme des systèmes de management de la qualité.

4° La performance

La performance mesure la capacité d'un produit à réaliser ses fonctions. Dans l'esprit des clients, la performance est aussi liée au nombre de fonctions d'un produit : on attend d'un produit de haute qualité un plus grand nombre de fonctions et de services. La performance peut être mesurée objectivement : celle d'un appareil photo numérique sera, par exemple, mesurée sur des critères tels que la résolution, le rendu des couleurs, la sensibilité, la précision de l'autofocus, le délai de disponibilité de l'appareil à l'ouverture ou après la prise d'une photo...

Exemple

- Les laboratoires d'essai de la Fnac sont réputés pour la mesure des performances des produits étudiés. Des indicateurs sont définis pour chaque catégorie de produit et les modèles et les marques sont comparés en termes de performances sur chacun de ces indicateurs.

b) La définition subjective de la qualité

Le concept de qualité ne se limite pas à sa définition objective. On peut proposer la définition *subjective* de la qualité suivante :

La qualité d'un produit est le degré auquel il répond, par ses caractéristiques et performances, aux attentes que le client est en droit d'avoir à son égard.

Exemples

- Lorsqu'un automobiliste achète une voiture neuve, quel qu'en soit le modèle et quel qu'en soit le prix, il peut au minimum exiger que le moteur, l'embrayage et les autres pièces essentielles ne lâchent pas au cours des 50 000 premiers kilomètres, que la consommation d'essence ou d'huile ne dépasse pas sensiblement ce que le constructeur avait annoncé, qu'il n'y ait pas de bruits insolites, etc.
- Lorsqu'une consommatrice achète un collant, même relativement bon marché, elle s'attend à ce qu'il ne se déchire pas la première fois qu'elle l'enfilera et ne rétrécisse pas radicalement au premier lavage.
- Lorsqu'un voyageur prend l'avion, il peut légitimement espérer que la place qu'il avait retenue n'aura pas été vendue à quelqu'un d'autre (*surbooking*), que l'avion partira à peu près à l'heure prévue, que le repas servi au cours du vol sera mangeable, etc.

La qualité ainsi définie est un concept *relatif*, en ce sens qu'elle est liée aux attentes « légitimes » des clients qui évoluent en fonction du profil des clients, de la catégorie de produits, du niveau de gamme et des offres de la concurrence.

Exemples

- La qualité de son considérée par le consommateur comme « correcte » n'est pas la même selon qu'il a acheté un casque hi-fi à 20 € ou à 800 €.
- La qualité attendue d'un repas n'est pas la même selon qu'on va dans un restaurant rapide ou dans un « 3 étoiles » Michelin.

De nombreux éléments subjectifs peuvent influencer la perception de la qualité. Une entreprise doit comprendre quels sont les indicateurs sur lesquels les clients se fondent pour évaluer et juger la qualité d'un produit.

Exemples

- Les fabricants de lessive savent que son odeur est un indicateur qui influence l'évaluation de la performance du produit par les clients
- L'Oréal soigne particulièrement le poids de ses rouges à lèvres, ainsi que le son qu'ils font en se fermant, car ce sont deux indicateurs de qualité pour les clients.
- Le design et la modernité des agences de banques sont des indicateurs de qualité des services pour les clients.
- L'apparence des présentations Power Point des consultants influence favorablement (ou défavorablement) la perception de qualité des conseils fournis et les salariés des grandes sociétés de conseil sont formés à l'utilisation de cet outil.

2 La satisfaction

a) Le concept de satisfaction

La satisfaction des clients est un concept de nature différente et plus générale que celui de la qualité, même subjective, parce qu'il intègre d'autres déterminants que le seul produit. Les chercheurs en psychologie et en comportement du consommateur étudient depuis longtemps le concept de satisfaction et sont conduits à sophistiquer de plus en plus leur analyse. On se restreindra aux éléments qui ont des conséquences pratiques et une pertinence managériale.

La satisfaction peut être définie en marketing comme le sentiment de plaisir ou de déplaisir qui naît de la comparaison entre des attentes préalables et une expérience de consommation.

La satisfaction est donc fondamentalement un jugement, une évaluation qui intègre d'une part la qualité perçue (expérience de consommation) et d'autre part les attentes préalables. Une expérience supérieure ou égale aux attentes crée un sentiment de satisfaction alors qu'une expérience inférieure aux attentes provoque une insatisfaction. C'est pourquoi ce modèle est appelé modèle de la confirmation/infirmation (*confirmation/disconfirmation* en américain).

Figure 10.1 **Le modèle de la satisfaction (d'après Oliver)[1]**

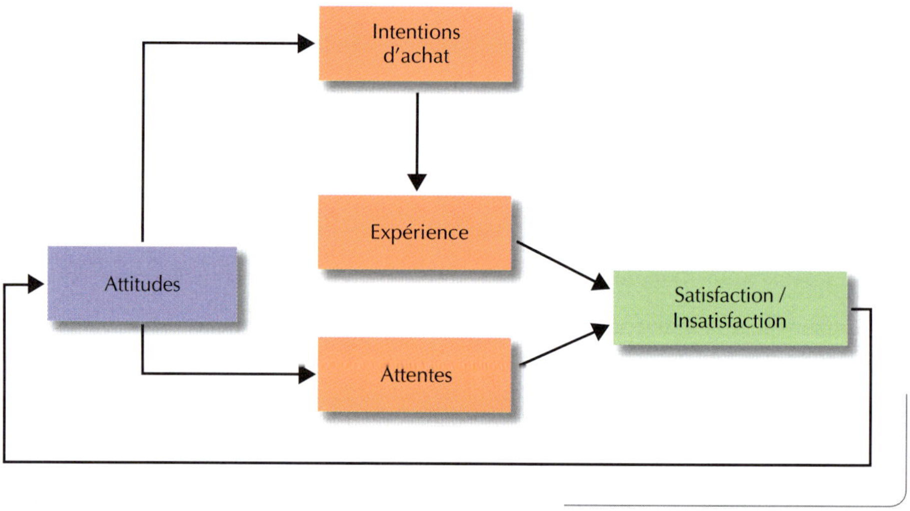

1. R.L. Oliver, « A Cognitive Model of the Antecedents and Consequences of Satisfaction Decisions », *Journal of Marketing Research*, novembre 1980.

Chaque expérience de consommation fait évoluer la perception du produit ou de la marque et peut modifier les attentes. Une expérience malheureuse n'a pas cependant nécessairement d'effet durable. Dans certains cas, elle peut être jugée suffisamment grave pour entraîner une rupture (par exemple, un client quitte sa banque) mais dans d'autres, elle peut être évaluée comme un cas exceptionnel qui ne va pas modifier les attentes futures (par exemple, un incident avec sa banque qui n'a pas de suite). La répétition de mauvaises expériences a néanmoins une influence incontestable sur l'évaluation de la qualité fournie.

C'est pour mieux analyser ces mécanismes psychologiques qu'on intègre la notion d'attitude dans le processus. L'attitude (voir le chapitre 3 sur le comportement des consommateurs) est une disposition relativement durable à l'égard d'un concept ou d'une offre. Elle est formée par de multiples déterminants psychologiques, sociologiques, situationnels, ainsi que par l'expérience passée. L'attitude influence les intentions d'achat et les attentes. La confrontation entre l'expérience et les attentes conduit ensuite à la satisfaction ou à l'insatisfaction du client. Cette évaluation influence dans le temps les attitudes (figure 10.1).

b) Les déterminants organisationnels de la satisfaction

Parasuraman, Zeithaml et Berry se sont penchés sur les déterminants organisationnels de la qualité des services, mais leur étude est tout à fait adaptée pour comprendre la satisfaction des clients en général[1].

Leur modèle (voir figure 10.2) reprend le paradigme de la confirmation/infirmation tout en intégrant les déterminants organisationnels qui influencent chacun des deux termes de cette comparaison, et en soulignant les écarts (gaps) susceptibles d'engendrer l'insatisfaction.

La satisfaction ou l'insatisfaction des clients résulte, comme on l'a dit plus haut, de la confrontation entre les attentes et l'expérience du produit (offre perçue). Chacun de ces deux éléments est déterminé par plusieurs facteurs.

Quatre déterminants principaux des attentes sont soulignés par les auteurs :

- le bouche à oreille, positif ou négatif sur l'offre ;
- les besoins dont le client cherche la satisfaction ;
- l'expérience passée de l'offre ;
- la communication de l'entreprise vers les clients.

L'offre telle qu'elle est proposée aux clients a d'abord fait l'objet :

- d'une compréhension des attentes à travers notamment des études de marché ;
- d'une politique de création de produit pour répondre aux attentes des clients ;
- de la réalisation effective du produit (fabrication ou prestations), qui se traduit dans l'offre proposée.

1. A. Parasuraman, V. Zeithaml, L. Berry, « A Conceptual Model of Service Quality and Its Implications for Future Research », *Journal of Marketing*, automne 1985.

Figure 10.2 **Le modèle de la satisfaction (adapté de Parasuraman, Zeithaml et Berry)**

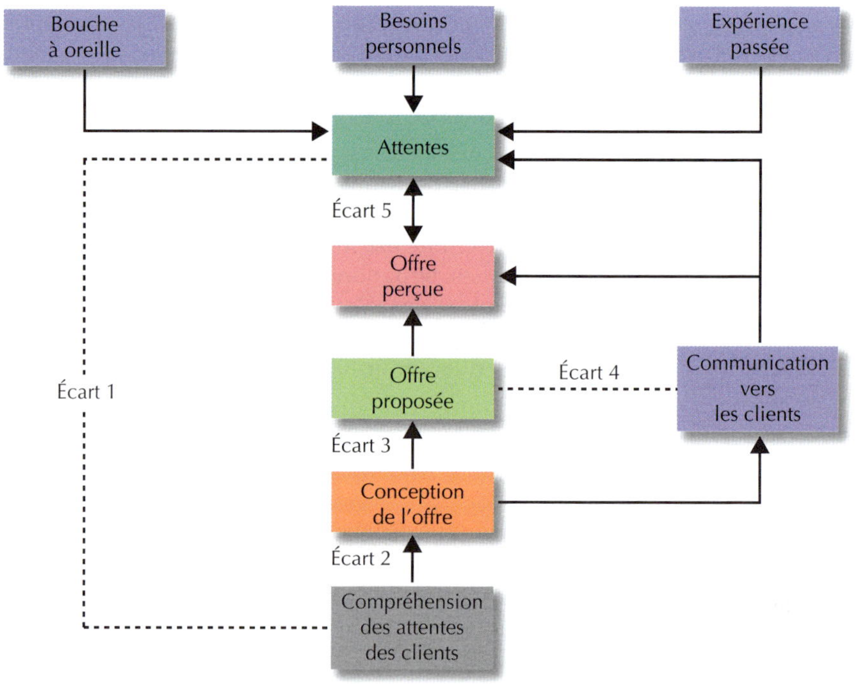

Les auteurs ont identifié cinq écarts possibles :

- *qualité de l'écoute* (écart 1) : l'écart entre ce que les clients attendent et ce que l'entreprise comprend qu'ils attendent ;
- *qualité de la conception* (écart 2) : l'écart entre ce que l'entreprise comprend des attentes des clients et la façon dont l'offre est conçue ;
- *qualité de la réalisation* (écart 3) : l'écart entre la façon dont l'offre est conçue et la façon dont elle est réalisée et proposée aux clients ;
- *qualité de la communication* (écart 4) : l'écart entre la façon dont l'offre est réalisée et la façon dont elle est communiquée (promesses, publicité…) ;
- *satisfaction* (écart 5) : l'écart final, entre les attentes et l'offre perçue, se traduit par la satisfaction ou l'insatisfaction.

La satisfaction des clients résulte ainsi de nombreux facteurs exogènes ou endogènes à l'offre. Les chercheurs en satisfaction soulignent notamment le risque de la surpromesse. Si la satisfaction résulte d'une comparaison entre les attentes et l'expérience, élever le niveau des attentes rendra plus difficile la satisfaction des clients. À l'inverse, des attentes faibles conduiront à une comparaison très favorable avec l'expérience (c'est l'effet « Susan Boyle »)… mais encore faut-il que les clients aient envie d'acheter !

Notre conseil

Faire des promesses inutiles accroît le risque de décevoir. Pour assurer la satisfaction des clients, mieux vaut promettre et tenir ce que les clients sont en droit d'attendre. Quitte, si on le peut, à délivrer plus que ce qu'on promet.

Exemples

- Les animations des parcs Walt Disney connaissent souvent des files d'attente longues lors des jours d'affluence. Des panneaux installés à différents niveaux de la queue indiquent aux clients le temps d'attente à partir de ce point. Ces temps d'attente indiqués sont volontairement et systématiquement surestimés : en effet, un client à qui on a annoncé une demi-heure d'attente et qui a attendu précisément ce temps a l'impression d'avoir perdu une demi-heure ; à l'inverse, un client qui a fait vingt minutes de queue alors qu'il prévoyait une demi-heure d'attente a l'impression d'avoir gagné dix minutes.
- Susan Boyle est une des finalistes de l'émission anglaise Britain's Got Talent en 2009. Son âge, son physique ingrat et sa façon peu avantageuse de s'habiller conduisirent d'abord à une réception pleine de dérision de la part du jury et de l'audience, mais son interprétation de « I Dreamed a Dream » se termina sous les ovations hystériques de la salle. Le contexte entre le niveau d'attente bas et celui de la prestation est à l'origine de cet enthousiasme. La vidéo de sa prestation a été visionnée plus de 100 millions de fois sur les différents sites de partage vidéo.

c) Distinguer les causes d'insatisfaction et les causes de satisfaction

Les chercheurs en satisfaction ont noté depuis longtemps que les causes de satisfaction et d'insatisfaction ne sont pas nécessairement les mêmes. Cette constatation a été faite pour la première fois dans l'étude de la satisfaction des salariés[1].

Exemple

- Recevoir sa paye en temps et en heure est une attente de base dont la réalisation ne procure aucun plaisir particulier, alors que la recevoir en retard crée une insatisfaction.

Ce constat est similaire pour la satisfaction des clients. La réalisation de certaines attentes n'est pas un motif de satisfaction car elle est considérée comme normale par le client. En revanche, leur non-réalisation peut entraîner une vive insatisfaction.

Inversement, recevoir un service non-attendu (effet de surprise) peut entraîner un surcroît de satisfaction alors que sa non-réalisation n'entraînerait aucune insatisfaction. Lorsque, par exemple, un garagiste rend une voiture lavée à l'extérieur et à l'intérieur après une révision ordinaire, il surprend le client et crée de la satisfaction.

Ces réflexions peuvent conduire à distinguer trois niveaux d'attente.

Notre conseil

On crée de la satisfaction en dépassant les attentes de ses clients par le biais de services non-attendus. Mais il faut d'abord assurer le service de base, anticiper le coût de ce supplément et éviter de banaliser la formule.

1. Frederick Herzberg, *Work and the Nature of Man*, William Colins, 1966.

- Les *attentes minimales* dont la réalisation ne conduit à aucune satisfaction particulière mais dont la non-réalisation entraînerait une insatisfaction des clients.

Exemple

→ Prendre un train qui arrive à l'heure, avoir une lessive qui n'abîme pas le linge, avoir une machine qui ne tombe pas en panne quand elle est neuve, etc.

- Les *attentes espérées* dont la réalisation est source de satisfaction.

Exemple

→ Avoir, dans un train, un contrôleur aimable, avoir une lessive qui lave les tâches difficiles, avoir une machine qui s'avère très silencieuse, etc.

- Les *attentes inespérées* dont la réalisation entraîne un surcroît de satisfaction par un effet de surprise.

Exemple

→ Ce qui fait la différence entre un très bon restaurant et un restaurant exceptionnel est l'effet de surprise de l'expérience : attention extrême du service de table, goût et présentation des plats, délicatesse offerte par la maison, etc.

3 Définir une politique de qualité et de satisfaction des clients

a) L'importance de la qualité de l'offre

Dans les économies occidentales modernes où l'offre est surabondante et où les acheteurs ont l'embarras du choix, une insuffisance de qualité est génératrice d'insatisfaction de la part des clients.

La fidélité des clients dépendant pour partie de la satisfaction procurée par les expériences passées (comme on le verra en section 4), il en résulte qu'un niveau acceptable de qualité devient une condition nécessaire du succès *durable* d'un produit. Il est donc indispensable pour les entreprises de s'assurer en permanence que les biens ou les services qu'elles offrent à leurs clients atteignent le niveau de qualité exigé par ceux-ci.

b) Mesurer la satisfaction

La vérification de la qualité peut se faire sur les lieux de production du bien ou du service considéré par des méthodes de *contrôle statistique de la qualité*. Dans les services, on peut aussi envoyer des « clients mystères » : un enquêteur anonyme joue au client de l'entreprise et contrôle la façon dont il est reçu et servi. Il évalue ensuite la qualité de service. Cependant, la visite de clients mystères permet de contrôler le respect de normes de service plus que la satisfaction des clients elle-même.

La mesure de la satisfaction doit donc être menée auprès des clients eux-mêmes, par le biais d'*indicateurs* et d'*enquêtes de satisfaction*.

1° Les indicateurs de satisfaction

On peut relever plusieurs indicateurs.

- *Les réclamations.* Le traitement des réclamations, s'il est bien suivi, peut être un indicateur de satisfaction des clients : un niveau élevé de réclamations, une augmentation de leur nombre, la concentration de plaintes sur un produit ou des lieux de service sont des signes d'une mauvaise qualité qui appelle une correction. Mesurer la satisfaction par le suivi des réclamations est cependant très imparfait puisque beaucoup de clients mécontents ne se manifestent pas et parce que le suivi des plaintes ne permet pas de se faire une idée de la satisfaction de l'ensemble des clients.
- *Le taux de défection des clients.* La mesure de la défection des clients est également un indicateur utile d'insatisfaction : un taux d'attrition (défection) élevé ou une montée de l'attrition sont les signes d'un problème de satisfaction des clients. Cet indicateur est particulièrement suivi dans le cadre de politiques de fidélisation. Cependant, le taux d'attrition est un symptôme et il n'indique pas la raison des difficultés. Il est donc nécessaire d'enquêter auprès des clients pour mesurer et évaluer leur satisfaction.

2° Les enquêtes de satisfaction

Les enquêtes de satisfaction des clients peuvent être plus ou moins sophistiquées. La fiche à remplir dans une chambre d'hôtels est une mesure de la satisfaction, même si elle est très imparfaite : les questions posées sont-elles les bonnes ? Quelle est la représentativité de ces fiches rendues de façon inégale ? Que fait-on des fiches remplies et données ?

Une mesure systématique de la satisfaction est seule à même de donner des indicateurs fiables de satisfaction des clients. Elle doit permettre :

- d'identifier les différents éléments qui génèrent la satisfaction et l'insatisfaction des clients ;
- de hiérarchiser ces éléments par leur contribution à la satisfaction globale ;
- de mesurer la satisfaction des clients à l'égard des produits ou de l'entreprise par rapport aux concurrents ou par rapport à une période précédente ;
- de déterminer des axes d'amélioration prioritaires (politique de satisfaction).

FOCUS

Quatre étapes pour mettre en place une mesure de la satisfaction

- *Étape 1 : Identifier les déterminants de la satisfaction*

Il faut d'abord connaître les critères de satisfaction et d'insatisfaction des clients, au-delà de l'intuition qu'on peut en avoir. Une étude qualitative (entretiens en face-à-face ou en groupe) permet d'explorer l'expérience du produit par les clients, d'identifier les critères de jugement et les indicateurs qu'ils utilisent.

- *Étape 2 : Analyser les critères de satisfaction et d'insatisfaction*

Il faut mesurer l'importance de chaque critère et identifier les priorités des clients. Les études sont quantitatives et utilisent différentes techniques possibles, comme l'analyse conjointe (ou *trade off*), pour hiérarchiser les critères (pondération) et éventuellement segmenter la clientèle par type d'attente.

•••

…

- *Étape 3 : Construire et mettre en place un baromètre de satisfaction*

C'est une étude de satisfaction conduite de façon *régulière* sur un échantillon représentatif de clients, qui porte sur des aspects spécifiques de leur expérience du produit (par exemple, dans un hôtel, l'accueil, le confort de la chambre, la propreté…) et sur leur satisfaction globale. L'intérêt du baromètre est de comparer les résultats d'une période sur l'autre. L'étude peut être réalisée par courrier, par téléphone, par Internet ou en face-à-face.

- *Étape 4 : Se comparer aux concurrents*

Les meilleures études de satisfaction cherchent à situer les performances de l'entreprise par rapport à celles des concurrents. Lorsque les clients ne sont pas exclusifs, on leur demandera d'indiquer leur satisfaction à l'égard des produits concurrents, ou on élargira l'étude de satisfaction aux clients des concurrents.

Exemples

- Le Club Méditerranée a conçu un instrument de mesure de la satisfaction appelé Oscar qui est envoyé de façon systématique à chaque vacancier par courrier quelques jours après son retour. Le baromètre comprend l'évaluation de 16 critères, de l'équipe des GO au bar en passant par les activités sportives. Le questionnaire détaille le contenu des prestations et demande au client d'indiquer le degré d'importance accordé à chacune d'entre elles. Exploitable par lecture optique, il permet non seulement de mesurer la satisfaction d'ensemble des clients et d'identifier des problèmes particuliers (par exemple, la nourriture dans un club…) mais également de segmenter la clientèle en fonction de l'importance accordée aux différentes prestations.
- BNP Paribas mesure de façon systématique la satisfaction de ses clients par une enquête téléphonique menée auprès de 10 000 clients répartis à travers la France. Le questionnaire a été construit à la suite d'une étude approfondie qui a permis de définir les critères importants et de les pondérer. Ainsi, la façon dont on est reçu au téléphone représente 1 % de la satisfaction globale, alors que le sentiment que les petits clients sont aussi bien traités que les grands compte pour 13 % de cette satisfaction. La pondération des questions permet de calculer une note globale de satisfaction.

  Lors de l'enquête conduite en début d'année, les clients sont interrogés sur quinze questions regroupées en quatre thèmes : perception de l'offre de la banque, réception de la clientèle, organisation de l'accueil et qualité des documents envoyés. Les clients indiquent une note allant de 1 à 5 pour chacun de ces critères. Le résultat de l'étude est communiqué en avril en interne : les évaluations sont agrégées au niveau des groupes d'agences et au niveau supérieur des directions régionales et chacun peut évaluer ses performances respectives sur chaque critère.

c) Concevoir et mettre en œuvre une politique de satisfaction des clients

Prolongeant leur analyse des écarts de qualité perçue, Berry, Parasuraman et Zeithaml[1] proposent dix recommandations permettant de réduire ces écarts et d'accroître la satisfaction des clients.

FOCUS

Dix recommandations pour améliorer la satisfaction des clients selon Berry Parasuraman et Zeithaml

- *Écouter*

Les entreprises doivent mettre en place un système de mesure systématique de la qualité de service : écoute des réclamations, études post-achats, entretiens de groupe, clients mystère, étude auprès des salariés, études globales de satisfaction (pour soi et ses concurrents).

- *Être fiable*

C'est la première attente des clients à l'égard d'un service et son noyau central. Il faut bien faire dès la première fois, à travers l'établissement de standards, la formation, la mesure du nombre et des types de défaillance, la récompense du zéro défaut.

- *Répondre aux attentes de base*

Les clients veulent d'abord que les attentes de base, propres à chaque service, soient satisfaites : les entreprises doivent s'assurer que le service de base est constamment bien délivré.

- *Avoir une bonne conception du système de service*

Un service de mauvaise qualité est souvent dû à une mauvaise conception du système de production de service. Ce système doit être constamment amélioré.

- *Bien traiter les réclamations*

Les clients dont on a bien réglé le problème sont particulièrement satisfaits. Il faut encourager et faciliter les réclamations, répondre rapidement et de façon personnalisée, développer un véritable système de résolution des problèmes, notamment par la formation du personnel et par sa capacité à réagir directement aux réclamations des clients.

•••

1. L. Berry, A. Parasuraman et V. Zeithaml, « Ten Lessons for Improving Service Quality », *MSI Report*, n° 93-104, mai 1993.

…

- *Dépasser les attentes des clients*

Pour satisfaire et fidéliser, il faut dépasser le niveau d'attentes acceptable pour se rapprocher du niveau d'attentes désiré. Il faut saisir toutes les opportunités pour surprendre le client.

- *Être équitable*

Les clients doivent avoir confiance dans l'entreprise et dans sa capacité à réaliser ses promesses en ayant le sentiment qu'ils ne sont pas moins bien traités que d'autres.

- *Développer l'esprit d'équipe*

Il faut encourager le travail en équipe pour délivrer un excellent service.

- *Enquêter auprès des salariés*

Les salariés ont des idées sur la façon d'améliorer quotidiennement le service.

- *Montrer l'exemple*

La direction d'une entreprise doit descendre de son piédestal et montrer l'exemple, animer et rendre visite aux équipes, être sur le terrain.

4 Le concept de fidélité

Le sens donné au mot de fidélité par les gens de marketing n'est pas toujours clair. Avant de rechercher les moyens les plus efficaces pour fidéliser les clients, demandons-nous ce qu'est la fidélité et comment on la mesure.

a) La fidélité absolue et la fidélité relative

Dans des cas assez rares, la fidélité telle que la conçoivent les responsables marketing et telle qu'ils cherchent à l'obtenir de leurs clients est une fidélité absolue, c'est-à-dire exclusive. Il en est ainsi des entreprises qui vendent leurs services par abonnement (par exemple, Orange ou Bouygues Télécom), et pour qui un client est fidèle s'il renouvelle son abonnement à l'échéance, et infidèle s'il ne le renouvelle pas, sans qu'il puisse y avoir de degrés intermédiaires.

Mais, le plus souvent, la conception de la fidélité par les responsables marketing est plus modeste : un client leur est fidèle s'il effectue chez eux la plus grande partie, ou du moins une partie importante de ses achats pour une catégorie déterminée de produits ou de services. Dès lors que la fidélité des clients devient un attribut susceptible de varier par degrés, l'objectif du marketing n'est plus de rendre les clients totalement fidèles mais *d'accroître leur fidélité*. Cette situation est courante dans le domaine des biens de grande consommation, où il serait le plus souvent irréaliste d'attendre des acheteurs une fidélité absolue à une marque.

Exemple

➥ Pour un producteur d'eau minérale comme Evian, il est légitime de considérer qu'un consommateur qui, pour une consommation annuelle de 100 litres d'eau minérale, achète régulièrement 40 ou 50 litres d'Evian est déjà un client fidèle.

b) Les méthodes de mesure de la fidélité : le taux de fidélité ou part de client

Selon qu'on adopte une définition absolue ou relative de la fidélité, les méthodes que l'on utilisera pour la mesurer ne seront pas les mêmes. Dans le cadre d'une définition « absolue », ce que l'on mesurera ne sera pas la fidélité individuelle de chaque client (qui ne peut être que 0 ou 1), mais le *taux de fidélité de l'ensemble de la clientèle*, sous la forme d'un pourcentage.

Exemple

➥ Lorsque Canal + dit que sa clientèle est fidèle à 90 %, cela signifie qu'au cours d'une période de référence donnée (généralement l'année précédente), 90 % des clients dont l'abonnement venait à échéance l'ont renouvelé.

On appelle *churn*, dans le jargon marketing, le pourcentage de défection.

Exemple

➥ Un taux de fidélité de 90 % pour Canal + signifie donc un *churn* de 10 %.

Lorsqu'on adopte une définition « relative » de la fidélité, ce que l'on doit mesurer est le *taux de fidélité de chaque client*.

Le taux de fidélité, appelé aussi part de client (ou taux de nourriture dans la distribution) est le pourcentage des achats (nombre d'achats ou volume d'achat) qu'un client consacre à une marque au sein d'une catégorie de produits.

Exemple

➥ Pour reprendre le cas d'Evian, on dira à propos d'un consommateur d'eau minérale qui achète 60 litres d'Evian par an sur un total de 100 litres d'eau minérale que son taux de fidélité (appelé aussi *part de client* ou, dans la distribution, *taux de nourriture*) est de 60 %. Ce calcul étant fait pour chaque client, on pourra répartir l'ensemble des clients en catégories distinguées en fonction de leur taux de fidélité, par exemple :

- les clients exclusifs ou très fidèles : taux supérieur à 75 % ;
- les clients fidèles : de 50 à 75 % ;
- les clients mixtes : de 25 à 50 % ;
- les clients occasionnels : moins de 25 %.

c) La fidélité objective et la fidélité subjective

La fidélité peut être définie soit d'une manière objective, en se référant à des *comportements effectifs* (par exemple le comportement d'achat), soit d'une manière subjective, en se référant à des *attitudes mentales* d'attachement, de proximité ou de préférence (mesurées par des études).

Les responsables marketing tendent à s'intéresser principalement à la fidélité objective (ou comportementale), en considérant que ce qui compte en définitive, c'est ce que ses clients font, plutôt que ce qu'ils pensent ou ce qu'ils disent. Cependant, une mesure purement objective de la fidélité n'est pas toujours suffisante, car elle ne permet pas toujours, à elle seule, d'apprécier la *solidité* de la fidélité d'un client et par conséquent de prédire son comportement futur. Il peut arriver en effet qu'un client se soit montré, pendant une certaine période de temps, fidèle à une marque (ou à un fournisseur) pour des raisons pratiques (voir le paragraphe 1° sur la *fidélité passive* ci-après), sans avoir pour elle un attachement réel. Dans ce cas, sa fidélité sera fragile et pourra disparaître du jour au lendemain sous l'effet de changements de circonstances. À l'inverse, un client fortement attaché à une marque pourra parfois, dans les faits, lui faire des infidélités sous l'effet des circonstances (par exemple, ruptures de stocks répétées), mais il aura de grandes chances de lui revenir dès que possible.

Exemple

→ Quand le gouvernement français a augmenté la TVA sur les mobiles en 2011, Orange et SFR ont mené une campagne de communication pour expliquer la hausse des prix qu'ils répercutaient, en imaginant que tous les concurrents feraient de même et que les clients resteraient fidèles à leur opérateur. Bouygues Télécom a surpris ses concurrents en annonçant qu'il maintiendrait les prix et a bénéficié de nombreuses défections de clients de ses concurrents. Orange et SFR ont fait très rapidement marche arrière en annulant la hausse. L'arrivée de Free sur le mobile avec un fort avantage prix début 2012 a entraîné les mêmes conséquences.

FOCUS

Les trois composantes de la fidélité

Comme toutes les attitudes, la fidélité a trois composantes principales qui peuvent être mesurées par des enquêtes :

- Cognitive (préférence pour la marque ou l'entreprise).
- Affective (sentiment d'attachement ou de proximité à la marque)
- Conative (intention d'achat)

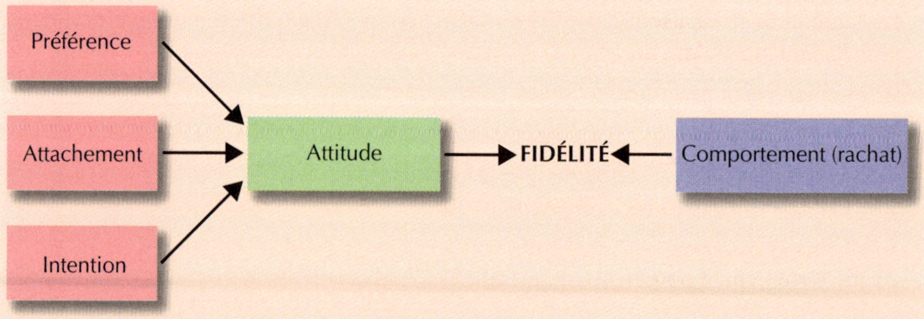

d) La fidélité passive et la fidélité active

Si l'on tient compte simultanément de l'aspect comportemental et de l'aspect attitudinal de la fidélité, on peut distinguer deux types, ou niveaux, de fidélité : la fidélité passive et la fidélité active.

1° La fidélité passive

La fidélité passive résulte de facteurs personnels (routine, risque perçu du changement…) ou externes qui rendent difficile ou même impossible, pour un client, de changer de marque.

- La fidélité passive peut résulter de l'*inertie* , de la *paresse* (recherche d'une solution acceptable et non-optimale) ou de *circonstances* telle la non-disponibilité des produits concurrents : marques non référencées chez le distributeur, non-démarchage du client par la force de vente concurrente…
- Elle peut également résulter du *risque perçu*. Le client ne change pas de marque ou de fournisseur car il craint de faire un mauvais choix et de trouver pire ailleurs.
- Le cas extrême de fidélité passive est la *fidélité forcée* : le client est fidèle parce qu'il n'a pas le choix. Il peut y avoir par exemple un monopole local ou bien le fournisseur a réussi à bloquer le client de différentes façons : contrat de longue durée, contrat qui ne peut être résilié qu'un certain nombre de mois à l'avance ou à moment précis de l'année, coûts de changement (*switching costs*). Dans l'informatique par exemple, changer de fournisseur peut signifier modifier son équipement informatique, modifier en profondeur le système d'information, devoir se former à de nouvelles interfaces utilisateurs, etc.

La fidélité passive est relativement fragile car elle est susceptible de s'évanouir du jour au lendemain en cas de changements dans l'environnement légal, économique ou commercial.

Exemples

- L'ART a imposé aux opérateurs de téléphonie mobile de permettre aux clients de conserver leur numéro de téléphone lorsqu'ils changent de fournisseurs.
- La législation française impose désormais aux compagnies d'assurance d'informer leurs clients de la date annuelle de résiliation de leur contrat quelques semaines avant celle-ci.

2° La fidélité active

La fidélité active, résulte d'un attachement ou d'une préférence, de nature rationnelle ou affective, d'un client pour une marque ou un fournisseur.

La fidélité active est plus solide et généralement plus durable que la fidélité passive, car elle est susceptible de résister beaucoup mieux à d'éventuels changements défavorables de l'environnement.

Exemple

➥ Un client activement fidèle à une marque automobile sera disposé, s'il le faut, à différer de quelques mois son achat d'une nouvelle voiture si le nouveau modèle de la marque n'est pas immédiatement disponible.

5 La relation entre satisfaction et fidélité

Plus un client est satisfait du produit qu'il a acheté, plus il a de chances de le racheter ultérieurement. Cette évidence ne se traduit pourtant pas par un lien automatique entre satisfaction et fidélité.

a) La satisfaction ne conduit pas nécessairement à la fidélité

S'il est vrai qu'un client insatisfait par le produit qu'il a acheté a de fortes chances de ne pas le racheter, il n'est pas certain, en revanche, qu'un client satisfait sera toujours un client fidèle. Des enquêtes ont montré par exemple qu'aux États-Unis, 90 % des automobilistes se déclarent satisfaits de leur marque de voiture, mais que seulement 35 % la remplacent par une voiture de la même marque. D'autres études ont montré que la satisfaction déclarée et la fidélité observée ne sont pas liées d'une manière forte et « linéaire »[1].

FOCUS

Quatre raisons qui expliquent que des clients satisfaits soient infidèles

- Un client soumis à des *sollicitations* fréquentes et fortes de la part de concurrents pourra être infidèle même s'il est satisfait. Inversement, un client insatisfait peut rester fidèle à son fournisseur, par inertie, lorsqu'un changement de fournisseur demande certains efforts.
- La satisfaction n'implique pas nécessairement la *préférence*. On peut être satisfait d'une offre sans penser qu'elle est supérieure à celle des concurrents. La satisfaction peut être un signe d'indifférence.
- Le client peut rechercher la *variété* sans que cela soit motivé par l'insatisfaction. À l'entreprise de proposer suffisamment de nouveautés, de stimulations pour conserver son client.
- Les clients ne se comportent pas, dans leurs achats, d'une manière exclusivement rationnelle, mais sont influencés par des *attitudes émotionnelles* qui peuvent conduire à changer de marque ou de fournisseur (malgré sa satisfaction) ou à lui être fidèle (malgré son insatisfaction).

1. Voir à ce sujet Richard L. Oliver, « Whence Consumer Loyalty ? », *Journal of Marketing*, n° 63, 1999.

b) Les positions extrêmes en termes de satisfaction ou d'insatisfaction semblent prédictives

Si la satisfaction n'est pas en soi une garantie de fidélité des clients, les clients qui répondent aux extrêmes des échelles d'évaluation expriment une attitude plus engagée.

Les clients *très satisfaits* apparaissent ainsi être sensiblement plus fidèles que les autres, et les clients *très insatisfaits* plus infidèles.

De ce fait, les entreprises sont amenées à suivre particulièrement les indicateurs de très grande satisfaction ou insatisfaction.

Notre conseil

Seule la grande satisfaction ou la grande insatisfaction sont prédictives du comportement.

Ne vous contentez pas des chiffres de satisfaction moyens : ils traduisent souvent l'indifférence (le manque d'implication). Il faut parfois chercher à impliquer le client (par le biais du marketing relationnel notamment) pour le fidéliser.

Exemple

➥ BNP Paribas isole dans la communication des résultats de son baromètre de satisfaction, le pourcentage des clients très insatisfaits, qui ont une probabilité forte de défection.

c) Un indicateur clé : le *Net Promoter Score*

Frederick Reichheld, ancien professeur à la Harvard Business School et spécialiste de la satisfaction des clients, a publié un article aux conclusions définitives[1]. Après avoir réalisé au cours des années des centaines d'enquêtes, il constata que de nombreuses questions qui permettent de mesurer et comprendre la satisfaction des clients ne sont pas prédictives : leur réponse ne permet pas de prévoir la fidélité ou l'infidélité des clients. Cependant, parmi toutes les questions posées qu'il a passées en revue, il s'avère qu'une d'entre elles a la plus forte corrélation avec la fidélité des clients, avec un bouche-à-oreille positif et, dans certains marchés, avec la croissance de l'entreprise.

Cette question est la suivante :

« Quelle est la probabilité que vous recommandiez [l'entreprise ou la marque X] à un ami ou à un collègue ? »

Les personnes interrogées doivent répondre sur une échelle de Likert de 0 (« Tout à fait improbable ») à 10 (« Tout à fait probable »).

La réponse à cette question permet d'identifier les « promoteurs » et « détracteurs » : les promoteurs notent 9 ou 10 et les détracteurs notent de 0 à 6. Le score net de promoteurs (*Net Promoter Score*) est, en pourcentage, le nombre de promoteurs moins le nombre de détracteurs. Le résultat est de ce fait souvent… négatif, bien que certaines entreprises, comme eBay ou Amazon, obtiennent, selon Frederick Reichheld, des scores de 75 ou 80 %.

Cet indicateur est sévère car il considère comme détracteurs des clients qui répondraient « satisfaits » sur des échelles allant de très insatisfaits à très satisfaits. Mais les études réalisées par Reichheld soulignent qu'évaluer une entreprise comme étant dans la moyenne ne signifie pas qu'on est son allié : seuls les clients

1. Frederick F. Reichheld, « The One Number You Need to Grow », *Harvard Business Review*, décembre 2003, pp. 46-54.

très satisfaits sont fidèles de façon active et non passive, et promeuvent l'entreprise par bouche à oreille. Recommander une entreprise, c'est non seulement en être content, mais vouloir en faire la promotion.

Bien entendu, cette seule question est insuffisante pour comprendre les déterminants de la satisfaction ou de l'insatisfaction et les raisons spécifiques qui incitent à la fidélité et l'infidélité, mais elle permet d'obtenir très simplement un indice pertinent pour mesurer la satisfaction et la fidélité des clients. C'est pourquoi depuis quelques années, de plus en plus d'entreprises l'ont adopté et en suivent de près l'évolution.

SECTION 3

LES PROGRAMMES DE FIDÉLISATION[1]

Si la fidélité des clients est le résultat d'une politique d'ensemble du marketing, les programmes de fidélisation sont un aspect particulier de cette politique qui cherche, *in fine*, à agir sur le rachat.

Les programmes de fidélisation existent depuis le XIXe siècle, avec les belles images glissées dans le paquet des produits et destinées à fidéliser les enfants collectionneurs. Cette approche quasi artisanale a laissé la place à des programmes bien mieux structurés dans les années 1980, à l'initiative des compagnies aériennes qui créèrent des systèmes de fidélisation par accumulation de miles appelés *Frequent Flyer Programs*. Ces programmes de points se sont étendus ensuite aux services financiers (cartes de crédit), aux marques de biens de grande consommation, de cosmétique, à la distribution (près des deux tiers des foyers français adhèrent à un programme de fidélité d'un distributeur), etc. Leur banalisation n'est cependant pas toujours une preuve de leur efficacité et le mimétisme ne constitue pas une stratégie.

1 LES OBJECTIFS DES PROGRAMMES DE FIDÉLISATION

La clientèle fidèle d'une marque (ou d'une entreprise) est à juste titre considérée comme un véritable capital incorporel, appelé le *capital-client*. Dans certains secteurs, l'existence et l'importance de ce capital sont reconnues depuis longtemps : les courtiers d'assurance, par exemple, au moment de prendre leur retraite, ou encore les détenteurs d'un fonds de commerce, vendent leur portefeuille de clients à leurs successeurs. Mais même des entreprises commercialisant des biens de grande consommation à une masse apparemment anonyme de consommateurs attachent désormais une grande importance à leur capital-clients et cela pour plusieurs raisons.

1. Cette section reprend de nombreux aspects des chapitres 16 et 17, consacrés aux programmes de fidélisation, de la 7e édition de *Publicitor*, de Jacques Lendrevie, Arnaud de Baynast et Catherine Emprin, Dunod, 2008.

a) La fidélisation est un levier d'accroissement du chiffre d'affaires

Le marketing est traditionnellement orienté vers l'acquisition de clients et la défense ou la conquête de parts de marché. Mais pour augmenter son chiffre d'affaires, une entreprise dispose d'autres leviers que l'évolution de la *part de marché*, c'est-à-dire un solde de ses clients (différence entre les acquisitions et les défections de clients entre deux périodes de référence). Le chiffre d'affaires résulte tout autant de deux autres leviers d'action (voir figure 10.3).

1° La fidélité dans le temps des clients, ou rétention

L'inverse de la rétention est l'attrition, ou défection des clients. Réduire l'attrition pour une entreprise signifie que des clients qui auraient normalement fait défection restent clients et continuent de ce fait de générer du chiffre d'affaires : plus une entreprise accroît la rétention de ses clients, plus son chiffre d'affaires augmente. Si le taux habituel de défection est de 20 %, réduire ce taux d'un quart a pour conséquence que l'entreprise accroît son chiffre d'affaires global de 5 % (toutes choses égales par ailleurs).

2° La part de client (ou taux de nourriture)

C'est la part de dépenses qu'un client consacre à une entreprise ou une marque pour une certaine catégorie de produit comme on l'a rappelé plus haut. Plus une entreprise accroît cette part de clients au détriment des concurrents directs ou indirects, plus elle accroît son chiffre d'affaires.

Figure 10.3 Le chiffre d'affaires d'une entreprise résulte des parts de marché, mais aussi de la part de client et de la rétention des clients

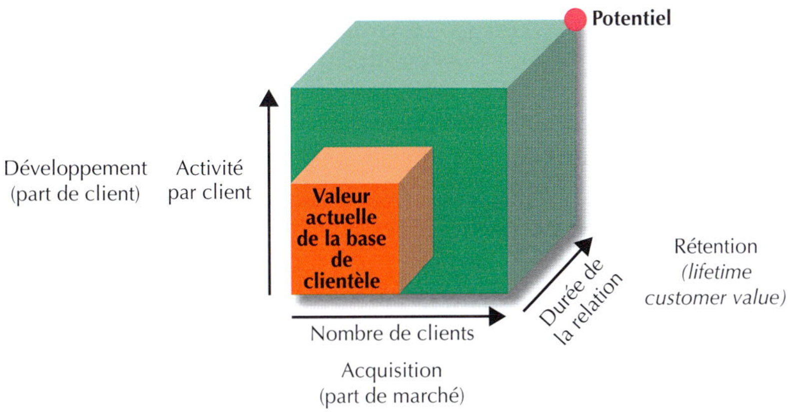

Une entreprise a donc trois grands moyens pour développer ses ventes : acquérir de nouveaux clients, les retenir plus longtemps (rétention), et accroître les ventes auprès de ses clients (part de client). Le marketing traditionnel, qui est de nature transactionnelle, ne s'est intéressé qu'à la première de ces dimensions, le marketing relationnel, à travers des programmes de fidélisation et de CRM, s'intéresse aux deux autres.

MINI CAS

Nesquik développe ses ventes en se concentrant sur l'accroissement de la part de client

Nestlé a réalisé une analyse approfondie des ventes de Nesquik aux États-Unis. Pour cela, elle a segmenté ses clients selon deux critères : le nombre de boîtes de poudre chocolatée achetées par foyer dans l'année, et la part de Nesquik dans ces achats. Elle a enfin estimé le poids de chaque segment.

Des neuf segments identifiés par l'entreprise, le plus profitable achète en moyenne 18 boîtes de poudre chocolatée par an, est fidèle à 95 % à Nesquik et représente 1,9 million de foyers. Ce seul segment représente 60 % des volumes vendus par la marque pour seulement 20 % des acheteurs de Nesquik.

L'enjeu pour Nesquik est de garder ces clients (surveiller et prévenir l'attrition), mais il serait illusoire de penser que des foyers aussi fidèles, qui consomment en moyenne plus de 6 verres de Nesquik par semaine, peuvent augmenter sensiblement leurs achats. L'entreprise identifia alors un autre segment, plus nombreux (4,3 millions de foyers) et très fidèle à Nesquik (96 % de parts de clients), ce qui est donc très encourageant, mais consommant beaucoup moins de Nesquik : 4,3 boîtes par an (un quart de la consommation des gros clients).

Nestlé mena une étude auprès de ce segment de clientèle qui montra que les mères limitent volontairement la consommation de Nesquik parce qu'elles considèrent que ce n'est pas bon pour la santé de leurs enfants. Nestlé lança une grande campagne de communication sur le thème « un meilleur choix que les sodas », soulignant les qualités nutritionnelles du produit (en fait, celles du lait qui est mélangé au produit) : fortifie les os, apporte des protéines, etc. Le packaging affirme « *Helps Build Strong Bones* » : « aide à construire des os solides ». Le programme relationnel, sous forme de newsletter et de mailing, fut baptisé *Healthy Kids News* (« Infos des enfants en bonne santé ») et le site Web annonce « *Be healthy. Be happy* » (« soyez en bonne santé et heureux »), renforçant ainsi la promesse d'apport nutritionnel et de bonne santé.

b) La fidélisation est un levier d'accroissement de la rentabilité

1° Il est moins coûteux de conserver des clients que d'en acquérir

Il est généralement beaucoup moins coûteux pour une entreprise de conserver un client existant que d'acquérir un client nouveau. Le rapport des coûts de fidélisation aux coûts de conquête varie en moyenne de 1 à 3 mais peut atteindre un rapport de 1 à 10[1].

1. Frederick Reichheld, *L'Effet loyauté*, Dunod, 1996.

Exemple

➥ Selon le responsable de la cellule « fidélisation » de France Telecom, les coûts marketing de conservation d'un client existant et d'acquisition d'un client nouveau pour le téléphone mobile sont dans le rapport de 1 à 10.

Dans certains types d'activités, le coût d'acquisition est si élevé qu'il constitue un véritable investissement, qui ne pourra être amorti et rentabilisé que si le nouveau client reste fidèle pendant plusieurs années. C'est ce qui se passe souvent, par exemple, dans les clubs de vente de livres ou de vins : les offres promotionnelles et les cadeaux qu'ils proposent pour attirer de nouveaux clients peuvent représenter une ou deux années de la marge brute que ces clubs réaliseront sur les achats ultérieurs des clients. Les entreprises qui se trouvent dans ce type de situation doivent être très vigilantes dans leur politique de recherche de nouveaux clients : elles doivent s'assurer, notamment par la sélection de prospects à fort potentiel d'achat, que la « valeur actualisée nette » des clients nouveaux (*lifetime customer value*), c'est-à-dire la somme actualisée des flux financiers futurs que l'entreprise peut attendre de ces clients, est supérieure à leur coût d'acquisition, ce qui suppose généralement qu'ils resteront clients longtemps.

Exemple

➥ Le Club des Créateurs de Beauté est une filiale de L'Oréal qui vend à distance des produits cosmétiques. La croissance du chiffre d'affaires était de 18 % en 2010. Le taux d'attrition (déperdition) était de 25 %. Cela signifie que pour réaliser 18 % de croissance, l'entreprise doit recruter plus de la moitié de nouvelles clientes tous les ans... Réduire d'un tiers le taux d'attrition (passer de 25 à 16 %) augmenterait la croissance de presque la moitié et augmenterait sensiblement la rentabilité de l'entreprise.

2° Les clients fidèles sont souvent plus rentables que les clients occasionnels

Dans certains secteurs d'activité et notamment dans les activités de service et le *business to business*, plus les clients connaissent et apprécient l'entreprise au fur et à mesure du temps, plus ils tendent à augmenter leurs achats, par exemple les clients de sociétés d'assurance sont souvent amenés, dans les années qui suivent la souscription de leur premier contrat, à en souscrire d'autres. C'est ce qu'on appelle de l'achat croisé, ou *cross selling*. Dans les cas de ce genre, la rentabilité des clients fidèles s'accroît au fil du temps.

c) Les programmes de fidélisation cherchent à influencer aussi bien les clients satisfaits qu'insatisfaits et s'intègrent dans une politique marketing

Les politiques de fidélisation ne se focalisent pas sur les clients insatisfaits. Leur cible est tout autant les clients satisfaits qu'insatisfaits pour deux raisons principales.

- L'objectif de réduction de l'attrition concerne ces deux types de clients. La section 2 de ce chapitre a souligné qu'un client satisfait n'est pas nécessairement fidèle. Il est donc tout autant nécessaire de chercher à réduire l'attrition des clients satisfaits qu'insatisfaits.
- De plus, un programme de fidélisation cherche à accroître la part de client, il doit donc cibler les clients satisfaits tout autant que les autres.

De plus, des actions spécifiques à l'égard des clients mécontents, comme un traitement des réclamations efficace, qui s'adresse donc aux clients mécontents, fait partie intégrante d'un programme de fidélisation, bien que celui-ci soit plus large que celui-là.

Dans une approche de marketing de la valeur (voir l'introduction à l'ouvrage), on peut résumer la place d'un programme de fidélisation par le schéma suivant.

Figure 10.4 **La place d'un programme de fidélisation dans une approche de marketing de la valeur**

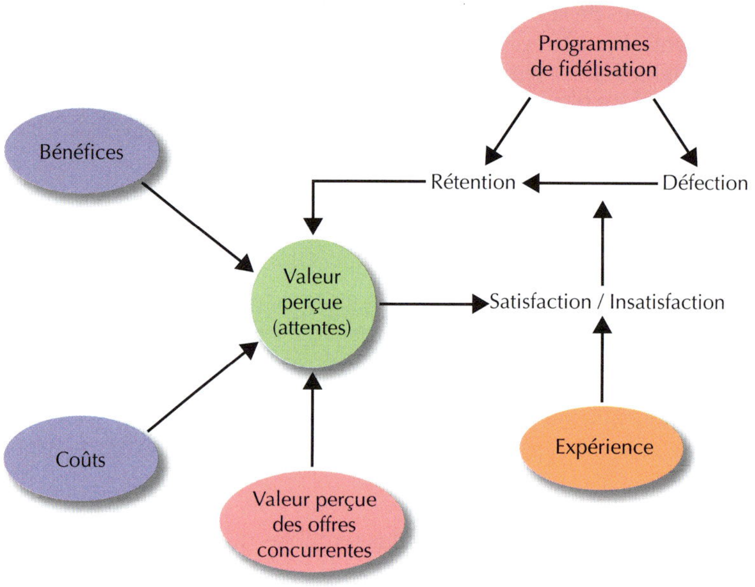

Notre conseil

Une politique de fidélisation s'appuie d'abord sur la satisfaction des clients. Il faut analyser et réduire les causes d'insatisfaction, assurer le « contrat de base » à travers une politique marketing bien pensée et bien exécutée (analyse des besoins et de la concurrence, positionnement, segmentation, mix-marketing…) avant de se soucier de programmes de fidélisation.

- La valeur perçue d'une offre est la pondération entre des bénéfices perçus et des coûts perçus, relativement aux offres concurrentes.
- La valeur perçue avant l'achat, qui établit le niveau d'attentes dans ce schéma simplifié, est confrontée à l'expérience : soit celle-ci est égale ou supérieure aux attentes et le client est satisfait, soit l'expérience est inférieure aux attentes et le client est insatisfait (voir la section 2 de ce chapitre pour une présentation plus détaillée du modèle de la confirmation/infirmation).
- Un programme de fidélisation accroît la valeur perçue après l'achat, soit en réduisant la défection des clients mécontents (service de recouvrement des clients mécontents et de traitement des réclamations), soit en incitant au rachat les clients satisfaits (action sur la rétention et la part de client).

Un programme de fidélisation complète donc une politique marketing et ne vient pas compenser une mauvaise offre et une mauvaise politique. Dans une approche du marketing de la valeur, il contribue à la valeur perçue de l'offre après l'achat.

d) Un programme de fidélisation peut chercher à agir sur les trois dimensions de la fidélité

Nous avons vu à la section 2 que la fidélité avait trois dimensions : affective (proximité à la marque ou à l'entreprise), cognitive (préférence) et conative (comportement d'achat).

Un programme de fidélisation peut agir sur ces trois dimensions en faisant aimer, faisant préférer et faisant agir. Tous pourtant ne le font pas : certains mettent seulement l'accent sur une ou deux de ces dimensions. Très souvent même, le programme de fidélisation se résume à des systèmes de points : on achète la fidélité du client.

> ***Notre conseil***
>
> *Un programme de fidélisation ne doit pas se réduire à des récompenses monétaires.*
>
> *Fonder un programme de fidélisation sur les seules récompenses peut être efficace pour influencer le comportement des clients, mais il est d'une efficacité à court terme. Il s'apparente aux techniques promotionnelles.*
>
> *Pour créer un attachement ou une préférence (des raisons de préférer la marque aux concurrents), il ne faut pas vouloir seulement agir sur le comportemental.*

2 Les grands principes d'un programme de fidélisation

Un programme de fidélisation se traduit par une série d'actions et de réactions qui cherchent à influencer certains comportements ou attitudes des clients. S'il existe de nombreuses modalités d'intervention, un bon programme de fidélisation suit quelques grands principes.

Une métaphore que nous empruntons à Arnaud de Baynast pour illustrer ces grands principes est celle de nageurs dans trois bassins d'une piscine, qui représentent les petits, moyens et gros clients. Avant la mise en place d'un programme de fidélisation, le mouvement des nageurs est aléatoire : certains petits clients deviennent moyens ou gros avant de régresser, des bons clients restent stables, réduisent leurs dépenses ou quittent la piscine… Ces évolutions se font au hasard, sans que l'entreprise n'y exerce une influence directe, du moins planifiée.

Figure 10.5 **La situation de départ : le mouvement aléatoire des clients**

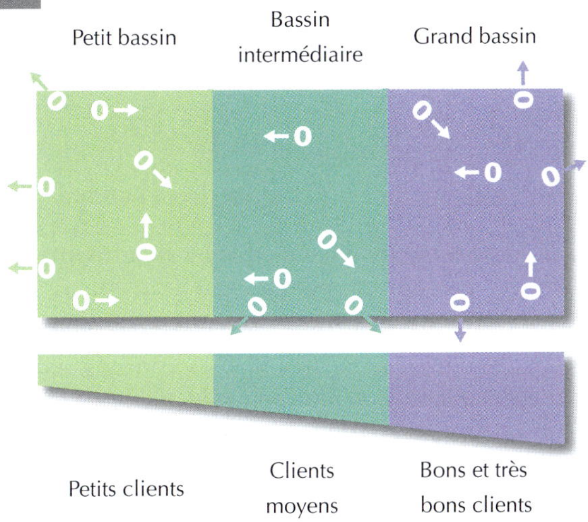

a) Premier principe : créer un courant

Le premier principe d'un programme de fidélisation est d'éviter les défections tout autant que la réduction des dépenses des clients. Dans notre illustration, il s'agit donc de créer un courant pour que des petits clients deviennent moyens et les moyens, gros.

Figure 10.6 **Créer un courant**

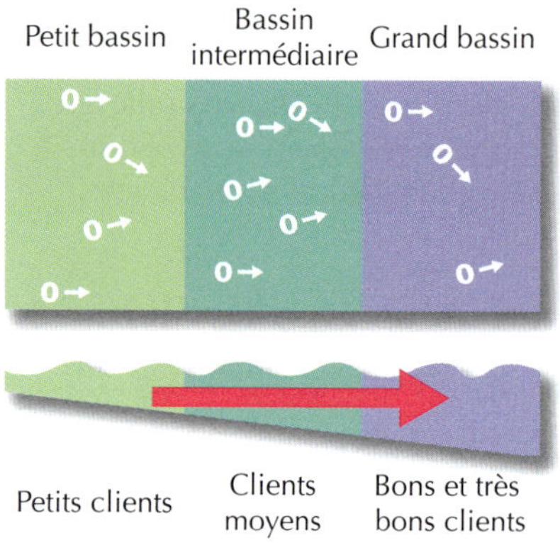

Le premier grand principe est donc d'agir dans quatre directions :

- réduire l'attrition en analysant les causes d'insatisfaction et de départ, en réduisant ces causes ou en limitant les effets, et en assurant un bon service de recouvrement (traitement des réclamations) ;
- accroître la fréquence d'achat des clients ;
- les inciter à acheter d'autres produits vendus par l'entreprise (*cross selling*) ;
- les inciter à acheter des produits à plus forte contribution, c'est-à-dire généralement d'une gamme supérieure (*up-selling*).

Le moyen le plus classique pour créer ce courant est celui de la *récompense* : remises sur achat, points de fidélité, miles, cadeaux… Les clients savent qu'ils sont récompensés s'ils agissent conformément à ce que souhaite l'entreprise, c'est-à-dire s'ils achètent plus.

b) Deuxième principe : accompagner les clients

La mise en place d'un système de récompense est insuffisante. Il faut guider les clients pour faciliter leur parcours du petit au grand bassin.

Le moyen classique utilisé est celui de *l'accompagnement* : clubs thématiques, outils d'information (newsletters, magazine, site Web…), conseils, aide personnalisée… L'accompagnement a une dimension plus générale que le système de récompense. Il passe par une information, un dialogue, une relation plus étroite et personnelle avec les clients. Le programme de fidélisation cesse ici d'être purement behavioriste, voire pavlovien, pour mieux intégrer la complexité d'une relation entre les clients et l'entreprise, enrichir la marque et l'expérience de la marque.

Figure 10.7 **Accompagner les clients**

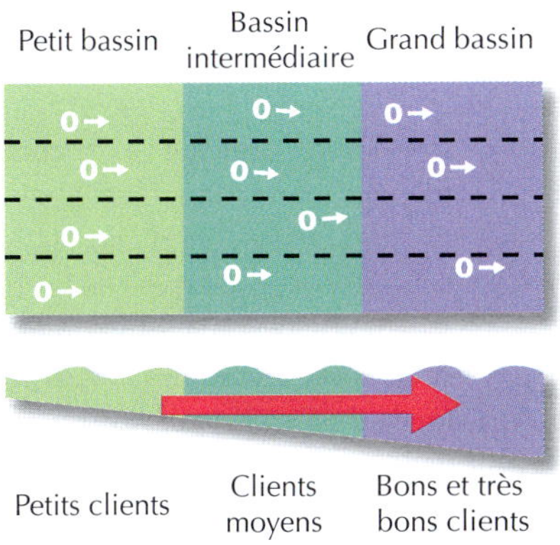

c) Troisième principe : créer une zone de non-retour

Si on poursuit la métaphore, on dira qu'on chauffe à bonne température le grand bassin de manière à décourager tout retour en arrière : on crée un coût, pour les meilleurs clients, à quitter l'entreprise ou à réduire leurs dépenses.

Figure 10.8 **Créer une zone de non-retour**

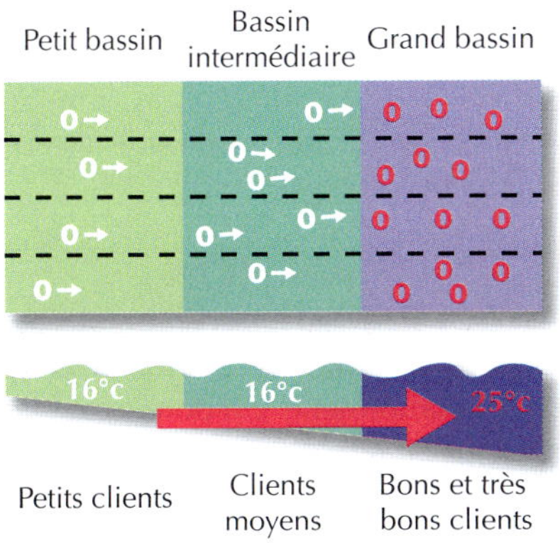

Concrètement, cela signifie qu'il faut offrir aux meilleurs clients des avantages suffisamment significatifs pour qu'ils soient motivés à maintenir leur statut de bon client. C'est pourquoi on peut parler, après la *récompense* et l'*accompagnement*, de la dimension *statutaire* du programme de fidélisation. Les bons clients bénéficient d'avantages spécifiques, disposent de privilèges, sont valorisés par le biais de signes de reconnaissance particuliers.

MINI CAS

British Airways

Les programmes de fidélité des compagnies aériennes (*Frequent Flyers Programs*, ou FFP) illustrent parfaitement ces grands principes. L'Executive Club de British Airways en est l'un des meilleurs exemples.

Premier principe : récompenser les bons clients (dimension transactionnelle). Les voyageurs accumulent des miles, échangeables en billets gratuits, au fur et à mesure de leurs voyages.

Deuxième principe : accompagner les clients (dimension relationnelle). Les membres de l'Executive Club bénéficient d'informations régulières (newsletter) sur le programme de la compagnie (ouvertures et fermetures de lignes, modifications de fréquences et d'horaires) et sur les infrastructures aéroportuaires. On leur offre également des services comme le choix de leur siège et de leur menu.

Troisième principe : créer une zone de non-retour (dimension statutaire). En plus des miles, les voyageurs accumulent des points qui leur permettent d'atteindre des niveaux de statuts Silver, puis Gold, qui ouvrent l'accès à des services supplémentaires, tels que les comptoirs d'enregistrement dédiés, la priorité sur les listes d'attente, ou les salons privés, réservés à ceux qui voyagent le plus souvent. Leur bénéfice est supprimé à celui qui, du fait de voyages moins fréquents, est l'objet d'un déclassement, ou *downgrading*. Une fois l'habitude prise de ne plus attendre dans les halls bondés, les hommes et femmes d'affaires ont de grandes difficultés à renoncer à ce privilège…

3 Les outils de la fidélisation

Les outils ou techniques de la fidélisation devraient inclure toutes les techniques utilisées dans une politique relationnelle. On donne cependant dans les milieux du marketing un sens plus restrictif au terme de techniques de fidélisation, puisqu'elles recouvrent en fait les *tactiques de récompense*. La mise en œuvre plus globale des politiques relationnelles sera vue dans la section 4 de ce chapitre consacrée au CRM. On se penchera donc ici sur les méthodes pour récompenser les clients, que ce soit par des « cadeaux » divers ou par des signes de valorisation personnelle.

a) Les programmes d'accueil

Ces programmes consistent à donner aux clients un dossier de bienvenue, à envoyer une lettre de remerciement pour le premier achat qu'ils ont effectué, à passer un coup de fil pour amorcer dans de bonnes conditions la relation. Plus le démarrage est réussi, plus le client se sent valorisé et plus il sera attaché à l'entreprise.

b) Lettres d'information, *consumer magazines*, sites Web et appli

Ces rendez-vous réguliers, sous forme de lettres, de magazines, de *newsletters* électroniques qui renvoient vers un site, d'applications sur smartphone sont des moyens d'information ou de conseil. Ils doivent être intéressants, utiles et valorisants pour les clients. Ces supports sont souvent associés aux cartes de fidélité ou aux clubs de clients. Internet a profondément transformé ces outils, d'une part en réduisant les coûts de diffusion, d'autre part en les enrichissant par du contenu multimédia : *vidéo streaming*, podcasts et videocasts (fichiers audio ou vidéo téléchargeables), mobile…

Exemples

- Vente-privee.com propose à ses clients une appli qui a un triple objet : informer les clients sur les nouvelles ventes, favoriser l'achat d'impulsion… et prolonger l'interface pour intégrer l'achat sur mobile. L'application a été téléchargée 500 000 fois dans les quinze jours de son lancement.

- Le programme de Danone, « Danone et vous », s'adresse à 4 millions de foyers abonnés et prévoit l'envoi d'un guide annuel ainsi que d'un magazine trois fois par an. Une newsletter est envoyée par e-mail deux fois par mois aux 250 000 inscrits. L'ensemble de ces supports renvoient vers le site du programme (www.danoneetvous.com) qui est fréquenté chaque année par deux millions de visiteurs uniques. Le site Web reprend, sous forme d'information, de vidéo et de conseil, les cinq axes du programme : la santé, la minceur, l'énergie, « grandir » et « jeunes mamans ».

Le guide

Le site Web www.danoneetvous.com

Le magazine

c) Les blogs et réseaux sociaux

Avec les blogs et les réseaux sociaux, il est possible d'aller plus loin que les sites Web traditionnels, qui, par rapport aux magazines, ajoutaient déjà du contenu multimédia et des services. Ils favorisent les échanges interactifs entre l'entreprise et ses clients et entre les clients eux-mêmes.

L'utilisation marketing des réseaux sociaux sera étudiée au chapitre 11.

Il ne faut pas se cacher non plus les coûts de ce type de communication : coûts de plateforme, d'apport de contenu, des animateurs qui vont animer ou contrôler les messages.

d) Les coupons et e-coupons

Ces outils de promotion ont pour objet de fidéliser les clients, soit à l'enseigne, soit à une marque. Les coupons peuvent être envoyés dans le cadre d'un programme de fidélisation (Danone envoie des coupons de réduction avec ses magazines) ou distribués avec les produits ou le ticket de caisse (réduction pour un nouvel achat).

Les e-coupons, coupons qu'on imprime ou qui sont envoyés sous forme de code-barres sur son smartphone connaissent un très grand essor, suivant en cela la part croissante du digital dans le CRM et le marketing direct. Des programmes comme ceux du Clubcard Tesco (voir le mini cas plus loin) les utilisent abondamment par le biais de leurs appli.

Exemples

- Catalina Marketing commercialise en France un système qui a été adopté par près de 4 000 grandes surfaces. L'Ecobon® est imprimé en caisse sur la base de l'analyse instantanée des achats qui viennent d'être effectués. Ce système permet d'adapter l'offre promotionnelle aux intérêts et au potentiel d'achat des clients sur un rayon, une catégorie de produits ou une marque et d'en mesurer le retour sur investissement en temps réel.
- Tesco, le leader britannique de la distribution, réalise la prouesse d'envoyer quatre fois par an à ses plus de 10 millions de membres de son club Clubcard, un courrier comprenant un choix de coupons entièrement personnalisé en fonction de l'appartenance du membre à un segment de clients et de son comportement d'achat individuel. La personnalisation de masse des coupons, dont le choix correspond ainsi aux habitudes d'achat et aux besoins de chaque client, se traduit par un taux de rédemption des coupons qui est plus de deux fois supérieur à la moyenne du secteur.

Les différentes techniques du couponnage ont été développées dans le chapitre 9 sur le hors-médias, section 2 sur la promotion des ventes.

e) Les programmes à points (ou miles)

Les programmes à points (ou à « miles ») ont été créés par American Airlines en 1981 pour les voyageurs fréquents (*Frequent Flyers Programs*) à travers le programme « AAdvantage ». Aujourd'hui, plus de 100 millions de personnes sont membres d'un des 70 programmes de miles des compagnies aériennes et 5 % des sièges sont occupés par des personnes qui voyagent en utilisant leurs points. Les compagnies aériennes sont sans doute les entreprises qui utilisent le plus cette technique, mais le système de fidélisation par points s'est depuis étendu à bien d'autres secteurs économiques, notamment dans les services. On remercie le client de sa fidélité en lui proposant un cadeau, de nature très variée, en fonction des points accumulés grâce à sa consommation. Il peut s'agir des propres produits de l'entreprise (vol ou surclassement pour une compagnie aérienne, produits alimentaires pour une entreprise alimentaire, etc.) ou de produits très divers proposés sur catalogues. Ces programmes nécessitent des animations régulières pour réactiver l'intérêt des clients.

Des prestataires de service proposent aux entreprises de gérer leurs programmes de points, la logistique nécessaire en termes de gestion de bases de données et de rédemption des points étant souvent importante.

Ces programmes sont étudiés en profondeur un peu plus loin.

f) Les cartes de fidélité

Les cartes de fidélité recouvrent souvent les programmes à points, mais leur champ d'action est plus large. En effet, elles ne délivrent pas seulement des points et des récompenses selon le niveau d'achat, elles donnent également lieu à des services réservés, à des opérations spéciales, à des promotions particulières, etc.

Exemple

➥ On estime à environ 14 millions, le nombre de clients de la Fnac, et parmi ceux-ci 1,4 million sont adhérents. Ces 10 % de clients réalisent 60 % du chiffre d'affaires de l'entreprise. La carte de fidélité de la Fnac leur offre cinq grands types d'avantages :

- des conditions tarifaires particulières : offres de bienvenue et réduction permanente de 5 % sur le high-tech ;
- une centaine d'offres adhérents présentées tous les mois dans la revue *Contact*, des remises permanentes sur les spectacles ; des points de fidélité accumulés lors des achats qui donnent droit à des chèques cadeaux ;
- un accès aux ventes privées sur Fnac.com ;
- un crédit consommateur ;
- de l'information culturelle et technologique avec *Contact* envoyé à domicile ;
- des invitations à des évènements organisés par la Fnac.

g) Les clubs

Les clubs ont pour objet :

- de fidéliser les meilleurs clients, voire de les fédérer ;
- de renforcer et de valoriser l'image de l'entreprise ;
- de développer l'activité ;
- d'améliorer la connaissance des clients et de nourrir les bases de données.

L'objet d'un club n'est pas nécessairement de regrouper le plus de clients possibles, mais de renforcer les liens entre les clients et l'entreprise : la fidélisation s'inscrit dans le relationnel. À ce titre, beaucoup d'entreprises choisissent de développer leur politique de club uniquement avec leurs meilleurs clients, ou d'établir différents clubs en fonction du niveau de dépenses des clients, à l'image par exemple des compagnies aériennes.

Les clubs s'appuient sur différents moyens de communication : courrier, *call center*, Internet, points de vente, etc.

Exemple

➥ Lancôme Japon a mis en place un programme de fidélisation depuis 1998 appelé « Rendez-Vous ». Le programme n'est ouvert qu'à certains des clients : il faut avoir effectué au moins un acte d'achat supérieur à 20 000 yens pour obtenir la carte de membre. De plus, deux niveaux de club sont distingués : « Rendez-Vous classique » et « Rendez-Vous Gold ». Pour pouvoir devenir un membre Gold, il faut être membre depuis au moins trois ans et avoir acheté pour 450 000 yens de produits Lancôme durant les trois dernières années.

Pour les membres, les avantages sont multiples : recevoir un cadeau de bienvenue, des informations sur les produits et les évènements Lancôme, des échantillons gratuits, accumuler des points permettant d'obtenir des cadeaux et, pour les membres Gold, recevoir un cadeau pour leur anniversaire. Les membres du club Rendez-Vous, qui représentent environ 20 % des clients de Lancôme au Japon, réalisent près de deux tiers de ses ventes.

MINI CAS

Le programme de fidélisation de Tesco

Le programme de fidélisation de Tesco, le premier distributeur de Grande-Bretagne, comprend 10 millions de membres actifs.

L'appartenance au Club Tesco apporte des bénéfices propres à tout programme de fidélisation comme les points collectés au prorata des achats et qui se transforment ensuite en coupons de réduction. Les membres reçoivent aussi quatre fois par an un magazine (*Clubcard Rewards*) et de nombreux coupons de réduction, ciblés sur des produits déterminés en fonction du profil d'achat du membre. Ils peuvent aussi recevoir des emails d'information avec des bonus.

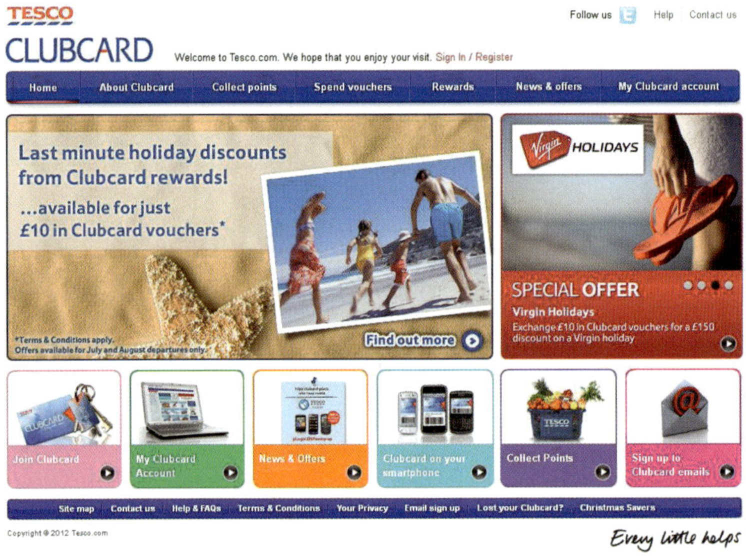

Tesco présente en ligne certains des sites destinés aux membres de ses clubs
Source : www.tesco.com

Outre ces bénéfices, Tesco propose à ses membres de s'inscrire à des clubs spécifiques en fonction de leurs centres d'intérêt.

Le *Healthy Living Club* est consacré à la nutrition et à la diététique. Le programme a recruté 130 000 membres, qui reçoivent chacun un magazine avec des bons de réduction. Trois sites Web et une application mobile de Tesco sont liés au programme, ainsi que deux lignes de produits alimentaires.

Le *Baby and Toddler Club* comprend 550 000 membres, il est dédié aux jeunes parents. Le programme n'inclut pas moins de quatre magazines qui suivent l'évolution de la jeune maman : *Vous êtes enceinte*, *Votre nourrisson*, *Votre bébé et vous*, *Votre petit enfant*. Une partie du magasin, destinée aux produits pour jeunes mamans et bébés, comprend les lignes de produits promues par le club.

Le *Kids Club* s'adresse directement aux enfants et comprend 160 000 membres. Le programme inclut également une lettre destinée aux parents ainsi qu'une lettre trimestrielle envoyée aux enfants.

Le *World of Wine* est un programme destiné aux amateurs de vin. Il comprend 250 000 membres qui reçoivent un magazine et des bons de réduction. Ils ont accès à un site Web où ils bénéficient de conseils personnalisés.

h) Les programmes anti-attrition

Ces programmes prévoient des actions à mener quand le client veut se désabonner ou fermer son compte. De plus en plus, les programmes de fidélisation sont conçus pour déclencher des actions particulières dès que des indicateurs de comportement (comme une baisse de consommation, ou un faisceau d'indices qu'on appelle dans le jargon inimitable du marketing : *scoring prédictif de churn*), permettent de prévoir la future infidélité des clients. Les actions peuvent prendre la forme d'un appel téléphonique (par exemple, du chargé de clientèle face à un compte dont l'activité se réduit), d'une offre promotionnelle, de propositions commerciales, etc.

Exemple

- Canal + a consacré des mois d'effort pour déterminer les facteurs susceptibles d'entraîner le désabonnement. Ces facteurs sont multiples. Ils ont été regroupés en grandes catégories et on en a mesuré l'importance. Il a fallu ensuite traduire ces facteurs en indices mesurables : une lettre de réclamation a-t-elle été envoyée ? De quelle façon l'abonné avait-il été recruté ? Quelle est la probabilité et la conséquence d'un déménagement ? Etc. Le service de fidélisation de Canal + peut alors sortir des listes d'abonnés ayant un score élevé en termes de risque de désabonnement, regroupés par grands types de facteurs. Il revient alors au service de marketing direct de faire des offres et d'adopter un plan de communication préventif adapté à chacun de ces segments.

4 Les systèmes de récompense et leurs limites

Les programmes de fidélisation ne reposent pas exclusivement sur les récompenses, mais elles y tiennent une place suffisamment importante pour qu'on s'y arrête et qu'on en détaille les dispositifs.

a) Les cinq grands modèles de récompense

Il existe cinq grands modèles de récompense.

1° La récompense continue

Le client est récompensé chaque fois qu'il effectue une action. Par exemple, il bénéficie d'une réduction chaque fois qu'il passe commande d'un produit auprès d'une entreprise de vente par correspondance. Le principe est simple et le bénéfice est immédiat. Le risque de ce modèle est que, loin d'être perçue comme un avantage supplémentaire qui accompagne la vente, cette récompense soit considérée comme un dû, d'emblée intégré à l'offre et dont l'absence entraîne *ipso facto* la défection.

2° La récompense après un certain nombre d'achats

L'accumulation d'un certain nombre d'achats entraîne l'obtention d'un avantage. Par exemple, le client a droit à un « coup de tampon » sur sa carte de fidélité à chaque fois qu'il vient déjeuner ou dîner dans un restaurant. Là encore le modèle est simple dans son principe, même si la récompense est différée. Le risque de ce modèle est qu'il s'adresse plus aux clients déjà fidèles, afin d'accroître leur fréquence d'achat, qu'aux clients occasionnels. En effet, ces derniers ne feront peut-être pas l'effort de transporter avec eux leur carte de fidélité ou ne penseront pas à faire enregistrer l'achat.

3° La récompense après un certain montant d'achat

On ne récompense pas le nombre d'achats, mais le montant de l'achat. Le client bénéficie d'un cadeau quand il dépasse un certain montant. Ce modèle est difficile à appliquer quand le panier moyen varie beaucoup entre clients, car on risque de faire bénéficier d'un cadeau un client qui aurait de toute façon dépassé le seuil d'achat, sans nécessairement en inciter d'autres à acheter plus. Cette méthode marche donc mieux quand elle peut être ajustée par type d'achat et par type de clients, comme c'est le cas chez les marchands en ligne : lorsque l'internaute arrive à l'étape où il souhaite régler son achat, on lui propose un cadeau ou une réduction s'il achète pour un montant supplémentaire, ajusté en fonction du montant de départ, de la catégorie de produits achetée et/ou du profil du client.

Ce modèle de récompense agit sur le panier moyen, mais non sur la fréquence d'achat ou la rétention.

4° La récompense à intervalle de temps

La récompense est donnée de temps en temps, indépendamment du montant d'achat et sans qu'elle soit prévue par le client. Ainsi, à la fin de tel mois ou de tel trimestre ou lors de son anniversaire, le client reçoit un avantage ou un cadeau. La récompense étant déconnectée de ses actions, elle est perçue comme un don et non comme un dû.

L'avantage de ce modèle est qu'il est simple à mettre en place, et la récompense a d'autant plus de valeur perçue qu'elle n'est pas prévue (effet de surprise). Ce dispositif, fondé sur le don, crée un lien émotionnel favorable aux ventes futures (rétention et part de clients). Son coût net, du fait que la récompense est découplée des revenus générés, peut cependant être un problème.

5° Les programmes à points

Le client accumule des points, qu'il peut échanger contre de l'argent, des réductions, des cadeaux. Ces points sont liés à la fois la fréquence d'achat et au montant (panier moyen), puisque les achats se cumulent dans le temps pour nourrir un « compte points ». Pour bénéficier de ce dispositif, le client doit donc faire enregistrer chaque achat, ce qui permet à l'entreprise de nourrir une base de données de clients et d'intégrer le programme de fidélisation dans une gestion plus large de la relation clients (CRM).

Ces programmes à points sont la généralisation des *Frequent Flyer Programs* des compagnies aériennes. Ils ont un aspect mécanique et sont explicitement fondés sur une relation donnant-donnant. Leur mise en œuvre est difficile parce qu'ils nécessitent un système d'enregistrement, de gestion et de suivi très complexe.

b) Les limites des programmes de récompense

Les programmes de récompense sont simples dans leur principe, peuvent être plus compliqués dans leur mise en œuvre et sont parfois problématiques dans leurs effets. Loin d'être une panacée, ils soulèvent plusieurs types de difficultés.

1° La contradiction entre attractivité du programme et coût pour l'entreprise

On appelle taux de générosité le rapport entre la valeur marchande de la récompense et le montant des achats nécessaires pour l'obtenir.

La moyenne des taux de générosité des programmes de fidélisation en France s'établit entre 4 et 5 % en France[1].

Plus le montant de la récompense est important, plus il est attractif pour le client et coûteux pour l'entreprise.

Par exemple, si le taux de générosité est de 5 % du chiffre d'affaires et que le taux de marge de l'entreprise est de 20 %, cela signifie qu'il consomme un quart du taux de marge. Pour simplement équilibrer le programme, il faudrait accroître de 33 % le chiffre d'affaires !

Pour équilibrer un programme, il faut que la marge nette incrémentale soit supérieure au montant des récompenses : cela signifie que le chiffre d'affaires incrémental nécessaire est lié à la fois au *taux de générosité* et à la *marge* de l'entreprise. Dans l'exemple précédent, si la marge était de 40 % et non 20 %, une augmentation de 14 % suffirait à couvrir les frais. Cela permet peut-être de comprendre que le taux de générosité du programme S'miles de Monoprix est de 0,3 % alors qu'il est de 8 % pour Sephora.

Un troisième élément à considérer est le *taux de rédemption*, c'est-à-dire le nombre de clients en position de demander le cadeau et qui le font. En fonction de la complexité du dispositif de récompense, le taux de rédemption peut être plus ou moins important. Pour évaluer le coût d'un dispositif de récompense, il faut donc pondérer le taux de générosité théorique d'un programme par le taux de rédemption.

Le programme peut jouer volontairement sur un faible taux de rédemption : la récompense a l'air impressionnante, mais il est en fait difficile d'accumuler suffisamment de points pour l'obtenir. Outre les problèmes de déontologie que cette tactique soulève, elle a des effets négatifs si le client réalise qu'il a très peu de chances d'obtenir la récompense.

Afin d'accroître la valeur perçue de la récompense et de réduire son coût, on peut proposer une récompense soit sous forme d'achat de produits plutôt que d'argent (le prix du produit inclut la marge de l'entreprise, ce qui en réduit mécaniquement le coût), soit sous forme de catalogue de cadeaux (le magnifique lecteur de DVD a été acheté 15 € en Chine, mais le client a le sentiment qu'il vaut beaucoup plus cher).

Dans l'évaluation financière d'un programme, on doit inclure aussi les frais d'équipement (par exemple, pour un distributeur, l'équipement de lecteurs de cartes), les frais de gestion et les coûts du personnel chargé de gérer le programme, les coûts de communication… Du côté des recettes, on peut aussi faire participer des fournisseurs ou partenaires, voire les bénéficiaires eux-mêmes (un adhérent Fnac, par exemple, doit payer une cotisation annuelle).

1. Source un peu ancienne, mais ce chiffre n'a pas de raison d'avoir changé depuis : *LSA*, 23 janvier 2003.

Figure 10.9 **Coûts et ressources d'un programme de récompense**

Les emplois	Les ressources
• Les frais de gestion (par exemple, hébergement et maintenance des bases de données, infrastructures de qualification et de *tracking* des ventes…) • Les coûts de communication (par exemple, les coûts liés au marketing direct, aux points de ventes, aux call centers…) qui incluent le recrutement des adhérents et l'animation de la relation • Le financement des récompenses, avantages ou services destinés aux clients (en fonction du taux de rédemption) • Les coûts du personnel affecté au programme de fidélisation **Profit incrémental généré par le programme**	• La participation des fournisseurs (par exemple, dans la grande distribution, les industriels contribuent pour une part importante au coût des programmes de fidélisation des enseignes) • La participation des partenaires (par exemple, les chaînes hôtelières qui donnent des miles à leurs clients les achètent à meilleur prix aux compagnies aériennes) • La participation des adhérents (carte de fidélité payante, frais de dossier…) • La facturation de certains services (serveurs vocaux d'information, par exemple) • La facturation des récompenses (les récompenses sont obtenues par les clients contre des points et un paiement) • La marge nette incrémentale générée par les adhérents

2° La banalisation des programmes

Le premier programme de fidélisation était révolutionnaire, mais qu'en est-il du vingtième dans la même catégorie de produits ? Ils risquent d'être de moins en moins des facteurs de différenciation qui incitent au rachat, et de plus en plus des acquis, qui réduisent les marges sans entraîner d'activité supplémentaire.

La banalisation de ces programmes peut conduire à une certaine surenchère pour retrouver des éléments de différenciation. Le transport aérien a connu cette évolution avec des programmes plus généreux, des services plus sophistiqués, des lounges plus luxueux pour attirer une clientèle d'affaires très courtisée.

La multiplicité des sollicitudes, la complexité de certains programmes, les abus qui ont eu lieu (récompenses illusoires) ont tendance à rendre les programmes de fidélisation moins attractifs pour les clients et plus risqués pour l'entreprise en termes de rentabilité. Mais arrêter un programme, quand les clients y sont habitués et quand les concurrents ont le leur, peut avoir un impact négatif direct sur le chiffre d'affaires. Il y a donc un effet mécanique et rigide dans beaucoup de programmes de fidélisation, qui peuvent en rendre l'usage risqué.

Notre conseil

Les clients veulent être reconnus et non pas traités « comme un numéro ». Un programme qui s'appuie sur les récompenses s'accompagne souvent d'une reconnaissance factice (communication personnalisée, identification sur le point de vente…), omettant ainsi ce qui est sans doute le plus important pour les fidéliser.

3° La recherche de solutions alternatives

Les limites des programmes de fidélisation sont largement liées au fait qu'elles se focalisent souvent sur les récompenses. Or tous les programmes de fidélisation ne reposent pas sur des récompenses matérielles. Par exemple, Louis Vuitton, qui a un remarquable programme de fidélisation, ne consent jamais aucun rabais ni réduction sur ses produits.

L'accompagnement des clients et leur reconnaissance par un statut sont généralement moins coûteux, sont plus variés dans leur expression donc plus différenciant, et ont certainement un caractère moins mécanique (possibilité de faire varier le coût selon les circonstances).

La fidélité étant le résultat d'une politique marketing d'ensemble, certaines entreprises ont choisi de fidéliser les clients par la valeur de leur offre et non pas celle de leur programme de fidélisation. Les low cost n'ont ainsi pas de programme de fidélisation.

5 La mise en œuvre d'un programme de fidélisation (check-list en sept étapes)

Cette check-list synthétise les sept grandes étapes dans la mise en place d'un programme de fidélisation.

1° Analyser le portefeuille de clients et les raisons de fidélité et d'infidélité

On cherchera à segmenter les clients en petits, moyens et gros clients et on tentera d'identifier, par le biais de recoupements, les clients à potentiel. On cherchera aussi à segmenter la clientèle en calculant des scores prédictifs. On analysera les raisons de fidélité et d'infidélité en s'appuyant sur des études de satisfaction et sur une enquête auprès des clients qui ont fait défection. On distinguera la fidélité active de la fidélité passive.

2° Identifier et quantifier les objectifs du programme de fidélisation

Ces objectifs peuvent être de plusieurs ordres.

- *Contribuer au capital de marque* : un bon programme de fidélisation doit être en ligne avec la politique de marque et enrichir la perception de cette dernière. Il y a donc une exigence au minimum de cohérence, au mieux de renforcement de la politique de marque.
- *Réduire le taux d'attrition* : sur la base de la segmentation des clients, on cherchera à réduire l'attrition des clients et plus particulièrement les gros clients qui contribuent le plus à l'activité.
- *Accroître la fréquence* d'achat : la cible du programme sera moins les meilleurs clients dont la fréquence d'achat et le panier moyen sont déjà élevés que les petits et moyens clients.
- *Accroître le panier d'achat* à travers le *cross selling* et l'*up-selling*.

3° Définir les récompenses, modes d'accompagnement et avantages

Récompenses, accompagnement, statut : sur quelle dimension jouera-t-on ? Quel programme de récompense veut-on mettre en place ? Quel type d'accompagnement est pertinent par rapport aux objectifs ? Quel type de reconnaissance et quel statut peut-on attribuer aux meilleurs clients ?

4° Établir un compte de résultat prévisionnel (un *business case*)

Avant de se lancer dans un programme de fidélisation, il faut anticiper les coûts et les ressources (voir le tableau précédent « Coût et ressources d'un programme de récompense », figure 10.9). Les ressources sous forme de marge nette incrémentale peuvent être difficiles à évaluer quand on démarre un programme et qu'on n'a pas d'expérience antérieure. C'est pourtant une estimation qu'il faut faire pour limiter les risques financiers et évaluer le succès ou l'échec du plan de fidélisation. Le recours à des agences spécialisées peut être particulièrement utile.

5° Définir un programme

Qui sera « l'émetteur » du programme ? L'entreprise ou une de ses marques ? Danone a choisi un programme multimarques alors que Procter & Gamble établit des programmes différents par marque (et, pour développer les synergies, tente de faire adhérer les clients à différents programmes).

> **Notre conseil**
>
> *Un bon programme de fidélisation a une raison d'être, une promesse forte et ne se contente pas d'additionner les informations ou les récompenses. Cette promesse peut être celle de la marque (Danone vous aide à préserver votre santé par une bonne alimentation) ou être une extension de celle-ci (voir l'exemple de Purina). Comme tout produit, un programme de fidélisation demande en fait un positionnement.*

Quelle est la promesse du programme relationnel ? Elle est très importante car elle permet de fixer le niveau d'attentes et d'établir une ligne directrice quant au contenu du programme : c'est en quelque sorte le positionnement du programme, son axe. Une promesse forte est motivante pour les clients et fixe une direction aux actions à mener.

Exemples

- Purina, la marque de produits alimentaires pour chiens et chats de Nestlé, a défini la promesse de son programme relationnel ainsi : « Purina enrichit la relation que vous avez avec votre animal de compagnie. » Le programme parle de la façon dont on peut veiller à la bonne santé de son animal, présente l'histoire des races de chiens et de chats, aide à mieux comprendre le comportement de son animal, répond aux interrogations des propriétaires et apporte du conseil… Loin d'être uniquement centré sur la promotion des produits, le programme relationnel apporte une valeur spécifique aux clients de la marque.
- Le programme relationnel de Pampers a pour propos d'aider les clients à être de bons pères et de bonnes mères de jeunes enfants : au-delà de la présentation des produits, le programme relationnel aide les jeunes parents à bien s'occuper de leurs enfants et de leur développement. Pampers se positionne vis-à-vis d'eux comme un expert du développement des jeunes enfants, le contenu du programme évoluant avec leur âge.

6° Décliner un plan de contacts

Il est souvent difficile de définir un plan de contacts dans l'abstrait. Un cadre utile pour la réflexion, quitte à y faire de nombreuses adaptations, est de chercher à le décliner selon quatre dimensions.

- *La récence des clients* : l'attrition est souvent liée à la récence en ce sens que plus le client est récent, plus il a tendance à être infidèle. Dans cette première dimension, les actions sont liées au profil du client, c'est-à-dire à son ancienneté.
- *Le comportement des clients* : quels messages et quelles interactions en fonction des différents segments comportementaux des clients (par exemple les petits, moyens, gros).

- *Le calendrier* : quel message ou quelles interactions doivent être réalisés suivant la période de l'année.
- *La vie du client* : quels messages et quelles interactions doivent être prévus, en fonction de l'âge, du sexe, des situations de vie du client.

7° Évaluer les risques et solutions

La dernière grande étape consiste à évaluer les risques de son programme de fidélisation et de chercher à les prévenir : non-rentabilité du programme, effet négatif sur l'image de marque, banalité du programme par rapport aux concurrents, incohérence des discours entre les points de contacts, générosité insuffisante des programmes, saturation des clients, fraude, etc.

Aucun de ces points n'est rédhibitoire s'il est anticipé ou du moins identifié et traité. Par exemple, un programme non rentable peut se concentrer sur les clients les plus importants, un effet négatif sur l'image doit conduire à clarifier la promesse relationnelle et à mener des études d'image dans le temps, etc.

SECTION 4

LE CRM OU GESTION DE LA RELATION CLIENTS

Le CRM ou *Customer Relationship Management* (gestion de la relation clients) est souvent perçu et vendu comme un dispositif technologique pris en charge par des sociétés de services informatiques et de producteurs de logiciels. Pourtant, cette approche technologique de la relation clients est le fruit d'une méprise, ainsi que la source des nombreuses difficultés que les projets de CRM ont connues comme on le verra dans cette section.

1 Qu'est-ce que le CRM ?

La politique relationnelle, ou CRM, est une stratégie et un processus organisationnel qui visent à accroître le chiffre d'affaires et la rentabilité de l'entreprise en développant une relation durable et cohérente avec des clients identifiés par leur potentiel d'activité et de rentabilité.

On reprendra, ci-dessous, les différents éléments de cette définition.

a) Une vision stratégique

Les problématiques que connaissent les entreprises sont de nature très différente. De ce fait, le CRM n'existe pas, il n'y a que *des* projets de CRM, très divers par leur nature et devant s'adapter à chaque entreprise. Cela doit naturellement conduire à une diversité des solutions et d'approches, ainsi qu'à la clarification par l'entreprise de son projet de CRM.

Une vision CRM se décline en trois aspects fondamentaux.

1° Des buts et objectifs

Pour éviter des actions disparates à court terme, une entreprise qui met en place une politique relationnelle doit se fixer des buts clairs et des objectifs mesurables. Les buts, qui définissent l'ambition du programme, peuvent être de nature très variée : enrichir les valeurs de la marque, créer un attachement émotionnel, réduire le taux d'attrition, faire de la marque la meilleure source d'information sur un sujet pour ses clients, etc. Les objectifs sont chiffrés, ils font l'objet d'une évaluation des coûts du projet et du retour sur investissement. Il s'agit de définir précisément, ou au moins d'estimer, les objectifs en termes de dépenses, de parts de client, de fréquence d'achat, de durée de la relation dans le temps, de taux d'attrition, de rentabilité, de retour sur investissement du programme…

2° Une segmentation et un ciblage

Au même titre qu'une bonne politique marketing, la vision relationnelle commence par la définition d'une première segmentation et ciblage. Un programme relationnel ne doit pas nécessairement inclure toutes les cibles de la politique marketing générale : on peut ne destiner le programme qu'aux meilleurs clients, ou à des segments spécifiques de clients dont on pense qu'ils répondront de façon particulièrement favorable à celui-ci. La segmentation sur base de données vient compléter ensuite ce premier ciblage, qui fait le lien entre la politique marketing et la politique relationnelle.

3° Un contrat relationnel entre l'entreprise et le client

Le client n'attend pas d'une entreprise qu'elle développe une relation abstraite avec lui, mais qu'elle lui apporte des bénéfices réels, quelque chose qui a de la valeur à ses yeux. Un programme relationnel – tel que nous l'avons vu à la section 3 - repose ainsi sur un contrat, par lequel, en échange de temps (attention) et d'argent (achat), le client obtient de la marque des informations, des services, un dialogue, une expérience qui soient intéressants ou utiles. La vision stratégique doit précisément définir le propos de la relation et les bénéfices que peut en tirer le client.

Exemples

- Le programme relationnel de Tesco est inscrit dans la vocation même de l'entreprise. Les trois valeurs clés qui sont affirmées par l'entreprise trouvent en effet leur expression nécessaire dans sa politique relationnelle :
  - « Créer de la valeur pour nos clients afin de mériter leur fidélité à vie.
  - « Personne ne fait autant d'effort que nous pour nos clients. » (Comprendre les clients mieux que quiconque, ouvrir la voie et être une force d'innovation au service des clients, utiliser nos forces pour donner a notre ottre une valeur ımbattable pour les clients.)
  - « Traiter nos collaborateurs comme nous aimerions être traités » (Il faut bien s'occuper de nos collaborateurs pour qu'ils s'occupent bien de nos clients.)

- La marque Danone s'est positionnée sur la santé afin d'éviter la banalisation des produits alimentaires qu'elle commercialise. La santé est à la fois un thème impliquant pour les consommateurs, cohérent avec son offre (santé par l'alimentation) et riche en déclinaisons. Une politique relationnelle peut, pour ces trois raisons, être un excellent levier pour nourrir ce positionnement. Le contrat relationnel de Danone, « Danone et vous » peut être défini ainsi : « Danone vous procure jour après jour les services dont votre famille et vous avez besoin pour avoir une alimentation et une vie saines. » Le programme relationnel de Danone a ainsi pour vocation de se nourrir des valeurs de la marque et de l'enrichir en retour.

La segmentation des clients est effectuée sur la base de centres d'intérêt (minceur, énergie) ou de profils démographiques (enfants, jeune maman). Elle est ensuite affinée dans la phase opérationnelle par un traitement des bases de données comportementales, en fonction des retours d'utilisation des coupons (il est possible d'identifier pour chaque coupon utilisé, le consommateur à qui il a été envoyé).

Le programme relationnel de Danone permet d'avoir une connaissance plus fine et continue des clients, de constituer une base de données comportementales, de communiquer directement avec eux, de leur proposer des informations et des services adaptés et de développer l'attachement à la marque et la part de clients dans le temps.

b) Un projet organisationnel

Une politique relationnelle cohérente nécessite une forte implication des dirigeants et la collaboration de nombreux services internes. Elle concerne en effet la fonction marketing sous ses différents aspects (chefs de produits, marketing direct, promotion…), mais également la force de vente ou le réseau de distribution, le service consommateur, la communication, le service études…

De nombreuses difficultés organisationnelles sont à surmonter, telles que l'acquisition d'un savoir-faire spécifique, la formation des collaborateurs, la mise en place de processus transversaux d'échange et de coordination, la mise à disposition de moyens techniques. De plus, la culture de l'entreprise n'est souvent pas au fait de ce qu'est le marketing relationnel, ni naturellement portée à le développer.

Afin de surmonter ces difficultés, l'affirmation d'une vision claire par les dirigeants ou responsables marketing de l'entreprise est un atout clé. Il faut également identifier avec soin les résistances possibles du personnel et concevoir des outils facilement utilisables. Le budget de formation doit être intégré, dès le départ, dans l'enveloppe globale du projet CRM. De plus, les entreprises ont intérêt à se concentrer sur des actions prioritaires : quelques types d'interaction ou de canaux, parfois une partie des clients et non l'ensemble…

Notre conseil

Dans la mise en place d'une politique de CRM, il faut tout faire pour éviter « l'usine à gaz », c'est-à-dire la méga solution informatique tout intégrée, qui accroît considérablement les risques d'échec, au profit d'une démarche qui part de l'existant, qui est évolutive et qui utilise des outils dimensionnés.

c) L'accroissement du chiffre d'affaires et de la rentabilité

Sur des marchés dont la croissance est relativement faible, comme c'est souvent le cas dans les économies développées, la part de marché des entreprises passe de plus en plus par la fidélisation des clients, en préservant, voire en augmentant la part des dépenses que chaque client consacre à la marque. Alors que l'acquisition peut être réalisée par les moyens du marketing traditionnel, le développement de la part de clients et l'accroissement de leur fidélité dans le temps nécessitent une politique relationnelle.

d) Une relation cohérente (intégration multicanale) et continue

Contrairement à une approche transactionnelle, le CRM s'inscrit dans une relation durable avec les clients, qui doit être cohérente quel que soit le canal utilisé.

Les entreprises étendent progressivement leurs modes de communication et de distribution auprès de leurs clients. Toute une panoplie de canaux s'offre à elles : représentants, points de vente, catalogues, courriers (mailing), centres d'appel (*call center*), Internet et autres canaux électroniques, etc. Cependant, plus les canaux de contact avec les clients se multiplient, plus les entreprises courent le risque d'une part d'additionner les coûts de chaque canal sans tirer profit des synergies, et d'autre part de manquer de cohérence dans le traitement du client, faute d'adopter une vision globale : par exemple, lorsque le service après-vente par Internet ne communique pas avec le service après-vente par téléphone, ou le service consommateurs avec le marketing direct, etc.

Le CRM est une politique qui doit se traduire à la fois par la cohérence des actions et des canaux et leur continuité dans le temps. On rencontre trop souvent des programmes de CRM qui ne sont que des actions sans lien avec la politique marketing d'ensemble de l'entreprise, sans complémentarité entre elles, disparates entre les canaux et qui sont de plus remises en cause en fonction des changements de direction. L'expérience que le client a de sa relation avec l'entreprise devient alors inévitablement discontinue, voire incohérente.

e) L'identification des clients par leur potentiel d'activité et de rentabilité

Il est aujourd'hui rare que des responsables marketing qui s'adressent à de vastes marchés puissent donner des chiffres précis en termes de segmentation PMG (petits, moyens, gros clients), c'est-à-dire qu'ils sachent quelle est la part des meilleurs clients dans les ventes. Il est encore plus difficile d'identifier individuellement les clients les plus importants permettant de mieux allouer les dépenses de communication. Faute de disposer de ces informations, les entreprises pratiquent trop souvent la politique du « tapis de bombes », qui consiste à « arroser » un vaste public, segmenté de façon très lâche, par des dépenses de publicité importantes.

L'optimisation des dépenses marketing consiste à allouer plus de moyens aux clients les plus importants et à réduire les dépenses consacrées à ceux qui contribuent le moins au chiffre d'affaires. Pour cela, il faut identifier individuellement les clients, mesurer leur importance et pouvoir s'adresser individuellement à eux, ce qui est l'objet du CRM.

Exemple

- Taster's Choice, qui est la marque Nescafé sur le marché américain, a une part de marché d'environ 10 %. Mais 4 % des acheteurs de café aux États-Unis représentent les trois quarts des ventes de la marque.

  La politique de communication de Taster's Choice, comme celle de la plupart des marques grand public, passe par les *mass media* qui touchent le plus largement possible les consommateurs américains, couvrant ainsi indifféremment clients et non-clients.

  La dépense de communication moyenne par individu est ainsi strictement équivalente pour les 4 % de consommateurs qui réalisent les trois quarts des ventes de la marque, pour les 6 % de consommateurs restants… et pour les 90 % de foyers américains qui ne sont pas clients. L'optimisation du budget de communication passerait par une meilleure allocation des dépenses afin de fidéliser les meilleurs clients, d'accroître la « part de portefeuille » des autres clients et de mieux cibler les prospects susceptibles de rejoindre la marque.

Dans la segmentation des clients, il est important de distinguer l'activité actuelle et potentielle : un client peut n'être « petit » que parce que la « part de client » de l'entreprise est réduite. Un « petit client » bancaire peut par exemple être multibancarisé et être un gros client potentiel.

L'évaluation du potentiel est souvent délicate : elle passe par un faisceau d'indices qu'on cherche à identifier et qui peuvent alors conduire au calcul d'un « score de potentiel ». De plus, ce n'est pas seulement le chiffre d'affaires qui importe mais la rentabilité : certains gros clients peuvent être peu rentables en raison de la somme d'efforts et de services qu'ils nécessitent ou des conditions tarifaires qu'ils ont obtenues. Il est parfois difficile pour les entreprises d'estimer de façon précise la rentabilité de chaque client : la rentabilité n'est souvent évaluée que de façon générale, par activité ou ligne de produits.

MINI CAS

Un exemple de politique de développement des ventes

Une entreprise a segmenté son portefeuille de clients en trois catégories : gros, moyens et petits. La répartition est la suivante :

- gros clients : 8 % du portefeuille et 32 % du CA ;
- moyens clients : 17 % du portefeuille et 20 % du CA ;
- petits clients : 75 % du portefeuille et 48 % du CA.

	Part de clients	Part de CA	Nombre de produits	Prix moyen des produits	Dépenses marque/an	Part de ventes
Gros	8 %	32 %	6	35,0 €	210,0 €	35 %
Moyens	17 %	20 %	2	35,5 €	71,0 €	17 %
Petits	75 %	48 %	1	36,5 €	36,5 €	15 %

25 % des clients font ainsi 52 % des ventes. Les gros clients dépensent en moyenne 210 € par an, les moyens 71 € et les petits 36,50 €, ce chiffre étant la résultante du nombre de produits multiplié par le prix unitaire. Enfin, les petits clients ne consacrent que 15 % de leurs dépenses aux produits de la marque, contre 35 % pour les clients les plus importants.

Pour développer les ventes, l'entreprise peut chercher à accroître le nombre de produits vendus (packs promotionnels de produits, réduction sur prochains achats, *cross selling*…), inciter à l'achat de produits plus chers (*up-selling*), ou accroître la fidélité des clients (part des clients) en développant la relation entre la marque et ses clients par des programmes de fidélité. Une des finalités de la politique relationnelle de cette entreprise pourrait être, en accroissant leur volume d'achats, de réduire la part des petits clients au profit des clients moyens, et celle des moyens au profit des gros clients.

Dans cet exemple, un point de petits clients perdu réduit le chiffre d'affaires de 0,6 %, et un point de gros clients, de 4 % ; la fidélisation dans le temps des gros clients représente donc un enjeu significatif pour l'entreprise.

2 Les cinq étapes de la gestion des relations clients

Une fois que la vision a été définie, à la fois sous l'angle des objectifs, de la segmentation des clients et du contrat relationnel, la mise en œuvre pratique d'une politique relationnelle est un processus qu'on peut présenter en cinq étapes.

Figure 10.10 **Les cinq étapes de la gestion de la relation clients**

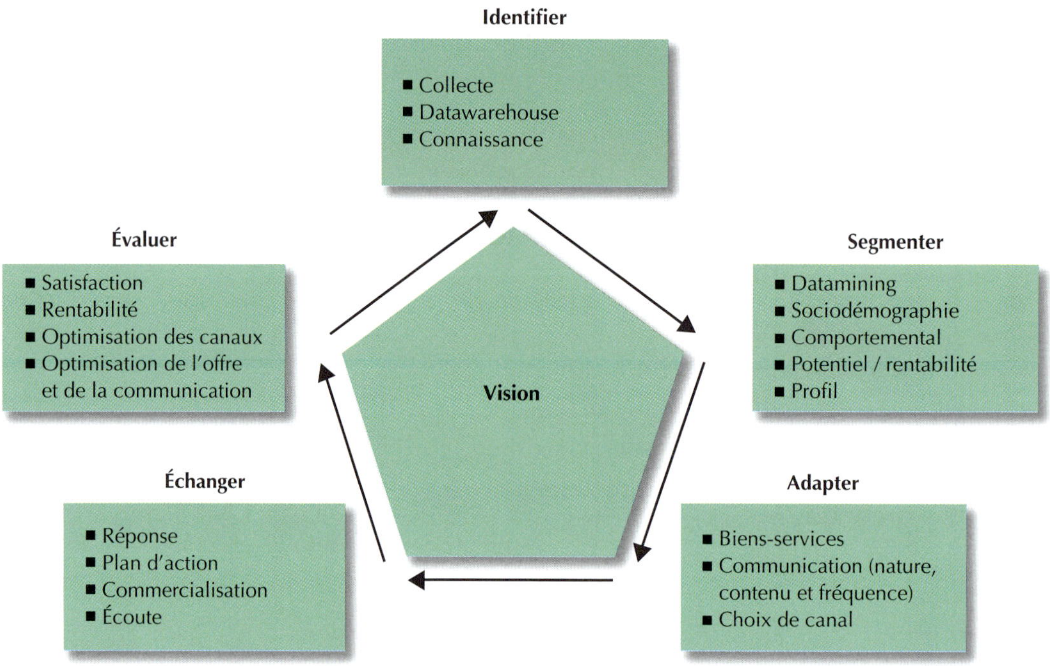

a) Collecter les données

L'identification consiste à collecter des informations sur chaque client, ou du moins sur ceux qui ont été ciblés dans le plan d'action. Ces informations doivent pouvoir être formalisées et intégrées dans une base de données afin que l'entreprise bénéficie d'un mode de connaissance systématique et automatisé des clients.

Les sources d'information sont multiples : questionnaires, force de vente, comptabilité, cartes de fidélité, livraison, service après-vente, call center, Internet, courrier, bases de données externes… Les entreprises ont souvent des bases de données partielles et imparfaites, mais elles ne doivent pourtant pas être négligées.

Construire une base de données de clients passe par quelques grandes étapes :

– *auditer les sources d'information* actuelles sur les clients, internes ou externes à l'entreprise ;

– *évaluer* les sources d'information potentielles en termes d'intérêt, de coût et de faisabilité, c'est-à-dire les canaux de contact qui permettent de recruter les clients et d'interagir avec eux ;
– *définir une politique* qui systématise la collecte d'information : quels objectifs ? quels moyens ? quelles récompenses (par exemple, pourquoi les clients s'identifieraient-ils au passage aux caisses ? pourquoi le personnel de vente prendrait-il de son temps pour enregistrer des informations sur les clients ?) ;
– *évaluer la faisabilité de l'intégration des bases de données existantes* : il vaut mieux parfois partir de bases de données existantes et dans d'autre cas partir de zéro.

Les clients sont et seront de plus en plus réticents à donner aux entreprises des informations personnelles. Cela représente un coût pour eux (en temps, en effort, en risque perçu…) qui mérite une récompense. Il faut donc clairement leur expliquer les bénéfices qu'ils tireront de la relation qu'ils acceptent d'initier en fournissant ainsi ces informations.

Un exemple de collecte d'informations en ligne : le club Lancôme propose aux clients des bénéfices tangibles en échange d'informations personnelles
Source : http://www.lancome.fr

b) Segmenter sur bases de données

L'identification des clients n'est qu'une première étape ; il faut analyser les données et regrouper les clients. La segmentation sur bases de données consiste à regrouper les clients en fonction de caractéristiques communes susceptibles d'affecter leur comportement.

On pourra ainsi segmenter les clients en fonction de l'importance de leurs achats (petits/moyens/gros…), du type de produits achetés, de leur centre d'intérêt exprimé, de leur probabilité calculée de défection, etc. La segmentation par rentabilité est un type de segmentation extrêmement important pour conduire une politique relationnelle.

Dans les programmes de CRM, on croise généralement une première segmentation, qui résulte des choix fondamentaux de la vision relationnelle et une deuxième segmentation, qui est comportementale. Par exemple, si on a décidé de cibler les nouveaux clients, on mènera des campagnes différentes selon les caractéristiques et les comportements de ces derniers. On peut également mener des campagnes relationnelles sur une population préciblée (par exemple, les jeunes) parallèlement aux campagnes ciblées sur des segments définis par un traitement sur base de données (par exemple, les clients qui ont dépensé plus de x euros avec l'entreprise, mais qui n'ont pas renouvelé leur acte depuis x mois).

On se rapportera au chapitre 9 sur le hors-médias pour approfondir ces aperçus sur la segmentation sur bases de données.

c) Adapter le service et la communication

L'identification et la segmentation des clients doivent conduire à adapter le service et la communication vers les clients. Cette adaptation peut porter sur les offres, sur les canaux de contact ou encore sur le contenu.

Internet, même s'il n'est pas le seul, est un canal particulièrement propice à la personnalisation de la communication. Un site Web peut en effet adapter son contenu en fonction du profil du client, reconnaître et accueillir un visiteur identifié, proposer des services liés à leur profil tels que des recommandations personnalisées et enrichir progressivement le profil de l'internaute.

Exemple

- Le site de Nouvelles Frontières met en avant des promotions sur la première page en fonction des destinations pour lesquelles l'internaute identifié par un cookie s'est informé lors de visites précédentes.

d) Échanger avec les clients

Les interactions résultent soit de campagnes organisées par l'entreprise, soit d'une réponse aux sollicitations du client. Dans le premier cas, l'entreprise postera un courrier, passera un appel téléphonique, enverra un e-mail ou un message SMS, etc. pour faire une offre au client ou entretenir une relation. Dans le second cas, c'est le client qui sollicite l'entreprise, en appelant un standard téléphonique, en envoyant un courrier ou un e-mail, ou en se rendant dans un point de vente. Ces interactions sont autant d'opportunités pour nourrir la base de données d'informations nouvelles sur le client ainsi que pour lui proposer une offre spécifique (les standardistes d'une société de VPC proposent ainsi aux clientes une offre promotionnelle adaptée lorsque ces dernières les appellent pour passer une commande).

Les campagnes à destination des clients doivent répondre à un *plan d'action*. Une relation ne se construit pas au coup par coup, mais en fonction d'un planning, adapté aux segments identifiés, et conçu pour atteindre les objectifs quantifiés qu'on s'est fixés.

La pertinence de l'interaction est décisive pour la satisfaction du client. Une interaction mal conçue, une offre ou une communication mal adaptée est de faible valeur pour le client : elle peut même avoir des effets négatifs en irritant inutilement le client.

Il arrive que le client ait le sentiment d'une violation de sa vie privée lorsqu'il est reconnu alors qu'il ne s'y attendait pas. Ainsi, en appelant un *call center*, il pourra être étonné de se faire accueillir par son nom (« Bonjour Mme Untel ») avant même de s'identifier.

e) Évaluer le dispositif

La relation avec les clients se construit dans le temps et s'enrichit à chaque interaction. De ce fait, l'apprentissage est une dimension essentielle du processus.

Les objectifs doivent être quantifiés pour pouvoir être évalués. Les indicateurs peuvent prendre plusieurs formes : indices de satisfaction, taux d'attrition, chiffre d'affaires par client, rentabilité par client, part de client, taux de transformation des courriers ou de coupons, taux d'ouverture de *newsletters*, etc.

Au sein de l'entreprise, des résultats partiels, chiffrables et démontrables dans le cadre d'une démarche progressive sont le meilleur argument pour faire avancer le dossier de la relation clients.

3 Les outils technologiques au service d'une politique relationnelle

Le CRM s'appuie sur des outils techniques permettant de gérer l'identification, la segmentation, l'adaptation, l'interaction et l'évaluation de la relation dans une activité de masse. La difficulté est moins de mener à bien ces opérations en soi, mais de le faire quand on a des milliers, des centaines de milliers voire des millions de clients. Les technologies de l'information donnent les moyens aux entreprises de gérer cette complexité.

Dans le cadre de cet ouvrage, on se contentera de ne donner que quelques indications sur les architectures techniques du CRM.

a) Les outils analytiques et les outils opérationnels

Par un abus de langage, on les appelle aussi « CRM analytique » et « CRM opérationnel », confondant ainsi la politique et les outils.

- Les *outils analytiques* ont pour objet de collecter, consolider, analyser et transformer les données sur les clients. On inclura dans ces outils les *datawarehouse* et *datamining* décrits ci-dessous, les outils statistiques, les outils de *reporting*, etc.
- Les *outils opérationnels* ont pour objet de gérer les phases d'interaction et de participer à la productivité des moyens de commercialisation et de communication. On distinguera :
  - les outils de gestion de la relation (personnalisation des messages, gestion du contact client à travers les différents canaux, enrichissement des bases de données clients…) ;

– les outils d'automatisation de la force de vente (optimisation de la prospection, aide à la configuration d'une offre commerciale, automatisation de la prise de commande, etc.) ;
– les outils d'automatisation du marketing (suivi des plans d'action marketing, gestion des campagnes marketing, etc.).

b) Le datawarehouse ou l'entrepôt de données

L'entrepôt de données est une grande base de données où sont agrégées les informations sur les clients qui viennent de bases de données partielles à l'intérieur de l'entreprise, dont la source est variée : système de production (transactions, comptabilité, logistique…), points de contact clients (centres d'appel, Internet, points de vente…) ou sources externes (Insee, mégabases, enquêtes…).

Ces informations sont extraites, nettoyées, transformées et intégrées dans la base de données centrale.

L'alimentation peut être automatisée (interactions Internet, intégration avec le système d'information de la comptabilité…) ou manuelle (le commercial ou le standardiste qui remplit une fiche…).

c) Les datamarts et le datamining ou la fouille de données

Les *datamarts* sont des sous-ensembles de l'entrepôt de données, qui ne contiennent que les informations nécessaires à certaines fonctions de l'entreprise (applications de marketing direct, analyse des résultats commerciaux, centre d'appels, segmentation, etc.). Il est en effet beaucoup plus facile de traiter et d'analyser des bases de données ciblées que l'ensemble des informations sur les clients.

Le *datamining* ou fouille de données, est un processus de découverte de corrélations, de relations, de tendances, qui passe par le traitement de grandes quantités de données, en utilisant des méthodes statistiques et mathématiques, pour comprendre (analyse exploratoire) ou prédire (analyse décisionnelle) les comportements.

Le *scoring* consiste, à la suite d'un travail de fouilles de données, à établir un score par client qui permet de lui attribuer une probabilité de comportement : réponse à une action commerciale, risque de défection, etc. Dans des opérations de mailing, le calcul de ces scores permettra de ne sélectionner que les clients qui ont un score élevé pour accroître la rentabilité de l'opération.

Exemple

➥ EDF a en France une clientèle résidentielle de 25 millions de clients. L'entreprise a 100 bases de données qui couvrent l'ensemble de cette population. Elle dispose de nombreuses informations sur chacun de ces clients, qu'elle enrichit dans le temps par le biais d'enquêtes téléphoniques ou à la suite de visites de salariés EDF (par exemple, l'abonné est-il équipé d'une installation d'eau chaude sanitaire électrique ?). Lorsque l'entreprise ne dispose pas des informations individuelles, une analyse de données lui permet de supposer avec une forte probabilité, sur la base de nombreux facteurs, l'information manquante. La fouille des données permet de donner une évaluation globale, régionale et individuelle de la consommation future. Elle permet également de prédire la réponse à des sollicitations et de cibler ainsi les offres commerciales.

d) Les outils de restitution

Il ne sert à rien de collecter et de traiter une grande quantité de données à partir de nombreuses sources, de répartir ensuite ces informations dans des bases de données plus spécialisées et de réaliser un travail important d'analyse, si les résultats obtenus ne sont pas facilement accessibles ou utilisables.

Dans les centres d'appel, les outils de restitution prennent la forme d'écrans qui résument les points les plus importants sur les clients : un standardiste verra s'afficher les coordonnées du client, son appartenance à un segment qui a été défini préalablement (par exemple, le niveau de chiffre d'affaires généré), des éléments d'information spécifiques (par exemple, s'il a été victime d'incidents répétés, etc.). Ces centres d'appel se transformant également en centres de profit, le système sera peut-être programmé pour inciter le standardiste à proposer une offre commerciale qui a été sélectionnée en fonction du profil du client. L'outil d'interface devra permettre d'accéder à des informations complémentaires, comme par exemple de remonter l'historique d'achat du client. Il devra également permettre de nourrir la base de données et d'entrer de nouvelles informations sur le client. Son efficacité dépend également de sa capacité à permettre au standardiste de traiter le problème du client en temps réel.

SECTION 5

LES ÉCUEILS D'UNE POLITIQUE RELATIONNELLE ET COMMENT LES ÉVITER

Après une période d'engouement, de nombreuses études et publications ont souligné les limites et les échecs des programmes de CRM[1]. Ils soulignent la nécessité de prendre garde aux écueils d'un projet relationnel mal maîtrisé.

a) La politique relationnelle s'appuie sur des outils, mais c'est un projet de management et non un chantier informatique

Sensibles aux discours de vente, voire de survente des sociétés travaillant sur le marché du CRM, bon nombre d'entreprises ont cru mettre en place une politique relationnelle en s'engageant dans de (très) vastes programmes de CRM, nécessitant de (très) coûteux investissements aussi bien en logiciels, qu'en équipements et en développement, qui ont conduit à construire de véritables « usines à gaz » aux résultats et à la rentabilité souvent douteux.

La technologie n'est qu'un soutien à une politique relationnelle : elle n'en constitue ni le principe, ni la finalité. Aucun vendeur de solution informatique n'est en position de définir, pour ses clients, la politique relationnelle qui leur convient.

1. Outre les nombreuses études de société de conseil, on trouvera une réflexion plus approfondie, et toujours d'actualité, des raisons de cet échec dans Darrell, Rigby, Frederick F. Reichheld et Phil Schefter, « Avoid the Four Perils of CRM », *Harvard Business Review*, février 2002, pp. 101-109.

La politique relationnelle est une affaire trop sérieuse pour la laisser aux mains des prestataires informatiques, fussent-ils talentueux : elle relève directement de la direction de l'entreprise ou du marketing.

b) Une relation durable ne peut s'établir que sur la base d'une offre principale et d'un service clients ayant un niveau de qualité suffisant

Il ne sert à rien de développer un programme relationnel sophistiqué si le produit et le service clients ne sont pas d'un niveau de qualité suffisant. Cette évidence est parfois oubliée par les entreprises qui voient dans un programme relationnel une façon d'améliorer la fidélité des clients, sans régler des problèmes de base qui sont pourtant fondamentaux.

La fidélisation des clients passe d'abord par la qualité de l'offre et du service, par leur adaptation constante aux besoins et aux attentes. Si ces fondamentaux ne sont pas assurés, un beau programme relationnel ne servira à rien. En fait, rien n'est plus irritant pour un client que de recevoir des courriers ou des appels téléphoniques qui cherchent à « nourrir » une relation quand le contrat de base entre le client et l'entreprise n'est pas rempli.

La première étape d'une politique relationnelle consiste donc à s'assurer que le contrat transactionnel entre le client et l'entreprise est respecté : qualité et adéquation de l'offre aux besoins des clients, qualité de l'interaction avec le service commercial.

c) La qualité d'exécution est fondamentale pour la réussite d'une politique relationnelle

« Le diable est dans les détails » selon une expression que les Anglo-Saxons aiment à employer. La qualité d'exécution est en effet déterminante dans un programme relationnel car celui-ci est perçu par les clients comme un dialogue entre eux et la marque. Une politique relationnelle est faite de multiples « moments de vérité » par lesquels la relation peut se renforcer ou se dégrader.

S'assurer de la qualité de l'exécution nécessite de la part des entreprises, outre l'attention des responsables, la mise en place de processus qui permettent de réduire les sources d'erreurs ou de malfaçon et qui soient adaptés à un nombre de messages qui est généralement beaucoup plus important que celui des annonces publicitaires.

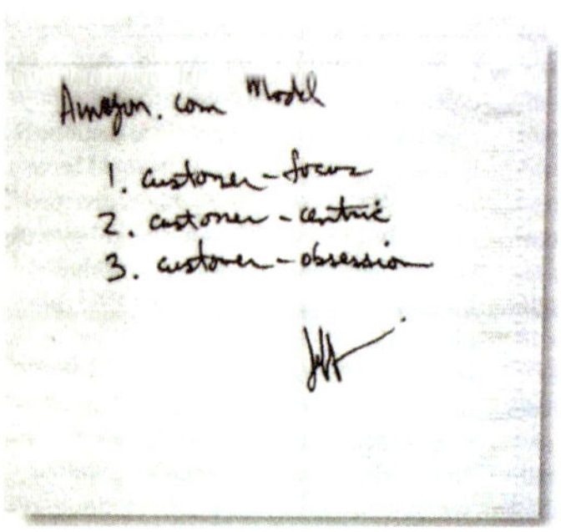

Exemple

- Durant une interview donnée au magazine *Business 2.0*, Jeff Bezos, président et fondateur d'Amazon a écrit sur une serviette en papier les trois secrets de la réussite de l'entreprise : le client, le client, le client. Le véritable travail d'Amazon est de conquérir et de maintenir la confiance du client par une qualité d'exécution irréprochable dans l'interaction avec les clients.

d) Une politique relationnelle ne peut pas être unilatérale

Une relation passe par un équilibre entre donner et obtenir, alors que les programmes de marketing relationnel sont souvent conçus comme une relation univoque de l'entreprise aux clients. Si toutes les entreprises veulent avoir une relation forte avec leurs clients, est-ce aussi la demande de ces derniers ? La plupart du temps, l'implication du client reste relativement faible et cette attitude est renforcée par un manque d'écoute des clients de la part de l'entreprise[1]

Les politiques relationnelles unilatérales, dont la finalité est le contrôle et l'influence, seront de plus en plus décalées avec ces nouveaux modes d'interaction et le développement des réseaux sociaux par lesquels les clients parlent, s'écoutent et se répondent. En un mot, un programme relationnel offre aussi la possibilité à l'entreprise d'apprendre de ses clients, et pas seulement de leur délivrer la bonne parole…

e) Le piège « transactionnel » d'un programme relationnel : au-delà de la stimulation des ventes, créer un lien émotionnel et une préférence durable

Beaucoup de programmes de CRM ne sont que de la promotion des ventes glorifiée faute d'avoir donné à la relation avec les clients un contenu qui enrichisse la valeur de la marque et qui soit véritablement apprécié par eux. Les politiques de fidélisation et de relation clients sont alors uniquement utilisés pour « pousser » des nouveaux produits et stimuler les ventes.

Il est à craindre que si les actions promotionnelles s'arrêtaient, ou si le système de rétribution devenu trop coûteux était revu à la baisse, la fidélité des clients en souffrirait immédiatement. C'est en effet une différence fondamentale entre le marketing direct transactionnel ou la promotion des ventes et le marketing relationnel. L'efficacité des premiers cesse dès qu'on arrête les actions menées, l'efficacité du marketing relationnel se prolonge dans le temps : chaque action d'une politique relationnelle s'ajoute aux précédentes pour construire une relation durable alors que les actions promotionnelles ne font que se succéder dans le temps sans effet à long terme.

Cette confusion est d'autant plus aisée que la politique relationnelle utilise également les outils de la promotion des ventes et du marketing direct. Mais elle ne se réduit pas à ces techniques. Le marketing relationnel a en effet deux dimensions complémentaires : la première est d'accroître et de stimuler les ventes ; la seconde est de créer une préférence pour la marque chez les clients, qui soit de nature intellectuelle (raisons de préférer la marque) et émotionnelle (attachement à la marque). Il faut pour cela que le programme apporte de véritables bénéfices au client, sous forme d'informations, de services, d'interactions, d'expériences.

1. Voir Susan Fournier, Susan Dobscha et David Glen Mick, « Preventing the Premature Death of Relationship Marketing », *Harvard Business Review*, janvier-février 1998, pp. 42-51.

Figure 10.11 **L'effet différent dans le temps d'actions promotionnelles et d'un programme relationnel**

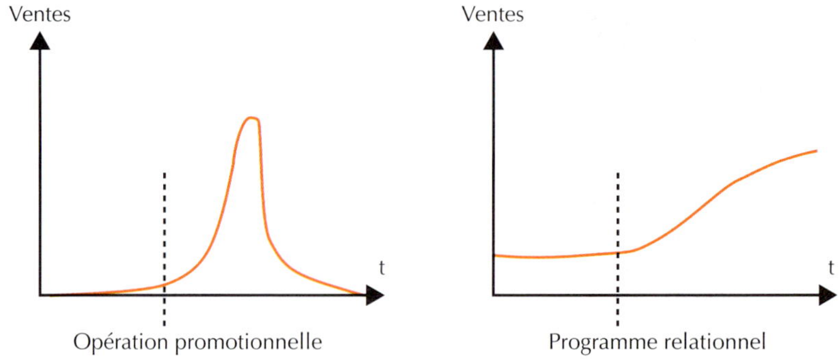

Figure 10.12

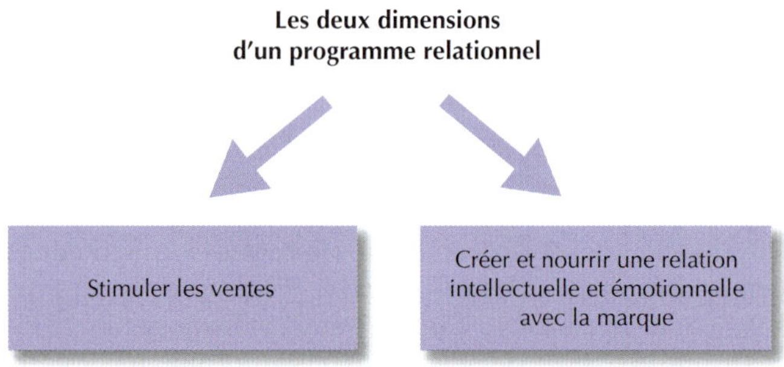

Il est indispensable, dans une politique relationnelle, de concilier et de trouver l'équilibre entre ces deux approches complémentaires. Trop souvent, la seconde dimension est sacrifiée au profit de la première.

Exemple

→ Harley-Davidson a concentré ses efforts sur la création et l'entretien d'une riche relation cognitive et émotionnelle avec ses clients. Plus qu'un produit mythique, Harley-Davidson est une communauté, organisée autour de la marque et de ses concessionnaires, qui se retrouve, chaque week-end, pour partager une passion commune. Leur devise : « *Ride to live, live to ride* ».

Avec 750 000 membres dans le monde, le HOG (*Harley Owners Group*) est le plus grand club de motards et sans doute un des plus grands clubs de clients (actifs). Il organise des « chevauchées » et de multiples évènements à travers ses 1 400 clubs locaux. La dimension émotionnelle du programme relationnel de Harley-Davidson est une composante indissociable du produit. Au-delà des machines, Harley-Davidson est une expérience, un style de vie, une communauté.

Le HOG (Harley Owners Group) est beaucoup plus qu'un club de clients : c'est une communauté
Source : www.harley-davidson.com/

f) Un garde-fou contre la dérive « transactionnelle » d'un programme relationnel : les « 3 R » d'un programme de fidélisation

Pour éviter le biais de développer un programme fondé uniquement sur un échange transactionnel (récompense sous forme de points ou d'argent en échange d'un comportement d'achat souhaité), il est utile de se référer à ce que nous appellerons les « 3 R » du marketing relationnel, c'est-à-dire aux trois types de bénéfices qu'un client est en droit d'attendre d'un programme relationnel. Les récompenses matérielles sont en effet souvent surdéveloppées par rapport aux autres types de retour qu'un client peut tirer d'un tel programme.

FOCUS

Les 3 « R » d'un programme relationnel

- Récompenses
- Reconnaissance
- Romance

1° Récompenses (*rewards*)

Il faut récompenser les clients quand ils se comportent de la façon souhaitée. Les récompenses incitent les clients à acheter plus. Lorsqu'elles sont liées à un certain niveau d'achat (clubs VIP par exemple), elles peuvent aussi conduire leurs clients à ne pas réduire leurs dépenses pour ne pas perdre les avantages obtenus.

Les récompenses peuvent être délivrées sous forme de réductions (coupons), de points et de cadeaux. Si le programme est de qualité, c'est-à-dire si les informations et les services sont véritablement utiles, la réception d'un magazine ou de courriers d'information, l'accès à des services personnalisés constituent un autre type de récompense. Enfin, les récompenses peuvent prendre la forme d'une expérience : l'accès aux salons d'attente des classes affaires dans les aéroports par exemple.

2° Reconnaissance (*recognition*)

Plus encore que des récompenses, la plupart des clients demandent à être reconnus, c'est-à-dire être identifiés et pouvoir engager un dialogue avec la marque. La reconnaissance peut prendre la forme de clubs VIP, mais elle ne se réduit pas à eux : sans nécessairement être traité comme un client « haut de gamme », être reconnu et valorisé est important. La chaîne d'hôtels Hilton organise par exemple des activités récréatives ou culturelles destinées aux assistantes de direction car celles-ci sont prescriptrices dans le choix des lieux de réunion ou de séminaire : ces assistantes sont reconnues sans qu'on prétende qu'elles sont des clientes « VIP ».

La qualité de l'interaction et celle du service clients sont des prérequis incontournables pour établir cette reconnaissance. La création de clubs et l'animation de communautés (par exemple la communauté des lectrices des romans à l'eau de rose Harlequin[1]) sont une autre façon de créer ce sentiment.

3° Romance (*romance*)

Le contrat relationnel va au-delà du produit, il porte et étend les valeurs de la marque, il tisse un lien émotionnel avec le client, il crée un attachement durable.

Une des finalités essentielles d'un programme relationnel est de construire et d'entretenir une *préférence* et un attachement pour la marque de la part des clients qui dépassent le produit et les interactions transactionnelles. Ils traduisent une implication de la part des clients qui permet à l'entreprise de sortir de la zone de l'indifférence dans laquelle toutes les marques se valent. La contrepartie à cet engagement du client, est la responsabilité pour l'entreprise d'être à la hauteur de ses attentes. Une relation forte ne peut qu'être un engagement réciproque, un « contrat relationnel » : ce n'est ni une simple gestion d'interactions ni la seule stimulation des ventes.

1. www.eharlequin.com

Ressources complémentaires

La boîte à outils du *Mercator*

- Outil n°17, Les 3 « R » de la fidélisation

Ressources numériques sur mercator.fr

- **L'essentiel : retenez les points-clés !**
  L'essentiel du chapitre 10
- **Quiz interactifs corrigés et commentés : testez vos connaissances !**
  Quiz chapitre 10 – Le marketing relationnel
- **Pour aller plus loin**
  Pour aller plus loin dans le chapitre 10 : une sélection de livres sur le marketing relationnel.

Si Facebook était un pays… ce serait le troisième au monde (après la Chine et l'Inde) !

Facebook a été lancé en février 2004 par un étudiant de l'université de Harvard. Huit ans plus tard, il comptait 900 millions de membres actifs à travers le monde qui passaient en moyenne un temps record de 24 minutes par jour sur le site. Comme on le verra dans la suite de ce chapitre, la France comptait un nombre stupéfiant de 23,6 millions de membres sur Facebook, soit la moitié de la population en ligne.

Le succès prodigieux de ce réseau a créé une véritable économie, non seulement par le chiffre d'affaires direct de l'entreprise (3,7 milliards de dollars en 2011) ou sa valorisation (100 milliards de dollars lors de son entrée en Bourse en mai 2012), mais par l'activité générée autour de cette plateforme sociale.

Facebook est aujourd'hui un véritable enjeu pour les entreprises et les marques, alors que les internautes ne fréquentent pas ce réseau pour être en relation avec elles. Elles doivent donc s'intégrer à la conversation en ligne des internautes, s'y faire accepter, s'adapter à ce mode de communication et de partage bien différent des médias traditionnels. Faute de quoi, elles seront écartées d'un lieu de plus en plus fréquenté par leurs clients, sur lequel ils passent de plus en plus de temps, et qui a une influence croissante sur leur comportement.

Mais Facebook fait tout pour rendre la tâche plus aisée aux marques, car le service étant gratuit pour les utilisateurs, son modèle économique est de « monétiser » (hideux néologisme) son audience. Le réseau leur propose donc trois modes d'action : créer une présence sur Facebook à travers une page ou des pages dédiées ; engager les membres de Facebook à participer à une communauté autour de la marque ; faire parler de soi par le biais de publicités diffusées sur le réseau.

Cette dernière proposition relève de la communication en ligne étudiée au chapitre 9. Quant aux deux précédentes, elles font partie des nombreuses actions que les entreprises peuvent entreprendre sur les réseaux sociaux – dont Facebook n'est qu'une modalité – et qui sont étudiées dans ce chapitre.

Chapitre 11

Le marketing des réseaux sociaux

Les réseaux sociaux ont remplacé le terme récent – mais pourtant devenu désuet – de Web 2.0. C'est un terme à la mode et on peut s'inquiéter que cette nouvelle édition du *Mercator* – qui s'est toujours soucié d'éviter de tomber dans les modes du management – y consacre un chapitre ! Pourtant, cela fait non pas une, mais deux éditions que nous traitons de ce sujet puisque nous lui avons consacré une section de chapitre dès l'édition 2006 (la 8e).

Nous ne plaidons donc pas coupables si le lecteur nous reproche une décision irréfléchie d'y consacrer désormais un chapitre entier ! Internet a définitivement changé beaucoup de choses dans les pratiques et les politiques du marketing. Or les réseaux sociaux en ligne inaugurent un mode de relation entre les marques et les clients très différent des sites Web classiques. Sur un site d'information ou de service de marque, une entreprise organise et contrôle sa communication, comme pour toute communication traditionnelle. Un réseau pour sa part facilite toutes sortes d'interactions entre individus (messages, discussions, partage d'images, de musique, de vidéo), mais il ne contrôle pas ces interactions, il n'en définit pas le contenu et il ne place pas les entreprises au centre du dispositif.

Les réseaux sociaux sont un nouvel environnement pour les marques, un nouveau terrain d'étude et d'action pour le marketing, qui peut affecter profondément les politiques menées. Il faut donc d'abord éclaircir à la fois le concept et le contexte, comprendre la « nouvelle donne », et souligner la nécessité de définir des objectifs clairs.

Ce chapitre se conclut sur trois grands modes d'action possibles sur les réseaux sociaux pour les entreprises : y assurer une présence pertinente, engager le dialogue et gérer une marque partagée.

PLAN DU CHAPITRE

Section 1	La popularité des réseaux sociaux au sein du développement d'Internet	622
Section 2	La nouvelle donne : les clients parlent, s'écoutent et se font confiance	630
Section 3	Face au défi des réseaux sociaux, les entreprises doivent définir leurs objectifs	641
Section 4	Exister sur les réseaux sociaux de façon pertinente	644
Section 5	Engager le dialogue avec les clients	657
Section 6	Gérer une marque partagée	666
Ressources complémentaires		673

SECTION 1

LA POPULARITÉ DES RÉSEAUX SOCIAUX AU SEIN DU DÉVELOPPEMENT D'INTERNET

Les réseaux sociaux en ligne, et les plateformes qui les rendent possibles, sont un mode d'interactions sociales qui facilite la création, l'échange d'informations et de contenus entre des individus et des groupes d'individus ou des organisations.

Ces plateformes d'échange peuvent être des blogs, des wiki, des partages de photo, de vidéo, des podcasts, des tweets, des communautés en ligne, etc.

Les réseaux sociaux peuvent être construits autour d'une thématique ou d'un centre d'intérêt particulier, ou avoir un objet beaucoup plus large.

FOCUS

Quelques définitions

- *Blogs.* Un blog est un site Web sur lequel une ou plusieurs personnes s'expriment de façon libre, sur la base d'une certaine périodicité. Sa structure de présentation des messages est chronologique (du plus récent au plus ancien). Chaque message est susceptible d'être commenté par les visiteurs et est le plus souvent enrichi de liens externes. De nombreuses plateformes (comme Blogger, Wordpress et Tumber) proposent une structure et des outils qui permettent de créer très facilement un blog. Un blog qui se professionnalise prend la forme d'un *Webzine* (magazine d'actualité en ligne).
- *Plateformes de réseaux sociaux.* Ce sont des applications Internet, généralement sous la forme de sites Web et d'applications mobiles, qui permettent à des individus d'interagir entre eux, d'échanger des messages et des documents (texte, photo, vidéo...), de participer à des communautés en ligne plus ou moins informelles et qui intègrent souvent la participation d'entreprises ou de marques. Exemples : Facebook, Linkedin, Google +, YouTube, Dailymotion, Pinterest, etc.
- *Peer to peer.* Ces réseaux de pairs permettent de communiquer et d'échanger facilement de l'information sur Internet en partageant des fichiers auprès d'une communauté d'utilisateurs. Les logiciels utilisés permettent ces échanges sans utilisation d'un serveur centralisé qui stockerait l'ensemble de ces fichiers : chaque ordinateur individuel est client et serveur, comme le disent les informaticiens.
- *Podcasting.* Le podcasting, ou téléchargement, permet d'automatiser le téléchargement d'émissions audio ou vidéo diffusées sur le Web, sur son disque dur ou son baladeur pour un usage immédiat ou ultérieur
- *RSS (Really Simple Syndication).* Technologie non encore standardisée qui permet de consulter les dernières nouvelles provenant de sites d'informations ou de blogs, sans visiter ces sites, et sélectionnées en fonction de ses centres d'intérêt.

•••

…

- *Twitter*. Réseau social, essentiellement sur mobile, permettant d'échanger des messages composés de 140 caractères maximum et éventuellement d'une photo, que reçoit en temps réel toute personne qui s'inscrit à un compte d'émetteur et dont on peut consulter les archives (certains échanges peuvent être néanmoins privés). L'effet viral est rendu possible par la possibilité de « retweeter » les messages. Les messages peuvent intégrer un code « hashtag » qui permet de les rattacher à un fil de discussion collectif.
- *UGC* (pour *User Generated Content*). Contenu créé ou diffusé par les internautes tels que le partage de vidéos, de fichiers audio ou de photos, les blogs, les sites personnels, les podcasts, la participation aux forums et aux évaluations de produits en ligne, etc.
- *Web 2.0*. Expression assez vague qui n'est plus guère à la mode. Elle recouvre un ensemble d'outils et de sites qui encouragent la collaboration et la participation en ligne.
- *Wiki*. Un Wiki est un site Web dont les pages sont modifiables par les visiteurs afin de permettre l'écriture et l'illustration collaboratives des documents numériques qu'il contient (définition de Wikipedia).

Les réseaux sociaux s'intègrent dans une évolution d'Internet qui en fait un média international, aux modes d'accès diversifiés, et de plus en plus utilisé par les internautes pour communiquer entre eux.

1 Internet est un phénomène global qui n'est plus occidental

Internet est souvent pensé à travers son histoire et perçu comme un phénomène d'abord nord-américain puis occidental.

Or ce n'est plus le cas depuis longtemps. Quand on compare les différentes zones du monde, on constate que l'Amérique du Nord et l'Europe ne représentent qu'un tiers de la population en ligne et que l'Asie pèse pour près de 45 %.

La Chine est d'une importance particulière parce que ce seul pays représente dès aujourd'hui plus de 500 millions d'internautes, soit plus que l'Europe et près de deux fois plus que l'Amérique du Nord. Cet écart est appelé à s'accroître car le taux de pénétration d'Internet n'y est que de 38 %, contre 61 % en Europe. Les « stars » du Net en Chine sont fort différentes des principaux acteurs mondiaux, en raison des spécificités culturelles du pays, mais aussi de la politique protectionniste des autorités. On y trouve Tencent plutôt que MSN, Baidu plutôt que Google, Alibaba plutôt que eBay, QQ et Renren plutôt que Facebook…

Figure 11.1 **La population en ligne dans le monde**

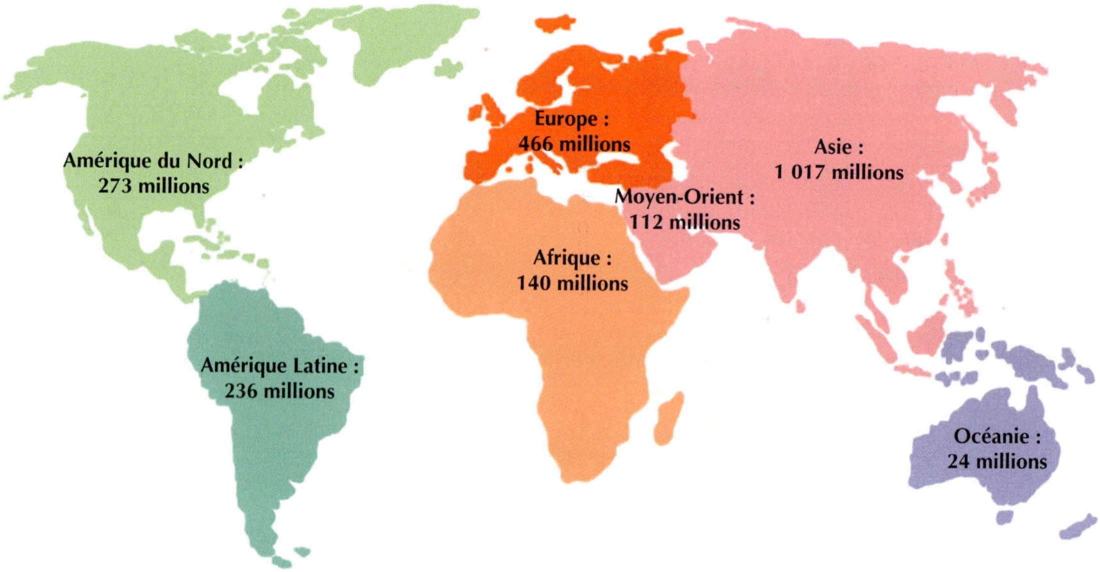

Source : InternetWorldstats. Chiffres à décembre 2011 (la Turquie – 35 millions – a été réintégrée au Moyen-Orient).

2 Le mode d'accès à Internet se diversifie et favorise son ubiquité

Ce développement de l'accès à Internet dans le monde est partiellement dû à la diversification des modes d'accès, à savoir le téléphone mobile et les smartphones.

Si la connexion à Internet par ordinateur est faible dans la plupart des pays en développement, l'accès à Internet connaît un grand essor grâce au mobile. Le téléphone portable s'est en effet globalisé : on compte près de 6 milliards d'abonnés dans le monde[1]. Le taux de pénétration du mobile est déjà très élevé dans les pays en développement, les réseaux 3G et 4G y connaissent un essor rapide.

Les smartphones sont le segment qui se développe le mieux en téléphonie : près de 500 millions de smartphones ont été vendus en 2012 selon IDC et un peu moins de la moitié des abonnés mobiles en sont équipés aux États Unis et dans les cinq grands pays européens[2]. Le résultat est que depuis 2011 aux États-Unis, une majorité d'abonnés « mobiles » accède à Internet par leur terminal : le téléphone

1. Source : International Telecommunication Union. Cela représente un taux de pénétration de 118 % dans les pays développés et 79 % pour les pays en développement (les taux supérieurs à 100 % s'expliquent par le multi-abonnement et l'addition d'abonnements professionnels et personnels).

2. 42 % des abonnés « mobiles » aux États-Unis et 45 % dans les cinq plus grands pays européens utilisent un smartphone : « 2012 Mobile Future in Focus », *Comscore Report*, février 2012.

portable se transforme ainsi d'un outil de communication vocale en terminal de consommation de contenu[1]. À titre d'exemple, plus de 40 % des utilisateurs de Facebook accèdent à la plateforme *via* leur mobile.

Les tablettes numériques de type iPad constituent un deuxième mode d'accès alternatif à Internet. Deux ans après son lancement, Apple avait vendu 67 millions d'iPad et les concurrents multiplient les offres.

Une étude de Morgan Stanley, en suivant les courbes de tendance, prévoyait que les utilisateurs mobiles d'Internet dépasseraient les utilisateurs par PC dès 2013[2]. Cette ubiquité d'Internet favorise de nouveaux usages, notamment les réseaux sociaux. Selon une étude de Comscore, 64 millions d'Américains et 48 millions d'Européens (habitant dans les cinq grands pays européens) utilisent leur smartphone pour se connecter à un réseau social, la moitié d'entre eux le faisant chaque jour[3].

Cette diversité des modes d'accès complexifie beaucoup le travail des responsables d'Internet des entreprises et des responsables marketing, qui doivent intégrer la variété des terminaux et des contextes d'utilisation.

3 L'USAGE DES RÉSEAUX SOCIAUX SE GLOBALISE, CE QUI FAIT APPARAÎTRE QUELQUES GRANDS LEADERS

a) Le développement des réseaux sociaux dans le monde et le profil des utilisateurs

Les réseaux sociaux se développent à un rythme très élevé dans le monde pour devenir un phénomène de masse. En juin 2011 en Amérique Latine, 115 millions d'internautes ont visité des réseaux sociaux, soit 96 % de la population en ligne[4]. Ce chiffre se retrouve en Chine et en Inde, où respectivement 97 et 92 % des internautes (de plus de 18 ans) visitent un réseau social au moins une fois par mois[5].

Les utilisateurs de réseaux sociaux représentent 86 % des internautes américains et près de la moitié l'utilisent quotidiennement)[6]. Ces réseaux comptent pour 17 % du temps passé aux États-Unis sur Internet (contre 13 % en 2010 et 10 % en 2009) : on prévoit qu'ils dépasseront d'ici peu les moteurs de recherche comme première destination sur Internet[7].

Jusqu'en 2008, les réseaux sociaux connaissaient une très grande surreprésentation des jeunes, ce qui a formé la perception que ce mode d'interaction était principalement une affaire de jeunes. Or cette part ne cesse de se réduire : les 30-49 ans et même les 50-64 ans rattrapent les premières générations dans l'usage des réseaux sociaux, ce qui modifie profondément le profil démographique des utilisateurs.

1. « 2012 US Digital Future in Action », *Comscore Report*, février 2012.
2. Mary Meeker, Scott Devitt et Liang Wu, *Internet Trends*, Morgan Stanley, avril 2010.
3. « 2012 Mobile Future in Focus », *op. cit*.
4. « The Rise of Social Networking in Latin America », *Comscore Report*, septembre 2011.
5. « Aria Pacific Technographics Online Survey », Forrester Research, Q3 2011.
6. « North American Technographics Online Benchmark Survey », Forrester Research, Q3 2011.
7. « 2012 US Digital Future in Action », *op. cit*.

Figure 11.2 **Utilisateurs de réseaux sociaux par groupes d'âge aux États-Unis (2005-2011)**

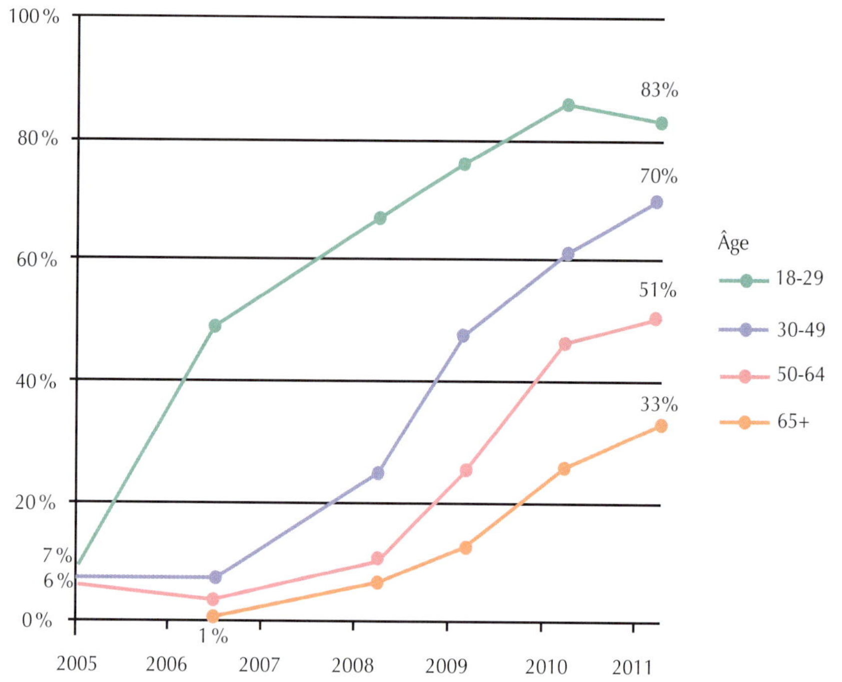

Source : Pew Research.

Les réseaux sont largement féminisés, ce qui intéresse particulièrement les entreprises de biens de grande consommation ou de luxe. 56 % des utilisateurs sont en effet des utilisatrices. Cependant, cette moyenne cache des différences : il y a presque deux fois plus d'hommes que de femmes parmi les utilisateurs de Linkedin (63 % contre 37 %).

b) L'émergence de grands acteurs mondiaux incontournables

Le poids des acteurs varie fortement d'un pays à un autre. On l'a déjà vu en Chine où, par exemple, QQ est le leader alors que Facebook y est peu développé. Au Brésil, le premier réseau social est Orkut (Google), même si Facebook progresse très vite et est en voie de le dépasser. En France, Skyrock est le premier hébergeur de blogs, alors qu'il est inconnu à l'étranger.

Pourtant des leaders globaux se sont affirmés. En juin 2012 :

- Facebook comptait plus de 900 millions de membres dans le monde ;
- Linkedin comptait plus de 150 millions d'utilisateurs professionnels dans 200 pays et régions ;
- Google + avait plus de 90 millions d'utilisateurs ;
- YouTube comptait plus de 800 millions de visiteurs uniques mensuels (4 milliards de vidéos sont vues par jour !) ;

- Dailymotion, 115 millions ;
- Twitter avait plus de 140 millions d'utilisateurs actifs – la moitié se connectant tous les jours – qui publient 340 millions de messages par jour.

Mais il existe d'autres réseaux, moins puissants mais plus spécifiques, tels que le site de micro-blogging Tumbler (46 millions de blogs), Pinterest est une communauté d'intérêt très appréciée pour le partage d'images (10 millions d'utilisateurs), Reddit (5,5 millions de visiteurs uniques), Digg (4,6 millions) et beaucoup d'autres.

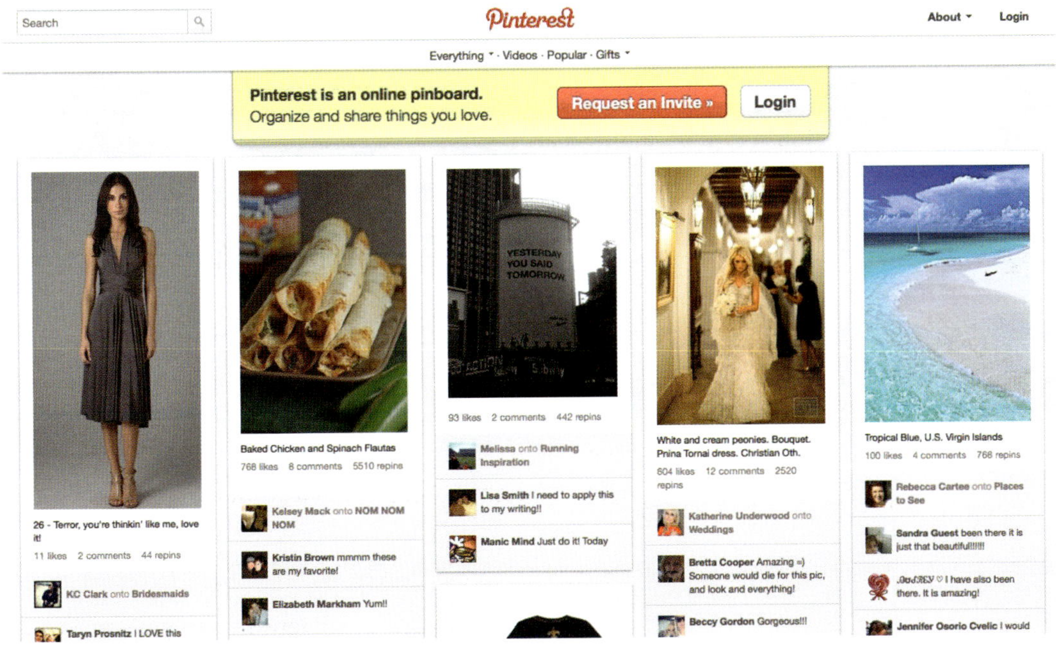

Pinterest : une communauté d'intérêt en plein essor
Source : http://pinterest.com

Figure 11.3 **Les réseaux sociaux comptent parmi les 15 plus fortes audiences de l'Internet mondial**

Nom	Rang	Taux de pénétration*	Temps passé (minutes)
Facebook	2	44 %	24
YouTube	3	33 %	17
Wikipedia	6	14 %	5
(Windows) Live	7	10 %	7
Twitter	8	9 %	7
QQ	9	8 %	14
Blogspot	11	8 %	5
Linkedin	12	5 %	7

* Pourcentage d'internautes dans le monde qui visitèrent ce site les 30 jours précédant l'étude (avril 2012)

Source : Alexia.

On retrouve un ordre identique en France : Facebook est suivi par YouTube, Wikipedia, Microsoft Live, Twitter et Linkedin[1].

c) Les réseaux sociaux en France attirent près de 80 % des internautes

On retrouve le phénomène mondial de progression des réseaux sociaux en Europe : 79 % des internautes les fréquentent[2]. La France se situe dans cette moyenne : 77 % des internautes français se déclarent membre d'un réseau social et ils le sont en moyenne de 2,8 réseaux[3]. Les Françaises sont plus nombreuses sur les réseaux sociaux que les Français. Début 2012, Facebook comptait en France 23,6 millions de membres, soit 36,5 % de la population ou encore la moitié des internautes[4] !

Figure 11.4 La popularité des réseaux sociaux en France (18 ans et plus)

Plateforme	Taux de pénétration*
Facebook	49 % (+6)
Windows Live	40 % (-12)
Copains d'avant	37 % (-6)
YouTube	20 % (-1)
Picasa	18 % (-2)
Trombi	14 % (-4)
Google +	12 %
Dailymotion	8 % (-4)
Twitter	8 % (+1)
Viadeo	9 % (-1)
Skyrock	7 % (-1)
Badoo	7 % (+1)
Linkedin	8 % (+3)
MySpace	6 % (-3)

* Pourcentage de membres par rapport aux internautes français
Source : Observatoire des réseaux sociaux, Ifop, novembre 2011.

1. www.alexa.com/topsites/countries/fr
2. « European Technographics Online Benchmark Survey », Forrester Research, Q3 2011.
3. « Observatoire des réseaux sociaux », Ifop, novembre 2011.
4. www.socialbalkers.com

MINI CAS

Les grands réseaux, bénéficiaires des *effets de réseau*

Plus de gens parlent une langue, plus elle a de valeur pour ses utilisateurs car plus ils peuvent échanger avec un grand nombre d'interlocuteurs. L'*esperanto* n'a jamais atteint la taille critique qui permet de bénéficier de ce phénomène qu'on appelle *effets* ou *externalités de réseau* suivant lequel, comme disent les économistes, l'utilité d'un bien dépend de son nombre d'utilisateurs.

La valeur d'usage qu'apporte Microsoft Office ne vient donc pas seulement des fonctionnalités du produit, mais du fait que ces logiciels sont devenus si répandus qu'ils permettent aisément d'échanger des fichiers Word ou Excel.

De la même façon, plus Facebook, Twitter ou Meetic comptent d'utilisateurs, plus il devient intéressant d'avoir une page Facebook, un compte Twitter ou un profil sur Meetic. C'est du reste un des enjeux majeurs pour toute personne qui lance une communauté en ligne : atteindre la taille critique qui permet de bénéficier des effets de réseau. Devenir un standard est la consécration de cette politique.

La taille critique procure un avantage qui ne fait que se renforcer. L'économiste Brian Arthur souligne que dans l'économie numérique, les « rendements » sont croissants, aussi bien du côté de la demande que de l'offre : du côté de la demande, les utilisateurs bénéficient des effets de réseau et du côté de l'offre, les producteurs de service bénéficient d'économies d'échelle et d'un coût marginal faible ou nul au-delà d'une certaine taille (autrement dit, les coûts fixes peuvent être importants, mais une fois qu'ils sont couverts, servir un client supplémentaire coûte très peu)[1]. Plus il y a de clients, plus on a de chances d'en acquérir et la tendance naturelle tend au monopole, au standard.

Il faut cependant noter d'une part que les législateurs et les régulateurs s'efforcent de freiner cette tendance en luttant contre l'abus de positions dominantes, et d'autre part que les évolutions technologiques et l'innovation peuvent rendre ces monopoles bien fragiles.

1. W. Brian Arthur, *Increasing Returns and Path Dependence in the Economy*, University of Michigan Press, 1994. Voir aussi du même auteur : « Increasing Returns and the New World of Business », *Harvard Business Review*, juillet-août 1996, pp. 100-109.

d) Les réseaux sociaux sont là pour durer

Nul ne sait ce que Twitter ou Facebook deviendront d'ici 5 ou 10 ans et le propos de ce chapitre n'est pas d'anticiper le marketing des acteurs de ce marché. En revanche, on peut affirmer que les réseaux sociaux, comme réalité et mode de consommation d'Internet, sont là pour durer.

Internet est pratiquement né comme un réseau social. Aussitôt après qu'on ait réussi à faire communiquer deux ordinateurs à distance (premier lien Arpanet le 21 novembre 1969), les chercheurs dans les universités ont non seulement développé la technologie de l'Internet, mais utilisé cette technologie pour communiquer entre eux. L'e-mail a été inventé dès 1972 et les forums de discussion (Usenet) en 1979. L'ouverture du réseau à l'usage commercial en 1989 a donné un essor extraordinaire à l'offre en ligne avec la multiplication des sites Web d'entreprise. Cette offre des entreprises, et le mode d'interaction interindividuel qu'est l'e-mail, ont pu donner l'impression que les communautés en ligne n'étaient qu'une modalité plus ou moins secondaire de l'Internet[1].

Puis des offres sont apparues telles que MySpace en 2003, YouTube en 2005, Facebook en 2006, et Twitter en 2007, parmi d'autres. L'extraordinaire essor des réseaux sociaux montre clairement qu'ils répondent à un besoin différent de celui qu'offrent les sites d'entreprise. Les internautes peuvent communiquer avec une communauté d'utilisateurs : c'est la force du réseau.

Nous sommes encore au début de cette évolution : les acteurs et les usages des réseaux sociaux changent avec le temps ; cependant la capacité donnée aux individus de s'associer à des communautés en ligne plus ou moins formalisées, d'élargir leur réseau de contact, de devenir eux-mêmes sources et non plus seulement consommateurs d'information, change la donne durablement.

Jusqu'à présent, les entreprises ont pensé Internet comme un média d'interaction avec les clients, un média particulièrement puissant par la capacité à obtenir un feed-back rapide (voir le chapitre 7 sur les fondamentaux de la communication). Désormais, nous savons que la relation bilatérale de l'entreprise aux clients s'est transformée en relation triangulaire : non seulement de l'entreprise aux clients et des clients à l'entreprise, mais entre clients eux-mêmes. Et c'est très différent.

SECTION 2

LA NOUVELLE DONNE : LES CLIENTS PARLENT, S'ÉCOUTENT ET SE FONT CONFIANCE

La capacité d'expression des clients était souvent très réduite avant Internet. « Il faut écouter la voix des clients » proclamaient les gourous du management et cela se traduisait généralement par des études qualitatives et quantitatives, c'est-à-dire un canal d'expression extrêmement encadré, limité à un échantillon.

1. Johne Hagel III et Arthur G. Armstrong ont publié *Net Gain* en 1997 (Harvard Business School Press), qui est un des premiers ouvrages à souligner l'importance des communautés en ligne pour les entreprises. Mais ces communautés sont présentées comme des offres commerciales sur Internet, qui demandent à être organisées autour de centres d'intérêt.

Aujourd'hui, les clients n'attendent pas qu'on leur donne la parole : ils la prennent. Ils ne font pas que parler, ils s'écoutent : les réseaux sociaux font partie des destinations les plus populaires de l'Internet. Enfin, ils accordent souvent une grande confiance à ce que d'autres internautes disent, ce qui est un résultat de l'« effet de source ».

FOCUS

Trois temps pour un retournement

- Après l'ouverture d'Internet à l'usage commercial en 1989, les marques ont fait comme si elles avaient le monopole de la parole : Internet est un canal de communication direct des marques aux internautes.
- Avec le développement d'Internet, les marques trouvent utile de susciter le feed-back des internautes : Internet devient le canal roi du marketing direct.
- Avec les réseaux sociaux, les internautes prennent d'eux-mêmes la parole, communiquent entre eux et s'émancipent des marques : Internet devient une conversation globale.

1 Les clients parlent

a) Une grande partie d'entre eux sont devenus des participants actifs à la conversation en ligne

Tous les internautes qui fréquentent les réseaux sociaux n'y participent pas de la même façon, ni au même degré. Une étude de Forrester auprès de 3 600 internautes français de 18 ans et plus permet d'avoir une vision plus précise de cette participation[1].

Figure 11.5 **Typologie des comportements en ligne sur les réseaux sociaux en France**

Inactifs	Pas de participation	22 %
Spectateurs	Lecture et visite (blogs, podcasts, vidéo, forums, commentaires, tweets…)	68 %
Participants	Visites de sites de réseaux sociaux	50 %
Collectionneurs	Utilisation des flux RSS, votes, ajouts de tags	23 %
Critiques	Publication d'évaluations, de commentaires sur un blog ou un forum, contribution à un Wiki	30 %
Animateurs	Actualisation de son profil de réseau ou de son compte Twitter	22 %
Créateurs	Publication d'un blog, de pages Web, de vidéos créées, de musique créée, publication d'articles en ligne	17 %

On l'aura compris, les pourcentages ne se cumulent pas...
Source : http://Forrester.com

1. « Global Social Media Adoption in 2011 », Forrester Research, janvier 2012.

Comme on l'a noté précédemment, 77 % des internautes français de plus de 18 ans fréquentent les réseaux sociaux. Cette étude permet de considérer que la moitié des internautes français s'expriment en ligne (50 % ont un profil), 30 % ont déjà publié des commentaires en ligne et, de façon plus restrictive, moins de 20 % d'entre eux créent du contenu tel qu'un article, de la vidéo ou de la musique.

Ces proportions, selon cette étude internationale, se retrouvent dans les 7 premiers pays européens (les « créateurs » sont un peu plus importants en moyenne : 23 %). Mais les données sont très différentes dans les deux plus grands pays d'Asie, la Chine et l'Inde : le taux de fréquentation des réseaux sociaux y est de 96 %, la participation y est respectivement de 85 et 93 % et les créateurs de 76 et 80 % ! Un élément d'explication peut être l'arrivée plus tardive de ces populations sur Internet, à une époque où les réseaux sociaux étaient déjà très actifs.

La participation des internautes aux réseaux sociaux se traduit par le fait qu'ils produisent de l'information, du contenu, qui a souvent un grand pouvoir d'attraction : c'est ce qu'on appelle UGC (voir la définition en début de chapitre).

b) Les internautes commentent et recommandent

Les consommateurs ont toujours commenté ou recommandé leurs achats. Mais ils s'adressaient à un cercle restreint d'amis et de connaissances. Désormais, ces avis peuvent être exprimés et diffusés auprès d'un auditoire beaucoup plus important :

- sur des sites spécialisés de commentaires et d'évaluations comme Tripadvisor ;
- sur des sites, tels des sites de vente, qui donnent aux clients la possibilité d'évaluer les offres ;
- sur les plateformes de réseaux sociaux, les forums, Twitter, ou les blogs.

Exemples

- Tripadvisor est un site consacré au tourisme qui a collecté les avis de 50 millions d'internautes portant sur plus de 500 000 hôtels et 700 000 destinations dans 188 pays.
- Amazon a été un des premiers sites d'e-commerce à intégrer les avis des clients à la présentation des offres avec un dispositif qui a été repris par les autres sites d'e-commerce : on affiche la note moyenne donnée par les internautes au produit, on donne accès à l'ensemble des commentaires, on permet à l'internaute de noter les commentaires pour faire remonter les avis qui sont jugés les plus utiles.
- Des sites comme Routard.com ou Doctissimo ont ouvert de nombreux forums de discussion qui permettent aux internautes de demander conseil à d'autres internautes, d'échanger des bons plans, de mettre en garde. Un internaute ira sur le forum de discussion du Routard parce qu'il recherche de bonnes adresses pour dormir sur l'île d'Ilha Grande au Brésil. Un autre pèsera le pour ou le contre des techniques de chirurgie esthétique sur Doctissimo. Ces discussions en ligne ayant des objets très spécifiques, sont très bien référencées et arrivent souvent en tête des résultats de recherche sur Google.
- Les tweets des internautes évoquent régulièrement les bonnes ou les mauvaises expériences que les clients ont avec une entreprise dans la consommation d'un produit (bien ou service) ou en réaction à des messages publicitaires. Ces tweets contribuent au « buzz », au bouche à oreille sur les marques, qu'il soit positif ou négatif.

Il est parfois surprenant de constater ce goût du commentaire pour des produits qui, *a priori*, ne sont pas susceptibles d'éveiller les passions. C'est que certaines entreprises incitent systématiquement leurs clients à évaluer les produits.

Exemple

➥ Le site de fournitures de bureau Staples propose aux clients d'évaluer les produits par une note et un commentaire. Un logiciel d'analyse sémantique permet ensuite d'afficher automatiquement une synthèse des arguments pour et contre. Les critiques positives et les critiques négatives les plus populaires sont mises en exergue et on peut ensuite lire le détail des avis.

Ainsi, 3 698 personnes ont donné leur avis sur le papier A4 que vend l'entreprise… L'ironie de cet exemple est que l'avis positif le plus populaire est le suivant (nous traduisons) : « J'aime ces rames de papier. Sérieusement ? Je suis en train de noter des rames de papier ? Staples, arrête de demander automatiquement d'évaluer certains produits (les rames de papier en sont le plus bel exemple). »

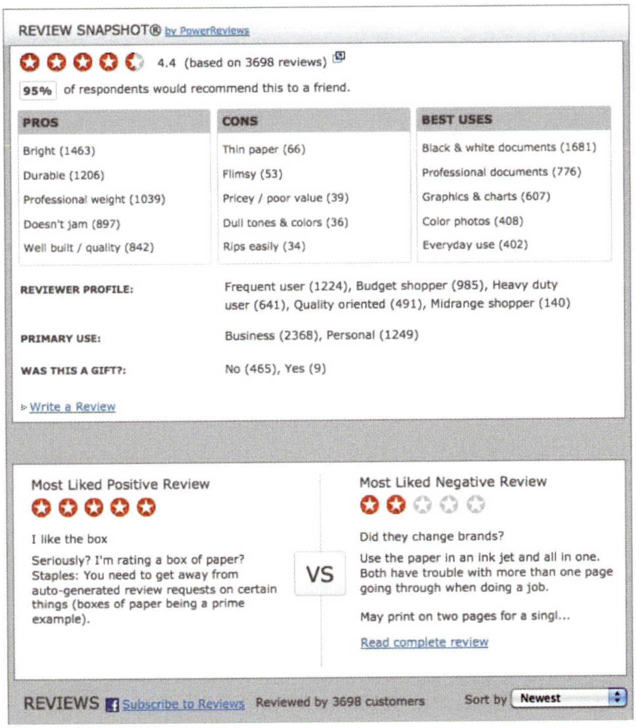

3 698 personnes ont commenté les rames de papier A4 de Staples.
Mais le commentaire plébiscité par les internautes… critique ce système d'évaluation
Source : www.staples.com

c) Les internautes dénoncent ou jouent avec les marques

Les produits et les marques ne sont pas seulement commentés et évalués, ils peuvent être dénoncés, détournés, promus. L'expression des internautes sur les réseaux sociaux est souvent dans ce cas plus créative : le contenu créé aura d'autant plus d'intérêt qu'il sera frappant ou innovant dans sa forme.

MINI CAS

Deux cas de dénonciation de marque en ligne

1. 2004 est peut-être l'année au cours de laquelle les entreprises ont pris conscience du pouvoir des réseaux sociaux. Le 12 septembre 2004, un forum d'utilisateurs de vélo, bikeforums.net publia un message qui affirmait qu'il était possible d'ouvrir un antivol de marque Kryptonite, très populaire aux États-Unis, avec un simple stylo Bic. Deux jours plus tard, un participant au forum en postait la démonstration vidéo. Ce message a fait l'objet d'un bouche à oreille très rapide sur la Toile, les internautes voulant voir cette « anti-démonstration produit ». Quatre jours plus tard, le 16 septembre, la société, assaillie de réclamations de clients, démentait ce qu'elle appelait une rumeur, et insistait sur la performance et la sécurité de ses antivols. Ce démenti, loin de calmer la pression qui montait sur la Toile, ne fit que l'accentuer. Le 17 septembre, le *New York Times* et *Associated Press* publièrent cette curieuse histoire ce qui lui donna une audience exceptionnelle. Le 22 septembre, soit 10 jours après le premier post sur le forum, l'entreprise annonça le retrait du produit et son échange gratuit, pour un coût financier estimé à 10 millions de dollars et au prix d'un dommage certain à sa réputation[1].

2. Le chanteur canadien Dave Caroll, prenant un avion United entre deux villes nord-américaines, put observer par son hublot la façon dont le personnel au sol traitait avec peu d'égard les bagages des passagers : sa guitare fut ainsi brisée dans le transport. Le personnel de United à qui il se plaignait se montra indifférent et l'entreprise refusa ensuite de le dédommager parce qu'il avait déposé sa réclamation au-delà d'un délai de 24 heures.

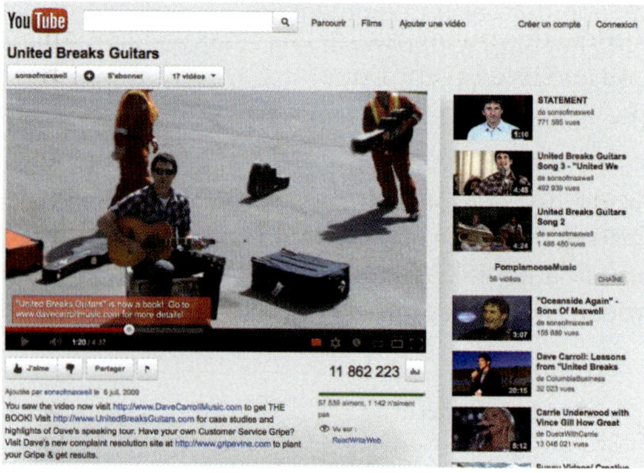

Les discussions se poursuivirent avec la compagnie aérienne pendant 9 mois en vain. À bout de patience, il décida de créer une chanson, de la filmer et de la diffuser sur YouTube : « *United Breaks Guitars* ». Dès la fin de la journée, la vidéo était visionnée 150 000 fois. Les médias traditionnels s'emparèrent de l'affaire et le résultat fut que plus de 5 millions de personnes l'avaient visionné en ligne un mois après sa publication. L'effet fut désastreux pour la réputation de United et le cours de bourse perdit 10 % dans les 4 jours suivants (le lien de cause à effet prête cependant à discussion). L'entreprise remboursa finalement le prix de la guitare (le chanteur en reversa le montant à une association). Il est désormais un chanteur célèbre en Amérique du Nord et ses chansons peuvent être achetées sur iTunes.

1. David Kirpatrick, « Why There's No Escaping the Blog », *Fortune* (Europe), 24 janvier 2005, p. 64.

La campagne présidentielle de 2012 en a offert un exemple avec les innombrables détournements en ligne de l'affiche de campagne de Nicolas Sarkozy (« La France forte »). Mais c'est le cas aussi, sous forme de vidéo, des publicités des marques : des sites comme YouTube diffusent de nombreuses parodies de publicité qui se renouvellent avec les campagnes des marques. C'est désormais un signe que la publicité a été appréciée ou du moins qu'elle a eu un impact…

Au-delà des publicités, et dans un style négatif, démonstration produit et réclamations au style inventif peuvent avoir un effet redoutable sur la réputation de la marque.

La façon dont une marque ou un produit peut être détournée peut prendre des formes inattendues au-delà des cas classiques, créant alors un buzz non voulu par l'entreprise. Un cas célèbre de détournement de produit est le cas Coca light-Mentos, dont tous les jeunes lecteurs se rappelleront car il fit fureur dans les cours de récréation.

Exemple

➥ Le site Web epybird.com publia en 2006 une vidéo étonnante de Fritz Grobe et Stephen Voltz montrant la réaction chimique de bonbons Mentos glissés dans des bouteilles de Coca light et qu'on peut résumer par un effet « geyser ». Ils mirent en scène cette réaction de façon sophistiquée et artistique et en déclinèrent l'idée dans des vidéos ultérieures avec un nombre croissant de bouteilles et des dispositifs de plus en plus sophistiqués. Leur vidéo « Diet Coke + Mentos » a été téléchargée plus de 15 millions de fois, devenant un des « standards » de YouTube. Ces vidéos suscitèrent des émules et initièrent un mouvement de mode qui toucha toutes les cours de récréation. Coca-Cola qui, au début du mouvement, avait exprimé son déplaisir de voir son produit gaspillé, accepta finalement de l'endosser, considérant que ce bouche à oreille dont il n'était pas à l'origine lui était au final favorable.

2 Les clients s'écoutent

Les réseaux sociaux, comme on l'a vu dans la section 1, attirent un nombre croissant d'internautes qui y passent de plus en plus de temps. Certes, le contenu qu'on trouve sur ces réseaux n'est pas nécessairement le fait des internautes. Par exemple les vidéos des vedettes de la chanson sont parmi les plus populaires sur Youtube et, on y reviendra, les marques ont créé des pages et des mini-sites sur les réseaux sociaux.

Cependant les internautes ne vont pas sur Facebook pour les pages de marques : c'est parce qu'ils fréquentent Facebook que les marques y ont affirmé une présence. Ce qui les attire, c'est ce que disent et font d'autres internautes, qu'ils soient leurs proches, leurs amis, des connaissances ou bien des inconnus.

• *Les blogs sont nombreux et leur audience peut être importante*

Selon Nielsen, il existait 181 millions de blogs fin 2011 dans le monde, dont 14 en France où se publient 2,5 millions de billets (posts) par jour. Les trois premières plateformes de blog (Blogger, Wordpress et Tumbler) attiraient 80 millions de visiteurs fin 2011.

Les blogs sont un type de réseau social important pour les marques car 60 % d'entre eux parlent d'elles et plus d'un tiers publient des critiques de produits[1].

Les statistiques sur les blogs à la plus forte audience aux États-Unis montrent la transformation du modèle : les blogs devenant des sortes de magazine en ligne (Webzines), désormais animées par des équipes. Ce ne sont cependant pas des sites d'information habituels car ils font généralement appel à de nombreux contributeurs occasionnels, et les billets invitent à des commentaires à l'occasion desquels les lecteurs s'expriment et se répondent.

Figure 11.6 **Les 15 blogs à la plus forte audience aux États-Unis en 2012**

Huffington Post	Information générale	54 000 000
TMZ	Information people	19 000 000
The Business Insider	Information économique	12 100 000
Engadget	Information technologique	11 500 000
PerezHilton	Information people	10 200 000
Gizmodo	Information technologique et design	10 100 000
Mashable	Information technologique	10 000 000
TechCrunch	Information technologique	7 500 000
Gawker	Information sur les célébrités et les médias	6 000 000
Lifehacker	Information technologique	5 500 000
The Daily Beast	Information générale	5 000 000
SmashingMagazine	Information technologique	4 600 000
FailBlog	Parodie et divertissement	4 400 000
Kotaku	Information sur les jeux	4 100 000
BoingBoing	Information générale et décalée	3 500 000

Source : www.ebizmba.com à partir de données Alexa, avril 2012.

- *Les blogueurs exercent une influence par leur personnalité ou leur expertise*

L'importance des blogs ne se mesure par uniquement à travers un palmarès d'audience. En effet, un des principaux intérêts des blogs est de s'adresser à des publics ciblés en les attirant par une expertise spécifique. L'influence des blogs ne se mesure donc pas seulement par l'audience, mais par l'autorité du site et la qualité de l'audience.

On trouve parmi les blogueurs les plus influents des experts en technologie, les « mamans » (*Moms*), les spécialistes de la mode, du cyclisme, des médias, de l'industrie plastique, de la décoration, etc.

1. http://technorati.com/social-media/article/state-of-the-blogosphere-2011-part1/page-2/

L'étude de loin la plus complète sur le profil des blogueurs, « *State of the blogospere*[1] » identifie 4 types de blogueurs : les amateurs (60 %) qui bloguent pour s'amuser et partager leurs centres d'intérêt, les professionnels (18 %) à temps plein ou le plus souvent partiel, les blogueurs d'entreprises (8 %) et les entrepreneurs (13 %).

Ces deux dernières catégories sont étudiées plus loin à la section 4 sur la présence des entreprises dans les réseaux sociaux. Ce sont les professionnels et les amateurs que les entreprises doivent suivre de près. Les premiers sont des leaders d'opinion qui attirent un public impliqué autour de leur personnalité ou de leur expertise. Ils constituent une source d'information pour leur audience qui se reconnaît en eux ou qui leur reconnaissent un savoir spécifique.

Âgés de 25 à 44 ans pour plus de la moitié, la plupart animent leur blogs seuls. Ce sont parfois des journalistes qui volent de leurs propres ailes, mais la plupart ne le sont pas. Près de 50 % d'entre eux y consacrent plus de 29 heures par semaine, ce qui leur permet de poster des billets quotidiennement ou au moins plusieurs fois par semaine. Ils parlent régulièrement des marques et publient des avis sur les produits pour plus de 70 % d'entre eux. C'est sans doute la raison pour laquelle les deux tiers ont déjà été approchés par des marques.

Exemples

- Aux États-Unis, le site influentialblogger.net[1] publie chaque année un palmarès des 10 blogueurs de l'année, dont la diversité reflète celle de la blogosphère.
- En France, le site ebuzzing.fr établit une liste des blogs les plus influents sur 40 catégories, allant des animaux aux logiciels libres en passant par le football[2].

Si ces professionnels ou semi-professionnels peuvent avoir une influence très importante, ce n'est pas pour autant qu'il faut négliger la masse des blogueurs amateurs. Car pour plus de la moitié, selon la même étude, ils commentent et parlent des marques. Leur audience peut être plus restreinte, mais l'addition de ces audiences est importante. Ils participent du buzz sur la marque et contribuent à sa réputation en ligne (voir section 6).

• *Le facteur référencement*

De même qu'un leader d'opinion n'est pas autoproclamé, mais reconnu comme tel par l'influence qu'il ou elle exerce sur un certain nombre de personnes, on peut évaluer l'influence d'un site par le nombre de liens qui pointent vers lui, c'est-à-dire qui le citent.

Technorati et Alexia classent les sites, ou plus spécifiquement les blogs, par un indicateur appelé « d'autorité » : si aucun lien ne pointe vers le blog, il n'en a aucune, si des milliers de liens pointent vers lui, son autorité est élevée.

Un moteur de recherche comme Google hiérarchise les sites (*page ranking*) en fonction d'un algorithme complexe qui depuis l'origine, intègre le nombre et la qualité des liens qui pointent vers les sites[3]. Plus le nombre et la qualité des liens sont importants, meilleur sera le classement. Selon Rand Fishlin, un expert en

1. http://technorati.com/social-media/article/state-of-the-blogosphere-2011-introduction/
2. http://labs.ebuzzing.fr/top-blogs
3. Google évalue la qualité des sites selon différents critères et il attribue aux liens le niveau de qualité de la source.

référencement naturel sur Google, cela compte toujours pour 42 % des facteurs explicatifs du classement de Google[1].

Ce mode d'indexation des pages, qui fonctionne sur une logique de réseaux, permet l'émergence de sites très influents sur toutes sortes de sujets, alors même qu'aucune organisation ou aucun budget marketing ne vient soutenir leur promotion. Les moteurs de recherche sont à l'origine de 41 % du trafic d'un blog en moyenne (28 % viennent des réseaux sociaux), ce qui est supérieur à la moyenne des sites[2].

Le processus se renforce lui-même : un site jugé intéressant est pointé par d'autres sites et il apparaît ainsi plus haut dans la page de résultat des moteurs de recherche. Cela génère un trafic supplémentaire qui renforce son autorité. Ce mode de sélection, qui échappe aux techniques de promotion habituelles, peut donner un poids considérable à des prises de parole indépendantes et individuelles.

3 Les clients se font confiance

a) L'effet de source : les clients font confiance aux clients

L'effet de source en marketing est un phénomène psychologique selon lequel la perception et l'interprétation d'un message diffèrent en fonction de la source de ce message. Autrement dit, l'origine d'un message influence la perception qu'on en a.

L'effet de source permet d'expliquer l'importance des témoignages d'experts, de journalistes ou de clients dans la communication. En effet, les gens tendent à penser que l'opinion des experts s'appuie sur un savoir autorisé qui leur est propre et que l'opinion des proches est désintéressée, et donc plus objective.

L'effet de source peut également jouer en faveur des marques : lorsqu'elles sont reconnues et réputées, elles développent une relation de confiance et une proximité qui les rendent plus fiables aux yeux des clients. Leur discours sera entendu plus favorablement.

L'effet de source est particulièrement important sur Internet, où convergent des types d'informations multiples, différents et contradictoires qu'il est nécessaire de trier. Plus le contexte est cacophonique, plus les consommateurs doivent s'appuyer sur des sources qu'ils pensent fiables.

Cette étude de Nielsen (figure 11.7), réalisée fin 2011 auprès de 28 000 internautes dans 56 pays montre clairement que les sources les plus fiables de communication sur les produits et les marques sont les recommandations de proches (92 %) et les avis des consommateurs en ligne (70 %, soit 15 points d'augmentation en quatre ans). Une note d'espoir pour les marques : la troisième place *ex aequo* revient aux sites de marques (58 %).

1. www.seomoz.org/article/search-ranking-factors
2. Source : Nielsen, 2011. Selon les statistiques de Google en moyenne 28 % du trafic d'un site Web sont générés par les moteurs de recherche, ce qui représente la deuxième source après l'accès direct (36,5 %).

Figure 11.7 En qui et quoi les internautes ont-ils confiance ?

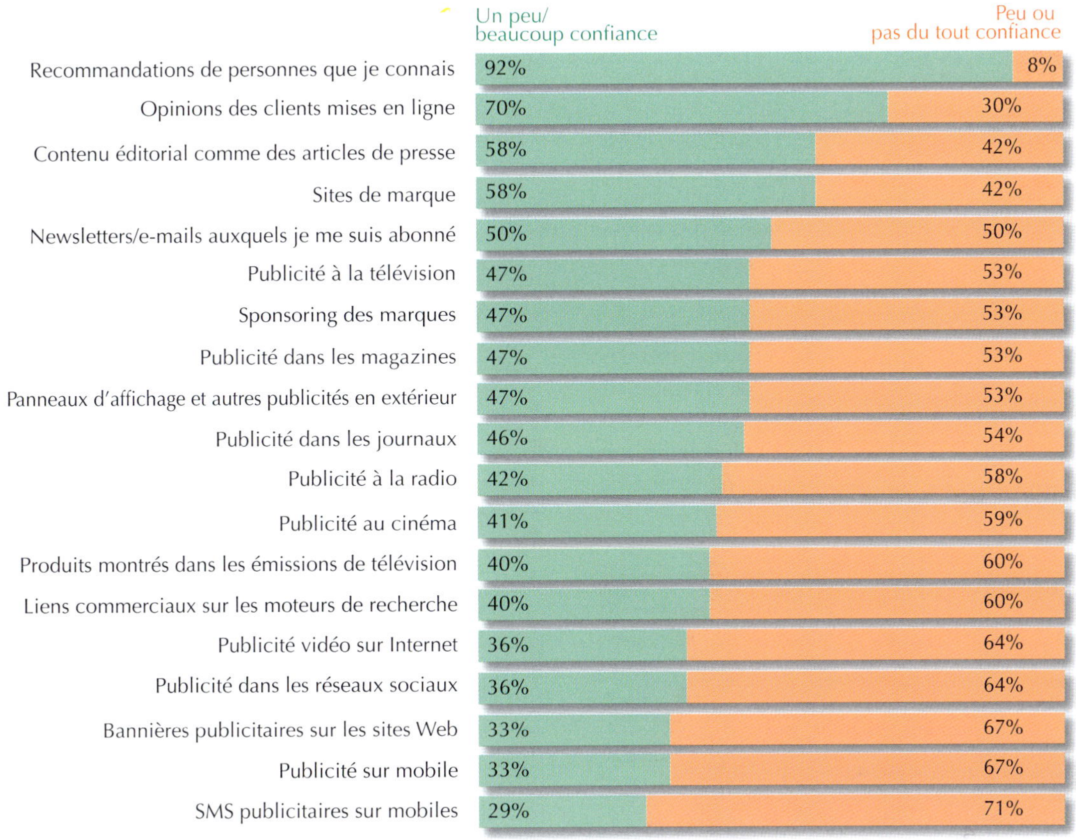

Source : Nielsen, *Global Trust in Advertising Report*, 2011.

b) Les consommateurs consultent de plus en plus les avis de leurs pairs avant un achat

La consultation des avis de clients varie en fonction des catégories de produits. 55 % des internautes américains par exemple déclarent consulter les sites d'avis de consommateurs (Epinion, Yelp…) pour des achats importants (voiture, électroménager…) alors qu'ils ne sont que 36 % pour des services tels que les restaurants ou les films[1]. Quant à des services qui requièrent une plus grande expertise (investissement financier, traitement pour la santé), le pourcentage chute en dessous de 20 %.

1. « North American Technographics Interactive Marketing Online Benchmark Recontact Survey », Forrester Research, 2011.

MINI CAS

Yelp.com : l'influence des avis des consommateurs

Yelp.com est un site d'évaluation des restaurants (et désormais de nombreuses autres activités) très populaire en Amérique du Nord. Fondé à San Francisco en 2004, il a collecté 27 millions de commentaires et il a attiré 71 millions de visiteurs uniques au premier trimestre 2012. Pour rédiger un commentaire, il suffit de s'inscrire avec une adresse email valide, sélectionner ou créer en ligne la fiche du restaurant qu'on va évaluer, lui donner de 1 à 5 étoiles et rédiger son texte. N'importe quelle personne qui consulte le site pour trouver un restaurant peut alors lire la note moyenne et les commentaires attachés et faire des recherches sur ces critères.

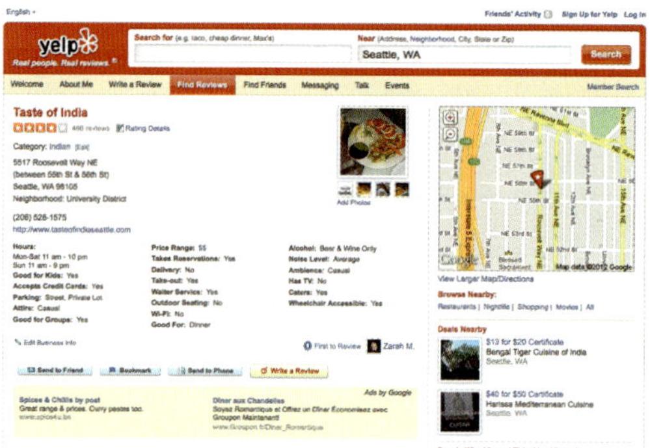

www.yelp.com

Michael Luca, Professeur Assistant à la Harvard Business School, a étudié l'influence que pouvait avoir ce site sur la fréquentation des restaurants[1]. Il a choisi comme terrain d'étude la ville de Seattle, qui compte environ 1 600 restaurants, 70 % d'entre eux étant évalués sur Yelp. Chaque restaurant reçoit en moyenne 3 avis par trimestre, 1,4 venant des commentateurs labellisés « élite » parce que leurs commentaires ont reçu de bonnes évaluations par les internautes.

En utilisant différentes méthodes statistiques pour pouvoir relever des liens de causalité, et en s'appuyant sur l'historique des notes du site et le chiffre d'affaires déclaré aux impôts par ces restaurants (données publiques aux États-Unis), l'auteur put en tirer plusieurs conclusions :

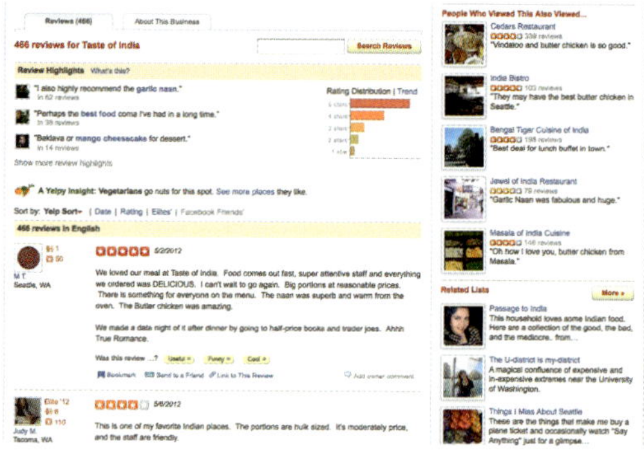

www.yelp.com

- Une augmentation d'une étoile de la note entraîne une augmentation de 5 à 9 % du chiffre d'affaires du restaurant.
- Cet effet n'est visible que pour les restaurants indépendants, pas les restaurants de chaîne (une interprétation possible étant que le poids de l'enseigne est plus important que les avis des clients).
- L'impact des changements de notes est d'autant plus important que le nombre d'avis est grand (l'impact est de 20 % supérieur pour les restaurants qui ont plus de 50 avis comparé à celui des restaurants ayant moins de 10 avis).

  Les avis signés par les commentateurs populaires, qui ont le statut d'« élite », ont un impact deux fois plus important que les autres.

1. Michael Luca, « Reviews, Reputation, and Revenues : The Case of Yelp.com », Working Paper, Harvard Business School, octobre 2011.

Les avis et commentaires des internautes ne sont pas nécessairement objectifs, ni impartiaux, ni justifiés. Mais les internautes avertis essayent de faire le tri, écartant des critiques qui constituent des pétitions de principe, ou qui paraissent mal renseignées ou qui semblent être de mauvaise foi. Ils ne se fient pas à un seul avis, mais à « l'intelligence collective », tirant une impression générale d'avis nombreux, souvent contradictoires…

L'effet de source joue aussi par rapport aux sites où s'expriment les commentaires. Une étude récente tendait à montrer que les commentaires sur Amazon sont perçus comme étant plus pertinents que sur Facebook[1] : le contexte du site favorise certains commentaires et la perception de leur fiabilité.

L'influence des commentaires sur le comportement d'achat a prêté à beaucoup de débats et il est d'autant plus difficile de trancher que si les études méthodologiquement les plus sérieuses viennent du monde académique, elles ne sont publiées que plusieurs années après leur date de réalisation, dans un contexte où les habitudes des consommateurs changent fortement. D'autres données sont plus nombreuses et récentes, mais leur méthodologie est parfois douteuse.

On peut cependant avancer plusieurs constats, venant de sources diverses :

- En moyenne, la très grande majorité des avis publiés sur les offres sont positifs, mais les avis négatifs semblent avoir plus d'impact.
- Les consommateurs reconnaissent volontiers être influencés par les commentaires d'autres consommateurs (on sait que c'est beaucoup moins le cas quand on les interroge sur l'influence de la publicité).
- Le nombre d'avis influence le comportement, autrement dit l'influence n'est pas linéaire. Les données semblent indiquer qu'il faut atteindre une masse critique d'avis pour que le client soit à même de se faire une opinion sur ces avis.
- La qualité des commentateurs (identifiés par exemple par une évaluation positive des internautes) accroît le poids de leur opinion.

SECTION 3

FACE AU DÉFI DES RÉSEAUX SOCIAUX, LES ENTREPRISES DOIVENT DÉFINIR LEURS OBJECTIFS

Cette nouvelle donne du côté des internautes constitue également une nouvelle donne pour les entreprises. Elles doivent comprendre qu'elles ne *contrôlent* plus la communication des marques. Pour influencer les consommateurs en réseau, elles doivent d'abord clarifier leurs objectifs.

1. Irena Pletikosa Cvijikj, Goekmen Cetin, Stephan Karpischek, Florian Michahelles, « Influence of Facebook on Purchase Decision Making », Department of Management, Technology and Economics, ETH Zurich, Suisse, 2012.

1 Les entreprises ne contrôlent plus la communication de leurs marques

Traditionnellement, le marketing a cherché à contrôler l'ensemble des messages émis par une marque ou sur une marque. Certes, la presse et les organisations de consommateurs ont une pleine liberté d'expression et de jugement. Cependant, dans l'un et l'autre cas, ce sont autant d'interlocuteurs identifiés avec qui une entreprise peut discuter et qu'elle peut chercher à influencer. Quant aux clients individuels, leur recours était soit d'alerter les associations de consommateurs quand ils estimaient que leur droit était lésé, soit d'envoyer une lettre de réclamation, traitée en interne par l'entreprise.

Ainsi qu'on l'a souligné plus haut, les marques ont désormais perdu leur quasi-monopole de prise de parole pour tout ce qui les concerne, l'usage d'Internet s'étant généralisé comme média de prise de parole directe et d'interactions sociales.

La politique de communication consistait à définir et contrôler l'information diffusée à des cibles identifiées. Aujourd'hui, tout type d'information est communiqué par tout type de source auprès de tout type de public. Autrement dit, ce que l'entreprise contrôle n'est qu'une partie de ce qui est communiqué sur la marque.

Exemple

→ Une simple requête dans un moteur de recherche sur le médicament Roaccutane des laboratoires Roche fait apparaître des liens les plus divers sur le produit :

- La page officielle de présentation du produit. La communication médicale est strictement réglementée et cette page, destinée aux médecins, tient un discours technique et objectif.
- Un site relationnel de Roche avec les utilisateurs de Roaccutane. Pour respecter les législations nationales, le laboratoire restreint l'accès à ces sites en exigeant d'entrer un code qui se trouve imprimé sur la boîte de médicament commercialisée dans le pays.
- Un site d'information sur le traitement de l'acné, développé par une association de médecins dermatologues, et sponsorisé par Roche. Le site est pédagogique et riche en informations, car il ne relève pas de la communication officielle de Roche et l'expression y est moins réglementée. Il ne fait pas la promotion du médicament (ce qui tomberait sous le coup de la loi), mais incite les visiteurs concernés à consulter un dermatologue, ce qui permet d'accroître indirectement les ventes (Roche occupant une position de leader sur le marché du traitement de l'acné).
- Des portails d'information médicale (tels que Doctissimo en France) qui traitent de l'acné et qui citent le Roaccutane, mais dont l'information est indépendante du laboratoire.
- Des sites d'*aficionados* de Roaccutane : témoignages d'internautes racontant comment leur vie a été transformée par l'utilisation du médicament. Il est peu probable que le laboratoire soit derrière ces sites (ce serait illégal sur ce marché très réglementé).
- Des sites anti-Roaccutane, accusant le produit de mille maux, dont la dépression et le suicide de patients…

2 Les entreprises doivent définir leurs objectifs sur les réseaux sociaux

Si l'entreprise ne contrôle plus la communication, du moins peut-elle chercher à l'influencer. Encore faut-il savoir auprès de qui et pour quoi faire.

Beaucoup d'entreprises abordent les médias sociaux avec l'idée d'« expérimenter ». Il s'agit de découvrir, de tester, d'explorer, d'apprendre. Les entreprises peuvent se dire à juste titre que ne pas être présent sur les réseaux sociaux constitue un handicap. Mais l'expérimentation ne définit pas une politique et n'a pas vocation à durer.

Agir sur les réseaux sociaux demande des moyens financiers et humains, et on n'obtient pas ces moyens durablement au prétexte d'expérimentation.

Une entreprise doit définir son action en fonction d'objectifs. Et les objectifs pertinents qu'elle peut avoir sur les réseaux sociaux sont très nombreux :

- *Notoriété* : utiliser les réseaux sociaux pour mieux se faire connaître.
- *Réputation comme employeur* : l'entreprise veut montrer qu'elle est susceptible d'attirer les talents.
- *Réputation comme entreprise* : entreprise responsable, compétente, performante, fiable…
- *Réputation comme expert* : l'entreprise se positionne comme une source d'expertise dans un domaine d'activité.
- *Communication de la marque ou des produits* : faire connaître et faire apprécier l'identité et l'offre de la marque.
- *Promotion et essais* : inciter à l'essai de nouveaux produits.
- *Vendre* : développer les ventes on line ou off line.
- *Retour et insight clients* : mieux comprendre et mieux écouter les clients.
- *Relationnel et fidélisation* : développer la proximité à la marque, accroître la part de clients et sa fidélité dans le temps.
- *Service clients* : délivrer des conseils et des services aux clients.

Ces objectifs doivent s'intégrer dans la politique de l'entreprise : on n'invente pas une politique marketing en fonction d'un média ; on cherche à s'adapter de la meilleure façon au média pour mettre en œuvre cette politique.

Pour que de véritables moyens budgétaires soient alloués aux actions menées sur les réseaux sociaux, ces dernières doivent satisfaire trois conditions principales :

- s'intégrer dans la stratégie marketing de l'entreprise ;
- être définies en fonction d'objectifs et de cibles clairs et atteignables ;
- manifester leur pertinence (spécificité, efficacité, productivité) par rapport aux autres moyens de communication pour atteindre ces objectifs et toucher ces cibles.

Notre conseil

Être présent sur les réseaux sociaux n'est pas un but en soi, c'est un moyen pour atteindre un ou plusieurs objectifs, particulièrement adaptés à ce média.

SECTION 4

EXISTER SUR LES RÉSEAUX SOCIAUX DE FAÇON PERTINENTE

1 Développer les blogs d'entreprise

a) Les blogs d'entreprise : un public et des objectifs définis

L'étude de Technorati sur la blogosphère citée plus haut[1] a identifié cinq types de blogueurs dont les entrepreneurs (13 % des blogueurs) et les blogueurs d'entreprises (8 %).

Les entrepreneurs sont des créateurs d'entreprise – souvent dans les nouvelles technologies – qui utilisent les blogs pour faire partager leur expertise (76 % d'entre eux) ou pour faire connaître leur offre et attirer de nouveaux clients (68 %). Les blogs d'entreprises – qu'elles soient moyennes ou grandes – parlent essentiellement *business* et souvent technologies. Les blogueurs d'entreprise sont 70 % à vouloir faire partager leur expertise, 61 % à se faire reconnaître professionnellement (en acquérant plus de visibilité dans l'industrie ou dans l'entreprise) et 52 % à vouloir attirer de nouveaux clients.

60 % des blogs d'entreprise et 80 % des blogs d'entrepreneurs sont tenus par une seule personne et n'ont donc pas de contributeurs extérieurs. On voit donc *a contrario* qu'une part significative des blogs d'entreprise a plusieurs contributeurs.

Il serait aventureux de présenter une typologie de ces blogs, on se contentera d'en souligner trois grandes formes.

1° Les blogs du patron

Ces blogs (d'entrepreneur ou d'entreprise) sont rédigés par le patron de l'entreprise. On peut penser en France au blog que tenait Richard Descoing, le directeur de Sciences Po, ou celui de Michel-Edouard Leclerc « De quoi je me M.E.L. ? »[2]. Le patron personnifie son entreprise et en est le meilleur porte-parole. Le blog est une façon de favoriser la communication directe entre lui ou elle et son public.

Ce type de blogs a cependant deux grands inconvénients : il nécessite une implication forte, particulièrement quand le responsable est le seul contributeur ; et par ailleurs les mots restent et peuvent mettre en porte-à-faux leur auteur quand ce dernier fait des annonces… qui sont démenties quelques jours ou semaines plus tard[3].

1. http://technorati.com/social-media/article/state-of-the-blogosphere-2011-introduction/
2. Voir : www.michel-edouard-leclerc.com
3. Un cas devenu exemplaire est celui du blog de Jason Goldberg, le patron de Jobster, qui réfute en ligne les rumeurs de licenciement de la façon la plus catégorique… pour annoncer un mois plus tard qu'il licenciait 40 % du personnel. Bien que cette histoire date de 2007 – une éternité en temps Internet – l'article du *New York Times* qui la relate (www.nytimes.com/2007/01/24/business/worldbusiness/24iht-blogging.4316623.html) est toujours référencé en première page de Google sur la page « Jason Goldberg Jobster ».

2° Les blogs d'information spécifique

Ces blogs peuvent prendre des formes variées. Ce ne sont parfois qu'une façon de présenter l'offre. Leur raison d'être est de couvrir un vaste champ en présentant l'actualité des produits et de l'entreprise et en permettant aux internautes de commenter et de discuter ces informations.

Exemple

- Zappos, le leader américain de la vente de chaussures en ligne publie, en plus de son blog général, un nombre impressionnant (13 au total) de blogs thématiques par catégories de produit : *rideshop, comfort, couture, housewares, health and fitness, outdoor, parents, running, coach, golf, street, western, wedding*… À ceux-là, il faut ajouter un blog VIP donnant des informations aux meilleurs clients, un blog « How to » qui donne des conseils pratiques, un blog « As seen in » qui présente la couverture par les médias de l'entreprise, un blog sur les technologies où l'entreprise partage son expertise et enfin le blog du patron, etc.

Les blogs d'entreprise peuvent être simples et sont efficaces s'ils sont bien conçus. Ils n'ont pas à être « représentatifs » de la société, comme doit l'être un site Web ou la page Facebook. Les meilleurs blogs d'entreprise sont en fait des conversations d'experts auxquelles les internautes sont conviés.

Notre conseil

Un blog à l'ambition limitée mais bien pensé, apportant de véritables bénéfices à un public restreint mais pertinent pour la marque, est souvent plus facile à animer dans la durée, et sera toujours plus efficace que des blogs trop ambitieux, aux objectifs et aux publics mal définis.

3° Les blogs d'experts

Les blogs peuvent mettre en valeur l'expertise technique de l'entreprise. Des entreprises comme Saint-Gobain, SAP, Microsoft et beaucoup d'autres ont chez elles des ressources en expertise que peu de gens extérieurs connaissent. Les blogs permettent d'accroître la réputation de l'entreprise et de s'adresser à des publics spécialisés et influents. Beaucoup d'entreprises encouragent donc leurs experts internes à s'exprimer sur Internet sous forme de blog.

Exemple

- Des entreprises comme Orange encouragent leurs collaborateurs à bloguer et organisent un « *Employee Blogger Club* » qui facilite le travail et l'information des blogueurs d'Orange.

La difficulté pour l'entreprise est de savoir gérer ces prises de parole. Le réflexe traditionnel est de contrôler l'information et donc d'encadrer – voire de limiter – les prises de parole. C'est le moyen infaillible de tuer l'initiative. Les blogueurs d'entreprise ne peuvent parler sur commande ou faire valider leur billet par un comité (perte d'intérêt, manque de crédibilité). Cependant, en mentionnant leur rattachement à une entreprise, ils l'engagent d'une façon ou d'une autre. C'est pourquoi les entreprises ont besoin de fixer des règles du jeu qui préservent la liberté des blogueurs tout en évitant les dérapages, ce qu'elles peuvent faire par la publication de *guidelines* – ligne de conduite – qui laissent aux blogueurs d'entreprise leur autonomie tout en protégeant la réputation de l'entreprise.

MINI CAS

Le premier blog éminemment modeste de Coca-Cola

Lorsque Coca-Cola a inauguré son premier blog, ce n'était pas une formidable machine de communication, conçue et animée par une grande agence de communication, mais le blog de l'historien de Coca-Cola, Phill Mooney. Cet homme discret qui travaille chez Coca-Cola depuis trente ans en tant qu'archiviste est la mémoire de l'entreprise. Son expertise sur l'entreprise, ses produits et son histoire est considérable. Mais avant Internet, personne ne le connaissait.

En janvier 2008, il décide de lancer un blog appelé « Coca-Cola Conversations », qui lui permet de montrer et discuter des éléments de l'histoire de Coca-Cola. Cela intéresse-t-il grand monde ? Pas la plupart des consommateurs, mais certainement les *aficionados* et les collectionneurs de la marque.

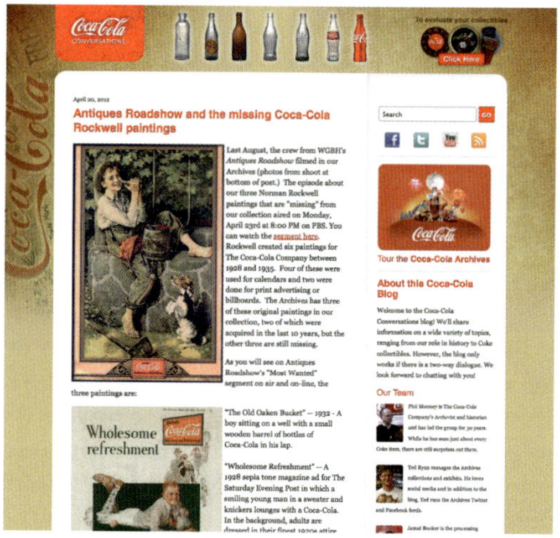

Source : www.coca-colaconversations.com

Les règles du jeu sont clairement énoncées : le site a un objet bien défini, les internautes sont incités à contribuer et à commenter, mais seulement sur le thème du blog, qui se réserve donc le droit de diffuser ou non les commentaires. Ce site a eu un tel succès et est devenu une telle autorité dans la communauté des « Coca-Colafans » que ce sont désormais quatre personnes de l'équipe des archives de l'entreprise qui contribuent à son contenu. Le blog a désormais sa page associée sur Facebook[1].

Bien que rien dans ce blog n'impressionne ou n'excite particulièrement le néophyte, c'est pourtant un cas exemplaire de blog d'entreprise au public défini (les *aficionados* et collectionneurs de Coca-Cola) et à l'objectif clair (servir cette communauté en diffusant des ressources historiques internes de l'entreprise), et qui tient ses promesses.

1. www.facebook.com/CokeArchives

b) L'idée suicidaire : le faux blog de client

La tentation est forte pour les entreprises d'embrasser les réseaux sociaux sans remettre en cause leurs modes habituels de communication, qui sont généralement ancrés par des processus organisationnels. Traditionnellement, ne pas contrôler entièrement les messages communiqués est soit impensable, soit considéré comme un manque de compétence et de professionnalisme. La tentation est donc forte de transposer une communication contrôlée et unidirectionnelle sur des supports qui sont à l'inverse interactifs et communautaires.

Notre conseil

Sur Internet, tout finit par se savoir. Il ne faut jamais entreprendre une démarche qu'on ne serait pas capable de justifier si elle devenait publique. On peut chercher à influencer par la conversation, mais cela interdit nécessairement la manipulation.

MINI CAS

Le cas d'école du vrai faux blog de Vichy

Une jeune chef de produit de L'Oréal, sensible aux arguments de son agence de publicité, décida de lancer un blog sur la marque Vichy. Ce blog devait permettre d'explorer ce support innovant et de mieux communiquer avec ses consommatrices. Intitulé « Le journal de ma peau », il est censé être le blog d'une consommatrice, dénommée Claire, qui relate son expérience d'utilisation d'un produit anti-âge Vichy.

La réaction des visiteurs ne se fit pas attendre. Beaucoup doutèrent de l'authenticité de la blogueuse et firent part de leur scepticisme sur les pages de commentaires du blog. Bientôt alertés, des blogueurs influents visitèrent le site et crièrent à la contrefaçon sur leur blog. Le bouche-à-oreille aidant, l'information circule, le nom de l'agence à l'initiative du site est dévoilé par un blogueur bien informé, et le relais est pris par la presse qui fustige l'initiative de la marque.

Face à cette véritable crise de relations publiques, la jeune chef de produit prend acte de son faux pas. Après avoir sollicité l'avis d'experts, elle adopte une très bonne politique : l'équipe marketing se montre sur le blog (photo à l'appui), reconnaît son erreur mais souligne que son intention n'était pas de tromper les internautes et enfin sollicite l'avis des internautes sur ce qu'ils auraient dû et devraient faire. À la suite du débat en ligne qui s'engage, Vichy refond entièrement le blog, désormais animé par une blogueuse influente, Sophie Kune, en sélectionnant de vraies clientes qui donnent leurs avis non filtrés sur le sujet. Le nouveau blog reçoit les félicitations de la presse et devient un laboratoire de communication stimulant pour le groupe L'Oréal ainsi qu'une source de trafic non négligeable pour le site Vichy.

Il est en fait inutile – voire dommageable pour la marque – de prétendre participer à une communauté d'utilisateurs quand, pour de bonnes ou de mauvaises raisons, on continue de s'inscrire dans une perspective unidirectionnelle.

2 Communiquer sur Twitter

Twitter bénéficie d'un effet de mode qui est souvent lié à l'innovation. D'abord l'excitation est générale, la presse grand public en parle, la presse managériale s'y met, les consultants publient articles et ouvrages… puis la solution miracle se révèle être moins impressionnante qu'on ne le pensait. La déception résulte souvent de promesses exagérées.

Twitter est une plateforme qui restera secondaire dans le dispositif des entreprises sur les réseaux sociaux, mais son apport, très spécifique, est néanmoins intéressant et utile au sein du dispositif d'ensemble. Des tweets ne développent rien de profond et en ce sens, mis à part leur brièveté, ils ont peu de rapport avec des *haïkus*[1] : les 140 signes du message favorisent l'actualité, un rappel, une information courte et frappante plutôt qu'un discours développé. Twitter est un bon contributeur au buzz, au bourdonnement sur les marques : un « gazouillement » comme le dit le terme en anglais.

Exemple

- Début 2012, Nike lance son compte Twitter officiel @Nike avec un site Web dédié et la campagne de publicité : « How will you #makeitcount in 2012 ? », « Comment allez-vous # laisser votre marque en 2012 ? » Le # se réfère aux hashtags de Twitter, qui permettent de rattacher un message à un thème ou à un fil de discussion. Des publicités montrent des athlètes à l'entraînement qui se dépassent et qui s'expriment par quelque phrase sentencieuse avec un renvoi à #makeitcount. Les internautes sont invités à apporter leur propre témoignage en envoyant des tweets associés à des photos avec le hashtag #makeitcount. Twitter, ainsi mis en avant dans la publicité, est un dispositif de buzz destiné à donner de l'ampleur à cette campagne en appelant à la participation des utilisateurs.

Les entreprises doivent à la fois écouter ce bourdonnement en suivant ce qui se dit à propos d'elles sur Twitter (notamment, mais pas seulement, les « hashtag »), mais elles peuvent également intégrer Twitter dans leurs modes de communication de façon efficace. On peut résumer ces différents aspects en six points-clés.

1. Poèmes japonais extrêmement bref (17 syllabes : 5 + 7 + 5) qui expriment un instantané, l'évanescence des choses.

FOCUS

Six grands modes d'utilisation de Twitter pour les marques

- *Écouter ce qui se dit sur son entreprise ou sa marque* en utilisant de nombreux outils qui suivent, recensent et synthétisent les messages relatifs à un thème, une marque ou un produit.
- *Répondre en temps réel* à des abonnés ou des utilisateurs qui s'expriment sur un sujet où la marque est légitime (attention au spam !) ou qui s'expriment sur la marque. À ce titre, Twitter devrait être nécessairement intégré au service clients des entreprises afin de répondre très rapidement à des réclamations exprimées publiquement.
- *Partager des informations,* messages ou photos, relatifs à des événements ou des nouvelles, auprès d'une communauté d'abonnés intéressés par l'entreprise ou la marque. Twitter est un canal d'information en temps réel qui permet à la marque et l'entreprise de participer à la vie du client.
- *Poser des questions à ses abonnés* pour collecter des avis et des réponses.
- *Développer un mode de relation qui a un ton particulier* (bref, incisif et sympathique), qui développe la proximité, l'affinité à la marque.
- *Créer du buzz autour de sa marque* en jouant du dispositif viral inhérent à Twitter (la possibilité de « retweeter » un message).

Exemple

➥ La banque en ligne de BNP Paribas a été la première banque à créer un service clients sur Twitter en France (curieusement dénommé BNPParibas_SAV). Internautes, clients ou non, peuvent interpeller la banque en 140 caractères sur toutes sortes de sujets, et obtenir une réponse dans l'heure. La réponse est soit publique, soit privée. Ce mode informel et très réactif de communication a convaincu 2 700 utilisateurs de Twitter qui se sont abonnés au service, qui traite en moyenne 60 échanges par jour.

Source : https://twitter.com/bnpparibas_sav

Si l'écoute et la réponse aux tweets relèvent des études de marché et du service clients, les quatre autres aspects concernent la construction d'une « communauté » autour de la marque, c'est-à-dire d'un ensemble de personnes qui interagissent entre elles et avec la marque, autour d'un centre d'intérêt défini par celle-ci.

Notre conseil

Twitter peut être un outil très efficace dans une campagne de buzz, s'il est intégré dans un dispositif d'ensemble qui le dépasse et qui apporte quelque chose à la marque.

Exemples

- Au jour du second tour des élections présidentielles de 2012, Nicolas Sarkozy avait près de 200 000 abonnés sur Twitter (les tweets étaient soit signés de son équipe de campagne, soit directement de lui) et François Hollande, 270 000.
- Chez Zappos, le site de vente de chaussures en ligne, tout le monde tweete. Tony Hsieh, le patron compte 2 330 000 abonnés. La popularité de ce compte vient sans doute de la diversité des sujets qu'il traite, de leur caractère parfois inattendu, des sources intéressantes auxquelles il renvoie très souvent. Au premier trimestre 2012, plus de 500 salariés de Zappos, identifiés en tant que tels, tweetent en suivant le modèle de leur patron. Ils sont encouragés à tweeter pour exprimer un état d'esprit maison et non pour pousser des ventes. Les clients sont également incités à tweeter. Le site de Zappos expose un « Tweet wall » qui reproduit tous les tweets avec photo des utilisateurs qui se réfèrent à Zappos[1].

3 Utiliser les vidéos et lancer des campagnes virales

YouTube est parfois présenté comme le second moteur de recherche le plus populaire dans le monde. En effet, de plus en plus d'internautes vont chercher de l'information ou du divertissement sur les sites de partage de vidéos. Leur extraordinaire développement conduit les entreprises à les utiliser à leur tour.

Elles peuvent mettre en ligne leurs publicités, des reportages, des publi-documentaires. En créant leur chaîne sur YouTube, Dailymotion ou un site propre[2], elles cherchent à créer une audience (Playstation arrive en tête avec 120 millions de visionnages sur YouTube) et à recruter des abonnés (la chaîne la plus populaire sur YouTube est celle d'Apple avec 440 000 abonnés en mai 2012).

Pour résumer, les entreprises peuvent utiliser les sites de partage de vidéos et les vidéos en ligne pour quatre objectifs principaux.

1. http://tweetwall.apps.zappos.com/index.html
2. On appelle « vlogs » les blogs vidéo.

FOCUS

Quatre grands modes d'utilisation des réseaux de partage de vidéos

- Mettre en ligne les publicités de la marque.
- Diffuser des vidéos d'information, de service, de démonstrations-produits, de conseil autour de ses produits.
- Diffuser des témoignages de clients.
- Rassembler l'ensemble de ces offres sur une chaîne sur un réseau social (YouTube, Dailymotion…) avec un contenu régulièrement actualisé.

Exemples

- Lancôme a publié en ligne une série de vidéos présentant des conseils de maquillage. Son responsable du maquillage, German Moyano, donne aux internautes des conseils avisés.
- Coca-Cola sur YouTube présente un contenu vidéo qui a été visionné près de 70 millions de fois. Comme un programme télé, la page d'accueil est changée très fréquemment et met en avant un thème. Près de 1 000 vidéos sont accessibles, la plupart étant des publicités venant du monde entier.
- Dior a une chaîne sur YouTube dont les vidéos ont été visionnées près de 40 millions de fois (à mai 2012). La très belle vidéo « Secret Garden – Versailles » a été vue plus de 17 millions de fois en version courte et 5 millions de fois en version longue les 7 premiers jours de diffusion. En conséquence de quoi, le nombre d'abonnés à la chaîne a bondi en l'espace de quelques jours de 14 000 à plus de 18 000.

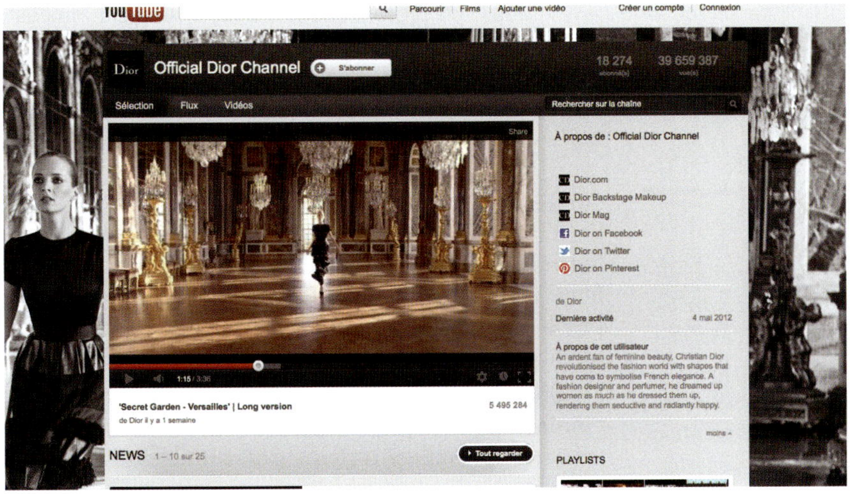

Source : www.youtube.com/user/Dior

- L'Occitane en Provence a une chaîne sur Youtube en différentes langues dont le français. Cette chaîne diffuse quelques reportages sur la Provence, développe la « philosophie » de l'entreprise, les résultats de sa fondation, parle de l'actualité de la marque (lancement de produits, ouvertures de magasins), présente des témoignages de salariés…

MINI CAS

Blendtec : la caisse de résonance du viral

Georges Wright, nouveau directeur marketing d'une marque peu connue de mixers, Blendtec, vit un jour avec stupéfaction son patron Tom Dickson broyer des morceaux de marbre pour tester une de ses nouvelles machines.

Frappé par ce spectacle, il filma Tom Dickson en pleine action et posta la vidéo sur YouTube.

Le succès fut tel qu'il créa le site www.willitblend.com, qui diffuse des vidéos de plus en plus imaginatives montrant les étonnantes capacités du mixer : balles de golf, iPhone, iPad, briquets, etc., furent impitoyablement broyés par un Tom Dickson imperturbable.

Cette opération de marketing viral inclut la participation des clients en leur donnant la possibilité de suggérer des objets à mixer, par le biais d'un blog qui sollicite des commentaires, un compte Twitter et *via* une page sur Facebook qui compte près de 100 000 fans !

En l'espace d'un an, le site suscita plus de 100 millions de visionnages, faisant du patron une célébrité et conduisant à une augmentation du chiffre d'affaires de l'entreprise de 40 % selon le *Wall Street Journal*. À début 2012, les vidéos Blendtec (près de 100) ont été visionnées près de 190 millions de fois sur YouTube.

Des parodies et expérimentations spontanées ont émergé sur le Web, renforçant le mouvement. L'opération a récolté onze prix de marketing viral. Qui aurait pu prévoir que des mixers suscitent l'intérêt des internautes ?

Notre conseil

Les grands succès de campagnes virales fascinent par la disproportion entre les moyens engagés et le résultat. Mais ils sont peu nombreux. Une campagne virale n'est qu'un outil parmi d'autres dans une campagne de communication qui doit dire quelque chose et apporter un bénéfice réel aux clients.

Sur les plateformes d'échange de vidéos, comme ailleurs, il est nécessaire de générer du trafic : ce n'est pas parce que YouTube compte beaucoup de visiteurs (800 millions de visiteurs uniques mensuels !), qu'on les attirera sur *sa* page. Les problématiques de génération de trafic se retrouvent sur les réseaux sociaux comme sur le Web (voir le chapitre 9).

Une autre méthode pour attirer l'audience est de concevoir la vidéo de façon virale. Si les cas sont nombreux et souvent très éphémères, certains, plus durables, deviennent des modèles.

Les vidéos virales qui fonctionnent s'appuient sur la créativité et l'effet de surprise : on n'en connaît donc pas la recette. La plupart sont un flop et quand la campagne fonctionne, son succès n'est pas nécessairement rattaché à la marque, et les objectifs assignés (en termes de nombre d'inscriptions, de ventes) ne sont pas toujours atteints. Les jeux viraux sont une autre modalité d'action, qui répond aux mêmes contraintes.

Exemple

➥ Orange, pour vanter son offre de football, a eu l'idée de solliciter Sébastien Chabal. Le joueur de rugby jouait un gardien de but, l'internaute devant marquer le but par le biais d'un personnage dans la vidéo. Au milieu de celle-ci, l'internaute reçoit un coup de fil sur son portable (dont il avait donné le numéro pour jouer) et Chabal lui demande de viser en haut, à gauche ou à droite, ce qui se réalisera dans la suite de la vidéo. Il intervient ainsi dans l'histoire et en influence le cours. Le résultat : 1 million de personnes ont joué… et l'impact commercial a été nul. Les internautes n'ont pas fait le lien entre le jeu et l'offre de produits (la chaîne football d'Orange) et ont moins encore commencé un processus d'achat. Une bonne campagne n'a pas seulement un effet viral, le message doit être clair, il doit permettre d'accroître la notoriété de l'offre, il doit être intégré dans le « funnel » d'achat[1].

4 Créer une page de la marque ou de l'entreprise sur une plateforme sociale[2]

a) La plupart des marques et entreprises ont désormais leurs pages sur les réseaux sociaux

Les entreprises, qu'elles soient B to B ou B to C, qu'elles vendent un produit glamour ou non, qu'elles soient dans la mode ou la technologie, sont désormais présentes sur les réseaux sociaux, au premier rang duquel Facebook, et attirent des abonnés appelés « fans ».

Figure 11.8 **Les 10 premières marques sur Facebook en France (mai 2012)**

Page	Fans
1. Oasis Fun Page	2 320 000
2. Disneyland Paris	1 800 000
3. M & M's France	1 700 000
4. EA Sport FIFA France	1 550 000
5. Chupa Chups	1 230 000
6. Dragibus	1 170 000
7. Danette	1 140 000
8. Nike Football France	1 050 000
9. Kiabi	1 020 000
10. La Redoute	845 000

Source : www. socialbakers.com

1. Sur la notion de funnel, voir la dernière section du chapitre 3 sur le comportement des consommateurs.
2. Une page Facebook est l'ensemble des pages créées par une marque ou une entreprise sur le réseau. Un profil est l'ensemble des pages créées par un individu.

La page du géant des fournitures de bureau Staples sur Facebook compte 400 000 fans, celle d'Intel près de 10 millions, Victoria's Secret en a 18 millions, Louis Vuitton près de 8 millions, et la palme de popularité revient à Coca-Cola avec 41 millions de fans[1]...

b) Être présent sur les réseaux sociaux, c'est participer à la vie sociale des clients

Alors que ces entreprises ont des sites Web performants, pour lesquels elles dépensent beaucoup d'argent, pourquoi affirment-elles leur présence sur les réseaux sociaux par ces pages qui sont des mini-sites ? Louis Vuitton, par exemple, anime des sites de marque remarquables dont le budget se chiffre à plusieurs millions d'euros, et pourtant elle a une page sur Facebook à laquelle elle consacre beaucoup de moyens. La réponse à cette interrogation nous est donnée par Kamel Ouadi, le patron du digital de Louis Vuitton : « Nous sommes sur Facebook pour faire partie de la vie de nos clients. Notre vocation, sur les réseaux sociaux, est de créer de l'émotion. »

Être sur Facebook ou une autre plateforme sociale de ce type, c'est être présent là où vont les consommateurs. Avec des réseaux sociaux qui deviennent la première destination d'Internet et alors que le temps moyen passé sur Facebook est de 24 minutes par jour, les marques savent qu'elles doivent être là où se trouvent les clients.

Au-delà du temps passé, l'enjeu est de développer la proximité avec les clients en les incitant à devenir votre ami ou votre fan, en les tenant au courant de vos événements et de votre actualité, ce qui permet de vous afficher sur leur mur et d'engager un mode de relation différent.

c) Une page sur les réseaux sociaux est une coquille vide : c'est ce qu'on fait qui est intéressant

Rien n'est plus facile que de créer une page sur un réseau social comme Facebook : trois minutes suffisent. Cette facilité nourrit une illusion partagée par beaucoup de responsables : être présent sur les réseaux sociaux est bon marché, puisqu'il n'y a pas d'achat d'espace.

Outre qu'il faut générer du trafic vers ces pages, ce qui peut passer par des dépenses spécifiques, une page Facebook est une coquille vide qui ne représente aucun intérêt en soi. Son intérêt viendra du contenu que la marque créera ou suscitera, des services, des animations.

Une page Facebook est comme une chaîne de télévision dont on ferait le programme. Il faut fournir du contenu pour nourrir l'intérêt, ce qui n'est pas une tâche aisée. Il faut donc définir une politique éditoriale qui réponde à quatre questions fondamentales : à qui, pour quoi, quoi et comment.

1. www.socialbakers.com/facebook-pages/brands/page-1

MINI CAS

Être fan de marque influence-t-il le comportement ?

Le fait pour un client d'être fan de la marque sur Facebook se traduit-il par un comportement spécifique ? C'est la question que la société d'études Forrester Research[1] s'est posée en interrogeant 10 000 fans de quatre marques : Coca-Cola, Walmart, BestBuy et BlackBerry. En utilisant un modèle statistique logistique et en neutralisant différents facteurs explicatifs (âge, sexe, revenus, différents comportements…), la société d'étude a cherché à quantifier l'influence d'un facteur, celui d'être fan d'une marque ou non, sur le comportement d'achat des 12 derniers mois, sur la probabilité d'achats futurs et enfin sur les recommandations d'achat auprès de tiers.

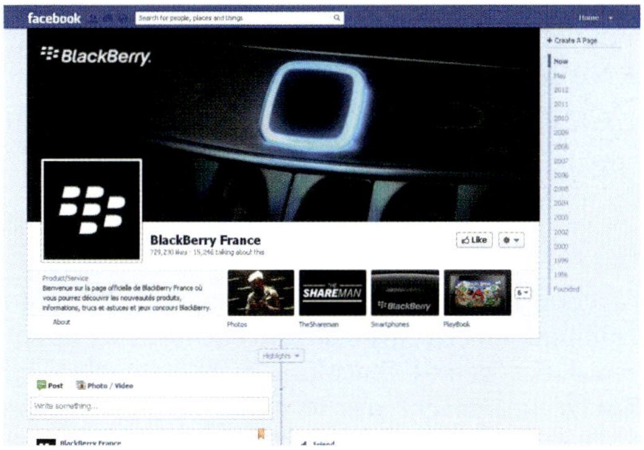

Source : www.facebook.com/BlackBerryFR

L'étude a montré que les fans ont une probabilité beaucoup plus grande d'avoir acheté un produit dans les 12 derniers mois que les non-fans (près de 30 % de plus pour Wal Mart à 5,3 fois plus pour BlackBerry). Ils ont une plus grande probabilité d'acheter à l'avenir un produit (de 50 % de plus pour Coca-Cola à près de 4 fois plus pour BlackBerry) et enfin de recommander le produit à des tiers (de 80 % de plus pour Coca-Cola à près de 5,5 fois plus pour BlackBerry). Toujours selon cette étude, les dépenses par marque sont bien supérieures pour les fans que pour les autres (au minimum le double).

Bien entendu, les réponses varient selon que le taux d'équipement ou de consommation est de 6 % (BlackBerry) ou de 71 % (Coca-Cola), et selon le prix des produits. Mais dans tous les cas, les différences sont notables.

Ces corrélations traduisent-elles une relation de causalité ? Les consommateurs peuvent en effet aussi bien acheter un produit parce qu'ils ont développé une relation de proximité avec la marque sur Facebook, qu'inversement, s'être déclaré fan parce qu'ils ont l'habitude d'acheter le produit. Cette étude (et aucune autre à notre connaissance) ne permet pas de donner une réponse à cette question.

Quel que soit le lien de causalité, cette étude montre que les « fans » de marque sur une page Facebook le sont effectivement : en moyenne, ce sont des avocats de la marque, qui l'utilisent et la recommandent. C'est donc un public nécessairement prioritaire pour les marques.

1. « The Facebook Factor », *Market Insight Professionals*, Forrester Research, avril 2012.

1° À qui s'adresse la page de la marque sur le réseau social ?

Clients, prospects, influenceurs, grand public… S'adresse-t-on à l'ensemble de ces catégories ou à un public spécifique en leur sein ?

Le public sera-t-il international ou centré sur un pays ? Dans le premier cas, va-t-on décliner la présence de la marque pays par pays ou fera-t-on une page globale ?

Exemple

- La plupart des grandes marques déclinent leur présence sur Facebook en pages nationales : BMW gère ainsi 54 pages différentes par pays, L'Occitane 44, Johnny Walker, 33, etc.

2° Quel est le positionnement de l'espace de la marque et sa vocation ?

À quel type de besoins répond-elle ? Le choix du positionnement est étroitement lié aux objectifs de l'entreprise (voir la section 3 de ce chapitre).

Exemple

- Coca-Cola définit la vocation de sa page ainsi : « La page Facebook de Coca-Cola est un recueil de vos histoires montrant comment les gens à travers le monde ont aidé à faire que Coca soit ce qu'il est aujourd'hui. »

3° Quel contenu délivrer ?

Du texte, des images, des vidéos, des applis complémentaires, des jeux et concours… Faut-il parler de l'actualité de la marque, des événements, des nouveaux produits, des conseils, divertir, proposer un service après-vente, mettre en valeur les créations et les contributions des fans ?

Quel doit être le taux de renouvellement de ce contenu ? Plusieurs fois par jour, une fois par jour, plusieurs fois par semaine ?

À ces questions s'ajoute la contrainte principale qui consiste à créer un contenu qui soit en phase avec les valeurs de la marque et sa communication générale, tout en s'adaptant aux spécificités du réseau.

Exemple

- Louis Vuitton présente sur Facebook toute l'actualité de la marque sous forme de journal (billets quotidiens ou multiquotidiens), avec un contenu de texte, des photos, de la vidéo, de la diffusion en direct (défilés, émissions événementielles), etc. Les internautes commentent mais ils ne peuvent pas voter ni publier leurs propres articles.

4° Quel mode d'organisation ?

Une politique éditoriale s'appuie sur des moyens et une organisation. De nombreux prestataires existent qui fournissent des outils techniques ou des services qui permettent d'animer et de créer du contenu. En interne, les entreprises doivent avoir un responsable de leur politique sur les réseaux sociaux et un ou plusieurs *community managers* dont le rôle est de s'occuper de leur gestion. Ces moyens financiers et humains doivent être coordonnés avec le service en charge de la communication digitale et, plus globalement, les directions du marketing et de la communication.

Les entreprises n'ont pas qu'une page (mini-site) sur une plateforme comme Facebook, ni même seulement des pages déclinées par pays. Les entreprises dont la politique sur les réseaux sociaux est la plus avancée gèrent plusieurs pages Facebook en fonction de leur portefeuille de marques, de thématiques variées et de différents publics identifiés.

Exemple

- Nike présente de très nombreuses pages sur Facebook : Nike, Nikerunning sur les chaussures de course (aux 12 versions nationales), Nikesportswear, Nike Basketball, NikeiD sur la personnalisation de produits, NikeAirMax pour une ligne de produits, The Chance pour le suivi de ses équipes favorites, Nike Free Run ID pour les utilisateurs du service de personnalisation, etc.

  Certaines de ces pages mettent en avant la marque, d'autres le produit, d'autres incitent à la vente, d'autres favorisent les communautés… Nike n'a donc pas une même politique sur Facebook qui s'adresse à tous, mais des discours, des types d'informations et de services, des types d'interaction différents selon la catégorie de produits et le public.

d) Créer un « écosystème » facilitant la génération de trafic

La présence sur les réseaux sociaux, on l'a déjà relevé, n'est effective que si elle attire un public. Les problématiques de génération de trafic sont très similaires à celles que l'on connaît pour un site Web (voir le chapitre 9 sur le hors-média). Une des façons les plus simples et efficaces de générer du trafic est d'acheter des liens sponsorisés sur les moteurs de recherche, autrement dit d'avoir un budget AdWords sur Google. Le revers de la médaille est de devenir dépendant de cette source de trafic, avec des budgets en augmentation. C'est ce qu'on appelle le « *Google trap* », le piège de la dépendance à Google.

Beaucoup d'entreprises, en se développant sur les réseaux sociaux, ont l'ambition de créer un « écosystème » qui favorise le trafic : la marque dispose de son ou de ses sites existants et utilise en complément les différents moyens sociaux à sa disposition : blogs, chaîne sur plateforme vidéos, page(s) de marque sur une plateforme comme Facebook, compte(s) Twitter… Elle renvoie les internautes de son site vers sa présence sur les réseaux sociaux, et chacun de ces espaces sur les réseaux sociaux renvoie vers les autres. Twitter bat le rappel par des alertes annonçant telle nouvelle vidéo ou telle info.

L'objectif de l'utilisation conjointe de ces moyens est de recruter et d'animer une communauté d'internautes qui seront les « avocats » de la marque et favoriseront naturellement le recrutement, et avec laquelle elle va interagir, en évitant de faire sans cesse appel aux moyens payants de communication pour générer du trafic.

SECTION 5

ENGAGER LE DIALOGUE AVEC LES CLIENTS

Dans leur ouvrage *The Cluetrain Manifesto* publié il y a plus de dix ans, Rick Levine, Christopher Locke, Doc Searls et David Weinberg affirmaient qu'une « conversation globale » était en train d'émerger[1]. L'affirmation « les marchés sont des conversations » orientait leur réflexion : un marché est un lieu physique où les agents se

1. Rick Levine, Christopher Locke, Doc Searls et David Weinberg, *The Cluetrain Manifesto : The End of Business As Usual*, Perseus Book, 2000. Traduit dans le titre *Liberté pour le Net*, Village Mondial, 2001.

réunissent et échangent, et Internet est devenu un immense marché où se déroule une conversation globale. Les entreprises doivent entrer dans cet espace, non pour reproduire leurs modes de communication habituels, mais pour participer à cette conversation.

Ni un marché, ni Internet ne se résument sans doute à une conversation, mais ces auteurs ont eu le grand mérite d'être parmi les premiers à souligner les enjeux du caractère participatif de réseaux sociaux qui émergeaient alors. Les entreprises sont effectivement appelées à s'engager dans une conversation avec les clients. Pour cela, il ne faut pas seulement assurer leur présence sur les réseaux sociaux, mais encore favoriser l'engagement du client, ce qui demande une politique adaptée.

1 Solliciter la participation des clients

a) Intégrer les avis des clients

Les clients, on l'a noté, aiment commenter et évaluer (voir la section 2). Intégrer les avis des clients sur son site est une première façon de prendre en compte cette aspiration et d'associer du social et de la conversation à sa présence en ligne. Les sites d'e-commerce, comme Amazon, l'ont fait depuis l'origine : les commentaires et critiques de produits étaient une première façon de montrer en quelque sorte l'affluence dans leur boutique, en même temps qu'il délivrait une information utile aux internautes.

Mais si un site d'e-commerce n'est pas directement visé par des avis négatifs sur un produit, il n'en va pas de même du site d'une marque. Et pourtant certaines marques intègrent sur leur site les évaluations que les consommateurs font sur leurs propres produits. Louable souci de transparence et de dialogue, qui peut s'avérer risqué si ces avis sont mitigés ou critiques.

Exemples

- Sur le site du Club Med, à la page de chaque village, l'internaute a un accès à l'évaluation et aux commentaires des utilisateurs de Tripadvisor.

Source : www.clubmed.fr

➥ La marque de cométique Bare Escentuals incite ses fans à noter et commenter ses propres produits sur sa page Facebook et à lire les commentaires des internautes. Si les produits les plus populaires (appréciés) sont mis en avant, des produits plus sévèrement notés sont également présentés.

b) Favoriser l'engagement des clients sur sa page dans les réseaux sociaux

L'engagement[1] du client se traduit par son interaction volontaire avec la marque, qu'elle soit transactionnelle ou non transactionnelle. Dans les réseaux sociaux, cet engagement peut se traduire de plusieurs façons.

FOCUS

Les modes d'expression de l'engagement du client dans les réseaux sociaux

- Être fan d'une marque (« J'aime »).
- Mettre un billet (post) sur le mur de la page de la marque.
- Cliquer sur un billet pour le lire.
- Réagir à un billet, une vidéo, etc. en cliquant sur « J'aime ».
- Réagir à un billet, une vidéo, etc. en commentant.
- Réagir à un billet, une vidéo, etc. en partageant.
- Répondre à une question posée.
- Réagir à un événement (« RSVP » pour « Répondez s'il vous plaît », acronyme que Facebook a intégré).

Partant de là, une entreprise doit mettre en place un système qui mesure cet engagement. Facebook offre des outils qui mesurent automatiquement les quatre premiers indicateurs (le cinquième étant facilement calculable).

FOCUS

Cinq indicateurs clés pour suivre l'engagement des participants sur un réseau social

- Le nombre de fans et son évolution.
- Le nombre d'utilisateurs impliqués (définis par Facebook comme ceux qui ont cliqué sur le billet).
- La conversation (*Talking About This*), c'est-à-dire le nombre de gens qui ont aimé, commenté, partagé le billet ou répondu à une question ou à un commentaire.
- La viralité, c'est-à-dire la conversation divisée par le nombre de visiteurs qui ont vu le billet (ce dernier étant défini comme le *reach*).
- Le taux d'engagement (d'un post ou d'une page, sur une période d'un jour, d'une semaine, d'un mois…), est le nombre d'utilisateurs impliqués divisé par le nombre de fans qui ont visité la page, multiplié par 100.

1. L'implication est une attitude, l'engagement est un comportement.

On aura compris qu'un enjeu essentiel des marques est d'accroître l'engagement des visiteurs de sa page sur les réseaux sociaux ainsi définie et mesurée. Cette politique passe par des actions de fond et des mesures tactiques. Nous en soulignons huit.

FOCUS

Huit grandes façons de favoriser l'engagement des fans

- Proposer un contenu de qualité, réactualisé et adapté à la cible afin de recruter des fans, de les faire revenir, de les inciter à lire ou à regarder.
- Proposer un contenu qui correspond au message, aux valeurs et au contenu de la marque, créant ainsi un environnement familier aux clients.
- Nourrir le fil d'actualité (*news feed*) par des messages qui, apparaissant sur la propre page du fan, sollicitent son interaction et l'incitent à visiter la page de la marque.
- Favoriser les « J'aime » en donnant par exemple un accès à certaines informations ou certains services par le biais de ce bouton.
- Favoriser les « Commenter » en mettant en avant des espaces de commentaire et de suggestion.
- Inciter les fans à mettre en ligne du contenu, tel que des textes ou des photos, en lançant un projet collectif, en posant des questions, en proposant un jeu ou concours.
- Favoriser les « Partager » en proposant un contenu original susceptible d'intéresser sa cible et par le biais de campagnes virales (par exemple #makeitcount de Nike cité en exemple plus tôt).
- Répondre, remercier, échanger dans les espaces de dialogue quand le fan intervient.

c) Considération, réactivité et constance

Certaines entreprises s'étonnent que leur page suscite peu d'intérêt et de réaction : peu de fans, pratiquement pas de commentaires, peu d'implication. Mais la raison en est presque toujours que cette page est pensée comme une vitrine, plus que comme un lieu d'échange et de dialogue.

Une conversation réussie demande au moins le respect de trois conditions :

- *La réactivité*. Un dialogue est un échange, et donc un ensemble d'actions et de réactions. Les commentaires des internautes restent-ils lettre morte ? Quel est le taux de réponse des billets et des commentaires des fans ? Quel est le temps de réponse ?
- *La considération*. Un interlocuteur doit se sentir écouté et apprécié. Le dialogue passe par la reconnaissance de la contribution d'autrui et le respect pour ses idées.
- *La constance*. Un dialogue crée de la proximité parce qu'on se familiarise avec son interlocuteur. Le service fonctionne-t-il par à coups ou de façon continue ? Le contenu est-il renouvelé de façon régulière ou irrégulière ? Le taux et la rapidité de réponse varient-ils en fonction des moments ?

Notre conseil

Les conditions de réussite d'une communication qui influence par la conversation *sont différentes de celles d'une communication qui vise la* persuasion *: la transposition est mauvaise conseillère et l'adaptation remet en cause des habitudes et des savoir-faire ancrés.*

MINI CAS

Le classement et l'étude des « marques conversationnelles » sur Facebook

La société d'étude et de conseil BuddyMedia publie chaque année un rapport qui analyse la politique de 100 grandes marques sur Facebook. Leur capacité à engager et entretenir une conversation avec les internautes a été synthétisée par un « Facebook IQ » (quotient d'interactivité Facebook)[1].

Cet indicateur est calculé par une série de critères (qu'on trouvera sur leur site) répartis en cinq grandes familles :

- la taille de la communauté, sa progression, son engagement (35 %) ;
- la variété du contenu, sa qualité, la réactivité (25 %) ;
- l'engagement des fans (25 %) ;
- l'intégration de Facebook dans la politique de communication en ligne de la marque (liens, référencement…) (15 %)[2].

Ce classement permet de distinguer les marques, de « faibles » (moins de 70 points) à « géniales » (plus de 140). Les « génies » de 2011, ayant un « Facebook IQ » de plus de 140 comptaient BMW, Clinique, Audi, Lexus, Bare Escentuals (cosmétiques), Benefit (cosmétique), Bobbi Brown (cosmétique), Johnnie Walker (whiskey), Belvedere (vodka), Tory Burch (mode), Ferrari, Lancôme, Infiniti (automobile).

Les principaux résultats de l'étude sont les suivants :

- Le pourcentage d'implication (« j'aime ») par billet est différent selon le sujet : produits (0,21 %), informations sur l'entreprise (0,15 %), questions (0,14 %), événements (0,13 %), etc. Il varie aussi en fonction du secteur d'activité, mais l'échantillon de marques étant réduit, la performance de certaines marques peut affecter l'ensemble de leur secteur.
- Le taux d'implication est bien plus élevé avec des pages nationales qu'avec des pages globales : 7 fois plus pour les marques automobiles, 5 fois plus dans les marques de cosmétiques ou d'alcool, etc.
- Les marques ont un taux de réactivité très différent. L'Occitane répond à deux tiers des billets des fans, Kiehl's à plus de 50 % alors que Prada, Moët et Chandon, Rolex, Hermès sont aux abonnés absents en ne donnant aucun feedback à leurs fans.

1. Scott Galloway, « L2 Prestige 100 Facebook IQ », juin 2011, www.l2thinktank.com
2. La méthodologie utilisée peut soulever des interrogations quant aux critères retenus dans chaque famille, au poids respectif donné à chacune, à l'évaluation de critères qualitatifs, etc. De plus, la participation aux réseaux sociaux semble être considérée comme une fin en soi, mesurable sur une échelle absolue, quels que soient le secteur d'activité, la politique marketing et la politique de marque. On retrouve ici la difficulté inhérente à un classement général qui compare les marques suivant des critères communs alors qu'elles ont en fait chacune des problématiques et des objectifs spécifiques.

2 SOLLICITER LES CONTRIBUTIONS ET CO-DÉVELOPPER : LE *CROWDSOURCING* OU PARTICIPATION COLLECTIVE

Le *crowdsourcing* est la fusion de deux mots (une apophérèse comme en dit en langage soigné) : *crowd* (foule) et *outsourcing* et semble être un terme inventé par Jeff Howe en 2006[1].

> Le *crowdsourcing* est un mode de traitement de problèmes qui sollicite, sur la base du partenariat, la participation d'un public élargi composé de personnes d'expertise variée.

La motivation des contributeurs peut venir du plaisir de résoudre un problème ou de participer à un effort collectif. Elle peut reposer sur une reconnaissance par ses pairs de sa compétence et de son talent. L'appel à contribution peut également être rétribué par l'organisation qui sollicite ce public. Les rétributions sont donc aussi bien symboliques que pécuniaires.

On peut distinguer plusieurs types de participation collective en fonction du problème à traiter.

a) Le vote

Il s'agit de solliciter un large public afin de choisir entre plusieurs options, par exemple entre plusieurs modèles de produit.

Exemples

- Hasbro, éditeur de Monopoly, a lancé une grande consultation en ligne pour sélectionner la commune de France qui fera l'objet d'une nouvelle version du jeu. Le vote était libre, tant qu'une commune française était proposée. Cette initiative donna lieu à un mouvement de mobilisation pour favoriser le petit village de… Montcuq, qui emporta le vote populaire au grand embarras de l'initiateur de cette consultation.
- Danette veut être une marque participative. Pour le démontrer, elle a sélectionné neuf consommateurs pour définir de nouveaux parfums avec l'aide du chef pâtissier Christophe Michalak. Leur aventure est relatée sur une page Facebook. Les internautes sont ensuite incités à voter sur le site Internet de la marque pour élire la « Danette des Français 2012 ». On sera heureux d'apprendre qu'elle sera soit la Danette chocolat saveur orange, soit la Danette saveur crème brûlée façon catalane. Le parfum est mis en vente dès le mois suivant le vote.

b) Le concours d'idées

On ne sollicite pas les internautes pour voter mais pour proposer. Ideastorm.com, par exemple, est un site qui sollicite les utilisateurs pour améliorer l'offre de Dell : on peut voter et commenter les suggestions et l'entreprise donne son retour. Mais ce concours d'idées peut prendre de nombreuses formes.

1. Jeff Howe, « The Rise of Crowdsourcing », *Wired magazine*, juin 2006.

Exemples

- My Starbuck Idea est un site qui incite les internautes à suggérer des idées. Elles sont classées en fonction de leur objet : produit, expérience (service) et responsabilité sociale. Rien que sur le produit café, le site a comptabilisé près de 30 000 idées ! Les intervenants votent pours les idées et les 10 premières sont mises en valeur en première page. Le site expose également les réalisations qui sont issues de ces suggestions afin de motiver les contributions.
- La SNCF a lancé entre février et mai 2012 un concours d'idées d'applications pour téléphone mobile susceptibles de faciliter la vie des transiliens (utilisateurs des trains de banlieue). Il s'articule autour d'une proposition d'*app* qui doit être formulée en 140 caractères sur le site Web de l'opération ou par Twitter. Chaque semaine, des jurés sélectionnaient les meilleures idées et les publiaient sur le site pour solliciter le vote populaire. Chaque participant pouvait mobiliser son réseau pour recueillir le plus grand nombre de votes. 2 036 idées ont été proposées, 117 retenues (sur des thèmes comme des trajets plus pratiques, plus distrayants, plus convivi*aux*). Le prix du public a été décerné à Appli'Fit qui permettrait de compter le nombre de pas et de calories dépensées entre sa station de départ et son point d'arrivée, et le prix du jury à Transifoule qui fournit l'affluence de chaque train pour optimiser son parcours et participer à la régularisation du trafic en gares. La SNCF estime qu'un tiers des idées sont réalisables à court et moyen terme et elle a organisé des ateliers et créé des bourses pour les mettre en œuvre.

- Le Superbowl est non seulement la finale du football américain, mais également la célébration annuelle de la publicité, les marques ayant pris l'habitude de montrer leur nouvelle publicité lors de cet événement qui rassemble la plus grande audience de l'année. Depuis 5 ans, Doritos choisit de diffuser des publicités qui ne sont pas issues d'agences professionnelles. La marque organise un grand concours de créativité publicitaire sur Internet et les volontaires sont invités à y déposer leur spot. Un vote est organisé en ligne pour sélectionner les deux meilleurs films qui seront alors diffusés à la télévision à l'occasion du Superbowl. L'édition 2012 a rassemblé plus de 500 000 votes et les publicités de Doritos font généralement partie des plus appréciées par les téléspectateurs selon le sondage que réalise chaque année USA Today.

c) Le contenu participatif

On sollicite ici les internautes pour créer du contenu en ligne. Il peut être de nature variable, soit qu'il s'agisse d'enrichir un site, soit que ce contenu constitue le cœur de l'offre. Wikipedia, déjà donné en exemple, est une illustration remarquable de ce type de réalisation.

Exemples

- iStock Photo a été lancé en mai 2000 par Bruce Livingston pour partager gratuitement en ligne son stock de 1 600 photos. Le succès de cette initiative l'incita à ouvrir cette plateforme à d'autres contributeurs, ce qui en fit une communauté très active. Le site adopta rapidement un modèle payant, permettant de télécharger et d'utiliser des photos contre un prix fixe (pas de paiement de royalties), ce qui en fit une offre bien plus compétitive que les banques d'image traditionnelles. C'est pourtant un de ces acteurs traditionnels, Getty images, qui acheta iStock Photo en 2006. Lors de l'anniversaire de ses 10 ans, l'entreprise annonçait 200 millions de dollars de revenus annuels, avec plus de 6 millions d'utilisateurs et 100 millions de téléchargements.
- Nike + a organisé une véritable communauté en ligne autour de ses produits électroniques qui permettent de mesurer ses performances de course et de situer son parcours sur une carte *via* GPS. Un des bénéfices de cette communauté est le service « Find A Better Route », qui consiste en un partage de bons plans pour courir, indiquant sur une carte Google Map des suggestions de course à travers le monde, enregistrées par ces gadgets et commentées par les contributeurs. Ce sont ici les utilisateurs qui créent collectivement une bibliothèque de ressources pour le service en ligne.

d) La réalisation de tâches

La participation collective peut consister à faire réaliser une tâche simple et répétitive par une masse d'utilisateurs.

Exemples

- Le Mechanical Turk d'Amazon consiste à solliciter un grand nombre de personnes pour faire des tâches simples et répétitives qu'un ordinateur ne sait pas faire, par exemple sélectionner des photos, identifier des morceaux de musique, rédiger un bref commentaire, etc. Ce dispositif prête à polémique car les volontaires sont payés comme des prestataires, à un taux horaire faible, sans aucune protection sociale.

e) La résolution de problèmes

Inversement au cas précédent, on sollicite ici l'intelligence collective pour régler un problème complexe, qui est généralement traité par des experts. Mais plutôt que de n'en solliciter qu'un nombre réduit (comme un service de Recherche et Développement), les entreprises élargissent considérablement le nombre de personnes sollicitées auprès d'une vaste communauté en ligne. Procter & Gamble a été un des militants de ce dispositif que l'entreprise appelle « innovation ouverte ». 35 % de ses innovations proviennent de cet élargissement des sources d'innovation au-delà de son service de Recherche et Développement[1].

Exemples

- Innocentive est une plateforme sur laquelle les entreprises publient un problème technique qu'elles ont du mal à résoudre. Les internautes, professionnels ou amateurs éclairés, suggèrent des solutions, qui sont ensuite évaluées. La solution retenue donne lieu à une rémunération. La plateforme annonce réunir 250 000 « résolveurs de problèmes » dans plus de 200 pays, plus de 1 300 défis soumis et avoir distribué 28 millions de dollars.
- Creads est une « agence participative » qui annonce réunir une communauté de 40 000 créatifs, qui peuvent répondre aux appels d'offres des entreprises sur des sujets tels que le design, le Web design, les logos, les créations graphiques, etc. La couverture de cette édition du *Mercator* est issue d'une consultation diffusée sur ce site : Dunod a publié un brief et plusieurs dizaines de créatifs ont répondu. L'entreprise a sélectionné 13 maquettes et finalement opté pour un graphiste dénommé Thierry Beaurain.

f) Le projet collectif

La participation collective devient ici un véritable projet collectif : chacun est appelé à y contribuer et – tel Wikipedia – à participer à un mode d'autogestion dans le pilotage du projet. L'*open source* en est une illustration remarquable.

Exemple

- Linux est un système d'exploitation qui a été lancé par Linus Torvalds en 1991. Suivant le modèle de l'*open source*, le code source du système d'exploitation est accessible, modifiable et peut être librement distribué ou commercialisé. Une véritable communauté constituée de milliers de développeurs s'est ainsi organisée, qui a ses sites d'échanges, ses réunions, ses magazines…

g) La collecte de fonds

Dans ce dernier cas de figure, le financement d'un projet est élargi à une communauté d'investisseurs – de contributeurs – qui choisissent le projet qu'ils veulent financer et qui apportent une contribution financière généralement modeste.

Exemple

- My Major Company est un réseau social de financement communautaire créé en 2007. Des chanteurs y diffusent le clip de leurs chansons et sollicitent le vote du public. Le vote des intervenants conduit à un classement. Leur implication peut aller plus loin , à travers des promesses de contribution. Lorsque la somme nécessaire à la production d'un album est atteinte, leur contribution est appelée et l'album est produit. Chaque investisseur bénéficie d'un intéressement proportionnel à sa contribution. Le premier artiste produit fut Grégoire, dont l'album fut financé par un budget de 70 000 € apporté par 347 producteurs (avec une contribution personnelle s'élevant de 10 à 6 000 €). Son album se vendit à plus d'un million deux cent mille d'exemplaires. Le site compte aujourd'hui 200 000 membres actifs et annonce avoir levé 9 millions d'euros.

1. Larry Huston et Nabil Sakkab, « Connect And Develop », *Harvard Business Review*, mars 2006.

Source : www.mymajorcompany.com

SECTION 6

GÉRER UNE MARQUE PARTAGÉE

1 La réputation en ligne

La réputation en ligne est l'opinion émise – accessible à travers les résultats d'une requête sur les moteurs de recherche, les sites d'information ou les réseaux sociaux – sur les qualités d'une personne, d'une marque ou d'une organisation qui sont susceptibles de susciter la confiance ou la défiance.

Alors que l'image est une « photographie », qu'elle reflète une perception à un moment donné, la réputation est un processus : elle évolue et c'est cette évolution qui intéresse les managers.

a) Surveiller sa réputation

La gestion de la réputation en ligne consiste d'une part à surveiller ce qui se dit sur une personne ou une organisation, à réduire le nombre et la visibilité d'opinions négatives et à favoriser les opinions positives.

La veille de la réputation en ligne passe par la surveillance de trois grandes sources d'information :

- *Le résultat des requêtes sur les moteurs de recherche.* On fait une requête sur un moteur de recherche en entrant le nom de la personne, de la marque ou de l'organisation, et on observe les liens qui apparaissent sur la première page et les suivantes. On classe ensuite ces liens en neutres, positifs ou négatifs et on suit leur évolution dans le temps. On identifie précisément tous les liens négatifs dans les vingt premières réponses : ils constitueront des priorités puisqu'ils apparaissent sur les toutes premières pages de résultat.

- *Les sites d'information*. Ce sont des sites dont la vocation est de fournir des informations et qui sont susceptibles de parler de la personne, de la marque ou de l'organisation dont on suit la réputation. On inclura Wikipedia, les sites de la presse traditionnelle (qui ont généralement une forte crédibilité), les Webzines ou les blogs d'information professionnels. Ces sites ont généralement une « autorité » élevée, ils sont souvent cités et ont un poids important dans l'algorithme de référencement de Google.
- *Les réseaux sociaux*. On procédera à une étude statistique de ces sources multiples qui incluent blogs, forums de discussion, sites d'évaluation, sites de partage vidéo, sites de réseaux sociaux, tweets, etc. Certaines sources pourront être isolées pour faire partie de supports prioritaires à suivre.

Comme dans tout travail de veille, la méthodologie de ce suivi consiste à identifier les supports qu'on va suivre et mesurer. Cela ne pose pas de difficultés pour les deux premiers types de sources, car on connaît généralement les moteurs de recherche et la plupart des sites d'information qu'on doit observer. C'est beaucoup plus délicat pour la troisième catégorie de sources, en raison de la multiplicité des supports et du caractère diffus des opinions sur les réseaux sociaux.

Notre conseil

Toutes les marques devraient créer un tableau de bord regroupant les indicateurs clés pour connaître leur « part de conversation » (pourcentage de sources d'information dans les réseaux sociaux qui traitent de la catégorie de produit et qui mentionnent la marque) et les avis favorables ou négatifs qui sont exprimés.

On peut, à partir de sources connues, remonter en quelque sorte les pistes, c'est-à-dire relever les liens qu'elles incluent, et de là, les sites auxquelles elles se réfèrent. On peut également utiliser des outils statistiques – que proposent de multiples prestataires – qui, au sein d'un secteur d'activité, vont dessiner une sorte de carte d'influence par l'analyse de millions de liens croisés. Cette analyse statistique permet d'identifier des sources qui sont souvent reprises, mais qu'on ne connaît pas de façon intuitive, comme c'est souvent le cas dans les réseaux sociaux.

Ces influenceurs s'ajouteront aux sites d'information et à ceux qui apparaissent en tête des résultats de moteurs de recherche, pour constituer les sources prioritaires à suivre[1].

Exemple

→ La cartographie jointe – créée pour une grande marque de cosmétique – représente les lieux où on parle des produits de beauté et parfum sur la Toile. Ces lieux sont regroupés en blogs personnels (diary) en orange, en sites de mode en jaune et en sites sur la beauté en rose. Le poids de chacune de ces catégories est estimé respectivement à 43,3 %, 34,8 % et 21,9 %. Une analyse sémiotique des messages permet de connaître le taux de pénétration de la marque (pourcentage des sources qui en parlent) et le taux d'acceptation (commentaires positifs ou neutres). Par ailleurs, l'analyse des liens entre ces sources permet d'identifier des leaders d'opinion, c'est-à-dire des noyaux où convergent beaucoup de liens qui sont autant de citations.

1. On relèvera en complément l'outil Google Alert qui envoie un mail (à un rythme qu'on définit à l'avance) chaque fois qu'un mot-clé que l'on a signalé apparaît sur une page indexée par le moteur de recherche : http://www.google.com/alerts?hl=fr. Un système similaire existe sur Twitter, par exemple www.tweetbeep.com

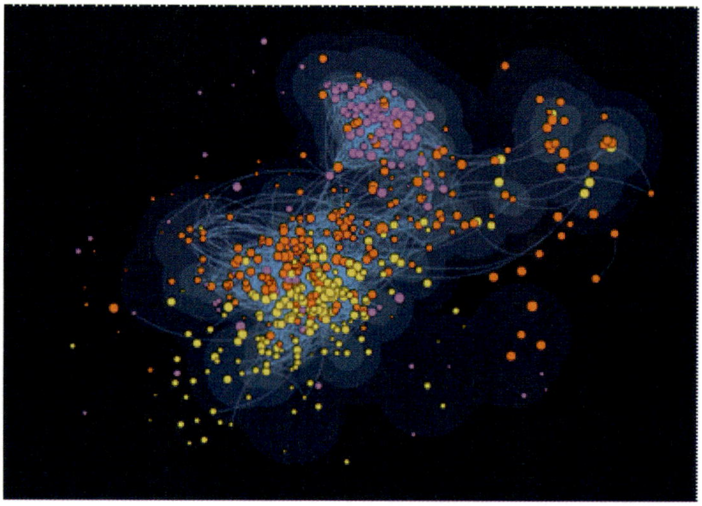

b) Gérer sa réputation en ligne

1° Anticiper les crises et réagir avec célérité

Un système de veille doit être associé à une politique très réactive pour anticiper ou éteindre une crise en ligne. Il faut d'abord pouvoir détecter et évaluer rapidement des rumeurs ou des témoignages négatifs qui peuvent se répandre, en surveillant la conversation sur les réseaux sociaux et notamment Twitter. Dans certains cas, le service clients devra répondre très vite à un client mécontent qui s'exprime, dans d'autres cas il s'agira d'étouffer des rumeurs fantaisistes.

Exemple

- En 2011, une photo canular sur Twitter montrait une affichette censée être exposée dans un restaurant McDonald's indiquant qu'en raison d'une série de vols, les clients noirs devaient payer un montant additionnel de 1,5 dollar par transaction. Ce message fut « retwitté » de façon virale sur le réseau. Le service en charge des réseaux sociaux de McDonald's le détecta très vite et constata qu'il se diffusait rapidement. Le responsable du service publia alors un message sur le compte officiel de McDonald's sur Twitter déclarant que la photo était un canular absurde et que le souci des clients et de la diversité était une des valeurs clés de l'entreprise. Après un travail de deux jours, qui passa notamment par un contact personnel avec des leaders d'opinion identifiés sur Twitter, la rumeur s'éteignit d'elle-même.

2° Contrôler son « empreinte numérique »

Toute personne, marque ou entreprise laisse ce que les Anglo-Saxons appellent un *digital footprint* ou empreinte numérique, c'est-à-dire qu'elle produit des messages, des commentaires, des informations, du contenu de nature variée[1]. Ce contenu,

1. Cette expression signifie aussi « couverture numérique » quand elle est utilisée pour mesurer le nombre de personnes avec qui une personne interagit sur les réseaux sociaux (par exemple, le nombre d'amis Facebook). Le sens est donc différent quand il se réfère à la réputation en ligne.

du fait même de la nature d'Internet, tend à rester accessible de façon durable et constitue autant de traces qu'on peut suivre ou collecter, notamment en « googlisant » le nom de la personne, de la marque ou de l'entreprise.

Cette empreinte numérique va bien entendu influencer la perception des internautes. C'est donc en épurant, en contrôlant, en gérant cette empreinte qu'on peut influencer les perceptions.

3° Réduire le poids des liens négatifs dans les moteurs de recherche

Un des objectifs de la gestion de la réputation en ligne consiste à réduire le poids des liens négatifs qui apparaissent en tête des pages de résultat des moteurs de recherche, soit en les supprimant quand c'est possible, soit en les faisant reculer aux pages suivantes.

La méthode juridique, qui consiste à attaquer en justice la source d'information négative est périlleuse : la protection de la liberté d'expression limite les recours possibles et seuls des cas d'infraction aux lois, notamment la diffamation, ont des chances de succès. De plus, une procédure judiciaire a un aspect parfois spectaculaire qui peut amplifier l'écho du message qu'on cherche à supprimer, et susciter des réactions de solidarité.

Une autre méthode est la négociation avec la source, qui dépendra de sa nature : certaines sont de bonne composition alors que d'autres ont justement pour vocation de critiquer. Demander un droit de réponse à un journal – difficile à gérer sur un site – est parfois une bonne façon d'obtenir la suppression d'une archive.

Une troisième méthode consiste à « faire monter » de nouveaux liens pour « faire descendre » mécaniquement les liens négatifs et les reléguer à la deuxième ou troisième page de résultats. Ces nouveaux liens peuvent être produits en obtenant des publications dans des sources très bien évaluées par le moteur de recherche, ou en s'appuyant sur un SEO (*Search Engine Optimization* ou politique de référencement naturel) performant qui va permettre un très bon référencement de pages qu'on aura produites. Ces techniques (telles que favoriser des publications dans la presse de qualité) sont parfois légitimes, parfois plus manipulatrices.

4° Impliquer positivement les internautes et influencer les influenceurs

La réputation en ligne, enfin, résulte d'une politique de participation sur les réseaux sociaux et d'engagement d'une conversation en ligne que nous avons soulignés dans la section 4. Elle consiste aussi, comme on va le voir, à entretenir une relation privilégiée avec les leaders d'opinion en ligne pour gérer une marque partagée.

2 Gérer une marque partagée

a) Les clients n'ont pas pris le pouvoir : les relations sont certes plus équilibrées, mais elles restent asymétriques

Nous vivons la fin d'un quasi-monopole : les clients parlent, partagent, s'écoutent les uns les autres et se font confiance. Les entreprises ne sont plus les seules – avec les journalistes et, dans une moindre mesure, les associations de consommateurs – à s'exprimer sur les marques.

Les prises de parole des clients sur Internet peuvent déstabiliser, elles constituent des menaces quand elles favorisent les rumeurs ou les calomnies, mais également quand elles révèlent des pratiques douteuses ou répréhensibles des marques. Elles dérangent le confort d'un discours marketing traditionnel qui n'attendait souvent d'autre retour que le renvoi d'un coupon ou un comportement d'achat. Les consommateurs se sont émancipés de la relation unilatérale qu'instaure le marketing traditionnel.

Cela signifie-t-il que le pouvoir appartient désormais aux clients et qu'on peut parler d'une « révolte du pronétariat[1] » ? On en est loin !

« Une marque est un nom qui a du pouvoir sur le marché » comme le dit Jean-Noël Kapferer. Le pouvoir est une relation (puisqu'on peut le définir comme la capacité d'un acteur à modifier la pensée ou le comportement d'un autre). Aujourd'hui son exercice est moins autoritaire et plus interactif. Il s'agit de faire reconnaître son expertise, sa fiabilité, sa proximité, etc. et de se faire désirer, moins par un discours d'autorité qu'en partageant une expérience, en créant et en nourrissant une relation à la fois personnelle et communautaire.

De même que la publicité contemporaine, qui joue souvent sur le deuxième et troisième degré, a dû sophistiquer son expression face à des consommateurs avertis, la communication « conversationnelle » suit des règles du jeu nouvelles, affirmant moins et écoutant plus, proposant plus qu'imposant, participant plus qu'édictant, s'appuyant sur la contribution de ses publics plutôt que sur leur attention passive. Pourtant, il s'agit toujours d'influencer, ce qui est la raison d'être du marketing.

Les nouvelles pratiques des marques présentées dans ce chapitre montrent bien que le marketing n'est pas entré, avec les réseaux sociaux, dans un monde irénique, mais qu'il cherche à atteindre ses objectifs en adaptant ses moyens. Si la relation est partagée, elle demeure asymétrique.

Une illustration de cette affirmation est donnée par la relation que les marques entretiennent avec ces nouveaux leaders d'opinion que sont les blogueurs. En échange d'un accès aux décideurs, de produits offerts, de voyages tous frais payés, voire de rémunération, les entreprises les incitent à parler des marques ou des produits. Dans le jargon du milieu, on appelle cette pratique « *brand work* », travail de marque.

L'étude la plus complète sur les blogueurs, que nous avons déjà citée, montre que deux tiers des blogueurs professionnels ou semi-professionnels sont contactés par les entreprises afin qu'ils parlent de leurs marques ou de leurs produits[2]. Et ceux qui l'ont été sont sollicités au moins une fois par jour en moyenne !

Ces pratiques, qui brouillent les frontières entre publicité et relations publiques, donnent lieu à contestation et débats en raison du caractère manipulatoire (utilisations de techniques d'influence masquées) qu'elles peuvent avoir. Les blogueurs honnêtes, pour leur part, informent leurs lecteurs du sponsoring de la marque ou de la nature des contacts qu'ils ont eus avec elles.

1. Joël de Rosnay, *La révolte du pronétariat. Des mass média aux médias des masses*, Fayard, 2006.
2. http://technorati.com/social-media/article/state-of-the-blogosphere-2011-part1/page-2/

MINI CAS

Comment Louis Vuitton fait vivre, de façon participative, les valeurs de sa marque

Louis Vuitton incarne « l'esprit du voyage ». Le voyage ne se réduit pas à un trajet vers une destination, c'est une expérience, un parcours à la découverte des autres et de soi-même, dit la marque.

C'est pour faire vivre ce message, merveilleusement incarné par le film publicitaire réalisé par Bruno Aveillan en 2008 *Journey*, que Louis Vuitton organisa une grande compétition auprès des étudiants d'école de cinéma dans le monde pour qu'ils donnent leur interprétation du thème : « l'homme fait-il le voyage ou le voyage fait-il l'homme ? ». Le site journeysawards.com leur permet de diffuser leur création. Le gagnant de la première édition, un étudiant japonais appelé Sho Tsukikawa, proposa un film, « le marcheur du temps » (*The Time Walker*), qui exprimait en deux minutes une vision très personnelle et émouvante de la vie, pensée comme un voyage.

Cette initiative est artistiquement très aboutie tout en étant de nature participative. Mais son audience reste néanmoins limitée. Comment élargir la participation tout en restant fidèle à la vocation et aux valeurs de la marque ? L'initiative suivante de Louis Vuitton, Amble, – dont Kamel Ouadi, le patron du digital de la marque, est toujours à l'origine – est sans doute une réponse à cette question.

Amble (qu'on peut traduire de l'anglais par *flânerie*) est une application mobile lancée en février 2011 par Louis Vuitton qui permet aux voyageurs de « garder et partager les émotions de leurs voyages ». Les utilisateurs enregistrent un contenu (son, image, vidéo) et le géolocalisent sur la carte. D'apport en apport, ils créent un « amble », une sorte de collection, qu'ils peuvent partager avec leur communauté. Ils pourront aussi découvrir la collection de leurs amis et proches ou de célébrités.

Sur le site www.louisvuittonamble.com, ils peuvent préparer leur voyage vers une prochaine destination, générer un « amble » à cet effet et le synchroniser à leur application mobile. Comme le résume le site : « Enregistrez vos souvenirs de voyage, visitez les lieux que fréquentent vos célébrités préférées, et trouvez l'inspiration pour rendre inoubliable votre prochain voyage. »

Amble a été élu par Apple dans le top 5 des meilleures applications de tourisme. Son intérêt n'est pas dans sa seule réussite technique, mais bien dans la capacité de faire vivre de façon innovante les valeurs de la marque associées au voyage et avec émotions, tout en faisant pleinement participer les clients à cette expérience partagée.

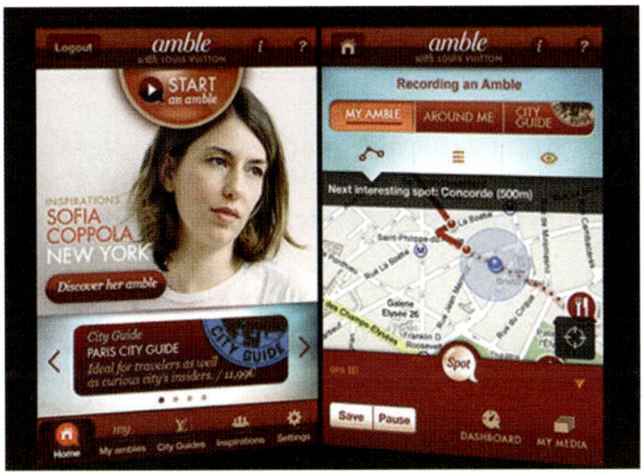

Exemples

- L'Oréal a inauguré en mars 2012 son centre mondial de recherche capillaire à Saint-Ouen, qui est l'investissement en recherche le plus important dans l'histoire de l'entreprise. À l'occasion de cette inauguration, L'Oréal a invité une trentaine de blogueurs français et anglophones à visiter le centre en avant-première et à échanger avec les chercheurs. L'objectif était de « sensibiliser » ces leaders d'opinion à un message *corporate* et scientifique, de les convaincre du savoir-faire de l'entreprise, en leur faisant vivre une expérience concrète. Cette opération a entraîné plus de 500 tweets avec le hashtag #Rerchercheloreal, des dizaines d'articles sur les blogs et plus de 800 commentaires.
- McDonald's fait partie des grandes entreprises qui ont réévalué leur communication traditionnelle. La chaîne de restaurants s'intéresse particulièrement aux « mom bloggers », aux blogueurs maman, parce qu'elles parlent beaucoup de l'entreprise et qu'elles peuvent avoir une audience importante[1]. Une grande conférence réunit chaque année pas moins de 4 100 femmes blogueurs, BlogHer. McDonald's est un des sponsors de l'événement et y a envoyé la directrice de la nutrition, Cindy Groove et différents haut responsables. 25 des plus influentes blogueuses ont été invitées à un déjeuner privé avec les responsables. Il s'agissait tout autant de les écouter et de noter leurs suggestions que de leur parler de la politique nutritionnelle de l'entreprise. Cette relation interpersonnelle crée de la proximité et de la sympathie : les blogueuses ne se sentent pas seulement traitées comme des gens importants, elles comprennent mieux le discours de l'entreprise et tendent à partager leur (nouvelle) conviction auprès de leurs lectrices. Au journaliste du *New York Time* qui demandait à l'une d'elles si Burger King ne proposait pas les mêmes produits et services que Mcdo, elle répondit : « Burger King ? Aucune idée, je n'ai pas entendu parler d'eux. »

b) Réactualiser la marque autour d'une « identité relationnelle »

Les marques doivent apprendre, pour prendre une métaphore, à jouer du piano à quatre mains, tout en s'efforçant de suivre une partition qui leur convienne toujours. Ce mode de communication interactive ne constitue pas seulement un risque pour elles, en raison de ses effets déstabilisants, c'est aussi une opportunité d'enrichir leur message et de donner une nouvelle expression à leurs valeurs. Il ne s'agit pas de réinventer la marque, mais de la réactualiser.

Un des défis auxquels les marques font face est de définir leur « identité relationnelle ». Cette dimension relationnelle est naturelle pour les entreprises de service, en relation directe avec les clients, mais la plupart des autres ne se la sont jamais posée[2]. Les réseaux sociaux mettent en quelque sorte toutes les marques au pied du mur. Maintenant qu'elles doivent nourrir une conversation, qu'ont-elles à dire ? Qu'a-t-elle à apprendre d'eux ? Qu'est-ce qu'une marque de grande consommation a à dire d'autre que « achetez mes produits » ? De quoi

1. Keith O'Brien, « How McDonald's Came Back Bigger Than Ever », *New York Times Magazine*, 4 mai 2012.

2. Le « marketing relationnel » et le CRM sont souvent dans la pratique plus un système de promotion magnifié qu'une volonté de créer une relation fondée sur la reconnaissance, la romance et des récompenses qui ne sont pas seulement monétaires (voir le chapitre 10 sur le marketing relationnel).

une marque de luxe, aspirationnelle et intouchable, pourrait-elle discuter avec les clients ?

Elles peuvent enrichir leur discours en faisant vivre autrement leurs valeurs, en intégrant la participation des clients et en s'intégrant à la conversation entre clients. L'enjeu pour les responsables marketing sera de plus en plus de faire vivre une marque partagée.

Ressources complémentaires

Ressources numériques sur mercator.fr

- **L'essentiel : retenez les points-clés !**
  L'essentiel du chapitre 11
- **Quiz interactifs corrigés et commentés : testez vos connaissances !**
  Quiz chapitre 11
- **Pour aller plus loin**
  Pour aller plus loin dans le chapitre 11 : une sélection de livres, d'articles et de ressources Internet sur le marketing des réseaux sociaux.

Définir sa stratégie marketing

quatrième partie

Pour des raisons pédagogiques, nous avons, dans les chapitres précédents, présenté séparément les différentes familles de décisions en matière de produit, prix, distribution et communication. Il n'en demeure pas moins que dans la vie réelle, ces décisions sont souvent interdépendantes et qu'elles doivent toutes être pensées pour servir une stratégie qui définit des objectifs et la façon dont on compte les atteindre face à des adversaires désignés.

Un premier chapitre (chapitre 12) analyse les relations entre la stratégie de l'entreprise et la stratégie marketing qui est à son service. Les trois chapitres suivants traitent des options majeures de toute stratégie marketing :

- les choix de segmentation et de cibles (chapitre 13) ;
- la définition d'un positionnement distinctif et attractif, clé de voûte de la politique marketing (chapitre 14) ;
- le développement d'une marque puissante et pérenne (chapitre 15).

Le chapitre 16 conclut cette partie en développant, d'une part, la mise en œuvre de la stratégie marketing : formulation du plan marketing et suivi de sa réalisation, et d'autre part les modes d'organisation de la fonction marketing qui doivent être adaptés à la stratégie retenue.

Quand les stratégies marketing coupent les cheveux en quatre

Il y a de multiples façons d'aborder un marché. Les exemples ci-après illustrent quatre stratégies marketing pour se différencier sur le marché de la coiffure. Quatre stratégies qui n'épuisent pas toutes les possibilités.

1° La différenciation par la marque

Yvon Provost (Franck plus tard) ouvre son premier salon en 1975. Sacré meilleur coiffeur du monde de la coupe brushing en 1977, il crée un réseau de franchisés (aujourd'hui 600 salons dans le monde), devient un ambassadeur de L'Oréal et rachète plusieurs réseaux de salons. Franck Provost a développé une stratégie de différenciation par le haut : ambiance de luxe à prix premium, c'est-à-dire élevé mais pas inabordable, une marque pour des clientes qui veulent se sentir considérées.

2° La différenciation par la spécialisation sur un segment : 1.2.3 ciseaux

Un salon dans le XVIIe arrondissement à Paris spécialisé dans les enfants à partir de 3 ans. Le coin attente est un salon de jeux ; le mobilier est fun ; pendant la coupe, les enfants peuvent regarder des dessins animés, et ils reçoivent un petit cadeau à la sortie. Tout pour convaincre les parents et leurs enfants que la coupe de cheveux est une fête.

3° La différenciation par le service : la coiffure à domicile

Leader mondial de la coiffure à domicile, 3 000 coiffeuses et coiffeurs en France ; Viadom va à domicile, à l'hôpital, sur le lieu de travail.

4° La différenciation par les prix : Self' Coiff, la coiffure low cost

30 à 40 % moins cher qu'un coiffeur ordinaire. Pas de concession sur l'hygiène et la qualité de coupe, mais la cliente est mise à contribution. Elle commence par Self'vest et Self'box pour ranger ses affaires personnelles. Elle se sèche ses cheveux et elle fait le shampooing de ses enfants (Self'Kid)[1].

---

1. Plus de détails sur ces quatre cas sur les sites Web : www.franckprovost.com ; www.123ciseaux.com ; www.viadom.fr ; www.selfcoiff.com

Chapitre 12

De la stratégie d'entreprise à la stratégie marketing

Ce chapitre commence par analyser la nature des avantages concurrentiels qui fondent les stratégies d'entreprise. La section 2 traite des stratégies qui se développent sur un avantage de coût ; la section 3 porte sur les stratégies de différenciation par la valeur perçue. Elles sont le domaine privilégié du marketing. La section 4 est consacrée à l'analyse du low cost qui remet en cause les prix premium et qui est une variante des stratégies de coût avec une différenciation par le bas. Enfin, la section 5, la plus développée, présente une méthode complète d'élaboration d'une stratégie de marketing.

PLAN DU CHAPITRE

Section 1	Toute stratégie repose sur un avantage concurrentiel	678
Section 2	Les stratégies d'entreprise de domination par les coûts	686
Section 3	Les stratégies de différenciation, domaine privilégié du marketing	689
Section 4	Le low cost	699
Section 5	La démarche d'élaboration d'une stratégie marketing	709
Ressources complémentaires		735

SECTION 1

TOUTE STRATÉGIE REPOSE SUR UN AVANTAGE CONCURRENTIEL

1 AVANT-PROPOS : CLARIFIER LA TERMINOLOGIE ET LES NIVEAUX DE LA STRATÉGIE

a) Distinction entre stratégie, politique et plan

Dans le monde du management, les mots « stratégie » « politique » et « plan » sont souvent employés indifféremment pour désigner le même concept. Il est utile de distinguer clairement ces trois termes.

1° Stratégie

Une stratégie est la définition d'orientations claires et réalistes d'un ensemble d'actions pour atteindre à moyen et long terme un but face à des adversaires désignés.

Cette définition suppose quelques approfondissements.

- *Une stratégie est une vision conduisant à des choix significatifs pour atteindre un but*

Au niveau d'une entreprise ou d'un groupe, ces choix portent sur des domaines d'activités, sur des modes de développement (croissance interne et/ou croissance externe par achat d'entreprises), sur des allocations de ressources.

Exemple

→ Lorsque Lou Gerstner a pris la direction d'IBM en 1993, l'entreprise était présente dans de multiples activités, avec des positions affaiblies dans chacune d'elles et avec une rentabilité qui s'était effondrée (pertes de 8 milliards de dollars). Lou Gerstner fit des choix très marqués en décidant d'abandonner certains secteurs d'activité et en choisissant de transformer IBM en société de services, l'enjeu étant, selon lui, d'offrir des solutions aux clients plutôt que de leur vendre des matériels. La part des services est ainsi passée de 10 % du chiffre d'affaires d'IBM en 1993 à 40 % en 2001 (dernière année d'exercice avant le départ de Gerstner) ! Ce résultat a été obtenu aussi bien par croissance interne que par croissance externe (achat d'entreprises). Le rachat de la société Pricewaterhouse Coopers Consulting en 2002 et la vente de la division « matériel informatique » au chinois Lenovo en 2005 devaient encore accroître la proportion des services dans le chiffre d'affaires. En 2011, IBM affichait un bénéfice de 16 milliards de dollars pour un chiffre d'affaires de 107 milliards de dollars, les services représentant désormais 82 % de l'activité.

- *Une stratégie se pense et se met en œuvre contre un adversaire*

Adversaire est ici compris au sens large. Tout ce qui, dans l'environnement de l'entreprise, contrarie fortement la réalisation des objectifs que l'on s'est fixés, est un adversaire. La concurrence est naturellement un adversaire. La réglementation peut en être un. En revanche, des ressources financières très restreintes, une R & D faible, un savoir-faire limité en management de la marque peuvent contrarier la réalisation d'un objectif mais ne sont pas des adversaires *stricto sensu*. Ce sont des contraintes dont il faut tenir compte pour choisir une stratégie.

- *Une stratégie se développe dans la durée*

Contrairement aux décisions tactiques qui sont conjoncturelles comme une promotion sur les prix pour développer les ventes, la stratégie est pensée sur le moyen ou le long terme et organisée sur une logique séquentielle. On verra dans la section 4 sur la stratégie marketing des exemples de stratégies construites par étapes.

2° Politique

Une politique est un ensemble de décisions et de règles de conduite adoptées à l'avance, pour une certaine période de temps, en vue d'atteindre certains objectifs qui s'inscrivent dans une stratégie à moyen et long terme.

C'est dans ce sens, par exemple, que l'on parle dans le domaine du marketing, de « politique de produit », de « politique de prix », de « politique de communication » ou de « politique de distribution ». Ces politiques sont au service de la stratégie marketing de la marque ou de l'entreprise. À noter que dans certaines entreprises, on pratique de telles politiques sans avoir de stratégie clairement établie.

3° Plan

Quant au terme de plan, on lui donne ici un sens plus précis et plus opérationnel.

On appelle plan une liste d'actions précises à mener, assorties de leurs dates, de leurs coûts, de la description des moyens qu'elles exigent, et souvent aussi de la désignation de leurs responsables

À partir des orientations définies dans la stratégie marketing, les directeurs marketing élaborent des plans annuels et à moyen terme (généralement trois ans). Ils y énoncent leurs objectifs de vente et de rentabilité et ils précisent les principales actions qu'ils envisagent en matière de produits, de prix, de distribution et de communication pour atteindre les objectifs annoncés. Ces plans sont accompagnés de budgets et de calendriers. Ils sont soumis à l'approbation de la direction générale.

b) Les trois niveaux de la stratégie d'entreprise et de la stratégie marketing : *corporate*, domaine d'activité, fonctions

On distingue trois grands niveaux de stratégie : le niveau *corporate* (groupe), celui d'un domaine d'activité (entreprise) et le niveau fonctionnel. La stratégie marketing peut se décliner elle-même selon ces trois niveaux.

1° Le niveau *corporate* (groupe)

- *Stratégie d'entreprise au niveau* corporate

Le niveau de stratégie d'entreprise le plus global est le niveau *corporate*. Il concerne le groupe plutôt que ses activités particulières : l'ensemble des entreprises appartenant au groupe, l'ensemble des marchés, l'ensemble des marques, etc. À ce niveau, la question fondamentale est de savoir dans quelle activité le groupe doit être présent et quelle stratégie de développement il doit adopter. Il s'agira d'allouer les budgets, de faire des choix de diversification ou de concentration, etc. Les objectifs du groupe (croissance, rentabilité, retour sur investissement, valorisation du capital...) sont définis et présentés de façon agrégée, puis décomposés entité par entité. L'entreprise répond généralement de ses performances devant les actionnaires au niveau du groupe.

- *Stratégie marketing au niveau* corporate

Au niveau corporate, le marketing joue un rôle très variable, contrairement par exemple à la fonction financière. On verra dans les pages qui suivent que le marketing n'a généralement pas de rôle stratégique fondamental dans les entreprises qui ont fondé leur stratégie sur un avantage concurrentiel de domination par les coûts. En revanche, la dimension stratégique du marketing est majeure dans les entreprises qui ont opté pour une stratégie de différenciation par la valeur qu'elles proposent à leur marché.

Exemples

- EDF a fondé sa stratégie sur les coûts, notamment en développant un parc considérable de centrales nucléaires. Le marketing ne joue qu'un rôle d'appoint dans la stratégie de l'entreprise dominée par les fonctions techniques, financières et RH.
- Procter et Gamble a développé de multiples marques comme Ariel, Mr Propre, Pampers, Duracell, Gillette, Vicks, Fluocaril, etc. P & G assure le marketing et la commercialisation de grandes marques de parfum comme Hugo Boss, Gucci, Lacoste, Dolce & Gabanna, etc. Chaque marque a un positionnement fort sur son marché et propose des avantages matériels (performances des produits) et immatériels (image de marque) qui la différencient de la concurrence. Les clients des marques de P & G acceptent de payer le prix du supplément de valeur réelle ou imaginaire incorporé dans les produits et les marques. Les choix marketing sont stratégiques et il n'est pas rare que la direction marketing soit la voie royale pour accéder, un jour, aux postes de directeur général ou de président.

2° Le niveau d'un domaine d'activité (SBU)

- *Stratégie d'entreprise au niveau du domaine d'activité*

Le niveau d'un domaine d'activité, appelé aussi segment stratégique ou *Strategic Business Unit* (SBU) concerne généralement un marché particulier. Une SBU prend souvent la forme organisationnelle d'une entreprise au sein du groupe. Le concept de SBU fut développé par McKinsey et General Electric à la fin des années 1960 afin de permettre aux grands groupes diversifiés de clarifier leur stratégie.

Chaque secteur d'activité est dirigé de façon autonome avec des objectifs et des ressources propres à l'intérieur du groupe. Bien entendu, l'autonomie ne signifie pas l'indépendance, et les grandes décisions stratégiques qui sont élaborées dans la SBU devront être validées au niveau supérieur ; elles devront également s'inscrire dans la stratégie globale du groupe : respect des options fondamentales, des priorités, des contraintes en termes de résultats financiers, etc.

En matière de domaine d'activité, la question fondamentale est celle du choix des *marchés* où l'entreprise doit être présente, c'est-à-dire du *portefeuille d'activités*, et la conquête ou le maintien d'*avantages concurrentiels*.

Il faudra allouer les budgets entre les marques et les activités, opter pour des politiques de différenciation ou d'avantages de coût, faire des choix de lancement de produit, définir des stratégies de conquête de marché.

Exemple

➥ Le groupe L'Oréal est organisé en cinq grands secteurs : grand public, professionnels (coiffeurs), luxe, pharmacie (dermo-cosmétique) et The Body Shop (marque-enseigne). Au sein du domaine grand public, deux grandes entreprises couvrent chacune un ensemble de marques : L'Oréal Paris et Garnier. Au sein de Garnier, on distingue notamment la marque Garnier et la marque Maybelline-Gemey. En analysant le rôle des responsables dans ces différentes structures, et les types de décisions prises à ces différents niveaux, on avancera que le niveau *corporate* est celui du groupe et des cinq grands secteurs, alors que le niveau SBU se situe au niveau des filiales et des marques.

- *Stratégie marketing au niveau du domaine d'activité*

Au niveau du domaine d'activité ou SBU, le marketing joue un rôle important en participant au choix du portefeuille d'activités et à la définition des avantages concurrentiels. La fonction marketing a également en charge la politique de marque qui est aujourd'hui un élément clé d'une politique d'entreprise et qu'on situera donc à ce niveau.

3° Le niveau de la fonction

La stratégie globale de l'entreprise est déclinée au niveau des fonctions essentielles pour atteindre les buts à long terme. Ainsi, on pourra parler de stratégie marketing, de stratégie financière, de stratégie de recherche et développement, etc.

2 La nature de l'avantage concurrentiel détermine le type de la stratégie d'entreprise

Dans les marchés concurrentiels de nos économies, toute offre doit avoir un avantage sur les offres concurrentes[1].

1. Sur la notion d'avantage concurrentiel, voir Bernard Garrette, Pierre Dussauge, Rodolphe Durand, *Strategor*, 5e édition, Dunod, 2009 et Michael Porter, *L'Avantage concurrentiel*, InterEditions, 1993.

Un avantage concurrentiel (on dit aussi avantage compétitif) est une compétence décisive et durable qui, par son adaptation au marché, améliore la position concurrentielle de l'entreprise et conduit à une rentabilité supérieure.

Un avantage concurrentiel peut prendre de multiples formes : la capacité de produire à bas prix, l'attractivité de la marque, la qualité des biens ou des services vendus, la puissance commerciale, l'expertise dans un domaine attractif, la possession de ressources rares, etc.

a) Les deux types d'avantages concurrentiels : avantages sur les coûts et avantages sur la valeur perçue de l'offre

Michael Porter a fait une contribution majeure à la compréhension des stratégies d'entreprise en identifiant deux catégories d'avantages concurrentiels :

- les avantages sur les coûts ;
- les avantages fondés sur la valeur perçue de l'offre.

Les premiers génèrent les stratégies dites de domination par les coûts, les seconds les stratégies de différenciation par la valeur perçue par les clients. On verra par la suite que Porter et d'autres auteurs ont élargi ce cadre dichotomique pour expliquer des stratégies difficilement classables. La distinction initiale de Porter est une formalisation simplificatrice mais qui reste fondamentale pour comprendre les stratégies d'entreprises.

Exemples

- Les constructeurs coréens comme Hyundai ou Kia se sont développés sur une stratégie de domination par les coûts rendue possible par un avantage concurrentiel local : le faible coût de la main-d'œuvre de leur pays. Ces coûts réduits leur ont permis d'entrer dans les marchés occidentaux grâce à des prix de vente attractifs. Comme ils perdent aujourd'hui progressivement leur avantage concurrentiel initial en raison de l'augmentation du coût de la main-d'œuvre coréenne, leur stratégie évolue et ils essaient de se battre sur un autre terrain, celui de la différenciation par la valeur perçue de leurs modèles : design, équipement, fiabilité, etc. Ce faisant, ils affrontent une concurrence qui, en la matière, a depuis longtemps un savoir-faire et une expérience affirmés.
- Audi a fondé sa stratégie sur une très forte valeur perçue de son offre : qualité, performance et image de marque. Audi s'adresse à un segment de marché disposé à payer le prix pour des bénéfices supérieurs. Chaque nouveau modèle propose toujours plus de valeur. C'est une stratégie de différenciation par le haut.
- Dacia, la marque low cost de Renault, a clairement opté pour un avantage sur les coûts permettant des prix de vente très attractifs.

b) L'avantage concurrentiel doit pouvoir être la source d'une rentabilité supérieure pour l'entreprise

Il doit permettre de diminuer les prix de revient et d'accroître la marge unitaire à prix de vente constant ou de baisser les prix pour augmenter les volumes vendus (stratégies dites de coût/volume), ou bien encore de faire progresser la marge unitaire en faisant accepter des prix supérieurs (stratégies de différenciation par le haut).

Exemple

- Un viticulteur bordelais dans un terroir non classé a adopté une stratégie de coût/volume en privilégiant la quantité à la qualité. La concurrence des Corbières et des vins étrangers tire les prix vers le bas et son activité n'est plus rentable. Ce viticulteur envisage de changer de stratégie en produisant du vin bio afin de se différencier de ses concurrents (avantage sur la valeur perçue de l'offre). Après études, il est arrivé à la conclusion que sa rentabilité baissera encore, compte tenu des investissements, de la diminution des hectolitres produits et de la faible augmentation de prix qu'il pourra faire accepter à la clientèle. Ce qu'il croyait pouvoir être un avantage concurrentiel n'en est pas un. Il ne peut donc pas être le socle d'une nouvelle stratégie.

c) La puissance d'un avantage concurrentiel tient à son caractère décisif, à sa spécificité et à sa pérennité

Quel est son impact sur la décision d'achat ? Se traduira-t-il par une raison d'achat déterminante ? Est-ce un avantage concurrentiel spécifique à l'entreprise ? Est-ce un avantage ponctuel ou durable ? Est-il défendable ? Si oui, comment ?

Exemples

- La marque Dior représente un avantage concurrentiel majeur : c'est une raison décisive d'achat ; elle est par nature spécifique à l'entreprise ; elle est protégée par des dépôts de marque ; elle peut être défendue par la créativité et la communication.
- Kodak a disparu parce que son avantage concurrentiel fondé sur sa technologie incomparable en matière de pellicules et de papier photographiques a été ruinée par la photo numérique, domaine sur lequel l'entreprise n'a pas su construire un nouvel avantage concurrentiel.
- Pendant longtemps, la stratégie d'Air France a été fondée sur un avantage des bénéfices perçus : qualité de service, ampleur du réseau dans le monde, image de marque. Aujourd'hui, sur le long courrier, Air France est attaqué sur la qualité de service par des compagnies comme Emirates ou Singapore Airlines. Sur le court et moyen courrier, Air France est mis en difficulté par les low cost comme Ryanair, EasyJet, Air Berlin, etc. Air France est dans l'entre-deux. Les Anglo-Saxons disent : « *stuck in the middle* », ce qui est une position très inconfortable.

Un avantage tout à fait conjoncturel, comme le gain d'un marché important, a un impact direct sur les profits de l'entreprise. C'est une opportunité, pas un avantage concurrentiel stratégique. Un avantage compétitif doit être difficilement copiable par les concurrents et il ne doit pas changer facilement en fonction de l'évolution de l'environnement.

Ce principe posé, on en soulignera aussi la relativité. Comme on le verra dans les lignes suivantes, tout avantage concurrentiel pertinent est souvent rapidement adopté par la concurrence. On dira donc qu'un avantage concurrentiel doit être relativement durable et que la tâche de l'entreprise est de le maintenir sur les concurrents.

Notre conseil

De nombreuses entreprises se battent sur le même type d'avantage concurrentiel. C'est sur la façon de le mettre en œuvre qu'elles se créent une position avantageuse[1].

d) Bien souvent, une entreprise ne peut pas fonder sa stratégie sur un avantage concurrentiel exclusif

On dit souvent qu'un avantage concurrentiel doit être spécifique à l'entreprise. Avoir un avantage concurrentiel exclusif est excellent, mais c'est rare. On trouve de tels avantages dans l'accès à des ressources naturelles et dans des technologies brevetées.

Exemples

- Gazprom a un avantage concurrentiel spécifique qui tient aux réserves considérables de gaz de la Russie.
- Andreas Stihl a fondé sa société en 1926 pour exploiter son invention : la tronçonneuse électrique[1]. Elle pesait 48 kg et nécessitait deux personnes. En 1930, Andreas Stihl a inventé la tronçonneuse portable. Son activité va décoller avec le dépôt d'un brevet pour la tronçonneuse à chaîne à gouges.

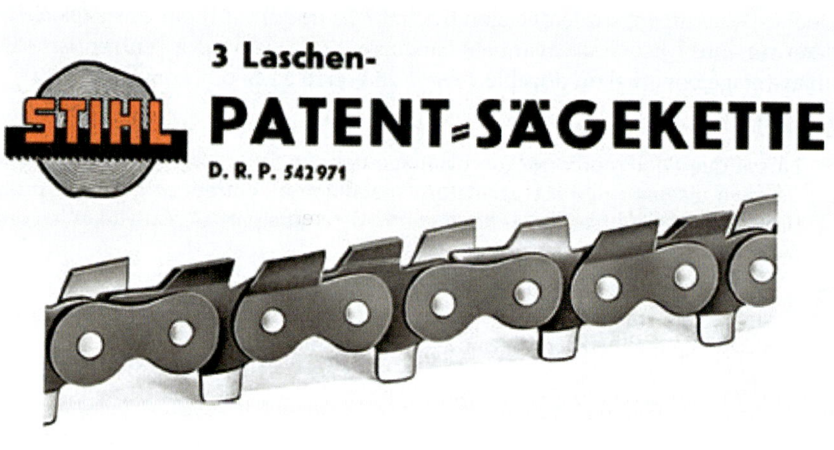

Brevet Stihl pour chaîne à gouges

Aujourd'hui, toutes les tronçonneuses fonctionnent sur les principes d'Andreas Stihl mais les machines Stihl font l'objet de perfectionnements incessants et la marque reste le leader mondial. L'entreprise, qui comprend 9 000 salariés et qui est présente dans le monde entier, a une stratégie de différenciation par la valeur perçue de ses produits. Ses clients acceptent de payer plus pour bénéficier du savoir-faire de Stihl.

1. Voir www.stihl.fr/stihl-histoire.aspx

Dans la majorité des cas, nombreux sont les concurrents qui, au sein d'un même marché, fondent leur stratégie sur un avantage concurrentiel similaire.

Exemple

- Les stratégies des compagnies aériennes low cost se fondent sur le même avantage concurrentiel : une structure de coûts réduits par rapport aux compagnies classiques leur permettant de pratiquer des tarifs très attractifs. Sur le terrain, elles se différencient par leur réseau, leurs fréquences, leur image de sécurité et de ponctualité.

e) Un avantage concurrentiel est relatif

Un avantage concurrentiel est relatif à la situation d'un marché et aux concurrents. Une entreprise qui a un savoir-faire en termes de recherche et développement de premier ordre, mais qui se bat sur un marché où la capacité à produire « bon marché » est décisive, ne bénéficiera pas d'un avantage concurrentiel. Ce dernier dépend donc des attentes du marché et il n'est pas rare de voir des entreprises perdre leur avantage concurrentiel en raison d'une évolution de l'environnement à laquelle elles n'ont pas suffisamment prêté attention.

Par ailleurs, un avantage concurrentiel peut être de nature différente selon la concurrence. Vis-à-vis de certains concurrents, ce peut être un avantage de coût ; face à d'autres concurrents, ce peut être un avantage de différenciation par la valeur perçue.

Exemple

- Toyota est devenu le premier producteur mondial d'automobiles au milieu des années 2000 en s'appuyant principalement sur un avantage de coût[2] sur les marchés américains et européens et sur un avantage de différenciation sur les marchés asiatiques face aux marques coréennes[3].

f) L'avantage concurrentiel n'a pas nécessairement à être communiqué aux clients

Un avantage concurrentiel n'est généralement pas mis en avant dans la communication faite au marché car ce qui intéresse le client est le bénéfice qu'il tire de l'offre, pas la façon de la lui procurer.

Un avantage concurrentiel est le moteur de la profitabilité de l'entreprise. Son expression ne donne pas toujours une raison d'achat. Parfois, l'avantage concurrentiel serait souvent contre-productif s'il était communiqué, en l'état, au marché.

1. Source : *Strategor*, *op. cit.*
2. Il s'agit bien d'un avantage de coût de production et de commercialisation, et non pas d'un avantage de prix réduit pour le client. Toyota vend ses automobiles à un prix aussi élevé que ses concurrents européens et américains, mais sa rentabilité est assurée par des coûts inférieurs.
3. Cet exemple a été emprunté à *Strategor*, *op. cit.*

Exemple

➥ Tarkett est devenu le leader mondial des revêtements de sol grâce à une stratégie de domination par les coûts. À l'évidence, Tarkett ne va pas inscrire sur le packaging de ses lames de parquet « Tarkett, un excellent rapport prix/qualité grâce à son pouvoir de négociation sur ses fournisseurs, des usines délocalisées et très automatisées pour diminuer les coûts de main-d'œuvre afin d'avoir la meilleure productivité du secteur ».

Tarkett va mettre en avant des arguments de vente sur la qualité de ses produits et sur le respect de l'environnement : « [...] Respectueux de l'environnement, les parquets Tarkett utilisent des matériaux renouvelables, issus de forêts contrôlées et exploitées selon un mode de gestion responsable et durable des forêts... »

Si Tarkett développait sa marque autour de ce thème pour faire de cet axe écologique le trait saillant et distinctif de sa marque, cela deviendrait le positionnement de la marque que l'on pourrait formuler ainsi : « Tarkett, des revêtements de sol qui contribuent au développement durable ». Mais les dirigeants de cette entreprise pourraient opter pour un autre positionnement : « La technologie Tarkett est la garantie des revêtements de sol les plus résistants ».

À partir d'un même avantage concurrentiel, on peut donc définir de multiples positionnements (voir le chapitre 14 sur le positionnement).

FOCUS

L'avantage concurrentiel et le positionnement

- L'avantage concurrentiel fonde la stratégie de l'entreprise. Il est le moteur de sa rentabilité économique et de son développement.
- Le positionnement est la clé de voûte de la stratégie marketing. Il exprime l'image voulue de la marque et de ses produits. Ce sont les traits saillants qui donnent des raisons de préférer la marque à ses concurrents. Le positionnement de la marque est le moteur de la demande en mettant en avant une promesse attractive et distinctive.

SECTION 2

LES STRATÉGIES D'ENTREPRISE DE DOMINATION PAR LES COÛTS

On a vu qu'à la suite des travaux de Porter, on classe les avantages concurrentiels en deux catégories : avantages de coût et avantages de différenciation. Ils fondent deux grands types de stratégies analysées dans cette section pour les stratégies de coût et dans la section suivante pour les stratégies de différenciation par la valeur perçue.

1 Les facteurs de baisse structurelle des coûts complets

a) L'effet d'expérience et les stratégies de coût/volume

On a constaté, d'abord de façon empirique, que dans de nombreux secteurs d'activité, les entreprises dont les coûts sont les plus bas, sont également celles dont la production cumulée est la plus importante. De cette constatation est né le concept d'effet d'expérience.

Quand la production cumulée est multipliée par 2, le coût complet baisse de 10 à 30 %.

Figure 12.1 **Les deux composantes de l'effet d'expérience**

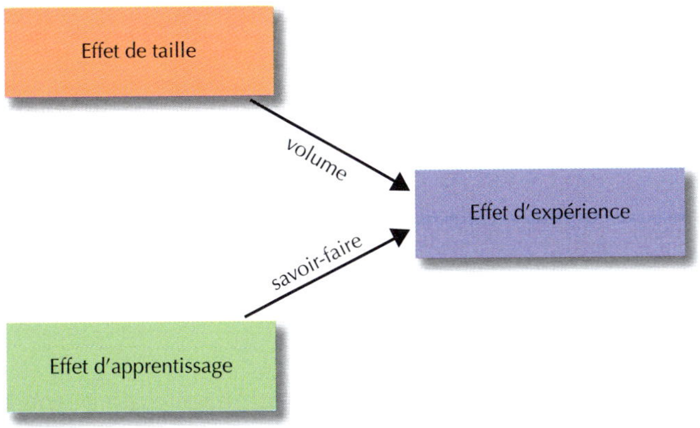

L'effet de taille entretient la baisse continuelle du coût complet. Si tout ou partie de cette baisse est répercuté au client sous forme de baisse des prix de vente, les ventes augmentent dans les marchés où l'élasticité[1] de la demande au prix est forte. L'accroissement des volumes produits pour satisfaire la demande contribue à faire jouer à plein l'effet d'expérience. On est dans un cercle vertueux, en principe seulement comme le montrent les exemples ci-dessous sur la micro-informatique et l'industrie des téléviseurs. Ces stratégies de domination par les coûts liées à l'effet d'expérience sont souvent dénommées « stratégies de coût/volume ».

Exemples

- Dans la micro-informatique, les producteurs ont adopté des stratégies de coût/volume, l'effet d'expérience étant renforcé par la loi de Moore qui établit (et c'est vérifié) que la puissance des microprocesseurs est multipliée par deux tous les dix-huit mois tandis que le prix de revient est divisé par deux. Cela a conduit à des baisses continuelles du prix de vente et une forte concentration de la production, les producteurs faisant des petits volumes ne pouvant plus suivre.

1. Sur la notion d'élasticité de la demande au prix, voir dans cette ouvrage le chapitre 5 sur la politique de prix, section 1.

- Le marché des écrans plats de télévision a connu au cours de la dernière décennie une forte progression des ventes qui s'explique par la chute continue des prix rendue possible par l'effet d'expérience[1]. Plusieurs grands producteurs comme Panasonic, Toshiba et Sony sont en difficulté. Sony a vendu 50 % de son activité TV au Coréen Samsung. En conséquence, la production des écrans (les dalles) n'est plus assurée que par quelques producteurs comme Samsung et LG. Certains producteurs ont tenté des stratégies de différenciation mais leurs positions restent très marginales.

b) Les stratégies de coût fondées sur des facteurs autres que le volume et l'effet d'expérience

Un avantage concurrentiel sur les coûts peut avoir des origines diverses.

1° Un environnement favorable à une diminution de postes importants dans la formation du coût complet

Main-d'œuvre locale, énergie bon marché et abondante, matières premières disponibles à bon prix, avantages fiscaux, etc.

Exemple

- Tarkett a installé des usines de production de parquet en Europe du Nord où la matière première (le bois) est abondante et bon marché. Les usines de Tarkett sont très automatisées. Les coûts marketing sont réduits au minimum : pas (ou très peu) d'investissements sur la marque, commercialisation assurée par des distributeurs indépendants.

2° Une innovation technique ou organisationnelle qui permet de s'assurer une diminution durable du prix de revient

Une innovation technique ou organisationnelle peut donner un avantage important à une étape cruciale de la chaîne de valeur.

Exemples

- Dans la première moitié du XXe siècle, Henri Ford a bâti son succès sur une stratégie de domination par les coûts en adoptant les principes d'organisation de Taylor. Pour bien montrer qu'il était hostile à une stratégie de différenciation, on lui prête cette phrase célèbre : « Pour satisfaire mes clients, je ferai des voitures de la couleur qu'ils souhaitent à condition qu'elle soit noire ».
- Dans les années 1960, Carrefour a inventé le concept de l'hypermarché (stratégie de coût) en jouant sur la puissance d'achat et le pouvoir de négociation avec les fournisseurs (la centrale d'achat est au cœur de son business model), en installant ses hypers dans les banlieues (possibilité de vastes parkings) et en pratiquant le libre-service (transfert de coût vers le client). Tous ces ingrédients sont au service d'un avantage de coût majeur qui a expliqué le succès de l'hyper sur la distribution traditionnelle. Comme on l'a vu dans le chapitre 6 sur la distribution, les choses ont évolué.

1. Voir cet article du *New York Times* : « TV Prices Fall, Squeezing Most Makers and Sellers », par Andrew Martin, www.nytimes.com/2011/12/27/business/tv-prices-fall-squeezing-most

L'avantage de coût de l'hyper s'est affaibli tandis qu'il s'avérait très compliqué de lui substituer un avantage de différenciation.

2 Dans les stratégies de coût, le rôle du marketing est limité

Dans les stratégies de coût, le rôle du marketing est limité mais il n'est pas absent. En effet, l'avantage concurrentiel provient de l'action d'autres fonctions de l'entreprise, et principalement de la production, des achats et de la logistique. Les stratégies de coût n'appellent pas des politiques marketing sophistiquées et coûteuses vers la demande finale. On en tire donc souvent une conclusion péremptoire : stratégie de coût et marketing sont inconciliables. On oublie alors qu'il y a un autre champ possible du marketing, le *trade marketing*[1], c'est-à-dire le marketing vers la distribution : négociation d'accords de référencement, mise en valeur de la marque et de ses produits sur les lieux de vente, incentives à destination des vendeurs des distributeurs, etc. Le *trade marketing* et la fonction commerciale ont une réelle importance dans les stratégies de domination par les coûts. En B to B, les technico-commerciaux ont souvent un rôle déterminant pour la conquête et la fidélisation des clients.

SECTION 3

LES STRATÉGIES DE DIFFÉRENCIATION, DOMAINE PRIVILÉGIÉ DU MARKETING

1 La nature des stratégies de différenciation par la valeur perçue

Une stratégie de différenciation consiste à faire une offre dont le caractère spécifique est reconnu et valorisé par les clients. Ils acceptent de payer un prix supérieur pour des propositions à forts bénéfices perçus.

Les stratégies de différenciation relèvent d'une démarche radicalement différente des stratégies de domination par les coûts.

1. Sur le *trade marketing*, voir le chapitre 6 sur la distribution, section 4.

Figure 12.2 **Stratégie de coût *vs* stratégie de différenciation**

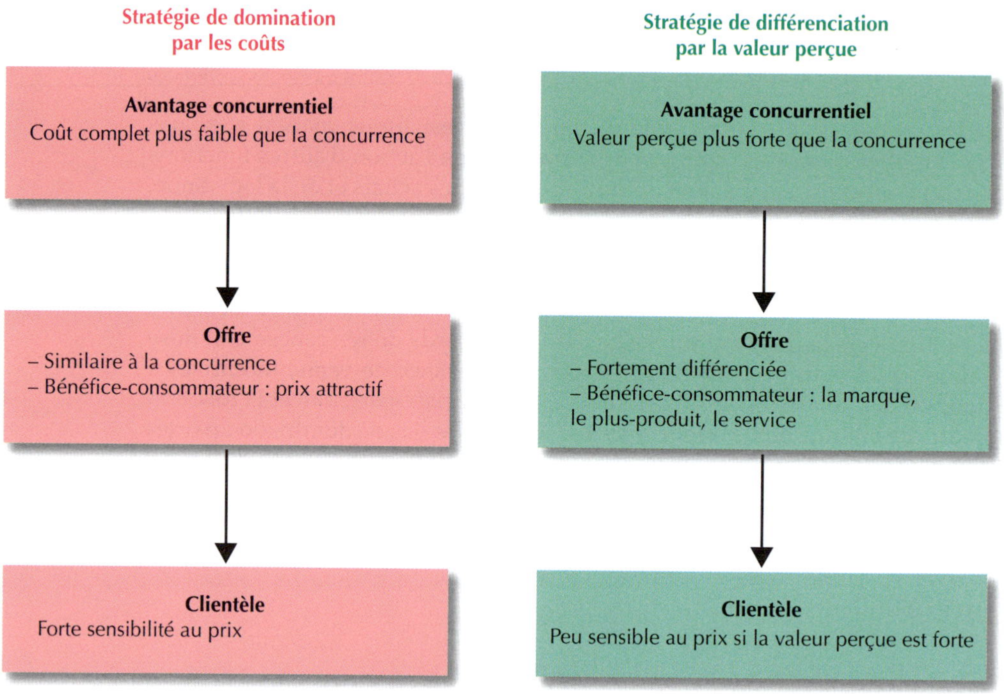

La différenciation de l'offre peut reposer sur de nombreux éléments qu'on regroupera dans un premier temps en quatre sources principales de différenciation (voir le chapitre 14 sur le positionnement) :

- *les attributs et les performances du produit*, comme l'innovation, la qualité, le design, l'étendue des fonctions, etc. ;
- *les éléments intangibles de l'offre* (qui se retrouvent dans la marque), comme l'univers de référence, le style de vie, l'originalité, le prestige, etc. ;
- *l'adaptation aux besoins particuliers de clients* ;
- *l'adaptation à des modes ou à des occasions de consommation*, comme le lieu de consommation, l'adaptation du produit au moment de la journée ou de l'année, etc.

La rentabilité vient de la capacité de l'entreprise à valoriser suffisamment son offre pour que le client la préfère à celle des concurrents et accepte de payer un prix supérieur aux produits de base.

Une stratégie de différenciation peut se traduire par une politique de fortes marges et de faibles volumes (luxe) ou bien de marges conséquentes et de plus forts volumes (*premium price*).

Les stratégies qui reposent sur un avantage de différenciation sont donc le domaine de prédilection du marketing dont on a vu, depuis le début de cet ouvrage, qu'il a pour rôle de créer de la valeur économique pour l'entreprise en construisant une valeur perçue supérieure à celle des concurrents.

Certes, les avantages de différenciation ne relèvent pas tous en premier lieu du marketing. Ainsi, des différences fondées sur les performances d'un produit peuvent résulter d'abord de l'innovation technologique ou de la recherche et développement mais ce travail est largement inspiré, suivi puis mis en valeur par les gens de marketing. Le rôle du marketing est décisif pour déterminer les innovations qui créent de la valeur pour les clients, pour segmenter et lancer l'innovation sur le marché.

2 L'INNOVATION AU SERVICE DES STRATÉGIES DE DIFFÉRENCIATION

L'innovation n'est pas spécifique aux stratégies de différenciation par la valeur perçue. Elle est au cœur de toutes les stratégies mais elle y prend des formes différentes. Dans les stratégies de domination par les coûts l'innovation porte naturellement sur les coûts en repensant la conception des produits, les process de fabrication, la gestion des stocks (par exemple, travail en flux tendu pour avoir un minimum de stock) ou encore les modes d'organisation (voir l'exemple donné plus haut sur le taylorisme et les méthodes de Ford). Comme le *Mercator* est un ouvrage sur le marketing, on s'intéressera plus particulièrement au rôle de l'innovation dans les stratégies de différenciation par la valeur perçue.

a) Les principales raisons d'innover

1° L'innovation stimule la demande et permet de créer de nouvelles sources de revenus pour les entreprises

Les entreprises sont à la recherche de croissance et l'innovation est une source majeure de développement de leur activité. Dans les marchés saturés qui sont souvent la règle aujourd'hui, l'innovation permet de relancer la demande. Elle stimule la demande primaire (équipement) en proposant des offres nouvelles. Elle stimule la demande secondaire (renouvellement) en accélérant l'obsolescence des produits existants.

En lançant de nouveaux produits, en élargissant leur offre, en couvrant de nouveaux besoins sur le marché, en se diversifiant dans de nouvelles activités, les entreprises créent de nouvelles sources de revenus qui alimentent leur croissance : un nouveau produit permet de faire passer une augmentation de prix ou peut remplacer un ancien produit en améliorant la contribution.

Exemples

- Les cabinets de conseil saisissent et favorisent sans cesse les nouvelles préoccupations de leurs clients pour développer leur offre et nourrir leur croissance : ERP, e-Business, CRM, etc.
- En lançant l'iPad en avril 2010, Apple a donné une nouvelle dimension au marché des tablettes numérique. Pour la seule année 2011, l'entreprise a vendu 32,4 millions d'iPad pour un chiffre d'affaires de 20 milliards de dollars. L'iPad représente donc près de 20 % du chiffre d'affaires d'Apple : l'innovation (iPod, iPhone, iPad) est un moteur de croissance.

2° L'innovation permet de lutter contre la banalisation des produits et de restaurer les marges

Le risque que court tout produit est celui de la banalisation et de la perte de ses facteurs de différenciation. Un produit banalisé est une offre que les clients évaluent essentiellement sur les prix. La pression sur les prix, et donc sur les marges, est le lot commun de la banalisation.

L'innovation, en créant de nouvelles sources de différenciation, permet de lutter contre la banalisation des produits et, ainsi, de restaurer les marges.

Exemples

- Actimel, un produit laitier à boire qui contient un ferment naturel exclusif à Danone, le *L.casei,* se vend trois fois plus cher qu'un yaourt nature.
- L'innovation dans la téléphonie portable (smartphones, 3G puis 4G, etc.) permet aux fabricants de renouveler l'intérêt de leurs clients autant que leur gamme, et d'échapper à la banalisation de leurs produits.

3° L'innovation permet de mieux faire face aux concurrents

Dans les marchés à maturité, il est très difficile et coûteux de faire évoluer ses parts de marché. L'innovation crée des ruptures qui sont autant d'opportunités pour gagner un avantage de différenciation face à ses concurrents.

Exemple

- Huggies, grand concurrent de Pampers sur le marché de la couche-culotte, a lancé une gamme de slips absorbants pour les 8 à 15 ans qui ont des problèmes d'énurésie nocturne d'où le nom du produit : Drynites. Il y a une gamme filles et une gamme garçons. On notera que les packagings évitent soigneusement les codes des couches-culottes pour bébés.

4° L'innovation permet de mieux faire face aux distributeurs

Dans la partie de bras de fer qui oppose souvent les producteurs à la grande distribution, l'innovation demeure l'arme maîtresse et exclusive des producteurs. Les distributeurs sont toujours très sensibles aux nouveaux produits intéressants et les termes de la négociation redeviennent alors plus favorables aux producteurs.

5° L'innovation permet de prendre et de reprendre la parole

Elle donne de l'intérêt à la communication. Les publicitaires savent qu'ajouter « nouveau » à un message lui donne tout de suite plus d'attrait. Pourquoi aller dans un salon professionnel si on n'a rien de nouveau à dire ? Un nouveau produit donne de bons prétextes aux commerciaux pour reprendre contact avec leur clientèle ou pour en prospecter une nouvelle.

b) Trois types d'innovation de différenciation

Nous distinguons trois types d'innovations pour différencier l'offre : l'innovation tactique ou incrémentale, l'innovation stratégique et l'innovation de *business model* qui va au-delà du marketing.

Figure 12.3 **Trois types d'innovations de différenciation**

Innovation tactique	**Innovation stratégique**	**Innovation de business model**
Même stratégie marketing Même business model *Ex. : Shampooing 3 en 1*	Business model sans changement *Ex. : Monospace Renault*	*Ex. : Low cost Dacia*

1° L'innovation incrémentale ou tactique

L'innovation de différenciation incrémentale est tactique mais elle est indispensable pour faire vivre les marques et les produits face aux attaques constantes de la concurrence. On modifie une composante du marketing-mix de la marque pour préserver ou accentuer sa différenciation aux yeux de la clientèle. Le positionnement de la marque et la stratégie marketing restent inchangés. L'innovation tactique de différenciation porte principalement sur le produit, sur ses performances et les services associés, parfois sur les modes de tarification ou de paiement, sur les modes de distribution ou de communication.

Exemples

- S'appuyant sur les travaux d'un chercheur qui aurait découvert les vertus du pépin de raisin (trois brevets à la clé), Mathilde Thomas et Bertrand Thomas ont lancé la marque de cosmétique Caudalie autour du concept de « vinothérapie ». Sur le marché encombré des produits de soin, la marque ne change pas les règles du jeu, ni les modes de distribution, mais a trouvé un axe de différenciation qui a fait son succès.
- Volvo a été le premier constructeur à proposer une nouvelle technologie qui permet de détecter une présence dans l'angle mort des rétroviseurs.
- Aigle a fait preuve d'originalité en ouvrant en 2012 une boutique sur les Champs Élysées, le « bar à bottes ».

L'innovation de différenciation incrémentale est indispensable pour donner des arguments aux commerciaux, aux distributeurs, aux publicitaires. Elle aide les marques et leurs produits à résister à l'usure du temps et à ne pas se laisser distancer par les innovations de la concurrence. C'est une politique d'adaptation au jeu concurrentiel. Elle actualise constamment l'offre mais elle ne modifie pas sensiblement les attentes et les comportements de la clientèle. C'est un cycle sans fin car ces innovations sont rapidement copiées lorsqu'elles réussissent, ce qui oblige à recommencer.

2° L'innovation stratégique de différenciation

C'est une nouvelle approche d'un marché. Elle propose de nouveaux modes d'achat ou de consommation, elle « resegmente » le marché en croisant plusieurs segments existants. Elle peut être à l'origine de nouveaux marchés.

Exemples

- À la première page de ce chapitre, on a présenté le cas de Viadom qui a développé un réseau considérable de coiffure à domicile, à l'hôpital ou sur le lieu de travail. Il n'y a aucune innovation technique mais c'est une nouvelle approche de la coiffure, la création de nouveaux services et d'un nouveau marché.
- Lingueo.com a innové dans le marché de l'apprentissage des langues en créant une plateforme sur Internet qui met en relation des centaines de formateurs et des dizaines de milliers de clients.
- Les grandes marques de produits de soin et de beauté développent aujourd'hui des lignes pour hommes. Techniquement, les produits ne sont pas très innovants mais ils accompagnent une innovation de marché dont les enjeux économiques sont considérables.

Parfois, une innovation infime peut modifier sensiblement les modes de consommation d'un produit. Ainsi, le conditionnement de la compote en gourde peut être analysé, au premier abord, comme une innovation tactique sur le conditionnement. En fait, ce conditionnement change le mode de consommation de ce produit traditionnel et ouvre un nouveau marché. La compote était un produit consommé à la maison. Conditionnée en gourde, cela devient un produit nomade. C'est une innovation de marché.

3° L'innovation de *business model*

Par définition, l'innovation de différenciation incrémentale est au service d'un *business model* qui n'est pas remis en cause. On ne change pas les fondements éco-nomiques de l'activité. En revanche, l'innovation stratégique peut être de deux types. Soit elle s'inscrit dans un *business model* classique ; soit elle s'accompagne d'un *business model* nouveau.

Exemple

- La voiture électrique a beaucoup de mal à se trouver un marché car elle suppose une accumulation d'innovations convergentes : innovations technologiques, notamment sur les batteries, écosystème favorable[1], innovation de marché (nouveaux modes d'utilisation de l'automobile), nouveau *busines model*.

1. Un courant de recherche initié par le professeur américain Ron Adner souligne que le succès des innovations ne dépend pas seulement du marché et des capacités des entreprises, mais également de l'écosystème dans lequel elles se déploient. Pour réussir, les fortes innovations ont besoin de la collaboration de plusieurs acteurs. On trouvera un développement de la notion d'écosystème pour les innovations dans les compléments numériques de ce chapitre. Voir Ron Adner, *The Wide Lens. A New Strategy for Innovation*, Portfolio Penguin, 2012.

MINI CAS

Better Place révolutionnera-t-il le marché de la voiture électrique ?

La voiture électrique est l'expression même d'inventions successives qui n'ont jamais réussi à créer un marché. On peut considérer que cet échec est dû à l'insuffisance des progrès technologiques, mais l'avantage des voitures à moteur à explosion sur les voitures électriques repose fortement sur l'existence d'un écosystème adapté.

Une start-up israélienne, Better Place, a décidé de prendre le problème de la voiture électrique sous l'angle de l'écosystème plutôt que de l'innovation technologique.

L'entreprise commença à développer un partenariat avec un premier constructeur automobile, Renault, qui s'est engagé à investir 600 millions de dollars sur trois ans pour développer et lancer en 2011 des Mégane électriques à batteries interchangeables ayant une autonomie de 160 à 190 kilomètres.

Outre le véhicule, Better Place prévoit de construire un réseau entier de chargement électrique dans la rue et les parkings. Mais le chargement des batteries prend du temps, ce qui représente un coût perçu important pour les clients. Plutôt que de se focaliser sur l'innovation technologique (développer des batteries super-performantes), l'entreprise prit le problème sous un autre angle en travaillant à une solution technologique qui permet de changer la batterie de la voiture en moins d'une minute. De ce fait, le projet change de nature à quatre titres :

- Le problème n'est plus le risque de pouvoir disposer ou non de batteries très performantes mais d'adapter les véhicules pour permettre un changement rapide, ce qui est beaucoup moins complexe techniquement.
- Il faut prévoir un réseau de stations permettant aux conducteurs de changer les batteries et un logiciel GPS permettant à tout moment au conducteur de savoir où il peut changer de batteries en fonction du niveau de sa batterie.
- Celles-ci doivent appartenir à Better Place et non plus aux propriétaires du véhicule, qui n'ont donc plus à se soucier d'échanger des batteries neuves contre des plus anciennes.
- Le modèle économique change car le client doit acheter le véhicule et louer les batteries, ce qui permet par la même occasion de réduire le prix d'achat.

L'entreprise a identifié des pays et des utilisateurs qui étaient les mieux adaptés à la technologie : de petits pays comme des îles (Hawaii), le Danemark, Israël, etc., et des utilisateurs comme les chauffeurs de taxi new-yorkais qui travaillent dans un périmètre restreint.

Elle s'appuie sur un lobbying intense pour bénéficier de l'appui de pouvoirs publics afin de créer le réseau nécessaire (places de stationnement équipées…) et obtenir subventions ou avantages fiscaux. Seule l'énergie électrique provenant de sources renouvelables sera utilisée.

c) L'avantage du pionnier[1]

Un autre élément qui milite en faveur de l'innovation est appelé l'avantage du pionnier ou « avantage-pionnier ». L'idée qui sous-tend l'avantage-pionnier est que la première entreprise qui arrive sur un marché, qui lance une innovation, bénéficie d'avantages concurrentiels sur les suivantes.

1. On reprend ici la remarquable analyse donnée sur l'avantage du pionnier par Emanuelle Le Nagard-Assayag et Delphine Manceau, « Faut-il être le premier à lancer une innovation ? Une analyse de l'avantage du pionnier » *in* Alain Bloch et Delphine Manceau, *De l'idée au marché : Innovation et lancement de produits*, Vuibert, 2000.

Les avantages du pionnier peuvent prendre différentes formes :

- la *propriété exclusive* donnée par un brevet, ou son exploitation sous forme de *licences* ;
- la plus grande *maîtrise d'une technologie* ;
- l'*effet d'expérience* qui conduit à de moindres coûts de production, soit que l'entreprise ait acquis un plus grand savoir-faire dans la production, soit qu'elle bénéficie d'effets d'échelle en étant partie plus tôt ;
- l'*appropriation d'actifs rares*, tels que le linéaire des distributeurs (il est plus facile de se faire référencer en étant l'innovateur qu'en étant le suiveur) ;
- la *préemption d'un positionnement* particulièrement favorable pour cibler les segments de clients les plus intéressants (sur la segmentation et le positionnement, voir les chapitres 13 et 14) ;
- la *structuration des préférences* : un produit réellement nouveau définit un cadre de référence par rapport auquel les autres produits vont être comparés par les clients. C'est par exemple le cas des smartphones ;
- les *coûts de changement de marque* (*switching cost*) : risque perçu en changeant de marque, nécessité éventuelle de nouvelles démarches de recherche et de sélection d'un autre fournisseur, apprentissage d'autres modes de fonctionnement... ;
- les effets éventuels d'*externalités de réseau*, c'est-à-dire le bénéfice que peut tirer chaque utilisateur du fait que le produit est utilisé par beaucoup d'autres, comme on le constate, par exemple, lorsqu'un logiciel bénéficie d'une base installée très importante, etc.

Ces différents avantages apportés par le fait d'être pionnier ont été particulièrement mis au début des années 2000 avec la vague des start-up sur Internet : être le premier apparaissait comme déterminant pour emporter la mise. Ce principe s'est trouvé confirmé par quelques exemples de grande réussite tels qu'Amazon, Yahoo! ou eBay. Pourtant être le premier est loin de toujours suffire, comme l'ont montré à l'inverse de nombreux cas d'échecs de start-up. *A contrario,* dans la catégorie très concurrentielle des moteurs de recherche, c'est un entrant tardif, Google, qui a finalement imposé son leadership.

Aux avantages du pionnier, il faudrait donc confronter les avantages du suiveur :

- La *limitation des risques et des coûts :* il est moins coûteux de copier que d'inventer et il est moins risqué d'entrer dans un marché qui a été éduqué par un pionnier que de le former soi-même.
- Les *leçons de l'expérience* : alors que l'innovateur se lance dans l'inconnu, le suiveur a une bien meilleure connaissance de la taille du marché, des attentes des clients, de leur comportement d'achat, du prévisionnel de vente, etc. Le pionnier peut servir de test grandeur nature du marché pour le suiveur qui va tirer profit de ses erreurs.
- L'*amélioration de l'offre du pionnier* : partant d'un existant, le suiveur peut chercher à corriger ou améliorer l'offre du pionnier et à s'appuyer sur ses atouts propres, tels que par exemple, l'efficacité de sa force commerciale, sa capacité à produire à faible coût, etc.

Exemples

- Microsoft a rarement été pionnier mais l'entreprise a pourtant affirmé son leadership dans beaucoup des marchés où elle est présente. Ce leadership est fondé sur l'utilisation de ses positions acquises (telle que son système d'exploitation), une grande agressivité commerciale, et une très grande persévérance à améliorer sans cesse ses produits pour qu'ils deviennent supérieurs aux produits concurrents.
- Le concept-produit de Petit Écolier (petit beurre associé à une tablette de chocolat) a été inventé par Delacre avec sa marque Délichoc. C'est pourtant la marque Lu qui a finalement dominé le marché, principalement pour deux raisons :
  - une formule-produit et un ciblage plus universels (qui s'adressent aussi bien aux enfants qu'aux adultes) alors que Délichoc est très orienté vers les adolescents ;
  - l'exploitation de la politique marketing de son concurrent : la marque Delacre a été repositionnée sur le thème du savoir-faire pâtissier, ce qui a entraîné un changement radical de la communication et du packaging de Délichoc, en contradiction avec sa cible initiale.

Au total, l'avantage pionnier dépend beaucoup de la nature des marchés et des produits. Plus les ruptures technologiques sont fréquentes et importantes et moins l'avantage pionnier est décisif, la donne pouvant être brutalement changée par une innovation radicale.

Exemple

- Le premier smartphone (téléphone mobile disposant de fonctionnalités avancées) était le modèle Simon, lancé par IBM en 1993. Mais c'est le Nokia 9000, lancé trois ans plus tard, qui créa véritablement la catégorie de produit. L'arrivée du BlackBerry en 2001, permettant d'accéder aux e-mails, imposa la marque auprès des hommes et femmes d'affaires. L'iPhone d'Apple ne fut lancé qu'en juin 2007, quatorze ans après le pionnier, et, grâce à l'innovation radicale de son interface, devint la référence du marché.

3 Les stratégies de différenciation avec un avantage coût

La valeur économique est créée par le prix supérieur que les clients sont prêts à payer pour des bénéfices perçus supérieurs à la concurrence mais aussi par une réduction structurelle des coûts. Ce sont des stratégies qui gagnent sur les deux tableaux !

Nous nous intéresserons à deux types de stratégies à double avantage : l'effet d'expérience dans les stratégies de différenciation, et les stratégies de spécialisation.

a) L'effet d'expérience donne un avantage coût dans les stratégies de différenciation

De nombreuses entreprises se sont créées et développées avec une stratégie de différenciation sur la valeur perçue. Elles ne dévient pas de cette stratégie mais le succès leur amène des volumes qui génèrent un avantage sur les coûts, accentué par leur expérience en matière de production et de commercialisation (effet d'apprentissage). Nestlé, Coca-Cola, Procter & Gamble, Unilever, Danone ont des stratégies de différenciation avec des résultats qui s'expliquent par :

- les prix qu'ils peuvent tenir en raison de la valeur perçue de leurs marques et produits
- leurs coûts complets souvent plus bas que la concurrence.

MINI CAS

La stratégie du groupe VAG : avantage coût dans la production, avantage différenciation par la valeur perçue sur les marchés

Le groupe allemand VAG (initiales de Volkswagen AG) était en 2011 le n° 1 mondial de l'automobile en chiffre d'affaires. Il exploite 12 marques et est présent sur tous les marchés mondiaux et tous les segments produits (véhicules pour particuliers, utilitaires, poids lourds). Quatre marques sont sur les marchés grandes séries pour particuliers : Volkswagen, Seat, Skoda et Suzuki[1], une marque (Audi) est sur le segment premium, trois marques sont sur le segment sport et grand luxe : Bugatti, Lamborghini, Bentley et Porsche[1]. S'y ajoutent 2 marques de poids lourds : Man et Scania[1] et une marque de moto : Ducati.

Skoda Superb

La valeur perçue des marques de VAG est très forte et leurs produits se vendent plus chers que les concurrents à prestations semblables, ce qui assure une excellente rentabilité. On est donc dans un cas typique de stratégie de différenciation réussie.

VW Passat

Les trois modèles de trois marques sont vendus avec le même moteur TDI 170 chevaux, la même boîte de vitesse automatique DSG, etc. pour réduire les coûts sur ce qui n'est pas déterminant dans la différenciation des marques par le client.

Audi A6

Comme d'autres constructeurs, VAG diminue ses coûts de production en concevant ses produits de telle sorte qu'ils soient des assemblages de composants communs à de nombreux modèles vendus sous des marques différentes. Ainsi, les véhicules des marques de grande série ont en commun des plateformes (chassis), des moteurs, des boîtes de vitesses, des suspensions, des freins, des composants électroniques, etc. VAG mutualise les coûts de R & D et profite d'un effet coût/volume pour toutes ces pièces qui ne sont pas visibles par le client ; en revanche, le design, le mobilier intérieur (tableaux de bord, sièges, garnitures) et tout ce qui fait l'apparence et l'ambiance d'un véhicule sont soigneusement adaptés au positionnement de chaque marque.

1. Ces marques sont contrôlées par VAG

Dans les groupes ou les grandes entreprises, il est fréquent que l'on s'emploie à réduire les coûts en « *back office* » en mutualisant tout ou partie de la recherche, des achats, de la conception des biens et des services, etc. tandis qu'à l'extérieur – le « *front office* » – on développe des politiques de différenciation avec des marques multiples positionnées sur des marchés ou des segments avec des promesses spécifiques. En termes de marché, il s'agit bien d'une stratégie de différenciation ; en termes de stratégie d'entreprise, on joue le double avantage comme l'illustre le mini cas précédent sur VAG.

b) Les stratégies de spécialisation à double avantage

Une stratégie de spécialisation consiste à concentrer ses efforts sur un segment particulier du marché. Cette stratégie peut reposer sur les deux types d'avantages concurrentiels préalablement identifiés :

- *l'avantage de coût/volume* : parce que l'entreprise s'est spécialisée sur un segment particulier du marché, elle peut bénéficier d'un avantage de coût qui résulte de capacités de production plus adaptées ou plus performantes ;
- *l'avantage de différenciation* : parce que l'entreprise s'est spécialisée sur un segment particulier du marché, elle peut faire valoir une adaptation aux besoins particuliers des clients.

La stratégie de spécialisation permet de réduire la pression concurrentielle en délimitant une portion de marché où l'entreprise peut bénéficier d'avantages spécifiques.

Exemple

➥ Saint-Gobain s'est spécialisé dans les vitrages à hautes performances pour le bâtiment, l'automobile, l'aviation.

SECTION 4

LE LOW COST

Les politiques de *premium price* reposent sur un triptyque image/qualité-innovation/prix. L'entreprise ne cherche pas à se battre sur les prix mais à valoriser son offre et à la différencier des concurrents. C'est une différenciation par le haut en ajoutant toujours plus d'attributs produits, de service et d'image que le client est prêt à payer. Ce type de différenciation a dominé les politiques marketing depuis plus de cinquante ans mais on a vu se développer des stratégies alternatives comme le low cost qui fait une proposition de valeur réduite à ce que le client juge essentiel (différenciation par le bas) avec, en contrepartie, une diminution très substantielle du prix, diminution permise par des coûts ultra-compétitifs. Le low cost appartient à la famille des stratégies fondées sur un avantage de coût mais son originalité, son développement dans des secteurs très variés, les approximations, voire les contre sens dont il fait l'objet, justifient qu'il ne soit pas traité dans la section 2 sur les coûts et qu'il fasse ci-dessous l'objet d'une analyse spécifique.

La croissance économique et l'augmentation du niveau de vie ont permis à un nombre sans cesse plus important de consommateurs de délaisser les produits à bas prix pour les produits de marque. À chaque niveau de gamme correspondait, en principe, un niveau social des consommateurs : les classes défavorisées achetaient du bas prix, la classe moyenne, le moyen de gamme et les classes les plus favorisées le moyen de gamme avec un accès au haut de gamme et au luxe.

Un phénomène frappant qui s'est développé ces dernières années est moins l'essor des produits « bas de gamme » – encore que la récession économique peut y conduire – que la remise en cause dans de très nombreux marchés de cette répartition traditionnelle entre niveaux de gamme. Le prix bas ne correspond plus nécessairement à une mauvaise qualité, comme on le soulignera par la suite. Plus encore, les habitudes de consommation se complexifient : on achète moins en fonction de son niveau social et plus en fonction de l'implication à l'égard d'un produit, du moment, de la situation, etc. Bien entendu, les contraintes budgétaires continuent à peser sur les choix, mais l'allocation du budget est beaucoup plus variée : les clients aisés peuvent rechercher un prix bas pour des catégories fondées de produits qui les intéressent peu. Ainsi, une mère de famille bourgeoise peut aller chez un hard discounter parce qu'elle veut réduire le poste alimentation de son budget. Des consommateurs au revenu modeste peuvent consacrer un budget important, ou faire des sacrifices pour des produits impliquants. Ainsi, une employée de bureau peut se retrouver dans un hôtel de luxe sous les Tropiques car elle aura économisé toute l'année pour s'offrir des vacances de rêve.

1 Le low cost conduit souvent à la recomposition de la structure des marchés

Cette évolution des attentes et des comportements de la clientèle peut conduire à une remise en question de la structuration de beaucoup de marchés. À la configuration traditionnelle dans laquelle le moyen de gamme représenté par les grandes marques qui pratiquent la politique de *premium price* constitue le gros du marché (figure 12.4), peut se substituer une situation où le marché se partage entre un pôle qui est celui des low cost (bas prix avec une offre produit réduite aux caractéristiques essentielles mais sans sacrifier la qualité) et un autre pôle de produits très fortement différenciés (figure 12.5).

Figure 12.4 Le bon rapport qualité/prix des *premium prices* a longtemps été le cœur du marché

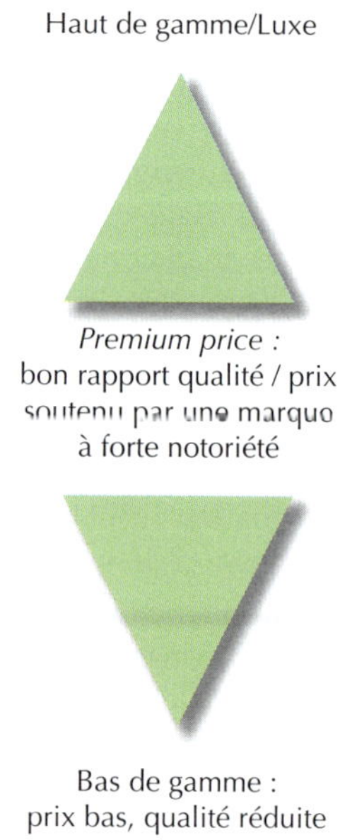

Cette dernière configuration est nouvelle à deux titres : le moyen de gamme n'est plus le cœur du marché, et les deux pôles extrêmes ne sont plus « mauvaise qualité » ou « luxe ». En effet, le bas prix n'est plus nécessairement synonyme de mauvaise qualité. C'est sur cette idée que vont se positionner les stratégies low cost.

Figure 12.5 **Le low cost propose une logique alternative**

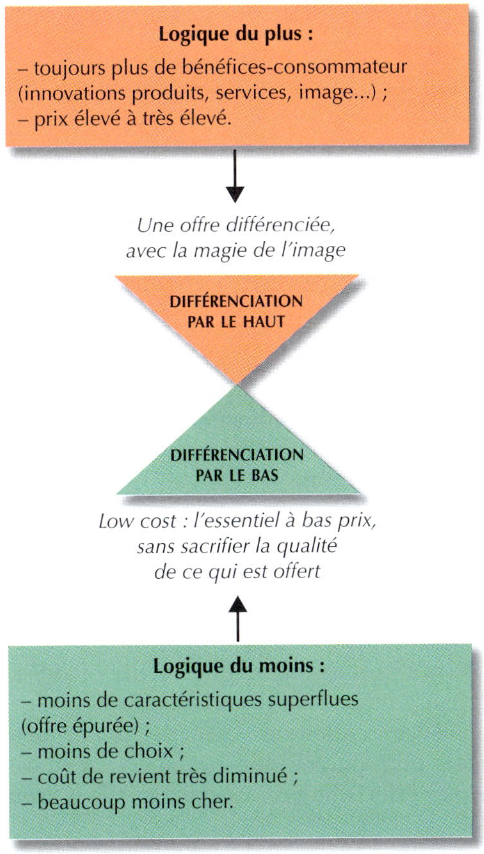

Dans la configuration de la figure précédente, le milieu de gamme caractérisé par un bon rapport qualité/prix court le risque de devenir un « non-positionnement », n'ayant ni l'attrait du prix bas, ni celui d'une différenciation suffisamment forte de l'offre.

Popularisée ces dernières années par le succès de compagnies comme Ryanair ou EasyJet, l'expression « low cost » mérite en effet beaucoup mieux que sa traduction littérale « bas coût », qui n'exprime qu'une partie du modèle économique sur lequel sont bâties ces stratégies.

2 Les composantes du modèle low cost

On illustrera le low cost par un minicas sur son application au secteur aérien avant de dégager les principes généraux qui font l'originalité mais aussi la complexité du modèle.

Le modèle low cost peut être analysé en quatre composantes que l'on retrouve dans toutes les applications, quel que soit le secteur.

FOCUS

Les quatre composantes du modèle low cost

- Une stratégie d'entreprise.
- Une offre repensée pour ne proposer que l'essentiel sans compromis sur la qualité.
- Une politique de réduction drastique des coûts de toute nature.
- Une diminution très sensible et permanente des prix de vente (avantage compétitif par rapport à la concurrence traditionnelle).

a) Une stratégie d'entreprise

Ce qu'on appelle low cost est une stratégie d'entreprise au sens où c'est toute l'entreprise qui est configurée autour d'un modèle économique de réduction des prix, obtenu par réduction des coûts.

Ce point est capital parce qu'il signifie qu'on ne peut pas mener une politique de prix bas de type low cost avec des coûts élevés : la rentabilité n'y survit pas. Mais les coûts bas ne sont pas obtenus ponctuellement, en améliorant simplement la productivité du département de production ou de logistique, par exemple. Quand la direction d'Air France engage un programme de réduction des coûts de sa billetterie ou de sa communication publicitaire ou du *catering* (restauration à bord), cela améliore sa productivité et ses résultats financiers ou cela permet de renforcer sa position concurrentielle sur certains marchés grâce à des tarifs plus compétitifs. Mais cette politique ne transforme en aucun cas le modèle économique d'Air France. Les efforts de productivité sont le lot commun de toutes les (bonnes) entreprises.

Le low cost, comme le précisent les points suivants, n'est pas l'amélioration d'une organisation existante mais bien sa refonte et c'est pourquoi il constitue en soi une stratégie d'entreprise. On ne peut pas faire du low cost en créant un département low cost dans une entreprise classique ni faire du low cost sous une marque traditionnelle.

Exemple

→ Fondée en 1971, Southwest Airlines est la compagnie pionnière en matière de low cost. Aujourd'hui, elle est la deuxième compagnie au monde en nombre de passagers transportés. N'opérant qu'aux États-Unis en moyen et court courrier, Southwest Airlines a mis au point un modèle low cost qui a été largement imité par des compagnies comme EasyJet ou Ryanair.

	Modèle low cost *Exemples : Southwest Airlines, Ryanair, EasyJet, Air Berlin*[1]	Modèle traditionnel *Exemples : Air France, Luftansa, British Airways*
Domaine d'activité	Court courrier[2]. Vols point à point.	Court, moyen et long courrier. Hub permettant de collecter les passagers court et moyen courrier pour remplir le long courrier.
Offre	Offre épurée au maximum : une classe, un seul tarif par vol, réservation uniquement en ligne, pas de remboursement, pas de programmes de fidélisation, services en vol supprimés ou en option payante, pas de service au sol, etc.	Offre très large : 3 classes, multitarifs, gestion complexe des remboursements, programmes coûteux de fidélisation, services en vol multiples (c'est un mode de différenciation entre compagnies classiques), services au sol.
Charges d'exploitation	Réduction très sensible des charges d'exploitation : un même type d'avion (Ryanair n'a que des B737), temps d'escale très réduit (les avions Ryanair volent en moyenne 11h/jour contre 8h/jour pour les compagnies traditionnelles), aéroports secondaires (Ryanair en particulier) moins coûteux et moins encombrés (ponctualité), personnel navigant réduit au maximum, moins bien payé et polyvalent (les hôtesses nettoient l'avion).	Flotte très diverse ce qui accroît les coûts de maintenance. Puissance des syndicats (temps de travail, salaires et avantages du personnel préservés). Hub coûteux, gestion délicate des correspondances et des transferts de bagages.
Valeur pour le client	*Prix net* (en comprenant les suppléments) en moyenne 40 % moins élevés que les compagnies classiques sur le court courrier (mais les tarifs sont très variables). *Ponctualité* : 90 % des vols Ryanair à l'heure. *Sécurité* : pas d'accident mortel à ce jour. *Bagages perdus* : taux pour 1 000 bagages 0,7 pour Ryanair.	*Ponctualité* : British Airways : 72 %. *Bagages perdus* : 19/ 1 000 pour Bristih Airways (gestion plus complexe que pour des vols uniquement court courrier, point à point, donc sans correspondance prise en charge par la compagnie).
Résultats économiques	*Très bon* : Southwest Airlines a réussi l'exploit d'être bénéficiaire sans discontinuer depuis 40 ans. Ryanair a annoncé un profit de 440 millions€ pour 2011 contre 304 millions € de profit pour EasyJet, la même année. *Très mauvais* : faire du low cost est complexe et ne garantit pas le succès. Exemples de quelques compagnies européennes low cost ayant fait faillite : Air lib reconvertie au low cost en catastrophe (France, 2003), Volare (Italie, 2004), MyAir (Italie, 2009), XL Airways (GB, 2009), Sterling Airways (Islande, 2009), Fly Globe Spam (Ecosse, 2009), Sky Europe (Europe de l'est, 2009), etc.	Air France a perdu 809 millions € en 2011. Luftansa a fait une perte de 13 millions € en 2011 contre un profit de 1 100 millions € l'année précédente. British Airways : le groupe IAG né de la fusion d'Iberia avec B.A a fait un profit de 555 millions € en 2011.

b) L'offre est repensée pour ne proposer que l'essentiel avec un bon niveau de qualité

« Le low cost est à la stratégie ce que le minimalisme est à l'art contemporain, selon la formule de l'architecte Mies van der Rohe : *Less is more*[3] », .

C'est le point de vue du client qui définit ce qui est essentiel dans une offre, les performances incontournables d'un bien tangible, la nature du service de base que l'on juge indispensable. Au nom du prix, le client n'est pas prêt à sacrifier n'importe quoi.

1. Ce sont les trois compagnies low cost européennes les plus importantes. À elles trois, elles offrent 50 % des sièges low cost en Europe.
2. Le long courrier se prête mal au low cost : pour des questions de sécurité, le personnel est nombreux ; il est difficile d'utiliser des aéroports secondaires moins onéreux ; on ne peut pas augmenter facilement la rotation des avions.
3. Michel Santi et Véronique Nguyen, *Le Business model du low cost*, Eyrolles, 2012.

Notre conseil

La grande difficulté du low cost est de viser juste en proposant une offre épurée, qui ne soit :

- *ni dépouillée des caractéristiques jugées incontournables par la clientèle, comme l'illustre l'échec d'easycar ;*
- *ni trop large et différenciée (on augmente les coûts de façon inconsidérée et on lamine les marges).*

L'essentiel pour la Logan, c'est l'habitabilité, la fiabilité et le confort sur des routes dégradées (qui sont souvent celles des marchés visés). L'essentiel pour une compagnie aérienne low cost c'est la sécurité des vols et la propreté des avions (plus la ponctualité pour la clientèle affaires). L'essentiel pour un hôtel low cost est d'y trouver le service de base d'un hôtel : une chambre propre avec une salle de bain et un téléviseur.

On lit sur le site Web de F1 : « Notre engagement : prix, propreté ». C'est l'offre réduite à l'essentiel selon les concepteurs de F1.

Une entreprise low cost se concentre sur les services essentiels et écarte tous les services et les adaptations accessoires qui entraînent nécessairement des coûts supplémentaires. Pour autant, le service de base qui est proposé est de qualité : on n'obtient pas un prix bas en rognant sur la qualité des produits ou du service de base (ce qui est l'approche des « premiers prix » et du bas de gamme), mais en repensant le processus de création de valeur.

FOCUS

Une offre épurée

- Ne doit pas détourner la clientèle.
- Doit se traduire par une diminution très forte des coûts de revient.

Exemple

- Stelios Haji-Ioannore, mythique fondateur d'EasyJet, a connu de cinglants échecs en créant EasyCinema et EasyCar. Avec EasyCinema, il offrait des places à 20 pences à la condition (insupportable) de les réserver trois semaines à l'avance pour aller voir des vieux films, les distributeurs ayant refusé de lui donner les nouveautés. Avec EasyCar, il n'offrait qu'un modèle (des Smart à Paris) qui était livré avec une quantité d'essence aléatoire (il fallait remettre juste ce qui était nécessaire pour ramener le réservoir à l'état initial). De plus, les clients devaient rendre leurs voitures propres (sous peine de supplément). EasyCinema est devenu une plateforme de location de DVD tandis qu'EasyCar n'est plus qu'un intermédiaire avec le loueur Alamo.

c) L'ensemble du processus de création de valeur est repensé pour réduire les coûts

Toute l'organisation de l'entreprise est repensée pour que cette offre « essentielle » soit produite, distribuée, communiquée au coût de revient le plus bas possible.

1° Réduction de la gamme de produits pour simplifier la gestion de l'offre et obtenir des économies d'échelle

Exemples

- Les compagnies aériennes low cost ne proposent qu'une catégorie de tarifs (le prix peut varier en fonction du moment, mais pas en fonction du statut du client ou d'un niveau de service). Elles offrent peu de destinations et peu d'horaires différents pour optimiser l'emploi de leur flotte.
- L'assortiment d'un hard discounter (comme Adli ou Lidl) est composé de 1 000 à 1 500 références soit dix fois moins que pour un hypermarché.

2° Suppression pure et simple de certaines fonctions et services jugés onéreux et non essentiels par la cible visée

Lorsque ces fonctions ne sont pas supprimées, une variante peut être de transformer en option payante un service jusque-là compris dans le tarif de base.

Exemples

- La plupart des compagnies aériennes low cost ne servent pas de repas à bord sur les vols court courrier et font payer les boissons.
- EasyJet[1] a renoncé à la limite de poids imposée pour le bagage en cabine (la limite de taille reste valable comme pour toutes les compagnies). Cela n'avait pas d'incidence sur le coût de revient et c'était perçu comme une « punition » par les passagers.
- L'entreprise danoise de téléphone mobile low cost, Telmore, a éliminé tous les services annexes que proposent les opérateurs traditionnels : paiement du terminal, système de fidélisation par points, services complexes optionnels, pour obtenir des prix inférieurs de plus d'un tiers à ceux de ses concurrents.

3° Standardisation de l'offre pour réduire les investissements, les coûts de fonctionnement et de maintenance

Exemples

- La flotte de Ryanair est composée exclusivement de Boeing 737, celle d'EasyJet, d'avions Airbus, famille A 320. Tous les pilotes peuvent utiliser tous les appareils de la compagnie. De plus, les coûts de maintenance sont réduits.
- Tous les hôtels hotelF1.com ont la même architecture, la même décoration, le même équipement.
- Le coût de conception et de fabrication de la Logan a été considérablement réduit en ne faisant appel qu'à des composants (châssis, moteur, boîtes, suspensions, etc.) déjà utilisés pour d'autres modèles et largement amortis. La conception de la Logan relève du low cost mais la vente et la maintenance restent classiques.

4° Suppression des intermédiaires

Exemples

- La plupart des compagnies aériennes low cost ont supprimé la billetterie classique et obligent leur clientèle à réserver et à payer par Internet, ce qui engendre des économies substantielles (la commission d'agence est de 7 %).
- Les prestations des banques et assurances low cost comme Boursorama et Amaguiz se font en ligne sans guichets de banque ou agents d'assurances.
- La plateforme boursière britannique Chi-X qui a fusionné avec l'américain Bats propose des transactions sans intermédiaires à des tarifs quatre fois plus bas. Aujourd'hui, elle a une part de marché en Europe de 30 % sur les transactions d'actions et de 80 % sur les dérivés.

1. Lois Jane, *EasyJet The story of Britain's biggest low cost airline*, Aurum Pr Ltd, 2006.

5° Transfert de services vers les clients qui les prennent en charge

Exemples

- Ouvert en 2007 à Laval, Ze World a été le premier bar low cost en France. Les consommations sont de 20 à 50 % moins chères que dans un établissement traditionnel. La suppression du service a permis des économies substantielles. Le client va chercher son verre, se sert dans des distributeurs automatiques qui permettent un très large choix (24 types de vin au verre) et dessert sa table.
- Dans la page ouvrant ce chapitre, on a donné l'exemple de Self'Coiff qui est une chaîne de salons de coiffure low cost où les clientes se sèchent elles-mêmes leurs cheveux et où les parents peuvent faire le shampooing de leurs enfants.

6° Effort systématique de diminution des frais généraux

Externalisation des fonctions qui ne sont pas fondamentales, réduction du coût du personnel, des coûts de fonctionnement du siège de l'entreprise, etc. Cela ne signifie pas que le personnel d'un low cost est nécessairement mal payé et peu qualifié. L'entreprise investit dans la formation et un bon management de son personnel, pour le fidéliser, éviter ainsi un turnover coûteux, et améliorer la productivité.

Exemples

- Le personnel des entreprises low cost effectue plusieurs tâches qui sont habituellement réalisées par des catégories différentes de personnel dans les entreprises traditionnelles : les salariés en charge de l'enregistrement s'occupent aussi de l'embarquement, le personnel de caisse d'un hard discount peut faire aussi l'approvisionnement des rayons, etc.

- Jean-Claude Puerto fut DG d'Ada, une low cost de la location d'automobiles qui se spécialisa dans la location d'utilitaires. Il a fondé Ucar dont les tarifs sont de 30 à 50 % moins élevés que ceux de Hertz, Avis ou Europcar. Il s'est associé à la MAAF qui propose des véhicules Ucar en remplacement des voitures en réparation. Il a comme partenaire Opel dont il utilise les concessions, ce qui permet une diminution importante des investissements et des coûts de fonctionnement. J-C Puerto déclare : « Nous sommes configurés pour vivre avec 30 % de charges fixes en moins que nos concurrents classiques »[1].

1. Extrait du livre de Michel Santi, *Le Business Model du low cost*, *op. cit.*

7° Diminution sensible des coûts marketing

On s'attaque aux coûts de communication et de promotion. La force de la promesse du bas prix doit permettre un bouche à oreille important et des budgets de publicité moindres. C'est le client qui va au low cost. Moins de communication onéreuse mais aussi moins de commerciaux.

Exemple

- Anett est une blanchisserie industrielle low cost qui ne travaille que les grands comptes comme les hôpitaux et les grandes entreprises industrielles pour nettoyer les vêtements de travail. Ce choix de marché a permis de supprimer une grande partie des coûts de prospection, les grands comptes procédant par appels d'offres. Cet exemple est développé dans un minicas, dans les pages suivantes.

Au total, la recherche d'économies touche toutes les facettes de l'entreprise low cost. C'est un effort permanent de créativité et de bonne gestion pour faire mieux avec moins. Cela n'a rien à voir avec les pratiques qui consistent à faire des produits moins coûteux parce qu'on a rogné sur la qualité. Low cost n'est pas synonyme de misérabilisme économique[1].

d) Le low cost doit réduire les coûts et améliorer sa marge

La valeur économique créée par la diminution structurelle des coûts est transférée, en partie, au client sous forme de baisse très sensible des prix. Cette réduction des prix doit être pérenne (ce n'est pas de la promotion des ventes ponctuelle par les prix) et être suffisamment importante pour attirer la clientèle (les exemples qui viennent d'être donnés sont significatifs) et interdire aux concurrents traditionnels de s'aligner en permanence sur les tarifs des low cost.

Le supplément de valeur économique créé par la low cost doit donc être important pour permettre de telles baisses de tarif et produire des marges intéressantes pour l'entreprise. Dacia génère une marge moyenne de 6 %, bien plus que la gamme Renault.

3 Les facteurs clés de succès des low cost

Au travers des nombreux exemples donnés ci-dessus, on a vu que le low cost se développait dans des secteurs très variés. Pour autant, ce n'est pas une stratégie qui convient à tous les secteurs et à tous les types de clientèles.

Pour réussir, une stratégie low cost doit s'appuyer sur une ou plusieurs situations ou conditions :

a) Être dans un marché où existe une forte élasticité des ventes au prix

La baisse des prix doit entraîner une forte augmentation de la demande.

1. Voir Pascal Perri, *Toujours moins cher : Low cost, Discount & Cie*, Éditions de l'Atelier, 2006.

b) Être dans un secteur où il est possible d'avoir une politique de prix très flexible

Les meilleures situations sont celles où on peut pratiquer le yield management, qui permet de faire coexister des prix très bas avec des tarifs analogues à la concurrence classique et qui sont beaucoup plus rémunérateurs. Ainsi Ryanair va proposer une destination à 30 €, certains jours pour certains horaires et à 300 € dans d'autres circonstances. Une telle politique a évidemment ses limites ! Le yield n'est pas une condition nécessaire stricto sensu, mais elle favorise l'essor des low cost sur le marché.

c) Être dans un contexte concurrentiel où existent concurrents directs traditionnels et concurrents indirects

Le low cost est à la fois une stratégie concurrentielle et une stratégie d'augmentation de la demande primaire[1]. En ceci, la présence de low cost dans un marché ne le paupérise pas nécessairement, comme on l'a dit souvent. C'est au contraire un facteur majeur d'animation et d'élargissement d'un marché. De nombreux Européens sont venus au transport aérien grâce aux low cost et une partie d'entre eux devient, ponctuellement ou définitivement, des clients d'Air France-KLM, de Lufthansa ou de British Airways.

d) Ne pas avoir comme source principale de marché d'autres low cost

Le risque est alors de s'engager dans une bataille mortelle sur les prix. Si un marché peut voir cohabiter paisiblement des entreprises concurrentes qui ont adopté une stratégie de différenciation par le haut, la cohabitation est plus difficile quand les entreprises en présence jouent sur une stratégie de coût et de prix bas. L'effet de volume s'avère souvent déterminant et peu d'entreprises à stratégie de coût peuvent survivre.

e) Être dans un secteur où des offres à bas prix sont pertinentes

On peut très bien imaginer une banque low cost où l'on trouve les services essentiels avec des agios très réduits, une rémunération des comptes, sans l'existence de nombreux guichets très coûteux à créer et à gérer. C'est l'idée de plusieurs banques sur Internet. De façon générale, Internet relance aujourd'hui l'intérêt du concept low cost par les gains de coûts qu'il peut permettre.

En revanche, on voit mal l'application du low cost au luxe et aux produits à fort statut social où l'essentiel est souvent l'image et où une baisse très sensible du prix serait contreproductive. L'exemple, déjà cité dans Mercator de l'échec des parfums Bic qui voulaient concurrencer les grandes marques 5 à 6 fois moins cher est instructif.

f) Aligner l'organisation sur un positionnement clair

Certaines entreprises ont des velléités de faire du low cost, croient faire du low cost ou prétendent le faire et restent dans les schémas traditionnels : structures de coûts trop élevées, incompatibilité de la culture d'entreprise, compromis peu satisfaisants.

1. On rappelle qu'augmenter la demande primaire est élargir le marché global en transformant des non-clients d'une catégorie de produits en clients.

Exemples

- Attaqué par le low cost Telmore, TDC, l'entreprise de téléphonie leader sur le marché danois a lancé « MiXiT » qui offrait un meilleur prix, avec moins de services. Cette offre a cannibalisé ses ventes en créant l'insatisfaction de ses clients, qui jugèrent le service insuffisant par rapport à l'offre traditionnelle de TDC. TDC a finalement racheté Telmore en considérant qu'il n'avait en lui-même ni la culture, ni le mode d'organisation d'un low cost.
- British Airways a raté le développement de sa filiale low cost, qui a été rachetée par EasyJet.

SECTION 5

LA DÉMARCHE D'ÉLABORATION D'UNE STRATÉGIE MARKETING

Ce qu'on appelle stratégie de marketing sur un marché est une combinaison cohérente de différents moyens d'action en vue d'atteindre des objectifs fixés dans un contexte concurrentiel. Ces moyens d'action : les politiques de produit, de prix, de distribution et de vente et de communication ont été décrits dans la deuxième partie de cet ouvrage.

Mais la stratégie marketing n'est pas l'addition de décisions partielles prises, dans ces différents domaines, indépendamment les unes des autres ; bien au contraire, la stratégie globale doit *précéder et orienter* la formulation détaillée de ces politiques de produit, de prix, de distribution, etc., de la même manière que, pour un état-major militaire, la conception d'une stratégie d'ensemble doit précéder l'établissement des plans particuliers propres à l'infanterie, l'artillerie, les blindés, l'aviation, etc.

Une stratégie de marketing ainsi définie reste encore relativement abstraite. Pour pouvoir être effectivement mise en œuvre, elle doit être prolongée par des *plans d'action opérationnels et détaillés,* comportant des calendriers, des budgets, la désignation de responsables de l'exécution, etc. Le chapitre 16 est consacré à l'élaboration, la mise en œuvre et le contrôle des plans marketing.

FOCUS

La conception d'une stratégie marketing est un processus interactif, créatif et itératif

- *Un processus interactif*

L'élaboration d'une stratégie relative à une marque, un produit ou une gamme de produits incombe au responsable marketing qui la propose à sa hiérarchie. Une fois adoptée, il est chargé de la mettre en œuvre. L'élaboration de la stratégie de marketing n'est pas un exercice solitaire : pour pouvoir imaginer et choisir des politiques efficaces et réalistes en matière de produit, de prix, de distribution, de vente et de communication, le responsable marketing doit associer étroitement au processus d'élaboration de la stratégie les responsables des principales autres fonctions dans l'entreprise : recherche et développement, production, contrôle de gestion, direction commerciale ou service des ventes, ainsi que l'agence de publicité qui gère le budget du produit concerné.

...

…

- *Un processus créatif et itératif*

L'élaboration d'une stratégie de marketing n'est pas un processus purement logique, déductif et « linéaire » permettant d'aboutir méthodiquement à une solution optimale au terme d'une série d'étapes successives et clairement distinctes. C'est, au contraire, un processus créatif et itératif :

– *créatif,* en ce sens que le responsable marketing doit imaginer et comparer de nombreuses stratégies alternatives, plutôt que de se contenter d'en explorer une seule ;

– *itératif,* en ce sens qu'aux différents stades de la démarche, le responsable marketing est souvent amené à remettre en cause certaines des orientations qu'il avait envisagées dans les étapes précédentes ; par conséquent la stratégie finale sera souvent le résultat de nombreux tâtonnements.

Ce n'est pas de façon quotidienne que les responsables marketing d'une entreprise se livrent au travail lourd et complexe d'élaboration d'une stratégie globale de marketing pour les produits dont ils s'occupent. Cette réflexion se situe à des moments précis et relativement rares.

Le premier de ces moments est celui où la décision est prise de préparer le lancement d'un nouveau produit. Il est clair, en effet, qu'un tel lancement ne peut se faire efficacement que sur la base d'une stratégie explicite.

Le deuxième moment auquel les responsables marketing sont appelés à se pencher sur les stratégies globales est celui qui correspond à l'établissement des plans et budgets annuels de l'entreprise ; à cette occasion, il est souhaitable d'évaluer les stratégies de marketing antérieures et, s'il y a lieu, de les modifier.

Enfin, en cours d'année, un responsable marketing peut être exceptionnellement amené à remettre en question et à modifier une stratégie de marketing si des événements imprévus se produisent, tels que l'apparition d'un nouveau concurrent, ou encore si les résultats de la stratégie en cours d'exécution se révèlent inférieurs aux objectifs ou aux prévisions.

Le cadre temporel dans lequel se situe une stratégie de marketing varie selon les types de produits et les entreprises. S'agissant d'un modèle de voiture, par exemple, la stratégie de marketing est généralement fixée pour une période de quatre ou cinq ans au moins, sous réserve de modifications éventuelles en cas de changements importants de l'environnement ou du marché. Pour les biens de grande consommation, l'horizon temporel d'une stratégie de marketing est généralement plus court, et se situe le plus souvent entre un et trois ans. Dans les secteurs B to B, cet horizon variera beaucoup en fonction du rythme d'évolution du marché, notamment technologique.

Dans tous les cas, la « durée de vie » d'une stratégie de marketing est généralement beaucoup plus longue que celle des plans d'action détaillés qui la concrétisent et qui, pour leur part, couvrent rarement une période de plus d'un an.

La démarche généralement suivie pour l'élaboration d'une stratégie de marketing comporte deux étapes principales :

- La première étape est une *analyse-diagnostic* du marché, de la concurrence et de l'entreprise elle-même. Cette analyse-diagnostic permet de souligner des enjeux clés de la politique marketing de l'entreprise et d'envisager plusieurs stratégies possibles.

- Ayant retenu une approche possible, la deuxième étape consiste à préciser cette stratégie en définissant *la vision nouvelle* que l'on a pour attaquer les marchés et la concurrence puis les *options fondamentales* auxquelles conduit cette vision.

La figure suivante recense les principales rubriques de l'analyse-diagnostic et de la formulation de la stratégie marketing. Ces rubriques sont développées dans le texte ci-après.

Figure 12.6 De l'analyse-diagnostic à la formulation de la stratégie marketing

Analyse-diagnostic
Analyse

Externe → Interne

Synthèse : **SWOT**

↓

Diagnostic : Options stratégiques envisageables

↓

STRATÉGIE MARKETING

La vision stratégique

– Une idée pour attaquer différemment le marché et la concurrence et atteindre les buts que l'on s'est donné
– Qui résiste à l'analyse des résistances internes et externes et des limites de l'entreprise

Les priorités stratégiques

– Le choix des marchés prioritaires et de l'espace concurrentiel
– Le choix des sources de volumes prioritaires

Le plan de manœuvre

– Le positionnement
– Les leviers d'action
– Les étapes de développement de la stratégie
– Le marketing-mix et l'organisation marketing et commerciale à chaque étape
– Les plans d'actions à court et moyen terme

↓

Mise en œuvre

1 L'ANALYSE-DIAGNOSTIC EXTERNE ET INTERNE FONDE LE CHOIX DES OPTIONS STRATÉGIQUES

De même qu'un médecin doit étudier soigneusement les *symptômes* du patient et chercher à compléter son information nécessaire avant d'établir un *diagnostic* qui lui permet de définir ensuite une *stratégie* thérapeutique, de même, la formulation d'une stratégie de marketing doit être précédée d'une *analyse* approfondie de la situation débouchant sur un *diagnostic*.

Pour poursuivre l'analogie, l'analyse-diagnostic médicale fait appel à deux grandes compétences : la première consiste à rechercher et identifier les symptômes dans la masse des informations qui sont fournies ou qui doivent être recherchées ; la seconde consiste à passer de l'analyse au diagnostic, c'est-à-dire à tirer des conclusions des faits rassemblés et à donner ainsi une meilleure compréhension de la situation et de son évolution.

Ces deux compétences sont requises, à leur façon, dans l'analyse-diagnostic marketing : savoir identifier dans la masse des informations les faits et les tendances qui sont significatifs et savoir dépasser la synthèse en établissant de façon claire les problèmes et les enjeux.

Une analyse-diagnostic mal conçue s'arrête à une liste de symptômes, c'est-à-dire à une synthèse de faits significatifs. Or un diagnostic n'est pas une synthèse. Indiquer que les parts de marché baissent de 3 %, c'est reprendre un symptôme. Expliquer *pourquoi* les parts de marché baissent de 3 % (par exemple : manque de nouveauté dans la gamme, perte de points de vente…), c'est établir un diagnostic qui peut alors conduire à une prescription.

L'analyse-diagnostic comporte trois volets principaux, qui sont l'analyse externe (environnement, marché, clients, concurrents), l'analyse interne (bilan et position sur le marché) et la formulation du diagnostic.

a) L'analyse externe : l'environnement, le marché et la concurrence

L'analyse externe résume les données importantes qui sont nécessaires pour connaître et comprendre la situation actuelle des marchés sur lesquels opère l'entreprise ainsi que les tendances majeures qui s'y manifestent. Elle a donc une double dimension : actuelle et prospective.

L'analyse externe se conclut par une synthèse où on récapitule les éléments essentiels en deux rubriques : les facteurs d'environnement, du marché et de la concurrence qui sont des opportunités pour la marque et ceux qui sont des menaces.

Notons que le chapitre 1 sur l'analyse des marchés est consacré à l'analyse externe : le lecteur pourra s'y référer pour de plus amples développements sur ce sujet. On ne rappellera ici que les principales méthodes et rubriques d'analyse.

Notre conseil

On ne s'intéressera dans l'étude de l'environnement qu'aux traits saillants et aux évolutions récentes qui sont susceptibles d'avoir un impact sur les marchés de l'entreprise. Il est inutile de rappeler des évidences dont on ne saurait que faire quand on définira sa stratégie. La première qualité d'une étude de l'environnement est celle de la synthèse. On ne traite que les facteurs environnementaux significatifs et on les présente par ordre décroissant d'importance.

1° L'analyse de l'environnement

Les comportements des clients et les actions des entreprises sont influencés par des tendances et des évolutions globales qu'on regroupe sous le terme d'environnement (ou de macro-environnement).

Pour décrire et analyser l'environnement, on pourra utiliser le modèle PESTEL qui identifie six dimensions environnementales, les initiales de chacune formant cet acronyme : P (politique), E (économique), S (social), T (technologique), E (environnemental), L (légal). Voir l'outil n° 3 dans la boîte à outils en fin d'ouvrage.

L'analyse environnementale est souvent superficielle. On rappelle quelques évidences sur l'économie, la démographie, etc. Pourtant, de nombreux échecs tiennent à des facteurs environnementaux mal ignorés ou à l'inverse surestimés.

Exemple

➥ On a vu précédemment que Stellios, le fondateur d'EasyJet, avait échoué en lançant EasyCinema et on a expliqué que son échec tenait à des conditions trop restrictives de la réservation des places pour bénéficier de tarifs attractifs. Cela relève de l'analyse interne de l'offre proposée. Mais un facteur externe a définitivement tué le projet. Stellios avait ignoré ou sous-estimé la réaction des Majors du cinéma qui, inquiètes des risques de déstabilisation de leur marché, refusèrent de livrer à EasyCinema les films nouveaux. Pour les obtenir, Stellios se plia aux conditions imposées par les Majors : relever fortement ses tarifs. Ce faisant, il ruinait son projet.

2° L'analyse du marché

Dans ce type d'étude, on s'intéresse à la taille, à la structure et aux tendances d'évolution du marché. Le marché peut être étudié, selon le plan stratégique auquel on s'intéresse, au niveau de l'industrie (comme le secteur automobile), de la catégorie de produits (tels les véhicules de tourisme) ou du type de produits (comme les monospaces).

• *Analyse quantitative du marché*

On peut analyser le marché sous de nombreux aspects :

- le volume des ventes, ventilé le cas échéant par types de produits ou niveaux de qualité ;
- la segmentation « produits » sur le marché ;
- les tendances d'évolution du marché global et de ses principaux segments ;
- les tendances d'évolution des prix ;
- le cycle de vie de la catégorie de produits (introduction, croissance, développement, maturité, déclin…), etc.

Cette analyse doit permettre de relever les faits marquants de la situation et les évolutions d'un marché et de ses segments de produits (voir chapitre 1, section 1).

• *L'analyse qualitative du marché : comportements des clients et des influenceurs*

On distinguera les clients proprement dits, c'est-à-dire ceux qui achètent et les consommateurs appelés parfois « destructeurs ». On étudiera tous ceux qui ont une influence sur les raisons et les comportements d'achat et de consommation (voir le chapitre 3 sur le comportement des consommateurs).

• *Les comportements de consommation et d'achat*

- Qui consomme et utilise, où, quand, comment ?
- Qui achète, où, quand, comment ?
- Qui influence les décisions des acheteurs et des consommateurs ?
- Comment peut-on analyser les étapes cruciales du processus de décision (funnel : voir chapitre 3, section 3) ?

- *Les motivations, attitudes et critères de choix des utilisateurs ou des acheteurs*

  - *Le contexte psychologique de la consommation ou de l'achat :* importance psychologique du produit (notamment risques financiers, matériels ou psychologiques perçus par le client dans son achat ou sa consommation), importance relative des facteurs rationnels, affectifs et réflexes dans l'achat.
  - *Les principales motivations et les principaux freins* qui déterminent l'attitude générale à l'égard du produit.
  - *Les critères de choix des marques :* influence des distributeurs, des prescripteurs, de l'entourage, influence relative du prix, de l'habitude, de l'image de marque, de la disponibilité du produit aux points de vente, etc.

- *Les critères de segmentation choisis et l'analyse des segments de clients obtenus*

On détaillera la taille, les évolutions et les caractéristiques principales des segments. Voir le chapitre 13 sur la segmentation.

- *Analyse quantitative et qualitative de la distribution*

Lorsque les produits auxquels on s'intéresse sont distribués, au moins en partie, par des intermédiaires, il faut analyser la structure du réseau de distribution :

- le nombre et les caractéristiques des intermédiaires ;
- la répartition des ventes globales actuelles par types d'intermédiaires, la tendance future de cette répartition ;
- la politique pratiquée par ces intermédiaires (prix, marges, promotion…) ;
- les motivations et attitudes de ces intermédiaires à l'égard du choix des marques vendues et promues par eux.

On pourra se référer au chapitre 6 sur la distribution.

3° L'analyse externe : les concurrents

Une partie importante et spécifique dans l'analyse externe porte sur l'étude des concurrents. Une analyse de la concurrence passe d'abord par l'identification des différents concurrents, ensuite par l'étude des concurrents prioritaires, enfin, par une analyse des positions concurrentielles (voir chapitre 1, section 3).

- *L'identification des concurrents*

Rappelons qu'au sens large, tout produit qui peut être substitué au sien par le client est un produit concurrent. La consommation de Coca-Cola peut être remplacée par celle de Pepsi ou d'une marque de distributeur de cola, mais aussi par des produits très différents comme les jus de fruit, l'eau minérale ou même l'eau du robinet.

L'espace concurrentiel d'un produit ou d'une marque peut s'analyser en trois niveaux.

- *La concurrence directe* ou concurrence interproduits : Pepsi est un concurrent direct de Coca-Cola.
- *La concurrence indirecte* ou concurrence intersegments : produits substituables appartenant à deux segments produits : les sodas et jus de fruit sont des concurrents indirects de Coca-Cola.

- *La concurrence générique* : tous produits pouvant satisfaire le même besoin. Pour étancher la soif, l'eau du robinet, les eaux minérales, les sodas, les jus de fruit, les colas, etc. sont des concurrents génériques.

Lors d'une analyse-diagnostic, on posera donc trois questions :

- Quelles sont les principales catégories de produits qui peuvent répondre aux mêmes besoins que le produit auquel on s'intéresse, et qui par conséquent sont en concurrence indirecte avec lui ?
- Quelles sont les tendances d'évolution de ces concurrents indirects en termes de volume de ventes, de pénétration, de prix, etc. ?
- Qui sont les principaux concurrents directs ?

Exemple

➥ Mappy a pour concurrent direct Google Map, qui propose les mêmes services sur son site. Il a pour concurrent indirect TomTom, le GPS portable qui permet à ses utilisateurs de déterminer leur itinéraire, puisque 80 % du trafic sur le site de Mappy est lié à la recherche d'itinéraires. Les concurrents génériques sont, par exemple, les cartes et les guides.

• *L'analyse de l'intensité concurrentielle du marché selon Porter*

La pression concurrentielle sur un marché ne dépend pas du nombre de concurrents, car il existe des marchés où les concurrents sont nombreux sans que pour autant on y assiste à une guerre des prix. Elle doit plutôt s'analyser en termes de structure concurrentielle.

Selon Michael Porter, l'intensité concurrentielle d'un marché dépend structurellement de cinq forces : nouveaux entrants, substituts, fournisseurs, acheteurs et rivalité interne[1]. L'attrait d'un marché est directement lié à son intensité concurrentielle. L'analyse de Porter doit permettre de sélectionner les marchés les plus attractifs, ou de guider la stratégie de l'entreprise afin qu'elle joue sur certaines de ces forces pour modifier, quand c'est possible, la structure concurrentielle du marché.

Figure 12.7 **Les cinq forces concurrentielles d'un marché selon Porter**

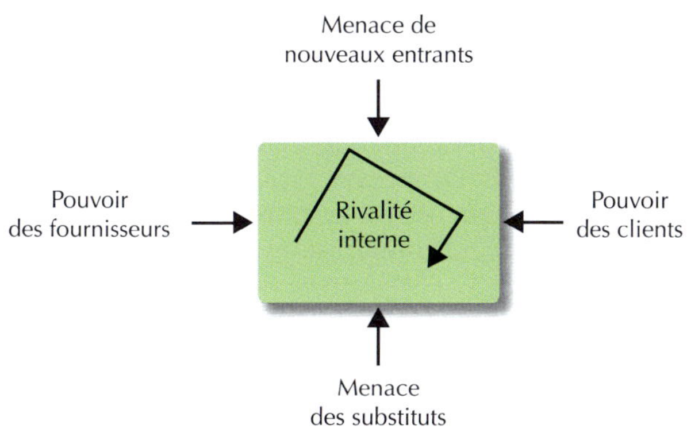

1. M. Porter, *Competitive Strategy*, Free Press, 1980 (traduction : *Choix stratégique et concurrence*, Economica, 1982).

- *La menace des nouveaux entrants*

Plus un marché est facile d'accès pour de nouveaux entrants, plus la pression concurrentielle y est forte. Il existe deux grands facteurs qui réduisent la menace des nouveaux entrants :

- *Les barrières d'entrée.* Ces barrières sont autant de freins à l'accès au marché. Elles peuvent prendre de multiples formes : réglementation, niveaux d'investissement élevé, économies d'échelles et effet d'expérience, accès difficile à la distribution, importance de la marque, coûts de substitution, etc.
- *La défense des parts de marché.* Lorsque les entreprises présentes sur le marché ont pour habitude ou intention déclarée de réagir de façon très agressive à l'arrivée d'un nouveau venu, le risque est beaucoup plus élevé pour ce dernier. Dans certains secteurs, la concurrence interne, très fragmentée, n'oppose que peu de résistance à de nouveaux entrants.

Exemple

➥ Sur le marché des jus de fruit, les barrières à l'entrée de nouveaux venus sont extrêmement réduites : il est relativement facile de se procurer la matière première sur le marché, les coûts d'investissement pour faire embouteiller ou mettre en brique les produits sont limités, la distribution est réalisée par des accords avec la grande distribution dont on paye le référencement. En conséquence, ce marché voit apparaître (et disparaître) chaque année de nouvelles marques, qui exercent une pression constante sur les parts de marché des marques existantes et sur le niveau de prix.

- *La menace de substituts*

Les produits substituts sont une menace véritable pour les entreprises existantes. Ainsi, des marchés ont été complètement bouleversés et des entreprises ont été balayées par l'arrivée de substituts : le marché du transport aérien intérieur avec les trains à grande vitesse, le petit commerce avec la grande distribution, le marché de la photographie traditionnelle avec les technologies numériques, le marché des encyclopédies avec le CD-Rom puis Internet, le marché des disques et CD avec les fichiers MP3, etc.

- *Le pouvoir des fournisseurs*

Des fournisseurs puissants peuvent accroître le prix de leurs produits et dicter leurs conditions à leurs clients. Dans ce cas, on assiste à un transfert des marges des entreprises présentes sur le marché vers leurs fournisseurs. Pour être puissants, les fournisseurs doivent être peu nombreux (cas extrême : le monopole) ou inévitables (pas ou peu de substituts).

Exemple

➥ Sur le marché de la micro-informatique, Microsoft jouit d'un quasi-monopole pour les systèmes d'exploitation (*Windows*) ou les applications de bureau (*Office*) : l'entreprise dicte ses conditions à l'ensemble des fabricants de micro-informatique qui préinstallent ces logiciels sur leurs machines. Alors que le prix de ces dernières ne cesse de baisser, la part relative des logiciels de Microsoft dans le prix du produit final ne cesse d'augmenter.

• *Le pouvoir des clients*

Des clients puissants exercent une pression à la baisse sur les prix et des clients peu nombreux font des clients puissants. Les consommateurs, en grand nombre et dispersés, ne représentent pas vraiment une pression sur le marché ; en revanche, dans le secteur des biens de grande consommation, les distributeurs, très concentrés sont très puissants. Dans les activités B to B, le pouvoir des acheteurs peut être également très important, si la demande est très concentrée. Parallèlement au pouvoir des fournisseurs, le pouvoir des acheteurs se traduit donc dans un transfert de marges au détriment des entreprises du secteur.

Exemple

➥ Pour les biens de grande consommation, 5 à 6 centrales d'achat de distributeurs font en France plus de 80 % du chiffre d'affaires de nombreux producteurs.

• *La rivalité interne*

Enfin, le cinquième type d'acteurs qui structure l'intensité concurrentielle d'un marché correspond aux entreprises présentes sur le marché. Dans certains marchés, la concurrence, quoique vive, cherche à se définir des territoires propres et à valoriser son offre au-delà du prix. Dans d'autres marchés, la concurrence est très agressive et elle adopte des politiques très offensives en matière de tarification.

La présence d'un leader régulateur peut alléger la pression concurrentielle. À l'inverse, un concurrent qui, comme Free dans la téléphonie mobile, s'est fixé des objectifs de gains de parts de marché coûte que coûte, peut faire souffrir l'ensemble de l'industrie.

• *La stratégie des principaux concurrents et leur potentiel de réaction*

Cette analyse consiste à reconstituer leur stratégie actuelle et à élaborer des scénarios sur leurs perspectives stratégiques. Pour chaque concurrent jugé important, on identifiera :

- ses buts : le concurrent cherche-t-il principalement à maximiser son volume, sa part de marché, son profit… ?
- ses cibles ;
- son positionnement ;
- son marketing-mix.

Comme pour les marques de l'entreprise, il sera utile de faire, pour chaque concurrent, une analyse synthétique de ses forces, faiblesses, opportunités et menaces (analyse SWOT, voir plus loin).

Le potentiel, la vitesse et la force de réaction d'un concurrent tiennent à la fois :

- au degré d'importance du marché pour la survie et le développement du concurrent ;
- aux menaces qui pèsent sur sa position concurrentielle ;
- au caractère des dirigeants ;
- à ses moyens financiers, techniques et humains.

4° La synthèse de l'analyse-diagnostic externe

Elle se fait en regroupant les points majeurs en deux rubriques : les opportunités et les menaces.

Figure 12.8 **Opportunités et menaces**

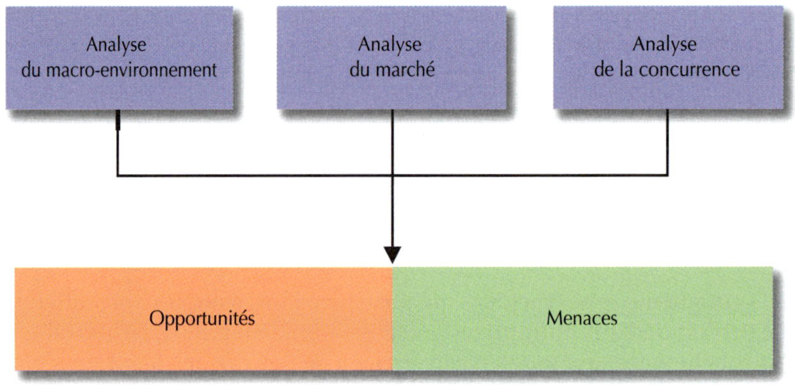

Exemple

- Un brasseur présent sur le marché français depuis longtemps mais n'y occupant qu'une position relativement faible résumait dans les termes suivants les principales *menaces et opportunités* qui, selon lui, se dégageaient de l'analyse de l'environnement, du marché et de la concurrence. Pour cette entreprise, des possibilités de « niches » rentables existent si elle parvient à offrir aux consommateurs et aux distributeurs des bières de spécialités correspondant à leurs attentes.

Les opportunités	Les menaces
• Les bières haut de gamme et les spécialités (bières étrangères, bières sans alcool, etc.) jouissent d'une faveur croissante auprès des consommateurs. • Le marché est peu innovant et les distributeurs peuvent être ouverts à des innovations sur les segments porteurs.	• Le marché français de la bière, dans son ensemble, est en stagnation, voire en régression légère. • La politique des pouvoirs publics, notamment en matière de réglementation de la publicité des boissons alcoolisées, est peu favorable à une reprise du marché de la bière. • Les bières ordinaires sont en déclin en raison d'une montée en gamme du secteur. • Les grands distributeurs ont de plus en plus tendance à ne référencer qu'un petit nombre de marques leaders, accompagnées éventuellement de leur propre « marque de distributeur ».

b) L'analyse interne

L'analyse interne répond à la question : « Pour mener le projet X, quelles sont nos forces et nos faiblesses, aujourd'hui et demain ? ».

Le champ et la nature des méthodes de l'analyse interne diffèrent selon la nature du projet envisagé.

1° En fonction d'un projet stratégique nouveau pour l'entreprise

C'est par exemple l'entrée sur un nouveau marché, sur une nouvelle activité, un nouveau métier. L'analyse interne porte en priorité sur les forces et faiblesses de l'entreprise (moyens financiers, techniques, R & D, moyens humains, etc.) et sur ce que l'expérience du marketing peut apporter au nouveau projet.

Exemple

➥ Il y a quelques années, Gerblé, leader français et européen de la diététique en France et en Europe s'interrogeait sur l'opportunité de développer un nouveau marché : celui de la diététique en produits frais. En effet, Gerblé ne vendait que des produits secs : biscuits, barres, produits de régime en poudre ou sous forme liquide. L'analyse externe avait montré qu'il y avait une opportunité intéressante au vu des attentes des consommateurs. L'analyse interne arriva rapidement à la conclusion que la marque Gerblé pouvait s'étendre aux produits frais, que Gerblé avait les moyens financiers et techniques pour développer une gamme de produits diététiques frais mais qu'il y avait deux faiblesses importantes : En premier lieu, Gerblé n'avait aucune expérience du frais qui réclame une logistique très particulière. En second lieu, la distribution de Gerblé (rayons diététiques des grandes et moyennes surfaces) ne se prêtait pas du tout à la commercialisation de produits frais.

2° En fonction de la stratégie marketing en cours

Lorsqu'on s'interroge sur l'optimisation de la politique marketing d'une marque existante, l'analyse interne est une revue détaillée des forces et faiblesses de la marque et de ses produits. Elle est préparée par le chef de produit (ou *brand manager*) qui est en charge de la marque et se fait de façon régulière, généralement une fois par an, sous la forme d'une « *brand review* » ou revue de marque. On est alors dans une procédure de suivi de l'exécution des plans marketing ce qui est développé dans le chapitre 16.

Exemple

➥ La chaîne d'hôtels hotelF1.com résumait ainsi ses *forces et faiblesses* sur le marché français :

Nos forces	Nos faiblesses
• Un positionnement très attractif : offre basique mais de qualité (confort) pour un prix le plus bas possible. • Une très forte notoriété • Une très bonne taille (plus de 300 hôtels) et homogénéité (constructions fonctionnelles) du réseau sur le territoire national. • De nouvelles implantations en périphérie de Paris où la demande est importante. • L'ensemble de la clientèle est une clientèle directe (pas de ristournes à rétrocéder à des agences ou à des tours opérateurs).	• Le vieillissement du produit (conçu dans les années 1980). • Une image d'hôtel automatique et inhumain, surtout auprès des non-clients. • Un taux de remplissage insuffisant les week-ends. • Des marges très réduites qui donnent peu de capacité de manœuvre. • Des contraintes fortes à toute modification importante de l'offre.

c) Le diagnostic : présentation des points clés

Au terme des deux analyses externe et interne qui auront synthétisé les points principaux de la situation et de son évolution, une difficulté dans la réflexion consiste à passer de la synthèse au diagnostic. Le diagnostic apporte une valeur supplémentaire à l'analyse en préparant aux décisions opérationnelles et stratégiques. C'est dans la qualité du passage de l'analyse au diagnostic qu'on reconnaît le talent et l'expérience du spécialiste en marketing.

Si l'analyse-diagnostic a été menée avec soin, ses conclusions principales feront apparaître clairement les principaux *problèmes à résoudre,* ce qui permettra au responsable marketing de fixer d'une manière réaliste les objectifs généraux de sa stratégie.

1° La synthèse SWOT

Ce diagnostic se fait souvent sous la forme de deux tableaux récapitulatifs, l'un consacré aux *forces et faiblesses* de l'entreprise, identifiées dans l'analyse interne, l'autre aux *opportunités et menaces* identifiées dans l'analyse externe. L'ensemble constitué par ces deux tableaux est désigné par le terme de synthèse « SWOT » (tiré des initiales des mots anglais *Strengths, Weaknesses, Opportunities* et *Threats).*

Exemple

➥ Ce SWOT a été réalisé pour une association de parrainage d'enfants du quart-monde et collectant en France de l'argent pour financer des projets de lutte contre le paludisme et de développement dans les domaines de la santé et de l'éducation. Les principales ressources viennent des cotisations des parrains (25 € par mois) et, plus marginalement de subventions publiques et de dons de grandes entreprises.

Forces	Faiblesses
• Excellente fidélisation des parrains : taux d'abandon très faible et stable. • Le nouveau programme en direction des jeunes parrains (moins de 18 mois) a été bien reçu et a permis de diminuer le taux de *churn* (abandons).	• Le nombre de nouveaux parrains continue à baisser et ne fait plus que compenser les abandons. • Le coût de recrutement des nouveaux parrains s'accroît. • Les recettes ne sont pas assez diversifiées car les dons des particuliers (les parrains) sont constamment autour de 80 % de la recette totale. • Au cours de l'année écoulée, il n'y a pas eu de nouveau partenariat avec une grande entreprise.
Opportunités	**Menaces**
• Suivant la tendance générale, nos parrains fréquentent de plus en plus Internet, qui devrait devenir à moyen terme le premier canal de recrutement.	• La situation économique et les perspectives d'aggravation de la crise pèsent sur le marché de la générosité. • Les associations qui exercent dans le même créneau connaissent des difficultés et sont de plus en plus « agressives » dans leur démarche de prospection. Comme elles s'adressent au même public que notre association, la concurrence est de plus en vive. • L'exonération fiscale d'une partie importante des dons faits à l'association pourrait être supprimée à moyen terme dans le cadre d'une politique de rigueur des autorités françaises.

2° Les conditions de réussite d'un diagnostic SWOT : comment éviter le *pensum*

Après avoir, lors d'activités de conseil ou de formation, écouté ou lu les présentations de centaines d'analyse SWOT, on recommande d'éviter trois écueils principaux et de réunir trois qualités pour un bon diagnostic.

• *Un SWOT mal organisé entame votre crédibilité*

Un SWOT est un exercice de rigueur. Des éléments mal classés entament immédiatement la crédibilité du travail et du rédacteur. Les forces et les faiblesses ne doivent inclure que des éléments qui dépendent de l'entreprise. Les opportunités et les menaces relèvent d'éléments sur lesquels l'entreprise n'a pas de prise et qui s'imposent à elle.

Une erreur très classique d'attribution consiste à inclure dans les « opportunités » des éléments de recommandation, par exemple « développer une gamme de produits pour telle clientèle ». Le terme d'opportunité peut prêter à confusion : l'opportunité ne dépend pas de l'entreprise et de ses actions, c'est un élément objectif de l'environnement que l'entreprise pourra saisir (ou non).

• *Un diagnostic SWOT conclut une analyse externe et interne préalable*

Il apparaît parfois dans les tableaux SWOT des éléments importants qui ont été oubliés dans la phase préalable d'analyse interne ou externe et qui apparaissent donc pour la première fois. Dans d'autres cas, après avoir exposé très longuement les éléments d'analyse interne et externe, l'analyse SWOT semble totalement déconnectée de ce qui a précédé. Un bon diagnostic SWOT est la conclusion d'une analyse interne et externe et son pouvoir de conviction vient de la relation logique entre les faits qui ont été relevés préalablement et les conclusions qui en sont tirées dans le SWOT.

Dans une présentation, on peut commencer directement par le SWOT et mettre l'analyse en annexe (surtout dans une présentation orale).

• *Un diagnostic SWOT n'est pas le résumé de l'analyse interne et externe*

Certains tableaux SWOT sont des listes exhaustives qui ne semblent pas en finir. Ils reprennent l'ensemble des éléments étudiés précédemment et les présentent sous un format *synthétique*. Cependant, si tous les éléments soulignés dans le SWOT doivent résulter de l'analyse précédente, tous les points de l'analyse externe ou interne ne doivent pas se retrouver dans le SWOT. Un bon SWOT ne présente que *quelques* faits majeurs pour chaque partie car son objet est de souligner des points clés et de dessiner des priorités. Ces points sont déjà le résultat d'une réflexion qui, partant de l'analyse interne et externe (elles-mêmes des synthèses), filtre et définit les problèmes ou leviers principaux.

Il faut hiérarchiser les points présentés dans chacune des quatre parties d'un SWOT.

- *Une analyse SWOT prépare des recommandations*

Dans certaines présentations, le diagnostic SWOT semble être un exercice formel qui est oublié aussitôt après avoir été présenté et qui est donc déconnecté des recommandations stratégiques. Un bon diagnostic SWOT doit être à la fois la dernière étape de l'analyse et la première étape des recommandations. Les objectifs et la stratégie défendue par la suite doivent logiquement découler du SWOT. *En d'autres termes, l'entreprise doit s'appuyer sur ses forces et/ou chercher à combler ses faiblesses, pour saisir les opportunités de marché et faire face aux menaces.*

Si les objectifs ou la stratégie proposés ne reposent pas directement sur le SWOT, c'est soit que celui-ci était déficient car il n'a pas su mettre en avant les vrais enjeux, soit que la stratégie n'est pas justifiée, car elle ne découle pas du diagnostic qui a été formulé.

3° Les enjeux clés

Un bon SWOT doit permettre de voir clairement les enjeux et les problèmes stratégiques à traiter. La tentation est donc forte – et il ne faut pas y résister – de formuler en une ou deux phases la problématique clé qui découle du SWOT, et qui va conduire aux options stratégiques fondamentales.

Cette formulation peut prendre de multiples formes en fonction de la problématique, mais dans tous les cas elle exprime le *diagnostic* qui a été fait de la situation.

Exemples

- « Face à de nouveaux concurrents qui jouent sur des prix bas, notre entreprise ne peut plus se permettre de vivre sur ses acquis (notoriété, réputation, relation commerciale…) et doit renforcer ses services et la valeur apportée aux clients. » Cette formulation souligne une menace principale : la moindre efficacité des atouts d'hier et pointe vers des choix (amélioration de l'offre) qui seront développés dans le plan marketing.
- « Le manque de revenus de notre service en ligne est lié à un trafic insuffisant, qui est dû à une ergonomie mal conçue et des fonctionnalités trop pauvres. » Cette formulation souligne un problème principal, qui est la faiblesse du chiffre d'affaires de l'activité en ligne. Elle ne se contente pas du symptôme, mais établit un diagnostic en indiquant deux problèmes clés à traiter : l'ergonomie du site et les fonctions offertes à l'internaute.
- « La concentration de nos distributeurs et la croissance des importations chinoises à bas prix menacent nos positions sur le marché, qui se segmente de plus en plus entre une offre fortement différenciée (marque, innovation) et une offre basique à prix bas. » Cette formulation met l'accent sur deux menaces importantes pour l'entreprise : la concentration de la distribution qui accroit sa dépendance et renforce la pression sur les prix, et les importations chinoises bon marché. Deux évolutions – qui sont aussi deux options pour l'entreprise – sont présentées : la suite du plan devra indiquer comment l'entreprise fera face à ces menaces en choisissant l'une de ces deux options – ou en segmentant son offre et en prenant les deux.

2 La formulation de la stratégie marketing

Du diagnostic formulé à partir de l'analyse externe et interne, on retient une ou plusieurs voies possibles pour réaliser les buts de l'entreprise compte tenu de ses moyens et de ses contraintes. L'étude approfondie des différentes « pistes » possibles conduit à les hiérarchiser selon leur intérêt. On retient la meilleure que l'on développe selon des rubriques dont l'ensemble compose la stratégie marketing.

MINI CAS

Comment Anett s'est fait une place dans le marché de la blanchisserie industrielle

Anett est la marque d'une blanchisserie industrielle qui a pris la troisième place du marché français derrière Initial et Elis[1].

Diagnostic. Le marché de la blanchisserie (location et nettoyage de linge) est largement détenu par quelques gros acteurs qui jouent sur un avantage coût/volume exploité par une logistique performante (ramassage et retour du linge) et des installations de blanchisserie à forte productivité. Pour faire tourner à plein leur logistique et leurs ateliers de blanchisserie, ces gros acteurs investissent tous les segments du marché.

Vision stratégique. Il est possible d'être plus compétitif sur les coûts que les gros blanchisseurs en se concentrant sur le segment des grands comptes (hôpitaux, grandes entreprises industrielles…). Ce faisant, on supprime ou tout au moins on allège considérablement les forces commerciales car les grands comptes procèdent par appel d'offres. Par ailleurs, on allège la logistique et les frais de gestion et on améliore la qualité de service (ponctualité des enlèvements et rapidité de la remise du linge nettoyé).

Positionnement. « Anett, le blanchisseur des grands comptes qui rend une meilleure qualité de service 20 % moins cher »

Le positionnement est l'expression de la stratégie marketing qui va convaincre le marché en mettant en avant une promesse forte, différente et pérenne.

Marketing-mix.

- Élément moteur du marketing-mix : le prix.
- Politique de produit : amélioration du service et suivi de la qualité de service.
- Politique de communication : budget réduit par rapport aux grands concurrents. Au lieu d'aller chercher les prospects, on s'organise pour répondre aux appels d'offre.
- Politique de distribution : installations industrielles et logistiques dans les grands centres où se trouvent les grands comptes.

1. Ce mini cas a été écrit à partir de données trouvées sur Internet et dans l'ouvrage de M. Santi et V. Nguyen, *Le Business model du low cost*, Eyrolles, 2012.

a) La vision stratégique

La vision stratégique est une idée anticonformiste en rupture avec des conventions solidement établies dans un marché et qui doit permettre d'atteindre les objectifs de l'entreprise ou de la marque.

« *The essence of strategy is being different* » écrit Michael Porter, ce qu'on peut traduire littéralement par « La stratégie, c'est fondamentalement une approche différente » ou mieux par « La stratégie est une vision anticonformiste ». Une stratégie marketing n'est pas simplement la mise en œuvre efficace d'un ensemble de moyens marketing. Elle repose sur une vision nouvelle du marché et de la concurrence et de la façon de les attaquer, pour atteindre les buts que s'est fixée l'entreprise.

Dans chaque secteur économique, pour chaque catégorie de produit, il existe des principes et des convictions largement partagés par les acteurs et qui organisent leur perception du marché actuel et de son évolution. La plupart des politiques marketing reflètent ces conventions. Le stratège marketing repère les conventions les plus structurantes, analyse leurs fondements et s'interroge sur la façon de les contourner[1]. Plusieurs exemples serviront à illustrer ce propos.

Exemples

- Dans le cas précédent sur Anett, les acteurs du marché partageaient une convention : un avantage concurrentiel sur les coûts de revient passe par l'accroissement du volume traité. Anett a remis en cause cette convention en démontrant qu'on peut être rentable avec un volume moindre que le leader à la condition de se spécialiser sur un segment de clientèle.
- Il est convenu de penser qu'attaquer frontalement Nestlé et Danone sur le marché des produits frais est une pure folie si on part de rien, avec très peu de moyens financiers, techniques et humains. Pour se faire une place sur ce marché, il faut donc contourner ces mastodontes en produisant pour des marques de distributeurs ou en se spécialisant sur des segments de marché qui pour les grands groupes de l'agro alimentaire sont des niches jugées inintéressantes. Michel & Augustin (voir le mini cas à la fin du chapitre 14 sur le positionnement) ont rompu avec ces conventions en créant une marque « fun » de yaourts et de desserts laitiers. Les produits sont d'excellente qualité ; la communication très originale, d'une grande modernité et peu coûteuse en créant du buzz à moindre frais alors que les grandes marques raisonnent en part de voix et investissent des millions d'euros en publicité et en promotion.
- Apple a été créé sur une vision en rupture avec une convention bien établie à l'époque : « L'informatique est affaire d'informaticiens ». Apple a proposé une informatique qui oublie l'informatique pour s'ouvrir à tous : facile, intuitive (pas d'apprentissage) et esthétique. À noter que c'était une réelle vision au sens où ce n'était pas à l'époque une attente que pouvaient exprimer les utilisateurs de micro-ordinateurs.
- Michael Dell a connu le succès (longtemps à la première place sur le marché mondial) à partir d'une vision différente du marché des micro-ordinateurs. La convention établie était que ces produits à fort contenu technologique ne pouvaient être vendus qu'avec l'assistance de distributeurs spécialisés qui conseillent et rassurent le client. En s'adressant d'abord au marché des entreprises, Michael Dell a rompu avec la convention. Les grosses PME et les grandes entreprises ont un service informatique qui sait très bien ce dont il a besoin. Dell s'est développé en vendant directement des produits customisés ce qui nécessitait une révolution dans les process de prises de commande, de fabrication et de livraison. Aujourd'hui, Dell connaît quelques soucis. Une nouvelle vision du marché n'est jamais une vision éternelle.

1. Dans le chapitre 8 sur la publicité, on a présenté l'approche de J.-M. Dru qu'il dénomme « *Disruption* » : repérer les conventions dans la communication et proposer des politiques qui rompent avec ces conventions. Voir son ouvrage *Disruption live : Pour en finir avec les conventions*, Village Mondial, 2003.

MINI CAS

La Belle-iloise ressuscite la sardine à l'huile

Les conserves de poisson sont sur le déclin depuis longtemps, supplantées par les produits frais et surgelés. Dans les années 1960, il y avait 164 conserveries de poisson en France. Aujourd'hui, elles sont 8.

Les boîtes de sardines et de maquereaux ont souvent l'image de produits de (mauvaise) cantine et de tables modestes. Peu de marques connues, peu de communication, peu d'innovation produit, bref peu d'envie !

Et pourtant, dans ce marché difficile, la conserverie La Belle-iloise, une entreprise familiale fondée en 1932, a su créer une marque forte dont la notoriété s'étend progressivement sans investissement important en communication. L'intelligence stratégique peut se substituer efficacement aux moyens financiers dont on ne dispose pas.

Première évolution stratégique : changer la distribution. Fin des années 1960, au moment où les hypermarchés commencent à se développer, George Hilliet, le fondateur, décide de ne pas jouer la carte GMS pour vendre directement par un réseau de boutiques en propre et de la VPC. Pari osé mais stratégie gagnante. Les hypers auraient étouffé la politique de différenciation par la qualité qu'avait entamée le fondateur.

Aujourd'hui, la conserverie La Belle-iloise a une quarantaine de boutiques dans des villes du littoral, du Touquet à Menton. Elles font 60 % environ du chiffre, le reste étant réalisé par Internet et VPC.

Les ingrédients de la stratégie marketing actuelle :

- *Positionnement* : La Belle-iloise, un choix étonnant de gourmandises à base de poisson frais pour se faire plaisir et faire un cadeau original à des amis gourmets.
- *Une marque évocatrice* : Belle Île en mer, une île bijou du Morbihan. La conserverie est toujours à Quiberon, en face de Belle Île. Pas de délocalisation au Maroc où poisson et main-d'œuvre sont bon marché. La Belle-iloise est bretonne et entend bien le rester.
- *Une exigence de qualité* : Les conserves sont faites uniquement avec du poisson frais et un savoir-faire développé sur huit décennies.
- *Une gamme très large* de recettes originales pour accompagner un apéritif ou faire une entrée différente et goûteuse. La sardine est au cœur de la gamme.
- *De jolis packagings* : La décoration mêle tradition (cœur de la marque) et tendance ; assemblages de plusieurs boîtes déclinant un thème et se prêtant bien aux cadeaux.
- *Des boutiques dédiées à la marque*, de surface très réduite. Elles sont tapissées de boîtes de La Belle-iloise. On les achète comme des produits locaux. Les vacances passées, on les rachète sur Internet (www.labelleiloise.fr). Il y a toujours de nouvelles recettes à découvrir.
- *Des prix premium*.

En 2012, la petite fille du fondateur a pris les commandes de la Belle-iloise. Elle a entrepris la refonte du système informatique (l'organisation peut être une évolution stratégique) et a implanté une première boutique en Belgique.

Une des conventions les plus répandues est liée au cycle de vie des produits. La théorie enseigne que lorsqu'une catégorie de produits est sur le déclin, on ne doit plus investir dans un marché condamné à plus ou moins long terme. Comme le bon sens semble confirmer la théorie, on laisse ces produits s'étioler doucement. Certains ont pourtant un potentiel qu'on peut réactiver.

Exemples

- Jean Gervoson, le fondateur du groupe Andros a créé, dans les années 1970, une marque forte : Bonne Maman, alors que personne ne s'intéressait à la confiture. Depuis longtemps, la tendance des consommateurs est de délaisser les produits trop sucrés jugés nocifs pour la santé. Bonne Maman dont on a déjà cité l'exemple dans Mercator, a su s'investir du capital affectif attaché aux produits faits maison, par la maman ou la grand-mère.
  Jean Gervoson a également relancé le marché de la compote, un produit désuet, en le conditionnant dans des petits pots façon yaourt, en améliorant la qualité et en inscrivant, aux débuts, une date limite de conservation. Elle conduit à mettre le produit dans les réfrigérateurs dont les enfants poussent la porte plusieurs fois par jour : plus qu'un produit *relooké*, c'est un nouveau mode de consommation de la compote.
- Repetto, marque de chaussons de danse a été créée en 1947 par Rose Repetto, la mère de Roland Petit. Progressivement, la marque s'est fait une bonne réputation dans un étroit marché. L'entreprise est restée de taille modeste et a décliné dans les années 1990. En 1999, Jean-Marc Gaucher la reprend avec un projet qu'il va réussir à merveille : construire sur l'A.D.N de Repetto une grande marque de chaussures pour femmes et hommes. En 2011, le chiffre d'affaires a dépassé 30 millions d'euros dont la moitié à l'export. 500 000 ballerines ont été produites (en France). La marque a une notoriété mondiale[1].
- La stratégie marketing de La Belle-iloise, décrite dans le minicas suivant, participe de la même démarche : redonner vie à un marché avec de nouveaux produits et/ou de nouveaux modes de consommation.

b) Afficher des priorités claires et prendre en compte les contraintes de l'entreprise

Élaborer une stratégie, c'est définir ce à quoi on renonce pour concentrer les moyens sur l'essentiel.

On dit généralement ce qu'on veut faire et comment on va le faire. C'est insuffisant. Il convient d'afficher clairement ce à quoi on renonce : quels segments de clientèle délaisse-t-on ? Quels concurrents ne sont pas dans la ligne de mire ? Quels atouts de la marque ou des produits sont jugés secondaires et ne seront pas mis en avant dans le positionnement de la marque ? Quels modes de distribution (direct/indirect, off line/on line) seront ignorés ? Renonce-t-on à une forte rentabilité unitaire pour faire du volume et conquérir de la part de marché, etc. ?

Notre conseil

La Belle-iloise est un bel exemple de stratégie marketing réussie dans un marché en déclin, avec très peu de moyens à l'origine. Attention aux généralisations abusives. Le manque de moyens oblige à prendre des risques mais ne rend pas pour autant perspicace à tous coups. Par ailleurs, de nombreux marchés en déclin prolongé sont vraiment irrécupérables.

1. Voir www.repetto.com

MINI CAS

Valrhona : « *The essence of strategy is choosing what not to do*[1] »

Valrhona est une entreprise du groupe Soparind Bongrain, leader mondial des spécialités fromagères (Caprice des dieux, Chaumes, Etorki, Cœur de Lion, etc.) et qui a, entre autres, une division « produits sucrés » avec une forte dominante chocolat (marques La Maison du Chocolat, Valrhona, de Neuville, Mademoiselle de Margaux, Révillon chocolatier, etc.).

Valrhona s'est spécialisé dans la production de « couvertures » de chocolat de très grande qualité qui servent de base aux artisans chocolatiers, pâtissiers et restaurateurs pour réaliser et créer leurs propres recettes de bonbons de chocolat, de pâtisserie et autres desserts chocolatés.

Le marché mondial du chocolat de couverture est dominé par le groupe suisse Barry Callebaut dont la stratégie est fondée sur un avantage concurrentiel cout/volume permettant d'afficher des prix compétitifs avec une bonne qualité. La culture du groupe Bongrain est différente, les stratégies marketing aussi. On y privilégie le marketing segmenté, parfois concentré sur des niches, toujours à forte différenciation et avec des marques multiples, chacune ne couvrant qu'une gamme de produits avec un positionnement très clair.

Valrhona s'est positionné comme la marque de référence pour les meilleurs artisans chocolatiers et chefs cuisiniers, ceux qui inventent leurs produits et qui ont besoin des meilleurs ingrédients et de perfectionner sans cesse leur savoir faire. Valrhona choisit ses clients et a développé depuis plus de quinze ans un partenariat avec eux.

L'entreprise renonce ainsi à une diffusion plus large qui, compte tenu de la notoriété de marque assurerait un accroissement substantiel des volumes vendus.

Pour s'approvisionner en fèves de cacao, les « sourceurs » de Valrhona parcourent les meilleurs terroirs du monde qui produisent des cacaos de très grande qualité en faible quantité, comme la République Dominicaine, le Venezuela ou Madagascar. Valrhona développe des partenariats avec les planteurs locaux et a initié le concept du chocolat millésimé.

La stratégie de Valrhona s'apparente à celle des grands crus de vins de Bordeaux ou de Bourgogne : terroirs rares, quantités limitées, savoir-faire dans les assemblages de crus, distribution sélective, marque prestigieuse et prix élevés.

Valrhona apporte de la valeur à ses clients par ses produits et par ses services, comme l'École du Grand Chocolat qui organise à Tain l'Hermitage (lieu de la chocolaterie) et à Tokyo des séminaires de perfectionnement pour des artisans chocolatiers et des chefs qui viennent du monde entier.

École du Grand Chocolat à Tain l'Hermitage

Cette activité essentiellement B to B est complétée par du B to C.

1. Traduction : « Le fondement d'une stratégie, c'est choisir ce qu'il ne faut pas faire », Michaël Porter.

> ### *Notre conseil*
>
> *C'est une erreur de croire que certaines entreprises font du marketing indifférencié parce qu'elles s'adressent à de très vastes publics. Un bon exemple de marketing indifférencié est celui des low cost, non pas parce qu'elles s'adressent à tout le monde mais parce qu'elles traitent tout le monde de la même façon.*

Les choix prioritaires sont principalement de deux types : choix de marché et choix des sources de volume.

1° Le choix des marchés prioritaires

On rappelle les trois options principales.

• *Le marketing indifférencié*

La politique marketing est strictement identique pour tous les segments du marché.

Exemples

- Autrefois, France Télécom vendait du téléphone fixe aux particuliers avec une offre identique pour tous. C'était du marketing indifférencié. Aujourd'hui, Orange pratique un marketing segmenté, ciblé et fortement différencié selon les caractéristiques et les attentes de ses différents publics.
- Autrefois, la RATP pratiquait une politique différenciée avec un métro à deux classes. Ayant supprimé la première classe, l'offre est devenue unique ; la politique actuelle est indifférenciée.

• *Le marketing multi-segments*

On pratique des politiques spécifiques à chaque segment de marché retenu.

Exemple

- On a vu dans le cas de Viadom présenté en page d'ouverture de ce chapitre que Viadom se définit comme une entreprise de services à la personne qui a segmenté son marché : Viadom coiffure à domicile, Viadom jardinage, Viadom ménage.

• *Le marketing concentré sur un segment de marché ou marketing mono-segment*

Exemples

- Openskies (ex-compagnie L'Avion) a concentré son offre sur la classe business et la liaison Europe-USA.
- Lightemotion est une entreprise canadienne qui se concentre sur l'éclairage architectural : musées, théâtres, églises, etc. Sur cette niche, cette entreprise s'est fait une réputation mondiale.
- De nombreuses start-up se sont lancées dans l'organisation d'enterrements de vie de garçon et de jeunes filles comme http://www.crazy-voyages.com, http://www.cordocou.com ou encore http://www.celibabye.com

Ces exemples pourraient laisser entendre que le marketing concentré sur un segment est toujours un marketing de niche. C'est une spécialisation sur un segment, pas nécessairement le choix d'une niche. Le terme « niche » est fort connu mais particulièrement imprécis. Pour le commun des mortels, une niche est un marché de petite taille mais ce n'est pas un critère objectif car la taille d'un marché est inversement proportionnelle à la taille de l'entreprise qui l'attaque. Une niche pour une multinationale sera un énorme marché pour une PME.

Les spécialistes ajoutent qu'une niche est un marché de petite taille de faible intensité concurrentielle. Ce serait donc un petit marché défendable soit parce qu'il n'intéresse pas les autres (mais pour combien de temps ?), soit, parce qu'on a su franchir des barrières à l'entrée qui repoussent les autres.

Enfin, on observera que les choix des marchés prioritaires entraînent *de facto* le choix de la concurrence qu'on affronte. Dans les stratégies de marketing indifférencié la concurrence est très large ; dans les stratégies de marketing concentré, la concurrence peut être en moindre nombre mais elle est plus directe ; enfin dans les stratégies de marketing multi-segmenté, la concurrence diffère souvent beaucoup d'un segment à l'autre.

2° Le choix des sources prioritaires de volume et de rentabilité

On ne parle généralement que de sources de volume, ce qui est trop restrictif car toute entreprise a toujours une exigence de rentabilité, quelle que soit la stratégie retenue.

• *Sur quelle dimension doit-on faire concentrer les efforts ?*

Les volumes et/ou la rentabilité peuvent se gagner sur trois dimensions :

- la conquête de nouveaux clients ;
- une meilleure fidélisation des clients actuels ;
- un accroissement du revenu moyen par client : augmentation de la recette par client et de la rentabilité du client.

Figure 12.9 **Les trois dimensions du développement des volumes et de la rentabilité**

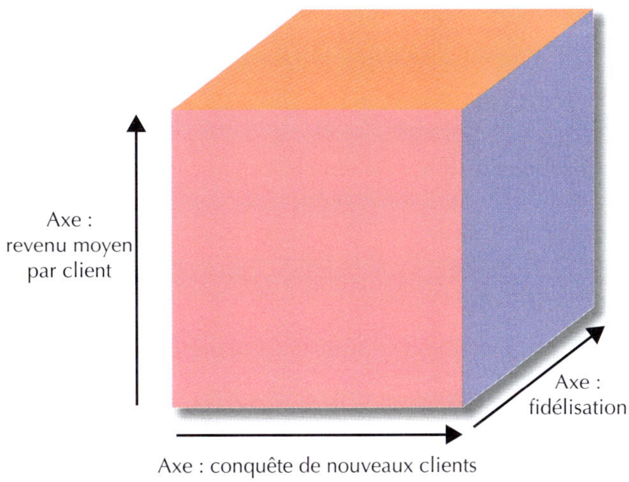

1. *La conquête* de nouveaux clients se fait :
   - soit au détriment de la concurrence. Quels concurrents doit-on attaquer en priorité ? Comment ?
   - soit en développant la demande primaire, c'est-à-dire en convertissant des non-clients de la catégorie de produit en clients.
   - soit en faisant les deux.

Exemples

- La Logan de Dacia a conquis sa part de marché au détriment des modèles d'entrée de gamme de Peugeot, Citroën et… Renault mais aussi en convainquant des personnes qui avaient toujours acheté une voiture d'occasion d'acheter une voiture neuve (augmentation de la demande primaire).
- Le 4x4 Duster de Dacia fait ses ventes au détriment de marques concurrentes. Il ne développe pas (ou peu) la demande primaire.

2. *La fidélisation* est une politique aux moyens très variés qui vise à développer les volumes vendus et la profitabilité en conservant les clients rentables le plus longtemps possible. C'est le concept de valeur à vie du client (*lifetime customer value*) qui est développé dans le chapitre 10 sur le marketing relationnel et la fidélisation. On notera ici que la fidélité a deux sources principales :
   - *La fidélisation active* : On incite le client à rester en lui donnant des bénéfices réels. C'est la règle dite des 3 R :
     - Récompense : avantages financiers ou en nature comme les miles des compagnies aériennes
     - Reconnaissance : proximité avec un client reconnu, mise en place de programmes de marketing relationnel.
     - Romance : Développer une dimension émotionnelle dans la relation avec le client.
   - *La fidélisation contrainte* : Ce sont des politiques de rétention. On retient le client en lui faisant souscrire un abonnement, en augmentant les coûts de changement (par exemple, pour dénoncer un contrat d'assurance, il faut s'y prendre au moins 3 mois avant son terme).

Les méthodes et techniques de la fidélisation sont largement développées dans le chapitre 10 sur le marketing relationnel.

3. *Le ticket moyen* (chiffre d'affaires et rentabilité par client). Il se développe de trois façons qui peuvent être complémentaires :
   - *L'accroissement du taux de nourriture de la marque*[1]. Rappelons que le taux de nourriture de la marque X est le pourcentage des achats de la catégorie de produit d'un client (ou segment de clientèle) qui se fait sur la marque X.

Exemple

- Si le taux de nourriture des yaourts Danone est de 60 %, cela veut dire que les clients de Danone achètent 40 % de leurs yaourts en prenant des marques concurrentes.

1. On dit aussi « part de client ».

- La méthode de l'*up-selling*, en deux temps :
  - Convaincre les clients actuels de changer pour un produit de la marque plus cher et/ou plus rentable. C'est de la cannibalisation volontaire.
  - Pousser les clients à prendre des suppléments. C'est une pratique très fréquente comme une extension de garantie ou la vente d'équipements complémentaires, etc.
- Enfin, le *cross selling*. Il s'agit de convaincre les clients actuels du produit A de la marque X d'acheter également le produit B de X.

Exemple

→ L'Oréal cherche à persuader ses clientes d'acheter des produits de sa ligne Men Expert pour que leur compagnon ou mari les essaient.

Comme les moyens d'une entreprise sont toujours limités et qu'il faut obtenir un retour sur investissement élevé, on doit définir la ou les dimensions prioritaires.

Exemple

→ Dans le cas précédent de Valrhona, fidéliser les partenaires actuels est la priorité. Vient ensuite, l'augmentation du business avec chaque client. La stratégie de conquête de nouveaux clients passe par l'implantation de Valrhona dans de nouveaux pays.

c) Le plan de manœuvre

Lorsqu'on a une vision stratégique accompagnée de priorités clairement définies, il faut passer des buts généraux (volume/rentabilité) à des objectifs quantitatifs précis (prendre une part de marché de 8 % en deux ans ; obtenir une marge nette de 15 %, etc.) et organiser le marketing-mix ou cocktail des moyens marketing à mettre en œuvre pour atteindre ces objectifs.

FOCUS

Les rubriques du plan de manœuvre

- La marque et son positionnement.
- Les leviers d'action.
- Les étapes de développement de la stratégie.
- Le marketing-mix et l'organisation marketing et commerciale à chaque étape.
- Les plans d'actions à court et moyen terme.

1° La marque et son positionnement

Ces notions sont centrales en stratégie marketing. Elles font donc chacune l'objet d'un chapitre (respectivement le chapitre 15 et le chapitre 14). On renverra donc le lecteur à ces chapitres.

La marque est un nom qui a du pouvoir sur le marché. Une telle définition peut laisser le lecteur perplexe. Quel pouvoir ? Pourquoi ? Comment le construire ? Autant de questions majeures auxquelles le chapitre 15 sur la marque tente de répondre.

Le positionnement est le choix stratégique d'un espace de marché et de traits saillants qui cherchent à donner à une offre (produit, marque ou enseigne) une perception attractive, distinctive et crédible, sur la longue durée.

Le positionnement doit permettre aux clients d'*identifier* une offre à une catégorie de produits ou univers de référence et de *différencier* cette offre de celle des concurrents. Le positionnement est la clé de voûte du marketing-mix. L'ensemble des actions doit converger de façon cohérente pour servir le positionnement.

Exemples

- Vueling est une compagnie aérienne espagnole low cost qui s'est clairement positionnée sur des tarifs attractifs mais qui se différencie mal de ses autres concurrents low cost comme Ryanair ou EasyJet
- Emirates est positionné sur le long courrier avec une excellente qualité de service

2° La définition des leviers d'actions

Sur quoi va-t-on s'appuyer pour conquérir de nouveaux clients, pour les fidéliser, pour augmenter le chiffre d'affaires ou la rentabilité par client ? Les leviers d'action dépendent de l'axe prioritaire retenu, du contexte et de l'étape de développement de la stratégie en fonction des problèmes spécifiques à surmonter à chaque étape.

Exemple

- Dans le cas de Valrhona, la proposition de valeur aux clients professionnels est triple :
  - Valrhona a les meilleurs crus de chocolat : le levier d'action est le savoir-faire des sourceurs et l'assistance à des planteurs sélectionnés.
  - Valrhona transfère les meilleures techniques professionnelles du travail du chocolat. Le levier d'action de la politique prioritaire de fidélisation est le perfectionnement technique des professionnels : Ecole du Grand Chocolat, publication d'une encyclopédie technique du chocolat qui est devenue un ouvrage de référence dans la profession.
  - Valrhona aide à la reconnaissance des meilleurs artisans chocolatiers. Le levier d'action est l'organisation ou le sponsoring d'évènements professionnels : coupe du monde de la pâtisserie, salons du chocolat en France et à l'étranger.

Les leviers d'action diffèrent selon le rôle assigné à la distribution. Lorsqu'on adopte une stratégie *push*, on donne à la distribution un rôle déterminant. On incite les distributeurs à « pousser » les produits vers le client par des remises sur quantités, des *incentives*, des marges arrières liées à des efforts promotionnels et des mises en avant dans les points de vente.

Lorsqu'on adopte une stratégie *pull*, on tire les clients vers les points de vente et les produits par une marque forte, des budgets de publicité, des programmes de promotion des ventes promus dans les mass media ou en ligne.

Notre conseil

Il faut trouver des leviers d'action mais ne pas les multiplier de façon excessive au risque de se disperser et de ne pas disposer d'un budget suffisant pour chaque levier. Les leviers s'inscrivent dans la durée. Ils sont étroitement liés à la stratégie marketing.

FOCUS

Les leviers d'actions et la concurrence

- Dans un même marché, pour une même catégorie de produits, les leviers d'action sont souvent communs à plusieurs concurrents.
- Ce qui importe est la façon de jouer sur ces leviers. On n'est plus dans la stratégie mais dans la qualité de la mise en œuvre. Elle est faite de mille détails souvent difficilement copiables par les concurrents.

Exemple

➥ Dans le marché des lentilles de contact, le levier d'action incontournable est l'ophtalmologiste qui est prescripteur. L'opticien a un rôle moindre. Tous les laboratoires qui produisent des lentilles jouent sur ce levier et multiplient les prévenances à l'égard des ophtalmologistes. Cependant, quelle que soit la qualité du marketing relationnel, la prescription est d'abord liée à l'innovation produit : les lentilles les plus efficaces, les plus confortables ce qui garantit une bonne utilisation, les mieux adaptées aux cas particuliers des patients. La stratégie des laboratoires passe par la puissance de la recherche et développement. Le rôle du marketing est faible sur ce levier : en revanche, il est déterminant sur le levier « relation » avec l'ophtalmologiste.

3° La définition des étapes de développement de la stratégie

On ne passe pas d'une part de marché de 0 % à 30 % en mettant en œuvre les mêmes moyens avec la même gamme de produits et les mêmes budgets. La stratégie reste identique, le positionnement aussi mais il faut imaginer l'escalier qui conduira à la réalisation des objectifs à long terme et construire des marketing-mix adaptés à chaque marche.

Exemple

➥ Dans le cas de La Belle-iloise, la distribution directe a été l'axe stratégique du développement. Il s'est fait en plusieurs étapes.

- Première étape : implanter les premières boutiques dans le marché régional, ici en Bretagne Sud.
- Deuxième étape : développer le réseau de boutiques dans les grands centres touristiques du littoral et élargir la gamme.
- Troisième étape : élargir la distribution hors saison aux grandes métropoles en développant la vente à distance : VPC puis Internet.
- Quatrième étape : s'implanter à l'étranger.

4° Le marketing-mix et l'organisation marketing et commerciale à chaque étape de la stratégie

La Belle-iloise poursuit la même stratégie depuis longtemps mais les moyens marketing (le marketing-mix), les budgets, les compétences et l'organisation ont été adaptés à chaque étape. En 2012, les dirigeants de la Belle-iloise ont fait appel à IBM pour repenser leur système d'information. La multiplication des boutiques et le développement des ventes en ligne le nécessitent.

5° Les plans d'action à court et moyen terme

Chaque étape peut durer plusieurs années. Pour piloter le développement au cours d'une étape, on élabore des plans précis organisés autour des leviers d'action et décomposés en programmes, calendriers et budgets.

Les méthodes et techniques de la planification à court et moyen terme sont développées dans le chapitre 16.

FOCUS

Comment rendre une stratégie marketing convaincante

Une stratégie doit se montrer efficace deux fois : la première fois, elle doit convaincre la direction générale d'investir dans la direction qu'elle suggère. La seconde fois est évidente : l'efficacité de la stratégie se mesure sur le terrain. Nous nous intéresserons ici au premier stade car pour qu'une stratégie fasse ses preuves, il faut d'abord savoir la faire accepter par la hiérarchie.

- *Aller à l'essentiel,* rester sur l'essentiel. La stratégie doit être simple à expliquer, simple à comprendre. Ce qui est complexe à exposer devient vite une « usine à gaz » sur le terrain. La démarche d'élaboration de la stratégie marketing et les rubriques que nous avons proposées peuvent fournir une grille de présentation pour rendre l'exposé d'une stratégie plus limpide.
- *L'essentiel repose sur trois points majeurs :*
  - la vision stratégique (c'est le plus délicat et si on n'entraîne pas l'adhésion sur ce point, tout le reste s'écroule) ;
  - la pertinence et la force du positionnement ;
  - le ou les leviers d'action.
- *On ne propose pas une stratégie nue,* c'est-à-dire, uniquement formulée de façon conceptuelle. Il faut l'accompagner d'un ou deux scénarios de mise en œuvre impérativement chiffrés. On n'a pas besoin d'une précision absolue qui deviendrait d'ailleurs suspecte mais d'ordres de grandeur qui établissent le réalisme des propositions avec une fourchette sur le retour sur investissement. On n'adopte pas une stratégie pour la beauté de son raisonnement mais pour les résultats espérés.
- *Il est utile de dégonfler les objections,* au moins en partie, en listant les principaux obstacles à affronter et la façon de les surmonter.
- *Il est bon de décomposer le développement de la stratégie en plusieurs étapes* et de démontrer que la stratégie est agile. Les dirigeants craignent toujours, à juste titre, d'être séduits puis de se retrouver un jour dans une impasse, c'est-à-dire de ne plus avoir de marge de manœuvre. On ne peut pas prévoir toutes les circonstances sur plusieurs années mais il faut prouver que la stratégie peut être flexible et évoluer sans perdre toute sa substance.
- *Une stratégie marketing doit s'accompagner de propositions sur l'organisation.* Les dirigeants savent que l'efficacité passe par une organisation adaptée à la stratégie. Si Nestlé avait développé le concept de Nespresso au sein du groupe sans lui donner une très large autonomie, les résultats aujourd'hui seraient certainement beaucoup moins brillants. La stratégie de Nespresso n'est pas dans la culture et le savoir-faire de cette immense multinationale.
- *Plus la stratégie proposée est originale, plus elle risque de susciter des résistances internes* assez puissantes pour faire échouer le projet. Il a fallu que Louis Schweitzer alors Président de Renault use de toute son autorité et de son talent de conviction pour faire accepter le projet low cost sous la marque Dacia et qui est, à ce jour, un franc succès. Si la stratégie proposée met en jeu l'avenir de l'entreprise, il faut absolument avoir recueilli l'intérêt ou mieux l'assentiment du président et du directeur général, au moins sur les points essentiels, avant de développer le projet devant le comité de direction. Dans tous les cas, il faut arriver en ayant identifié qui sera coopératif et qui le sera moins ou… pas du tout.

Ressources complémentaires

La boîte à outils du *Mercator*

- Outil n°18, Les stratégies « 3 D »
- Outil n°19, La matrice d'Ansoff
- Outil n°20, Les forces concurentielles de Porter
- Outil n°21, Le SWOT

Ressources numériques sur mercator.fr

- **L'essentiel : retenez les points-clés !**
  L'essentiel du chapitre 12
- **Quiz interactifs corrigés et commentés : testez vos connaissances !**
  Quiz chapitre 12
- **Pour aller plus loin**
  – Pour aller plus loin dans le chapitre 12 : une sélection de livres, d'études et d'articles sur la compréhension des stratégies d'entreprises et sur le low cost.
  – L'innovation dans un écosystème : texte des auteurs développant les analyses de ce chapitre sur l'innovation au service des stratégies de différenciation.
  – Débat proposé par les auteurs : « Le marketing en temps de crise ».

Les militaires US maîtrisent le marketing segmenté

Source : www.usaa.com

L'USAA (United Services Automobile Association) a été créée en 1922 par 25 officiers de l'armée américaine pour assurer leurs automobiles. Pendant longtemps, seuls les officiers pouvaient être membres, et ce n'est qu'en 2008 que l'USAA s'ouvrit à toutes les catégories du personnel de l'armée, vétérans et réservistes compris.

Fin 2011, l'USAA comptait 8,8 millions de membres servis par 23 000 employés. Elle a considérablement élargi son portefeuille d'activités. Au-delà de l'automobile, elle assure tous les risques ; elle a créé une banque dont les guichets sont à proximité des bases militaires. Elle gère une caisse de retraite. Elle propose à ses membres des services immobiliers (achat, location). Elle fait du commerce électronique : automobiles, diamants et bijouterie, loisirs, etc.

Gérée avec rigueur par des militaires, elle a toujours eu une santé financière florissante. Son statut s'apparente à celui d'une coopérative. Il n'y a pas d'actionnaires. Une partie des profits est redistribuée aux membres, l'autre est réinvestie ou mise en réserve. Plus étonnant, l'USAA a été l'un des pionniers du marketing direct aux États-Unis puis, plus récemment, de l'Internet dans les services financiers. C'est un bel exemple de réussite d'une stratégie fondée sur un segment de marché dont les membres ont entre eux des liens forts qui en font une communauté. En France, la MAIF créée par des instituteurs, relève de la même démarche. Mais, pour assurer sa croissance, la MAIF est sortie de son segment de marché initial, alors que l'USAA reste dans son segment et diversifie son portefeuille d'activités.

Chapitre 13

La segmentation

On a vu dans le chapitre 1 sur l'analyse des marchés qu'il était très utile de faire une segmentation par produits, c'est-à-dire de décomposer les marchés selon les ventes des différentes catégories de produits. À côté de cette première approche, il en existe une autre, la segmentation des publics constitutifs d'un marché ou segmentation des clients.

Un marché peut être composé de milliers et parfois même de millions d'acteurs qui peuvent être différents les uns des autres par leurs habitudes, leurs goûts et leurs exigences. Comment donc est-il possible pour une entreprise de s'adapter à un ensemble si hétérogène et de conduire une politique marketing efficace ? La segmentation répond à cette question. Encore faut-il qu'elle soit pertinente.

Dans ce chapitre, on exposera d'abord les principes et la démarche générale de la segmentation. On décrira ensuite les principaux critères et méthodes de la segmentation. Les spécificités propres à la segmentation dans les activités B to B sont développées dans le chapitre 18 consacré à ce type de marché.

PLAN DU CHAPITRE

Section 1	Les principes et la définition de la segmentation	738
Section 2	Les principaux critères de segmentation	744
Section 3	Les deux méthodes de segmentation : critères choisis *a priori* et typologie	755
Section 4	Les conditions d'une bonne segmentation	759
Ressources complémentaires		763

SECTION 1

LES PRINCIPES ET LA DÉFINITION DE LA SEGMENTATION

1 QU'EST CE QUE LA SEGMENTATION MARKETING ?

La vision simpliste d'un marché consiste à définir le profil d'un consommateur moyen, ou consommateur type. Cette démarche est bien illustrée par la fameuse « ménagère de moins de 50 ans » qui, pendant longtemps[1], a été la cible des annonceurs de produits de grande consommation.

Bâtir son marketing sur un consommateur moyen est une démarche « passe-partout » qui, aujourd'hui, ne passe nulle part. Pour se distinguer des concurrents, il faut différencier son offre.

Segmenter le marché consiste non pas à s'adresser à un client moyen, mais à identifier des groupes différents et homogènes de clients dans un même marché, en fonction de critères déterminés. Ces groupes doivent justifier des politiques adaptées à chacun.

Exemples

- Air France s'adresse à l'ensemble du marché du transport aérien. La compagnie propose des offres adaptées au fret et aux voyageurs. Pour ce marché, elle a défini plusieurs segments selon leur destination (court, moyen et long courrier), selon le motif du voyage (affaires et loisirs) et selon le confort attendu et le prix accepté. Air France a segmenté son marché et son offre, la difficulté étant qu'il faut servir des clients différents qui voyagent dans le même avion.
- Open Skies (compagnie aérienne anciennement appelée « L'Avion ») s'est créée sur l'exploitation d'un segment unique sur une destination unique : Paris-New York. Open Skies s'adresse à ceux (hommes d'affaires et touristes) qui recherchent une « expérience premium à tarif attractif ». Ses avions sont formatés pour la seule business class[2].

a) Les deux niveaux de la segmentation

La segmentation désigne à la fois le travail de découpage d'un marché et un choix de politique marketing et d'adaptation aux segments retenus.

1. Et qui perdure !
2. À partir de juin 2012, Open Skies ouvre une classe éco de bon standing.

1° La segmentation est un travail d'analyse qui consiste à découper des marchés

Les données qui sont à la base d'une segmentation de marché sont objectives et résultent d'études : réponses à des questionnaires, répartition de la population, caractéristiques objectives des répondants, etc. La fiabilité de ces données est un gage de validité du travail de segmentation.

Cependant, les critères utilisés pour découper le marché et le niveau de regroupement souhaité sont à l'initiative des responsables de marketing et relèvent de leur jugement, d'une vision qu'ils ont du marché. La segmentation relève ainsi à la fois de données objectives et de choix intellectuels.

La part de jugement sollicitée pour déterminer les critères pertinents de segmentation et le niveau d'agrégation souhaitable est guidée par un souci d'opérationnalité. Le travail de segmentation est donc à la fois descriptif, car il s'agit de décrire des groupes différents de clients, et opérationnel, car il se situe toujours dans un horizon d'action. Les segments définis par la démarche de segmentation doivent potentiellement être l'objet d'une politique spécifique du marketing, et un travail de segmentation qui aboutit à des segments inutilisables est parfaitement vain.

Exemple

- On peut découper le marché des utilisateurs de shampooing en trois catégories selon leur taille : les achats de ceux qui font moins de 1 m 70, les achats de ceux qui font entre 1 m 70 et 1 m 80 et ceux de plus de 1 m 80. Cette description statistique est absurde car elle n'a aucun intérêt pour les producteurs de shampooing. En revanche, distinguer les segments des cheveux à pellicules, des cheveux gras ou secs, etc. est opérationnel. Les critères de segmentation doivent conduire à des groupes qui ont des attentes et des comportements différents. Ils doivent donc satisfaire certaines conditions de pertinence et d'opérationnalité présentées plus loin.

2° La politique de segmentation marketing désigne des choix de ciblage et de marketing-mix

Le vocabulaire employé dans l'entreprise favorise encore la confusion : on parlera ainsi de *segmentation* pour définir tout autant le travail d'analyse que les stratégies de ciblage, c'est-à-dire le choix qui est fait d'adapter son offre à différents segments. Le terme de segmentation peut ainsi avoir à la fois une signification descriptive et une autre, politique. Cependant, ce n'est jamais une *étude* de segmentation qui impose une *politique* de segmentation, c'est-à-dire des choix de ciblage : elle est un des éléments de réflexion qui peuvent conduire à de tels choix. On éviterait la confusion si l'on employait le terme de « segmentation » uniquement pour le travail d'analyse, et le terme de « ciblage » pour définir la *politique* qui consiste à concevoir un marketing-mix adapté à chaque segment de clientèle.

Exemple

- L'étude du marché de l'hôtellerie a montré qu'une partie de la clientèle abandonnait les hôtels pour louer à la semaine des petits appartements dans les grandes villes. Cette clientèle souhaite concilier l'indépendance d'un appartement et les services d'un hôtel. Pour répondre à ces attentes, on a vu se développer un nouveau concept-produit : l'« appart hôtel ». En Amérique du Nord, Accor a lancé une chaîne spécialisée : Studio 6, des résidences de studios louées à la semaine avec des services hôteliers[1].

FOCUS

La segmentation est plus qu'une analyse des marchés : c'est une source majeure d'innovation

- On commence généralement par découper les marchés en reprenant les critères de segmentation en usage dans la catégorie de produit. Cela permet de situer la position concurrentielle de la marque et ses perspectives si elle reste dans son segment actuel.
- On s'interroge sur la pertinence de nouvelles segmentations du marché (re-segmentation) et sur l'intérêt du découpage de segments actuels (sur-segmentation).
- On conçoit les offres pour ces nouveaux segments ou ces sous segments. On apprécie leur potentiel de développement et leur rentabilité.

Exemples

- Les SUV (*Sport Utility Vehicles*) du type Rav 4 de Toyota sont une offre adaptée à ceux et celles qui cherchent un 4X4 urbain.
- Les Cross Overs sont, comme leur nom l'indique, un concept hybride à cheval entre le SUV et la berline. Ce nouveau segment a été ouvert par le Qashqai de Nissan concurrencé aujourd'hui par de nombreux modèles comme le 3 008 de Peugeot.

1. En mai 2012, Accor a annoncé la vente de la chaîne Studio 6.

- Traditionnellement, les banques sont à la recherche des segments de clients les plus favorisés appelés aussi « clients patrimoniaux ». La Société Générale a innové en s'intéressant au segment des consommateurs surendettés, qui sont *a priori* délaissés par les concurrents. Elle propose, en effet, aux clients ou prospects qui ont accumulé les crédits à la consommation, de reprendre l'ensemble de l'encours de ces crédits pour les consolider dans un crédit unique appelé « Crédit Compact ». L'avantage pour les clients est d'avoir un seul interlocuteur financier et de bénéficier de taux d'intérêt moins exorbitants ; l'avantage pour la banque est de développer une activité rentable (les taux d'intérêt restent élevés) et de récupérer une clientèle qui avait été captée par les fournisseurs de crédit à la consommation.
- Proche du segment des surendettés, il y a celui des interdits bancaires qui, n'ayant plus de comptes bancaires, ne disposent pas de moyens de paiement : chèques et cartes. On a imaginé les cartes de paiement prépayées et rechargeables[1]. Un non-marché est devenu ainsi un segment de marché. Ces cartes, disponibles chez les buralistes et en grandes surfaces, ont les mêmes fonctions que les cartes bancaires : paiement dans les boutiques et en ligne, retrait d'argent dans les guichets automatiques. Elles sont cautionnées par de grands noms : Mastercard et Visa, mais sont actuellement sous la surveillance des autorités. On dit qu'elles peuvent servir à un autre segment : le blanchiment d'argent.

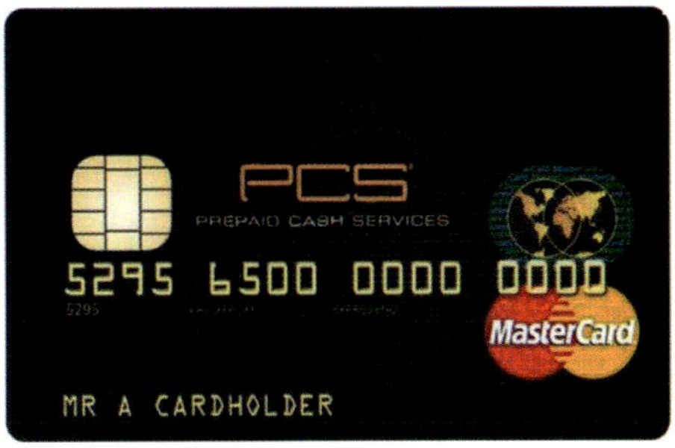

Une carte prépayée

2 On segmente souvent les marchés par produits alors que la segmentation marketing se fait par groupes de clients

Notons que nous ne traitons ici que de la *segmentation marketing*. En stratégie d'entreprise, on parle de *segmentation stratégique*. La proximité des deux expressions entraîne fréquemment une confusion. La segmentation stratégique[2] repose sur la reconnaissance d'activités distinctes, qui appellent des modes d'organisation, des savoir-faire, des modes de concurrence distincts.

Exemple

- L'Oréal structure l'ensemble de ses activités mondiales en cinq pôles, qui sont principalement définis en fonction des modes de distribution : *le pôle produits grand public* (grande distribution), *le pôle luxe* (distribution sélective), *le pôle cosmétique active* (pharmacie), *le pôle produits professionnels* (salons de coiffure) *et le pôle marque/enseigne* (The Body Shop). C'est une segmentation stratégique, compatible avec la segmentation marketing menée par les directions de chaque pôle pour exploiter au mieux leur secteur d'activités.

La segmentation produit est souvent confondue avec la segmentation clients. Si le présent chapitre traite de cette dernière, il n'est pas inutile de rappeler qu'il s'agit de démarches différentes.

1. Voir : www.crea-card.com
2. Voir *Strategor*, *op. cit.*, pp. 439 et suivantes.

La segmentation produit est une façon commode de structurer un marché. Découper ainsi les marchés permet d'évaluer la nature et l'importance de la demande pour chaque type de produits, d'identifier les produits concurrents, de calculer les parts de marché et leur évolution, etc.

Un segment de produit est une partie du marché dans laquelle les offres sont directement substituables entre elles.

Exemple

- Ovomaltine et Tonimalt appartiennent au même segment des boissons chocolatées maltées et sont plus fortement substituables entre elles qu'avec des marques de boissons chocolatées instantanées de type Nesquik et Banania.

Chaque industrie a sa façon de découper les marchés, qui sont parfois normés (par exemple, le nombre d'étoiles dans l'hôtellerie), parfois intuitives (segments de produits clairement perçus par les clients), parfois compréhensibles uniquement par les gens du métier, notamment parce qu'elles se réfèrent à des problématiques de production.

Exemple

- Les professionnels du poulet distinguent cinq segments sur ce marché : poulet effilé, poulet prêt à consommer, poulet découpé, produits transformés de volailles (brochettes crues…) et produits élaborés de volaille. Ils sous-segmentent chacune des trois premières catégories en quatre : poulet bio, label rouge, certifié et standard. Pour les produits élaborés de volaille, on distingue les plats cuisinés, les panés frais, les rôtis cuits et le *snacking* (ailes…). Soit au total dix-sept segments de produits : $(3 \times 4) + 1 + 4 = 17$.

La segmentation produit est insuffisante pour définir une politique marketing. La segmentation clients recoupe en effet rarement la segmentation produit, en ce sens que les mêmes clients peuvent acheter des produits appartenant à des segments de produits différents. De plus, la segmentation produit ne donne aucune indication sur les motivations, les attentes ou les comportements des clients – qui sont des données fondamentales dans une approche marketing –, contrairement à la segmentation clients qui fait l'objet des pages suivantes.

Exemple

- Dans l'industrie du plastique, la distinction entre produits thermoformés et produits injectés est fondamentale car les modes de production, les possibilités de réalisation, les structures de coût, les concurrents, etc., sont très différents alors que cette distinction est peu parlante pour le client final.

3 La démarche de la segmentation clients ou segmentation marketing

La démarche de segmentation marketing consiste à découper un public en groupes homogènes en fonction de critères déterminés, chacun de ces groupes étant distinct des autres et pouvant être choisi comme cible d'une action marketing par l'entreprise.

a) Segmenter un marché consiste à le découper en groupes homogènes

La segmentation marketing est un découpage du marché qui consiste à identifier des groupes de public qui ont des attentes différentes et qui répondent différemment à des sollicitations marketing. On parlera de public, car si la segmentation privilégiée est celle des clients, on peut être amené à distinguer différents acteurs dans un processus de décision : utilisateurs, prescripteurs, acheteurs… qui seront autant de cibles d'une politique marketing.

L'homogénéité des groupes constituée par le découpage est relative, car on est souvent conduit à éviter une segmentation trop détaillée du marché pour des raisons opérationnelles.

Exemple

➥ Si on adopte parmi les critères de segmentation celui des revenus, on sera amené à définir plusieurs niveaux de revenus. Pour éviter d'aboutir à des segments trop fragmentés, on définira de grandes tranches de revenus à l'intérieur desquelles existera une certaine diversité.

On cherche donc, dans un travail de segmentation, à agréger les individus dans des groupes *suffisamment homogènes* pour que ces derniers expriment des besoins ou des comportements individuels proches, sinon strictement similaires.

b) Les critères choisis pour segmenter sont déterminants

Les différents publics d'un marché portent rarement sur eux des insignes indiquant qu'ils appartiennent à un segment A ou un segment B ! Un même public peut être découpé très différemment selon le choix des critères : la différence de sexe paraît-elle significative sur le marché dont on s'occupe ? On aura déjà deux segments. Mais c'est peut-être l'âge qui est un critère pertinent et dans ce cas, on aura autant de segments que de classes d'âge définies. Les différents types de critères utilisés font l'objet de la section 2 qui suit.

c) Les segments de marché doivent être exclusifs l'un de l'autre

Les critères de segmentation doivent être suffisamment clairs pour qu'un individu appartienne à un segment et un seul, et que par conséquent, les groupes ainsi constitués soient nettement distincts les uns des autres. Si de très nombreux individus se partageaient entre plusieurs segments, non seulement les données descriptives sur ces segments seraient faussées (par exemple pour évaluer la taille respective des segments, certains individus étant comptés plusieurs fois), mais l'analyse du marché deviendrait tellement complexe qu'elle serait inutilisable.

Si des critères comme le sexe, l'âge, le niveau de revenu permettent de définir des classes ou des tranches clairement distinctes, d'autres comme l'avantage recherché peuvent être plus délicats à manier.

Exemple

➥ Un client qui indiquerait qu'il attend d'un dentifrice à la fois qu'il donne des dents blanches et une haleine fraîche pourrait relever de ces deux segments. Il faut, dans ce cas, soit définir un segment de clients qui recherchent ce double avantage (« 2 en 1 ») si on constate qu'il représente une proportion non négligeable du marché, soit prendre la précaution, lors de l'enquête, de faire hiérarchiser les avantages recherchés afin d'assigner l'individu à un et un seul segment.

d) Les segments de clientèle doivent pouvoir être des cibles

Ils doivent pouvoir être mesurables, atteignables et de taille suffisante pour justifier un marketing-mix spécifique. Ces conditions sont développées à la fin de ce chapitre.

SECTION 2

LES PRINCIPAUX CRITÈRES DE SEGMENTATION

Il existe *a priori* mille manières possibles de segmenter un marché. Les critères de segmentation les plus fréquemment utilisés peuvent cependant se classer en quatre catégories principales.

FOCUS

Quatre grands types de critères de segmentation

- Les critères sociodémographiques, géographiques et économiques ;
- Les critères de personnalité et de style de vie ;
- Les critères comportementaux ;
- Les critères d'avantages recherchés.

Les deux premières catégories de critères ont trait à des caractéristiques générales des individus ; les deux dernières sont liées aux types de produits ou de besoin. Sans prétendre dresser une liste exhaustive des critères possibles, on donnera, à propos de chaque catégorie, quelques exemples d'utilisation des principaux critères.

1 LES CRITÈRES DÉMOGRAPHIQUES, GÉOGRAPHIQUES, SOCIAUX ET ÉCONOMIQUES

Les critères démographiques, géographiques, sociaux et économiques permettent de décrire les caractéristiques objectives de la population étudiée. Ils sont fréquemment utilisés pour deux raisons : d'une part parce que ces critères sont parfois prédictifs de comportements (par exemple : l'appartenance à un sexe ou à une classe d'âge influence un certain nombre d'attitudes et de comportements) et, d'autre part, parce qu'ils sont d'un emploi commode.

En effet, les gens de marketing disposent de beaucoup d'informations sur la population en fonction des principaux critères sociodémographiques. S'ils s'intéressent, par exemple, aux jeunes de 12-15 ans ou aux femmes urbaines de 35-45 ans, ils auront à leur disposition de nombreuses études indiquant la taille de ces segments, leur type d'habitat, les distributeurs qu'ils fréquentent, les supports de presse ou les médias avec lesquels ils sont en contact, etc.

Exemple

➥ Le Japon connaît un déclin continu de la courbe des naissances, le taux de natalité au Japon étant parmi les plus bas dans le monde (7,41 naissances pour 1 000 habitants en 2011, contre 12,29/1 000 pour la France). En conséquence, le marché de la nourriture pour bébés ne cesse de diminuer. Inversement, le Japon connaît un *papy-boom* avec 1 Japonais sur 5 de plus de 65 ans, 1 sur 4 en 2014. Les fabricants de nourriture pour bébés sont de ce fait conduits à s'intéresser au segment des seniors en plein essor. Il semblerait en effet que les mêmes caractéristiques qui plaisent aux bébés attirent les seniors : aliments tendres, petits morceaux, peu de sel, préparation facile… Le fabricant Wakodoo a ainsi lancé une gamme « Repas amusants » qui s'adresse aux seniors et QP, le troisième producteur japonais, une offre vendue comme « Aliments pour 0 à 100 ans[1] ».

La segmentation ethnique ou religieuse est un type de segmentation fréquent dans certains pays, plus rare en France[2] mais qui se développe en soulevant des problèmes de société comme en témoigne le vif débat actuel sur la viande halal[3]. Ce type de segmentation peut pourtant être utile pour des catégories de produits comme les cosmétiques (couleur de peau), les soins pour cheveux (nature des cheveux), les médias (médias confessionnels ou communautaires), l'alimentation, etc.

MINI CAS

Quick halal

Le marché halal est estimé entre 5 et 6 milliards d'euros et son potentiel est important si l'offre s'étend. Le sujet est politiquement sensible dans un pays comme la France qui s'est toujours défié d'une organisation de la société autour de communautés ethniques ou religieuses.

La chaîne française de *fast-food* Quick a expérimenté des menus halal dans un restaurant à Roubaix ce qui a provoqué des prises de position vives et contradictoires. Dans un deuxième temps, Quick a élargi son expérience à 14 points de vente. Ils ont été choisis sur la base de trois critères, selon la société : ventes des hamburgers au poisson en hausse ; ventes des hamburgers au bacon en baisse ; variation de la fréquentation avant et après le Ramadan.

Selon Quick, pendant la période de test, la fréquentation des restaurants Quick halal a doublé, et les ventes ont progressé de 100 %[1].

1. Source : www.rue89.com/2010/08/31/22-fast-foods-quick-tout-halal-moins-un-hamburger-164614

1. Chester Dawson, « No Kidding. A New Market for Baby Food », *Business Week*, 27 janvier 2003, p. 31.
2. Patrick Hetzel, « Pratiques et tabous du marketing : segmenter par les critères ethniques et communautaires », *Décisions Marketing*, n° 32, octobre-décembre 2003, pp. 97-103.
3. Voir : www.lepoint.fr/societe/halal-ce-que-nous-cachent-les-abattoirs-07-03-2012-1438746_23.php

Figure 13.1 **Principaux critères démographiques, géographiques, sociaux et économiques**

Catégories de critères	Exemples de classes dans ces critères
Démographiques	
• Sexe	• Hommes, femmes
• Âge	• Moins d'1 an, 1-2, 3-5, 6-9, 10-12, 13-17, 18-24, 25-34, 35-49, 50-59, 60-64, 65 et plus
• Caractéristiques physiques	• Taille (habillement), type et couleur de cheveux, type et couleur de peau, etc.
• Taille du foyer	• 1, 2, 3, 4, 5 et plus…
• Composition de la famille	• Célibataires, divorcés, couples, couples avec jeune(s) enfants, couples avec enfants adolescents, familles monoparentales, couples âgés, etc.
Géographiques	
• Régions multinationales	• Europe du Nord, du Sud, Asie, Amérique du Nord, etc.
• Régions nationales	• Île-de-France, Nord, Ouest, Est, Sud-Ouest, Sud-Est…
• Catégorie de ville habitée	• Agglomérations de plus d'1 000 000 d'habitants, de 500 000 à 1 000 000, de 100 000 à 500 000, de 50 000 à 100 000, de 20 000 à 50 000, de 5 000 à 20 000, de 2 000 à 5 000, de moins de 2 000.
• Climat	• Chaud, tempéré, froid, ensoleillé, pluvieux, etc.
• Géo-démographie	• Composition sociodémographique de territoires découpés généralement au niveau du code postal, voire du pâté de maisons.
Sociaux ou économiques	
• Revenus	• En dessous de 10 000 €, 10 000-19 999, 20 000- 34 999, 40 000-59 999, 60 000 et plus… ou A, B, C, D (TNS-Worldpanel).
• Niveau d'instruction	• Primaire, secondaire, supérieur…
• Professions (Insee)	• Agriculteurs exploitants, chefs d'entreprise, commerçants, artisans, cadres, professions intellectuelles supérieures, cadres moyens, professions intermédiaires, employés, ouvriers et personnel de service, retraités et inactifs.
• Religion et degré de pratique religieuse	• Catholique, protestant, musulman, juif, etc.

2 Les critères de personnalité et de style de vie

Les critères de personnalité ou de style de vie (voir chapitre 3) concernent eux aussi des caractéristiques générales et stables des individus, mais de nature plus subjective. Ces caractéristiques ne sont généralement pas aussi aisément observables et objectivement mesurables que les caractéristiques démographiques, géographiques et socioculturelles.

Il faut cependant distinguer, comme on l'a fait au chapitre 3, entre celles qui ont un caractère individuel – profils psychographiques – et celles qui ont une dimension plus collective, certains styles de vie s'agrégeant en communautés de vie ou d'intérêts : « tribus », gays identitaires, etc. Dans ce dernier cas, il est plus facile d'identifier les médias qui s'adressent à ces cibles et donc de les atteindre, ce qui satisfait une des conditions essentielles de pertinence des critères de segmentation (voir la section 4, sur les conditions d'une bonne segmentation).

Les analyses psychographiques peuvent être utiles pour enrichir une réflexion, mieux définir un ton ou un style, notamment dans les produits qui ont une forte dimension d'image et de mode. Leur utilisation est par contre beaucoup plus rare pour segmenter un marché. La segmentation par style de vie est plus fréquente parce qu'elle est plus opérationnelle.

Exemples

- Une étude de motivations faite par un grand fabricant de montres auprès des détaillants horlogers a montré que ceux-ci pouvaient se classer dans deux catégories psychologiques : les « techniciens » et les « commerçants ». Les premiers attachent une importance particulière à leur rôle de réparateurs et de spécialistes et sont très sensibles aux caractéristiques techniques des montres que leur proposent les fabricants ; les seconds se considèrent avant tout comme des vendeurs et s'intéressent surtout aux aspects commerciaux des produits qui leur sont offerts : présentation, prix, publicité et promotion prévue, marge, rotation espérée, etc.
- Les produits d'assurance prennent souvent en compte le statut marital des clients, certains contrats permettant d'assurer le conjoint du souscripteur. L'évolution de la famille conduit certaines entreprises à réévaluer les critères de segmentation traditionnels. La MAIF, qui se définit comme un « assureur militant », a ainsi réalisé une campagne de communication destinée aux couples gays dans des supports de presse non communautaires. La communication joue de l'humour et de l'ambiguïté, renversant la logique de l'offre en indiquant aux lecteurs que la MAIF assure, aussi, les couples hétérosexuels, etc.

3 Les critères comportementaux

Les critères comportementaux permettent de segmenter le public sur la base des conduites ou des actes observables. Le développement du *data mining*, c'est-à-dire des analyses sur bases de données, explique l'essor de la segmentation comportementale.

Les critères de comportement les plus fréquemment utilisés sont le statut d'utilisateur et sa fidélité, le rôle dans le processus d'achat, les quantités consommées, les modes de consommation et les situations d'utilisation.

a) La segmentation en fonction du statut d'utilisateur et de sa fidélité

La segmentation par statut d'utilisateur est une segmentation fondamentale en marketing, car elle est étroitement liée au choix de sources de volume, première étape de toute démarche de ciblage.

Par statut d'utilisateur, on entend distinguer entre non-utilisateurs, utilisateurs potentiels, anciens utilisateurs, nouveaux utilisateurs, utilisateurs occasionnels et utilisateurs réguliers, avec des gradations possibles pour définir la fidélité. Cette segmentation peut être utile quand elle conduit à différencier des attitudes et des comportements qui sont autant de contraintes ou d'opportunités pour une politique marketing.

Exemple

- En lançant la Wii, Nitendo avait une cible à l'esprit : les non-utilisateurs de jeux vidéo. Parmi ceux-ci, les segments identifiés principaux sont les femmes et les seniors. La Wii, par son interface très innovante, a en effet réussi à toucher ces cibles réticentes aux jeux vidéo traditionnels.

b) La segmentation du marché en fonction des quantités consommées

Il est souvent intéressant, pour un producteur, de segmenter sa clientèle potentielle en fonction de son niveau de consommation car les besoins des clients peuvent être différents selon les quantités consommées.

Pack 16 yoghourts nature de Danone

Exemples

- Air France segmente ses clients en fonction de leur consommation de *miles* et fonde toute sa politique de fidélisation sur ces différences de niveau d'activité.
- Les banques ont l'habitude de segmenter leur clientèle par produit net bancaire, c'est-à-dire par niveau de marge brute.
- Les marques de produits alimentaires commercialisent couramment leurs produits en grand format pour leurs gros consommateurs.

c) La segmentation RFM

La segmentation RFM est très courante en marketing direct, et plus largement dans toutes les activités où on dispose de bases de données permettant de suivre le comportement d'achat individuel des clients et de s'adresser ensuite à eux.

FOCUS

Le principe de la segmentation RFM est très simple. Il permet d'identifier les meilleurs clients en fonction de trois critères

- Récence : groupes de clients selon la date de leur dernier achat.
- Fréquence : classement selon le nombre d'achats au cours d'une période donnée.
- Montant : montant moyen des achats.

1° La récence

La récence est un critère important car un client qui a acheté récemment a plus de chances de répondre aux actions marketing qu'un client qui n'a pas acheté les produits de l'entreprise depuis longtemps.

On évalue le degré d'activité de ses clients en fonction de la récence. Dans des activités où les actes d'achat sont fréquents (par exemple tous les mois), une récence d'un à trois mois est un indicateur de client actif, une récence de six mois à un an indique un client infidèle qu'il est peut-être possible de réactiver, alors que si le dernier acte d'achat date de deux ans et plus, le client a toutes les chances d'être perdu et de ne pas réagir différemment d'un simple prospect à une action marketing.

Les périodes à prendre en compte pour découper la base de données des clients par récence varient largement en fonction des activités. Elles dépendent de la fréquence moyenne des actes d'achat dans le secteur d'activité. Dans les marchés où les actes d'achat sont peu fréquents (le tourisme ou l'automobile par exemple), des périodes de temps importantes (plusieurs mois, voire plusieurs années) peuvent être pertinentes alors que dans les marchés aux achats très fréquents (les achats de biens alimentaires par exemple), on peut considérer qu'un client est perdu au bout de quelques mois d'inactivité.

2° La fréquence

La fréquence est une autre façon de segmenter sa clientèle quand on dispose de l'historique des achats de chaque client. Le nombre d'achats est un bon indicateur pour évaluer la probabilité que le client achète à l'avenir : plus la fréquence est faible, moins il est consommateur du produit ou plus il est infidèle.

Il est souvent très intéressant de suivre la fréquence d'achat des nouveaux clients. On relève parfois dans l'analyse des bases de données que l'entreprise compte beaucoup de clients « premiers achats » et beaucoup moins de clients « deuxième achat ou plus ». Cela signifie qu'elle a été incapable de fidéliser ses nouveaux clients ou qu'elle n'a pas attiré ceux qui avaient le plus grand potentiel en termes de fidélité.

MINI CAS

Segmentation RFM pour une association caritative

Une segmentation RFM a été réalisée sur le fichier d'une association caritative, afin de mener des actions pour fidéliser les donateurs. On a mis d'abord de côté ceux qui ont accepté de payer leur cotisation par prélèvement automatique et qu'on n'a pas besoin de solliciter pour renouveler leur donation. On a distingué ensuite neuf segments :

- *en fonction de la récence* : nouveaux donateurs (12 mois ou moins) et anciens donateurs (plus de 12 mois). Parmi ceux-ci, on distingue les inactifs (ceux qui n'ont pas donné depuis 36 mois ou plus) et les actifs ;
- *en fonction du montant* : parmi les donateurs actifs à l'ancienneté supérieure à 12 mois, on a distingué les donateurs au montant le plus important (plus de 50 euros), les donateurs moyens (entre 20 et 50 euros) et les petits donateurs (moins de 20) ;
- *en fonction de la fréquence* : parmi les donateurs moyens et petits, on a distingué les occasionnels, les annuels et les fréquents.

Cette analyse RFM permet d'adapter la fréquence des mailings à chaque segment. Elle permet également d'adopter un programme spécifique de fidélisation pour les nouveaux donateurs ou les donateurs les plus importants.

3° Le montant

Le montant correspond au niveau de dépenses des clients avec l'entreprise. C'est un indicateur de quantités achetées sous forme de valeur monétaire. Le montant d'achat peut être mesuré de plusieurs façons :

- montant de l'ensemble des achats effectués par le client depuis le premier achat ;
- montant de l'ensemble des achats effectués par le client durant les douze derniers mois ;
- montant moyen par acte d'achat.

Quel que soit le mode de mesure, on répartit les clients en classes de dépenses, de ceux qui dépensent le moins auprès de l'entreprise, à ceux qui dépensent le plus.

Cette segmentation permet par exemple de déterminer le ratio du montant du chiffre d'affaires généré par les meilleurs clients. On vérifie alors, ou non, la règle des « 80/20 », selon laquelle 20 % des clients font 80 % de l'activité. En fait, ce ratio varie beaucoup en fonction des secteurs d'activité. Par exemple, on obtient souvent dans la grande distribution un ratio qui tourne autour de 70/30 : 70 % du chiffre d'affaires est généré par 30 % des clients.

Figure 13.2 **Analyse RFM d'une base de données de donateurs à une association caritative**

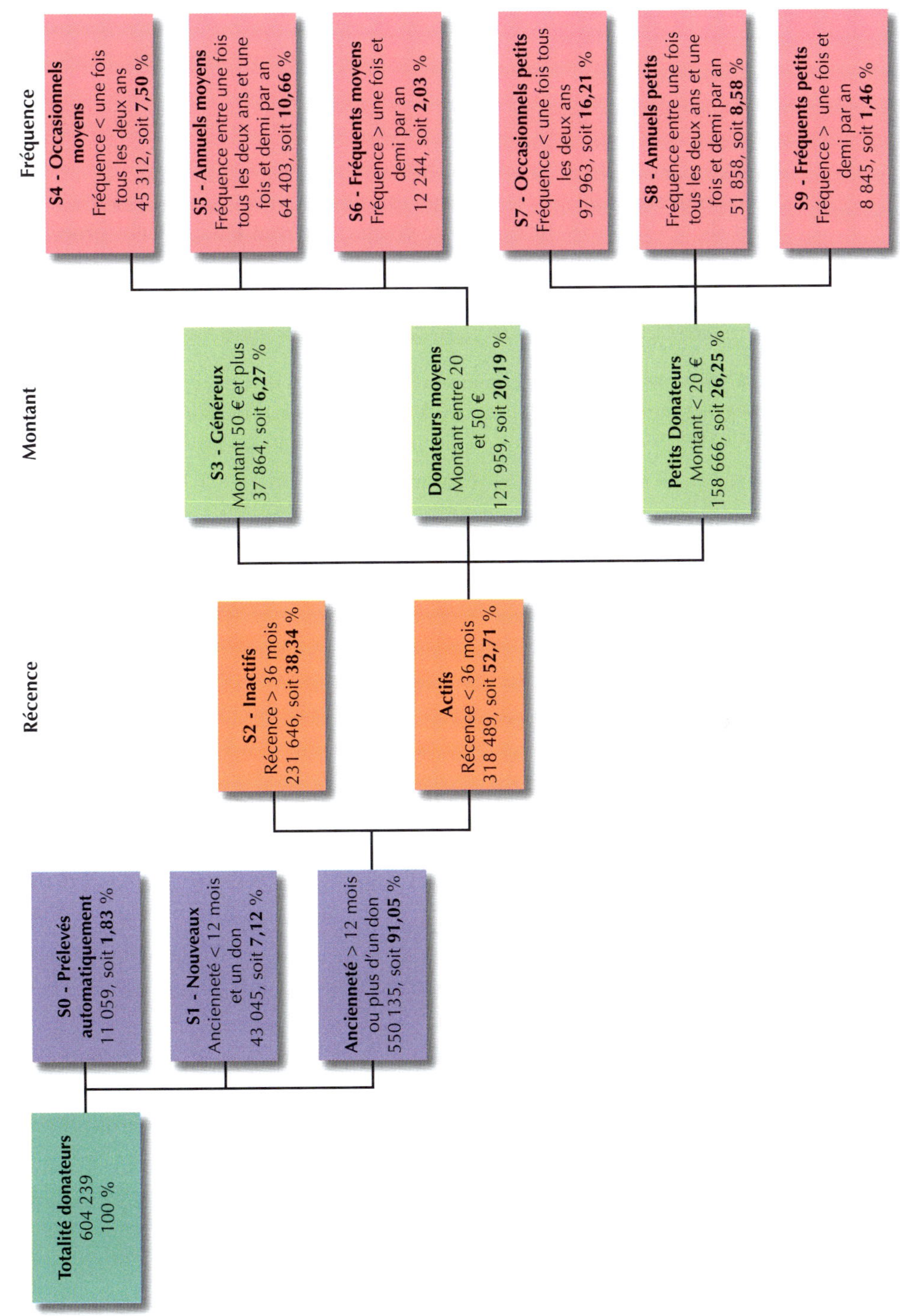

d) La segmentation des clients en fonction de leur rentabilité : intéressante mais souvent difficile

Ce type de segmentation est au cœur des politiques de marketing relationnel et de CRM[1]. Il consiste à segmenter les clients en niveaux de rentabilité et pas seulement de chiffre d'affaires.

Il faut dans un premier temps pouvoir mesurer dans le détail la rentabilité de chaque opération et de chaque produit et agréger, dans un second temps, ces données par segments de clients en fonction de leur consommation. La plupart des entreprises n'ont pas le système d'information qui leur permettrait de disposer de ces données au niveau de chaque client et elles doivent procéder par approximations.

e) La segmentation en fonction des modes de consommation

La façon dont les clients consomment ou utilisent un produit est une source de segmentation lorsque le mode de consommation ou d'utilisation suscite des attentes spécifiques.

Exemples

- Les responsables marketing de Petit Écolier ont réalisé des études sur les modes de consommation de leur produit. Une partie de leur public est composée d'enfants qui emportent des Petit Écolier à l'école pour les manger pendant la récréation. La marque Lu a développé et commercialisé un produit spécialement adapté à cet usage sous la forme d'un paquet dont les biscuits sont préemballés par deux dans des petits sachets.
- Les chaînes d'hôtellerie distinguent habituellement deux grands usages : un usage professionnel (hommes et femmes d'affaires) et un usage de loisirs en week-end. Un des objectifs de ces entreprises est d'améliorer le taux de remplissage des hôtels le week-end en ciblant la clientèle de loisirs.

f) La segmentation en fonction du rôle dans le processus de décision

Il arrive souvent qu'en plus du segment des consommateurs, on soit amené à s'intéresser à un autre segment, celui des *acheteurs*. C'est le cas chaque fois que le produit peut avoir des acheteurs distincts de ses consommateurs.

---

1. *Customer Relationship Management*, ou management de la relation client. Voir le chapitre 10 sur le marketing relationnel et les politiques de fidélisation.

Exemple

➥ Pour un fabricant de logiciels pédagogiques, il est nécessaire de définir à la fois des cibles d'utilisateurs, c'est-à-dire les catégories d'élèves et d'étudiants auxquels seront destinés ses produits, et des cibles d'acheteurs, c'est-à-dire les établissements d'enseignement auxquels il cherchera à les vendre.

Enfin, il est parfois nécessaire de s'intéresser à un troisième type de segment, celui des *prescripteurs* et des *préconisateurs*, c'est-à-dire des personnes qui décident ou influencent fortement l'achat d'un produit.

Exemple

➥ Un fabricant de digicodes pour immeubles collectifs doit se fixer à la fois des cibles d'utilisateurs (c'est-à-dire certaines catégories de copropriétaires d'immeubles), d'acheteurs (syndics de copropriété, sociétés de promotion immobilière) et de prescripteurs (architectes, spécialistes de la sécurité, etc.).

g) La segmentation en fonction des situations et du degré d'implication

La segmentation par situation d'achat ou de consommation peut être utilisée lorsque les attitudes et les comportements à l'égard d'un produit varient pour un même client selon les moments et les situations.

Exemple

➥ Alors que les lessiviers distinguaient traditionnellement deux marchés, celui des ménages équipés de machines à laver et celui des ménages non équipés, les responsables marketing de Génie innovèrent par une segmentation situationnelle. Ils identifièrent, en effet, un public qui est conduit à faire de petites lessives à la main en déplacement ou en vacances. Il souhaite un produit de format compact, aisément transportable et au paquet totalement hermétique. La marque développa une lessive en gel, présentée dans un petit tube, utilisable sans frotter et mit en place ses campagnes de communication au moment des départs en vacances d'hiver et d'été.

On a vu dans le chapitre 1 sur l'analyse des marchés que le degré d'implication pour une catégorie de produit conduit à des politiques marketing très différentes selon qu'il est très fort ou très faible. Tous les individus n'ont pas le même intérêt pour un type de produits. L'implication est donc un critère de segmentation qui peut être très efficace.

Exemple

➥ Une compagnie d'assurance peut segmenter le marché des propriétaires d'automobiles en deux classes : 1° ceux qui prennent une assurance parce que c'est obligatoire et qu'ils redoutent une amende. Ils recherchent une assurance au plus bas prix ; 2° ceux qui sont soucieux de protéger leur famille et leur bien. Ils recherchent une excellente couverture du risque.

Par ailleurs, l'implication pour une catégorie de produit peut varier selon le contexte et le moment. Les naissances, le mariage ou le Pacs, les études, le premier emploi, etc., sont des situations ou des événements qui entraînent des besoins et un intérêt spécifiques.

> ### *Notre conseil*
>
> *Cette segmentation en fonction des situations et du degré d'implication est souvent appelée segmentation par moments de vie. C'est une approche qui peut être très efficace et qui se développe pour concevoir des politiques marketing différenciées.*

Exemples

- Un marchand de cuisines s'intéressera au segment de ceux qui emménagent dans la zone de chalandise de son magasin et à ceux qui ont des projets de construction ou de rénovation car c'est évidemment à ce moment-là que l'on est particulièrement motivé par les cuisines, l'électroménager et les objets de décoration. Ce marchand construira un fichier en nouant des relations avec les entreprises de déménagement, les maçons et les services des mairies qui délivrent les permis de construire.
- Les anniversaires sont un moment très exploité par le marketing direct : cadeaux, offres promotionnelles, courriers personnalisés fêtent l'événement… et incitent à l'achat !

4 Les critères d'avantages recherchés

Beaucoup de politiques de positionnement et de stratégies de marques sont fondées sur une segmentation par avantage recherché.

Exemples

- Le marché du dentifrice est un marché qui peut reposer sur une segmentation par âge (enfants/adultes), mais qui est principalement segmenté par avantage recherché.

Source : Laver Fabergé France-Signal.

- Le marché des aliments pour animaux est souvent segmenté par l'attitude des propriétaires d'animaux domestiques à l'égard de leur animal de compagnie : Sheba vise par exemple une population pour laquelle le chat est un substitut d'amant (et les visuels seront en conséquence toujours sensuels), tandis que Félix est destiné à ceux pour qui le chat est un animal copain.

5 La segmentation multicritères

Bien entendu, pour segmenter un marché, on n'est nullement obligé de n'utiliser qu'un seul critère. Il est possible, et c'est souvent le cas, de combiner différents critères entre eux sous forme d'un croisement.

Exemple

➥ Soy est une entreprise qui s'est spécialisée dans le soja : lait de soja, produits à base de tofou. Soy a lancé une gamme de steaks de soja préparé savec des arômates naturels qui se cuisinent rapidement et qui remplace des protéines animales par des protéines végétales. L'avantage recherché consiste donc dans des plats cuisinés tout préparés, bons, variés et diététiques.

Rien n'empêche, en principe, de se servir d'un très grand nombre de critères. Par exemple, pour segmenter le marché de l'automobile, on peut utiliser les critères du revenu, de l'âge, de la taille de la famille, de la région habitée, de la taille de la ville habitée, de la catégorie socioprofessionnelle, des habitudes de conduite et des attitudes psychologiques de base à l'égard de l'automobile. Mais si l'on combinait tous ces critères, en restreignant de plus le nombre de classes par critères, on obtiendrait 24 000 segments distincts, chacun d'entre eux ne contenant que quelques centaines d'automobilistes. C'est pourquoi, lorsqu'on veut se servir simultanément de plusieurs critères de segmentation, il est nécessaire, en pratique, soit de réagréger les segments obtenus à un niveau plus significatif, soit d'utiliser des outils statistiques comme la typologie, ainsi qu'on le verra à la section suivante.

SECTION 3

LES DEUX MÉTHODES DE SEGMENTATION : CRITÈRES CHOISIS *A PRIORI* ET TYPOLOGIE

Il existe deux grandes méthodes de découpage d'une population :

- La sélection de critères choisis *a priori* à partir desquels on va découper et étudier les segments obtenus (segmentation proprement dite).
- La typologie. Pour rester simple, nous réserverons ce terme au traitement statistique qui agrège des individus en fonction de leurs similarités. On distingue ainsi au sein d'une même population des grands types d'individus, ces types étant différents (les plus éloignés possible) et homogènes.

1 La segmentation à partir de critères choisis *a priori*

C'est la plus fréquente parce que la plus simple. Elle commence par un jugement des responsables de marketing qui sélectionnent les critères de segmentation. L'ensemble du travail de segmentation va être orienté par les critères présélectionnés.

Cela ne signifie pas, cependant, que le résultat de l'analyse soit prédéterminé : il se peut ainsi qu'à l'analyse, les segments obtenus ne soient pas pertinents, et qu'il soit alors nécessaire de reconsidérer les critères. Mais d'une façon ou d'une autre, une orientation est donnée à la recherche des segments à partir d'une certaine vision du marché.

Le choix *a priori* de critères peut être adapté lorsque les critères de segmentation sont simples et paraissent pertinents, comme c'est souvent le cas avec les variables sociodémographiques.

Exemples

- Les clubs de fitness s'adressent généralement aux deux sexes. Lady fitness a resegmenté le marché en n'acceptant que la clientèle féminine. Ainsi, les femmes qui veulent mincir mais qui n'aiment pas exposer leurs formes aux regards masculins se sentent décomplexées entre elles. Sur son site (www.ladyfitness.fr), l'entreprise fait une promesse très affirmée : « Les différences anatomiques entre hommes et femmes justifient un entraînement ciblé avec une mise en place d'objectifs spécifiques ».
- Si, dans une étude du marché des voyages linguistiques pour enfants et adolescents, on retient comme critères de segmentation le revenu mensuel des parents et l'âge des enfants, il faudra aller plus loin en définissant le nombre de classes pour chacun de ces critères. En retenant trois tranches de revenu et trois tranches d'âge, la combinaison de ces deux critères conduira à diviser le marché en neuf segments

Exemple de segmentation du marché des séjours linguistiques pour jeunes

1er critère : revenu mensuel des parents / 2e critère : âge de l'enfant	Moins de 2 000 €	2 000 à 4 000 €	Plus de 4 000 €
Moins de 10 ans	Segment 1	Segment 2	Segment 3
10 à 14 ans	Segment 4	Segment 5	Segment 6
15 à 20 ans	Segment 7	Segment 8	Segment 9

Cette première méthode de découpage, de loin la plus simple, conduit donc à la constitution de segments parfaitement homogènes – du moins au point de vue des critères retenus – et définis d'une manière précise. On dit parfois que les segments ainsi constitués ont des « frontières droites ». Mais il est clair que cette méthode cesse d'être applicable dès que le nombre de critères retenus simultanément devient élevé, comme on l'a vu à la section 2, dans l'exemple de l'automobile.

Exemple

- Prenons le marché du shampoing et différents critères possibles (et non exhaustifs) :
  - le sexe (2 : homme, femme) ;
  - la longueur de cheveux (6 : chauve, très courts, courts, moyens, longs, très longs) ;
  - le type de cheveux (3 : gras, équilibrés, secs) ;

– l'apparence des cheveux (4 : raides, ondulés, bouclés, frisés) ;
– le problème de pellicules (2 : avec pellicules, sans pellicules) ;
– la fragilité des cheveux (2 : cheveux fragiles, peu fragiles) ;
– la couleur des cheveux (10 : blanc, gris, roux, auburn, blond, châtain clair, châtain, châtain foncé, brun, noir) ;
– le volume des cheveux (3 : cheveux fins, moyens, épais).

L'ensemble de ces critères combinés donne une matrice de :

2 × 6 × 3 × 4 × 2 × 2 × 10 × 3 = 17 280 segments possibles !

Dans ces cas, une première option consiste à restreindre *a priori* le nombre de critères ou de classes retenus de manière à regrouper les segments en un plus petit nombre. On peut aussi ne partir que d'un segment et en explorer le potentiel. Par exemple, on étudiera le segment des consommateurs aux cheveux frisés et on se demandera s'ils ont des besoins spécifiques : problème de démêlage, souci de mise en valeur des boucles ou à l'inverse désir de défriser les cheveux, etc. ; une étude permettra de les interroger et d'évaluer ensuite le marché potentiel d'un produit destiné à ce segment. Une deuxième option consiste à utiliser les méthodes statistiques de typologie qui traitent un grand nombre de données pour aboutir à un nombre restreint de types.

2 La typologie

a) Le principe et la démarche de la typologie

Les méthodes de typologie – qui sont désignées dans la littérature anglo-saxonne par le terme de *cluster analysis* ou *clustering* – sont des méthodes d'études de marché qui consistent à regrouper des individus qui se ressemblent, cette ressemblance étant établie par la similarité de variables mesurées pour chaque individu (critères objectifs, réponses à des questionnaires…).

Autrement dit, si on part d'une population d'individus pour lesquels on dispose de mesures sur différentes variables, on peut constituer des groupes d'individus qui sont aussi semblables que possible au sein d'un groupe et aussi dissemblables que possible d'un groupe à l'autre (la ressemblance des individus étant définie à partir de ces variables). Bien entendu, le recours à ces méthodes relativement sophistiquées ne se justifie que si le nombre de variables descriptives retenues est suffisamment élevé.

Exemple

➥ Un site Web peut souhaiter construire une typologie des internautes en fonction de leur comportement en ligne sur le site (mesuré par les fichiers *log* et l'identification par *cookie*), en fonction des critères du nombre de connexions par mois, du moment de connexion, du temps passé, du nombre de pages vues, des parties du site visitées, voire de leurs parcours de visites. Cette analyse typologique doit permettre de définir un nombre restreint de types d'internautes relativement homogènes.

Pour conduire ces analyses, on peut utiliser différentes méthodes statistiques qui font toutes appel au traitement informatique et qui ont pour principes communs :

– de *mesurer la proximité* (à partir d'indices de similarité ou inversement de distance) entre deux individus quelconques de la population, sur la base de l'ensemble des variables retenues ;

- de *regrouper les individus en types*, par des procédures automatiques qui permettent de minimiser la « distance » moyenne des individus à l'intérieur de chaque groupe et de maximiser la distance moyenne des individus appartenant à des groupes différents[1].

On peut procéder de deux façons :

- partir de la masse de la population étudiée et effectuer par étapes des découpages successifs, qui vont distinguer un nombre croissant de sous-ensembles ;
- partir de l'ensemble des individus isolés et les regrouper par étapes.

Dans les deux cas, l'analyste devra déterminer le degré de regroupement pertinent, c'est-à-dire savoir où il va s'arrêter dans le découpage ou le regroupement. Des indicateurs statistiques vont permettre de lui donner des éléments d'appréciation, mais le niveau d'agrégation souhaitable est avant tout affaire de jugement. Plus le nombre de types est détaillé, plus la mesure est précise, mais plus il est difficile d'en faire quelque chose.

b) La description et l'analyse des types obtenus

Les types obtenus à l'aide de ces procédures statistiques ne sont pas parfaitement homogènes. La proximité entre individus est en effet obtenue par calcul statistique sur un grand nombre de variables, et non par le fait que les individus partagent tel ou tel critère. En d'autres termes, les frontières entre les groupes ne sont pas précises mais floues. Il en résulte que les méthodes de typologie posent, plus que celles de segmentation proprement dite, des problèmes de description des segments. Il faut pouvoir synthétiser les informations relatives à chaque type, pour pouvoir le caractériser d'une manière simple et opératoire.

Il est nécessaire pour cela de revenir aux variables initiales. Le plus souvent, on décrira un type par son « centre de gravité », c'est-à-dire en faisant la moyenne des variables pour tous les individus composant le type.

Exemple

➥ On dira d'un type obtenu qu'il s'agit d'une « jeune femme active et urbaine », non parce que l'ensemble des individus dans ce type correspond à ce profil mais parce qu'une grande partie - voire une grande majorité - des individus classés dans ce type répondent à ce profil.

Il arrive souvent que les types obtenus n'aient pas de « centre de gravité » nettement distincts. Il est alors nécessaire, pour décrire d'une manière significative les types retenus, de les caractériser par les seules variables par rapport auxquelles ils se révèlent nettement différents, ces variables pouvant éventuellement être mises en évidence par des méthodes statistiques telles que l'analyse discriminante.

---

1. Pour une description détaillée des principales méthodes utilisées, voir *Market, Études et recherches en marketing, op. cit.*, chapitre 10, section 2.

Exemple

➥ Si on reprend l'exemple d'une typologie d'internautes et qu'on aboutit à une dizaine de types pertinents, on cherchera, pour décrire ces types, à identifier les variables les plus significatives. Certains types seront décrits comme les « réguliers », parce que parmi les variables caractéristiques qu'ils partagent, on remarquera que le nombre de visites est important ; d'autres seront décrits comme des « butineurs », parce qu'on remarquera que leur groupe est caractérisé par un nombre élevé de pages vues et de rubriques visitées ; d'autres, enfin, seront décrits comme des « noctambules », parce qu'on remarquera qu'ils se connectent beaucoup le soir ou la nuit (donc sans doute de leur domicile), etc.

FOCUS

Comment choisir une méthode de segmentation ?

L'utilisation de l'une ou de l'autre méthode dépend principalement de deux facteurs :

- *Le nombre de variables*. Si l'on n'a retenu qu'un petit nombre de critères (un à quatre au maximum), on a généralement recours à la méthode de segmentation par critères choisis *a priori ;* si l'on en a retenu un plus grand nombre, il faut faire appel aux méthodes de typologie.
- *La connaissance préalable du public ou de la problématique*. Certaines études de segmentation sont des études exploratoires qui cherchent à mieux comprendre la façon dont se décompose un marché. En lançant une étude ou en partant de données existantes (par exemple, des réponses à une enquête de satisfaction ou des informations contenues dans une base de données comportementales[1]), on peut chercher à dégager des grands types de comportements ou d'individus. Cette typologie peut s'avérer très utile quand on ne sait pas à l'avance quels sont les critères pertinents de segmentation. Dans des marchés plus mûrs ou pour des problématiques mieux maîtrisées, il est souvent plus simple de partir de critères choisis *a priori*.

SECTION 4

LES CONDITIONS D'UNE BONNE SEGMENTATION

Le choix d'un ou de plusieurs critères de segmentation parmi tous les critères possibles suppose que l'on puisse juger et comparer leurs qualités et défauts respectifs. De plus, une problématique récurrente dans les méthodes de segmentation est de déterminer le niveau adéquat de détail dans la segmentation.

Exemple

➥ Une institution financière a segmenté sa clientèle d'affaires par professions. Les professions sont cependant des segments composites et assez généraux. Il paraît donc nécessaire de pousser l'analyse pour en faire un outil véritablement opérationnel.

1. Comme celles du comportement en ligne des internautes.

Si on choisit comme exemple les professions libérales, quels peuvent être les critères pertinents permettant de segmenter cette population ? On peut proposer plusieurs critères qui peuvent paraître *a priori* pertinents en ce sens que chacun de ces critères peut conduire à des besoins différents :

- le secteur d'activité (médecins, avocats, experts comptables, etc.) ;
- le sexe (viser par exemple les femmes médecins…) ;
- l'âge (différences générationnelles) ;
- le niveau de revenu ;
- le nombre de salariés (un indépendant n'a pas les mêmes besoins qu'un patron de PME) ;
- la région (spécificités locales) ;
- le type de localité (grandes villes, milieu rural…) ;
- les avantages recherchés (innombrables : à voir selon le type de produit) ;
- le client/prospect ;
- si client, le niveau d'activité avec l'institution financière, l'ancienneté de la relation avec l'entreprise, etc.

Quel est le nombre adéquat de critères pour segmenter le marché des professions libérales et quelle est la taille objective des segments étudiés ? Il n'existe en fait ni un nombre de critères ni une taille *objectifs* des segments. Il n'y a que des critères et des niveaux d'analyse *pertinents.*

FOCUS

Les conditions d'une bonne segmentation

Les segments doivent :

- traduire des attitudes et des comportements différents ;
- être mesurables ;
- être atteignables ;
- être substantiels.

1 La condition de pertinence par rapport au public : les segments obtenus doivent traduire des attitudes et des comportements différents

La première qualité que doit posséder un travail de segmentation est que les segments obtenus présentent des différences accusées dans leurs comportements ou leurs attitudes à l'égard de l'offre. Une segmentation qui serait logique mais qui, au final, ne permettrait pas de manifester des attitudes et des comportements différents d'un segment à l'autre aurait en effet très peu d'utilité opérationnelle. Si les segments identifiés comme tels, partagent la même attitude et ont les mêmes comportements à l'égard d'une offre, adapter son offre en fonction de ces pseudo-segments n'a pas de raison d'être.

Ce principe d'une grande simplicité est souvent oublié dans les entreprises : on définit des critères de segmentation qui permettent de distinguer des segments différents qu'on va décrire et étudier en détail, pour, au final, conduire des politiques similaires car l'attitude de ces segments n'est guère différente à l'égard de l'offre.

Exemple

➥ Une grande banque a segmenté sa clientèle sur la base de critères professionnels et a organisé son département marketing en distinguant des services différents spécialisés par profession (agriculteurs, notaires, professions de santé, etc.), à la tête desquels se trouvent des responsables de marché.

Lorsque la banque commercialise une nouvelle offre, elle prend soin de l'adapter par profession. Un audit du département marketing montre cependant que le critère professionnel n'est généralement pas le critère pertinent pour segmenter le marché, car il ne permet pas de distinguer des attitudes et des comportements sensiblement différents. D'autres critères comme le fait d'être indépendant ou d'avoir des salariés, d'être urbain ou rural, de gérer son fonds de commerce ou d'être innovateur et entreprenant, d'avoir des revenus réduits ou élevés apparaissent en fait beaucoup plus différenciants. Ces derniers critères sont « transprofessionnels », en ce sens que les attentes à l'égard de produits financiers d'un notaire ayant un cabinet important sont beaucoup plus proches de celles d'un patron de laboratoire d'analyses médicales de taille comparable, que du notaire rural qui n'a qu'un clerc.

Le critère choisi de profession, quoique logique, ne conduit pas nécessairement à des segments pertinents. Consciente de cette insuffisance, la banque doit adapter son mode d'organisation, initialement conçu en fonction du critère professionnel, pour procéder à des segmentations plus opérationnelles.

L'exigence de pertinence ne s'applique pas seulement au choix d'un critère mais aussi au choix des variables à l'intérieur de ce critère : en effet, la définition et le nombre des classes, tranches, niveaux, variables à l'intérieur du critère doivent être guidés par le souci de distinguer des populations au comportement différent.

Exemple

➥ Si l'âge apparaît comme un critère pertinent pour le marché de la musique, le choix du nombre de tranches d'âge doit être orienté par le souci de distinguer des comportements réellement différents.

Pour la musique classique, on pourra se limiter à un nombre restreint de tranches d'âges, car les attitudes et les comportements ne varient sans doute pas d'une manière significative par petites différences d'âge ; on pourra alors distinguer par tranche de 25 ans : les moins de 25 ans (cible réticente à l'égard de la musique classique à l'égard de laquelle on peut conduire une politique d'évangélisation), les 25-50 ans (gros du marché) et les 50 ans et plus dont les goûts musicaux ont été formés il y a plusieurs dizaines d'années.

En revanche, pour la musique pop, dont le cœur du marché est composé de préadolescents et d'adolescents, des tranches d'âge de 5 ans sont sans doute trop larges pour capter les sensibilités générationnelles.

La pertinence d'un critère, et à l'intérieur des critères, des variables de segmentation, peut et doit être jugée *a priori* sur la base du bon sens. Mais elle doit aussi être vérifiée *a posteriori* par une analyse complémentaire des attitudes et des comportements.

2 La condition d'évaluation : les segments obtenus doivent être mesurables

Pour être utile, un segment doit être mesurable. Si un petit entrepreneur peut lancer une politique marketing sur la base d'une évaluation très vague de la taille de son segment de marché, une telle politique n'est pas concevable pour de grandes entreprises qui doivent décider d'investissements importants en termes de conception de produit, de commercialisation ou de communication. Pour faire l'objet de politiques adaptées, un segment doit ainsi pouvoir être évalué en fonction de la taille et du potentiel.

L'utilisation de critères démographiques, géographiques et socioculturels permet en général de répondre à cette condition. En effet, il est relativement facile d'identifier la taille des segments en se reportant aux nombreuses statistiques disponibles, souvent d'origine publique, sur la répartition de la population française ou étrangère.

Mais, comme on l'a souligné dans la section 3, les autres critères de segmentation sont souvent plus pertinents mais aussi plus difficiles à mesurer ou même à observer.

Exemple

- Il se peut que l'anxiété soit un critère pertinent pour segmenter le marché des assurances-vie. Mais il n'existe aucune statistique en France indiquant le nombre d'anxieux et de placides, et il est très difficile, au cours d'une enquête par sondage, de mesurer le degré d'anxiété des personnes interviewées. Ce critère, même s'il était pertinent, ne serait donc pas aisément mesurable.

3 La condition d'opérationnalité : les segments obtenus doivent être atteignables

Les segments obtenus doivent pouvoir donner lieu à des politiques adaptées et ces publics doivent pouvoir être atteints par l'entreprise.

L'exemple suivant illustre le cas d'un segment difficilement mesurable mais facilement atteignable.

Exemple

- Douce France est un grand producteur de volaille qui a développé une gamme de produits élaborés à base de poulet et autres volatiles. Douce France a identifié un segment défini comme celui des barbecues pour lesquels la marque propose des produits tout prêts : brochettes aux poivrons, ailerons de poulet au paprika, saucisses aux herbes de Provence, etc.

  La taille de ce segment est difficile à évaluer avec précision mais les clients sont facilement joignables par des moyens marketing classiques : mise en avant des produits dans les grandes surfaces de mai à septembre, campagnes radio et spots TV en fin de semaine, partenariat avec un grand producteur de charbon de bois avec des coupons de réduction pour les produits Douce France, etc.

4 La condition de substantialité : les segments doivent être suffisamment rentables

Le marché potentiel de chaque segment doit être suffisamment important pour justifier les coûts d'une politique marketing spécifique au segment, et assurer un retour sur investissement conforme aux objectifs de l'entreprise.

Pour L'Oréal, un segment de moins d'un million de consommateurs a toutes les chances d'être jugé inintéressant… sauf si la rentabilité espérée est tout à fait exceptionnelle.

Il n'y a pas de normes générales sur la taille minimum d'un segment. Chaque cas est différent. Cela dépend des objectifs de rentabilité de l'entreprise, des investissements à consentir pour attaquer le segment (moins ils sont importants et plus le potentiel du segment peut être faible), de la concurrence et de la part de marché que l'on peut espérer prendre dans le segment.

Ce n'est donc pas la taille du segment qui doit être substantielle mais la rentabilité prévue. Comme un segment de marché n'est pas inerte, il faut anticiper son évolution. Un segment petit aujourd'hui par sa taille et non rentable peut être jugé stratégique en raisons de ses perspectives d'évolution. Ainsi, à ce jour, le segment de la voiture électrique pour les particuliers est loin d'avoir une taille et une rentabilité substantielles, ce qui n'empêche pas tous les grands constructeurs de s'y intéresser.

Ressources complémentaires

La boîte à outils du *Mercator*

- Outil n°22, La méthode RFM

Ressources numériques sur mercator.fr

- **L'essentiel : retenez les points-clés !**
  L'essentiel du chapitre 13
- **Quiz interactifs corrigés et commentés : testez vos connaissances !**
  Quiz chapitre 13
- **Pour aller plus loin**
  Pour aller plus loin dans le chapitre 13 : une sélection de livres et d'articles sur la segmentation et des exemples de cas en ligne.

Positionner le sel

Le sel pourrait n'être que du sel. Il peut être bien plus que cela : une évocation, une histoire, un univers.

> « En été, lorsque le vent cesse de souffler, la Fleur de Sel de Camargue se forme à la surface des cristallisoirs avec la complicité du soleil. Tout l'art du saunier est d'être patient pour recueillir avec dextérité, le moment venu, ce cadeau fugitif de la nature, car il suffit d'une brise légère pour faire disparaître ces fines paillettes.
>
> Dame Nature est ainsi faite que chaque cueillette de Fleur de Sel de Camargue est spécifique. C'est pourquoi le nom du saunier qui a recueilli la Fleur de Sel est mentionné sur chaque boîte. »

C'est ainsi que le produit se présente au dos du packaging dans un texte inspiré qui mêle poésie et marketing. Tous les éléments y sont : la nature complice (vent, soleil, cadeau de la nature, Camargue), le temps gage d'authenticité et d'instant à saisir (été, patience), le savoir-faire ancestral (cueillette, saunier individualisé), etc. Au-delà du texte, le nom de la marque (« Le Saunier de Camargue »), celui du produit (« fleur de sel »), l'indication du terroir (Camargue), l'illustration construite à partir des paysages, de la faune et de la flore de la Camargue (flamants roses, cabane de gardian…), le bouchon en liège, la signature reproduite du saunier ainsi que la représentation des mains cueillant la fleur de sel, tous ces éléments participent au *positionnement* du produit : la fleur de sel de Camargue est le produit fugitif de la nature recueilli grâce au savoir-faire ancestral des sauniers de Camargue[1].

1. La Fleur de Sel de Camargue appartient aux Salins du Midi, plus connus par leur marque de sel de table La Baleine.

Chapitre 14

Le positionnement

Le positionnement, tout comme la segmentation, traduit un choix : on renonce à certaines positions et à certains clients sur le marché pour rendre son offre plus attractive et plus forte auprès d'autres clients, sur une autre partie du marché.

Le positionnement est un terme qui connaît une certaine popularité et qui est souvent utilisé dans le langage courant. Mais c'est également un concept méconnu et sous-estimé : méconnu, car il est fréquent que les entreprises l'utilisent mal, et sous-estimé, car le positionnement est en fait la clé de voûte d'une politique marketing qui assure la stabilité et la solidité de l'ensemble du marketing-mix.

Ce chapitre, après avoir présenté le concept de positionnement et souligné son importance, en exposera les deux dimensions : celle de l'identification d'une offre à un univers de référence et celle de la différenciation de cette offre vis-à-vis des produits concurrents. Après avoir étudié les axes de différenciation possibles, les deux dernières sections montreront de quelle façon les études de marché peuvent contribuer au choix d'un positionnement, puis souligneront les critères de son évaluation.

PLAN DU CHAPITRE

Section 1	Qu'est-ce que le positionnement ?	766
Section 2	Le rattachement à un univers de référence (identification)	777
Section 3	Le choix des caractéristiques distinctives (différenciation)	778
Section 4	Les six qualités d'un bon positionnement	788

Ressources complémentaires 793

SECTION 1

QU'EST-CE QUE LE POSITIONNEMENT ?

Toutes les offres sur le marché ne sont pas construites sur un choix volontaire de positionnement. Beaucoup d'entre elles se contentent d'exister au milieu de produits divers avec un nom qui tient plus du label que de la marque. Il suffit de feuilleter un magazine et de prêter attention aux publicités qui y sont publiées pour constater qu'on y présente souvent des offres auxquelles on ne peut attribuer de stratégie sous-jacente de positionnement. Au client de faire le tri parmi ces propositions et de se faire une opinion sur ce qu'on lui présente.

Le positionnement est une politique voulue par l'entreprise qui consiste à *choisir* où l'on se situe sur un marché, face à quels concurrents et avec quelle proposition de valeur claire pour les clients.

FOCUS

Le positionnement exprime un triple choix

Positionner une offre :

- Avec quelle proposition de valeur ?
- Dans quel marché ou segment de marché ?
- Contre quel(s) concurrent(s) ?

1 L'ORIGINE ET LA DÉFINITION DU CONCEPT DE POSITIONNEMENT

a) Une invention de consultants

La notion de positionnement a été formulée en 1972 par deux publicitaires, Al Ries et Jack Trout, qui signèrent un article publié cette année-là dans la revue professionnelle *Advertising Age* : « The Positioning Era Cometh »[1]. Les auteurs y soulignent que la communication publicitaire a longtemps vécu sur le modèle de la *Unique Selling Proposition*, c'est-à-dire sur une promesse unique du type « OMO lave plus blanc »[2]. La communication s'est ensuite sophistiquée pour intégrer le concept plus global d'image de marque, qui permet de mieux différencier les offres. Cependant, selon Ries et Trout, nous sommes aujourd'hui soumis à un flot de sollicitations, aussi bien par les publicités dans les médias que par les produits dans les points de vente. De ce fait, la communication d'une image a de fortes chances d'être noyée dans la masse et le client risque de n'en retenir qu'une impression assez floue.

1. Numéro d'avril-mai 1972. Les auteurs ont ensuite publié l'ouvrage *Positioning : The Battle for Your Mind*, Warner Books, 1982.
2. La notion d'USP a été formulée par Rosser Reeves (voir le chapitre 8 sur la publicité).

Ries et Trout relèvent qu'il est important de rechercher une plus grande efficacité en structurant son offre autour d'un concept fort. Désormais, l'enjeu n'est plus celui de *l'émission* d'une image, mais celui de la *perception* d'une offre par le client, et pour cela il est nécessaire d'adopter une politique volontariste. Le positionnement, c'est la volonté d'acquérir une position dans l'esprit du client, d'y occuper un certain nombre de neurones : c'est une « bataille pour l'esprit ».

b) La définition du positionnement

Le *positionnement est* le choix stratégique d'un espace de marché et de traits saillants pour rendre une offre attractive, distinctive et crédible.

Cette définition souligne trois aspects d'un positionnement.

- Le positionnement est un *choix stratégique global* en matière d'offre, ce n'est pas seulement un élément au sein d'une politique de communication : un positionnement se traduit dans la communication ou la publicité, mais c'est dans l'ensemble des dimensions d'une offre perçues par le client (politique de produit, de prix, de distribution…) qu'il doit s'exprimer ;
- La finalité du positionnement est d'influencer les *perceptions*. L'offre doit être perçue comme attractive, distinctive et crédible dans l'esprit des clients par rapport aux concurrents. Pour ce faire, il ne faut pas disperser la proposition de valeur sur de multiples arguments mais organiser ses perceptions autour d'un ou de deux traits saillants ou axes du positionnement. Si les études montrent que l'image perçue de l'offre de l'entreprise n'est pas l'image voulue, que sa position n'est pas la position souhaitée, cela signifie que la politique de positionnement a échoué et qu'elle doit être redéfinie.
- Le choix d'un positionnement s'inscrit dans la longue durée, plusieurs années, parfois plusieurs dizaines d'années. Changer rapidement de positionnement est un constat d'échec. Faire évoluer ou modifier radicalement un positionnement est toujours complexe et risqué car il s'est fortement imprimé dans le marché.

c) Le positionnement est un concept volontairement réducteur

Entre positionnement, politique de marque et image, les distinctions paraissent souvent complexes, voire confuses. Il peut être utile de clarifier la terminologie pour mieux comprendre le positionnement.

La définition du *positionnement* met l'accent sur le choix par l'entreprise, donc sur le renoncement à d'autres options, de traits saillants, attractifs et distinctifs qui permettent au public de situer favorablement l'offre dans l'univers des produits comparables. En d'autres termes, *c'est le choix d'une représentation simplifiée*, comparative et distinctive de l'offre.

La *politique de marque* se soucie de développer la communication de marque dans toute sa complexité, sa profondeur et sa richesse (voir le chapitre 15). Elle est une des expressions du positionnement retenu.

> ***Notre conseil***
>
> *Il convient de distinguer nettement image et positionnement. L'image est un résultat. Elle se constate. Le positionnement est une ambition. On le construit et, pour ce faire, il faut s'en donner les moyens.*

L'*image* d'un produit ou d'une marque est l'ensemble des connaissances, croyances et évocations qu'un public défini associe à une offre. L'image relève de la perception, le positionnement de la politique. L'image est perçue. Le positionnement est l'image voulue. L'image peut être foisonnante, floue, contradictoire. Le positionnement est une image voulue qui est centrée, claire et cohérente, c'est-à-dire nécessairement réductrice.

Exemples

- Fruit d'Or : « Une huile de table avec des omégas 3 pour la santé et des omégas 6 pour la vitalité »
- Jaguar : « Le meilleur de l'innovation technologique et de la tradition du luxe britannique »
- Leclerc défend le consommateur en « luttant contre la vie chère »
- Harley-Davidson : « Avec une Harley, on entre dans une légende et une communauté »

2 L'importance du choix volontaire d'un positionnement

Il existe quatre raisons principales pour lesquelles un responsable marketing doit, dès le premier stade de l'élaboration de sa stratégie, procéder au choix volontaire et raisonné d'un positionnement pour le produit concerné.

a) Si le responsable marketing ne choisit pas le positionnement, son public s'en chargera

Faute d'avoir choisi lui-même le positionnement de son produit, le responsable marketing devra *subir* l'image que lui aura donnée spontanément son public. En effet, qu'on le veuille ou non, tout produit est nécessairement positionné par le public auquel il s'adresse, et notamment par celui des clients potentiels : face à la multitude des offres, le client procède par simplification et associe mentalement à chacune d'elles une sorte d'étiquette sommaire. Aussi, plutôt que de laisser un produit occuper une position dans l'esprit des clients de façon spontanée et incontrôlée, le responsable marketing a tout intérêt à orienter son positionnement d'une manière volontaire et dans un sens favorable à sa marque.

b) Le positionnement joue un rôle important dans les décisions d'achat des clients

Le choix volontaire d'un positionnement par le responsable marketing est d'autant plus souhaitable que le positionnement joue un rôle déterminant dans les décisions d'achat des clients. Ceux-ci, confrontés à une offre abondante et diversifiée, procèdent généralement à leurs choix non pas au terme d'une comparaison exhaustive de toutes les marques sous tous leurs aspects, mais en « pré-référençant » les offres susceptibles de les intéresser, et en en écartant d'autres[1]. Cette réduction des alternatives dans le processus de décision se fait généralement sur la base du positionnement des marques qu'ils connaissent.

1. Voir chapitre 3, section 3 sur le processus de décision des consommateurs.

MINI CAS

La méthode du positionnement au service de la principauté de Monaco

L'image de Monaco est souvent négative : « people » et « bling-bling », casino et argent facile, banques et paradis fiscal, etc. Fin 2010, la Principauté de Monaco a lancé une campagne pour changer son image. Selon Michel Roger, ministre d'État de la Principauté : « Cette campagne vise à combattre les clichés[1] […]. Ce n'est ni une campagne de promotion touristique, ni économique. C'est une campagne institutionnelle. Nous voulons mettre en avant le rôle singulier de Monaco dans le monde moderne. Le monde change vite, il développe aujourd'hui des valeurs comme l'éthique, la responsabilité, la protection de l'environnement. Sur ces valeurs, Monaco joue un rôle. Sa singularité tient bien sûr à sa gouvernance, à son Prince, à la petitesse de son territoire, mais aussi à la diversité de sa population… ».

Cette campagne est déclinée dans la presse et Internet[2]. Elle est signée : « Principauté de Monaco : un rôle à part dans le monde ». C'est un travail de positionnement.

Pour changer l'image de Monaco, pas de jolies princesses et de prince charmant, pas de Formule 1 et de yachts démesurés. La campagne se veut sobre, pédagogique, limite austère, institutionnelle au sens premier du terme. Mais, comme on le verra dans les lignes suivantes, le positionnement n'est pas exclusivement affaire de communication. Il ne suffit pas de proclamer ses vertus et sa différence. Il faut le prouver par des actes forts. L'avenir dira s'il s'agit d'une simple campagne de publicité ou d'un changement majeur.

1. Source : www.lefigaro.fr/medias/2010/11/17/04002-20101117ARTFIG00404-michel-roger-invite-du-buzz-media-orange-le-figaro.php
2. Voir www.unroleapartdanslemonde.mc/#/nationalites/

Exemples

- Le Crédit Agricole a un positionnement de banque de référence chez les agriculteurs, pour des raisons historiques qui se traduisent dans le nom de l'entreprise. Un jeune agriculteur qui voudra s'installer consultera naturellement cette banque.
- La Banque Postale (services financiers) a un positionnement de service public ouvert à tous les publics : cette perception est de nature à attirer les petits comptes, mais également à rassurer les clients qui ont peur des banques « qui n'aiment que l'argent ».

c) Le positionnement est la clé de voûte du marketing-mix et la condition de sa cohérence

La troisième raison qui milite en faveur du choix volontaire et explicite d'un positionnement par le responsable marketing est qu'un tel choix est une condition nécessaire de *cohérence* du marketing-mix. Si, préalablement à la formulation du marketing-mix, le responsable marketing n'a pas choisi les traits saillants de son offre, les décisions qu'il prendra en matière de politiques de produit, de prix, de distribution et de communication ont peu de chances d'être compatibles les unes avec les autres et de se renforcer mutuellement. En d'autres termes, le marketing-mix risque fort de manquer d'unité. Au contraire, le choix *préalable et explicite* d'un positionnement dont on déduira ensuite le marketing-mix donne l'assurance que les différentes composantes de ce dernier seront en étroite synergie.

Le choix du positionnement doit donc se situer *en amont* de toutes les décisions relatives aux composantes du mix-marketing, dont il constitue la *clé de voûte*.

Figure 14.1 **Le positionnement, clé de voûte et facteur de cohérence du marketing-mix**

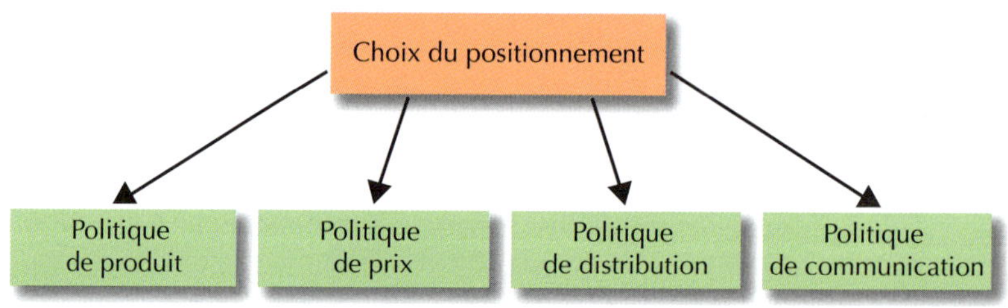

Exemple

- La marque de confitures Bonne Maman doit essentiellement son succès et sa position de leader sur le marché au choix initial d'un bon positionnement, celui de « la confiture traditionnelle aussi bonne que celle qui était faite à la maison », et au fait que toutes les composantes du mix ont été conçues (ou « déclinées ») en vue de traduire le positionnement choisi :
  - la composition du produit (qualité des fruits) ;
  - le nom de marque (Bonne Maman) ;

– la forme et l'habillage des pots (pot en verre à facettes, imitation d'une étiquette écrite à la main et d'une toile de Vichy sur le couvercle) ;
– le prix relativement élevé (*premium price*) ;
– la politique de communication (sur le thème : « Bonne Maman, c'est toi que j'aime tant »).

Le positionnement de Bonne Maman a été décliné avec succès sur une gamme de biscuits, desserts et yaourts.

d) Le positionnement, levier d'action et contrainte, est un gage de continuité

1° Le positionnement s'inscrit dans la durée

Le positionnement est un levier d'action puissant dans une politique marketing car il clarifie l'offre qu'on veut développer et communiquer aux clients. C'est également une contrainte qui limite le champ de développement d'une marque ou d'un produit. Par exemple, le positionnement de Bonne Maman est très attractif pour tous ceux qui recherchent les promesses de la confiture traditionnelle, mais il l'est beaucoup moins pour ceux qui recherchent des produits allégés.

Un positionnement s'inscrit dans la durée. Alors que les plans marketing peuvent être refaits tous les ans, un positionnement est un gage de continuité qui assure, dans le temps, la *cohérence d'une politique*. Un positionnement réussi marque durablement, mais de ce fait, il peut se transformer en faiblesse quand l'environnement et la stratégie de l'entreprise changent profondément.

Exemple

➥ Perrier aux États-Unis avait adopté un positionnement résumé dans son slogan « *Earth's most natural soft drink* » (le *soft drink* le plus naturel sur terre). Ce positionnement souligne fortement le caractère naturel du produit : contrairement aux eaux artificiellement gazéifiées, l'eau de Perrier jaillit du sol naturellement pétillante. Des lots de bouteilles de Perrier vendues aux États-Unis furent un jour contaminés par du benzène et l'ensemble des produits Perrier durent être retirés de la vente. Sous la pression médiatique, l'entreprise indiqua après enquête que l'incident avait pour origine le fait qu'un filtre n'avait pas été remplacé. Elle révéla, du même coup, que dans le processus de production, l'eau de Perrier était dans un premier temps dégazéifiée pour être ensuite regazéifiée avec le gaz carbonique de la source, d'une part pour renforcer son goût pétillant et d'autre part pour garantir une teneur constante en gaz carbonique. La marque, à la suite de ces révélations, fut obligée de modifier la mention sur son étiquette d'« eau gazeuse naturelle » qui devint « eau renforcée au gaz de la source ». Elle ne se remit jamais, aux États-Unis, de la contradiction entre son positionnement de naturalité et la réalité de son processus de production. En France, où Perrier a un positionnement différent (voir section 2), la marque a retrouvé rapidement ses parts de marché après cette crise.

Le temps et les circonstances ne sont pas toujours les ennemis du positionnement et bon nombre de marques savent le faire évoluer en fonction des tendances lourdes du marché et de l'environnement.

MINI CAS

Philips, les bénéfices de la technologie et l'avantage de la simplicité

Sous l'impulsion de Gerard Kleisterlee, président de Philips, 1 650 consommateurs et 180 entreprises clientes furent interrogés à travers le monde en janvier 2003 pour identifier les chantiers majeurs de l'entreprise du point de vue des clients. La réponse s'imposa : les clients veulent bénéficier des avantages de la technologie sans en avoir les inconvénients. Un nombre considérable de clients retournent les produits ou retardent leur achat de matériel électronique parce qu'ils ne savent pas comment les faire fonctionner ou qu'ils redoutent la complexité d'utilisation. En d'autres termes, tous recherchent la simplicité. Comme le déclare l'entreprise sur son site Web : « L'enquête a montré que nous avions l'opportunité de répondre aux besoins de simplicité et de rendre notre marque encore plus attractive pour nos consommateurs et nos clients dans le monde entier. »

Cette prise de conscience s'est traduite par un choix de positionnement très affirmé qu'on peut résumer ainsi : Philips offre à ses clients les bénéfices de la technologie avec l'avantage de la simplicité. Ce choix de positionnement s'est traduit par le slogan « Sense and Simplicity » et par une campagne publicitaire qui l'a popularisé.

Mais un positionnement ne se réduit pas à un slogan, il doit se traduire dans l'ensemble du mix. Les produits ont été ainsi repensés pour simplifier l'expérience de l'utilisateur. Chaque nouveau produit doit être testé par des consommateurs et sa simplicité d'utilisation doit être validée. Le « centre de recherche sur l'expérience client » de Philips à Bruges observe même la façon dont les clients sortent un produit du paquet pour la rendre plus aisée. La simplicité de produits technologiques est complexe à réaliser et elle demande une vraie expertise : trop peu de fonctions frustre, trop de fonctions désoriente. L'expérience de nombreux utilisateurs de produits Philips montre que la concrétisation de ce positionnement est une tâche ardue, dont le résultat n'est pas garanti.

Le positionnement de la marque s'est enfin traduit à un autre niveau : celui de l'organisation même de l'entreprise. Considérant qu'une organisation compliquée ne peut pas développer une offre simple et utile, le président de Philips a réduit le nombre de divisions de 30 à 5, et le nombre d'activités de 500 à 70. Les règles de fonctionnement ont été revues jusque dans le détail : par exemple, lors des réunions internes, les présentations ne doivent pas excéder 10 *slides* Power Point ! Enfin un bureau de la promotion de la simplicité, directement rattaché au président et composé de quelques membres, est chargé de veiller au respect de cette politique dans tous les domaines d'activité de l'entreprise et dans l'ensemble des offres proposées aux clients.

« À l'origine, les choses sont simples. Pourquoi les compliquer ? »
Source : Philips.

Aujourd'hui, près de 10 ans après la formulation du positionnement, le mot d'ordre « Sense and simplicity » est toujours d'actualité chez Philips.

Exemple

➥ Pages Jaunes est plus que centenaire. Originellement ODA (Office D'Annonces), l'entreprise fut créée en 1896. Filiale de Havas, c'était une régie qui vendait l'espace publicitaire de la presse écrite. En 1946, l'État attribua à l'ODA la régie publicitaire des annuaires français. En 1997, à la naissance d'Internet en France, l'ODA créa pagejaunes.fr. Aujourd'hui, la marque de l'entreprise est devenue Pages Jaunes ; son activité s'est transformée et sa vision stratégique (son positionnement de marque d'entreprise) est : « Leader de fournisseur de contenus pour les médias d'information locales ». L'entreprise a su s'adapter à son contexte et faire évoluer son métier, ses activités et son positionnement. Aujourd'hui, Pages Jaunes c'est 20 % de la publicité locale en France, 2 200 commerciaux, 770 000 clients pour 1,1 milliard d'euros de chiffre d'affaires. Pages Jaunes se déploie sur trois médias : le papier, Internet, le mobile. C'est la 8e destination sur mobile. Sur Internet, Pages Jaunes a 3 millions de visiteurs uniques par jour, et fait 20 % du marché publicitaire en ligne en France[1].

2° Le repositionnement d'une marque est toujours une tâche délicate

Un positionnement peut évoluer graduellement et s'enrichir, sans que ses éléments fondamentaux soient modifiés. Le repositionnement d'une marque est une opération plus radicale qui consiste à changer les éléments constitutifs du positionnement d'une marque.

> ### *Notre conseil*
>
> *Quand un positionnement ne donne pas les résultats escomptés, il est sage de s'interroger sur la cause profonde : est-ce le positionnement qui n'est plus adapté ou est-ce sa mise en œuvre qui est à repenser ?*

Il ne s'agit donc pas simplement de communiquer sur une offre nouvelle, mais de modifier le cadre de perception de l'offre et de la marque. Cette opération est particulièrement délicate parce qu'un positionnement s'inscrit dans la durée et qu'il marque les esprits.

Le risque d'un repositionnement est de créer une confusion dans l'esprit du client – qu'on appelle en termes savants une *dissonance cognitive* – c'est-à-dire de brouiller l'image plutôt que de la faire évoluer. Un autre risque est de susciter un refus du client, qui n'adhère pas, n'accepte pas, ne croit pas au nouveau positionnement. Dans ce cas, les clients gardent en tête le positionnement ancien de la marque dont l'offre se trouve alors en décalage avec cette perception.

Pour limiter ces risques, trois règles doivent êtres respectées.

- *Le nouveau positionnement doit correspondre à des attentes profondes et durables* des clients. Sinon, le nouveau positionnement risque de n'être qu'un changement cosmétique.
- *Le nouveau positionnement doit correspondre à la réalité de l'offre.* Un repositionnement n'est pas seulement une affaire d'image, il traduit une politique et doit être compatible avec la réalité de l'offre. Il arrive que l'offre existante soit compatible à la fois avec l'ancien et le nouveau positionnement. Mais le plus souvent, le repositionnement s'accompagne d'une refonte substantielle de l'offre, comme dans le mini cas sur Sciences Po présenté ci-après.

1. Chiffres 2010.

MINI CAS

Le repositionnement de Sciences Po[1]

L'Institut d'Études Politiques de Paris, plus communément appelé Sciences Po, est une vieille institution, créée en 1872 après la défaite de la France face à la Prusse, avec comme vocation de former la future élite de la France.

Sa nationalisation en 1945 n'a pas cessé d'en faire un établissement fréquenté par les enfants de la bonne bourgeoisie, principalement parisienne, notamment comme porte d'entrée au concours de l'ENA. Les formations se sont diversifiées avec le temps, mais c'est la nomination de Richard Descoing à sa direction en 1996 – il dirigea l'école jusqu'à sa mort en avril 2012 – qui allait conduire à une véritable révolution de ce qu'est Sciences Po.

Richard Descoing a dirigé Sciences Po de 1996 à 2012 et a fait connaître à l'établissement un repositionnement profond

En 16 ans, ce conseiller d'État va faire de cette vénérable institution un établissement international qui compte aujourd'hui 42 % d'étudiants étrangers, et qui a intégré une année obligatoire à l'étranger dans son cursus. Les frais d'inscription sont désormais modulables en fonction des revenus des parents et varient ainsi de 0 à… 13 500 € par an (la part des boursiers est passée de 6 à 27 % entre 1996 et 2012).

Une des réformes qui a sans doute le plus marqué en France a sans doute été la création des conventions d'éducation prioritaires avec 85 lycées des quartiers défavorisés, qui ont permis l'intégration de plus de 860 étudiants par cette filière.

Le nombre global d'étudiants a plus que doublé en passant de 4 000 à 11 000. La refonte du cursus scolaire avec la séparation stricte du niveau Bachelor (Collège universitaire) et d'une année Master a favorisé la multiplication des filières : plus de 20 masters, 4 cursus « École », 13 *Executive Masters*… dans des domaines qui vont des affaires publiques à la finance, en passant par les affaires européennes ou le journalisme.

Qu'est-ce que Sciences Po désormais ? Une université ou une grande école ? Un haut lieu de la bourgeoisie parisienne ou une porte d'entrée des enfants des milieux défavorisés dans l'enseignement supérieur ? Une école d'entrée dans l'administration ou une *business school* ? Une école qui se bat sur le marché français ou sur le marché international ? Une école spécialiste de quoi ?

Sciences Po sous la direction de Richard Descoing est un exemple remarquable de transformation radicale et pleinement réussie d'une offre, qui a pour revers de conduire à une grande incertitude quant à son positionnement actuel. De ce fait, l'image de Sciences Po est certes positive mais ambiguë, et risque d'être très différente d'un interlocuteur à un autre. Cette clarification du positionnement sera sans doute une des taches de son successeur.

1. Pour information, l'un des deux auteurs du *Mercator* est diplômé de Sciences Po et y a enseigné de nombreuses années.

- *Le nouveau positionnement doit maintenir*, autant que faire se peut, *des éléments de continuité*. Le nouveau positionnement aura d'autant plus de chances de convaincre si certains aspects de l'ancien positionnement sont maintenus. L'exemple de Mixa Bébé ci-dessous, qui a une dimension historique, illustre bien à la fois un véritable repositionnement de la marque et le souci d'exploiter des éléments de continuité.

Exemple

➥ Le shampooing Mixa Bébé a été conçu comme un produit de niche, destiné spécialement à laver les cheveux des bébés et des jeunes enfants en raison de la nature très douce du produit. Les études de consommation révélèrent un potentiel de développement important, en ce sens qu'une partie des acheteurs de ce produit n'avaient pas de jeunes enfants mais l'utilisaient pour eux-mêmes car ils recherchaient un shampoing peu agressif. L'Oréal sut remarquablement faire évoluer le positionnement du produit par le biais de campagnes de communication axées sur le thème : « Doux pour bébé, doux pour maman ». Cette évolution du positionnement a été rendue possible par trois facteurs : le concept de douceur (facteur de continuité), l'association naturelle entre maman et enfant et l'argumentation logique : si vous cherchez un produit doux, il n'y a pas mieux qu'un produit pour enfant.

3 Les deux dimensions du positionnement

Le positionnement d'un produit comporte généralement deux volets complémentaires, qu'on peut appeler l'*identification* et la *différenciation*.

Figure 14.2

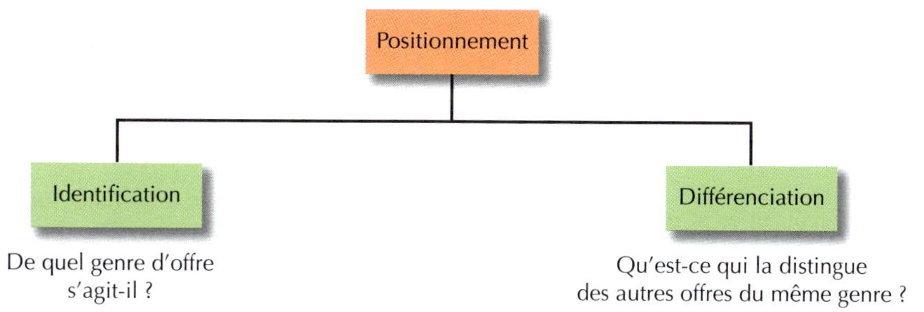

L'*identification* est le rattachement de l'offre à une catégorie de produits dans l'esprit du public, ou, en d'autres termes, à un *univers de référence*. Par ce mouvement, on définit du même coup qui sont ses concurrents directs.

La *différenciation* permet de distinguer son offre de celle des concurrents dans un même univers de référence.

MINI CAS

Positionner un festival de musique : trois exemples

Comment trouver sa place parmi les milliers de festivals, chaque année, en France ? On analyse ici, succinctement, le positionnement de trois festivals de musique classique.

Musique en Ré. Festival annuel, qui dure 10 jours dans plusieurs communes de l'île de Ré. Concerts payants dans des églises et concerts gratuits. Financement principal : Communauté de communes et Conseil Général.

- Positionnement : des soirées musicales pour un public de proximité, dans le cadre de l'animation touristique de l'île de Ré.
- Critère d'identification : définition très large : musique classique (en accord avec l'image que l'on se fait du public de l'île de Ré en été).
- Critère de différenciation : néant. Certains interprètes de qualité mais un festival semblable à beaucoup d'autres.

Ce festival existe depuis 25 ans, sans concurrence locale[1]. Si « Musique en Ré » voulait élargir son public, il pourrait rester dans le même domaine : la musique classique, mais il devrait se repositionner sur un axe original.

La Folle Journée de Nantes. En fait, plusieurs jours en début d'année. Créée en 1995 par René Martin qui, aujourd'hui, exporte le concept à l'international. Une ampleur et un succès considérables : 150 000 billets vendus en 2012, 284 concerts payants, 37 concerts gratuits, 48 conférences, 1 800 artistes. Une animation étendue à la Région.

- Positionnement : un festival pour un public local, régional et national où tout est pensé pour permettre un accès facile à de la grande musique classique.
- Critère d'identification : découvrir et approfondir un compositeur ou une période de la musique classique.
- Critère de différenciation : la musique est dans la ville. Les concerts n'excèdent pas 45 minutes. Les tarifs semblent raisonnables : 7 à 25 € par concert[2]; l'ambiance est festive et ravit initiés et découvreurs de musique classique.

Les Chorégies d'Orange. Créé en 1869, c'est le plus vieux festival français mais il a été repensé en 1971 comme un festival lyrique et musical. Il vise un public national et international.

Le théâtre romain d'Orange

- Positionnement : des voix sublimes dans un lieu unique.
- Critère d'identification : Opéras et œuvres orchestrales reconnus[3].
- Critère de différenciation : les artistes, bien sûr, mais surtout le lieu : un théâtre romain, le seul en France qui a conservé son mur acoustique.

Une clientèle de connaisseurs, de fidèles qui reviennent dans cet endroit magique où les places sont chères et parfaitement inconfortables. Les Chorégies se méritent.

1. La Rochelle, qui est tout près de l'île de Ré, fait dans un genre très différent avec les Francofolies.
2. En réalité, il faudrait tenir compte de la durée des concerts par rapport à la norme.
3. Ainsi, on trouve dans la programmation de 2012 : Puccini (*La Bohème* et *Turandot*), Rossini (*Petite Messe solennelle*), Mozart (*Requiem*). On ne vient pas aux Chrorégies d'Orange pour découvrir un compositeur ou une œuvre, mais pour des interprétations exceptionnelles d'œuvres que l'on connaît bien.

SECTION 2

LE RATTACHEMENT À UN UNIVERS DE RÉFÉRENCE (IDENTIFICATION)

Le premier volet du positionnement d'une offre consiste à choisir la *catégorie* à laquelle on souhaite que ce produit soit rattaché dans l'esprit du public, autrement dit le concept marketing du produit (voir chapitre 4). La liberté de choix dont on dispose à cet égard est très variable. Dans certains cas, il est pratiquement imposé, en ce sens qu'il n'existe qu'une seule catégorie de produits à laquelle on puisse le rattacher d'une manière plausible. Lorsque, par exemple, Toyota a lancé son nouveau modèle iQ, il a été naturellement positionné dans l'univers des « micro-citadines » face à la Smart.

Mais il arrive qu'on puisse choisir entre plusieurs univers de référence possibles. Dans ces cas, les principaux critères à retenir sont :

- l'importance relative des sources de volume de chaque univers ;
- l'importance relative des avantages potentiels du produit par rapport aux concurrents dans l'univers ;
- la crédibilité (ou plausibilité) relative de l'identification du produit à cet univers.

Exemple

→ Bel, le fabricant de La vache qui rit, avait décidé d'étendre sa gamme de fromages fondus en lançant une nouvelle offre, positionnée dans l'univers des produits à consommer avec l'apéritif plutôt que dans celui des fromages. Ce choix avait été motivé par la taille du marché potentiel et parce que les avantages compétitifs du produit paraissaient plus forts face aux autres produits d'apéritif que face aux autres fromages. Ce positionnement inspira l'ensemble du marketing-mix, à commencer par le produit (fromage fondu assaisonné conditionné sous forme de petits cubes) et le nom de marque du nouveau produit : Apéricube. Mais il se retrouve dans le merchandising, Bel allant jusqu'à placer une mini gondole réfrigérée au milieu du rayon apéritif. Le groupe Bel vend chaque année 1 milliard de cubes à travers le monde.

Apéricube : fromage ou apéritif ?
Reproduction de marque Apéricube® avec l'aimable autorisation des Fromageries Bel s.a.

> ### *Notre conseil*
> *Se rattacher à un univers de référence clair dans l'esprit du public ne signifie pas qu'il faut toujours rester dans les conventions qui définissent les catégories de produits. Mais si on innove, il faut le faire en s'appuyant sur des repères qui font sens pour le consommateur.*

Il est important, lorsqu'on choisit l'« univers de référence » auquel on souhaite rattacher un produit, de définir cet univers d'une manière claire et tranchée : une définition vague, floue ou ambiguë risque en effet de jeter le trouble dans l'esprit du public, qui a besoin de *classer* chaque produit d'une manière simple, dans une catégorie familière.

Exemples

- Il y a quelques années, BMW a lancé un produit original, le C1, positionné comme un scooter avec la sécurité et la protection contre les intempéries offertes par une automobile. Le C1 possédait des ceintures de sécurité et un toit. Malgré l'excellente image de BMW et les qualités techniques du produit, ce fut un échec sur tous les marchés, et BMW dut se résoudre à abandonner sa fabrication trois ans après son lancement. Concept inclassable mais aussi prix élevé expliquent ce fiasco.
- En 2006, Piaggio a lancé le scooter avec deux roues à l'avant qui s'avère être un grand succès. C'est clairement un scooter avec des avantages majeurs : sécurité et confort.

SECTION 3

LE CHOIX DES CARACTÉRISTIQUES DISTINCTIVES (DIFFÉRENCIATION)

Le deuxième volet d'un positionnement est la différenciation, qui consiste à se poser la question : « Quelles caractéristiques *distinctives* souhaitons-nous voir attribuer à notre produit par le public ? »

Les sources de différenciation sont innombrables et on peut trouver des positionnements très distincts, même pour des produits que peu de chose distingue *a priori*.

Exemple

- Les marques d'eau peuvent avoir des positions très différentes dans l'esprit des consommateurs, comme le montre ce mapping de positionnement des marques d'eau. Deux axes structurent la perception des marques d'eau en France : l'axe santé-plaisir et l'axe source (origine)-table.

Figure 14.3

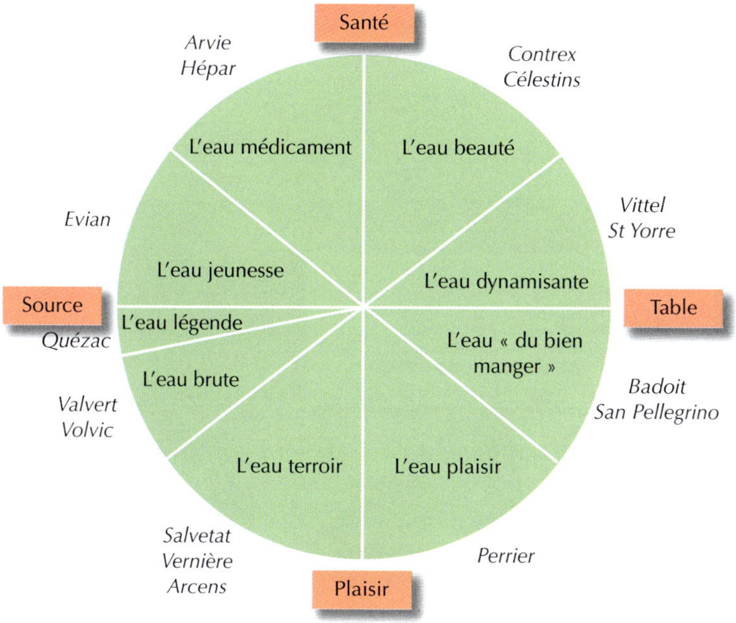

Source : DDB.

1 Le triangle d'or du positionnement

Pour choisir le ou les attributs distinctifs qui serviront de base au positionnement de son offre, un responsable marketing doit prendre en compte trois facteurs principaux : les attentes du public à l'égard de la catégorie de produits considérée, le positionnement actuel des concurrents par rapport à ces attentes et les atouts potentiels du produit dont il s'agit. Ces trois facteurs constituent le « triangle d'or » dans lequel doit se situer le positionnement.

Figure 14.4 **Le triangle d'or du positionnement**

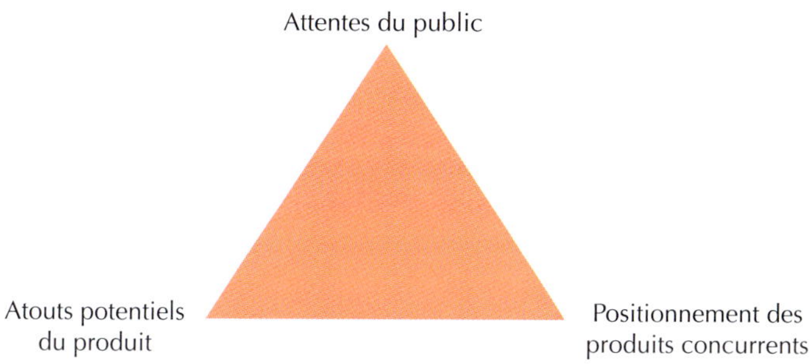

MINI CAS

YesOrNow

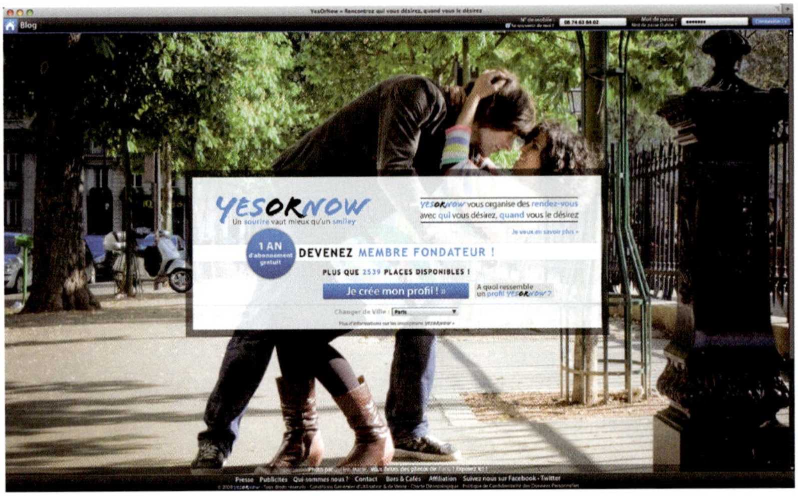

Une jeune start-up, YesOrNow (www.yesornow.com), s'est lancée en 2009 sur le marché des sites de rencontre, représentant environ 100 millions d'euros de chiffre d'affaires en France et dominé par Meetic, Edenflirt ou Edarling. Dans ce marché déjà concentré et très concurrentiel, il était indispensable de trouver des sources de différenciation. Après avoir analysé les attentes principales des clients, et plus particulièrement celles qui sont mal ou pas satisfaites, les deux jeunes créateurs, Julien Marie et Youri Regnier, ont défini les atouts que devait et pouvait posséder leur offre.

Attentes mal satisfaites des clients (par ordre d'importance)	Atouts potentiels du produit par rapport aux concurrents
Réduire le délai entre prise de contact et rencontre physique. Trouver facilement des personnes qui correspondent à ses attentes (en termes de profil et de type de relation désiré). Vivre une expérience sympathique et divertissante. Réduire le risque associé aux rencontres (particulièrement pour les femmes).	Une intégration de l'expérience on line (site Web) et off line (qui passe par une implantation locale). L'organisation immédiate de rencontres physiques dédramatisées parce que naturelles et en petits groupes. Le rôle de tiers de confiance (feed-back, inscription par numéro de mobile). Un système de profilage qui permet de mieux identifier les partenaires potentiels.

Forte de cette analyse, YesOrNow a développé un ensemble de fonctionnalités et de services qui permettent de concrétiser les atouts potentiels de l'offre et de la différencier des concurrents. Par exemple, la création d'un réseau de bars et de restaurants partenaires, ainsi que des interfaces intuitives par Internet et mobile, permettent d'organiser des rendez-vous et des événements physiques au cours desquels les membres qui ont envie de faire connaissance peuvent se rencontrer de façon naturelle et détendue.

YesOrNow définit son positionnement comme celui d'un « organisateur de rendez-vous qui permet aux célibataires urbains de rencontrer les personnes qui correspondent à leurs attentes dans des bars et cafés proches de chez eux, de façon souple, naturelle et sûre ».

Le triangle du positionnement est un instrument très utile pour synthétiser et valider un positionnement. Il permet de se poser trois questions :

- Le positionnement choisi répond-il aux attentes du public ciblé ?
- Le positionnement choisi est-il cohérent avec les atouts réels de notre offre ?
- Le positionnement choisi nous permet-il de nous différencier des concurrents ?

a) Les attentes du public cible

Pour qu'un élément de différenciation soit *pertinent*, c'est-à-dire susceptible de conférer un avantage concurrentiel à l'offre, il faut qu'il corresponde à un besoin ou à une attente importante du public visé.

La première étape dans le choix d'un axe de différenciation consiste donc à inventorier les attentes du public auquel on s'intéresse, et à évaluer leur importance relative.

Notre conseil

On ne peut pas se satisfaire d'un positionnement fort sur l'une des dimensions du triangle d'or. Il faut qu'il soit bon sur les trois.

b) Les atouts potentiels du produit considéré

Pour qu'un axe de différenciation soit efficace, il faut également qu'il soit *crédible*, c'est-à-dire qu'il corresponde à des caractéristiques fonctionnelles ou symboliques que le produit considéré possède, ou dont il est susceptible de se doter. Il convient donc, avant de choisir un positionnement, d'analyser les *atouts potentiels* dont on dispose ou dont on peut disposer par rapport aux produits concurrents.

c) Le positionnement des concurrents

La perception d'un produit par le public se faisant d'une manière comparative, c'est-à-dire par rapport aux produits concurrents, il est indispensable de connaître le positionnement des concurrents avant de choisir celui de son offre, pour mieux s'en distinguer.

L'analyse du positionnement des produits concurrents fait parfois apparaître que certains ont déjà choisi de répondre à l'attente de base des consommateurs à l'égard de la catégorie de produit considérée, en d'autres termes qu'ils ont déjà « préempté » cette attente de base. Dans ce cas, on peut être amené à se positionner sur une attente moins fondamentale, moins « générique », mais également plus originale.

Exemples

➥ Le succès des marathons a entraîné leur multiplication. Pour sortir du lot, le Marathon du Médoc a imaginé une formule festive avec dégustation de grands crus avant, pendant, après. Chaque année, le Marathon du Médoc accueille près de 9 000 participants et en refuse un peu plus. Cette réussite s'explique par une formule très différenciée de la concurrence et une légitimité évidente. Boire du vin au marathon de Paris serait ridicule ; dans le Médoc, ça coule de source !

Extrait du site du marathon du médoc

- Le marché des rencontres est de plus en plus concurrentiel. En conséquence, il se segmente de plus en plus, chaque nouvel acteur cherchant à se positionner sur une attente particulière. En revanche, Meetic, le leader, continue à parler au nom de la catégorie.

  Voici les positionnements actuels des principaux acteurs du marché :
  - Meetic : « avec Meetic, élargissez votre horizon pour faire de belles rencontres » ;
  - Attractive World : « le site des rencontres pour célibataires exigeants » ;
  - Parship : « rencontres par affinités » ;
  - Gleeden : « les rencontres extraconjugales » ;
  - Mektoub : « le site des rencontres musulmanes maghrébines » ;
  - Gaydar : « le site des rencontres gay», etc.

2 L'exception des produits *me-too*

Le triangle du positionnement souligne l'importance de différencier son offre. Il existe cependant un cas de figure où les responsables marketing ne cherchent pas à se différencier des concurrents, mais au contraire à s'identifier à eux.

Un produit *me-too* (littéralement « moi-aussi ») est une offre qui cherche à coller à celle d'un concurrent en reprenant son positionnement, et en se présentant ainsi comme un substitut.

Le lancement d'un produit *me-too* peut répondre à un objectif tactique qui consiste à gêner un concurrent en proposant une offre similaire. Il peut également répondre à un objectif stratégique, qui consiste à bénéficier de l'attrait et du succès de l'offre originale pour développer son activité.

Exemples

- Les produits vendus sous marques de distribution sont souvent des *me-too* de grandes marques : même concept-produit, mêmes codes graphiques et placement dans les rayons à proximité des produits originaux. Les produits *me-too* permettent aux distributeurs de tirer profit de marges plus importantes et de faire bénéficier leurs clients de prix inférieurs.
- Face au succès de Fructis, de L'Oréal, Colgate a lancé un produit *me-too* qui reprend le positionnement de la marque concurrente :
  - même concept de shampoing au concentré de fruits (« au concentré actif de fruits » / « extraits de pomme verte et d'orange ») ;
  - mêmes codes couleur du packaging : vert pomme et orange ;
  - même odeur de pomme verte ;
  - même couleur blanche du shampoing ;
  - même texture onctueuse.

  La forme du flacon et le nom du produit, tous deux déposés par L'Oréal, sont différents.

Dans le sillage du produit à succès…
Palmolive a choisi la stratégie *me-too*

3 Les axes possibles de différenciation

Il existe un très grand nombre d'axes possibles de différenciation car il existe de nombreuses façons de mettre en avant les atouts potentiels d'une offre, de répondre aux attentes de clients et de se distinguer des concurrents.

Le chapitre 13 sur la segmentation identifiait plusieurs critères possibles de segmentation :

- sociodémographiques (âge, sexe, niveau de revenus, pays, etc.) ;
- personnalité et style de vie ;
- statut d'utilisateur ;
- mode de consommation ;
- occasion de consommation ;
- avantage recherché.

Chacun de ces critères peut constituer un axe de différenciation pour une offre car ils sont liés à des attentes et des comportements différents dans le public étudié. Les performances ou les caractéristiques objectives du produit, sa nationalité d'origine, la catégorie de produit de référence, etc., sont d'autres axes possibles pour positionner son offre.

a) Quatre axes de différenciation

Sans prétendre être exhaustif, on peut proposer une typologie assez simple d'axes de différenciation autour de quatre grands thèmes.

FOCUS

Quatre grands axes de différenciation

- Performances du produit
- Imaginaire de marque
- Publics cibles
- Mode d'utilisation

1° Le positionnement sur les attributs et les performances du produit

Exemples

- La poêle Tefal est une poêle qui n'attache pas.
- Les piles Duracell durent plus longtemps.
- Easyjet propose des vols à bas prix.

2° Le positionnement sur l'imaginaire du produit ou de la marque (univers, style de vie, origine…)

Exemples

- Apple est l'ordinateur des gens qui pensent différemment.
- Lawson est la bière australienne.
- Clan Campbell est le whisky sauvage de l'Écosse mystérieuse.

3° Le positionnement sur les publics auxquels l'offre est destinée

Certains positionnements se définissent entièrement par leur cible.

Exemples

- Skyrock est la radio des adolescents.
- Seniorplanet est un site Web destiné aux seniors.
- Linkedin est le réseau social des professionnels.

Dans d'autres cas, le positionnement est un croisement entre un attribut ou un imaginaire de marque avec un public particulier.

Exemples

- Evian est l'eau naturelle des Alpes (positionnement américain).
- Evian est source de jeunesse pour le corps (positionnement français).

4° Le positionnement sur un mode ou des situations de consommation

Exemples

- Land Rover Defender est le baroudeur pur et dur qui passe partout.
- Changez de voiture et emportez votre GPS TomTom.

Quel que soit l'axe de différenciation suivi (ou la combinaison d'axes), le principe du positionnement est toujours de répondre à un avantage recherché, que celui-ci repose sur la performance du produit, son imaginaire, l'adaptation aux besoins du public ou le mode de consommation. Parfois, cet avantage est explicite (Très Près donne une haleine fraîche : performance produit), parfois il est implicite (les marques de parfum créent un univers dans lequel les clients se reconnaissent).

4 L'utilisation des études de marché dans le processus d'élaboration d'un positionnement

Compte tenu des trois dimensions du triangle du positionnement, le choix d'un axe de différenciation pour un produit consiste à identifier une ou plusieurs caractéristiques fonctionnelles ou symboliques d'une offre qui :

- répondent à des attentes importantes de la part de la clientèle potentielle ;
- ne sont pas déjà solidement « préemptées » par un concurrent ;
- constituent pour l'offre considérée des points de supériorité crédibles et durables.

Pour procéder à cette recherche, le responsable marketing peut s'appuyer sur différents types d'études.

a) L'étude des attentes des clients

Les études U & A (usages et attitudes) permettent d'identifier les différentes attentes des publics sur un marché. Une étude qualitative peut faire émerger des thèmes, qui sont ensuite validés et quantifiés par une enquête quantitative. Ces études contribuent à faire émerger ou à valider des idées nouvelles de positionnement.

b) L'étude du positionnement des offres concurrentes et l'utilisation des cartes perceptuelles ou mapping

L'étude du positionnement des offres concurrentes fait appel au jugement des équipes marketing qui analysent les messages publicitaires, les caractéristiques des produits, les politiques de prix et de distribution des concurrents afin d'identifier leur positionnement voulu. Cependant, le positionnement *voulu* n'est pas nécessairement le positionnement *perçu*, c'est-à-dire que les efforts des services marketing ne trouvent pas toujours leur traduction.

C'est pourquoi il est souvent nécessaire de compléter l'analyse interne en interrogeant un échantillon de clients ou prospects sur leur perception des marques ou des produits présents sur le marché. Cette étude passe par plusieurs étapes.

1° Identifier les attributs déterminants

Il faut dans un premier temps identifier les attributs déterminants qui structurent la perception que les clients ont des offres : caractéristiques physiques, avantages produits, mode d'utilisation, ingrédients, niveau de prix, origine géographique, etc.

2° Faire évaluer les offres sur la base de ces attributs

La deuxième étape consiste à sélectionner un ensemble de marques de la catégorie de produits et à interroger les clients sur leur perception de ces marques sur la base de ces attributs. Pour leur permettre d'exprimer leur perception, on peut avoir recours à différentes techniques, comme leur demander de choisir des mots-clés dans une liste, d'indiquer leur accord ou leur désaccord sur un certain nombre de propositions, ou de répondre à des questions par le biais d'échelles d'attitude.

3° Créer une carte perceptuelle (mapping) qui positionne les offres sur le marché

Une troisième étape, plus sophistiquée mais souvent très instructive, consiste à visualiser les résultats de l'étude sous forme d'une carte perceptuelle (appelée aussi mapping), sur laquelle les différentes offres sur le marché sont situées par rapport aux attentes de la clientèle.

Pour construire une carte perceptuelle, on utilise généralement comme outil statistique l'analyse factorielle. Partant des données fournies par l'étude des perceptions (notes attribuées par les répondants sur des échelles de mesure qui évaluent chaque marque sur les attributs déterminants), l'analyse factorielle permet de faire émerger des facteurs sous-jacents qui résument l'information.

Le programme informatique qui réalise l'analyse factorielle classe les différents facteurs qui apparaissent en fonction du taux de variance expliqué. Dans certains cas, les facteurs sont nombreux et expliquent chacun un faible taux de variance : il est très difficile dans ce cas de n'en retenir que deux pour construire une carte perceptuelle. Dans d'autres cas, trois ou quatre facteurs expliquent une grande part de la variance : il est alors parfois nécessaire de construire plusieurs cartes. Dans d'autres cas enfin, les deux premiers facteurs expliquent une grande part de la variance et les facteurs suivants sont beaucoup plus réduits : c'est le cas idéal pour construire une carte de perception.

La carte de perception, qu'on va demander au programme informatique de dessiner à partir de deux facteurs retenus, va positionner les marques sur chacun des deux axes. Le travail d'analyse de ce mapping commencera par nommer les axes (c'est-à-dire les facteurs), autrement dit à en comprendre la logique.

Exemple

→ La figure 14.5 montre les résultats d'une analyse factorielle réalisée à partir des données d'une étude de perception du marché de la montre. Deux facteurs expliquent 70 % de la variance, ce qui est un très bon résultat. L'axe vertical est interprété comme un facteur qui exprime la perception des niveaux de gamme : bas de gamme (« pour artisans, ouvriers ») / haut de gamme (« pour classes supérieures »). L'axe horizontal exprimerait plutôt la distinction entre montres discrètes, fonctionnelles et montres d'image, ayant valeur de signe. Chaque marque est positionnée sur ces deux axes, ce qui permet de distinguer quatre quadrants :

- les montres bas de gamme et fonctionnelles ;
- les montres haut de gamme et discrètes ;
- les montres haut de gamme qui ont valeur de signe ;
- les montres bas de gamme qu'on exhibe.

Figure 14.5 **Carte perceptuelle du marché de la montre**

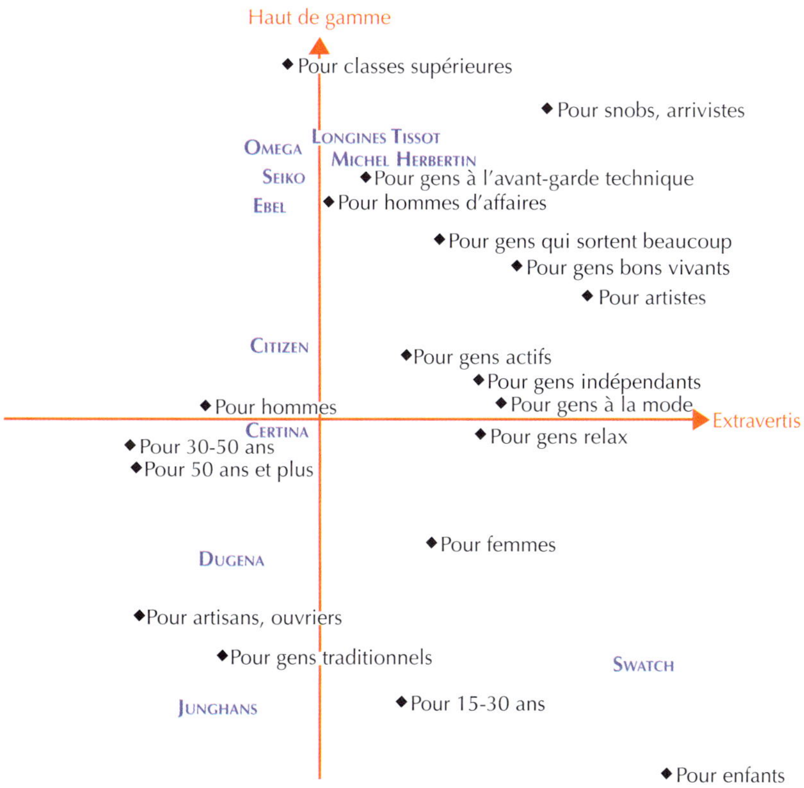

Source : ECS Conseil, cité par Helen Chase Kimball et Christian Pinson, « *I've got a Swatch* », cas de l'Insead.

4° Les mappings faits « à la main »

Si dans certains cas, on établit des cartes perceptuelles à partir d'une analyse factorielle, il est beaucoup plus fréquent de voir des mappings qui ne sont que la représentation cartographiée d'une analyse des positions concurrentielles et d'une idée de positionnement. De tels mappings n'illustrent que le point de vue personnel de celui qui les présente. Les axes peuvent être très contestables et les positions des marques sont placées au doigt mouillé. Il n'en reste pas moins que ce type de présentation peut provoquer des débats instructifs.

> **Notre conseil**
>
> *Le choix des axes détermine la représentation d'un marché. Justifiez ces choix. Proposez d'autres axes et démontrez qu'ils sont moins explicatifs.*

Si le principe et la méthodologie des cartes perceptuelles sont très intéressants, il est rare dans la pratique qu'on choisisse un positionnement sur la seule base d'une carte perceptuelle.

Figure 14.6 **Marché des barres chocolatées**

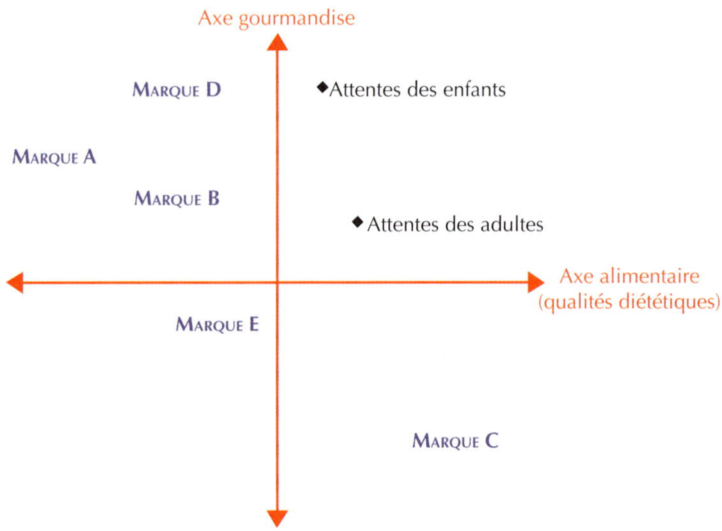

D'abord, techniquement, comme on l'a souligné, une carte à deux dimensions ne permet pas nécessairement de résumer l'ensemble des perceptions des clients.

Ensuite, une carte perceptuelle indique la façon dont les gens structurent un marché et positionnent les offres et non les positions qui sont désirables : un mapping est un outil d'analyse et non une stratégie.

SECTION 4

LES SIX QUALITÉS D'UN BON POSITIONNEMENT

Dans le choix et la formulation d'un positionnement, un responsable marketing doit viser trois types principaux de qualités :

- sur la forme : être simple ;
- sur le fond : être attractif, crédible et différent ;
- quant aux modalités : être profitable et pérenne.

FOCUS

Six critères pour définir un bon positionnement

- Simple
- Attractif
- Crédible
- Différent
- Profitable
- Pérenne

1 Être simple

Un positionnement a d'autant plus de chances de s'imposer au public qu'il est simple, c'est-à-dire fondé sur un *petit nombre* de caractéristiques fonctionnelles ou symboliques du produit. Il faut éviter les positionnements trop riches, trop complexes, et ne pas chercher à s'attribuer « toutes les qualités pour tout le monde » (*all things for all people*).

FOCUS

Un positionnement s'exprime en une seule phrase

Pour respecter cette exigence de simplicité, les gens de marketing se fixent souvent pour règle de formuler le positionnement d'un produit *en une seule phrase*. L'avantage de cet exercice est triple.

- Si on n'arrive pas à formuler le positionnement en une phrase, c'est qu'il est trop complexe pour qu'il se traduise en une perception claire dans l'esprit du client : la simplicité est un gage de compréhension ;
- La formulation est un exercice de formalisation qui permet de discuter et de valider chacun des éléments constitutifs du positionnement ;
- Une formulation très synthétique du positionnement permet de le communiquer facilement aux équipes internes ou aux prestataires externes et d'y faire aisément référence quand des choix sont à opérer en matière de politique de produit, de communication, de prix ou de distribution.

La formulation en une phrase ne consiste pas à créer un slogan : la phrase n'est pas destinée à être communiquée au public et elle n'a donc pas vocation à être esthétique ou frappante. En revanche, chaque mot compte et doit faire l'objet d'un examen scrupuleux avant d'être intégré : soit un élément fondamental manque et il faut l'ajouter, soit un mot n'est pas indispensable et il faut l'éliminer. L'exemple du sel de Camargue développé en page d'ouverture de ce chapitre illustre la simplicité dont un positionnement doit faire preuve.

2 Être attractif

Un positionnement n'est pertinent que s'il correspond à des attentes importantes des clients potentiels du produit considéré.

Exemples

- Le positionnement d'offres de transport aérien de compagnies telles que Easyjet est de proposer un service sommaire à prix très bas (low cost). Ce positionnement n'est pas adapté à une clientèle qui recherche un niveau de service plus élevé (comme la clientèle d'affaires), mais il est pertinent pour ceux qui sont prêts à sacrifier le service pour un prix bas.
- Axe est le parfum déodorant des hommes jeunes qui veulent être attirants sans effort, ce qui se retrouve dans le slogan : « Plus t'en mets plus t'en as » (sous-entendu : des filles). C'est ce qu'Unilever appelle l'effet Axe.

3 Être crédible

Un positionnement n'a des chances de s'imposer que s'il est crédible, c'est-à-dire s'il n'est pas en contradiction avec les caractéristiques du produit considéré ou avec l'image de la marque sous laquelle il est vendu.

Exemple

- Lorsque Bic a lancé sa ligne de parfum sur le thème du parfum nu, l'entreprise a proposé un produit de grande qualité (l'un des meilleurs nez de la place de Paris conçut ces parfums) qui n'était cependant pas crédible en raison de l'image de la marque. Ce constat fut celui de l'entrepreneur de légende, le baron Bich, qui l'écrivit avec lucidité et humour à l'un des auteurs.

Courrier du baron Bich à Jacques Lendrevie

BIC 8, IMPASSE DES CAILLOUX, B.P. 304 - 92111 CLICHY CEDEX (FRANCE) - TÉL. (1) 45 19 52 00

MB/cn

Le 24 Août 1993.

Monsieur Jacques LENDREVIE
Professeur à HEC et à l'ISA
Consultant en Marketing et Publicité

Monsieur,

Vous me demandez mon avis sur les raisons de l'échec de BIC dans le parfum.

Les raisons sont certainement multiples, mais à mon avis, la base de l'échec se trouve dans le mot " vulgarisation ".

En effet la marque BIC a vulgarisé l'écriture, le rasage, les briquets. Monsieur Ecco, journaliste italien, a écrit : " BIC, c'est le seul socialisme réalisé, il n'y a plus de propriété, il n'y a plus de différence de classes ". Dans vulgarisation, il y a " vulgaire ", or le parfum est à l'opposé du vulgaire. D'où l'échec.

Un autre journaliste italien a dit aussi ; " Le Baron BICH a été victime de l'éternel feminin.!! Allez comprendre les femmes.!

Bien à vous.

SOCIETE BIC

Marcel BICH
Fondateur

4 Être différent

La quatrième condition d'un bon positionnement est d'être différent des concurrents. L'idéal, à cet égard, est de se positionner sur un *créneau vacant* du marché, c'est-à-dire sur des attentes non encore satisfaites par les produits concurrents. En d'autres termes, il faut dans la mesure du possible se positionner à partir d'une qualité qu'on est le seul à posséder ou qu'on possède plus que les concurrents.

Exemples

- Les parents ont deux attentes principales, en ce qui concerne les sirops de fruit qu'ils achètent pour leurs enfants : le bon goût et un prix modique. La première de ces attentes est « préemptée » depuis longtemps par le leader du marché, Teisseire, et la seconde l'est par les marques de distributeurs. Au moment de lancer une nouvelle marque de sirop, un producteur, désireux de se positionner d'une manière originale par rapport aux concurrents déjà établis, a choisi comme axe de différenciation la « supériorité diététique » (pas d'arômes artificiels, moins de sucre, etc.). Le lancement a été un échec car, pour cette catégorie de produits, les qualités diététiques ne sont pas vraiment recherchées et ne justifient pas un prix plus élevé.
- Dans le minicas sur les festivals de musique, on a vu que les Chorégies d'Orange se sont positionnées sur une caractéristique exclusive : le théâtre romain d'Orange.
- Nespresso doit son succès à de multiples différences, notamment la variété et la qualité du café de ses dosettes.

Toutefois, il ne faut pas rechercher à tout prix l'originalité aux dépens de la pertinence et, sous prétexte de se distinguer des concurrents, se positionner sur une attente qui n'existe pas réellement chez les consommateurs.

5 Être profitable

Lorsqu'on se positionne sur un marché, on fait un choix qui se traduit par un sacrifice sur certaines parties de marché au profit de positions fortes sur d'autres. On peut avoir un positionnement qui soit simple, attractif, crédible et original, mais qui pour autant est trop spécifique pour avoir un potentiel économique suffisant.

On retrouve ici les limites des stratégies de ciblage étudiées dans le chapitre 13. Un positionnement qui n'a comme potentiel économique qu'une niche de marché peut être intéressant pour certaines entreprises, et pas pour d'autres.

Notre conseil

Il n'y a pas de positionnement parfait. Tout positionnement a ses avantages et ses inconvénients. Listez-les et montrez que les avantages sont réels et tenables face à la concurrence. Démontrez surtout que le positionnement se traduira par une profitabilité accrue.

6 Être pérenne

Enfin, un positionnement sur un marché doit être durable. En effet, affirmer une position sur un marché et dans l'esprit des clients prend du temps. Un changement de positionnement est une entreprise délicate, voire périlleuse. Pour ces deux raisons, un choix de positionnement est un engagement à long terme de l'entreprise. Alors que des campagnes de communication peuvent se renouveler fréquemment, le positionnement, lui, s'inscrit nécessairement dans la durée et dans la continuité.

MINI CAS

Michel et Augustin, un positionnement aux multiples qualités

Michel de Rovira et Augustin Paluel-Marmont, deux anciens de ESCP Europe, créent leur entreprise en 2004. Ils mettent au point des recettes de petits sablés produits par un biscuitier de la Sarthe puis élargissent leur gamme aux yaourts, glaces, fruits mixés à boire, etc.[1].

Photos © Michel et Augustin

Les produits sont bons, réalisés avec des ingrédients naturels, sans additifs ni conservateurs. Jusque-là, rien de bien original d'autant plus que les prix sont très élevés, plus de deux fois ceux de Bonne Maman ou Saint-Michel pour les sablés, par exemple. Le cœur de la proposition marketing est ailleurs. Visant une cible de jeunes urbains, le positionnement de la marque et sa communication sont très innovants, en rupture des codes habituels du marché. Quand Bonne Maman fait dans la nostalgie et Saint-Michel dans la tradition, Michel et Augustin jouent dans la complicité avec le consommateur, l'humour décalé, le ton de la jeunesse d'aujourd'hui. Ils s'appellent « Michel et Augustin, les trublions du goût » et déclarent vouloir « faire sourire la planète avec des produits gourmands ». C'est leur positionnement. Pour l'exprimer, les packagings sont novateurs avec des textes qui ne se prennent pas au sérieux ; les noms des produits sont drôles : vache à boire pour les yaourts à boire, vache givrée pour les glaces. Michel et Augustin maîtrisent parfaitement les ressources du web et n'ont pas leur pareil pour faire parler d'eux, à coût zéro, dans les blogs (ils ont eux-mêmes un blog : www.labananeraie.typepad.com) et pour avoir un maximum de retombées presse. Ils imaginent des gags comme le secret de Bill Gates[2] ou forment le pari d'apporter leurs produits à Carla Bruni, etc. On sourit, on parle d'eux (ils ont un fan club sur Facebook) ; on essaie leurs produits, on les rachète.

Face aux multinationales, il fallait adopter un positionnement très novateur qui comportait évidemment un risque de marginalisation. L'originalité du positionnement, l'inventivité de ses modes d'expression (Michel et Augustin n'avaient pas des millions d'euros à dépenser en publicité média) ont suscité un courant de sympathie que la presse et Internet ont puissamment relayé.

Le positionnement est simple. Il est crédible en raison de la qualité réelle des produits, qualité qui justifie des prix élevés et qui distingue Michel et Augustin des productions « industrielles ». Le positionnement prix rend la stratégie profitable bien qu'il limite fortement le volume de vente. Sera-t-il pérenne ? Il repose sur des fondamentaux solides, mais un positionnement ne se brevette pas, et on reste rarement seul quand on a un positionnement original. Le concept et les codes des deux vaches de Danone sont proches de ceux de Michel et Augustin.

1. Voir toute la gamme sur www.micheletaugustin.com
2. Voir la vidéo : www.dailymotion.com/video/x1kgge_le-film-de-bill-v68

Ressources complémentaires

LA BOÎTE À OUTILS DU *MERCATOR*

- Outil n°23, Le triangle d'or du positionnement

RESSOURCES NUMÉRIQUES SUR MERCATOR.FR

- **L'essentiel : retenez les points-clés !**
  L'essentiel du chapitre 14
- **Quiz interactifs corrigés et commentés : testez vos connaissances !**
  Quiz chapitre 14
- **Pour aller plus loin**
  Pour aller plus loin dans le chapitre 14 : une sélection de livres et d'articles sur le positionnement.

Christian Louboutin : la marque à la semelle rouge

Début 2012, Christian Louboutin a fêté ses vingt ans de création. Après avoir fait ses classes chez Charles Jourdan, il abandonne la chaussure pour devenir paysagiste mais revient à ses premières amours. Il ouvre sa première boutique à Paris. Anna Wintour, la célèbre rédactrice en chef de *Vogue* qui fait ou défait les stars de la mode, publie deux articles sur ses créations. La marque Christian Louboutin est lancée.

Ses escarpins ont une semelle en cuir rouge. On dit qu'il en a eu l'idée un jour où, mécontent d'un modèle avec une semelle noire classique, il prit le vernis à ongle de son assistante pour la badigeonner. Depuis, toutes les semelles sont en cuir rouge, une matière fragile et glissante ; mais achète-t-on pour leur fonctionnalité des chaussures à talon de 16 cm valant 2 000 € et beaucoup plus quand elles sont en commande spéciale ?

Christian Louboutin fait des chaussures inaccessibles mais qui se vendent : 300 paires la première année, 700 000 en 2011. Deux collections par an, 45 boutiques dans le monde entier, du commerce en ligne commencé aux États-Unis[1]. La gamme a été étendue à des sacs et à des chaussures pour hommes : superbes baskets à 500 € et à semelle… rouge.

Le secret d'une telle réussite : la marque Christian Louboutin. Une marque est bien plus qu'un nom avec de la notoriété et une image. Une grande marque signe des produits talentueux, elle a des signes distinctifs, elle crée de la valeur pour ses clients et pour l'entreprise, elle sait se renouveler pour ne pas vieillir, elle a une histoire à raconter, et ses clients en sont les meilleurs porte-paroles. Christian Louboutin a ses fans, des femmes très célèbres qui portent et collectionnent des Christian Louboutin. On dit que Christina Aguilera en a 300 paires.

Produit supérieur et différent, imaginaire de marque, identité de marque, histoire de marque, notoriété internationale, capacité d'extension de marque, etc. Christian Louboutin a les caractéristiques d'une marque puissante. On les développera dans ce chapitre où le lecteur apprendra à mieux analyser le pouvoir d'une marque, à le construire et à le gérer.

1. www.christianlouboutin.com

Chapitre 15

La marque

La marque est au cœur des stratégies marketing. Après avoir expliqué ce qui rend les marques importantes et définit la marque au sens juridique, ce chapitre développe ce qui fait une marque au sens marketing : un nom, des symboles et des représentations mentales qui ont du pouvoir en créant de la valeur pour le client et pour l'entreprise. La marque a du sens qu'elle apporte à ses produits. En retour, les produits donnent du sens à la marque.

Les sections 4, 5 et 6 analysent les différentes composantes d'une marque : son nom, ses symboles, sa notoriété, son image, son territoire, c'est-à-dire les marchés où la marque est légitime aux yeux des clients.

Dans la section 7, on propose huit thèmes d'analyse des forces et des faiblesses d'une marque, comprendre son présent et imaginer le futur qu'on peut lui construire.

PLAN DU CHAPITRE

Section 1	Le développement des marques	796
Section 2	La marque au sens juridique	798
Section 3	La marque et les types de marques au sens marketing	802
Section 4	La signalétique de la marque	813
Section 5	La notoriété et l'image de la marque	818
Section 6	Le territoire de marque et l'extension de marque	825
Section 7	Huit questions pour comprendre et gérer une marque	829
Ressources complémentaires		843

SECTION 1

LE DÉVELOPPEMENT DES MARQUES

Les marques sont nées avec les premiers échanges commerciaux. Ce furent d'abord des signes rudimentaires inscrits de façon indélébile sur les produits pour authentifier leur origine. On a retrouvé des amphores portant des signes indiquant leur provenance. Dans la plupart des langues, marque vient du verbe « marquer ». Ainsi, le terme anglais *brand* vient du vieux français « brandon » qui désigne le fer porté au rouge pour marquer le bétail d'un signe propre à son éleveur.

Chaque année, plus de 70 000 nouvelles marques sont déposées à l'INPI (Institut national de la propriété industrielle). Elles sont toutes candidates à une notoriété nationale, voire mondiale mais il y a peu d'élues et bien peu vivront plus de quatre siècles comme « Mellerio dits Mellers », la marque d'un joaillier parisien, qui exerce, de père en fils, depuis 1613 et dont on dit que c'est la marque française la plus ancienne. C'est dans le secteur des alcools que l'on trouve le plus de marques anciennes, comme Moët et Chandon (1743), Marie Brizard (1755) ou encore Hennessy (1765).

Figure 15.1 Des marques historiques toujours actuelles

1743	Moët. La marque Dom Pérignon, grande cuvée créée par Moët, est beaucoup plus récente : 1935
1755	Marie Brizard
1765	Hennessy
1818	La Caisse d'épargne est fondée par le duc de La Rochefoucauld
1830	Poulain
1837	Hermès
1838	Ricqlès
1846	Lu. Initiales des fondateurs, Jean-Romain Lefèvre et son épouse, Isabelle Utile. Le « véritable petit-beurre » a été lancé en 1886
1850	Pernod
1850	Levi Strauss (les jeans)
1852	Au Bon Marché. Premier grand magasin créé par Boucicaut, qui a inventé toutes les formes du grand commerce moderne, le libre-service excepté
1886	Coca-Cola. La formule du produit a été mise au point en 1886 par un « pharmacien » d'Atlanta ; la compagnie Coca-Cola est créée en 1892 ; la bouteille surnommée « la dame au fourreau » est dessinée en 1913 et la boîte lancée en 1950

Exemple

➥ En 1765, Richard Hennessy[1] quitta son Irlande natale pour créer à Cognac une société de commerce. Elle allait devenir la première marque mondiale d'eaux-de-vie de qualité. Les ingrédients du succès sont ceux que l'on rencontre pour les marques de luxe : le goût de la perfection, une continuité liée à un management familial avec huit générations d'Hennessy, et une vocation internationale dès l'origine. Ainsi, les premiers marchés furent naturellement l'Irlande et la Grande-Bretagne, bientôt suivis par New York en 1794, l'Australie, le Japon en 1868 et… le reste du monde dans lequel Hennessy vend aujourd'hui plus de 40 millions de bouteilles de cognac par an. En 1971, Hennessy s'allia à Moët et Chandon, puis à Louis Vuitton en 1987 pour former le groupe LVMH (Louis Vuitton Moët Hennessy) aujourd'hui premier groupe mondial du luxe.

Richard Hennessy

SINCE 1765

Hennessy COGNAC

L'essor des marques coïncide avec l'avènement des marchés de masse et le développement du marketing, dans la première moitié du XXe siècle aux États-Unis, à partir des années 1950 en France.

De très grands groupes ont bâti leur puissance sur des portefeuilles de marques fortes comme l'Américain Procter & Gamble, le Suisse Nestlé, les Français L'Oréal et Danone : tous, des fabricants de produits de très grande consommation. Mais il ne faut pas oublier que le rôle des marques est également important dans les marchés d'entreprises à entreprises (B to B), où il existe des marques fortes, anciennes, comme Saint-Gobain, créé en 1665 par Colbert[2], la banque Rothschild fondée par Mayer Amschel Rothschild (1743-1812), Krupp en 1811, Air Liquide en 1902, et des marques plus récentes mais de grande réputation comme Boeing, Airbus, IBM, SAP dans l'informatique, McKinsey dans le conseil, etc.

Le temps donne de la légitimité aux marques, leurs quartiers de noblesse[3]. Pourtant, les marques récentes peuvent être puissantes, soit parce qu'on les a construites rapidement à grands renforts de budgets de communication, comme Accor, Groupama, Vivendi, Veolia, etc., soit parce qu'elles sont devenues très vite les stars des nouvelles technologies comme Google, Facebook ou Twitter. Les marques s'enracinent dans le passé et prospèrent dans les temps forts du présent.

1. Source : www.hennessy.com
2. À l'initiative de Colbert, Louis XIV signe des lettres patentes créant la manufacture des glaces de miroirs. Elle s'implante dans le village de Saint-Gobain dans l'Aisne, qui lui donnera son nom de marque plus tard. La manufacture perd son monopole à la Révolution de 1789, puis connaît une très forte croissance en France et à l'international dans la deuxième moitié du XIXe siècle avec la révolution industrielle.
3. Schweppes se dit « créateur de saveurs depuis 1783 ». « 1664 » est une marque des brasseries Kronenbourg, qui font remonter leur création à cette date.

SECTION 2

LA MARQUE AU SENS JURIDIQUE

par Charles-Henri Léger[1]

La marque est un signe distinctif parmi d'autres, relevant du droit de propriété intellectuelle qui la protège par des actions en contrefaçon.

Figure 15.2 **Signes et droits**

Signes et droits	Fonction	L'entreprise, son activité	Biens et services
Marque (PI)	Distingue les produits et services		X
Brevet (PI)	Protège les inventions (produits, procédés)		X
Droit d'auteur (PI)	Protège les « œuvres de l'esprit »	X	X
Dessin-modèle (PI)	Protège l'apparence des produits	X	X
Dénomination sociale	Nom de société	X	
Nom commercial	Nom sous lequel l'activité est exercée	X	
Enseigne	Identifie un établissement commercial	X	
Nom de domaine	Adresse de site Internet	X	

PI = droit de propriété intellectuelle.
Les signes qui ne relèvent pas de la propriété intellectuelle ne sont protégés que par des actions en concurrence déloyale ou en parasitisme ne donnant pas lieu à sanctions pénales

a) La définition légale de la marque

« La marque de fabrique, de commerce ou de service est un signe susceptible de représentation graphique servant à distinguer les produits ou services d'une personne physique ou morale[2]. »

La notion, très large, de « signe susceptible de représentation graphique » permet notamment de protéger par le droit de marque des noms, des phrases, des dessins (logos ou signatures), des formes tridimensionnelles (conditionnements),

1. Ce texte est extrait de ce qu'a écrit Charles-Henri Léger pour la huitième édition du *Mercator*. On trouvera l'intégralité de ce texte sur le site www.mercator.fr sous le titre *Le Droit de la marque et des autres signes distinctifs*. Charles-Henri Léger est chargé d'enseignement en droit du marketing à HEC et avocat à la cour de Paris, associé du cabinet Gide Loyrette Nouel.
2. Art. L 711-1 du Code de la propriété intellectuelle.

des musiques (jingles), et des combinaisons de tous ces éléments ; bon nombre de marques associent ainsi texte et dessin, juxtaposés ou combinés (graphie particulière du texte). Les couleurs génériques[1] ne constituent pas des marques valables, ni les odeurs, faute de pouvoir en donner une représentation graphique adéquate.

1° Le droit sur la marque s'acquiert par l'enregistrement

Le droit français et le droit communautaire réservent la protection du droit de marque aux seuls signes qui sont enregistrés comme marques. Le droit sur la marque ne peut donc pas s'acquérir par l'usage du signe, sans enregistrement, contrairement aux règles applicables dans certains autres pays.

2° Le droit de marque est spécialisé

La marque n'est pas protégée pour elle-même, parce qu'elle présenterait un intérêt ou une originalité particulière, mais uniquement pour sa fonction distinctive, et donc en relation avec les produits ou services qu'elle va servir à identifier. Ceux-ci sont déclarés dans la demande d'enregistrement.

En conséquence de ce *principe de spécialité*, des marques identiques appartenant à des titulaires différents pourront coexister si elles désignent des produits ou services qui ne sont pas identiques ni similaires.

La protection de la marque s'étend, au-delà des termes de son enregistrement, aux produits ou services similaires c'est-à-dire ceux auxquels, en raison de leur nature ou de leur destination, le public risque d'attribuer la même origine qu'aux produits ou services visés au dépôt de la marque. La similarité est appréciée concrètement au regard du risque de confusion pour un « consommateur d'attention moyenne ».

Exemples

- Les eaux de toilette sont similaires aux produits de soins capillaires[2]. Les aliments pour bébé ne sont pas similaires aux produits pharmaceutiques[3], ni un magazine gastronomique à des plats à emporter et produits de traiteur[4].

b) Conditions de validité de la marque

La marque doit être licite, distinctive et disponible.

1. Une couleur sans définition précise (« bleu pâle » : CA Paris 4 février 1988, RTD Com. 1988. 626) ne constitue pas une marque valable ; sont par contre protégeables en tant que marques des couleurs exactement définies (par exemple : par leur longueur d'onde ou leur référence Pantone), de même que des combinaisons de couleurs ou l'association d'une couleur à d'autres éléments. Par exemple est valide la marque de liquide vaisselle comprenant un flacon transparent laissant apparaître un liquide de couleur verte (sans définition de teinte) fermant par un bouchon blanc, les dénominations « Palmolive » en jaune et « vaisselle » en blanc sur fond vert, une étiquette comportant plusieurs tons de jaune et de rouge orangé, et une main de couleur naturelle tenant un verre transparent laissant apparaître le fond de l'étiquette (com. 22 février 2000).
2. Paris, 27 janvier 1999, *Propriété industrielle - Bulletin documentaire*, 1999 III-200.
3. Paris, 4e ch., 15 janvier 1999, *Annuaire de la propriété industrielle*, 1999, p. 191.
4. Paris, 4e ch., 15 janvier 1999, *Annuaire de la propriété industrielle*, 1999, p. 277.

1° Licite

Certains signes internationalement protégés (Croix-Rouge, anneaux olympiques, emblèmes des États) ne peuvent pas être déposés, ni les signes qui seraient contraires à l'ordre public et aux bonnes mœurs.

Est également interdit le dépôt de signes dont l'emploi pour les produits ou services en cause serait susceptible de tromper le public. On parle alors de signes *déceptifs*.

Exemples

- Les signes comportant le radical « -pharm- » sont déceptifs pour des produits dont la vente ne relève pas du monopole des pharmaciens[1].
- « Abricot » est déceptif pour des produits de beauté et cosmétiques qui ne sont pas élaborés à base de ce fruit[2].
- Danone a dû changer sa marque Bio remplacée par Activia en raison d'une directive européenne qui protège l'utilisation du mot « bio »[3].

2° Distinctive

Une marque qui consisterait exclusivement dans « la désignation nécessaire, générique ou usuelle du produit ou du service » pour lequel elle est déposée[4], ou dans la désignation d'une de ses caractéristiques, ou encore dans « la forme imposée par la nature ou la fonction du produit, ou conférant à ce dernier sa valeur substantielle »[5] ne serait pas distinctive. En effet, en décrivant ainsi le produit, elle ne permettrait pas de le distinguer de ses semblables ; la concurrence serait en outre sévèrement affectée par le monopole qui serait donné à une entreprise sur des éléments nécessaires aux concurrents pour décrire ou dénommer leurs propres produits ou services.

Exemples

- Invalidité de la marque « Alcool » pour des parfums[6] car elle n'est pas distinctive pour les produits qui en contiennent et elle est déceptive pour ceux qui n'en contiennent pas.
- Vente-privee.com n'a pas pu empêcher ses concurrents de parler des «ventes privées» dans leurs publicités, car le terme a été considéré comme générique.

1. Sanctionné plusieurs fois par les tribunaux, notamment : « Prepharma » pour des produits cosmétiques, de parfumerie, de beauté et d'hygiène (Com. 17 octobre 1984, Bull. civ. IV, n° 267).
2. Décision du directeur de l'INPI, 7 septembre 1984, Propriété industrielle - Bulletin documentaire 1984 III-235.
3. http://lexpansion.lexpress.fr/entreprise/danone-change-ses-bio-en-activia_110254.html
4. Art. L 711-2 du Code de la propriété intellectuelle.
5. Art. L 711-2 du Code de la propriété intellectuelle.
6. Paris, 28 septembre 1994, Propriété industrielle - Bulletin documentaire, 1994 III-577.

3° Disponible

Un signe sera disponible s'il ne porte pas atteinte à des droits antérieurs à la demande d'enregistrement[1]. C'est à la date du dépôt qu'il faut se référer pour apprécier si les marques satisfont bien ces conditions.

c) Le dépôt et l'enregistrement

L'enregistrement de la marque est effectué en France par l'Inpi[2] à la suite du dépôt d'une demande[3]. Au préalable, il aura été prudent de vérifier la disponibilité de la marque en effectuant une « recherche d'antériorités », dont l'objet est de chercher parmi les marques existantes s'il en existe d'identiques ou de similaires à celle que l'on se propose de déposer. Ces recherches sont effectuées, selon le principe de spécialité, pour les classes[4] de produits ou services concernés.

Quand un nom a été déposé en nom de domaine, on considère qu'il y a antériorité et si quelqu'un d'autre le dépose en marque dans le même secteur d'activité, le propriétaire du nom de domaine peut le contester. C'est un cas de plus en plus fréquent, mais que peu de gens savent : il faut non seulement vérifier la disponibilité de la marque, mais aussi vérifier les noms de domaine.

L'enregistrement de la marque n'atteste pas sa validité. Bien que l'Inpi contrôle si les marques demandées sont licites et distinctives, la validité d'une marque peut être mise en cause après son enregistrement au motif qu'elle ne remplit pas les conditions légales.

L'enregistrement de marque est valable dix ans et peut être renouvelé indéfiniment pour des périodes décennales successives.

d) La fin du droit de marque

Le droit de marque prend fin en cas de non-renouvellement d'un enregistrement au terme d'une période décennale ou en cas de renonciation du titulaire. La marque est également susceptible d'être annulée s'il est prouvé qu'elle ne remplissait pas au moment de son dépôt les conditions de validité exposées plus haut.

1. L'article L 711-4 du Code de la propriété intellectuelle énumère comme exemples de droits antérieurs, sans que cette liste soit limitative, les marques antérieures enregistrées ou notoirement connues, les dénominations et raisons sociales (s'il existe un risque de confusion dans l'esprit du public), les noms commerciaux et enseignes connus sur l'ensemble du territoire national (s'il existe un risque de confusion dans l'esprit du public), les appellations d'origine contrôlée, les droits d'auteur, les droits de dessins et de modèle protégés, les droits de la personnalité des tiers (nom de famille, pseudonyme, image...), les noms, images et renommées des collectivités territoriales.
2. Institut national de la propriété industrielle.
3. Le dépôt est effectué auprès soit de l'Inpi soit du greffe du tribunal de commerce dans le ressort duquel est établi le demandeur.
4. Une classification internationale de tous les produits et services pour lesquels des marques peuvent être déposées a été établie dans le cadre de la Convention de Paris ; elle comporte 32 classes de produits et 11 classes de services.

La marque peut également être annulée si elle devient déceptive du fait de son propriétaire.

Par ailleurs, puisque la protection est accordée aux marques en raison de leur fonction distinctive, le droit à protection disparaît si une marque ne distingue plus, que ce soit parce qu'elle n'est pas utilisée (déchéance faute d'exploitation), ou parce que son titulaire l'a laissée devenir la désignation usuelle du produit ou service en cause.

Exemples

- Une société de production de boissons alcoolisées avait déposé en 1974 la marque Piña Colada pour désigner sa propre préparation du cocktail qui portait ce nom dans les Caraïbes mais qui n'était à l'époque pas connu en France (la marque était donc bien distinctive à la date de son dépôt). Ce cocktail a ensuite connu une vogue importante en France et sa dénomination a été couramment utilisée, sur les cartes de bars et restaurants notamment, pour désigner un cocktail alcoolisé à base de jus de fruits et pas uniquement la préparation du propriétaire de la marque. Sur demande d'un concurrent, le titulaire a été déchu de ses droits sur cette marque car les juges ont constaté qu'il n'avait pas réagi contre cette banalisation de sa marque « par voie d'interventions directes, ou au moyen de campagnes de publicité organisées pour mettre en garde les consommateurs contre les confusions possibles[1] ».
- En sens inverse, la société française Caddie, propriétaire de la marque Caddie pour des chariots à provisions, a poursuivi un organe de presse qui utilisait ce mot sans majuscules comme un nom commun. Son adversaire a réagi en alléguant que la marque était devenue générique mais les juges[2] ont maintenu la validité de cette marque au regard des preuves apportées attestant que Caddie était intervenu auprès de très nombreux organes de presse pour obtenir des rectificatifs à la suite d'usages banalisés de sa marque[3].

SECTION 3

LA MARQUE ET LES TYPES DE MARQUES AU SENS MARKETING

La marque est un nom et un ensemble de signes distinctifs qui ont du pouvoir sur le marché en donnant du sens aux produits et en créant de la valeur pour les clients et l'entreprise.

1. Paris, 4e ch., 19 octobre 2001, Propriété industrielle - Bulletin documentaire 2002 III-79.
2. Paris, 4e ch., 7 février 1994, Annuaire de la propriété industrielle, 1994, p. 145.
3. La société qui fabrique les chariots de marque Caddie a été mise en redressement judiciaire en mars 2012. Une marque forte est un puissant atout mais ce n'est pas une garantie absolue de rentabilité et de pérennité.

a) La marque crée de la valeur pour les clients

1° La marque est un engagement. Elle passe un contrat avec ses clients sur lequel se fonde la confiance du marché

FOCUS

La marque est un contrat qui génère de la confiance

- La marque est un contrat qui garantit universellement l'origine des produits et ses performances.
- La marque est d'autant plus importante que l'achat est impliquant et le risque perçu élevé.
- La marque fait une promesse exclusive.

La marque est une garantie d'origine et de performances. C'est son sens premier. La marque promet des prestations égales, quels que soient le lieu d'achat et le mode de distribution. Cet engagement d'universalité et de pérennité des performances est relativement simple à assumer pour des produits manufacturés standardisés (Philips, Apple, Miele Audi, etc.), plus difficile à réaliser pour des produits périssables (exemples la viande Charal ou La maison du chocolat), très complexe à tenir pour des services personnalisés (chaînes de restaurants ou d'hôtels, banques, conseil aux entreprises, service à bord des avions, etc.).

La marque est un contrat qui doit générer de la confiance. L'assurance donnée par la marque de fournir un niveau de qualité clairement établi diminue le risque perçu par le client. Le rôle de la marque est donc particulièrement important lorsque l'implication du client est forte (par exemple, pour les achats de produits de soin pour bébés) et lorsque le client a des difficultés pour évaluer *a priori* les performances du produit (par exemple, pour les biens de haute technicité et pour les services dont la qualité ne peut se juger réellement qu'après l'achat, au moment de leur utilisation, comme le silence d'une chambre d'hôtel).

Notre conseil

Les marques ont une importance et un rôle différents selon la catégorie de produits et le type de clientèle auquel on s'adresse, mais on peut sous-estimer ou surestimer l'importance de la marque dans certains secteurs d'activité. Il y a des conventions qu'il faut savoir briser.

Lorsque, dans une catégorie de produits, les marques de producteurs sont faibles ou absentes (fruits et légumes, poisson, viande, revêtements de sol – tapis, carrelage, parquet –, etc.), les clients se confient aux marques des distributeurs (marques d'enseigne) ou aux labels. Alors que la marque est exclusive, le label est un certificat partagé par plusieurs marques qui atteste que le produit a un certain niveau de performances ou a des processus de fabrication conformes aux normes du label. Une marque peut être certifiée par un ou plusieurs labels mais elle doit toujours promettre et démontrer qu'elle fait plus que les labels auxquels elle se réfère.

Exemple

- Le label AACSB (Association to Advance Collegiate Schools of Business), est un certificat d'accréditation de *business schools* qui doit être renouvelé tous les cinq ans. Début 2012, 643 écoles étaient accréditées AACSB dans le monde. La marque HEC partage avec d'autres écoles les labels AACSB, Equis et Association of MBAs. Elle affirme sa différence : « HEC Paris, première *business school* en Europe selon le classement du *Financial Times* 2011 ».

Le label AACSB

La marque HEC

2° Le positionnement de la marque différencie les produits en leur donnant du sens

Souvent, les produits concurrents sont objectivement très proches. Comme on l'a vu dans le chapitre 14, le positionnement est la politique de différenciation. La marque porte la différence.

Exemples

- La marque différencie les eaux minérales : Evian, Contrex, Volvic, etc. Evian est source de jeunesse ; Contrex aide à mincir ; Volvic, c'est la force des volcans et la nature préservée.
- La marque (avec le prix) différencie l'offre de téléviseurs, d'ordinateurs personnels, de machines à laver le linge, de fours à micro-onde, etc. Tous ces produits sont d'apparence très proche, voire identique.

3° La marque valorise les individus et cautionne leurs choix

Pour les achats dits ostentatoires ou « à statut social », comme les vêtements, les alcools, les produits de luxe, la plus-value de la marque est essentielle. Elle valorise celui qui la porte ou la consomme. Elle met en œuvre un double processus d'identification et de projection. Certains se reconnaissent mieux dans Timberland que dans Lacoste et inversement. Soit les valeurs de la marque et du consommateur sont communes (identification), soit on va à la marque pour s'approprier son image (projection).

Lorsque les enjeux d'un achat sont importants, *la marque légitime la décision de l'acheteur*. Une marque réputée l'aide à justifier ses choix. En prenant une marque reconnue, il court moins le risque d'être critiqué par son entourage. C'est vrai pour des produits courants. Un invité à un dîner viendra avec une bouteille dont l'étiquette porte le nom d'un grand cru renommé et son honneur sera sauf même si le vin n'est pas tout à fait à la hauteur des attentes. C'est également vrai en milieu industriel. À prestations sensiblement égales, on choisira l'agence de publicité la plus réputée, le cabinet de conseil le plus prestigieux, la marque de machines outils la plus connue. On se « couvre » avec une marque forte. Aux temps glorieux de la marque IBM, on disait aux États-Unis : « On n'a jamais licencié quelqu'un pour avoir recommandé de choisir IBM. »

4° La marque facilite le processus d'achat

Dans une offre souvent pléthorique, les marques, avec leurs identités graphiques propres et facilement reconnaissables, sont des points de repère qui balisent le parcours de l'œil de l'acheteur dans les points de vente ou les catalogues de produits. Le client cherche à se simplifier la tâche et à ne pas passer des heures à comparer et évaluer les produits. Il va vers les marques connues (notoriété spontanée) ou reconnues (notoriété assistée). Et lorsque son expérience est satisfaisante, il tend à reconduire le même achat avec la même marque. La marque favorise les conduites routinières et donc une fidélité « paresseuse ».

b) La marque crée de la valeur pour l'entreprise

1° La marque a une valeur financière qui peut être considérable

Une marque est un actif négociable, soit par vente, soit par location : cession de licences de marques, franchise de marque[1].

Actif incorporel, la marque a une valeur financière difficile à évaluer avec rigueur. C'est pour cela que les normes de la comptabilité interdisent, en France, d'inscrire la valeur des marques au bilan sauf lorsque la marque a été achetée, le prix étant alors certain. Sans entrer dans le détail des multiples méthodes d'évaluation financière d'une marque, on retiendra qu'il existe la méthode des coûts historiques (combien a-t-on investi dans le développement de la marque ?), la méthode des revenus actualisés (quels revenus futurs seront générés par la marque ?) et la valeur de marché qui se réfère à des transactions connues de marques comparables. Le plus souvent, on agrège ces différentes méthodes[2].

De nombreux cabinets se sont spécialisés dans l'évaluation financière des marques, le plus connu étant Interbrand qui publie chaque année le classement des 100 marques qui ont la plus grande valeur[3].

1. « Franchise de marque » est une expression qui désigne un contrat par lequel le propriétaire d'une marque dit le franchiseur autorise un exploitant, souvent un distributeur, le franchisé, à l'exploiter avec des contreparties diverses. E. Leclerc, Novotel, Buffalo Grill, Dessange, Midas sont des exemples de marques franchisées. Voir le chapitre 6 sur la distribution. À ne pas confondre avec franchise de marque lorsque c'est la traduction littérale de l'anglais « brand franchise », une expression utilisée fréquemment par les publicitaires pour signifier la réputation d'une marque. Le sens de « brand franchise » est assez flou en anglais. Exemples : 1°/ Source Wikipedia : « *When brand recognition builds up to a point where a brand enjoys a critical mass of positive sentiment in the marketplace, it is said to have achieved brand franchise.* » 2°/ Source http://yinkaolaito.com : « *Brand franchise is the devotion, allegiance, fidelity, reliability that attaches to a well-managed brand.* »

2. Voir « L'évaluation financière des marques, nouvel outil de management », *Marketing Magazine*, n° 89, octobre 2004.

3. Voir www.interbrand.com

Figure 15.3 **Classement Interbrand des marques, 2011**

Le top 10 mondial en 2011 (valeur des marques en milliards de dollars)

Rang	Marque	Valeur
1	Coca-Cola	72
2	IBM	70
3	Microsoft	59
4	Google	55
5	General Electric	42
6	McDonald's	35
7	Intel	35
8	Apple	33
9	Disney	29
10	HP	28

Les 8 marques françaises dans le top 100 mondial 2011 (en milliards de dollars)

Rang	Marque	Valeur
18	Louis Vuitton	23
40	L'Oréal	8,7
52	Danone	6,9
53	Axa	6,7
66	Hermès	5,3
70	Cartier	4,7
77	Moët et Chandon	4,3

On notera, dans le tableau du top 10, la présence exclusive de marques américaines, la place prise par de grandes marques de services, l'absence des financières (banque et assurances) en forte régression avec la crise, les places surprenantes, pour un lecteur européen, d'IBM (devenue une marque B to B) et de GE (General Electrics), la faible dimension émotionnelle de certaines de ces marques comme IBM, Microsoft ou Intel.

Quant au classement des marques françaises, il nous renvoie brutalement au fond de la classe et conforte le stéréotype d'une économie française plus performante dans le style que dans le high-tech !

Remarquons que par définition, ce classement ne concerne que les marques et non les entreprises qui les possèdent. Cela défavorise les entreprises qui ont choisi d'avoir un portefeuille de marques très diversifié (comme Procter & Gamble) au profit des sociétés dont tous leurs produits, ou presque, sont sous une même marque comme IBM, Microsoft ou HP.

Enfin, on relèvera que si le classement d'Interbrand a une très grande notoriété, il ne brille pas par la transparence des méthodes utilisées pour son établissement dont seules les grandes lignes sont connues.

2° La marque a une valeur commerciale

- *Une marque est un fonds de commerce.* La marque forte fidélise. Les clients sont attachés aux marques plus qu'aux entreprises qui les fabriquent. Les clients connaissent les marques, pas toujours les entreprises[1]. La vente par Danone de sa marque Lu à Kraft Foods, n'a pas eu d'incidence sur la clientèle de Lu, pas plus que la vente de Jaguar à l'Indien Tata ou de Volvo au Chinois Geely.
- *Une marque puissante a un effet de levier* important sur l'efficacité des dépenses marketing : publicité, promotion, nouveaux produits, etc. À budget égal, une campagne de publicité a plus de chances d'être remarquée et d'être efficace lorsqu'elle se fait pour une marque forte que pour une marque faible. Une marque puissante permet aux producteurs de mieux négocier avec les grands distributeurs, de ne pas avoir à payer des « primes » de référencement pour un nouveau produit, à avoir ses produits mieux exposés dans les points de vente, etc.
- *Une marque forte permet de vendre plus cher.* Le client accepte de payer un peu plus pour les qualités réelles ou imaginaires attribuées à la marque. Une marque faible vend moins cher (tarif inférieur, promotions sur les prix plus fréquentes) ou doit donner au client des compensations matérielles (produit en plus, services gratuits ou moins chers, garantie plus longue) pour rester compétitive avec une marque forte.

Notre conseil

Si on ne devait retenir qu'un critère pour qualifier la puissance d'une marque, ce devrait être sa capacité à vendre plus cher des produits aux caractéristiques objectives identiques (ou très proches)

Notre conseil

Il est dangereux de surestimer la puissance d'une marque et de surévaluer son différentiel de prix acceptable.

Exemples

➥ Dans tous les marchés européens, Volkswagen est la marque qui a la meilleure image (hors segment du luxe mais le groupe VAG a la marque Audi). La plupart des modèles offerts sur le marché ont des caractéristiques techniques identiques (Clio, C3 et Polo ; Mégane, 308, C4 et Golf). Les concurrents de VW ont le choix entre :

- un tarif moins cher à modèle comparable (politique de Fiat qui, malgré son redressement spectaculaire, ne peut pas encore lutter à prix égal avec VW) ;
- des tarifs identiques avec des promotions systématiques (politique de Citroën) ;
- des tarifs identiques mais qui comprennent, en contrepartie du déficit d'image, des équipements supplémentaires. Supposons qu'une marque concurrente de VW évalue à 300 euros en moyenne (chiffre factice pour l'exemple mais qui n'est pas irréaliste) la valeur des équipements qu'elle ajoute à chaque véhicule pour qu'il soit compétitif avec VW, et supposons que cette marque vende 1,5 million de véhicules par an en Europe. Son déficit d'image peut alors être évalué à 1,5 million x 300 soit 450 millions d'euros par an. Un tel chiffre (pour certaines marques la réalité est encore plus douloureuse) fait du déficit d'image un enjeu stratégique.

1. Mais ils sont de plus en plus nombreux à souhaiter mieux connaître les entreprises qui sont derrière leurs marques, pour des enjeux environnementaux, sociaux, éthiques, ou pour faire jouer des préférences nationales.

➥ Dans son secteur, la marque Poulets de Loué est synonyme de poulets fermiers, c'est-à-dire de produits de qualité. La notoriété et l'image de cette marque qui investit régulièrement en publicité depuis longtemps sont beaucoup plus fortes que la concurrence. Les poulets Loué se vendent de 3 à 5 % plus cher en moyenne que les produits des autres marques dont les produits sont pourtant de qualité objectivement identique (même label rouge). Mais si Loué était beaucoup plus cher (par exemple + 20 %), les consommateurs arbitreraient en faveur des autres marques. Une marque forte donne plus de souplesse à la politique de prix, pas une liberté totale. Et une marque forte n'est pas une assurance tous risques contre les aléas du marché. Pour tenter de sauver ses ventes qui chutaient avec la menace de la grippe aviaire, Loué a dû, comme les autres producteurs, casser temporairement ses prix de 50 % (un poulet offert pour un poulet acheté).

3° Une marque forte donne de l'attractivité à l'entreprise

- *Une marque forte développe un puissant sentiment d'appartenance* en interne. On est fier de travailler pour une marque connue et reconnue.
- *Une marque forte aide le recrutement* en attirant les meilleurs candidats. C'est un atout majeur dans les secteurs qui ont, par nature, un turnover important.
- *La réputation d'une marque influence favorablement la communication financière.* Le cours d'une action intègre l'image de marque, même si c'est difficile à mesurer avec précision. Cela explique, entre autres raisons, que certains groupes changent de nom pour être cotés en Bourse sous leur marque la plus connue ou pour tenter d'effacer de mauvais souvenirs. Datsun est devenu Nissan, SS a été renommé SS Jaguar puis Jaguar après la Seconde Guerre mondiale, le Crédit lyonnais est aujourd'hui LCL, etc.

c) Les types de marques : la marque-produit, la marque ombrelle et la double marque

On verra que la double marque est une combinaison de la marque ombrelle et de la marque-produit.

1° La marque-produit

Une marque-produit ne signe qu'un produit (ou une gamme de produits) et véhicule un positionnement spécifique au produit.

Par gamme de produit, on entend une déclinaison de produits très proches. Par exemple, la lessive OMO propose une gamme de cinq parfums.

Procter & Gamble et Unilever sont des exemples typiques d'entreprises ayant une stratégie de marques-produits. P & G lança son premier savon sous la marque « Ivory » et fit en 1881 la première publicité pour ce produit avec une double promesse : un savon qui flotte et qui est pur à 99,44 %. Cent trente ans plus tard, Procter & Gamble commercialise toujours ce produit aux États-Unis sous la même marque et avec la même promesse. Toutes les fois que P & G lance une nouvelle catégorie de produits, il crée une nouvelle marque. Aujourd'hui P & G gère dans le monde près de 300 marques qui font régulièrement de la publicité. Unilever commercialise 400 marques qui relèvent de trois univers de produits : alimentaire, soin de la personne, entretien de la maison. P & G ou Unilever sont la raison sociale de l'entreprise (on dit aussi marque *corporate*). Dans la plupart des cas, elle est inconnue des consommateurs car elle n'est pas mise en avant. La marque *corporate* s'adresse au marché financier et au marché de l'emploi (on n'est pas l'employé d'OMO mais d'Unilever). Mais il est fréquent que la marque des produits soit celle de l'entreprise comme Michelin. C'est alors le discours tenu qui différencie la marque des produits et la marque *corporate*.

Exemple

➥ En France, Unilever commercialise les marques de lessives Omo, Persil, Skip. Chaque produit a sa marque et son positionnement qui le différencie. Les noms de marque peuvent changer selon les pays mais le produit et généralement le positionnement restent les mêmes. Ainsi, Omo est commercialisé sous la marque Surf en Grande Bretagne, Rimo en Turquie, Sunlight en Afrique du Sud. En France, on peut définir ainsi les positionnements de chaque marque de lessive d'Unilever.

Omo : « Une lessive aux parfums uniques, enrichis aux huiles essentielles ».

Persil : « La lessive persil au savon de Marseille fait du bien à votre linge et à l'environnement ».

Skip : « la marque de lessive qui innove pour faire oublier aux mamans les contraintes liées aux tâches ».

2° La marque ombrelle

La marque ombrelle signe plusieurs catégories de produits très différentes.

Exemple

➥ Honda commercialise sous la même marque des motos, des autos, du matériel de jardinage (tondeuses, débroussailleuses…), des moteurs hors-bord, des générateurs, etc.

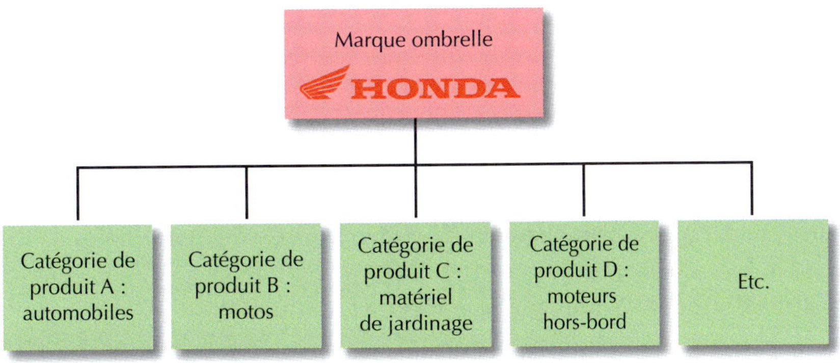

Le positionnement de la marque ombrelle est nécessairement plus large que celui de la marque-produit. Honda signe « The power of dreams ». C'est un slogan. Quand on analyse les arguments développés dans la présentation des diverses activités de Honda, le positionnement peut être défini comme : « Honda, le meilleur motoriste du monde ».

Dans certains cas, la marque ombrelle couvre des domaines d'activités très variés relevant de métiers très différents. On peut alors parler de marque de conglomérat. Les grandes marques japonaises et coréennes, comme Mitsubishi et Hyundai, pratiquent souvent cette politique. On dit que Mitsubishi vend sous sa marque 36 000 produits différents dans des secteurs aussi variés que l'automobile, l'électronique domestique et industrielle, l'aviation, les moteurs, la banque…

Dans de tels cas, il ne peut plus y avoir de positionnement précis de la marque ombrelle, sinon un trait d'image comme : la qualité Japonaise, ou les prix Coréens.

« From chips to ships » Des puces électroniques à la construction navale

Dans le luxe, les marques sont le plus souvent des marques ombrelles. On exploite le capital marque sur la plus grande diversité de produits possibles. On appelle souvent les marques de luxe des « griffes » parce qu'elles portent le nom de leurs créateurs : Yves Saint Laurent, Christian Dior, Chanel, etc.

3° La double marque : marque mère et marque fille

La marque mère est une marque ombrelle, souvent une marque d'entreprise. Elle cautionne une marque fille qui est une marque-produit.

Exemple

➥ Sveltesse (marque fille) de Nestlé (marque mère), Xbox (marque fille) de Microsoft (marque mère), Ibis (marque fille) d'Accor (marque mère).

La marque mère rassure et donne à la marque fille sa légitimité

d) Les avantages et les inconvénients de la marque ombrelle, de la marque-produit et de la double marque

Les avantages de la marque-produit sont les inconvénients de la marque ombrelle et *vice versa*. Le succès de la double marque s'explique parce qu'elle concilie, en partie, les avantages de la marque-produit et de la marque ombrelle sans réunir tous leurs défauts.

1° Les avantages de la marque ombrelle sont les inconvénients de la marque-produit

- *Caution apportée par la marque ombrelle*

Par sa notoriété et son image, la marque ombrelle cautionne les produits. Dans le système de la double marque, la marque ombrelle cautionne la marque fille. Elle rassure le client. iPod d'Apple, Dolce Vita par Gaz de France, Actimel de Danone, etc.

- *Moindre coût de développement*

Par définition, il n'est pas nécessaire avec une marque ombrelle d'investir dans une nouvelle marque pour lancer une nouvelle gamme de produits. Or le coût de création et de développement d'une marque est considérable. C'est l'inconvénient majeur des politiques de marques produits.

- *Vocation internationale des marques ombrelles*

La concentration des investissements sur une seule marque ombrelle peut être faite pour lui donner un statut de marque européenne voire mondiale. La tendance actuelle est donc à l'abandon de marques (parfois anciennes et célèbres dans leur pays d'origine) et au regroupement des gammes sous une seule marque. Parfois on supprime brutalement une marque, parfois on procède par étapes. Une marque appelée à disparaître est associée dans un premier temps à une « mégamarque » puis elle quitte discrètement la scène, le jour venu.

Exemple

➥ Le groupe Mars a abandonné sa marque Pal, devenue Pedigree.

2° Les avantages de la marque-produit sont les inconvénients de la marque ombrelle

- *Des positionnements bien différenciés avec des marques produits*

Le système de la marque-produit permet des promesses précises et claires alors que la marque ombrelle dilue sa proposition de valeur.

- *Distribution multicanale avec des marques produits spécifiques à chaque canal*

Avec des marques produits, on peut diffuser des produits objectivement très proches au travers de multiples canaux de distribution.

Exemple

➥ Nutrition et Santé vend des substituts de repas sous la marque Gerlinéa en grandes surfaces et sous la marque Milical en pharmacies.

3° En cas de crise, la marque-produit joue le rôle d'une cloison étanche

Les situations de crise sont limitées aux produits directement concernés lorsqu'ils sont commercialisés sous une marque-produit alors que la marque ombrelle favorise la contamination d'une crise à l'ensemble des produits qu'elle signe. L'affaire du benzène dans l'eau Perrier n'a affecté que les seules ventes d'eau Perrier. Si Oasis, qui appartenait à l'époque au même groupe, avait été vendu sous la marque Perrier, ses ventes en auraient sûrement souffert.

4° On peut se séparer facilement d'une marque-produit

Alors qu'une marque ombrelle ne permet pas de valoriser le capital marque lors de la cession d'une partie du portefeuille produit, il est facile de se séparer d'une marque-produit. Quand Philips a vendu son département « produits blancs » à Whirlpool, la marque Philips n'a pas pu être monnayée, alors que son image était excellente pour ce type de produits. Whirpool ne pouvait évidemment pas exploiter ce marché en Europe sous une marque qui n'était pas la sienne.

De même, IBM a vendu son activité PC devenue Lenovo sans avoir pu valoriser la marque IBM pourtant mondialement connue. En revanche, si, demain, Procter & Gamble décidait de se retirer du marché des couches culottes, sa marque Pampers serait vendue plusieurs milliards de dollars.

À l 'analyse des avantages et inconvénients des marques produits et des marques ombrelles, on peut avoir le sentiment que la balance penche nettement en faveur des marques produits. Pourtant les marques ombrelles ont de beaux jours devant elles, dans les grands groupes. Elles peuvent devenir universelles, s'inscrivant ainsi dans le profond mouvement de la mondialisation. Faire connaître mondialement des marques produits coûte très cher. Ce n'est pas par hasard, que Procter & Gamble et Unilever figurent chaque année aux deux premiers rangs (ou aux tout premiers rangs) des dépenses mondiales de communication.

SECTION 4

LA SIGNALÉTIQUE DE LA MARQUE

La signalétique de la marque est l'ensemble des signes qui permettent de reconnaître une marque. On appelle cet ensemble SIV : système d'identité visuelle. Il est préférable de le désigner sous l'appellation SIVS, pour système d'identité visuelle et sonore, car le son – un jingle par exemple – est parfois un mode d'identification d'une marque.

Figure 15.4 **Les composantes de la signalétique des marques**

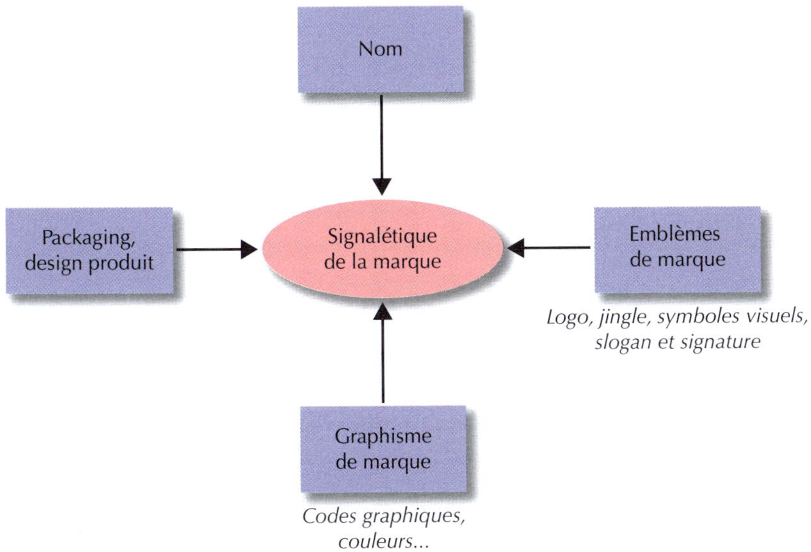

1 LE NOM

Il est au centre du dispositif construit pour identifier une marque.

a) Les types de noms

1° Le patronyme

De très nombreuses marques ont pour nom celui de leurs fondateurs : Michelin, Vuitton, Bic (Marcel Bich), Lipton, Dell, Dyson, etc.

2° Le sigle

EDF, Fnac[1], BNP, Fiat, Asics[2]… On transforme une raison sociale en un sigle auquel il faut donner un sens par des actions de communication, un cheminement pour le moins complexe qu'affectionnent particulièrement les administrations et les entreprises publiques.

3° Le générisme

Le nom de la marque reprend l'appellation de sa catégorie de produits (par exemple, dans la micro-informatique : Microsoft) ou dans les voyages : Voyageurs du Monde. Le générisme peut s'allier au patronymisme. C'était fréquent au début du xxe siècle. Par exemple, la Jouvence de l'abbé Souris.

4° La marque de fantaisie

C'est un nom dont le sens n'est pas rattaché au produit ou à l'activité de la firme (par exemple, Apple, Google, Novartis, Vinci, Amazon).

5° La marque promesse

Le nom exprime la promesse attachée au produit. Par exemple, Slim Fast : la minceur ; Volvo, du latin : je roule ; aufeminin.com : un site pour les femmes ; Kelkoo : un comparateur de prix ; Keljob : un site d'offres d'emplois ou Réunir : un site de lieux de réunion, etc.

b) Les qualités d'un nom de marque

Le nom doit :

- *être court* (de préférence pas plus de trois syllabes) et facile à mémoriser ;
- *ne pas avoir de connotations indésirables* (par exemple, « Au Bon Marché » est un nom qui fait bas de gamme pour un grand magasin parisien, mais le sens d'un nom se modifie dans le temps) ;
- *être international*, certains noms sont difficiles à prononcer et à lire. Il s'agit le plus souvent de noms de marques étrangères comme les marques américaines Whirlpool, Toys Я Us ;
- *être disponible et protégeable juridiquement*. Le terme Cola dans « Coca-Cola » n'est pas protégeable d'où la profusion de marques concurrentes comportant le terme Cola, à commencer par le principal rival : Pepsi Cola mais aussi Virgin Cola, Mecca Cola (cola engagé politiquement), Arab Cola, Breizh Cola (Bretagne), Corsica Cola, Royal Cola (Vosges), Fada Cola (Marseille), Chtilà Cola (Nord), etc.
- *faciliter le positionnement de la marque*. Le nom signifie précisément le domaine d'activité, les attributs de la marque et sa promesse (par exemple : Taillefine).

Notre conseil

Un nom qui exprime clairement l'activité et la promesse de la marque, facilite le positionnement mais il enferme la marque à terme, en limitant ses possibilités d'extension à d'autres marchés. C'est bien dans un système de marques produits ; c'est très pénalisant si la marque a vocation à devenir ombrelle. Ainsi, on n'a pas compris que Jeff Bezos ait appelé sa librairie en ligne « Amazon » quand il l'a lancée, mais il avait déjà à l'esprit de se diversifier dans d'autres marchés.

1. Fnac : initiales de Fédération nationale d'achats des cadres, appellation originelle transformée en Fédération nationale d'achats, lors de son ouverture à tous les publics.
2. Asics : initiales de *anima sana in corpore sano* (« un esprit sain dans un corps sain »).

2 Le packaging et le design produit

On se reportera au chapitre 4 sur la politique de produit, où l'on a traité du packaging et du design produit.

3 Les emblèmes de marque

Un emblème de marque peut être composé d'un seul, de plusieurs et, parfois, de tous les constituants recensés dans la figure 15.5. Attention, l'abondance de signes peut nuire à la reconnaissance de la marque. Quand on n'utilise qu'un seul élément, c'est toujours le logotype.

Figure 15.5 **Les constituants des emblèmes de marque**

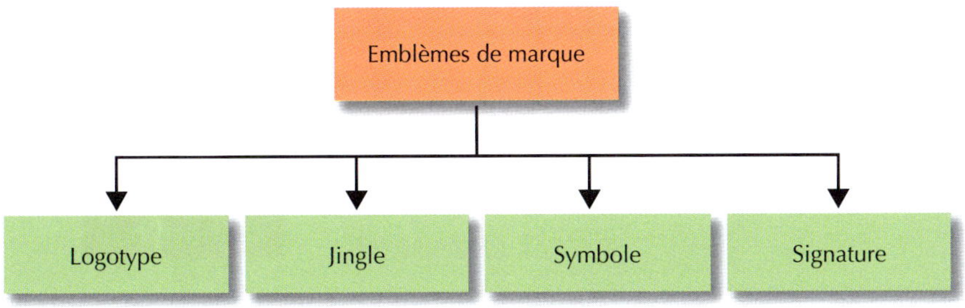

a) Le logotype, couramment désigné logo

C'est le drapeau de la marque[1]. Comme tout drapeau, il est unique et il ne se change radicalement que lors d'une révolution[2]. En revanche, contrairement au drapeau d'une nation, un logo peut et même doit évoluer pour rester actuel. Cette évolution doit se faire en douceur, sans perturber profondément les clients et le personnel de l'entreprise. Il est clair que le dernier logo de la Caisse d'Épargne a été une évolution beaucoup plus marquée que les précédents changements. On a voulu moderniser le logo en le rendant plus abstrait mais certains, notamment en interne, n'ont pas du tout aimé. On a « tchernobilisé » notre gentil écureuil, a-t-on pu entendre.

1. B. Heilbrunn, *Le Logo*, Puf, 2001.
2. Google a pris le contrepied d'un usage bien établi en changeant fréquemment son logo sur sa page d'accueil en fonction des événements. En jouant ainsi avec son logo, Google donne à sa marque une touche de fantaisie à une page d'accueil volontairement très épurée pour faciliter la navigation.

Exemple d'évolution d'un logo : l'écureuil de la Caisse d'Épargne

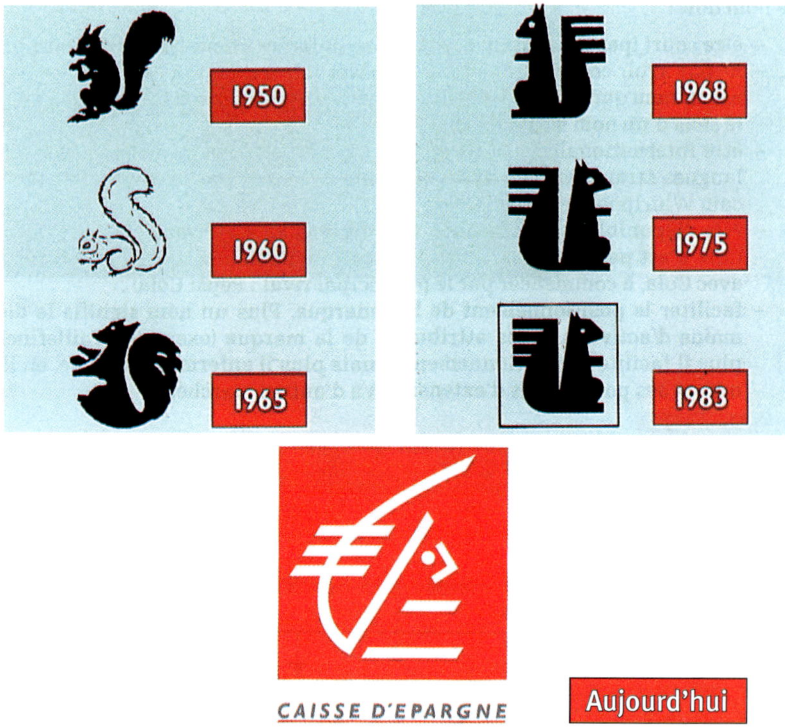

b) Le « jingle »

Un « jingle » désigne une ritournelle publicitaire. Dans ce cas, son rôle peut être éphémère. Le « jingle de marque » est l'association de quelques sons qui identifient une marque de façon permanente.

Exemple

- Le jingle de Dim a été emprunté à la musique d'un film de série B américain, un western de la Warner : *The Night of the Fox* de Mark Rydell et réorchestré par Ugo Montenegro dans le disque *Pendez-les haut et court*. Les six notes de musique, *ré sol la si bémol ré mi bémol*, furent composées par Lalo Schiffrin et utilisées pour la première fois par Yvon-Marie Coulais dans un film publicitaire pour Dim en 1970[1]. Depuis, elles accompagnent toujours les publicités de Dim, avec des orchestrations sans cesse réinventées.

1. Source : www.musee delapub.org/virt/mp/dim/

c) Les symboles de marque

Ils peuvent être incorporés ou non au logo. Ce sont des personnages (Bibendum de Michelin, le professeur Tournesol, la figurine de la calandre de Roll's Royce…), des animaux (bêtes sauvages : lion, aigle… ; animaux mythiques : licorne, centaure… ; animaux familiers : cheval, coq…), des objets comme le double chevron de Citroën qui figure un engrenage[1].

Les symboles visuels de la marque : exemples sur le thème du cheval

Ces marques mythiques ont fait le tour de la terre… à cheval

d) La signature de marque ou slogan

Les deux termes sont synonymes mais on réserve plutôt le terme slogan aux devises publicitaires et on appelle signature de marque ou « phrase vocation » les expressions qui accompagnent souvent les marques institutionnelles (ou marques d'entreprises).

Exemples

- « Le service Orange, satisfait quand vous l'êtes », « Feel Free », « Carrément vous » de SFR., etc.

Les slogans, même célèbres, peuvent durer longtemps mais un jour, ils s'usent et il faut en changer. Le souvenir des plus fameux peut rester longtemps dans la mémoire collective comme « Du pain, du vin et du Boursin » ou « vous l'avez rêvé, Sony l'a fait ». Le slogan est historiquement la première forme publicitaire. Il y a plus d'un siècle, John Deere créait son entreprise qui allait devenir un immense fabricant de matériel agricole. Il avait adopté ce joli slogan : « La terre tourne, je la retourne ».

Parfois, il faut convaincre que le slogan n'existe plus !

1. André Citroën, fondateur de l'entreprise automobile qui porte son nom, eut l'intuition des possibilités des engrenages hélicoïdaux doubles dits « à chevrons » qui se caractérisent par leur rendement et leur fonctionnement silencieux. Source : www.histomobile.com/histomob/internet/10/histo01.htm

Exemple

- « Y a bon, Banania ! ». En 2006, certains ont réclamé l'interdiction de ce très célèbre slogan au nom du respect de la communauté noire. L'entreprise a répondu que cela faisait trente ans que ce slogan n'était plus utilisé et qu'elle s'engageait bien volontiers à ne pas le reprendre.

e) Les codes graphiques ou graphisme de marque

Ce sont les éléments permanents de l'expression formelle d'une marque : typographie, couleurs, mise en page ou mise en scène (décoration des points de vente par exemple). La permanence de ces signes favorise l'identification et l'attribution de la marque dans tous les registres de sa communication externe et interne : packaging, publicité, promotion, brochures, sites Web, papier à lettre, architecture intérieure et extérieure des bâtiments, bureaux, points de vente, etc. Les codes de la marque sont définis dans un document de référence appelé la charte graphique de la marque.

Lorsque Bonne Maman a étendu sa marque à de la biscuiterie traditionnelle, elle a repris l'écriture calligraphiée et le motif « tissu » vichy, qui étaient devenus des éléments clés de l'identité visuelle de la marque

SECTION 5

LA NOTORIÉTÉ ET L'IMAGE DE LA MARQUE

Ce sont deux notions différentes mais complémentaires. Une marque doit être connue (sa notoriété) mais ce peut être en bien ou en mal (son image).

1 La notoriété

La notoriété mesure la présence à l'esprit, spontanée ou assistée, du nom de marque.

La seule citation du nom de marque ne suffit pas à qualifier sa notoriété. Il faut que l'on puisse associer le nom de marque à un produit ou à un domaine majeur d'activités de la marque.

Exemple

➥ Je connais la marque Sony. Je sais que Sony fabrique des produits électroniques.

La notoriété ne préjuge pas du degré de connaissance des activités ou de l'histoire de la marque ni des jugements de valeur portés sur la marque.

a) Les différents types de notoriété

On distingue trois niveaux de notoriété : la notoriété assistée, la notoriété spontanée et le *top of mind* ou notoriété de premier rang (voir figure 15.6).

Figure 15.6 **La pyramide de la notoriété**[1]

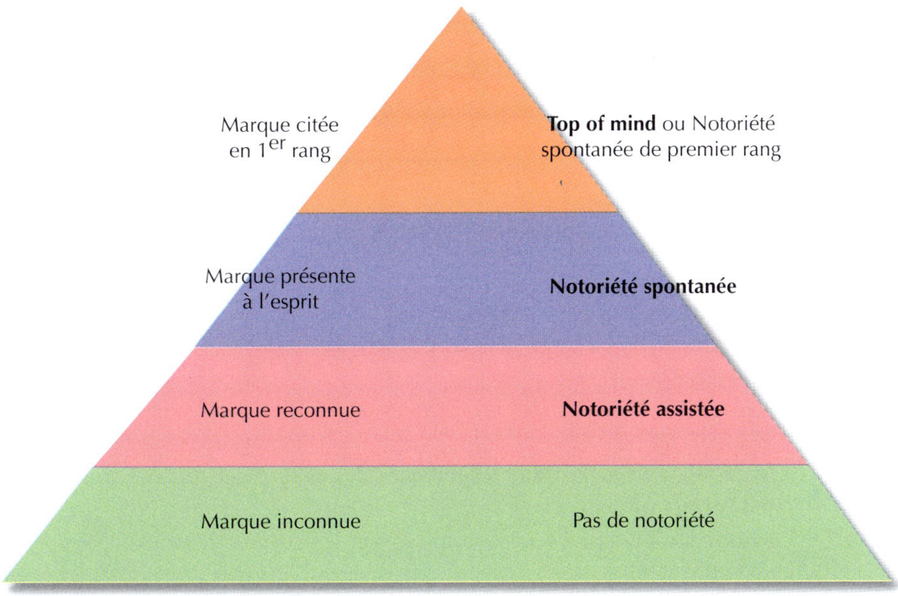

La notoriété spontanée se mesure par le pourcentage de personnes capables de citer spontanément le nom de la marque lorsqu'on évoque le secteur d'activités de la marque.

Exemples

➥ « Quelles sont les marques d'ordinateurs que vous connaissez ? »

➥ « Quelles sont les marques d'ordinateurs portables que vous connaissez ? »

La notoriété dite *top of mind* se mesure par le pourcentage de personnes qui, en réponse à la question précédente, citent spontanément la marque *en premier*.

La notoriété assistée mesure la reconnaissance d'une marque dans une liste de noms. On présente aux personnes interrogées une liste de marques et on leur demande d'indiquer les marques qu'elles connaissent : « Connaissez-vous la marque X, ne serait-ce que de nom ? »

1. David A. Aaker et Jacques Lendrevie, *Le Management du capital-marque*, Dalloz, 1995.

b) La fausse notoriété

Il est fréquent que les chiffres de notoriété donnés par les études soient entachés d'erreurs importantes[1].

1° La fausse notoriété assistée

Il peut y avoir confusion entre des marques aux appellations proches.

Exemple

- La notoriété assistée de la marque de champagne Veuve Pelletier, une marque exclusive de Metro, risque fort d'être surévaluée en raison de la confusion avec le champagne Veuve Clicquot, la proximité des noms n'étant peut-être pas accidentelle…

Par ailleurs, les chiffres de notoriété assistée peuvent être faussés par la tendance des consommateurs à vouloir « reconnaître » le maximum de marques sur la liste qu'on leur présente. Quand on met des marques qui n'existent pas, celles-ci obtiennent souvent des scores de 5 à 10 %, parfois plus !

2° Les erreurs de mesure de la notoriété spontanée

Les résultats dépendent du libellé de la question.

Exemple

- Une enquête sur la notoriété d'Ovomaltine, une poudre chocolatée appartenant au sous-segment des poudres maltées, donnera des résultats très différents selon la question retenue.
  - Version 1 : « Quelles sont les marques de poudres chocolatées que vous connaissez ? »
  - Version 2 : « Quelles sont les marques de poudres chocolatées au malt que vous connaissez ? »

  L'énonciation du terme « malt » va favoriser le souvenir d'Ovomaltine, dont le nom comprend « malt ».

Il est donc recommandé d'interpréter les chiffres de notoriété en se référant à la question qui a été posée. De même il est sage de conserver le libellé des questions d'une étude à l'autre.

3° Les erreurs liées à la date des études de notoriété

La notoriété spontanée est un indicateur « chaud », c'est-à-dire qui augmente rapidement pendant une campagne de publicité puis qui diminue vite. La notoriété assistée a beaucoup plus d'inertie. La mesure de la notoriété spontanée est donc sensible au choix de la date des études. Pour que les résultats soient cohérents, on fera donc les enquêtes à la même date avant/après les campagnes, avec le même type d'échantillon et la même procédure de recueil de l'information.

Le taux de notoriété spontanée est également influencé par les campagnes de la concurrence qu'on ne maîtrise pas.

1. David A. Aaker et Jacques Lendrevie, *op. cit.*

c) Choix du type de notoriété à privilégier en fonction du niveau des taux de notoriété

Notre conseil

Avant d'engager un effort de notoriété, il faut définir précisément le type de notoriété dont on a vraiment besoin.

La notoriété assistée est souvent celle qui est mise en avant, parce qu'elle est la plus flatteuse pour la marque. Elle est plus rapide et moins coûteuse à développer et à entretenir que la notoriété spontanée et *a fortiori* que la notoriété *top of mind*. Il est évident qu'il vaut mieux avoir la plus forte notoriété spontanée possible, mieux encore, la plus forte notoriété *top of mind*. Mais est-il nécessaire, dans tous les cas, de faire des efforts très coûteux pour y arriver ? Quand les décisions d'achat se prennent en comparant plusieurs marques, par exemple, devant un linéaire de grande surface, un bon taux de notoriété assistée suffit.

Si une marque a une notoriété assistée très faible (par exemple, moins de 15 %), elle aura, en conséquence, une notoriété spontanée de quelques pour cent et un *top of mind* pratiquement nul. Dans ces conditions, le seul indicateur suffisamment sensible pour suivre l'évolution de la notoriété de la marque est la notoriété assistée. En revanche, si la notoriété assistée est très forte, l'indicateur significatif est la notoriété spontanée. Pour une marque leader très puissante, comme Coca-Cola qui a 100 % de notoriété assistée, l'indicateur ne peut être que le *top of mind*.

2 L'IMAGE DE MARQUE

« L'image de marque est fragile. Pour qu'elle résiste au temps, le seul remède est de faire preuve chaque jour d'un peu plus de talent. »

a) Qu'est-ce que l'image de marque ?

Une image de marque est un ensemble de représentations mentales, subjectives, stables, sélectives et simplificatrices à l'égard d'une marque.

Figure 15.7 **Les dimensions d'une image de marque**

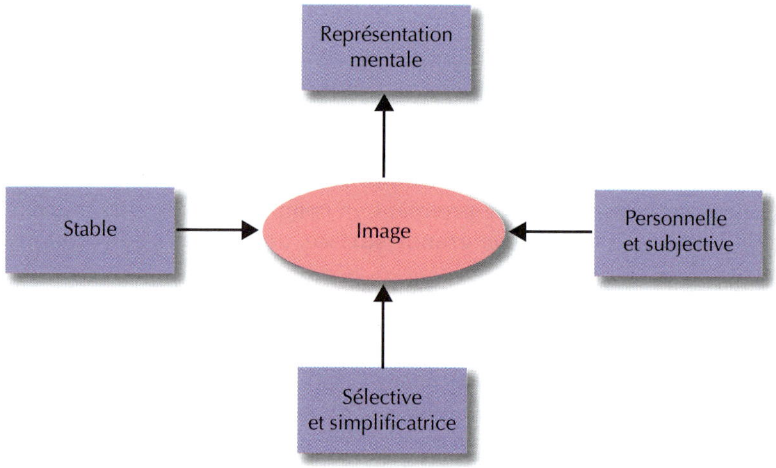

Tout doit concourir à rendre la marque reconnaissable et mémorisable par le public le plus large

FOCUS

Cinq points importants pour analyser une image de marque

- Le plus souvent, on ne mesure que l'image spontanée.
- Une image a de multiples sources. Des études permettent de connaître celles qui sont déterminantes.
- Une image est personnelle et subjective. Il est utile de segmenter le marché selon la perception de la marque.
- Une image est assez stable. Elle change en bien ou en mal avec des évènements forts.
- Une image est simplificatrice et réductrice. Elle aide le consommateur à simplifier son processus de décision.

1° Une image est un ensemble de représentations mentales

L'image d'une marque est faite de toutes les associations, spontanées ou non, entraînées par l'évocation du nom de la marque.

« The image is the sole creation and property of the consumer[1]. »

1. « L'image est la seule création et propriété du consommateur. » Des propos tenus par Paul Sherlock qui sont parfaitement pertinents pour les gens de marketing, mais un peu moins pour les juristes.

• *L'image spontanée et l'image latente*

Une image est un iceberg. Quand on interroge les clients de façon non directive, ils évoquent spontanément une partie seulement de l'image. C'est l'image spontanée ou image émergée. Si on les questionne plus en profondeur avec des questions précises ou par des méthodes projectives, ils évoquent d'autres associations. C'est l'image latente. Les études distinguent généralement ces deux dimensions de l'image : spontanée et latente.

• *Les sources de l'image*

Une image est un ensemble de représentations mentales, à un moment donné, pour un public donné, qui résultent de sources multiples. À l'origine d'une image, il y a :

- *les produits :* la perception des attributs des produits actuels (apparence, fiabilité, prix…) mais aussi la mémoire de produits plus anciens ;
- *l'expérience des clients :* notamment de la qualité de service au moment de l'achat ou après la vente ;
- *la communication de la marque* sous toutes ses formes : publicité, RP, promotion des ventes, communication événementielle, etc.
- *la communication autour de la marque non maîtrisée par l'entreprise :* bouche à oreille, rédactionnel ;
- *l'image donnée par la clientèle de la marque :* vais-je aller vers cette marque qui a de si bonnes ou de si mauvaises fréquentations ?

La multiplicité des sources et donc des messages pose le problème de la cohérence de la communication pour éviter un émiettement de l'image de marque. La communication intégrée a été abordée à la fin du chapitre 7 sur les fondamentaux de la communication.

2° Une image est personnelle et subjective

Une image peut être très différente d'une personne à l'autre et ceci d'autant plus que les produits sont impliquants. L'image d'une marque est faite des traits communs perçus de cette marque par un public. Souvent, on ne peut pas se contenter de mesurer une image moyenne pour l'ensemble du marché. Il faut identifier les images perçues par les différents segments du marché.

Exemples

- L'image de McDonald's est évidemment très différente pour un enfant de cinq ans qui y va avec ses parents une fois par mois, pour un senior qui habite la campagne profonde à 50 km du premier McDo et pour un médecin nutritionniste qui voit passer dans son cabinet de jeunes enfants obèses.
- L'image du golf est très différente pour les pratiquants et les non-pratiquants.

3° Une image est relativement stable

L'image d'une marque résulte des connaissances et des attitudes des clients à un moment donné. On sait que les attitudes sont relativement stables (chapitre 3). En conséquence, une image a de l'inertie. On a tendance à interpréter une expérience, une information dans le sens d'un renforcement de l'image initiale. On pardonne un défaut à une marque qu'on aime. On accable celle qu'on n'aime pas.

Bien entendu, le besoin de consonance (mettre en accord les nouvelles idées avec ses opinions préalables) a ses limites. On peut changer complètement d'avis et brûler ce qu'on a encensé. Mais c'est assez rare.

L'inertie de l'image est donc un atout lorsque l'image est bonne, mais un inconvénient majeur lorsqu'elle est mauvaise puisqu'il faut beaucoup de temps et d'efforts pour la redresser. Les mauvaises réputations sont plus tenaces que les bonnes.

4° Une image est sélective et simplificatrice

Les images sont en quelque sorte des résumés que les clients se font des marques pour simplifier leur perception. L'image spontanée est généralement assez facile à obtenir et à interpréter. L'image latente est beaucoup plus délicate à recueillir et à analyser. On peut faire dire beaucoup de choses aux clients par des méthodes projectives. Tout ce qui est verbalisé n'est pas forcément de première importance. C'est le rédacteur de l'étude qui fait le tri, en bien ou en mal.

b) Une typologie des marques selon leur image : la « lovemark » et les autres

La théorie de la lovemark a pour auteur Kevin Roberts, président de Saatchi & Saatchi monde[1]. Il compare la relation d'un individu à une marque à une relation d'individu à individu. Dans ces relations, les qualités objectives d'un individu peuvent créer de la différence mais ne suffisent pas à créer de la préférence. Il en est de même pour les marques. L'iPod d'Apple n'est pas le meilleur lecteur digital de la planète, et pourtant c'est celui que le public préfère. Une marque doit susciter des émotions. La plus positive et la plus forte, c'est l'amour. Lorsque le lien à la marque relève de l'amour, c'est une lovemark.

Une façon d'analyser les marques est de les placer sur un mapping avec un axe figurant le respect de la marque, l'autre axe étant l'amour de la marque. Le respect est une obligation pour une marque. C'est tout simplement la reconnaissance de ses qualités objectives (la marque tangible). Le respect se construit sur du rationnel, l'amour sur du subjectif.

- Les *trademarks*. Ni respect, ni amour : c'est le cas des produits banalisés, des *commodities* qu'on achète sans y prêter attention. C'est le cas également des marques dont la conduite n'est pas respectueuse des consommateurs, des citoyens du quart-monde, de la protection de la planète.
- Les *trustmarks*. Elles méritent notre confiance et on les respecte pour les performances et le sérieux de leurs produits mais elles ne dégagent pas d'émotion.
- Les *missmarks*. On les aime bien mais on ne les respecte guère.
- Les *lovemarks*. Respect et forte relation affective.

1. Extraits de *Publicitor*, 7e édition, Dunod, 2008. On notera que la « théorie » de la lovemark a été pensée pour les marques B to C et qu'elle ne s'applique pas ou s'applique mal aux marques B to B.

Figure 15.8 **Les marques selon leur respectabilité et le lien affectif avec le marché**

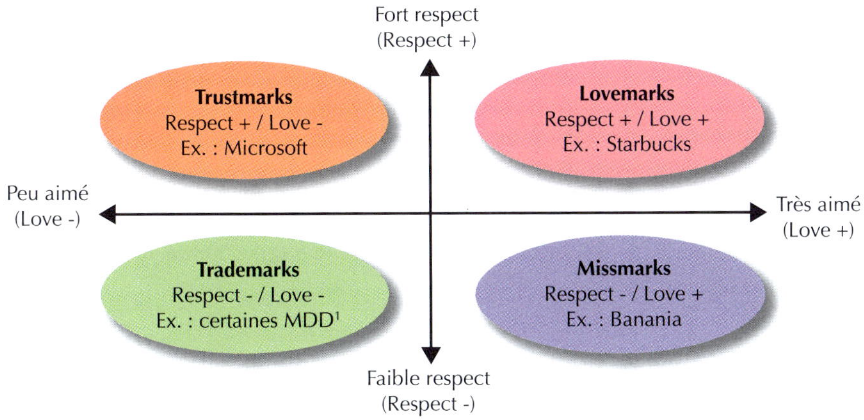

Source : Saatchi & Saatchi.

SECTION 6

LE TERRITOIRE DE MARQUE ET L'EXTENSION DE MARQUE

1 LE TERRITOIRE DE MARQUE

Le territoire d'une marque est le ou les marchés où l'activité de la marque est légitime aux yeux des clients.

Le territoire actuel est le ou les marchés où la marque exerce son activité. Le territoire potentiel est fait de tous les marchés ou catégories de produit où la marque pourrait être présente parce que son ADN[2] est cohérent avec ces marchés et produits.

Exemple

- Le territoire actuel de la marque Nutella est celui des pâtes à tartiner. La marque pourrait s'interroger sur la possibilité de s'étendre au marché des confiseries.

1. MDD : marques de distributeurs. D'autres MDD sont respectées, parfois aimées, mais ce n'est pas fréquent.
2. Voir la définition de l'ADN de marque dans le dictionnaire indexé en fin d'ouvrage.

Par définition, le territoire des marques produits, dont le positionnement est précis, est plus restreint que celui des marques ombrelles.

Remarquons que certains professionnels comme les publicitaires utilisent l'expression « territoire de marque » dans un sens différent, pour désigner les codes d'une marque, ce qui fait son style, voire sa personnalité.

2 L'extension de marque

L'extension de marque est l'élargissement du territoire d'une marque vers une nouvelle catégorie de produits nettement différente des produits actuellement signés par la marque.

Soit on transforme une marque-produit en marque ombrelle, soit on élargit le territoire d'une marque ombrelle. C'est un principe séduisant puisque les produits qui font l'objet de l'extension de marque bénéficient immédiatement et, sans bourse délier, de la notoriété et de l'image de la marque. Selon une étude faite aux États-Unis, ancienne puisque faite au début des années 1990 mais dont les résultats correspondent à des ordres de grandeur toujours valables, 89 % des nouveaux produits sont des extensions de gamme, 6 % des extensions de marque (c'est-à-dire avec des produits radicalement différents), 5 % des nouvelles marques.

a) Les types d'extension de marque

Une extension de marque n'est pas une simple extension de gamme[1]. Quand Renault sort Koleos, son premier 4x4, c'est une extension de gamme, pas de marque. Si Renault propose demain des bateaux à moteur, ce sera une extension de marque.

1. *L'extension continue* : le produit est différent, sa technologie est nouvelle pour l'entreprise mais le marché et la distribution restent les mêmes. Ainsi, Adidas est passé des chaussures de sport aux raquettes de tennis. Timberland a commencé par des chaussures puis la marque s'est étendue aux vêtements. Lacoste a ajouté les parfums et les montres à sa gamme de vêtements et de matériels de sport.
2. *L'extension discontinue* : tout est différent : produit, technologie, marché et distribution. La marque adopte un nouveau métier. Ainsi, Philips électroménager s'est étendu à la hi-fi (extension continue) puis à l'informatique d'entreprise (extension discontinue). Virgin, éditeur musical, a créé une chaîne de magasins de disques et de livres (extension continue), une compagnie d'aviation, une compagnie de transport ferroviaire, des sodas (Virgin Cola), de la téléphonie mobile (extensions discontinues), etc.

1. G. Michel, *La Stratégie d'extension de marque*, Vuibert, 2000.

b) Le bien-fondé et les errements de l'extension de marque

Figure 15.9 L'extension de marque et ses effets[1]

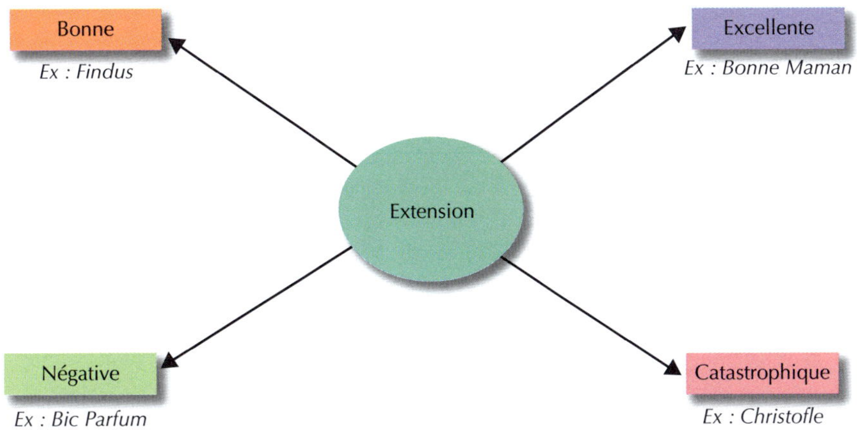

Une extension de marque peut être excellente, bonne, négative, voire catastrophique

1° L'extension est excellente

Elle aide le nouveau produit et elle valorise la marque. Bonne Maman, autrefois limitée au marché des confitures, a enrichi l'image de sa marque et son compte de résultats avec une gamme de tartelettes, de biscuits et de produits laitiers qui ont tous en commun d'évoquer des produits traditionnels, un trait d'image qui est dans l'ADN de la marque Bonne Maman. Apple a quasiment reconfiguré sa marque en se lançant, avec le succès qu'on connaît, sur le marché musical avec l'iPod, sur le marché des mobiles avec l'iPhone et sur le marché des tablettes avec l'Ipad. Caterpillar a exploité avec succès son image de robustesse en cédant des licences d'exploitation de sa marque pour des chaussures, des sacs à dos, des montres, etc.

2° L'extension est bonne

Elle aide le nouveau produit sans nuire à la marque. Tefal, spécialiste des poêles qui n'attachent pas, a développé une gamme de petits appareils ménagers, puis de produits de domotique (systèmes d'alarme). Baccarat fait des bijoux en cristal. Dans un tout autre secteur, Findus qui était connu pour ses poissons « carrés » a amélioré son image en vendant des légumes et des plats cuisinés surgelés.

1. D. Aaker et J. Lendrevie, *Le Management du capital-marque*, Dalloz, 1994.

Porsche a exploité son capital marque avec la ligne Porsche Design. Ferrari étend sa marque sous forme de licences qui représentent plus du quart des profits du constructeur.

Boutique de produits à la marque Ferrari à l'aéroport de Venise

3° L'extension est négative

Elle peut contribuer à l'échec du nouveau produit. Ainsi, la marque Bic a pénalisé les parfums lancés sous cette marque. Marcel Bich voulait vendre des parfums de qualité à un prix très bas. On a vu dans le chapitre 14 sur le positionnement que pour expliquer son échec, il avait eu le courage de dire : « J'ai voulu vulgariser les parfums mais la marque Bic était trop vulgaire. »

4° L'extension est catastrophique

Plus grave, l'extension de marque peut mettre en péril l'existence de l'entreprise. La marque Christofle est étroitement associée aux arts de la table et au métal argenté. L'extension de la marque dans la joaillerie a été un échec commercial qui a posé de graves problèmes financiers à l'entreprise. La famille fondatrice a perdu le contrôle de la société. Dans les années 1990, Chevignon accorda une licence de marque à des cigarettes, une décision qui se révéla catastrophique pour la marque.

Que se passerait-il si Dior se lançait demain sur le marché de Bic ou de Christofle ? Une réflexion sur une extension de marque passe d'abord par l'analyse du territoire actuel de la marque. On a défini le territoire d'une marque comme l'espace de marché où elle est *légitime*. Il est légitime, aux yeux des clients, que Sony lance une gamme de micro-ordinateurs puis d'appareils photos numériques mais il serait mal venu que Sony signe une chaîne de fast-food, même à base de plats japonais. Rien dans les gènes de la marque ne l'y autorise.

SECTION 7

HUIT QUESTIONS POUR COMPRENDRE ET GÉRER UNE MARQUE

L'encadré suivant recense les questions à traiter pour analyser une marque et orienter sa politique. Elles sont ensuite développées, parfois assez longuement, parfois brièvement quand la question renvoie à un sujet traité dans les pages précédentes.

FOCUS

Comprendre le passé, le présent et le futur d'une marque

- Quelle est l'importance de la marque dans la décision d'achat et la stratégie marketing ?
- Y a-t-il un équilibre cohérent entre le tangible et l'intangible de la marque ?
- Quels sont les publics stratégiques de la marque ?
- Comment la marque est-elle perçue : notoriété et image ?
- Quel est l'ADN de la marque et, en conséquence, son territoire potentiel ?
- À quoi la marque est-elle vulnérable ?
- Comment la marque peut-elle intégrer l'univers d'Internet et des nouvelles technologies ?
- Quelle est la vision de la marque ?

1 QUELLE EST L'IMPORTANCE DE LA MARQUE DANS LA DÉCISION D'ACHAT ET LA STRATÉGIE MARKETING ?

a) Quel est le poids de la marque dans la décision d'achat ?

1° Pour un premier achat

Le client choisit-il d'abord une enseigne de distribution puis ensuite une marque de producteur ? Ou, inversement, choisit-il d'abord une marque de producteur, ensuite un distributeur qui la vend à des conditions attractives ? Est-ce la marque du producteur qui est décisive ou bien l'attrait d'un avantage promotionnel, le poids d'une recommandation d'un proche, d'un prescripteur, d'un vendeur, l'absence d'une autre marque dans les rayons, etc. ?

2° Pour un rachat

Quel est l'effet réel de la marque dans la fidélité ? Est-ce une fidélité active (attachement à la marque), une fidélité routinière (je reconduis mes achats sur la même marque par paresse, pour ne pas me poser de questions) ou une fidélité promotionnelle qui s'explique par des actions continuelles de promotion des ventes ou par les avantages liés à un programme de fidélisation[1] ?

1. Dans le chapitre 10 sur le marketing relationnel et les politiques de fidélisation, nous faisons la critique des programmes de fidélisation fondés sur des avantages matériels. Souvent peu efficaces, généralement très coûteux, difficiles à arrêter lorsqu'ils sont lancés, ce type d'actions témoigne souvent de la faiblesse de la marque, incapable de fidéliser par elle-même la clientèle.

b) Quelle est l'importance de la marque dans la stratégie marketing ?

• *Cas n° 1*

La marque est incontournable et la stratégie ne peut se penser qu'autour d'une marque puissante. Le meilleur exemple est certainement celui du luxe.

• *Cas n° 2*

On a le choix entre une politique avec ou sans marque, forte. C'est la stratégie qui détermine l'importance de la marque.

• *Cas n° 3*

La marque est nécessairement absente ou faible. La stratégie est pensée et mise en œuvre autour d'avantages compétitifs autres qu'une marque puissante. Ce cas est celui des entreprises qui n'ont pas les moyens pour communiquer sur leurs marques ou qui vendent des produits banalisés avec une implication faible des consommateurs. Mais le rôle du marketing est de différencier des produits banalisés comme on l'a fait pour l'eau, le sel, le pain, le sucre, etc.

Le cas n° 2 est le plus fréquent. La marque est un choix stratégique. Dans un même marché, on trouve des producteurs qui ont une stratégie de marque, d'autres qui n'ont pas de marques fortes, d'autres enfin qui ont une politique sélective avec des marques actives sur lesquelles ils concentrent leurs budgets de communication.

L'importance des marques dépend des caractéristiques économiques du secteur. Quand l'offre est atomisée avec de nombreux intermédiaires, le pouvoir des producteurs est faible ; les marques de producteurs sont absentes ou marginales même si elles ont, en théorie, un rôle à jouer.

Exemple

➥ Dans le marché des huîtres ou de l'aquaculture, il n'y a pas de marques, sauf exception, comme Gillardeau[2] (niche haut de gamme). On trouve des appellations d'origine qui sont des marques collectives (comme les huîtres Arcachon-Cap Ferret ou Marennes-Oléron). Mais la « marque » collective n'est pas une marque à part entière. C'est un label partagé alors que la marque est exclusive. Pourtant le besoin de s'assurer de la qualité des produits et les craintes en matière de sécurité alimentaire justifieraient la présence de marques fortes pour tous les produits de la mer mais les ostréiculteurs, les pêcheurs ou les aquaculteurs ne sont pas maîtres de la commercialisation de leurs produits et ils n'ont pas la surface financière nécessaire au développement de grandes marques.

1. Huîtres de Marennes spéciales. Voir www.speciales-gillardeau.fr

MINI CAS

Les stratégies de marques sont souvent très variées dans un même secteur : le cas des revêtements de sol

Le marché des revêtements de sol (moquette, linoléum et sols PVC, parquet) a, en principe, besoin de marques fortes : le client final n'a pas les compétences techniques pour évaluer les performances des produits, les produits sont souvent indifférenciés pour un non technicien, la décision d'achat est importante en termes d'image et de prix. Pourtant la marque n'est pas centrale dans la stratégie de tous les fabricants.

Dans la majorité des cas, les grands producteurs mondiaux comme Tarkett (France) leader mondial, Armstrong Brands (USA), Beaulieu (Belgique) travaillent le marché des entreprises et collectivités et le marché des particuliers sans marque propre ou lorsqu'elle existe, sans qu'elle soit au centre du dispositif marketing. Le marketing est orienté vers les prescripteurs pour le marché industriel et vers les distributeurs (GSS : grandes surfaces spécialisées comme Leroy Merlin ou Castorama) pour les particuliers. C'est une stratégie dite *push*, par laquelle on stimule la distribution pour qu'elle « pousse » les produits vers les acheteurs. Ces grands producteurs ont adopté une stratégie de coûts bas fondée sur des volumes importants (croissance interne et achat de parts de marché par acquisition de concurrents) et une forte productivité liée à une automatisation poussée. Une politique de marque forte, nécessairement coûteuse, diminuerait la compétitivité sur les coûts.

À l'inverse, Gerflor spécialisé dans les sols PVC et Quick Step (parquets clipsés) investissent dans leurs marques grand public. Ainsi, Quick Step finance depuis plusieurs années une équipe éponyme dans le Tour de France et les grandes compétitions cyclistes. C'est une stratégie « pull » par laquelle on « tire » les acheteurs vers la marque.

2 Y A-T-IL UN ÉQUILIBRE COHÉRENT ENTRE LE TANGIBLE ET L'INTANGIBLE DE LA MARQUE ?

Une marque peut s'analyser sur ses qualités objectives (valeurs tangibles) et ses qualités subjectives (valeurs intangibles). Les valeurs tangibles[1] de la marque sont celles du produit, de ses fonctionnalités, de ses performances, des services associés, du rapport qualité/prix. C'est la dimension rationnelle et mesurable de l'offre du producteur. C'est l'unique dimension sur laquelle repose le jugement des associations de consommateurs dans leurs tests.

Tangible et intangible ne s'opposent pas mais sont complémentaires. Une marque a besoin de produits et de services de qualité, avec des performances supérieures et mieux, exclusives. Elle leur apporte un supplément d'âme. L'équilibre entre les deux est-il satisfaisant ?

1. Jean-Noël Kapferer, *Les marques, capital de l'entreprise*, 4e édition, Eyrolles, 2007.

Exemple

➥ Le groupe Andros a deux marques de confiture : Andros et Bonne Maman. L'imaginaire de marque est relativement pauvre pour la première, riche pour le second. Aujourd'hui, le groupe Andros exploite le capital marque de Bonne Maman en multipliant les produits sous cette marque tandis qu'il investit en publicité et en communication événementielle (trophée Andros) pour enrichir l'imaginaire de la marque Andros.

L'imaginaire de marque a de multiples sources :

- dans *la dimension sensorielle* du produit, comme le packaging, le design produit (les micro-ordinateurs d'Apple suscitent plus d'émotion que ceux d'HP) ;
- dans *le contexte d'achat*, comme la théâtralisation des points de vente et le lieu de vente (une Swatch dans la boutique de la marque, place Vendôme, c'est autre chose qu'une Swatch en vente sur Internet) ;
- dans *la communication* de la marque ;
- dans *l'image véhiculée par les clients* de la marque ; par exemple, Lacoste a été impacté par la vogue que la marque eut, un temps, dans les banlieues ;
- dans *l'expérience* que l'on a eue avec la marque.

3 Quels sont les publics stratégiques de la marque ?

Notre conseil

L'image d'une marque dépend souvent de l'image qu'on se fait des clients de la marque. Les études d'image doivent intégrer la perception des clients de la marque. Les politiques d'image mettent souvent en avant des clients choisis pour les symboles qu'ils communiquent ou pour la confiance qu'ils inspirent.
En B to B, c'est une pratique très commune avec les références clients.

Il importe de définir précisément les groupes qui peuvent avoir une influence déterminante sur l'image de la marque en raison de l'importance de leur réseau social, de leur capacité d'influence, de leur attachement à la marque, etc. L'analyse de ces publics cibles est largement développée tout au long de cet ouvrage, particulièrement dans le chapitre 1 sur l'analyse du marché, le chapitre 7 sur la communication, le chapitre 10 sur le marketing relationnel, le chapitre 13 sur la segmentation et le chapitre 14 sur le positionnement.

Les publics stratégiques d'une marque peuvent être très divers, par exemple :

- les pionniers qui défrichent le marché des nouveaux produits de la marque ;
- les fans de la marque ;
- les clients très mécontents, ceux qui quittent la marque ;
- les leaders d'opinion (journalistes, blogueurs…) ;
- les clients occasionnels qui pourraient fréquenter plus souvent la marque ;
- les gros clients qui font la majorité du CA de la marque ;
- les vendeurs dans les magasins, etc.

MINI CAS

Les marques de L'Oréal se distinguent par des imaginaires de marques construits sur des bases différentes

Le groupe L'Oréal a de nombreuses marques comme L'Oréal Paris, Garnier, The Body Shop.

The Body Shop a un imaginaire de marque très fort. Fondée par Anita Roddick, surnommée aux États-Unis « Queen of Green », la marque met ainsi en avant ses valeurs éthiques et écologiques :

- hostilité aux tests sur les animaux ;
- soutien du commerce équitable ;
- encouragement à l'estime de soi ;
- défense des droits de l'Homme ;
- protection de la planète.

L'Oréal Paris et son slogan « Parce que je le vaux bien » a également construit un fort imaginaire de marque sur un registre tout autre avec des stars dans lesquelles se projettent les clientes.

Garnier, enfin, avec « Prends soin de toi », souligne le souci de soi et reste une marque attachée aux fonctionnalités de ses produits. Le positionnement et la communication de Garnier en font une marque moins puissante que The Body Shop et L'Oréal Paris.

Pétition signée par 7 millions de citoyens de plus de 60 pays, et présentée au Conseil des droits de l'homme des Nations unies

4 Comment la marque est-elle perçue : notoriété et image ?

Quel type de notoriété faut-il mesurer et développer ? La notoriété de la marque est-elle suffisante ? Quels moyens faut-il utiliser pour la maintenir et la faire progresser ?

Quelle est l'image de la marque aujourd'hui et comment évolue-t-elle ? La personnalité de la marque repose sur quelles valeurs, sur quelle(s) promesse(s), sur quel type de relation avec son marché ?

À quelles marques concurrentes est-elle comparée par le marché ? Quelle est la prime de marque ou quel est le déficit de marque ? Par rapport à qui ? Avec quelles conséquences économiques ?

Sur ces différentes questions, on se reportera à ce qui a été écrit plus haut dans la section 5 consacrée à l'étude de la notoriété et de l'image de la marque.

5 Quel est l'ADN de la marque et, en conséquence, son territoire potentiel ?

a) Quel est l'ADN de la marque ?

L'ADN de la marque est une expression très prisée des professionnels du marketing et particulièrement des publicitaires. Cela fait savant. Ce qu'on appelle ADN de marque sont ses racines, ses fondements (ce pourquoi elle a été créée, son origine), sa trace laissée par son histoire, par son capital de marque[1].

L'ADN d'une marque sont les composants fondamentaux et indissociables de l'identité de la marque.

L'ADN[2] n'est pas tout l'héritage de la marque. On ne doit retenir que les « gènes actifs », ceux qui ancrent la marque dans son présent et son futur, c'est-à-dire ceux qui sont les plus aptes à répondre aux préoccupations montantes des consommateurs.

Exemple

- Trois composantes génétiques sont au cœur du capital de la marque Evian :
  - les Alpes : leur évocation de pureté, une minéralité intacte, unique et équilibrée ;
  - en France : l'eau des bébés : l'eau idéale des biberons grâce à sa pureté et à son équilibre minéral ;
  - ailleurs et en particulier aux États-Unis : l'image d'une eau parfaite, proche de l'idéal de l'eau, particulièrement adaptée à l'entretien du corps.

C'est sur cette dimension que le nouveau positionnement a été pensé et la promesse de marque formulée : Evian, source de jeunesse de votre corps (voir le cas développé dans le chapitre 8 sur la publicité, section 3).

1. *Publicitor*, 7e édition, Dunod, p. 217.
2. On dit également « socle de marque » ou « racines de la marque ».

b) Quel est le territoire de la marque, actuel et potentiel (extension de marque) ?

Cette question a été traitée dans les pages précédentes (section 6).

6 À QUOI LA MARQUE EST-ELLE VULNÉRABLE ?

C'est une question qu'on se pose rarement, sans doute parce qu'elle peut appeler des réponses désagréables à dire et à entendre ! Pourtant, il faut bien admettre que toute marque, même la plus puissante, est vulnérable et que le capital de la marque se détruit beaucoup plus vite qu'il ne se construit. Voici quelques exemples de faiblesses parmi les plus communes.

a) La protection juridique de la marque est mal assurée

Ici comme ailleurs, ce sont souvent les savetiers qui sont les plus mal chaussés.

Exemple

- HEC (École des Hautes Études Commerciales) n'a pas su protéger sa marque en temps utile et son sigle a été abondamment copié dans le monde entier : HEC Montréal, HEC Lausanne, HEC Maroc, HEC Tunis, IHEC (Institut des hautes études commerciales de l'université de Liège), HEC Nord devenu en 1951 EDHEC (École des hautes études commerciales du Nord), etc.

  HEC s'est résolue à modifier sa marque pour s'intituler HEC Paris afin d'affirmer sa spécificité dans la jungle des déclinaisons géographiques de sa marque. Évolution judicieuse mais, à la fois, aveu de faiblesse.

b) Le marché estime que le cœur du contrat de marque n'est pas respecté

C'est l'élément substantiel du contrat passé entre la marque et ses publics. S'il vient à être rompu, la marque se décrédibilise et peut connaître une crise majeure.

Exemples

- Le 17 décembre 2002, une dépêche de l'AFP annonçait la mise en garde à vue de quatre dirigeants du groupe de restauration Buffalo Grill soupçonnés d'avoir importé de la viande britannique après l'embargo de 1996 lié à la vache folle. La fréquentation des restaurants chuta immédiatement de 40 % mais la communication de crise fut bien gérée[1].
- En 2011, le scandale des prothèses mammaires PIP fabriquées avec du gel industriel et suspectées d'avoir des effets cancérigènes (ce qui n'est pas démontré à ce jour) a provoqué un vif émoi dans les nombreux pays où des cliniques de chirurgie esthétique ont utilisé ces implants. Les clientes étaient motivées par un souci esthétique, mais elles avaient passé un contrat implicite sur la sécurité de l'acte chirurgical.

On observera que le cœur du contrat de marque n'est pas nécessairement le positionnement de la marque ou la promesse de la marque mais l'obligation à laquelle la marque ne peut pas déroger sous peine de perdre la confiance du marché. Perrier est une eau et doit donc être parfaitement naturelle et saine.

1. Sur la communication de crise, voir *Publicitor*, 7e édition, pp. 181 et suivantes.

c) La marque triche

Elle peut « tricher » sur les prix en surestimant sa valeur pour les consommateurs. C'est une tentation fréquente. La marque peut tricher dans sa communication en voulant s'approprier, comme le fit Benetton, des valeurs éthiques, écologiques, sociétales pour lesquelles elle n'a pas de légitimité, ou encore en s'appropriant des drames sociaux, politiques qui ne sont pas de son univers ; bref, en manquant d'authenticité.

d) La marque vieillit

On n'a pas su faire évoluer les produits, le positionnement, la communication. La marque est devenue moins attractive. Elle a plus de mal à recruter de nouveaux clients.

L'erreur à ne pas commettre est de vouloir rajeunir radicalement la marque en la transformant par une communication d'avant-garde. On risque de brutaliser l'identité de la marque, de conquérir peu de jeunes consommateurs et de perdre immédiatement les plus anciens qui font les profits de la marque et qui ne vont plus reconnaître leur marque habituelle. Il faut donc définir avec soin le noyau identitaire de la marque et ne pas y toucher, tout en renouvelant son image par de nouveaux produits et/ou par de la communication.

Exemple

➥ La marque Émail Diamant a été relancée par son introduction en GMS. On a gardé un code graphique proche de celui du produit initial (« Formule rouge »), notamment la police de caractères du nom Émail Diamant et le personnage du barbier (en fait, le fils du fondateur de la marque tel qu'en son rôle dans *Le Mariage de Figaro*). On a conservé le positionnement traditionnel : le dentifrice de la séduction. On a lancé de nouveaux produits et on a modernisé la forme de la publicité sans en changer le fond, administrant une médecine douce, cohérente avec l'histoire et les valeurs de la marque pour ne pas perturber les consommateurs fidèles.

Ancienne publicité d'Émail Diamant

Lancement du Replenium en 2008

Parfois, on peut avoir intérêt à « traire la marque » jusqu'à la fin, c'est-à-dire à tirer le maximum de rentabilité en profitant de la fidélité des consommateurs. On investit alors le moins possible en marketing et on prépare le lancement d'une nouvelle marque ou bien on se retire du marché. Le mieux évidemment est de ne pas laisser vieillir la marque comme ont su le faire excellemment Coca-Cola, Vuitton, Moët, etc.[1].

7 Comment la marque peut-elle intégrer l'univers d'Internet et des nouvelles technologies ?

Après avoir rappelé quelques principes sur le e-branding (ou politique de marque sur Internet), on proposera une typologie des différents sites de marque.

a) Internet est devenu incontournable pour toutes les marques même si toutes n'ont pas une politique de marque en ligne

Aujourd'hui, toutes les marques sont sur Internet. Chacune a un site Web mais il ressemble souvent aux cartes de visite des managers : on ne sait pas très bien si c'est vraiment utile mais il convient d'en avoir une. Un site Web de marque ne signifie pas que la marque existe sur Internet (encore faut-il avoir du trafic qualifié), ni qu'elle mène une politique en ligne qui lui apporte plus que ce que leur marketing off line sait faire.

b) La marque ne doit pas dupliquer sa communication hors ligne, mais imaginer son extension numérique

La marque est indivisible. C'est la même marque qui vit off line et on line. Mais faire du copier-coller en reproduisant en ligne ce qui est dit et fait off line est sans intérêt. Internet doit apporter une plus value pertinente, à la fois par rapport aux spécificités du média, mais également de la marque. *L'utilisation d'Internet doit permettre une expression nouvelle et forte des fondamentaux de la marque.* Internet est donc un média de continuité et d'innovation : il s'agit de comprendre ce qu'est l'extension numérique de la marque.

Exemples

- La marque de lessive Le Chat s'est positionnée comme une lessive respectueuse de l'environnement. Son site développe des informations à caractère pédagogique sur la protection de l'environnement, des conseils et des jeux sur ce thème. En revanche, proposer en ligne l'histoire de la marque Le Chat ou montrer comment on produit la lessive Le Chat ne coûterait pas cher (le coût de l'information en ligne n'est pas proportionnel à sa quantité) mais n'ajouterait rien à la marque.
- Ce qui est sans intérêt pour une marque peut être excellent pour une autre. Internet se prête très bien à raconter l'histoire de Harley-Davidson, à montrer comment on fabrique son bruit inimitable et à faire un compte rendu du dernier grand rassemblement de possesseurs d'Harley. C'est une utilisation stratégique d'Internet parce que légende, moteurs et Club Harley sont les trois gènes constitutifs de l'ADN de la marque Harley-Davidson.

1. Jean-Jack Cegarra, Géraldine Michel, « Co-branding: clarification du concept », *Recherche et Applications en Marketing*, 2001.

c) Toutes les marques ne sont pas égales sur Internet

La communication traditionnelle des marques est intrusive : le client reçoit une communication non sollicitée et le rôle des créatifs est de se faire pardonner cette intrusion. La communication par Internet est essentiellement demandée, même la part intrusive de cette communication (bannière, intersticiel) n'a pour vocation que de diriger l'internaute vers le site de la marque. Les liens naturels ou sponsorisés des moteurs de recherche prennent l'internaute au moment où il a une requête, c'est-à-dire un besoin à satisfaire. Les sites de marque doivent répondre à ces besoins.

Une marque de lessive en ligne a fort peu d'intérêt : le produit est peu complexe, l'implication est faible. La communication intrusive restera dominante. Il en va différemment pour les marques vendant des produits complexes ou impliquant. Dans ce cas de figure, l'internaute est à la recherche d'information ou de service, et Internet est un remarquable média pour le satisfaire.

Quant aux marques aux produits banals ou peu impliquant, faute d'apporter une valeur ajoutée par l'information ou le service, elles peuvent tenter de jouer deux cartes :

- le divertissement par le biais de jeux, de *goodies*, de communication virale, etc. ;
- l'élargissement de la thématique de leur catégorie de produits vers des sujets plus impliquants, comme par exemple, Dove et l'estime de soi des femmes ; Always (P & G) et les relations mères-filles ; Secret, le déodorant pour adolescentes (P & G) contre le bullying (intimidation) à l'école. La marque s'exprime alors à travers une histoire (*storytelling*).

FOCUS

Le rôle d'Internet

Internet est un média remarquable pour permettre aux marques de fournir :

- des informations ;
- des services ;
- du divertissement.

d) Internet bouscule le management des marques

En premier lieu, avec Internet, *les marques ont perdu le monopole de la parole*, ce qui n'est pas encore totalement intégré par tous les dirigeants. La communication des marques est partagée. Elle peut être contredite ; elle peut être aussi relayée positivement par les internautes (voir le chapitre 7 sur les fondamentaux de la communication et le chapitre 11 sur les réseaux sociaux).

En second lieu, *le management des marques sur Internet relève d'une approche et d'une culture radicalement différentes* de ce qu'on avait appris à faire avec les médias traditionnels qui servaient à porter les discours de marque. La marque en ligne ne se contente pas de proclamer ses vertus. Elle crée du contenu, des services, elle suscite de l'intérêt et en conséquence elle doit être plus ciblée que ne l'est la communication de marque véhiculée par la publicité dans les grands médias. La marque traditionnelle va au devant de son public. La marque on line doit faire venir son public jusqu'à elle.

En troisième lieu, le e-branding fait appel à des techniques de plus en plus sophistiquées qui conduisent à confier la marque en ligne à des *spécialistes appartenant à la génération du Web*. Faire appel à leurs compétences est indispensable, leur confier le management de la e-marque fait prendre le risque de dissocier la marque en marque on line et marque off line. On a écrit plus haut que la marque est indivisible. Son management aussi.

Enfin, le temps du management de la marque a changé. Avec les marques classiques et l'usage des grands médias, c'était un temps choisi au rythme des campagnes annuelles ou semestrielles de publicité, au rythme de l'alternance des hautes et basses saisons. La gestion de la marque en ligne est continue. Il faut entretenir une veille permanente, réagir rapidement et renouveler sans cesse les contenus des sites de marque.

e) Huit types différents d'expression de la marque en ligne

Il existe de nombreuses variantes de sites Web et de leur extension pour les entreprises et leurs marques. Elles ont des vocations et des publics différents. L'efficacité d'un espace de communication en ligne ne peut s'évaluer qu'en relation à ses objectifs et ses publics.

Nous présentons ici une typologie de ces modes d'expression, étant entendu que cette typologie n'est pas normative. Toutes les entreprises ne disposent pas de l'ensemble de ces espaces de communication et plusieurs de ces sites sont parfois confondus en un seul.

1° Le site institutionnel

Il est au service de la marque d'entreprise (ou marque *corporate*) présente l'entreprise, son histoire et ses résultats. Les deux publics principaux sont les investisseurs et les candidats potentiels à l'embauche. D'autres publics sont possibles : par exemple les journalistes, les étudiants qui doivent faire un papier sur l'entreprise, en B to B les clients ou prospects.

Exemple

- Le site de Total (www.total.com) organise clairement sa barre de menu dès la page d'accueil en public financier (analystes, investisseurs institutionnels, actionnaires individuels), journalistes et candidats. Le site présente ensuite des informations sur le groupe (actualités, histoire, activité, produits et services, ressources humaines, dossiers…), ses valeurs et sa vocation notamment en réponse aux critiques qui lui sont faites : répondre aux besoins en énergie, respecter l'environnement, garantir l'éthique dans nos activités.

2° Le site de marque

Stricto sensu, il présente principalement l'offre de produits et les services associés et cherche à engager une relation avec les clients. Outre l'information sur les produits, le site peut comprendre de nombreuses autres composantes : l'histoire de la marque, ses valeurs, la communication publicitaire, des témoignages de clients, des jeux concours, etc. Certains présentent des services en ligne tels que l'aide au choix. Ils doivent également comporter un localisateur de points de vente (*store locator*) ou, si le site n'est pas lui-même un site de vente, des liens vers un ou plusieurs sites d'e-commerce. Le public de ce site est essentiellement composé de clients et de prospects.

Exemple

- Le site de L'Oréal Paris (www.loreal-paris.fr) s'adresse aux clients et prospects. Il est organisé autour des lignes de produits de la marque (soins de peau, maquillage, coloration…), mais il met en avant des interfaces de services (diagnostic, maquillage virtuel, conseils beauté en vidéo…) et incite le visiteur à s'inscrire à un programme relationnel (mon club VIP).

3° Le site de vente

Il peut se confondre avec le site de marque pour les distributeurs ou les producteurs qui ont choisi d'intégrer les deux fonctions. Un site d'e-commerçant présente ainsi les produits, les avis de consommateurs en même temps qu'il incite à la vente. Mais le site de vente peut être clairement distinct du site de marque (voir l'exemple ci-dessous). Dans tous les cas, sa vocation est de vendre en ligne et son public est constitué des acheteurs.

4° Le site communautaire

Il permet à la communauté des utilisateurs et des clients de se rassembler. Il intègre des fonctionnalités comme des forums de discussion, un SAV interactif, le partage de fichiers, un espace de commentaires et de prise de parole, etc. Ce site, dans sa version officielle, est géré par la marque mais les utilisateurs génèrent la majeure partie du contenu. C'est un espace de dialogue et d'échange. Parfois ces fonctionnalités sont intégrées dans le site même de la marque. Le public est celui des clients.

Exemples

- Cyberbricoleur.com est le site de la communauté des bricoleurs animé par le BHV.
- Harley-Davidson anime les Harley Owners Groupes (HOG) qui sont des communautés de propriétaires de Harley, organisées en ligne et hors ligne.

5° Le site (ou profil) sur les réseaux sociaux

La marque peut ainsi détenir une page sur Facebook. C'est un espace d'information et de dialogue, contrôlé par la marque, qui permet des échanges informels et de faire partager aux clients les dernières actualités de la marque. Le public est celui des clients ou des personnes intéressées par la marque.

Exemples

- Victoria's Secret, le célèbre fabricant de lingerie féminine, est justement célèbre pour le succès de sa page Facebook qui a attiré pas moins de… 8 millions de fans (www.facebook.com/victoriasecret). Ce site, très bien illustré, permet d'informer ces millions de fans des dernières actualités de la marque.
- Dans un style très différent, Staples, le distributeur de produits de papeterie et de bureau a attiré 115 000 fans sur sa page (www.facebook.com/staples) intéressés à en entendre plus sur la marque…

6° Le site événementiel ou mini-site *ad hoc*

Créé à l'occasion du lancement d'un produit, d'un événement, d'un jeu concours, il s'adresse à un public très défini de prospects au sein d'une campagne de communication. Sa durée de vie est limitée.

Exemple

➥ En lançant un nouveau stylo écologique, Pilot a créé un site dédié pilot-b2p.com. Le site explique que le stylo est fait à 100 % dans les usines françaises de l'entreprise et est constitué à 89 % de plastique recyclé venant de bouteilles d'eau. Ce type de site *ad hoc* est très utilisé en parfumerie ou dans le secteur automobile.

Site *ad hoc* consacré à la présentation d'un produit : le B2P de Pilot www.pilot.b2p.ev

7° Les sites ou blog de contenu ou de service

Ils permettent de générer du trafic vers le site de la marque ou de vente, ou encore de qualifier le public. Ces sites, dont l'objectif n'est pas de mettre en avant la marque, permettent d'améliorer le référencement naturel des sites de la marque (en établissant des liens multiples de l'un à l'autre) mais aussi d'attirer une clientèle intéressée par le sujet qu'on va ensuite rapprocher de la marque. Ces sites s'adressent donc aux personnes partageant des intérêts communs, auxquelles l'entreprise a intérêt à s'adresser. Ils se distinguent des sites communautaires par le fait que le contenu et les services sont créés et maîtrisés par l'entreprise.

Exemples

➥ Lafarge a développé une politique remarquable de création de sites de contenu destinés à des publics très spécifiques, qui ont ensuite été filialisés dans le groupe Batiweb. Pour les professionnels : batiweb.com et cyberbtp.com, les sites de services à destination des professionnels du bâtiment ; batissor.com pour les entrepreneurs du bâtiment ; creargos.com dédié aux prescripteurs et maîtres d'ouvrage du bâtiment ; cyberarchi.com pour les architectes. Pour les particuliers : e-travaux.com pour mettre en relation des particuliers et des artisans du bâtiment, batirenover.com pour faciliter la gestion de projets des particuliers, dkomaison.com le site de la déco destiné aux particuliers.

➥ Le site de vente de livres d'art www.dessinoriginal.com doit attirer des clients avec un coût d'acquisition très bas pour soutenir son modèle économique. Le public amateur de livres d'art est le même que celui qui visite les expositions. L'entreprise a donc créé le site d'information www.artactu.com qui recense l'ensemble des expositions qui ont lieu en France, qui les présente et qui lie cette présentation au catalogue de l'exposition ou aux ouvrages consacrés aux artistes. C'est la principale source de trafic du site dessinoriginal.com, avant le référencement naturel sur Google.

8° Les interfaces mobiles

Ce sont des adaptations pour téléphones de type iPhone de certains de ces types de site ou bien des applications spécifiques. Ces adaptations permettent une visualisation optimisée sur un écran réduit avec un emploi limité de clavier. Mais ces sites peuvent avoir un contenu propre en ajoutant des fonctionnalités liées à la mobilité, à la géolocalisation ou à la lecture de codes (code QR dit flash code).

Exemples

- *Propriétés de France*, le magazine et le site de petites annonces immobilières de luxe, a développé une interface sophistiquée permettant aux internautes mobiles de consulter les annonces sur leur téléphone intelligent : c'est une prolongation du site Internet.
- iSixt propose des fonctionnalités spécifiques afin de connaître en temps réel les voitures disponibles dans les agences du loueur de voiture.
- Pizza Hut propose une application pour commander facilement sa pizza à partir de son mobile.

Il existe d'autres types de site, tels les sites média, dont l'objet est d'attirer une audience par le biais de contenu, afin de la commercialiser auprès des annonceurs. Ce type de site relève d'une industrie particulière que nous n'aborderons pas dans ce chapitre. Notre typologie ne se veut donc pas exhaustive, mais pertinente pour un responsable d'entreprise.

Une entreprise a-t-elle intérêt à multiplier les types de site ? Bien entendu, la réponse à cette question variera selon la taille et les moyens de l'entreprise. Mais dans tous les cas, il ne s'agit pas de multiplier les sites pour le plaisir, mais de les développer en fonction des objectifs que l'on se fixe.

Une entreprise de taille moyenne a peu d'intérêt à se disperser alors même qu'elle doit chercher à faire émerger son site principal et que c'est une tâche difficile. Une entreprise cotée a tout intérêt à distinguer un site institutionnel et un site de marque en raison de la différence des publics auxquels on s'adresse. Un site de marque peut se confondre avec un site de vente.

Un site communautaire ou un site de contenu demande des moyens substantiels qui ne se justifient que s'ils permettent de toucher un public ou de générer un trafic stratégique pour l'entreprise. Il est très aisé de créer sa page sur Facebook, mais pourquoi ? Quel type de service sera rendu au public que l'on vise ? Comment animera-t-on ce site ? En ce sens, une animation des réseaux sociaux peut apparaître comme un luxe quand les fondamentaux ne sont pas assurés.

Enfin, un site événementiel favorise la dispersion des moyens au détriment du cœur de son offre numérique. Il ne se justifie que pour une offre innovante, spécifique, quand on dispose de moyens importants.

8 Quelle est la vision de la marque ?

Les dirigeants ont-ils une vision claire du futur de leur marque ? Où veulent-ils l'emmener demain ? Comment ?

Exemple

- Le crédit à la consommation a, le plus souvent, l'image d'un mal nécessaire dont il faut se méfier. Pour une marque comme Cetelem, rompre avec cette perception du crédit passe par la restauration de la confiance. En conséquence, la nouvelle vision de la marque Cetelem a été formulée ainsi : « Le crédit est un moteur économique, social et personnel. Cetelem veut être une marque responsable. » La campagne Cetelem a mis en scène un petit personnage Crédito qui accompagne le consommateur dans ses différentes envies de consommation en allant jusqu'à lui dire stop.

Parfois, c'est toute la stratégie d'entreprise qui se construit sur une vision à long terme de la marque.

Exemples

- Danone a recentré ses activités autour d'une vision de marque : des produits alimentaires qui font du bien à la santé. Danone a cédé son département bières, et a organisé ses activités en trois pôles : produits frais, eaux et nutrition infantile.
- Google a été créé sur une vision très ambitieuse de la marque qui se réalise à une vitesse surprenante. Aux débuts de Google, les observateurs ont vu un moteur de recherche très performant mais dès l'origine, les fondateurs de Google avaient énoncé une vision beaucoup plus ambitieuse pour leur marque, qui explique leur stratégie de développement : « Organiser l'information à l'échelle mondiale et la rendre universellement accessible et utile ».

Dans la vision d'une marque, il y a une part d'utopie que l'on s'emploie à devenir réalité. La vision d'une marque est un mot d'ordre en interne, un fil rouge pour la communication et bien plus, un axe directeur de toute la stratégie de l'entreprise.

Ressources complémentaires

La boîte à outils du *Mercator*

- Outil n°24, La matrice des marques et la lovemark

Ressources numériques sur mercator.fr

- **L'essentiel : retenez les points-clés !**
  L'essentiel du chapitre 15
- **Quiz interactifs corrigés et commentés : testez vos connaissances !**
  Quiz chapitre 15
- **Pour aller plus loin**
  Pour aller plus loin dans le chapitre 15 : une sélection de livres et d'articles sur les enjeux de la politique de marque.

Le siège social de Procter & Gamble
à Cincinnati, États-Unis

Le plan marketing d'une page de Procter & Gamble

Procter & Gamble n'est pas seulement une entreprise éminente dans le secteur des biens de grande consommation, c'est aussi un pionnier du marketing, dont les innovations ont constamment influencé la discipline.

Un des aspects quasi mythiques du marketing chez Procter, est le plan marketing d'une page – un format unique à l'entreprise à notre connaissance –, qui y est toujours de rigueur.

Comment peut-on faire un plan marketing d'une page ? D'abord, on peut joindre des annexes, qui constituent un plan détaillé. Mais l'idée est bien qu'on évalue et qu'on juge des recommandations sous ce format très synthétique, qui doit donc dire l'essentiel.

C'est un des exercices les plus difficiles qui soit, qui passe par un processus de réitération entre le rédacteur et son supérieur, puis, une version satisfaisante étant trouvée, entre ce niveau et le niveau supérieur jusqu'à la version finale soumise aux décisionnaires.

Que trouve-t-on dans le plan Procter & Gamble ?

1. Une introduction d'une phrase (*opening paragraph*) qui cristallise la recommandation (cœur de la proposition) et qui indique l'objet de la note : information du destinataire, demande d'approbation, d'allocation de ressource, etc.
2. Le contexte (*background*), à travers les faits, les données, l'historique qui conditionnent et expliquent la raison d'être de la recommandation
3. La recommandation, qui comprend toujours deux aspects : quoi (*what*) : ce qu'il faut faire et comment (*how*) : comment il faut le faire.
4. La justification de la recommandation (*rationals*) : c'est le pourquoi (*why*), qui repose pratiquement toujours sur des faits et des données, et les conséquences financières (impact sur la marge, la rentabilité, etc.)
5. Les étapes suivantes (*next steps*) : c'est en quelque sorte le début du plan d'action, ce qu'il faut commencer par faire pour avancer et mettre en place la recommandation.

La solidité du plan dépend de celle de ses parties et de leur articulation : le contexte nécessite-t-il une action ? Le *quoi* est-il convaincant et le *comment* y conduira-t-il ? L'ensemble est-il suffisamment étayé par des faits ? La mise en œuvre part-elle du bon pied ?

Chapitre 16

Le plan marketing, son contrôle et l'organisation de la fonction marketing

L'élaboration d'une bonne stratégie de marketing est, pour une entreprise ou une organisation, une condition nécessaire à la réalisation de ses objectifs, mais non suffisante : tout aussi importante est l'efficacité avec laquelle la stratégie est concrètement *appliquée*. Les responsables des entreprises consacrent beaucoup plus de temps aux tâches opérationnelles d'exécution qu'aux tâches purement intellectuelles de conception stratégique.

L'efficacité de l'action marketing dépend au premier chef des qualités humaines de ceux et celles qui en sont responsables, mais aussi de la qualité de la planification, du contrôle et de l'organisation, qui font l'objet de ce chapitre. Une première section traitera du plan marketing, une deuxième du contrôle des résultats, et les deux dernières aborderont quelques-unes des questions liées à l'organisation des services et des activités marketing.

PLAN DU CHAPITRE

Section 1	Le plan marketing	846
Section 2	Le contrôle des activités marketing	860
Section 3	La position et les attributions du département marketing	869
Section 4	L'organisation des fonctions marketing	877
Ressources complémentaires		885

SECTION 1

LE PLAN MARKETING

Un plan marketing est un document qui présente l'analyse-diagnostic d'un marché et d'une politique, une stratégie marketing déterminée en fonction d'objectifs et sa traduction opérationnelle sous la forme d'actions précises, assorties de leurs dates, de leurs coûts, d'une description des moyens matériels, humains et financiers qui leur seront alloués.

La planification marketing est le processus structuré de réflexion, de discussion, de validation, de mise en œuvre, d'adaptation et d'évaluation d'un plan marketing.

Comme l'a dit le général Dwight Eisenhower[1] : « En préparant les batailles, j'ai toujours trouvé que les plans sont inutiles, mais que la planification est indispensable. » Le processus de planification est ainsi plus important que le document final qui en est l'aboutissement. Durant ce processus – qui donne lieu à de multiples échanges internes permettant une bonne coordination – la situation extérieure est évaluée ainsi que les forces et faiblesses de son organisation, des objectifs, priorités et axes d'action sont fixés, les moyens sont organisés de telle façon qu'on puisse atteindre les objectifs. Durant la bataille, dont le résultat est toujours incertain, il faut appliquer intelligemment, c'est-à-dire s'adapter aux circonstances. Mais chacun sait où il doit aller.

1 LES PRINCIPALES CATÉGORIES DE PLANS MARKETING

On classe souvent les plans marketing soit en fonction de leur objet soit en fonction de leur horizon.

a) La classification par « objet »

L'objet d'un plan marketing peut être plus ou moins général (figure 16.1).

Au degré le plus général, la planification peut concerner la stratégie de marketing à long terme de l'entreprise. Il s'agit alors, en partant d'objectifs très généraux (rentabilité, croissance, diversification, vocation générale de l'entreprise), et en s'appuyant sur une analyse prévisionnelle également très générale de l'environnement (économique, institutionnel, sociologique, etc.) de décider à quels marchés s'intéressera l'entreprise et quels produits ou services elle vendra. Les plans marketing sont à ce niveau un aspect de la politique générale de l'entreprise.

1. Dwight D. Eisenhower (1890-1969), commandant suprême des Forces alliées en Europe durant la Seconde Guerre mondiale, responsable et organisateur du débarquement sur les côtes normandes, puis président des États-Unis.

Figure 16.1 **Les types de plans marketing**

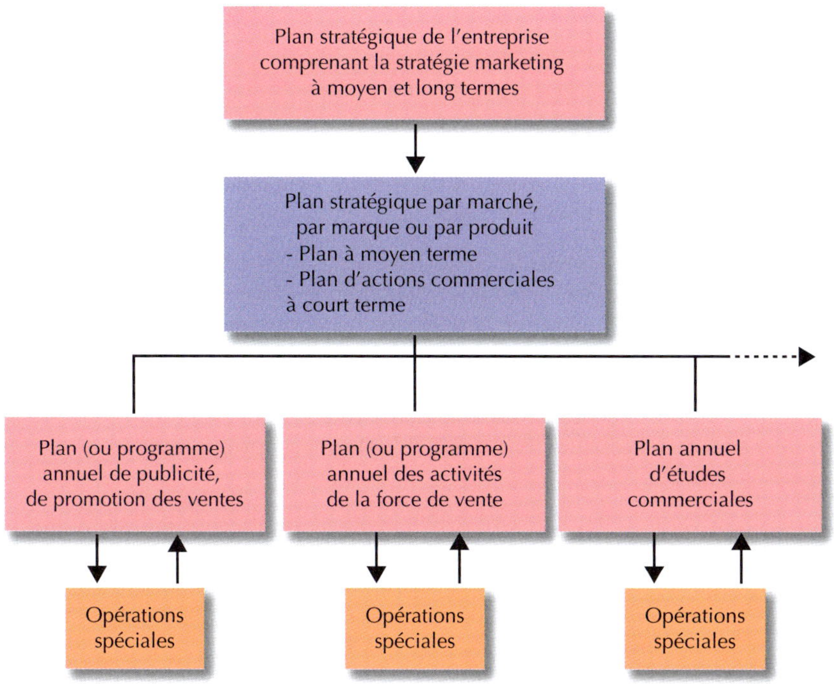

Exemple

➥ Voici comment une grande banque française présentait de façon résumée un plan marketing qui avait le caractère d'une orientation très générale :

« Nos activités se limitent actuellement à recevoir des dépôts, à rendre quelques services à nos déposants (tenue de leur compte bancaire, conseils sur des placements, domiciliation, devises étrangères, etc.) et à prêter de l'argent. Mais ces activités traditionnelles, soumises à une forte concurrence et à de nombreux aléas conjoncturels, ne suffiront pas à assurer notre rentabilité à long terme. Nous devons donc envisager, pour l'avenir, de nouvelles activités, dans le cadre de notre vocation générale (qui est le maniement de l'argent) et de nos ressources de base (notamment un bon réseau de distribution physique). Au cours des prochaines années, nous développerons donc, au fur et à mesure des occasions qui se présenteront, les activités suivantes :

- tenue de la facturation, de la paye et de la comptabilité de certains clients (associations, médecins, dentistes, détaillants, etc.) ;
- gestion de la trésorerie de certains de nos clients (petites entreprises, particuliers...), etc. »

À un niveau un peu moins élevé de généralité, on trouve les plans marketing d'une activité (marché), d'une marque ou d'un produit particulier de l'entreprise. Il s'agit alors de définir d'une manière précise, en les situant dans le temps, les opérations nécessaires à la mise en œuvre d'une stratégie globale de marketing déterminée.

En descendant encore d'un cran dans l'échelle de généralité, on trouve les plans relatifs à une composante particulière du marketing-mix pour un produit déterminé.

Exemples

- Il s'agira pour le chef de produit (avec l'aide de son agence de publicité) de préciser la séquence des opérations annuelles de publicité : création et production des annonces, choix des supports, programme d'insertion des annonces dans les différents supports.
- Il s'agira pour le chef des ventes, de fixer son programme d'embauche et de formation des vendeurs, de faire le calendrier détaillé de leurs opérations de vente et de promotion, de définir les objectifs et les modes de stimulation des vendeurs, etc.

Enfin, au niveau de généralité le plus réduit, des plans marketing peuvent avoir pour objet la conduite d'une opération ponctuelle, élément particulier de la politique globale de marketing ou de la politique de ventes, de distribution, de publicité, etc. C'est à cette catégorie qu'appartient, notamment, un plan relatif à une opération de couponing, ou à un concours publicitaire, ou à un marché témoin, ou à une mise en place chez les détaillants d'un produit nouveau, ou à un test de produit, etc. Dans de tels cas, on utilise plutôt les termes « programme » ou « action » que plan.

b) La classification par « horizon »

On peut aussi classer les plans marketing selon l'horizon de temps. On a coutume, en effet, de distinguer les plans à court terme, à moyen terme et à long terme. Le court terme concerne les plans dont le délai d'application est d'un an ou moins. Le moyen terme va de plus d'un an à trois ou cinq ans. Le long terme, enfin, se réfère à un horizon supérieur à trois ou cinq ans.

Les définitions du court, moyen et long terme varient selon les marchés. Dans la grande consommation, le court terme se définit par l'année qui vient ou la prochaine saison de vente : par exemple, les fêtes de fin d'année et Pâques pour le marché des bonbons de chocolat. Les plans à moyen terme sont le plus souvent élaborés sur trois ans. Au-delà, c'est le long terme. En revanche, dans les marchés *high-tech* qui évoluent très vite, le court terme peut s'arrêter au trimestre et le moyen terme ne pas dépasser dix-huit mois.

La figure 16.2 combine les deux classifications en une matrice qui fait apparaître les horizons les plus fréquemment retenus pour les différents types de plans, classés par leur objet.

Figure 16.2 Horizon temporel des différents plans marketing

Objet \ Horizon	Court terme	Moyen terme	Long terme
Politique générale de marketing de l'entreprise		x	x
Plan marketing pour un produit	x	x	
Plan de chaque composante du mix	x		
Opérations ponctuelles de marketing	x		

2 La séquence d'élaboration d'un plan marketing

Quelle que soit la diversité du contenu des plans marketing, leur forme se ressemble beaucoup. On commence par un diagnostic, on formule une stratégie et des objectifs, on programme un plan d'actions avec des budgets et on met en place un système de contrôle pour mesurer les résultats.

a) Une démarche en quatre étapes

FOCUS

Les quatre étapes de l'élaboration d'un plan de marketing

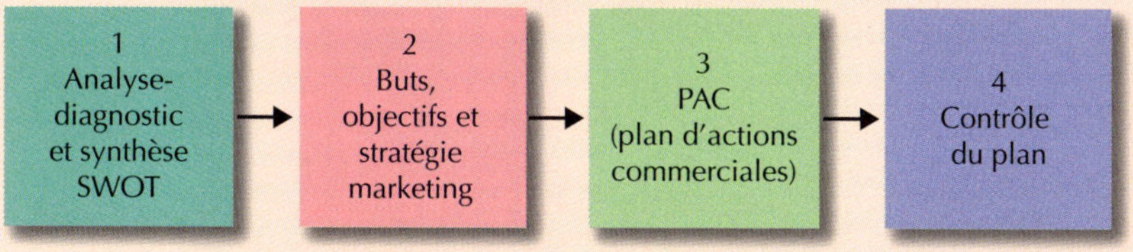

- On commence par l'analyse du contexte de la marque ou du produit étudiés (macro-environnement, marché, concurrence), afin d'identifier les opportunités et les menaces, et d'évaluer les forces et faiblesses de la politique marketing menée actuellement et dans le plan précédent (SWOT).
- Dans la seconde étape, on définit des buts généraux qui indiquent les orientations décidées par la direction générale, on les complète par des objectifs quantifiés et une stratégie à moyen et long terme construite sur des choix clairs en matière de segmentation et de cibles, de positionnement, de sources de volume et de profit, de marque et de marketing-mix.
- La stratégie, généralement élaborée sur trois ans, est traduite en un programme d'actions à court terme (un an) souvent appelé PAC (plan d'actions commerciales) qui décrit et planifie les actions avec leurs dates, leurs budgets et les responsables de leur bonne exécution. On fait des plans glissants : en 2013, plan 2013-2016 avec PAC sur exercice 2014 ; en 2014, plan 2014-2017 avec PAC sur exercice 2015, etc.
- Enfin, le plan marketing précise les modalités de suivi pour identifier les écarts entre le prévisionnel et le réalisé, en fonction d'indicateurs identifiés afin, le cas échéant, d'engager des actions correctives.

b) Qui doit concevoir un plan marketing et qui doit le valider ?

Dans une petite et moyenne entreprise, le plan marketing est conçu et rédigé par le chef d'entreprise ou par le directeur marketing, s'il existe.

Exemple

➥ Meetic est le leader des sites de rencontres en Europe, mais reste une PME en termes de personnel avec 270 collaborateurs en France. C'est donc la directrice marketing de Meetic France, Valentine Schnebelen, qui a défini la politique marketing de l'entreprise, validée par la direction française et européenne.

Cette politique marketing est axée principalement sur la nécessité de travailler sur l'identité de la marque à destination d'une population de non utilisateurs – non pas hostile mais réservée à l'égard des sites de rencontre. Cette stratégie marketing a conduit à la campagne « Voyez plus grand pour vos rencontres ».

Dans une entreprise de taille importante dont l'organisation marketing est structurée autour de chefs de produit (de marque ou de marché), ce sont ces derniers qui rédigent le plan marketing du produit ou de la marque dont ils ont la charge. Ils ne décident donc pas du plan marketing mais le proposent. En conséquence, le processus est itératif, fait d'une succession d'allers-retours entre le chef de produit et sa hiérarchie.

La procédure est généralement la suivante : le supérieur du chef de produit (chef de groupe ou directeur de marketing) lui précise les orientations stratégiques pour le plan à venir et en débat avec lui. Les décisions stratégiques appartiennent à la direction, la tactique et la mise en œuvre sont du ressort du chef de produit mais on attend qu'il donne des idées et des avis sur la stratégie. Dans bon nombre d'entreprises, le chef de produit commence l'écriture de son plan marketing sans avoir été réellement briefé par son supérieur… ce qui n'est pas la meilleure façon de donner de la cohérence aux plans des différents chefs de produit qui travaillent pour une même marque.

Le chef de produit défend son plan devant son supérieur qui le valide, après aménagements si nécessaire. Le plan passe alors à l'étage supérieur de la hiérarchie. Il est présenté à la direction générale (comité exécutif ou comité de direction présidé par le directeur général) soit par le directeur marketing, soit par le chef de groupe, soit par le chef de produit en présence de son directeur marketing qui siège au comité exécutif. C'est une réelle motivation pour un jeune chef de produit de développer son plan devant la direction. Il doit alors être soutenu par le directeur marketing qui est censé avoir validé le plan.

Après avoir été modifié suite aux observations éventuelles du comité exécutif, le plan marketing est validé ou refusé, ce dernier cas étant rare si les allers-retours entre les différents niveaux hiérarchiques et fonctions concernées ont été bien organisés.

Le calendrier de conception et de ratification du plan marketing couvre généralement trois périodes.

- Au printemps, le chef de produit prépare son plan en concertation avec son supérieur hiérarchique et les autres fonctions avec lesquelles il doit se coordonner : département commercial, R & D, production, etc. C'est généralement fin mai, début juin que l'on soumet les plans au comité de direction.
- Après son feu vert, on prépare les budgets dans le menu détail (jusque-là, il s'agissait d'enveloppes affectées aux principales actions).
- La direction rend ses arbitrages sur les budgets en juillet ou au plus tard en septembre pour des actions programmées l'année suivante. Plus l'entreprise est grande et multinationale, plus les plans et les budgets doivent être validés tôt dans l'année pour pouvoir être ensuite ratifiés et consolidés au niveau d'une zone régionale (par exemple l'Europe) puis au plan mondial. Cependant, la tendance est à un raccourcissement des délais entre la date d'élaboration et celle de mise en œuvre, afin de gagner en souplesse et en réactivité.

3 Le contenu du plan marketing : rubriques et erreurs à éviter

Aux quatre étapes énoncées précédemment correspondent quatre rubriques précédées d'un résumé et complétées le cas échéant par des annexes. On ne détaillera pas ici le contenu de chaque partie du plan car elles ont été largement développées dans tout cet ouvrage. L'analyse du marché a été étudiée au chapitre 1, l'analyse-diagnostic, la stratégie d'entreprise et stratégie marketing, l'élaboration de la stratégie marketing et le SWOT au chapitre 12, la segmentation et le positionnement aux chapitres 13 et 14, la politique de marque au chapitre 15, les actions consacrées au produit, au prix, à la distribution, à la communication aux chapitres 4 à 9. Enfin, la politique relationnelle fait l'objet du chapitre 10. Après avoir rappelé les principales rubriques d'un plan marketing, on donnera quelques conseils pour éviter les erreurs les plus fréquentes dans la conception, la rédaction et la présentation d'un plan marketing.

a) Le sommaire type d'un plan marketing

FOCUS

Les rubriques du plan marketing

Résumé managérial

Partie 1 : Analyse-diagnostic

1. Analyse externe
   - Macro-environnement : économique, technologique, réglementaire… et marketing : évolution de la distribution et de la communication.
   - Étude de la demande quantitative
   - Étude de la demande qualitative
   - Analyse de la concurrence
2. Analyse interne
   - Analyse des performances et de leur évolution : ventes, rentabilité, part de marché
   - Analyse de la marque
   - Analyse du portefeuille de clients
   - Analyse de la stratégie marketing menée à ce jour
3. Synthèse : SWOT (forces, faiblesses, opportunités, menaces) enjeux clés et leviers d'actions possibles.

Partie 2 : Buts, objectifs, stratégie marketing et marketing-mix

1. Buts et objectifs sur trois ans avec ventilation en année 1, 2 et 3
2. Plan de manœuvre
   - Segments, cibles et cœur de cibles
   - Positionnement
   - Politique de marque
   - Sources de volumes et de profit : conquête, part de client, fidélisation
   - Marketing-mix (produits, prix, communication, distribution) :
     - Vers les clients et consommateurs
     - Vers les distributeurs
   - Politique relationnelle et de fidélisation
   - Compte d'exploitation prévisionnel et retour sur investissement en année 1, 2 et 3

Partie 3 : Plan d'actions commerciales (sur année 1)

- Programmes d'actions : calendrier
- Prévisionnel de performances en fonction d'indicateurs clés
- Budgets
- Responsabilités

Partie 4 : Contrôle

- Tableau de bord : indicateurs de suivi du plan
- Études à mener

Annexes

b) Le plan marketing, rubrique par rubrique

1° Résumé

Il est d'usage de commencer un plan par un *executive summary* ou résumé managérial qui donne, d'entrée de jeu, l'essentiel : faits majeurs, objectifs et recommandations stratégiques, retour sur investissement, niveau de risque accepté.

Grâce à ce résumé du plan, qui doit tenir sur une page, les destinataires, qui connaissent bien le marché, se font très rapidement une idée de sa pertinence. Plus le lecteur du plan a une place élevée dans la hiérarchie, plus cette synthèse lui est utile car, dans les grandes entreprises, il doit étudier beaucoup de plans en un minimum de temps.

Un plan marketing est un canevas d'actions : la brièveté du format nécessite un très bon esprit de synthèse. Il est plus difficile de résumer en une page, de façon cohérente et lisible, les éléments clés d'un plan que de les développer sur des dizaines de pages. On a vu au début de ce chapitre que, chez Procter & Gamble, c'est le plan lui-même qui doit tenir sur une page, le reste étant placé en annexe.

2° Analyse-diagnostic

- *Sa pertinence est une condition nécessaire mais non suffisante de réussite*

Une excellente analyse-diagnostic ne fait pas pour autant un excellent plan car elle peut très bien déboucher sur une stratégie banale, voire tout à fait inadéquate. En revanche, une mauvaise analyse-diagnostic ne pourra pas conduire à une stratégie pertinente.

Exemples

- Quand Amazon s'est lancé en France, la direction marketing avait estimé qu'une partie du marché visé était celui des pays francophones de l'autre côté de la Méditerranée : Algérie, Maroc, Tunisie… en oubliant que le contrôle des changes et l'absence de diffusion des cartes Visa internationales rendaient quasiment impossibles des commandes en ligne de ces pays sur un site français.
- La direction de Pages Jaunes a compris que les deux défis principaux auxquels ils devaient faire face étaient la numérisation des annuaires et la concurrence de Google. Ils ont fait évoluer leur modèle en formant leurs 2 200 commerciaux à Internet et en distinguant un tarif papier et un tarif Internet justifié par une analyse étayée de leur performance en termes de requêtes des internautes. Cela leur a permis de réaliser 52 % de leur chiffre d'affaires sur Internet en 2011, compensant ainsi quasiment la baisse de l'annuaire papier. Ils n'achètent aucun mot clé sur Google, refusent même le référencement naturel et ne comptent que sur leurs propres ressources pour générer du trafic (3 millions de visiteurs uniques par jour !) afin de ne pas devenir dépendant de leur principal concurrent.

- *L'analyse doit conduire au diagnostic et ne pas s'arrêter aux symptômes*

Dans de très nombreux cas, l'analyse-diagnostic se limite à répertorier des symptômes sans aller jusqu'à établir un véritable diagnostic (c'est-à-dire aux raisons des symptômes).

Par exemple, on note que les ventes en volume ou en valeur évoluent mais on n'explique pas vraiment pourquoi. Est-ce lié au nombre d'acheteurs (NA), aux quantités achetées par acheteur (QA/NA) ? Pourquoi NA ou QA/NA augmentent ? Est-ce dû aux budgets de communication qui progressent, à une nouvelle segmentation, à une meilleure distribution, à une diminution du prix, à de nouveaux produits, à des facteurs conjoncturels comme la promotion des ventes ou plus structurels comme une évolution substantielle des attentes et des comportements des consommateurs, etc. ?

- *On devrait plus s'intéresser aux irrégularités du marché, aux tendances émergentes qu'à l'exhaustivité de la description*

Le chef de produit s'adresse à des auditeurs ou à des lecteurs avertis : le directeur marketing, ou le directeur général, qui ont une excellente connaissance du marché. Ce qui les intéresse est de trouver des angles de vue nouveaux, de repérer les prémices d'une évolution profonde du marché, de discuter de l'opérationnalité d'une nouvelle segmentation ou de la stratégie d'un concurrent majeur. Rien de plus ennuyeux que de lire une monographie standard de trente pages sur le marché dont on a le sentiment qu'elle est « passe partout » et non pas spécifiquement pensée pour le produit ou la marque en question.

- *Il faut tirer les conséquences stratégiques et opérationnelles de son analyse, et ne pas se contenter d'un constat*

Dans les très bons plans, on trouve des idées au détour de chaque page ou de chaque *slide*. Seules les observations majeures sont notées, chacune s'accompagnant de la suggestion d'actions possibles.

Exemple

→ Dans le plan marketing d'une marque de substitut de repas, on lit, au début de l'analyse-diagnostic, dans la rubrique du macro-environnement : « Suite à plusieurs décès ou graves invalidités dus à des régimes amincissants de charlatans, on peut s'attendre à une sévérité accrue de la réglementation de la mise en marché de nouveaux produits et du discours publicitaire des produits autorisés ». Au lieu de rester sur ce constat et de passer à une autre observation, le chef de produit développe, dans les lignes suivantes, les conséquences opérationnelles qu'on pourrait en tirer : par exemple revoir les procédures internes en soumettant toute communication au service juridique, faire des études cliniques avant le lancement de nouveaux produits amincissant (mais c'est long et très coûteux), créer un comité d'éthique avec des personnalités indépendantes de l'entreprise, etc.

- *On doit comprendre de façon approfondie la stratégie des concurrents*

Dans la plupart des plans, on parle beaucoup de son entreprise, de son produit, de sa marque, de ses clients. C'est nécessaire mais cela ne suffit pas. On fait d'abord un plan pour être plus fort que les concurrents. Or la partie la plus pauvre de l'analyse externe est souvent l'étude de la concurrence, soit que l'on en donne une définition trop étriquée, soit que l'on ne cherche pas à reconstituer les stratégies marketing des concurrents les plus menaçants. Ce n'est pourtant pas l'information qui manque : panels, presse, études *ad hoc*, personnel venant de la concurrence, etc.

- *Il faut s'efforcer de rendre l'analyse-diagnostic plus vivante*

Au lieu de faire une froide analyse de statisticien, on animera le propos en insérant quelques *verbatim* extraits d'études de marché, des illustrations significatives de situations d'achat et de consommation, des exemples d'innovations produits découvertes à l'étranger, des trouvailles publicitaires… sans pour autant tomber dans l'excès sous peine de faire gadget.

3° Le SWOT

- *Faut-il faire un ou plusieurs SWOT ?*

Quand on fait le plan marketing d'une marque qui signe plusieurs gammes de produit, il est utile de présenter un SWOT de marque et un SWOT pour chaque gamme. De même, si un produit s'adresse à des segments très différents (B to C, B to B par exemple) des SWOT spécialisés seront bienvenus.

- *Le SWOT est par définition une synthèse sélective*

En conséquence, on se limitera à un maximum de cinq forces, cinq faiblesses, cinq opportunités, cinq menaces. Il est conseillé de les présenter par importance décroissante.

Synthèse n'est pas synonyme de généralités. On n'écrit pas dans un plan que la concurrence est une menace. C'est une évidence. On précise que telle marque va devenir le concurrent le plus dangereux et on explique pourquoi.

- *Le SWOT doit annoncer les recommandations*

Le SWOT doit générer des idées de leviers d'actions, voire d'orientations stratégiques majeures. Il peut donc être intéressant d'accompagner l'identification des forces, faiblesses, opportunités et menaces des actions possibles auxquelles elles font penser.

Exemple

➥ Le chef de produit de la société spécialisée dans les substituts de repas et que l'on a déjà évoquée a fait un SWOT général et des SWOT spécialisés par circuits de distribution : GMS, pharmacie, vente directe par Internet. Pour le SWOT pharmacie, il a noté une menace principale, qu'il explique et contre laquelle il suggère des leviers d'actions possibles. Il se concentre donc sur l'élément selon lui le plus important de son analyse :

« Les compléments alimentaires envahissent la pharmacie et viennent en concurrence directe avec les produits de substitution alimentaire.

Facteurs explicatifs :

- Les compléments alimentaires sont plus faciles à vendre, prennent beaucoup moins de place dans l'officine, sont plus rentables pour le pharmacien et n'ont pas de problème de date limite de vente.
- Leviers identifiés : revoir le merchandising en pharmacie. Étudier un meuble compact pour présenter une gamme centrée sur les produits techniquement les plus innovants. Revoir la procédure de réassortiment des pharmaciens.

À l'issue d'un SWOT, on aime lire en quelques mots les enjeux clés pour la politique marketing : problème de concurrence, de marque, de produit, de prix, etc. ? Autrement dit, en une phrase, comment peut-on résumer le problème principal auquel la stratégie devra répondre ?

4° Stratégie

On n'écrit pas de la même façon un plan marketing pour le lancement d'un nouveau produit et pour un produit qui est sur le marché depuis plusieurs années : dans ce dernier cas, on devrait clairement identifier ce qui est nouveau (les inflexions majeures de la stratégie comme une évolution du positionnement) et la prolongation des plans précédents pour leurs parties qui n'ont pas lieu d'être changées.

FOCUS

Cinq erreurs courantes dans la définition de sa stratégie

1. Oublier de définir les buts

Les enjeux clés ayant été soulignés à l'issue de l'analyse-diagnostic, on veut comprendre les principaux buts qu'on cherche à atteindre, avant de passer aux objectifs chiffrés. Les buts sont une ambition globale, pas nécessairement chiffrée, qui se situe à moyen et long terme et qui peut prendre des formes diverses : devenir leader, accroître la contribution (rentabilité), barrer la route à un concurrent, assurer une diversification de son activité vers tel secteur d'activité, etc.

2. Ne pas ou mal quantifier les objectifs

Les objectifs sont des étapes concrètes et chiffrées, à court et moyen terme, à atteindre pour réaliser les buts. Or ils ne sont souvent pas quantifiés (et restent donc très vagues) ou uniquement à court terme, c'est-à-dire relatifs à la première année du plan mais pas aux deux années suivantes. Par ailleurs, l'ambition et le réalisme des objectifs mériteraient souvent d'être mieux argumentés. Enfin, les objectifs sont souvent posés en termes de vente, de part de marché, pas assez en termes de rentabilité : contribution, retour sur investissement.

3. Mal définir les cibles

Les cibles sont très souvent un maillon faible d'une stratégie. En premier lieu, pour un producteur, le plan marketing doit distinguer et expliquer clairement les objectifs, la stratégie et les moyens qui visent les distributeurs (c'est la première cible, celle qui produit le sell in) et ceux qui visent le client final (sell out) car ce ne sont pas les mêmes. En second lieu, les cibles de clients finals sont bien souvent insuffisamment travaillées : par exemple, on a adopté une description très généraliste de type CSP +, ménagères de moins de 50 ans, ou en B to B, la segmentation est théorique et peu opérationnelle, etc.

4. Une stratégie trop complexe

« Ce qui est simple est faux, ce qui est compliqué est inutile. » selon Paul Valéry. Il faut faire simple et pertinent. Ce qui est complexe à exposer, à comprendre et à mettre en œuvre a toutes les chances d'échouer.

5. Une stratégie sans compte de résultat prévisionnel

La stratégie doit impérativement s'accompagner d'un compte d'exploitation prévisionnel (ou de plusieurs si on fait des scénarios). C'est la face « réaliste » d'une stratégie dont on attend qu'elle soit créative : or toutes les stratégies satisfaisantes intellectuellement ne sont pas capables de délivrer une rentabilité qui compense le risque.

MINI CAS

La présentation du plan de promotion

Dans la première version de son plan marketing, le chef de produit d'une gamme de légumes surgelés et en conserve (appertisés), a présenté ainsi le plan des promotions prévues pour l'année suivante.

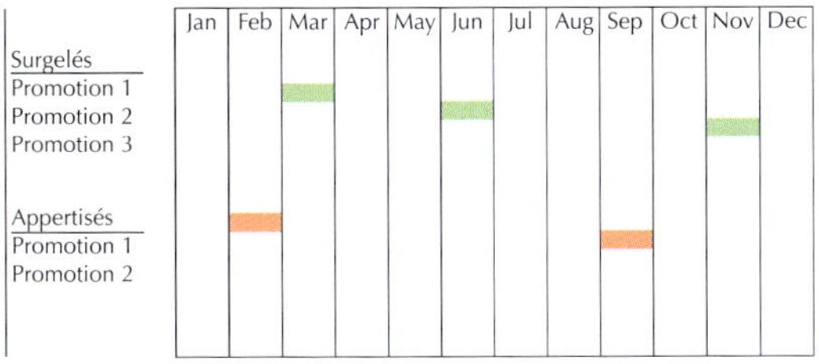

Son supérieur hiérarchique lui a fait observer que ce tableau prenait beaucoup de place pour ne pratiquement rien dire et il lui a demandé, premièrement, de vérifier si l'absence de promotions en juillet et en août généralement justifiée par l'abondance de légumes frais à ces dates était une idée fondée, deuxièmement d'indiquer la nature des promotions avec les budgets prévus. Après étude, le chef de produit a fait évoluer le calendrier des promotions et il a rendu sa présentation plus explicite avec des commentaires qu'on trouvera ci-dessous. Le renvoi à des annexes (ici fictives) est une bonne façon d'alléger le texte principal du plan.

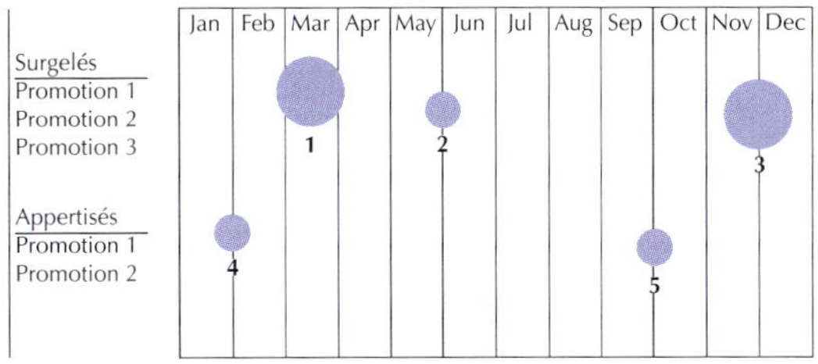

a) Présence promotionnelle de la marque toute l'année sauf en juillet et août (voir note en annexe sur la chute des ventes à cette période).

b) 2/3 du budget promo sur les surgelés, 1/3 sur les appertisés. Effort majeur en mars, puis en novembre. La surface des cercles indiquant les promotions est proportionnelle à leur budget.

- Promo 1 : Découverte de la nouvelle offre de légumes surgelés pour faire du potage. Offre prix : - 20 % sur 4 semaines.
- Promo 2 : Offre produit + 25 % sur les références X201, Y483 et Z888.
- Promo 3 : etc. Voir description détaillée de chaque promotion en annexe.

5° PAC : plans d'actions commerciales et budgets pour l'année n + 1

On les présente sous forme de tableaux qui indiquent la nature des opérations, leurs dates et les budgets. Des tableaux trop dépouillés n'apprennent rien. Trop détaillés, ils deviennent illisibles. Un bon compromis consiste à donner l'essentiel avec des clés de lecture et à mettre en annexe du plan, le détail des opérations.

Un budget est une allocation de moyens financiers planifiée dans le temps. Il doit donc être défini en même temps que le calendrier d'actions. Le budget est lié à un prévisionnel, car ces dépenses sont allouées en fonction de recettes espérées.

6° Le contrôle du plan

Les méthodes et techniques de suivi de l'exécution d'un plan sont développées dans la section 2 de ce chapitre.

c) Les défauts les plus fréquents d'un plan marketing

La participation à la présentation de plusieurs dizaines de plans marketing dans des secteurs très variés nous a permis de constater que les mêmes types de défauts s'y retrouvent souvent. Ils ont été regroupés en huit points.

FOCUS

Huit erreurs courantes d'un plan marketing

1. Le plan s'est transformé en une interminable analyse-diagnostic, en oubliant que cette dernière a une et une seule vocation : aider à prendre de meilleures décisions.
2. On passe directement de l'analyse-diagnostic aux programmes d'actions. Il manque la partie stratégie et donc une vision claire qui organise le choix et la programmation des actions et des budgets.
3. Le plan manque de cohérence : on accumule les parties mais on ne fait pas le lien entre l'analyse et le SWOT, entre ce dernier et les axes stratégiques, entre les axes et les actions à mener, et entre les actions…
4. On ne fait qu'une place très insuffisante à la concurrence, qui est mentionnée en passant et non analysée en profondeur, ce qui permettrait d'anticiper ses actions.
5. Le plan est sans partis pris : complet, bien structuré mais trop descriptif, sans partis pris clairement exposés et vigoureusement défendus.
6. Le plan est peu réaliste (« Y a qu'à, faut qu'on »). On veut faire trop de choses sans avoir tranché, les objectifs sont trop ambitieux, les contraintes organisationnelles et budgétaires sont sous-estimées, etc.
7. Le plan ne s'accompagne pas d'un compte d'exploitation prévisionnel sérieusement travaillé : c'est un exercice académique.
8. Le plan est trop centré sur le court terme.

d) La présentation orale du plan marketing au comité de direction

Une mauvaise présentation peut ruiner un très bon plan. Comme nous avons vu souvent sombrer des plans marketing lors de présentations calamiteuses, il nous a semblé nécessaire de faire une incise en donnant douze conseils pour faire une bonne présentation orale, qui s'appliquent à la présentation de plans marketing comme à d'autres types de présentations professionnelles.

FOCUS

Douze conseils pour faire une meilleure présentation orale

1. Une présentation n'est pas l'exposition d'un document écrit

Si vous rédigez votre plan marketing sous forme de Power Point, il faut faire deux versions : une qui est un document écrit, structuré logiquement et qui sert à être transmise et lue ; et une autre qui est un support à votre présentation orale, au format très simplifié et qui suit une logique narrative. On peut sauter beaucoup d'éléments dans une présentation orale, qu'il ne serait pas judicieux d'esquiver dans une présentation écrite.

•••

•••

2. Il faut raconter une histoire, qui a un début, des épisodes et une conclusion

Par histoire, nous n'entendons pas des aventures avec des personnages, mais un fil narratif que vous suivez, dont les étapes s'enchaînent et se développent, plutôt qu'une série d'informations et de rubriques qui s'additionnent.

3. Les transitions rendent une démonstration lisible – ou illisible

Sans bonnes transitions, on perd le fil et il n'y a plus d'histoire, mais une accumulation. Dans un plan marketing, les liens entre les parties d'analyse, le diagnostic, l'axe stratégique et sa déclinaison sont particulièrement importants : soit l'enchaînement renforce la démonstration, soit le manque d'enchaînement crée la perplexité et le doute, ce qui est très mauvais signe.

4. Une idée par slide

Il ne faut jamais mettre plus d'une idée par slide, sinon l'exposé devient plus confus et le rythme se perd. Si on a plusieurs idées sur un slide, il faut les répartir en plusieurs.

5. Le nombre de slides n'est pas important, le rythme, oui

On craint de faire trop de slides, alors qu'on devrait craindre d'être long et confus. Des slides simples, avec une idée principale et peu de texte, passent vite et s'enchaînent bien.

6. Le titre doit présenter l'idée principale

Un titre doit communiquer l'idée principale du slide. Des titres-sommaire, purement descriptifs, n'ont pas d'intérêt. Il faut préférer par exemple un « Le concurrent X a vu ses parts de marché fortement progresser l'année dernière » que « La concurrence ».

7. Il vaut mieux montrer qu'expliquer

Montrer la photo d'un rayon où se trouvent les produits concurrents est beaucoup plus parlant qu'un slide de texte qui explique le merchandising des concurrents (et qu'on laissera pour le document écrit. Une figure significative vaut mieux qu'un long discours, un *verbatim* est souvent plus parlant qu'une longue analyse

8. Toute idée doit être illustrée

Si on ne parle que d'idées, le discours devient rapidement désincarné et abstrait. Idéalement, il faudrait une illustration par slide, ou avoir un slide d'idée suivi par un ou plusieurs autres qui illustrent le propos. Par illustration, nous entendons une photo, un dessin, une figure, un exemple…

9. Les slides tangibilisent votre professionalisme

Le marketing des services nous apprend que les clients se fient aux aspects tangibles du service (décor d'un point de vente, design, propreté, attitude du personnel en contact…), pour se faire une idée de sa qualité. Une politique marketing est abstraite : la qualité des slides donne une indication du professionnalisme de son auteur. Des slides peu nets, approximatifs, laids donnent de vous une image peu professionnelle.

•••

...

10. Faire défiler des Power Point, ce n'est pas convaincre une audience

Power Point n'est que le support de votre présentation, ce qui est décisif est de convaincre l'auditoire. Présenter un plan marketing, c'est vouloir le vendre. On est étonné de voir des responsables tellement stressés qu'ils font défiler leurs slides sans prêter suffisamment d'attention à l'auditoire, sans s'adapter à leurs réactions, en oubliant que ce n'est que le support à leur acte de vente.

11. Si l'orateur n'a pas l'air convaincu et impliqué, son auditoire ne le sera pas

Parler clairement, être habité par son sujet (si on lit ses slides, c'est qu'on ne connaît pas le sujet), montrer qu'on a réfléchi, regarder l'auditoire plutôt que lui tourner le dos, tenir sur ses deux pieds plutôt que de se balancer... tout cela donne une impression de solidité qui inspire la confiance.

12. Présenter un plan marketing, c'est dialoguer

C'est l'équilibre difficile à trouver entre une présentation structurée, se montrer compétent et convaincu, vendre son projet d'un côté, mais être à l'écoute, attentif aux remarques, savoir défendre sa position. Une bonne présentation passe par une préparation préalable très sérieuse, une connaissance des besoins et des attentes de ses interlocuteurs, l'écoute et le dialogue, l'attention qu'on prête au discours d'autrui...

SECTION 2

LE CONTRÔLE DES ACTIVITÉS MARKETING

1 LA NÉCESSITÉ ET LES PRINCIPES DU CONTRÔLE

Quel que soit le soin apporté à la préparation d'une stratégie et d'un plan marketing, leur réalisation doit être contrôlée en permanence.

Tout contrôle comporte nécessairement trois étapes :

- la première consiste à définir un prévisionnel et les indicateurs clés ;
- la deuxième étape consiste à comparer la situation réelle, à un moment donné, avec le prévisionnel sur la base de ces indicateurs : c'est une étape d'information, de comparaison et d'explication ;
- enfin, la troisième étape consiste à prendre des mesures, permettant de corriger son action

a) La formulation d'un prévisionnel

Le prévisionnel est la traduction des objectifs définis dans le plan marketing. Selon un calendrier détaillé (par exemple mensuel) et selon des indicateurs clés (par exemple le chiffre des ventes, le nombre de nouveaux clients...), il permet de suivre ou non la réalisation des objectifs. Il ne peut y avoir de prévisionnels et d'objectifs que chiffrés.

Exemple

- Si on se contente de fixer comme objectif à un vendeur de vendre « le plus possible », ou à un programme de marketing d'« accroître les ventes et les profits », il ne sera pas possible de contrôler la réalisation de ces missions, puisqu'on ne disposera d'aucune référence précise.

Les indicateurs clés, appelés aussi « KPI » (pour *Key Performance Indicators*) en le prononçant à l'anglaise, sont définis dès le plan marketing. Ils sont étroitement liés aux objectifs : si on veut accroître la notoriété de la marque, développer ses ventes dans un nouveau marché, renouveler la gamme de produits, mieux fidéliser les clients, etc. on cherchera et on définira des indicateurs permettant de mesurer l'atteinte – ou non – de ces objectifs.

Exemples

- Acquisition de nouveaux clients : nombre et pourcentage des nouveaux clients par mois, trimestre et année.
- Satisfaction des clients : pourcentage de clients satisfaits et très satisfaits.
- Rentabilité : marge brute et nette mesurée par produit, gamme, canal, segment, client, découpé par mois, trimestre ou année…

Il est très important d'avoir un prévisionnel défini sur un calendrier beaucoup plus détaillé que les objectifs : si on se fixe un objectif à un an, il faut prévoir mois par mois de quelle façon on s'en approchera, en tenant compte du délai de déploiement du plan d'action et des variations saisonnières de l'activité.

b) L'analyse des performances et des déviations

La deuxième étape de tout processus de contrôle consiste à comparer les réalisations avec le prévisionnel. Elle se décompose elle-même en trois opérations complémentaires.

1° L'information sur les réalisations

Pour chacun des indicateurs à suivre, il faut disposer d'un système d'information adapté : ce peut être une analyse des ventes, des coûts, des bénéfices, de la part du marché, de la présence aux points de vente, de la notoriété de la marque, etc.

Soit ce système d'information existe déjà, soit il doit être mis en place (et prévu donc dans la partie contrôle du plan marketing) : ce n'est pas au moment de l'action qu'on doit s'en soucier, mais avant.

2° La détection de déviations

Tout écart de performance significatif avec le prévisionnel devrait inquiéter les responsables. La question est de savoir à partir de quand un écart est significatif et constitue une déviation.

Dans les grandes entreprises qui ont un bon historique de ventes et un système d'information sophistiqué qui fournit des mesures quotidiennes, des outils statistiques permettent de mesurer une zone de tolérance : à l'intérieur de cette zone, les variations restent normales ; au-delà, il y a déviation.

Dans l'exemple ci-dessous, mesurant les ventes de lessive par un panel, il y a lieu de considérer qu'il y a déviation significative des résultats par rapport au plan en avril, mai et décembre.

Exemple

➥ Supposons qu'un fabricant de lessive ait pour objectif de conserver une part constante de 20 % du marché total. Pour connaître sa part du marché, il s'est abonné à un panel de consommateurs qui lui fournit tous les mois, le pourcentage des achats de sa marque par rapport au total des lessives achetées. Le premier mois, il constate qu'il a 19 % du marché ; le deuxième mois 20,2 % ; le troisième mois 18,5 %. Mais ces variations s'inscrivent dans la zone de tolérance.

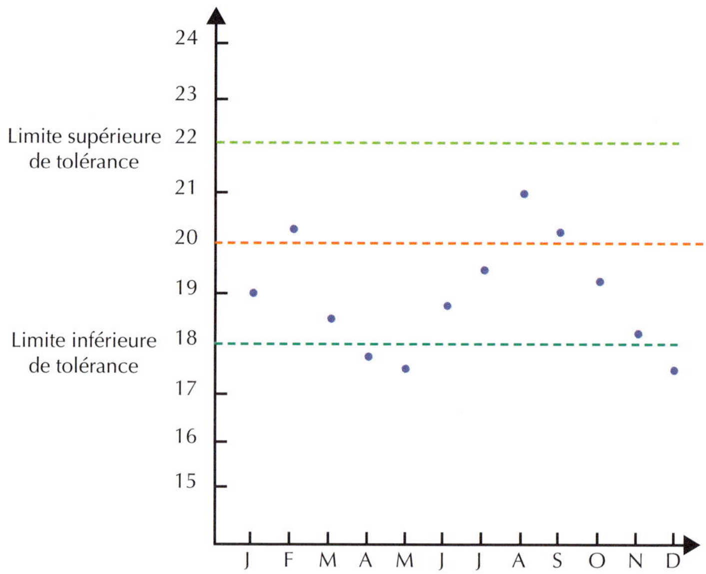

Des outils aussi complets ne sont pas toujours disponibles ni même possibles dans bon nombre d'activités. On doit alors s'appuyer sur le jugement et l'habitude (historique) pour évaluer le caractère plus ou moins préoccupant des variations.

Faut-il s'inquiéter de déviations positives (lorsque le réalisé est meilleur que prévu) ? Oui, si elles sont difficiles à expliquer (voir le point suivant) et si elles conduisent par exemple à revoir le plan de production (plus de demande que prévu), ou soulèvent des problèmes de financement de l'activité prévue…

3° L'explication des déviations

Les déviations une fois constatées, il faut les expliquer pour pouvoir les corriger ce qui n'est pas toujours simple. Un écart sur les ventes, dans un secteur déterminé, peut être dû à la qualité du produit, à l'activité des représentants, à un effort particulier de la concurrence, etc. Des résultats médiocres d'une campagne publicitaire peuvent être dus à un mauvais choix des thèmes, à une mauvaise exécution ou à un mauvais choix des supports.

Les déviations sont-elles ponctuelles ou traduisent-elles une tendance (une évolution du marché par exemple) ? Dans ce cas, plus on peut anticiper, mieux on pourra adapter sa politique. Mais il est difficile d'identifier les signaux faibles qui annoncent une tendance plus profonde : l'anxiété et la remise en question sont parfois bonnes conseillères !

c) Les mesures correctives

La finalité d'un système de contrôle est d'adapter sa politique lorsque des déviations sont constatées par rapport au prévisionnel. Cette correction peut prendre deux formes différentes :

- on maintient les objectifs mais on modifie les moyens prévus pour les atteindre ;
- on est amené à modifier le prévisionnel, c'est-à-dire, *in fine*, les objectifs et donc souvent aussi le budget.

Lorsqu'il n'y a pas de raison déterminante pour considérer que les objectifs initiaux ne peuvent être tenus, la réaction habituelle est de modifier les moyens plutôt que les objectifs. Ainsi, si un représentant ne réalise pas son quota, on pourra le conseiller, lui apporter une aide spécifique, lui faire suivre un stage de formation, ou tout simplement lui « passer un savon ». Ou encore, lorsqu'on constate une baisse des ventes, on peut par exemple décider d'augmenter la publicité ou de diminuer les prix par des promotions.

Ces principes généraux de la démarche de contrôle seront illustrés, dans les paragraphes suivants, par des cas d'application plus spécifiques.

2 Le contrôle des ventes

Pour être un instrument de contrôle, c'est-à-dire d'action, il faut en général que la connaissance des ventes remplisse trois conditions : être décomposée en fonction de différents critères, être comparée au prévisionnel et être comparée à l'ensemble du marché.

Le volume total des ventes peut être trompeur. Il se peut que le chiffre d'affaires d'une entreprise, au cours d'une période déterminée, soit satisfaisant c'est-à-dire conforme aux objectifs, mais qu'il dissimule une situation mauvaise, dans certaines régions ou pour certains produits, compensée par une situation excellente dans d'autres. Il est donc nécessaire d'analyser les ventes en fonction de différents critères, dont les plus importants sont :

- les ventes par produits ou modèles ;
- les ventes par régions ou même par secteurs de représentants ;
- les ventes par types de clientèle, ou même par clients, si l'entreprise vend à un petit nombre de clients.

Exemple

➥ Une entreprise vendant des peintures et vernis constate un jour que ses ventes globales sont inférieures aux prévisions.
Une première analyse, par secteurs de vente, lui montre que l'écart se trouve localisé dans deux secteurs : le Nord et la région parisienne.
Une analyse plus fine, par types de clients, lui montre que ce sont les ventes aux clients industriels (par opposition aux ventes grand public) qui sont inférieures

aux prévisions dans ces deux régions. Enfin, une analyse par produits révèle que l'écart par rapport aux prévisions porte uniquement (mais dans des proportions très importantes) sur un produit de l'entreprise. Une enquête locale fait alors apparaître qu'un concurrent belge est en train de s'implanter sur ce marché particulier, avec un produit très compétitif. Si l'analyse n'avait pas été poussée aussi loin, l'entreprise aurait pu être amenée à baisser systématiquement ses prix, ou à augmenter son budget publicitaire, ou à accroître le nombre de ses représentants dans tous les secteurs, ce qui eût été inutile ou même nocif en termes de rentabilité.

Ainsi qu'on l'a souligné, l'analyse détaillée des ventes doit toujours être effectuée par référence aux prévisions ou aux objectifs.

Mais il faut prendre aussi en compte les facteurs d'environnement. Il est préférable de s'intéresser à la part relative du marché, plutôt qu'au volume absolu des ventes de l'entreprise. C'est ainsi que pour un fabricant d'automobiles, comme Citroën, une baisse des ventes au cours d'un mois donné, peut avoir une signification très différente selon qu'elle reflète une baisse générale des ventes d'automobiles en France ou une diminution de la part de Citroën sur ce marché. Il peut même arriver, dans une période d'expansion générale du marché, qu'une firme voit ses ventes augmenter mais moins vite que celles de la concurrence, ce qui entraîne une baisse de sa position relative. Pour le savoir, il est nécessaire, ou du moins souhaitable, d'analyser les ventes de l'entreprise par référence à l'ensemble de son marché.

Exemple

- L'entrée de Free sur le marché des mobiles en 2012 a conduit à une perte impressionnante d'abonnés pour les opérateurs traditionnels en France. Cela n'aurait pas de sens, pour chaque opérateur, d'évaluer cette perte d'abonnés et de chiffre d'affaires en dehors de la situation nouvelle de marché créée par l'arrivée de Free. En revanche, savoir si la baisse est proportionnelle à la part de marché de l'opérateur ou non (en mieux ou en moins bien) est très important pour évaluer la performance réelle de l'entreprise. Une analyse plus approfondie : quel type de clientèle, quelle perte de la contribution à la marge, etc. permet d'établir un meilleur diagnostic et de prendre les mesures correctives nécessaires.

L'analyse des ventes peut se faire à partir de deux sources principales d'information : les statistiques internes de l'entreprise établies par les services commerciaux ou comptables qui donnent des indications précises sur la décomposition des ventes par produits, modèles, régions et clients ; et les données d'origine externe, comme les statistiques syndicales, officielles (par exemple, statistiques d'immatriculation des voitures) ou provenant d'études de marché (notamment, panels de consommateurs et de détaillants).

3 Le contrôle des coûts et de la rentabilité des activités marketing

Autant les responsables du marketing sont généralement intéressés par l'analyse des ventes, autant ils sont souvent réticents à faire une analyse des coûts et de la rentabilité de leurs activités.

Ces dépenses, ou coûts marketing, sont de plusieurs types : frais de personnel (du siège ou de vente), commissions et ristournes, budgets publicitaires, frais de distribution physique des produits, etc. Il est relativement facile d'en connaître le montant total. Mais la difficulté commence lorsqu'on cherche à les analyser, c'est-à-dire à les « imputer » aux différents produits, secteurs, clientèles, etc.

Si une entreprise emploie des équipes de représentants distinctes pour ses différents types de clientèle, elle peut facilement imputer ses coûts de représentants aux différentes clientèles. En revanche, certains coûts marketing, comme les charges salariales de la direction commerciale, ou le loyer des bureaux occupés par cette direction, ou le budget publicitaire (lorsque la publicité porte sur tous les produits de la firme et s'adresse à toutes ses clientèles) sont très difficiles à ventiler entre produits, secteurs, ou clientèles. Cette ventilation nécessaire comporte une part d'arbitraire, mais peut être facilitée par la méthode d'analyse « marginale », qui consiste à se demander, à propos de chaque produit (ou clientèle, ou secteur) : « si nous le supprimions, de combien pourrions-nous réduire notre publicité, nos frais de vente, nos frais de distribution physique, etc. ? »

Grâce à l'analyse et à la ventilation des coûts, la direction marketing est en mesure d'évaluer la rentabilité (ou productivité) de ses efforts, pour chaque produit, clientèle ou secteur géographique. Sur la base de cette analyse, elle peut décider d'abandonner certains produits ou clients non rentables, ou d'allouer ses efforts, donc ses coûts, d'une manière différente entre les produits ou les clientèles, de façon à améliorer la rentabilité globale.

4 Les audits marketing

Le contrôle de la politique globale de marketing, par l'analyse des ventes et des coûts (donc de la rentabilité), peut et doit se faire d'une manière permanente, ou du moins avec une périodicité très courte : chaque mois, chaque trimestre, ou à la rigueur chaque année. Mais il peut être utile, à des intervalles plus éloignés, de se livrer à un examen critique plus approfondi de cette politique, en remettant éventuellement en cause non seulement ses moyens, mais aussi ses grandes orientations et ses objectifs. C'est là l'objet d'une méthode de contrôle connue sous le nom d'« audit marketing ». À propos des audits marketing, quatre questions se posent : Quand faut-il les faire ? Sur quoi doivent-ils porter ? Comment les conduire ? Qui doit en être chargé ?

a) Quand faut-il les faire ?

Initialement, les entreprises n'entreprenaient un réexamen de leur politique marketing que lorsque les choses allaient mal, c'est-à-dire en général trop tard. On a tendance maintenant, dans les grandes sociétés, à le faire périodiquement, même si tout va bien, en vertu du principe qu'elles pourraient toujours aller mieux encore et qu'il ne faut jamais s'endormir dans la routine.

b) Sur quoi doivent-ils porter ?

On peut faire un audit marketing soit sur l'ensemble de la politique marketing, soit sur un aspect particulier : politique de produit, de distribution, de publicité, etc.

Mais de toute façon, le réexamen doit être total, en ce sens qu'il doit porter à la fois sur la définition des objectifs, sur le choix des moyens, sur les méthodes et procédures de travail et de contrôle, etc.

Une check-list des principales rubriques à retenir dans un audit marketing est présentée dans l'encadré de synthèse suivant.

c) Comment les faire ?

Il faut désigner une équipe, un commando d'inspecteurs qui doivent s'installer dans les services soumis à l'audit pendant plusieurs jours ou plusieurs semaines et avoir un droit de regard absolu sur ce qui se fait.

d) Qui ?

Il est essentiel que les auditeurs soient objectifs, désintéressés et aient un œil neuf. Il faut donc les choisir de préférence en dehors du service qui sera examiné. On peut les prendre soit dans un autre service, soit à la direction générale, soit parmi des consultants extérieurs à la firme.

Toutefois, dans certaines entreprises, ce sont les responsables marketing eux-mêmes qui sont invités, chaque année, à effectuer sur les produits ou les marchés dont ils ont la charge une sorte d'audit marketing sommaire, dont ils présentent les résultats à leurs supérieurs hiérarchiques. Ces opérations périodiques d'auto-analyse – et parfois d'autocritique – sont souvent appelées « revues de marques » *(brand review)*.

FOCUS

Principales rubriques d'un audit marketing

1. Description générale de l'entreprise

- Taille, structure, situation financière, méthodes de gestion
- Vocation, domaines d'activités, marchés exploités
- Gamme de produits, équilibre de la gamme
- Parts de marchés des différents produits
- Notoriété et image de l'entreprise

Note : les rubriques qui suivent concernent seulement le produit (ou la ligne de produits) faisant l'objet de l'audit

2. Environnement général (*tendances susceptibles d'avoir un impact sur l'entreprise*)

- Économie et démographie
- Technologie
- Contexte politico-légal
- Contexte socioculturel

•••

•••

3. Marché

- Taille, structure, évolution
  - Description des clients (ou utilisateurs)
    Nombre, caractéristiques, évolution
    Comportements de consommation, d'achat, d'information
    Attentes, motivations, critères de choix des marques, images des marques
  - Concurrents
    Description sommaire (taille, stratégie, forces et faiblesses)
    Parts de marché (avec évolution)
- Prescripteurs
- Canaux de distribution : description, comportements, attentes et motivations, attitudes à l'égard de l'entreprise et de ses concurrents etc.

4. Stratégie

- Objectifs
- Sources de marché
- Cibles de clients et d'acheteurs
- Positionnement
- Politique de marque
- Éléments moteurs *(key factors of success)*
  - Marketing-mix
    Politique de produit, de packaging
    Politique de prix
    Politique de distribution et merchandising
    Politique de force de vente
    Politique de communication et de promotion
  - Politique relationnelle

5. Organisation marketing

- Structure générale et répartition des fonctions ; rôle des chefs de produit, etc.
- Relations avec les autres services (notamment le commercial, la recherche et la production)
- Organisation des études de marché
- Système et procédures de planification et de contrôle (plans annuels ou pluri-annuels, budgets, analyse des performances et des coûts...)
- Innovation (recherche d'idées, études de produits nouveaux...)

6. Performances

- Évolution du CA, des parts de marché, d'indicateurs de fidélité
- Analyse de la rentabilité par produits, marchés, clientèles etc.

7. Conclusion

- Forces et faiblesses, opportunités et menaces (analyse SWOT)

5 Les contrôles relatifs à la politique de produits, de publicité, de distribution...

a) Le contrôle de la politique de produit

On peut être amené parfois à contrôler d'une manière spécifique l'efficacité de la politique de produit de l'entreprise.

Exemples

- BNP Paribas mène tous les ans des enquêtes auprès de sa clientèle et de la clientèle des banques concurrentes, pour mesurer et comparer leur degré de satisfaction à l'égard des services qui leur sont fournis : fiabilité des relevés de comptes, amabilité et compétence du personnel des guichets, services annexes, etc.
- La société Danone contrôle systématiquement et d'une manière permanente la qualité de ses produits à l'aide de trois méthodes principales. En premier lieu, au stade de la fabrication en usine, un contrôle statistique rigoureux est effectué à la sortie des chaînes, en vue de s'assurer de la conformité des produits avec les normes de fabrication. En deuxième lieu, des tests consommateurs sont menés périodiquement sur tous les produits de la société en vue de comparer leur *qualité perçue* avec celle des produits concurrents. Enfin, un service spécialisé de la société dépouille et exploite toutes les réclamations en provenance des distributeurs et des consommateurs.

b) La politique de publicité

Le contrôle de la publicité est l'un des plus difficiles, d'une part parce que ses objectifs sont souvent mal définis, d'autre part parce que les informations nécessaires au contrôle sont difficiles à obtenir.

Ce contrôle peut s'exercer à trois niveaux distincts, de difficulté croissante. En premier lieu, on peut se borner à contrôler la réalisation matérielle de la campagne publicitaire qui avait été prévue, c'est-à-dire vérifier que les annonces ont bien paru aux dates et dans les supports prévus : ce contrôle est souvent effectué par des sociétés spécialisées de « pige » publicitaire. En second lieu, on peut contrôler par des enquêtes de type post-test « l'impact » de la publicité, c'est-à-dire le nombre de personnes ayant été touchées par la campagne. Enfin, on peut, dans certains cas, mesurer la réalisation des objectifs spécifiques de la campagne, par exemple, l'accroissement de la notoriété de la marque, ou la transformation de son image, ou même (mais plus rarement) l'accroissement des ventes consécutif à la publicité.

Les autres formes de communication, comme le marketing direct, sont beaucoup plus faciles à contrôler en raison des mesures chiffrées qui les accompagnent.

c) La politique de distribution

Les entreprises de grande consommation disposent de panels de distributeurs leur permettant de suivre systématiquement leur performance en matière de politique de distribution. Mais ce type d'outils fait défaut à la plupart des autres entreprises et seul le retour (parfois formalisé dans des rapports) des commerciaux fait office d'analyse de la politique de distribution.

Il est bon que la direction aille sur le terrain, interroge les distributeurs, suive de près ce que font les concurrents en matière de politique de distribution, afin d'en contrôler l'efficacité et la pérennité.

Exemple

➥ Le PDG de L'Oréal inspecte systématiquement des points de vente où ses produits sont distribués quand il visite ses filiales étrangères. Sa venue est préparée plusieurs mois à l'avance et les responsables nationaux de l'entreprise consacrent des efforts considérables à préparer ces visites, c'est-à-dire à montrer ce qu'ils sont capables de faire de mieux. Une telle mobilisation peut paraître exagérée ou inutile, elle est en fait très importante : ces visites du patron montrent l'importance que l'entreprise attache à sa politique de distribution et le degré d'exigence qu'on doit avoir pour faire vivre, dans les moindres détails, le produit sur le point de vente.

d) Les opérations spéciales

Enfin, chaque fois qu'on lance une opération spéciale (opération de promotion, marché témoin, commando de prospecteurs), il convient, en même temps qu'on définit les modalités de l'opération, de mettre en place un système de contrôle permettant de suivre le déroulement de l'opération de très près (parfois même au jour le jour).

SECTION 3

LA POSITION ET LES ATTRIBUTIONS DU DÉPARTEMENT MARKETING

1 LA POSITION DU DÉPARTEMENT MARKETING DANS L'ORGANISATION

L'importance reconnue aux activités marketing, et par voie de conséquence la position occupée par les services qui en sont chargés, varient selon les secteurs d'activité et les entreprises.

Dans certains secteurs, le marketing est considéré comme une fonction primordiale de l'entreprise et occupe dans l'organigramme une position prééminente. Ainsi, dans de nombreuses entreprises vendant des produits de grande consommation (alimentation, boissons, produits d'entretien, cosmétiques…), la direction marketing, même si elle n'occupe pas *formellement* une place prééminente dans l'entreprise, y exerce *de facto* une influence prépondérante et y joue un rôle moteur. Le poste de directeur marketing y est souvent considéré comme une étape nécessaire pour l'accession à des responsabilités de direction générale.

Dans d'autres secteurs, au contraire, le marketing est considéré comme une fonction relativement subalterne par rapport à celles de production, d'administration ou de gestion financière. Dans ces cas, le département marketing n'occupe dans l'organigramme qu'une position de second rang, et peut même parfois être rattaché à une autre direction de l'entreprise ou à son secrétariat général.

Exemples

- Dans l'industrie lourde (sidérurgie, pétrole…), ce sont les fonctions de recherche, de production et de finance qui sont considérées comme les plus importantes et les plus « nobles » ; le service marketing, dont les fonctions se limitent souvent à la vente proprement dite, y est encore parfois considéré comme un service de second rang.
- Il en est de même dans certaines entreprises de services exigeant des investissements importants ou un personnel nombreux (SNCF, RATP, banques, assurances…) : dans ces entreprises, ce sont généralement les directions de l'exploitation, de la gestion financière ou du personnel qui tiennent encore le haut du pavé.
- Dans les secteurs non-marchands (administrations publiques, organisations à vocation sociale), le marketing n'occupe souvent dans l'organigramme qu'une position modeste, sous forme d'une cellule rattachée à une autre direction. En revanche, dans les organisations caritatives, qui font appel au « marché de la générosité », le service marketing a une importance cruciale car les ressources de l'organisation dépendent de son savoir-faire.

Dans la plupart des entreprises, cependant, les fonctions marketing et les services qui sont chargés de les assurer sont placés hiérarchiquement *au même niveau* que les autres grandes fonctions, à savoir la production, la recherche, le personnel, la finance et l'administration.

Figure 16.3 Position la plus fréquente du marketing dans l'organigramme d'une entreprise

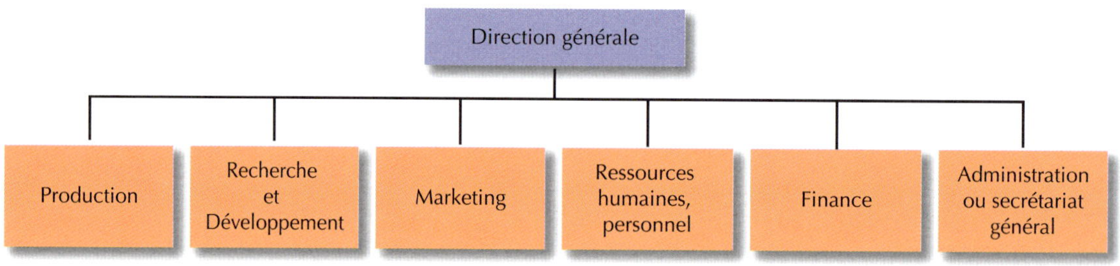

2 Les attributions du département marketing

De même que sa position dans l'organigramme, les attributions du département marketing peuvent varier sensiblement d'une entreprise à une autre : si les fonctions d'élaboration des stratégies et des plans marketing sont presque toujours confiées au département marketing, certaines fonctions opérationnelles (vente, études, communication, après-vente…) peuvent ne pas être exercées directement par lui.

a) La fonction essentielle du département marketing : stratégie, planification, coordination et contrôle

La fonction centrale d'un département marketing, dans toutes les entreprises où un tel département existe, consiste à élaborer les stratégies de marketing, à formuler les plans et les budgets correspondants, à en coordonner et à en contrôler l'exécution.

b) La vente ou fonction commerciale

Dans certaines entreprises, la fonction commerciale est rattachée à la direction du marketing. Dans d'autres, elle est confiée à une direction commerciale distincte placée au même niveau hiérarchique.

Dans les entreprises à vocation marchande (biens de grande consommation, biens industriels, services), la fonction commerciale gère des activités directes et annexes :

- distribution physique des produits ;
- direction, animation et contrôle des vendeurs ;
- négociations avec les centrales d'achats ;
- trade marketing (marketing du producteur vers les distributeurs) ;
- merchandising et actions promotionnelles ;
- administration commerciale : facturation, crédit aux acheteurs, etc. ;
- service après-vente ;
- service consommateurs : documentation, traitement des réclamations et des litiges.

c) Les études de marchés

La fonction « études », qui consiste à concevoir, exécuter et exploiter les études de marchés de toute nature, est rarement assurée dans sa totalité par la direction marketing d'une entreprise, une partie de la fonction étant sous-traitée à des prestataires extérieurs.

Selon l'importance relative des activités sous-traitées, on peut distinguer trois formules d'organisation de la fonction « études » dans la direction du marketing :

- Une première formule consiste à créer, au sein de la direction marketing, un « service études » qui assume généralement les principales fonctions suivantes :
  - le conseil technique, en matière d'études de marchés, auprès des responsables marketing de l'entreprise (notamment les chefs de produits dont on parlera dans la section 4) ;
  - les relations avec les panels auxquels est abonnée l'entreprise ;
  - la réalisation directe de certaines enquêtes, grâce à une équipe propre d'enquêteurs ou par l'intermédiaire de sociétés d'études sur le terrain ;
  - le traitement statistique et l'interprétation d'enquêtes réalisées par des prestataires extérieurs ;
  - les études de prévision, de segmentation, la construction de modèles ;
  - la constitution et l'exploitation de bases de données.
- Une deuxième formule, tout à fait opposée, consiste à ne pas avoir de service études intégré à la direction marketing de l'entreprise. Dans ce cas, ce sont les responsables opérationnels de marketing (notamment les chefs de produits) qui prennent l'initiative de faire réaliser une étude, qui en confient la réalisation à un prestataire extérieur, et qui en tirent eux-mêmes les conclusions. Cette formule permet de réduire les coûts fixes et présente en outre l'avantage d'impliquer fortement les responsables marketing. Mais, du fait que les responsables marketing ne sont généralement pas des professionnels des études, ils ne sont pas toujours capables de tirer de celles-ci un parti optimal.

- Une troisième formule, intermédiaire entre les deux premières, consiste à faire appel à un « conseil en études », qui peut être soit un cadre permanent de la direction marketing, soit un consultant extérieur. Ce conseil a pour fonction, non pas de réaliser les études, mais d'aider les responsables marketing dans la conception des études, dans le choix des projets qui leur sont soumis par des prestataires extérieurs, et dans l'interprétation des résultats.

d) La communication

On a vu, à partir de la seconde moitié des années 1980, apparaître des « directions de la communication ». Elles sont généralement chargées de la communication institutionnelle (*corporate*), de la communication financière, parfois de la communication interne mais rarement de la communication marketing (produits). C'est pourtant le cas dans certaines entreprises – notamment des banques – où le marketing ne maîtrise pas la communication marque et produit, qui est sous l'autorité de la direction communication. Le résultat n'est guère probant, la fonction marketing étant vidée d'une part significative de sa substance et la stratégie marketing perdant de son unité et de son efficacité.

Dans la quasi-totalité des entreprises, les tâches de conception et d'exécution de la communication sont largement sous-traitées à des prestataires extérieurs : agences de publicité, de promotion, de marketing, de design packaging, de relations publiques, etc.

Il arrive toutefois que des annonceurs fassent appel directement à des créatifs *free lance* (indépendants) pour des actions ponctuelles. Le recours aux agences de promotion et de marketing direct est moins systématique. Après une période d'apprentissage, certaines entreprises, grosses utilisatrices du marketing direct, se dotent d'un service intégré. En revanche, on fait presque toujours appel à une agence de design pour créer ou renouveler une ligne de packaging.

On verra, dans la section 4 de ce chapitre, que les relations avec ces prestataires extérieurs constituent l'une des principales responsabilités des chefs de produits. Il arrive cependant, dans certaines grandes entreprises où la communication joue un rôle essentiel, que des services spécialisés de publicité, de promotion, d'achat d'espace ou de relations publiques soient créés au sein de la direction du marketing pour aider les chefs de produits dans l'exercice de leurs fonctions de communication.

3 Les spécificités de la place et du rôle de la fonction marketing dans les entreprises de service

a) Le département marketing s'occupe des produits, mais ne maîtrise pas les processus de production de service qui affectent pourtant directement l'expérience du client

Une large part de l'activité d'un département marketing dans les entreprises qui fabriquent des biens, tourne autour du produit : conception, gestion de la gamme, tarification, communication, distribution... Ces actions s'appuient bien entendu sur une connaissance approfondie des clients et des concurrents.

Les départements marketing des entreprises de service ont fréquemment une activité similaire : étude des clientèles et gestion des produits. Cependant la transposition dans les entreprises de service de ce mode de fonctionnement peut soulever des difficultés importantes. En effet, dans les services, le produit (l'offre) est étroitement associé à un processus de production de service qui constitue une part déterminante de l'expérience du client[1].

Exemple

- Dans une banque, le produit peut prendre la forme d'un prêt étudiant mais il n'existe qu'à travers un processus de production et d'interaction avec les clients qui rend possible la production du prêt et qui constitue également l'expérience du client.

Un département marketing va concevoir le produit (en répondant à ces questions : quels publics, quel positionnement, quelles fonctions, quels services associés, quel taux d'intérêt, quel mode de communication ou de prospection, etc. ?) mais il n'aura généralement aucune autorité sur le processus de production de service. La technique du *blueprinting*, étudiée au chapitre 17 sur le marketing des services, peut contribuer à pallier cette difficulté.

b) La fonction marketing doit insérer son action dans le contexte organisationnel de la production de service

La tâche du département marketing est de mieux comprendre les clients en s'appuyant sur des études de marché, de concevoir et gérer le *marketing-mix associé au produit*. Dans les services, le produit n'a de réalité qu'au niveau opérationnel, parce qu'il va être présenté, délivré, voire produit, par le personnel en contact avec les clients. La mise en œuvre de la politique marketing a besoin de la participation effective du niveau opérationnel qui comprend le personnel en contact et les responsables hiérarchiques locaux : même dans les entreprises centralisées où ils ne sont pas décisionnaires, leur contribution est déterminante pour définir une politique qui a un sens opérationnel.

1° Le personnel en contact est une source fondamentale d'information et de retour d'expérience

La connaissance du client ne se limite pas seulement à des études de marché, elle s'acquiert également par l'expérience d'un contact continu avec les clients. La relation entre le niveau opérationnel et le département marketing ne peut donc pas uniquement se réaliser de haut en bas, mais doit également aller de bas en haut.

Le personnel en contact et son encadrement sont des sources très précieuses pour donner des informations de première main sur les clients et le système de production de service actuel de l'entreprise. Elles ne se substituent pas aux études de marché (qui fournissent des renseignements sur le marché et pas seulement sur les clients actuels, et qui ont une nature plus objective), mais en constituent un complément indispensable.

1. Voir le chapitre 17 sur le marketing des services, section 1.

MINI CAS

Quand le marketing peine à trouver sa place dans le département marketing d'une compagnie d'assurances

Pour illustrer les difficultés qui naissent de l'intégration d'une structure marketing traditionnelle dans une entreprise de service, on peut présenter le cas réel d'une grande compagnie d'assurances française et en tirer les leçons. Dans cette entreprise – dont nous taisons le nom –, le département marketing a pour tâche de concevoir et de lancer les produits. Cependant il n'a aucun pouvoir hiérarchique sur le niveau opérationnel et le réseau de vente, qui sont des départements distincts, et il ne peut donc pas contrôler la façon dont le produit va être géré et présenté au client. Pour des raisons de politique interne, le département commercial cherche à affirmer son autonomie face au département marketing ; en conséquence celui-ci ne bénéficie d'aucune remontée d'information directe du personnel en contact sur la commercialisation des produits nouveaux. Le conflit qui se développe entre les deux départements (pour le marketing, les commerciaux ne veulent pas prendre de risques et ne s'investissent pas dans le lancement de produits nouveaux ; pour les commerciaux, le marketing crée des produits invendables) empêche toute action concertée entre le marketing et la vente pour la conception et la gestion des produits. Le résultat d'une telle situation organisationnelle est que l'entreprise vit sur ses produits traditionnels, les nouveaux produits étant soit des échecs, soit sous-exploités. Les salariés du département marketing sont, quant à eux, profondément démotivés.

On peut relever plusieurs sources à ces dysfonctionnements :

– La direction générale administre son entreprise, mais ne cherche à aucun moment à affirmer une politique claire d'orientation des efforts vers les clients et vers le niveau opérationnel. La culture de l'entreprise ne soutient pas la démarche marketing.

– Le département marketing est déconnecté du niveau opérationnel, la séparation structurelle entre le département marketing qui conçoit les produits et le département de vente qui les commercialise renforce les rivalités dans l'organisation.

– L'évaluation des commerciaux est fondée sur le nombre de contrats vendus et le chiffre d'affaires généré à court terme ; elle n'intègre à aucun moment des critères tels que la conquête de nouveaux types de clients et la vente de nouveaux produits, en conséquence de quoi l'investissement en temps et en effort dans les produits nouveaux est minimal.

– Le département marketing, en conclusion, n'a en charge que la partie produit de l'offre de service. Non seulement il ne contrôle pas la production de service, mais en plus il est coupé d'elle. Il est illusoire de penser qu'il est possible de gérer les produits indépendamment des opérations et du personnel en contact avec les clients dans cette activité.

2° Le département marketing doit mener une double politique : marketing des produits et marketing interne

Le marketing des produits doit s'accompagner d'un marketing interne, qui consiste d'une part à interroger le niveau opérationnel sur ses besoins et son expérience de terrain, et d'autre part à expliquer, promouvoir et faire partager la politique marketing adoptée.

c) La place et la fonction du département marketing dans une entreprise de service

Pour anticiper sur la section 4, on peut souligner que la place et la fonction du département marketing dans les entreprises de service varient selon que l'entreprise est mono-site ou multi-sites, que l'offre est standard ou sur mesure, que le contact entre le client et le personnel est intense ou occasionnel, etc.

Les fonctions du marketing peuvent être centralisées dans un département qui travaillera étroitement avec la direction générale pour la définition de la stratégie marketing de l'entreprise (quels segments de clientèle, avec quel type de servuction et de produits et quelle couverture géographique) et collaborera avec les opérationnels pour définir et ajuster la servuction et les caractéristiques des produits. Ce mode d'organisation permet de définir rapidement les actions à mettre en place, avec le risque qu'elles soient mal ou pas appliquées au niveau local.

Dans une seconde configuration, seules certaines fonctions du marketing sont centralisées (études de marché, études du personnel, stratégie marketing et politique générale de produit…), alors que les autres fonctions sont décentralisées et localisées pour servir de support aux services opérationnels (études de marché locales, politique tarifaire locale, communication locale, plan local d'actions commerciales…). Cette configuration conduit généralement à une certaine lenteur dans la prise de décision car le département marketing central doit dégager un consensus, ou du moins, prendre le temps de convaincre les équipes locales, avec l'avantage cependant de susciter plus d'adhésion une fois le projet accepté et, en raison des allers et retours, de mieux prendre en compte les contraintes organisationnelles et locales dans les politiques adoptées.

Exemple

➥ Le rôle du département marketing peut varier d'une banque à l'autre. Dans certains cas (comme la Société Générale), l'ensemble des fonctions est centralisé dans un département central, le rôle des structures locales étant principalement commercial. Dans d'autres cas (comme le Crédit Agricole), le département marketing peut avoir essentiellement pour tâche la conception des nouveaux produits, des campagnes de communication nationale et la gestion des partenariats nationaux (organisations professionnelles, chambres syndicales, etc.). Les régions disposent chacune d'un service marketing qui pourra choisir de commercialiser ou non les produits créés au niveau national, éventuellement lancer des produits locaux, reprendre ou créer les supports de communication, conduire des études de marché locales, définir un plan local d'actions commerciales, etc.

On peut résumer le rôle du département marketing dans une entreprise de service en disant qu'il consiste à :

- prendre en charge les fonctions traditionnelles de connaissance du marché et de gestion des moyens du marketing-mix ;
- nourrir sa connaissance du marché et améliorer la politique de produit en interrogeant le personnel en contact et les responsables opérationnels locaux ;

- assurer un rôle d'assistance, de conseil et d'animation auprès des différents départements et aux différentes unités opérationnelles pour leur permettre de mieux servir leurs clients et de mieux faire face à leur concurrence locale. Le département marketing a ainsi deux types de clients : les clients de l'entreprise et « les clients internes », c'est-à-dire les unités opérationnelles qu'il sert.

4 Au-delà du département marketing, l'orientation vers les clients

Que la fonction marketing ne doive pas se limiter au département marketing a été particulièrement souligné dans ce qu'on appelle l'école « nordique » des services. Bien qu'ils partent des spécificités des services, leur leçon peut s'appliquer à toutes les entreprises.

Gummesson écrit qu'« il existe une très grande interdépendance entre les départements traditionnels d'une entreprise de service – la production, la livraison, le personnel, l'administration, la finance, etc. – et le marketing. Par conséquent, il est plus approprié de parler de management orienté vers le marché que d'employer le label traditionnel de marketing management dans les entreprises de service[1] ».

Grönroos indique pour sa part que « la façon dont le responsable d'agence bancaire, le guichetier, le salarié de l'agence de voyage, le standardiste, le guide de tourisme, le coiffeur ou le serveur traite les clients, ce qu'il dit et la façon dont il se comporte, est décisif pour le service que perçoit le client. Chaque salarié d'une entreprise de service agit par conséquent comme un vendeur et est impliqué dans l'effort de communication de l'entreprise [...]. *Dans une entreprise de service, pratiquement chaque salarié appartient au « département marketing »*[2] ».

Ces leçons dépassent les entreprises de service : le souci du client est tout autant important pour des entreprises produisant des biens, parce qu'elle va affecter les arbitrages budgétaires, la façon dont le service client va interagir avec ces derniers, l'attitude des commerciaux, etc.

Qu'une entreprise soit orientée vers les clients ou non ne dépend pas seulement de son département marketing. La fonction marketing, qui consiste à comprendre les besoins des clients pour les satisfaire mieux que les concurrents, n'est pas seulement la tâche des spécialistes de la politique marketing.

Le marketing dans l'entreprise dépend donc à la fois d'une politique marketing au sens restreint du terme dans laquelle le département marketing joue un rôle important et d'une orientation vers les clients qui implique l'ensemble de l'organisation.

1. Evert Gummesson, « Organizing for Market and Marketing Organizations », C. A. Congram et M. L. Friedman (eds.), *AMA Handbook of Marketing for the Service Industries*, Amacon Books, 1990, p. 152.
2. Christian Grönroos, *Service Management and Marketing*, Lexington Books, 1990, pp. 593-594.

SECTION 4

L'ORGANISATION DES FONCTIONS MARKETING

1 L'ORGANISATION PAR FONCTIONS OU PAR PRODUITS, MARCHÉS OU MARQUES

Au sein d'une direction du marketing, le service central est en charge d'élaborer, de faire exécuter et de contrôler les stratégies et les plans marketing de l'entreprise. Dans une petite entreprise, ces fonctions peuvent être assurées par une personne seule, mais dès lors que l'entreprise a une certaine importance, la cellule marketing doit s'étoffer. Le problème se pose alors de choisir le ou les critères sur lesquels les différentes personnes de la cellule seront spécialisées.

Deux critères principaux d'organisation peuvent être adoptés :

- par fonction ;
- par chef de produit, de marché ou de marque.

a) L'organisation par fonctions

Dans cette structure, le directeur ou la directrice marketing est épaulé par des services spécialisés par fonction et technique marketing, plus ou moins développés selon la taille de l'entreprise et la nature des outils essentiels à son marketing.

Figure 16.4 **Organisation par fonctions**

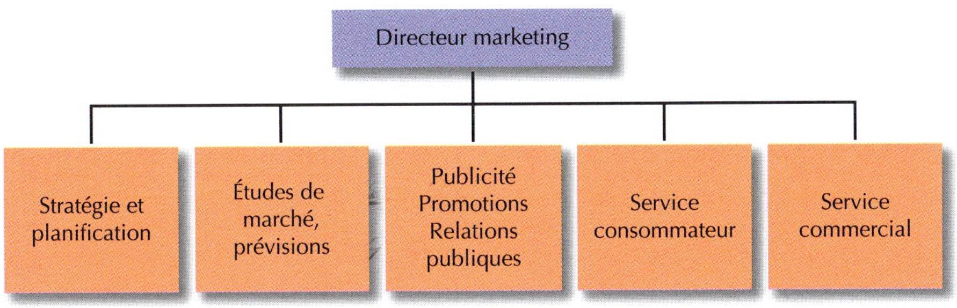

On trouve surtout ce mode d'organisation dans des grandes entreprises en milieu industriel ou dans les services (banque, assurance, hôtellerie…).

Son principal avantage tient à la spécialisation de chaque cellule qui peut ainsi avoir un bon niveau technique dans son domaine.

Les inconvénients sont, en revanche, multiples. Les tâches de coordination entre les différents services, et notamment avec le service commercial, deviennent très lourdes lorsque l'entreprise grandit. Elles reposent exclusivement sur le directeur marketing ou sur la direction générale lorsque les directions marketing et commerciales sont séparées.

Avec ce mode d'organisation, c'est au service « stratégie et planification » (quand il existe) qu'il appartient de concevoir les plans marketing spécifiques à chaque produit, chaque marque, chaque marché. Si les marchés de l'entreprise sont très segmentés, si son portefeuille de marques est développé, ce service croule rapidement sous les tâches ou prend une importance disproportionnée par rapport aux autres services marketing (le commercial excepté) ; surtout si, en plus, on lui confie l'exécution et le contrôle des plans marketing. S'il n'en a pas la responsabilité, elle incombe alors au directeur marketing, surchargé à son tour. De là est venue l'idée de coordinateurs spécialisés par produits, marchés ou marques.

b) L'organisation par chefs de produit, de marque ou de marché

1° Les chefs de produit et/ou les chefs de marque

Ce mode d'organisation a été adopté pour la première fois, aux États-Unis, par la société Procter et Gamble, en 1931 (voir figure 16.5). Il est actuellement très répandu, notamment dans les sociétés de biens de grande consommation. Il consiste à désigner, pour chaque produit (ou famille de produits) ou pour chaque marque, un responsable marketing qu'on appelle communément en France « chef de produit » mais qui est souvent synonyme de « chef de marque » *(brand manager)*.

Figure 16.5 Première organisation par chefs de marque (Brand Managers), par Procter & Gamble en 1931

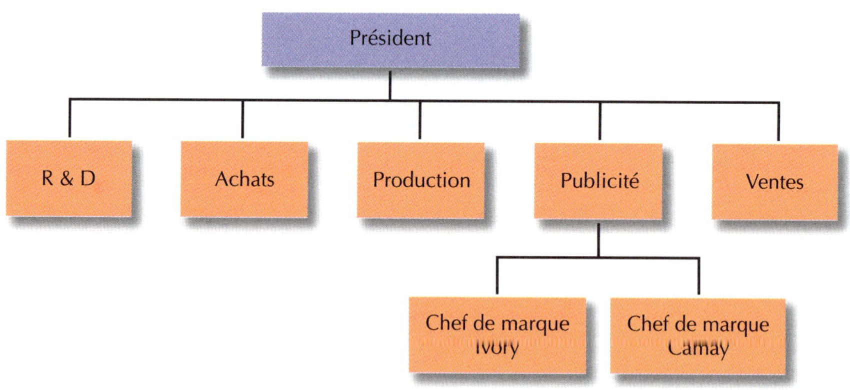

Source : M. George, A. Freeling, D. Court, « Reinventing the Marketing Organisation », *The McKinsey Quaterly*, 1994, n° 4.

Lorsque le nombre de produits vendus par une entreprise exige un nombre élevé de chefs de produit, un échelon hiérarchique intermédiaire entre le directeur marketing et les chefs de produit peut être créé sous le nom de « chef de groupe ». En outre, lorsqu'un même chef de produit se voit confier une famille relativement large de produits, on peut lui attribuer, pour l'aider dans la réalisation de ses tâches diverses, des « assistants chefs de produit » (figure 16.6).

Figure 16.6 Organisation par chefs de produit et chefs de groupe

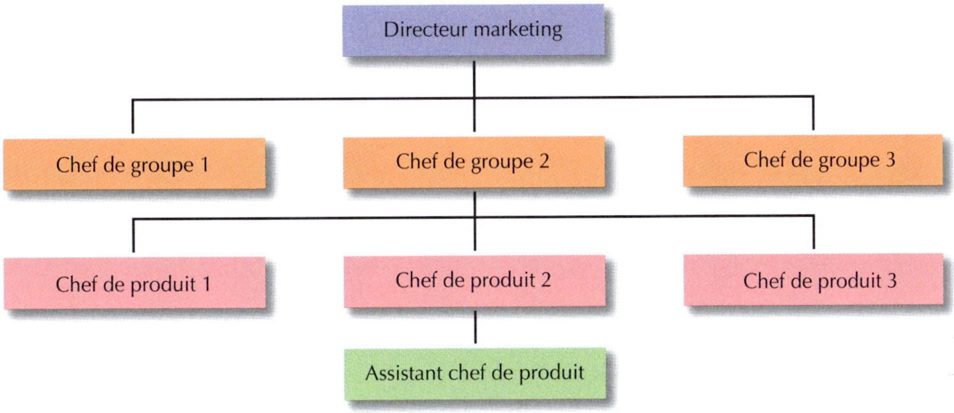

2° Les chefs de marché (ou de clientèle)

Lorsque les produits de l'entreprise sont peu nombreux ou peu différents les uns des autres, et qu'au contraire les marchés ou clientèles auxquels ils sont vendus sont très hétérogènes du point de vue de leurs besoins, de leurs habitudes d'achat, etc., il peut être plus pertinent de spécialiser les membres de la cellule marketing par marchés (ou clientèles) que par produits. C'est le cas pour un fabricant d'aluminium, qui vend à l'industrie automobile, à l'industrie de l'emballage, à l'électroménager, etc., ou pour un fabricant de vins fins, qui vend aux restaurants, aux cavistes et au commerce intégré.

Dans des cas de ce genre, on peut être amené à créer, au sein de la direction marketing, des postes de « chefs de marché » (ou « responsables de clientèle »), dont les fonctions sont analogues – pour tout ce qui concerne le marché dont ils sont chargés – à celles des « chefs de produits ». Les chefs de marché sont donc responsables de la stratégie, du planning et du contrôle pour un marché déterminé ainsi que de la coordination, pour ce marché, des activités de vente, promotion et études commerciales.

c) Les organisations mixtes : organisations par chefs de produit et par fonctions

Les cellules spécialisées sont alors des services communs qui travaillent pour les chefs de produit ou sont délibérément placées en position autonome comme le service consommateurs (documentation, traitement des réclamations et des litiges...).

On trouve des organisations spécialisées par type de circuits de distribution, notamment lorsque les marques sont différentes pour chaque circuit.

Figure 16.7 **Exemple d'une organisation mixte**

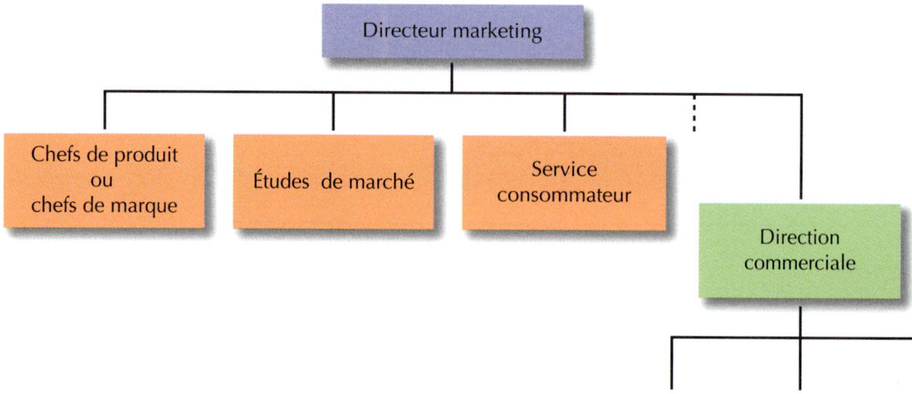

Figure 16.8 **Organisation mixte par circuit de distribution**

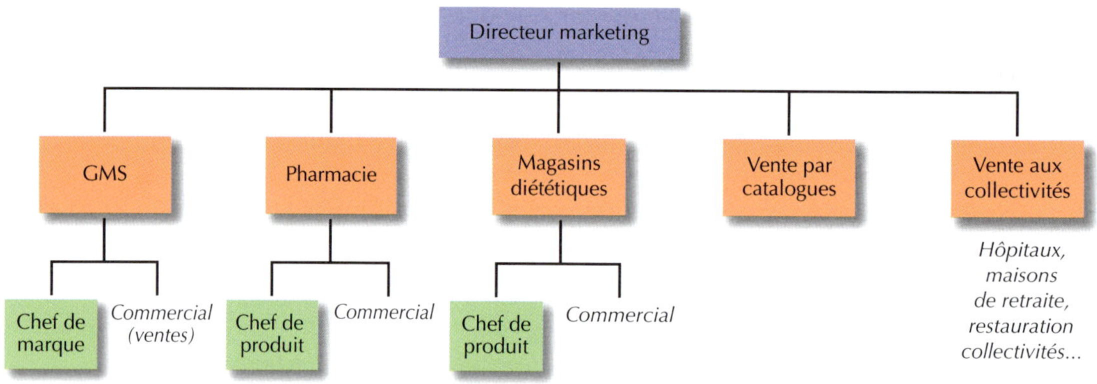

Exemple d'une entreprise vendant des produits diététiques

2 LA FONCTION DE CHEF DE PRODUIT OU CHEF DE MARQUE

D'une entreprise à l'autre, les dénominations peuvent varier mais les fonctions restent sensiblement les mêmes.

Le chef de produit, de marque ou de marché est *spécialisé* sur un produit, une famille de produits ou un marché.

Cette spécialisation permet d'explorer à fond un segment de marché, de développer de façon cohérente une marque, une ligne de produits.

a) L'élaboration et le suivi des stratégies et plans de marketing

La première responsabilité des chefs de produits consiste à élaborer, pour les produits dont ils ont la charge, des stratégies et des plans marketing. Dans la plupart des entreprises, les chefs de produits n'ont pas, à cet égard, un véritable pouvoir de décision, mais plutôt un rôle de préparation et de *recommandation*, en ce sens qu'ils doivent soumettre leurs projets à l'approbation de leur supérieur hiérarchique, le directeur marketing.

Lorsque les stratégies et plans marketing ont été adoptés, c'est au chef de produit (ou de marché) qu'il appartient d'en suivre et d'en contrôler en permanence la réalisation, en s'appuyant sur diverses informations d'origine interne ou externe : chiffres de ventes fournis par la comptabilité, informations en provenance de la force de vente, résultats de panels et d'enquêtes diverses. Si des écarts apparaissent entre les performances effectives du produit (ou du marché) et le prévisionnel, c'est au chef de produit ou de marché qu'il appartient de proposer à son supérieur hiérarchique des actions correctives qui peuvent concerner tous les aspects du marketing-mix : produit, packaging, prix, distribution, publicité, promotion, etc. Là encore, les chefs de produit ont généralement un pouvoir – et un devoir – de *recommandation* plutôt qu'un pouvoir de *décision*.

b) La coordination et l'animation des services de l'entreprise qui participent à la réalisation des plans marketing

La deuxième responsabilité principale d'un chef de produit consiste à coordonner et animer l'action de tous les services de l'entreprise susceptibles de contribuer, par leur action propre, à la bonne réalisation des plans marketing dont il est responsable.

1° La direction commerciale ou service des ventes

Étant donné le rôle capital que joue généralement la force de vente dans la réalisation des plans marketing, le chef de produit doit, par des contacts fréquents avec les vendeurs de l'entreprise, leur expliquer sa stratégie vis-à-vis de la distribution et obtenir d'eux une adhésion active à ses plans, notamment en matière d'objectifs de référencement, de politique de merchandising et d'opérations promotionnelles.

2° La direction de la recherche et développement

Lorsqu'un chef de produit est chargé de lancer un produit nouveau, ou encore lorsque, dans le cadre de sa stratégie marketing, il a prévu une modification de sa politique de produit (amélioration du goût, des qualités fonctionnelles, des performances, etc.), c'est à lui qu'il appartient d'établir un cahier des charges pour le service « recherche et développement » de l'entreprise, et de suivre de près l'avancement des travaux de ce service. Une coordination étroite entre les responsables marketing et la recherche et développement est en effet indispensable pour que les innovations techniques mises au point par celle-ci correspondent bien aux besoins, aux attentes et aux goûts des consommateurs.

3° Les services d'*engineering* et de production

Les chefs de produit sont également appelés à entretenir des relations étroites et fréquentes avec les services d'*engineering* et de production de l'entreprise, notamment pour s'assurer :

– du respect des normes de qualité du produit ;
– de l'obtention des prix de revient les plus bas possibles, dans le respect des normes concernant les performances et la qualité du produit ;
– de l'adéquation des plannings de production aux prévisions de ventes.

4° Les services administratifs de l'entreprise : comptabilité, finance, service juridique, etc.

Enfin, le chef de produit est fréquemment appelé à travailler avec divers services administratifs de l'entreprise : services financiers et comptables pour l'élaboration et le contrôle des budgets de marketing ; services juridiques lorsque se posent des problèmes de nom de marque, de brevets, de respect de la réglementation.

5° Les relations avec les fournisseurs de services marketing : agences, studios, sociétés d'études, etc.

La troisième grande responsabilité des chefs de produits ou de marchés consiste à faire travailler les divers *prestataires de services marketing* dont il a besoin pour mettre en œuvre ses stratégies et ses plans. Dans de nombreuses entreprises, notamment dans le secteur des biens et services de grande consommation, une part très importante du temps d'un chef de produit est consacrée à ses relations avec l'*agence de communication* à laquelle a été confié son budget. C'est au chef de produit qu'il appartient de « briefer » l'agence au moment de la préparation de la campagne, ainsi que de contrôler en permanence la qualité des travaux de l'agence en matière de création, d'exécution, de média-planning, d'achat d'espace, etc. (voir chapitre 8 sur la publicité et les médias).

Le chef de produit a des responsabilités analogues à l'égard des *studios de packaging ou de design* auxquels il peut être amené à faire appel.

Enfin, dans le cadre de l'élaboration et du contrôle de ses stratégies et de ses plans, un chef de produit doit souvent avoir recours à des fournisseurs d'*études de marchés* ; pour s'assurer que les études réalisées apportent, au meilleur coût, une réponse fiable aux questions qu'il se pose, il doit orienter clairement et contrôler rigoureusement les travaux des fournisseurs d'études.

3 Les relations entre marketing et force de vente

La force de vente d'une entreprise se compose de l'ensemble des personnes qui ont pour mission de vendre ou de faire vendre les produits de l'entreprise au moyen de contacts directs avec les clients potentiels, les distributeurs ou les prescripteurs de ces produits.

Toutes les entreprises ont une force de vente : dans certains cas, elle se limite à une seule personne, et dans d'autres elle comprend des milliers de vendeurs. L'importance numérique et le coût des vendeurs dans l'économie sont considérables : on estime qu'en France plus de sept cent mille personnes exercent le métier de commercial et que les coûts de la force de vente représentent, en moyenne, environ 15 % du chiffre d'affaires des entreprises, soit sensiblement plus que leur budget de communication.

a) Les difficiles relations entre marketing et force de vente

Les relations entre force de vente et marketing ne vont jamais de soi.

Les enjeux, les missions, les compétences requises et l'échelle de temps sont différents pour le marketing et la vente. La vente a besoin d'hommes et de femmes de terrain, en ligne directe avec les prospects et les clients, qui démontrent leur performance mois par mois (voire semaine par semaine) en atteignant des objectifs chiffrés, leur rémunération dépendant généralement pour partie de la réalisation de ces objectifs. Le marketing se situe sur une échelle de temps plus longue, se souciant certes du résultat des ventes mais travaillant sur les études, la définition de l'offre et le marketing-mix, la stratégie et la planification. Certes, un excellent directeur des ventes est aussi un stratège qui sait mettre en perspective son action, de même qu'un responsable marketing doit se soucier de l'opérationnel à court terme, mais les priorités sont clairement différentes, ce qui peut conduire à des malentendus ou à des mésententes.

On peut donc hésiter entre une organisation qui rattache le commercial au marketing ou une indépendance de ces deux fonctions, la direction générale étant alors en charge de leur coordination.

Figure 16.9 **Deux grands cas de figure de la position de la fonction commerciale dans l'entreprise**

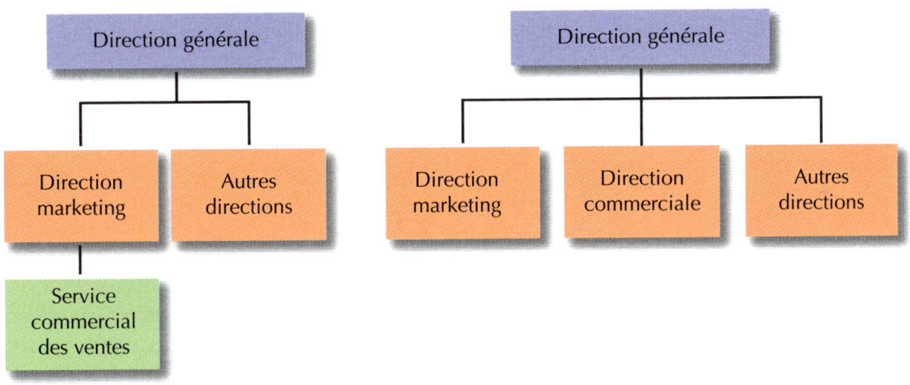

Il arrive dans certaines entreprises que les deux fonctions soient intégrées au sein d'une même « direction marketing et ventes », ce qui devrait faciliter leurs relations. Pourtant, il est très difficile pour un même manager de s'occuper à la fois des études du marché, de l'innovation produit, de la stratégie marketing, de la gestion du marketing-mix en même temps que du plan d'action commerciale, de la définition des rémunérations, du management des équipes commerciales, de leur suivi sur le terrain, de leur évaluation… En conséquence, sous une direction qui paraît intégrée, on retrouve souvent deux fonctions autonomes avec des équipes distinctes – ce qui ne règle pas donc pas le problème de leurs relations. Il arrive souvent que cette direction « marketing et vente » soit en fait une direction commerciale, où le marketing est peu ou pas pratiqué, mais à laquelle on a en quelque sorte trouvé plus chic d'ajouter la dénomination de « marketing ».

Les entreprises qui choisissent à l'inverse de distinguer clairement dans leur structure une direction marketing et une autre de vente peuvent connaître des comportements dysfonctionnels comme on l'a vu plus haut, section 3, dans le mini cas consacré au service marketing d'une compagnie d'assurance.

b) La nécessaire complémentarité et interdépendance entre marketing et commercial

Malgré les difficultés, il est fondamental que le marketing et les ventes travaillent de façon coordonnée et complémentaire. L'efficacité de la force de vente joue presque toujours un rôle essentiel dans le succès ou l'échec commercial d'une entreprise : la meilleure stratégie de marketing échouera probablement si elle n'est pas soutenue, sur le terrain, par des commerciaux compétents, motivés et performants.

Le plan d'actions commerciales doit découler du plan marketing, mais ce dernier doit intégrer les contraintes et les leviers d'action que lui apportent les forces commerciales.

Outre un relais efficace, les forces de vente sont également des sources d'information et d'idées fondamentales pour le marketing. On a parfois défendu le rôle des études de marché en soulignant de façon caricaturale les lacunes des rapports de force de vente qui seraient trop orientés vers les produits, vers les clients actuels de l'entreprise. Mais si les rapports ou des remontées des forces de vente ne peuvent pas se substituer aux études de marché, ils apportent néanmoins une contribution fondamentale à la compréhension de ces marchés. Les vendeurs passent en effet beaucoup plus de temps en contact direct avec les clients ou les distributeurs que les gens de marketing : ils ont de ce fait une connaissance particulière du terrain qui éclaire et complète la connaissance du marché obtenue à travers les études. Les remontées des forces de vente sont une source d'information précieuse pour les responsables de marketing : elles doivent donc être encouragées et valorisées.

Enfin, les gens de marketing doivent toujours considérer que leurs premiers clients, dont ils doivent comprendre les besoins et les motivations, ce sont leurs forces de vente. On gagne toujours à impliquer les vendeurs dans la politique marketing de l'entreprise et à les « nourrir » en bons produits. Des vendeurs qui se savent écoutés, qui peuvent faire remonter l'information du terrain, qu'on consulte avant de prendre des décisions sur l'offre, et qui sont convaincus par l'intérêt de l'offre pour leurs clients seront nécessairement plus enclins à défendre les produits et la politique marketing de l'entreprise.

Ressources complémentaires

Ressources numériques sur mercator.fr

- **L'essentiel : retenez les points-clés !**
  L'essentiel du chapitre 16
- **Quiz interactifs corrigés et commentés : testez vos connaissances !**
  Quiz chapitre 16 – Plan marketing, contrôle, fonctions marketing
- **Pour aller plus loin**
  Pour aller plus loin dans le chapitre 16 : une sélection de livres sur le plan marketing.

S'adapter aux spécificités sectorielles et multinationales

cinquième partie

Bien que les principes fondamentaux du marketing soient valables pour toutes les entreprises, leur application comporte des particularités souvent déterminantes, selon le secteur d'activité.

Nous avons choisi trois thèmes en fonction de leur importance économique : le marketing des services, le marketing B to B ou interentreprises et le marketing multinational où l'on traite plus d'un espace de marchés que d'un secteur *stricto sensu*.

Dans le chapitre 17 sur le marketing des services, nous mettons l'accent sur l'importance du personnel en contact avec la clientèle, sur la notion de « servuction » et sur les modes d'organisation particuliers de la fonction marketing.

Dans le chapitre 18 sur le marketing B to B, nous approfondissons les politiques de ciblage au sein d'une filière et les spécificités de la segmentation, des politiques de prix, de distribution et de communication en milieu industriel.

Enfin, dans le chapitre 19 sur le marketing multinational, nous analysons les multiples stratégies qui vont du « pur local » (politiques spécifiques à chaque pays) au « pur global », avec un marketing identique dans chaque pays.

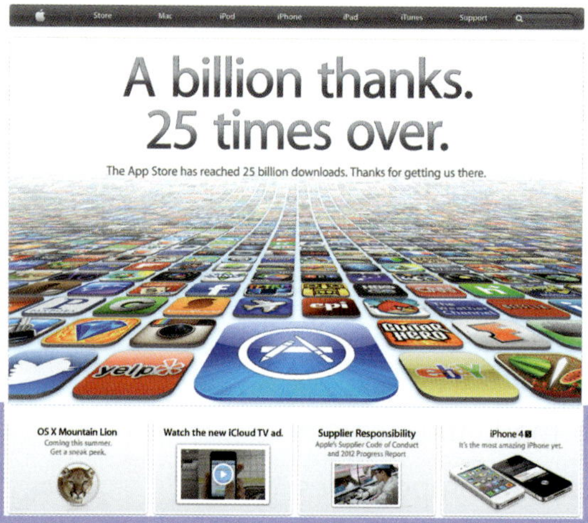

Quand l'App Store donne de l'esprit à l'iPhone

En mars 2012, Apple célèbrait sur son site le 25e milliardième téléchargement de son App Store.

Quand l'iPhone a été lancé en juin 2007, il a d'emblée remporté un succès considérable en combinant un téléphone, un iPod, un terminal Internet et une interface révolutionnaire utilisant un écran tactile.

En mars 2008, Apple rendait public un kit de développement pour création d'applications par des tiers. Toutes les applications créées sont soumises à la validation d'Apple avant d'être distribuées dans l'App Store ouvert en juillet de la même année. Les utilisateurs d'iPhone peuvent ainsi acheter, télécharger et installer de nouveaux logiciels directement sur l'iPhone ou *via* un ordinateur équipé d'iTunes. Le développeur est libre d'opter pour la gratuité ou de fixer le prix qu'il souhaite, il récupère alors 70 % des revenus générés.

En juillet 2009, un an après son lancement, l'App Store franchissait la barre du milliard et demi de téléchargements, en janvier 2011, les 10 milliards, et en mars 2012, celle des 25 milliards avec plus de 600 000 applications disponibles[1].

Apple a créé un véritable écosystème en distribuant un milliard de dollars de revenus aux développeurs. En avril 2012, l'appli de retouche et de partage de photo d'Instagram était racheté par Facebook pour... un milliard de dollars. Le modèle d'Apple a été copié depuis par Google (Android), Microsoft (Windows Phone) et Amazon (Kindle).

Cette *success story* illustre bien l'intégration croissante entre des biens (comme l'iPhone) et les services (comme l'App Store). Les clients achètent de plus en plus une prestation, une expérience, qui vont au-delà des biens. Les biens s'enrichissent de services, et une large partie des services sont liés à des biens. Le marketing des services s'adresse au secteur des services, qui représente plus de 70 % du PNB en Europe, mais porte également sur les services associés qui accompagnent toute offre de produits.

1. Les 30 milliards ont été dépassés en juin 2012.

Chapitre 17

Le marketing des services

Le marketing des services est abordé dans plusieurs chapitres du *Mercator*, notamment dans le traitement des différentes variables du marketing-mix. L'importance croissante des services dans les économies développées et l'imbrication des biens tangibles et des services intangibles explique cette présence tout au long de cet ouvrage.

Nous avons cependant souhaité compléter cette approche par un chapitre dédié au marketing des services pour que le lecteur ait une vision globale de ses spécificités.

Après avoir présenté la notion de service et développé les particularités du marketing des services, ce chapitre met l'accent sur les problèmes de la régulation de l'offre de services et sur la communication des services. Nous étudierons ensuite ce qui détermine la qualité perçue des services et la satisfaction des clients avant de conclure sur la dimension organisationnelle du marketing des services qui soulève des problèmes complexes mais d'importance majeure.

PLAN DU CHAPITRE

Section 1	La notion de service et les spécificités du marketing des services	890
Section 2	Les problématiques de régulation de l'offre et de la communication dans les services	903
Section 3	La qualité des services	909
Section 4	La dimension organisationnelle du marketing des services	912
Ressources complémentaires		925

SECTION 1

LA NOTION DE SERVICE ET LES SPÉCIFICITÉS DU MARKETING DES SERVICES

FOCUS

Bien, service, produit : une question de vocabulaire

- Un bien est tangible.
- Un service est intangible, c'est-à-dire immatériel.
- Le terme « produit » désigne de façon indifférente un bien, un service ou un mélange des deux.

1 DES FRONTIÈRES SOUVENT FLOUES ENTRE BIENS ET SERVICES

a) Il existe un continuum entre les biens et les services

Le chapitre 4 sur la politique de produit a souligné qu'il existait un *continuum* entre biens et services en ce sens que les offres sont généralement des associations de biens et de services.

D'une part, les biens sont de plus en plus souvent accompagnés de services associés : conseils des vendeurs, services financiers, services après-vente, information et traitement des réclamations par les services consommateurs des entreprises, etc.

D'autre part, de nombreux services ne peuvent être fournis sans un support matériel. Dans le tableau suivant, nous avons regroupé l'ensemble des services et des biens en quatre catégories : les services à faible composante matérielle, les services à forte composante matérielle, les biens à forte composante de services et les biens à faible composante de services.

Figure 17.1 **Quatre catégories d'offre en fonction d'un mix biens-services**

Services à faible composante matérielle	Services à forte composante matérielle	Biens à forte composante de services	Biens à faible composante de services
• Médecine généraliste • Coiffure • Enseignement primaire et secondaire • Agence de travail intérimaire	• Location de voitures • Transport aérien • Hôtellerie-restauration • Médecine hospitalière	• Téléphone • Téléviseurs • Ordinateurs • Automobiles	• Essence en libre-service • Confiture • Lessive • Fournitures de bureau

Certains services sont entièrement immatériels : une coupe de cheveux (il suffit d'une paire de ciseaux), une visite à domicile d'un médecin généraliste, l'apprentissage de la lecture, les conseils d'un avocat sont des exemples de services de ce type.

D'autres services intègrent des biens matériels de différentes façons :

- services nécessitant une infrastructure matérielle importante comme l'hôtellerie, la médecine hospitalière, l'enseignement universitaire, le GPS qui nécessite de nombreux satellites, l'e-commerce de biens qui nécessite une logistique, etc. ;
- services de mise à disposition d'un bien matériel. Les multiples activités de location entrent dans cette catégorie ;
- services consistant à transformer des produits tangibles en leur donnant de la valeur ajoutée comme le fait la restauration ;
- services d'entretien des biens matériels : immeubles, automobiles, machines-outils, etc.

Pour certains biens, la composante de service peut être très importante dans la perception de l'offre. Avec l'achat d'une voiture, l'automobiliste achète les services d'aide à la vente et d'après-vente qui lui sont liés ; il en est généralement de même pour l'informatique. D'une façon un peu différente, certains biens n'ont de sens et de valeur qu'avec les services qui leur sont attachés. On achète, par exemple, un poste de télévision pour le service des programmes télévisés. On achète un téléphone fixe ou portable pour les services de télécommunication.

De plus en plus, les biens s'accompagnent de services. Ainsi, on trouve aujourd'hui sur un paquet de lessive ou une boîte de biscuits un numéro vert qui permet d'obtenir des renseignements sur le produit ou de demander un remboursement s'il est défectueux. C'est un service offert au consommateur qui accompagne le bien, même si ce n'est pas nécessairement une composante déterminante de l'offre.

Exemple

➥ Pour soutenir les ventes de sa marque Danacol, des produits laitiers censés réduire le cholestérol, Danone a lancé en 2012 le site www.savoirreduiresoncholesterol.com à grands renforts de publicité. C'est un site d'information, de conseil, de « coaching » et même un forum social qui vient accompagner et encourager la consommation du produit.

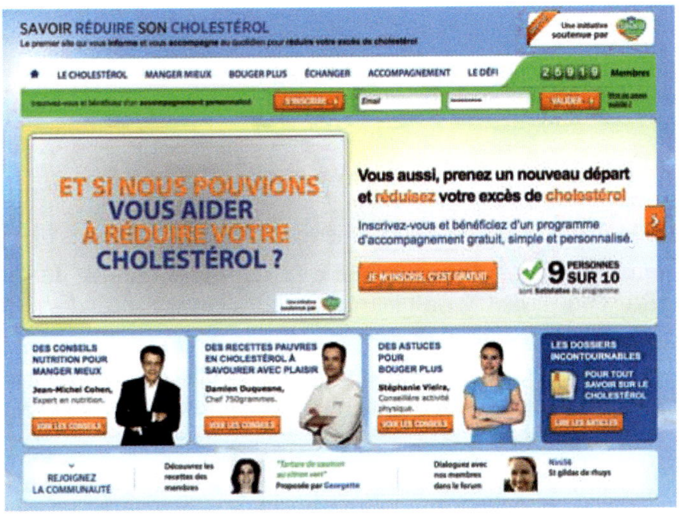

b) Des frontières floues entre biens et services sauf sur un critère : le transfert de propriété

En raison de ce continuum, la distinction nette entre bien et service n'est pas toujours facile à établir.

L'achat d'un appartement à la montagne est une acquisition de bien. L'achat d'un appartement dans la même station avec un contrat de gestion pour sa location et son entretien en fait un bien à forte composante de services. L'achat en multipropriété le range dans la catégorie des services à forte composante matérielle.

Il en est de même pour les automobiles. Le marché de l'automobile est encore majoritairement un marché de biens mais le marché de la location se développe rapidement. On propose maintenant couramment des locations longue durée ou la vente d'automobiles avec des contrats d'entretien où tout est compris, hors l'essence, pour plusieurs milliers de kilomètres. L'achat et la location se rejoignent. Biens et services deviennent intimement liés.

Deux conditions principales permettent d'identifier une prestation de service par rapport à la vente d'un bien (voir le début du chapitre 4 sur la politique de produit) :

- une prestation de service se caractérise par une part prédominante d'immatérialité ;
- une prestation de service se distingue par l'absence d'un transfert de propriété. C'est sur ce point que la frontière entre une prestation de service et la vente d'un bien est la plus nette.

On peut ainsi dire que le service ne consiste pas à *posséder*, mais à *louer* quelque chose ou le travail de quelqu'un. On peut ainsi louer :

- des biens : véhicules, appareils, etc. ;
- des espaces et des places : un siège (dans un train, un avion, un cinéma…), une chambre, une habitation, un lieu de stockage, etc. ;
- du travail et de l'expertise : nettoyage, formation, consultation, opérations chirurgicales, etc. ;
- l'utilisation d'un environnement physique : musée, golf, autoroute, etc. ;
- l'utilisation de systèmes et de réseaux : télécommunication, banque, électricité, sites Web, réseaux sociaux, etc.

c) Distinguer le produit principal et les services associés

Le marketing des services peut concerner deux aspects différents d'une offre :

- *Le produit principal.* Il correspond à la vocation première de l'entreprise de service. Pour la SNCF, c'est le transport des voyageurs et des marchandises.
- *La composante « services »* qui accompagne la vente et la consommation de tous les produits (bien ou service) et que l'on appelle services associés, comme le service après-vente pour les automobiles, le service de billeterie par Internet pour le train, etc.

Dans le chapitre 4 sur la politique de produit, nous avons déjà souligné l'importance des services associés à une offre principale, tels que l'accueil, l'information, le conseil à l'achat, la prise de commande, la livraison, la maintenance, le traitement des réclamations, etc. :

- Les services associés peuvent être analysés en services de préparation à l'achat, de facilitation de la transaction ou d'après-vente.
- Le niveau de services associés peut permettre de proposer une gamme de produits (par exemple des hôtels aux niveaux de standing différents).
- Ils peuvent être inclus dans le prix et servir à différencier l'offre ou donner lieu à une tarification propre (options). On peut ainsi distinguer les services de base attendus et communs à une catégorie d'offres et les services additionnels qui sont potentiellement différenciateurs de la concurrence.

Services de base et services additionnels ne sont pas figés. Les services additionnels qui permettent de différencier les offres sont très rapidement copiés par la concurrence et doivent donc faire l'objet d'innovations constantes. Par ailleurs, ce qui est considéré, aujourd'hui, comme un service différenciateur pourra devenir demain un service de base. Un site Internet associé à une marque était une innovation il y a dix ans, c'est une banalité aujourd'hui.

2 Les cinq spécificités des services

FOCUS

Les cinq spécificités des services

- Intangibilité
- Impossibilité de stockage
- Participation du client à la production de service
- Contact direct entre clients et personnel de service
- Inconstance de la qualité du service

a) L'intangibilité

L'intangibilité, c'est-à-dire l'immatérialité des services, est la distinction clé entre services et biens, à partir de laquelle toutes les autres différences se développent.

Les services ne sont pas des objets matériels, et de ce fait, ils ne peuvent pas être vus, sentis, touchés comme les biens peuvent l'être. Ainsi, qu'est-ce qu'une assurance, sinon un engagement entre deux partenaires pour le futur ? Il n'y a dans un produit d'assurance rien de tangible, de palpable, de visible, alors qu'une voiture, un téléviseur, un vêtement sont autant d'objets qu'on peut toucher, voir, essayer. Le caractère intangible des services rend leur appréciation plus difficile pour les clients[1].

1. Frédéric Bielen et Christophe Sempels, « Vers une meilleure compréhension de la relation entre l'intangibilité des services et le risque perçu : impact de la connaissance et de l'utilisation », *RFM*, n° 206, février 2006.

Exemple

➥ Contrairement à une voiture ou à un canapé, pour essayer un service, il faut habituellement l'acheter ou s'engager. C'est pourquoi de nombreuses entreprises de service proposent des formules d'essai, soit gratuites, soit avec une forte réduction comme Weight Watchers qui propose 50 % de rabais sur le premier mois avec liberté de résiliation.

L'intangibilité du service rend son marketing plus complexe.

1° La communication est plus difficile

Il est plus aisé de montrer un bien, que de communiquer sur un service qui est intangible. On visualise facilement une voiture. On ne peut pas montrer l'assurance qui va avec. On montre facilement l'intérieur d'un avion d'Air France. On montre plus difficilement sa ponctualité et la courtoisie du personnel navigant. Il faut l'expliquer.

Inversement, le client est à la recherche d'informations qui soient à même de le rassurer et de plus en plus, il le trouve dans le bouche à oreille et les témoignages de clients sur les réseaux sociaux, tels Tripadvisor pour l'hôtellerie.

2° La justification du prix d'un service est souvent plus difficile que pour un bien matériel

On a plus de difficulté à apprécier le prix de revient d'un service que d'un bien. On comprend mieux la différence de prix entre plusieurs modèles d'automobiles qu'entre plusieurs contrats d'assurance.

3° L'innovation de service est plus difficilement protégeable que pour un bien

L'innovation est tout autant déterminante pour la réussite d'une entreprise de services que pour un producteur de biens mais il est plus difficile de défendre un service contre des copies de la concurrence. Un service ne peut pas être breveté. On protège une innovation par la marque et par la qualité d'exécution car elle passe par la compétence d'hommes et de femmes, leur exigence, l'expérience de l'entreprise et sa culture fondée sur des valeurs orientées vers le client.

Si l'intangibilité des services est à la source de difficultés particulières, elle peut, en revanche, ouvrir des opportunités considérables, comme la transformation d'Internet en canal de réalisation du service (voir le chapitre 4 sur la politique de produit).

b) Un service ne peut pas se stocker : la production et la consommation sont inséparables

Sans clients, une entreprise de service ne produit rien : un hôtel sans clients est un bâtiment avec des chambres, mais ne réalise ni prestation, ni activité économique.

L'inséparabilité de la consommation et de la production dans les services signifie à la fois simultanéité et proximité physique.

1° La simultanéité

Alors que les biens sont produits, puis vendus et ensuite consommés, les services sont produits et consommés simultanément, comme une nuit d'hôtel, un repas dans un restaurant, un voyage en avion ou en train, etc. En conséquence, il est *impossible de stocker un service*. Cela signifie que les contraintes de temps sont plus importantes pour l'entreprise de service qui ne peut pas étaler sa production et la stocker pour faire face aux variations de la demande.

Exemple

➥ Un hôtel a beau être vide en saison creuse, il est impossible de stocker des nuits d'hôtel en prévision de la haute saison !

2° La proximité physique

Dans beaucoup de cas, le client doit être présent durant la production de service sur le lieu de production (coupe de cheveux, visite médicale, voyage en avion, dîner au restaurant, etc.) alors que la présence du client durant la production d'un bien est exceptionnelle et le plus souvent pas du tout souhaitable !

Une contrainte spatiale (réunir dans le même lieu producteur et consommateur de services) s'ajoute donc à la contrainte temporelle (impossibilité de stocker). Beaucoup d'entreprises de services doivent être des distributeurs pour pouvoir produire du service. La couverture géographique du service, la structuration de l'entreprise sous forme de réseau, sont les conséquences de cette difficulté, voire de cette impossibilité de dissocier spatialement le service et la production.

c) La participation des clients à la production de service

Les services ne se caractérisent pas seulement par la présence fréquente des clients au moment de la production, mais aussi par leur participation active dans le processus même de production du service.

Exemples

➥ L'usager d'un parking doit réaliser un ensemble de prestations pour obtenir le service : prendre le ticket d'entrée, trouver une place, trouver la sortie pour piétons, payer sa place avec une machine, retrouver sa voiture, trouver la sortie des voitures, insérer le ticket dans une borne pour soulever la barrière de sortie…

- La réussite d'un séminaire de formation ne dépend pas seulement de son contenu pédagogique ou du talent du formateur, mais également des interactions entre participants. Une atmosphère détendue, l'organisation d'ateliers permettant des travaux de groupe, l'échange d'expérience et d'expertise entre les participants concourent fortement à la réussite d'un séminaire, et le rôle de formateur est, dans la conception et l'animation de sa formation, de faciliter et de promouvoir ces échanges.

Toutes les activités en libre-service supposent évidemment cette participation du client : les stations d'essence en libre-service, les machines automatiques bancaires, les machines délivrant les billets de train, les services par réseau informatique, etc. Même des services dans lesquels le client est moins actif requièrent souvent une participation de celui-ci : ainsi, le client d'un coiffeur devra exprimer clairement sa demande avant et pendant la coupe de cheveux s'il veut avoir une chance d'obtenir celle qu'il désire !

Pour les entreprises, l'intégration du client dans le processus de service signifie que la frontière organisationnelle, qui sépare l'intérieur de l'extérieur de l'entreprise, est particulièrement poreuse. Tout élément en contact avec le client (personnel, locaux, machines, documentation, etc.) devient un élément du service.

Le client est une partie intégrante du processus de service et donc tout changement dans l'interaction avec le client a un impact sur les modes d'organisation internes.

Exemples

- Lorsque La Poste réorganise ses bureaux en « déspécialisant » ses guichets ou en prévoyant une file commune pour tous les guichets, elle influence directement le comportement des consommateurs et elle doit revoir ses processus de production.
- L'« humanitude » est une méthode de soin des personnes âgées, conçue il y a trente ans par Yves Gineste et Rosette Marescotti pour améliorer les relations entre patients et soignants dans les hôpitaux, cliniques ou maisons de retraite. Alors qu'habituellement la personne âgée reçoit ses traitements de façon passive à heures fixes pour des soins tels que la toilette – ce qui donne lieu parfois à des résistances, des conflits et une certaine humiliation –, la nouvelle méthode est fondée sur l'adaptation aux désirs des patients (intervention quand le patient le souhaite), l'échange de regards, la parole (annoncer et expliquer les gestes), la verticalité (lever la personne) et la participation active de la personne âgée au soin. Cette méthode dont les résultats sont spectaculaires sollicite l'action du patient, mais demande une formation complète des soignants qui doivent revoir l'ensemble de leurs méthodes, de leurs habitudes et l'organisation des soins.

d) Des contacts directs entre les clients et le personnel de service

L'intangibilité du service, l'intégration du client dans le processus de production et sa participation active sont autant d'éléments qui conduisent à des relations directes entre les clients et le personnel de l'entreprise en contact avec eux. Même des services automatisés comme le téléphone ou les machines bancaires sont généralement associés, d'une façon ou d'une autre, à des relations interpersonnelles entre le client et le personnel de l'entreprise (les opérateurs d'Orange par exemple ou le personnel bancaire).

Le service est produit partiellement ou dans son entier par le personnel en contact avec la clientèle. Le coiffeur, le médecin ou l'enseignant sont trois exemples dans lesquels les personnes en contact avec les clients et les producteurs du service sont identiques. Dans d'autres cas, le personnel en contact peut sembler plus éloigné de la production de service, bien qu'il en soit, en fait, une composante toujours très importante.

Exemples

- Ce n'est pas le serveur du restaurant qui fait la cuisine (service de base) mais un repas au restaurant sera pour une large part agréable ou déplaisant en fonction du comportement du serveur : il est un élément clé du service.
- Le conseiller bancaire ou le guichetier produisent pour une part le service bancaire, les hôtesses et stewards le service de transport aérien, la caissière le service d'un distributeur, etc.

Pour l'entreprise, l'importance du personnel en contact dans la production de services pose des problèmes importants d'homogénéité de leurs comportements et donc de la qualité des services. La prévisibilité des comportements est très difficile à établir, car tout être humain se comportera différemment en fonction des circonstances et du moment.

e) L'inconstance de la qualité des services

La qualité et la nature d'un service peuvent varier sensiblement en fonction du producteur de services, du client et du moment. Ainsi, un même service offert par une même compagnie aérienne peut varier du tout au tout en fonction de l'aéroport, du client, du personnel en contact ou simplement du moment. Cette spécificité est particulièrement importante pour les services à forte part de main-d'œuvre. Alors qu'un fabricant de lessive peut contrôler ses produits en fin de chaîne de production afin de s'assurer que les produits livrés aux magasins correspondront toujours à un même standard de qualité objective, une telle exigence est beaucoup plus difficile à atteindre pour la qualité des services.

3 L'adaptation des politiques des entreprises aux spécificités des services

FOCUS

Cinq grands principes de marketing des services

- Matérialiser l'offre et donner une image de compétence et de disponibilité.
- Gérer les moments de vérité en formant le personnel en contact.
- Prendre en compte la participation du client dans la conception de service.
- Adapter son processus de production à un ou plusieurs types de clients.
- Assurer la qualité de service par la standardisation, la sensibilisation et le contrôle.

a) Matérialiser l'offre et donner une image de compétence et de disponibilité

L'intangibilité du service provoque l'incertitude du client. De ce fait, il va chercher un certain nombre d'indices auxquels se fier pour se faire une idée de la qualité ou des caractéristiques du service proposé.

Exemple

- Une personne à la recherche d'un restaurant pourra regarder le menu affiché à l'entrée, mais se fiera également au décor et aux clients présents dans la salle : si le restaurant est vide, cela risque d'être mauvais signe, s'il est bondé, cela implique un certain temps d'attente.

Matérialiser l'offre de service, c'est vouloir contrôler la frustration du client en lui proposant des objets tangibles qui seront associés au service[1]. La qualité de la prestation de service peut être indépendante de ces signes matériels (ce n'est pas parce que l'agence bancaire est un local moderne et rutilant que le service sera bon et le fait que la carte de crédit soit dorée n'a aucune signification objective), cependant le client établit par expérience un certain lien entre le service et les indicateurs matériels (une agence bancaire sale risque d'être mal tenue et les employés risquent de manquer de rigueur dans la prestation de service).

1° Le décor du point de vente

Certains indicateurs peuvent être contrôlés par le prestataire de service. Le décor d'un restaurant est un indicateur important du type et de la qualité de la prestation proposée. Les différentes catégories de restauration, comme la restauration rapide, le bistrot, la chaîne, la cuisine traditionnelle, l'endroit « branché », etc., sont liés à certains types de décoration, et le client n'attendra pas le même service et la même cuisine pour chacune de ces offres. Des indicateurs moins évidents peuvent être néanmoins importants. Par exemple, beaucoup de personnes jugent également la qualité d'un restaurant à la propreté des toilettes…

Les entreprises de distribution et de service ont adopté depuis longtemps une politique architecturale qui permet à leurs points de vente de donner une image identique, reconnaissable et attractive pour leurs clients.

Exemple

- Une entreprise de distribution comme Nature et Découvertes arrive à communiquer son concept de magasin *New Age* non seulement par l'assortiment des produits, mais également par la décoration intérieure et la musique d'ambiance.

2° L'état des locaux, des équipements ou des uniformes

Comme on l'a souligné, un point de vente sale ou en désordre peut donner une image fâcheuse d'une agence bancaire, alors que le désordre est un trait distinctif et attractif des magasins bon marché comme Tati, parce qu'il renforcera l'idée de prix bas et de bonnes affaires à dénicher dans ce fatras.

Outre l'état des locaux, c'est celui des éléments matériels tels que les machines et les uniformes qui peuvent tenir lieu d'indices tangibles du service.

1. Véronique Cova, « Le design des services », *Décisions Marketing*, avril-juin 2004, vol. 34.

Exemples

- Des études en psychologie comportementale montrent qu'un enseignant qui porte un costume est perçu comme plus intelligent qu'un autre qui portera des vêtements *sportswear*, qu'une femme aura plus de chance d'être embauchée en s'habillant de façon plus masculine, ou encore qu'en demandant à des étudiants de porter une blouse de médecins, ils deviennent plus attentifs lors d'une expérience. La façon de s'habiller, les uniformes, influencent la perception qu'on a d'autrui… et son propre comportement[1].
- Decaux est une entreprise spécialisée dans la fourniture de mobilier urbain, qui vend l'espace publicitaire auprès des annonceurs et qui entretient ce mobilier auprès des collectivités locales, à travers le monde. Pour que les supports mettent bien en valeur les affiches et pour qu'ils soient mieux acceptés par la population environnante, l'entretien et le nettoyage doivent être parfaits. Decaux utilise des véhicules qui sont toujours dans un superbe état (pas d'éraflure ou de tôle froissée) et d'une propreté immaculée. Son personnel de nettoyage porte des uniformes immanquablement propres.

Pout tangibiliser son service de propreté, Decaux prête une attention constante à la propreté de ses véhicules et de l'uniforme de son personnel

3° La matérialisation par des supports symboliques

La communication (publicité dans les médias, publicité sur les lieux de vente, brochures, etc.) est un outil important pour visualiser et matérialiser le service offert. Cette communication fait souvent appel à des symboles (personnes, animaux…) qui aident à positionner la marque de service et à valoriser son image.

1. Adam Hajo et Adam D. Galinsky, « Enclothed Cognition », *Journal of Experimental Social Psychology*, avril 2012.

Exemple

- La vente d'une prestation haut de gamme sera appuyée par une brochure luxueuse : la qualité du papier, des photos, de la maquette renforceront le positionnement de l'offre.

b) Gérer les moments de vérité en formant le personnel de contact

Les services donnent généralement lieu à une relation directe entre les clients et le personnel en contact. Ces opportunités de contact ont été appelées « moments de vérité[1] », car c'est très largement au travers eux que le client établit son jugement sur le service qui lui est offert.

Les moments de vérité peuvent être préparés par l'entreprise d'une part en concevant un système de service adapté (ce qui sera abordé au point suivant), et d'autre part en formant le personnel en contact à la qualité de l'accueil.

Exemples

- Les stewards du train Eurostar – fussent-ils intérimaires – doivent suivre une formation préalable d'au moins une semaine. On leur enseigne lors de celle-ci à ne jamais dire « non » aux clients, à formuler leurs questions sous forme ouverte plutôt que fermée, ou encore à éviter de prononcer un certain nombre de mots à connotation négative.
- Une entreprise comme Walt Disney a élevé la formation du personnel au rang d'une institution. Le personnel en contact est appelé *cast member*, c'est-à-dire qu'il est considéré comme le membre d'une troupe, jouant sur une scène, qui est le parc d'animation. Tous ses contacts avec les clients sont autant de moments d'une performance, d'un rôle qu'il doit jouer pour préserver la « magie » Disney. Une telle politique peut paraître caricaturale et les comportements demandés peu naturels ; elle constitue pourtant un des facteurs clés de succès des parcs Walt Disney, car il ne sert à rien de vouloir émerveiller les clients par les attractions si le contact avec le personnel du parc est désagréable ou inefficace. La prestation de service est conçue comme une expérience globale, dans laquelle le personnel en contact joue un rôle de premier plan, et où rien ne doit être laissé au hasard afin de susciter l'enchantement du client (du *guest* ou « invité » dans le langage Disney).

c) Prendre en compte la participation du client dans la conception du service

Le client est souvent conduit à faire des efforts quand il s'adresse à un prestataire de service, afin de spécifier sa demande (indiquer par exemple ses attentes en matière de produits financiers, de couverture d'assurance, d'abonnement à un service, etc.), ou pour rendre possible la prestation (utilisation d'un parking, utilisation de machines, etc.).

1. Selon une expression de Richard Normann (*Service Management*, John Wiley & Sons, 1983), popularisée ensuite par Jan Carlzon (*Moments of Truth*, Ballinger Publishing Company, 1987).

1° Faciliter le travail du client

L'entreprise a tout intérêt à faciliter la tâche du client, soit pour réduire son anxiété, soit pour rendre moins complexe sa tâche, soit pour l'aider à obtenir le service qu'il désire et donc qui le satisfera.

Une entreprise peut fonder sa compétence clé sur cette aptitude à aider son client dans le processus de service.

Notre conseil

Le grand professeur du marketing des services Christopher Lovelock interpellait les cadres qu'il avait en formation par le cri du cœur du client : « Is it easy to do business with you? », « *Est-il facile de faire des affaires avec vous ?* ». *Très souvent, l'analyse du processus de service montre que le parcours du client est plein d'embûches : il faut analyser ce parcours pour lui faciliter la vie (voir la section 4 sur le blueprinting).*

Exemple

- Le Club Méditerranée a construit son succès (avant d'être copié par ses concurrents) sur la prise en charge du client tout au long de la prestation de service. Une expérience réussie de vacances dépend d'éléments tangibles tels que le site, les locaux d'hébergement ou le temps. Mais passer de bonnes vacances signifie également qu'on ne sera pas gêné par des problèmes d'intendance, qu'on aura rencontré des gens agréables, qu'on ne se sera pas ennuyé, etc. Le rôle des Gentils Organisateurs du Club Med est justement d'aider les vacanciers à passer de bonnes vacances : en proposant de multiples activités à la carte, en faisant l'animation, en aidant les contacts entre les Gentils Membres, en s'occupant des enfants pour laisser plus de liberté aux parents, et par bien d'autres services.

2° Anticiper les coûts et les risques liés aux clients

La participation du client au service signifie également que les risques et les coûts du client varient pour chacun d'entre eux. Certains clients peuvent avoir une demande très précise en tête, l'exprimer clairement, l'obtenir sans difficulté, d'autres auront un besoin peu clair nécessitant le conseil du salarié en contact, et conduisant à des demandes de modification de service au cours de la prestation. La variété des types d'interactions entraîne des difficultés particulières d'organisation pour l'entreprise (un même hôtel accueillera des clients aux demandes et aux exigences très différentes), ainsi que des différences importantes de coût.

Exemples

- Parmi les clients de clubs de vacances, certains sont frugaux. Ils consomment peu au buffet ; ils utilisent très peu les installations sportives, alors que d'autres sont boulimiques : ils ont un grand appétit et veulent tout essayer : leur coût sera sensiblement différent, alors que la recette, au forfait, est identique.
- La diversité des comportements et des coûts des clients est au cœur du service des assurances. Le rôle de l'entreprise est ici d'estimer statistiquement les risques de chaque type de clients et de fixer un prix qui assure un profit.

Le plus souvent, on facture séparément des prestations différentes. Le client d'Orange qui souhaite utiliser des services tels que le renvoi d'appel ou la conversation à trois, paiera un abonnement particulier. Cette alternative dans la politique de prix, entre un paiement au forfait ou en fonction de l'usage, doit être située dans le contexte concurrentiel. Il était de rigueur que la location de voiture soit facturée au forfait, auquel on ajoutait des frais kilométriques qui variaient en fonction de l'utilisation faite de la voiture par chaque client. Le jeu de la concurrence a conduit à proposer aux clients presque toujours le forfait, chaque entreprise devant estimer le coût moyen de ses clients, bien que ceux-ci utilisent les véhicules avec une intensité très différente.

3° Former le client

Évaluer les risques, et proposer éventuellement des services à la carte, n'empêche pas d'« éduquer » le client. Cela peut signifier qu'on va lui apprendre la bonne façon d'utiliser le service, son mode d'emploi. Un client d'assurance logement n'est pas remboursé en cas de cambriolage s'il a laissé sa porte ou ses fenêtres ouvertes ; un conducteur responsable d'un accident aura un *malus*, c'est-à-dire une augmentation de prime.

On tente parfois d'éduquer le client par une politique tarifaire qui va modifier son comportement et réduire les coûts de sous-utilisation ou de « sur-utilisation » de la structure de service. Ainsi, il est moins cher de prendre le train en réservant à l'avance, en téléphonant aux heures creuses, en allant dans des bars qui pratiquent les *happy hours*.

4° Adapter son processus de production de service à un ou plusieurs types de clients

Les clients ne se ressemblent pas tous et ils peuvent avoir des attentes différentes. L'entreprise peut opter soit pour une offre de service unique ou très peu différenciée, soit pour une offre plus flexible qui peut aller jusqu'au sur-mesure. Dans le premier cas, la présentation de l'offre est très claire parce que simple mais le système de service est rigide et peut se trouver inadapté pour une partie importante de la clientèle. Dans le second cas, on favorise l'adaptation, mais au risque d'une grande complexité de la production de service et de la communication de l'offre.

Exemple

- Dans l'hôtellerie, une chaîne économique, comme les hôtels hotelF1.com, offre un service extrêmement standardisé ; les clients doivent s'adapter à l'offre, mais en échange, ils profitent de conditions tarifaires très avantageuses. À l'inverse, le processus de service d'un palace est conçu pour s'adapter de façon extensive aux *desiderata* du client qui pourra, s'il le souhaite, commander un repas à trois heures du matin ou faire promener son chien par le personnel de l'hôtel. Entre ces deux extrêmes, on peut concevoir des prestations intermédiaires qui segmentent à l'avance diverses catégories de clients et qui s'efforcent de satisfaire leurs différents types de demande par des processus de production de services adaptés. Le concept de « servuction », abordé dans la section 4, permet de mieux comprendre la mise au point d'un système de production de services.

d) Assurer la qualité de service par la standardisation, le contrôle et la sensibilisation

On a vu que les prestations de services étant fondées sur une intervention humaine importante, leur qualité est plus variable, moins contrôlable que pour les biens manufacturés.

L'hétérogénéité de la qualité de service peut conduire à plusieurs types de politiques.

1° Standardiser l'offre de service et contrôler le résultat

Exemple

- McDonald's a établi des normes précises sur la durée et la température de cuisson du steak haché et des frites, tout comme sur le délai de conservation des produits finis (un hamburger resté plus de quelques minutes à l'étalage sera impitoyablement jeté).

La standardisation concerne également le comportement souhaité du personnel en contact : ce qu'il faut dire quand on accueille le client ou quand on le quitte, etc. Si cette standardisation entraîne un manque de fantaisie et de spontanéité, du moins est-elle un instrument très efficace pour que la qualité de service soit plus constante.

La standardisation se traduit par un ensemble de normes explicites dont le respect doit être contrôlé régulièrement. Une technique fréquente consiste à envoyer des « visiteurs mystères » qui se font passer pour de vrais clients pour évaluer la qualité de service.

2° Sensibiliser, former, inciter pour améliorer la qualité de service

La sensibilisation du personnel passe par l'implication de la direction, l'action quotidienne de l'encadrement, la valorisation des bons comportements dans l'organisation, la formation.

Les grandes entreprises de service investissent plus que la moyenne dans la formation continue de leur personnel. Elles ont des services de formation interne souvent très développés comme l'IFCAM du Crédit Agricole ou l'Académie Accor.

Notre conseil

Une des meilleures analogies des services est celle d'une représentation (comme une pièce de théâtre). Il faut non seulement s'assurer que les acteurs connaissent la pièce, mais également qu'ils soient suffisamment intégrés au projet d'ensemble pour pouvoir et vouloir tenir leur rôle devant les spectateurs. Le management des hommes est un élément indissociable du marketing des services.

Exemple

➥ L'Académie Accor fut la première université d'entreprise créée en Europe (1985) dans le domaine des services. Aujourd'hui, dix Académies Accor existent dans le monde avec 450 intervenants pour assurer la formation de plus de 90 000 collaborateurs d'Accor. Capitalisant sur son expérience de formation développée en interne, Accor a lancé Académie, une filiale spécialisée dans le conseil et la formation pour d'autres entreprises.

Les techniques pour inciter le personnel à améliorer sa qualité de service sont variées. Elles vont de l'attribution d'une prime exceptionnelle à la désignation de l'employé du mois, de l'année… une méthode typiquement américaine mais qui fait des émules dans le monde entier.

SECTION 2

LES PROBLÉMATIQUES DE RÉGULATION DE L'OFFRE ET DE LA COMMUNICATION DANS LES SERVICES

Cette section est consacrée à deux problèmes particulièrement sensibles, liés aux spécificités des services. Le premier, qui résulte de l'impossibilité de stocker les services, porte sur la régulation de l'offre. Le second, qui tient à l'intangibilité des services, approfondit la communication des services, une question rapidement abordée jusque-là.

1 La régulation de l'offre

Puisqu'on ne peut pas stocker les services, on risque d'être fréquemment en décalage avec la demande. La capacité de production de service peut être insuffisante aux moments de pointe. On perd des clients, donc de l'argent.

À l'inverse, la capacité de production peut être trop importante. On perd de l'argent parce qu'il faut supporter des coûts fixes trop élevés. La régulation de l'offre et de la demande passe d'abord par une bonne connaissance du marché pour définir la capacité et la politique de prix convenables pour ne pas être systématiquement en sur ou en sous capacité. Une régulation très fine peut générer un supplément de revenu substantiel.

a) La régulation par l'adaptation des capacités de production

La régulation par l'adaptation de l'offre se retrouve par exemple dans les transports et la distribution.

Exemples

- La SNCF met en service des trains supplémentaires aux départs et aux retours des vacances. Ces capacités de production sont sous-utilisées le reste de l'année, ce qui représente un coût pour l'entreprise.
- Pixmania réalise 20 % de son chiffre d'affaires au mois de décembre : toute sa logistique doit être calibrée pour cette période, qui est sous-utilisée le reste de l'année.

Les sociétés de service font souvent appel à du personnel temporaire pour répondre à des pics de demande. En contrepartie, elles risquent de diminuer la qualité de service en faisant appel à ce personnel temporaire, parfois moins bien formé et moins bien intégré à l'entreprise.

Exemple

- Dans la distribution, le vendredi et le samedi peuvent représenter 50 % et plus du chiffre de la semaine. On engage donc des vendeurs et des caissières pour ces deux jours.

b) La régulation de la demande par une stimulation marketing : publicité, offres spéciales…

Ce type de régulation consiste à faire de la publicité et à promouvoir l'offre au moment de l'année où la demande est la plus réduite. On utilise souvent les promotions sur les prix.

Exemple

- Les compagnies aériennes communiquent sur des offres spéciales, destinées à inciter leurs clients à consommer leurs « miles », à des moments de l'année où elles se trouvent en surcapacité de production.

c) La régulation par la tarification

Le yield management a été étudié au chapitre 5 sur la politique de prix. On rappellera ici que lorsque les capacités de production sont relativement fixes et qu'on ne peut pas stocker les produits, l'entreprise cherche à maximiser sa production en faisant varier les prix. La variation des prix a pour objectif de remplir les capacités de production en période basse et d'accroître la marge unitaire en période haute.

Le yield management a été inventé par les compagnies aériennes et cette pratique s'est développée dans l'hôtellerie, la location de véhicules ou la téléphonie notamment.

On retrouve de façon plus rudimentaire le principe du yield management dans la politique tarifaire qui prévoit différents niveaux de tarifs en fonction du moment de la journée ou de l'année.

Exemples

- L'hôtellerie distingue depuis toujours des tarifs différents selon qu'on se trouve en haute, moyenne ou basse saison.
- EDF et la SNCF font varier les prix en fonction du moment de la journée, c'est-à-dire du niveau général de la demande.

d) La régulation par d'autres méthodes non exclusivement liées à la tarification

Ces méthodes peuvent être très diverses, par exemple :

- Avoir un système performant de réservations pour anticiper la demande le plus en avance possible.
- Favoriser, voire rendre obligatoire, les réservations (le TGV, par exemple).
- À partir d'études statistiques, estimer avec précision les *no show* (pourcentage de clients ayant réservé et ne se présentant pas).
- Limiter les *no show* en faisant payer d'avance ou en s'assurant une garantie de paiement (cartes de crédit, par exemple).
- Pratiquer la surréservation ou *surbooking*. Cela consiste à faire plus de réservations qu'il n'y a de places. Cette pratique est fréquente dans les transports, l'hôtellerie, la restauration ou les spectacles. C'est une politique dangereuse si on ne sait pas bien anticiper le nombre de *no show*. Il faut donc prévoir des solutions de remplacement (par exemple, placer les clients en surnombre dans un hôtel concurrent de même catégorie) ou indemniser les clients refusés. Dans tous les cas, l'image de marque en pâtit.

2 La communication des services

a) L'affirmation des marques de service

Les marques étant d'abord une forme de garantie pour le client, elles ont un rôle majeur à jouer dans les services qui, du fait de leur intangibilité, sont difficiles à évaluer avant leur consommation.

On assiste donc à l'émergence ou à l'affirmation de grandes marques de service, telles que les marques de télécommunication, d'informatique, de services sur Internet, de télévision, etc.

Exemple

- Interbrand classe les marques en fonction de leur valeur économique et mentionne les onze marques de service suivantes, dans la liste des trente premières marques mondiales (classement 2011).

Figure 17.2 **Le rang des onze marques de services dans le classement Interbrand des trente marques ayant la plus forte valeur (en milliards de dollars)**

2e	IBM	69,9
3e	Microsoft	59,1
4e	Google	55,3
6e	McDonald's	35,6
9e	Disney	29,0
20e	Oracle	17,3
23e	American Express	14,6
24e	SAP	14,5
26e	Amazon	12,8
27e	UPS	12,5
28e	J.P. Morgan	12,4

b) Les axes de communication des services

1° Le discours « service » : expliquer le service et mettre en avant ses atouts

Ce type de communication fait souvent une place importante à une large information sur les caractéristiques du service. Comme la composante immatérielle des services n'est pas toujours facile à illustrer, on est fréquemment tenté de communiquer surtout sur les éléments tangibles du service, ce qui ne met pas toujours en valeur des éléments moins visibles mais plus importants. Ainsi, une grande école montrera son campus avec son parc et ses bâtiments, une société de location d'automobiles ses véhicules, etc.

Le discours « service » devrait mettre en valeur les services différenciateurs et non pas les services de base qui sont banalisés. Pourtant, on voit encore telle banque dire qu'elle fait de la banque ou tel transporteur proclamer qu'il fait du transport !

2° Le discours « clients » ou « testimonial »

Il met en scène les clients du service ; il fait appel à leurs témoignages ; il les flatte : « vous êtes unique » ; « vous êtes exigeant » ; vous êtes professionnel », etc. La raison d'être de cette mise en scène des clients est l'importance du bouche à oreille dans les services, comme on l'a vu à propos de l'intangibilité des services (section 1)

3° Le discours entreprise ou discours *corporate*

C'est une communication institutionnelle qui valorise l'entreprise prestataire.

- *La mise en avant du personnel en contact*

On présente des personnages affables et qui promettent un service toujours exceptionnel. Cette approche est intéressante compte tenu de l'importance de la relation entre le personnel et la clientèle.

Son rôle est tout autant externe qu'interne en ce sens que la publicité valorise le rôle des employés. La contrepartie de ce type de communication est qu'elle peut courir le risque d'être contestée par le personnel.

On cite souvent, à cet égard, une publicité « historique » de la BNP qui montrait un de ses conseillers déclarant : « Votre argent m'intéresse ». Elle avait provoqué de vives réactions en interne et avait dû être retirée.

- *Les valeurs de l'entreprise*

Trois thèmes sont principalement utilisés :

- *La compétence de l'entreprise* démontrée par la maîtrise de son métier, par son expérience, sa taille, ses performances, etc.
- *La proximité physique et psychologique* : « Je vous connais », « Je sais me mettre à votre écoute », « Je sais dialoguer avec vous ». Le dernier slogan d'Orange : « Le service Orange : satisfait quand vous l'êtes. »
- *La philosophie de l'entreprise*. On met en avant les valeurs fondamentales de la firme. Ainsi, le Crédit Mutuel communique sur la nécessité de s'entraider.

- *Le double engagement de l'entreprise*

- L'entreprise s'oblige : ce thème a donné lieu à des campagnes qui ont marqué la communication de certaines entreprises : « À nous de vous faire préférer le train » (SNCF) ; « Changer l'énergie ensemble » à la suite de : « Nous vous devons plus que la lumière » (EDF), etc.
- L'entreprise apporte des garanties formelles : « Je suis certifié norme ISO… » ; « Le contrat de confiance. Si vous trouvez moins cher, on vous rembourse la différence » (Darty) ; « Si les délais ne sont pas respectés, on vous rembourse ou on vous paie une indemnité » (EDF), etc.

c) Les cibles, les lieux et les moments de la communication

La communication des services diffère de la communication des biens sur quatre points principaux :

- Elle est très importante au moment de la prestation (dans l'avion, l'hôtel, la salle de cours, le salon de coiffure, le cabinet du médecin…) alors que l'essentiel de la communication des biens ne se fait pas au moment de la consommation mais avant.
- La communication interne est décisive pour mobiliser le personnel en contact et ceux qui leur apportent le soutien matériel nécessaire.

> **Notre conseil**
>
> *La communication des offres de biens est beaucoup plus simple que la communication des services. Dans les services, tout communique. Quand on définit une politique de communication, il faut aller bien au-delà de la communication par média, considérer comme des vecteurs de communication le décor, les aspects tangibles du service, comme le personnel et son comportement, l'expérience clients, etc.*

- Comme il est fréquent que les entreprises distribuent elles-mêmes leurs services, elles ont donc souvent la possibilité de mieux maîtriser leur communication sur les points de vente par rapport à leurs homologues producteurs de biens tangibles qui passent par des distributeurs indépendants.
- Plus encore que pour les biens, la communication s'exprime de façon non traditionnelle : uniforme du personnel, entretien et aménagement des locaux, symboles tangibles de service, etc.

Figure 17.3 **Les cibles et les moments de communication des services**

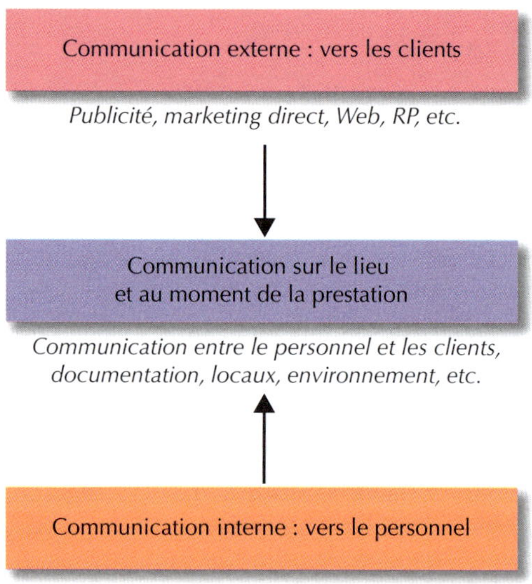

d) Les vecteurs de la communication des services

Les entreprises de service sont parmi les plus gros annonceurs. La distribution, une activité de services, est le premier secteur annonceur en publicité médias et, compte tenu de l'importance de ses dépenses hors-médias, le premier secteur investisseur en communication, toutes formes comprises.

Les *mix* de communication sont très variables selon la nature des services. Ils sont de façon générale plus diversifiés que pour les biens de grande consommation car ils font largement appel aux moyens du hors-médias : la communication *corporate*, le marketing relationnel, mais aussi l'importance des réseaux de distribution.

Une banque, une compagnie d'assurance, un distributeur, un loueur de voitures, une société de travail temporaire… doivent avoir une politique de communication « à double étage » :

- *Une communication nationale et internationale* pour la promotion de la marque *corporate* : la publicité médias et le sponsoring y jouent souvent un rôle important.

- *Une communication locale* pour créer du trafic vers l'implantation locale : les magasins d'une chaîne de distribution, les guichets d'une banque, les agents ou les bureaux d'une compagnie d'assurance... La publicité s'accompagne ici de marketing direct, d'édition (journal d'entreprise), de sponsoring local (parrainage d'un club de sport, participation à de multiples manifestations locales : la course cycliste, la fête des écoles...), cadeaux publicitaires...

Enfin, on rappellera que la communication décisive, en matière de services, est celle du personnel en contact avec les clients. Si l'on comptait le coût de ce personnel (même une part seulement) dans les budgets de communication des entreprises de service, elles seraient largement les premiers investisseurs en communication.

SECTION 3

LA QUALITÉ DES SERVICES

La problématique de la qualité et de la satisfaction des clients est largement traitée au chapitre 10 sur le marketing relationnel et les conclusions qui peuvent en être tirées s'appliquent tout autant aux biens qu'aux services. On se contentera donc de souligner ici quelques aspects spécifiques aux services.

1 Les clients apprécient différemment la qualité des biens et des services

Zeithaml, Parasuranam et Berry[1] ont établi une liste de dix critères de qualité de service :

- tangibilité du service ;
- fiabilité ;
- rapidité ;
- compétence ;
- courtoisie ;
- crédibilité et honnêteté de l'entreprise de service ;
- sécurité ;
- accessibilité des services ;
- communication ;
- connaissance des clients par l'entreprise de service.

Les auteurs soulignent que l'appréciation de la qualité par les clients est différente selon qu'il s'agit d'un service ou d'un bien.

1. Valarie A. Zeithaml, A. Parasuranam, Leonard L. Berry, *Delivering Quality Service. Balancing Customer Perceptions and Expectations*, The Free Press, 1990.

Figure 17.4 **Les critères d'appréciation de la qualité des biens…**

Critères	Exemples et commentaires
1° Performances sur les attributs essentiels	Une machine à laver lave-t-elle bien le linge ?
2° Caractéristiques secondaires	Un tube dentifrice est-il facile à utiliser ?
3° Fiabilité	Aux États-Unis, un bureau d'étude publie régulièrement le nombre moyen de pannes pour chaque modèle d'automobile au cours des six premiers mois.
4° Durée de vie	Combien d'années durera cette tondeuse ?
5° Services associés au produit	Le service après-vente des automobiles Renault est-il efficace et bon marché ?
6° Apparence	Le design du produit donne-t-il une impression de qualité ?

… et des services

Critères	Exemples et commentaires
1° Dimensions tangibles du service	L'emplacement, les bâtiments, les équipements, la tenue du personnel… connotent-ils une image de qualité ?
2° Fiabilité	La cuisine de ce restaurant est-elle de qualité régulière ?
3° Compétence	Ce garagiste saura-t-il réparer convenablement ce modèle ?
4° Implication	Le personnel au guichet de cette administration donne-t-il le sentiment de vouloir aider les visiteurs ?
5° Personnalisation	Ma banque cherche-t-elle à me proposer des placements qui correspondent à mes besoins ?

2 La nature et les déterminants de la perception de qualité des services

Les mêmes auteurs ont modélisé le processus par lequel les clients évaluent la qualité de service[1]. Zeithaml, Parasuraman et Berry ont mis en avant le concept de zone de tolérance, qui fait le lien entre le service qu'on désire et celui qu'on accepte. Le service attendu est comparé au service perçu et entraîne la satisfaction ou l'insatisfaction du client (voir figure 17.5).

1. Valarie A. Zeithaml, A. Parasuraman et Leonard L. Berry, « The Nature and Determinants of Customer Expectations of Service », *Journal of the Academy of Marketing Science*, 1993, vol. 21, n° 1, pp. 1-12.

Figure 17.5 **Nature et déterminants de la qualité perçue des services**

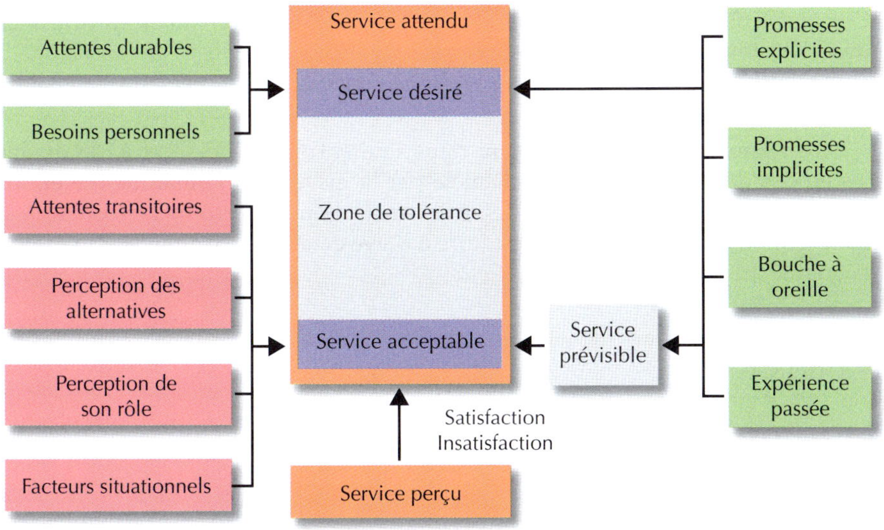

Source : V. A. Zeithaml, L. L. Berry et A. Parasuraman.

Le service *attendu* par les clients est un compromis entre le service désiré (tel qu'il devrait être) et le service acceptable (tel que le client est prêt à l'accepter). L'écart entre service désiré et acceptable est appelé « zone de tolérance ». Un service perçu inférieur au service attendu provoquera l'insatisfaction du client.

Le service *désiré* est influencé par deux grands types de facteurs : des facteurs propres au client et des facteurs liés à l'entreprise. Le service désiré dépend pour le client de dispositions durables, de son niveau d'exigence général à l'égard des services et de ses besoins personnels. Il dépend également des promesses des entreprises, explicites (publicité, actes de vente, contrats…) ou implicites (éléments tangibles, prix…), du bouche à oreille, de l'expérience passée du service.

Le service *acceptable*, c'est-à-dire le service minimum accepté, dépend des attentes (des cas d'urgence réduisent, par exemple, le niveau minimum de service accepté), de la perception des alternatives (comparaison avec la concurrence), de la perception de son propre rôle par le client (a-t-il ou non bien rempli son rôle ? A-t-il été clair dans l'expression de son besoin ?) et de facteurs situationnels (conjoncturels). Il dépend également d'une certaine anticipation du client à l'égard du service prévisible de l'entreprise, fondé sur l'expérience passée, le bouche à oreille, les promesses qui lui sont faites.

La comparaison entre le service « attendu » (service désiré/acceptable) et le service « perçu » par le client durant l'expérience du service crée soit la satisfaction, soit l'insatisfaction du client.

3 La satisfaction des clients et la satisfaction du personnel

De nombreuses recherches ont établi qu'il existe une forte corrélation entre le degré de satisfaction du personnel des entreprises de service et le degré de satisfaction de leur clientèle. La section 4 suivante souligne l'importance du personnel en contact dans la relation de service.

C'est pourquoi il est intéressant dans une entreprise de service, de doubler les études de satisfaction de la clientèle par la mesure du climat interne et, tout particulièrement, par le suivi du degré de satisfaction du personnel en contact. Une forte démotivation risque de se traduire à brève échéance par une dégradation de la qualité du service.

SECTION 4

La dimension organisationnelle du marketing des services

1 Comprendre la production de service

Un service est le résultat d'un processus de production, qui a été appelé « servuction[1] » et qui résulte de cinq grandes interactions représentées dans le schéma suivant.

Figure 17.6 **Le modèle de production de service de Eiglier et Langeard**

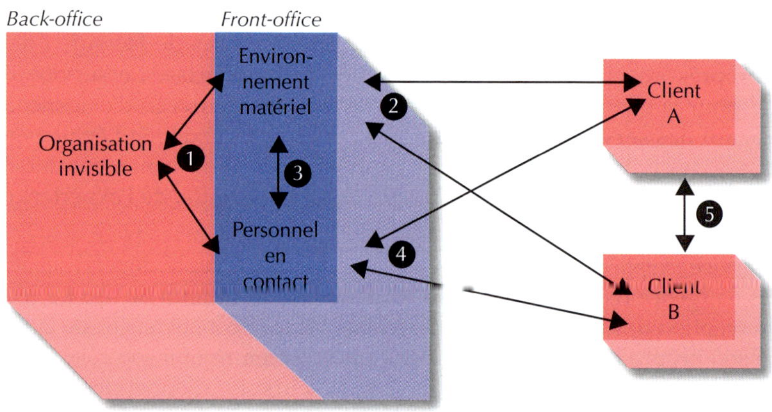

1. Le concept de servuction a été conçu par Pierre Eiglier et Eric Langeard, *Servuction, le marketing des services*, McGraw-Hill, 1987.

a) L'interaction entre le client et le personnel en contact

Une première interaction est celle qui existe entre le client et le personnel en contact. Sans client, il n'y a pas de service, et comme on l'a indiqué précédemment, le personnel en contact joue généralement un rôle très important dans la production de service. On doit distinguer les services à fort contact (par exemple coiffeur, formateur, etc.) des services à faible contact (assurance, Internet…) qui ont chacun leur problématique (voir plus loin).

b) L'interaction entre le client, le personnel en contact et l'environnement matériel

Client et personnel sont généralement en interaction avec un environnement matériel qui est celui du point de vente : agencement, décor, localisation, etc. Le « support physique » du service – c'est-à-dire tous les objets et équipements qui sont mis à la disposition du salarié ou du client pour permettre la réalisation du service – est particulièrement important. On peut penser ici à la billetterie automatique de l'agence bancaire, à l'équipement informatique qui permet à l'agent de voyage de réserver un billet d'avion, au service automatique d'enregistrement au guichet d'Air France dans les aéroports, etc.

c) Le rôle de l'organisation interne

L'interaction entre ces trois éléments du service n'est cependant généralement possible que grâce à un système d'organisation interne. Il faut entendre par là la partie de l'organisation cachée au client : la stratégie d'entreprise, le management, la structure organisationnelle et ses différents départements fonctionnels (finance, marketing, gestion des ressources humaines, etc.), les procédures, etc.

Si le client est uniquement en contact avec la partie visible de l'entreprise (le personnel en contact, l'environnement et le support physique), toute la partie immergée de l'organisation est décisive dans le processus de production de service et sa qualité finale. La formation et l'encadrement du personnel en contact, les procédures qu'il doit suivre, les moyens matériels qu'il a à sa disposition, l'agencement du lieu de vente, les produits qu'il vend sont déterminés par cette partie cachée de l'organisation, qui a donc une influence indirecte, mais déterminante, sur les clients.

Le niveau opérationnel du système d'organisation interne a été appelé *back-office* pour le distinguer du niveau opérationnel visible par les clients, le *front-office* où a lieu l'interaction entre le personnel en contact et les clients. Ainsi, on distinguera dans un restaurant fast-food le personnel qui cuisine et le personnel d'accueil à la caisse ; de même, dans une agence bancaire, le personnel qui gère les tâches administratives et le personnel commercial.

MINI CAS

Châteauform'

Châteauform' est une entreprise qui a été créée en 1996 par Jacques Horovitz, professeur en marketing des services à l'IMD en Suisse. Dix-sept ans plus tard, l'entreprise compte trente et un établissements, dont huit à l'étranger.

Le site Web de Châteauform' met en avant le concept « comme à la maison »

Les secrets de la réussite tiennent en cinq points :

1. Un concept clair de service

Le concept de service de Châteauform' tient en quatre points principaux : un lieu exclusivement dédié à l'organisation de séminaires professionnels résidentiels (salles de réunion, hébergement et restauration) ; un accueil et une atmosphère « comme à la maison » ; la réponse à tous les besoins sur place par le biais d'une équipe dédiée et de self-service ; une formule « tout compris » (sur la base d'un forfait par participant de 24 heures, tout est inclus, que ce soit les salles équipées, la restauration, les rafraîchissements, les loisirs, etc.).

De la prise de contact commercial au départ des participants du lieu de résidence, l'ensemble des « moments de vérité » d'un séminaire résidentiel ont été analysés et étudiés pour définir et mettre en œuvre une meilleure expérience et faire vivre la promesse du « comme à la maison ».

2. L'adaptation à des segments de clients bien définis

Le choix fondamental de Châteauform' est la spécialisation sur un seul segment de clientèle : les entreprises qui organisent des séminaires professionnels résidentiels et les cadres participant à ces séminaires. Cela permet une parfaite adaptation aux besoins d'un seul segment de clientèle, le public des cadres bénéficiant des budgets individuels les plus importants.

3. La définition de la capacité de service

Chaque lieu dispose d'un certain nombre de chambres. L'ensemble des séminaires étant résidentiels (à l'exception d'un établissement à Paris, Châteauform' sur le pouce), le nombre de chambres détermine le nombre de participants maximum en formation à un même moment. Ce nombre permet de déterminer à son tour la capacité des salles de réunion et des salles de détente, la taille du personnel, la capacité des installations annexes (cuisine, etc.).

Les séminaires se déroulant dans la semaine, les lieux sont habituellement fermés le week-end, ce qui a un impact important pour la gestion du personnel (pas besoin d'une deuxième équipe).

4. La définition de la couverture géographique du service

La couverture géographique du service est étroitement liée à l'implantation des établissements d'accueil et celle-ci est elle-même déterminée par la proximité d'un centre économique important.

Le choix a été fait dans un premier temps de s'installer dans des lieux situés à moins d'une heure de Paris. L'entreprise a depuis ouvert quelques lieux en province et à l'étranger.

5. La définition de la politique technologique

Châteauform' dispose d'un site Web d'information et un accès en extranet (sites réservés et individualisés pour chaque entreprise cliente permettant de consulter ses réservations, l'historique de ses commandes, etc.).

À l'intérieur des établissements, tous les éléments technologiques indispensables ont été réunis pour les salles de réunion et l'accès libre à Internet par Wifi.

d) Les interactions entre clients

Un dernier élément est celui de l'interaction des clients entre eux : c'est un élément de la prestation de service qui influence le comportement ou l'attitude des clients et qui peut, dans une certaine mesure, être contrôlé par l'entreprise. L'exemple du responsable d'un séminaire de formation donné précédemment permet d'illustrer qu'il est possible de s'appuyer sur les relations entre clients pour délivrer le service. La gestion des files d'attente dans les parcs d'attraction est une autre façon de gérer cette interaction. L'organisation séparée de guichets lors de l'enregistrement des bagages à l'aéroport, entre les clients « charter », « classe affaires » et « première classe », est une autre illustration de cette gestion des interactions.

> *Notre conseil*
>
> *Le concept de production de service permet de souligner qu'il s'agit d'un processus fait de multiples interactions dont chacune est critique : si une de ces interactions venait à défaillir, c'est l'ensemble du processus qui serait atteint et le résultat final serait déficient. Il faut donc adopter une vision globale du service si on se soucie de l'offre qui en résulte.*

Certaines entreprises peuvent faire des interactions entre clients un aspect clé de leur politique marketing. Les stratégies visant à créer et développer de véritables communautés de clients en sont une illustration, de même, grâce à Internet, que la création de formes d'aide en ligne – qui complètent ou se substituent au SAV de l'entreprise. Dans certains cas, des interactions entre clients, loin d'être contrôlées, peuvent avoir un effet négatif sur la perception du service (voir le chapitre 11 sur les réseaux sociaux).

Cette analyse des interactions qui définissent une production de service doit conduire à bien penser la structure d'interaction (concept de service), à adapter le processus aux segments de clientèle définis, à adapter la capacité de production aux besoins, à définir où et comment il sera délivré et avec quel soutien technologique. Le minicas suivant permettra d'illustrer ces points.

2 Une méthode de conception du service autour du parcours du client : le « blueprinting »

Une prestation de service est d'autant plus difficile à assurer que les entreprises sont généralement organisées en « silos ». Chacun s'y occupe d'un domaine d'activité spécifique : par exemple le marketing conçoit le produit, la direction informatique le système d'information de support, la direction des ventes délivre le produit auprès des clients, le service après-vente traite des problèmes d'installation ou de réclamations, etc. Il est extrêmement rare de trouver des entreprises ayant un « responsable de l'expérience du client » par ligne de produit, qui, comme un chef de produit dans les entreprises de biens de grande consommation, assurerait la coordination des différentes parties de l'organisation.

Or le client vit pour sa part une expérience d'ensemble, de l'information qu'il reçoit sur un produit jusqu'au service après-vente : ce qu'il achète c'est l'ensemble des actions et réactions de l'entreprise qui constituent la prestation de service.

Un outil particulièrement utile pour aider à surmonter cette difficulté organisationnelle est le schéma directeur d'un service, plus communément appelé par son terme anglais *service blueprint*. Blueprinting désigne la mise en œuvre de l'outil.

Figure 17.7 **Un exemple de blueprint : le séjour d'une nuit dans un hôtel**

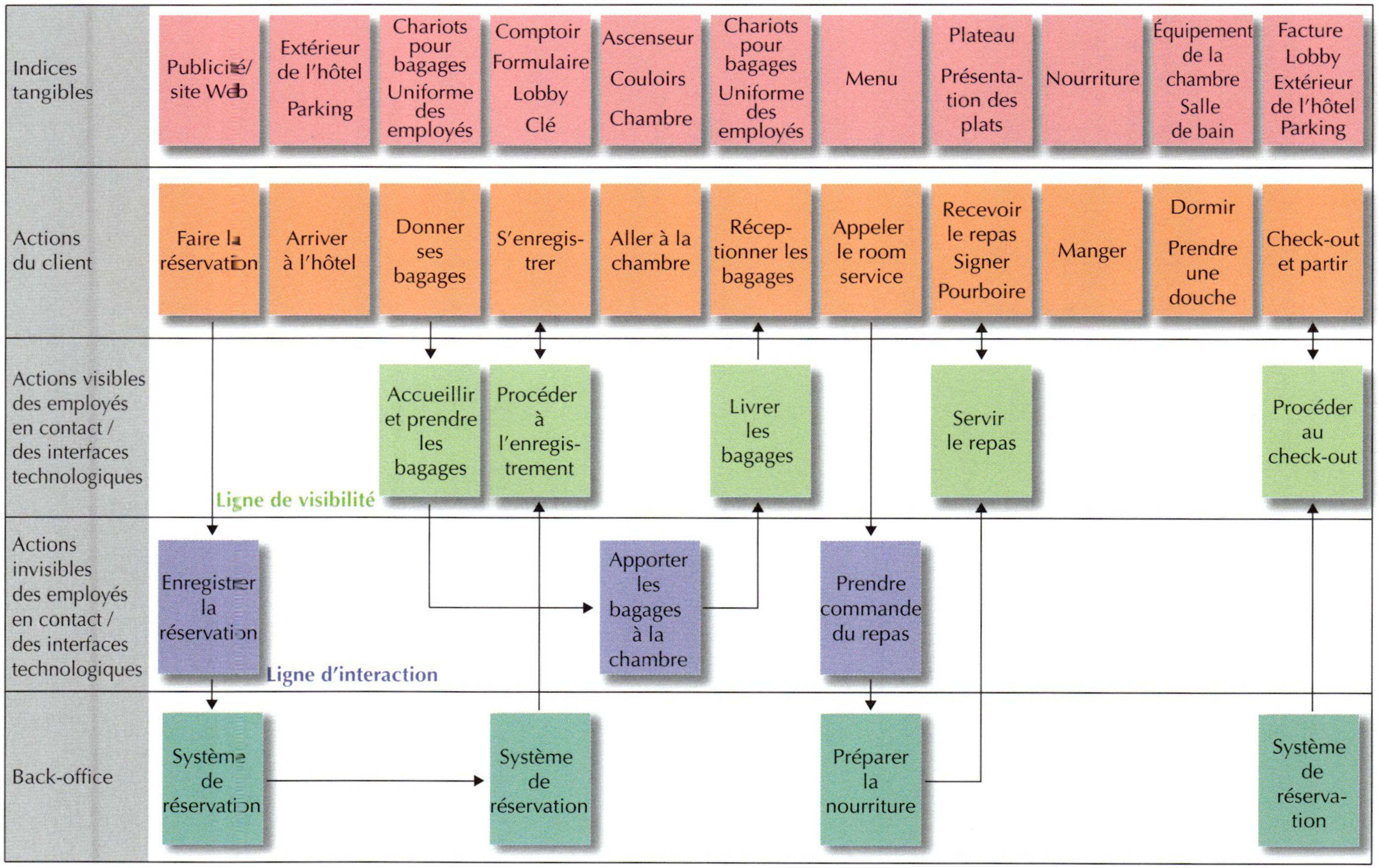

Adapté de Mary Jo Bitner, Amy L. Ostrom et Felicia N. Morgan, « Service Blueprinting : A Practical Technique For Service Innovation », *California Management Review*, vol. 50, n° 3, printemps 2008, pp. 66-94.

a) Le principe du blueprinting

La technique du blueprinting a été conçue et promue par le chercheur américain G. Lynn Shostack afin d'aider les entreprises à améliorer un service existant ou à concevoir de façon opérationnelle un nouveau service[1].

Son principe directeur est d'analyser ou de concevoir le service en partant du parcours du client (*customer journey*) et non des modes de fonctionnement internes à l'organisation.

Le travail de blueprinting passe par quelques étapes clés. La figure 17.7 donne un exemple de blueprint, réalisé ici pour une nuit d'hôtel.

1° Identifier le service et les clients

Plus la prestation étudiée est large, plus le schéma sera étendu et complexe. On peut commencer par un schéma général, qui sera séquencé ensuite en cas de besoin, mais si la prestation de service est très différente en fonction des types de client, il vaut mieux réaliser plusieurs fois l'exercice, par segment de client. Le client en question peut être aussi bien un client externe qu'interne (par exemple, les services internes qui sont clients du service achat dans une entreprise – ce qui, cependant, ne relève plus ici du marketing).

2° Identifier des actions clés que le client entreprend au long de son parcours

Il est indispensable de commencer la démarche d'analyse par les actions du client pour dessiner le blueprint, car c'est à partir de l'expérience du client qu'il faut évaluer ou concevoir l'ensemble de la prestation.

3° Indiquer les éléments tangibles perçus par le client à chaque étape

La tangibilisation du service, on l'a déjà souligné, est très importante dans la formation de la perception du client. Relever l'ensemble de ces éléments permet de les prendre en compte dans le travail de réflexion.

4° Identifier à chaque étape les interactions entre le client et le personnel en contact ou les interfaces technologiques

Ce sont autant de moments cruciaux dans l'expérience que le client a du service. Pour une compagnie aérienne, cela peut être par exemple le personnel ou le kiosque d'enregistrement à l'aéroport quand le client vient se faire enregistrer.

5° Identifier les interactions non visibles entre le client et le personnel en contact ou les interfaces

On a franchi ici la ligne de visibilité : l'interaction se produit par la voix ou l'écrit. Ce sera par exemple un centre d'appels, un envoi de fax ou d'email. Il est utile de distinguer les étapes 4 et 5 car un aspect important de l'étape 4 a trait à l'expérience physique et visuelle du client : attitude du personnel en contact ou design et ergonomie d'un site Web par exemple, alors que l'étape 5, si elle porte toujours sur des interactions, est plus simple et fonctionnelle.

1. G. L. Shostack, « Designing Services That Deliver », *Harvard Business Review*, vol. 62 n° 1, janvier-février 1984, p. 133-139 ; « Service Positioning Through Structural Change », *Journal of Marketing*, vol. 51 n° 1, janvier 1987, pp. 34-43.

6° En déduire les processus internes de support qui permettent au personnel ou aux interfaces en contact d'interagir efficacement avec les clients et de réaliser la prestation

Il est important, pour l'étude des services existants, d'analyser le parcours du client et les interactions tels qu'ils se produisent en réalité et non tels qu'ils devraient se produire en théorie. On remarquera que les interactions entre clients ne sont pas intégrées dans cet outil d'analyse qui se concentre sur l'interaction entre les clients et l'entreprise.

b) L'utilisation du blueprinting

En se focalisant sur le parcours du client, cet exercice aide à renverser la perspective habituelle des entreprises, qui part des process internes pour définir l'offre. Le blueprint permet de voir le service avec les yeux du client dans une démarche « orientée vers le client ».

Ce schéma directeur souligne l'interdépendance des différents départements de l'entreprise et l'importance d'une bonne coordination pour délivrer un service de qualité. À ce titre, *l'exercice prend vraiment son sens quand il est réalisé en équipe* avec des représentants de chacune des fonctions de l'entreprise concernées par le parcours du client. C'est autant un outil de réflexion que de pédagogie.

Le travail de blueprinting prend tout son intérêt quand on cherche à identifier ce que les Anglo-Saxons appellent de façon imagée les OTSU (*Opportunities To Screw Up*) qu'on pourrait traduire en français par les OUPS (Opportunités Uniques de Plantage Sévère). On se demandera à quelle étape et pour quelle interaction, la probabilité est la plus forte qu'un problème survienne. Peut-il être corrigé par anticipation ou peut-on prévoir une procédure efficace de traitement *a posteriori* de l'incident s'il se produit ?

Une approche complémentaire consiste à rechercher des « opportunités d'émerveillement ». Il s'agit de se demander si, à une ou plusieurs étapes du parcours du client, on peut le surprendre en lui offrant plus qu'il n'attend, en délivrant plus que la promesse qu'on a faite. Ce sont ces moments qui marquent un client et qui donnent au service une image d'excellence.

Le blueprint permet d'analyser pour agir. L'exercice doit donc non seulement conduire à mieux comprendre, mais également à dégager des idées et des recommandations qu'il s'agira ensuite de mettre en œuvre. Il faut donc relever les idées, suggestions, commentaires instructifs qui ne manquent pas de jaillir des discussions lors des travaux collectifs.

Un autre aspect important du blueprint est son pouvoir de communication. La plupart des collaborateurs d'une entreprise n'ont pas toujours une vision d'ensemble des interactions internes et externes qui concourent à délivrer la prestation de service et leur importance pour l'expérience du client. Le schéma directif, une fois élaboré, pourra être présenté et discuté avec tous les membres des départements concernés afin que chacun comprenne son rôle et sa contribution dans l'ensemble.

Notre conseil

Le blueprinting est un outil que nous avons souvent utilisé dans la formation ou le conseil d'entreprises de services et il a toujours parfaitement joué son rôle. Même utilisé individuellement, il s'avère d'une grande utilité pour concevoir le service en partant de l'expérience du client.

Enfin, le responsable marketing d'une entreprise de service, même s'il n'a pas la responsabilité de coordonner l'action des départements internes, peut prendre l'initiative de cet exercice collectif pour enclencher une dynamique de collaboration. Cette démarche peut être particulièrement utile pour améliorer la qualité d'un service ou pour préparer le lancement d'une offre.

3 L'importance du personnel en contact : distinguer les services à fort et faible contact (*high touch / low touch*)

Certains services requièrent des interactions directes et fortes entre le personnel en contact et les clients (*high touch*), alors que d'autres fonctionnent selon le principe du self-service ou de l'interaction entre les clients et une interface électronique, comme les services par Internet (*low touch*). Il peut également arriver que des services commencent par des interactions fortes avec le personnel en contact lors de la vente, d'une inscription ou de la mise en place d'une prestation et se poursuivant par des interactions *low touch* (par exemple l'abonnement à un fournisseur d'accès à Internet).

Chacun de ces deux grands types de service, *high touch* et *low touch*, a des problématiques propres.

a) Les services à forte interaction avec le personnel en contact

Un courant de recherche important s'est développé pour étudier les entreprises de service où le personnel en contact joue un rôle important[1]. Quelques-uns des résultats de ces recherches sont les suivants :

- *Les frontières de l'entreprise de service avec l'extérieur sont poreuses*

Dans les services, la frontière entre l'organisation et son environnement est particulièrement perméable, ce qui se traduit par le fait que des processus et des phénomènes internes à l'organisation sont perceptibles par les clients, ce qui influence leur évaluation du service.

Exemple

→ Le client d'une agence bancaire perçoit l'atmosphère qui y règne. Un changement dans le management des équipes – par l'arrivée par exemple d'un nouveau directeur – lui sera indiqué par de multiples signes, même si le client n'a pas de contact direct avec ce directeur.

1. On relèvera notamment les travaux de Benjamin Schneider : Benjamin Schneider, John J. Parkington et Virginia M. Buxton, « Employee and Customer Perceptions of Service in Banks », *Administrative Science Quarterly*, 25 juin 1980, pp. 252-267.
Benjamin Schneider et David E. Bowen « Employee and Customer Perceptions of Service in Bank : Replication and Extension », *Journal of Applied Psychology*, 70, 3, 1985, pp. 423-433.
Benjamin Schneider et David E. Bowen, « The Service Organization : Human Resource Management Is Crucial », *Organizational Dynamics*, 21, 4, printemps 1993, pp. 39-52.

- *Le personnel en contact, qui a un rôle frontière entre l'organisation et la clientèle va être le principal vecteur de diffusion de ce climat interne à l'égard des clients*

C'est généralement à travers le comportement du personnel que le client perçoit les changements ou l'ambiance sur le lieu de travail.

- *Un personnel en contact démotivé, stressé ou insatisfait aura une influence négative sur la perception du service par le client*

Soit parce que le personnel en contact n'aura pas un comportement adapté pour servir au mieux le client, soit parce que le client percevra de façon explicite ou implicite les tensions à l'intérieur de l'unité de service.

- *La satisfaction des salariés dans leur travail est la résultante de beaucoup de facteurs qui sont liés à leur personnalité, à leur passé, mais également à ce qui se passe sur leur lieu de travail*

La gestion du personnel a une forte influence sur la satisfaction et la motivation des salariés. Le marketing des services est ainsi étroitement lié à la gestion des ressources humaines.

b) Les services numériques et les services à faible interaction avec le personnel en contact

Dans ce type de services, les interactions avec le personnel en contact sont quasiment inexistantes ou ponctuelles et espacées dans le temps. Parfois, elles ne se produisent qu'au moment de la vente, de la souscription du contrat, de l'installation. Les services en ligne, la banque à distance, la vente à distance, les télécommunications, l'assurance sont quelques exemples de ce type de service.

Ces prestations à faible interaction humaine, ayant des coûts de personnel plus faibles, sont souvent aussi des prestations à prix réduits : les compagnies aériennes low cost ne prévoient qu'un système de réservation automatisé par Internet pour réduire les coûts, les opérations de bourse en ligne sont facturées bien moins chères qu'en passant par un conseiller bancaire, etc. Un autre avantage de ces services automatisés est de satisfaire le besoin d'autonomie d'une partie de la clientèle pour qui ces procédures relèvent de la routine.

Les services à faible interaction avec le personnel en contact peuvent cependant soulever trois types de difficulté spécifiques :

- Les prestations peuvent être mal adaptées à certains clients, qui ne sauront ou n'aimeront pas utiliser les interfaces automatiques. L'entreprise peut assumer cette situation en segmentant son marché et en éradiquant de ses cibles ce type de clientèle. Elle peut aussi adopter une politique multicanale qui permet à ces récalcitrants d'utiliser les canaux plus traditionnels.
- L'automatisation rend d'autant plus critique le traitement des incidents et les moments d'interaction humaine. Le client, face à une erreur ou une interface mal conçue, doit pouvoir contacter une personne en recours pour ne pas rester bloqué dans un processus défaillant. Dans les services *low touch*, les moments d'interaction humaine sont d'autant plus importants qu'ils sont rares.

- L'automatisation rend difficile de développer et nourrir une relation avec les clients. Les services à faible intensité de contact comme les assurances, ou à interface automatique comme les sites Web, instaurent des interactions distantes et souvent froides qui ne favorisent pas la fidélisation des clients. Un programme relationnel peut créer de nouvelles opportunités d'interaction là où elles font défaut et différentes tactiques existent pour recréer du lien sur Internet.

Exemples

- Le Crédit Agricole a toujours eu comme axe clé de positionnement la proximité (le slogan « le bon sens près de chez vous », qui n'est pas utilisé depuis plus de dix ans, est toujours celui dont les gens se rappellent). Parallèlement, pour optimiser le travail du personnel, le Crédit Agricole a généralisé une organisation des agences en deux espaces : un premier est composé d'un « mur d'argent », c'est-à-dire de machines qui traitent de façon courante les opérations des clients, et le second comprend un guichet et les bureaux des conseillers. Les clients sont donc d'abord accueillis par des machines et ont beaucoup moins d'opportunités d'interagir avec les employés. Il n'est guère surprenant que les études que le Crédit Agricole réalise auprès de ses clients montrent chez ces derniers une dégradation du sentiment de proximité avec leur banque.
- Amazon a été le premier à utiliser les clients eux-mêmes pour donner à son site un caractère vivant et animé. La fiche produit d'un livre indique par exemple qu'il se situe à tel niveau de vente, que les clients qui ont acheté ce produit ont aussi acheté tel autre, la note d'évaluation et les commentaires des lecteurs sont présentés, etc. Utiliser la communauté de clients pour créer de la relation, plutôt que de payer des employés pour s'en charger, est une politique courante sur le Web.

4 La gestion de l'interaction entre l'entreprise et les clients

a) Renverser la pyramide ?

Les responsables d'entreprise méconnaissent souvent l'importance du personnel en contact. Les entreprises fonctionnent généralement de haut en bas, avec l'application par les échelons inférieurs de décisions prises aux échelons supérieurs ; la remontée d'information et l'analyse des incidents de service fonctionnent souvent mal, ce qui ne permet pas d'améliorer la production de service.

Face à une telle situation, l'ancien président de la compagnie aérienne SAS, Jan Carlzon, a appelé à révolutionner la gestion des entreprises de service en « renversant la pyramide[1] ». Considérant que toutes les occasions de contact entre les clients et le personnel en contact constituaient autant de « moments de vérité » pour la satisfaction du client, Carlzon a jugé que l'entreprise devait être repensée à partir du personnel en contact, c'est-à-dire des « salariés de première ligne ». L'objectif de l'organisation est alors de servir au mieux ces salariés afin qu'ils servent au mieux les clients. « Renverser la pyramide » consiste à placer au sommet de l'organisation le personnel en contact, et à mettre à sa base les différents services fonctionnels (le système d'organisation interne dans le vocabulaire de la servuction) et le PDG lui-même qui servent ainsi de soutien aux salariés en première ligne.

1. *Op. cit.*

Figure 17.8 **Renverser la pyramide selon Jan Carlzon**

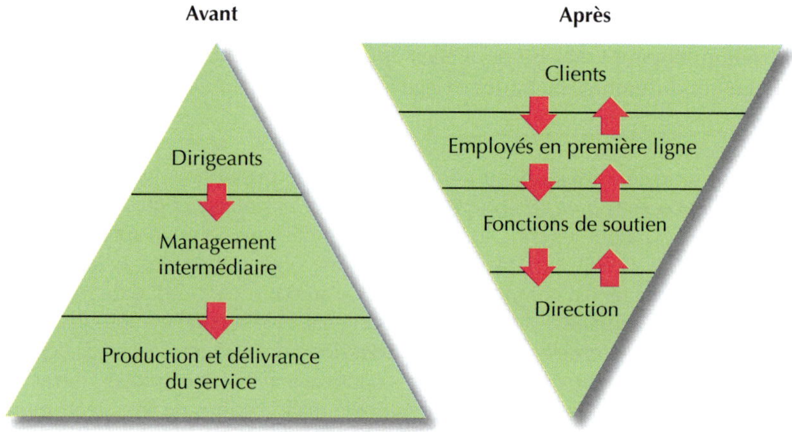

Le niveau stratégique et le niveau opérationnel sont intimement imbriqués dans une entreprise de service. Cependant un mot d'ordre et un joli schéma ne font pas une politique : au-delà de l'intention, c'est la mise en œuvre de cette orientation, multiple, compliquée, délicate, qui est importante.

b) La gestion bureaucratique et la gestion attentive des services

Tirant profit des recherches en comportement organisationnel et en marketing des services, on peut opposer deux modèles types de gestion de services. Ces deux modèles (voir figures 17.9 et 17.10) dépendent des actions des responsables et managers locaux, mais également des structures, des procédures, des politiques déterminées par la direction générale, qui peuvent faciliter ou contrecarrer l'un ou l'autre modèle.

1° Le modèle de la gestion bureaucratique des services

Figure 17.9 **Modèle bureaucratique de gestion des services**

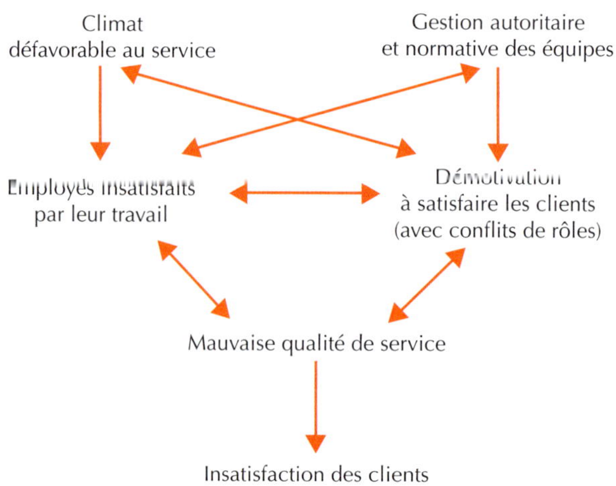

Dans le modèle bureaucratique, le climat organisationnel se focalise sur le respect des normes et des procédures. Le client doit satisfaire des exigences internes avant d'être satisfait dans ses demandes (le guichet est un parfait symbole des ouvertures très strictes qui sont faites entre l'organisation et son environnement). La priorité est donnée à une réalisation stricte des tâches, plutôt qu'au résultat final de ces dernières, à savoir la satisfaction des clients.

Ce climat défavorable au service s'accompagne d'un management des ressources humaines lui aussi formel. Les relations hiérarchiques s'établissent de façon pyramidale de haut en bas. Les responsables hiérarchiques font pression sur leurs subordonnés pour atteindre des objectifs internes, notamment commerciaux. Ils peuvent tenir un discours convenu sur la nécessaire qualité à apporter aux clients, mais l'ensemble de leurs pratiques montre une priorité accordée aux objectifs internes.

Dans une telle situation, les salariés en contact avec les clients ressentent un conflit de rôle entre les exigences de l'entreprise et les attentes des clients, et la gestion autoritaire et normative des équipes empêche l'évolution de cette situation. Les salariés tendront à être insatisfaits par leur travail.

L'insatisfaction des clients résulte de leur perception de salariés insatisfaits par leur travail et d'un manque de préoccupation à régler leurs problèmes : les salariés sont démotivés, les procédures qui s'appliquent à eux sont trop rigides et les supérieurs hiérarchiques ne valorisent pas ou déconseillent les efforts particuliers en faveur des clients.

2° Le modèle de la gestion attentive des services

Figure 17.10 Modèle de service orienté vers les salariés et les clients

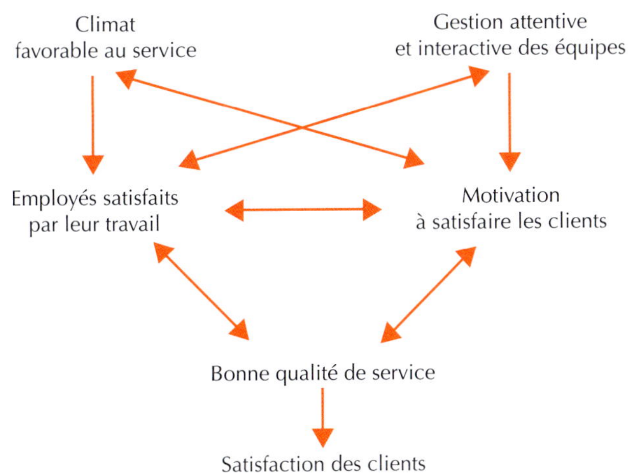

Le second modèle de service est celui d'une gestion attentive du service. Ce modèle est certainement plus rare que le premier ; dans la pratique beaucoup d'entreprises commerciales réalisent un compromis entre les deux.

Dans ce second modèle, un climat d'orientation vers les clients se traduit par la perception des salariés qu'on se préoccupe effectivement des clients dans leur organisation, et qu'on se soucie de les aider à mener à bien leur travail. Ce climat est associé étroitement à un management des équipes qui passe par l'écoute et le soutien des salariés par leurs responsables hiérarchiques.

La gestion attentive et interactive des équipes par les responsables hiérarchiques accroît la confiance des salariés dans leur capacité à répondre aux exigences de leur travail. Elle favorise le traitement réel des problèmes des clients car les responsables hiérarchiques font des arbitrages qui tiennent compte des intérêts des clients et les salariés savent qu'ils seront soutenus dans leur volonté d'offrir à ceux-ci un meilleur service.

Ressources complémentaires

La boîte à outils du *Mercator*

- Outil n°25, Le blueprinting des services

Ressources numériques sur mercator.fr

- **L'essentiel : retenez les points-clés !**
  L'essentiel du chapitre 17
- **Quiz interactifs corrigés et commentés : testez vos connaissances !**
  Quiz chapitre 17
- **Pour aller plus loin**
  Pour aller plus loin dans le chapitre 17 : une sélection de livres sur le marketing des services.

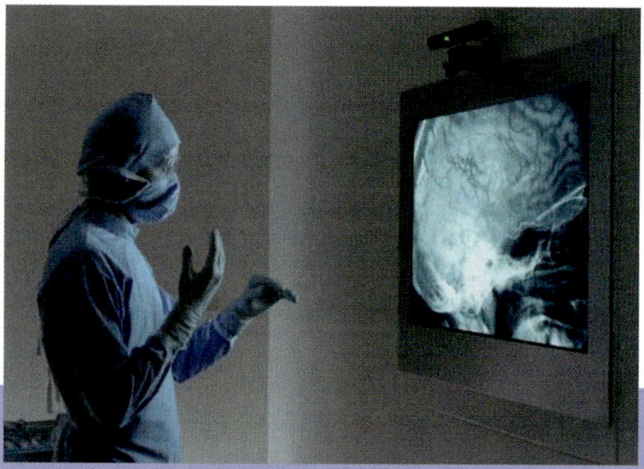

Kinect : une innovation grand public qui passe dans le monde des professionnels

Kinect est un périphérique conçu pour la console Xbox 360 permettant de l'utiliser sans manette, simplement avec les mouvements du corps. Il comporte un système de reconnaissance du mouvement et des images et une commande vocale. Lancé en Europe en novembre 2010, Kinect a connu un immense succès puisque, début 2012, 18 millions d'unités avaient été vendues.

De nombreuses entreprises, dans des secteurs variés, se sont intéressées aux applications professionnelles qui pouvaient être développées à partir de Kinect. Alerté par ces entreprises, Microsoft a commercialisé en février 2012, un programme « Kinect pour Windows » qui leur permet de développer et d'exploiter cette technologie à des fins commerciales[1].

Ainsi, la société espagnole Tedesys a développé une application Kinect pour les blocs opératoires. Lorsque les chirurgiens opèrent, il est fréquent qu'ils aient besoin de consulter des pièces du dossier médical du patient comme des images scanners ou des radiographies. Ils doivent alors enlever leurs gants pour manipuler un écran tactile puis suivre à nouveau une procédure de stérilisation avant de continuer l'opération[2]. L'application Tedesys-Kinect permet un gain de temps et une plus grande sécurité pour éviter les infections nocosomiales. Uniquement pensée à l'origine pour le bloc opératoire, cette application est développée aujourd'hui pour d'autres usages en milieu médical, à la demande du personnel hospitalier.

Le chiffre d'affaires de Kinect professionnel est (et restera) très marginal par rapport au marché grand public mais cet exemple illustre deux points : en premier lieu, la frontière entre produit grand public et produit professionnel peut être ténue. C'est l'usage qu'on en fait qui est déterminant. En second lieu, les différences entre client B to C *et* B to B peuvent être très marquées. Le client B to B joue souvent un rôle actif dans la définition et l'usage des produits. C'est souvent un partenaire de son fournisseur. Ces points sont développés dans ce chapitre.

1. Source : *Le Figaro*, 13 mars 2012.
2. Source : www.rslnmag.fr

Chapitre 18

Le marketing B to B[1]

Le marketing *business to business* ou marketing B to B[2] est le marketing des entreprises qui vendent à des professionnels : entreprises, administrations, artisans, professions libérales, associations, etc., par opposition au marketing de la grande consommation (marketing *business to consumers* ou marketing B to C) où acheteurs et consommateurs sont des individus et des familles.

Ce chapitre est consacré aux relations et à la vente entre entreprises, qu'elles concernent des marchés B to B stricto sensu ou des marchés « mixtes » ayant, à la fois, des clients professionnels et particuliers.

La première section de ce chapitre analyse les spécificités de la demande des entreprises.

La deuxième section développe leurs processus de décision d'achat, leurs critères d'achat et les méthodes de la segmentation propres au B to B.

La troisième section est consacrée à l'étude des variables du marketing-mix en B to B : produit, prix, communication et distribution.

Enfin, dans la quatrième section, on étudie l'impact d'Internet sur le marketing B to B, en particulier sur le commerce électronique interentreprises dont le volume d'activité est plus important que celui du commerce électronique avec les particuliers[3].

PLAN DU CHAPITRE

Section 1	Les spécificités des marchés et du marketing B to B	928
Section 2	Les décisions d'achat et la segmentation B to B	937
Section 3	Le marketing-mix des entreprises B to B	948
Section 4	Le commerce électronique B to B	965
Ressources complémentaires		971

1. Gérard Guerrier a largement contribué à la rédaction de ce chapitre. Diplômé de la Harvard Business School, ingénieur, chargé de cours (marketing B to B) à HEC, Gérard Guerrier a été directeur du marketing et de la stratégie du groupe finlandais Metso Minerals avant de rejoindre le monde académique.

2. Les noms des personnes et parfois ceux des entreprises ont été changés dans les exemples de ce chapitre, pour des raisons de confidentialité.

SECTION 1

LES SPÉCIFICITÉS DES MARCHÉS ET DU MARKETING B TO B

1 LA DÉFINITION ET L'IMPORTANCE DU MARKETING B TO B

Le marketing *business to business* est le marketing des organisations qui vendent des produits ou des services à d'autres organisations.

Ces organisations peuvent être des entreprises, des administrations, des associations, etc. On traitera ici essentiellement du marketing d'entreprise à entreprises. Ses principes et ses pratiques s'extrapolent facilement à d'autres types d'organisations.

Il n'est pas aisé de mesurer rigoureusement la dimension économique du B to B[1]. Les statistiques fournies sur l'activité des entreprises ne tiennent souvent pas compte de la différence entre les chiffres d'affaires réalisés en B to B et en B to C alors que nombreuses sont les entreprises à avoir une double activité.

Quand une grosse coopérative agricole de l'Ouest vend des poulets à Auchan sous ses marques Douce France et Gastronome, c'est du B to C ; quand elle les vend à Sodexho pour la restauration d'entreprise, c'est du B to B.

Il est donc difficile, voire impossible, de connaître précisément l'importance des activités B to B. Les statistiques européennes indiquent que les échanges interentreprises (y compris les ventes aux distributeurs) représentent approximativement les deux tiers du total des échanges commerciaux des pays de l'Union européenne.

Comme souvent, la vérité se situe quelque part entre ces deux extrêmes. On verra, tout au long de ces pages, que les spécificités du marketing B to B justifient amplement qu'un chapitre particulier lui soit consacré mais la frontière avec le marketing B to C n'est pas toujours simple à établir comme le montrent les deux exemples suivants.

Exemples

- SAFA, le concessionnaire Peugeot de la ville de Gap, fait de la promotion sur www.leboncoin.com du véhicule utilitaire « Partner » destiné à une clientèle d'artisans. On est en théorie dans le domaine du B to B, bien que les méthodes de communication soient inspirées du B to C.
- À l'inverse, lorsque Dassault Aviation, qui vend surtout à des entreprises et gouvernements, organise une rencontre pour présenter son nouveau Falcon 2000EX à un très riche particulier, nous sommes théoriquement dans une activité B to C, bien que les méthodes soient celles du B to B.

1. On écrit parfois B 2 B et B 2 C, « 2, *two* » se prononçant en anglais comme « *to* ».

Il est tentant de préciser la frontière entre B to B et B to C en utilisant les caractéristiques des produits vendus aux entreprises. En effet, certains produits semblent hors de portée des particuliers car ils demandent :

- *Une transformation ultérieure complexe*. Ce sont, par exemple, les matières premières comme les minerais et le pétrole brut ou des produits « secondaires » comme la pâte à papier et les fibres synthétiques ;
- *Un investissement financier élevé* : avions de ligne, machines outils 3D à commande par ordinateur, etc. ;
- *Une maintenance continue et complexe* : centrale nucléaire, sous-marin ou haut fourneau.

Cependant, cette différenciation par la nature des produits avoue rapidement ses limites. Les particuliers achètent aussi des matières premières, immédiatement utilisables, comme l'eau, le sable, le charbon, le bois de chauffage. Certes, on ne connaît pas de consommateur intéressé par l'achat de centrales nucléaires mais il existe de nombreux particuliers propriétaires de microcentrales hydrauliques ou éoliennes. Quant aux sous-marins, il est amusant de noter qu'un Français, Hervé Jaubert, a créé à Dubaï la société Exomos qui fabrique des sous-marins pour de riches particuliers, du modèle Gaby (deux personnes) au Nautilus qui fait 22 mètres et qui coûte 20 millions de dollars… De plus en plus, le B to B ne se réduit pas aux activités de grands projets, destinés aux grands comptes.

De nombreux produits et services couvrent à la fois des besoins d'entreprises et de particuliers comme des ordinateurs et leurs périphériques, des peintures, des véhicules, des voyages, des produits de la banque et de l'assurance, etc.

2 Les caractéristiques majeures du marketing B to B

a) Des clients moins nombreux qu'en B to C, souvent hétérogènes et influents

En B to C, les clients des grandes entreprises comme Nestlé, Coca-Cola, Disney… se comptent en millions, parfois en centaines de millions. En B to B, l'échelle est considérablement réduite.

Certaines entreprises ont un nombre très restreint de clients. Areva, le spécialiste de l'ingénierie nucléaire a comme client principal EDF, Alstom a principalement la SNCF. Pour Dassault Aviation, c'est l'Armée de l'Air française. Latécoère, fournisseur d'aérostructures et de câblage embarqué est très lié à Airbus, etc.

Dans les marchés grand public, les motivations et les comportements d'achat et de consommation sont souvent stéréotypés et au sein des segments de marché, on trouve une clientèle avec des attentes homogènes. En B to B, une entreprise ne peut avoir que quelques dizaines de clients mais qui ont des problématiques très variées ce qui suppose des solutions adaptées à chaque cas.

Dans les marchés grand public, les consommateurs ont globalement du pouvoir au sens où l'activité des entreprises dépend de leurs achats mais le pouvoir de chaque client est très limité, voire nul. En revanche, le B to B se caractérise parfois par des situations d'oligopsone (un marché ayant très peu de clients), voire de monopsone (marché avec un seul client), qui peuvent mettre les fournisseurs en position de très grande dépendance. Cela se traduit en général par une faible rentabilité (le client important a un fort pouvoir de négociation) et une grande vulnérabilité aux variations cycliques, voire aux humeurs des clients. Il n'est pas rare de voir un client prendre le contrôle de son fournisseur comme ce fut le cas lorsque PSA acheta Faurecia, un sous-traitant majeur dans l'automobile qui fabrique de multiples composants comme les sièges ou les tableaux de bord.

Les alternatives stratégiques de ces fournisseurs sont alors limitées :

- Ils peuvent chercher à *minimiser cette tutelle en diversifiant leurs marchés*, comme Dassault l'a fait avec l'aviation d'affaires et les logiciels de conception assistée par ordinateur. Cette diversification peut être organisée pour couvrir à la fois un segment de clientèle très concentré et des segments très fragmentés (multiples clients de faible importance unitaire), au prix d'une stratégie marketing et d'une organisation plus complexes.
- Ils peuvent essayer de *créer un contre-pouvoir* en rendant le client quasi-exclusif aussi dépendant que possible, en prenant, par exemple, la responsabilité complète d'un projet, d'un produit ou d'une de ses composantes majeures, comme, par exemple, la fourniture de trains d'atterrissage pour Airbus.

Si certains marchés B to B ne sont composés que d'un ou de quelques acheteurs, d'autres, en revanche, comportent de très nombreux clients. C'est le cas des entreprises qui ont des marchés d'artisans (comme Lafarge ou Legrand), des marchés de service composés d'entreprises ou de collectivités multiples (comme MSP spécialisé dans le nettoyage en milieu hospitalier) ou encore des marchés composés de clients très diversifiés allant du particulier à la multinationale comme la livraison express des colis (Fedex, DHL, TNT…).

FOCUS

Plus le nombre de clients est grand…

… plus on peut définir des segments homogènes, et plus le marketing se rapproche de celui de la grande consommation avec :

- des produits et services standardisés, sur catalogue ;
- des tarifs normalisés et publiés ;
- un réseau comportant de nombreux distributeurs ;
- une communication faisant appel aux médias (publicité), au marketing direct, etc.

Les entreprises du B to B s'organisent pour traiter des marchés très différents en dissociant l'activité « grands comptes » de celle des petites entreprises et des professions indépendantes. Chaque activité a un département marketing et des équipes commerciales spécifiques.

b) La notion de filière

La plupart des produits et des services achetés par les entreprises sont destinés à être transformés (fibre de carbone, produits chimiques, etc.) ou à être intégrés à la production. D'autres produits sont nécessaires à cette production, comme les machines-outils ou les « consommables » tels que l'huile de lubrification ou les fournitures de bureau que l'on appelle ainsi parce qu'ils terminent leur « vie » dans l'entreprise, Tous ces produits participent à la création de valeur, au sein d'une filière destinée, *in fine*, à répondre à la demande du consommateur ou client final (voir l'exemple ci-dessous d'une filière).

Notre conseil

Pour comprendre le marketing d'une entreprise B to B, il faut reconstituer la filière à laquelle elle contribue, situer sa place dans la filière et analyser le rôle de l'aval et de l'amont sur les marchés de l'entreprise.

Exemple

➥ Metso fournit un système de traitement des minéraux (broyage, séparation, etc.) à Bechtel inc., ingénieur ensemblier.

Bechtel fournit une installation minière clé en main à Codelco, leader mondial de la production de cuivre.

Codelco, à partir de roches, extrait du minerai de cuivre qui est traité sur place afin de produire un fil de cuivre ultrapur. Ce fil de cuivre est vendu à Transco.

Transco, un négociant transformateur spécialisé, fournit des industriels tels que Schneider, Legrand, ABB, etc.

Legrand achète le cuivre à Transco sous forme de plaquettes ultrafines et les intègre dans des transformateurs.

Ceux-ci sont alors distribués dans différents circuits professionnels (destinés aux électriciens) ou dans la grande distribution de type Castorama.

c) L'influence de l'aval sur l'amont (la demande dérivée)

Dans de telles filières, la demande du client final a une influence sur les acteurs amont de la chaîne de création de valeur. Chaque élément de cette chaîne est en interaction avec les autres.

Exemple

➥ Pour reprendre l'exemple précédent, la demande de biens électroniques et de produits pour la construction a un effet sur la demande de cuivre et donc sur son cours. Une hausse du cours du cuivre incite les opérateurs miniers à investir, en renouvelant par exemple, leurs installations. Cette demande a un effet sur celle des équipements de production et donc sur Metso. Par contre, la seule évolution de la demande de Castorama n'a qu'un effet très atténué sur Metso.

Afin d'anticiper les variations qualitatives et quantitatives de la demande, les acteurs situés en amont doivent savoir lire les signes donnés par les acteurs situés en aval. Cette compréhension est difficile car la longueur, la complexité de la chaîne de valeur et les différents intérêts des acteurs créent à la fois de l'inertie et de la distorsion dans la diffusion de l'information.

Exemple

➥ Le marché des équipements de carrières suit avec un certain retard et une amplification spectaculaire les variations de la production de granulats, mais aussi l'évolution du PNB. Un point de PNB, en plus ou en moins, a un effet de l'ordre de plus ou moins 10 % sur la demande de granulat, ce qui se traduit par une variation de l'ordre de plus ou moins 30 à 50 % du marché des équipements de carrières. On imagine l'effet d'une telle variation sur des entreprises comme Metso, Komatsu ou Caterpillar.

Les effets de la demande dérivée : inertie et amplification

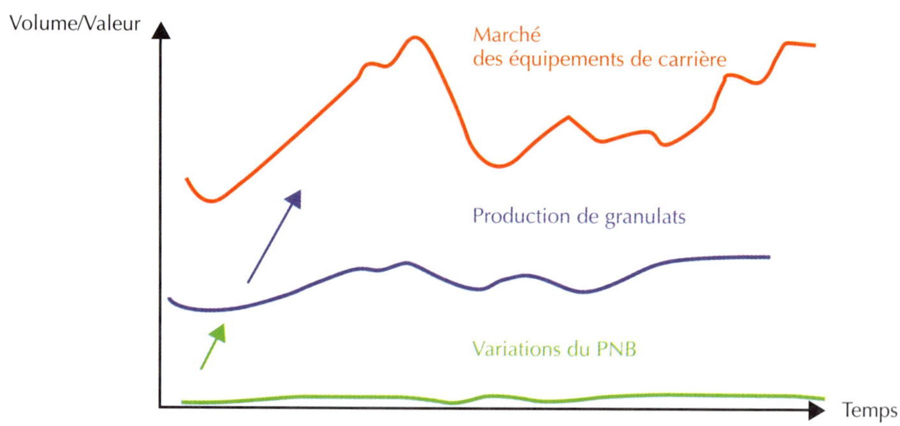

d) L'influence de l'amont sur l'aval

Parce que la demande finale influence les ventes des acteurs en amont de la filière, les entreprises B to B adoptent parfois un type de marketing original en ce sens qu'il ne se focalise pas uniquement sur leurs clients directs. Cette approche peut prendre deux formes.

1° L'entreprise développe une expertise sur les clients du client

Dans cette première approche, l'entreprise se dit qu'elle servira au mieux ses clients en comprenant de façon beaucoup plus fine les besoins et les comportements des clients de ses clients. Il s'agira pour elle de développer un marketing d'étude non pas seulement sur ses propres clients, qui sont des entreprises (qui sont-ils, quels sont leurs besoins, comment les segmenter… ?), mais bien sûr les clients de ses clients.

La connaissance affinée des clients situés en aval dans la filière leur permet soit de mieux conseiller leurs clients et de leur apporter ainsi une aide et un service supplémentaire, soit d'adapter leur offre et de convaincre leurs clients que cette adaptation leur permettra d'être plus performants. Dans les deux cas, l'entreprise utilise la connaissance des acteurs situés en aval pour influencer ses relations avec ses clients directs.

Exemples

- L'entreprise Réunir, qui édite un guide format papier et Web des lieux de réunion (séminaires, congrès, événements), a une force commerciale qui vend aux hôtels et aux salles des congrès les annonces publiées dans le guide. Les commerciaux valorisent le service de leur entreprise en donnant à ces établissements des conseils sur la façon de mieux aménager les locaux pour les réunions professionnelles et de mieux adapter leurs services aux besoins de leurs clients. Ils les informent également des tendances du marché.
- Faurecia est un équipementier qui a comme clients directs des constructeurs d'automobiles pour lesquels il produit des tableaux de bord, des sièges, etc. Mais Faurecia pratique en plus un marketing d'étude auprès des particuliers utilisateurs de véhicules pour proposer aux constructeurs des améliorations significatives.
- Le producteur d'acier Arcelor Mittal a développé un centre d'étude sur l'évolution des habitudes de consommation des particuliers pour les biens intégrant beaucoup d'acier comme l'électroménager ou l'automobile. Cette expertise lui permet de mieux comprendre et d'anticiper les besoins du consommateur final, de mieux orienter sa recherche et développement et d'adopter une démarche pro-active à l'égard de ses clients. En effet, plutôt que de s'adapter aux demandes de ces derniers, Arcelor Mittal conseille et influence la politique de produits de ses clients et les aide à être plus performants.

Figure 18.1 **En B to B, on doit s'intéresser au client du client**

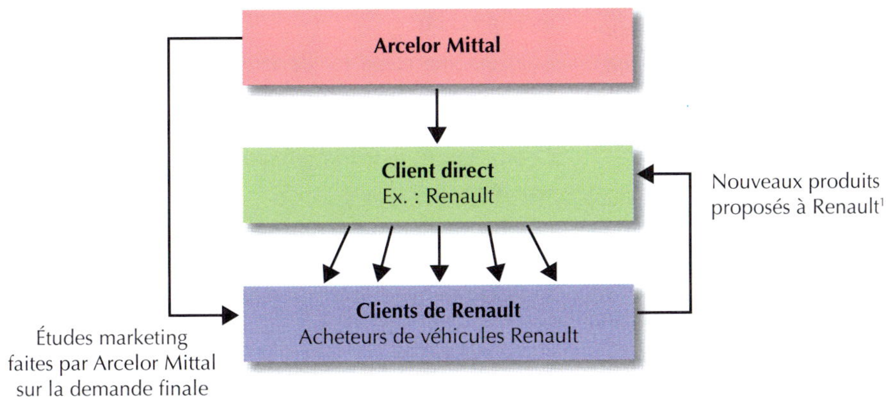

1. L'exemple Renault est simplement une illustration des clients directs potentiels d'Arcelor Mittal

2° L'entreprise s'adresse directement aux clients du client

Cette deuxième approche est plus hardie, puisque l'entreprise adopte une politique de communication qui s'adresse directement au client final. Il s'agit d'une stratégie *pull* au travers de laquelle l'entreprise cherche à créer une demande de la part du consommateur, client de son client. La spécificité de cette stratégie *pull* est ici que le client de l'entreprise est un producteur intermédiaire, qui transforme son produit, et non pas simplement un distributeur qui le met à la disposition des clients.

MINI CAS

Intel fait de la communication grand public pour renverser le rapport de force avec ses clients

Jusqu'au début des années 1990, le terme de « microprocesseur » était quasiment inconnu des consommateurs. Très peu d'entre eux savaient ce que c'était et moins encore son importance dans un ordinateur. Jusqu'à cette époque, le marketing des PC était conduit principalement par les marques d'ordinateurs et de logiciels, alors même que les fabricants de microprocesseurs avaient une influence déterminante dans l'évolution de l'offre. Intel, leader incontesté du marché, dépensait des milliards de dollars pour le développement de ses produits et l'amélioration de leurs performances. En comparaison, ses budgets de communication, orientés exclusivement vers ses clients, les fabricants d'ordinateurs, étaient très modestes.

En 1989, un responsable marketing d'Intel, Dennis Carter, définit pour la première fois un plan marketing pour un microprocesseur (le 386SX) en dirigeant ses efforts vers les responsables informatiques des entreprises qui achètent des PC. Les premiers résultats l'encouragèrent à aller plus loin.

La stratégie révolutionnaire qu'adopta en 1990 Intel fut de lancer une campagne de communication sans précédent auprès du grand public pour promouvoir sa marque. Suivant la suggestion de son agence de communication, Intel adopta le slogan : « Intel. The computer inside » puis, très vite : « Intel Inside ». Le positionnement de la marque était celui de la sécurité, de la technologie avancée et de la fiabilité.

Un slogan qui a duré 37 ans !

La première étape du plan d'action consista à y associer les fabricants de PC. Dennis Carter lança en juillet 1991 le programme de coopération marketing « Intel Inside ». L'entreprise prélevait un petit pourcentage du prix de vente de ses microprocesseurs pour créer une cagnotte permettant de cofinancer les campagnes de communication des fabricants de PC. En échange, ces derniers devaient mettre un timbre (sticker) « Intel Inside » sur leurs machines et reproduire le logo et la signature de la campagne (« Intel Inside ») dans leurs publicités. Le bénéfice pour les fabricants était simple : cette aide accroissait sensiblement leur propre budget de communication mais cela pouvait aussi conforter l'image de fiabilité et de performance de leurs produits.

La deuxième étape fut de lancer début 1992 une campagne de publicité mondiale destinée à expliquer le logo aux consommateurs. Le film, réalisé par George Lucas, faisait la promotion du microprocesseur i486.

Ces investissements connurent un résultat spectaculaire avec le lancement des microprocesseurs Pentium (un nom un peu plus séduisant que les noms des microprocesseurs précédents d'Intel !).

Intel, à travers cet investissement de plusieurs milliards de dollars, implantait durablement sa marque, se différenciait fortement de l'ensemble de ses concurrents et renversait pour une part le rapport de force habituel entre fournisseur et clients. Intel est une des marques les plus connues dans le monde. En 2011, selon Interbrand, la marque Intel valait 35 milliards de dollars, ce qui en faisait la septième marque au monde en termes de valeur.

La marque a changé de signature en 2006 pour adopter : « Leap ahead » (encore plus loin).

Dans ce cas de figure, l'entreprise fait la promotion de sa marque auprès des consommateurs. Lycra, Teflon, Goretex, Nutrasweet, Corian sont des exemples de marques d'entreprises B to B aujourd'hui bien connues des consommateurs. Les producteurs mettent en avant ces marques auprès des consommateurs : Goretex ou Lycra sont présentées sur les étiquettes des vêtements, Nutrasweet est mentionnée sur les produits alimentaires avec édulcorants. Dupont valorise sa marque Lycra (publicité, RP) auprès de la demande finale pour stimuler les ventes de ses clients qui lui achètent la fibre Lycra.

Figure 18.2 Pour vendre plus à son client, un producteur peut valoriser sa marque sur le marché final

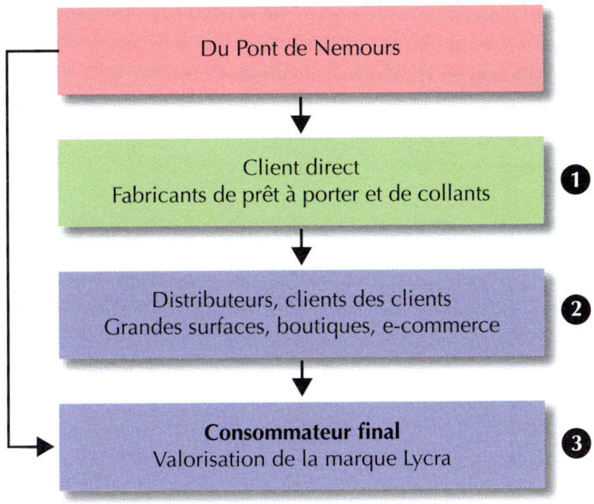

C'est un marketing à trois niveaux[1] :

1. Du Pont promeut sa marque Lycra sur le marché final : «Un client fait confiance à Lycra».

2. Du Pont promeut Lycra auprès des distributeurs : «Vos clients préfèrent du prêt à porter ou des collants en Lycra».

3. Du Pont promeut Lycra auprès de ses clients directs : «Vos clients, les distributeurs achètent du Lycra parce que Lycra fait vendre mieux».

1. Exemple emprunté à Christophe Beranova. Voir www.christophe.beranova.fr/page15.php

3° Les freins à la stratégie d'influence de l'aval

Jusqu'où les acteurs en amont peuvent-ils influencer les acteurs en aval de la chaîne ? Des réussites comme celles d'Intel peuvent faire naître de grands espoirs mais il ne faut pas méconnaître les spécificités de ces réussites et les grandes difficultés qui peuvent s'y opposer.

La difficulté à influencer les acteurs aval est particulièrement grande lorsqu'existent de véritables « barrières de banalisation » créées par des produits non différenciables. Goretex ou Intel vendent des produits différenciés, qui peuvent être identifiés comme tels par les consommateurs. Il n'en va pas de même quand le produit commercialisé est faiblement différencié, ou quand le consommateur final ne le voit pas, parce qu'il a été transformé ou qu'il s'agit d'un moyen de production.

Pour de tels produits, l'entreprise peut rompre un tant soit peu la « barrière de banalisation » en cherchant à se différencier sur d'autres éléments de l'offre tels que les services associés, la chaîne logistique, etc.

Exemple

- On voit dans la figure ci-dessous que Metso peut influencer la rentabilité de son client direct Bechtel et celle du client de son client, Codelco, mais il ne peut pas influencer la qualité du cuivre vendu à Transco. Ce cuivre est un produit banalisé (*commodity*), dont les cours sont mondiaux.

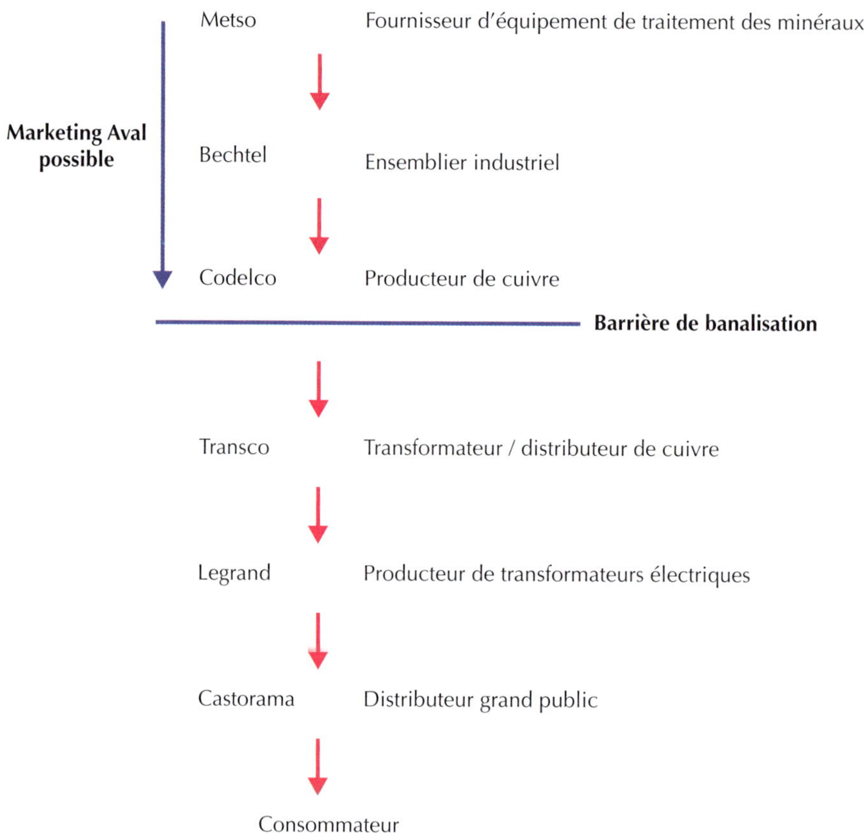

SECTION 2

LES DÉCISIONS D'ACHAT ET LA SEGMENTATION B TO B

1 L'IMPORTANCE DES ACHATS POUR L'ENTREPRISE

Bien acheter a un impact direct à la fois sur la rentabilité et la qualité du produit final.

La politique d'achat permet :

- *de différencier l'offre*, et donc d'augmenter les volumes ou de vendre plus cher. C'est le cas, par exemple, d'un cuir Connolly d'excellente qualité utilisé dans une berline de luxe, d'une machine de recyclage des métaux permettant d'éliminer les impuretés, d'une lasure longue durée, etc. ;
- *d'abaisser les coûts de production*, en augmentant la production pour un coût donné ou en améliorant la fiabilité de la chaîne de production ;
- *de diminuer les coûts annexes*, comme certains frais généraux : par exemple, les coûts de maintenance.

On imagine sans mal les conséquences désastreuses que représenterait, pour EDF, une centrale nucléaire défectueuse, pour Lufthansa, des avions aux coûts d'exploitation exorbitants, pour un chauffeur de taxi, un véhicule fréquemment en panne, pour un peintre, un enduit qui cloque.

Les particuliers achètent aussi des véhicules et de la peinture qui peuvent ne pas répondre à leurs attentes. Cela leur crée beaucoup de désagréments mais ne remet pas en cause la survie du ménage !

L'importance des achats étant souvent déterminante pour l'entreprise, elle doit se donner les moyens de vérifier que le produit acheté correspond bien à ses attentes. Il est hors de question, pour un papetier, d'acheter sur catalogue ou par relation, une unité de production dont le prix est de l'ordre de 150 millions d'euros. Les acheteurs B to B suivent des procédures organisées pour sélectionner les fournisseurs, acheter et payer. À tout moment, ils doivent pouvoir justifier la logique économique, opérationnelle et technique de leur choix.

Dans le marketing B to B, la communication sert à apporter des justifications rationnelles à des choix qui doivent être ensuite expliqués par les décideurs à leur hiérarchie mais aussi à leur entourage professionnel.

2 LES PROCESSUS DE DÉCISION D'ACHAT EN ENTREPRISE SONT COLLECTIFS

Les décisions sont généralement collectives. Il importe donc de repérer les différents intervenants, de comprendre le rôle qu'ils jouent et les motivations qui les animent. C'est souvent une tâche difficile, les organigrammes ne permettant pas de saisir la réalité du pouvoir et des jeux d'influence.

a) La notion de centre d'achats ou de sphère décisionnelle

F. Webster et Y. Wind ont proposé la notion de « centre d'achats[1] », qui est l'ensemble des influenceurs et des décideurs pour un achat donné. Un centre d'achats peut être figuré sous la forme d'une matrice où l'on met en colonnes les catégories d'individus selon leur rôle dans la décision et en lignes les phases du processus de décision.

Figure 18.3

Types de personnes selon leur rôle / Phases du processus de décision	Utilisateurs	Conseillers	Prescripteurs	Filtres	Décideurs	Acheteurs
Détection d'un besoin	***					
Détermination des caractéristiques du bien/service		**	***			
Recherche et évaluation des fournisseurs		*		**		***
Examen des offres et premières négociations						
Choix du fournisseur		*			***	***
Évaluation des résultats	***					**

Les chiffres indiqués dans la matrice correspondent à une situation imaginaire
* = peu important
*** = très important

Webster et Wind proposent six catégories d'individus et six phases dans la décision. Selon les cas, on simplifiera la matrice, certaines phases ou certains rôles pouvant être regroupés ou ignorés.

1° Les phases du processus de décision

- La détection d'un besoin.
- La détermination des caractéristiques du produit et du service.
- La recherche et l'évaluation des fournisseurs.
- L'examen des offres et les premières négociations.
- Le choix du fournisseur.
- L'évaluation des résultats.

1. *Organizational Buying Behavior*, Englewood Cliffs, Prentice-Hall. Voir également Armand Dayan, *Marketing industriel*, Vuibert, 2002.

2° Les types de personnes selon leur rôle dans les décisions

- *Les utilisateurs* : par exemple, les médecins dans un hôpital, les chauffeurs pour l'achat de poids lourds.
- *Les conseillers* : ce sont tous ceux, appartenant ou non à l'entreprise, qui peuvent influencer le choix final par leurs avis. Ils sont souvent difficiles à détecter.
- *Les prescripteurs* : ils imposent leur choix comme le fait, par exemple, un architecte pour certains matériaux de construction ou le bureau d'études de l'entreprise pour un composant à intégrer à une pièce.
- *Les filtres* : ce sont ceux qui cherchent, par leur statut ou pour tenter de se donner du pouvoir, à s'interposer entre les fournisseurs, les prescripteurs ou les utilisateurs. Ce peut être, par exemple, le cas d'un service qualité, d'un service achat ou d'un service financier.
- *Les décideurs* : on distinguera ceux qui interviennent dans :
  - la décision d'achat, par exemple, un investissement dans une nouvelle ligne de production ;
  - le choix des fournisseurs.
- *Les acheteurs* : contrairement à ce que l'on pourrait croire, le service achat, lorsqu'il existe, n'est pas toujours le décideur. Il exécute souvent des décisions prises ailleurs et qu'il a aidé à instruire. Les acheteurs veillent au respect des procédures de sélection des fournisseurs, au renouvellement des commandes pour éviter les ruptures de stocks, etc. Mais les acheteurs ne sont pas dans toutes les entreprises de simples « administratifs des achats ».

b) Le rôle actif du client

Le client est particulièrement engagé dans la définition des systèmes complets, des équipements ou des services innovants. L'origine de nombreux produits industriels se trouve dans la collaboration entre un client et un fournisseur. Ainsi, les premiers systèmes de soudure robotisés avec reconnaissance de forme sont issus de la recherche conjointe entre un fabricant de robots et l'industrie de l'armement désireuse de souder des tôles épaisses. Naturellement, le client industriel a un rôle très actif lors de la finalisation de la commande, souvent négociée. Certains clients importants peuvent aussi être mis à contribution pour l'optimisation du circuit de distribution d'un fournisseur en précisant les services qu'ils en attendent, parfois même en indiquant un distributeur partenaire potentiel.

Tout ceci a une influence directe sur la nature des relations entre vendeurs et clients. Dans la figure 18.4, ces relations sont analysées sur deux axes :

- en abscisses, la complexité et donc l'intensité de ces relations ;
- en ordonnées, leur permanence.

Bien que certains achats B to B soient simples et immédiats (marketing strictement transactionnel), la plupart des échanges se situent dans le quadrant 3 du graphique. À l'inverse, l'essentiel des transactions B to C se situe dans le quadrant 1.

Figure 18.4 **Modalités de relations entre acheteurs et vendeurs, et évolution de la relation B to B**

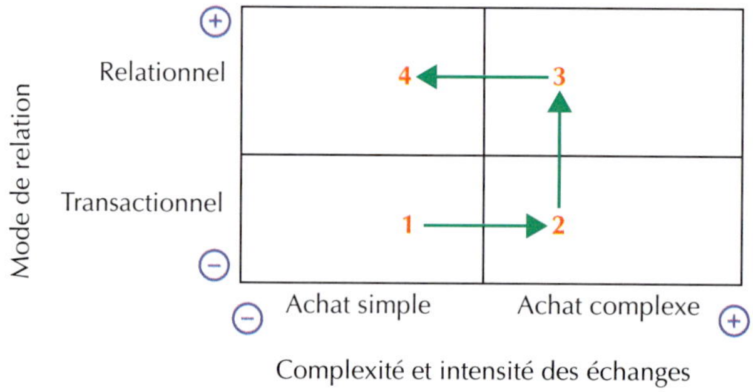

1° Les échanges B to B tendent à être plus complexes (quadrant 1 au quadrant 2)

Pour une même catégorie de produits vendus à des particuliers et à des professionnels, les transactions B to B tendent à se décaler vers la droite (quadrant 2), car les acheteurs sont plus exigeants sur le cahier des charges. Par exemple, en milieu professionnel, les vêtements de travail doivent être résistants, ignifugés, etc. L'impact possible sur la rentabilité, la sécurité, le respect des normes ou d'autres variables renforce l'implication et complexifie l'échange : la transaction tend vers la complexité (droite de la matrice).

2° Les échanges B to B tendent à être plus relationnels que transactionnels (quadrant 2 au quadrant 3)

Ceci s'explique par le fait que le client B to B s'investit plus et, de ce fait, cherche à engager un dialogue avec le fournisseur.

Lorsque la transaction est jugée convenable, l'acheteur est tenté de la renouveler avec le même fournisseur (quadrant 2 au quadrant 3). Parce que l'implication de l'acheteur est généralement plus forte en B to B et que les processus transactionnels sont plus longs, cet acheteur aura tendance à ne pas recommencer fréquemment le processus de sélection d'un fournisseur et à préférer la relation à la transaction ponctuelle (haut de la matrice).

3° Les relations B to B ont tendance à se simplifier dans la durée par rapport aux premiers contrats (quadrant 3 au quadrant 4)

Parce que la sélection d'un nouveau fournisseur et la conclusion d'une affaire peuvent être un processus long et délicat dans les relations B to B, le fournisseur établi tend à avoir un avantage sur le nouveau venu. Le bénéfice pour l'acheteur est de simplifier l'ensemble des procédures, faisant ainsi passer la relation commerciale d'une procédure complexe et longue à une procédure plus normalisée et simplifiée (retour vers la gauche de la matrice).

c) Les raisons d'achat ou les avantages recherchés par les acheteurs

1° La prédominance de la technologie et des performances

En B to B, les critères liés à la technologie et aux performances du produit sont en général essentiels dans la sélection d'un fournisseur. Ceci est d'autant plus vrai que le produit représente un enjeu stratégique pour l'acheteur.

FOCUS

Les critères de la décision d'achat

- Les critères sur lesquels se décide un achat B to B sont toujours beaucoup plus nombreux et souvent plus sophistiqués qu'en B to C.
- Le particulier cherche le plus souvent à se simplifier la vie et à éviter de trop grosses erreurs alors que le responsable B to B doit optimiser les achats dont il a la responsabilité.

Voici quelques critères d'achat (liste non exhaustive) d'un transporteur aérien pour un nouvel avion : respect des normes de sécurité, d'environnement, charge maximum, vitesse maximum, rayon d'action, critères de confort (bruit, espace, vibrations, ...), aménagement, possibilité de personnalisation, coût d'utilisation de l'équipement (consommation, fiabilité, fréquence de changement et coût des pièces de rechange), disponibilité des pièces de rechange et d'usure, expertise technique du vendeur, capacité de conseil, prix de vente, efficacité du service après-vente, etc.

Le prix n'est alors qu'un des paramètres de la décision. L'effort du vendeur doit donc se concentrer sur la compréhension et la définition des besoins particuliers de ses prospects. Ceux-ci varient considérablement d'un client à l'autre.

2° Le sur-mesure[1], ou adaptation de l'offre au client

L'acheteur B to B exige souvent un produit unique ou modifié, répondant à ses besoins propres. Pourquoi, en effet, se contenter d'un produit standard, à la portée de ses concurrents, qui ne permettra pas de faire mieux qu'eux ? Ce souci de « sur mesure » ou tout au moins d'adaptation des produits et services est souvent lié à l'intérêt stratégique du produit. Par ailleurs, les normes nationales de sécurité, de protection de l'environnement, peuvent obliger les constructeurs à proposer des produits spécifiques.

On ajoutera que certains acheteurs peuvent demander à leurs fournisseurs un modèle ancien, disparu depuis longtemps de la gamme car ils ne veulent courir aucun risque technique ou bien parce qu'ils souhaitent harmoniser la maintenance de tout leur équipement.

1. On emploie également le terme franglais « customérisation » pour désigner le sur-mesure.

3 L'intérêt de l'entreprise et de l'individu dans les décisions d'achat des entreprises

On dit toujours que les achats B to B sont à dominante rationnelle en ajoutant immédiatement qu'ils ont aussi leur part d'irrationalité car ils ne sont pas exclusivement conduits par de seuls critères économiques, techniques et stratégiques.

Cette distinction usuelle entre décisions rationnelles et irrationnelles est contestable. Quand un codécideur donne la préférence à un fournisseur parce qu'il ménage son avenir professionnel et qu'il se verrait bien un jour intégrer la direction de ce fournisseur, il ne prend pas une décision irrationnelle : il gère son plan de carrière. En revanche, du point de vue de l'entreprise, cette décision peut s'avérer irrationnelle si elle n'est pas bonne pour l'organisation.

Notre conseil

Au lieu de distinguer les décisions sur le critère de la rationalité, il est préférable de faire la part entre celles qui sont animées par l'intérêt de l'entreprise et celles qui relèvent de l'intérêt des décideurs, que ce soit en termes de centre d'intérêt (sensibilité du décideur) ou d'avantage personnel (ce qui suppose des considérations personnelles parfois répréhensibles).

En théorie, toute décision devrait relever de l'intérêt de l'entreprise. En pratique, la nature humaine étant ce qu'elle est, il est rare que les décideurs sacrifient leur intérêt personnel pour mieux satisfaire celui de leur entreprise. Ils cherchent plus communément à concilier les deux. C'est tout le travail de l'entreprise, par son système d'évaluation, d'intéressement ou de contrôle, de faire concilier son intérêt avec l'intérêt personnel de ses salariés… et c'est tout le travail du fournisseur de présenter des solutions qui sauront convaincre les décideurs sur ces deux plans (« c'est bon pour votre entreprise, et en plus bon pour vous ! »).

Il arrive cependant que les décisions ne soient pas prises dans l'intérêt de l'entreprise et qu'elles s'expliquent principalement par l'égoïsme des décideurs ou par des dysfonctionnements internes. On trouvera ci-après quelques cas de figure récurrents.

- *Les luttes de pouvoir au sein de l'entreprise*

Il en va ainsi quand un responsable régional refuse de suivre les recommandations du service achat du siège.

- *La pression des actionnaires et de la Bourse*

Elle conduit par exemple de grandes sociétés minières, pétrolières, papetières à décaler des investissements nécessaires lorsque le prix de la matière est bas, alors que ces activités sont cycliques par nature et que de tels investissements ont une durée de vie de plusieurs décennies.

- *Les erreurs de jugement et d'autres défauts dont les entreprises ne sont pas exemptes*

Ainsi, le président suédois d'une multinationale, après une solide présentation d'un de ses dirigeants italiens, décida finalement de demander à un grand cabinet américain de consultants de refaire l'étude. Comment se fier à ces Latins ?

- *L'effet de la réputation des fournisseurs*

Pour certains, choisir un fournisseur prestigieux ne fait pas courir de risque à leur carrière. Longtemps, on a dit aux États-Unis : « Personne n'a jamais été licencié pour avoir choisi IBM. » C'était un hommage à la puissance et au savoir-faire d'IBM, mais cela conduisait-il toujours au meilleur choix pour autant ?

- *De l'émotion dans les produits*

Le design industriel contribue à l'amélioration de l'ergonomie et des performances des produits. Il contribue aussi à signifier leur promesse.

Exemple

→ En Amérique du Nord, les poids lourds ont un design très expressif qui connote force brute et indestructibilité, ce qui est susceptible de plaire aux acheteurs.

- *Les danseuses des décideurs*

Pour vendre une abatteuse-billoneuse à une PME forestière, le distributeur accepta de repeindre la machine en rouge vif : le patron de la PME était un fan de Ferrari ! Ce type de décision, peu rationnelle, se retrouve également dans de grandes entreprises à l'organisation très structurée et avec un contrôle sévère de toutes les décisions d'achat. Les patrons des plus grands groupes peuvent ainsi avoir leurs danseuses comme en témoignent certaines décisions d'« investissement » dans des opérations de sponsoring ou de mécénat.

- *Les distorsions occultes*

C'est une façon d'appeler pudiquement la corruption, un mal fréquent dans certaines industries et régions du globe. En fait, il faudrait plutôt parler d'une gamme ou d'une hiérarchie de corruptions car les frontières sont souvent floues entre acceptable, tolérable et répréhensible. De nombreuses entreprises interdisent à leurs salariés de recevoir des cadeaux de leurs fournisseurs au-delà d'un certain montant. Quel montant est éthiquement acceptable ? Ceci dit, la rigueur est de plus en plus de mise dans la plupart des entreprises de nos économies.

Certains marchés ne sont accessibles qu'en versant des commissions dont on dit qu'elles sont occultes mais elles peuvent être, selon les cas, reconnues et acceptées par les entreprises et l'administration fiscale.

4 La segmentation des marchés B to B[1]

a) Les principes de la segmentation sont similaires en B to B et en B to C mais les méthodes, les critères et les pratiques diffèrent

En regroupant les clients en sous-ensembles ayant des attentes et des comportements homogènes, il devient possible d'optimiser la stratégie et le marketing de l'entreprise pour mieux servir chaque segment du marché. On a vu dans le chapitre 13 sur la segmentation que cette démarche est valable pour tous les marchés puisqu'ils comportent toujours une part d'hétérogénéité.

Plus les marchés sont hétérogènes, plus la segmentation est justifiée. Or, les marchés B to B le sont beaucoup plus que les marchés B to C. La segmentation est donc, dans son principe, essentielle en B to B mais sa pratique et surtout les critères de segmentation diffèrent.

1° L'approche grands comptes *one to one* ou le traitement totalement spécifique de chaque prospect et/ou client

Lorsque le nombre de clients actuels et potentiels est très limité, lorsque chaque client est économiquement très important (exemples déjà cités d'EDF pour Areva ou de l'Armée pour Dassault), il serait tout à fait artificiel et contre-productif de regrouper ces quelques clients dans un même segment. Dans de tels cas, on traite chaque prospect ou chaque client de façon individualisée en leur proposant des produits, des services, un marketing sur mesure. L'esprit de la segmentation est poussé jusqu'au bout puisqu'on fait du *one to one.*

Exemple

- Arianespace a constitué la liste exhaustive des quelques dizaines d'entreprises et organisations susceptibles d'envoyer un satellite dans l'espace.

2° L'approche duale : grands comptes *one to one* et autres clients à resegmenter

Il est fréquent qu'une entreprise ait un marché de clients et de prospects dont la nature et le potentiel d'activité sont très variables. Dans ce cas, on commence par segmenter par secteurs d'activité puis au sein de chaque secteur, on isole la catégorie des grands comptes à traiter de façon totalement individualisée et le segment des autres clients et prospects qui est, à son tour, sous-segmenté.

3° La segmentation du marché potentiel et la segmentation des clients

Dans certains cas, la segmentation sert essentiellement à l'analyse du marché potentiel afin d'orienter la prospection et l'adaptation de l'offre, les clients conquis étant ensuite traités de façon personnalisée.

1. Ce paragraphe fait souvent référence aux principes généraux de la segmentation qui ont été exposés dans le chapitre 13 sur la segmentation.

Exemple

➥ Une agence de publicité analyse son marché potentiel pour conduire la prospection de nouveaux budgets (activité dite *new business*). Le responsable du *new business* identifie les secteurs qui investissent beaucoup en publicité et dans lesquels l'agence n'a pas de budget. Être présent dans de nombreux secteurs est impératif car une agence ne peut pas avoir des clients concurrents qui appartiennent au même secteur comme Danone et Nestlé, Renault et Volkswagen, BNP Paribas et HSBC.

Dans les secteurs retenus, le responsable *new business* identifie et regroupe ensuite par segments :

- le ou les annonceurs qui vont engager dans un proche avenir une consultation pour choisir une nouvelle agence ;
- les annonceurs dont il a appris qu'ils sont en situation plus ou moins délicate avec leur agence et qui pourraient bien accueillir une proposition de son agence ;
- les annonceurs qui n'ont pas de raison de changer d'agence mais qui sont particulièrement intéressants en raison de l'importance de leur budget, de l'expérience de l'agence ou des références que de tels annonceurs donneraient à l'agence.

En fonction de l'appartenance de chaque prospect à l'un de ces trois segments, le responsable du *new business* va mettre en œuvre un plan de prospection et provoquer des contacts personnels entre les dirigeants de ces entreprises et de l'agence.

b) Les critères de segmentation en B to B

1° Les critères de segmentation du B to C ne sont pas utilisables, tels quels, en B to B

Le sexe, le revenu du foyer, la profession du chef de famille, l'âge, la personnalité et le style de vie des acheteurs et des consommateurs ne sont évidemment pas des critères appropriés à l'analyse des marchés B to B. On en a tiré la conclusion définitive mais sans doute un peu hâtive que les critères de segmentation étaient totalement différents, en s'attachant plus au libellé des critères qu'à leur esprit.

2° Le critère économique (activité, potentiel des entreprises, taille, rythme et rentabilité des commandes de ces entreprises) est beaucoup plus discriminant en B to B qu'en B to C

Le chiffre d'affaires que peut réaliser une marque de dentifrice comme Teraxyl (Henkel) peut varier dans un rapport de l'ordre de un à trois entre un petit et un gros consommateur. C'est sans commune mesure avec la différence qui peut exister entre le chiffre d'affaires de Gaz de France avec une PME de cinq employés ou avec Saint-Gobain, entre le chiffre d'affaires que peut faire un cabinet d'audit avec un commerçant ou avec Carrefour.

3° Les avantages recherchés

Appelés aussi raisons d'achat ou bénéfices clients, importants en B to C pour segmenter et positionner, les avantages recherchés sont déterminants en segmentation B to B.

En raison de la plus grande diversité des clients B to B, de la plus grande variété des contextes d'utilisation et de la plus grande complexité technique des produits, la liste des avantages recherchés est généralement beaucoup plus fournie pour un produit ou un service B to B. Un particulier a tendance à choisir la banque qui est la plus proche, l'assurance la moins chère. Il n'y a pas 25 bénéfices consommateurs à proposer quand on vend des poulets en hypermarchés en dehors du prix et de la garantie des conditions d'élevage par un label reconnu.

En B to B, les avantages recherchés en termes de performances de produits et de services peuvent être très différents d'un client à l'autre. On établit donc la liste des principaux avantages recherchés par catégories de clients puis on les pondère selon leur importance pour chaque type de clients.

Exemple

- Les constructeurs d'équipements lourds de construction (Caterpillar, Komatsu, Volvo, Terex…) ont distingué quatre segments de clientèle en fonction de l'importance respective qu'ils donnent à neuf types d'avantages recherchés figurant dans la colonne de gauche.

Tableau de pondération des avantages recherchés (exemple d'équipements lourds de construction)

Pondération de chaque critère sur une échelle de 0 à 10	Opérateurs miniers	Producteurs de granulats	Entreprises de construction généraliste	Sociétés de location
Performance du produit	10	8	7	6
Image d'expertise du fournisseur	6	7	5	4
Prix de vente	6	7	9	10
Possibilité de reprise d'occasion	1	5	8	9
Coût d'utilisation	9	8	5	4
Disponibilité des pièces	6	7	5	7
Proximité du service après-vente	4	7	6	5
Fiabilité	9	7	5	6
Solutions financières	2	5	7	7

4° La segmentation comportementale et la segmentation selon la situation d'utilisation

On peut segmenter selon la fréquence des achats, le degré de fidélité ou les conditions d'utilisation.

Exemple

- Une mine travaille en continu (24 heures/24, 7 jours/7) : toute interruption de la chaîne d'extraction et de transformation a un effet immédiat et important sur sa rentabilité. À l'inverse, une petite entreprise de construction utilise son équipement de manière discontinue et souvent peu intensive (par exemple, 600 heures/an).

Dans de nombreux cas, l'acheteur travaille avec le fournisseur pour établir un cahier des charges particulier énonçant les spécificités requises pour tel contexte d'utilisation.

5° La relation avec le client : nature et intensité

Une façon de segmenter son marché consiste à distinguer les clients « transactionnels » qui achètent au coup par coup et les clients « relationnels » qui recherchent une relation de confiance dans la durée.

La tentation est forte d'éviter les premiers pour se consacrer exclusivement aux seconds. En effet :

- ces clients « transactionnels » peuvent empêcher l'entreprise de se concentrer sur les clients à haute valeur ;
- ils ne reconnaissent pas à sa valeur la proposition de l'entreprise, et exigent des prix bas ;
- ces bas prix « polluent » les prix pratiqués avec les clients relationnels.

Toutefois, avant d'éliminer des clients « transactionnels », l'entreprise devra vérifier qu'ils ne sont pas des clients relationnels en puissance, et que cette politique n'isole pas l'entreprise de la concurrence la plus agressive en éliminant les clients les plus exigeants sur le prix[1].

6° Les critères de personnalité et de style de vie utilisés en B to C ne sont pas utilisables, tels quels, en B to B

Toutefois, ces critères sont, en quelque sorte transposables aux notions de culture d'entreprise, de modes et de styles de management, de processus de décision, de cultures propres à un marché, à un pays, à une région du globe.

FOCUS

Les principales catégories de critères de segmentation en B to B

Les critères d'intérêt économique et stratégique des clients potentiels et actuels

- Le secteur d'activité.
- La taille et le potentiel du CA et de la rentabilité par client.
- Les clients « transactionnels » et « relationnels ».
- Les clients de référence.

Les critères d'accessibilité aux clients potentiels

- La localisation : distance, effet sur les coûts et le service…
- La familiarité avec l'environnement culturel (langues), humain, politique, administratif, technique des clients potentiels.
- Les barrières à l'entrée : réglementation (telles que les normes), concurrence…
- La sensibilité de l'acheteur à la marque du vendeur.
- Le relationnel pouvant être créé.

…

1. À cela s'ajoutent des considérations relatives à l'abaissement des coûts de production moyens liés à de forts volumes : voir le chapitre 5 sur la politique de prix.

•••

Les critères « avantages recherchés » par les acheteurs

- Le degré d'intérêt stratégique du produit ou service dans la chaîne de valeur du client.
- La proximité entre les avantages recherchés par les acheteurs et les caractéristiques de l'offre standard du vendeur : performances, qualité/fiabilité, prix, sécurité, services associés…
- Les caractéristiques liées au contexte d'utilisation.
- Le degré de personnalisation (produits, services, modes de paiement…) souhaité par l'acheteur.
- La nature des avantages recherchés en fonction de l'état de l'acheteur : niveau technologique, types d'équipement.

Les critères liés aux systèmes de management et à la culture des clients

- Les modes de management : centralisé/décentralisé.
- Le processus de décision d'achat. Segmentation de la sphère décisionnelle : décideurs, influenceurs, filtres.
- Les valeurs des entreprises et de leurs dirigeants.

SECTION 3

LE MARKETING-MIX DES ENTREPRISES B TO B

1 LA POLITIQUE DE PRODUIT EN B TO B[1]

a) Les produits s'accompagnent très souvent de services

La notion de produit doit être entendue au sens large en incluant les services associés.

Une pièce détachée aussi simple qu'un filtre à air pour un tracteur, un produit aussi banalisé que le gasoil qui fait fonctionner ce tracteur supposent des services tels qu'une livraison ou une assistance immédiate en cas d'urgence.

L'offre B to B, est donc un ensemble (*un package*) cohérent de produits de base et de services associés[2].

1. On rappellera succinctement les principales caractéristiques de la variable Produit dans le marketing-mix des entreprises B to B, sachant que l'on a largement évoqué les problématiques liées au produit dans les pages précédentes. On développera plus longuement les autres variables du mix, en s'attachant aux éléments les plus spécifiques du marketing B to B.
2. Sur les services associés, voir le chapitre 4 sur la politique de produit.

b) On fabrique des biens, on fournit des services mais on vend des solutions

Un client B to B se tourne vers un fournisseur pour résoudre un problème. Il achète plus une solution qu'un bien ou un service.

c) L'aide à la formulation du besoin est souvent une partie essentielle de l'offre

Le vendeur contribue à la définition optimale du besoin et des problèmes de l'acheteur pour proposer ensuite une réponse appropriée.

La vente en B to B se déclenche souvent en amont, dans la phase de conseil, de diagnostic commun entre vendeur et acheteur. Le conseil est souvent gratuit, parfois payant.

EDF met en avant son service de conseil pour aider ses clients à opter pour la solution qui leur convient le mieux
Source : http://entreprises.edf.fr

d) Les biens B to B se fabriquent dans les usines, l'offre B to B se compose souvent sur le terrain, en relation avec l'acheteur

Le distributeur B to B est le prestataire de tout ou partie des services associés au produit. Il intervient souvent dans la définition même du produit.

De nombreux produits sont physiquement assemblés ou modifiés sur le lieu ou à proximité du lieu d'utilisation.

Exemple

- Une machine forestière produite au Canada, devra être modifiée par le distributeur suisse pour répondre aux besoins particuliers des forestiers de la Confédération helvétique : chemins plus étroits, pentes raides, règles de sécurité plus sévères, etc.

MINI CAS

Saint-Gobain propose à ses prescripteurs un outil de vente sous forme d'appli

La stratégie de Saint-Gobain consiste à développer son activité dans les vitrages à haute performance, qui lui permettent de différencier son offre et d'accroître ses marges. Quand Saint-Gobain vend ce type de vitrages à des promoteurs immobiliers et des constructeurs d'immeubles de bureau, l'entreprise a affaire à des professionnels qui peuvent évaluer les bénéfices qu'apportent ces solutions. Quand la clientèle est celle des artisans et des constructeurs de maison individuelle, les bénéfices sont plus difficiles à valoriser, d'une part parce que leur degré d'expertise est moindre, et d'autre part parce que la décision revient aux clients de ces clients, qui ne connaissent pas la technicité qui peut être celle des vitrages… mais qui comprennent parfaitement les différences de devis !

L'entreprise a donc cherché un moyen de communiquer plus efficacement la valeur de son offre aux clients de ses clients, en dotant les artisans et entrepreneurs du bâtiment d'un outil d'aide à la vente capable de les aider à mieux conseiller leurs clients. Il s'agit de montrer aux clients finals les bénéfices liés à l'utilisation d'un vitrage performant.

Saint-Gobain Glass a d'abord développé un outil informatique qui permet de déterminer les vitrages les mieux adaptés à une habitation en tenant compte de multiples paramètres tels que la localisation, le type de fenêtre, son orientation, le type de chauffage, etc. et de critères tels que l'isolation acoustique ou calorifique souhaitée. Cet outil complexe, puisqu'il doit paramétrer des conditions très variables, s'appuie sur l'expertise des centres de recherche et développement de Saint-Gobain Glass.

L'entreprise a ensuite intégré cet outil dans une simple application pour smartphone et a poussé son souci jusqu'à en faire certifier les résultats par le TUV Rheinland.

Cette application présente une interface permettant, en remplissant une sorte de formulaire, d'établir un diagnostic complet, de faire des simulations acoustiques (on entend un bruit de l'extérieur simulé plus ou moins amorti selon le vitrage), de présenter de façon simple et détaillée par le biais d'un calculateur les économies réalisables en termes d'énergie et d'émissions de CO_2.

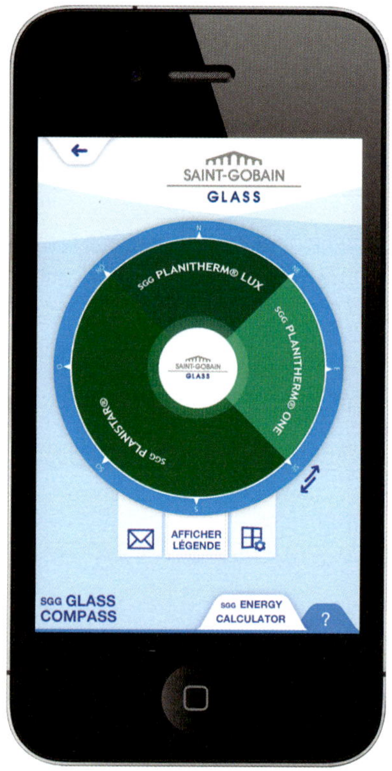

Photo : Saint-Gobain Glass

L'application SGG Glass Compass a été lancée en France, Belgique et Luxembourg en novembre 2011 et, en version 2, en Espagne, au Portugal, en Italie et en Suède. Elle est disponible sur Internet pour iPhone ou smartphone Android et tablettes. 6 mois après son lancement elle a été téléchargée 3 000 fois. L'application s'accompagne d'un site internet glasscompass.com.

e) L'offre crée de la valeur pour le client et parfois pour le client du client

Le meilleur marketing B to B consiste à fournir à ses clients des avantages-produits qui seront autant de bénéfices pour les clients de l'acheteur.

Exemple

➥ Un télésiège de dernière génération, à huit places, vendu, installé, entretenu par Poma avec du personnel de la station formé par l'entreprise doit améliorer directement le compte d'exploitation de cette station (création de valeur directe pour le client). Il crée également de la valeur pour les clients de la station en améliorant la qualité de service et en donnant une image de modernité.

2 La politique de prix en B to B

Contrairement aux marchés de grande consommation, les prix en B to B sont souvent complexes à définir, à communiquer et à comprendre.

a) La signification du prix pour l'acheteur

Pour l'acheteur B to B, un prix ne peut être « lu » qu'au travers d'un solide raisonnement permettant de le lier à d'autres paramètres souvent complexes comme la fiabilité, les performances du produit, la qualité du service après vente, la pérennité du fournisseur, etc.

La sensibilité au prix, et donc la rigueur portée à son étude, est liée à l'impact de l'achat sur la rentabilité de l'entreprise. Le prix d'achat d'un lot de tissus sera âprement négocié par un confectionneur comme le contrat du ramassage des déchets ménagers par une commune. À l'opposé, des achats très accessoires (par exemple, cartes de visite, cadeaux de fin d'année) ou ceux décidés hors structure (par exemple, commande par le PDG d'une étude à un cabinet de conseil en stratégie) suivront un traitement moins rigoureux et bénéficieront d'une pression concurrentielle moindre.

b) Les difficultés de définition d'une politique tarifaire

Elles sont fréquentes. Elles peuvent l'être pour des raisons multiples comme le manque de références précises pour établir les prix, la nécessité de livrer de petites séries pour un client local ou de très grandes pour un client mondial, les services associés et le degré d'adaptation des produits, variables selon les clients, etc.

À cette difficulté de définir une grille tarifaire correspond l'obscurité relative des tarifs pour le client, en raison soit de la complexité de cette grille (multiples options, conditions et services), soit de la difficulté à déterminer le prix de revient final pour le client.

Les prix industriels varient fortement d'une contrée, d'un segment voire d'un client à l'autre. L'acheteur industriel utilise autant que possible les variations de prix observées aux quatre coins du globe pour aligner les prix vers le bas. C'est ce que font, avec beaucoup d'efficacité, les services achat des grands groupes mondiaux et centralisés, ce qui pose de vrais problèmes aux vendeurs qui avaient l'habitude de faire une « moyenne » de leurs profits entre les marchés à prix bas et à prix élevés.

c) Les principales méthodes de fixation des prix

1° Les contrats à prix unique avec barèmes de prix

Le prix est fixé selon un barème publié qui précise les modalités tarifaires selon des critères de quantité, de lieu de fourniture, de date de livraison, etc.

2° Les appels d'offres

Les appels se font par voie publique ou sont réservés à certains fournisseurs choisis par l'acheteur, cas le plus fréquent dans l'industrie privée. Ils précisent les conditions de soumission d'une proposition, la méthode et les critères retenus pour définir la meilleure offre (voir les appels d'offre et enchères en ligne à la section 4).

3° Les prix négociés

C'est le cas le plus fréquent.

d) Les conditions de paiement

La majorité des transactions B to B bénéficient de paiements différés. Les pratiques varient localement. Mieux vaut être vendeur aux États-Unis ou en Scandinavie où la durée moyenne des paiements est de 45 jours après expédition, qu'en Italie (160 jours)[1]. L'effet négatif de ces décalages a une incidence évidente sur la trésorerie et sur le risque d'impayés. Plus la durée entre la livraison et le paiement est élevée, plus le risque d'insatisfaction du client croît et le risque d'impayés augmente. Des problèmes techniques, un manque de formation peuvent entraîner un refus de paiement plus ou moins justifié. Dans le cas de produits complexes, de clients et de pays difficiles, il est souvent préférable de proposer une lettre de crédit couvrant le risque ou un paiement immédiat avec un escompte attractif même s'il est en réalité plus coûteux que l'octroi d'un délai de paiement.

Il existe d'autres risques liés aux conditions de paiement. Par exemple, l'entreprise accepte des paiements retardés ou échelonnés avec peu de garanties en cas de non paiement. La clause de « propriété en cas de non paiement » n'est pas toujours réalisable, le client pouvant être en redressement judiciaire. Si un client, au bilan fragile, obtient un financement auprès d'un tiers, ce tiers pourra demander à l'entreprise de racheter l'équipement en cas de défaillance du client. On imagine l'effet d'un retournement du marché sur une entreprise qui multiplie les garanties de reprise !

e) Les garanties et services accessoires

1° Les garanties

La négociation des conditions de garantie représente un enjeu important pour des transactions complexes et stratégiques. Plusieurs garanties peuvent être demandées.

1. Il s'agit d'ordre de grandeur. En France, la loi sur la modernisation de l'économie (dite loi LME) de 2008 impose des délais maximums de paiement de 45 jours fin de mois ou 60 jours à compter de la date d'émission de la facture.

- *La garantie contre les vices de fabrication*

En fin de négociation du prix final, l'acheteur exige fréquemment une extension gratuite des garanties standards. Le vendeur, s'il le peut, a souvent intérêt à devancer ce risque, en proposant au moment de l'offre une option-extension de garantie contre rétribution.

- *La garantie de délais de livraison avec possibilité de pénalités de retard*

Exemple

➥ Areva construit pour TVO, électricien finlandais, une centrale nucléaire EPR sur le site d'Olkiluoto. Le chantier a débuté en 2005 et devait être terminé mi 2009. Les retards se sont accumulés et, aujourd'hui la mise en service est annoncée pour… 2014. On prévoit que le coût initial de 3 milliards € sera doublé et TVO a réclamé à Areva 2,4 milliards € au titre des pénalités de retard.

- *La garantie de performance*

En cas de non-respect, elle peut coûter très cher au vendeur.

L'application de ces garanties est d'autant plus difficile que la fourniture concerne des systèmes constitués d'équipements et de services provenant d'entreprises différentes (maîtrise d'ouvrage). Dans les cas extrêmes, la vente pourra être annulée ou le vendeur obligé de contracter avec une entreprise concurrente pour respecter les termes du contrat. Autant que possible, le vendeur doit essayer de plafonner les pénalités.

2° Les services divers accessoires à la prestation de base

Ce peut être, par exemple, la fixation des conditions de reprise d'un équipement existant.

L'acheteur industriel peut avoir intérêt à inclure dans la transaction le rachat d'un équipement usagé. Il paie alors une soulte. Cette pratique est souvent à risque et ceci d'autant plus que le marché de l'occasion est restreint, que l'équipement est complexe, qu'il provient de la concurrence, que les conditions antérieures d'opération sont peu connues et qu'il existe des possibilités de mauvaise utilisation de la machine.

Lors de la négociation commerciale, l'acheteur a souvent intérêt à fixer le prix pour passer ensuite à l'examen et à la définition des « accessoires ». Le vendeur a un intérêt inverse.

3 La politique de communication en B to B

a) L'adaptation des politiques de communication aux problématiques du B to B

C'est un lieu commun de dire que les fournisseurs de biens et de services industriels communiquent peu et souvent mal. Ce jugement procède souvent d'une conception trop étroite de la communication qui se résumerait à la publicité. Véhiculée par les *mass media*, la publicité est évidemment peu appropriée à tous ceux qui n'ont pas de cibles de masse. La publicité B to B est donc essentiellement limitée :

- *aux marchés mixtes* comme les ordinateurs de bureau pour particuliers et professionnels ;
- *aux marchés* B to B *comprenant un grand nombre d'acheteurs*, par exemple, tous les artisans qui peuvent utiliser les produits Lafarge ;
- *à la communication institutionnelle (ou communication corporate)* : elle sert à la notoriété de l'entreprise et à la promotion de ses compétences. La publicité, qui n'est jamais l'unique moyen de communication, est diffusée par des supports ciblés comme la presse professionnelle, le publipostage ou l'e-mailing.

1° La communication B to B est souvent moins spectaculaire que la communication B to C, mais plus interpersonnelle

La communication B to B est une communication beaucoup plus relationnelle, donc interpersonnelle que la communication B to C. Le relationnel est par nature plus discret que les trompettes de la publicité.

2° Les efforts de communication ne sont pas tous budgétés et agrégés, ce qui conduit souvent à sous-estimer leur importance réelle

Ainsi, par exemple, les forces de vente B to B sont aussi des vecteurs de communication mais leur budget est affecté à un poste « ventes » et non « communication ». Parfois même, ceux qu'on appelle « commerciaux » ne font que de la communication.

Exemple

➥ C'est le cas des délégués médicaux des laboratoires pharmaceutiques qui visitent les médecins mais ne vendent eux-mêmes aucun produit. Un laboratoire pharmaceutique, spécialisé dans les produits d'anesthésie, dispose de 60 délégués pour 8 000 médecins ce qui représente un budget annuel de communication directe de quelque cinq millions d'euros, soit 600 euros environ par prescripteur théorique. Que penser du budget d'un très grand laboratoire comme Glaxo qui, pour le marché français seulement, a près de 800 délégués ? Les dépenses liées aux délégués médicaux représentent un budget de communication dont l'importance est comparable à ceux des très grands annonceurs sur les marchés de grande consommation.

L'importance réelle de la communication B to B est également sous-évaluée parce qu'on oublie que, sur le terrain, elle est souvent relayée, parfois totalement prise en charge, par les distributeurs.

Par ailleurs, la communication repose pour une large part sur les contacts personnels des cadres et des dirigeants mais comment évaluer exactement le coût du temps qu'ils consacrent à la communication ?

Enfin, les échanges électroniques font partie intégrante de la communication mais ils n'apparaissent pas dans une ligne du budget global de communication.

Ils connaissent pourtant un développement considérable. Ainsi, Fedex dit envoyer et recevoir 20 millions de messages électroniques, chaque jour, dans le monde entier !

Au total, la communication B to B n'est pas systématiquement sous développée comme on l'entend souvent. Elle emprunte des canaux beaucoup plus diversifiés que la communication B to C. En conséquence, *son problème majeur est de donner de la cohérence à cette diversité de canaux et de messages.*

3° De l'information plus que de la séduction

Les acheteurs professionnels recherchent d'abord une information objective, factuelle.

Exemple

- Annonce pour le biréacteur Bombardier CRJ200 : « Le biréacteur Bombardier CRJ200 a reçu l'approbation de Transports Canada pour son exploitation dans les aéroports situés jusqu'à 13 000 pieds au-dessus de la mer. »

4° Des types de contacts avec un coût très variable selon le degré de personnalisation de la communication

Plus le média permet une grande richesse d'information et une personnalisation des messages, plus le coût du contact est élevé.

Figure 18.5

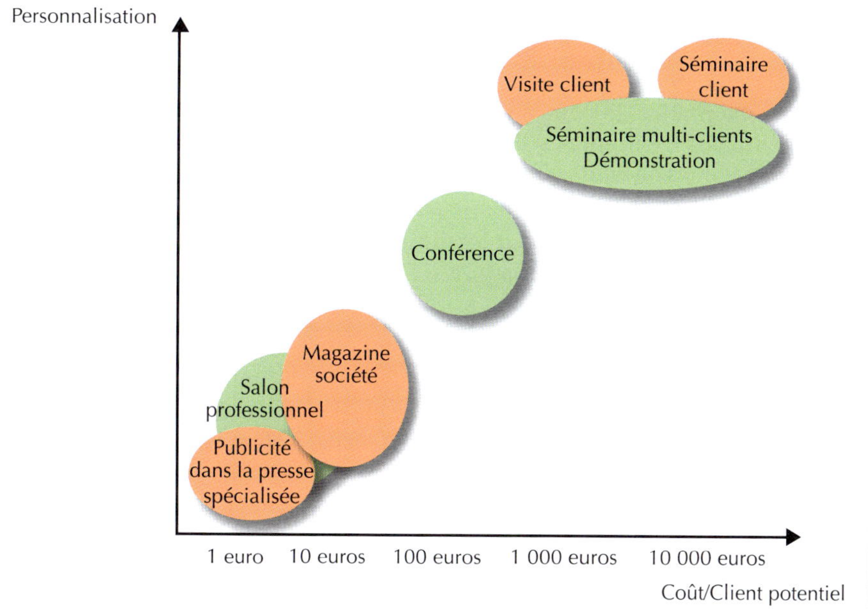

b) Les médias et les supports de la communication B to B

Tous secteurs réunis, les premiers postes[1] de dépenses de communication B to B sont :
- les vendeurs (commerciaux, technico-commerciaux...) ;
- les salons et foires-expositions ;
- la publicité (*print*) ;
- le marketing direct ;
- l'édition professionnelle.

On traitera ici des salons, de la presse spécialisée et des publications professionnelles, les autres moyens ayant été décrits dans les chapitres ou paragraphes consacrés à la vente et au marketing direct au chapitre 9.

1° Les salons professionnels

Le nombre de salons est considérable et toute entreprise est quasi certaine de trouver un salon centré sur son métier.

Exemples

- Temac : salon des technologies du cuir et des matériaux souples à Cholet (4 500 visiteurs).
- SAM : salon de l'aménagement en montagne à Grenoble (14 000 visiteurs).
- SITS : salon international du traitement de surface (20 000 visiteurs).
- Graphitec : salon des industries graphiques (22 000 visiteurs).
- Hopital Expo/Intermedica (25 000 visiteurs).

Le problème de l'entreprise est de bien choisir dans cette offre pléthorique de salons ou de foires. Il n'est pas rare qu'une seule exposition internationale consomme le tiers du budget total de communication d'une entreprise.

Les raisons pour participer aux salons professionnels sont très souvent mauvaises : la routine, la peur du « qu'en dira-t-on si nous sommes absents ? »... Les responsables d'entreprises B to B font trop souvent l'économie de réponses précises à quelques questions élémentaires :
- quels sont les clients que je pense pouvoir atteindre ?
- quels sont mes objectifs pour les différents groupes de clients ?
- comment atteindre ces objectifs ?
- quels bénéfices vais-je en tirer ?
- quel est mon investissement réel incluant tous les frais annexes ?

Le problème se pose de façon encore plus vive pour les entreprises qui ont pignon sur rue et qui, certaines années, n'ont pas de grandes nouveautés à montrer. Beaucoup de visiteurs ne viennent pas pour acheter dans le salon mais pour y découvrir de nouveaux équipements, de nouveaux fournisseurs, faire une évaluation de la concurrence, organiser des rendez-vous avec leurs fournisseurs, des clients, voire même des concurrents (de nombreux projets de fusions et acquisitions ont démarré dans de tels salons).

La plupart des salons proposent des conférences professionnelles. Ce sont par exemple des expositions et des conférences organisées par la Société internationale

1. Les statistiques des dépenses de communication B to B sont très imprécises.

de résonance magnétique médicale dans le cadre d'un salon dédié à l'équipement *high-tech* des hôpitaux. Des entreprises comme Siemens ou General Electric y présentent le résultat de leurs recherches.

2° La presse spécialisée

On compte presque autant de revues spécialisées que de syndicats professionnels, parfois plus.

Exemple

→ Plus de vingt-cinq revues sont proposées aux professionnels français du bois (forestiers, menuisiers, etc.), dont :

- *Bois Énergie*, revue dédiée aux procédés, matériels, etc. ;
- *Bois et Forêts des tropiques* ;
- *Charpente Menuiserie Parquets* ;
- *La revue du Bois* ;
- *La Forêt privée* ;
- *Le Bois International*, etc.

La diffusion des titres professionnels est souvent faible. On cherchera à savoir si la diffusion réelle est certifiée par un organisme sérieux donnant la répartition entre diffusion payante et gratuite. La densité des messages publicitaires est souvent très forte. Ainsi, un exemplaire de *Matériels et Chantiers* comportait pour 55 pages 38 annonces d'un quart de page et plus, et quatre pages d'annonces petit format. La presse technique et professionnelle est de ce fait souvent rentable, ce qui a favorisé la multiplication de micro-éditeurs. La consolidation de ces éditeurs est cependant en cours.

Exemple

→ Fondé en 1840, le groupe allemand Rudolf Müller couvre avec ses 26 revues spécialisées l'ensemble du secteur de l'immobilier et du bâtiment. Presque toutes les techniques sont traitées par des publications spécialisées : architecture, charpente et toiture, carrelage, etc. Ses revues sont disponibles en Allemagne, en France et en Pologne.

Même si elles n'ont pas d'attachés de presse, les entreprises ont intérêt à tisser des relations stables et de confiance avec ces éditeurs. Ainsi, en échange d'un budget annuel de publicité, le responsable commercial pourra peut-être espérer la promesse de plusieurs articles sur l'entreprise (innovations techniques, entretien avec le PDG de l'entreprise, etc.), voire même une photo de couverture avec le produit phare de la société[1]. Les articles de la rédaction, supposés neutres, sur un produit nouveau, un chantier réussi, un client satisfait, etc. ont une bien meilleure efficacité que les « publi-reportages ».

3° L'édition d'entreprise on line et off line[2]

Les moyennes et grandes entreprises B to B sont d'importants éditeurs : rapport annuel, plaquette de présentation, information-produit, magazine d'entreprise, etc. Depuis plusieurs années, cette édition se fait en ligne en plus des versions papier.

1. De tels procédés ne sont pas systématiques.
2. On ne traite ici que de l'édition off line. L'édition on line connaît un essor considérable avec les sites d'entreprises dont bon nombre de rubriques ne sont accessibles qu'à des publics autorisés.

L'information « produit » représente une lourde charge pour les entreprises. Si certaines se contentent de simples fiches recto, d'autres soucieuses de se différencier vont très loin dans la description en révélant par exemple :

- les spécifications techniques ;
- les domaines d'application ;
- les performances ;
- les calculs de rentabilité économique ;
- les conseils d'utilisation ;
- les références ;
- un comparatif plus ou moins masqué avec la concurrence, etc.

Naturellement, une fois la vente d'un bien industriel conclue, le client recevra un manuel d'utilisation, un cahier d'entretien, un répertoire des pièces détachées. On imagine la difficulté d'une entreprise devant traduire la plupart de ces documents dans la langue de l'utilisateur.

Il arrive de plus en plus souvent que cette documentation soit fournie sous format électronique, ce qui permet de faire chuter sensiblement le poste édition sauf, évidemment, lorsque cela double l'édition papier à laquelle on reste très attaché.

Le magazine d'entreprise soulève presque autant de débats que la participation aux grands salons. Le budget n'est pourtant pas comparable. Avec 25 000 euros, on peut réaliser une « lettre d'information », de quatre pages, tirées en quadrichromie, distribuée à 12 000 clients et traduite en six langues. La discussion porte souvent sur le contenu. Le magazine doit-il (peut-il ?) couvrir plusieurs segments ? Doit-il être de type informatif ou récréatif ? Le format doit-il être de prestige ? Etc. Le principal piège consiste à vouloir tout dire à tout le monde.

4° La communication événementielle, au sens large

La présence aux expositions peut être avantageusement complétée, voire remplacée par des « événements société », ponctuels ou organisés de manière continue.

Une formule classique consiste à inviter un groupe de clients à un séminaire, à visiter une nouvelle installation, etc. Le fait que la conférence se tienne à Nice ou à Zermatt plutôt qu'à Béthunes peut être un argument !

Plus prosaïquement, les clients peuvent être invités à assister à des démonstrations effectuées par une équipe volante qui sillonne le territoire.

L'entreprise peut organiser pendant quelques jours un « salon entreprise », avec exposition, démonstrations, conférences et… programme récréatif. Elle peut inviter d'autres fournisseurs partenaires.

5° Les « écoles d'entreprises »

Former ses clients a un fort impact. On associe souvent un lieu de démonstration permanent à un centre de formation externe.

Exemple

→ Caterpillar a créé en 1971 le MDTC, un centre européen de formation et de démonstration à Malaga en Espagne. Depuis, plus de 200 000 visiteurs, distributeurs et clients ont participé à des séminaires et programmes de démonstration.

Localement, la formation et la démonstration sont relayées par de gros concessionnaires (voir http://publipostage.delmasexport.com/).

Centre de formation et de démonstration CAT à Malaga

4 La politique de distribution en B to B

a) Les enjeux de la distribution B to B

1° Le réseau de distribution joue un rôle essentiel et critique en B to B

Essentiel, car, en dehors du lien indispensable qu'il établit entre le producteur et sa clientèle, il complète activement l'offre de l'entreprise par des éléments tangibles (modification des équipements, systèmes) et intangibles (services, prise de risque, transfert de connaissances).

Critique, parce qu'il influence tous les autres composantes du marketing-mix (prix, caractéristiques des produits, promotion) et qu'il mobilise une partie importante des ressources des entreprises.

Exemple

➥ Après une période d'expansion, Textel, un spécialiste de l'optimétrie, connaît un fléchissement de ses ventes et un tassement de ses prix. Une analyse rapide montre que pour des marges brutes de l'ordre de 32 %, les frais généraux liés à la distribution (vente, service, adaptation locale des produits) représentent 20 % des ventes, dont 2 % liés à des problèmes d'impayés ou des ristournes accordées à des clients après réclamation. Les inventaires en transit ou utilisés par les filiales de distribution représentent 120 jours de vente (sans compter les inventaires des distributeurs extérieurs). À titre de comparaison, les frais généraux relatifs à l'élaboration des produits ne représentent que 10 % et le total des immobilisations nécessaires à la production ne dépasse guère 70 jours de vente.

2° Un rapport de force souvent favorable aux producteurs

Les entreprises ont souvent le choix entre de nombreuses formules : opérer avec un réseau à faible densité (par exemple, un seul point de distribution dans un pays), créer leur propre réseau de commercialisation, monter une *joint venture* avec un distributeur local, etc. Elles ont souvent la possibilité de définir leur politique de distribution sans avoir à subir la pression de grands distributeurs très puissants.

3° Des possibilités de choix de canaux variées : canal court ou canal long

Les modes de distribution peuvent aller du plus court (vente directe depuis l'usine) au plus long.

Quitte à décevoir de nombreux responsables d'usine qui rêvent d'éliminer les intermédiaires, un canal de distribution très court n'est pas nécessairement le plus efficace.

L'allongement d'un canal, la superposition des acteurs, peuvent être justifiés par les nécessités suivantes :

- la couverture géographique (par exemple, vente au Moyen-Orient par un agent) ;
- la couverture d'une clientèle fragmentée, de segments périphériques non servis par le réseau traditionnel ;
- la nécessité de compléter l'offre tangible par des services qui ne peuvent être bien faits, de façon économique, que sur le terrain à proximité des utilisateurs par un réseau de (bons) distributeurs.

Le nombre d'acteurs (extérieurs et propres à l'entreprise) est ainsi souvent dicté par le bon sens et la nécessité. Les modalités de distribution sont toujours nombreuses : filiales de distribution complètement intégrées ou non à l'entreprise, agents multicartes, distributeurs exclusifs, solutions hybrides, canaux multiples, etc. Rares sont les sociétés qui ont la capacité de prendre une décision radicale et de s'y tenir, comme Dell, qui pendant longtemps a éliminé tout intermédiaire extérieur, ou à l'inverse Caterpillar qui ne vend qu'au travers de distributeurs.

b) Les atouts et les risques du canal direct

1° Une plus grande cohérence en principe

Dans un canal direct, les dirigeants et les vendeurs appartiennent à la même entreprise et partagent, en principe, des objectifs communs. Le réseau de vente étant intégré, il est mieux contrôlé.

Cependant, il arrive souvent qu'une force commerciale mal gérée aboutisse à des résultats inverses. La recherche de la performance et la maximisation de ses primes sont un ressort puissant des (bons) commerciaux. Quand la politique commerciale est mal définie, le système de mesure défaillant et la culture d'entreprise non partagée, la performance individuelle des commerciaux ne va pas toujours dans le sens de l'intérêt de l'entreprise : court terme au détriment du long terme, nouveaux produits délaissés au profit des anciens produits plus familiers, conditions tarifaires désavantageuses, etc.

En ajustant le calcul des commissions, voire en payant un salaire fixe, il est tout à fait possible de demander à un vendeur de passer une partie de son temps à faire de la prospection, à tester ou à lancer un produit nouveau difficile, etc.

De même, le canal direct donne à l'entreprise de meilleures possibilités de contrôle.

Exemple

- Helmut, le contrôleur allemand de Metso Minerals, doit reporter mensuellement l'ensemble des mesures de base : ventes, marges, profit, éléments essentiels du bilan, etc. Tous les trois mois, il doit envoyer un tableau complet de prévision pour les prochains douze mois. Chaque déviation entre chiffres réels et prévisionnels est immédiatement relevée par les dirigeants ou par le contrôleur de Metso Minerals Europe. Ce dernier passe environ trois jours en Allemagne avec Helmut, quatre à cinq fois par an. Naturellement, toutes ces mesures sont transparentes et directement accessibles aux dirigeants et contrôleurs du siège, aux responsables de lignes de produits, etc. Enfin, une fois par an, une équipe d'auditeurs internes passe au peigne fin les procédures de l'équipe allemande.

2° Les cycles économiques ne sont guère amortis

Si le canal direct est bien géré, l'entreprise bénéficiera pleinement d'un marché favorable en récupérant la marge de distribution. À l'inverse, elle subira de plein fouet un retournement de marché en prenant à son compte la charge du canal direct et les frais fixes qui y sont associés.

3° Le canal direct donne une grande transparence à l'interface « entreprise-client »

Cette transparence est un élément essentiel de la réussite du canal direct. L'information en provenance directe du marché permet d'optimiser la stratégie marketing (la politique de produit et de prix en particulier) ainsi que la chaîne logistique (prévisions des ventes).

4° Une forte compétence technique des salariés

Ils peuvent installer des équipements complexes, faire face à des applications nouvelles, à des demandes inattendues.

c) Le canal indirect : les atouts et les inconvénients des distributeurs

Un distributeur achète des produits pour son propre compte et les vend à différents types de clients, voire parfois à d'autres intermédiaires. Hormis le transfert de propriété du constructeur vers le distributeur, ses missions sont en général similaires à celles d'une filiale de vente en direct. Il doit participer pleinement à la création de valeur, notamment en assurant une fonction logistique (stock) et d'animation commerciale (promotion, démonstrations…), ainsi qu'une prise de risque (reprise d'occasions, recouvrement de créances).

L'entreprise suit généralement ses distributeurs à travers une structure légère qui assure le support technico-commercial (formation, assistance ponctuelle, expertise, partage des risques techniques…), le contrôle des performances commerciales et techniques ainsi que le risque distributeur.

1° Le distributeur est un assez bon amortisseur de crise pour lui-même et pour les producteurs qu'il représente

S'il est géré correctement, il est capable de survivre à un marché difficile grâce à la diversité des produits vendus et à la dimension service de son offre. Le constructeur limite les conséquences des difficultés éventuelles de son distributeur par un contrôle adapté (inventaires, suivi des paiements, etc.).

2° Le distributeur a une logique client plutôt qu'une logique fournisseur

Son problème n'est pas tellement de vendre une gamme donnée (comme le canal direct), mais bien de proposer la meilleure solution à ses clients, quitte à compléter l'offre des fournisseurs, voire même à panacher les gammes… et se retrouver en conflit avec ceux-ci.

3° Un atout majeur du distributeur : son enracinement local

C'est l'avantage principal d'un distributeur indépendant. Il connaît ou doit connaître intimement les besoins de ses clients, leur histoire, les risques associés. Cet enracinement est garanti par la stabilité du distributeur. Il y a peu de risque que le distributeur autrichien aille poursuivre sa carrière aux États-Unis ou en Afrique du Sud.

4° Le distributeur est un entrepreneur

On ne le forcera pas à vendre un produit peu fiable. S'il accepte, par solidarité avec le producteur, de soutenir un produit difficile pendant un moment, il perd vite patience et abandonne tout projet qui ne satisfait ni les besoins de ses clients ni ses exigences de rentabilité. Si d'ailleurs certains petits distributeurs ont quelques difficultés à lire un bilan, ils connaissent tous leur situation bancaire et se trompent rarement dans la gestion de la trésorerie.

L'ordre des priorités d'un distributeur est clair :

1. *ses actionnaires*, c'est-à-dire sa rentabilité et sa pérennité ;
2. *ses clients* qui représentent son véritable capital ;
3. *ses fournisseurs partenaires.* La plupart des distributeurs ont une relation ambivalente avec eux. De nombreux distributeurs sont partagés entre la nécessité de coopérer pleinement et le besoin de conserver une certaine liberté de manœuvre au cas où leurs fournisseurs changeraient de stratégie.

d) Le canal indirect : l'agent

À la différence du distributeur, l'agent ne réalise pas la transaction avec le client mais agit pour le compte du fournisseur. Rétribué par une commission, calculée, par exemple, au prorata de la vente ou de la marge réalisée par le producteur, sa valeur ajoutée est en général moindre que celle d'un distributeur : pas de risque d'impayés, pas d'inventaire mais pas ou peu de service.

L'avantage de l'agent par rapport au distributeur est la facilité et la rapidité de mise en place. En revanche, la plus grande indépendance des agents, ajoutée au fait qu'ils ont souvent la forme d'entreprises individuelles, rend assez volatile la relation fournisseur-agents. Ainsi, un fournisseur hésitera souvent avant d'investir dans un transfert de savoir-faire auprès d'un nouvel agent.

Certaines entreprises utilisent des agents de manière très ponctuelle, notamment lorsque le marché local est sporadique ou lorsque le producteur ne souhaite pas être en charge ou même connaître tous les détails de la transaction.

e) Les autres canaux indirects

1° Les licences de fabrication et de commercialisation

Parfois freinées par les barrières douanières (Inde, Brésil, Chine, etc.) ou pressées par un besoin de résultats immédiats, les entreprises choisissent de signer des accords de fabrication sous licence et de commercialisation avec des acteurs locaux. L'entreprise reçoit des royalties, calculées sur les ventes, en échange du transfert de sa technologie et parfois du droit d'utiliser sa marque. Ce type d'accords est, en général, considéré comme un pis-aller car les risques ne sont pas négligeables en raison des difficultés de contrôle du licencié[1].

2° La franchise

La formule de franchise peut paraître plus séduisante car elle permet, en principe, de combiner les avantages du canal direct (alignement stratégique, contrôle, compétence) avec les avantages du canal indirect (esprit d'entreprise, enracinement, micromanagement, etc.).

f) Canaux multiples et hybrides

Un canal unique est souvent trop rigide et trop étroit pour couvrir plusieurs segments ou une large gamme de produits. Une même entreprise utilisant un canal adapté à chaque couple produit/segment gagne souvent en efficacité commerciale. Elle utilisera par exemple :

- *un canal direct* pour les clients concentrés, stratégiques ainsi que pour les produits complexes ;
- *un canal indirect* pour les produits standards nécessitant une disponibilité immédiate et visant une clientèle dispersée.

Les canaux multiples permettent de répondre plus rapidement à un changement des habitudes d'achat ainsi qu'en général à toute modification structurelle des segments. Ils rendent possibles, sous certaines conditions (clientèle fragmentée, produit non stratégique) une politique multimarque.

Enfin, l'utilisation d'un canal multiple devient une quasi-obligation pour des entreprises souhaitant couvrir des segments B to B et B to C, aux habitudes et critères d'achat bien différents.

1. Voir le chapitre 19 sur le marketing multinational, section 5.

Exemple

➥ Dynapac, constructeur d'équipement routier, a, en plus de son réseau direct, deux réseaux parallèles de distribution indirecte. Le réseau A est composé de grosses sociétés représentant des fournisseurs d'équipement lourd tels que Volvo, Komatsu, etc. Le réseau B est fait de petits distributeurs de proximité spécialisés dans la fourniture d'équipements destinés aux entreprises du bâtiment et aux particuliers.

Canaux multiples Dynapac

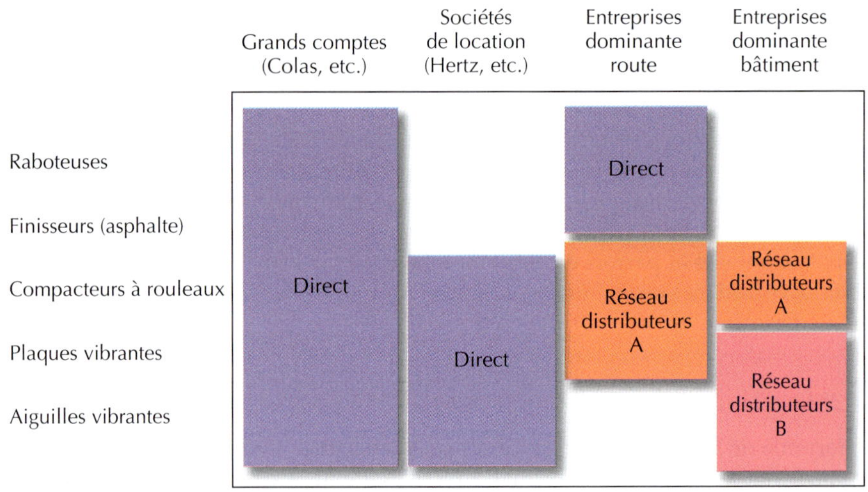

Les nombreux avantages des canaux multiples sont contrebalancés par une plus grande complexité de gestion. Les ressources de l'entreprise sont dispersées. L'entreprise est amenée à faire coexister des systèmes de management différents au détriment parfois de l'efficacité. Enfin, les possibilités de conflits entre différents canaux gérés par une même entreprise deviennent souvent un obstacle majeur. Ces conflits sont d'autant plus difficiles à éviter que la définition des canaux est fondée sur une segmentation marché (par exemple, réseau A pour les entreprises routières, réseau B pour les entreprises du bâtiment) et que ces segments sont proches ou que leurs limites sont floues.

Il convient dès lors de prendre des précautions :

- les canaux multiples ne s'improvisent pas mais doivent correspondre à une stratégie claire : positionnement, avantages concurrentiels ;
- chaque canal doit posséder une masse critique suffisante ;
- tous les clients ne peuvent pas être atteints : la rentabilité d'un canal prime sur la couverture ;
- les conflits sont inévitables mais peuvent être minimisés par une structure adaptée, par une définition limpide des segments.

On parle de canal hybride pour définir un canal au sein duquel le rôle du distributeur et du producteur varie en fonction des affaires à traiter. Il demande une bonne relation entre l'entreprise et son partenaire afin d'éviter les conflits sur l'estimation de la valeur ajoutée.

SECTION 4

LE COMMERCE ÉLECTRONIQUE B TO B

Les échanges électroniques B to B connaissent actuellement une accélération, sans que l'on puisse parler pour autant de révolution car de tels échanges ne sont pas nés d'Internet. Par exemple les grands distributeurs et les constructeurs automobiles utilisent les échanges de données informatiques (EDI) depuis le début des années 1980[1].

Le commerce électronique interentreprises ne peut être bien compris que si on l'analyse comme un élément d'une politique d'ensemble d'*e-business* qui touche tous les domaines d'activité des entreprises. C'est pourquoi on resituera d'abord les achats et les ventes en ligne dans l'ensemble des pratiques de l'*e-business*, avant de développer les avantages et les limites de l'utilisation d'Internet dans le marketing B to B.

1 LA LOGIQUE INTÉGRATRICE DE L'E-BUSINESS EN B TO B

a) L'évolution des applications informatiques *business to business*

Les applications informatiques professionnelles pour les entreprises ont suivi une évolution qu'on peut résumer en trois étapes[2].

1° Les applications orientées vers des tâches simples

Traditionnellement, les applications informatiques professionnelles réalisaient des tâches simples et étroites en automatisant les processus existants. Ce type d'applications accroît très fortement la productivité, mais il fragmente également les processus et formalise parfois à l'excès chacune des tâches.

Exemple

- Des logiciels automatisent les prises de commande par les vendeurs, réduisant ainsi une large partie des manipulations manuelles.

2° Les applications fonctionnelles

Dans ce deuxième type d'applications qui s'est développé dans les années 1980, les solutions informatiques autrefois spécialisées dans des tâches simples sont désormais mieux intégrées à des fonctions plus complexes. Ce type d'applications apporte une plus grande souplesse et procure des solutions plus intelligentes et flexibles. Leur défaut principal tient à leur nature strictement fonctionnelle (ventes, achats, production, etc.) qui rend très difficile le développement de solutions innovantes transfonctionnelles.

1. L'EDI est un système d'échange de données électroniques qui s'est développé avant l'Internet commercial, mais qui a pour inconvénient d'utiliser des langages propriétaires (contrairement à Internet qui utilise des langages standard) et d'être lourd à mettre en place.
2. Voir Ravi Kalakota et Marcia Robinson, *e-Business : Roadmap for Success*, Addison-Wesley, 1999.

Exemple

- La prise de commande (tâche simple) s'intègre dans des applications plus globales destinées à la force de vente qui comprennent l'historique des ventes et la gestion du dossier du client.

3° Les applications intégrées transfonctionnelles

Dans les années 1990, le mouvement de *reengineering* a souligné l'importance de penser les processus de management au-delà des divisions fonctionnelles ou départementales. Des activités fonctionnelles *ad hoc* et fragmentées sont repensées dans un système organisationnel intégré, mettant ainsi l'accent sur un ensemble de processus plutôt que sur un ensemble de tâches ponctuelles. Les logiciels s'efforcent alors d'être des soutiens informatiques à des processus de management.

Exemple

- Les applications destinées à la force de vente sont intégrées dans des solutions informatiques de marketing et service client, comme on le voit dans les applications récentes de CRM[1].

b) Les grandes applications *business to business* aujourd'hui

1° L'*e-procurement* ou les achats électroniques

L'achat des biens et des services représente la source principale des dépenses d'une entreprise, dépassant fréquemment 60 % du coût des produits vendus. Les processus d'achat sont de ce fait tout indiqués pour faire l'objet d'applications *e-business* dont les objectifs sont la réduction des coûts et des délais.

Les Anglo-Saxons distinguent *purchasing* (achat) et *procurement* qui a une signification plus large puisqu'il inclut les achats, le transport, l'entreposage et la réception, c'est-à-dire l'achat et la logistique entrante. L'enjeu des applications électroniques de *procurement* est d'intégrer les différents éléments de ce processus complexe afin :

- de réduire les manipulations de documents ;
- de réduire les coûts d'achat ;
- de réduire les délais ;
- d'éliminer les achats aberrants ou non autorisés ;
- et de mieux intégrer l'achat avec d'autres fonctions internes (comptabilité, production…).

Exemple

- Microsoft a implanté dans son entreprise un outil appelé *MS Market* accessible *via* intranet qui permet aux employés de faire des commandes en ligne facilement et rapidement, plutôt que de passer par des processus administratifs longs. Le but de ce système est d'automatiser au maximum des achats qui représentent des transactions de faibles montants unitaires mais également des volumes importants. Chaque employé est identifié et bénéficie, selon sa fonction, d'un certain niveau d'autorisation d'achat. Il a accès à des

1. CRM, initiales de *Customer Relationship Management* ou gestion de la relation client. Les méthodes et techniques du CRM sont développées dans le chapitre 10 sur le marketing relationnel et les politiques de fidélisation.

catalogues de produits et remplit des bons de commande électroniques. La commande est vérifiée et traitée par le système informatique : type de produit et montant autorisé, nécessité ou non de faire confirmer la commande par un supérieur, transmission de la commande au fournisseur, notification à la comptabilité, confirmation de la commande par e-mail…

2° Le *Supply Chain Management* ou la gestion de la chaîne d'approvisionnement

De très nombreuses entreprises participent à une chaîne d'approvisionnement au sein d'une industrie, des fournisseurs de matières premières aux fournisseurs de biens transformés, des sociétés de transport aux fabricants et grossistes puis aux distributeurs. Entre ces multiples entreprises, il existe de nombreux flux qu'on peut regrouper en flux de produits, en flux de données (catalogues, bons de commande, autorisations, bons de livraison, factures, etc.) et en flux financiers. Chacun de ces flux est descendant (fourniture des biens, crédit ou encaissement, par exemple) et ascendant (retour de marchandise ou remboursement, par exemple).

L'objectif d'une gestion de la chaîne d'approvisionnement est de coordonner les flux de produits, de données et d'argent entre et au sein des entreprises participantes. Il s'agit d'intégrer ces flux et ces acteurs dans un même système d'information pour réduire les erreurs, les coûts et les délais. En un mot, on substitue de l'information à des stocks.

3° L'*Enterprise Resource Planning* (ERP), ou la gestion planifiée des ressources

L'ERP n'est pas un système isolé mais un ensemble d'applications qui inclut des solutions de gestion administrative (finance, comptabilité), de gestion des ressources humaines (paie, carrière, social…) et de gestion de la production (planning, stocks).

Les solutions ERP ont pour propos de relier ou d'intégrer des processus qui sont habituellement gérés de façon isolée alors qu'ils sont pourtant dépendants l'un de l'autre : la production, la logistique et la comptabilité auraient intérêt à partager des applications informatiques communes plutôt que d'être traitées dans « des silos informatiques » séparés. L'ERP a ainsi pour objet de faciliter les flux et le traitement des informations entre les différentes fonctions d'une entreprise.

Alors que le *Supply Chain Management* est orienté vers la collaboration avec des acteurs externes, les ERP se focalisent sur les processus internes. Ces solutions se concentrent donc sur une amélioration de la productivité du *back office*.

4° Le *Selling Chain Management*, ou l'automatisation des processus de commande

Le *Selling Chain Management* est l'automatisation des processus de commande, de la demande d'information à la prise de commande. L'objectif de ces applications est de faciliter le processus de commande du client ou des vendeurs, d'accroître le niveau de service, de favoriser la personnalisation des produits, d'améliorer l'efficacité de la force de vente : automatisation de certaines fonctions, gestion d'agenda de groupe, vente collaborative[1], planification, etc.

1. La vente collaborative en équipe se traduit par une gestion intégrée des agendas et des activités, de sorte que chaque commercial est au courant de l'emploi du temps de ses collègues.

Les applications du *Selling Chain Management* incluent typiquement les catalogues électroniques, les cotations de prix, l'information sur la disponibilité des produits, la gestion des commandes, la gestion des contrats de vente, la gestion des vendeurs et de leurs commissions.

5° Le *Customer Relationship Management* (CRM) ou la gestion de la relation clients

La gestion de la relation clients a pour objet de suivre de façon individuelle les clients dans le temps à travers les multiples canaux utilisés par l'entreprise. L'objectif est d'assurer un meilleur service aux clients, de développer les ventes et de mieux organiser les processus internes de l'entreprise autour des besoins des clients. La gestion de la relation clients est traitée en détail dans le chapitre 10 sur le marketing relationnel.

2 Le commerce B to B en ligne

On aurait tort de limiter le commerce électronique aux seules transactions en ligne. Il couvre en fait trois grands types de fonctions.

a) Les trois grandes fonctions du commerce électronique B to B

1° La gestion de l'information entre fournisseurs et clients (collaboration en ligne)

- Le partage d'information : *sourcing* (recherche de fournisseurs), catalogue en ligne, etc.
- Le partage d'information en temps réel : disponibilité de produits, planning de production, gestion de commandes, demandes de devis, etc.
- La coordination de la planification : juste à temps, production sur commande, etc.
- Le développement de produits et la gestion de projets en collaboration avec plusieurs entreprises, par exemple, dans l'industrie automobile ou l'industrie aéronautique.

2° L'automatisation des procédures d'achat

- L'automatisation des procédures externes : bons de commande, bons de livraison, organisation des livraisons, intégration dans la *Supply Chain.*
- L'automatisation des procédures internes : normalisation et numérisation des procédures et autorisations de commande, etc.
- Les commandes standards et réassorts dans le cadre d'accords négociés.

3° La négociation en ligne

- Les appel d'offres.
- Les enchères.
- Les contre-enchères, etc.

b) Les *marketplaces,* ou places de marché électroniques

Une place de marché est une offre sur Internet qui met en relation des entreprises intéressées à réaliser des transactions économiques entre elles et qui automatise et optimise les services liés à ces relations.

Les places de marché peuvent prendre des formes multiples :

- Elles peuvent être publiques ou privées (réservées à quelques entreprises membres) ;
- Elles peuvent sectorielles ou transsectorielles ;
- Elles peuvent s'adresser à de multiples acheteurs et vendeurs, concerner un acheteur et beaucoup de fournisseurs, quelques acheteurs et beaucoup de fournisseurs (consortium) ou encore un acheteur et un vendeur (extranet) ;
- Elles peuvent concerner l'achat de produits stratégiques pour les entreprises ou secondaires (fournitures, etc.) ;
- Elles peuvent appartenir à une entreprise, à un consortium d'entreprises ou à un acteur extérieur et neutre ;
- Elles offrent des services extrêmement variés et plus ou moins étendus : achats bien sûr mais aussi catalogues en ligne, requêtes pour des cotations de prix, etc. ;
- Elles suivent des modèles économiques très divers : frais d'abonnement, pourcentage sur les transactions, paiement de services annexes, publicité, etc.

Exemples

- Covisint est une place de marché qui a été développée par Ford, General Motors, DaimlerChrysler et Renault/Nissan.
- GNX (GlobalNetXchange) est une place de marché initiée par Carrefour et Sears et qui fonctionne sur une plateforme de marché e-business d'Oracle.
- CPGmarket, créée en 2000 par Danone, Henkel, Nestlé et SAP, est une place de marché achetée par Accenture en 2005.

Il existe en fait des centaines de places de marché dans le monde et dans les secteurs les plus divers.

Il y a eu une floraison impressionnante de *marketplaces* dans la période d'euphorie d'Internet. Beaucoup ont disparu depuis et celles qui résistent ont dû faire face à des difficultés plus importantes que prévues.

c) Les inconvénients des transactions électroniques

Les transactions électroniques comportent leur lot d'inconvénients :

- la mise en place des applications souvent lourde, longue et coûteuse ;
- le rejet possible par les collaborateurs de l'entreprise ;
- la rigidité du rapport client-fournisseur (perte de socialisation et en conséquence, faible capacité d'absorption des conflits).

De nombreux observateurs ont décrit le commerce électronique comme un système gagnant-gagnant, tirant acheteurs et vendeurs vers le haut. Le risque existe pourtant pour la partie du commerce électronique qui concerne la négociation en ligne, d'un transfert massif de pouvoir vers les gros acheteurs au détriment de leurs fournisseurs habituels. Ce déséquilibre potentiel est illustré par la méthode des « enchères inversées ». Le principe est simple, l'acheteur établit un cahier des charges, présélectionne quelques entreprises, et invite celles-ci à un concours de prix en ligne. Les concurrents, à l'heure indiquée, se connectent au site du client ou à sa place de marché. Pour un lot donné, un prix de départ est affiché ; les concurrents n'ont alors que quelques minutes pour sous-enchérir. Sinon, l'accès à l'information leur est refusé jusqu'au prochain lot. Largement aveugles, presque muets, ils n'ont aucune possibilité de faire valoir leurs arguments techniques, la relation de confiance établie au cours des années, ou même de connaître l'identité des autres concurrents.

Lorsque cette logique est poussée aux limites, la destruction de valeur est possible, en nivelant l'offre par le bas.

Exemple

→ Le service des achats de XST Australia, basé à Sidney, a décidé de soumettre aux enchères inversées ses achats annuels de pièces d'usure. L'objectif annoncé est de réduire les coûts de l'ordre de 15 %. Lennix, son fournisseur attitré, donne satisfaction. Cette société réalise aussi de nombreuses études et simulations d'applications, à prix coûtant, pour le département installations nouvelles de XST, basé à Perth. La marge des consommables permet à Lennix de maintenir cet équilibre précaire. Les acheteurs de XST insensibles à cette logique ont sélectionné un fournisseur chinois et laissé quelques lots à prix très réduits à Lennix. Peu après, Lennix licenciait une partie de son équipe ingénierie de Perth au grand dam du département installations nouvelles de XST. Six mois après, le fournisseur chinois se révélait incapable de respecter les délais…

Il est important de ne pas réduire le commerce électronique aux seules transactions en ligne qui rencontrent rapidement des limites lorsqu'elles consistent essentiellement à pressurer les fournisseurs.

3 Le B to B en ligne : un enjeu avant tout organisationnel

L'erreur la plus commune – outre celle qui consiste à surestimer la performance des applications informatiques offertes aujourd'hui sur le marché – consiste à penser que la technologie apporte une solution de remplacement aux pratiques actuelles des entreprises ; c'est ignorer la complexité des relations qui sous-tendent les échanges commerciaux entre les entreprises. Les transactions en ligne s'inscrivent dans un processus ancien (par exemple, la *Supply Chain Management*) et elles s'intègrent dans l'évolution du travail des acheteurs. Le processus est nécessairement progressif et certainement plus lent qu'on ne l'avait prédit.

C'est parce que *l'information est du pouvoir* que l'utilisation de la technologie est déterminée par les rapports sociaux et économiques et non l'inverse. On a par exemple survendu le concept de négociation en ligne en mettant en avant les bénéfices de la transparence des échanges quand le relationnel, la qualité, la constance, la fiabilité, qui sont largement fondés sur les relations interpersonnelles, jouent un rôle déterminant dans le processus d'achat industriel.

Les principales limites au développement du commerce électronique B to B viennent moins d'une résistance au changement des personnels concernés (acheteurs, logisticiens, ingénieurs de production, etc.) que du fait que les « solutions informatiques » ont trop souvent été pensées à partir d'une vision purement formelle de l'entreprise et imposées du haut vers le bas. Les meilleures solutions ne sont pas les plus complètes et les plus intégrées, mais celles qui sont le plus rapidement assimilées par les acteurs humains du commerce interentreprises, et qui leur apportent concrètement et personnellement une valeur ajoutée dans leur travail.

Ressources complémentaires

Ressources numériques sur mercator.fr

- **L'essentiel : retenez les points-clés !**
  L'essentiel du chapitre 18
- **Quiz interactifs corrigés et commentés : testez vos connaissances !**
  Quiz chapitre 18
- **Pour aller plus loin**
  Pour aller plus loin dans le chapitre 18 : une sélection de livres et d'articles en ligne sur le marketing B to B.

Les Kirana Shops : un minuscule espace encombré de produits où seul le commerçant est à même de se retrouver

Unilever à l'attaque du marché indien

Unilever (Hindustan Unilever Limited) est l'entreprise leader des produits de grande consommation en Inde, proposant une gamme très diversifiée de produits et environ 35 grandes marques, certaines étant internationales (Lipton, Knorr, Cif, Axe, Sunsilk...), d'autres locales (Annapurna, Kissan...).

Comment cette entreprise a-t-elle acquis des parts de marché bien supérieures à celles de ses concurrents, Procter & Gamble et L'Oréal ? En adaptant sa politique marketing au contexte local. Toutes les grandes entreprises internationales se sont focalisées sur le marché apparemment « solvable », celui des 10 % de ménages qui gagnent plus de 380 000 roupies (5 000 €) par an, qui habitent les grands centres-villes et qui bénéficient de réseaux de distribution « modernes ». Mais l'essentiel du marché est celui des zones rurales, qui regroupent 60 % du 1,2 milliard d'Indiens et qui se développent très vite. Ces zones sont desservies par de minuscules échoppes encombrées de produits, appelées Kirana Shops, qui sont plus de 10 millions dans le pays et qui réalisent plus de 50 % des ventes des produits de grande consommation.

Pour toucher cette population immense et très dispersée, avec un réseau de distribution que les Indiens qualifient d'« inorganisé », Unilever a notamment lancé trois initiatives :

- Le programme Shakti, qui consiste à recruter, à former et à soutenir (par le microcrédit) des femmes appartenant aux communautés villageoises pour qu'elles créent des micro-entreprises de revente des produits Unilever. Les produits sont vendus en dose individuelle et non en bouteille, pour être abordables. Ce programme comprend maintenant 45 000 représentantes couvrant 100 000 villages.
- Pour soutenir le réseau des petites échoppes, une deuxième initiative appelée Khushiyon Ki Doli a touché plus de 25 millions de clients et 170 000 détaillants en 2011. Des équipes vont dans les villages pour sensibiliser la population aux bienfaits de l'hygiène, proposent des échantillons et des promotions pour favoriser l'essai, pendant que d'autres vont visiter les points de vente pour s'assurer de la disponibilité des produits.
- Pour aider les échoppes à se professionnaliser, l'entreprise a lancé l'initiative « *Perfect Stores* » qui consiste à améliorer la présentation des produits dans les magasins, à en retirer la poussière (!) et à proposer aux gérants une interface par téléphone portable (l'ordinateur étant loin d'être diffusé) afin de passer les commandes de réassort.

Unilever a réussi son implantation en Inde, non pas en appliquant les recettes qui ont fait son succès dans les pays développés, mais en adaptant ses produits, sa communication, sa logistique au contexte indien : 90 % des ménages y ont un revenu inférieur à 5 000 € par an, et les petites échoppes sont la clé d'accès à la vaste population rurale. C'est l'illustration parfaite du choix du « marketing local » présenté dans ce chapitre.

Chapitre 19

Le marketing multinational

Pour un nombre croissant d'entreprises, le marché pertinent ne peut se limiter à un seul pays et le développement international devient un impératif. Elles doivent prendre alors trois types de décisions.

En premier lieu, elles doivent choisir les pays où elles vont tenter de vendre leurs produits et, pour chacun, adopter un mode d'implantation approprié : exportation, cession de licence, création de filiale, etc.

En deuxième lieu, elles doivent définir leur stratégie de marketing dans les pays où elles s'implantent, en s'efforçant de concilier deux impératifs contradictoires : celui de l'adaptation aux marchés locaux et celui de la cohérence et de l'harmonisation au niveau global.

Enfin, elles doivent se doter de structures et de méthodes d'organisation propres à assurer une coordination efficace de leurs activités internationales.
Ces trois types d'enjeux et de décisions vont être successivement étudiés dans les sections de ce chapitre, consacré au marketing multinational.

PLAN DU CHAPITRE

Section 1	Les marchés et les clients à l'international	974
Section 2	Les stratégies de marketing multinational : globales ou locales ?	982
Section 3	L'uniformisation ou l'adaptation des variables du marketing-mix	991
Section 4	Les décisions d'implantation à l'étranger	999
Section 5	Les structures et les méthodes d'organisation du marketing multinational	1008
Ressources complémentaires		1015

SECTION 1

LES MARCHÉS ET LES CLIENTS À L'INTERNATIONAL

1 LA TAILLE ET LA NATURE DES MARCHÉS : DE LA NICHE AU MARCHÉ GLOBAL

FOCUS

De la niche au marché global

- Les niches.
- Les marchés nationaux.
- Les marchés multinationaux.
- Les marchés globaux.

a) Les niches

1° La niche locale

C'est un marché limité à une zone géographique restreinte, avec des racines historiques parfois liées à des habitudes de consommation traditionnelles.

2° La niche mondiale

Le marché est restreint mais il n'est pas local ; les clients potentiels sont dispersés dans le monde entier.

Exemples

- Vertu, une filiale anglaise de Nokia, est spécialisée dans les téléphones mobiles de grand luxe, accompagné d'un service de conciergerie. Vendus dans les boutiques de la marque ou chez des revendeurs agréés dans 62 pays, la marque a visé d'emblée une niche mondiale, celle des très riches – qui peuvent se payer un téléphone qui coûte de 4 500 € à 70 000 € pour le Vertu Signature Cobra… – et qui veulent le faire savoir.

- Hummer est une société américaine qui a développé pour l'armée américaine un 4×4 « monstrueux » par sa taille, ses performances, sa consommation d'essence, sa capacité à polluer et son prix. Décliné dans une version civile, Hummer a trouvé une niche auprès de certains particuliers dans le Moyen-Orient, puis aux États-Unis et dans plusieurs marchés européens. Après quelques années de succès, cette niche s'est épuisée avant de disparaître : General Motors, ferma finalement sa filiale en avril 2010.

Hummer H1 : version militaire vendue au « grand public ».

Hummer H2 : modèle « civilisé ».

3° Marché de niche en deçà des Pyrénées, marché de masse au-delà

Un marché de masse dans le pays d'origine peut devenir un marché de niche à l'étranger, et vice-versa.

Exemple

- Le marché mondial de la lampe-tempête :
  - un produit originellement développé pour la marine à voile ; aujourd'hui une niche pour les plaisanciers et la décoration ;
  - un marché de masse dans les pays sous-développés partout où on n'a pas accès à un réseau électrique.

La lampe-tempête de Petromax

b) Les marchés nationaux

Ce sont des marchés différents dans chaque pays avec des produits, des services, des habitudes de distribution et de consommation spécifiques. La singularité de chaque marché s'explique, selon les cas, par des raisons culturelles, historiques ou réglementaires. Une entreprise peut être présente sur plusieurs marchés mais avec une stratégie de marketing local.

Exemples

- Les marchés des médias (presse, radio, télévision) sont nationaux, même s'il y a un début de presse économique paneuropéenne ou des chaînes de télévision mondiales (CNN, Al-Jazeera…).

- Les marchés des compagnies aériennes. Les États délivrant les autorisations d'exploitation et les créneaux de vol, ces marchés ont été longtemps (et restent encore souvent) très protégés et réservés à des nationaux et à leurs alliés (par exemple, le marché marocain est exploité par la compagnie nationale Royal Air Maroc et Air France, qui travaillent en pool). Si la déréglementation progresse, notamment sur les grands axes du trafic aérien, de nombreux marchés restent encore très protégés, ce qui explique le nombre de compagnies locales.
- Les marchés de l'électricité, du gaz, de l'eau restent encore des marchés nationaux soumis à des réglementations locales spécifiques malgré la libéralisation progressive de ces secteurs d'activité. Ils intéressent de plus en plus de grands opérateurs mondiaux comme EDF, qui développent des stratégies multinationales avec un marketing très adapté aux contextes locaux.

c) Les marchés multinationaux (appelés aussi régionaux)

Dans de nombreux cas, le marché mondial peut être découpé en grandes zones correspondant à des marchés relativement homogènes.

La création de l'Union européenne, de l'euro, la suppression des frontières douanières intérieures et le développement d'une réglementation commune font de l'Europe un marché qui, malgré les spécificités locales, peut être de plus en plus appréhendé comme un ensemble cohérent.

Exemple

- Dans le marché mondial de l'automobile, on peut distinguer le marché nord-américain, le marché européen, le marché asiatique, les marchés du tiers-monde, chaque marché ayant des attentes différentes conduisant à des modèles et des politiques de commercialisation spécifiques. Peugeot est essentiellement présent sur le marché européen. Renault a repris Nissan pour être sur tous les marchés mondiaux et notamment aux États-Unis ; Renault possède le coréen Samsung pour renforcer sa présence en Asie et le Roumain Dacia pour attaquer les marchés de l'Est et les pays en voie de développement avec des modèles très économiques. La stratégie de Renault est une vision mondiale avec des politiques multinationales par grandes régions.

d) Les marchés globaux ou marchés mondiaux uniformes

Ces marchés conduisent le plus souvent à des politiques marketing uniformes avec cependant des exceptions.

1° Les produits indifférenciés et/ou purement fonctionnels

Les marchés sont uniformes pour des produits ou services purement fonctionnels, donc sans différenciation d'ordre culturel. Les clients sont les mêmes au sens où ils ont les mêmes besoins, les produits apportant des solutions universelles à des problèmes identiques.

Exemples

- Shell, Total, Exxon commercialisent leurs produits pratiquement de la même façon dans le monde entier.

- En 1895, Georges Haemmerlin, un artisan de Saverne (Alsace), fabriqua la première brouette métallique. Aujourd'hui, la société Haemmerlin vend chaque année plus d'un million de brouettes dans le monde entier. Sa politique relève, à l'évidence, du marketing global.

Hæmmerlin, leader mondial de la brouette, pratique le marketing global

2° Le cas du luxe

Les marques de luxe ont un marché mondial qu'elles exploitent avec des positionnements et des produits identiques vendus sous le même nom. Parfois, elles peuvent adapter localement leurs politiques de distribution et de prix mais sans que ces aménagements mineurs modifient l'image de la marque. Il faut signaler d'ailleurs que si les produits sont mondiaux, le consommateur, lorsqu'il achète un produit Christian Dior ou Gucci, s'attend à trouver un environnement de marque et un style spécifiquement Français ou Italien…

2 La « globalisation » : enjeux de comportement et de perception

> « La terre est ronde mais souvent, on ferait mieux de faire comme si elle était plate. »

Théodore Levitt, professeur à Harvard, à qui l'on doit ce propos[1], était un ardent promoteur de la thèse de la convergence. Selon lui, les individus du monde entier auraient des goûts, des styles de vie et des comportements de consommation qui se ressemblent de plus en plus. Le point de vue de Levitt est partagé par de nombreux théoriciens et praticiens, notamment aux États-Unis, et l'observation des marchés étaye souvent cette thèse. La mobilité croissante des individus, le développement des moyens de communication comme Internet, la politique de grandes marques mondiales qui n'est pas simplement la conséquence de la convergence mais qui en est un accélérateur, renforcent les similitudes, parfois même le mimétisme des consommateurs.

1. *The marketing Imagination*, Free Press, 1983.

On ne peut pas, pour autant, prétendre que la convergence efface les particularismes locaux. Le lecteur se reportera au chapitre 3 sur le comportement des consommateurs, à la section 2 qui traite des variables culturelles, où sont illustrées les différences de comportement liées aux cultures et habitudes locales.

a) La convergence des comportements due à l'augmentation du niveau de vie

En Europe, les comportements des consommateurs portugais ou polonais se sont rapprochés de ceux des Italiens, Espagnols et Français, ce qui n'exclut pas la préservation de fortes traditions locales.

En Chine, le développement économique profite à certaines catégories de consommateurs. Ceux-ci peuvent accéder à la consommation de nouveaux produits, souvent proposés par des producteurs et des distributeurs occidentaux qui diffusent ainsi leurs modèles économiques et culturels.

Hypermarchés Carrefour en Chine

b) La convergence concerne un nombre réduit de segments de clients et de produits

Le phénomène de convergence est surtout le fait de certaines catégories d'individus comme les cadres ou les jeunes et de certains marchés comme les vêtements et accessoires, le luxe, des loisirs comme les jeux vidéo et dans une moindre mesure le cinéma.

Il faudrait parler de « groupes de référence » ou de « groupes de pairs » à l'échelle mondiale, de « communautés temporaires » ou de « tribus autour des marques » plutôt que d'uniformisation universelle et inéluctable des styles de vie et des comportements.

On ne se laissera pas abuser par l'écho médiatique d'un très petit nombre de marques qui véhiculent une forte symbolique « globale » comme Nike, Coca-Cola, CNN, Facebook ou Nintendo.

Dans le même temps, de très nombreux secteurs de la consommation, économiquement plus importants, restent très imprégnés de cultures et de traditions locales qui résistent fort bien à la « vague de l'uniformisation ». Les automobiles américaines sont toujours à peu près invendables en Europe pour des raisons qui ne relèvent pas du prix. Les maisons en bois des Américains n'ont pas de marché potentiel en Europe du Sud. Le football et le cyclisme de compétition n'arrivent pas à prendre pied en Amérique du Nord. Pour être moins anecdotique, on rappellera que les systèmes d'éducation et de santé restent très différents d'un pays à l'autre.

c) De nouveaux styles de vie « mondiaux » se superposent, plus qu'ils ne se substituent, à des comportements locaux

Il est plus exact de parler de coexistence de modes de consommation, parfois de métissages culturels, que d'uniformité. Le consommateur est un caméléon qui ajoute à ses pratiques sans renoncer à ce qui fonde, à ses yeux, son identité culturelle. Il consomme les hamburgers de McDonald's, n'a pas perdu le goût du « fait maison », mais est toujours aussi impressionné à l'idée de dîner un jour dans un temple de la gastronomie française.

d) La globalisation comme sujet de débat et de perception

Les marques les plus puissantes et les plus globales cherchent parfois à gommer cette réalité économique en faisant évoluer leur image vers plus de proximité, en mettant en avant leurs efforts pour s'adapter à chaque marché : une tactique par petites touches qui ne remet pas en cause une stratégie marketing globale.

Cependant, dans beaucoup de pays, la mondialisation n'est pas perçue comme une menace, mais comme une chance. Des petits pays comme le Liban ou Israël vivent à l'heure de la mondialisation et l'assument très bien : des modes de vie d'origine très différente et des traditions variées y cohabitent, la plupart des habitants parlent plusieurs langues et regardent quotidiennement des chaînes de télévision étrangères, leur marché économique est largement extranational. De même, beaucoup de pays asiatiques, parfois gigantesques comme la Chine, voient dans la mondialisation une chance qui leur a permis de sortir du sous-développement économique et leurs habitants aspirent à un mode de vie plus international qui représente pour eux la fin de la misère.

Si la mondialisation est entrée dans nos vies, il existe souvent un décalage entre sa réalité et sa perception.

La France, où la globalisation est largement perçue comme une menace, reste pourtant la sixième puissance commerciale mondiale derrière la Chine, les États-Unis, le Japon, l'Allemagne et les Pays-Bas. Les exportations y représentent 23 % du PIB. L'index de globalisation KOF, qui mesure l'intégration internationale à la fois économique, politique, sociale et culturelle, situe la France au dix-huitième rang mondial[1]. On notera cependant que, sur tous ces critères, la position de la France s'est affaiblie ces dix dernières années.

De même que chacun ignore qu'un plat typique de la cuisine française du terroir comme le Cassoulet résulte d'une première globalisation (la conquête des Amériques, car le haricot blanc n'a fait son apparition en France qu'au XVIe siècle en provenance des Amériques), de même la plupart des gens ignorent ou méconnaissent la nationalité de nombreuses marques et entreprises. Pour un Coca-Cola, symbole de l'Amérique, comme pour Mercedes de l'Allemagne, la nationalité réelle des entreprises est souvent inconnue, et même des lecteurs raisonnablement informés peuvent se tromper.

1. Voir http://globalization.kof.ethz.ch/

Exemples

- Les marques de luxe sont très souvent identifiées à leur pays d'origine : Louis Vuitton, Dior ou Chanel représentant la France partout dans le monde, Burberry's la Grande-Bretagne, Gucci ou Fendi l'Italie, et les montres de luxe sont bien entendu suisses…
- Harley-Davidson est la moto qui incarne un certain style de vie américain.
- Opel, dont l'identité est mal définie, a opté pour signature européenne « Wir Leben Autos » (les voitures sont notre passion) afin de souligner son identité allemande, qui est un gage de qualité, de fiabilité et de technologie pour beaucoup de consommateurs.
- Ikea est une marque suédoise dont le logo reprend les couleurs nationales et qui affirme partout dans le monde les valeurs d'égalité, d'économie, de design attachées au pays.
- Dans cette publicité, British Airways vante sa nationalité d'origine afin de souligner la qualité de son service : « Vivez l'Angleterre avant d'arriver en Angleterre […]. Un de nos traits de caractère national bien connu est un service impeccable. Délivré avec une courtoisie sans faille et une attention sans concession pour le détail le plus infime. » affirme la publicité.

Si la nationalité perçue de la marque ou de l'entreprise peut jouer en sa faveur, elle peut être aussi source de risque, en fonction notamment de tensions politiques.

Exemples

- McDonald's incarne les États-Unis et un certain style de vie américain, c'est pourquoi l'entreprise est souvent l'objet d'attaques de militants antimondialisation. Le restaurant McDonald's de Beyrouth, pour des raisons qui relèvent de la géopolitique, est constamment gardé par des militaires armés.

- Une des motivations qui a incité L'Oréal à acquérir Maybelline est de se rendre moins dépendant de l'image de la France, c'est pourquoi le caractère new-yorkais (plutôt qu'américain) de la marque est constamment réaffirmé.
- Lors de la polémique sur les caricatures de Mahomet au Danemark en 2005, Carrefour retira de la vente tous les produits danois de son magasin égyptien avec un panneau en rayon indiquant : « Chers clients, nous exprimons notre solidarité avec la communauté égyptienne et musulmane. Carrefour ne vend pas de produits danois. »

Source : AFP.

- Une marque d'automobile roumaine n'inspirant pas nécessairement confiance aux consommateurs d'autres pays, Renault a bien pris soin d'opter pour une double marque : Dacia by Renault.

Il arrive aussi que, à l'image de la marque d'Haägen-Dazs, des entreprises optent pour une nationalité imaginaire, afin de renforcer leur positionnement.

Exemples

- L'univers des cosmétiques est tellement dominé par la France que de nombreuses entreprises adoptent un nom français de marque pour séduire les clients : LaNeige et Mamonde sont par exemple des marques coréennes. Un sketch de l'humoriste américain Jerry Seinfeld disait que les marques américaines de shampoing étaient devenues tellement snobs qu'il fallait désormais un dictionnaire français/anglais pour comprendre les instructions imprimées sur la bouteille.
- Les noms à consonance anglo-saxonne ont été et sont toujours très populaires chez les start-up Internet françaises, en raison de la prééminence de certaines entreprises américaines sur le Net, ainsi qu'en prévision d'une implantation étrangère future (craignant sans doute qu'un nom français soit moins porteur) : par exemple, Kelkoo, Meetic, PriceMinister, Dailymotion, Cdiscount, Pixmania…
- Le distributeur britannique de produits électroniques Dixons a choisi pour sa marque propre le nom de Matsui en raison de sa consonance japonaise.

SECTION 2

LES STRATÉGIES DE MARKETING MULTINATIONAL : GLOBALES OU LOCALES ?

1 LE DILEMME FONDAMENTAL DU MARKETING MULTINATIONAL

a) Les définitions liminaires

Le marketing global (de l'anglais *global* qui signifie mondial) désigne une politique de marketing multinational du produit et de la marque identique sur tous les marchés.

Le marketing local désigne une politique marketing spécifique et adaptée à chaque pays.

Le marketing « glocal » (contraction de global et local) est un compromis entre le « *global* » et le « *local* » : même stratégie mondiale mise en œuvre avec des adaptations locales (« *Think global, act local* »).

b) Les impératifs d'adaptation locale et de cohérence globale

Dès lors qu'une entreprise dispose d'implantations significatives dans plusieurs pays, elle est amenée à définir, seule ou conjointement avec ses partenaires locaux, une approche marketing adaptée à l'ensemble de ses marchés. C'est ce qu'on appelle généralement le marketing international mais que l'on ferait mieux d'appeler le *marketing multinational.*

La principale difficulté du marketing multinational ainsi défini consiste à concilier deux impératifs contradictoires : celui de l'adaptation des stratégies aux conditions locales et celui de leur cohérence au niveau international.

Le principe même du marketing est d'adapter la stratégie de l'entreprise aux caractéristiques du marché. Or, pour une entreprise multinationale, les marchés sur lesquels elle opère sont parfois très différents les uns des autres. Entre les principaux pays d'Europe, et plus encore entre des pays situés sur plusieurs continents, il existe de multiples différences, parfois très profondes, en ce qui concerne l'environnement économique et réglementaire, le niveau de vie et le pouvoir d'achat des consommateurs, leurs goûts et leurs habitudes, etc. La prise en compte de ces différences, *en l'absence de toute autre considération*, devrait normalement conduire les entreprises multinationales à adopter, dans chaque pays, une stratégie de marketing et un marketing-mix spécifiques sous tous leurs aspects : positionnement, cibles, politiques de produit, de prix, de distribution, de communication, etc.

D'un autre côté, des considérations d'ordre économique (réaliser de fortes économies d'échelle) ou d'organisation (centraliser pour mieux impulser et contrôler) poussent à uniformiser les politiques marketing, surtout sur les marchés où l'on constate une convergence progressive des goûts et des habitudes des clients.

Entre un marketing parfaitement uniforme sur tous les marchés et un marketing spécifique à chacun, la marge de manœuvre des entreprises est théoriquement large mais en pratique limitée. Des facteurs externes (données de marché, culturelles, économiques) et des facteurs internes (histoire de l'entreprise, mode d'organisation) déterminent pour une large part la politique à suivre.

c) Les principaux facteurs qui poussent au marketing global et au marketing local

Ils sont très divers et varient selon les contextes de marchés et d'entreprises. Le tableau suivant récapitule les facteurs les plus communs.

Figure 19.1 **Facteurs favorisant le marketing global ou local**

Globalisation	Adaptation locale
• Produits indifférenciés ou à très forte image • Convergence des goûts, des habitudes et des styles de vie des consommateurs ; uniformité des besoins • Volonté de centralisation du siège : – Faire des économies d'échelle : achats, coûts de production, coûts marketing (moins de dispersion sur des marques multiples), frais de structures – Simplifier, mieux planifier et contrôler – Développer une culture internationale de groupe – Innover. Renforcement des capacités de R & D, transfert d'idées et de savoir-faire • Valorisation de grandes marques[1] • Stratégies de croissance interne	• Produits à racines locales • Diversité de la concurrence au plan local • Réglementations spécifiques • Variété des modes de distribution locaux • Résistance à la convergence • Demande d'autonomie des managers locaux • Globalisation rendue plus difficile par les stratégies de croissance externe[2]

2 Entre global et local *stricto sensu*, une large palette de politiques possibles

L'analyse du degré d'adaptation locale des différents éléments du marketing-mix permet de dresser un catalogue des problèmes à traiter dans toutes les rubriques d'une politique marketing multinationale, mais elle ne traite pas de l'essentiel, à savoir la distinction entre les éléments stratégiques et tactiques d'une politique marketing. La globalisation ou l'adaptation locale portent-elles sur la stratégie, sur la tactique ou sur les deux ?

- *Il faut, en premier lieu, identifier la ou les variables clés de la stratégie marketing.* La politique de marque, le positionnement, la politique de produit sont très souvent d'ordre stratégique, mais ce peut être aussi le cas de la politique de distribution, comme pour Tupperware ou Amazon, ou de la politique de prix, comme pour une compagnie aérienne *low cost* dont le positionnement est fondé sur des prix de vente très bas.

1. Voir le chapitre 15 sur la politique de marque, section 3.
2. Lorsqu'une entreprise se développe à l'international par croissance externe, c'est-à-dire en achetant des entreprises et des marques locales, la globalisation ou uniformisation des marques et des stratégies marketing est plus difficile, parfois peu justifiée, toujours très contestée par les managers et le personnel des entreprises achetées.

- *Les variables clés de la stratégie marketing sont-elles uniformes* dans tous les marchés (stratégie globale) ou sont-elles différentes par grandes zones régionales ou même pour chaque pays (stratégie locale) ?
- *Les tactiques marketing sont-elles uniformes* – ce qui est rare – ou sont-elles des modes d'adaptation locale de stratégies globales ?

La formulation de ces questions et les réponses qu'on y apporte montrent que la distinction que l'on fait habituellement entre marketing global, marketing local et marketing glocal ne rend pas bien compte de la réalité. Une définition stricte du marketing global et local conduirait en effet à classer la quasi-totalité des politiques dans la rubrique « glocal ». En prenant en considération les trois questions qui viennent d'être posées, on distinguera quatre types de politiques de marketing multinational : le pur global, le global, le glocal et le pur local.

Figure 19.2 **Quatre types de stratégies de marketing multinational**

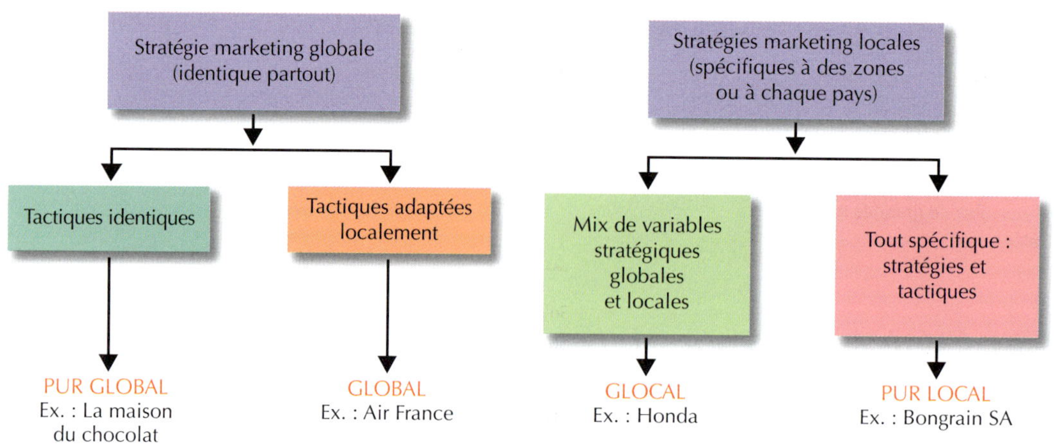

a) Le marketing « pur global »

La stratégie et la tactique sont identiques dans tous les marchés où la marque est implantée. Cela suppose que deux conditions soient réunies :

- le marché doit se prêter à une telle uniformisation ;
- la politique de l'entreprise doit être très ferme pour ne permettre aucune exception, ce qui est toujours difficile car il y a forcément des inconvénients à refuser de s'adapter un tant soit peu au marché local.

En quelque sorte, c'est au client de s'adapter à la marque et à sa politique.

Ce sont les marques de luxe qui fournissent les exemples les plus nombreux de « pur global », mais on trouve également d'autres types d'entreprise comme Ikea ou des activités de B to B répondent à des besoins identiques à travers le monde.

Exemples

- Créée par Robert Linxe, le magicien du très grand chocolat, La Maison du Chocolat produit dans son laboratoire et vend dans ses propres boutiques à Paris, Cannes, Londres, New York, Hong Kong et Tokyo, ainsi que par Internet. Les produits sont les mêmes partout (fabriqués à Paris, ils sont expédiés par avion dans les boutiques à l'étranger). Les boutiques ont le même design extérieur et intérieur et la direction veille à ce que la qualité de service soit partout identique. En revanche, le prix de vente est plus élevé à Tokyo et à New York. On pourrait donc objecter qu'il ne s'agit donc pas d'un marketing « pur global ». En fait, le positionnement prix est partout le même : parmi les plus chers du marché.

Site japonais de La Maison du chocolat
Source : http://www.lamaisonduchocolat.com/

- Ikea pratique strictement la même politique marketing dans tous les pays où la marque est implantée :
  - *même stratégie marketing* : même marque, même positionnement, même cible ;
  - *même marketing-mix* : mêmes produits et services dans tous les pays, même politique de prix (si les prix peuvent varier selon les pays, le positionnement de prix – être bas par rapport aux concurrents – reste identique), même mode de distribution avec des magasins en propre, qui présentent les produits en situation et sont implantés dans la grande périphérie de villes importantes, même communication organisée principalement autour du catalogue, le même partout, et des sites Internet qui permettent, entre autres, l'achat à distance.

  C'est là un cas de figure d'uniformisation extrême. IKEA choisit de s'implanter dans les marchés où la même politique est possible.

- Depuis son rachat par Pernod Ricard, la marque de whisky Chivas Regal développe une politique identique sur tous les marchés :
  - même stratégie marketing : mêmes valeurs de marque (satisfaction, chaleur, partage), même positionnement (le whisky d'exception des moments précieux de la vie – *quality moments* – qu'on aime partager), même segmentation (clientèle CSP + active) et même positionnement de prix (supérieur aux concurrents) ;
  - même marketing-mix : le whisky doit avoir plus de douze ans d'âge ; le flacon et l'étiquette sont identiques. La publicité est la même sur tous les marchés. Le prix est, comme on l'a relevé, supérieur.

On notera que deux des trois exemples donnés de marketing « pur global », La Maison du Chocolat et Ikea, sont des entreprises à la fois producteurs et distributeurs. En fait, le marketing global s'applique essentiellement aux services, au secteur de luxe et aux produits de grande consommation à très large diffusion, comme Gillette, TicTac ou Magnum.

b) Le marketing « global »

Les piliers de la stratégie marketing sont identiques sur tous les marchés : même marque, même positionnement, même produit, mais la mise en œuvre de la politique marketing tient compte des conditions locales de marché et de concurrence.

Exemple

- SI l'on choisit l'exemple d'Air France, il s'agit *a priori* d'un marketing « pur global » : même marque, mêmes avions, même exigence en matière de maintenance et donc de sécurité, même service (sur les long-courriers), mais la tactique marketing est adaptée aux conditions de marché. Sur certaines liaisons avec l'Afrique où Air France bénéficie d'un quasi-monopole, les tarifs sont particulièrement élevés, alors que sur l'Atlantique Nord, très concurrentiel, et sur les lignes françaises et européennes, attaquées par les *low cost* comme Ryanair ou EasyJet, Air France propose des offres « promotionnelles » pour réduire l'écart de prix. La stratégie marketing d'Air France est donc la même sur ses éléments majeurs, mais avec des adaptations locales significatives.

c) Le marketing « glocal » : un mix de stratégie globale et de stratégies locales

Dans cette stratégie, des éléments clés tels que le positionnement, la segmentation, ou leur traduction directe telle que le produit, peuvent être adaptés aux marchés locaux, si c'est indispensable.

Pourquoi s'entêter à ne pas vouloir s'adapter localement, pour des questions de purs principes, à la condition – majeure – que la cohérence de la marque soit respectée ? Ainsi, bon nombre de marques mondiales prétendent être identiques partout alors que ce n'est pas exactement le cas.

Exemples

- Les barres Mars contiennent plus de sucre et de matières grasses dans les pays nordiques que dans les pays méditerranéens parce que le corps humain en a plus besoin lorsqu'il fait froid.

- La formule du Coca-Cola varie selon les pays pour s'adapter aux goûts locaux.
- Sur le marché de l'automobile, le modèle phare de la marque Honda est Accord, qui figure presque chaque année aux premiers rangs des modèles les plus vendus aux États-Unis. Accord de Honda a le même nom et le même positionnement aux États-Unis et en Europe mais le modèle est en réalité différent. En Europe, où les ventes restent limitées, les automobiles Accord ont été longtemps importées du Japon mais récemment, Honda a lancé un modèle

Accord européen, avec notamment un moteur diesel. Aux États-Unis, Honda fabrique sur place l'Accord qui est conçue pour être adaptée aux goûts des Américains : ligne, motorisation, boîtes automatiques, design d'intérieur et équipement différents.

La stratégie Honda est donc parfois globale, mais avec de fortes adaptations aux marchés locaux.

MINI CAS

La conversion de McDonald's au marketing glocal

Ray Kroc, le fondateur de l'enseigne, privilégiait la qualité du service, l'hygiène et les économies d'échelle. Ses restaurants, bâtis à l'identique, étaient rouges et blancs, immédiatement reconnaissables. En France, à ses débuts, McDonald's a suivi la même ligne : il fallait qu'un McDo ressemble à un McDo. Plus de vingt ans ont passé. Le client réclame plus de chaleur et d'intimité à l'intérieur. Plus de discrétion à l'extérieur.

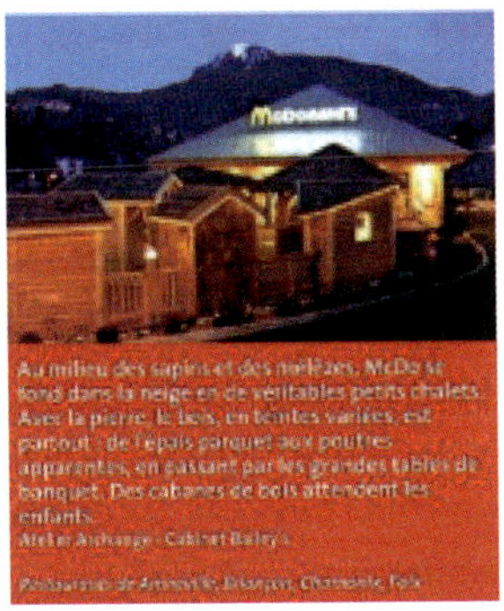

La direction française de McDonald's, rompant avec les habitudes de la marque, changea les codes couleur du restaurant, rendit le logo plus discret, fit appel à une équipe d'architectes pour des intérieurs plus chaleureux et design.

Les restaurants McDonald's se sont adaptés au style « chalet » dans les Alpes ou aux loisirs balnéaires sur la côte atlantique. En d'autres occasions, ils se sont discrètement logés dans des constructions anciennes et restaurées. Dans tous les cas, le souci d'intégration a dominé.

Selon Jean-Pierre Petit, alors directeur général de McDonald's France, ce lifting stratégique « répond à la nécessité d'intégrer les restaurants dans l'univers de consommation des Français ». Des Français qui, en se rendant chez McDo, veulent se retrouver « chez eux », dans un cadre proche de leur culture locale.

L'architecture des restaurants est loin de représenter le seul exemple d'adaptation locale d'une marque globale.

McDonald's Corp. concède ainsi une large autonomie à ses filiales dans leur stratégie d'animation commerciale, de création de nouveaux produits, de décoration des restaurants ou de plan de communication.

Les Croques McDo, les potatoes, le McDeluxe, les McSalad Shakers, le yaourt à boire pour les enfants sont ainsi des exemples d'initiatives françaises ayant par la suite été exportées dans d'autres pays.

Autre exemple, on peut trouver un McVeggie Burger dans les restaurants McDonald's ouverts en Inde (pays qui ne consomme quasiment pas de viande de bœuf).

d) Le marketing « pur local »

Marques, positionnements, produits et autres variables du marketing-mix sont spécifiques à chaque marché ; c'est vrai pour des entreprises comme pour des catégories de produit.

Le mini cas sur les fromages Bongrain illustre une politique de marketing « pur local », chaque marché national étant travaillé avec des marques et produits spécifiques. Cette politique purement locale est déterminée par la catégorie de produits. Par définition, une spécialité fromagère est attachée à une histoire, une culture, des habitudes spécifiques à chaque pays.

MINI CAS

Le cognac français sauvé par le hip-hop et la stratégie locale de Martell

Le premier marché mondial du cognac est… les États-Unis, avec 48 millions de bouteilles vendues en 2011 (la France arrivant en 6e position avec 6 millions de bouteilles)[1]. Le succès du cognac aux États-Unis, qui a sauvé la production du cognac en France, est dû à sa grande popularité auprès de la communauté afro-américaine, qui représente 60 % à 80 % des ventes américaines. Le cognac, appelé aussi « *yak* », est devenu leur boisson.

Il a connu une certaine popularité auprès de la bourgeoisie afro-américaine dès les années 1970, mais c'est le mouvement hip-hop des années 1990 qui lui a assuré son succès. Une chanson très populaire de Busta Rhymes et P. Diddy, « *Pass the Courvoisier* », marqua un tournant : « Passez-moi le Henny [*Hennessy*], vous pouvez me passer le Rémy [*Martin*], mais passez-moi surtout le Courvoisier. » Il est vrai que Courvoisier avait payé pour obtenir ce « placement de produit » dans les paroles. On ne compte pas, depuis, le nombre de chansons hip-hop qui citent une marque de cognac. Boire du cognac est à la fois chic et cool pour les jeunes Blacks américains, d'autant que, contrairement aux habitudes françaises, il se boit aux États-Unis sous forme de cocktail, mélangé avec d'autres boissons.

Alors que Pernod Ricard illustre avec la marque de whisky Chivas Regal une stratégie « pur global », la même multinationale a adopté une stratégie purement locale pour sa marque de cognac Martell aux États-Unis. Désignant les Afro-Américains comme sa cible prioritaire, Pernod Ricard lança en 2003-2004 une campagne de publicité à la radio et dans la presse afro-américaine : « *Rise above* ». Cette campagne associait Martell à trois jeunes personnalités noires américaines qui illustraient autant de *success stories*. Bien entendu, le produit y était promu pour un usage de type cocktail.

1. Il se vend 44 fois plus de bouteilles de whisky en France que de cognac.

MINI CAS

La stratégie purement locale du groupe Bongrain

En 1956, Jean-Noël Bongrain crée Caprice des Dieux, un fromage qui va être le fondement du développement d'une petite laiterie de Haute-Marne, devenue aujourd'hui, le numéro un mondial des spécialités fromagères :

- présence dans plus de 150 pays, plusieurs centaines de marques et de produits, avec une structure très décentralisée donnant beaucoup d'autonomie aux responsables des filiales de commercialisation et de production (89 dans le monde) ;
- leader dans une dizaine de marchés dont la France et l'Allemagne, les deux plus gros pays consommateurs de fromage, 18 500 collaborateurs, près de 4 milliards d'euros de chiffre d'affaires, dont les 2/3 à l'international.

Bongrain SA s'est développé, souvent par croissance externe, en achetant des fromagers locaux. Les goûts, les traditions et donc les produits étant très différents selon les pays, la stratégie est un marketing « pur local ».

France : 28 marques

Espagne

6 marques dont « Burgo de Arias ». Sous la marque Burgo, version moderne d'un fromage ancestral, le « queso de Burgos », est déclinée toute une gamme de spécialités fromagères fraîches, nature, au miel, au coing ou à la pêche qui se consomment à tout moment de la journée : petit déjeuner, goûter, dîner.

États-Unis

5 marques dont « Alouette », le grand classique des fromages à tartiner, inspiré directement du Boursin français.

Japon

Marque « Gérard sélection » : une gamme de pâtes molles à croûte fleurie adaptées au goût et au style de vie des consommateurs japonais.

Chine

Marque « Pikifou ». Une gamme de fromages fondus sains et nutritifs, aux goûts variés nature, jambon, légumes, banane et fraise qui se consomment tout au long de la journée.

Inde

Marque « Le Bon ». Une gamme de fromages fondus nature adaptés aux goûts des consommateurs indiens.

Brésil

4 marques dont « Frescatino ». Frescatino est un fromage frais à la texture légère, au goût fin et délicat.

Hongrie

5 marques dont « Pannonia ». Pannonia est une pâte pressée cuite au goût particulier et relevé. Elle est reconnaissable par ses nombreux trous. Pour les consommateurs hongrois, Pannonia est le roi des fromages.

Pologne

5 marques dont « Turek » la marque historique des pâtes molles en Pologne, disposant depuis 2001 d'une offre renouvelée : camembert et brie, nature ou aromatisés.

Quelques marques locales du groupe Bongrain

3 Distinguer les stratégies de groupes et les stratégies de marques et/ou d'activités

Quand on cherche à caractériser une stratégie de marketing multinational, il convient de préciser si on parle de la stratégie de l'ensemble d'un groupe ou bien de la stratégie d'une des marques ou d'une des activités d'un groupe.

On peut analyser les stratégies internationales des grands groupes en les répartissant en deux catégories.

a) Les stratégies hétérogènes

Certains groupes d'entreprises ont des stratégies internationales très différentes par activité.

Exemple

- On a vu que l'activité « fromages » du groupe Bongrain était clairement de type *marketing local*. Ce même groupe a pourtant une autre branche, « produits sucrés », dont dépend La Maison du Chocolat, qui pratique un marketing que nous avons qualifié de « pur global ».

b) Les stratégies homogènes

Ces groupes développent à l'international le même type de stratégie marketing pour toutes leurs activités. Le plus souvent, quand on cherche à homogénéiser les stratégies des différentes activités d'un groupe, on tend vers la globalisation. Celle-ci se fait graduellement. On supprime des marques locales pour regrouper les portefeuilles produits sous une seule marque mondiale[1], on donne moins d'autonomie aux filiales locales, on centralise la R & D qui développe des produits à vocation multinationale, etc. De tels mouvements ne peuvent se faire brutalement. Le pragmatisme conduit à tuer ici une marque et à en conserver, là, une autre. Ce qui est important, c'est de savoir si ces décisions sont erratiques, au coup par coup, ou, si elles s'inscrivent, au contraire, dans une vision stratégique claire à moyen et long terme.

Exemple

- La vision stratégique du groupe Danone tend clairement vers la globalisation.

  Danone est la première marque mondiale pour les produits laitiers frais.

  L'entreprise est le deuxième producteur mondial (en valeur) d'eau conditionnée, avec 10 % de parts de marché. Evian, distribué dans 130 pays (1,5 milliard de litres) et Volvic figurent dans les quatre premières marques mondiales d'eau en bouteille.

  Une troisième appartient également au groupe Danone, mais c'est une marque régionale : Aqua, numéro un en Indonésie, très présente au Moyen-Orient, est le numéro un mondial (en volume) des eaux en bouteille avec cinq milliards de litres d'eau commercialisés.

1. Ou tout au moins, sous un nombre très limité de marques mondiales.

Aqua, numéro un mondial des eaux en bouteille

Enfin, le groupe Danone garde en portefeuille quelques marques locales pures, à faible rayon d'action, comme les marques d'eau en bouteille Bonafont, Villavicencio et Salus en Amérique du Sud.

SECTION 3

L'UNIFORMISATION OU L'ADAPTATION DES VARIABLES DU MARKETING-MIX

La distribution sera abordée dans la section 4, avec les différentes formules d'implantation à l'international.

1 LA POLITIQUE DE PRODUIT

Un des principaux avantages que recherchent les entreprises dans l'extension internationale de leurs activités est l'obtention d'économies d'échelle.

Pour profiter de cet avantage, les entreprises multinationales doivent gérer d'une manière coordonnée à la fois leurs activités de R & D et leurs unités de production. Elles peuvent, par exemple :

- mener, dans leurs laboratoires de recherche, des projets communs à plusieurs filiales ;
- installer, dans un ou plusieurs pays, des unités de production qui approvisionnent l'ensemble (ou une partie) de leurs filiales.

Mais pour qu'une telle politique soit possible et soit génératrice de réelles économies d'échelle, il faut que l'offre-produit de l'entreprise soit au moins partiellement la même dans les différents pays où elle opère.

a) La gamme et les caractéristiques intrinsèques des produits

La gamme de produits offerts par une entreprise multinationale peut varier d'un pays à l'autre. Cela dit, il est très souhaitable que quelques « produits piliers » soient présents dans tous les pays.

Quant au degré de standardisation des *caractéristiques intrinsèques* des produits, il varie beaucoup selon les entreprises. Dans certains cas extrêmes, c'est rigoureusement le même qui est vendu partout : il en est ainsi pour des produits naturels, comme l'eau d'Evian, mais aussi pour certains produits fabriqués, comme les montres Jaeger-Lecoultre ou Rolex. Dans d'autres cas, une entreprise offrira, sur les différents marchés où elle est implantée, des produits très proches sans être tout à fait identiques. C'est ainsi que les micro-ordinateurs vendus par Dell dans les différents pays d'Europe sont les mêmes pour l'essentiel, mais ils sont équipés de vingt modèles de claviers différents, adaptés à la langue écrite du pays. Enfin, lorsque les besoins ou les goûts des clients varient fortement d'un pays à l'autre, une entreprise multinationale devra se résoudre à différencier plus radicalement ses produits, sous peine de ne pas les vendre.

Exemples

- L'Oréal ne peut pas vendre les mêmes crèmes de fond de teint à des femmes dont la couleur de peau est très différente selon les régions du monde.
- Nescafé doit offrir des mélanges différents aux consommateurs français, italiens, anglais et américains, qui n'ont pas, à l'égard du café, les mêmes habitudes de consommation et les mêmes goûts.
- Les yaourts vendus par Dannon (Danone) aux États-Unis contiennent de la gélatine, ce que n'apprécieraient pas du tout les Français.
- Le fabricant de petit électroménager Seb, qui réalise 82% de son chiffre d'affaires hors de France, adapte systématiquement ses produits aux habitudes locales : les Français aiment faire des soupes moulinées, les Italiens avec de petits morceaux de légumes (*minestrone*), Coréens et Chinois ne mangent pas le même type de riz, etc. Un anthropologue est chargé dans l'entreprise d'observer, décrire, analyser les pratiques alimentaires et adapter les produits aux modes de vie des consommateurs.

b) Le packaging

L'harmonisation internationale des conditionnements est souhaitable à la fois pour réduire les coûts et pour faciliter la reconnaissance du produit par les gens qui voyagent d'un pays à l'autre – et qui sont de plus en plus nombreux. Mais elle est souvent difficile pour des raisons réglementaires, socio-économiques ou culturelles.

Exemples

- Les bouteilles d'eau minérale en PET qui sont utilisées sur le marché français ne peuvent pas l'être dans certains autres marchés européens, comme la Suisse où ce matériau est interdit.
- La vente des yaourts en packs de 12, 16 ou même 24 pots, couramment pratiquée dans un pays de grosse consommation comme la France, ne correspond pas aux quantités moyennes consommées par les Anglais ou les Allemands.
- Les mentions à faire figurer sur les emballages (composition du produit, mode d'emploi, etc.) ne sont pas les mêmes selon les réglementations des différents pays.
- Les significations ou évocations des couleurs ne sont pas les mêmes partout : au Japon le blanc est la couleur du deuil, alors qu'en France il évoque la pureté et la fraîcheur.

2 LA POLITIQUE DE PRIX

Les problèmes de prix peuvent se poser aux entreprises multinationales sous deux aspects principaux.

1. Le premier concerne la fixation des prix de cession internes (ou « prix de transfert ») entre la maison mère et ses filiales (ou entre filiales). Ce problème se pose lorsqu'une société d'un groupe multinational fournit des produits ou des services à une autre. La fixation des prix de cession internes peut être un moyen commode, pour une entreprise, de déplacer des profits d'un pays où ils sont lourdement taxés vers un autre où la fiscalité est plus légère. Cette pratique ne relevant pas strictement du marketing, elle n'est pas traitée ici.
2. Ce qui, en revanche, intéresse directement le marketing, c'est la fixation du prix de vente des produits de l'entreprise à ses clients (distributeurs ou acheteurs finals). Il est très rare qu'une entreprise multinationale vende ses produits au même prix (calculé dans une monnaie de référence) dans les différents pays où elle opère. Les raisons sont multiples.

• *Objectifs marketing variables*

Dans les différents pays où elle opère, l'entreprise peut privilégier plus ou moins la recherche de la rentabilité ou du volume. Elle pourra être conduite à adopter tantôt une politique de prix orientée plutôt vers « l'écrémage », tantôt une politique orientée vers la « pénétration ».

Exemple

➥ En France, Bonne Maman a une politique de prix modérés pour favoriser les volumes (politique de pénétration). À l'étranger, Bonne Maman est vendue en distribution sélective, à des prix plus élevés avec l'image *French Gourmet* (politique d'écrémage).

• *Variation des prix de revient*

Les coûts de production et/ou de transport du produit peuvent varier considérablement.

Exemple

➥ Une bouteille d'eau Evian vendue au Japon revient beaucoup plus cher qu'une bouteille livrée à Paris. De la même façon, un shampoing Sunsilk fabriqué en Chine coûtera moins cher que le même produit fabriqué aux États-Unis.

• *Adaptation aux différences de niveau de vie*

Cette adaptation est le résultat des différences de coût de revient et de niveau de vie.

Exemples

➥ Les prix des produits L'Oréal sont sensiblement plus bas en Chine ou au Brésil qu'en France.

Le Big Mac, un produit global et un prix local de référence
Source : McDonald's France.

➥ Le prix du Big Mac de McDonald's est adapté au niveau de vie de chaque pays. La très sérieuse revue *The Economist* publie le « Big Mac Index » tous les ans depuis 1986 afin de mesurer la parité du pouvoir d'achat. En 2012, voici la liste des cinq pays où le Big Mac est le plus cher et le moins cher (en dollars) :

Le plus cher	Le moins cher
Suisse : 6,81 $	Inde* : 1,62 $
Norvège : 6,79 $	Ukraine : 2,11 $
Suède : 5,91 $	Hong Kong : 2,12 $
Brésil : 5,68 $	Malaisie : 2,34 $
Danemark : 5,37 $	Chine : 2,44 $

* Inde : Maharaja Mac, fait de poulet, le Big Mac n'y existant pas.
Source : *The Economist*, « The Big Mac Index », janvier 2012.

- *Pression concurrentielle différente selon les marchés*

Elle peut contraindre l'entreprise à « serrer » plus ou moins ses prix de vente.

- *Fiscalité*

Le poids de la fiscalité indirecte et, dans certains cas, des droits de douane, est très variable d'un pays à l'autre.

- *Variations de taux de change*

Elles peuvent introduire des distorsions indésirables à court terme dans le système des prix pratiqués par une multinationale et avoir un impact important sur les résultats financiers.

Exemple

➥ Lorsque le cours du dollar baisse et que celui du yen augmente, le coût des produits japonais vendus aux États-Unis augmente mécaniquement et l'entreprise japonaise doit soit sacrifier ses marges, soit augmenter ses prix.

Pour toutes ces raisons, il est normal qu'une multinationale ne vende pas ses produits au même prix partout. C'est pourquoi, en matière de prix, une politique de marketing global ne consiste pas à pratiquer des prix uniformes mais à faire en sorte que les écarts de prix soient justifiés et ne soient pas excessifs. Des écarts importants d'un pays à l'autre comportent en effet deux risques principaux :

- En premier lieu, ils risquent de *brouiller* le positionnement d'un produit.
- En deuxième lieu, des écarts excessifs de prix favorisent les importations parallèles (marché gris). Une importation parallèle est l'achat d'un produit par une entreprise de distribution ou par un utilisateur final, dans un autre pays et à un prix inférieur à celui de leur pays de résidence.

Exemples

- Un automobiliste français peut actuellement acheter une Renault en Espagne à un prix inférieur d'environ 10 % au prix français du même modèle. Le développement des ventes de véhicules par des mandataires se nourrit de ces écarts de prix.
- Les magasins Intermarché implantés en Belgique peuvent acheter des biscuits d'une marque française à la société qui les produit, à un tarif sensiblement inférieur à celui pratiqué, pour des produits rigoureusement identiques, par la filiale belge de cette société.

Les pratiques se développent avec la réduction des entraves au commerce international et la plus grande facilité à comparer le prix :

- l'euro en Europe ;
- Internet qui permet un accès plus aisé à l'information sur les prix, à la fois pour les particuliers et les entreprises, notamment par les places de marchés électroniques.

Les entreprises n'ont guère de moyens pour limiter les effets négatifs du *marché gris* sauf à limiter les distorsions de prix entre marchés. Elles n'affichent généralement pas les prix de vente dans leurs sites Internet sauf, évidemment, s'il s'agit de sites de commerce électronique. De façon générale, elles peuvent limiter les livraisons au marché national de leur site. Dans certains cas, elles peuvent restreindre les achats, ce qui paraît, *a priori*, une politique marketing paradoxale.

Exemples

- Louis Vuitton vend ses produits environ 40 % plus cher au Japon qu'en France et impose une limite aux achats des touristes japonais qui viennent en France pour éviter la revente de ses produits dans des maroquineries japonaises ou sur Internet.
- Le marché déclinant du DVD offre un exemple intéressant de réponse technologique au *marché gris*. Pour permettre la pratique de prix différents pour les films (selon les pays), le monde a été divisé en six zones régionales, un lecteur DVD acheté dans une zone ne pouvant lire que les DVD vendus dans cette zone. Mais cette politique a fait naître un autre commerce : celui de la puce à installer dans son lecteur de DVD pour passer outre. Rien de plus simple ! Il suffit de taper « puce pour DVD » dans le moteur de recherche Google pour trouver plusieurs sites proposant des offres de débridage.

3 La politique de communication

a) Le nom de marque

La plupart des entreprises multinationales s'efforcent d'utiliser les mêmes noms de marque dans tous les pays où elles opèrent afin de tirer pleinement parti de leurs investissements de communication C'est cette politique qui a permis à des marques comme Coca-Cola, Ford, Marlboro, McDonald's et beaucoup d'autres de se construire une notoriété universelle. Néanmoins, certaines raisons réglementaires ou culturelles peuvent contraindre ou inciter une multinationale à utiliser, selon les pays, des noms de marque différents pour un même produit.

Ainsi on distingue des cas où :

1° Le nom n'évoque rien pour certains marchés

Exemple

- Désireux de donner à son assouplisseur de linge une image de douceur, Unilever a décidé de l'appeler en France Cajoline, en Angleterre Snuggle, en Allemagne Kuschelweich, et en Espagne Mimosin. Procter & Gamble, en revanche n'a pas hésité à garder pour ses couches-culottes le nom de Pampers dans tous les pays, bien que ce mot anglais – qui signifie « gâterie » ou « douceur » – n'évoque rien de tel dans les autres langues.

2° Le nom a une connotation désagréable

Exemples

- Coca-Cola a été amené à remplacer le nom de « Coca-Cola *diet* » par celui de « Coca-Cola *light* » dans plusieurs pays européens où le mot « *diet* » évoque des régimes sévères qui ne sont guère plaisants.
- Un produit finlandais pour dégeler les serrures d'automobiles n'a guère eu de succès en France. Il s'appelait « Super Piss » !
- Il y a quelques années, General Motors avait lancé une nouvelle gamme de véhicules baptisée Nova, nom qu'il a fallu changer au Mexique, *no va* signifiant « ne marche pas » en espagnol !
- L'entreprise Bich a changé son nom en Bic pour éviter d'être prononcée *bitch* (mot familier dans les pays anglo-saxons qui désigne une prostituée).
- Un (excellent) modèle de Toyota est dénommé dans le monde entier MR2, sauf en France, n'en déplaise à Cambronne.

- Mazda a également commercialisé un modèle de voiture sous la marque Laputa, qui se passe de tout commentaire.
- Un site Internet américain à succès permet de coordonner automatiquement des rendez-vous entre plusieurs participants. Les Français qui reçoivent un mail par ce site peuvent être surpris de lire une invitation signée « E-vite » (le nom du site étant une adaptation « électronique » de l'anglais *invite*).

3° Le nom est difficile à prononcer

Soit on le change, soit on estime qu'avec le temps et la publicité le nom sera adopté.

Exemples

- Lorsque Whirlpool s'est introduit en Europe en achetant le département « produits blancs » de Philips, le nom Whirlpool a été gardé en Europe du Sud où il est difficilement prononçable.
- Les bières belges Westvleteren ou Hoegaarden sont plus difficilement prononçables et mémorisables pour des Français que leurs consœurs Caracole et Guillotine.

Il y a une vingtaine d'années, les grandes entreprises recherchaient des marques qui communiquent, par leur évocation, un bénéfice-produit (Pampers en Anglais, Cajoline en Français, Toke en Espagnol). Aujourd'hui elles recherchent des marques faciles à retenir dans toutes langues, mais sans évocation d'origine nationale : une récente étude montre que trois quarts des Français croient que la marque allemande Nivea est française.

On a souligné à la fin de la section 1 que le nom de marque pouvait être associé volontairement à des origines nationales.

b) La publicité

Dans le domaine de la publicité, une approche « locale » s'impose généralement en matière de *choix des médias*. En effet, l'audience des différents médias, ainsi que la réglementation concernant leur emploi, sont très différentes d'un pays à l'autre : l'affichage est plus développé en France qu'en Allemagne, la publicité télévisée pour les cigarettes est interdite dans certains pays et autorisée dans d'autres, etc.

En revanche, un certain degré de globalisation est souhaitable en ce qui concerne le message car il permet, d'une part, de réaliser des *économies d'échelle* (création et production d'une même annonce pour plusieurs pays) et, d'autre part, de renforcer la *cohérence de l'image* d'une marque. Certaines multinationales poussent très loin la globalisation de leur publicité.

Exemple

- Pour le lancement du rasoir Sensor, Gillette a utilisé simultanément le même film télé dans dix-neuf pays d'Europe et d'Amérique, en ne diversifiant que la bande-son et la signature du spot : « *The best a man can get* » est devenu en français « La perfection au masculin ».

Toutefois une approche aussi globale reste encore assez rare, en raison des différences culturelles entre les pays. Le plus souvent, la création et l'exécution de la *copy* restent différentes d'un pays à l'autre. Mais à défaut d'une complète uniformisation, beaucoup d'entreprises multinationales s'efforcent au moins d'harmoniser les campagnes qu'elles mènent dans différents pays. L'un des moyens pour y parvenir consiste à confier, dans chaque pays, le budget publicitaire de la marque à une agence filiale d'un même groupe publicitaire international.

MINI CAS

HSBC

Journée : escarpins, soirée : tennis/ Soirée : escarpins, journée : tennis

Bien qu'ayant son siège à Londres, HSBC a été fondée à Hong Kong en 1865 sous le nom de The Hongkong and Shanghai Banking Corporation, d'où l'acronyme qui lui tient de nom. C'est, selon le classement Forbes de 2012, le deuxième groupe bancaire et la sixième plus grande entreprise du monde. Forte d'un produit net bancaire de 102 milliards de dollars (en 2011), de 95 millions de clients et de 305 000 collaborateurs dans 87 pays, l'entreprise est la plus internationale des banques internationales.

Le thème que la banque a choisi pour sa communication est la diversité des points de vue, des valeurs et des perceptions individuelles et de donner toute sa place aux pratiques et savoirs locaux. Son slogan souligne cette dimension à la fois globale et locale : « *The World's Local Bank* » (littéralement, « la banque locale du monde », adapté en français en : « Votre banque, partout dans le monde »).

Depuis 2005, une très belle campagne publicitaire, signée par l'agence JWT Londres, montre comment une même image peut avoir des interprétations opposées. Outre la presse et les médias traditionnels, l'entreprise a opté pour un support original : l'affichage simultané des mêmes campagnes dans les aéroports internationaux. Un accord novateur de partenariat à long terme a été conclu avec 50 aéroports dans 23 pays du monde, de Londres à Hanoï et de São Paulo à Miami, pour affirmer la présence permanente d'HSBC dans ces lieux, fréquentés notamment par une population de CSP + et de cadres internationaux. Cette campagne est ainsi la première et la dernière communication que l'on voit en visitant un pays.

HSBC, tout en s'affirmant comme un joueur global qui défend un même positionnement et une même communication à travers le monde, souligne dans le même temps l'importance de respecter la diversité des points de vue et des valeurs.

SECTION 4

LES DÉCISIONS D'IMPLANTATION À L'ÉTRANGER

1 LE CHOIX DES PAYS D'IMPLANTATION

Quand et pourquoi une entreprise envisage-t-elle de se donner une dimension internationale ? Autant d'entreprises, autant de situations différentes, mais on peut toutefois les classer en deux catégories.

a) L'international comme vocation originelle ou comme relais de croissance

Dans certains cas, les entreprises sont créées avec une vocation internationale. Dans d'autres, plus nombreux, les activités ne se développent à l'international qu'après avoir réussi fortement sur leur marché domestique.

1° L'international comme vocation originelle

On s'intéressera ici, non aux entreprises dont la nature de l'activité leur confère nécessairement une dimension internationale comme les sociétés d'import-export ou toutes les sociétés de services liés à l'économie internationale (transports de marchandises et de fonds, courtiers internationaux, etc.), mais à elles qui ont volontairement décidé, dès le départ, de se créer et de se développer à l'échelle internationale. Elles ont construit leur modèle économique sur l'international avec des étapes, organisées à l'avance, d'implantation à l'étranger.

Ces politiques d'emblée internationales peuvent s'expliquer par le marché desservi (marché étroit, mais semblable dans différents pays), le concept innovant (recherche de l'avantage pionnier), le produit (des produits technologiques ont une vocation internationale plus évidente), la personnalité et l'expérience de l'entrepreneur…

De tels cas de stratégies qui sont d'emblée internationales, étaient très peu fréquents il y a une cinquantaine d'années, mais elles se multiplient aujourd'hui. Pendant la période euphorique de la « nouvelle économie », on a vu se multiplier les start-up à vocation internationale. Yahoo!, Amazon, eBay… se sont donné une dimension et une ambition internationales dès le départ.

Exemple

➥ Pixmania réalise 65 % de ses ventes en dehors de la France et est la première entreprise d'e-commerce transfrontalière en Europe. L'entreprise réalise près d'un milliard d'euros de chiffre d'affaires dans 27 pays européens. 6 mois après l'ouverture de son site en France en 2000, Pixmania a ouvert son activité simultanément en Allemagne, en Espagne, au Portugal, en Italie. L'entreprise couvrait déjà 18 pays quatre ans après sa création. Vendant plus de 70 000 références à 9 millions de clients, Pixmania maîtrise l'extrême difficulté de couvrir la grande majorité du marché européen : des langues différentes, des infrastructures à haut débit très inégales, des modes de paiement très variés (par exemple les cartes de crédit sont utilisées à 82 % par les Français mais à seulement 25 % par les Allemands qui préfèrent les virements), la gestion de devises différentes, la gestion des retours, des taux de TVA différents, des réglementations différentes, une logistique très complexe, des structures concurrentielles et des comportements d'achat spécifiques[1].

1. Voir Jean-Rémi Gratadour, *L'e-commerce transfrontière*, Acsel, 2012.

2° L'international comme relais de croissance

C'est, de très loin, le cas le plus fréquent. Les plus grandes firmes internationales ne sont pas nées internationales. Elles le sont devenues progressivement.

Exemples

- Quand Marcel Fournier et les frères Defforey créèrent en juin 1960 le premier Carrefour à Annecy, c'était pour tenter en France l'aventure du supermarché puis de l'hypermarché, un concept qu'ils inventèrent en 1963. Ils n'imaginaient certainement pas le destin mondial qui les attendait. S'ils s'étaient donné, dès le départ, une ambition internationale, ils auraient vraisemblablement procédé autrement, en adoptant par exemple un autre nom que Carrefour, peu adapté à de multiples marchés étrangers[1]. En 1969, le succès aidant, un premier magasin fut implanté hors de France, plus exactement de l'autre côté de la frontière, puisque c'était en Belgique. Aujourd'hui, Carrefour est devenu le plus international de tous les grands groupes de distribution[2].
- En 1946, Pietro Ferrero créa une pâte au chocolat et aux noisettes de son invention baptisée Giandujot, en ayant certainement aucune idée du potentiel mondial de son produit. Son fils parti à la conquête de l'Europe l'incita à s'internationaliser. Giandujot devint Nutella. L'entreprise s'implanta en 1959 en France puis, en 1965, en Allemagne. Aujourd'hui, avec les marques Nutella, Kinder, Mon Chéri, Ferrero Rocher, Tic Tac commercialisées en Europe, en Amérique du Nord et du Sud, en Chine, au Japon, à Taiwan et en Australie, Ferrero est le sixième groupe mondial de chocolat et de confiserie, ce qui n'est pas un mince succès quand on sait la puissance des grands groupes installés depuis longtemps sur ces marchés.

Des marques qui ont conquis le monde

1. Pourquoi le nom de Carrefour ? Marcel Fournier l'a expliqué ainsi : « Au début, je voulais l'appeler Agora. Mais je me suis dit que les gens allaient croire que je vendais des chats ! Comme le futur magasin (le premier supermarché à Annecy) se trouvait sur une place vers laquelle convergeaient cinq routes, j'ai opté pour Carrefour ».
Source : Christian Lhermie, *Carrefour ou l'invention de l'Hypermarché*, Éditions Vuibert, 2e édition, 2003.

2. Le chiffre d'affaires de Carrefour le classe au 2e rang mondial derrière l'Américain WalMart, mais Carrefour est plus international que WalMart.

b) Les critères de décision pour le choix des pays d'implantation

Les entreprises ne passent pas d'un seul coup d'une implantation purement nationale à une dimension véritablement internationale. Elles évoluent par des étapes qui peuvent être analysées en trois phases principales.

FOCUS

Les trois phases de l'internationalisation

- La première fois, ou phase initiatique
- La phase de l'expansion géographique
- La phase de la maturité internationale

1° La première fois, ou phase initiatique

La première expérience d'internationalisation est beaucoup plus souvent la saisie d'une opportunité que le résultat d'une démarche systématique. On décide rarement, un jour, de devenir international en lançant des études de marché dans une vingtaine de pays pour évaluer leur potentiel, la concurrence, les modes locaux de distribution et la réglementation afin de déterminer de façon optimale le premier marché où l'on doit s'implanter. Vendre à l'étranger est une idée qui fait lentement son chemin dans des entreprises tout occupées à développer et à conforter leur position sur leur marché domestique. La décision d'en sortir pour la première fois s'explique généralement par une rencontre souvent causée non pas par l'entreprise mais par un acteur ou un événement extérieur.

Exemples

- L'entreprise est approchée par un distributeur étranger.
- L'entreprise a un client français (distributeur ou producteur) qui lui propose de produire pour ses marchés étrangers.
- Un responsable de l'entreprise fait une rencontre dans un salon.
- L'entreprise est avertie d'un appel d'offres pour un marché étranger.
- L'entreprise est sollicitée – ou tout simplement sensibilisée – par un organisme public ou parapublic dont le rôle est de développer la présence économique à l'étranger (chambres de commerce, organismes financés par les régions ou par le ministère du Commerce extérieur, attachés commerciaux dans les ambassades…).

On ne va généralement pas à l'international en saisissant la première opportunité qui se présente, mais en cherchant à réduire les risques qui se présentent.

Ainsi, les critères qui emportent la décision pour la première fois sont très pragmatiques. N'ayant, par définition, pas d'expérience, on cherche à faire *simple* : un marché francophone ou un marché dont on connaît la langue, la proximité géographique, l'absence de contraintes majeures en matière de réglementation administrative et douanière. La première destination, pour une entreprise de l'Union européenne, est très majoritairement un autre pays de l'Union européenne et le plus souvent un pays limitrophe.

Exemple

➥ Dans une interview à France-Inter La Rochelle, un responsable du Comité de promotion du Pineau des Charentes attribuait les bons résultats des ventes à la campagne de publicité lancée en France et à l'étranger. Il expliquait que le comité avait choisi pour cibles les marchés francophones comme la Belgique (81 % des exportations) et le Québec (9 % des exportations). Ce sont pourtant des pays dont les ressortissants ne sont pas les plus nombreux à visiter les Charentes, contrairement aux touristes anglais et allemands, beaucoup plus présents. Le Pineau des Charentes est encore un produit très local que l'on découvre le plus souvent dans les Charentes. Viser plutôt la Grande-Bretagne ou l'Allemagne aurait été à la fois plus logique et plus compliqué.

2° Deuxième phase : l'expansion internationale

Un succès initial encourage un développement international.

De l'exploitation d'une opportunité, on passe à la formulation d'une stratégie de développement international.

On voit apparaître dans l'organisation de l'entreprise *une structure qui se consacre spécifiquement à l'international* et qui se substitue au service export ou le complète.

Le choix des pays où l'entreprise pourrait être présente se fait sur des bases plus objectives.

La plupart des informations nécessaires pour évaluer l'intérêt d'une implantation dans un pays donné peuvent être recueillies par des méthodes d'*analyse des données secondaires*. Les principales sources d'information disponibles sont :

- Les organismes internationaux qui publient des annuaires et disposent de banques de données : Nations unies, Banque mondiale, Fonds monétaire international, OCDE, etc.
- Les organismes publics du pays étudié : ministères, instituts officiels de statistiques, chambres de commerce, etc.
- Les organismes publics spécialisés du pays d'origine de l'entreprise : par exemple, en France, Ubifrance ou la Coface (qui peut en particulier aider une entreprise dans l'évaluation des risques), etc.

Pour compléter et affiner ces données secondaires, l'entreprise peut envoyer aussi une *mission d'étude* dans le pays considéré ou confier cette mission à un cabinet spécialisé.

Pour une entreprise, décider d'une implantation, quel qu'en soit le mode, dans un pays où elle n'est pas encore présente, s'inspire généralement de quatre critères principaux : le potentiel du marché, l'accessibilité, le risque économique et politique, les atouts de l'entreprise.

• *Le potentiel du marché*

Il s'analyse comme tout autre marché (voir le chapitre 1 sur l'analyse des marchés) :

- la situation et les tendances démographiques : taille, structure et évolution de la population, etc. ;

- la situation économique générale : niveau et taux de croissance du produit national brut, du revenu par tête, etc. ;
- la taille et les tendances du marché pour le(s) produit(s) considéré(s) ;
- la similarité des besoins et des comportements avec les pays actuels d'implantation ;
- l'analyse des facteurs culturels (religion, modes de vie, etc.) susceptibles d'avoir une influence positive ou négative sur le développement du marché ;
- l'analyse de la concurrence existante : nombre de concurrents, taille et stratégie des principaux concurrents, parts de marché détenues, etc. ;
- les caractéristiques des canaux de distribution et de communication existants.

- *L'accessibilité*

On doit tenir compte :

- des restrictions éventuelles à l'importation, à la production ou à la vente du produit considéré ;

Exemple

➥ Pour vendre du vin au Québec, il faut passer obligatoirement par la SAQ, Société des alcools du Québec, qui a le monopole de la distribution des produits alcoolisés.

- des barrières à l'entrée sous forme de normes « justifiées » par la protection de l'environnement, la sécurité des consommateurs ou la défense d'intérêts locaux. Certains pays imposent que les filiales nationales des entreprises étrangères soient contrôlées par des nationaux ;
- des réglementations concernant les prix, et notamment le degré de liberté dans leur fixation ;
- des restrictions éventuelles relatives aux mouvements de capitaux et au rapatriement des bénéfices ;
- de la possibilité d'obtenir des aides ou des encouragements des pouvoirs publics ;
- de la législation sociale, concernant par exemple le droit d'employer du personnel étranger, le niveau minimum des salaires, les restrictions aux licenciements, etc. ;
- de la réglementation de la publicité.

- *L'évaluation du risque économique et politique*

Lorsqu'il s'agit de pays dont la stabilité politique et institutionnelle n'est pas assurée, il est important d'évaluer, dans la mesure du possible, la nature et l'importance des risques auxquels on s'expose en s'y implantant : risque économique (Argentine, Indonésie, Philippines…), risque de nationalisation des entreprises étrangères, risque de changements défavorables de la réglementation existante, etc.

MINI CAS

Danone et le protectionnisme chinois

En 1996, Danone acquiert 51 % de Hangzhou Wahaha, producteur de produits lactés et d'eau embouteillée, le PDG et fondateur, Zong Qinghou, en gardant 49 %. En 2006, l'entreprise française se rend compte que ce dernier a construit un réseau parallèle de fabrication de produits Wahaha. En 2007, alors que Danone exige qu'il mette fin à ces activités parallèles, le PDG dénonce unilatéralement l'accord de 1996, ainsi que l'impérialisme de Danone, au nom du patriotisme chinois. « Nous ne sommes plus à l'époque de l'invasion de la Chine par des puissances étrangères », déclare-t-il. Alors que Danone lance une action judiciaire, les autorités chinoises annoncent que des bouteilles d'eau Evian (marque Danone) ont des taux de bactéries anormalement élevés et les retire du marché. La filiale chinoise de Danone devient incontrôlable, et les cadres français, menacés, s'entourent de gardes du corps.

À début 2009, 39 filiales illégales de Wahaha, réalisant 2,6 milliards de dollars de chiffre d'affaires, étaient en jeu. Trente procès dans sept pays étaient en cours tandis que les soutiens politiques de Zong Qinghou demeurent aussi forts.

Mais un accord fut trouvé *in extremis*, Danone acceptant de vendre 51 % de sa participation à ses associés chinois. L'entreprise développe aujourd'hui sa propre filiale dans ce pays, mais les pratiques protectionnistes de la Chine, sur fond de discours nationalistes et d'arrangements entre compagnies locales, rendent son développement problématique. Alors que Danone réalise plus de la moitié de son chiffre d'affaires dans les pays émergeants, le groupe français reste à la peine en Chine.

- *Les atouts de l'entreprise*

Ils peuvent être de différentes sortes :

- la possession d'un avantage de coût sur le marché ;
- la possession d'un avantage de différenciation ;
- la notoriété et la réputation de l'entreprise ou de la marque sur le marché ;
- la maîtrise d'un savoir-faire propre qui peut être valorisé sur le marché ;
- des relations commerciales déjà existantes ;
- des compétences humaines internes ou externes auxquelles il est possible de s'associer, etc.

On peut formaliser cette analyse sous forme d'une matrice *attrait du marché* (potentiel, accessibilité, risque) *atouts de l'entreprise* sur une échelle faible/moyen/fort, en plaçant chaque pays étudié sur cette matrice.

Figure 19.3 **Exemple de classement de pays réalisé pour une entreprise à la suite d'une analyse attrait du marché/atouts de l'entreprise**

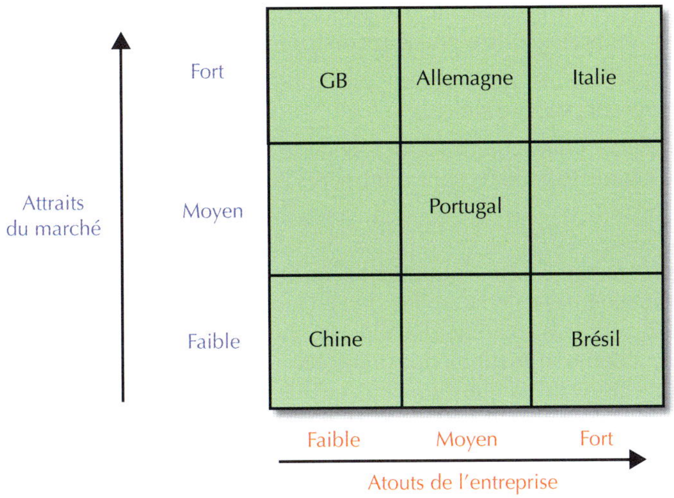

3° Troisième phase : la maturité internationale

L'entreprise n'est plus une firme nationale avec des prolongements à l'étranger. Elle est devenue une multinationale dont la stratégie et l'organisation sont dictées par une vision multinationale, voire mondiale.

Son problème n'est pas tant de trouver de nouveaux pays que de pondérer son effort entre les pays d'implantation : renforcer sa présence dans certains ou au contraire se délester dans d'autres.

2 Le choix de la formule d'implantation

Lorsqu'une entreprise a décidé de vendre ses produits dans un pays déterminé, plusieurs formules d'implantation (ou modes d'entrée), plus ou moins coûteuses et plus ou moins risquées, s'offrent à elle. On peut classer les principales formules en deux grandes catégories : les implantations légères et les implantations lourdes.

a) Les formules d'implantation légère

Les formules d'implantation légère se caractérisent par un investissement et des risques financiers relativement faibles, mais aussi par un degré de contrôle réduit de la politique marketing dans le pays considéré.

Une implantation légère peut se faire de différentes façons :

1° L'exportation

L'exportation peut prendre des formes variées. La plus fréquente consiste pour une entreprise soit à vendre directement auprès de quelques magasins sélectionnés, soit à passer des accords avec un ou plusieurs distributeurs nationaux ou agents locaux :

- Les *distributeurs* achètent les produits importés et les revendent en se rémunérant par une *marge*.
- Les *agents* jouent seulement un rôle de courtier entre l'entreprise exportatrice et les clients locaux. Ils sont rémunérés par des *commissions*.

Exemple

- Bénéteau, premier constructeur mondial de voiliers, a implanté en 1986 un chantier de construction navale en Caroline du Sud aux États-Unis et une filiale de commercialisation pour le marché nord-américain, premier marché mondial de bateaux de plaisance. Pour le reste du monde, Bénéteau est présent sur les principaux marchés par des agents de la marque qui ont un contrat d'exclusivité géographique.

Les accords passés entre l'entreprise exportatrice et ses distributeurs ou agents locaux comportent parfois des dispositions relatives aux moyens de marketing à mettre en œuvre dans le pays considéré. En particulier, l'exportateur et ses représentants locaux (distributeurs ou agents) peuvent décider de financer conjointement des opérations de communication ou de promotion en faveur du produit concerné. Toutefois, pas plus que les formules de cession de licence ou de franchise, les formules d'exportation ne donnent à l'entreprise qui y a recours une maîtrise complète de son marketing dans le pays étranger.

2° La cession de licence ou la franchise

La *cession de licence* consiste à accorder à une entreprise locale le droit de fabriquer et de vendre des produits dont l'entreprise cédante détient les brevets, la marque et/ou le *know-how*. Cette cession, faite pour une durée déterminée, est rémunérée par le versement de royalties.

Exemples

- Cardin a concédé 900 licences pour l'exploitation de sa marque dans 140 pays pour des produits très divers allant des vêtements aux stylos à bille.
- Areva a octroyé des licences pour l'exploitation de brevets sur des technologies de chaudières de centrales nucléaires.
- Le TGV a été vendu à la Corée du Sud avec des licences permettant aux Coréens de produire et de vendre, plus tard, du matériel conçu à partir des technologies françaises. Il concurrence désormais Alstom sur les marchés internationaux.

La *franchise*[1] est une variante de la cession de licence. Elle s'en distingue sous deux aspects principaux.

1. Tout classement comporte ses limites. La franchise est classée dans les méthodes d'implantation légère parce qu'elle nécessite moins d'investissements que d'autres formules, comme l'implantation d'usines et de filiales de commercialisation. Cependant la franchise, simple dans son principe, ne l'est pas dans sa mise en œuvre. Le contrôle des franchisés est souvent délicat et peut se traduire par des conflits portés devant les tribunaux.

- Elle porte généralement (mais pas toujours) sur des services plutôt que sur des produits au sens strict. Le franchiseur octroie au franchisé une zone d'exclusivité dans laquelle il s'interdit d'installer d'autres franchisés. On parle de « master-franchise » lorsqu'on délègue à un tiers le développement de la franchise dans un pays étranger.
- Elle s'accompagne habituellement de contraintes et d'obligations sur le niveau de qualité exigé, les méthodes de vente, la communication et l'usage de la marque.

Exemple

➥ Dans la plupart des pays, McDonald's utilise la formule de la franchise. La cession des droits d'exploitation de la marque McDonald's est assortie de conditions très précises concernant l'aménagement et la décoration des restaurants, le service, le choix et la qualité des plats proposés, etc.

b) Les formules d'implantation lourdes : les filiales

Les formules d'implantation lourdes sont celles qui s'appuient sur la création d'une *filiale* dans le pays considéré. Cette création peut être réalisée en rachetant une entreprise locale ayant déjà une activité ou en créant *ex nihilo* une entreprise nouvelle.

Tantôt cette filiale aura pour seules activités la commercialisation et le marketing des produits de l'entreprise mère, tantôt elle aura, en outre, des activités de production.

Quelquefois, on crée des filiales distinctes pour la production et pour la commercialisation. Soit on implante dans les plus gros marchés une filiale de production et une filiale de commercialisation, soit on éclate géographiquement ces deux types de filiales dans le cadre des politiques de délocalisation : choix de pays à main-d'œuvre bon marché pour les filiales de production (ou la sous-traitance) et de pays à fort pouvoir d'achat pour les filiales de commercialisation.

Exemple

➥ Après l'arrêt des activités de l'usine de Vilwoorde, la filiale belge de Renault n'a plus que des activités commerciales et de marketing tandis que la filiale espagnole a maintenu une activité de production.

La création de filiales comporte elle-même deux variantes principales : les filiales à 100 % et les partenariats (*joint ventures*).

1° Les filiales à 100 %

Elles donnent à l'entreprise un contrôle total de sa politique d'implantation sous tous ses aspects, et notamment du point de vue de la stratégie de marketing. Mais elles font supporter à l'entreprise la totalité des investissements nécessaires et des risques de toutes natures liés à l'implantation.

2° Le partenariat, ou *joint venture*

L'entreprise désireuse de s'implanter dans un pays étranger s'associe avec une entreprise locale pour créer une filiale commune.

Dans cette filiale commune, l'entreprise qui s'implante à l'étranger sera tantôt majoritaire, tantôt minoritaire, tantôt à égalité avec son partenaire local.

Les formules de *joint ventures* présentent deux avantages principaux par rapport aux filiales à 100 %. D'une part, elles réduisent l'investissement et les risques financiers liés à la création de la filiale. D'autre part, elles permettent à l'entreprise qui y a recours de s'appuyer sur un partenaire connaissant bien le pays d'implantation et y disposant d'un réseau de relations et d'appuis politiques, financiers et commerciaux, ce qui explique que l'on a souvent recours à la formule de *joint venture* dans des pays de culture très spécifique comme le Japon ou dans des pays protectionnistes comme la Chine.

En contrepartie, les *joint ventures* comportent deux risques principaux :

- Ils ne donnent à l'entreprise qu'une maîtrise partagée de sa politique dans le pays d'implantation, surtout si l'entreprise est minoritaire dans la filiale.
- Des conflits d'intérêts ou de mentalités peuvent surgir entre les partenaires et conduire, soit à la paralysie de la filiale si elle est à 50/50, soit à une rupture du partenariat si l'actionnaire minoritaire s'estime lésé (voir le mini cas sur Danone en Chine à titre d'illustration).

SECTION 5

LES STRUCTURES ET LES MÉTHODES D'ORGANISATION DU MARKETING MULTINATIONAL

Pour l'élaboration, la coordination et la mise en œuvre de leurs stratégies de marketing dans les différents pays où elles opèrent, les entreprises internationales doivent se doter de structures et de méthodes d'organisation appropriées. Ces structures et ces méthodes varient beaucoup d'une entreprise à l'autre, mais elles ont toujours pour objectif principal de concilier le mieux possible les impératifs contradictoires de « globalisation » et de « localisation » des activités marketing.

1 Les principaux types de structures dans les entreprises internationales

La principale question qui se pose en matière de structure des entreprises internationales est de savoir où, dans l'organigramme de l'entreprise, se situera l'organe chargé de superviser les activités marketing dans les pays étrangers.

Selon le degré de développement des activités internationales de l'entreprise par rapport à ses activités domestiques, et selon l'importance que l'entreprise accorde à ses activités internationales, on trouve trois modèles principaux de structures : le *service export*, la *division internationale* et *l'entreprise multinationale*.

a) Le service export

Dans les entreprises pour qui les activités internationales sont relativement secondaires par rapport aux activités domestiques, et où la formule d'implantation à l'étranger privilégie des distributeurs ou des agents plutôt que la création de filiales, la responsabilité de ces activités est généralement confiée à un « service export » ou à une « direction de l'exportation », à laquelle sont rattachées – si elles existent – les antennes locales de l'entreprise dans les pays étrangers. Ce service export peut lui-même dépendre tantôt de la direction générale de l'entreprise, tantôt de la direction commerciale.

b) La division internationale

Lorsqu'une entreprise possède, dans plusieurs pays étrangers, des filiales dont le volume global d'activité est du même ordre de grandeur que celui de l'entreprise mère dans le pays d'origine, elle peut décider de confier la supervision et la coordination de l'ensemble de ses filiales étrangères à une *division internationale,* subdivisée parfois par zones géographiques (Europe, Asie-Pacifique, Amérique...), et placée sous l'autorité de la direction générale.

c) L'entreprise multinationale

Lorsque le poids des activités étrangères d'une entreprise tend à dépasser celui de ses activités domestiques, et *a fortiori* quand le pays d'origine ne représente plus qu'une part réduite de ses activités, il n'y a plus lieu, dans l'organigramme de l'entreprise, de traiter différemment le pays d'origine des autres. L'activité est ainsi décomposée en zones qui sont sur un pied d'égalité. C'est alors seulement que l'on peut véritablement parler d'entreprise *multinationale.* Des entreprises comme L'Oréal, Nestlé ou Philips ont adopté pour l'ensemble de leurs activités ou pour une majorité d'entre elles, et depuis longtemps, une structure de ce type.

2 Les méthodes et les procédures de coordination des activités internationales

Dès lors qu'une entreprise possède des filiales dans plusieurs pays, et quel que soit l'organe central chargé de les superviser, le problème d'organisation fondamental qui se pose à elle est celui du *degré de centralisation* (ou de *décentralisation*) des décisions marketing concernant ces filiales.

Plus précisément, il s'agit de définir :

- le degré d'autonomie des responsables marketing locaux par rapport à l'autorité centrale, c'est-à-dire l'étendue et la nature de leurs attributions ;
- les méthodes et procédures permettant d'assurer la cohérence globale des actions de marketing locales.

En d'autres termes, il faut trouver dans l'organisation des activités marketing les moyens de concilier le double impératif de globalisation et de localisation.

Les formules retenues par les entreprises sont diverses et nombreuses, mais elles s'inspirent généralement de quatre modèles principaux.

FOCUS

Quatre modèles de coordination internationale

- La centralisation impériale
- La centralisation tempérée
- La décentralisation coordonnée
- L'organisation matricielle

a) La centralisation impériale

Le premier modèle correspond à la politique « pur global » développé en section 2. La fonction marketing est entièrement centralisée au siège ou dans une division internationale. De la même façon qu'une entreprise nationale définit généralement une même politique pour l'ensemble du territoire national, les multinationales qui adoptent le modèle de la centralisation impériale appliquent une même politique pour un ensemble de pays, sans faire de distinctions entre eux. Leur marché est en fait défini et compris comme une zone multinationale et non comme l'addition de marchés locaux. Les études de marché feront ressortir les attentes et les besoins communs des clients de la zone que l'entreprise s'efforcera de satisfaire.

Le positionnement, la segmentation, le mix marketing seront ainsi définis de façon à être les plus efficaces pour l'ensemble des marchés desservis, plutôt que pour chacun des marchés nationaux. Ce qu'on perd en pertinence locale est gagné en productivité et en synergies globales.

Les filiales locales n'ont, dans ce type de structure, pas de fonction marketing ou de fonction marketing *réelle*. La filiale s'occupe principalement de la mise sur le marché du produit soit en gérant les relations avec les distributeurs, lorsqu'il s'agit d'entreprises vendant des biens, soit en gérant les points de vente dans le cas d'entreprises de service et de distribution. L'ensemble des décisions qui sont prises sur le terrain et qui ne relèveraient pas de l'application des directives internationales, sont soumises à l'approbation du siège. Les équipes locales ne sont pas ou peu consultées pour définir la politique d'ensemble.

Dans ce type de structure, la fonction marketing peut prendre deux grandes formes :

- Elle est concentrée au siège, qui a en charge les études de marché, la définition de la stratégie, de la politique et de la tactique marketing pour l'ensemble du monde, ou pour une zone multirégionale.
- Elle est constituée de petites structures situées dans une des capitales de la zone multinationale concernée. Cette petite structure est composée d'individus aux origines nationales très diverses, et elle a en charge la politique marketing de l'ensemble de la zone. Cette concentration des équipes marketing est un phénomène qui se développe depuis dix ans et qu'on retrouve dans des zones régionales comme la zone Europe, l'Amérique latine ou l'Asie du Sud-Est.

Dans ces deux cas de figure, les équipes marketing locales sont généralement supprimées, et lorsqu'elles subsistent, elles n'ont de responsables marketing que le titre ce qui peut faire naître de grandes frustrations.

Exemples

- Une multinationale américaine comme Gillette est connue pour l'extrême globalisation de son marketing. Les politiques marketing sont définies au siège de façon extrêmement détaillée, les équipes locales ne faisant qu'appliquer à la lettre ces directives et n'ayant guère pour autre fonction que de faire l'interface avec les distributeurs locaux et d'acheter l'espace publicitaire.
- Google a centralisé en Irlande l'ensemble de ses équipes marketing européennes constituées de jeunes managers venant de tous les pays d'Europe. Le marketing est défini pour l'ensemble de la zone. L'action commerciale, faite pays par pays, se conduit de Dublin au téléphone ou par e-mail.

b) La centralisation tempérée

Le deuxième modèle est celui qui correspond le plus exactement au principe « *think global, act local* » : il consiste en effet à centraliser les décisions stratégiques et à décentraliser les décisions tactiques.

Concrètement, les responsables du siège se réservent, pour tous les pays placés sous leur autorité, les décisions concernant :

- les options stratégiques fondamentales (objectifs, cibles, positionnement) ;
- la politique de produit et de marque ;
- la politique de prix (sauf sur les actions ponctuelles de promotion) ;
- la publicité : copy stratégie et parfois même choix de la création.

Les responsables locaux, pour leur part, sont chargés *d'appliquer*, dans leurs pays respectifs, les décisions stratégiques prises centralement. Ils jouissent toutefois d'une certaine autonomie de décision en matière de packaging, de négociations commerciales et d'activités promotionnelles. Le degré de centralisation peut être plus ou moins important en ce sens que la participation des responsables nationaux à la réflexion stratégique peut être plus ou moins sollicitée.

Les formules de ce type, qui garantissent le mieux l'unité, la cohérence et la synergie des activités marketing locales, présentent en revanche trois inconvénients ou risques principaux :

- D'une part, elles peuvent conduire à une prise en considération insuffisante, par les responsables du siège, des différences existant entre les marchés nationaux, et par conséquent à une certaine inadaptation des stratégies marketing aux conditions locales.
- D'autre part, ces formules ont pour effet de réduire l'ampleur, la variété et l'intérêt des fonctions confiées aux responsables marketing nationaux, ce qui peut provoquer chez eux des sentiments de frustration et une certaine passivité. La façon dont les responsables du siège conduisent leur politique, écoutent les besoins des managers locaux et les impliquent dans le processus de décision est déterminante dans le succès de cette formule.
- Enfin, la centralisation tempérée peut entraîner des blocages « politiques » et des difficultés d'application. Des responsables locaux dont l'avis n'aura pas été pris en compte pourront utiliser toutes sortes de moyens pour différer l'application des décisions (comme par exemple un lancement de produit), ou pour ne les appliquer que de façon formelle.

La façon dont la coordination est assurée est essentielle pour le succès d'une politique qui repose sur l'équilibre entre le pouvoir central et local. Lorsque le patron d'un pays est responsable devant le groupe du chiffre d'affaires et des résultats de la filiale, mais que le siège est chargé du lancement de produit, il est difficile – voire impossible – d'imposer au pays un lancement auquel il ne croit pas. Cette répartition des rôles est structurellement source de conflits : à l'entreprise de savoir les traiter comme une tension dynamique et non de les affronter comme un blocage.

Exemple

➥ Afin de favoriser sa politique d'innovation, France Télécom a créé à Paris un Technocentre, ayant des antennes à l'étranger, chargé de développer et de lancer des produits nouveaux en rassemblant des équipes projet multidisciplinaires (marketing, R & D, réseau). L'entreprise a très vite été confrontée à un blocage : de nombreux produits ne furent pas lancés, faute de pays volontaires. Trois ans après sa création, la politique du Technocentre fut redéfinie : désormais, aucun projet ne démarre sans un pays partenaire (qui est donc volontaire). Le rôle du chef de projet est de recruter, dès les premières phases du projet – et non à la fin –, des pays partenaires, qui participeront donc activement à la définition de l'offre et à son développement.

c) La décentralisation coordonnée

Le troisième modèle est, dans son inspiration, à l'opposé du premier. Il consiste en effet à *décentraliser* très largement les décisions marketing, même lorsqu'il s'agit de décisions stratégiques, et à mettre en place des *organes et des procédures de coordination et d'échange* en vue d'harmoniser les actions menées dans les différents pays.

Dans les formules d'organisation de ce type, ce sont les responsables marketing nationaux qui, dans chaque pays, établissent et mettent en œuvre une stratégie de marketing, la cohérence entre les stratégies nationales étant assurée par divers moyens tels que :

- l'obligation de faire approuver les stratégies nationales par une autorité centrale (division internationale, directions de branches, directeur central du marketing, etc.) ;
- la désignation de *coordinateurs internationaux de marques* qui, même s'ils n'ont pas d'autorité hiérarchique sur les responsables marketing nationaux, s'efforcent de les convaincre d'harmoniser leurs stratégies ;
- des échanges réguliers entre les responsables marketing des différents pays.

Les formules de ce type ont les avantages et les inconvénients inverses de ceux de la « centralisation tempérée » : elles assurent une bonne adaptation des stratégies nationales aux particularités des marchés de chaque pays, mais elles ne facilitent pas toujours leur harmonisation, ni ne permettent de profiter de toutes les synergies de la globalisation des politiques.

d) Les organisations matricielles

Le quatrième modèle d'organisation des activités marketing, appelé « organisation matricielle », est apparu depuis quelques années et se retrouve dans un certain nombre de multinationales. Dans ces organisations, une même personne reçoit des instructions ou dépend à la fois de deux « patrons » : selon l'expression anglo-saxonne, elle « rapporte » (*reports*) à deux supérieurs hiérarchiques distincts. S'agissant du marketing un responsable national d'une marque (par exemple un chef de produit) rapportera, d'une part, au *directeur marketing* de la société nationale où il travaille et, d'autre part, au *responsable international de la marque* qu'il gère.

Ce type de structure (voir la figure 19.4) permet, en théorie, de concilier les objectifs de globalisation, que poursuivent les responsables internationaux, avec ceux de localisation dont les directeurs marketing nationaux sont garants. En pratique, toutefois, le fait de dépendre de deux patrons place les responsables marketing dans une situation difficile lorsqu'ils reçoivent des instructions contradictoires ou conflictuelles. Des procédures d'arbitrage doivent être prévues pour faire face à ces situations.

Figure 19.4 **L'organisation matricielle**

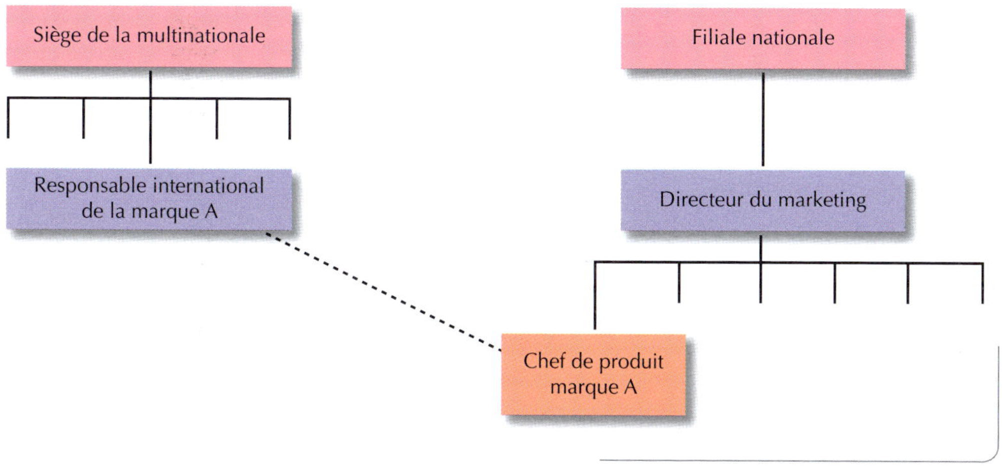

e) Les conditions générales d'un marketing international efficace

Les structures, les méthodes et les procédures d'organisation retenues par une entreprise multinationale ne suffisent jamais, à elles seules, à garantir la qualité de ses stratégies de marketing et un bon équilibre entre les impératifs de globalisation et de localisation. D'autres conditions, liées aux personnes plutôt qu'aux structures organisationnelles, sont au moins aussi importantes pour atteindre cet objectif.

1° L'origine et la formation des cadres marketing locaux

Pour faire du bon marketing dans un pays déterminé, il faut très bien connaître l'environnement – notamment culturel et linguistique – de ce pays. C'est pourquoi les multinationales ont de plus en plus tendance à recruter leur personnel marketing sur place, parmi les nationaux de chaque pays où elles opèrent, plutôt qu'à se reposer sur des expatriés.

Cette politique est particulièrement appropriée dans les pays dont la langue et la culture sont très différentes de celles du pays d'origine de la multinationale. Lorsque, par exemple, une multinationale française crée une filiale à Canton ou à Shanghai, elle ne peut espérer se développer et prospérer que si, très vite, elle intègre des chefs de produits ou un directeur de marketing chinois.

Dans la mesure où l'emploi d'expatriés reste parfois nécessaire, ces expatriés devront impérativement recevoir une formation « transculturelle » approfondie leur permettant au minimum : de bien pratiquer l'anglais – langue de travail –, de connaître la culture du pays où ils travailleront et, au mieux, de parler la langue de ce pays. Certaines entreprises comme L'Oréal favorisent l'expatriation croisée qui se fait non pas de pays mère vers les filiales, mais entre pays, ce qui souligne bien leur nature d'entreprise multinationale.

2° Les réunions et les échanges internationaux

Pour faciliter l'harmonisation et la cohérence des stratégies marketing menées dans différents pays, il faut organiser régulièrement des réunions d'information et de travail entre les responsables marketing de tous ces pays, notamment au niveau des directeurs de marketing.

Dans le même esprit, des groupes de travail (*task forces*) réunissant des responsables marketing de différents pays peuvent être constitués pour élaborer des projets d'intérêt commun.

De même, il est très utile que les responsables marketing d'une même marque dans différents pays se réunissent régulièrement pour confronter et comparer leurs stratégies.

3° Une culture marketing commune

Enfin, pour que des responsables marketing qui viennent parfois de pays très éloignés et très différents puissent se comprendre et bien s'entendre, et pour que les stratégies de marketing qu'ils mettent en œuvre dans leurs pays respectifs aient des chances d'être cohérentes les unes avec les autres, il faut qu'ils aient un *langage et une culture marketing communs.*

Un des meilleurs moyens pour leur faire partager la culture marketing propre de l'entreprise consiste à leur faire suivre des séminaires de formation au cours desquels des messages forts sur la culture d'entreprise sont transmis. Cette pratique est considérée comme une condition fondamentale de succès dans les multinationales les plus réputées, telles que Nestlé, dont le centre international de formation de Vevey reçoit chaque année des centaines de cadres marketing venant du monde entier.

Un autre moyen très utilisé consiste à inciter – voire à obliger – les cadres marketing à mener une carrière internationale au sein de l'entreprise. L'accès à des postes à responsabilité est alors conditionné à une expérience de plusieurs années dans d'autres pays que le pays d'origine.

Ces politiques facilitent les collaborations et la communication internes, mais les ajustements n'en restent pas moins un travail continu et ne sont pas sans heurts.

Exemple

➥ La culture « confrontationnelle » de L'Oréal, qui privilégie des relations très directes et des échanges de points de vue animés entre cadres, est particulièrement mal ressentie dans certains pays d'Asie comme le Japon, et l'entreprise française y est confrontée à un turnover important.

Ressources complémentaires

RESSOURCES NUMÉRIQUES SUR MERCATOR.FR

- **L'essentiel : retenez les points-clés !**
  L'essentiel du chapitre 19
- **Quiz interactifs corrigés et commentés : testez vos connaissances !**
  Quiz chapitre 19
- **Pour aller plus loin**
  – Pour aller plus loin dans le chapitre 19 : une sélection de livres et d'articles sur le marketing multinational et les enjeux de la globalisation ainsi que des sites de référence pour favoriser le choix d'implantation à l'étranger (statistiques, études sectorielles).
  – Le médicament n'est pas un produit comme les autres ! Interview de M. Christian Lajoux, président du Leem (Les entreprises du médicament) sur les enjeux internationaux de l'industrie pharmaceutique.

La boîte à outils du Mercator

Nous avons, pour cette édition du *Mercator*, sélectionné 25 outils marketing. Ce sont autant de concepts ou de méthodes pour aider les praticiens du marketing à analyser un marché ou mieux définir leur stratégie.

Certains de ces outils présentent de façon pratique des concepts qui n'ont été qu'introduits dans les chapitres, d'autres les complètent.

Cette sélection s'appuie sur l'expérience que les auteurs ont acquise comme formateurs de cadres et de managers ou comme consultants. Elle a nécessairement un caractère subjectif, mais elle est toujours guidée par le souci d'être opérationnelle et utile aux praticiens.

Outil	Chapitre de référence
1. La balance de la valeur perçue	Introduction
2. Marché et part de marché	1. L'analyse des marchés
3. Le modèle PESTEL d'analyse des facteurs environnementaux	1. L'analyse des marchés
4. Les rubriques d'une étude de marché	2. Les études de marché
5. Le funnel	3. Le comportement des consommateurs
6. La méthode Penser/Agir	3. Le comportement des consommateurs
7. La matrice de l'implication	3. Le comportement des consommateurs
8. Les étapes d'élaboration des services associés	4. La politique de produit
9. Le modèle BCG	4. La politique de produit
10. La matrice numérique de l'offre	4. La politique de produit
11. Les composantes de la rentabilité d'un distributeur	6. La politique de distribution
12. Les indicateurs de performance d'un site marchand	6. La politique de distribution
13. Générer des *leads*	6. La politique de distribution
14. La matrice de toutes les communications	7. Les fondamentaux de la communication
15. La part de voix	8. La publicité et les médias
16. Mesurer l'efficacité d'un e-mail commercial	9. Le hors-médias
17. Les « 3 R » de la fidélisation	10. Le marketing relationnel et les politiques de fidélisation
18. Les stratégies « 3 D »	12. De la stratégie d'entreprise à la stratégie marketing
19. La matrice d'Ansoff	12. De la stratégie d'entreprise à la stratégie marketing
20. Les forces concurrentielles de Porter	12. De la stratégie d'entreprise à la stratégie marketing
21. Le SWOT	12. De la stratégie d'entreprise à la stratégie marketing
22. La méthode RFM	13. La segmentation
23 Le triangle d'or du positionnement	14. Le positionnement
24. La matrice des marques et la lovemark	15. La marque
25. Le blueprinting des services	17. Le marketing des services

OUTIL N° 1, LA BALANCE DE LA VALEUR PERÇUE

Introduction

Quand on développe une nouvelle offre ou qu'on l'évalue, il est très facile de se perdre dans la complexité. Par souci d'analyse, on éclate les composantes de l'offre entre la segmentation, le positionnement, le marketing-mix, la relation clients, etc. Dans le processus de développement, on est sans cesse conduit à faire des arbitrages qui, sans qu'on le réalise toujours, peuvent créer des distorsions entre les attentes des clients, la stratégie qu'on a définie et le résultat final.

La balance de la valeur perçue présentée dans l'introduction est une visualisation de sa proposition de valeur. C'est aussi un outil très simple qui permet de poser les questions clés et d'évaluer son offre (existante ou en développement) du point de vue du client. Cet outil est utilisé chez Microsoft et nous l'avons appliqué en formation ou en conseil dans de multiples entreprises.

Son opérationalisation prend la forme suivante :

La balance de la valeur perçue en action

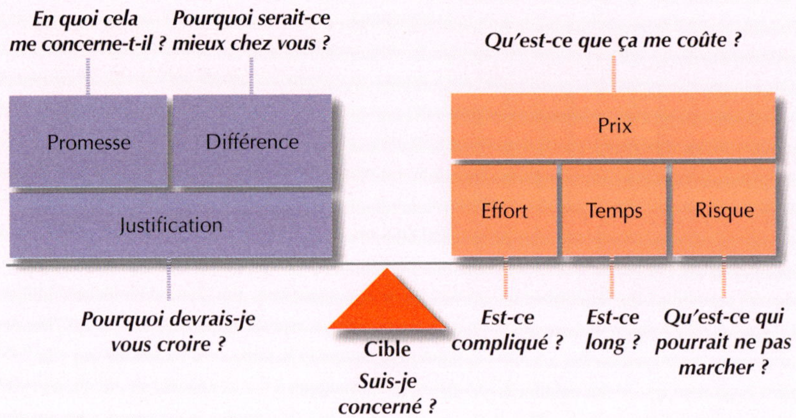

Quatre étapes pour bien utiliser la balance de la valeur perçue

- Dessiner et remplir la balance de la valeur perçue de son offre
- Évaluer la cohérence et la force de sa proposition de valeur
- La comparer avec celles de ses principaux concurrents
- Corriger ou améliorer sa proposition de valeur et la valider par une étude auprès des clients

1 Dessiner la balance et définir en quelques mots chacune de ces huit dimensions

Quelle est notre *promesse* – qui doit s'exprimer en termes de bénéfices clients – et en quoi sommes-nous *différents* des offres concurrentes ? Il faut reprendre ici les éléments clés du positionnement. La *justification* identifie les éléments objectifs qui soutiennent la promesse et la différence pour créer une expérience du client spécifique. Il ne faut pas confondre justification et promesse : par exemple, un service après-vente hors pair n'est pas un élément de promesse parce que ce n'est pas un bénéfice client, mais ce peut être la justification d'une promesse de sécurité pour le client.

Du côté des coûts perçus, on identifiera la politique de *prix*, le degré d'*effort* et le *temps* qu'il faut pour acheter ou utiliser le produit et le *risque* qui y est lié.

Cet exercice doit être réalisé pour chaque cible principale qu'on identifiera sous l'axe de la balance (on se limite dans les faits à répéter cet exercice pour une, deux ou trois cibles).

2 Évaluer le résultat en se posant deux questions

La balance de la valeur perçue est-elle cohérente entre ses parties ? Est-elle convaincante ?

On s'aperçoit fréquemment que tous les aspects d'une proposition de valeur ne sont pas cohérents entre eux : par exemple, la promesse n'est pas soutenue par des éléments objectifs de justification, ou ne suffit pas à nous rendre différents, ou les éléments de coûts perçus sont incompatibles avec la promesse, ou encore la proposition de valeur n'est pas adaptée à la cible.

L'ensemble peut aussi ne pas être convaincant et ne pas basculer clairement vers les bénéfices : la promesse n'est pas suffisamment claire et forte, l'offre est insuffisamment spécifique et différente, le prix est trop élevé pour les bénéfices, le risque perçu rédhibitoire, etc. Le problème peut venir de la conception (mauvaise compréhension des attentes, mauvaise stratégie) ou de la mise en œuvre (en raison des arbitrages qui ont été faits).

3 La troisième étape consiste à faire le même exercice pour l'offre d'un, deux ou trois concurrents principaux et de comparer les analyses

Comment notre offre se situe-t-elle par rapport à celle des concurrents ? Paraît-elle plus ou moins convaincante ? A-t-elle des points de supériorité ou de différence ?

4 Ce passage en revue permet d'évaluer aussi bien une offre existante qu'une offre en projet et d'améliorer une proposition de valeur en corrigeant ses imperfections

Il est important d'être réaliste dans son analyse et de ne pas confondre ce qu'on voudrait que le client perçoive et ce qu'il est en fait susceptible de percevoir.

La balance de la valeur perçue est un cadre de réflexion qui force à avoir une vision d'ensemble de sa proposition de valeur, plus précisément qui force à se mettre à la place du client pour l'évaluer.

Ce peut être un travail individuel ou un exercice de groupe. Relevant de l'autodiagnostic, cet outil est très utile comme première approche. Il ne se substitue évidemment pas à une étude d'image et à un test de concept ou de produit qui indiqueraient la façon dont les clients évaluent réellement un concept ou une offre.

OUTIL N^{O} 2, MARCHÉ ET PART DE MARCHÉ

Chapitre 1, L'analyse des marchés

Peu de notions marketing sont plus courantes que les concepts de marché et de parts de marché. Leur utilisation n'est pourtant pas aussi simple qu'on peut le penser.

1 Comparer volume et valeur

Un marché se calcule à la fois en volume (nombre d'unités ou quantités achetées) et en valeur (ventes totales au prix de vente consommateur, PVC). La comparaison de l'évolution d'un marché en volume et en valeur permet souvent de développer une analyse instructive. Par exemple, un marché peut augmenter en volume et baisser en valeur en raison d'une diminution sensible des prix.

De même, les parts de marchés ne sont pas identiques en valeur et en volume : les entreprises qui jouent les prix bas ont nécessairement une part de marché en valeur inférieure à leur part de marché volume, inversement pour celles qui jouent sur des produits plus haut de gamme et donc plus chers.

2 Calculer sa part de marché

On met au dénominateur le marché pertinent :

$$\text{Part de marché volume de X} = \frac{\text{Quantités vendues de X pendant la période T}}{\text{Quantités totales vendues sur le marché pendant la période T}}$$

$$\text{Part de marché valeur de X} = \frac{\text{Chiffre d'affaires (PVC) de X pendant la période T}}{\text{Ventes totales (PVC) sur le marché pendant la période T}}$$

La part de marché se calcule sur le marché pertinent du produit ou de la marque, c'est-à-dire sur le marché où des concurrents proposent des offres substituables.

Exemple

- Une chaîne d'hôtel 4 étoiles calculera sa part de marché en rapportant son chiffre d'affaires (valeur) ou son nombre de nuitées (volume) au CA ou au total des nuitées du segment 4 étoiles (marché pertinent de cette chaîne) plutôt qu'au marché total de l'hôtellerie, toutes catégories confondues.

On doit préciser la source de l'évaluation du marché pertinent. Un panel est fiable, les statistiques des syndicats professionnels sont de qualité très variable.

3 Comprendre un marché en le décomposant

Deux décompositions sont particulièrement utiles pour comprendre l'évolution d'un marché :

1° Marché en volume $NA \times \frac{QA}{NA}$

$$\text{avec } NA = \text{Nombre d'acheteurs sur période T}$$

$$\text{et } \frac{QA}{NA} = \frac{\text{Quantités totales achetées en T}}{\text{Nombre d'acheteurs en T}}$$

QA/NA sont donc les quantités moyennes achetées par client.

Cette décomposition permet de souligner qu'un marché évolue en fonction soit du nombre d'acheteurs, soit des quantités achetées par acheteur, soit des deux. On peut chercher à augmenter le nombre d'acheteurs (NA) par l'acquisition de nouveaux clients et la fidélisation. On peut développer le revenu par client (QA/NA) par *up-selling* (faire acheter des produits plus chers) ou par *cross selling* (faire acheter d'autres produits de la gamme).

2° Marché en valeur = taux de pénétration (en T) × nombre d'actes d'achat par individu ou foyer (en T) × valeur moyenne d'un achat (PVC)

Le taux de pénétration d'une catégorie de produits est le pourcentage d'individus ou de foyers qui ont acheté au moins une fois ce produit pendant la période de référence. Le nombre d'actes d'achat pendant la période indique la fréquence d'achat.

Cette décomposition du marché est possible lorsqu'on a accès aux données d'un panel ; elle est un outil de diagnostic puissant pour mieux comprendre les évolutions du marché.

OUTIL N° 3, LE MODÈLE PESTEL D'ANALYSE DES FACTEURS ENVIRONNEMENTAUX

Chapitre 1, L'analyse des marchés

Un marché et les différents acteurs qui le composent sont soumis à des influences diffuses en provenance de la société dans laquelle ils vivent. Ces influences constituent le macro-environnement qu'on peut analyser en environnement :

- politique ;
- économique ;
- social ;
- technologique ;
- environnemental ;
- légal.

Les initiales forment PESTEL, un moyen mnémotechnique pour se souvenir des différentes composantes du macro-environnement.

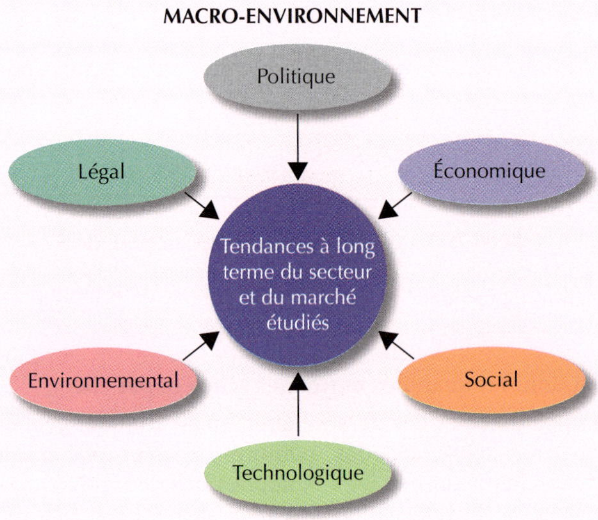

Exemples de facteurs à prendre en compte dans l'analyse du macro-environnement

Politique	Technologique
Facteur d'environnement important pour certains marchés étrangers, souvent lié au facteur « Légal » • Risque politique dans le marché étudié • Réglementation protectionniste aide aux investissements étrangers • Politique monétaire et risque de change, etc.	• Évolution technologique dans le marché • Dépenses R & D dans le secteur • Rôle des nouvelles technologies dans les décisions d'achat et diffusion d'Internet dans le public du marché considéré
Économique	**Environnemental**
• PNB, revenu par habitant et distribution des revenus • Prévisions de croissance • Taux d'inflation • Politique fiscale	• Sensibilité du public au développement durable • Importance et rôle des associations écologistes • Contraintes imposées aux industries polluantes
Social	**Légal**
• Démographie : taille de la population, structure par âge, région, ethnie ou religion, taux de natalité • Modèles culturels, styles de vie, évolutions majeures • Leaders d'opinion	• Réglementation des prix • Réglementation sur la protection des consommateurs • Réglementation sur la protection de l'environnement • Droit de la propriété intellectuelle • Réglementation de la concurrence • Normes et labels

À noter qu'il convient de ne retenir que les facteurs les plus significatifs qui ont un impact actuel et prévisionnel majeur sur l'évolution des marchés.

OUTIL N° 4, LES RUBRIQUES D'UNE ÉTUDE DE MARCHÉ

Chapitre 2, Les études de marché

Une check-list est toujours utile quand on gère un projet comme une étude de marché. Mais elle l'est également pour comprendre et évaluer la proposition d'un prestataire, qu'on soit une grande ou une petite entreprise, qu'il s'agisse d'une grande ou d'une petite étude. Certes, la présentation du projet d'étude sera plus ou moins développée selon les cas, mais une formalisation écrite est indispensable pour s'assurer que le prestataire a bien compris la problématique et pour évaluer la façon dont il compte y répondre.

Dans la présentation d'un projet d'étude, on retrouve généralement sept grandes rubriques. La première permet de valider que le prestataire a bien compris le brief et la deuxième qu'il est bien conscient des objectifs marketing de la recherche. La troisième présente et justifie la méthodologie d'étude préconisée. Les deux rubriques suivantes détaillent la réalisation de l'étude et le choix d'échantillonnage. Les deux dernières rubriques présentent des aspects pratiques liés à la gestion de l'étude et du contrat.

Les sept rubriques d'un projet d'études

1. Contexte général de la recherche

Rappel du brief (société, données du marché...)

2. Rappel de la définition précise de l'objectif de la recherche

3. Méthodologie recommandée (en la justifiant)

– Étude qualitative

a) Entretiens individuels

- Méthode d'enquête : non directif, centré, semi-directif...
- Durée
- Mode de consignation : papier-crayon, magnétophone, enregistrement vidéo
- Niveau de qualification de l'enquêteur : enquêteur qualifié, psychologue, psychosociologue, sémiologue...
- Lieu d'enquête : domicile, salle, autres...

b) Réunion de groupe

- Type de réunion : réunion-discussion, groupe projectif, recherche créative d'idées et de solutions (noms, concepts, positionnement)
- Durée : 2 à 8 heures
- Type de salle et d'enregistrement : salle équipée vidéo/glace sans tain, enregistrement (magnétoscope, vidéo)

c) Analyse d'expert : sémiologie, etc.

d) Autres points à définir

- Briefing oral, consignes écrites ou téléphone
- Matériel d'enquête

– Étude quantitative

- Méthode d'enquête : contact personnel, téléphone, correspondance, Internet
- Lieu d'interview : domicile, lieu de travail, salle/caravane, point de vente, voie publique
- Horaires de travail si exceptionnels : soirée, samedi, dimanche...

4. Structure de la recherche

– En qualitatif

Schéma des guides d'entretien ou d'animation, grands chapitres abordés...

– En quantitatif

Questionnaire :

- Plan
- Qui le rédige, quel est son degré de mise en forme
- Temps d'administration
- Nombre de questions ouvertes
- Éléments signalétiques destinés à servir de critère d'analyse

5. Description de l'échantillon interrogé

– En qualitatif

Composition des groupes, choix des interviewés...

– En quantitatif

- Définition de l'univers, de l'unité statistique
- Méthode d'échantillonnage : quotas aléatoires, etc.
- Critères servant de base à la constitution de l'échantillon, critères géographiques, utilisation d'un produit...
- Taille de l'échantillon (en nombre de questionnaires exploitables) et dispersion géographique
- Nombre de contacts nécessaires pour obtenir une interview (ou % de l'univers étudié dans la population totale)
- Taux de déchet et de fidélité (dans le cas de panels ou d'enquêtes répétitives)
- En cas d'enquêtes sur listes : qui fournit les listes ?

6. Prestations concrètes

– En qualitatif

Nom du responsable de la recherche, nombre de rapports prévus, coûts de traduction...

Nom du responsable études et des responsables terrain, nom éventuel des sous-traitants ; briefing des enquêteurs : par réunion ou par écrit ? ; taux et modalités de contrôle du terrain ; types de traitements prévus (tris à plat, croisés, traitements statistiques élaborés...) ; modalités de contrôle des résultats.

7. Partie contractuelle

- Délais
- Devis

La check-list précédente a été élaborée par Syntec Conseil, Comité Études de Marché.

Les cinq premières rubriques sont particulièrement importantes pour évaluer la qualité de la prestation proposée. Un brief et des objectifs mal restitués peuvent faire douter de la qualité et de l'implication du prestataire. Les trois rubriques suivantes constituent le cœur du projet de recherche : on reconnaît la compétence du prestataire non seulement à ses recommandations, mais également à leur cohérence et à sa capacité à les argumenter.

Un projet d'études n'est pas à prendre ou à laisser : c'est un document qui doit permettre d'affiner sa demande, de discuter et d'arbitrer entre différentes options de fond ou de méthodologie, d'entraîner une discussion avec le prestataire. C'est ainsi autant un outil d'évaluation que de dialogue.

OUTIL N° 5, LE FUNNEL

Chapitre 3, Le comportement des consommateurs

Cet outil a été présenté dans le chapitre 3. On n'en trouvera ici qu'un rappel succinct.

Le funnel ou « parcours d'achat » consiste à décomposer le processus d'achat en étapes et à analyser les taux de transformation (ou taux de conversion) à chacune d'entre elles. Cet outil permet d'identifier les étapes cruciales où un pourcentage important de prospects se détourne de l'achat. On tente d'analyser les motifs de ces pertes et de proposer des actions correctrices.

Exemple

➥ Funnel élaboré pour l'achat d'une automobile. Deux taux de transformation sont particulièrement faibles ici : de la demande d'informations à l'essai (20 %) et de la négociation à l'achat (19 %).

Il n'y a pas de funnel standard ou idéal, mais des funnels spécifiques à chaque catégorie de produits ou chaque segment d'acheteurs

Tout l'intérêt de cette méthode dépend de la possibilité de quantifier le pourcentage de la cible à chaque étape, ce qui est plus facile pour les achats sur Internet que dans la distribution classique.

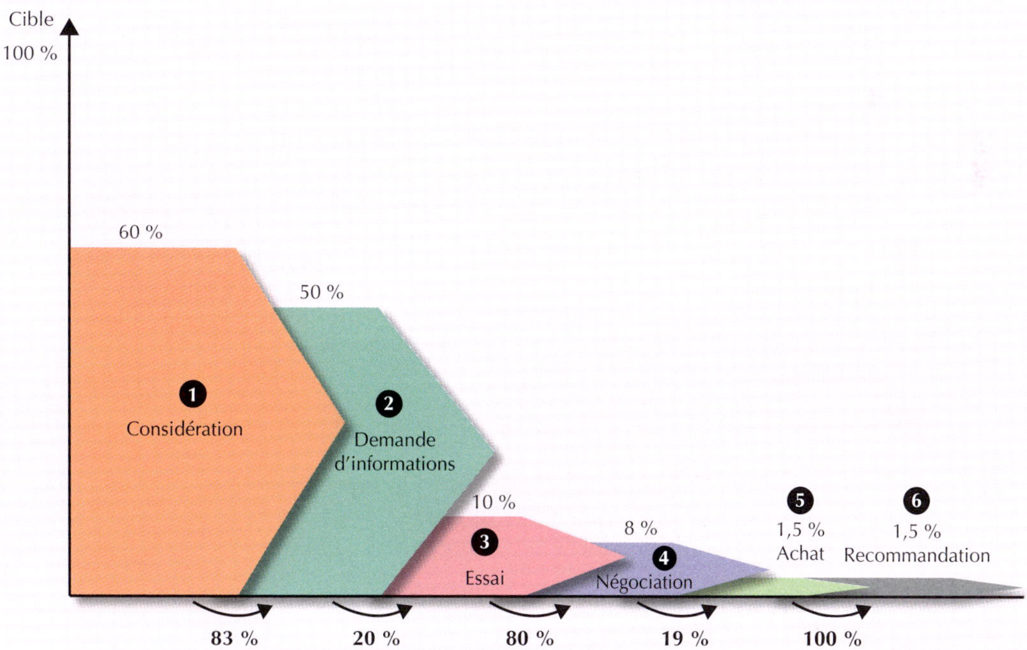

OUTIL N^{O} 6, LA MÉTHODE PENSER/AGIR

Chapitre 3, Le comportement des consommateurs

Dans l'introduction de l'ouvrage, on a indiqué dans une définition sommaire, que le marketing est un moyen d'action qu'utilisent les organisations pour influencer en leur faveur le comportement des publics dont elles dépendent. Le chapitre sur le comportement des consommateurs a souligné toute la complexité de ce comportement. Par contraste, l'outil que nous présentons ici, et qui est utilisé par des entreprises comme Nestlé, est une méthode simple, voire sommaire, pour chercher à influencer le comportement d'un public défini. Il est clairement orienté vers l'action et ce qu'il perd en complexité d'analyse, il le gagne en efficacité opérationnelle.

Cette méthode comporte plusieurs étapes et utilise un schéma présenté ci-après :

Six étapes pour utiliser la méthode Penser/Agir

- Identifier le ou les segments de clientèle prioritaires et leur comportement actuel
- Définir leur comportement souhaité
- Comprendre la raison (attitudes, opinions, croyances…) de leur comportement actuel
- Définir les attitudes, opinions ou croyances qui motiveraient le comportement souhaité
- Trouver et utiliser l'*insight* client qui va modifier leur façon de penser
- Définir et mettre en œuvre un plan d'action

1 Identifier les segments de clients dont on veut influencer le comportement

Il s'agit dans un premier temps d'analyser une situation pour définir des cibles prioritaires et des objectifs. En s'appuyant sur des études de marché ou des analyses de portefeuille de clients (par des données CRM par exemple), on identifiera sa ou ses cibles prioritaires et on relèvera leur comportement : ce peut être un type de prospects qui n'achète pas, un type de clients infidèles ou à la fréquence d'achat trop faible, un type de clients dont la part de dépenses est très inférieure à d'autres, etc.

2 Définir des objectifs de comportement

On définira le type de comportement qu'on souhaite obtenir de la part de ces clients et, autant qu'il se peut, on cherchera à quantifier le montant de chiffre d'affaires qu'on veut développer.

3 Comprendre les raisons du comportement actuel

Une fois cette ou ces cibles identifiées et le type de comportement qu'on veut influencer défini, il faut tenter de comprendre le pourquoi de cette situation. Quelles sont les raisons qui expliquent ce comportement ? Quels sont ses motifs ? Sur quoi peut-on agir ? Il faut étudier et interroger la cible de clients pour répondre à ces questions : les études qualitatives et quantitatives sont ici un outil incontournable.

4 Définir ce qu'on souhaiterait que les clients pensent

On a déjà défini le comportement souhaité (objectifs) et on comprend désormais les motifs du comportement observé. Pour que ces clients agissent différemment, que devraient-ils penser ? Quelle doit être l'attitude ou l'opinion susceptible de motiver leur nouveau comportement ? Il s'agit d'une étape clé dans la réflexion du responsable marketing : si on veut que les gens agissent différemment, ils doivent penser différemment, c'est la cohérence nécessaire entre *think* et *do*, entre penser et agir.

5 Trouver l'insight client qu'on utilisera pour modifier la façon de penser et les comportements

Le responsable marketing devra contrer un frein déterminant, ou bien s'appuyer sur une motivation clé pour modifier le jugement ou l'attitude du client ciblé. Cette pensée profondément ancrée, qui agit comme un frein ou une motivation, est ce qu'on appelle *l'insight client*. C'est le levier que le marketing va utiliser pour modifier la perception et le comportement du public ciblé.

Il n'est parfois pas possible de passer d'un coup du comportement observé au comportement souhaité et, dans ce cas, on définira différentes étapes penser/agir successives.

6 Définir et mettre en œuvre un plan d'action

Une fois cette réflexion aboutie, on mettra en place le plan d'action dans sa politique marketing et on mesurera, par des indicateurs choisis (mesures d'attitudes et d'opinions, mesures de performance), le succès ou non de cette politique.

Les six étapes de la méthode Penser/Agir

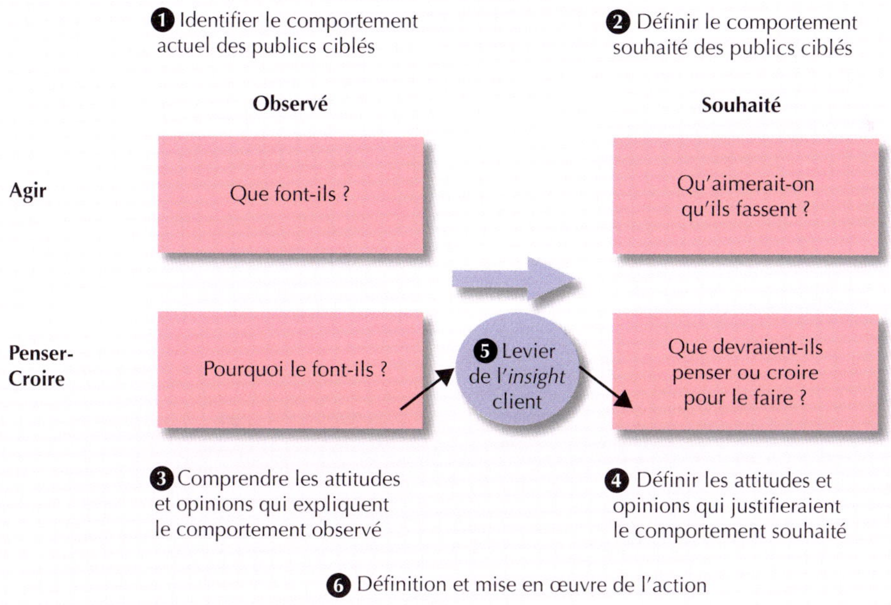

Exemple

➥ Nous reprenons ici un exemple développé dans le chapitre 10 sur le marketing relationnel. Nestlé aux États-Unis a identifié un segment de clients très fidèle à la marque, dont le profil socio-démographique était très proche de celui de ses meilleurs clients, mais qui consommait beaucoup moins de Nesquik qu'eux. Une étude qualitative a permis d'en comprendre la raison : les mères de famille étaient réticentes à acheter du Nesquik pour leurs enfants, parce qu'elles considéraient que ce produit n'était pas bon pour leur santé. L'insight client est donc le souci d'une bonne nutrition pour ses enfants. L'entreprise axa dès lors toute sa politique de communication (publicité, étiquette sur le produit, marketing direct et relationnel…) sur le thème de la nutrition avec deux promesses fortes : la bonne alternative au soda ; aide à fortifier les os (en fait c'est le lait, qu'on mélange au Nesquik, qui apporte le calcium).

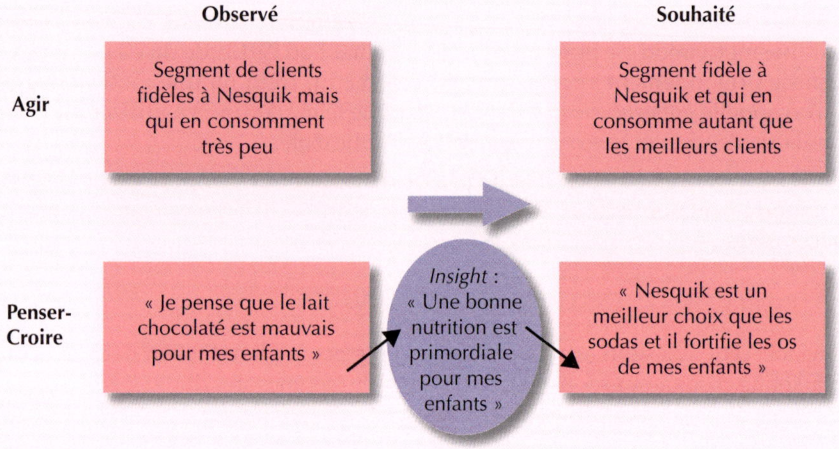

OUTIL N° 7, LA MATRICE DE L'IMPLICATION

Chapitre 3, Le comportement des consommateurs

Appelée également « matrice de Vaughan » ou « Grid FCB », du nom de l'agence FCB qui a contribué à la populariser, cette matrice croise deux variables : le niveau d'implication et le type d'achat selon qu'il est à dominante cognitive (*think*) ou affective (*feel*).

La matrice de l'implication

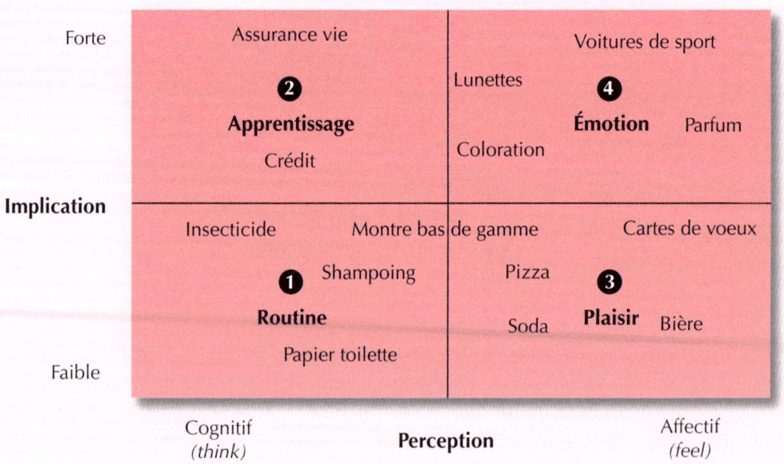

Cette matrice permet de distinguer quatre grands cas de figure :

1. *Les produits à faible implication et à traitement cognitif* : achats routiniers. On est dans une logique du moindre effort. On recherche des prix bas et des points de vente proches. La marque a peu d'importance pour ce type d'achats. La tâche du marketing n'est pas aisée puisqu'il s'agit de débanaliser le produit en le différenciant avec, par exemple, des services associés. « Vous ne viendrez plus chez nous par hasard » dit Total qui a repensé et rénové ses stations-service.
2. *Les produits à plus forte implication et à traitement cognitif* : apprentissage. Parce qu'on est plus impliqué, on recherche de l'information en provenance de source crédibles. Le bouche à oreille fonctionne bien pour ce type de produits. Les marques ont un rôle de réassurance. La fidélisation dépend beaucoup de l'expérience du consommateur.
3. *Les produits à faible implication et à traitement affectif* : achats plaisir.

C'est un des domaines privilégiés de la publicité : exciter le désir, renforcer l'implication, développer des marques de proximité.

4. *Les produits à forte implication et à traitement affectif* : émotion

C'est le « paradis » des publicitaires et des marques fortes, de la distribution spécialisée et de la « théâtralisation » des points de vente.

On peut utiliser la matrice de l'implication de plusieurs manières :

- *Segmenter en fonction du degré d'implication.* Par exemple, dans l'illustration de la matrice ci-dessus, on a mis l'assurance auto dans le quadrant « apprentissage ». Une analyse plus fine nous aurait conduit à distinguer deux segments : celui de l'apprentissage (forte implication) et celui de la routine (faible implication) où l'on range les automobilistes pour lesquels la motivation principale est l'obligation légale de s'assurer et la crainte de l'amende.
- *Analyser l'évolution d'une catégorie de produit et la contribution du marketing.* Par exemple, le marché du shampoing a longtemps été un marché banalisé (routine), celui d'un savon pour cheveux, avec de faibles marges. Le travail du marketing a fait passer le shampoing du statut de produit lavant à celui de produit traitant, au même titre que les cosmétiques : implication plus forte, rôle accru des marques, produits différenciés, prix plus élevés.
- *Analyser et imaginer des stratégies marketing.* On cherchera à identifier dans la matrice la position de la catégorie de produits et de la marque pour laquelle on travaille. Dans quel sens faut-il faire évoluer la stratégie marketing : vers le haut pour être plus impliquant, vers la droite pour jouer plus sur l'émotion ?

Exemple

➥ Le marché de la confiture était traditionnellement celui d'un produit banalisé (quadrant routine). Bonne Maman a réussi à se positionner dans l'achat plaisir (mouvement vers la droite et vers le haut) tandis que les confitures allégées ou les confitures bio ont gagné en implication (mouvement vers le haut) en restant dans l'achat à dominante cognitive (*Think*).

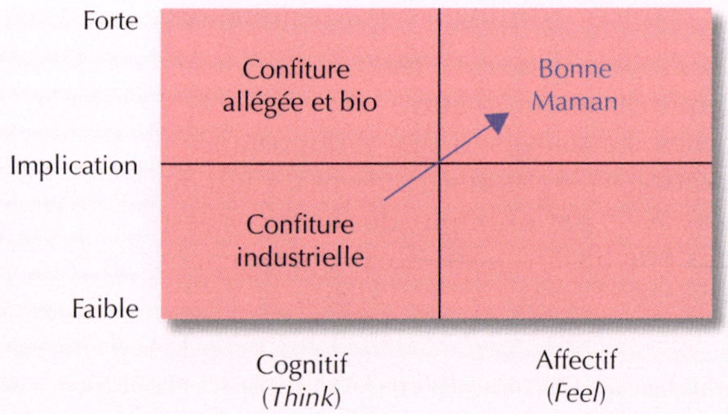

Conseil pratique : Attention à la tendance, bien compréhensible, qui pousse chacun à surestimer l'implication des clients pour sa marque et la catégorie de produits dans laquelle il travaille.

OUTIL N^O 8, LES ÉTAPES D'ÉLABORATION DES SERVICES ASSOCIÉS

Chapitre 4, La politique de produit

La section 4 du chapitre 4 sur la politique de produits a souligné l'importance des services associés à l'offre pour apporter des bénéfices additionnels aux clients et différencier son produit. Le champ des services associés est cependant très vaste et il peut être difficile de s'y retrouver quand il s'agit d'élaborer concrètement une politique de services associés.

C'est pourquoi nous recommandons de suivre cinq étapes :

Cinq étapes pour élaborer une politique de services associés

- Identifier les services associés de base et les services additionnels attendus par les différents segments de clients
- Évaluer sa capacité à délivrer ces services ainsi que leurs coûts
- Déterminer les services additionnels qui seront compris dans l'offre et ceux qui feront l'objet d'une tarification spécifique
- Concevoir éventuellement la gamme de produits en fonction de services additionnels compris dans l'offre
- Mettre l'organisation en ordre de marche pour délivrer les services de façon satisfaisante.

1. Déterminer, sur la base d'une réflexion propre, d'études et de tests auprès des clients, les services associés que les différents segments de clients attendent d'emblée de l'entreprise et ceux qui peuvent valoriser et différencier l'offre. Il est en effet important de distinguer les *services de base*, qui sont un pré-requis, et les *services additionnels*, qui sont source de différenciation.
2. Évaluer la *capacité* de son entreprise à délivrer ces services et les *coûts supplémentaires* qui seraient générés. Cette étape restreint le champ du possible en même temps qu'elle fournit des éléments d'information indispensables pour l'étape suivante.

3. Déterminer les services additionnels qui seront *inclus* dans l'offre principale et ceux qui feront l'objet d'une *tarification distincte*. Dans le premier cas de figure, on cherche à valoriser l'offre. Cependant, si les services concernés entraînent un coût supplémentaire, ce sera soit au prix d'une réduction de la marge, soit dans l'espoir de développer les ventes. Dans le second cas de figure, celui de la tarification spécifique, on peut entrer dans une logique de gamme qui fait l'objet du point suivant.
4. Concevoir éventuellement une *gamme de produits* sur la base de l'intégration ou non des services associés. Une politique de gamme fondée sur les services associés inclus est fréquente, elle est même recommandable si elle permet de satisfaire les attentes spécifiques de segments de clients différents. Il faut donc, autant que faire se peut, chercher à définir les segments appropriés à chaque produit de la gamme, et inversement.
5. Mettre en place l'organisation et les procédures internes, ou contracter avec des partenaires externes, afin d'assurer une réalisation satisfaisante de ces services. Il ne faut jamais sous-estimer la difficulté à délivrer des services, et plus particulièrement des services nouveaux. Cette partie organisationnelle est fondamentale pour le succès à long terme d'une politique de services associés.

OUTIL N° 9, LE MODÈLE BCG

Chapitre 4, La politique de produit

Le modèle bien connu du Boston Consulting Group dit modèle BCG, peut aider à choisir les activités et les produits prioritaires.

1 Présentation du modèle

Le modèle du BCG évalue l'intérêt des domaines d'activités d'un groupe sur la base de deux critères objectifs : le taux de croissance du marché et la part relative de l'entreprise sur ce marché.

Le taux de croissance du marché est mesuré, pour le passé, à partir des données statistiques disponibles, et le taux de croissance futur probable est estimé par différentes méthodes de prévision.

La part relative de marché détenue par l'entreprise est mesurée par le rapport entre sa propre part de marché et celle de son concurrent le plus important.

Exemple

➥ Si l'entreprise est leader sur son marché avec une part de 30 % et que son principal concurrent possède une part de 20 %, la part relative de marché de l'entreprise sera de 30/20, soit 1,5 ; si, au contraire, l'entreprise fait partie des petits producteurs et possède une part de 10 %, alors que son principal concurrent en a 40, sa part sera de 10/40 soit 0,25.

À partir de ces deux mesures, le modèle du BCG permet de situer sur une matrice l'ensemble des activités de l'entreprise (figure suivante). Sur cette matrice, l'axe des ordonnées représente les taux de croissance et l'axe des abscisses les parts de marché relatives. Chaque activité (ou couple produit-marché) est située au point de la matrice qui lui correspond, et elle est représentée par un cercle d'une surface proportionnelle au chiffre d'affaires de l'entreprise dans l'activité considérée.

Pour la clarté de l'interprétation d'une telle matrice, on la divise en quatre zones qui croisent le taux de croissance (forts et faibles) et les parts de marché relatives (fortes et faibles).

La frontière entre les taux de croissance forts et faibles peut être fixée au niveau de la croissance du produit national brut ou à un niveau arbitraire tel que 5 % ou 10 %. Quant à la frontière entre parts de marché relatives fortes et faibles, elle est fixée à 1 (ce qui correspond à une situation de co-leadership sur le marché).

Selon la zone (ou quadrant) où elles se situent sur la matrice, les activités présentent pour l'entreprise des degrés d'intérêt très variables qui peuvent être caractérisés de la manière suivante.

Représentation graphique du modèle du BCG

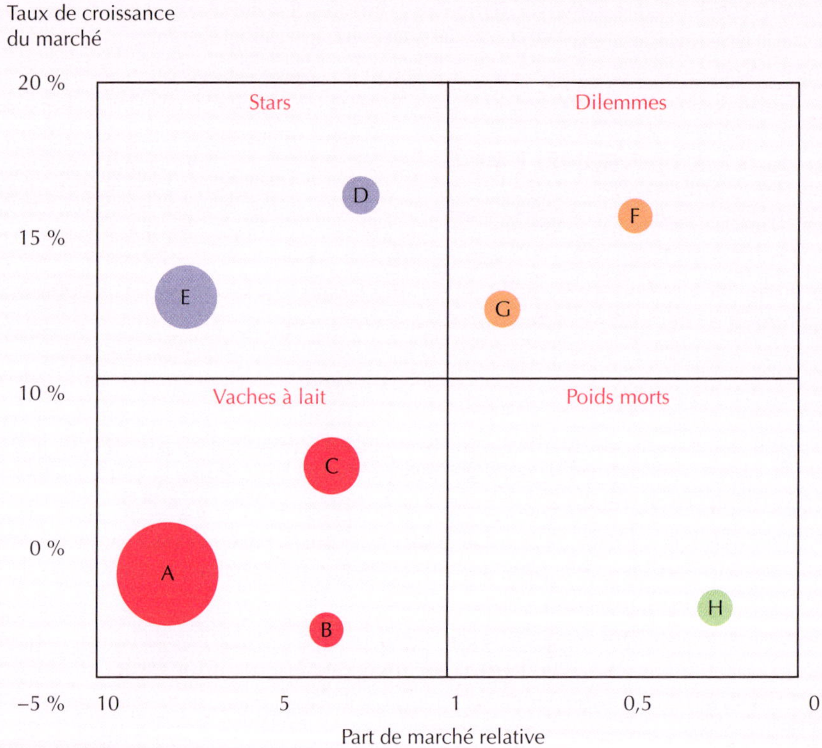

- *Les poids morts*

Les activités qui se situent dans le quadrant inférieur droit (croissance faible, part de marché faible) ont peu d'intérêt pour l'entreprise : en effet, le taux de croissance faible implique une situation très concurrentielle en matière de prix ainsi qu'un potentiel de croissance réduit, et la part de marché faible suggère une compétitivité réduite de l'entreprise. On appelle « poids morts » les produits se situant dans cette zone et, selon le modèle du BCG, l'entreprise a souvent intérêt à les abandonner.

- *Les dilemmes*

Les activités se situant dans le quadrant supérieur droit (croissance forte, part de marché faible) sont appelées « dilemmes » (ou « enfants à problèmes »). En effet, la forte croissance du marché où ils se situent implique pour eux un potentiel de vente intéressant, mais la faible part de marché actuelle risque de réduire leur compétitivité ou du moins d'exiger, de la part de l'entreprise qui les produit, de gros investissements.

- *Les stars*

Le quadrant supérieur gauche correspond à des marchés ayant un fort taux de croissance, et où l'entreprise possède une part de marché relative élevée. On les appelle les « stars » ou vedettes. Ce sont naturellement les domaines d'activités les plus prometteurs pour l'entreprise, tant sous l'aspect du volume que de la rentabilité, mais ils exigent souvent, du fait de leur croissance rapide, des investissements élevés.

- *Les vaches à lait*

C'est dans le quadrant inférieur gauche, caractérisé par une croissance faible du marché et une part relative de marché forte, que se situent les activités les plus rentables à court terme pour l'entreprise : sa position dominante lui confère en effet souvent un avantage concurrentiel en termes de prix de revient, donc de marges. Du fait de la croissance faible du marché, les investissements nécessaires au maintien de la position de leader ne sont pas très élevés. Ces activités « vaches à lait » sont donc souvent celles qui permettent à une entreprise de financer ses investissements de croissance et de diversification au profit des activités « dilemmes » et éventuellement des activités « stars » (si l'autofinancement de ces dernières n'est pas suffisant).

2 L'intérêt et les limites du modèle du BCG

Le modèle du BCG jouit depuis plusieurs décennies d'une certaine popularité dans les entreprises en raison de sa simplicité d'utilisation. Son principal avantage est de souligner l'intérêt de se développer sur des marchés à forte croissance où les positions restent à prendre, d'y investir suffisamment pour y occuper une position de leader et enfin de se soucier de l'équilibre financier de l'ensemble.

La matrice du BCG repose sur deux logiques qui sont développées dans le chapitre 12 intitulé : « De la stratégie d'entreprise à la stratégie marketing » :

- Un fondement théorique, qui est l'*effet d'expérience* évoqué dans le chapitre 12. Pour le BCG, l'impératif stratégique est d'être leader sur le marché pour bénéficier de l'effet d'expérience, et donc pour bénéficier des coûts de production les plus faibles et des marges les plus élevées.
- Une logique financière. L'effet d'expérience est couplé dans la matrice à une logique financière, celle du cercle vertueux du *cash-flow* (génération de liquidités). Les vaches à lait (position de leader sur un marché mûr) sont d'autant plus profitables qu'elles nécessitent des investissements réduits, elles servent donc à financer certaines activités dilemmes qui ont besoin d'investissements importants pour gagner des parts de marché et devenir stars. Les stars pour leur part génèrent des profits qui doivent être réinvestis dans leur activité : elles ne génèrent pas de *cash-flow* pour le groupe et dans certains cas elles peuvent demander un financement complémentaire venant des vaches à lait.

Cependant, si l'effet d'expérience se constate dans un certain nombre d'industries où les coûts unitaires déclinent avec les quantités produites, c'est cependant loin d'être toujours le cas.

Une deuxième limite de la matrice du BCG est qu'elle a opté pour une vision stratégique particulière, celle de la primauté de l'avantage de coût (Voir la notion d'avantage concurrentiel au début du chapitre 10). Selon le BCG, l'avantage stratégique des entreprises leaders dans les industries à effet d'expérience est un avantage de coût : fabriquer moins cher que les concurrents. Or, l'avantage de coût n'est pas le seul avantage stratégique que peut rechercher une entreprise. Ce peut être un avantage de différenciation ou un avantage cumulé : coût et différenciation

Troisièmement, la croissance n'est pas nécessairement le seul critère d'attractivité d'un marché. Dans la perspective du BCG, la priorité est en effet d'investir dans les activités à forte croissance. Or une entreprise peut opter pour des marchés à plus faible croissance, où la pression concurrentielle est réduite et où la rentabilité peut être excellente.

OUTIL N° 10, LA MATRICE NUMÉRIQUE DE L'OFFRE

Chapitre 4, La politique de produit

La matrice numérique de l'offre fait l'objet de développements importants. L'objet de cette matrice n'est pas seulement de présenter une typologie des produits numériques. C'est principalement un outil de diagnostic et de prospective.

La matrice numérique de l'offre

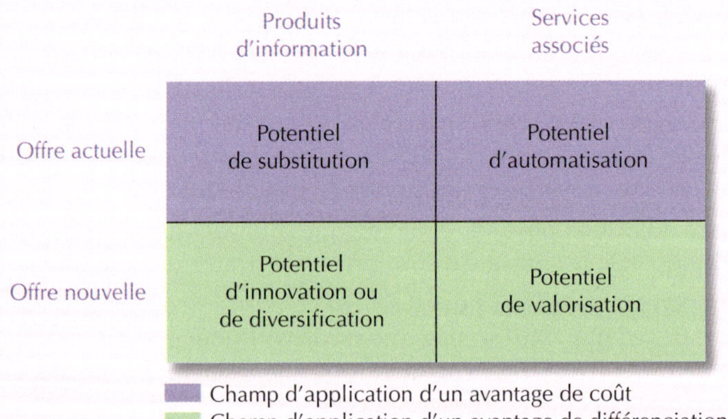

Il faut d'abord s'interroger sur l'impact des technologies numériques dans son secteur d'activité. Si notre offre est fondamentalement un produit d'information, c'est-à-dire si le cœur de notre activité peut être numérisé, c'est l'ensemble de la matrice qui nous concerne. Si notre offre est un bien, un service de traitement physique des personnes (coiffeur, hôtellerie…) ou un service de gestion physique des biens (location, réparation…), alors seule la partie droite de la matrice nous concerne puisque la numérisation touche les services associés et non le cœur de l'offre.

La matrice indique que l'impact de la numérisation est potentiel. Quels facteurs peuvent expliquer que le potentiel se réalise dans certains cas et pas dans d'autres ? Michael Porter souligne qu'il existe deux grands types d'avantages concurrentiels : l'avantage de coût, qui est la capacité à produire moins cher, et l'avantage de différenciation, qui est la capacité à valoriser son offre auprès des clients (voir le chapitre 12 : « De la stratégie d'entreprise à la stratégie marketing »). Appliquée à la matrice numérique, cette analyse permet de comprendre que les potentiels de substitution et d'automatisation (haut de la matrice) relèvent avant tout de l'avantage de coût, et les potentiels d'innovation, de diversification et de valorisation, de l'avantage de différenciation (bas de la matrice).

Lorsque la substitution numérique et l'automatisation apportent effectivement un avantage de coût, ces potentiels se réaliseront certainement, non pas en éliminant nécessairement les offres alternatives, mais en restructurant profondément le marché. Cependant, ce n'est pas toujours le cas. Par exemple, la vente de produits alimentaires en ligne entraîne des surcoûts liés au prélèvement des produits (*picking*) et à leur livraison et donc un désavantage de coût par rapport au maxidiscount ou aux hypermarchés : l'impact de la vente en ligne de produits alimentaires sera limité, comme tout format de distribution fondé sur le service au détriment du prix.

De la même façon, il faut se demander si la numérisation permet de se différencier et de valoriser son offre auprès des clients. Ce n'est pas toujours le cas. Il n'est pas sûr qu'un site Internet apporte grand-chose à une marque de lessive : le potentiel de valorisation est des plus réduits ! À l'inverse, la valorisation de l'offre par des services associés numériques se constate clairement dans des secteurs d'activité comme l'hôtellerie ou le transport.

Utilisée comme un outil, la matrice numérique de l'offre permet de mieux comprendre les enjeux de la révolution numérique pour son offre (automatisation et valorisation, ou également substitution et innovation radicale ?) et d'étudier le potentiel de numérisation (existe-t-il un avantage de coût ou de différenciation ?).

La numérisation de l'offre et des services associés représente, même en dehors des produits d'information qui sont au cœur de la révolution numérique, de nombreuses opportunités pour réduire ses coûts ou accroître les bénéfices perçus de son offre.

OUTIL N° 11, LES COMPOSANTES DE LA RENTABILITÉ D'UN DISTRIBUTEUR

Chapitre 6, La politique de distribution

Le tableau ci-dessous présente les différents facteurs de la rentabilité du capital immobilisé par un commerce. Il permet de comprendre l'incidence d'une évolution de la politique du distributeur sur sa rentabilité. Ainsi, une meilleure négociation avec les fournisseurs permet un prix d'achat inférieur (augmentation de la marge arrière par exemple) ou des délais de paiement accrus qui, combinés à une bonne rotation des stocks, augmenteront les produits financiers : le distributeur vend ses produits avant de les avoir payés et place sa trésorerie excédentaire.

Les composantes de la rentabilité d'un distributeur et l'impact des politiques des distributeurs

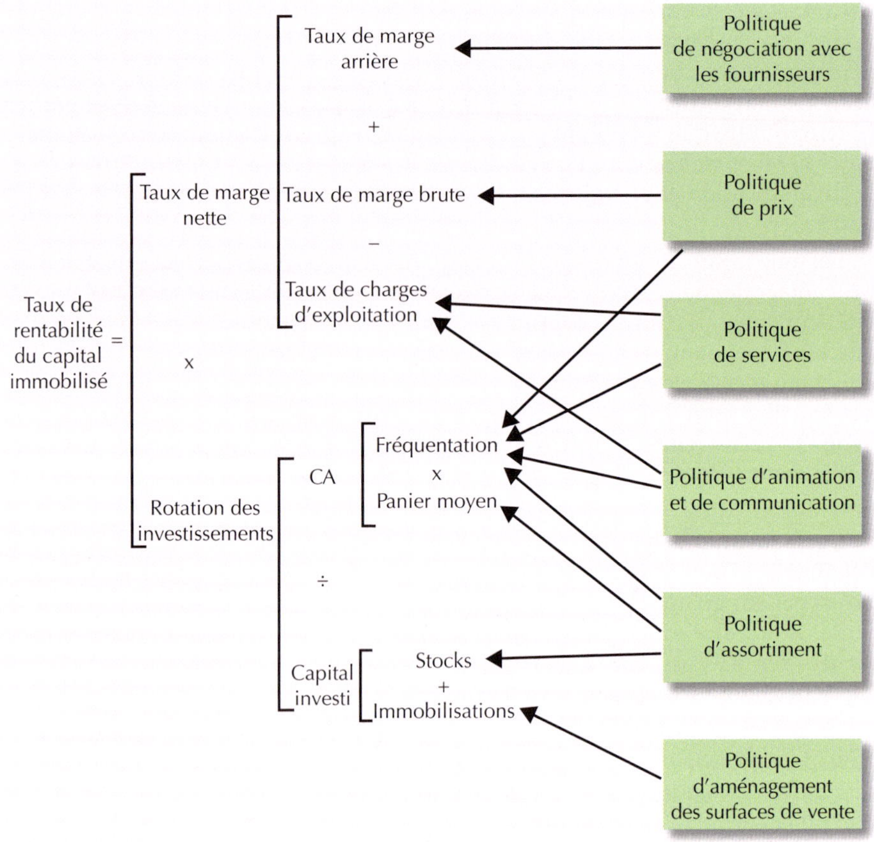

Source : J.-F. Boss, document interne HEC.

Ce tableau permet d'analyser les fondements du modèle économique de chaque format de distribution et de chaque distributeur au sein d'un même format. Chaque type de distribution se caractérise par une « équation » faite de politiques spécifiques (colonne de droite sur fond vert) censées générer sa rentabilité. Par exemple, le hard discount bénéfice d'une bonne rentabilité malgré des prix de vente très bas. En effet, les prix bas entraînent de forts volumes de vente (forte rotation des stocks), le coût d'achat est réduit (pouvoir de négociation dû aux volumes de vente sur un assortiment réduit, peu ou pas de grandes marques), pas de service et d'animation (pour ne pas fragiliser la marge nette), minimum requis de communication, très peu de frais d'aménagement des surfaces de vente… D'autres formules peuvent privilégier des marges et donc des prix plus importants, contre un assortiment, un niveau de service, une image, un aménagement supérieurs.

Chaque nouveau format de distribution arrive avec une nouvelle « équation » de ces facteurs, qui génère – ou non – une nouvelle façon de rentabiliser les investissements. Par exemple, la vente d'électroménager en ligne s'appuie sur des prix très attractifs, la nécessité de forts volumes pour avoir des prix d'achat intéressants, très peu de service, un assortiment beaucoup plus étendu que les magasins traditionnels (pas besoin de mètres carrés d'exposition), des budgets de communication importants pour créer et entretenir un fort trafic, pas d'immobilisations pour acheter un pas-de-porte et pour aménager une surface de vente.

Les décisions marketing du distributeur peuvent créer de la valeur pour le client (par exemple un aménagement convivial de la surface de vente) mais avoir un effet néfaste sur les coûts. Chaque format de distribution est donc un compromis entre ces différents facteurs et à l'intérieur de chacun d'entre eux, des acteurs peuvent avoir des stratégies différentes.

Cet outil est de ce fait particulièrement utile pour clarifier ses hypothèses et valider son modèle de distribution.

OUTIL N° 12, LES INDICATEURS DE PERFORMANCE D'UN SITE MARCHAND

Chapitre 6, La politique de distribution

Il est essentiel pour les distributeurs en ligne de mesurer et de suivre très régulièrement (en général, chaque semaine) les performances de leurs sites. Ils s'appuient pour cela sur des indicateurs qui sont peu ou prou les mêmes, quel que soit le secteur d'activité, et que nous présentons ici.

On a les a classés en trois catégories :

1. *Les performances générales.*
2. *Les performances par source de trafic* : on mesure l'efficacité des dépenses marketing pour générer du trafic. Le mieux est de calculer le retour sur investissement et de comparer sa valeur pour les différentes sources de trafic.
3. *Les performances e-commerce ou business metrics.*

Il est instructif de comparer les résultats d'un site avec ceux de ses concurrents, catégorie de produits par catégorie de produits. Aux États-Unis, le site fireclick.com publie des statistiques hebdomadaires sur les performances des sites marchands qui souscrivent à ce service.

Nota Bene : Les critères avec un astérisque sont définis sous le tableau, d'autres sont définis dans le dictionnaire de fin d'ouvrage. Les lecteurs qui veulent aller plus loin consulteront le site www.converteo.com/formations-ressources/lexique-internet/

Exemples de facteurs à prendre en compte dans l'analyse du macro-environnement

1 - Performances générales du site (*site metrics*)
Visites Visiteurs uniques Taux de rebond* Temps passé sur le site Pages vues par visite Visiteurs fidèles

•••

…

2 – Performances par source de trafic (*marketing metrics*) en % du trafic, % du CA, % du nombre de commandes, valeur du panier moyen et taux de conversion pour chacun des indicateurs
SEM* SEO* E-mailings Accès Directs Liens référents* Autres (affiliation, comparateurs ou guides d'achats…) Top 5 mots clés en naturel* Top 5 *Adwords**
3 - Performance e-commerce (*business metrics*)
CA Commandes Panier moyen Commandes/jour *Repeat Business** Taux de conversion global Taux de conversion des premières visites Taux de mise au panier Taux d'abandon de panier et Taux de conversion de paniers en achats Produits vus par visite* Top 3 catégories de produits* Top 3 produits*

Définitions :

- Taux de rebond (en anglais *bounce rate*). C'est, soit le pourcentage du trafic d'un site dont la visite a duré moins de quelques secondes (5 ou 10) ou dont la visite se limite à la consultation d'une seule page (définition de Google Analytics).
- SEM : initiales de *Search Engine Marketing*. Trafic provenant du référencement payant.
- SEO : initiales de *Search Engine Optimization*. Trafic provenant du référencement naturel.
- Liens référents : visites provenant d'un lien situé sur un site tiers.
- Top 5 mots-clés en naturel : les cinq mots-clés provenant du référencement naturel qui amènent le plus de trafic.
- Top 5 *Adwords* : les cinq mots-clés provenant du référencement payant (adwords) qui amènent le plus de trafic.
- *Repeat Business* : nombre de commandes par d'anciens clients divisé par le nombre de commandes totales, sur une période donnée.
- Produits vus par visite : nombre moyen de produits vus par visite.
- Top 3 catégories de produits : les trois catégories qui génèrent le plus de chiffre d'affaires.
- Top 3 produits : les trois produits aux meilleures ventes.

Pour chaque site marchand, on doit sélectionner les indicateurs les plus significatifs. De façon générale, les quatre indicateurs majeurs sont le nombre de visiteurs uniques, le taux de conversion global, le repeat business qui permet de suivre la fidélité au site et le retour sur investissement par source de trafic, le coût de ces sources pouvant être très élevé et obérer la rentabilité du site marchand.

NB : Cet outil a été développé avec les conseils du cabinet Converteo.

OUTIL N° 13, GÉNÉRER DES *LEADS*

Chapitre 6, La politique de distribution

Un *lead* est un prospect ayant exprimé son intérêt pour une offre de l'entreprise, ayant donné son accord pour être sollicité et dont l'entreprise a été en mesure d'obtenir les coordonnées. Disposer d'une bonne base de *leads* et travailler à transformer ces prospects en clients est un outil commercial incontournable pour la plupart des entreprises.

Pour générer des fichiers de *leads*, on identifie les points de contacts possibles off line et on line.

1 Techniques de génération de *leads* off line

Publicité directe dans les médias traditionnels (presse, télévision, radio) avec coupons réponse, numéro de téléphone vert ou adresse e-mail. Publipostages et géomarketing. Participation à des salons et animations commerciales. Ces moyens fournissent des *leads* coûteux mais pouvant être d'excellente qualité.

2 Techniques de génération de *leads* on line

Outils de création de trafic en ligne : e-publicité (bannières), liens commerciaux (mots-clés), affiliation, partenariats, comparateurs, e-mailing, *social media marketing*, jeux viraux… Ces techniques visent à faire remplir des formulaires de qualification. Sur Internet, il faut obligatoirement ajouter une mention « opt-in » : « Je souhaite recevoir des offres… »

Le tableau ci-dessous présente un récapitulatif des principales techniques de génération de *leads* avec leurs points forts et faibles.

Les techniques de génération de *leads*

	Mécanique de qualification	Mesure d'efficacité	Points forts	Points faibles
Presse	– Coupon-réponse – Adresse Internet – N° de téléphone	Nombre de *leads* par GRP	– Permettent de concilier la génération de leads avec des objectifs de construction d'image – Puissance (surtout avec la télévision)	– Rendements généralement faibles – Coûts fixes élevés
Télévision	N° de téléphone (à 4 chiffres de préférence) Adresse internet			
Radio				

•••

…

Bannières	Lien vers un mini-site ou un formulaire de qualification	Taux de clic puis taux de qualification	– Rendements satisfaisants – Peu de coûts fixes en cas d'achat à la performance (impossible sur les mots clés)	Qualité des *leads* fortement dépendante de la finesse du plan média
Mots-clés				Qualité des *leads* fortement dépendante du ciblage des mots clés
E-mail				Qualité des *leads* fortement dépendante du ciblage des fichiers
Affiliation				Mise en place relativement complexe
Jeux viraux		Coefficient de viralité puis taux de qualification	Budget limité aux coûts de création	– Taux d'opt-in souvent faible – Qualité du ciblage impossible à contrôler
Publipostage	– Coupon-réponse – Adresse Internet – N° de téléphone	Taux de retour	Messages potentiellement trés qualitatifs	– Rendements faibles – Coûts au contact élevés
Géomarketing			Capacité de ciblage géographique	Rendements faibles
Salons	Saisie manuelle des coordonnées	Rapport entre le nombre de *leads* et le nombre de visiteurs	Qualité des contacts et de la qualification (surtout en Business to Business)	Coûts au contact souvent trop élevés en B to C
Animations in ou out store		Rapport entre le nombre de *leads* et la fréquentation	Richesse potentielle du contact (expérience de marque)	Ciblage souvent aléatoire

Source : J. Lendrevie et A. de Baynast, *Publicitor*, 7e édition, Dunod.

OUTIL N° 14, LA MATRICE DE TOUTES LES COMMUNICATIONS

Chapitre 7, Les fondamentaux de la communication

Depuis longtemps, les entreprises ont l'habitude de classer les formes de communication en deux catégories : les dépenses médias et le « hors-médias ». La première correspond aux dépenses de publicité dans les grands médias : presse, télévision, affichage, radio, cinéma et maintenant Internet sous forme de *display* (bannières et autres objets publicitaires) et de *search* (liens commerciaux). On range dans le hors-médias, tous les autres outils de communication : promotion des ventes, marketing direct, relations publiques, événementiel, foires expositions et salons, etc.

Le contenu hétéroclite du hors-médias avait du sens quand les plans de communication se construisaient principalement sur la publicité, avec, le cas échéant, des compléments hors-médias. Aujourd'hui, le hors-médias représente près des deux tiers des dépenses de communication et la distinction média/hors-médias est devenue plus formelle qu'utile. C'est pourquoi nous proposons aux praticiens du marketing une nouvelle typologie, plus opérationnelle, qui permet de mieux situer et comprendre les moyens de communication : la matrice de la communication.

Elle est organisée :

– selon le mode de communication (communication *push* : envoyée sans avoir été sollicitée ; communication *pull* : demandée ; communication relayée par des leaders d'opinion ou par le bouche à oreille on line ou off line) ;

– selon la taille des publics cibles (communication de masse ou *one to many* ; communication à de petits groupes ou *one to few* ; communication individualisée ou *one to one*).

La matrice de toutes les communications

Contrôle de la communication par l'entreprise (+ → –)

Taille des publics cibles (+ → –)

	Communication PUSH à l'initiative d'une marque	Communication PULL à l'initiative du client	Communication RELAYÉE par des influenceurs
One to many	Publicité (*mass media*) *DRTV* Spam	Portails Moteurs de recherche *UGC*, consultations d'avis de consommateurs	Relations presse (générale) Leaders d'opinion publique Sites de recommandations Comparateurs de prix Buzz
One to few	Publicité (supports ciblés) Communication sur lieu de vente (CLV) ISA Marketing direct (mail, e-mailing) Géomarketing Sponsoring E-pub : bannières et liens	Magasins et e-commerce Sites Web Clics sur bannières et liens Forums Salons	Relations presse (spécialisée) Blogueurs Relations publiques Marketing viral E-communautés
One to one	Commerciaux Mailing et e-mailing individualisés Centres d'appels (appels sortants) Street marketing Distribution d'échantillons Services consommateurs	Commerciaux Centres d'appels (appels entrants) Services consommateurs, SAV	Prescripteurs (com. push) Préconisateurs BAO (pull ou push)

Source : J. Lendrevie et A. de Baynast, *Publicitor*, 7e édition, Dunod.

Cette matrice permet :

– de mieux comprendre et situer les moyens de communication en fonction du public ciblé et du rôle de l'annonceur ;

– d'analyser les outils de communication – et donc la politique de communication adoptée – utilisés actuellement par une marque et ses concurrents ;

– de présenter un plan de communication. Dans ce cas, on pourra compléter cette matrice en ventilant le budget global de communication par lignes et colonnes. Par exemple, on fait le sous-total des actions de type *push* ou le sous-total des actions *one to many*, *one to few*, etc.

OUTIL N° 15, LA PART DE VOIX

Chapitre 8, La publicité et les médias

Synonyme de part de publicité, la part de voix d'une marque est le rapport des dépenses de publicité d'une marque sur un marché (ou un segment) au total des dépenses de publicité sur ce marché (ou segment), ceci sur une période de référence T. Cette période de référence ne doit pas être très courte car la part de voix devient alors très sensible aux modifications du calendrier publicitaire des marques concurrentes. On a donc intérêt à lisser la part de voix en prenant une période assez longue d'un an ou d'un semestre.

$$\text{Part de voix de X} = \frac{\text{Dépenses de publicité de X en T}}{\text{Dépenses totales de publicité sur le marché de X en T (somme des budgets de publicité de X et de ses concurrents)}}$$

On désigne souvent la part de voix par les initiales SOV, de l'anglais *share of voice*

La part de voix se calcule pour un produit ou une marque signant plusieurs produits. Exemple : on peut calculer la part de voix de la Clio au premier semestre 2012 et la part de voix de Renault durant la même période.

On peut calculer la part de voix totale et la part de voix par média : part des dépenses de publicité dans la presse, en télévision, sur Internet, etc.

1 Calculer la part de voix

Pour calculer la part de voix, il faut connaître les dépenses totales de publicité sur un marché. Cette donnée est fournie par des organismes d'étude spécialisés, comme Secodip en France, qui identifient toutes les publicités et qui reconstituent les budgets des annonceurs à partir des tarifs officiels des supports. En conséquence, les budgets de publicités ne comprennent que l'achat d'espace en brut, sans l'effet des négociations et hors honoraires et frais techniques. Pour que la valeur portée au numérateur soit homogène avec celle du dénominateur, il faut donc évaluer les dépenses de publicité de la marque en achat d'espace brut.

Comme pour la part de marché, il faut bien définir le marché pertinent de la marque pour mesurer l'univers de référence qui permettra de calculer la part de voix. Ce doit être le marché où se trouvent les véritables concurrents de la marque : marques et produits substituables à X.

2 L'utilisation de la part de voix

1° La part de voix est un outil de diagnostic

Il permet de suivre le « poids » publicitaire de la marque sur son marché tous médias confondus et par média. Mesurer et suivre l'évolution du rapport Part de voix/Part de marché en valeur est particulièrement utile.

$$R = \frac{\text{Part de voix}}{\text{Part de marché}}$$

Exemple : la marque X a une part de voix de 15 % et une part de marché de 10 % sur la même période. R = 1,5. On dit que X est en surinvestissement (R > 1). Elle serait en sous-investissement (publicitaire) si R < 1.

2° L'aide à la détermination du budget de publicité. Deux cas de figure :

- *Lancement de produit.* Si on fait de la publicité dès le lancement d'un nouveau produit, on est nécessairement en fort surinvestissement puisque le chiffre d'affaires et la part de marché sont encore très faibles. La « loi de Peckam » postule que R doit être au moins une fois et demi l'objectif de part de marché du nouveau produit. Dans le cas d'un nouveau produit, on raisonne plus souvent en rapportant le montant du budget de publicité au chiffre d'affaires prévisionnel.
- *Produit en phase de maturité.* On analyse la valeur des parts de marché valeur, des parts de voix (SOV) et des ratios R des différentes marques en présence pour ajuster sa politique. La part de voix ne dit pas précisément ce que doit être le montant du budget publicitaire, mais elle aide à définir les options stratégiques.

Exemple

➥ Il faut arrêter le budget de publicité de la marque X qui a trois concurrents principaux :

Marques	Part de marché en valeur	Part de voix	R
Marque A	45 %	40 %	0,88
Marque B	20 %	30 %	1,5
Marque X	18 %	?	?
Marque C	5 %	2 %	0,33

Le marché est dominé par A, très net leader. Dans de tels cas, la marque dominante peut avoir une part de voix inférieure à sa part de marché, ce qui est excellent pour sa rentabilité. B et X sont des challengers de A. B est en surinvestissement. Soit X suit la même stratégie – mais il lui faut un avantage concurrentiel réel pour se lancer dans une « guerre » publicitaire –, soit X adopte une politique prudente mais moins conquérante avec un R proche de 1. Quant à la marque C, on se demande si son budget de publicité n'est pas dépensé en pure perte car avec une part de voix de 2 %, elle risque de ne pas se faire entendre sauf si sa publicité est très ciblée avec des messages qui sortent des codes habituels du marché.

3° Les limites de la notion de part de voix

On ne peut pas calculer la part de voix publicitaire si on ne dispose pas d'un montant total des dépenses publicitaires fiable, or les organismes d'études n'en fournissent pas pour tous les marchés.

De plus, en toute logique, la part de voix d'une marque devrait inclure d'autres modes de communication que la seule publicité et on devrait pouvoir aussi calculer la part de voix promotionnelle, la part de voix marketing direct, etc. Cependant la pige des sociétés d'études ne porte que sur les dépenses de publicité, parfois sur les dépenses de promotion mais avec beaucoup plus d'imprécision.

Plus la concurrence investit en publicité et plus il faut augmenter son budget de publicité pour conserver le même niveau de part de voix. Le bruit appelle le bruit. Raisonner en part de voix favorise la « course aux armements » alors qu'il serait peut-être plus efficace de changer radicalement de politique de communication avec de nouveaux outils et de nouveaux messages.

La part de voix n'exprime les rapports de force des marques sur un marché qu'en termes purement quantitatifs. La part de voix fait référence au bruit publicitaire et non pas à la qualité des messages et du ciblage. On peut se faire entendre avec un positionnement original, fort et servi par une communication très créative : c'est même indispensable quand on dispose de peu de budget.

OUTIL N° 16, MESURER L'EFFICACITÉ D'UN E-MAIL COMMERCIAL

Chapitre 9, Le hors-médias

On mesure l'efficacité des publipostages ou mailings classiques par le *taux de remontées* : pourcentage des retours (commandes, réservations, prises de rendez-vous avec un commercial, etc.) sur le nombre total de publipostages envoyés. Internet permet des analyses beaucoup plus fines des performances des e-mails.

La mesure de l'efficacité d'un e-mail commercial est un outil indispensable dès qu'on utilise ce moyen de communication. Elle se décompose en 5 étapes dont on peut calculer la performance et qui sont présentées dans le schéma suivant. Cet outil est présenté en détail au chapitre 9 sur le hors-médias.

La mesure de l'efficacité d'un e-mail commercial

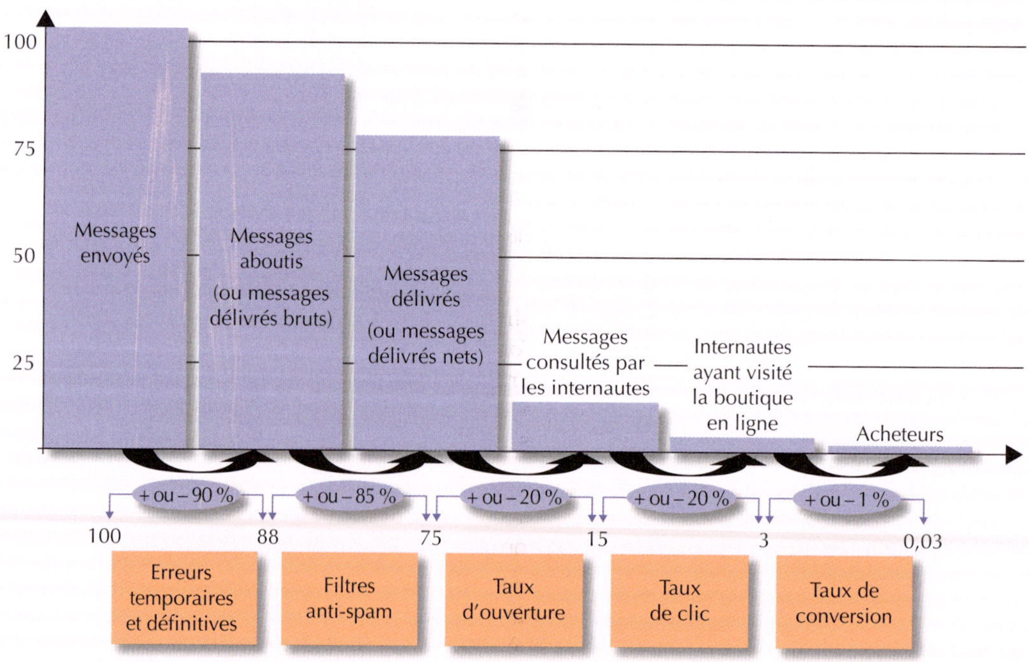

OUTIL N° 17, LES 3 « R » DE LA FIDÉLISATION

Chapitre 10, Le marketing relationnel et les politiques de fidélisation

Un des principaux défauts des programmes relationnels est qu'ils ont tendance à s'appuyer essentiellement sur les récompenses, sous forme de cadeaux ou de rétributions monétaires. On rétribue les clients qui adoptent le comportement souhaité comme acheter tel produit, augmenter la fréquence d'achat, etc.). Si les récompenses peuvent être utiles, voire nécessaires, ce n'est qu'une des dimensions d'un programme relationnel qu'on peut résumer sous les 3 « R » de la relation :

- *Récompenses (rewards)* que nous venons de mentionner.
- *Reconnaissance (recognition),* qui passe pour le client par le fait d'être reconnu, d'être considéré et de pouvoir s'engager avec la marque dans une sorte de dialogue.
- *Romance (romance),* qui est la dimension émotionnelle de la relation, le signe d'une implication et d'un attachement durable.

Pour en faire un véritable outil, nous croisons ces 3 « R» avec les trois principes d'un programme relationnel d'Arnaud de Baynast, présentés en détail dans le chapitre 10 sur le marketing relationnel et la fidélisation.

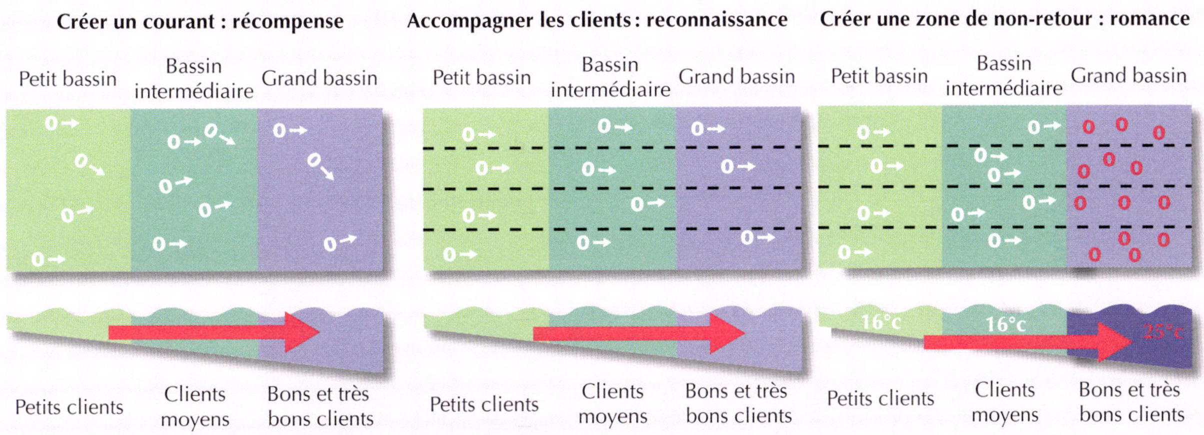

Il y a bien sûr un côté très schématique à assimiler aussi clairement chacun de ces étapes à un des « R » de la relation, alors qu'on peut par exemple trouver de la récompense dans la zone de non-retour, ou de la romance dans l'accompagnement. De plus, cette représentation peut donner un caractère très mécanique à des programmes qui ont des inspirations différentes.

Cependant, notre expérience de formateur et de consultant nous a montré que ce schéma d'ensemble, malgré ces défauts, est réellement utile et pertinent pour concevoir ou pour évaluer un programme relationnel.

1. *Dans la première étape,* on cherche à « upgrader les clients », c'est-à-dire à réduire l'attrition, à accroître la fréquence d'achat, à développer le *cross selling* et le *up-selling.* Un système de récompenses est très utile pour inciter à ce type de comportement d'achat.

2. *Dans la deuxième étape*, on accompagne, c'est-à-dire qu'on facilite la fidélisation en même temps qu'on affirme la présence de la marque aux côtés du client, on instaure un dialogue, on le reconnaît. Cela prend la forme de la communication par le biais de différents supports d'informations, de conseils, d'aide personnalisée, d'encouragement à participer (Web 2.0, réseaux sociaux)…
3. *Dans la dernière étape*, on cherche à fidéliser les meilleurs clients, en confortant un attachement, un lien émotionnel avec eux. On donne une dimension statutaire au programme, on intègre le client dans une véritable relation, on crée l'intimité.

Ce modèle est à la fois utile comme un schéma qui facilite un audit, ou comme un cadre qui aide à définir un programme relationnel.

Un responsable marketing ou une équipe marketing peuvent utilement se demander : quelles sont les étapes et les dimensions défaillantes dans notre programme actuel ou notre projet ? Quelles sont celles qui sont bien développées ? Quel contenu et quelle traduction concrète donner à chacune de ces trois étapes d'un programme de fidélisation ? S'est-on assuré de la cohérence de l'ensemble ? Répond-on à chaque étape aux attentes de ses cibles ?

OUTIL N^{O} 18, LES STRATÉGIES « 3 D »

Chapitre 12, De la stratégie d'entreprise à la stratégie marketing

L'illustration suivante représente les trois sources de chiffre d'affaires et de la rentabilité des entreprises.

Les stratégies 3 D

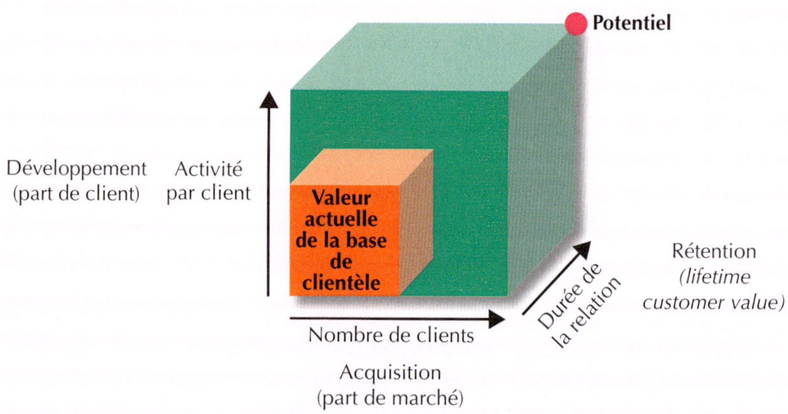

Cette figure, très éclairante pour expliquer les enjeux du marketing relationnel, a une dimension pédagogique pour la stratégie marketing qui justifie que nous en fassions dix-huitième outil de notre boîte à outils.

Elle souligne qu'une stratégie marketing a fondamentalement trois grandes orientations ou dimensions qui peuvent co-exister.

1 La conquête de parts de marché

C'est l'approche transactionnelle du marketing. Le responsable marketing compare sa part de marché en début et en fin de période : l'arrivée de nouveaux clients doit plus que compenser le départ des anciens clients.

Cette approche du marketing est fondamentalement concurrentielle : la part de marché est une mesure de performance relative aux concurrents et l'objet d'une politique de parts de marché est de prendre les clients de la concurrence. La plupart des moyens marketing sont généralement mobilisés pour cet objectif : la communication publicitaire et les dépenses commerciales au premier chef, mais également le marketing direct, la promotion des ventes et le lancement de nouveaux produits.

2 La fidélisation des clients dans le temps

Cette deuxième dimension d'une stratégie marketing vise à accroître les ventes en réduisant les défections, ce qu'on appelle dans le jargon marketing, l'attrition ou le *churn*.

Cette approche a été sous-estimée pendant très longtemps. Dans des marchés en forte croissance, acquérir et défendre ses parts de marché constitue en effet un enjeu stratégique de première importance (économies d'échelle, pouvoir sur le marché, etc.). Mais dans des marchés à maturité, qui connaissent une faible croissance, retenir ses clients est une façon de développer ses ventes : toute réduction du taux d'attrition est autant de gagné en chiffre d'affaires. La fidélisation des clients n'est plus aujourd'hui un complément utile, une question d'intendance ou un *pensum*, c'est un des principaux axes de stratégie marketing pour l'entreprise. La fidélisation s'appuie sur la qualité de son offre et de ses services, la bonne gestion de la relation clients et la performance de son programme de fidélisation.

3 Le développement de la part de clients

Cette troisième dimension de la stratégie marketing consiste à utiliser sa base existante de clients pour développer son activité. Il s'agit de vendre plus aux mêmes clients, en augmentant la fréquence d'achat, ou en leur vendant des produits additionnels (*cross selling*) ou des produits à plus forte contribution (*up-selling*).

Cette politique est pratiquée depuis longtemps dans certains secteurs d'activité : dans la vente par correspondance par exemple, l'activation de sa base de clients est au cœur de la politique marketing. Mais dans la plupart des entreprises, le développement de la part de clients est plus l'effet secondaire d'une stratégie de conquête de parts de marché qu'une politique délibérée (les clients actuels sont influencés par la publicité ou les lancements de produits qui ciblent des prospects). Une politique de part de client se traduit par le lancement de produits spécifiques (par exemple, des paquets de biscuits au format « familial » destinés aux gros clients de la marque), par une politique de communication adaptée, des avantages spécifiques, une bonne gestion de la relation clients.

Le principal intérêt de ce schéma 3 D est pédagogique, en ce sens qu'il oblige à reconsidérer ses habitudes et préjugés : la conquête de la part de marché n'est pas la seule stratégie adaptée pour développer son chiffre d'affaires, c'est une des trois stratégies fondamentales. Le responsable marketing a tout intérêt à se poser les questions suivantes : laquelle de ces trois dimensions l'entreprise développe-t-elle aujourd'hui ? Quelles sont celles qui sont sous-exploitées ? Dispose-t-on seulement des moyens d'analyse et d'action qui permettent de mesurer la fidélité et la part de client et d'agir sur elles ? Quelle portion du budget est allouée à chacun de ces trois axes ? Quelle priorité doit-on donner à chacun d'entre eux ? Quel retour peut-on espérer sur les investissements consacrés à la conquête, à la fidélisation ou au développement de la part de clients ?

OUTIL N° 19, LA MATRICE D'ANSOFF

Chapitre 12, De la stratégie d'entreprise à la stratégie marketing

La matrice développée par Igor Ansoff en 1957 est un outil toujours utile pour mieux comprendre les stratégies de croissance d'une entreprise[1].

Elle croise deux dimensions : les produits et les marchés, et distingue entre les produits et marchés actuels de l'entreprise et ceux qui sont nouveaux pour elle.

La matrice d'Ansoff

	Produits actuels	Produits nouveaux
Marchés actuels	Pénétration de marché	Développement de produits
Marchés nouveaux	Extension de marché	Diversification

La matrice d'Ansoff identifie de ce fait quatre stratégies de croissance :

1. *La pénétration du marché (produits et marchés actuels).* Elle peut se réaliser en conquérant des non-acheteurs de la catégorie de produits en conquérant les clients de la concurrence, en fidélisant ses clients, ou en développant, en conquérant le revenu moyen par client.
2. *Le développement de nouveaux produits (produits nouveaux, marchés actuels).* Cette politique d'innovation consiste à lancer des nouveautés sur le marché, soit en réactualisant ses produits, soit en étendant sa gamme et en y ajoutant de nouveaux produits.

1. Igor Ansoff, « Strategies for Diversification », *Harvard Business Review*, Vol. 35, 5, septembre-octobre 1957, pp.113-124.

3. *L'extension de marché (produits actuels, nouveaux marchés).* Ces nouveaux marchés où l'entreprise n'est pas présente peuvent être des marchés étrangers dans le cas d'une internationalisation, ou le résultat de l'extension de sa couverture géographique nationale ou encore le ciblage de nouveaux segments de clients (par exemple, Free, après avoir été fournisseur d'accès à Internet pour les particuliers s'est lancé sur le marché des entreprises).

4. *La diversification (produits et marchés nouveaux).* C'est la forme la plus poussée de l'innovation. L'entreprise s'attaque à des marchés nouveaux avec des produits nouveaux, par exemple Microsoft se lançant sur le marché de la console de jeux avec la Xbox.

Plus on s'oriente en bas et à droite de la matrice, plus le niveau de risque augmente, la stratégie de croissance la moins risquée étant celle de la pénétration. L'intérêt de la matrice d'Ansoff n'est donc pas seulement de proposer une typologie des stratégies de croissance, mais de souligner les risques sous-jacents. Cela ne signifie pas, par exemple, qu'une politique de diversification doit être écartée par principe, mais qu'il faut être conscient des risques qui y sont associés et qu'il faut s'assurer qu'on dispose ou qu'on peut disposer des compétences, savoir-faire et moyens nécessaires pour la mettre en œuvre.

OUTIL N° 20, LES FORCES CONCURRENTIELLES DE PORTER

Chapitre 12, De la stratégie d'entreprise à la stratégie marketing

L'analyse des forces concurrentielles de Porter reste un outil incontournable et toujours aussi pertinent pour étudier la situation concurrentielle d'un marché.

Les cinq forces concurrentielles d'un marché selon Porter

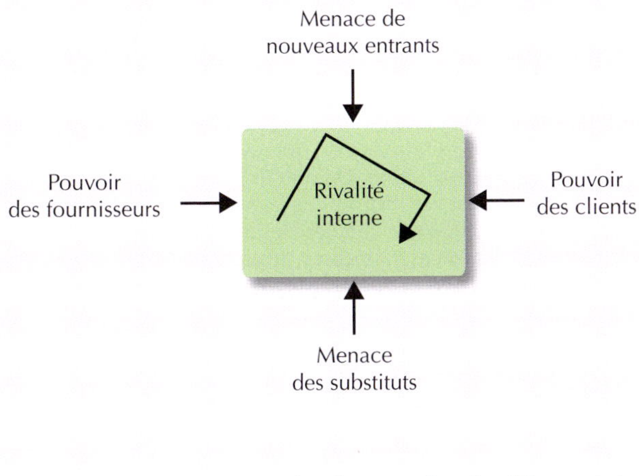

Michael Porter part d'un principe fondamental : plus l'intensité concurrentielle d'un marché est importante, plus il est difficile d'y dégager des marges bénéficiaires et de se développer. Mais l'intensité concurrentielle ne se réduit pas aux concurrents directs, elle inclut la menace de nouveaux entrants (barrières d'entrée), le pouvoir de négociation des fournisseurs, le pouvoir de négociation des clients et la menace des produits de substitution.

Il est fondamental, quand on évalue son marché ou quand on évalue un marché dans lequel on pourrait entrer, d'analyser ces 5 forces concurrentielles et d'en tirer des conclusions. Cet outil n'est en effet pas seulement descriptif : rien n'est plus inutile que de le présenter dans un plan marketing et de passer à la suite sans en avoir au préalable tiré toutes les conséquences stratégiques.

Après avoir présenté une description de la situation, cet outil doit conduire à un *diagnostic* qui permette d'en expliquer le pourquoi. Et ce diagnostic doit lui-même entraîner des *recommandations* pour anticiper les évolutions, pour s'adapter à l'environnement, voire pour changer les règles de la concurrence.

Cet outil est présenté en détail dans le chapitre 12.

OUTIL N° 21, LE SWOT

Chapitre 12, De la stratégie d'entreprise à la stratégie marketing

S'il est un outil stratégique utilisé jusqu'à l'usure, c'est bien le SWOT, le tableau des forces *(strengths)*, faiblesses *(weaknesses)*, opportunités *(opportunities)* et menaces (*threats*) : c'est souvent un *pensum* des présentations de plans marketing.

Il ne mérite pourtant pas cette mauvaise réputation car il offre un moyen très utile pour résumer l'information et, bien utilisé, il contraint le responsable marketing à veiller à la cohérence entre l'analyse interne et externe, le diagnostic qu'il représente et les recommandations auxquelles il conduit.

On trouvera dans le chapitre 12 sur l'élaboration de la stratégie marketing, une présentation détaillée du SWOT et de son utilisation. Nous résumons ici la façon dont on peut construire un SWOT réellement utile.

Construire un swot réellement utile

La force de la méthode est qu'elle oblige à la rigueur du raisonnement. Son intérêt n'est donc pas de remplir un formulaire, mais de s'obliger à une argumentation bien construite :

- Un SWOT reprend des éléments clés de l'analyse interne et externe préalable.
- On ne devrait pas mettre plus de cinq ou six éléments dans chacune des quatre parties du SWOT. Le SWOT est un outil de diagnostic, on ne garde que des points fondamentaux, qui vont influencer la politique marketing. Le SWOT n'est pas un résumé de l'analyse, c'est déjà une interprétation et un choix.
- Un SWOT commande un plan d'action. On doit impérativement retrouver dans le plan marketing les *forces* sur lesquelles l'entreprise va s'appuyer, les *opportunités* du marché qu'elle va saisir, les *faiblesses* qu'elle va chercher à compenser et la façon dont elle va faire face aux *menaces*. Si les forces, faiblesses, opportunités, menaces d'un plan ne sont pas les mêmes que celles du SWOT c'est que le SWOT ou le plan est mal conçu.

OUTIL N° 22, LA MÉTHODE RFM

Chapitre 13, La segmentation

RFM est un acronyme pour :

- *Récence (R)* : l'ancienneté du dernier achat du client ;
- *Fréquence (F)* : le nombre d'achats du client pour la marque concernée sur une période de référence (mois, trimestre, année) ;
- *Montant (M)* : le montant des achats sur la période de référence.

L'analyse sur les critères RFM vise à identifier et à classer des groupes de population en fonction de leur fidélité à une marque et de leur valeur pour l'entreprise. Les deux premiers critères R et F nous éclairent sur la fidélité du client. La valeur du client est évaluée par le montant (M) des achats cumulés sur la période de référence, par le ticket moyen du client ou par la marge calculée sur le total des achats du client.

Il s'agit d'un outil de base incontournable en marketing direct et en marketing relationnel, qui permet de diagnostiquer une situation, de segmenter une base, de définir des politiques ciblées pour accroîtreses ventes.

L'approche par RFM est présentée en détail chapitre 9, section 3. On pourra aussi trouver des compléments pages 470 à 475 du *Publicitor* (J. Lendrevie et A. de Baynast, *Publicitor*, 7e édition, Dunod, 2008).

OUTIL N^O 23, LE TRIANGLE D'OR DU POSITIONNEMENT

Chapitre 14, Le positionnement

Cet outil a été conçu il y a plus de vingt ans par Denis Lindon pour Danone et, comme son auteur, il a gardé toute sa verdeur.

Le triangle d'or du positionnement

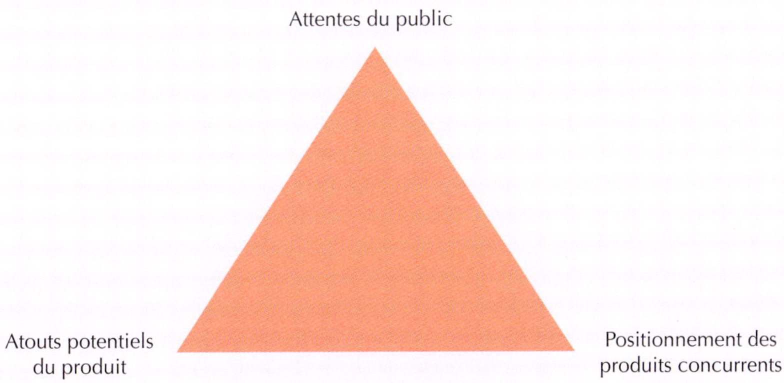

Le triangle du positionnement permet de synthétiser et de valider un positionnement. Il peut être utile également pour le présenter en une seule figure.

Si on veut dessiner le positionnement d'une offre, on placera sa description, exprimée en une phrase, au milieu du triangle. En haut, on résumera en quelques mots les attentes clés du public ciblé. En bas à gauche, les atouts réels du produit et à droite, le positionnement du ou des concurrents principaux.

Cet outil permet de poser trois questions fondamentales pour élaborer ou valider un positionnement :

– Le positionnement choisi est-il *pertinent*, autrement dit correspond-il aux attentes du public ciblé ?
– Est-*il crédible*, c'est-à-dire est-il cohérent avec les atouts réels de notre offre ?
– Est-il *différent*, c'est-à-dire permet-il de nous distinguer de nos concurrents ?

L'ensemble du chapitre 14 du *Mercator* est consacré au concept de positionnement.

OUTIL N^{O} 24, LA MATRICE DES MARQUES ET LA LOVEMARK

Chapitre 15, La marque

L'auteur de la théorie de la lovemark est Kevin Roberts, président de Saatchi & Saatchi monde[1]. Il compare la relation d'un individu à une marque à celle d'un individu à un autre. Les qualités objectives d'un individu peuvent créer de la différence, mais elles ne suffisent pas à créer de la préférence : on peut reconnaître les qualités de quelqu'un sans pour autant l'apprécier. Il en va de même pour les marques. L'iPod d'Apple n'est pas le meilleur lecteur mp3 de la planète, et pourtant c'est celui que le public préfère. Au-delà de la performance, une marque doit susciter des émotions. La plus positive et la plus forte, c'est l'amour. Lorsque le lien à la marque relève de l'amour, c'est une lovemark.

Une façon d'analyser les marques est de les placer sur un mapping ayant un axe pour le respect de la marque, et l'autre pour l'amour de la marque. Le respect est une obligation pour une marque. C'est tout simplement la reconnaissance de ses qualités objectives (la marque tangible). Il se construit sur du rationnel. L'amour est différent du respect, il se construit sur du subjectif.

La matrice permet de distinguer quatre cas de figure :

- *Les trademarks.* Ni respect, ni amour : c'est le cas des produits de base, des commodités qu'on achète sans y prêter attention. C'est le cas également des marques dont la conduite n'est pas respectueuse des clients, des citoyens du quart-monde, de la protection de la planète.
- *Les trustmarks.* Elles méritent notre confiance et on les respecte pour les performances et le sérieux de leurs produits, mais elles ne dégagent pas d'émotion.
- *Les missmarks.* On les aime bien mais on ne les respecte guère, on ne les prend pas au sérieux.
- *Les lovemarks* : Respect et forte relation affective.

Cet outil sert à analyser les positions et les évolutions des différentes marques sur un marché, à s'interroger sur l'identité d'une marque et le sens à donner à son évolution : faut-il la rendre plus respectable ou bien développer le lien affectif avec son marché ? Est-il possible de faire les deux en même temps ? C'est souvent trop ambitieux. Quels sont les messages et les outils à développer pour gagner en respect ou en affectif ?

1. Kevin Roberts, *Lovemarks : le nouveau souffle des marques*, Éditions d'Organisation, 2004.

Les marques selon leur respectabilité et le lien affectif avec le marché

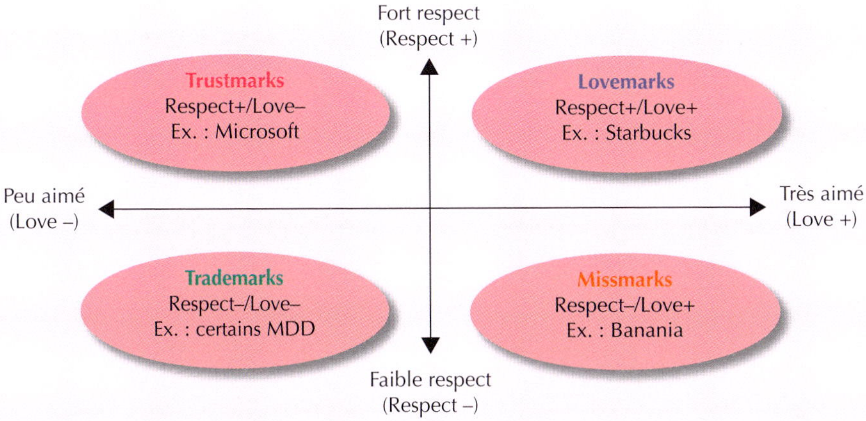

OUTIL N^{O} 25, LE BLUEPRINTING DES SERVICES

Chapitre 17, Le marketing des services

Le chapitre 17 sur le marketing des services présente en détail le blueprinting des services ou schéma directeur du service (fin de chapitre).

Cet outil consiste à étudier l'organisation d'un service en partant de l'expérience du client. Il permet d'étudier le service du point de vue du client, c'est-à-dire dans une démarche « orientée vers le client ».

On doit d'abord identifier les actions clés que réalise un client dans son parcours, les éléments tangibles qu'il perçoit à chaque étape, les interactions qu'il a avec le personnel ou les machines (en face à face ou à distance) et enfin les actions qui doivent être réalisées en back-office pour délivrer le service.

On dessine ensuite l'ensemble pour visualiser chacune des étapes et chacun des éléments mentionnés plus haut et on cherche à identifier les points à risque.

Selon notre expérience, cet outil est particulièrement utile aussi bien quand on évalue un service existant que lorsqu'on conçoit un nouveau service :

- Il permet, comme on l'a souligné, de voir son activité dans la perspective du client plutôt que dans la seule perspective interne de production du service.
- Réalisé en équipe, il incite chacun à se rendre compte des interdépendances entre les différentes parties de l'organisation pour délivrer le service. Il met autour de la table des collaborateurs appartenant à différents services de l'entreprise, qui concourent tous à la réalisation du service, et assure ainsi une meilleure cohésion des équipes.
- En identifiant les OTSU (les « occasions de plantage »), il permet d'anticiper et éventuellement de corriger les sources d'incidents et d'insatisfaction des clients : c'est un outil de qualité de service.
- Ce travail n'est pas seulement descriptif, il permet de dégager des idées d'innovation et de développer des recommandations.
- Enfin un blueprint, le résultat final, est un très bon outil de communication interne pour aider chacun, au-delà de ceux qui ont participé à l'exercice, à comprendre son rôle dans le processus de service et l'expérience finale du client.

Dictionnaire indexé

Les chiffres qui suivent la plupart des termes de ce lexique renvoient à la page et aux chapitres où ces thèmes ou concepts sont développés. En bleu, la traduction en anglais des entrées du dictionnaire.

A

A, B, C, D (PCS) – A, B, C, D social grades, 153.
Classification des ménages selon leur revenu. A est la classe la plus aisée et réunit, par une convention fixée par Secodip, 15 % des ménages. B est la classe moyenne supérieure (30 % des ménages). C'est la classe moyenne inférieure (40 % des ménages). D rassemble les plus modestes (15 % des ménages). Voir *PCS*.

ABC (modèle des attitudes) – ABC (Affect, Behavior, Cognition) model, 131.
Initiales de Affect, Behavior, Cognition. Désignation anglo-saxonne du modèle de la hiérarchie des effets : 1. Cognitif, 2. Affectif, 3. Conatif (comportemental).

Above the line – Above the line, 514.
Littéralement « Au dessus de la ligne ». Désigne dans un budget de communication les dépenses faites dans les six grands médias : presse, télévision, affichage, radio, cinéma et Internet. « Below the line » est synonyme de « dépenses hors-médias ».

Access panel – Access panel, 99, 109.
Vivier de foyers et d'individus qui sont recrutés par une société d'étude et qui acceptent de participer régulièrement à des études de marché off line ou on line.

Achat d'espace (publicitaire) – Media buy, 470, 502.
Consiste à négocier avec les supports publicitaires (ou leurs régies) pour obtenir les insertions souhaitées dans les meilleures conditions possibles.

Achat impulsif – Impulse buying, 132, 178.
Achat non prévu décidé d'une manière très rapide, au moment où le client se trouve en présence du produit dans un point de vente.

Achat simulé – Simulated test market, 247, 279.
Méthode d'enquête consistant à faire circuler les personnes interviewées dans un linéaire reconstitué (physiquement ou en 3 D), où elles sont invitées à simuler leurs achats de certains produits.

ADN de la marque – Voir *Marque (ADN de).*

Acheteur d'art – Art buyer, 473.
Spécialiste dans une agence de publicité ou indépendant (free lance) qui sait trouver les talents (dessinateurs, chorégraphes, musiciens) adaptés au style de la campagne.

Adserver – Adserver, 496.
Serveur d'objets publicitaires les disposant automatiquement sur les sites retenus, aux emplacements et aux horaires prévus, avec un nombre maximum d'expositions fixé à l'avance dans le cas où on pratique le capping.

Affichage – Outdoor/Out-of-Home (OOH) advertising, 492, 501.
Média consistant à placer un message de nature publicitaire sur un support exposé dans un lieu public. Ce média est plus important en France qu'ailleurs (10 % environ des dépenses de publicité) et a des formes très variées : affichage mural, transports en commun, mobilier urbain, affichage lumineux, ou encore électronique, etc.

Affiliation – Affiliation, 394.
Modèle de partenariat sur le Web par lequel des sites affiliés promeuvent l'offre et génèrent du trafic vers un site affiliateur, par le biais de bandeaux ou de liens, en échange d'une commission sur les ventes générées (ou, moins fréquemment, d'une rémunération au clic). Cet outil de marketing direct permet au site affiliateur de constituer un réseau d'apporteurs d'affaires, de générer du trafic pour un coût financé au résultat et d'accroître sa notoriété, et pour les sites affiliés d'obtenir des sources de revenus complémentaires.

Affinité – Affinity scale, 507.
Proximité d'un support avec une cible. L'affinité est mesurée par le rapport de l'audience utile (cible de l'annonceur) à l'audience totale du support.

Agence de publicité, de promotion, de marketing direct… – Advertising/Promotion/Direct marketing agency…, 470.
Entreprise conseil et réalisatrice de campagnes de publicité, de promotion des ventes, de marketing direct… pour le compte de ses clients : les annonceurs.

Agence média – Voir *Centrale d'achat*, 474.

AIDA – AIDA, 544.
Modèle de communication proposant une méthode séquentielle de persuasion : attirer l'Attention, provoquer l'Intérêt, susciter le Désir, puis faire Agir.

Analyse conjointe (ou trade-off) – Trade off, 98.
Méthode de traitement des données consistant à faire classer par ordre de préférence, par les personnes interviewées, des combinaisons de trois ou quatre attributs, en vue de déterminer, par l'analyse, le poids respectif (ou l'« utilité ») que ces personnes attachent à chaque attribut.

Analyse-diagnostic – SWOT analysis, 710.
État des lieux avant l'élaboration d'une stratégie marketing. L'analyse externe porte sur l'environnement de la marque (marché, clientèle, concurrence, macro-environnement) et cherche à identifier les opportunités et les menaces. L'analyse interne porte sur la politique marketing menée jusqu'à ce jour et cherche à identifier les forces et les faiblesses de la marque.

Animatics – Animatics, 470.
Transcription d'un *storyboard* en slides se succédant en fondu-enchaînés. Les animatics servent à pré-tester les projets de films publicitaires.

Annonceur – Advertiser, 468, 502.
Entreprise ou organisation investissant dans la publicité et, par extension, dans toute forme de communication (promotion, marketing direct, relations publiques…).
Les annonceurs sont les clients des agences et des supports publicitaires.

Ansoff (matrice) – Ansoff matrix, 1048.
Matrice développée par Igor Ansoff qui distingue quatre politiques de développement : la pénétration de marché (produits actuels, marchés actuels), le développement de produits (produits nouveaux, marchés actuels), l'extension de marché (produits actuels, marchés nouveaux) et la diversification (produits nouveaux, marchés nouveaux).

Apprentissage (effet de l'expérience) – Behavioral learning, 168.
Changement dans le comportement d'un individu qui résulte de l'expérience.
Les décisions d'achat sont largement fondées sur l'expérience et les processus d'apprentissage (conditionnement, observation…).

Architecture de communication – Communication plan.
La définition, par une entreprise, de l'architecture de sa communication consiste à décider sur quoi elle va communiquer, auprès de quels publics, et quel poids relatif elle attribuera à chacune de ces communications.

Argumentaire de vente – Sales pitch book, 248.
Document remis aux vendeurs, ou conçu par eux, qui rassemble un ensemble d'arguments qu'ils peuvent utiliser lors d'un entretien de vente pour convaincre les prospects ou répondre à leurs critiques. Les argumentaires de vente sont parfois accompagnés d'aides visuelles et de documents destinés à être utilisés au cours de l'entretien.

ARPP (ancien BVP) – ARPP.
Organisme privé d'autorégulation de la publicité qui a pour mission de « mener une action en faveur d'une publicité loyale, véridique et saine dans l'intérêt des professionnels de la publicité, des consommateurs et du public », dénommé BVP avant juin 2008.

Asile-colis, asilage – Third party/Piggy back inserts.
En marketing direct, on parle d'asile-colis lorsqu'on profite de l'expédition d'un courrier ou d'une commande pour accompagner l'envoi d'un publipostage proposant une offre d'une autre marque.
À la télévision, c'est la présence d'un produit sous forme de cadeau proposé aux candidats dans les émissions de jeu. Le coût (droit d'asile) est fonction de la durée de la « vitrine » et de l'audience du programme.

Assortiment – Store selection, 320, 334.
Ensemble des produits et références proposés à la vente dans un magasin ou dans un rayon de magasin. La largeur d'un assortiment se mesure au nombre de lignes de produits, sa profondeur au nombre de références par ligne de produits et sa longueur, au nombre total de références.

Attention sélective – Selective attention, 433.
Processus cognitif par lequel notre cerveau filtre les stimuli (par exemple un message) qu'il perçoit, soit en prêtant une attention particulière à certains, soit en en écartant d'autres. Cette sélection se fait selon les centres d'intérêt des individus, leur implication pour la catégorie de produits, la notoriété des marques, la situation, le style des messages, etc.

Attitude – Attitude, 90, 130.
Les attitudes sont des tendances ou des prédispositions relativement stables à évaluer ou à agir d'une certaine manière face à un objet (message, produit, entreprise, événement, personne, etc.). On distingue trois composantes d'une

attitude : cognitive (croyances), affective (sentiments) et conative (tendance à agir).

Attribution – Attribution, 439.
Association exacte d'une marque à une publicité, une promotion, un packaging… L'attribution peut se mesurer par des post-tests publicitaires.

Attrition (*churn*) – Attrition / Churn rate, 575.
Le taux d'attrition est le pourcentage de clients perdus (qui ne renouvellent pas leurs achats ou qui quittent l'entreprise) sur une période donnée.

Audience – Audience, 635, 650.
Ensemble des lecteurs, auditeurs ou spectateurs d'un support ou d'un plan de supports. L'audience est mesurée de façon différente selon les supports :
– *Audience utile* : partie de l'audience faisant partie de la cible publicitaire.
– *Audience cumulée* : nombre total de personnes exposées à un support au moins une fois pendant une période donnée.
– *Part d'audience* : pourcentage de l'audience d'un support par rapport à l'audience de tous les supports appartenant au même média.

Audimétrie – TV/People meter panel.
Désigne toute méthode de mesure automatique de l'audience de la télévision par des audimètres, appareils qui enregistrent l'écoute (des récepteurs TV, des magnétoscopes) de foyers constitués en panel représentatif de l'ensemble des téléspectateurs.

Audit marketing – Marketing Audit, 865.
Examen critique systématique de l'ensemble ou d'une partie de la politique marketing, conduisant à un diagnostic interne.

Avantage de coût – Cost advantage, 699.
Capacité d'une entreprise à produire des biens ou des services à un coût complet inférieur à la concurrence. Michael Porter regroupe les avantages concurrentiels en deux types : avantage de coût et avantage de différenciation.

Avantage de différenciation – Differentiation advantage, 699.
Capacité d'une entreprise à valoriser auprès de ses clients une offre perçue comme différente des concurrents et donc à justifier un prix supérieur. Michael Porter regroupe les avantages concurrentiels en deux types : avantage de coût et avantage de différenciation.

Avantage-produit (ou bénéfice-produit) – Product advantage, 204.
Caractéristique du produit *valorisée* par le client et *distinctive* par rapport à ses concurrents, qu'elle relève du concept, de la formule, de la performance, de l'identité sensorielle (design et packaging), etc.

Avantage concurrentiel (ou avantage compétitif) – Competitive advantage, 681.
Compétence décisive et durable qui, par son adaptation au marché, améliore la position concurrentielle de l'entreprise et conduit à une rentabilité supérieure.

Avantage du pionnier – Voir *Pionnier*, 695.

Avantage recherché – Customer expectations, (B to C), (B to B).
Critère de segmentation fondé non sur le profil du client, mais sur le bénéfice produit spécifique qu'il recherche, parmi tous les bénéfices possibles de l'offre. Par exemple, dans l'univers automobile, la performance, le design, la sécurité, l'image de soi, etc. Voir *Bénéfice produit*.

B

Banalisation – Commoditization, 936.
Manque de différenciation entre produits, qui conduit le client à ne se décider que sur le critère de prix.

Bannière – Banner, 392, 394, 838.
Bandeau publicitaire dans une page Web, de forme originellement rectangulaire, qui constitue généralement un lien vers un autre site (bannière active). Tend à désigner de nombreux autres formats de display : bandeau, pavé, bannière verticale (skyscraper), expand banner, etc.

Baromètre – Marketing Barometer, 510.
Enquête répétitive pour lesquelles les échantillons successifs sont composés d'individus différents (contrairement aux panels qui utilisent un échantillon permanent).

Barrière (à l'entrée d'un marché) – Barrier to entry, 716.
Obstacle de caractère réglementaire, économique, financier ou technologique, qui rend difficile l'entrée de nouvelles entreprises sur ce marché.

Base de données (BDD) – Database, 63, 538, 751.
- *Bases de données individuelles.* Ensemble organisé de fichiers constitués ou loués pour des opérations de marketing direct comprenant des listes de personnes ou d'entreprises avec leurs noms, leurs adresses et diverses qualités dont le recensement est compatible avec la réglementation. Voir *CNIL* et *Opt-in.*
- *Bases de données médias.* Elles sont de deux types : les bases qui ne contiennent que des informations sur les audiences des médias et les bases qui croisent ces audiences avec la consommation de certains produits. Ces dernières sont appelées bases de données média-produit.

Baseline – Baseline, 451.
Slogan qui sert de signature d'un produit, d'une marque, d'une entreprise dans une publicité.

BCG (modèle du) – BCG matrix, voir outil n°9.
Le modèle du Boston Consulting Group évalue l'intérêt des domaines d'activité (SBU) d'un groupe en fonction du taux de croissance du marché et de la part de marché relative de l'entreprise. Il distingue quatre cas de figure : les « stars », « dilemmes », « vaches à lait » et les « poids morts ».

Below the line – Below the line, 514.
Se dit, dans un budget de communication, des dépenses hors-médias, en opposition avec les dépenses publicitaires, dites « Above the line ». Voir *Hors-médias.*

Bénéfice client (ou bénéfice consommateur) – Customer advantage, 200.
Traduction d'un bénéfice-produit ou de la promesse d'une marque en avantage – objectif ou subjectif – pour le client. Exemple d'avantage produit : « Un pot d'Activia contient plus de 10 milliards de Bifidus ActiRegularis, une bactérie probiotique active et unique », et de bénéfices clients : « Consommé quotidiennement, Activia aide à réguler le transit intestinal lent dès 15 jours ».

Bénéfice-produit – Voir *Avantage-produit*, 204.

Besoins (classement des) – Needs, 122.
Un besoin est un manque psychique ou physique, qui, non satisfait se traduit en désir, et qui motive une action. Maslow distingue cinq besoins fondamentaux : physiologique, de sécurité, d'appartenance, d'estime et d'accomplissement de soi.

Bilan de campagne – Post test, 510.
Consolidation et interprétation des résultats mesurant l'efficacité des différents moyens engagés dans une campagne de communication (publicité, promotion des ventes, relations publiques, etc.)

Blind test – Blind test, 246.
En français : test à l'aveugle. Méthode de test de produits où l'on fait disparaître tous les signifiants de la marque pour n'avoir que les appréciations des consommateurs sur le seul produit. Voir *Test de produit.*

Blog – Blog, 593, 622.
Site Web sur lequel une ou plusieurs personnes s'expriment de façon libre, de façon régulière, avec une structure de présentation chronologique (du plus récent au plus ancien). Chaque message est susceptible d'être commenté par les visiteurs et est le plus souvent enrichi de liens externes.

Blueprinting (des services) – Service blueprinting, 915.
Démarche et outil d'analyse et de conception d'un service à partir du parcours et de l'expérience du client, et non des modes de fonctionnement internes à l'organisation.

Bobo – Bobo, 360.
Contraction de bourgeois et bohème, qui désigne une bourgeoisie au mode de vie et de pensée non traditionnel.

Body-copy – Body-copy.
Texte d'un message publicitaire en presse et affichage

Bon de réduction – Coupon, 524.
Méthode de promotion des ventes consistant à offrir un coupon donnant droit à une diminution du prix.

Bouche à oreille (BAO) – Word-of-mouth, 448.
Transmission d'informations, de jugements ou de recommandations de personne à personne par voie orale ou par e-mail. Le marketing viral ou le buzz marketing cherche souvent à susciter ou entretenir un bouche à oreille.

Bounce rate – Voir *Rebond (taux de).*

Brand equity – Voir *Capital de marque.*

Brand manager – Voir *Chef de marque.*

Brand review – Brand review, 719.
Revue de marque. Bilan très complet de la position commerciale d'une marque et de la stratégie passée, actuelle et future.

Branding – Branding, chapitre 15.
Politique de marque. Voir *Marque.*

Brand strechting – Voir *Marque.*

Brick & mortar – Brick & mortar, 383.
Entreprise du monde tangible, par opposition aux « Pure players » qui n'existent que sur Internet et aux « Click & Mortar » présentes simultanément dans l'espace réel et virtuel.

Brief – Brief, 474.
- *Brief à l'agence* – Brief : informations et instructions données par un annonceur à une agence pour présenter la situation de la marque et préciser les objectifs assignés à la campagne, afin d'orienter la création et le choix des médias et supports.
- *Brief à la création* – Creative brief : informations et instructions données aux créatifs d'une agence pour orienter la conception des messages. Sous sa forme écrite, le brief à la création est également appelé copy-stratégie ou plan de travail créatif (PTC).
- *Brief produit* – Product brief : cahier des charges remis par un responsable marketing à la R & D et/ou à la direction industrielle en vue de la mise au point d'un nouveau produit ou de la rénovation d'un produit existant.

B to B (Business to Business) – B to B, chapitre 18.
Le marketing B to B, en français marketing industriel ou inter-entreprises, est le marketing des entreprises qui vendent à des professionnels (entreprises, artisans, professions libérales…), par opposition au marketing de la grande consommation qui s'adresse aux particuliers (individus et familles), appelé B to C.

B to C (Business to Consumer) – B to C.
Le marketing B to C, en français marketing grand public, est le marketing des entreprises qui s'adressent aux consommateurs (individus et familles), par opposition au marketing B to B.

Bus-mailing – Bus-mailing, 541.
Publipostage collectif regroupant les offres de nombreux annonceurs.

Buzz – Buzz marketing, 449.
Littéralement bourdonnement. Actions de communication fondées sur le bouche à oreille, consistant à susciter l'excitation ou l'intérêt autour d'une personne, d'un marque, d'un lancement de produit, d'une nouvelle campagne de publicité. Souvent employé comme synonyme de marketing viral.

BVP – Voir *ARPP.*

C

CAD (modèle) – CAD, 135.
Initiales de Complacent, Aggressive, Detached. Typologie des personnalités établie par Karen Horney distinguant les personnalités orientées positivement vers autrui, agressives, ou détachées d'autrui.

Call center – Voir *Centre d'appel*, 391.

Call to action (CTA) – Call to action.
Accélérateur de vente. Par exemple, un programme de télé-achat inclut systématiquement un *call to action*. On incite le téléspectateur à commander par téléphone (en utilisant un numéro vert le plus souvent), ou par Internet. C'est ce *call to action* qui

fait de la télé-achat une technique de communication dont la mesure de l'efficacité est particulièrement simple, fiable, et immédiate.

Campagne (de publicité, de relations publiques…) – Campaign, 807.
Ensemble organisé et limité dans le temps d'actions de communication.

Canal de distribution – Distribution channel, (B to C), (B to B).
Un canal de distribution est constitué par une catégorie d'intermédiaires ayant la même activité et les mêmes caractéristiques générales ; par exemple : les grossistes en boissons, les hypermarchés, les boulangers, les horlogers-bijoutiers, etc.

Cannibalisation – Cannibalization, 302.
Ventes d'un produit qui se font au détriment d'un autre produit de la même entreprise. Dans certains cas, la cannibalisation est volontaire et se fait au profit d'un produit plus récent et plus rentable.

Capital de marque – Brand equity, 834.
Valeur de la marque due à sa capacité à générer des opinions, des attitudes et des comportements spécifiques auprès de ses clients (tels que la notoriété, la fidélité, l'affinité, la qualité perçue, l'image perçue, la différenciation…), qui lui permettent de vendre à un prix supérieur, et d'obtenir des volumes plus importants ou de générer des revenus de licence. Des tentatives sont faites pour évaluer la valeur monétaire de ce capital de marque.

Capping – Capping, 434.
Technique fixant automatiquement le nombre d'expositions maximum d'un internaute (ou plus précisément d'un ordinateur identifié par son adresse IP) à un message publicitaire.

Carte perceptuelle – Voir *Mapping.*

Cash & Carry – Cash & Carry.
Littéralement « payer et emportez ». Grande surface en libre service réservée aux professionnels (exemple : métro).

Catégories socioprofessionnelles – Voir *PCS.*

Category management – Category management, 369.
Mode d'organisation des distributeurs consistant à organiser l'assortiment en fonction d'univers de produits (tels que perçus par les clients), plutôt que de catégories de produits, et à confier à une même personne l'ensemble des responsabilités relatives à cet univers (assortiment, achats, méthodes de vente et de merchandising).

Centrale d'achat (d'espace publicitaire) – Media buying group, 474, 938.
À l'origine, grossistes en espaces publicitaires, les centrales d'achat sont, depuis la loi Sapin, les mandataires de leurs clients annonceurs. Aujourd'hui, les centrales d'achat sont devenues des agences médias (conseil en médiaplanning, achat d'espace, insertion des messages).

Centrale d'achat (de magasins) – Central merchandizing/Central purchasing department, 42.
Organisme chargé de centraliser les négociations avec les fournisseurs pour le compte de plusieurs magasins.

Centres commerciaux – Shopping Center, 359.
Regroupement de points de vente dans un même lieu, conçu, développé, détenu et promu comme une seule entité. Selon le Conseil national des centres commerciaux (CNCC), il faut réunir au moins 20 boutiques sur 5000 m2 pour justifier l'appellation de centre commercial.

Centre d'achats – Buying center, 372, 938.
Utilisé en marketing *business to business* pour désigner l'ensemble des personnes qui interviennent dans la décision d'achat d'un produit ou service.

Centre d'appel – Call center, 612.
Service téléphonique dont les principales fonctions sont les suivantes :
- *Acquisition de clientèle* : vente par téléphone, prise de rendez-vous avec des forces de vente, constitution de fichiers de données personnelles, création de trafic vers des points de vente.
- *Développement du chiffre d'affaires* auprès des clients actuels : montée en gamme (*up-selling*) et ventes croisées (*cross selling*), gestion des abonnements, opérations pour diminuer le taux d'attrition (résiliation).
- *Assistance aux clients* : conseil (hotlines), service après-vente, traitement des réclamations et des litiges, etc.
- *Études* : connaissance du marché, études de notoriété et d'image de marques, mesure de la qualité de service d'une entreprise, tests de produits, etc.

CGV – Voir *Conditions générales de vente.*

Chalandise – Voir *Zone de chalandise.*

Chargé de clientèle – Account manager, 597.
Commercial chargé de valoriser un portefeuille de clients en l'augmentant (conquête de nouveaux clients) et en développant une politique de marketing relationnel pour fidéliser et accroître la rentabilité de chaque client.

Charge publicitaire – Ad to content ratio.
Dans un média ou un support, on appelle charge publicitaire ou encombrement publicitaire le volume de la publicité analysé comme le rapport entre l'espace publicitaire et l'espace rédactionnel. La charge publicitaire est limitée par une réglementation propre à chaque média.

Charte de marque – Brand guidelines.
Expression désignant le plus souvent la charte graphique, c'est-à-dire un ensemble de règles imposées à l'expression formelle d'une marque ou d'une entreprise pour assurer la cohérence de toutes leurs communications. La charte de marque peut être plus ambitieuse en fixant le fond de la communication de marque : valeurs, personnalité, mission de la marque.

Chef de marché – Brand manager.
Responsable de la stratégie (avec le directeur marketing) et des actions marketing pour un marché ou un segment de marché.

Chef de marque – Brand manager, 878.
Brand manager. Responsable de la stratégie d'une marque et de sa mise en œuvre au plan marketing. Souvent synonyme de *Chef de produit.*

Chef de produit – Product manager, 719.
Responsable de la stratégie d'un produit ou d'une gamme de produits et de sa mise en œuvre sur le plan marketing. Les portefeuilles de produits étant structurés par marques, « chef de produit » est souvent synonyme de *Chef de marque.*

Chef de publicité – Account executive/director, 473.
Commercial en agence chargé de la coordination d'un ou de plusieurs budgets d'annonceurs et des relations entre l'agence et ces annonceurs. On trouve également des chefs de publicité dans les supports et les régies, chargés de la promotion et de la vente de l'espace publicitaire.

Chef trafic – Traffic, 304.
Dans une agence de publicité, il organise les campagnes du début à la fin, en faisant le lien entre les différents services.

Churn – Voir *Attrition.*

Cible de la communication – Communication target, 424.
Individus ou entreprises (en communication B to B) que l'on cherche à toucher par un programme de communication. La cible de communication est souvent plus large que la cible marketing puisque, en plus des acheteurs et des consommateurs, elle englobe souvent les influenceurs.

Cible marketing – Marketing target.
Segment de clients (acheteurs ou prospects) que l'on cherche à conquérir et/ou à fidéliser par des actions marketing adaptées. On distingue également le cœur de cible. Voir *Cœur de cible.*

Cible publicitaire – Target Audience, 507.
Ensemble des personnes avec lesquelles on se propose de communiquer au travers d'une campagne publicitaire.

Cinéma – Cinema, 493.
Média marginal (moins de 1 % des dépenses de publicité) mais ayant d'excellentes qualités de communication.

Circuit court, direct, long – Short (direct) channel, Long (indirect) channel, 325.
La longueur d'un circuit de distribution est mesurée par le nombre d'intermédiaires par lesquels passe le produit avant d'arriver au client final.

Circuit de distribution – Distribution Network, 321.
Filière constituée d'un nombre variable d'intermédiaires externes ou internes qui permettent de délivrer un bien ou service à l'acheteur ou au consommateur final.

Classes sociales – Social Class, 151.
Groupes sociaux dont les membres partagent des caractéristiques économiques et culturelles similaires et qui se répartissent sur une échelle de prestige et de ressources au sein de la société.

Clic (taux de clic) – Click-through rate, 497.
Le taux de clic est le pourcentage d'internautes exposés à une bannière et qui l'activent en cliquant dessus.

Click & Mortar – Voir *Brick & mortar*, 383.

Clicktracking – Clicktracking, 408.
Technique permettant de mémoriser les zones d'une page Web sur lesquelles les internautes ont cliqué beaucoup, moyennement, très peu, pas du tout.

Client mystère – Mystery shopper, 574.
Personne envoyée par une entreprise et se faisant passer pour un client afin de juger de la qualité de l'accueil et du service.

CMI – Voir *Communication multicanale intégrée.*

CNIL – EPIC : Electronic Privacy Information Center (US), 538.
Commission nationale pour l'informatique et les libertés. Elle veille au respect de la loi sur l'informatique et les libertés qui réglemente l'utilisation des noms et qualités des personnes dans l'établissement et le commerce des fichiers.

Co-branding – Co-branding.
Association de deux marques non concurrentes et appartenant à deux entreprises différentes signant de façon provisoire ou pérenne une campagne de communication, un produit ou une gamme de produits.

Codes de communication – Communication standards, 430.
Conventions et usages largement répandus dans un marché qui stéréotypent la communication en reproduisant des méthodes et des formes qu'on croît efficaces.

Coefficient d'occupation des sols (COS) – Ground coefficient, 366.
C'est le rapport du linéaire au sol à la surface de vente d'un magasin.

Coefficient multiplicateur – Multiplying factor, 349.
Méthode de fixation du prix de vente utilisée par les distributeurs et consistant à multiplier le prix d'achat par un coefficient déterminé.

Cœur de cible – Core target, 424.
Sous-ensemble d'une cible réunissant les prospects et les clients les plus importants.

Co-marketing – Collaborative marketing, Customer made.
Politique de marketing sollicitant et encourageant la collaboration et la participation des clients, pour concevoir et réaliser une offre, communiquer ou gérer la relation clients.

Commerce alimentaire – Food retail, 335.
Par convention, se dit d'un point de vente qui fait 50 % et plus de son chiffre d'affaires en produits alimentaires.

Commerce associé – Franchise dealership, 336.
Chaîne de magasins appartenant à des propriétaires différents mais utilisant une même enseigne et mettant en commun certains aspects de leur gestion, notamment au travers d'une centrale d'achats commune.

Commerce de détail – Retail, 332.
Ensemble des entreprises de distribution qui vendent directement au grand public.

Commerce de gros – Wholesale, 332.
Ensemble des entreprises de distribution qui vendent aux entreprises de commerce de détail.

Commerce électronique (e-commerce) – Ecommerce (Electronic commerce), (B to C), (B to B), 378.
Achat, vente et échange de biens et de services sur des réseaux électroniques, particulièrement Internet. Le commerce électronique couvre les trois aspects : d'information sur les produits, de prise de commande et de fidélisation. Les statistiques de ventes sur Internet ne mesurent que les commandes en ligne.

Commerce indépendant – Independant retail, 335.
Entreprises de distribution ne faisant pas partie d'une chaîne intégrée ou associée.

Commerce intégré – Integrated retail, 338.
Grandes chaînes de distribution appartenant à un même propriétaire intégrant des points de vente et une centrale d'achat.

Commercial (vente) – Sales.
Se dit de tous les types de vendeurs et négociateurs.

Commoditisation – Voir *Banalisation.*

Communauté – Community, 620.
Ensemble de personnes qui se reconnaissent comme partageant des caractéristiques ou des centres d'intérêt communs, qui peuvent interagir entre eux ou non. Sur Internet on parlera de communautés virtuelles. Elles peuvent être spontanées ou créées et développées à l'initiative d'une entreprise (communautés de marque, de site…). Voir *Co-marketing, Marketing tribal.*

Communication à 360° – 360 degree communication.
Expression en vogue dans les milieux de la communication pour désigner les stratégies de communication conçues sur l'ensemble du champ des techniques de communication, off line et on line.

Communication B to B – B to B Communication, 954.
Méthodes et formes de communication spécifiques aux marchés interentreprises.

Communication corporate – Corporate communication, 954.
Par opposition à la communication de marque ou de produit, communication axée sur l'entreprise elle-même : son histoire, son savoir-faire, ses réalisations, ses valeurs, etc.

Communication de crise – Crisis communication, 835.
Politique, techniques et actions de communication mises en œuvre pour faire face à des événements susceptibles de détériorer l'image de marque d'une entreprise ou d'affecter sa légitimité. Elle a un aspect préventif et, dans l'action, elle est caractérisée par la coordination et la rapidité des actions de communication.

Communication événementielle – Event communication, 553.
Communication fondée sur un événement créé par l'entreprise ou sur un événement extérieur qu'elle parraine ou coparraine. France-Pub, qui publie les statistiques sur les dépenses des annonceurs, a une acception large de la communication événementielle : salons et foires, expositions professionnelles, sponsoring et mécénat.

Communication multicanale intégrée – Integrated communication, 454.
Communication utilisant plusieurs canaux de communication différents qui travaillent en synergie et dont on a veillé à la cohérence de fond et de forme des messages véticulé par ces multiples canaux.

Communication interactive – Interactive communication, 672.
Mode de communication favorisant un échange ou un dialogue entre les clients et une entreprise ou une marque. Internet en est un instrument privilégié.

Communication interne – Internal communication, 872.
Communication dirigée vers le personnel de l'entreprise.

Communication-mix – **Voir** *Mix de communication*, 908.

Communication one to one, one to few, one to many – One to one, one to few, one to many communication, 412, 421, 427.
- *Communication one to one* : communication entre deux personnes, soit sous forme de dialogue en face à face (vendeur/acheteur en magasin par exemple) ou à distance (courrier, téléphone, Internet…).
- *Communication one to few :* communication adaptée à une cible réduite (de quelques dizaines à quelques centaines de personnes, réalisée par le biais de réunions (opérations de relations publiques, événements, colloques, séminaires, clubs de marque, *incentive*…) ou par e-mail, réseaux sociaux, etc.
- *Communication one to many* : communication de masse dont le message peut être soit indifférencié, soit différencié par grands segments ciblés, en fonction de canaux spécifiques.

Communication produit – Product communication.
- *Par opposition à « communication corporate »* : communication axée sur le(s) produit(s) de l'entreprise et non sur l'entreprise elle-même.
- *Par opposition à « communication d'image »* : communication mettant en avant des caractéristiques ou performances objectives du produit.

Comparateur de prix – Price comparison service/Price engine, 814.
Sites Web qui, pour une référence de produit demandée, listent par ordre de prix les sites marchands qui la vendent. Les comparateurs de prix génèrent du trafic vers les sites marchands et sont rémunérés par ces derniers par une commission au clic ou à la vente.

Communication pull – Voir *Pull (communication)*, 441.

Communication push – Voir *Push (communication)*, 441.

Communication relayée – Two-step flow model, 445.
Technique de communication consistant à toucher une cible finale en passant par des influenceurs ou par le bouche à oreille. Voir *Bouche à oreille, Influenceur, Marketing viral.*

Complaint site – Complaint site.
Sites regroupant les critiques et réclamations de clients. Par extension, se dit des sites activistes qui ciblent leurs critiques sur une entreprise.

Concentrée (stratégie) – Targeted strategy.
Stratégie de marketing dans laquelle la cible de clients visée se limite à un seul segment du marché.

Concept marchand – Retail concept.
Identité et positionnement d'une enseigne qui vont orienter la politique d'un distributeur et son marketing-mix.

Concept produit (ou concept marketing d'un produit) – Product concept, 199.
Idée centrale qui caractérise un produit, exprimée en termes de bénéfices clients.

Concepteur-rédacteur (ou copy-writer) – Copywriter, 473.
Créatif en agence spécialiste des textes des annonces.

Concours – Contest, 520.
Technique promotionnelle consistant à offrir des récompenses aux participants ayant fourni de bonnes réponses à des questions faisant appel à leurs connaissances ou à leur sagacité.

Concurrence – Competition, 49, 679.
Situation de marché dans laquelle des entreprises ou organisations proposent des offres substituables en cherchant à être préférées par les clients. Elle peut être :
- *directe* – Direct competition : concurrence de produits similaires et facilement substituables à ceux que propose une entreprise ;
- *indirecte* – Indirect competition : concurrence de produits substituables à ceux que propose une entreprise, mais qui relèvent d'un autre segment de produits ;
- *interproduits* – Similar product competitition : concurrence de produits similaires ;
- *intersegments* – Cross-segment product competition : concurrence de produits substituables appartenant à des segments différents d'un même marché ;
- *générique* – Generic competition : concurrence de produits, même de nature très différente, qui sont de nature à satisfaire les mêmes besoins que les produits de l'entreprise.

Conditions générales de ventes (CGV), – General terms of sales, 304, 372.
Partie d'un contrat décrivant le barème de prix et les divers engagements de l'acheteur et du vendeur.

Conditionnement (packaging) – Voir *Emballage*.

Conditionnement classique – Classical conditioning, 168.
Mécanisme d'apprentissage (ou d'influence) qui consiste à créer un comportement chez un sujet en associant de façon systématique et répétée un stimulus et une réponse. Ex : chien de Pavlov.

Conditionnement instrumental – Operant conditioning, 168.
Mécanisme d'apprentissage (ou d'influence) qui consiste à motiver un sujet à adopter un comportement par une récompense ou une punition.

Consommation ostentatoire – Conspicuous consumption, 154.
Consommation dont le mobile principal est de donner à autrui une image valorisante de soi, par l'étalage de ses richesses, apparentes ou réelles.

Contrat relationnel – Relational promise, 604.
Positionnement d'un programme relationnel, qui définit son propos et le type de bénéfices que peuvent en tirer les clients. Il a une double fonction : servir de guide pour assurer la cohérence des actions relationnelles de l'entreprise, et présenter une offre claire aux yeux des clients.

Contribution – Contribution margin, 267.
Abrégé de « contribution aux frais fixes et au profit » ou de « contribution à la marge ». C'est la marge sur coûts variables.

Conversion (taux de) – Conversion ratio (CCR : customer conversion ratio), 393, 397.
Indicateur mesurant le pourcentage de personnes touchées par une action marketing qui y répondent d'une façon conforme à ses objectifs. Cette réponse peut être variée selon les opérations marketing : une inscription, le remplissage d'un formulaire, un clic, une demande d'information, un achat. Pour un site marchand, le

taux de conversion désigne généralement le pourcentage de visiteurs qui se transforment en acheteurs.

Copy strategy – Brief (Creative brief), 477.
S'écrit souvent « copy stratégie » et se dit souvent copy strat.
Cahier des charges établi à l'intention des créatifs d'une agence dont les rubriques principales sont la promesse (ou bénéfice-consommateur), les supports de la promesse (appelés également preuves, justifications ou reason-why) et, parfois, le ton du message.

Copywriter – Voir *Concepteur-rédacteur.*

Corporate – Voir *Communication corporate.*

COS – Voir *Coefficient d'occupation des sols.*

Cost plus (méthode du) – Cost-plus pricing, 266.
Méthode de fixation du prix de vente consistant à ajouter une marge déterminée (en pourcentage) au prix de revient ou au prix d'achat.

Couplage – Coupling (combination).
Produit publicitaire proposant de la vente d'espace regroupant plusieurs supports. Exemple : couplage 66/3 dans la presse quotidienne régionale : 3 insertions dans tous les titres de la PQR, soit 66 à l'origine, 59 aujourd'hui.

Coupon – Coupon, 524.
Bon de réduction de prix.

Couponing – Couponing, 524.
Pratique consistant à proposer des bons de réduction aux clients.

Couponing électronique – Electronic couponing, 525.
Méthode de couponing consistant à émettre automatiquement, aux caisses de sortie d'un magasin des coupons au bénéfice de clients ayant dans leur panier d'achats un (ou plusieurs) produits prédéterminés. Par extension, se dit de coupons que les internautes peuvent imprimer et utiliser en magasin.

Courbe d'expérience – Voir *Expérience.*

Courtier en fichiers – List broker.
Spécialiste en fichiers dont il fait le négoce pour les opérations de marketing direct des producteurs.

Coûts – Costs, 262, 263, 264, 266.
Frais générés par le fonctionnement de l'entreprise.
- *Coûts directs* – Direct costs : coûts imputables, d'une manière claire et exclusive, à la production, à la commercialisation ou à la communication du produit considéré.
- *Couts indirects* – Indirect costs : coûts qui concernent plusieurs produits de l'entreprise et qui sont répartis (ou « imputés ») à l'aide de clés de répartition.
- *Coûts fixes* – Fixed costs : coûts indépendants, tout au moins à court terme, du volume de vente du produit considéré (constants quel que soit le volume des ventes).
- *Coûts variables* – Flexible costs : coûts qui varient en fonction de la production et/ou des ventes de ce produit.

- *Coûts marginaux* – Marginal costs : supplément de coûts qu'entraînerait, pour l'entreprise, la production et/ou la vente d'une unité supplémentaire du produit, pour un volume de vente déterminé.
- *Coût moyen unitaire d'un produit* – Average cost : somme de tous les coûts imputés à un produit, divisée par le nombre d'unités vendues.

Coût par action (CPA) – Cost per Action (CPA), 498.
Avec le CPA, l'annonceur est facturé au nombre d'actions engendrées par la campagne, ces actions étant liées aux objectifs de la campagne (par exemple, remplir un questionnaire, acheter un produit). Se distingue du *Coût par clic*.

Coût par clic (CPC) – Cost per Click (CPC), 275, 498.
Rapport de l'investissement publicitaire au nombre de clics ou forfait facturé par clic par les sites supports ou les régies.

Coût par mille (CPM ou CPMPAP) – Cost per Thousand (CPM), 501.
Dans les médias classiques, le coût par mille (lecteurs ou auditeurs) est le coût d'une insertion publicitaire rapporté au nombre de lecteurs ou d'auditeurs. On s'intéresse surtout au coût par mille utile en ne retenant que l'audience utile, soit celle qui appartient à la cible.
Pour Internet, le CPMPAP est le coût d'achat de l'espace publicitaire sur un site, ramené à une base de 1000 pages vues avec publicité, ou en pratique de 1000 impressions. Cet indicateur permet d'évaluer et de comparer les tarifs publicitaires des différents sites en fonction du nombre de pages vues avec publicité. C'est l'indicateur de référence pour la commercialisation de l'espace publicitaire.

Couverture – Reach, 503.
Pourcentage de la population-cible exposé effectivement à une campagne publicitaire, c'est-à-dire ayant une probabilité non nulle de la voir (ou de l'entendre) ; le taux de couverture à une, deux ou *n* ODV (occasions de voir) mesure le pourcentage de personnes exposées au moins une, deux ou n fois à la campagne.

Coût/volume – Voir *Stratégie de coût/volume*.

CPA – Voir *Coût par action*, 648.

CPC – Voir *Coût par clic*, 275, 498.

CPM – Voir *Coût par mille*, 501.

CTA – Voir *Call to Action*.

Créatif (d'agence) – Copywriter et Art director, 427.
Conçoit les messages publicitaires. On distingue les concepteurs rédacteurs (textes) et les directeurs artistiques (images). Ils travaillent souvent ensemble (team créatif).

Critères de segmentation – Segmentation criteria, 743.
Éléments de référence qui permettent de découper une population en sous-ensembles homogènes. On peut distinguer quatre grands critères de segmentation : sociodémographique, géographique et économique ; de personnalité et de style de vie ; de comportement ; d'avantages recherchés.

CRM (ou Gestion de la Relation Clients) – CRM, 283, 603.
Initiales de Customer Relationship Management. La politique relationnelle ou CRM est une stratégie et un processus organisationnel qui visent à accroître le chiffre d'affaires et

la rentabilité de l'entreprise en développant une relation durable et cohérente avec des clients identifiés par leur potentiel d'activité et de rentabilité.

Cross selling (ou ventes croisées) – Cross selling, 731, 984.
Actions marketing ayant pour objet d'inciter les clients d'une entreprise à acheter d'autres références de produits afin d'accroître le *revenu par client*. Voir *Up-selling*.

Crowdsourcing – Crowdsourcing, 662.
Mode de traitement de problèmes qui sollicite la participation d'un public élargi composé de personnes de bonne volonté et d'expertise variée sur la base du volontariat (apophérèse de *crowd* : foule et *outsourcing* : externalisation).

CSP (catégories socioprofessionelles) – Voir *PCS*.

Culture – Culture.
Ensemble de manières de penser, de sentir et d'agir, plus ou moins formalisées, apprises et partagées par une pluralité de personnes et qui permettent de créer une collectivité.

Customer made – Voir *Co-marketing*.

Customer Relationship Management – Voir *CRM*.

Customisation – Voir *Personnalisation*, 405.

Cycle de vie de la famille – Family life cycle, 141.
Il est généralement analysé en six phases : 1) Jeunes célibataires, 2) Jeunes couples sans enfants, 3) Jeunes parents, 4) Âgés mariés avec enfants, 5) Âgés mariés sans enfant dans le foyer, 6) Vieux, seuls.

Cycle de vie – Life cycle, 141.
Théorie selon laquelle les produits et les marchés passent, au cours de leur existence, par quatre phases successives : le lancement, la croissance, la maturité et le déclin.

D

Datamarts – Datamarts, 612.
Sous-ensembles des datawarehouses (ou entrepôts de données), qui ne contiennent que les informations nécessaires à certains traitements de données, généralement liés à une fonction particulière de l'entreprise.

Datamining – Datamining, 612.
Littéralement, fouille de données. Extraction et exploitation de données, à partir de fichiers, pour une opération de marketing.

Datawarehouse – Datawarehouse, 612.
Littéralement, entrepôt de données. Organisation de fichiers de données marketing à partir desquels on peut monter et suivre de multiples actions de marketing individualisé.

Demande consommateur – Consumer demand, 104.
Indice exprimant la part de marché d'une marque ou d'un produit dans les magasins qui l'ont référencé. Il est calculé en divisant la part de marché globale de la marque ou du produit par la DV (distribution valeur).

Demande primaire – Primary demand, 691.
Volume total des ventes d'une catégorie de produits, toutes marques confondues.

Déréférencement – Delisting, 372.
Mesure prise par un distributeur à l'encontre d'un de ses fournisseurs et consistant à cesser de vendre (et donc d'acheter) un produit de ce fournisseur.

Design – Design, 206.
Conception et réalisation de symboles, d'objets, ou d'environnement afin optimiser la production et l'utilisation, de les rendre plus esthétiques et de créer une expérience du client plus satisfaisante. On distingue le design produit (esthétique industrielle et dessin des packagings), le design d'identité de marque et d'entreprise, et le design d'environnement (conception de l'architecture intérieure des lieux d'accueil du public, signalisation extérieure).

Désintermédiation – Disintermediation, 323, 430.
Suppression d'une catégorie d'intermédiaires, qu'Internet tend à favoriser.

Différenciation (positionnement) – Differentiation, 754.
Politique de positionnement consistant à doter un produit d'attributs réels ou symboliques pour le distinguer des produits comparables dans l'esprit du client. Le positionnement d'une offre s'exprime par une identification à une catégorie de produits et une différenciation au sein de cette catégorie.

Différenciation (stratégie) – Voir *Stratégie de différenciation.*

Différencié(e) (marketing ou stratégie) – Multisegment strategy, 427, 902.
Stratégie de marketing consistant à appliquer des traitements différents à différentes cibles de clientèle et qui peuvent concerner le produit, le prix, la distribution ou la communication.

Différentiel sémantique (ou échelle d'Osgood) – Semantic differential (Osgood's scale), 91.
Échelle d'attitude dont les deux bornes extrêmes sont des mots de sens opposé.

Diffusion (modèle de) – Diffusion, 251.
Théorie décrivant le processus par lequel une innovation est adoptée (achetée ou consommée) par des entreprises ou des personnes sur un marché.

Directeur artistique – Art director, 473.
Créatif en agence, chargé de la conception des images des messages publicitaires.

Directeur de communication (dircom) – Director of communications, 454.
Les dircoms peuvent être en charge de toutes les communications d'une entreprise. Plus généralement, ils dirigent la communication corporate.

Discount (magasin) – Voir *Hard discount*, 260, 346.

Discrimination des prix – Discriminatory pricing, 261, 280.
Politique de prix consistant, pour un producteur ou un distributeur, à vendre sur le marché des biens et des services identiques à des prix différents selon les segments de clients, le moment ou le lieu.

Display – Display, 494.
Version en ligne de la publicité classique : messages exposés sur des sites Web, utilisant des éléments graphiques, qui prennent la forme de bannières de formats variés

(bannières simples, skyscrapper, carrés, pop-up, habillage de page, intersticiels…). Se distingue du *search*, c'est-à-dire des liens commerciaux qui sont textuels.

Disponibilité (numérique, valeur) – Voir *Distribution numérique* et *distribution valeur.*

Disruption – Disruption, 480.
Méthode de l'agence TBWA développée par J.M Dru pour élaborer une stratégie publicitaire fondée sur une démarche en trois temps : 1) Recenser les conventions sur un marché, 2) Trouver une disruption, c'est-à-dire une manière de bousculer la convention, 3) Formuler une vision, là où l'on veut emmener la marque.

Dissonance cognitive – Cognitive dissonance, 773.
Sentiment d'inconfort dû à la perception d'une contradiction dans ses croyances ou attitudes. Cette perception peut conduire les individus à réduire cette dissonance soit par élimination d'un élément dissonant, soit par modification de ses croyances ou attitudes.

Distribution – Distribution, chapitre 6.
Organisation de la diffusion et de la mise à disposition de produits du producteur au client. Voir *Canal de distribution et Circuit de distribution.*

Distribution multicanale – Voir *Multicanal*, 120, 318, 391.

Distribution numérique (DN) – Numerical distribution, 103.
La distribution numérique d'un produit ou d'une marque dans un univers de distribution donné (par exemple les hypers) mesure le pourcentage de points de vente qui, dans cet univers de distribution, vendent le produit ou la marque.

Distribution physique – Physical distribution, 390, 847.
Ensemble des moyens, des techniques et des opérations de transport et de stockage des produits depuis le lieu de production jusqu'au client final.

Distribution valeur (DV) – Weighted distribution, 103.
La distribution valeur mesure le pourcentage des ventes totales de la catégorie de produit réalisé par les points de vente qui référencent la marque.

DN/DV – Voir *Distribution numérique et distribution valeur.*

Double marque – Endorsed brand or sub-brand, 810.
Signature d'un produit avec deux marques, l'une (la marque mère) cautionnant l'autre (la marque fille). Ex. : Bio de Danone avec Bio (marque fille) et Danone (marque mère).

DRTV (Direct Response Television) – Voir *Télé-achat.*

Dumping – Dumping, 292.
Pratique illégale consistant à vendre un produit à perte pour éliminer des concurrents financièrement plus faibles que soi. Voir *Prix de prédation.*

Duplication d'audience – Audience duplication.
Intersection entre les audiences de 2 ou *n* supports, c'est-à-dire ensemble des personnes qui font partie de l'audience de tous ces supports à la fois.

E

E-branding – Ebranding.
Politique de marque sur Internet.

E-business – Ebusiness, 965.
Utilisation managériale des technologies de l'information. Par extension, il désigne ses champs d'application : relations avec les fournisseurs en amont, processus de production et de communication internes, relations avec les clients et les distributeurs en aval.

Échantillon (sondages) – Sample, 81, 83, 85.
Sous-ensemble représentatif d'une population auprès duquel est menée une enquête.
- *Échantillon aléatoire* – Systematic sampling (or Nth name selection) : échantillon obtenu par une méthode de tirage au sort.
- *Échantillon arbitraire* – Convenience sampling : échantillon sans validité statistique, utilisé pour une enquête exploratoire.
- *Échantillons par itinéraires* – Nonprobability sampling : méthode par laquelle on demande à un enquêteur d'interroger des personnes en suivant un itinéraire imposé.
- *Échantillon par quotas* – Quotas sampling : échantillon obtenu en imposant aux enquêteurs de respecter certaines proportions prédéterminées (en fonction de différents critères) parmi les personnes interviewées.

Échantillonnage (erreurs d') – Sampling error, 81.
Erreurs qui perturbent la validité du résultat d'un sondage et qui peuvent provenir de problèmes de méthodes ou de procédure, ou de la taille de l'échantillon.

Échelle d'affinité – Voir *Affinité.*

Échelle d'attitude – Attitudinal scale, 90.
Techniques de mesure de l'intensité des attitudes ; les échelles peuvent être verbales ou graphiques.

E-commerce – Voir *Commerce électronique.*

Écrémage (politique d') – Skimming, 284.
Politique consistant, lors du lancement d'un produit nouveau ou innovant, à fixer le prix à un niveau élevé afin de dégager une marge unitaire forte, avec le projet de le réduire progressivement afin d'en élargir la diffusion.

EDI (Electronic Data Interchange) – EDI, 965.
(Prononcer « i-di-aïe »). Initiales d'Échanges de Données Informatiques. Désigne des systèmes sécurisés de communication électronique de transactions interentreprises, tels que les commandes ou les factures.

Effet d'expérience – Voir *Expérience.*

Efficacité de la publicité (mesure de l') – Advertising efficiency, 507.
Méthodes permettant d'évaluer la réussite d'une création ou d'une campagne de publicité, selon des critères de communication (souvenir, attribution à la marque, agrément, incitation à l'achat) ou économiques (impact sur les ventes).

Effet de source – Source effects, 638.
Phénomène psychologique selon lequel la perception et l'interprétation d'un message diffèrent en fonction de la source du message. Autrement dit, l'origine d'un message influence la perception qu'on en a.

Élasticité croisée – Cross elasticity of demand.
Elle exprime l'effet de la variation du prix d'un produit sur les ventes d'un autre produit de la même gamme.

Élasticité de la demande au prix – Price elasticity of demand, 272.
Pourcentage de variation du volume des ventes d'un produit consécutive à une variation de 1 % de son prix.

ELM – Elaboration Likelihood Model (ELM), 166.
Modèle qui distingue, dans la perception d'un message publicitaire, la route centrale (attention au contenu et aux arguments du message) et la route périphérique (attention aux éléments de forme accessoires : modèles, musique, humour, etc.), en fonction de l'implication du client.

E-mailing (ou emailing) – Emailing, 518.
Courriers électroniques. L'utilisation de l'e-mailing par le marketing direct a pour principal objet de créer du trafic vers un site Web pour des finalités diverses. Il doit respecter des règles d'utilisation de bases de données strictes, sauf à être du spam, c'est-à-dire un e-mail commercial non sollicité.

Emballage – Packaging, 209.
Ensemble des éléments matériels qui, sans être inséparables du produit lui-même, sont vendus avec lui en vue de permettre ou de faciliter sa protection, son transport, son stockage, sa présentation en linéaire, son identification et son utilisation par les consommateurs.
– *Primaire* – Primary packaging : contenant en contact direct avec le produit (par exemple, flacon).
– *Secondaire* – Secondary packaging : contient un produit déjà conditionné (par exemple, étui en carton contenant le flacon).
– *Tertiaire* – Tertiary packaging : emballage de manutention pour le transport des produits jusqu'au produit de vente (par exemple, palette).

Emblème de marque – Brand identity, 815.
Logo, jingle, symboles visuels, slogan, signature associés à une marque.

E-merchandising – Emerchandising, 399.
Merchandising sur les sites marchands. Méthodes et techniques pour optimiser la présentation des produits, la navigation des internautes et les procédures d'achat dans les sites marchands.

Enchères – Auction, 281.
Vente publique consistant à vendre un bien au plus offrant.

Enchères inversées – Reverse auction, 970.
Procédure d'enchère dans laquelle plusieurs vendeurs sont en compétition auprès d'un ou plusieurs acheteurs et proposent un prix de vente qui va en décroissant. L'acheteur se décide quand le prix lui convient et achète au vendeur qui a fait la meilleure offre.

Enquête en face à face – Face-to-face/Personal interviews, 87.
Technique d'enquête par laquelle tous les individus appartenant à l'échantillon sont interviewés personnellement par un enquêteur. Les entretiens sont menés parfois dans la rue, au travail ou au domicile de la personne interviewée.

Enquête par Internet ou enquête en ligne – Online survey, 87.
Technique d'enquête par laquelle le questionnaire est soumis aux personnes interrogées par e-mail, ou, plus couramment, par le biais d'une interface Web.

Enquête par observation – Observational research.
Technique d'enquête ne faisant pas appel à un questionnaire mais à des observations humaines ou instrumentales.

Enquête par téléphone – Telephone survey.
Technique d'enquête par laquelle toutes les personnes de l'échantillon sont interrogées par téléphone, soit à leur domicile, soit à leur travail.

Enquête postale – Mail survey.
Technique d'enquête par laquelle le questionnaire est envoyé par écrit et par la poste aux personnes appartenant à l'échantillon, qui y répondent et le renvoient de la même manière.

Entretien non-directif (ou libre ou en profondeur) – Depth/unstructured interview.
Technique d'étude qualitative consistant à faire parler la personne interviewée sur un sujet déterminé, en se contentant de questions de relance.

Entretien semi-directif – Structured interview.
Technique d'étude qualitative consistant à faire parler la personne interviewée sur un sujet déterminé, en s'appuyant sur un guide d'entretien.

E-procurement – Eprocurement, 966.
Gestion électronique des approvisionnements, et plus particulièrement des achats d'une entreprise. Le e-sourcing, en amont, est la sélection électronique des fournisseurs.

E-pub – Voir *Publicité sur Internet.*

Esomar (European Society for Marketing Research) – ESOMAR.
Association internationale de professionnels des études de marché.

Essai gratuit – Free trial, 528.
Technique promotionnelle consistant à faire essayer gratuitement un produit par des clients potentiels.

Étude de marché – Market research, chapitre 2.
Travail méthodique de collecte et d'analyse d'informations permettant de mieux comprendre et connaître un marché, un public ou une offre, et ayant pour finalité de prendre de meilleures décisions marketing.

Étude de marché en ligne – Online market research, 100.
Étude faite sur Internet auprès d'un échantillon d'internautes.

Études documentaires – Desk/Off-the-peg research, 70.
Les études documentaires consistent à sélectionner, synthétiser et analyser des données secondaires, qui n'ont donc pas été produites pour les besoins de l'étude. Elles sont accessibles à titre gratuit (par exemple sur Internet) ou payant (études sectorielles faites par des cabinets).

Études exploratoires – Exploratory studies, 70.
Études ayant pour objet d'éclairer la complexité d'un sujet, d'en montrer les différents aspects et d'en permettre une meilleure compréhension. Elles intègrent les

études qualitatives et documentaires et se distinguent des études quantitatives qui ont pour vocation de donner des résultats représentatifs.

Études qualitatives – Qualitative studies, 73.
Appelées également études en profondeur ou études de motivation, elles cherchent à mieux comprendre les attitudes, les motivations, les besoins, les usages ou les opinions des consommateurs. Elles font partie des études exploratoires.

Études quantitatives – Quantitative studies, 80.
Études de marché ayant pour vocation de fournir des résultats quantifiés dont la représentativité peut être évaluée avec précision.

Expérience (effet ou courbe d') – Experience curve effect, 266.
Principe suivant lequel le coût unitaire de production décline avec les quantités. Cette réduction peut avoir de nombreuses origines (économies d'échelle, standardisation, effet d'apprentissage, etc.).

Extension de marque – Voir *Marque (extension).*

Eye tracking – Eye tracking, 408.
Occulométrie. Technique permettant de suivre le cheminement du regard. Utilisée par exemple pour analyser la perception d'une page Web.

F

Facing – Facing, 367.
Se dit dans un linéaire de vente de la face avant d'une rangée de produits.

Fait principal (d'une copy-stratégie) – Key insight.
Donnée importante sur le produit, le marché ou les consommateurs, et dont la campagne publicitaire devra impérativement tenir compte.

Fichier – List, 538, 754.
Liste nominative d'individus assortie de données personnelles complémentaires. Voir *Base de données.*

Fidélisation – Customer loyalty management, chapitre 10.
Actions et politique liées au produit, au prix, à la communication, à la promotion ou à un programme spécifique, destinées à renforcer la fidélité des clients à une marque en réduisant l'attrition et en accroissant la part de client. Une politique de fidélisation peut agir sur les trois composantes de la fidélité : affective (proximité émotionnelle), cognitive (préférence) et conative (comportement d'achat).

Fidélité – Loyalty, chapitre 10.
La fidélité d'un client est un attachement durable, préférentiel ou exclusif, à une entreprise ou à une marque. Elle a trois dimensions : affective (proximité émotionnelle), cognitive (préférence) et conative (comportement d'achat). Elle se mesure par l'attitude (proximité émotionnelle et préférence) ou par le comportement (fréquence des achats et part de la marque dans les achats de la catégorie de produits).
- *Fidélité active* – Active loyalty : fidélité qui résulte d'un attachement ou d'une préférence, de nature rationnelle ou affective, pour une marque ou une entreprise.

– *Fidélité passive* – Passive loyalty : fidélité qui résulte de facteurs personnels (routine, paresse, risque perçu à changer) ou de facteurs externes, qui rendent difficile ou impossible, pour un client, de changer de marque ou de fournisseur.

Focus group – Voir *Réunion de groupe.*

Forces concurrentielles – Voir *Intensité concurrentielle.*

Force de vente – Sales force, 882.
Ensemble des vendeurs ou agents commerciaux dépendant d'une entreprise.

Formule-produit – Product formula, 198.
Description technique des composantes, des processus ou caractéristiques d'un bien ou d'un service.

Foyer – Voir *Ménage.*

France-Pub – France-Pub, 468.
Organisme qui publie chaque année, avec l'Irep, une étude sur les dépenses de communication en France.

Franchise (forme de distribution) – Franchising, 325.
Formule de distribution dans laquelle une entreprise (le franchiseur) offre à des commerçants indépendants le droit d'utiliser son enseigne ainsi que de bénéficier de divers services techniques ou commerciaux, en échange de royalties et moyennant certaines obligations.

Franchise (marketing international) – Franchise, 1006.
Formule d'implantation dans un pays étranger basée sur une cession de licence accompagnée de diverses obligations techniques ou commerciales.

Freemium – Freemium, 301.
Politique de prix consistant à proposer gratuitement une offre et à se rémunérer sur des produits améliorés dits « premium » ou des produits complémentaires, tels que des prestations de service ou de la publicité.

Fréquence – Frequency, 500, 540.
En média-planning, se dit du taux de répétition d'un message sur une cible déterminée. Désigne la fréquence d'achat dans la méthode RFM (Récence du dernier achat, Fréquence des achats, Montant du dernier achat ou montant moyen).

Frequent Flyer Program – Frequent Flyer Program, 584.
Programme de fidélisation inventé par les compagnies aériennes reposant sur l'accumulation de « miles ». Par extension, se dit de tous les programmes de points.

Funnel – Buying Funnel, 178.
En français : entonnoir. Représentation d'un parcours d'achat que suit un individu ou une organisation en étapes clés successives dont on cherche à mesurer le taux de conversion (ou inversement de déperdition) de l'une à l'autre.

G

Gamme – Range, 228.
Une gamme est un ensemble de produits qui ont un lien entre eux car ils partagent les mêmes fonctions principales, s'adressent au même marché ou sont vendus par les mêmes canaux de distribution ou dans les mêmes zones de prix.

On les organise parfois en trois catégories : haut de gamme, moyen et bas de gamme. La largeur d'une gamme se mesure au nombre de lignes de produits. La profondeur d'une ligne est liée au nombre de produits qu'elle comporte. La longueur d'une gamme est le nombre total de produits qu'elle comprend.

Générique (produit) – Generic product.
Produit sans marque.

Géomarketing – Geomarketing, 358.
Approche fondée sur la géographie des populations et de la consommation. Le géomarketing s'appuie sur l'analyse de données statistiques sur les populations, leurs lieux de vie, les types d'habitat, les CSP par quartiers, les trajets des consommateurs, etc.

Girafe (promotion) – Price-pack deal, 525.
Technique promotionnelle consistant à offrir un format plus grand que le format standard pour le même prix.

Globale (marque ou stratégie) – Voir *Marketing global.*

Globalisation – Globalization, 977.
En marketing, convergence des goûts, des styles de vie, des comportements de consommation qui conduirait à l'effacement des particularisme locaux et à l'unification des marchés.

Glocale (marque ou stratégie) – Voir *Marketing glocal.*

GMP – Voir *PMG (petit, moyen, gros clients).*

GMS (Grandes et moyennes surfaces) – Supermarkets and hypermarkets, 101.
Désigne les grandes surfaces alimentaires (réalisant 50% ou plus de leurs ventes dans l'alimentaire), c'est-à-dire essentiellement les supermarchés et hypermarchés. Les GMS se distinguent des GSS (grandes surfaces spécialisées), du petit commerce et des autres formats de commerce.

Gondole – Shelf display, 367.
Étagère de magasin en libre service. Voir *Tête de gondole.*

Grand magasin – Department store, 331.
Forme de commerce de détail se caractérisant par une surface de vente très importante, un assortiment large et profond, et une implantation en centre-ville.

Gray market – Voir *Importations parallèles.*

GRC (Gestion de la Relation Client) – Voir *CRM (Customer Relationship Management).*

Grossiste – Wholesaler, 474.
Entreprise de distribution vendant à des intermédiaires de la distribution et non aux clients finals.

Groupes de références (groupes de pairs) – Peer groups, 149.
Groupe qui, à un moment donné, sert de référence dans la détermination des croyances, attitudes et comportements d'un individu, que celui-ci en soit membre ou non.

GRP (Gross Rating Point) – GRP, 504.
Indicateur de la pression publicitaire d'une campagne sur une cible déterminée. C'est le nombre moyen d'opportunités de contact d'une campagne publicitaire

avec sa cible, donné en pourcentage. Le GRP est un indicateur composite qui mélange la couverture de la cible et la répétition des messages ; plus précisément, il se calcule en multipliant la couverture par la répétition moyenne. Le GRP total d'une campagne est obtenu par la somme de tous les GRP par support utilisé (pour un support donné qui couvre 20% de la cible, deux publicités dans ce support donnent un GRP de 40, auquel on ajoutera le GRP d'autres supports utilisés par la campagne).

GSS (Grandes surfaces spécialisées) – Category killer, 347.
Grandes surfaces non-alimentaires. Ex. : Castorama, FNAC… Se distinguent des GMS (Grandes et moyennes surfaces) ou grandes surfaces alimentaires.

Guérilla marketing – Guerilla marketing.
Concept flou qui fut à la mode . Désigne des opérations de marketing (généralement de communication) inattendues et non conventionnelles qui visent à obtenir le maximum d'impact avec des moyens réduits.

Guerre des prix – Price war, 290.
Politique de prix ou situation de marché dans laquelle des entreprises s'adonnent à des réductions mutuelles de prix pour affaiblir ou éliminer leurs concurrents.

H

Halo (effet de) – Halo effect, 135.
L'attitude positive ou négative d'un client envers un principe, un objet, une personne peut favoriser une attitude positive ou négative envers une marque ou un produit qui font référence ou sont liés à ce principe, cet objet ou cette personne.

Hard discount (maxidiscompte) – Hard discount, 260, 346.
Forme de commerce pratiquant les prix les plus bas par le biais d'un aménagement et d'un assortiment réduits, de premiers prix et de marques de distributeurs.

Hard sell – Hard sell.
Technique de vente agressive. En publicité, désigne une technique de persuasion qui concentre les messages sur le produit et le prix, de façon insistante et répétitive (en opposition au « soft sell »)

Hiérarchie des effets – Hierarchy-off-Effects Theory, 464.
Théorie explicative du fonctionnement de la publicité qui postule qu'entre l'exposition à la publicité et le comportement, il existe des effets intermédiaires d'ordres cognitif et affectif.

High / low touch (services) – High/low touch, 919.
Les services *high touch* sont des services à forte interaction entre le personnel et les clients (par exemple : coiffeur, restaurant…), les services *low touch* connaissent des interactions réduites entre personnel et clients (par exemple : banque à distance, assurance…).

Home scan – Home scan, 108.
Appareil permettant aux membres d'un panel de consommateurs de relever automatiquement leurs achats et de les porter dans la base de données du panel.

Hors-médias – Below-the-line, chapitre 9.
Ensemble des moyens de communication autres que ceux qui utilisent les six grands médias publicitaires. Les principaux modes de communication hors-médias sont la promotion des ventes, le marketing direct, les relations publiques, le sponsoring et le mécénat, la communication évènementielle, les foires et salons.

Hypermarché – Hypermarket, 331.
Forme de commerce de détail caractérisée par une grande surface de vente (plus de 2 500 m^2), un assortiment large mais peu profond, des prix bas et une implantation sub-urbaine.

I

Identification (positionnement) – Identification, 777.
Politique de positionnement consistant à rattacher une offre à une catégorie de produits dans l'esprit du client. Le positionnement d'une offre s'exprime par une identification à une catégorie de produits et une différenciation au sein de cette catégorie.

Identité visuelle – Visual brand language, 813.
Éléments visuels (logo, codes graphiques, architecture des annonces…) permettant aux consommateurs de reconnaître une marque, un produit, une entreprise.

Image (étude d') – Brand equity study, 91.
Techniques d'analyse de l'image d'une marque, d'un produit, d'une entreprise, etc. On distingue les études qualitatives et quantitatives. On étudie l'image spontanée et l'image latente.

Image de marque (ou d'un produit) – Brand image, 821.
Ensemble de représentations mentales (connaissances, croyances, évocations) associées à une marque (ou à un produit) par un public déterminé .

Image de soi – Self-image, 135.
Ensemble de croyances, positives ou négatives, qu'on se fait sur les traits qui constituent notre identité : c'est l'évaluation, plus ou moins positive qu'on se fait de soi-même.

IMC (Integrated Marketing Communications) – Voir *Communication multicanale intégrée.*

Implication – Involvement, 164.
Importance qu'attache un individu à la décision qu'il doit prendre, et, par voie de conséquence, intérêt qu'il porte à une catégorie de produits ou à une marque.

Importation parallèle (marché gris ou gray market) – Gray market, 994.
Commerce pratiqué par des intermédiaires qui profitent des différences dans le prix des produits entre pays, en important de façon parallèle, à l'insu du producteur, un produit pour le vendre à un prix inférieur à celui du producteur. Par exemple : importations parallèles de produits Louis Vuitton au Japon, profitant du fait que la marque y applique des prix sensiblement plus élevés qu'en Europe.

Impressions (PAP ou Pages vues Avec Publicité) – Impression (Ad or Page), 497.
Diffusion d'une annonce publicitaire sur une page Web, mesurée par son téléchargement sur l'ordinateur d'un internaute connecté. La notion d'impression permet de comptabiliser les occasions de contacts avec la publicité.

Incentive – Incentive, 519.
Moyen de stimulation de la distribution et des vendeurs. Par exemple, un concours de vente avec des voyages en récompense.

Indifférencié(e) (marketing ou stratégie) – Undifferentiated strategy, 728.
Stratégie de marketing unique pour l'ensemble des segments d'un marché. Se distingue du marketing différencié.

Influence – Influence, 139.
Processus par lequel la façon de penser ou le comportement d'une personne ou d'un groupe est affecté par l'action d'un tiers.

Influenceur – Influencer, 425.
Les influenceurs comprennent les *préconisateurs* qui recommandent, les *prescripteurs* dont les choix s'imposent aux acheteurs, et les *leaders d'opinion*, à titre professionnel (par exemple les journalistes) ou du fait de leur autorité naturelle. Voir *Communication relayée.*

Infomercial – Infomercial.
Terme anglais formé à partir d'« information » et « commercial » (spot TV). Message publicitaire à la télévision de format très long : 4 à 5 minutes en France, jusqu'à 20 minutes aux États-Unis, où il s'apparente à une émission de télé-achat consacrée à une seule marque.

Information blanche, grise et noire (veille) – Open source, Investigation-based and Espionage-based information, 62.
Terminologie employée par la veille. Les informations blanches sont en accès libre, les informations grises sont le résultat d'une investigation, les informations noires sont obtenues illégalement, par espionnage.

Informations primaires – Primary data, 66.
Informations créées par une étude de marché, pour un propos spécifique, et recueillies directement sur le terrain.

Informations secondaires – Secondary data, 71.
Informations déjà collectées pour des raisons diverses, qui sont disponibles gratuitement ou contre rémunération, et qu'une étude de marché va chercher à exploiter.

Innovateur – Innovator, 251.
Désigne un consommateur pionnier qui est le premier à acheter un nouveau produit.

Innovation – Innovation, 251.
Une innovation est une nouvelle façon de faire quelque chose qui est perçu comme nouveau par un utilisateur éventuel. L'innovation peut être cosmétique ou révolutionnaire, elle peut être relative à une entreprise ou à un marché. Elle donne lieu à une politique d'invention et de conception, de recherche et développement et de lancement de produits nouveaux.

Innovation (diffusion de l') – Diffusion of innovations theory, 251.
La diffusion d'une innovation est le nombre (ou le pourcentage) d'entreprises ou de ménages qui sont les acheteurs et les utilisateurs d'un produit nouveau à un moment donné. Everett Rogers analyse la diffusion des innovations par une typo-

logie des acheteurs qui distingue les innovateurs, les adopteurs précoces, la majorité précoce, la majorité tardive et les retardataires.

In pack – In-pack promotion, 524.
Offre promotionnelle (prime, coupon, cadeau) contenue dans le packaging, par opposition à une offre *on pack*.

Insight consommateur – Consumer insight, 479.
Attitude ou croyance profonde de consommateurs, qui joue comme un frein ou comme une motivation à un comportement, sur laquelle le marketing va chercher à agir pour définir une offre ou construire une promesse publicitaire.

Intelligence économique – Voir *Veille.*

Intensité concurrentielle – Porter's five forces analysis (the intensity of competitive rivalry), 634, 715.
Selon Michael Porter, l'intensité concurrentielle d'un marché dépend de cinq forces concurrentielles : nouveaux entrants, substituts, fournisseurs, acheteurs et rivalité interne. Plus l'intensité est élevée, plus les chances de profit d'une entreprise sont faibles et moins le marché est attractif.

Intentions d'achat – Buying intension, 279.
Souhait d'acheter un produit, exprimé par une personne interrogée dans le cadre d'une enquête. L'intention d'achat est une attitude et non un comportement effectif.

Intersticiel – Insert, 838.
Page de publicité insérée entre deux pages Web.

Intervalle de confiance – Confidence interval, 82.
Indicateur statistique de la précision des résultats d'un sondage. Il est toujours calculé et présenté conjointement avec un « seuil de confiance ».

Irep (Institut d'Études et de Recherche Publicitaires) – Irep, 469.
L'Irep organise des séminaires de recherche et publie une étude annuelle des dépenses de communication des annonceurs.

ISA (imprimés sans adresse) – Unaddressed admail/Door-to-door leaflets, 433.
On dit aussi ISABAL : Imprimés Sans Adresse distribués dans les Boîtes À Lettres. Ce sont souvent des prospectus de la distribution diffusés dans les boîtes aux lettres d'une zone de chalandise. Ils représentent des budgets importants largement financés par les marques présentes dans ces imprimés

Itinéraires (méthode des) – Nonprobability sampling, 85.
Méthode d'échantillonnage consistant à imposer aux enquêteurs un itinéraire et des points d'enquête précis, pour essayer de se rapprocher d'un sondage aléatoire.

J

Jeux – Games, 515.
Toutes formes de concours et loteries organisés à des fins promotionnelles.

Jingle – Jingle, 799.
Ritournelle publicitaire, notes associées à une marque pour favoriser son identification.

L

Lead – Lead, 396.
Prospect qualifié, à propos duquel on possède les informations nécessaires pour le transformer en client. Sur Internet, ce prospect doit avoir donné son accord pour être sollicité et avoir fourni volontairement des données personnelles pour être considéré comme un *lead*.

Leader d'opinion – Opinion leader, 147, 445.
Personne ayant un statut, une expertise ou une audience qui lui permet d'influencer un public plus ou moins étendu. On peut distinguer les journalistes, les stars, les experts, les prescripteurs et les préconisateurs. Voir *Influenceur* et *Communication relayée.*

LECN – Voir *Loi pour la Confiance dans l'Économie Numérique.*

Lien commercial (ou publicitaire, promotionnel, sponsorisé) – Sponsored link, 497.
Forme de publicité sur Internet en fort développement. Bref message textuel constituant un lien vers le site de l'annonceur. On doit distinguer deux types de liens commerciaux :
- *Les liens promotionnels* des moteurs de recherche (*sponsored links*), qui s'affichent dans la page de résultats en fonction du mot clé tapé par l'internaute (par exemple AdWords de Google). Ils sont payés par l'annonceur et s'affichent à côté des liens naturels, qui sont les résultats donnés par le moteur de la recherche et non payés.
- *Les liens contextuels* (*contextual links*), qui sont présents sur les sites Web de contenu et qui sont ciblés en fonction de la thématique de chaque page (par exemple AdSense de Google).

Likert (échelle de) – Likert scale, 91.
Échelle graduée en 5 ou 7 points où l'on représente les réponses à une question, et qui comporte deux pôles extrêmes : « Tout à fait d'accord » et « Pas du tout d'accord ».

Linéaire – Shelf space on a shelving unit, 367.
Longueur des étagères d'un magasin occupée par une marque ou un produit.

List brokers – Voir *Courtier en fichier.*

Lobbying – Lobbying, 553.
Démarche consistant à faire connaître et valoir son point de vue à un décideur ou à un influenceur majeur.

Logo (ou logotype) – Logo, 146, 798.
Symbole visuel désignant une entreprise ou une marque de produits.

Loi Chatel, 373.
La loi pour le développement de la concurrence au service des consommateurs du 3 janvier 2008 a pour objectif de favoriser la libre concurrence et de baisser les prix. Elle réglemente la tarification des hotlines, elles obligent les assureurs à informer leurs clients avant le renouvellement automatique de leur contrats et elle permet aux distributeurs d'intégrer la totalité des marges arrières négociées avec les producteurs pour réduire le prix de vente consommateur (PVC).

Loi Dutreil, 375.
La loi Dutreil du 2 août 2005 réforme la loi Galland et réglemente les relations entre producteurs et grande distribution. Elle permet d'intégrer une partie des marges arrières dans le calcul du seuil de revente à perte, elle rend obligatoires les conditions générales de vente et elle oblige les distributeurs à justifier de façon détaillée les services de coopération commerciale et leur tarif.

Loi pour la Confiance dans l'Économie Numérique (LECN), 551.
Loi du 21 juin 2004 qui a notamment rendu obligatoire le consentement préalable des internautes lorsqu'on les prospecte par voie électronique.

Loi Sapin, 472.
La loi sur la prévention de la corruption et la transparence de la vie économique et des procédures publiques du 29 janvier 1993 instaure la transparence des prix sur l'achat des espaces publicitaires. Afin d'éviter une rémunération occulte des intermédiaires (agences, centrales d'achat…), elle prévoit que le prix d'achat et les ristournes éventuelles doivent figurer sur une facture adressée directement à l'annonceur par le support.

Longue traîne – Long tail, 229.
Concept développé par Chris Anderson soulignant qu'Internet permet de vendre des gammes très étendues composées de produits de niche, qui ne seraient pas rentables avec la distribution traditionnelle.

Look Test – Look Test, 246.
Test permettant de mesurer d'une manière quantitative les évocations induites par un packaging.

Lot virtuel – Virtual tying, 526.
Offre promotionnelle (généralement une réduction de prix immédiate ou différée) sur plusieurs produits achetés ensemble, mais non regroupés comme les lots promotionnels habituels. Les lots virtuels supposent que les caisses de sorties soient paramétrées.

Loterie – Lottery, 515.
Jeu promotionnel où les gagnants sont désignés au sort. Légalement, la participation à une loterie ne peut pas être conditionnée à un achat.

Lovemark – Lovemark, 824.
Concept publicitaire (Saatchi & Saatchi) selon lequel une marque doit commander le respect et une forte relation affective, en s'appuyant pour cela sur le mystère (grandes histoires, mythes, inspiration…), la sensualité (sollicitation de tous les sens) et l'intimité (implication, empathie, passion).

Low cost – Low cost, 699.
Stratégie d'entreprise consistant à proposer une offre réduite à l'essentiel mais de qualité, à un prix de vente très bas, grâce une réduction drastique des coûts de toute nature.

M

Magasin populaire – Dime store, 334.
Format de distribution issu de la crise de 1929, caractérisé par une grande surface, un assortiment moyennement large et peu profond, des prix moyens et une

implantation urbaine. Aujourd'hui, la plupart des magasins populaires n'ont de populaire que le nom.

Magazine d'entreprise – Consumer magazine, 957.
Revue éditée par (ou pour le compte de) une entreprise et diffusée par elle, généralement gratuitement aux clients figurant sur une base de données. Son contenu est principalement rédactionnel, mais elle peut aussi servir de support à des actions promotionnelles.

Mailing – Voir *Publipostage.*

Manipulation – Manipulation, 646.
Type d'influence qui se manifeste par son caractère masqué, une volonté de contrôle et une intention égoïste, voire malveillante.

Mapping (carte perceptuelle) – Mapping, 785.
Représentation visuelle en deux dimensions de la position relative de divers objets et des distances entre eux. Les objets représentés sont souvent des marques, des attentes consommateurs et des segments de consommateurs.

Marché – Market, 2.
Rencontre organisée d'une offre et d'une demande solvable.

Marché captif – Captive market, 37.
Marché où les clients n'ont pas de liberté de choix, étant obligés ou fortement contraints d'acheter un produit et une marque donnés. Par exemple le marché des dosettes Nespresso, seul produit pouvant être utilisé par les machines Nespresso.

Marché cible – Target market.
Marché constitué de l'ensemble des acheteurs que l'on vise. Voir *Cible marketing.*

Marché d'acheteurs – Buyer's market.
Marché où les acheteurs dominent les producteurs.

Marché de vendeurs – Seller's market.
Marché où les producteurs dominent les acheteurs.

Marché de premier équipement – Initial equipment market, 36.
Volume et/ou valeur des produits vendus à des clients qui achètent la catégorie de produits pour la première fois.

Marché de remplacement – Replacement market, 36.
Volume et/ou valeur des produits vendus à des clients qui remplacent un produit appartenant à la même catégorie.

Marché fragmenté (ou atomisé) – Fragmented market.
Marché divisé en de multiples segments de taille réduite, ou avec de nombreux concurrents ayant chacun des parts de marché réduites. Un marché fragmenté est souvent le signe d'une difficulté structurelle, pour les entreprises qui y sont présentes, à acquérir un avantage concurrentiel majeur.

Marché générique – Generic market, 34.
Marché défini par un besoin, pouvant donc regrouper plusieurs catégories de produits. Exemple : marché de la minceur.

Marché induit (conditionné) – Induced market, 37.
Marché déterminé par les ventes d'un autre produit. Par exemple, les ventes d'ustensiles de cuisine à fond spécial induction sont conditionnées par les ventes des plaques à induction.

Marché ouvert / fermé – Open/Closed market, 51.
– *Marché ouvert* : marché dans lequel il est facile d'entrer.
– *Marché fermé* : marché dans lequel il est difficile d'entrer, les barrières pouvant tenir à la présence d'entreprises puissantes, aux habitudes des clients, à la réglementation, à des investissements élevés en technologie, en communication, en distribution, etc.

Marché pertinent – Relevant market, 48.
Espace de marché dans lequel un produit est en compétition avec d'autres produits que l'acheteur juge substituables. Exemple : le marché de Porsche n'est pas celui de toutes les automobiles. Son marché pertinent est le segment des sportives à plus de 50 000 euros.

Marché potentiel – Potential market, 48.
Estimation du volume et/ou de la valeur maximum (ou plafond) que pourraient atteindre les ventes d'un produit considéré dans un horizon temporel déterminé, sous certaines hypothèses raisonnables bien définies.

Marché réel (ou actuel) – Real market, 38.
Volume et/ou valeur des ventes effectives d'un produit considéré au cours d'une période de référence.

Marché témoin (ou marché-test) – Test market, 248.
Lancement de produit à titre d'essai, sur une zone et une période délimitées, afin de valider en conditions réelles la stratégie marketing adoptée pour ce lancement.

Marché volume/valeur – Market volume/value, 50.
Un marché en volume se mesure par les quantités vendues, un marché en valeur par le chiffre d'affaires.

Marge – Margin, 349.
Différence entre un prix de vente et un prix de revient. Cette marge est également appelée marge avant. La marge est calculée en pourcentage du prix de vente consommateurs (PVC) ou par un coefficient multiplicateur appliqué au prix d'achat.

Marge arrière – Supplier's rebate, refund rate, 349.
À l'origine, désignait les formes de rémunération accordées à la distribution en fin d'année en contrepartie d'efforts dits de coopération commerciale (soutien apporté par un distributeur à la promotion des produits d'un fabricant). Aujourd'hui, cette expression couvre toutes les formes de marges complémentaires obtenues auprès des producteurs par les distributeurs.

Market Place – Voir *Place de marché électronique.*

Marketing – Marketing, 2.
Le marketing est l'effort d'adaptation des organisations à des marchés concurrentiels, pour influencer en leur faveur le comportement des publics dont elles dépendent, par une offre dont la valeur perçue est durablement supérieure à celle des concurrents. Dans le secteur marchand, le rôle du marketing est de créer

de la valeur économique pour l'entreprise en créant de la valeur perçue par les clients.

Marketing collaboratif – Voir *Co-marketing.*

Marketing d'étude, stratégique, opérationnel – Market research, Strategic and Operational marketing, 14.
Désigne les trois principales fonctions marketing : l'analyse des marchés, l'élaboration des stratégies et leur mise en œuvre.

Marketing de l'offre – Supply-side marketing.
Politique qui, au lieu de partir des attentes du marché, propose des innovations pensées par l'entreprise et visant à créer une demande. On oppose parfois marketing de l'offre à marketing de la demande. Cette distinction est contestable car, dans tous les cas, il faut vérifier que l'offre sera acceptée par le marché.

Marketing des réseaux sociaux – Voir *Réseaux sociaux.*

Marketing des services – Service marketing, chapitre 17.
Marketing des entreprises dont les activités sont à dominante de services. Le marketing des services se caractérise principalement par l'immatérialité des services et par la simultanéité, dans l'espace et le temps, de la production et de la consommation des services.

Marketing direct – Direct marketing, 534.
Communication envoyée sur la base de fichiers personnalisés comportant au minimum l'adresse postale ou mail des individus.

Marketing expérientiel – Experiential marketing, 22.
Création d'expériences qui permettent d'engager le consommateur dans une relation positive, riche en sens et en sensations, avec une marque.

Marketing global, glocal, local – Global, glocal, local marketing, 982.
- *Marketing global* : politique de marketing multinational identique sur tous les marchés du produit et de la marque.
- *Marketing glocal* (contraction de global et local) : politique de marketing multinational sont la stratégie globale est mise en œuvre avec des adaptations locales (« Think global, act local »).
- *Marketing local* : politique de marketing multinational spécifique et adapté à chaque pays.

Marketing indifférencié, différencié, concentré, individualisé (ou *one to one*) – Mass, multisegment, targeted, one-to-one marketing.
- *Marketing indifférencié* ou *marketing de masse* – Mass marketing : politique de marketing identique pour tous les clients d'un vaste marché.
- *Marketing différencié* ou *mufti-segmenté* – Multisegment marketing : politique décomposant le marché total en plusieurs segments, chaque segment faisant l'objet d'un marketing adapté.
- *Marketing concentré* – Targeted marketing : stratégie de marketing dans laquelle la cible de clients visée se limite à un seul segment du marché.
- *Marketing individualisé ou* one to one – One-to-one marketing : offre adaptée à un client (par exemple à un grand compte industriel). Par extension, politique de services, de prix et de communication s'adressant aux clients pris un à un. On utilise fréquemment le terme franglais « customisation ».

Marketing-mix – Marketing-mix, 186, 731, 739.
Ensemble cohérent de décisions relatives aux politiques de produit, de prix, de distribution et de communication d'un produit ou d'une marque.

Marketing relationnel – Relationship marketing, chapitre 10.
Politique et outils destinés à établir des relations individualisées et interactives avec les clients, en vue de créer et d'entretenir chez eux des attitudes positives et durables à l'égard d'une entreprise ou d'une marque déterminées.

Marketing services – Marketing services, chapitre 9, 456.
(Prononcer « marketing servi-ci-se »). À ne pas confondre avec le marketing des services. Terme franglais désignant les activités hors publicité des agences de communication (conseil, études, hors-médias…). On distingue, voire on oppose, les activités de publicité et les « marketing services ».

Marketing tribal – Tribal marketing, 149.
Marketing qui vise une communauté particulière d'utilisateurs en intégrant la marque dans la vie du groupe visé.

Marketing viral – Viral marketing, 449.
Techniques incitant les clients d'un produit ou d'une marque à les promouvoir dans leur entourage. Internet convient très bien au marketing viral.

Marque – Brand, chapitre 15.
La marque est un nom et un ensemble de signes distinctifs qui ont du pouvoir sur le marché en donnant du sens aux produits et en créant de la valeur perçue pour les clients et de la valeur économique pour l'entreprise.

Marque (ADN de la) – Brand ADN, 825.
Composantes fondamentales et indissociables de l'identité de la marque.

Marque (extension de la) – Brand extension/stretching, 825.
Élargissement du territoire d'une marque vers une nouvelle catégorie de produits radicalement différente des produits actuellement signés par la marque.

Marque (territoire de la) – Brand territory, 825.
Domaine dans lequel la marque (ou l'entreprise) est considérée comme légitime aux yeux des clients.

Marque de distributeur (MDD) – Private label, 330.
Marque propre à un distributeur, par opposition aux marques des producteurs.

Marque globale – Global brand, 987.
Marque commercialisée dans le monde entier avec la même politique.

Marque ombrelle – Umbrella brand, 808.
Marque signant de nombreux produits ou services appartenant à des catégories différentes. Ex. : Danone.

Marque-produit – Product brand, 808.
Marque ne signant qu'un produit (ou une gamme de produits) et véhiculant un positionnement spécifique au produit.

Maslow (pyramide de) – Maslow's hierarchy of needs, 122.
Échelle des besoins selon Maslow, qui distingue les besoins physiologiques, le besoin de sécurité, le besoin d'appartenance, le besoin d'estime et le besoin de s'accomplir.

Matrice des communications – Communication matrix, 1040.
Matrice proposée par *Publicitor* et *Mercator* pour ranger toutes les formes de communications des entreprises selon la nature de la communication : *push*, *pull* et relais et selon la taille des publics cibles : *one to many*, *one to few*, *one to one*.

Maxidiscompte – Voir *Hard discount*.

MDD – Voir *marques de distributeurs*.

Mécénat – Sponsorship, 556.
Soutien, aide ou concours qu'une personne privée (morale ou physique) apporte, volontairement, à une activité d'intérêt général (culture, solidarité, environnement, éducation, sport…) dans laquelle elle n'est pas directement impliquée.

Media planner – Media planner, 473.
Spécialiste chargé dans une agence de publicité ou une agence médias du choix des médias et des supports publicitaires.

Mediamat – TV/People meter panel, 117.
Panel de mesure de l'audience de la télévision en France.

Média-planning – Media planning, 473.
Techniques de choix des médias et des supports puis d'élaboration des plans d'insertions dans les supports retenus pour toucher la cible avec une efficacité optimum dans les limites d'un budget donné.

Ménage (ou foyer) – Household, 140.
Unité d'habitation constituée d'une ou de plusieurs personnes vivant ensemble, quel que soit le lien de parenté.

Merchandising – Merchandising, 364.
Ensemble des méthodes et techniques d'implantation et de présentation des produits dans les magasins, en vue d'accroître les ventes et/ou la rentabilité de ces produits.

Merchandising des sites marchands – Voir *E-merchandising*.

Me-too – Me-too, 782.
Produit reprenant le positionnement et les attributs essentiels d'un produit concurrent (souvent le leader).

Mise en avant, – Push promotion, 531.
Opération temporaire de merchandising en faveur d'un produit, comme par exemple des opérations de « tête de gondole ».

Misredemption – Misredemption, 525.
Reprise erronée ou frauduleuse, par un distributeur, de coupons de réduction en paiement de produits autres que ceux auxquels ils donnent droit.

Mix de communication – Communication mix, 908.
Ensemble organisé de moyens complémentaires retenus dans une stratégie de communication. Par exemple : publicité et marketing direct. Voir *Communication intégrée*.

Mix-médias – Media mix, 502.
Mélange de médias retenus dans une stratégie publicitaire.

Modèle marchand, modèle média – Retail model, media model, 386.
- *Modèle marchand* : modèle économique d'un site de vente en ligne qui, comme tous les distributeurs, prélève une marge sur les produits qu'il distribue.

– *Modèle média* : modèle économique d'un site de vente en ligne qui met en relation acheteurs et vendeurs contre une commission ou une rétribution fixe, sans distribuer lui-même les produits.

Moments de vie – Life stages, Trigger marketing, 141.
Situations liées à un moment de la vie qui font naître des types de besoin particuliers. Exemples : la naissance d'un enfant entraîne des achats spécifiques. La fin du remboursement des emprunts pour la résidence principale permet de financer d'autres achats. La notion de moments de vie peut être un critère de segmentation très intéressant.

Mondialisation – Voir *Globalisation.*

Monopsone – Monopsony, 930.
Marché avec un seul acheteur.

Motivation – Motivation, 73, 121, 126.
Raison subjective poussant à un certain comportement (d'achat, de consommation, etc.). On classe les motivations en trois types principaux : les motivations rationnelles ou utilitaires, les motivations hédonistes (se faire plaisir) et les motivations éthiques.

Mouse tracking – Mouse tracking.
Technique permettant de suivre les mouvements du pointeur de la souris sur les pages Web. Voir *Eye tracking.*

Multicanal – Multichannel, 120, 318, 391.
Politique de distribution ou de communication mettant en œuvre plusieurs canaux complémentaires.

N

NA (Nombre d'acheteurs) – Voir *QA/NA.*

Net Promoter Score (NPS) – Net Promoter Score (NPS), 583.
Indicateur de fidélité développé par F. Reichheld, consistant à demander aux clients : « Quelle est la probabilité que vous recommandiez [l'entreprise ou la marque X] à un ami ou à un collègue ? » La réponse est donnée sur une échelle de Likert de 0 (« Tout à fait improbable ») à 10 (« Tout à fait probable »). On retient le pourcentage de client qui ont répondu 9 ou 10 et on en retire celui des clients qui ont répondu 0 à 6 pour obtenir le NPS (qui est fréquemment négatif).

New business – New business, 473, 945.
Conquête de nouveaux clients. Cette expression est employée dans les agences de publicité qui ont un département « New business » chargé de la conquête de nouveaux budgets.

Newsletter – Newsletter, 537, 593.
Lettre d'information souvent faite à des fins commerciales. Internet a permis de développer ce procédé.

Niche – Niche, 34, 728.
Marché très étroit sur lequel une entreprise dispose d'une position très forte et relativement protégée.

Normes sociales – Social norms, 148.
Opinions et comportements dont la violation entraîne réprobation ou sanctions de la part du groupe social.

Notoriété – Awareness, 416, 805, 818, 819, 820, 821.
Présence à l'esprit d'une marque.
- *Notoriété assistée* – Prompted awareness : reconnaissance d'une marque à partir d'une liste proposée aux personnes interrogées.
- *Notoriété spontanée* – Spontaneous awareness : citation d'une marque à l'évocation de la catégorie de produits (ou du secteur d'activité).
- *Notoriété Top of mind* – Top of mind awareness : notoriété spontanée de premier rang. Se mesure par le pourcentage de personnes qui citent spontanément une marque, en première réponse.

Nourriture (taux de) – Voir *Part de client.*

O

Occulométrie – Voir *Eye tracking.*

ODE / ODV – OTH (Opportunity to hear) / OTS (Opportunity to see), 503.
ODV : occasion de voir un message dans la presse, la télévision, l'affichage et le cinéma. ODE : occasions d'entendre un message à la radio. Le nombre d'ODV ou d'ODE mesure les contacts potentiels de la cible avec un support ou un plan de supports. Ce sont des probabilités de contact avec les messages contenus dans ces supports.

Oligopsone – Oligopsony, 930.
Marché comprenant un petit nombre d'acheteurs.

Omnibus (enquête) – Omnibus survey, 67.
Enquête par sondage dans laquelle le questionnaire est fait de différents ensembles de questions qui proviennent chacun d'entreprises différentes. Ce type d'enquête permet de partager le coût de réalisation.

On pack – On pack, 516, 524.
Coupon ou prime portés sur le conditionnement du produit. Voir également *In pack.*

One to one – One-to-one marketing, 428.
Offre adaptée à un client (par exemple, à un grand compte industriel). Par extension, politique de services, de prix et de communication s'adressant aux clients pris un à un. On utilise fréquemment le terme franglais « customisation ».

Open source (logiciel libre) – Open source, 302, 665.
Permet de distribuer et d'utiliser gratuitement un logiciel, ainsi que de le modifier et de l'améliorer en donnant accès à son code source. A inspiré des techniques telles que le *crowdsourcing.*

Opt-in – Opt-in, 396, 550.
Recueil de données personnelles avec le consentement des intéressés. Se dit également du consentement à recevoir une communication commerciale telle que des e-mails.

P

Packaging – Voir *Emballage*, 209.

Panel – Panel, 98.
Échantillon permanent de personnes ou d'entreprises auprès desquelles des enquêtes sont menées d'une manière permanente ou répétitive, avec les mêmes méthodes et sur les mêmes sujets.
– *Panel de consommateurs* – Consumer panel : méthode d'enquête permanente permettant de suivre et d'analyser les achats des foyers ou des individus.
– *Panel de distributeurs* – Retail panel : méthode d'enquête permanente permettant de suivre et d'analyser les ventes du commerce de détail.
– *Panel mixte* – Single source panel : panel de détaillant assorti d'un panel de consommateurs. Voir *Source unique*.

Panier moyen – Average basket, 44, 371.
Également appelé ticket moyen. Valeur moyenne des achats faits par un client, lors d'une visite dans un point de vente physique ou virtuel. On analyse également le panier moyen selon la composition de ce panier par catégories de produits. Exemple : le panier moyen d'un hypermarché X est de 75 euros, dont 45 euros de produits alimentaires.

PAP (Pages vues avec publicité) – Voir *Impressions*.

Parc – Installed base, 680.
Nombre total d'unités d'une catégorie déterminée de biens durables ou semi-durables possédés et/ou utilisés, à un moment donné, par les entreprises ou les foyers.

Parrainage (sponsoring) – Sponsoring, 555.
Opération de communication consistant à s'associer et à soutenir l'organisation d'une manifestation, financièrement ou au moyen d'une prestation de service. Exemples : parrainage d'émission, parrainage sportif.

Part de client (taux de fidélité ou taux de nourriture) – Share of wallet, 112.
Pourcentage des achats (volume ou valeur) qu'un client consacre à une marque ou à un produit au sein d'une catégorie de produits au cours d'une période de référence. Appelé *taux de nourriture* dans la distribution.

Part de marché – Market share, 49.
Pourcentage représenté par les ventes d'un produit, d'une marque, d'une entreprise dans l'ensemble du marché. La part de marché s'exprime en volume et en valeur.

Part de marché relative – Relative market share.
Rapport de la part de marché d'une entreprise (ou d'une marque) à celle du concurrent principal. Pour le leader, la part de marché relative se calcule en rapportant sa part de marché à celle du numéro deux. Pour les autres, elle se calcule en rapportant leur part de marché à celle du leader.

Part de voix – Share of voice (SOV), 435.
Mesure, pour une marque, de la part représentée par ses dépenses de publicité dans l'ensemble des dépenses de publicité faites dans son segment de marché. La part de voix se note souvent SOV, initiales de l'anglais *Share of voice*.

Pay What You Want (PWYW) – Pay What You Want (PWYW), 282.
« Payez ce que vous voulez. » Modèle de tarification volontaire, par lequel l'entreprise ne fixe ni prix de vente, ni prix plancher et propose au client de payer le prix qu'il estime être le bon.

PCS (Professions et catégories sociales) – Demographic classifications, NRS social grades (UK), 152.
Nouvelle appellation des CSP. Segmentation de la population fondée sur l'activité professionnelle de l'individu ou du chef de famille. Voir *A,B,C,D.*

Peer-to-peer – Peer-to-peer, 622.
Les réseaux peer-to-peer, ou poste à poste ou encore réseaux de pairs, permettent de communiquer et d'échanger facilement de l'information sur Internet en partageant ses fichiers auprès d'une communauté d'utilisateurs.

Pénétration – Penetration rate, 45.
– *Taux de pénétration* : pourcentage (calculé par rapport à une population de référence) des personnes ou entreprises possédant, achetant ou consommant un produit ou une marque déterminés sur une période de référence.
– *Politique de pénétration* : politique marketing privilégiant le développement des volumes vendus et la part de marché sur la marge unitaire.

Permission marketing – Permission marketing, 443, 550.
Opération de marketing faite avec le consentement préalable de la cible.

Personnalisation – Customization, 405.
Politique consistant à adapter tout ou partie du mix-marketing (produit, prix, communication, mode de distribution) en fonction d'un client individuel. Cette personnalisation peut être visible ou non, cosmétique ou significative. On utilise fréquemment le mot franglais *customisation.* Voir *One-to-one.*

Personnalité – Personality, 135.
Ensemble de traits psychologiques relativement stables qui caractérisent un individu. Certains modèles tentent de segmenter la clientèle sur la base de la personnalité.

Pionnier – Pioneer, 471.
Personnes adoptant en premier un produit nouveau.

Pionnier (avantage du) – First mover advantage, 695.
Avantages concurrentiels dont est censé bénéficier une entreprise qui est la première à entrer sur un marché ou à lancer une innovation.

Place de marché électronique (Marketplace) – Electronic marketplace, 969.
Espace virtuel de rencontre entre l'offre et la demande (B to B ou C to C) : négociations, achats et services associés.

Placement de produits – Product placement, 422.
Produits et marques placés en évidence dans des films, des programmes de télévision, etc., sans que ce soit explicitement présenté comme une publicité. Le placement se fait contre rémunération. Il existe des agences spécialisées dans le placement de produit.

Plan de supports – Media plan, 499.
Sélection des supports publicitaires dans lesquels seront insérés les messages d'une campagne.

Plan de travail créatif (PTC) – Creative brief, 477.
Version élargie de la copy stratégie. En plus de la promesse (ou bénéfice-consommateur), des supports de la promesse et du ton, on indique le fait principal, les objectifs de la publicité, la concurrence, la cible et les contraintes imposées à la création.

Plan marketing – Marketing plan, chapitre 16, 675.
Liste d'actions précises à mener, assorties de leurs dates, de leurs coûts, de la description des moyens qu'elles exigent et souvent aussi de la désignation de leurs responsables.

Planification marketing – Marketing planning, 845, 846.
Processus structuré de réflexion et de discussion, de mise en œuvre, d'adaptation et d'évaluation d'une politique marketing.

Planner, planning stratégique – Account planner, Strategic planner, 474.
Fonction d'étude au sein d'une agence de publicité. Les planners stratégiques analysent les marchés et les marques. Ils proposent des stratégies de communication.

PLV (publicité sur le lieu de vente) – In-store advertising, 460.
Publicité faite par les producteurs ou les distributeurs à l'intérieur des magasins par affichettes, vidéo, radio (circuit intérieur), etc.

PMG (petits, moyens, gros clients) – Small, medium big customer segmentation, 44, 112.
On dit aussi : GMP. Analyse usuelle décomposant les ventes en volume et en valeur d'un produit ou d'une marque selon l'importance des clients. On calcule le nombre de clients de chaque type et le pourcentage qu'il représente dans le nombre total de clients. On compare ce pourcentage avec le poids de chaque segment dans les ventes totales et le profit. Par exemple, les gros clients représentent 8 % du nombre de clients mais font 35 % des ventes en valeur et 44 % du profit total.

Podcast – Podcast, 622.
Fichier audio diffusé gratuitement sur Internet qui peut être téléchargé sur un baladeur numérique ou un ordinateur personnel pour une écoute immédiate ou ultérieure. Un vidéocast est l'équivalent du podcast pour les fichiers vidéo.

Point mort – Break-even point, 268.
Méthode de calcul permettant de déterminer le volume de vente nécessaire pour que les recettes équilibrent les coûts fixes et variables.

Politique marketing – Marketing policy, 874.
Ensemble de décisions et de règles de conduite adoptées à l'avance, pour une certaine période de temps, en vue d'atteindre des objectifs déterminés qui s'inscrivent dans une stratégie à moyen et long termes.

Portefeuille d'activités – Business portfolio, 234.
Ensemble des secteurs d'activité dans lesquels l'entreprise est présente.

Portefeuille de produits, de marques – Product/Brand portfolio, 245, 656.
Ensemble des produits et des marques que l'entreprise commercialise à un moment donné.

Portrait chinois – Personalization technique, 78.
Technique d'étude qualitative et de créativité, consistant à transposer d'une manière imaginaire l'objet étudié dans un univers tout à fait différent. Ex. : « Si la marque était un personnage historique, ce serait… »

Position concurrentielle – Competitive positioning, 682.
Place d'une entreprise, d'une marque ou d'un produit analysé dans son espace concurrentiel en termes de part de marché, d'image, de forces et de faiblesses, d'opportunités et de menaces.

Positionnement – Positioning, chapitre 14.
Choix stratégique qui cherche à donner à une offre (produit, marque, entreprise), une position crédible, attractive et différente au sein d'un marché et dans l'esprit des clients.

Post-test – Post-test, 508.
Mesure sur un échantillon des résultats d'une campagne après qu'elle a été faite. Les post-tests mesurent la mémorisation de la publicité, l'attribution des messages à la campagne et à la marque, sa compréhension, l'agrément des messages et l'incitation à l'achat.

PQN – National daily press, 491.
Initiales de presse quotidienne nationale (ex. : *Le Monde*). Voir *Presse*.

PQR – Local daily press, 491.
Initiales de presse quotidienne régionale (ex. : *Ouest France*). Voir *Presse*.

Préconisateur – Influencer, 446.
Personne jouissant d'une certaine influence et susceptible de recommander l'achat, la consommation ou l'utilisation d'un produit. Voir *Communication relayée* et *Influenceurs.*

Premier prix – Cut-price, Entry level price, 289.
Produit vendu au prix le plus bas dans une catégorie déterminée.

Premium price – Premium price, 289.
Politique marketing consistant à valoriser auprès des clients un produit, en mettant en avant des bénéfices produit supérieurs (tels que l'innovation, la qualité, l'image de la marque), plutôt que de se battre sur des prix bas.

Prescripteur – Prescriber, 446.
Personne susceptible de prescrire d'une manière impérative l'achat, la consommation ou l'utilisation d'un produit. Voir *Communication relayée* et *Influenceurs.*

Presse – Press, 439.
Premier média publicitaire en France au niveau des investissements publicitaires. Comporte de nombreux types de supports aux caractéristiques publicitaires très différentes : presse quotidienne nationale (PQN) et régionale (PQR), presse magazine, presse gratuite, presse professionnelle…

Prétest publicitaire – Pre-testing, 486.
Étude des réactions de la cible à un projet de message publicitaire. Un prétest sert à vérifier si les intentions des créatifs sont perçues et bien comprises.
– *Prétest qualitatif* – Qualitative pre-test : analyse en profondeur semi-directive du message sur un très petit nombre de personnes, soit individuellement, soit en groupe (focus group). L'objectif du prétest qualitatif est de comprendre la valeur

de communication d'une idée créative par rapport aux objectifs stratégiques, de déceler les blocages éventuels, de baliser les zones de risques et d'optimiser ce qui doit l'être. Un prétest étant le plus souvent réalisé en amont, il est fréquent qu'il ait à départager plusieurs pistes auprès de plusieurs cibles.
– *Prétest quantitatif* – Quantitative pre-test : il se fait sur un échantillon représentatif de la cible de communication.

Preuve (reason why, support) – Reason why, 544.
Éléments fournis aux créatifs pouvant servir à soutenir une promesse publicitaire.

Preuve d'achat – Proof of purchase, 525.
Justificatif d'un achat qui doit être présenté pour bénéficier d'une offre spéciale ou participer à un concours.

Prime autopayante – Self-liquidating/Direct premium.
Prime demandant une participation financière du client qui couvre le coût d'achat de la prime. Par exemple, un DVD à 3,50 euros pour un plein d'essence.

Prix d'acceptabilité – Acceptable price range, 314.
Niveau ou tranche de prix jugés acceptables par un consommateur ou par une majorité de consommateurs pour un produit déterminé.

Prix d'appel – Loss leader price, 304.
Technique de promotion consistant à fixer à un niveau particulièrement attractif le prix de certains produits, afin de générer du trafic et une demande susceptibles d'accroître les ventes d'autres produits, plus rentables.

Prix de prédation – Predatory pricing, Destroyer pricing, 292.
Prix anormalement bas visant l'élimination des concurrents.

Prix de référence (ou prix d'ancrage) – Reference price, 274.
Prix mémorisé – ou imaginé – par le client, qui lui sert de point de référence pour évaluer une offre et estimer s'il s'agit d'une bonne affaire, si elle correspond au « juste prix » ou si elle est trop chère.

Prix de vente consommateurs (PVC) – Consumer price, 524.
Prix de vente au consommateur final, toutes taxes comprises.

Prix psychologique – Psychological/Odd-number pricing, 306.
Ajustement marginal du prix afin de le rendre plus attractif dans l'esprit du client. Par exemple, prix fixé à 99,99 € au lieu de 100 €.

Prix tarif – Base price, 305.
Prix de base auquel un producteur propose un produit aux intermédiaires de la distribution. Ce prix fait souvent l'objet de diverses modulations en fonction des caractéristiques de la commande ou de l'acheteur.

Processus de décision d'achat – Funnel buying, 31, 180.
Séquence des opérations mentales et physiques conduisant un client à choisir et à acheter un produit. On distingue quatre étapes dans un processus étendu : la reconnaissance du problème, la recherche d'information, la décision après évaluation des alternatives et l'évaluation après achat. Voir également *Funnel*.

Produit – Product, chapitre 5.
Toute offre présentée sur un marché, que ce soit un bien (tangible) ou un service (intangible).

Produit induit – Resulting product, 310.
Produit, service ou fourniture dont l'achat est nécessaire pour pouvoir utiliser un bien d'équipement. Exemple : l'essence pour une automobile.

Produit numérique – Digital product, 221.
Un produit numérique est une offre sur un marché dont le cœur (produits d'information) ou les services associés sont numérisés, c'est-à-dire transformés en données qui peuvent être traitées et transmises par l'intermédiaire d'un réseau informatique.

Projectif (test ou méthode) – Projective technique, 78.
Méthode d'enquête qualitative consistant à faire s'exprimer les personnes interviewées sur un objet d'une manière indirecte.

Promesse publicitaire – Claim, 483, 485.
Bénéfice objectif ou subjectif suggéré aux acheteurs par la publicité.

Promotion des ventes – Sales promotion, 519.
Association à un produit d'un avantage temporaire destiné à faciliter ou à stimuler son achat, son utilisation et/ou sa distribution.

Proposition de valeur – Voir *Valeur (proposition de).*

Prospect – Prospect, 539.
Personne ou entreprise à qui on cherche à vendre un produit ou un service.

Publicité – Advertisement, 460.
Messages pour la promotion des produits, marques ou entreprises, insérés à titre onéreux dans les médias tels que : presse, télévision, affichage, radio, Internet et cinéma, et dont la présentation se démarque du contenu rédactionnel de ces médias.

Publicité directe – Direct advertising, 460.
Messages insérés dans des *mass media* accompagnés d'un coupon-réponse, d'un numéro de téléphone, d'une adresse mail et conçus pour susciter une réponse immédiate de la cible.

Publicité extérieure – Voir *Affichage.*

Publicité subliminale – Subliminal advertising.
Message dont la durée est inférieure au seuil de perception de la rétine et qui influencerait sans perception consciente. La recherche n'a jamais confirmé la réalité d'un tel phénomène.

Publicité sur Internet (e-publicité) – Online advertising, 494.
Insertions d'annonces publicitaires dans des pages Web. La e-publicité est de deux types principaux :

– Le *display*, qui s'apparente à la publicité classique : insertions de messages publicitaires de type bannières (bannières, pop-up, habillage de page, intersticiels, rich media…) dans des sites supports qui vendent leur audience.

– Le *search* : liens commerciaux qui s'affichent dans la page de résultats d'un moteur de recherche en fonction du mot clé tapé par l'internaute, ou qui sont présents sur les sites Web de contenu et qui sont ciblés en fonction de la thématique de chaque page (liens contextuels).

Publicité sur les lieux de vente – Voir *PLV*, 460.

Publipostage – Mailing, 515.
Message de marketing direct envoyé par la poste et comportant une offre d'achat et un coupon-réponse. On dit souvent mailing.

Publi-rédactionnel – Advertorial, 460.
Message publicitaire dans la presse prenant la forme d'un article. La mention publicité ou communiqué est obligatoire pour éviter la confusion, mais elle n'est pas toujours respectée.

Puissance (d'un support, échelle de) – Reach, 506.
La puissance d'un support ou d'un plan de supports se mesure par le nombre d'ODV utiles. Pour choisir les supports d'un plan de campagne, on les analyse selon leur puissance et on les range sur une échelle de puissance, du plus fort au plus faible. Les échelles de puissance sont complétées par des échelles d'économie et d'affinité.

Pure player – Pure player, 383.
Entreprise ou marque créée sur Internet et n'existant que sur Internet. Par extension, se dit également d'une entreprise ou marque ayant commencé sur Internet et qui peut avoir développé ensuite une activité dans le monde réel.

Push/Pull (stratégie) – Push/Pull, 441, 732.
– *Stratégie push* : elle consiste à stimuler les intermédiaires pour qu'ils poussent la vente de la marque.
– *Stratégie pull* : elle consiste à motiver les acheteurs pour les inciter à acheter la marque.

Push/Pull (communication) – Push/Pull, 441.
– *Communication push* : messages envoyés par une entreprise, une marque ou un distributeur sans avoir été sollicités par les destinataires. C'est une communication intrusive. Par exemple, un spot publicitaire à la télévision, des bannières sur un site Web.
– *Communication pull* : communication sollicitée (ou au moins autorisée) par le destinataire. Par exemple, une recherche sur Internet, une visite dans un magasin.

PVC – Voir *Prix de Vente Consommateur.*

Pyramide de Maslow – Voir *Maslow*, 122.

Q

QA/NA, – Average quantity sold per consumer, 854.
Quantités moyennes par acheteur avec QA = Quantité totale achetée et NA = Nombre d'acheteurs.

Qualité perçue – Perceived quality, 9.
Perception des performances objectives et subjectives d'un produit. Les critères sur lesquels on perçoit la qualité d'un bien (tangible) et d'un service (intangible) diffèrent sur plusieurs points.

Question – Question.
- *Question fermée* – Closed-ended question : dans un questionnaire d'étude de marché, se dit d'une question pour laquelle les seules réponses possibles sont « oui », « non », ou « ne sait pas (ou sans opinion) ».
- *Question ouverte* – Open-ended question : question pour laquelle l'ensemble des réponses possibles n'est pas prédéterminé, les personnes interviewées étant libres de formuler leurs réponses dans des termes quelconques.
- *Question préformée* – MCQ (Multiple-choice) : question pour laquelle l'ensemble des réponses possibles est prédéterminé, les personnes interviewées ayant à choisir parmi ces réponses.

Questionnaire – Questionnaire, 73.
Séquence formalisée et structurée des questions à poser aux personnes interviewées.

R

Radio – Radio, 492.
Média publicitaire. On distingue les radios nationales (comme RTL) et les RLP (radios locales privées, souvent organisées en réseaux), les radios généralistes, musicales et autres radios thématiques.

Reach – Voir *Couverture.*

Rebond (taux de) – Bounce rate, 183.
Pourcentage d'internautes entrant sur un site Web par une page et quittant le site immédiatement.

Récence – Recency, 540.
Date du dernier achat.

Recensement – Census, 81.
Opération de dénombrement consistant à collecter des informations sur chacun des membres d'une population. Un recensement est exhaustif, à la différence d'un sondage qui interroge un échantillon représentatif de la population étudiée.

Réclame – Commercial advertising.
Terme souvent péjoratif désignant une publicité répétitive cherchant à conditionner le consommateur.

Récompenses – Rewards, 597.
Bénéfices monétaires ou marchands qu'un client reçoit en fonction de son comportement dans le cadre d'un programme de fidélisation. Les récompenses non monétaires relèvent de la *reconnaissance* ou de la *romance.*

Rédemption (taux de) – Redemption rate, 599.
Pourcentage d'offres promotionnelles de type coupons ou points, effectivement utilisées par les clients par rapport à celles qui ont été distribuées.

Référence de produit – Product reference, 275.
Variété de produit vendue par un distributeur et possédant une ou plusieurs caractéristiques distinctives par rapport aux autres produits qu'il vend. Exemple : chocolat Nestlé au lait et aux noisettes, vendu par lots de trois tablettes de 100 g.

Référence (groupe de) – Reference group, 368.
Groupe d'individus qui sert de référence dans la formation des croyances, des attitudes et des motivations d'un individu, que celui-ci y appartienne ou non.

Référencement (distribution) – Listing, 371.
Décision prise par un distributeur de vendre (et par conséquent d'acheter) un produit ou une marque déterminés.

Référencement (Internet) – SEM (Search engine marketing), 637.
Indexation des pages d'un site Web dans un moteur de recherche (référencement naturel), ou achat de liens commerciaux sur ce moteur (référencement payant). Voir *Lien commercial.*

Refus de vente – Refusal to sell, 375, 376.
Décision d'un distributeur qui refuse d'acheter et donc de vendre une marque ou un produit. Le refus de vente est interdit en principe, mais peut être autorisé dans des cas particuliers énoncés par la loi.

Régie (publicitaire) – Media agency, 468.
Service interne d'un support ou entreprise qui travaille pour le compte d'un support ou de plusieurs supports pour vendre de l'espace publicitaire de ce ou ces supports. A souvent pour clients des agences médias.

Relations presse – Press relations, 558.
Ensemble de moyens qu'on emploie en vue d'obtenir, de la part d'organes de presse (écrite, parlée, audio ou en ligne) la diffusion gratuite d'informations concernant une marque ou un produit.

Relations publiques (RP) – PR (public relations), 472.
Démarche et techniques consistant à prendre des contacts personnels avec des publics particulièrement importants pour l'entreprise, en vue de les informer, de gagner leur sympathie et de les inciter à diffuser à leur tour à des publics plus larges les informations qu'on leur a communiquées.

Remboursement différé – Mail-in rebate, 525.
Technique promotionnelle de réduction de prix à laquelle l'acheteur peut prétendre en retournant un ou plusieurs coupons après un ou plusieurs achats.

Remontée (taux de) – Customer-return rate, 532.
Pourcentage de coupons-réponses retournés ou de courriers électroniques auxquels on a répondu suite à une action de marketing direct ou de promotion.

Réputation en ligne – Online reputation, 666.
Opinions émises – accessibles à travers les résultats d'une requête sur les moteurs de recherche, des sites d'information ou des réseaux sociaux – sur les qualités d'une personne ou d'une organisation, qui sont susceptibles de susciter la confiance ou la défiance.

Réseaux sociaux – Social media, 622.
Mode d'interactions sociales qui facilite la création et l'échange d'information et de contenus entre des individus et entre individus et organisations. Désigne aussi les plateformes qui rendent ces interactions possibles (telles que Facebook, Twitter, etc.)

Réunion de groupe (focus group) – Focus group, 75.
Technique d'enquête qui consiste à réunir de six à douze personnes autour d'une table et, sous l'impulsion d'un animateur, à les faire parler entre elles d'un ou plusieurs sujets déterminés.

RFM – RFM (Recency, Frequency, Monetary), 540.
Initiales de Récence (date du dernier achat), Fréquence (fréquence des achats) et Montant (montant moyen sur une période donnée). C'est une méthode de segmentation souvent utilisée en marketing direct.

Rich media – Rich media.
Technologies avancées permettant de donner aux publicités sur les sites Web un contenu multimédia (vidéo, son, effets de déplacement…).

Risque perçu – Perceived risk, 161, 162.
Anticipation d'un écart entre son attente et son expérience future. Ce risque est plus ou moins élevé en fonction de la probabilité perçue de cet écart et de l'importance de ses conséquences.

Ristourne – Rebate, 286.
Réduction accordée dans le cadre d'une relation commerciale.

Rotation des stocks – Stock turnover ratio, 351.
Rapport entre le volume des ventes annuelles d'un produit et son stock moyen évalué au prix de vente. La rentabilité d'un distributeur est liée à la vitesse de rotation des stocks.

Rough – Rough, 483.
Esquisse d'un projet de message publicitaire.

Route centrale/périphérique – Voir *ELM.*

RSS (Flux ou format) – RSS (really simple syndication) feeds, 622.
Diffusion d'alertes ou d'informations qu'un abonné reçoit pour se tenir informé de la publication de nouveaux articles publiés sur un blog ou un site Web.

Rupture (taux de) – Out-of-stock rate, 371.
Nombre de fois sur une période donnée où une référence produit s'est trouvée absente du rayon en raison d'une rupture de stock ou d'un approvisionnement défectueux de ce rayon. Ce qu'on appelle taux de service est l'inverse du taux de rupture.

S

Sapin (loi) – Voir *Loi Sapin.*

Satisfaction – Satisfaction, 570.
En marketing, la satisfaction est un sentiment de plaisir ou de déplaisir qui naît de la comparaison entre des attentes préalables et une expérience de consommation.

SBU (strategic business unit) – SBU, 680.
Unité organisationnelle au sein d'une entreprise définie autour d'un domaine d'activité ou d'un particulier. Une SBU est dirigée de façon autonome avec des objectifs et des ressources propres.

Scoring – Scoring, 612.
Traitement statistique qui consiste à analyser des données historiques pour évaluer une probabilité de comportement futur d'un segment de clients et à assigner des points (ou score) en fonction de cette probabilité. On calcule des scores d'appétence, de potentiel ou d'attrition.

Search marketing – Search marketing.
Techniques d'optimisation des budgets publicitaires sur Internet utilisant des liens commerciaux. Voir *Lien commercial* et *Publicité sur Internet.*

Searchandising – Searchandising, 403.
Contraction de Search et Merchandising. Méthode visant à diriger le parcours de l'internaute dans un site marchand (merchandising) tout en lui laissant la main (search).

Segment – Segment, chapitre 13.
Sous-ensemble d'un marché défini en fonction d'un ou plusieurs critères définis par le producteur.

Segmentation – Segmentation, chapitre 13 (B to C), 944 (B to B).
– *Segmentation clients* – Customer segmentation : découpage d'un marché en groupes de clients distincts en fonction d'un ou plusieurs critères, ayant des façons de penser ou d'agir spécifiques, et pouvant potentiellement être la cible d'une politique marketing.
– *Segmentation produit* – Product segmentation : découpage d'un marché en catégories de produits directement substituables entre eux.

Sell-in/Sell-out – Sell-in/Sell-out, 42.
– *Sell-in* : ventes réalisées par un producteur auprès de la distribution.
– *Sell-out* : ventes réalisées par un producteur auprès des clients finals

Sémiologie (sémiotique) – Semiology (semiotic study), 1023.
Étude systématique des signes qui permettent la communication, qu'ils soient visuels, textuels, verbaux… L'analyse sémiologique ne s'intéresse pas à la perception des messages, mais à leur mode de production, leur articulation, leur sens explicite ou implicite, leurs référents…

Service – Service, chapitre 17.
Produit à dominante immatérielle, sous forme de prestation ou de droit d'utilisation (de lieux, d'équipements, de réseaux), ne pouvant faire l'objet d'un transfert de propriété (ce qui le distingue des biens). On doit distinguer le service comme produit principal, des services associés à l'offre principale, que cette dernière soit un bien ou un service.

Services associés – Complementary services, 217.
Ensemble des services complémentaires au produit principal, qui apportent des bénéfices complémentaires aux clients et qui sont autant de sources de différenciation. On peut distinguer les services de base (minimum attendu par le client) et les services additionnels (source de différenciation), qui peuvent être inclus dans l'offre ou optionnels.

Servuction – Servuction system, 912.
Organisation des moyens matériels et humains nécessaires à la prestation de service. Elle distingue les interactions entre clients, entre les clients et le *front-office* (personnel en contact, environnement matériel), entre personnel en contact et environnement matériel, et entre *front-office* et *back-office* (organisation interne de soutien).

Seuil de confiance – Confidence limits, 82.
Probabilité qu'a le résultat réel d'un sondage aléatoire de se trouver dans un intervalle donné, dit intervalle de confiance.

Signalétique de marque – Brand specs, Brand visual language, 813.
Ensemble cohérent des signes permettant aux acheteurs d'identifier une marque : nom, logo, emblèmes de marque, codes graphiques du packaging, etc.

Signature de marque (baseline) – Baseline, 451, 817.
Phrase souvent présentée sous la forme d'un slogan associée à la communication d'une marque ou d'une entreprise et signifiant ses valeurs ou son projet.

Single source – Voir *Source unique.*

Site/User centric (sites Web) – Site/User centric, 498.
Approches différentes et complémentaires de l'étude de l'audiences des sites sur Internet. L'approche « site centric » étudie le trafic enregistré par le site tandis que l'approche « user centric » interroge un échantillon d'internautes.

Situation – Situation, 161.
Contexte spatial, temporel et humain, indépendant de la nature du consommateur ou du produit, susceptible d'influencer le comportement d'achat.

Slogan – Slogan, 451.
Phrase courte et facilement mémorisable, utilisée de façon répétitive pour développer la notoriété d'une marque ou d'une entreprise et faciliter l'attribution des actions de communication.

Social media marketing – Voir *Réseaux sociaux.*

Soft sell.
Méthode de vente non agressive par opposition au hard sell.

Sondage – Survey, 80.
À la différence d'un recensement où chaque unité d'une population est étudiée, une enquête par sondage s'appuie sur un échantillon représentatif d'une population, sélectionné selon différentes méthodes.

Source de volume – Source of volume.
Origine des ventes d'un produit : nouveaux clients de la catégorie de produits, clients de la concurrence, augmentation des quantités consommées par les clients actuels, etc.

Source unique – Single source, 113.
Méthode d'étude basée sur un panel de consommateurs et un panel de détaillants dans la même zone, et permettant d'analyser conjointement les achats des foyers, leur exposition aux médias publicitaires et l'offre en magasins.

SOV (share of voice) – Voir *Part de voix.*

Spam – Spam, 430.
Envoi de messages commerciaux non ciblés, notamment d'e-mails, sans l'assentiment préalable des internautes.

Spéculative (campagne) – Pitch.
Projet de campagne publicitaire réalisé par une agence de publicité pour concourir dans un appel d'offres.

Sponsoring – Voir *Parrainage*.

Stimulation des vendeurs – Salespeople motivation, 848.
Méthodes de rémunération, de mise en compétition par des concours et des *incentive divers* pour accroître la productivité des vendeurs.

Store check – Store check.
Enquête menée dans un ou plusieurs magasins et portant sur les produits et marques vendus, l'allocation du linéaire, les prix pratiqués et les opérations promotionnelles en cours.

Storyboard – Storyboard, 483.
Projet de message publicitaire pour la télévision ou le cinéma présenté sous la forme d'une bande dessinée.

Stratégie – Strategy, chapitre 12.
Définition d'orientations claires et réalistes d'un ensemble d'actions pour atteindre à moyen ou long terme un but défini face à des adversaires désignés.

Stratégie de coût/volume – Cost leadership strategy, 682.
Une des trois stratégies développées par Michael Porter, qui repose sur la capacité à produire des biens ou services à faible coût, ce qui permet de bénéficier d'un avantage concurrentiel, soit en proposant des prix plus bas, soit en bénéficiant de marges plus importantes.

Stratégie de différenciation – Differentiation strategy, 689.
Une des trois stratégies développées par Michael Porter, qui repose sur la capacité à développer une offre spécifique et différente qui soit valorisée par le client, ce qui permet de bénéficier d'un avantage concurrentiel en vendant le produit plus cher et en bénéficiant de marges plus importantes.

Stratégie de spécialisation – Focus strategy, 699.
Une des trois stratégies développées par Michael Porter, qui consiste à se spécialiser sur un segment spécifique du marché, pour bénéficier soit d'un avantage de coût, soit d'un avantage de différenciation.

Stratégie marketing – Marketing strategy, chapitres 12 et 16.
Ensemble de moyens d'action marketing utilisés conjointement en vue d'atteindre certains objectifs contre certains adversaires. Une stratégie marketing se décline sur les principales rubriques suivantes : objectifs marketing, cibles, positionnement, marketing-mix et planning.

Stratégie médias – Media strategy, 499.
Choix d'un média ou d'un mix médias pour une campagne de publicité.

Stratégie multicanale – Multichannel strategy, 378.
Politique marketing faisant appel à plusieurs canaux de distribution ou à plusieurs canaux de communication.

Streaming (vidéo en) – Streaming, 237.
Fichier vidéo disponible à la demande sur un site Internet et consultable directement, sans téléchargement préalable.

Street marketing – Street marketing, 439.
Tactique promotionnelle consistant à distribuer de la main à la main des échantillons de produit ou du matériel publicitaire dans un espace public, afin de créer un bouche à oreille (buzz) favorable.

Style de vie – Lifestyle, 155.
Typologie d'individus fondée sur des valeurs, des opinions et des comportements qu'ils partagent et qui permettent d'expliquer en partie leur comportement.

Supermarché – Supermarket, 339.
Magasin à dominante alimentaire en libre service d'une surface comprise entre 400 et 2 500 m^2.

Suppy chain management – Supply chain management, 967.
Gestion de la chaîne d'approvisionnement d'une entreprise.

Support (de promesse publicitaire) – Voir *Preuve.*

Support publicitaire – Advertising medium, 440.
Tout vecteur de communication dans lequel il est possible d'insérer des annonces publicitaires. Il y a une infinité de supports publicitaires possibles.

SWOT – SWOT, 720.
Synthèse d'une analyse marketing identifiant les forces (Strengths), les faiblesses (Weaknesses), les opportunités (Opportunities) et les menaces (Threats).

T

Taux d'attrition – Voir *Attrition (taux de).*

Taux de marque – Mark-up rate, 349.
Rapport, en pourcentage, entre la marge brute dégagée par un distributeur sur un produit et le prix de vente consommateur de ce produit.

Taux de nourriture – Voir *Part de client.*

Taux de rebond – Voir *Rebond (taux de).*

Taux de rédemption – Voir *Rédemption (taux de).*

Taux de rupture – Voir *Rupture (taux de).*

Taux de transformation – Voir *Conversion (taux de).*

Teasing – Teasing, 410.
Procédé publicitaire consistant à faire une campagne publicitaire en deux temps. La première phase (teasing) vise à intriguer le consommateur en lui cachant la marque qui est révélée dans un deuxième temps (phase de découverte).

Technico-commercial – Technical sales representative, 517.
En milieu industriel, se dit d'un vendeur ayant des compétences techniques.

Télémarketing – Telemarketing, 469.
Marketing direct par téléphone. On dit aussi en France « phoning ».

Télévision – Television, 488, 489.
La télévision est le média le plus puissant et celui dont l'audience est la mieux connue, tout au moins pour les chaînes principales.

Témoignage – Testimonial, 467, 544.
Technique publicitaire consistant à faire vanter les mérites d'un produit par une personne connue, réputée compétente ou représentative d'un client moyen.

Territoire de marque – Voir *Marque (territoire).*

Test – Testing.
– *Test de concept* – Concept testing : technique d'enquête consistant à faire évaluer, par des consommateurs potentiels, une idée de produit nouveau présentée sous une forme verbale ou visuelle.
– *Test en aveugle* – Blind test : test de produit où la marque est masquée.
– *Test monadique* – Monadic test : technique de test consistant à faire juger chaque produit isolément (par opposition aux tests comparatifs).
– *Test de produit* – Product testing : technique d'enquête destinée à mesurer les réactions des consommateurs à un produit sous différents aspects.

Testimonial – Voir *Témoignage.*

Tête de gondole (TG) – Shelf end, 531.
Extrémité des meubles présentoirs en magasin qui ont un intérêt pour les promotions en raison de l'importance du trafic à proximité. Les producteurs louent les TG aux distributeurs pour leurs opérations promotionnelles.

Théâtralisation des points de vente – Visual merchandising.
Mise en scène attractive des points de vente, à titre permanent ou temporaire.

Ticket d'entrée – Cost of entry, 51.
Coût d'entrée d'une marque ou d'une entreprise dans un nouveau marché : investissements en publicité, distribution, etc.

Ticket moyen – Voir *Panier moyen.*

Top of mind – Voir *Notoriété.*

Tracking publicitaire – Ad tracking, 63.
Enquêtes en continu, destinées à suivre et à mesurer l'impact et les effets des campagnes publicitaires.

Trade marketing – Trade marketing, 378.
Actions de marketing menées par un producteur en direction des distributeurs et/ou en liaison avec eux.

Trade off (méthode du) – Voir *Analyse conjointe.*

Trafic (création de trafic) – Traffic, 304, 1037.
Méthodes et techniques faisant venir des clients potentiels qualifiés dans un magasin réel ou sur un site Web.

Transformation (taux de) – Voir *Conversion (taux de).*

Trendsetter – Trendsetter.
En français : faiseur de tendance. Client pionnier, adoptant en premier une innovation.

Tri à plat/croisé – Frequency table/Cross tabulation.
Méthodes d'analyse de base des résultats d'une étude quantitative : le tri à plat est un calcul de pourcentage effectué question par question, le tri croisé est un calcul de pourcentage effectué en croisant plusieurs variables (par exemple, l'âge et la fidélité).

Typologie – Typology, 251, 755.
Méthode de segmentation d'une population consistant à regrouper les individus en fonction de leur proximité mesurée par rapport à un ensemble de critères.

U

UGC (User Generated Content) – UGC, 623.
Contenu de nature variée créé ou partagé par les internautes : vidéo, audio, photos, blogs, sites personnels, wiki, podcasts…

Undercover marketing – Undercover marketing.
En français : marketing furtif. Désigne des pratiques manipulatoires qui consistent à cacher aux clients ou prospects qu'ils font l'objet d'une action marketing et à dissimuler la marque ou tout signe d'identification commerciale pour faire croire, par exemple, que le message vient d'un individu (un faux blog d'un internaute, par exemple) ou d'une source sans intérêt mercantile.

Unique Selling Proposition (USP) – Unique Selling Proposition, 478.
Procédé publicitaire consistant à formuler la communication d'un produit ou d'une marque autour d'une promesse unique (exclusive) et attractive.

Unité de sondage – Unit of analysis, 81.
Définition de l'entité (individu, foyer, entreprise, etc.) qui servira de base à l'établissement d'un échantillon et à la réalisation d'une enquête.

Up-selling – Up-selling, 304, 1045.
Actions marketing ayant pour objet d'inciter les clients d'une entreprise à acheter des produits au prix (ou à la contribution à la marge) plus élevé. Voir *Cross selling*.

V

VA /NA – Average sales per consumer, 44.
Valeur moyenne d'un client avec VA = CA total et NA = Nombre d'acheteurs.

Valeur (proposition de) – Value proposition, 699.
Choix stratégique qui définit les éléments saillants de ce que les clients obtiennent (bénéfices perçus) pour ce qu'ils donnent (coûts perçus), afin de créer une offre à la valeur perçue supérieure à celle des concurrents.

Valeur à vie des clients – Customer lifetime value, 45.
Pour un produit, désigne la valeur de l'ensemble des achats qu'un individu réalisera, dans une catégorie de produits, pendant toute sa vie d'acheteur. Se calcule également sur une période donnée.

Valeur perçue – Perceived value, 7, 8, 588, 682.
Perception par les clients de ce qu'ils obtiennent (bénéfices perçus) pour ce qu'ils donnent (coûts perçus). Les bénéfices perçus vont au-delà des fonctionnalités du produit et les coûts perçus, du prix. La balance de la valeur perçue est une façon opérationnelle de traduire ce concept (voir la boîte à outils).

Veille – Competitive intelligence, 61.
Démarche organisée visant à améliorer la compétitivité de l'entreprise par la collecte, le traitement d'informations et la diffusion de connaissances utiles à la maîtrise de son environnement et à la prise de décision.
- *Veille active* – Targeted competitive intelligence : surveillance de l'environnement centrée sur un objet ou un domaine identifiés, qui sont donc l'objet d'une investigation.
- *Veille passive* – Monitoring competitive intelligence : surveillance de l'environnement sans but et objet précisément définis.
- *Veille concurrentielle* – Competitor intelligence : méthodes d'analyse systématique et permanente des actions de la concurrence.
- *Veille offensive* – Industrial espionage : méthode de veille qui fait appel à des procédés agressifs, voire illégaux, pour obtenir l'information recherchée ou pour influencer ou déstabiliser un adversaire.

Vendeurs – Voir *Commercial.*

Vente à distance (VAD) – Home shopping, 347.
Méthodes de vente par la poste, par téléphone, par Internet. Le champ de la VAD est plus large que celui de la VPC (vente par correspondance) qu'on a tendance à limiter à la vente par catalogue papier et aux commandes et livraisons par la poste.

Vente par correspondance (VPC) – Voir *Vente à distance.*

Verbatim – Verbatim, 75, 859.
Reproduction mot à mot de propos tenus par une personne interviewée.

Viral – Voir *Marketing viral.*

Visiteur unique – Unique visitor, 118.
Personne qui est allée sur le site au moins une fois au cours des trente derniers jours, quel que soit le temps de la session et le nombre de visites.

VRP – Representative.
Initiales de voyageur représentant placier. Représentant de commerce exclusif ou multi-cartes.

W

Web 2.0 – Web 2.0, 263.
Terme assez vague qui recouvre un ensemble d'outils et de sites qui encouragent la collaboration et la participation en ligne. On préfère aujourd'hui le terme de *réseaux sociaux.*

Widget – Widget, 885.
Petit module interactif téléchargeable que l'utilisateur peut placer sur le bureau de son ordinateur, remplissant une fonction utile (météo, cours de bourse, calendrier) ou ludique (galerie photo, blague du jour).

WOM (Word of mouth) – Voir *Bouche à oreille.*

Y

Yield management – Yield management, 299.
Politique de prix qui consiste à proposer des tarifs différents pour gérer au mieux les capacités (réduction des prix pour remplir les capacités ou augmentation des prix quand elles vont être saturées) et maximiser la contribution à la marge. Cette méthode est surtout employée dans les services (quand les capacités de production sont fixes et que les produits ne peuvent pas être stockés).

Z

Zone de chalandise – Catchment/Trading area, 357.
Espace ou zone géographique d'où provient l'essentiel (80-90 %) des clients d'un point de vente. Il détermine la clientèle potentielle et, en fonction de son pouvoir d'achat, le marché potentiel du point de vente.

Index des marques

Symbol

118-218, 416

A

Abercrombie & Fitch, 355
Absolut, 248
Absolut Vodka, 480
Accor, 903
Adobe, 302
Aigle, 693
Air Berlin, 703
Airbus, 14
Air France, 284, 683, 702, 703, 738, 748, 986
AirLib, 257
Aldi, 290, 321
Allergan, 273
Amazon, 388, 614, 632, 664, 853, 921
Anett, 707, 723, 724
Apple, 205, 216, 273, 286, 287, 363, 423, 428, 691, 697, 724
Aqua, 990
Arcelor Mittal, 933
Areva, 953, 1006
Arianespace, 944
Atoll, 359
Au Bon Marché, 200
Auchan, 318
Audi, 682, 807
Axe, 789

B

Banania, 818
Bel, 777
Ben & Fakto, 127
Bénéteau, 1006
Better Place, 695
Bic, 634, 790, 996
Bjorg, 365
BlackBerry, 697
Blendtec, 652
BMW, 232, 656, 778
Boeing, 41
Bongrain, 989, 990
Bonne Maman, 217, 993
BNP Paribas, 392, 450, 557, 576, 583, 649, 868
Bonne Maman, 726, 770
Braun, 313
British Airways, 592, 703, 709
Buffalo Grill, 835
Butagaz, 205

C

Caddie, 802
Canal +, 257, 579, 597
Cardin, 1006
Carrefour, 345, 523, 554, 688, 981, 1000
Carte Noire, 112
Cartier, 517
Catalina Marketing, 594
Caterpillar, 958
Caudalie, 693
Celio, 551
Cetelem, 843
Changhong, 293
Charlott, 326
Châteauform', 310, 914
Christian Louboutin, 794
Club de football du Paris Saint-Germain, 556

Club Méditerranée, 10, 310, 426, 576, 658, 901
Coca-Cola, 300, 449, 646, 651, 656, 714, 996
Colgate, 783
Comet, 294
Confipousse, 65
Confluence, 359
Converteo, 183
Creads, 665
Crédit Agricole, 770, 875, 921
Cristaline, 8

D

Dacia, 682, 730
Daily Makeover, 406
Danette, 662
Danone, 43, 256, 274, 276, 464, 557, 593, 604, 692, 724, 730, 843, 868, 891, 990, 992, 1004
Dassault, 41, 928
Decaux, 899
Delacre, 697
Del Arte, 452
Dell, 724
Dim, 463, 816
Dior, 651, 683
Disneyland Paris, 43
Dixons, 981
Doctissimo, 632
Douce France, 762
Dove, 123, 431
Dutch Boy, 213
Dynapac, 964
Dyson, 204

E

EasyCinema, 713
EasyJet, 703, 704, 705, 709, 713, 789
Ebuzzing.fr, 637
EDF, 265, 612, 905, 949, 976
Elle, 556
Émail Diamant, 836
Emirates, 732
Epybird.com, 635
Eram, 142
Eurostar, 900
Evian, 482, 579, 990, 993, 1004
Exxon, 976

F

Facebook, 620, 629, 655, 656, 661
Faurecia, 933
Febreze, 177
Federal Express, 227
Ferrero, 1000
Fnac, 444, 568, 595
Foncia, 556
Ford, 194, 688
France Télécom, 728
Free, 61, 218, 296, 556, 864

G

Galanz, 293
Garnier, 681, 833
Gazprom, 684
General Motors, 996
Georgia Pacific, 206
Gerblé, 365, 719
Gillardeau, 830
Gillette, 37, 136, 310, 997, 1010
Glaxo, 954
Glossybox, 309
Google, 209, 637, 715, 843, 1010

H

Häagen-Dazs, 210
Haemmerlin, 977
Harley-Davidson, 203, 616, 837, 980
Hasbro, 662
Havaianas, 202, 240
HEC, 557, 835
Heinz, 213
Henkel, 214
Hennessy, 797
Homengo.com, 199
HotelF1.com, 705, 719, 902
HSBC, 557, 998
Huggies, 692
Hummer, 975
Hyundai, 682, 810

I

IBM, 257, 697, 678
Influentialblogger.net, 637
Ikea, 355, 980, 985
Innocentive, 665

Intel, 934
iSixt, 842
iStock Photo, 664
Ivory, 190

J

Jean-Paul Gaultier, 217
Jeep, 516
Jolie Box, 309

K

Kia, 682
Kiehl's, 356
Kodak, 238, 683

L

La Baleine, 764
La Banque Postale, 770
La Belle-iloise, 725, 726, 733
Lady fitness, 756
Lafarge, 311, 841
La Maison du chocolat, 985, 990
Lancôme, 595, 651
La Poste, 896
La Redoute, 348
Le Chat, 837
Leclerc, 260, 275, 318, 453, 531
Le Monde, 227
Les 3 Suisses, 348
L'Odysseum, 360
L'Oréal, 15, 169, 172, 210, 256, 323, 421, 569, 672, 681, 731, 741, 763, 783, 833, 869, 981, 992, 993, 1014
Lidl, 321
Lightemotion, 728
Lingueo.com, 694
Linux, 665
L'Occitane en Provence, 651
Lotus, 206
Loué, 808
Louis Vuitton, 160, 287, 656, 671, 995
Lu, 697, 752
Luftansa, 703
LVMH, 197, 556

M

MAIF, 747
Mappy, 715
Marathon du Médoc, 781
Maxwell House, 211
Mazda, 996
McDonald's, 128, 421, 668, 672, 823, 980, 987, 1007
Médiamat, 117
Meetic, 629, 782, 849
Mercedes, 289, 311
Metso, 931, 936, 961
Michel & Augustin, 724, 792
Michelin, 556
Microsoft, 697, 716, 966
Miele, 288
Millemercis.com, 301
Mir, 214
Mixa Bébé, 775
Moët et Chandon, 517
Moleskine, 238, 240
Moltonel, 206
Monaco, 769
Monoprix, 215, 360
MTN, 299
My Major Company, 665
My Starbuck Idea, 663

N

Nature & Découvertes, 355, 898
Nescafé, 112, 323, 606, 992
Nespresso, 12, 37, 211, 323, 418
Nesquik, 586
Nestlé, 724
Netscape, 302
Nike, 197, 648, 664
Nintendo, 748
Nokia, 697, 974
Nouvelles Frontières, 610
Nutella, 426, 825

O

Old Spice, 137
Oliviers & Co, 200
Omo, 809
Opel, 980
Openskies, 728, 738
Orange, 233, 429, 580, 645, 653
Otto Versand, 348
Ovomaltine, 416, 820

P

Pages Jaunes, 773
Pampers, 517, 540, 602
PAP, 497
Paris Distribution directe, 322
Paul, 195
Pepsi, 714
Perrier, 771
Persil, 809
Petit Navire, 368
Peugeot, 928
Pfizer, 273
Piaggio, 240, 778
Pilot, 841
Piña Colada, 802
Pinterest, 627
PIP, 835
Pixmania, 294, 389, 392, 904, 999
Pizza Hut, 842
Porsche, 40
Prestashop, 303
PriceMinister, 387
Procter & Gamble, 137, 190, 256, 808
Propriétés de France, 842
Purina, 602

Q

QA/NA, 43
Quick, 745
Quick Step, 831

R

RATP, 728
Renault, 257, 981
Rent a Car, 306
Repetto, 726
Réunir, 219, 933
Revlon, 16
Roche, 642
Rolls-Royce, 232
Routard.com, 632
Royal Canin, 425
Rudolf Müller, 957
Ryanair, 705

S

Saint-Gobain, 699, 950
Salins du Midi, 764
Saturn, 523
Sciences Po, 774
Seb, 992
Segwey, 254
Self'Coiff, 706
Sephora, 363
SFR, 580
Sheba, 754
Skip, 809
SNCF, 663, 904, 905
Société Générale, 875
Sony, 418
Southwest Airlines, 702
Soy, 755
Staples, 633, 840
Stihl, 684
Sveltesse, 811
Swiffer, 199

T

Tarkett, 35, 686, 688
Taster's Choice, 606
Tata, 13, 17
TDC, 709
Telmore, 705, 709
Terra Travel, 172
Tesco, 284, 405, 594, 596, 604
Tetra Pak, 212, 500
Textel, 959
TF1, 43
TGV, 1006
The Body Shop, 681, 833
Thierry Mugler, 564
TomTom, 298, 715
Total, 839
Toyota, 205, 685, 996
Toys Я Us, 357
TripAdvisor, 163, 632, 658
Twist Ball, 328, 329
Twitter, 623, 629, 648, 649, 650, 668

U

Ucar, 706
UGC, 623
Unilever, 808, 809, 972, 996
USAA, 736

V

VAG, 698, 807
Valrhona, 727, 731, 732
Vendée Globe, 556
Vente-privee.com, 132, 175, 390, 593, 800
Vertu, 974
Viadom, 694, 728
Vichy, 647
Victoria's Secret, 840
Vilwoorde, 1007
Vittel, 8
Volkswagen, 143, 807
Volvic, 990
Volvo, 693
Voyages-sncf.com, 444
Vueling, 732

W

Wahaha, 1004
Walt Disney, 573, 900
Webzine, 622
Weight Watchers, 894
Whirlpool, 997
Wiki, 623

X

XST Australia, 970

Y

Yelp.com, 640
YesOrNow, 780
YouTube, 634

Z

Zappos, 645, 650
Zara, 290, 324, 369
Ze World, 706

Table des matières

Avertissement VI

Introduction — Le rôle du marketing est de créer de la valeur VIII

Section 1 Qu'est-ce que le marketing ? 2

Section 2 Comment le marketing crée de la valeur 7

1 Qu'est-ce que la valeur perçue d'une offre ? 7

2 Les leviers de création de valeur 10

3 Le processus organisationnel de création de valeur et ses difficultés 15

Section 3 Les différents visages du marketing 17

1 Le marketing est une attitude personnelle et une culture d'entreprise 17

2 Les trois grands modes opératoires du marketing 19

3 L'extension du marketing à de nouveaux secteurs d'activité 20

Section 4 Le marketing est-il manipulatoire, idéologique ou immoral ? 21

1 Le marketing est-il manipulatoire ? 22

2 Le marketing est-il idéologique ? 23

3 Le marketing est-il immoral ? 25

Ressources complémentaires **27**

Première partie — Étudier les marchés 28

Chapitre 1
L'analyse des marchés **31**

Section 1 L'analyse quantitative des marchés en volume et en valeur 32

1 Marché en volume et marché en valeur 32

2 La taille des marchés : très grands marchés, marchés moyens et niches 34

3 Mesurer un marché : en se référant à quoi ? 34

4 Des marchés fort différents selon la nature de la demande 35

5 Marché réel et marché potentiel 38

6 L'analyse des ventes : NA, QA, QA/NA et valeur à vie 42

Section 2 L'analyse des acteurs du marché 46
1 Les acteurs du marché que la marque doit convaincre d'être ses partenaires 48
2 L'analyse des concurrents 48
Section 3 L'analyse des facteurs d'environnement 52
Ressources complémentaires **55**

Chapitre 2
Les méthodes et techniques des études de marché **57**
Section 1 Le domaine des études de marché et les bonnes pratiques 58
1 Le domaine et le rôle des études de marché 58
2 Les études de marché, une composante du système d'informations marketing (SIM) 63
3 Bonnes pratiques des études de marché 64
Section 2 Les études dites exploratoires : études documentaires et qualitatives 69
1 Les études documentaires 70
2 Les études qualitatives ou « études en profondeur » 73
Section 3 Les études quantitatives : les enquêtes par sondage 80
1 Les principes des sondages et les problèmes d'échantillonnage 81
2 Les méthodes de collecte de données par questionnaire 85
3 La rédaction du questionnaire 87
4 Les méthodes de traitement des données 96
Section 4 Les études quantitatives et répétitives : les panels 98
1 Les panels de distributeurs 100
2 Les panels de consommateurs 106
3 Behaviorscan : un panel mixte pour faire des marchés tests 113
4 Les panels spécialisés 117
Ressources complémentaires **119**

Chapitre 3
Le comportement des consommateurs **121**
Section 1 Les variables explicatives psychologiques 122
1 Les besoins et les motivations, moteurs de l'action 122
2 Les attitudes structurent l'évaluation et l'action 130
3 La personnalité et l'image de soi 135
4 Une typologie des variables psychologiques explicatives 138
Section 2 Les variables explicatives sociologiques et culturelles 139
1 Famille, sexe, âge et consommation 139
2 L'influence du groupe sur le comportement de ses membres 147

3 Les classes sociales ... 151
4 La consommation ostentatoire et le standing ... 154
5 Les styles de vie ... 155
6 Les variables culturelles ... 158

Section 3 L'analyse du processus de décision, l'implication et la situation ... 161

1 Le risque perçu, l'implication, l'apprentissage et les facteurs situationnels ... 161
2 Le processus d'achat ... 171

Ressources complémentaires ... 185

Deuxième partie Utiliser les leviers du marketing-mix 186

Chapitre 4
La politique de produit ... 189

Section 1 Qu'est-ce qu'un produit ? ... 190

1 Toute offre sur un marché est un produit ... 190
2 Les produits sont souvent un mix de biens et de services ... 192
3 Les produits sont porteurs de sens et de valeur ... 194

Section 2 Le concept-produit, la formule, les performances et l'avantage-produit ... 198

1 Les différentes dimensions du produit ... 198
2 Le concept marketing du produit (ou concept-produit) permet d'identifier une catégorie de produits ... 199
3 La formule-produit et les performances ... 201
4 L'avantage-produit ... 204

Section 3 Les politiques de design et de packaging ... 206

1 Les politiques de design ... 206
2 Les politiques de packaging ... 209

Section 4 Les services associés au produit ... 217

Section 5 Les produits numériques ... 220

1 Qu'est-ce qu'un produit numérique ? ... 221
2 Les spécificités des produits d'information numériques et leurs conséquences pour la politique de produit ... 222
3 Comprendre et évaluer les enjeux de la numérisation de l'offre ... 224

Section 6 La politique de gamme ... 228

1 Les dimensions de la gamme ... 228
2 Les niveaux de gamme ... 231
3 L'analyse des produits d'une gamme ... 232

Section 7 Le cycle de vie des produits et des marchés 236
1 Le concept de cycle de vie 236
2 Les limites du concept de cycle de vie 241
Section 8 Le développement et le lancement de produits nouveaux 242
1 Le concept-produit et le test de concept 242
2 Stratégie marketing et analyse économique 244
3 L'élaboration définitive du produit, le test produit et le marché-test 245
4 La préparation du lancement et les marchés-témoins 248
5 La diffusion des produits innovants : de la conquête des innovateurs à celle des retardataires 251
6 Les causes d'échec des produits nouveaux 255
Ressources complémentaires **259**

Chapitre 5
La politique de prix **261**

Section 1 Politique de prix, structure des coûts et élasticité de la demande 262
1 La nature des coûts de production et de commercialisation 262
2 La fixation du prix à partir des coûts 266
3 Politique de prix et élasticité de la demande 270
Section 2 La politique de prix au service de la politique marketing 280
1 Le prix au service de la politique de segmentation : les politiques de discrimination par les prix 280
2 Le prix au service de la politique de positionnement 287
3 Le prix au service de la stratégie concurrentielle 290
4 Le prix au service de la stimulation des ventes 298
Section 3 Les grandes options de formulation des prix 304
1 Prix de vente producteur et prix de vente final 305
2 L'ajustement à la marge du prix de vente : le prix psychologique 306
3 Règlement comptant et différé du prix 306
4 Location, leasing (crédit-bail) ou abonnement 307
5 Prix du produit principal et prix des options 309
6 Prix d'équipement et prix de complément (produits induits) 310
7 Prix d'achat et coût pour le client (coût d'utilisation, prix de revente...) 311
Section 4 Une démarche synthétique de fixation des prix 311
Annexe La réglementation des prix 315
Ressources complémentaires **317**

Chapitre 6
La politique de distribution **319**

Section 1 À quoi sert la distribution ? 320
1 Les fonctions de distribution 320
2 La longueur des circuits de distribution 321
3 Le choix de distribution des producteurs 327

Section 2 La distribution en France et ses formats 331
1 L'importance économique de la distribution 331
2 Les points de vente par assortiment et par taille 332
3 Les formats de distribution (par mode d'organisation) 335

Section 3 Le marketing des distributeurs et son équation économique 348
1 L'équation économique de la distribution 349
2 Le marketing-mix des distributeurs 353
3 Le merchandising, élément clé du marketing opérationnel du distributeur (et du producteur...) 364
4 La mesure des performances 370

Section 4 Les relations producteurs/distributeurs 371
1 La présence dans la distribution : le référencement 371
2 Les sources de conflits entre producteurs et distributeurs 374
3 Un rapport de force souvent défavorable aux producteurs 377

Section 5 Le commerce électronique et la distribution multicanale 378
1 Le développement de l'e-commerce en France en quelques chiffres 381
2 Les défis de l'e-commerce et l'enjeu du multicanal 386
3 Optimiser l'efficacité d'un site marchand 392

Ressources complémentaires **409**

Chapitre 7
Les fondamentaux de la communication **411**

Section 1 Objectifs, source, message et canal de communication 412
1 Du modèle « émetteur → récepteur » aux rubriques de la communication marketing 413
2 Les objectifs de la communication marketing 416
3 Les sources de communication marketing : leur image impacte l'efficacité du message 420
4 Les cibles de communication 424
5 Le message 430
6 Les canaux de communication 439

Section 2 Les modes de communication 441

1 La communication *push* 442

2 La communication *pull* ou communication demandée 444

3 La communication relayée par des influenceurs 445

4 La communication C to C : les conversations dans le marché 448

Section 3 Mettre en cohérence une politique de communication 451

1 Donner de la cohérence par des liens de forme et de fond 451

2 Donner de la cohérence par l'organisation : dircom et comité de l'image 454

3 La communication multicanale intégrée (CMI) 454

Ressources complémentaires 457

Chapitre 8
La publicité et les médias 459

Section 1 La définition et les modes d'action de la publicité 460

1 La nature et le champ de la publicité 460

2 Les modes d'action et les objectifs de la publicité 464

Section 2 Les acteurs de la publicité : annonceurs, agences et autres intervenants 468

1 Les annonceurs 468

2 Les agences conseils 470

Section 3 Du brief à la stratégie de création 474

1 Les étapes de la campagne et le partage des responsabilités entre l'annonceur et son agence 475

2 Le brief de l'annonceur à l'agence 476

3 La stratégie de création et le brief aux créatifs 477

4 La création 483

Section 4 La stratégie des moyens publicitaires : médias, stratégie médias et média-planning 488

1 Panorama des grands médias à usage publicitaire 488

2 La stratégie médias 499

3 Le choix d'un plan de supports 502

Section 5 La mesure de l'efficacité de la publicité 507

1 Les mesures de l'efficacité de la publicité centrées sur le fonctionnement de la publicité : post-tests et bilans de campagnes 508

2 Les mesures de l'efficacité de la publicité centrées sur la notoriété et l'image de la marque 510

3 Les mesures de l'efficacité centrées sur les ventes 510

Ressources complémentaires 511

Chapitre 9
Le hors-médias **513**

Section 1 Les dépenses hors-médias et leur évolution 514
1 Les postes du hors-médias et l'évolution des dépenses 514
2 Les usages de la communication hors-médias 516

Section 2 La promotion des ventes 519
1 La définition et l'importance de la promotion des ventes 519
2 Les principales techniques de promotion des ventes 522
3 La mesure de l'efficacité d'une opération promotionnelle 532

Section 3 Le marketing direct off line et on line 534
1 La nature et les formes de marketing direct 535
2 La constitution et la gestion des fichiers et bases de données 538
3 Des fichiers aux bases de données clients 541
4 Les messages du marketing direct : forme et fond 543
5 L'analyse des coûts, des rendements et de la rentabilité des opérations de marketing direct 545
6 L'e-mail commercial : outil de prospection et de relation 546

Section 4 Les relations publiques, la communication évènementielle, le parrainage et les relations presse 553
1 Les relations publiques (RP) 553
2 La communication évènementielle 553
3 Le parrainage, sponsoring et mécénat 555
4 Les relations presse 558

Ressources complémentaires **561**

Troisième partie Construire de nouvelles relations avec ses clients 562

Chapitre 10
Le marketing relationnel et les politiques de fidélisation **565**

Section 1 Qu'est-ce que le marketing relationnel ? 566

Section 2 Comprendre la qualité, la satisfaction des clients et la fidélité 567
1 Nature et déterminants de la qualité 567
2 La satisfaction 570
3 Définir une politique de qualité et de satisfaction des clients 574
4 Le concept de fidélité 578
5 La relation entre satisfaction et fidélité 582

Section 3 Les programmes de fidélisation 584
1 Les objectifs des programmes de fidélisation 584

2 Les grands principes d'un programme de fidélisation 589
3 Les outils de la fidélisation 592
4 Les systèmes de récompense et leurs limites 597
5 La mise en œuvre d'un programme de fidélisation (check-list en sept étapes) 601

Section 4 Le CRM ou gestion de la relation clients 603
1 Qu'est-ce que le CRM ? 603
2 Les cinq étapes de la gestion des relations clients 608
3 Les outils technologiques au service d'une politique relationnelle 611

Section 5 Les écueils d'une politique relationnelle et comment les éviter 613

Ressources complémentaires 619

Chapitre 11
Le marketing des réseaux sociaux 621

Section 1 La popularité des réseaux sociaux au sein du développement d'Internet 622
1 Internet est un phénomène global qui n'est plus occidental 623
2 Le mode d'accès à Internet se diversifie et favorise son ubiquité 624
3 L'usage des réseaux sociaux se globalise, ce qui fait apparaître quelques grands leaders 625

Section 2 La nouvelle donne : les clients parlent, s'écoutent et se font confiance 630
1 Les clients parlent 631
2 Les clients s'écoutent 635
3 Les clients se font confiance 638

Section 3 Face au défi des réseaux sociaux, les entreprises doivent définir leurs objectifs 641
1 Les entreprises ne contrôlent plus la communication de leurs marques 642
2 Les entreprises doivent définir leurs objectifs sur les réseaux sociaux 643

Section 4 Exister sur les réseaux sociaux de façon pertinente 644
1 Développer les blogs d'entreprise 644
2 Communiquer sur Twitter 648
3 Utiliser les vidéos et lancer des campagnes virales 650
4 Créer une page de la marque ou de l'entreprise sur une plateforme sociale 653

Section 5 Engager le dialogue avec les clients 657
1 Solliciter la participation des clients 658
2 Solliciter les contributions et co-développer : le *crowdsourcing* ou participation collective 662

Section 6 Gérer une marque partagée 666
1 La réputation en ligne 666
2 Gérer une marque partagée 669
Ressources complémentaires **673**

Quatrième partie Définir sa stratégie marketing 674

Chapitre 12
De la stratégie d'entreprise à la stratégie marketing **677**

Section 1 Toute stratégie repose sur un avantage concurrentiel 678
1 Avant-propos : clarifier la terminologie et les niveaux de la stratégie 678
2 La nature de l'avantage concurrentiel détermine le type de la stratégie d'entreprise 681

Section 2 Les stratégies d'entreprise de domination par les coûts 686
1 Les facteurs de baisse structurelle des coûts complets 687
2 Dans les stratégies de coût, le rôle du marketing est limité 689

Section 3 Les stratégies de différenciation, domaine privilégié du marketing 689
1 La nature des stratégies de différenciation par la valeur perçue 689
2 L'innovation au service des stratégies de différenciation 691
3 Les stratégies de différenciation avec un avantage coût 697

Section 4 Le low cost 699
1 Le low cost conduit souvent à la recomposition de la structure des marchés 700
2 Les composantes du modèle low cost 702
3 Les facteurs clés de succès des low cost 707

Section 5 La démarche d'élaboration d'une stratégie marketing 709
1 L'analyse-diagnostic externe et interne fonde le choix des options stratégiques 711
2 La formulation de la stratégie marketing 722
Ressources complémentaires **735**

Chapitre 13
La segmentation **737**

Section 1 Les principes et la définition de la segmentation 738
1 Qu'est ce que la segmentation marketing ? 738
2 On segmente souvent les marchés par produits alors que la segmentation marketing se fait par groupes de clients 741
3 La démarche de la segmentation clients ou segmentation marketing 742

Section 2 Les principaux critères de segmentation 744
1 Les critères démographiques, géographiques, sociaux et économiques 744
2 Les critères de personnalité et de style de vie 747
3 Les critères comportementaux 747
4 Les critères d'avantages recherchés 754
5 La segmentation multicritères 755

Section 3 Les deux méthodes de segmentation : critères choisis *a priori* et typologie 755
1 La segmentation à partir de critères choisis *a priori* 755
2 La typologie 757

Section 4 Les conditions d'une bonne segmentation 759
1 La condition de pertinence par rapport au public : les segments obtenus doivent traduire des attitudes et des comportements différents 760
2 La condition d'évaluation : les segments obtenus doivent être mesurables 762
3 La condition d'opérationnalité : les segments obtenus doivent être atteignables 762
4 La condition de substantialité : les segments doivent être suffisamment rentables 763

Ressources complémentaires **763**

Chapitre 14
Le positionnement **765**

Section 1 Qu'est-ce que le positionnement ? 766
1 L'origine et la définition du concept de positionnement 766
2 L'importance du choix volontaire d'un positionnement 768
3 Les deux dimensions du positionnement 775

Section 2 Le rattachement à un univers de référence (identification) 777

Section 3 Le choix des caractéristiques distinctives (différenciation) 778
1 Le triangle d'or du positionnement 779
2 L'exception des produits *me-too* 782
3 Les axes possibles de différenciation 783
4 L'utilisation des études de marché dans le processus d'élaboration d'un positionnement 785

Section 4 Les six qualités d'un bon positionnement 788
1 Être simple 789
2 Être attractif 789
3 Être crédible 790
4 Être différent 791

5 Être profitable 791
6 Être pérenne 791
Ressources complémentaires **793**

Chapitre 15
La marque **795**

Section 1 Le développement des marques 796
Section 2 La marque au sens juridique 798
Section 3 La marque et les types de marques au sens marketing 802
Section 4 La signalétique de la marque 813
1 Le nom 813
2 Le packaging et le design produit 815
3 Les emblèmes de marque 815
Section 5 La notoriété et l'image de marque 818
1 La notoriété 818
2 L'image de marque 821
Section 6 Le territoire de marque et l'extension de marque 825
1 Le territoire de marque 825
2 L'extension de marque 826
Section 7 Huit questions pour comprendre et gérer une marque 829
1 Quelle est l'importance de la marque dans la décision d'achat et la stratégie marketing ? 829
2 Y a-t-il un équilibre cohérent entre le tangible et l'intangible de la marque ? 831
3 Quels sont les publics stratégiques de la marque ? 832
4 Comment la marque est-elle perçue : notoriété et image ? 834
5 Quel est l'ADN de la marque et, en conséquence, son territoire potentiel ? 834
6 À quoi la marque est-elle vulnérable ? 835
7 Comment la marque peut-elle intégrer l'univers d'Internet et des nouvelles technologies ? 837
8 Quelle est la vision de la marque ? 842
Ressources complémentaires **843**

Chapitre 16
Le plan marketing, son contrôle et l'organisation de la fonction marketing **845**

Section 1 Le plan marketing 846
1 Les principales catégories de plans marketing 846

2 La séquence d'élaboration d'un plan marketing ... 849
3 Le contenu du plan marketing : rubriques et erreurs à éviter ... 851

Section 2 Le contrôle des activités marketing ... 860
1 La nécessité et les principes du contrôle ... 860
2 Le contrôle des ventes ... 863
3 Le contrôle des coûts et de la rentabilité des activités marketing ... 864
4 Les audits marketing ... 865
5 Les contrôles relatifs à la politique de produit, de publicité, de distribution... ... 868

Section 3 La position et les attributions du département marketing ... 869
1 La position du département marketing dans l'organisation ... 869
2 Les attributions du département marketing ... 870
3 Les spécificités de la place et du rôle de la fonction marketing dans les entreprises de service ... 872
4 Au-delà du département marketing, l'orientation vers les clients ... 876

Section 4 L'organisation des fonctions marketing ... 877
1 L'organisation par fonctions ou par produits, marchés ou marques ... 877
2 La fonction de chef de produit ou chef de marque ... 880
3 Les relations entre marketing et force de vente ... 882

Ressources complémentaires ... **885**

Cinquième partie S'adapter aux spécificités sectorielles et multinationales ... 886

Chapitre 17
Le marketing des services ... **889**

Section 1 La notion de service et les spécificités du marketing des services ... 890
1 Des frontières souvent floues entre biens et services ... 890
2 Les cinq spécificités des services ... 893
3 L'adaptation des politiques des entreprises aux spécificités des services ... 897

Section 2 Les problématiques de régulation de l'offre et de la communication dans les services ... 903
1 La régulation de l'offre ... 904
2 La communication des services ... 905

Section 3 La qualité des services ... 909
1 Les clients apprécient différemment la qualité des biens et des services ... 909
2 La nature et les déterminants de la perception de qualité des services ... 910
3 La satisfaction des clients et la satisfaction du personnel ... 912

Section 4 La dimension organisationnelle du marketing des services 912

1 Comprendre la production de service 912

2 Une méthode de conception du service autour du parcours du client : le « blueprinting » 915

3 L'importance du personnel en contact : distinguer les services à fort et faible contact (*high touch / low touch*) 919

4 La gestion de l'interaction entre l'entreprise et les clients 921

Ressources complémentaires **925**

Chapitre 18
Le marketing B to B **927**

Section 1 Les spécificités des marchés et du marketing B to B 928

1 La définition et l'importance du marketing B to B 928

2 Les caractéristiques majeures du marketing B to B 929

Section 2 Les décisions d'achat et la segmentation B to B 937

1 L'importance des achats pour l'entreprise 937

2 Les processus de décision d'achat en entreprise sont collectifs 937

3 L'intérêt de l'entreprise et de l'individu dans les décisions d'achat des entreprises 942

4 La segmentation des marchés B to B 944

Section 3 Le marketing-mix des entreprises B to B 948

1 La politique de produit en B to B 948

2 La politique de prix en B to B 951

3 La politique de communication en B to B 953

4 La politique de distribution en B to B 959

Section 4 Le commerce électronique B to B 965

1 La logique intégratrice de l'e-business en B to B 965

2 Le commerce B to B en ligne 968

3 Le B to B en ligne : un enjeu avant tout organisationnel 970

Ressources complémentaires **971**

Chapitre 19
Le marketing multinational **973**

Section 1 Les marchés et les clients à l'international 974

1 La taille et la nature des marchés : de la niche au marché global 974

2 La « globalisation » : enjeux de comportement et de perception 977

Section 2 Les stratégies de marketing multinational : globales ou locales ? 982

1 Le dilemme fondamental du marketing multinational 982

2 Entre global et local *stricto sensu*, une large palette de politiques possibles 983
3 Distinguer les stratégies de groupes et les stratégies de marques et/ou d'activités 990

Section 3 L'uniformisation ou l'adaptation des variables du marketing-mix 991
1 La politique de produit 991
2 La politique de prix 993
3 La politique de communication 995

Section 4 Les décisions d'implantation à l'étranger 999
1 Le choix des pays d'implantation 999
2 Le choix de la formule d'implantation 1005

Section 5 Les structures et les méthodes d'organisation du marketing multinational 1008
1 Les principaux types de structures dans les entreprises internationales 1008
2 Les méthodes et les procédures de coordination des activités internationales 1009

Ressources complémentaires 1015

La boîte à outils du Mercator 1017

Dictionnaire indexé 1055

Index des marques 1111

Table des matières 1117

Composition réalisée par DATAGRAFIX

Achevé d'imprimer en Italie par Grafica Veneta S.p.A.
Dépôt légal 09/2012
58246 - (I) - (16) - CSB80 - DAT - JME